国家清史编纂委员会·编译丛刊

【俄】B.C.米亚斯尼科夫　主编
徐昌翰　等译
徐昌翰　薛衔天　审校

19世纪俄中关系：资料与文献

第1卷　1803~1807（中）

РУССКО-КИТАЙСКИЕ
ОТНОШЕНИЯ В XIX ВЕКЕ
Том 1
1803 * 1807

廣東省出版集團
广东人民出版社
·广州·

ББК 63.(5Кит.)
Р88

Данный том подготовлен при содействии
Российского фонда гуманитарных исследований

Составители

М.Б. Давыдова, И.Т. Мороз, В.С. Мясников,
Н.Ю. Новгородская

Ответственный редактор

акад. С.Л. Тихвинский

Редактор тома

В.С. Мясников

Сборник представляет собой первый том документальной серии "Русско-китайские отношения в XIX в." Данная публикация впервые делает доступный для исследователей комплекс материалов, связанных с посольством Ю.А. Головкина в Цинскую империю (1803–1807). Публикуемые документы обеих сторон освещают вопросы подготовки посольства, поездку в Пекин 9-й Российской духовной миссии, а также переговоры посла на границе и в Урге.

Р $\frac{0503010000 - 020}{01Д(03) - 95}$ Без объявления

ISBN 5-88451-029-2 Том 1
ISBN 5-88451-032-2

№ 179

1805 年 10 月 6 日。外务院驻恰克图特派员 A. И. 索科洛夫就通知买卖城扎拉固齐克西克俄国使臣已抵达国境事呈使臣 Ю. A. 戈洛夫金的报告

//143//外务院驻恰克图特派员、领边境事务七等文官索科洛夫呈二等文官、枢密官、院部大臣、宫廷及俄罗斯各骑士团总典礼官、特命全权使臣、赏戴勋章尤里·亚历山德罗维奇·戈洛夫金伯爵大人阁下：

奉伯爵大人之命，为将大人于昨日抵达特罗伊茨科萨夫斯克要塞的消息告知买卖城扎拉固齐，卑职已派属下十四等文官马克西莫夫知会扎拉固齐，大人已于昨日下午 5 时抵达特罗伊茨科萨夫斯克要塞。

扎拉固齐非常感谢卑职的通报，//143 背面//但没有打听任何消息，只是询问大人是否会于出国之前拨冗至恰克图哨所一行。对此马克西莫夫回说不知，遂即返回。

七等文官索科洛夫

1805 年 10 月 6 日

于恰克图哨所

143 页正文上方：1805 年 10 月 6 日收到。

同页页边空白处：№ 7。

俄罗斯帝国对外政策档案馆圣彼得堡分馆，总档 1—7，目录 6，1805，案卷 1a，卷夹 24，143～143 页背面。原件。

№ 180

1805 年，不早于 10 月 7 日①。军机处给库伦办事大臣蕴端多尔济、福海的命令，传达嘉庆皇帝关于缩减 Ю. А. 戈洛夫金使团随从、在库伦提交呈送皇帝的贺表礼单、向使臣及随员传授叩头礼[1]的谕旨

//143//9 月 8 日收到②

军机大臣令行库伦办事大臣、喀尔喀郡王等[2]

蕴等所呈奏折称：

俄国使臣来信颇为不敬③，其中多有炫耀其显赫之辞，为执行前次由库伦给戈洛夫金送去的命令，着即去信以示拒绝④。

俄人本性桀骜不驯，以往邀请其使臣之事本不多见。去年俄人多次请求遣使入//312//朝，辞色甚恭，故朕方颁谕准其所请。但此事绝非我方邀请。今彼等来信颇有不恭，且信中行文时将彼国汗谕旨置于朕谕旨文字之上。[3]由来信得知来朝人数并未减少，信中亦未告知现时是否已备妥上奏皇

---

① 根据皇帝谕旨的时间（嘉庆十年八月二十七日）确定。

② 10 月 17 日。

③ 参见 159 号文件。

④ 参见 173 号文件。

帝之贺表，且不肯呈报贡品为何物，显系别有用心。其行何其卑鄙！桀骜蛮横如此，如何还能邀请！蕴等此次已去函告知//313//我方拒绝之意，并命彼方信使送交使臣，何其正确。如俄使收到我方拒绝后半途止步，倒也甚好。

如俄国所派使臣枢密官戈洛夫金伯爵而后依然来到库伦，蕴等宜以以下理由向其说明我方此前//314//缩减随员之理由。

我们说要你方缩减人员，全是出于我英明大皇帝体恤外国人，由库伦至北京路途遥远，且伊缅加扎色地区山峦纵横，山地行进极其困难。

无须再如以前对彼等说，我方不希望对方来人如此众多，须减缩使团随员等等。至于纳贡事宜，要详细询问贡品究为何物，向皇上呈献贡品时有无贺表。如戈洛夫金行事恭谨，肯于缩减随员，向蕴端多尔济等呈递纳贡贺表礼单，则可对彼等说：尔等踏上天朝大国土地，朝觐皇上，按我国法规，凡欲朝拜我英明大皇帝必须遵守礼仪。言罢，即着彼等面朝东方，教以叩头之礼。如彼等一切中规中矩，心无动摇，面容虔敬，行叩头之礼，//315//可着蕴端多尔济等详细奏报，然后再依原旨按原定日期送使团［由库伦］入朝。如俄方有一项条件不能完成，立即予以坚拒，将其遣送回程。决不可优柔寡断！

前所呈国书可于阅读翻译后，由理藩院按规定拟出致枢密院回书，交蕴端多尔济等转送俄罗斯理藩院。

着即遵照执行，此令。

蒙古国立中央历史档案馆，藏档 M-1，案卷 639，311～315 页。库伦办事大臣衙门满文抄文簿抄件，И. Т. 莫罗兹译自满文。

注释：

［1］“叩头”，中文也叫“磕头”，是中国跪拜礼仪的称呼。中国人行这种礼有几个不同的方式或程度。“叩头”的大礼在朝拜皇帝时使用，由三次下跪和九次磕头组成。所有到中国的人，不仅要在面见皇帝时行此大礼，而且还要在进入宫门时、皇帝宝座之前（即使上面是空的）、宣读皇帝谕旨等场合也行此礼。

还有一种形式是两跪六叩首、一跪三叩首，以及它们的变异——屈膝三次，两手据地俯首九次［见 M.И. 卡扎宁：《专案注解》，载伊杰斯·伊兹布兰特和亚当·勃兰特：《俄国使华使团札记（1692—1695）》，350～351页］。叩头礼有时也在其他场合乃至在级别比较低的人面前举行。论述叩头礼的资料有许多［如：Rockhill W. W. *Diplomatic audiences of the court of China*.（《中国宫廷的外交礼仪》），伦敦，1905；A. C. 马丁诺夫、B. C. 米亚斯尼科夫：《清帝国和17世纪的俄罗斯国家》，载《亚非民族》1985年5期，182～189页；关于从19世纪60年代起中国皇帝为外国使臣规定的礼仪，参见 И. Я. 科罗斯托维茨：《中国人和他们的文化》，576～582页］。

这一对于外国人来说具有屈辱性质的礼仪，从唐帝国建立起一直存在到1858年同中国签订《天津条约》（同法、英、俄、美）止，产生于中华帝国中国中心主义的观点，它不把自己的邻国看成同自己平等的国家。在清帝国时期这也是看待俄国的观点。

如果使臣拒绝行廷见礼，就不允许他朝见，并被赶出国家。这样他就无法完成交给他的外交使命。例如费多尔·伊萨科维奇·巴伊科夫（见103号文件注释1）就因为事先没有得到己方国君的指令，又怕受到侮辱，拒绝行叩头礼，故而只好返回俄国，未能完成交办的外交使命。不过，正如 H. Φ. 杰米多娃和 B. C. 米亚斯尼科夫所认为的那样，这并不是出使失败的主要原因［见 H. Φ. 杰米多娃、B. C. 米亚斯尼科夫：《出使中国的首批俄国使者（佩特林的报告和巴伊科夫的奏章）》，93页］。Φ. И. 巴伊科夫之后的所有俄国使臣（如斯帕法里、伊杰斯、伊兹玛伊洛夫、拉古津斯基）都行了完整的叩头礼（И. Я. 科罗斯托维茨：《中国人和他们的文化》，566～568页）。荷兰和葡萄牙的使臣到中国来也行了叩头礼（И. Я. 科罗斯托维茨：《中国人和他们的文化》，565～566页）。据英国使臣马嘎尔尼

（见 59 号文件注释 2）说，他拒绝行叩头礼，只是单腿下跪，吻了弘历皇帝的手。因而出使的任务完成得也不顺利：他在给皇帝的信中提了很多要求，一条也没有被接受（《中国近代史》，54～55 页）。

现在不是在北京廷见时，而是在库伦排开的香案（博格德汗圣驾的象征）面前就要演练这样的礼节，Ю. А. 戈洛夫金使臣当然不愿意，这就成了天朝帝国拒绝在京接见俄罗斯使团的正式理由。为此我们认为有必要把双方在这一问题上谈判的过程较详细地加以说明。

叙述事件经过时，我们不应忽略一个事实，就是在 Ю. А. 戈洛夫金使团抵达中国很早之前，荷兰伊萨克·迪清使团（1795）的顾问王·勃拉姆就曾于广州在皇帝的牌位前详细演示过廷见礼。据 И. 科罗斯托维茨说，这个使团的成员对于下跪之类的事并不太在意，他们随意跪拜，所以“有理由猜测，荷兰人过于巴结的行为在清帝国政府的眼中败坏了欧洲人的威望，也促使了 1805 年戈洛夫金伯爵使团难以获得成功”（И. Я. 科罗斯托维茨：《中国人和他们的文化》，572 页）。

还是回到 Ю. А. 戈洛夫金使团。我们应该记得，关于礼仪问题，在亚历山大一世给出使清帝国使臣的训令中，占有整整一条。其中说：“虽然北京宫廷在接见和对待其他国家来访的代表时要求严格遵守他们自古以来一直要求博格德汗的臣民遵守的礼仪规范，但此前由我国派往彼处的各类官员却都能够设法免除礼仪中某些有损于俄罗斯帝国尊严的成分。我们希望你也能够尽可能地发挥你的杰出才能，维护我帝国的尊严，为此在你进入北京和中国皇帝留驻的其他地方时，应同他的大臣商定你们受到接见的方式和你们应遵守的礼仪，但此时以及在其他场合都不应由于礼仪——如果中国人狂热地坚持这种原始的礼仪的话——而牺牲我们派你们此次出使北京所希望获得的利益”（见 130 号文件）。Ю. А. 戈洛夫金正是以这一条指示来指导自己同库伦办事大臣的谈判中关于在库伦行叩头礼的问题的。

首先提出要求俄罗斯使臣学习叩头礼并要求他在库伦行此廷见礼的是嘉庆皇帝（1805 年，不早于 10 月 7 日），库伦办事大臣接到他的谕旨是 10 月 17 日。这时俄罗斯使臣已经到达边境，正在恰克图。而且（这一点应特别予以注意）按照谕旨，在库伦学习和演习叩头礼的要求不能向使臣立刻提出来，而是先要坚持缩减使团人数，坚持提交“贡品”清单以及给博格德汗纳贡的贺表。只有在此之后，库伦办事大臣才允许向使臣通报，说是在面见至圣大皇帝的时候，清帝国存在着这么一种“法定的礼节”。然

后再强迫 Ю. А. 戈洛夫金学习和演练。同时皇帝在谕旨中还提到了一个不可或缺的条件：使臣在行此礼时要“心无动摇，面容虔敬”。只有在完成了谕旨中所有要求后，博格德汗才允许使团下一步由库伦进入天朝大国的首都。否则嘉庆皇帝就要下令把它遣送回俄罗斯（见 180 号文件）。

库伦收到这道谕旨后，事情的进展就成了这个样子：库伦办事大臣蕴端多尔济和福海严格遵照皇帝的谕令，于 1805 年 10 月 13 日给 Ю. А. 戈洛夫金写了一封信，坚持要求缩减使团人数，但却把收到皇帝命令要求使臣在库伦演习廷见礼的事隐瞒了下来（见 187 号文件）。他们也没有通过这时送信来到库伦的信使桑热哈耶夫传达任何有关消息（见 188 号文件）。

首次同俄方代表商谈廷见礼（一般性的商谈）是同使团一秘 Л. С. 巴伊科夫进行的，Ю. А. 戈洛夫金派他到库伦去是谈判缩减随员的问题（见 201 号文件）。巴伊科夫于 1805 年 10 月 23 日到达库伦，但在会见郡王与昂邦之前，有几个清方官员奉命事先跟他交谈，他们告诉他，说是应该就礼仪达成一致，并把出使证书的内容告知。就此巴伊科夫回答说：“至于说到要在国境就谈妥礼仪的问题以及正式通知出使证书的内容，这样的要求是不允许的，也是不合法的。在这些问题上存在着确定的规则，它们是不能破坏的。”此后 Л. С. 巴伊科夫得到郡王与昂邦两次接见。第一次（10 月 25 日）他们向他提了这样一个问题：“戈洛夫金伯爵是否知道我们的规矩？最重要的是他是否知道在朝见皇帝时有匍匐跪拜的习惯，他是否能遵守这样的礼仪?”对此巴伊科夫回答说：“关于礼仪的一切问题不应该在国境上谈。”后来关于行礼的问题双方代表就再没有提起过。10 月 27 日巴伊科夫打道回程。（见 202 号文件）

这时嘉庆皇帝又颁发了一道新旨（1805 年，不早于 10 月 28 日），郡王与昂邦于 11 月 6 日收到。在这道旨意中他再次命令在库伦教导使臣学习廷见礼。不过为了让这一“新举”得以顺利进行，博格德汗命令如果 Ю. А. 戈洛夫金演习了廷见礼仪，可以为他举办庆功宴会（见 204 号文件）。这一旨意在 11 月 13 日送达库伦的下一道上谕中又重复了一次（见 208 号文件）。

这样，一方面库伦办事大臣只能毫不走样地执行皇帝的命令，在库伦演习廷见礼；另一方面他们在同 Л. С. 巴伊科夫谈话中已经知道了俄方对这个问题的态度。所以郡王与昂邦开始不是直接活动，而是一步一步慢慢来。在接到皇帝旨意的第二天蕴端多尔济和福海给俄国使臣去了一封信，要求对方以书面形式确认使团一秘的话，在朝见博格德汗时Ю.А.戈洛夫金将行廷见礼（见210号文件）。在《库伦逗留期间日志》中（见202号文件）并没有记载，说Л.С.巴伊科夫对库伦办事大臣作过这样的许诺。不过Ю.А.戈洛夫金还是同意了库伦的这一新要求："至于我面见博格德汗时的礼仪问题，我知道先我而来的人都遵守了什么样的礼仪，我无疑也会学他们……"（见213号文件）可见，这一次谈的也不是在库伦演练叩头礼的问题。郡王与昂邦对这封信没有给予回答。

然后，还在使团离开恰克图之前，一个买卖城的扎拉固齐奉郡王与昂邦的指令到了那里（1805年12月12日），向Ю.А.戈洛夫金宣称皇帝有谕旨（见218号文件）同意使团进京。从种种情况来看，扎拉固齐也是奉命来打听俄国使臣对行廷见礼的态度的。这种猜测是以扎拉固齐的行为为依据的。因为他先是见了Л.С.巴伊科夫，通知说："当他向俄国使臣宣布博格德汗陛下的谕旨时，使臣大人为了表示对皇帝陛下的崇高敬意，应该起立恭听宣读，而且按照他们的习惯宣读这样的谕旨时是要跪着听的。但他可以同意使臣站着听宣读。"巴伊科夫对此回答说，使臣"一定会非常高兴有机会面见博格德汗……但特命全权使臣的地位要求他在接见别人时只能坐着，不能采用别的姿势。"扎拉固齐在会见使臣时又提出了这一要求，但再次遭到拒绝（见212号文件）。这次谈话的内容当然立刻报到了库伦。

Ю.А.戈洛夫金踏上清帝国国土后，（从塔希尔驿站）给库伦的蕴端多尔济和福海送去了一封报告使团行程的信，并派使团一秘Л.С.巴伊科夫为信使，命他商谈第一次见面的事（见212、244号文件）。库伦送来了令人宽慰和充满希望的回答，但一字不提演练廷见礼的事，也没有提到为使臣设庆功宴的事（见244号文件）。这样，一直到库伦，俄国使臣也是对他要在边境城市演练廷见叩头礼的事毫不知情。不过，关于这个问题的谈判到了库伦也不是立刻就开始的。

在Ю.А.戈洛夫金使臣和使团一秘巴伊科夫同库伦办事大臣谈判的记录中可以看到，Л.С.巴伊科夫到达库伦的时间比戈洛夫金要早，他同郡王与昂邦有过三次"商讨"，但关于礼仪的问题在会见中并没有提起。到达库伦后，俄国使臣第一件事就是拜访郡王与昂邦。可是在这次拜访和库伦办事大臣对Ю.А.戈洛夫金的回访中，关于礼仪的事还是没有提起。郡王与昂邦只是告诉他，博格德汗"命令为他庆功"。1806年1月4日，他们派来了秘书托克托布，在同 Л. С. 巴伊科夫谈话时就庆功宴的问题说，“使臣一定要对博格德汗格外施恩表示感谢”。使团一秘对此回答说，为了感谢皇帝的恩典，使臣在“赐宴开始时将举杯起立，祝皇帝陛下健康长寿，说这样的礼节在我国大皇帝面前也是如此行事的”。对于这些话托克托布并没有表示反对。当 Ю. А. 戈洛夫金面见郡王与昂邦时，他们在设宴款待他之前要求他“在朝南摆放的香案前铺设的三个红呢拜垫上行三跪九叩首礼”。使臣回答说他事先没有接到通知，于是拒绝行这样的礼（见 212 号文件）。

库伦发生的事以及后来库伦办事大臣们在奏折中所叙述的实际上同谈判记录相符。郡王与昂邦在奏折（1806 年 1 月 13 日）中报告，1 月 3 日他们同俄国使臣有两次会见，第二次会见时告诉他，第二天皇帝要为 Ю. А. 戈洛夫金赐宴。4 日一早，库伦办事大臣们互相商量了一下，决定这样做：当赐宴准备停当后，就向戈洛夫金解释，中华帝国“为了向皇上谢恩，有一种匍匐跪拜的礼节”。然后要求俄国使臣跟他们一起完成这种礼节。据奏章中说，为了把这件事说明白，还派秘书托克托布去了俄国人的营房。可是交给他的这项任务，说得不好听，有点奇怪——郡王与昂邦交代托克托布（据奏章中说）“谈话时选择一个恰当的时机”向俄国人宣布，要给他们赐宴。托克托布回来报告说，“他通过翻译把什么都对俄国人说明白了”（见 252 号文件）。

这样一来，根据满文文件也可以看出，当戈洛夫金到郡王与昂邦那里赴宴的时候，要求他在筵席开始前跟他们一起（对着靠东墙摆放的香案）行廷见大礼也是一件绝对突然的事。有意思的是库伦办事大臣坚持要在库伦教 Ю. А. 戈洛夫金演练廷见大礼，不仅是要对赐予俄国人的恩典（博格德汗赐宴）表示感谢，而且还因为据说俄国使臣在信中已经答应到北京廷见时行叩头礼，那么为什么在库伦就不能行这个礼呢。Ю. А. 戈洛夫金在回答时再次重复，他是第一次听说这件事，正如他信中写的那样，叩头礼他要到清国皇帝接见时才能行。

双方争论不休，就出现的“误会”交换书信。库伦的郡王与昂邦埋怨托克托布把“跪拜”这个词说得不清不楚，可是却向他们报告说是说得明明白白。郡王还又向使臣道歉说，会见时“忘记了通知他行礼这件事”。又说翻译符拉德金搞错了，符拉德金却肯定地说托克托布所说的一切他都翻译得准确无误。明确这些关系并没有取得任何效果，俄国使臣 Ю. А. 戈洛夫金坚决拒绝在边境城市演练叩头礼，他宣称自己的行动只能以“给他颁发的旨意为根据”，他将“按旧例行事”（见212号文件）。

库伦办事大臣害怕进京后会出现麻烦（要是到了那里Ю. А. 戈洛夫金忽然拒绝行廷见礼呢），在前引的奏折中请求下诏“把俄国使臣赶回恰克图”（见252号文件）。皇帝下诏，如果俄国使团在库伦不行叩头礼，就把他们遣送回去（1806年，不早于1月21日）。库伦办事大臣接到这道圣旨的时间是1806年1月29日（见263号文件）。不久，戈洛夫金使团回国。

[2] 在俄罗斯帝国对外政策档案馆保存着理藩院于9月23日（1805年10月23日）给库伦办事大臣指示的蒙古文本译文验明无误的抄件，附有嘉庆皇帝关于接待俄国使团礼仪的谕旨：

//366//扎拉固齐书办由满文原文翻译成蒙古文的文件，由百人长纳济莫夫从蒙古文翻译成俄文。

总领外蒙古各省衙门致库伦章京王留久姆日等人：奉大博格多额真汗（原文有下加线。——俄编者）给本衙门谕旨，特告知尔等：

1. 尔等应于官员中遴选行为端正、办事干练者一人，立即派往恰克图迎接来我国之俄罗斯使臣，命其于见到该使臣时，首先询问他携带何物来朝见我博格多额真汗，携带何种礼品，有何要求，随行官员几何，普通人员几何，行李辎重几何，状况如何，着前往恰克图的扎拉固齐通过自己手下从俄罗斯普通百姓处对一切详加了解，并将打听到的情况报告尔等，急速报与本衙门知道。

2. 与此同时还要派人到库伦的四邻各穆扎（页边有注解：满文的“省”。——俄编者），要他们从当地居民身上以及其他可能的地方收取钱税和各种牲畜，但却不要对人民造成过重负担，征集到牲畜之后，将其变卖，到各//366背面//地采购食品，将之保存，等待使臣抵达库伦。

3. 使臣携带辎重抵达后，须将其用蒙古马和骆驼恭敬隆重地送往库伦，沿途食用须供给充足，勿使俄国使臣感到有所不便。

4. 俄国使臣到达库伦后，请其于当地逗留三昼夜，小事休憩，与此同时对之详加开导。因其不熟悉中国礼仪法度，不熟悉到北京后应如何去见博格多额真汗，所以才要在库伦对他加以开导，并尽量说服他满足博格多额真汗的要求。如其冥顽不化，可向本衙门报告。如果他能顺利地表示同意，可以博格多额真汗的名义留他在库伦大宴三日，尽情欢乐，暗示所有一切安排都是按照我博格德汗的旨意，使臣的所有食品均专门由北京送来，这里为俄罗斯使臣的安排一切均比照京城的接待规格。

以后的护送事宜由张家口知府庄强永（音译。——中译者）负责。

9 月。

正文下方：译文经八等文官彼得·伊兹玛伊洛夫核验（俄罗斯帝国对外政策档案馆圣彼得堡分馆，总档 1—7，1805 年，案卷 1a，卷夹 27，366～366 页背面，蒙古文翻译件的经核对过的文本抄件；另一经戈洛夫金核验过的抄件藏于同处，420～421 页）。

[3] 按照清帝国严格遵守的礼仪规定，凡有涉及皇帝本人的字样（如“圣明皇帝”、“皇帝恩典”、“圣谕”等等），或者是提到国家名称的字样（如“中国”、“天朝帝国”），均应另起一行，顶格书写（满文是由上而下书写的，这一点前面已经说过）。这一规定不仅在公文中要遵守，在私家书信中也要遵守。

过去清国官吏也曾对遵守这项规定的问题提出过要求。例如 1692 年以埃维尔特·伊兹布兰特·伊杰斯为首的使团曾被派到北京。虽然俄国使臣两次受到皇帝接见，清政府却以沙皇国书中博格德汗的头衔写得低于俄国沙皇的头衔为借口，把沙皇国书和礼品退还给伊杰斯（《中国近代史》，60 页）。不过 Ю. А. 戈洛夫金的看法是：从来都是“各方均以大写字母书写已方国君的头衔。也就是说，北京政府这次又提出了一个新的要求，毫无通融的余地……”（见 351 号文件）

关于 Ю. А. 戈洛夫金使团时期俄方文件中书写清国皇帝头衔出现错误的问题可参见翻译帕雷舍夫呈西伯利亚总督 И. О. 谢利丰托夫的报告（见 211 号文件）以及满文翻译 А. Г. 符拉德金呈 Ю. А. 戈洛夫金的报告（见 414 号文件）。

№ 181

1805 年 10 月 8 日。Ю. А. 戈洛夫金就提交随行人员缩减后官员和随员名单以及运送使团行李所需兽力运输工具等事致库伦办事大臣蕴端多尔济、福海的信

//105//1805 年 10 月 8 日使臣戈洛夫金伯爵致库伦办事大臣郡王、昂邦函

郡王和昂邦大人，当我到达国境时，我有责任通知你们：按条约第九款规定，一国如因公向另一国派遣大小使节，当该使节抵达国境时，应将己方事体内容知会，在国境少事等待，俟对方派人迎接，并予以//105 背面//护送，为其提供快车伙食，悉心照料，到达一地后要提供住地膳食等等[1]。因此特告知你们，我已奉我至仁皇帝陛下之命出任谒见博格德汗陛下的特命全权大臣，向博格德汗陛下呈递国书，禀告我皇帝//106//陛下已在万众欢庆中继登祖父大宝，同时也向博格德汗陛下祝贺顺利继承皇位，表示我全俄罗斯至仁皇帝陛下衷心希望全力巩固和扩大双方国家至为愉快和顺利发展之和谐友谊，献上//106 背面//礼品，以表达我皇帝陛下对博格德汗陛下之友好情谊。

我能为实现此项崇高意愿聊尽绵薄，引以为巨大光荣，定将为推进和完成这一极为重要的有益之举鞠躬尽瘁。

蒙郡王和昂邦大人最近来信赐告，博格德汗陛下//107//恩德无量，“有如天高地厚；奉其恩旨，为体念路途

遥远，气候恶劣，特命减少随从，剔除冗员”。今敬告郡王和昂邦大人，能够遵从博格德汗陛下的旨意，我感到无上荣幸，现已着手削减随员，相信我全俄罗斯仁慈的皇帝陛下会允许我未经请示采取此项行动，并视我为//107背面//满足博格德汗陛下所采取的一切行动为善举。根据给我的指令，我已为留在我身边的官员分配了职司，确定了人数，并有名单附后。希望郡王和昂邦大人从我的举动中能看出我的诚意和努力，不致辜负贵国大国君的仁慈和恩典。我为能尽这样的义务而感到高兴。

至于郡王和昂邦大人要求的礼品清单//108//一事，我应该告诉各位，在各种有资格向博格德汗陛下献上的极为贵重珍稀的礼品中，有多面大镜子和其他珍稀物品，但其特点是经过长途搬运极易损毁，故于顺利将它们运抵目的地之前我无法按照贵方要求提交准确清单。

此外，//108背面//条例中未见提及，过去使团亦从无先例，要求俄罗斯使臣必须于朝见博格德汗陛下之前呈报此类清单。

至于驼、马和辎重数量等，目前还不能呈报给郡王和昂邦大人，因为第一，目前仅仅是刚刚把行李和我带来的礼物合到一起；第二，//109//我国都是用大箱子运输物品，而过国境后，为了便于运输，将全部改装为小箱子。

查点我随行的行李物品后，现在我可以准确地告诉郡王和昂邦大人，需要的驼马见附件清单①。此外，按大人//109背面//于8月29日信中②所示，我方将自备坐骑，沿途尚需各驿站供应一定数量饲料。

---

① 见183号文件。

② 见109号文件。

最后我想愉快而荣幸地通知您，郡王和昂邦大人，我最重要的责任和努力的目标，就是不仅要保持，而且要努力加强已经顺利地存在于两国之间的和谐与友谊，以证实两国之间所有//110//关系都牢不可破。

专此奉达。签字盖章。

1805年10月8日于恰克图

正文下方：戈洛夫金伯爵

110页背面：在戈洛夫金伯爵的报告中为附件5[①]。1805年11月23日收到。

俄罗斯帝国对外政策档案馆圣彼得堡分馆，总档1—7，目录6，1805年，案卷1a，卷夹25，105～110页。经核验的抄件。草稿存同处3～4页背面、7～7页背面、9～9页背面。满文翻译为**А. Г.** 符拉德金，译稿存同处10～14页背面。蒙文翻译为**Ф.** 桑热哈耶夫，译稿存同处15～17页。

俄文稿抄件存中国第一历史档案馆，中俄关系史俄文文件藏档案卷11，39～46页。

使团办公厅抄文簿抄件：俄文本存俄罗斯帝国对外政策档案馆圣彼得堡分馆，总档1—7，目录6，1805年，案卷1—2，卷夹26，143页背面～147页背面；同处，卷夹28，50～53页；同处，亚洲司图书馆全宗，目录505，1806年，案卷32，10～12页背面，满文本存俄罗斯帝国对外政策档案馆圣彼得堡分馆，总档1—7，目录6，1805年，案卷1a，卷夹28，53～56页背面；蒙文本存同处，57～60页。

库伦办事大臣衙门抄文簿抄件：满文抄件存蒙古国立中央

① 见189号文件

历史档案馆，藏档 M-1，案卷 639，268～274 页①；蒙文抄件藏于同处，276～283 页。

发表于《19 世纪和 20 世纪初的俄国外交政策》，卷 2，609～611 页。根据底稿印出。

注释：

［1］Ю. А. 戈洛夫金引用的是 1727 年签订的《恰克图条约》第 9 款（见《1689—1916 年的俄中关系：官方文件》，21 页）。

---

① 268 页上有：九月二日，即 10 月 12 日收到。

№ 182

1805年10月8日[①]。Ю.А. 戈洛夫金向库伦办事大臣蕴端多尔济、福海提交的削减后的使团官员和随员名单

//114a//使团官员及随员名单职务一览

	人数
特命全权大臣尤里·亚历山德罗维奇·戈洛夫金伯爵	1
使团办公厅[②]	
使团一秘、皇帝陛下宫廷侍从、五等文官巴伊科夫	1
皇帝陛下宫廷侍从、五等文官边肯道夫	1
使团二秘、六等文官兰伯特	1
翻译	
满文翻译、八等文官符拉德金	1
蒙文翻译、七等文官伊古姆诺夫	1
拉丁文翻译、八等文官斯特鲁维	1
书办、六等文官冯·苏赫特伦	1
帮办、八等文官尤尼	1
使团司礼官、皇帝陛下宫廷侍从、//111a//五等文官纳雷什金	1
护送礼品荣誉骑士	
护送作为礼品的物理仪器的三品护送使颇托茨基伯爵	1
副使、八等文官潘茨涅尔（库罗奇金）[③]	1

① 根据181号文件确定日期，此清单为其附件。

② 此处和以下的下加线是原文中就有的。

③ 此处和以下的括号是原文中就有的。

护送镜子

皇帝陛下宫廷侍从官、四等文官戈利岑	1
第一副使、六等文官卡拉乌洛夫	1
第二副使、八等文官科尔涅耶夫	1
护送珍宝	
皇帝陛下宫廷侍从、五等文官涅利多夫	1
副使、九等文官杰普洛夫	1
//112//护送毛皮	
皇帝陛下宫廷侍从、五等文官古里耶夫	1
副使、八等文官佩罗夫斯基	1
维护礼品的工艺师	
主要工艺师、八等文官马丁诺夫[1]	
低级工艺师：1）铁匠；2）金匠；3）漆匠；4）铜匠①	4
礼品护卫	20
使团金库护卫	
司库、七等文官奥西波夫	1
副司库、十二等文官赫沃斯托夫	1
使团各路巡查、六等文官多夫列（阿列克谢耶夫）	1
副巡查、九等文官藤涅尔（维格尔）	1
列曼医生②	1
医士两名（加里、列多夫斯基）③	2
药剂师赫尔姆	1
修士司祭：1）阿尔卡季·//112背面//叶罗莫纳赫，2）学员西帕科夫，3）教堂差役亚菲茨基④	3

① 满文文本中仅标明4名工匠，但未具体说明他们的分工（参见186页的说明。——俄编者）。

② 满文文本为：主要医生一名，没有标明姓名。（参见287页注解。——俄编者）

③ 满文文本为：医士两名，没有标明姓名（参见287页注解。——俄编者）。

④ 满文文本未标教士姓名（参见287页注解。——俄编者）。

使臣卫士两名	
军官（巴尔捷涅夫）①	1
龙骑兵	25
号手	1
乐手	9
随从	
传令兵（机要通信官施托茨[2]和洛谢夫）②	2
杂务	16
官员随从	12
随团工匠	
马鞍匠、皮匠、裁缝③	3
马夫	35
官员、随从总数	159④

正文下方签字：戈洛夫金伯爵

在111a，正文上方：戈洛夫金伯爵1805年5号报告/п. /附件。⑤

俄罗斯帝国对外政策档案馆圣彼得堡分馆，总档1—7，目录6，1805，案卷1a，卷夹25，111a～112页背面，经核验过的抄件。

草稿存同处5～6页。

蒙文文本草稿存同处19～23页。

俄文抄件存中国第一历史档案馆，中俄关系史俄文文件藏

---

① 满文文本未标军官姓名（参见287页注解。——俄编者）。

② 满文文本未标军官姓名（参见287页注解。——俄编者）。

③ 满文文本为工匠三名，没有具体工种（参见287页注解。——俄编者）。

④ 满文文本中未标明人员总数——俄编者。

⑤ 参见189号文件。

档，案卷 11，47～51 页。

使团办公厅俄文抄文簿抄件存俄罗斯帝国对外政策档案馆圣彼得堡分馆，亚洲司图书馆全宗，目录 505，1806 年，案卷 32，12 页背面～13 页背面。

库伦办事大臣衙门抄文簿抄件：满文文本藏蒙古国立中央历史档案馆，藏档 M-1，案卷 639，284～287 页①；蒙文文本存同处，288～293 页。

注释：

[1] 马丁诺夫，安德烈·叶菲莫维奇（1768—1826），著名的俄罗斯画家、风景画家、艺术学院顾问（从 1802 年起）。由艺术学院退休后，曾赴意大利旅行。1797 年其作品《意大利风景》受到艺术学院院长的奖励（《圣彼得堡皇家艺术学院简史》，圣彼得堡，1914 年，20 页）。

1805 年，马丁诺夫作为主要画师参加俄罗斯 Ю. А. 戈洛夫金使团赴华，但未能到库伦。回圣彼得堡后不久出版了一本彩色风景画，是作为使团成员在西伯利亚旅行时所画，每幅画均附有法文说明："Voyage pittores- que de Moscou aux frontiers de la Chine. -Pet. 1819"．这个画册用俄文出版时书名叫做：《从莫斯科至中国边境的风景如画的旅行》，圣彼得堡艺术学院顾问安德烈·马丁诺夫画，印制于亚历山大·普柳沙尔印刷所，1819 年。画册中所画的全是画家认为有意思的东西。例如，A. E. 马丁诺夫觉得有必要把使团途经的叶卡捷琳堡的一些现在可能已鲜为人知的情况（以及其他情况）告诉大家："叶卡捷琳堡以精美的漆器闻名，仿制中国产品惟妙惟肖……这里还用石棉制作手套，石棉在当地许多地方都可以采到。在这里我想提一句，就是彼得大帝离开俄国到国外的时候，有人送了一件这种材料的布衫到莫斯科，卖了个天价。因为它在火里不仅不会燃烧，而且还能变得干净。"（《从莫斯科至中国边境的风景如画的旅行》，34 页）。再例如对伊尔库茨克的描写，Ю. А. 戈洛夫金使团在去中国和回来的途中两次在这里逗留："这里的房屋大约有 2000 幢，其中私人的石头房

---

① 284 页正文下方左侧：九月二日，即 10 月 12 日。

子有25幢，公家的有17幢。此外，还有13座教堂，两座修道院，20家工场，7家医院，1家孤儿院，1家国民学校，几处监狱，几处劳改所，几处军营，骑兵的马厩、商店、磨房和大量其他公用设施。好多建筑乃至私家房屋都建造得非常别致，一尘不染，道路也很整齐，总之一切都那么秩序井然，显得管理有方。一句话，当你在西伯利亚心脏地区见到高雅的科学和艺术的标志比比皆是时，眼前的一切不由得使人感到惊奇——在远离圣彼得堡6000俄里的地方，居然有一座这么漂亮的城市，居然有一片如此美好的乐土……伊尔库茨克的人口总共大约有15000。”（《从莫斯科至中国边境的风景如画的旅行》，42页）他对恰克图和买卖城的描写也是形象程度不减。

马丁诺夫的许多画作装饰着郊外的皇宫，存于艺术学院和爱尔米塔日博物馆。他于第二次出国旅行时在罗马逝世（A. H. 安德烈耶夫：《欧洲主要艺术流派的绘画和画家》，498页）。画家有一幅画（《西伯利亚色楞格河的景色》，1817）藏于国立特列佳科夫画廊，是1927年由国立茨维特科夫画廊转过去的（《国立特列佳科夫画廊：18世纪和19世纪初绘画目录》，莫斯科，1984，2391页）。

［2］施托茨为Ю. А. 戈洛夫金随行的少尉机要通信员。戈洛夫金在给亚历山大一世的关于使团成员的报告中提到过他：“少尉施托茨来自机要通信兵，任使团警官和巡察的职务，办事敏捷，头脑清楚，值得特别保荐。无论在国内还是在蒙古，他在执行交付给他的许多机密的和微妙的使命时，都表现出上述品质。”（458号文件）戈洛夫金保荐他以及其他人获得奖励（459号文件）。

№ 183

1805 年 10 月 8 日。[1] Ю. А. 戈洛夫金使臣向库伦办事大臣蕴端多尔济、福海提交的运输使团辎重所必需的畜力清单

//113a//运送使团礼品和人员所需骆驼、驮马、马匹的清单

驮运的骆驼[2]	数量
运送礼品	100 头
运送各种物品	100 头
运送官员行李	50 头
护卫及使团随员的坐骑（配鞍鞯）	100 头
使团本身的马匹坐骑	150 头
沿途各驿站需准备饲料	

正文下方有签字：戈洛夫金伯爵

113 页 Б 的背面有外务院收文标记：戈洛夫金伯爵 5 号报告附件。[3]

俄罗斯帝国对外政策档案馆圣彼得堡分馆，总档 1—7，目录 6，1805 年，案卷 1a，卷夹 25，113a～113b 背面，经核验的

---

① 根据 181 号文件标定日期，本清单为其附录。

② 下加线为文中原来所有。

③ 参见 189 号文件。

抄件。

草稿存于同处，8 页。

Ф. 桑热哈耶夫的蒙文译稿存于同处，18 页。

俄文抄件存于中国第一历史档案馆，中俄关系史俄文文件存档，案卷 11，53～54 页。

使团办公厅抄文簿俄文抄件存于俄罗斯帝国对外政策档案馆，亚洲司图书馆全宗，目录 505，1806 年，案卷 32，12 页背面～13 页背面。

库伦办事大臣衙门满文抄文簿抄件：存于蒙古国立中央历史档案馆，藏档 M-1，案卷 639，275 页；蒙文抄文簿抄件存同处，283 页。

№ 184

1805年10月8日。[1] Ю.А.戈洛夫金使臣就宫廷侍从K.A.纳雷什金被任命为使团司礼官和监礼官给后者的训令

//681背面//致皇帝陛下的宫廷侍从纳雷什金先生[2]

特任命你为前赴中国的使团司礼官，现将有关事项说明如下：

1. 在我逗留此间期间，以及在整个逗留中国期间，特任命你管理同使臣称号有关的一切会见、礼仪、仪式等事务。因此你应按事先通知的有关事项，制订并向我提交有关事务的应对方案，经批准后向全体官员公布，并命令全体随员，在规定的时间和地点严格执行此项指令。一切仪式由你实行监督，礼仪一经批准，全体人员务需严格遵守。//682//

2. 为使团各种礼仪场合制订可行的礼仪，既得体于我的职衔，又合乎原有体例。你应立即由此前赴中国使团的训令和日志中，摘录出各种场合所应遵循的所有礼仪，以便随时有例可循，对现实情况起指导作用。

3. 在举行各种仪式以及内部举行集会时，你要监督所有官员遵守应有的规矩，保持肃静和体面，如有发现违规

---

① 日期标在抄文簿的相应栏目中（参见681页注释）

② 此标题标写在左侧页边。

者，应先予以劝诫，着其遵守规定，如不能改正，可径向我报告。

681页背面正文上方有“№ 473”字样。

俄罗斯帝国对外政策档案馆圣彼得堡分馆，总档1—7，目录6，1805年，案卷1a，卷夹42，681页背面～682页。使团办公厅抄文簿抄件。

№ 185

1805 年 10 月 9 日。外务院驻恰克图特派员 A. И. 索科洛夫就迎接 Ю. A. 戈洛夫金使臣进入特罗伊茨科萨夫斯克要塞的情况呈副外务大臣 A. A. 恰尔托雷斯基的报告

//144//外务院派驻恰克图特派员、领边境事务七等文官索科洛夫呈二等文官、副外务大臣、御前侍从官、赏戴勋章亚当·阿达莫维奇·恰尔托雷斯基公爵的报告

今年 10 月 5 日下午 5 时，二等文官、枢密官、国家院部大臣、皇家宫廷及俄罗斯各骑士团总典礼官、御前侍从官、特命全权使臣、赏戴勋章尤里·亚历山德罗维奇·戈洛夫金伯爵大人抵达特罗伊茨科萨夫斯克要塞。迎接他的首先有布拉茨克民团哥萨克士兵 200 人，在阿塔曼和长老们的带领下打着旗帜于要塞 8 俄里外迎候。伯爵大人带领随他赴中国的龙骑兵和哥萨克，由一名大尉为先导。特罗伊茨科萨夫斯克防区的民团部队派出盛装哥萨克在旗手引领下迎接。进入要塞时，为通报伯爵大人到来，特//144 背面//鸣炮 30 响。后在进入驻地时，又有全体官员迎候。

第二天清晨起床号吹响后即打开边境大门，由我派出十二等文官马克西莫夫将伯爵大人抵达特罗伊茨科萨夫斯克要塞的消息告知买卖城扎拉固齐。

9 日，以伯爵大人名义，按惯例经恰克图要塞派九等文

官桑热哈耶夫携带文书[①]去库伦见郡王和昂邦[②]，护送的有民团军士 1 名、伍长 1 名、列兵两名。特此恭报大人。

七等文官索科洛夫

1805 年 10 月 9 日

于恰克图哨所

144 页页边有“№ 258”字样。

俄罗斯帝国对外政策档案馆圣彼得堡分馆，总档 1—7，目录 6，1805 年，案卷 1a，卷夹 24，144～144 页背面。原件。

送外务院报告副本存于同处，145～145 页背面。[③]

---

① 见 181 号文件。

② 下加线是原有的。——俄编者

③ 145 页正文上方：1805 年 11 月 28 日收到。

№ 186

1805 年，不晚于 10 月 13 日。[①] 库伦办事大臣蕴端多尔济、福海就收到 Ю. А. 戈洛夫金来信表示同意缩减使团人数至 130 人事呈嘉庆皇帝的奏章

//311//……[②]嘉庆十年八月二十七日[③]皇帝诏曰：

蕴等所进奏折称：

俄使报告颇为不恭[④]，其中自矜自夸之词甚多。故按此前由库伦示戈洛夫金之命令[⑤]，已立即发函予以拒绝。[⑥]

查俄人生性向来桀骜不驯，故此前少有邀请彼国使臣来访。去年多次恭请我方许其遣使来朝，仅为此//317//朕特谕令允其所请。但实非我方本意也。今渠等来函又颇为不敬，且函中行文渠汗之谕令竟高于朕之谕令。函中显示入朝人数并未减少，且未说明献贡时是否呈递贺表，显然心怀叵测，对贡品内有何物有意隐匿不报。行为何其卑劣！其行事乖谬放肆一至于此，如何可以再邀其入觐！蕴等此次信中告知渠等我方拒绝之意，并将此函交付信使，命其转致使臣，实为正确。如俄使由此函得知我方//318//相拒之意，止于半途，亦不失为大好事也。

---

① 根据文中提到的日期（嘉庆十年九月四日）标出。

② 文件开头丢失，根据 180 号文件恢复。

③ 即 10 月 7 日。

④ 参见 159 号文件。

⑤ 参见 102 号文件。

⑥ 参见 173 号文件。

倘俄使枢密院参议戈洛夫金伯爵日后终到达库伦，蕴等可对此前要求渠等减缩人数之指示作如下说明：

我方要求贵方简缩人数，全出于我英明大皇帝对洋人心存体恤，盖因库伦至北京路途遥远，且伊缅加扎色地区重峦叠嶂，山路十分难行。

亦无须如前与渠等赘言，我方不愿见渠等遣派之来人如此众多，使团人数应予大量缩减等等。至于纳贡一节，应详加询问，贡品由//319//何物构成，向皇帝呈递时是否附有贺表。如戈洛夫金行为恭谨，听从指令，缩减人数，向蕴等呈交纳贡贺表礼单，可再告知以下言语：

汝等踏上我天朝大国土地，前来朝见我皇帝，但我朝礼仪有定规，人人于朝见英明大皇帝时均须遵守。此后，可命其面向东方，演习叩头礼。如渠等能中规中矩行礼如仪，潜心静虑，面容虔敬，朕俟蕴等详加奏报后，再着其按此前所颁旨意，于规定日期［由库伦］出发，带领使团入朝。若俄人有一项条件不遵，立即//320//坚拒所请，将其逐回。行事务须果决，不得优柔寡断！

奴才等谨奉圣谕，匍匐跪拜，望旨叩头。我大皇帝无比英明，对俄人狡诈刁滑本性了若指掌，所颁圣旨极富教益。奴才等谬承奖掖，心中感激无限。

前八月初有俄国信使回国。后九月二日①俄罗斯汗使团团长戈洛夫金抵彼国恰克图境北厢，又派桑热哈耶夫大尉前来。//321//奴才等拆阅戈洛夫金来函②，言说渠已到达国境，提醒按约凡两国有重要使节到达国境，应陪同往返。同时告知俄罗斯汗任命渠为出使大臣，奉派来此目的是为呈递

---

① 即10月11日。

② 参见181号文件。

文书，通报//322//圣明皇帝登基。来函称，戈洛夫金奉我英明皇帝仁慈圣明意旨，虽未向本国汗请旨，亦甘愿自担责任，削减随员人数。来函又称，贡品中有玻璃镜及其他珍稀物品，但事先无法知会其准确数量，实因路途遥远，途中可能破损，且先前所订条约亦无事先报告之规定。嗣后戈洛夫金复提出应为辕马、一百头坐骑及//323//二百五十头负重骆驼备办草料，呈报了护送贡品官员、医生、神甫、军士、马夫等人名单。

俄罗斯使团团长戈洛夫金此次来函内容颇为混乱，大意如下：戈洛夫金于请求英明皇帝开恩之余，奏称渠携来彼国汗之国书。但所来使团人数缩减不大，于二百四十余//324//人中保留者达一百三十余人，且毫无必要提起条约之事，呶呶不休，加之俄国人总好打探消息，实为可恶。奴才等认真商议之后，又给俄国使团团长戈洛夫金回信一封，其中礼貌周全地提及我中华大国之法律规定，告知我英明皇帝体恤外国臣民之仁德有如天高地厚，并［对使团来访］予以拒绝。为此，特将奴才等出于愚钝给戈洛夫金的回书以及俄使送来的//325//满文、蒙文及俄文信件同缄一函，恭奉圣览。谨请圣上详察。

奴才等以为，每次奉命来访的桑热哈耶夫大尉是一个狡诈刁滑之徒。此次闻知奴才等再次对俄方坚拒，异常惊恐，并于四日①急急返程。

奴才等思量后得出结论：俄罗斯使团团长戈洛夫金如不就奴才等对渠所提条件做出决断，必不敢越过国境直趋库伦。//326//此外，戈洛夫金遭到奴才等二次拒绝后，定将惊恐万分，一时间不及再向我方提出新的要求。如果俄方出

① 即10月13日。

乎臣等意料仍不肯消停，不愿大力紧缩使团，不知羞耻地再次派官员送信提出要求，奴才等将按此前圣上旨意，立即回信体面地予以坚拒。臣等将//327//再次向彼等提出履行我国廷见叩头之礼。如俄方确能满足我方全部条件，神色虔敬，毫不动摇，奴才等将另折奏报，伏请圣裁。今后俄人若再强词夺理，制造事端，奴才等当严词予以拒绝[①]，将彼等驱赶回国，不予理会，有如此事从未发生。不过俄人焦急之余，也许会去询问恰克图衙门供职的克西克章京也未可知，故奴才等前不久已给彼等发去指示，命其严守规矩，向俄人告知我方拒绝之意。//328//专此奏达圣听。

328页正文末尾：根据奏章抄录。在当月二十八日[②]收到的［由北京返回的］奏章上有皇帝朱批：已有旨。

蒙古国立中央历史档案馆，藏档M-1，案卷639，311、317～328页。库伦办事大臣衙门抄文簿抄件。И.Т.莫罗兹译自满文。

---

① 此两行之间皇帝有朱批：有理之至。

② 即11月6日。

№ 187

1805 年 10 月 13 日①。库伦办事大臣蕴端多尔济、福海为要求将使团随员缩减至 70 人致 Ю. А. 戈洛夫金使臣的信

1. 由满文翻译的文本

//36//大清国库伦办事大臣郡王、昂邦致俄罗斯国使臣②、枢密官戈洛夫金伯爵③：

嘉庆十年九月二日④信使桑热哈耶夫送来尔到达恰克图北坝[1]的来信，我等收到后已详细阅过。

尔戈洛夫金恭奉我英明大皇帝特颁恩旨，给我等送来回信，从中我等得知，尔由贵方汗所在之地，向我圣明国君送来贺表，但由于镜子等物件在途中可能损毁，故而事先无法呈报详情，对此我等明白。

现尔戈洛夫金深感我英明大皇帝恩德，虽未经向己方汗王奏报，却已缩减了随员。但根据我等计算，尚保留一百五十九人。尔戈洛夫金既为尔国君驾前重要出使大臣臣，//36背面//于我英明大皇帝的仁慈深感荣宠，深明两国间友好联

---

① 嘉庆十年九月四日。

② 满文原件："达拉哈一额真"，意思是使团头领，或是第一位使者。

③ 满文原件中有一句译者没有译出的话："达撒没—其拉拉没—卡鲁—亚布布勒—扎林"。意思是"就再次发出的严正回答"（这一短语在汉语中应加在"……库伦郡王及昂邦"之后。——中译者）。

④ 11 月 1 日。

合之道，何不一次就多简缩一些人员，何必还要留下那多冗员？此事我等早已多次向尔详细说明。

我大清国之所以告诫贵方人数过多，非因无力供应区区数百人给养，实为我圣明大皇帝恩如天高地厚，降下恩旨，到京城路途遥远，草原荒凉，汝等俄人沿途饮水不便，鞍马劳顿，极易疲惫。

我大清国律令规定，凡大小国家遣使朝贡，只许数十人入朝，此事必须立即严格遵照执行。该规定并非仅对尔俄罗斯一国，普天下莫不遵守。尔不可谓不知也。

本郡王和昂邦//37//以为，尔来信中满文蒙文名单[①]有所不符。尔说护送和监管各种物件者各有官员二至三名，且又有护送礼品人员二十名、士兵二十五名、随员十六名。根本就无须如此之多，实在太多了！难道贵国汗出于敬重而献给我圣明大皇帝的礼品以及车马等，途中还需要你们的人看管吗？我方人员不仅这次可以把你们的汗送来的镜子等物送抵京城，而且也能把其他国家送来的有用的和易破损的东西安全护送到京城。

因此，尔若能遵奉贵方国君愿望，按照我英明大皇帝仁慈旨意，再把我等认为无用的人员缩减一半，使之达到包括自己在内的数十人，本郡王和昂邦将代为向理藩院报告。

尔戈洛夫金贵为特命全权使臣，为何不顾念手下人风尘劳顿之苦，为何还要送公文来打探？//37背面//望尔三思！如尔等果真热切希望谒见圣明天子，接到我等去信后应立即坚决缩减自己的随员至六十至七十人，如果依然不停地送一

---

① 原来用的词是“文件”，后改为“文字”。

些无谓的信件来，妄言一些不着边际的条款[①]，我们不仅不会照顾尔等，也不会代尔等向理藩院报告。

值此尔等派来的信使桑热哈耶夫匆忙回程之际，我们再次送去此信，严正加以说明，务求明白无误。

尔戈洛夫金如是个讲道理懂规矩的人，应认真仔细思量，照办不误。

专此奉达。

嘉庆十年九月四日[②]。

九等文官安东·符拉德金翻译。

37 页背面：日期上加盖了库伦办事大臣方形朱印。

在 34～34 页背面（信封）有日期：嘉庆十年九月四日（34 页）和地址[③]：大清国库伦办事大臣郡王和昂邦致俄罗斯国家使团团长枢密官戈洛夫金亲王（34 页背面）。地址和日期均加盖库伦办事大臣方形朱印。

同处，34 页：内有一份文件。

同处，信封下方：写于 10 月 13 日。

俄罗斯帝国对外政策档案馆圣彼得堡分馆总档 1—7，目录 6，1805 年，案卷 1a，卷夹 25，34～34 页背面（信封），36～37 页背面。由满文原件译出。手迹。

满文及蒙文原件存同处，34～35 页。[④]

满文抄件存同处 38～40 页背面。

---

① 满文原件中是："达尔制—阿库—库里—拜—卓诺迈。"意思是"无尽无休地提起法律"（参见 35 页注释。——俄编者）。

② 即 1805 年 10 月 13 日。

③ 地址和日期为满文和蒙文。

④ 信写于奏折上。

经 Ю. А. 戈洛夫金核验的译文抄件存同处 114～116a、116б。[①]

使团办公厅抄文簿抄件：俄文文本存同处，卷夹 26，147 页背面～149 页；同处卷夹 28，65～66 页背面；同处，亚洲司图书馆全宗，目录 505，1806 年，案卷 32，14～16 页；满文文本存同处，圣彼得堡分馆，总档 1—7，目录 6，案卷 1a，卷夹 28，60 页背面～62 页背面。

库伦办事大臣衙门满文抄文簿抄件存蒙古国立中央历史档案馆，档藏 M-1，案卷 639，294～301 页。

2. 由蒙文翻译的文本

//41// 大清国驻库伦办事大臣、郡王及其副手致俄罗斯国首席使臣、枢密官戈洛夫金伯爵。

再复。

嘉庆十年九月二日[②]贵方派桑热哈耶夫大尉由恰克图将你们的来信[③]送达此间。由来信中我方得知，您带来了贵国国君祝贺博格德汗陛下的国书，并运来玻璃镜子作为贡品，由于在途中遭到损毁，故无法事先告知实际数量。

同时，由于感念博格德汗陛下的仁爱，您在没有向您的国君报告的情况下缩减了随员的人数，但仍旧余下了一百五十九人。可是，戈洛夫金，您既然是贵方国君不小的使臣，就应该遵从我博格德汗的意愿，维系双方已有的 //41 背面// 情谊，一次就把您的随员多缩减一些，不应再保留那些无用

---

① 在 116б 页有：使臣戈洛夫金伯爵卷宗附件 5（参见 189 号文件）。1805 年 11 月 23 日收到。

② 即 1805 年 10 月 11 日。

③ 参见 181 号文件。

的冗员，因为此前我们已不止一次地详细向您解释过这个问题。

不过这并不是因为我大清国无力准备接待你方的区区数百人，主要是因为到我国京城路途遥远，要经过无垠的戈壁草原，俄人难以找到所需饮水。如此一来俄国人就要遭遇极大的困难。因此博格德汗陛下特施天恩，颁下谕旨，且我大清国律令也有所规定，无论大小国家，即使重要使臣前来朝贡，为了方便旅途，只许放行数十人。此规定非对俄罗斯一国，天下国家莫不照我国成法办理，你们对此应有所了解。

我们认为贵方来信中满文本和蒙文本的人数有所出入，而且贵方规定护送物件的军官，每类都有二三人之多，此外又有护送供品者//42//二十人，军士二十五人，随从十六人，所有这些人员均属多余。贵方国君出于对博格德汗陛下敬重而供奉的物品和各种车辆，在途中无须贵方人员护送，因为不仅此次贵方国君送来的玻璃镜子和其他物品，而且还有其他各国送来的各种易破损或细软物品，我方人员一概都能毫发无损地送到北京。

为了完成贵国国君的旨意，奉博格德汗陛下的谕旨，如果贵方能减去多余人员，再把我们（似应为“你们”。——中译者）任命的冗员多多加以削减，只留下数十名需要的人员，我们将立即把你们的情况向大理藩院详细申报。

戈洛夫金，您身为首席全权使臣，难道就不能体谅您手下人的难处，还要不断派他们来见我们吗？您应该好好想想，如果您真的诚心诚意想见圣明天子，但却还是照样坚持，不肯把您的人削减到六十或者七十//42背面//人，而且还要不合时宜地提起什么条约，在信中总是使用些不合时宜的言语，我们非但不能接受，而且也绝对不会向我们的大理藩院报告。

您派来的信使桑热哈耶夫匆匆返回，值此机会我们再次重申，望您能够明白！

戈洛夫金，您应该认真三思，听从劝告。

特此奉告。

嘉庆十年孟秋月四日。①

九等文官桑热哈耶夫翻译。

俄罗斯帝国对外政策档案馆圣彼得堡分馆，总档1—7，目录6，1805年，案卷1a，卷夹25，41～42页背面。由蒙文原件翻译。手迹。

蒙文原件存于同处，34～35页。②

蒙文抄件存于同处，43～45页。

使团蒙文抄文簿抄件存于同处，卷夹28，62页背面～64页背面。

库伦办事大臣衙门蒙文抄文簿抄件存于蒙古国立中央历史档案馆，藏档M-1，案卷639，302～310页。

注释：

［1］参见3号文件注释3。

① 1805年10月13日。

② 蒙文原件也用满文原件的纸写就（参见由满文翻译的文本注释）。

№ 188

1805年10月17日。蒙古文翻译官Ф. 桑热哈耶夫就出差库伦充当信使的结果呈出使大臣Ю.А. 戈洛夫金的报告

//32//蒙古文翻译官、九等文官桑热哈耶夫呈二等文官、枢密官、特命全权使臣、赏戴勋章尤里·亚历山德罗维奇伯爵大人的报告

卑职于9日带着大人给中国库伦办事大臣郡王和昂邦的信件，由恰克图出发，途经各站，于11日深夜10时到达中国库伦，并于12时将大人的信亲手交给郡王和昂邦。接受信件时郡王和昂邦问候大人的健康，并说他们当然希望俄国使臣能同意他们关于减缩随员人数、交付礼品清单的要求。

卑职回答他们：我奉命到此，只是为了投递信件，至于信件内容和个中详情，一概不知。据我所知，似乎举凡能够//32背面//维护双方友谊的事，如像减缩随员人数，以及通报礼品情况等等，俄国全权使臣都会乐意去做。据我感觉，郡王和昂邦对此似乎很满意。他们说，他们准备仔细研读俄国出使大臣的信。于是卑职回到客馆。

12日郡王和昂邦手下的蒙古军官来访，谈起郡王和昂邦对回信表示满意，他们对俄国出使大臣同意博格德汗的愿望，削减随员人数，报告礼品清单，感到很高兴。但未削减的人数还是太多，故昂邦等不敢奏报。当然人数还要削减，而且还有个情况也可能成为障碍，那就是驾马车和大车的挽马需要草料，虽然在库伦之前的一段路程可以有所准备，但

过库伦一直到张家口，沿途都是光秃荒凉的草原，远离城市，准备草料毫无可能。俄国使臣到达库伦后，看到实际情况，就会同意从库伦把驾马车和大车的挽马、人员遣送回程，然后由//33//他们按自己的方式用自己的马匹驮送，还说这两天他们正等着北京的信使回来，然后一定会再派自己的信使到俄罗斯去。

13日12时几个军官奉命来找卑职，把卑职叫去见昂邦取回信。[①] 在把信交给卑职的时候，郡王和昂邦吩咐向大人问候，并命报告说，他们从俄国使臣来信中看到，随员中冗员依然太多，这不符合博格德汗陛下的意愿，还需要削减，让出使大臣的随员由数十人组成。他们信中也这样说了。然后卑职回到客馆，骑上为卑职准备的马，当天出了库伦。15日返回恰克图。

在由恰克图到库伦往返途中，卑职没有发现任何迎接出使大臣的迹象，只有驿站管事关心并希望了解俄国使团将何时经过，并等待自己的上峰发来指示。

由卑职给郡王和昂邦送去的伯爵大人的信，虽然有各种传言，但卑职相信它已被送到北京。

蒙古文翻译

九等文官桑热哈耶夫

1805年10月17日

32页正文上方：1805年10月17日收到。

俄罗斯帝国对外政策档案馆圣彼得堡分馆，总档1—7，目录6，1805年，案卷1a，卷夹25，32～33页。原件。手迹。

---

① 参见187号文件。

№ 189

1805年10月17日。Ю.А.戈洛夫金使臣就清方提出要把使团人数缩减至60～70人的无法执行的无礼要求，以及买卖城扎拉固齐克西克破坏接待俄国使臣礼仪等事呈亚历山大一世皇帝的报告

//96//陛下：

9月13日我荣幸地呈递给皇帝陛下一份报告①，其中附有我给库伦办事大臣的公函②的抄件。现已收到该件的答复，特附上抄本。③

臣没有预料到又会遇到以这样的方式产生和表现的新障碍。臣坚信，始终如一的、准确和明白无误的表述以及礼貌，乃是促使对方官员采取同样行动的最好办法，//96背面//我太急于把回信发给他们了。现将这封回信的抄件也在这里附上。④ 正如吾皇陛下看到抄件中他们所作的最后回答那样，这一尝试也不比前一个尝试更幸运。

陛下，臣诚惶诚恐，但愿已尽到了一切可能来满足中国人的要求，只要这种要求无损于皇帝陛下使团所应有的荣誉。

起初臣把使团缩减了100人左右，是因为库伦办事大臣在来信中有一处地方首先声明这是他们国君的意愿。臣把保留的随行人员的详细名单转给了他们，并注明每一个人的职

---

① 见160号文件。

② 见159号文件。

③ 见187号文件。

④ 见181号文件。

司和必要性。大部分［人员］被臣安排为管理礼品，为的是给他们［中国人］一个印象：对为他们的国君所做的一切是多么尽心尽力。最后臣认为//97//无法满足他们提出的事先提供礼品清单的要求，按照他们的习惯每一个朝贡的属国都是要这样做的。臣找到了一个折中的办法来满足他们的好奇和贪婪，宣告在随员中有一类是专管礼品的。所有这些让步，加上周到的礼貌和保证，都是臣派专人去转告的，但却依旧无法破除他们的执拗，消减他们的顽固。对于臣在最后一封信中提到以条约为根据的主要各点，他们并没有给予回答，却只是毫无商量余地地坚持要把随员缩减到60～70人。臣关心的第一件事就是要验证一下，这样的简缩是否可能。臣设想过舍弃这次出使可能给科学和艺术带来的益处，甚至设想过削减特别在中国期间对整个使团无比重要的装备，最后甚至严格地把自己的需要局限为一个//97背面//普通外交代表的程度，然而臣还是得出了结论，中国人规定的人数是无法接受的。这里臣还根本没有考虑臣的健康状况可能引起的一些麻烦和所需的救助。在臣逗留西伯利亚期间，在几乎无法通行的季节，在缺乏任何条件的情况下，穿行于1500俄里的荒漠中，这使臣的身体变得很衰弱。可是，如何才能救助那些追随我的人免于疾病和死亡呢？由于人数减少，他们势必要负担起无人替换的艰苦异常的劳动，加之被迫以粗粝的食物果腹，还要在这片令人望而生厌的土地上找到栖息之地。

从政治的角度来看，提出的限制也有它非常不方便的地方。中国人在最后一封信中抬出了国家的法律作为借口，说是所有的使团都限定为60人。套用到俄国使团头上，//98//完完全全就是等于宣布它是一个纳贡朝拜的属国。边境官员说了一句话，清楚地表明了这个意图。他说，臣这次到北京，是与每年朝见皇帝纳贡的使团一体对待的。要是在进入中国之前我就同意他们提出的那些不成体统的苛刻要求，表现出无比宽容，那么进入他们的势力范围以后，臣又怎能在谈判中坚持我方的要求，又怎能谈得上同臣的身份相适应的尊严呢？还没有开始谈判，臣就已经遭到令人难堪的拒绝，我们的出使甚至会遭遇到被遣返回国之类可怕的结果也未可知，而我们的目的却是密切两帝国之间的关系，赢得对陛下的帝国更大的关切和尊敬。也就是说，我们将输掉//98 背面//一切，不会赢得任何东西。陛下，请允许臣在这些思考中再加上一条，如果使团中优秀的人员被打发回国，这一事件将会给欧洲什么影响呢？将会产生什么印象呢？也许会产生夸大的传言，讲到臣如何被辱，出现了怎样的灾难，对于一个有幸代表我皇帝陛下的人来说，这些绝不是无关紧要的事。从另一方面来看，先不谈什么利益，可又如何能拒绝吾皇陛下由这次出使中得到相互尊重和友好情谊的权利呢？这也是一个重要的方面，是臣所不该忽略的。于是臣下决心采取唯一的办法，就是库伦办事大臣在最后一封信中向我提出的办法——再次给他们写信，说我从来就是主张采用和解的办法，像他们一样尊重惯例，所以把使团缩减至 120 人——这是萨瓦·弗拉基斯拉维奇伯爵曾被允许过的人数，//99//尽管他的地位和品衔比我要低。为了避免乏味的往来信函可能引起的不快，为了这一次能向他们把我之所以提出这一建议的种种原因解释清楚，我把信交给了我的首席秘书巴伊科夫先生，派他前往，经过多次证明，此人很聪明，办事用心。我在结尾处告诫说，我有一条无法越过的底线，再往前就必须取得皇帝陛下的进一步指示。

本次远行结束后，臣将立即向吾皇陛下报告结果。无论结果如何，我们将会向中国人证实我们热爱和平，而他们则绝对是错误的。此外，臣还将赢得运送玻璃器皿所必需的时间——贝加尔湖的逆风使它们落在了后面，这些东西不到，中国人是不会放臣入境的。//99 背面//他们甚至会将臣遣返回国，等待东西的到来，因为礼品才是他们认为使团的唯一价值所在。

皇上，毋庸讳言，自臣到达边境以来，已得到无数准确的情报，讲到世界各大国反对出使的挑衅行为，以及引得中国人忧心忡忡的各种猜测。关于这些，臣已荣幸地向陛下发过报告。它们说明，中国人认为我们的使团无足轻重，甚至到了把形式和过去的义务也忘到一边的程度。惯例要求边境官员应该迎接来到国门的邻国重要人物。从我到达以来，买卖城的扎拉固齐一直还没有履行这套仪式。他以为好奇心会把我引导到他的面前，但我非但没有这样做，还严禁//100//全团人员这样做。按照双方商定以及中国政府6月20日来信的内容，他们应该向使团的马匹提供草料，可是到了最后一刻他们却拒绝履行这一义务。还有，他们推说荒漠中缺水少草，故而必须缩减使团人数，可是数百人和骆驼组成的商队却照样可以通行。还有，皇上，同臣打交道的人都是一些世界上最讨厌的人，但这只能迫使臣更加努力、更加谨慎。

皇帝陛下，永远是最尊敬您的

最卑微、最忠诚、最恭顺的仆人戈洛夫金伯爵

于特罗伊茨科萨夫斯克要塞

1805年10月17日

96页正文上方：№5。

俄罗斯帝国对外政策档案馆圣彼得堡分馆总档1—7，目录6，1805年，案卷1a，卷夹25，96～100页。法文原件。Н.Б.祖布科夫译自法文。

使团办公厅法文抄文簿抄件存同处，卷夹41，10～14页背面；同处，卷夹46，176～179页背面。

№ 190

1805 年 10 月 17 日。Ю. А. 戈洛夫金使臣就考察同清方划界问题的结果以及在将要举行的谈判中一旦讨论“乌第河地区”问题时自己的为难处境呈亚历山大一世皇帝的报告

//119//陛下：

我非常荣幸地呈上备忘录一份①，请陛下过目。这是我在西伯利亚逗留期间所能够搜集到的关于阿穆尔河以及由其北岸到乌第河区间所有资料的简要述编。我每经过一个城市，都要从它的档案馆里以及从那些多少对这片荒野的土地有所了解的人//119 背面//那里收集所有的资料。尽管我非常细心，并且力求准确，但还是对有些问题搞不清楚。只有假以时日，方能有望澄清。不过我觉得可以告慰陛下的是，这份东西可以作为我在启程前交恰尔托雷斯基公爵的详细备忘录②的一个补充。它对目前可以收集到的关于阿穆尔河及其毗邻地区的所有材料是一个补充。索伊莫诺夫[1]于 1755 年奉上命在这一带旅行过，他的笔记对我的这项工作本可以有很大帮助，但在圣彼得堡、莫斯科和西伯利亚各家档案馆却始终找不到这份材料。

不论吾皇陛下是否可能对这份报告感兴趣或感到好奇，它还是收集和记录了在此之前一直是零星的和不可靠的信息。我

---

① 见 192 号文件。

② 参见 93 号文件。

斗胆恳请陛下拨冗予以注意，因为它也许同一个重大的问题紧紧相连，即同我与北京宫廷进行的谈判成败密切相关。

//120//就人们不愿给你或根本就不愿别人提起的好处进行谈判，无论在什么地方都是一项棘手的任务，特别是在中国。因为他们认为，没有抢到手的东西就是送给你的东西。陛下，您的知识和您的仁慈把我奉命传达的条件变成了一种事先提出建议的简单形式，如果一旦为他们所接受，国家不会因此而减少受益。因此，我更应努力争取成功。当然，提出建议时我会对中国大臣们察言观色。只要仔细分析，他们就会发现，我所希望得到的东西不少，而反之能给他们的东西却不多。

不仅仅是中国人，换了任何国家的任何一个大臣，只要他没有蠢到家，也会从类似的情势中争取获利。如果面对的不是北京政府，而是别国政府，那么获得同等有利条件的可能就会受到限制，但在这里能遇见的却是中国人的狡诈、傲慢//120 背面//和疑心重重，他们完全可能把一切都看得无足轻重，但有一个条款却是例外。我认为我肯定会遇到这个问题。我打算谈的是阿穆尔河左岸与乌第河之间那片土地的问题。按照 1728 年条约的第一款，那是一片有争议的土地。该条约明确规定，两个帝国之间在格尔必齐河源以上的巨大疆界是由自然边界或严格保持的障碍所构成的，这里不存在任何争议；但从格尔必齐河至鄂霍茨克海的疆界却是由一条凭想象和猜测标出的线表示的，它沿着山脉的山脊画出，而山脉的走向呢，却无论是政治家还是地理学家至今都搞不清楚。//121//条约承认，位于山脉和乌第河之间的这片属于俄国的蛮荒土地，几乎同样不为人所知。附在后面的说明和地图，是根据一些迷途的猎人所讲的故事和传说，结合中国真正的地图和西伯利亚各档案馆所能提供的全部材料编制出来的。曾经有几名大地测量工作者被派往这一地区去绘制地图，但由于在该地区大自然中遇到无法逾越的障碍，只好被迫撤了回来。根据给臣的训令的第八条，我将奉命向中国政府宣布，如果他们坚持要在国境的这一地区最后划界，我虽没有接到指示，但我也会 ad referendum[①] 接受他们的建议。臣坚信吾皇陛下对中国皇帝怀有友好情谊，如果中国皇帝同意我奉命提出的建议，吾皇陛下是不会阻碍这样的划界行动的。

现在，皇上，请允许臣//121 背面//报告我的想法。我觉得中国人毫无疑问会坚持提出最终划界问题，因为这是他们过去一遇机会就坚持提出的一个条款；因为他们的内阁如果想对我们的要求稍作让步，即使不是由于高傲而是由于尊严，也应该要求同等的东西作为回报；因为他们已经了解到俄罗斯强大的程度——而我的责任是让他们对此有更多的了解——当然这也就足以打消他们的任何挑衅企图；最后，还因为如果不涉及边界条款，不涉及决定两国在这一地段的国境问题，就的确无法同他们就阿穆尔河的自由航行问题和在河口建立仓库的问题举行谈判。

有人会对我说，我是赋有全权//122//给他们以这种划界希望的人。是的，陛下，毫无疑问是这样，但完全是有条件的。而且，如果中国的大臣们不是有条件地同意我的要求，那倒会是一件奇怪的事。然而，彼此达成有条件的协议，不也是一种完全透明的行为吗？条约不能保障双方利益，这种情况倒也少见。但事实上跟中国人打交道却不能期望做成这种交易。除了野蛮的逃人，几乎从来没有人会同这片有争议的土地发生关系，没有任何好处，也不会有任何结果。这些当然都不能成为拒绝最后划界的令人信服的理由，

① 欣然同意（拉丁文）。

对中国人反而倒可能成为一种赢得胜利的证明。拒绝划界应当同所发生事件的重要性相一致。我发现这里有一个反比例的规律，其结果是先把一切给出去，然后才是瓜分。

//122背面//臣斗胆把自己的想法报告陛下，不是为了向陛下奏报我应当克服什么困难，而是为了请求陛下减轻我在这个问题上将会遇到的难处。我几乎确信，这些难处是肯定会遇到的。我坚信这些有争议的土地根本就没有多少价值，根本就不必害怕把它们分掉，它们同我将要向中国政府提出的各项要求相比，其价值无论如何不能相提并论，甚至比不上其中的一条。陛下，我认为我有义务向您报告我的看法，请求陛下在上述划界问题上授予我更广泛的和更明确的权力。我要解释一下，即使认为应该对中国人的要求让步，但如果不进行实地划界工作，边界也是无法划定的，而实地划界则是一项长期//123//而艰巨的工作。但可以同他们就这项工作达成协议，确定基本原则。而且臣也会同意，为了取得他们可能向我方提供的利益，并按对等原则根据这些利益对我们的大小，首选的［划分国境］方案可以是这样的：

要沿离乌第河最远的一道山脉，也就是沿尽量靠近阿穆尔河的那道山脉来划分，备忘录所附的地图上画的就是那道山脉；

退一步，可以把争议土地作一个平均划分，尽量争取以图古尔河为自然边界；

第三种即最后一种方案，则是以乌第河的右岸为界。

我想告诉皇帝陛下，只有当中国人以自己周全的礼数表明值得这样对待他们的时候，我才会做如此打算，并将其付诸实施。//123背面//而且一定要同他们为我们提供的好处相一致。

这一能够消除一切纷争缘由的意图，不但可向中国人清楚说明吾皇陛下崇高的感情，而且还有一个重大的好处，就是把我在谈判中的地位从请求者变成能够提供同等条件的人，这样一来就可以建立一种平等关系。这一点对于成功非常必要，对于同中国人狡诈的政策和虚荣抗衡也非常重要。

至于说到划界事先应该采取什么非常措施和预防措施，那么一开始就应该提出，画出争议地区的地图和草图至少需要两年时间，而且如果想拖的话，不难再拖得更长一点。还有，要叫中国人为了一小块不毛之地和遥远的荒漠而冒决裂的风险，那是不可思议的。别看他们装出一副无所谓的样子，但那是不真诚的。最后，//124//如果事情真的到了决裂的地步，那他们是会惧怕我们的，不过当然不是在这个方向上，而是在额尔齐斯防线，我们在那里部署了两万五千人的大军，吸引了他们的全部注意力，这个问题我在托木斯克写的 3 号报告已经奏明。①

如果我的这些想法和由此可以获致的好处能够有幸得到吾皇陛下的批准，恭请皇上尽快颁发谕旨。此外我认为还有责任奏知陛下，除了在给我的训令中已经提及的那些延迟划界的办法之外，我还收集了许多非常合乎情理的要求，保存到谈判时再向对方提出，以对付他们的要求。

根据我在此间查对//124 背面//档案、根据在阿穆尔河上航行过的人所言，以及根据同护送曼泰菲尔伯爵到阿尔巴津去的纳拉巴尔金上校交谈，得到的情报说明完全可以派一支不大的考察队到阿穆尔河去，他们是可以逃过人数不多的中国卫兵的监视的。采取这样的行动是否合适，当然要取决于我谈判的结果。如果结果同这一行动没有矛盾，我要恳求吾皇陛下明示您的意图。回国后臣将为这次旅行做好一切准备，它几乎用不着什么花费。

还有一项非常微妙的内容，需要请求吾皇陛下明示。在

① 参见 152 号文件。

给我的训令中，这个问题丝毫//125//没有涉及。这就是来团回访陛下的问题。这个问题中国政府当然会向我提起，甚至会坚决要求——可能出于虚荣，也可能出于好奇。我之所以预料会提出这样的问题，是因为有消息传到此间，说在我出使顺利的情况下北京朝廷有可能向我提出派使团的事。如果对建议 ad referendum，就可以赢得一些时间，拒绝必然会导致冷淡，其后果一定很不愉快。

这些想法的重要性促使臣恳请陛//125 背面//下就此明示您的意图。

我永远是您最恭敬、最谦卑、最忠诚、最驯顺的仆人。

戈洛夫金伯爵

于特罗伊茨科萨夫斯克要塞

1805 年 10 月 17 日

俄罗斯帝国对外政策档案馆圣彼得堡分馆总档 1—7，1805 年，案卷 1a，卷夹 25，119～125 页背面，原件为法文，Н. Б. 祖布科夫翻译。

使团办公厅抄文簿法文抄件存同处，卷夹 41，14～19 页背面；同处，卷夹 46，180～185 页背面。

注释

［1］见 160 号文件注释 3。

№ 191

1805年10月17日[1]。Ю. А. 戈洛夫金使臣报告收到特罗伊茨科萨夫斯克要塞传来的消息称，有事实说明清方对俄国西伯利亚当局的行动表示不信任

//117//特罗伊茨科萨夫斯克要塞收集到的关于中国的情报

中国人对俄罗斯几年来取得的迅猛成就有十分清楚的了解。这些成就即使还没有引起他们的某些担心，至少也引起了他们的警觉。在广州经商的欧洲人和传教士经常散播的流言蜚语，更加剧了他们的紧张、不信任感和不安。

当1800年大量移民迁入伊尔库茨克省和贝加尔湖南岸的时候，扎拉固齐（中国官员，相当于我国的边务专员）[2]派出了几名探子了解此举的目的：他们到底是和平的农夫还是穿便衣的军队。好不容易才使他相信了。这一次他总算可以告慰朝廷，完全不必//117背面//为此惊慌。枢密官拉耶夫斯基和列瓦绍夫的到来也是造成恐慌的主要原因之一，因为他们［中国人］以为，到西伯利亚来旅行的方式和目的同事实大有出入。

对这件事的惊恐刚刚平息下去，恰克图又发生了一场大

---

① 日期根据190号文件标定，本文件是它的附件。

② 括号为原文中所有。

火。索科洛夫先生认为有必要利用这次机会，借口他们给我方商人提供了帮助，而给中国官员送点礼物。真实的目的却是以此来博得对方更多的尊重和友谊。根据他的报告，给他们送去了礼物，分发下去了。可是库伦的昂邦却知道了这件事，他们很清楚，中方在救火中并没有做什么事。于是产生了怀疑，以为我们这边又要什么阴谋，便向北京报告。这一来扎拉固齐和接受礼物的所有官员全都被撤了职。

施普伦颇尔滕[1]先生在恰克图和布赫塔尔玛的出现引起了北京方面的极度不安。这位将军在恰克图//118//时桌上铺着中国地图，向拜访他的中国人提了几个关于他们内地的问题。然后他又拜访了扎拉固齐。扎拉固齐把买卖城军队的旗帜和枪械全都藏进了一间屋子，还把房门又贴上封条。施普伦颇尔滕先生本想要看看，但却没有如愿。他的到来、他的职衔和他的好奇心使中国人很不放心。他的布赫塔尔玛之行由于当地设立了海关而早已引起对方的注意，最后还引起了对他的巨大怀疑。于是他们派了一位现在住在库伦的郡王——当今皇帝的侄儿——去巡视边境，看看是否有什么军事调动。他在巡边上花费了两年时间，力陈西伯利亚一切平安无事，才平息了惊惶，相信了恰克图海关关长的说法：施普伦颇尔滕先生早已退休，他过来旅行完全出于个人爱好，朝廷没有给他任何任务。

//118背面//最后又出来个关于使团的建议；起初它引起的只不过是好奇，可是后来传教士和欧洲商人放风，说俄国人派它来是为了要求：1）沿阿穆尔河划定边界；2）讨还全部从克里米亚逃跑的卡尔梅克人；3）要求在广州享有绝对的贸易权等等。这些流言蜚语所起的作用可以想见。不久，从恰克图这边非常可以值得信赖的人那里，也传来了类似的消息。此外，现在的内阁对使团到来的问题也表现得很焦躁，边境官员表现得很不安，不时提出问题。自理藩院收到今年3月25日给它的信和所附使团随行人员名单之后，一切都表现得特别矜持，再也不见有人言语什么，大有黑云压城城欲摧之感。

Ut in letteris①：戈洛夫金伯爵

118页背面正文下方有俄文：戈洛夫金伯爵奏章5号附件。1805年11月23日收到。

俄罗斯帝国对外政策档案馆圣彼得堡分馆总档1—7，目录6，1805年，案卷1a，卷夹25，117～118页背面。原件为法文。Н. Б. 祖布科夫译自法文。

使团办公厅抄文簿法文抄件存同处，卷夹46，237页背面～239页背面。

注释

[1] 叶果尔·马克西莫维奇·施普伦颇尔滕（乔治·马格努斯）(1741—1819)，瑞典籍芬兰人，从1786年起在俄罗斯任职，步兵上将，重要的军事专家，男爵，后为伯爵。曾为芬兰摆脱瑞典保护国的地位而斗争。在芬兰取得自治权并入俄国后任第一任芬兰总督。

1802年施普伦颇尔滕领导奉亚历山大一世命令成立的考察团，其任务是"以军事战略的目的视察俄国的欧亚两部分"（《俄国传记词典》，卷2，267页）。参加考察团的有 M. Φ. 斯塔维茨基少校、A. X. 边肯道夫（当时任侍从武官）和画家 E. M. 科尔涅耶夫。由于承担的是秘密使命，有关材料没有公布，考察的路线只能根据二手材料来确定。例如，施普伦颇尔滕在科尔夫岛呈亚历山大一世的报告说："……1802年我得到一份美差，在几名军官和一名绘画美丽风景的画师陪同下，巡视部分俄国领土以及由恰

① 拉丁文：核对无误。

克图到科尔夫的南部边界。头一年我一直巡视到奥伦堡，然后又沿额尔齐斯河在西伯利亚巡视，并沿中国国境从布赫塔尔马河走到恰克图。第二年我是沿着高加索一线走的。第三年则从克里米亚经君士坦丁堡到科尔夫。”（俄罗斯国立图书馆手稿收藏部，732藏，1编，4单元，50～52页。根据H. H. 冈恰罗娃的《E. M. 科尔涅耶夫传》，26页）在斯塔维茨基的履历中，旅行路线记载得十分简约，但更加准确：“……1802、1803、1804年奉敕命同前面提到的施普伦颇尔滕伯爵到奥伦堡防线、西伯利亚防线和涅尔琴斯克防线、沿中国国境的阿穆尔河至阿尔巴津防线以及克尔克孜—凯撒克草原，然后又到高加索和库班防线，经黑海到君士坦丁堡，再到小亚细亚。”（K. Ф. 奥尔金：《芬兰英雄施普伦颇尔滕》，载《俄国档案》，1887，4期，499页。引自H. H. 冈恰罗娃：《E. M. 科尔涅耶夫传》，26页）

至于西伯利亚地区，考察团的每一个成员都是分别旅行的。当施普伦颇尔滕将军到达恰克图时，边肯道夫去了雅库茨克，斯塔维茨基去了涅尔琴斯克，后来又去了阿穆尔河口（《俄国传记词典》，卷2，307页）。

H. H. 冈恰罗娃的《E. M. 科尔涅耶夫传》中有关于施普伦颇尔滕的文献资料目录，可参考索引。还可参见《19世纪和20世纪初的俄国外交政策》4卷（按索引）。

№ 192

1805 年 10 月 17 日[①]。Ю. А. 戈洛夫金就研究同中国划界问题的结果所写的备忘录——关于在乌第河地区划界所建议的边界走向

//126//中国人交给我方全权代表戈洛文的《尼布楚条约》满文文本，其第一条可逐字翻译如下[②]："双方议定将由北方流入阿穆尔河的乌伦穆河亦即绰尔纳河附近的格尔必齐河作为边界。由该河源头沿大岭的石头山脊迤逦至海，其南麓所有流入阿穆尔河的大小河流均属中国所有，其北麓的大小河流均属//126 背面//俄罗斯国所有。乌第河以南，山脉岭脊以北，其间所有土地及大小河流，待两国大臣各回本国详细勘察后，或派使臣，或交换文书，再行批准议定。"

这一译文同中国人翻译的拉丁文本颇为相近，但在两个重要的地方同俄国全权使臣编写的俄文文本有出入。俄文文本说，第一，流经边界的格尔必齐河流入石勒喀河。//127//这一错误之所以发生，显然是因为当时通古斯人习惯于把阿穆尔河直至乌苏里江口都叫做石勒喀河。不过这样的表达方法使中国人有了沿小格尔必齐河划界的借口，而小格尔必齐河又的确是流入石勒喀河的。长期以来在这个问题上保持沉默的状况，又增加了重新讨论这一似乎不值得重视的条款的

---

① 根据 Ю. А. 戈洛夫金给亚历山大一世的奏章标定。本件为其附件（参见 188 号文件）。

② 由此起至本自然段结束的文字原文为俄文。

难度。

第二，在该文本中，从格尔必齐河到鄂霍茨克海的边界，以及我方对乌第河的权利，//127 背面//表现得更为准确。文本的说法不是"乌第河以南"，而是："在属俄国的乌第河同属清国的阿穆尔河附近的界山之间流入海的河流，以及上述乌第河①同界山之间的土地，迄今尚未划定界线。"

这一段文字更清楚地说明，我们的边界根本//128//就不是沿斯塔诺夫山脉一直迤逦至海，这里讲的是这条山脉从结雅河分出的一条分支，它在图古尔河与阿穆尔河之间一直延伸到海。

尽管中国人提供的文本不甚准确，但可以指望，他们也会同意对他们用语的这种解释。这样，北方以乌第河为界，西方以贾格德山为界，南方以这些山岭或中国人所谓的兴安岭为界的这片土地，将成为有争议的领土。

耶稣会士//128 背面//佩雷拉[1]和帕勒宁[2]在尼布楚谈判中给中国人当翻译，他们提供的情报清楚表明，中国人的意图全然不同。迪荷尔德[3]［书中］在第 238 页和别的地方提到：

"据记载，两个帝国之间的国境依附于一道山脉，该山由格尔必齐河源开始，向东北方向延伸至东北海，最后以一道直接伸向海边的山脉告终。"

"这道山脉叫诺斯山，而且//129//还应该说明的是，从格尔必齐河源开始的山脉，形成了两道山岭，它们都是高高的山崖，其中一道直接向东，同斡难河即萨哈林乌拉几乎平行，莫斯科人就是想要把它变成两个帝国之间的边界。

"另一道山脉走向东北，我们的人想要把它确定为我们

---

① 这一段引文的原文为俄文。

帝国的边界。”

也就是说，俄国人想要的边界是在纽克扎山脉一线，而中国人则主张沿整个斯塔诺夫山脉一线。但条约的准确文本既不同于这种解释，也不同于那种解释，它所//129 背面//指的显然是第三条山脉。

人们以为中国人确已同意这种划分方法，于是造成当萨瓦·弗拉基斯拉维奇在谈判中拒绝同中国人讨论这条边界的走向时，他们抱怨说，俄国人越过了位于中国领土上的兴安岭。

在乌第河以南狩猎的受俄国管辖的雅库特人和通古斯人，他们的话更加证实了这种说法。因为虽然很难把猎人们在荒野的山中//130//走的路搞清楚，但地图上还是可以找到一些由他们报告的地名。看来这些人过去遇到过承认中国领属关系的通古斯人，或者这个帝国的边界标志仅仅设置在贾格德山脉和兴安岭以外。但是前不久得到的消息更令人深思，说是这些属于中国的通古斯人，他们对当地的了解更透彻，而他们的活动范围，却仅及于图古尔河一带。

有些游牧民族在荒原上游荡，一直到季节转冷，才迫使他们回家，他们//130 背面//口头所言，不足以构成所有权法理的依据。产生歧义时唯一可以援引的是《尼布楚条约》，此条款又经《布连斯奇界约》确认。不过可以相当清楚地证明，条约中有争议的领土，就是乌第河同贾格德岭及其延伸——中国人叫做兴安岭——之间的这片土地。

至于说到是否应该把这片土地同中国人分享，或是全部让给他们，那当然还是最好先了解一下，打算出让或保留的是什么东西。虽然不可能期望我们获得足够准确的信息，以达致//131//顺利解决这一问题，但已经收集到的情报提供了以下结论。

从军事角度来看，我们在这里用不着担心中国人，而乌第河以远的某些土地也并不能给我们多少好处，使我们在一旦决裂的情况下会给他们造成多大威胁。

从贸易角度来看，我们亟须找到一个比鄂霍茨克更好的港口，特别是一个能同西伯利亚内地各地区保持较方便密切的交通的港口。海军少将福明在鄂霍茨克以及乌第河都居留过多年，也曾有过在那里//131 背面//建立港口并任命他为长官的打算。但据他说，此河任何船只都不能通行，河口以上有好几俄里深度仅为两三英尺；而图古尔河则仅仅是条湍急的小溪，其河口没有任何屏蔽。更何况通过乌第河根本无法同我国内地建立任何交通。如此说来，既然已经证明乌第河以南无法找到良港，到那里去扎根又有何益？因为只要一兴这样的念头，岂非必然又要移动国界，以保卫//132//森林和耕地？如果不是这样，国家从这种领土中又能得到什么好处呢？即使有人推测这一地区的自然条件良好，但也只是一种很靠不住的说法。乌第河两岸及其相邻地区被一道几乎无法通行的山脉同西伯利亚其他地区相隔绝，从来都是只有游牧民族居住。少量俄国人居留在那边是为了向通古斯人征税，他们付出了艰辛的劳动，才得以收获仅够果腹的庄稼。即使经过若干年后这些地方能有人居住，甚至变得逐渐丰饶起来，可是这笔用度从//132 背面//何而来？它们对民族的福祉又能有什么贡献呢？

综上所述，各种考虑归结到一点，就是这块属地，无论其延伸部分是大是小，都应该认为无足轻重。海军少将福明在乌第河以南经过毫无效果的考察后，请求政府注意阿尔丹河的河口，看来是有道理的。因为四年来一直进行着铺设道路连接乌第河同雅库茨克的工作，这样将会使向堪察加运送给养的工作变得大大容易起来。看来这一计划能够带来益处，很难有别的选择。

戈洛夫金伯爵

126页正文上方：戈洛夫金伯爵1805年10月17日奏章第6号附件。

133a页下方有俄文字样：戈洛夫金伯爵奏章6号附件于1805年11月23日收到。

俄罗斯帝国对外政策档案馆圣彼得堡分馆，总档1—7，1805年，案卷1—2，卷夹25，126～132页背面。原件为法文，Н. Б. 祖布科夫译自法文。

使团办公厅抄文簿法文抄件藏同处，卷夹41，280页背面～283页背面；同处，卷夹46，240～244页背面。

注释：

[1] 托马斯·佩雷拉（1645—1708，死于北京），葡萄牙人，中文名字叫徐日升。1663年在传教士团成为僧人，1673年到北京，一直居住到死。佩雷拉参加清方于1689年同俄国人在尼布楚进行谈判，从各种情况来看，是两名传教士翻译中的主要人物（另一名是法国人弗朗索瓦·热尔比昂［中文名字叫张诚。——中译者］）。他是前不久于1961年由传教士团的僧人塞布斯（Sebes，Joseph. S. J.）在罗马档案馆发现和出版的札记（《耶稣会士和1689年中俄尼布楚条约：托马斯·佩雷拉日记》，罗马，1961）（原文为葡萄牙文）的作者。塞布斯引用的札记为葡萄牙文文本，并附有英文说明。佩雷拉的札记由М. И. 卡扎宁首次译成俄文（根据英文说明），并写了一篇对札记的评论（见《18世纪俄中关系》，卷2，702～732页，800～801页）。

[2] 多梅尼科·帕勒宁（Domenico Parrenin）（1665—1741，死于北京），法国耶稣会传教士，北京传教士的头领。1729年清政府设立拉丁文馆（1744年撤销），培养翻译，帕任馆长。帕勒宁还通中文和满文。但他1698年才到北京，所以不可能参加尼布楚谈判（1689年）（见《18世纪俄

中关系》，卷1，641页；B.C. 米亚斯尼科夫：《18世纪清代中国对俄罗斯的新了解》，108页）。前面提到过，清方参加尼布楚谈判的耶稣会士是佩雷拉和热尔比昂。

［3］这里指的是比利时耶稣会士让·巴季斯特·迪荷尔德（Jean Baptiste Du Halde，1674—1743）所写的《中华帝国和鞑靼中国之地理、历史、编年、政治和自然描写》（*Discription geographique*，*historique*，*chronologique*，*politique et physique de l'Empire de la Chine et de la Tartarie Chinoise*. -*Paris*，1736. -Vol. 1～4）。俄文版附有各种图表和插图，伊格纳季·特伊尔斯由法文翻译。第一卷圣彼得堡1774年版，第二卷1777年版。

№ 193

1805 年 10 月 17 日。Ю. А. 戈洛夫金使臣就库伦办事大臣蕴端多尔济、福海态度恶劣，清廷对俄使团态度不友善等情况给副外务大臣 А. А. 恰尔托雷斯基的紧急报告

//153//公爵：

在我请求阁下转呈皇帝陛下的各种奏章之中，恳请您提醒皇上要特别注意第 5 号报告[①]。其中呈报了我所遇到的同库伦办事大臣之间的情况，它证明：猜测对方抱有友好情谊是多么错误。除了报告中的这些事件之外，我还可以补充无数细节，它们比语言更能表现情感的程度。而中方报告中所使用的言辞说明，他们甚至已不想用体面的辞藻//153 背面//来对他们毫无善意的态度加以掩饰了。我遇到的这些人都不可理喻、古板琐碎、严苛无度。我身负为国家的福祉和尊严同他们谈判的使命，但此身远在 7000 俄里之外，得不到我的君主和各位的耳提面命，加之季节的缘故迫使我急于趱行，又损失了大部分礼品，由于劳累过度几乎心力交瘁，精神和健康都日渐衰弱。公爵，这就是我可悲的痛苦处境。正当我身处这种境况之中，深入可怕的荒漠，任凭自已受到荒谬绝伦的事件和最粗野卑鄙的官员的恶劣情绪摆布之际，我最美好的一天却于此刻到来了。其实，当我向您，公爵，讲述我所领受的这项任务是如何令人困窘时，我是能够预感到这种令人难以忍受的境况的。但肩头的责任迫使我前进，

---

① 参见 189 号文件。

//154//我当然不会止步不前，无论付出何种代价，我也一定要实现为我规定的目的。现在抱怨已为时太晚，我唯一的安慰就是努力不负厚望。

看来，促使中国政府采取这种态度的原因首先在于使团任命的延迟，它给了在广州的外国人以散播妒忌和恶意的流言蜚语的时间，引起了中国人的担心和不信任。广州和恰克图的商人之间，存在着一定程度的竞争。恰克图的贸易很怕在布赫塔尔玛设立仓库，这是有道理的。在这个问题上，俄国人当然要同中国人协调方能行动，方能不致对使团的//154 背面//目的引起疑虑，特别是在有大量学者随行这一点上。况且，起初宣布的只是一个教士团，而不是特命外交使团。使团的一再延迟，也使他们感到非常恼火。去年他们已经做好了接待使团的全部准备。到北京这一路建立了 60 个驿站。到处把饲料甚至食品都已准备停当：恰克图的中国商人公开讲到了这些情况。去年 11 月理藩院给枢密院的信[①]当然造成了白白等待一场的结果，可是他们很爱面子，所以不好意思就白白准备了一场发出什么抱怨。

郡王和库伦昂邦的行为//155a//看来不应看成是他们个人好恶的结果，而是中国政府情绪的反映。郡王是皇帝孙女的额附，昂邦是蒙古亲王，这两个人以放高利贷的手段从恰克图贸易中捞取巨大的好处。他们接待使团的目的只是为了得到礼品。不得不承认，这样一种安排将使北京的谈判变得异常困难。为了推出一个小小的建议，就需要廓清许多偏见和误解。

公爵，我希望派遣［使团］秘书到库伦的事能够得到批准。我觉得这是避免由于同中国人交换信函而引起不快的最

---

① 参见 43 号文件。

好的办法，而且可以让他们亲睹我们//155a 背面//消除一切困难的愿望和努力。

为了杜绝没有根据的传言，我宣布把进入中国的时间推迟到玻璃器皿到达之时。

公爵，请不要把我能有幸在这里向您讲的一切作为对未来的辩解，而是作为现时兢兢业业、努力不懈的一种保证。我做出这种努力，志在克服争取达到既定目标过程中出现的各种困难。

能对您表示深深的尊敬并成为您恭顺的仆人，我不胜荣幸之至。

Ю. 戈洛夫金伯爵

1805 年 10 月 17 日

于特罗伊茨科萨夫斯克要塞

153 页正文下方有一句法文：呈恰尔托雷斯基公爵阁下。

俄罗斯帝国对外政策档案馆圣彼得堡分馆，总档 1—7，目录 6，1805 年，案卷 1a，卷夹 25，153～154 页背面，155a～155a 背面。原件为法文，Н. Б. 祖布科夫译自法文。使团办公厅法文抄文簿抄件存同处，卷夹 41，109～111 页；同处，卷夹 46，204 页背面～206 页背面。

№ 194

1805年10月17日。Ю. А. 戈洛夫金使臣就将阿尔巴津城的印鉴及古碗一只呈送俄国宫廷一事给亚历山大一世皇帝的奏章

//366//陛下：

随奏章荣幸地向吾皇陛下呈上当年曾受我俄罗斯管辖的阿尔巴津城印章一枚及用以赠送给邻近民族代表人物的礼品碗一只。

阿尔巴津现已不属于俄罗斯，但一些远为更加重要的收获，巩固了帝国的强大威力，使勇士们永垂不朽。//366背面//只有在和平中看到幸福，在战斗中博得光荣的至尊的国君，才能赋予这些古迹以与他们的价值相匹配的荣耀。

吾皇陛下，我怀着对您最深挚的尊敬，永远是您最卑微的、忠诚的、恭顺的奴仆与臣子。

戈洛夫金伯爵

1805年10月17日

于特罗伊茨科萨夫斯克要塞

366页左上角有“№ 7”字样。

俄罗斯帝国对外政策档案馆圣彼得堡分馆，总档1—7，目录6，1805年，案卷1a，卷夹35，366～366页背面。原件为法文，Н. Б. 祖布科夫译自法文。

№ 195

1805 年 10 月 17 日[①]。Ю. А. 戈洛夫金使臣致东正教事务管理衙门总监戈利岑的信，建议把北京俄国教士团领班由修士大司祭阿颇洛斯改换为伊尔库茨克救主升天修道院的修士大司祭雅金甫

//692 背面//至圣东正教事务管理衙门总监亚历山大·尼古拉耶维奇·戈利岑公爵阁下收[②]

//693//正如公爵阁下已知，派往北京换届的教士团正滞留在伊尔库茨克，等待中国理藩院就此做出最后回答。这一情况，以及了解到它走出国门还需要很长时间，促使我给您，亲爱的公爵阁下，写这封信，就下列问题略抒己见。

派遣一名修士大司祭到该教士团去，无论对于这一职位本身，还是对于所承担的任务来说都十分重要。担任这样的职位要求很高的才干，而在阿颇洛斯身上我却看不到这种才干。故而我特向公爵阁下提出，是否另选他人出任此职更为有利，并且推荐伊尔库茨克耶稣升天修道院的修士大司祭雅金甫——一个才干相当的人——担任此职。一切听从公爵阁下的安排。如可行，敬祈批准是荷。

---

① 日期标在抄文簿的相应栏目中（参见 691 页注释）。

② 此标题标于抄文簿左栏。

692页背面正文上方有“№ 498”字样。

俄罗斯帝国对外政策档案馆圣彼得堡分馆，总档1—7，目录6，1805年，案卷1a，卷夹42，692页背面～693页，使团办公厅抄文簿抄件。

№ 196

1805年，不早于10月17日[①]。军机处给库伦办事大臣蕴端多尔济、福海的指示，传达嘉庆皇帝退还枢密院文书的谕旨

//365//九月二十日[②]收到

军机处大臣令行库伦办事大臣、喀尔喀郡王等

嘉庆十年九月八日皇帝诏曰：

着即向蕴等晓谕下列内容。前不久俄人送来文书[③]，其中朕之名号及“圣旨”等字样，均置于彼方汗称谓之下。且理藩院虽去函详加说明[④]，然其后枢密院回书仍未就此次//366//神职人员和学员是否将随同彼方使团前来北京替换［上届教士团］一事做出明确说明。朕担心俄人是否另有企图，故命理藩院将该书退还。蕴等收到我理藩院致俄人复函[⑤]及此前俄人送来文书后，着即按例将其退交俄督，由其转送俄国枢密院。

着将俄人收到退还枢密院文书后之所言以及对蕴等有何回话急速确切报来。若一时并无回答，//367//万不可主动

---

① 根据皇帝谕旨的时间标定日期（嘉庆十年九月八日）

② 即10月29日。

③ 见144号文件。

④ 见104号文件。

⑤ 见197号文件。

前去询问。

着将理藩院送俄罗斯枢密院之文书及本谕旨一并抄示蕴等知晓。

谨遵上谕，特传此令。

蒙古国立中央历史档案馆，藏档 M-1，案卷 639，365～367 页。库伦办事大臣衙门满文抄文簿抄件。И. Т. 莫罗兹译自满文。

№ 197

1805 年 10 月 17 日[①]。理藩院以枢密院文书满文文本违反书写尊号的体例为借口退还后者有关俄罗斯教士团换届事宜的文书，为此给俄罗斯枢密院的文书

1. 俄文文本

//314//大清国理藩院致俄罗斯枢密院文书

前不久，于我理藩院本次所寄文书之前，贵方枢密院收到我理藩院文书[②]后来信[③]称，请于新来神职人员和学员抵达北京后，按例将其妥善安置，并将原有神职人员和学员送回。但并未确切说明，是否最终将由此次使团带同神职人员和学员来京。我方收到你方枢密院所发俄文［……］[④] 后，委托俄罗斯馆译成满文，方知悉你方神职人员和学员根据你方送来的［……］[⑤] 并未随使团出发，而是留在伊尔库茨克。随团有一名神甫由边境来北京，但完事后仍须随团回国。你方枢密院曾宣布，此次派使团前来，神职人员和学员换届之事一概皆无，是以将其全部留于贵国境内，俟换届时遵照条

---

① 嘉庆十年九月八日。

② 见 104 号文件。

③ 见 144 号文件。

④ 此页边缘缺失，有一俄文词无法恢复。

⑤ 此页边缘缺失，文字凭猜测恢复。

款再行单独派遣，无须与使团同行。今发现贵方枢密院送来文书，书写体例有所不合：我大清国//314 背面//位居中土，乃为天国，四邻各邦万民宾服，莫不将我视为上国。凡有书表进呈，莫不遵从体例。此前俄罗斯国来书均遵从体例。独此次来书贵方将贵方国君言语写于上端，将我至圣国君上谕写于下端，书写体例实不成体统。且内里言语亦夹缠不清。

为此，我理藩院不敢上奏，特将此书退还。贵方枢密院今后来书，应一律比照前所定规矩格式书写，不得随意变更。

专此送达。

//315//嘉庆十年九月八日。①

314 页正文上方：1805 年 12 月 23 日收到。

315 页日期上盖有理藩院方形朱印。

312～313 页（信封）有地址：大清国理藩院致俄罗斯枢密院文书（312）及日期②：嘉庆十年九月八日③（313 页）。地址和日期上盖有三方理藩院朱印。

俄罗斯帝国对外政策档案馆圣彼得堡分馆，总档 4—4，目录 123，1805—1809 年，案卷 1，312～313 页（信封），314～315 页。原件。

拉丁文原件存同处，316～317 页。

俄文抄件存中国第一历史档案馆，中俄关系史俄文文件藏档，案卷 11，35～38 页。

---

① 即 1805 年 10 月 17 日。

② 地址及日期为俄文、满文和拉丁文。

③ 即 1805 年 10 月 17 日。

2. 由满文翻译的文本

//322//大清国理藩院致俄罗斯枢密院文书

此前贵国理政事枢密院收到我理藩院文书①后，虽请求我至圣皇帝按惯例对新派往北京的神职人员和学员施加恩典，将原有神职人员和学员送上归途时途中给予关照，但这些换届的神职人员和学员是否随使臣一同到来，抑或以后再来，信中文字极为含混不清。

我方收到贵国送来用俄文所写的文书②，即命俄罗斯馆翻译成满文，从中得知贵国之神职人员和学员将如我理藩院信中所写，不随贵国使臣出发，//322背面//而是留在伊尔库茨克。如行期后延，打算将他们召回。你们可能参照旧例，亦知神职人员和学员换届从不与使臣同行，故现将他们留在国境，等待换届日期一到，将按惯例单独准备驮马，送他们过来，不必与使臣同时出发。

今由理政事枢密院送来文书③，其中全不遵守应有之格式。我大清国位居中土，一统四海，乃天朝上国，各国臣民莫不心悦诚服，心存敬仰。其所进表章文书，莫不遵守体例规矩。此前俄罗斯送来之文书亦一贯遵守//323//体例格式。

然今次在贵方文书中，贵国国君谕旨抬于顶格，而我至圣大皇帝上谕却大大低于贵国皇帝，此事极不合规矩和体

---

① 见104号文件。
② 见144号文件。
③ 见144号文件。

面。且不仅格式不合规矩体例，内容也不清不楚。

理藩院不敢将此书上奏，故将其退还与贵方。

特请理政事枢密院接受，并于今后送来文书中遵守已有之书写惯例，不得随意更改格式。

专此奉达。

嘉庆十年九月八日。[①]

八等文官阿列克谢·帕雷舍夫翻译。

322页正文上方：由满文翻译。

俄罗斯帝国对外政策档案馆圣彼得堡分馆，总档4—4，目录123，1805—1809年，案卷1，322～323页[②]。根据满文原件翻译。

译文副本存同处，305～306页[③]。

满文原件存同处，318～321页[④]。

使团办公厅抄文簿中的译文抄件存于同处，总档1—7，目录6，1805年，案卷1a，卷夹28，103～104页[⑤]。

库伦办事大臣衙门满文抄文簿抄件存蒙古国立中央历史档案馆，藏档M-1，案卷639，368～371页[⑥]。

---

① 即1805年10月17日。

② 322～323页的译文送到了外务院。

③ 译文副本曾交使臣Ю. А. 戈洛夫金备查。

④ 原文盖有两枚理藩院方形朱印。

⑤ 103页上标有“1805年11月15日于伊尔库茨克收到”字样。

⑥ 368页有“9月20日即10月29日［收到］”字样。

№ 198

1805 年 10 月 17 日。Ю. А. 戈洛夫金使臣就西班牙公使 Г. М. 诺隆纳向使团二秘 Я. О. 兰伯特提出要因使臣在北京为西班牙菲律宾公司所蒙受的损失办交涉而给予报酬呈副外务大臣 А. А. 恰尔托雷斯基的紧急报告

//168//公爵：

从您 8 月 16 日发来的急件[1]中我看到了诺隆纳伯爵给兰伯特先生的信。他在信中委托兰伯特先生为我翻译菲律宾公司寄给他的一封信，内中委托他把我将代表该公司从中国政府争取到的赔偿金的 10％转交给我。我向兰伯特先生口授了一个附件[2]，作为我给诺隆纳伯爵的答复。公爵，我请求阁下把它//168 背面//转交这位公使，目的只是想让他知道，在这种事情上，我所遵从的是公爵的吩咐。我唯一的目的，就是完成至尊的主上交付的使命。我将竭尽所能，努力争取。我只能指望有这样的福气，这也是我唯一能够接受的奖赏。

致以深切的敬意！公爵阁下，我永远是您最恭顺最忠实的仆人。

戈洛夫金伯爵

于特罗伊茨科萨夫斯克［要塞］

1805 年 10 月 17 日

---

① 见 148 号文件。

② 见 199 号文件。

168 页正文上方：№ 6。

同页正文下方：送 A. A. 恰尔托雷斯基公爵阁下。

俄罗斯帝国对外政策档案馆圣彼得堡分馆，总档 1—7，目录 6，1805 年，案卷 1a，卷夹 20，168～168 页背面。原件为法文。**Н. Б.** 祖布科夫译自法文。

使团办公厅法文抄件藏同处，卷夹 41，108 页背面。

№ 199

1805 年，不晚于 10 月 17 日[①]。使团二秘 Я. О. 兰伯特就西班牙公使 Г. М. 诺隆纳请求到北京为西班牙菲律宾公司所蒙受的损失索取赔偿代为办理交涉一事给后者的回信

//169//兰伯特伯爵于 1805 年 10 月由特罗伊茨科萨夫斯克给 Г. М. 诺隆纳伯爵的信（抄件，信封未缄口）

阁下 8 月 15 日来信[②]中给我的委托已完成。我给戈洛夫金伯爵翻译了信中所附菲律宾公司董事会的信件。伯爵大人吩咐我转告您，伯爵，他同时还收到了皇帝陛下的旨令，要求他负责在北京宫廷保护西班牙国民涉及“费罗伦尼亚号”商船货物的权益，他会尽其所能完成皇帝//169 背面//陛下仁慈的旨令。他委托我转告您，伯爵大人，并请您转告菲律宾公司董事会：对于他来说，仅此一个意愿，已足以使他在工作中奋力向前，尽心尽力。他报效自己的君主不为其他，只为求得君主的赏识和垂青。

能够对您表示敬意，实为荣幸之至［……］。

俄罗斯帝国对外政策档案馆圣彼得堡分馆，总档 1—7，目录 6，1805 年，案卷 1a，卷夹 20，169～169 页背面。法文抄件，Н. Б. 祖布科夫译自法文。

---

① 根据 198 号文件的日期标定。该文件是此信附件。

② 这封信在档案中没有找到。

№ 200

1805 年 10 月 19 日。Ю. А. 戈洛夫金使臣派遣使团一秘 Л. С. 巴伊科夫赴库伦同库伦办事大臣蕴端多尔济、福海谈判削减使团随员问题的训令

//223//出使大臣戈洛夫金伯爵阁下给巴伊科夫先生的秘密训令抄件。特罗伊茨科萨夫斯克，1805 年 10 月 19 日。

此次你赴库伦的表面理由，是将附信[①]呈交给驻扎在该地的郡王和昂邦，你要在到达后立即要求他们允许你递交该信。他们坚持让我削减随员，而我在信中则陈述了拒绝削减［随员］的理由，这些理由是以所有承认人权的国家都遵奉的条约和习俗为基础的。而且就人的体能而言，这种无条件的约束也是无法承受的。亲爱的先生，你此行的真正目的，就是要从这些主要的道理出发，把一些重要的想法对当地官员讲清楚，并再次向他们证明我怀有克服困难的愿望。

我对你完成此项任务的智慧和机敏一直充满信心。下面是我向你建议的一个大概的计划，你可以酌情加以执行。

一开始你可根据我信中陈述的理由，尽量让他们认识到，无论在条约中还是在以往的//223 背面//相互关系中，从来都不见提起过他们国家有这个法令，而且，在萨瓦·弗拉基斯拉维奇伯爵身上甚至还出现了破例。若是将所有这一

① 见 201 号文件。

切同我提出的公道要求相比，他们其实是背离了对协议和惯例的应有尊重。而在同中国的交往中，俄国向来是严格遵守这些协议和惯例的。你要把最后告知他们的随员名单加以确认，尽量向他们说明每一个官员和随从的职衔、职司和不可或缺性，因为在鞍马劳顿的旅途中存在着各种需要，会出现各种问题。在此你还可以补充，说我不是增加，而是减少了平素手下的官员和仆从的人数。

最后，当谈到我的头衔时，你应该让他们明白，出使大臣同公使之间，也就是我同此前派去的使臣之间，是有区别的。我甚至有权在一定条件下让我的手下拥有此前的使臣们所拥有的权限，这就是你可以向他们介绍的我所拥有的权势的最鲜明的证明。除这些建议之外，你还应该让那些官员感到，吾皇陛下派出//224//本使团的目的，完全是为了表明他对中国皇帝的友谊和尊敬，故而他们自己就可以判断，他若是知道竟出现了这样一些无足轻重的障碍，一定会很不满意，而且会以为对他真挚的情感产生了误会；我忠实于我最尊贵的皇帝陛下的真挚而友好的意图，希望能在出使的过程中由始至终向他们证实，这些都是他的尊严和我的地位所最乐于表达的，如果我忘记了自己的责任，沦为同以前几位使臣同等的地位，我将受到失职的最严厉的追究。

同时你还要让他们感到，让我久久滞留在边境，是一件很不成体统的事。总之你要力求避免指责他们行为中的过失，但却要尽量让他们相信我的［行为］是由我的职责所规定的，即使我希望规避也规避不了。还有，为了消除水和饲料不足的口实，你可以举商队为例，他们都是由数百人马组成的。

陈述了这些理由之后，你要努力//224背面//劝说他们同意，把随员人数最后规定为159［人］。如果还是不同意，可以逐渐减少为130人。要告诉他们，根据我的职位，这个数字不能再减，他们应该能允许。最后，如果你发现再没有办法改变他们的顽固态度，那就同意除我之外再带120人，并且表现出担心无法完成使命的样子。在任何情况下都不能同意这个数字再有所减少，我无论如何已不会再做让步。如果他们同意，要他们在回信中把这一点写明。然后再努力敦促他们做好准备，按条约第九款接待我，特别要强调使团马匹的饲料问题。

然后你再把向他们皇帝赠送的礼品的丰富和精美向他们讲述一番，顺便说一说贝加尔湖的逆风使它们有点延误了，但不要提玻璃器皿还没有运到的事。要注意听听他们对此的反应，这样就可以知道我是否可以冒礼品还没有运到就进入中国的风险。你的所有谈判都应该建立在一个重要的原则之上，//225//那就是如果决定性的措施尚未采取，就应该千方百计把它向后推。[①] 因此，如果他们提议要报告朝廷，那就让他们去做，但决不要首先提议。你可以同意他们的建议，不必清楚地说明一定要在他们6月份的那封信件[②]所规定的日期之前给我答复。

要尽量避免提及两国国君和大臣以及各院的事，特别是在否定我的建议时更不要提到他们。

不要流露出丝毫我急于想进入［中国］的想法。告诉他们，尽管我在途中遇到了无数困难，尽管我作为西伯利亚总巡按有大量工作要做，但我还是克服了一切困难，其目的就是按期到达边境。

不要对他们的内部事务以及为接待我而可能做的准备工

① 下加线是原文中就有的。

② 参见109号文件。

作表现出任何兴趣，但满足他们的好奇心时却要实话实说，更要谨慎。

不要谈耶稣会士的事，也不要谈外国的事，如果他们问及，要告诉他们，我们跟//225 背面//世界上所有邻国都和睦相处。

把你手头携带的东西和食品作为无关轻重的小礼品分送大家。

要严密监视你的译员和手下，让他们不要离开你，只同你认为必要的人打交道。

亲爱的先生，我为你规定了这次旅程，让你来完成这次使命，我要告诉你，我信任你的精细和明智，相信你完全能够不负重托。

正文下方：经戈洛夫金伯爵核对无误。

233 页正文上方有俄文字样：戈洛夫金伯爵奏章附件 8。

俄罗斯帝国对外政策档案馆圣彼得堡分馆，总档 1—7，目录 6，1805 年，案卷 1a，卷夹 25，223～225 页背面。有签字的法文抄件。Н. Б. 祖布科夫译自法文。

使团办公厅法文抄文簿抄件存于同处，卷夹 41，184～187 页背面；同处，卷夹 46，245～248 页背面。

№ 201

1805 年 10 月 19 日[①]。Ю. А. 戈洛夫金使臣就库伦办事大臣蕴端多尔济、福海要求使团将随员减缩至 60～70 人以及就派遣使团一秘 Л. С. 巴伊科夫作为信使赴库伦等事给库伦办事大臣的信

//216//1805 年 10 月 19 日出使大臣戈洛夫金伯爵致库伦办事大臣函抄件

郡王及昂邦大人十年九月四日来信[②]收到。你们在信中坚决要求将我的随员减缩至 60～70 人，其根据是贵国大皇帝的律令，它规定若有大小国家派使臣前来贡献礼物[③]，通常允许放行的[④]只有数十人。

我非常尊重贵国的法令，然而应该指出，我发现我们两个帝国之间的条约，以及确立双方相互和谐关系、构成友好关系基础、迄今一直存在于两国最高政府之间的协议同样也需要尊重。在这些条约和协议中，并没有指明俄罗斯国的使

---

① 在使团办公厅和库伦办事大臣衙门抄文簿中的某些抄件上所标日期为出发日期——1805 年 10 月 20 日（见注释）。

② 见 187 号文件。

③ 满文底稿上写："阿尔巴布恩—扎法拉"，意思是纳贡（参见 160 页上的注释。——俄编者）。

④ 满文底稿上写："哈尔噶沙布姆比"，意思是允许朝见皇帝（参见 160 页上的注释。——俄编者）。

团必须遵奉这一法令，而且当全俄罗斯枢密院就我皇帝陛下有意派遣使臣朝见博格德汗陛下致书贵国理藩院时，贵方也并未将必须按法令采取//216背面//相关措施之事事先通知我方。贵我两国都很尊重惯例，可是相反，从先于我的萨瓦·弗拉基斯拉维奇伯爵使团的例子来看，他的随员虽达到120人，但他们却毫无异议地被允许进入贵国，尽管当时你们所说的法令已经存在。

郡王和昂邦，两位大人想必也知道，这位使臣的职位和头衔都远低于我，因此我的随员理应比他的更多而不是更少，才能符合我的地位。郡王和昂邦大人，你们都是伟大国君忠精体国的大臣，你们自己也能够判断，我若自轻自贱，降低了伟大国君加之于我的尊严，是否能够逃脱严厉的责罚。

郡王和昂邦大人，为了向你们全面真切地解释我按照惯例和我的职位，以及根据完成艰苦路途的起码要求必须坚持保留一定随员人数等这些理由，现特派皇帝陛下宫廷低级侍从、//217//五等文官、使团一秘巴伊科夫前往贵处。我命令他除了面交我的信函之外，还要向你们说明我尽最大努力巩固和促进顺利存在于贵我两国之间的友好与和睦的愿望，请大人在有关此事的各个方面对其给予信任，并将贵方对我此函的最后回答赐告。①

---

① 满文底稿上本来还有一行字，意思是：为此特签字画押，加盖印鉴。1805年10月19日由恰克图发出（参见161页注释。——俄编者）。

216 页正文上方有俄文：戈洛夫金 8 号奏章附件。

217 页正文后有签字：戈洛夫金伯爵。

俄罗斯帝国对外政策档案馆圣彼得堡分馆，总档 1—7，目录 6，1805 年，案卷 1a，卷夹 25，216～217 页。经核验的抄件。

俄文抄件存中国第一历史档案馆，中俄关系史俄文文件藏档，案卷 11，55～58 页。

草稿存俄罗斯帝国对外政策档案馆圣彼得堡分馆，总档 1—7，目录 6，1805 年，案卷 1a，卷夹 25，156～157 页背面。①

满文草稿存同处，160～161 页。

蒙文草稿存同处，158～159 页背面，162～163 页，164～165 页。

使团抄文簿中俄文抄件存同处，卷夹 26，150～151 页②；同处，卷夹 28，68 页背面～69 页背面；

藏同处亚洲司图书馆全宗，目录 505，1806 年，案卷 32，16～17 页背面③。满文文本存同处圣彼得堡分馆，总档 1—7，目录 6，1805 年，案卷 1a，卷夹 28，70～71 页 a。

库伦办事大臣衙门抄文簿抄件：满文存蒙古中央国立历史档案馆，藏档 M-1，案卷 639，337④～341 页⑤；蒙文存 342～347 页。

---

① 157 页背面正文下方有"1805 年 10 月 20 日"字样。

② 信件日期标为 1805 年 10 月 20 日。

③ 信件日期标为 1805 年 10 月 20 日。

④ 在 337 页有 9 月 15 日字样，即 10 月 24 日。

⑤ 341 页有"奥林"字样，即 10 月 20 日。

№ 202

1805年10月23日至11月2日。使团一秘Л.С. 巴伊科夫在库伦同要求知会出使证书内容、事先商定礼仪、削减使团人员的库伦办事大臣蕴端多尔济、福海进行谈判的记录

//238//库伦出差记录

10月23日晚7时我抵达库伦，立刻被两名官员送到专门接待外国人的地点，把我安置到一个房间。半小时后，他们派人来问我是否能见他们。见到我之后，他们先是简单地问候了我的旅途情况和此行的目的。我回答说我奉命给郡王和昂邦送交伯爵大人的一封信①，其他一切面禀。两个官员答应把我抵达的消息向上司报告，还想打听点什么，但我打断了他们，推说天时已晚，我想早点休息。他们殷勤地张罗了一阵，使我再无所需，还按习惯给我送来了菜肴和几种酒，然后离去。

［10月］24日早8点，仍旧是这两名官员来到我的住地，告诉我他们这就去向郡王禀报。我拜托他们问郡王什么时候可以接见，一定要告诉他我正迫不及待地等着荣幸地被引见。两小时后一名官员回来告诉，［上司］派了两名秘书来见我。//238背面//这两位秘书一番寒暄之后问我，除了

---

① 参见201号文件。

我来送的这封信之外，还有没有什么需要对郡王和昂邦禀告的。我回答说我将荣幸地在拜谒郡王时一并完成交托给我的使命。他们又问了我几个问题，我没有再回答什么。

中午时分给我送来了坐骑。我在两名我方译员和前来欢迎我的许多官员簇拥下出发了。我被送到郡王和昂邦那里，穿过几进两旁站立着军士的院落，见到了似乎坐在宝座上的郡王和昂邦。

交付信件时我对他们说，伯爵大人命令我在把他们所要求的决定性回答呈交给他们时，要我利用这个机会，代他再次向他们表达，他抱有满足他们皇帝陛下意愿的真挚愿望，定会尽可能克服现存的一切困难；至于我自己，若能完成使命，使目前使团滞留不得入境的局面得以解决，实在是无比荣幸。郡王对我说，他非常重视伯爵大人采取的这一步骤，并请我把信的内容告诉他。我又再次回答说，这一回答在所有意义上都是对您收到的那封最后//239//来函的决定性回答。

郡王问我，出使大臣是否把随员削减了许多。我回答说，从前次信使送来的名单中他应该已经了解到，把使团缩减到最后要求的那种程度是不可能的。为了让他相信这一点，我提请他阅读一下我交给他的那封信。

我对他说，信中列举的理由有三项不可动摇的根据——条约、所有国家都尊重的习俗，以及这样的限制也实在完全做不到。如果这些理由还不够的话，我奉命对他所有的疑问给予最明晰的回答。两位官员都说要等他们看过这封信再说，并请我坐下。有人给我送上茶来。他们又问了我几个问题，如我的品级、职位、年龄等，问我经过一路鞍马劳顿是否感到困乏等等。静默了好长一段时间后，他们对我说我可以走了。告辞时我请他们能在临别接见之前再次赐见，以便有机会及时向他们陈述：伯爵大人的拒绝完全是有道理的，//239 背面//因为您这样做是出于自己的责任，如果推卸了这个责任，您就会受到严厉的追究。

1时我回到住处。他们给我送来了酒菜。

下午4时，郡王和昂邦看过伯爵大人的信后，派手下两名主要官员来见我，一名是担当一秘的扎拉固齐，还有一名是在郡王手下办事、管理外国事务的百色（蒙古三等王公）。这两位官员都在北京受过训，是由理藩院派来陪送使团的。

起初谈话时他们问我，伯爵大人是否有正式护照，意思是是否由皇帝亲自签署。我回答说我方严格遵守约定俗成的规矩，一切都不会忘记的。“不过，”他们又说，“郡王和昂邦看了您送来的信后，觉得它根本就不能使人满意，也很不符合你们常挂在口头的惯例”。他们的难处还是在于下边这一点：要想把使团到来的消息向理藩院报告，就需要使臣同他们就礼仪问题达成协议，向他们通报国书内容，//240//事先向他们递交礼单，还有就是把使团人数削减到70人。郡王和昂邦在他们的皇帝面前对一切要负责任，他们难以草拟出足够谨慎同时又肯定明确的回答。

对这些新的困难我不知如何作答，只好对他们说，伯爵大人信中陈述的内容已没有什么补充，您的建议是一个积极意义的建议，至于说到要在国境就礼仪问题达成协议并正式通报国书内容，这种要求是不能接受的，也是不合法的，在这个问题上有明确的惯例可循，不能随意更改。至于一再提出要呈交详细礼单，就使我更加奇怪，因为郡王和昂邦似乎应该懂得伯爵大人一再坚拒的道理，并且也认可了他的说法。至于说到削减随员的最终标准一条，我补充说，它是不可能接受的，其理由在我转交的信件中已经说得再明白不过了，无须再来讨论。不过，正如//240背面//上午我已经说过的那样，我一定会再次把对这些意见的看法向他们的上司更准确地加以说明，尽一切努力坚持我方的请求。

为了在同昂邦们谈话时不致因同时陈述这许多理由而有

所不便，我利用他们派人来的机会，通过中间人给了他们一个总的提示。我对他们说，我承蒙伯爵大人信任，奉命来到库伦，并不是仅仅作为一名普通信使，我的使命是要得到最后的回答。我认为各位都是忠精体国的官员，请务必注意我说的话，以便向上司禀报。然后我按训令中的指示，一一向他们陈述了我认为应该陈述的理由和意见。最后我说，我希望他们能帮我一个大忙，就是禀告郡王，请求给予决定性的回答。他们向我保证，又让我重复了一遍谈话内容。在经过大约三个小时的会见之后离开了。

每一次当谈话出现间歇的时候，我都不忘提醒他们，伯爵大人//241//在他们的来信中不仅发现了某些不应使用于两个平等国家之间的腔调和用语，而且还有一些同早已存在于两国之间的友善和谐完全背道而驰的要求。对此他们感到无比惊讶。我建议他们看看我们的信，但他们立刻把话岔了过去。最后他们问我，为什么今次使团阵容比前几次都盛大。趁此机会，我提请他们注意伯爵大人第一封信中的一段话，再次强调，这就是我无比尊贵的皇帝陛下尊重他们国君的明证，还说，近 80 年来俄罗斯已经强盛到如此地步，其实使他们感到吃惊的盛大排场，只不过是这种强盛的一个微不足道的表现而已。

整个晚上都没有人再来找我。

[10 月] 25 日。9 时两名官员来通知我，上午我将受到接见。也许他们奉命查验我，打听我是否还能有所让步。我对自己昨天的一番谈话究竟起了什么作用很不放心，觉得还是谨慎一点，不再向他们透露什么为好，于是默默听他们说了许多猜测郡王会如何不满、如何大发脾气的话。

//241 背面//中午时分那些官员带着马匹又来了。入见郡王时还是同样那套礼节。

郡王和昂邦的接见十分彬彬有礼，使我既高兴又奇怪。

说话的只有郡王一个人，他在谈话前向我说了不少恭维话，后来又转而问我对昨天他们派去见我的两名官员转告的话是否还有补充。我回答说，既然那两位已经把答应我的事做到，我将十分荣幸地期待着郡王立即赐予明确的答复，我正是为这样一个目的而来的。现在，郡王应该了解伯爵大人为什么要请求明确答复了。“不过，我还想问你几个问题，”郡王对我说，“请你明确回答。戈洛夫金伯爵是否了解我们规定的惯例？首先，他是否知道晋见时在皇帝面前我们有五体投地的规矩？他是否遵从这个礼仪？”

我回答说，有关礼仪的一切问题不可能也不应该在国境讨论。而且，在这个问题上俄国使臣一贯享有他们所独有的权利。

郡王要求向他介绍一下//242//这些特权，特别是伊兹玛伊洛夫先生所享有的特权。

我对他陈述了一下，然后又讲述了萨瓦·弗拉基斯拉维奇伯爵受到接见的情形，并且补充说，这两位使臣的品级都比伯爵大人低，根据伯爵大人的地位，他期望中国皇帝会公平对待，希望能得到更明显的优渥待遇。

“戈洛夫金伯爵应该把所带信件的内容知照我，”郡王又说，“好让我相信里面没有任何有损于我皇帝尊严的内容，并检查一下，其中是否对普天下都尊奉的称号有所缩略”。

我回答说，他根本就不应该有这样的想法，认为俄罗斯皇帝陛下一方面为了巩固同中国皇帝之间的友好交往，以辉煌的方式向他表示尊敬，特派出使大臣送来贺信和礼品，另一方面却会在这封信里犯下礼仪性的错误。在这个问题上以及在两国关系的各个方面，俄罗斯国一直都把那些不可动摇的规矩奉为圭臬。显然，他是不会在这样一个庄严隆重的场合//242背面//来对之加以破坏的。

“我怎样才能相信，”郡王对我说，“你们出使大臣所谓的有克服困难的愿望呢。在一个诸如礼单的无足轻重的问题上，他竟然坚决不肯同我们合作，还总是举出一些不三不四的理由。他难道不知道普天下各国都要遵守这些规矩吗?”这时他举了英国人的例子，据他说英国人最近派来的使团就是在呈递了礼单后才允许进入国内的。“我们要是派回访使团携礼品访问你们，”他又说，“提交这么个清单决不会是什么问题”。我回答说我们根本就不会要求他们提交这样的清单。至于说到他举的那个例子，用在俄国身上并不合适，俄国是一个比英国大得不知多少倍的国家。

“这种比较，”郡王对我说，“是根据俄罗斯自己的尺度提出的。我可以拿出一封信来给你看，那是一封写在叶卡捷琳娜二世女皇时期的信，信里告诉我们，有一个英国使团[1]要来，信中就把英国称之为强大的国家”。//243//我回答他说，对这封信的内容我记忆犹新，而且还可以向他证明，信中传递消息的目的不是要把该使团的意图通知中国，而是要在英国强大国力的问题上把中国引入迷途。他对这样的回答感到不满足，命我再补充一点详细情况。这件事我做起来毫不费事，因为在伯爵大人离开圣彼得堡之前不久，大人曾命我整理关于 1793 年这位郡王按照内阁命令制造事端的往事。最后我又补充说，伯爵大人没有想到郡王会再次提起礼品清单的事，从最近接到的那封信来看，还以为我方提出的理由已经被理解了呢。我说，如果出使大臣只是公事公办，他完全可以对您的这个问题报以沉默。此前已经有许多例子，完全足以证明他是有道理的，这使他不能不猜想，当他已经明确表示己方的友善态度，在随从人员名单中标明了礼品的种类和数量时，你们却依然无视我方动机，要求遵守一般规则，把俄罗斯国降低到//243 背面//普通纳贡属国的地步。一想到我国尊贵的国君送来的礼品，到了北京却不被当做友谊的象征来接受，我们会感到十分痛心。

“那么我在奏本中该怎么写呢?”郡王的口气很不满意，

“我既不能报告贵国皇帝陛下国书的内容，又无法报告他送来礼品的数量。一等秘书先生，我要事先警告你，”他说，“戈洛夫金先生一天不能完全满足我向您谈到的三个条件，我就一天不采取任何行动。”

我决定分毫不让，便回答他说，我未能说服他，感到非常遗憾。除了刚才我向他陈述的那些理由之外，我还想以伯爵大人的名义补充一点，就是任何新建议都不会被接受，我们的回答已包含了一切。我将认为我听到的这些话就是决定性的回答，我请求告退。我加重了最后一句话的语气，引起了郡王的注意。他沉默片刻，命令转告我，说是打算通过我转交给伯爵大人一封信，其中他将改变条件，如果您能同意，使团立刻可以入境。

我回答说我奉命获取最终的回答，同时我也奉命//244//消除一切模糊点。我愿意事先告诉他，伯爵大人能够接受什么，没有必要向我隐瞒这些建议。

他沉默了一会，又转向自己的同事昂邦，同他小声嘀咕了一阵，最后转过身来对我说：“您既然是使团的第一秘书，那您能不能给我个书面的礼品清单呢？”

我回答说我是把他当做一位具有高深素养的大臣来对待的，那么我敢去做我的上司一再拒绝的事吗？他已经说明了无权满足这种要求的理由。不过我可以斗胆口头向郡王报告某些礼品的名称，一方面可以满足他的好奇，另一方面也可以了解一下礼品之丰盛。他感谢我的好意，让我说说情况。

于是我把毛皮、玻璃器皿等说了一下。他以贪婪的神情注意倾听。待我说完，郡王对我说：“我要证明给您看，我是很容易满足的。您向我们通报的这些细节对我已经足够。我不再坚持别的条件了。我们还有最后一件事要做，这就是削减随员数量。不要以为在这个问题上您会很容易说服我。”我回答他说，我所荣幸//244 背面//地坚持的做法完全是有道理的，这个道理是支撑我的唯一的力量。关于削减使团随员，我的道理也跟其他问题一样明确。反正我不敢随意改变我所说的话，因为这是奉命而言，我希望能向他陈述为什么不能有丝毫削减的道理。然后我向他陈述了全俄罗斯皇帝陛下之所以派遣这个使团过来，并没有什么别的意图，完全是为了以这种辉煌的方式证明自己对中国皇帝的友谊和崇敬，如果了解到接待这样一个使团还会生出如许枝节，一定会很不高兴。这件事一定会让我们的皇帝陛下以为，有人误解了他的真诚感情。至于说到我们的伯爵大人，尽管他也是欢欣鼓舞地要想为中国皇帝效命，但却不能忘记自己的职责，以至于同意有损于职位尊严的削减，因为这样一来就把他降到了比其前几任使者更低的地位。

我说完后郡王开始详细地核对每一个随员，力图向我表明其中有的人是不需要的。我回答他说，引起伯爵大人同他争执//245//的这个随员队伍，完全是标志着伯爵的品级和重要地位，并指着我的制服说：

“这就好比您强迫我脱下我这身制服，它是我职务品级的标志。[”][1] [“][2] 至少，”郡王对我说，“你们用不着35个人来护送马车：第一，因为你们可以用我们的人来做这件事；第二，你们的马也经不起这么长路途的折腾。”我回答说，根据他们6月份向伯爵大人转达的愿望[3]，您应该为运送这些辎重提供马匹，您已经下达了相应的指令，再也无可更改。不过要把这些马车的护送任务交到别人手上，这个险

---

① 俄文原文这里缺少半截引号。半个引号是我们加的。——中译者

② 俄文原文这里缺少半截引号。半个引号是我们加的。——中译者

③ 见109号文件。

冒得也的确太大，因为其中一部分马车装载的就是礼品。此外，这 35 个人还有架帐篷的责任，等等。

他在这个问题上对我一直还是不依不饶。我一再对他讲，我绝对不敢违抗给我下的指令，对他的问题已经解释清楚，我无权做出让步。

郡王转身朝向他的同僚，他们小声嘀咕了很久，然后对我//245 背面//说：

“我接受出使大臣申述的理由，感谢你对我们的详细解释。我们会搞一个戈洛夫金伯爵要求的回答，面交的时候我们会把回答的内容告诉你。”这个答复令人喜出望外，我感谢他们注意听我陈述，请求他们加速接待使团的必要准备工作，以此再次证明他们的厚爱。

“我们要在你启程之前，”郡王对我说，“派几名官员去见你，你可以详细跟他们谈谈这个问题”。他请我坐下，吩咐给我上茶，跟我谈谈这，谈谈那，打发我走的时候还说了不少客气话。

这次会见从中午一直延续到四点，整个过程郡王一直不让我坐下。凡是回答重要的问题他都要求我的两个翻译各自翻译一遍。不过我也抓住时机一一指明了那些我认为具有侮辱性质的问题，比如说要求通报文书内容、事先就礼仪达成协议、削减随员人数等等。有几次我发现我的顽固使他难以忍受，但最终我还是觉得他并非一点都不喜欢我。//246//我的成功有两个优势做保证，那就是我捍卫的事业有道理，特别是我有英明而恰当的指导原则。唯一应该归功于我的是我的记性。

接见出来后我发现大家都在冲我微笑。回到住地后，那两个跑来祝贺我、跟着我寸步不离的官员，变成了我的好朋友。

晚上后来的时间我一直在等待郡王答应派来见我的两名

秘书，好跟他们商谈准备接待使团的事，但谁也没有再来见我。

［10月］26日。上午8点，两名官员来对我说，郡王要明天才能让我走。他们对我所有的问题都缄口不言，只是告诉我正在写回信。通过侧面我了解到，正在等待传达命令的专使已从北京归来，给郡王送来处置问题的最后权力。

这一天当中他的副官来见过我，问我是否寂寞。我没有好意思回答他我的确迫不及待地想要回去，特别是我对胜利完成使命充满希望。为了让我消遣，给我送来了几支枪，还有郡王的一支枪。我发现这种照顾是//246背面//上面精心安排的。我利用剩下的时间了解了一些情况。

现在在位的嘉庆皇帝50岁。他勤于国事，热心学问。阿列哈达，也就是首相（清代职官为协办大学士），叫保宁，深得眷爱。他的女儿嫁给了皇帝。

库伦的郡王是土谢图汗的侄儿，他的伯父于1779年退位后，由他继承汗位。他是在乾隆皇帝的监督下在北京受的教育，并赐他同自己的一个女儿，即当今皇帝的妹妹，结婚。他管辖整个这个地区，此外兼任所有蒙古军的统帅。此人大约40岁，相貌堂堂。据说还很善良。他的举止十分高贵，看来完全没有土谢图汗的那种粗俗。

［10月］27日。守卫我的两名官员来告诉我，要对我临别赐见了。我派他们去见那位第一秘书，以我的名义说，既然郡王已经答应，那我非常高兴能在我们国家见到他，还请他帮助我获取最后的回答。

这两个人回来了，高高兴兴地告诉我，我的所有建议都被接受了，我走了以后，//247//很快就会有一名信使奉派去见伯爵大人。中午副官带着坐骑，把我很快带到了接见大厅。郡王把信交给我说："为伯爵大人给我们的解释和来信替我谢谢他。

过几天我们派个信使去见他，把最后的回答送去。”

“我非常高兴能把回信亲自交给他，”我对他说。

“不必担心，”他对我说，“不想让你久等了，希望很快能在此地再次见到你。”

按照职责要求，我再次请求他不要忘记我所提的任何要求。他答应对一切加以关照，给我赐了座，又上了茶。然后又拿出几色普通礼品：三块缎子，两盒茶叶。我跟他又交谈了半个小时告辞，手下的人送我返回住地。告别时我向大家分赠了礼品，几小时后离开库伦。

一秘　列夫·巴伊科夫

于特罗伊茨科萨夫斯克要塞

1805 年 11 月 2 日

238 页正文上方有俄文：戈洛夫金伯爵信件的 11 号附件，1805 年。

俄罗斯帝国对外政策档案馆圣彼得堡分馆，总档 1—7，目录 6，1805 年，案卷 1a，卷夹 25，238～247 页。原件为法文。手稿。Н. Б. 祖布科夫译自法文。

使团办公厅法文抄文簿抄件存于同处，卷夹 46，249～262 页；同处，卷夹 28，74～87 页背面。

注释：

［1］蕴端多尔济在这里指的是马嘎尔尼使团（参见 53 号文件注释 2）。

№ 203

1805 年 10 月 27 日[①]。库伦办事大臣蕴端多尔济和福海就他们打算稍晚再派信使去见出使大臣，对使团一秘 Л. С. 巴伊科夫送来的信给予回答一事致 Ю. А. 戈洛夫金使臣的信

//218// 库伦办事大臣郡王及昂邦致戈洛夫金使臣函(抄件)[②]

戈洛夫金，你派由信使宫廷侍从巴伊科夫等送来的信[③]，本郡王和昂邦已于嘉庆十年九月十五日[④]收悉。为此，我们将另派官员由此赍文书作复。值此宫廷侍从巴伊科夫等归国之际，特遣此书为答。

嘉庆十年九月十八日。

1805 年 10 月 27 日。[⑤]

正文下方有戈洛夫金伯爵的签字。

---

① 嘉庆十年九月十八日。

② 库伦办事大臣衙门满文抄文簿中的抄件是这样开头的："大清国库伦办事大臣郡王及昂邦致俄罗斯国使团团长、议政大臣戈洛夫金伯爵函，特此知照。"(参见 348 页注释。——俄编者)

③ 见 201 号文件。

④ 即 1805 年 10 月 24 日。

⑤ 换算的儒略历日期是在做抄件时写上的。

218页正文上方：使臣戈洛夫金伯爵第8号奏章附件，1805年。

俄罗斯帝国对外政策档案馆圣彼得堡分馆，总档1—7，目录6，1805年，案卷1a，卷夹25，218页。经核验签字的俄文译文抄件。

原件为满文和蒙文，存于同处，174～175页①②

满文抄件存于同处173页背面。

蒙文抄件存于同处172页。

满文原件翻译件是А.Г.符拉德金的手迹，存于同处173页。

蒙文原件翻译件是Ф.桑热哈耶夫的手迹，存于同处171页。

使团办公厅抄文簿抄件：译自满文的文本存于同处，亚洲司图书馆全宗，目录505，1806年，案卷32，17页背面～18页；同处，卷夹28，73页；译自蒙文的文本存于同处73页背面；满文文本存于同处73页③，蒙文文本存于同处73页④。库伦办事大臣衙门抄文簿抄件，满文抄件存于蒙古国立中央历史档案馆，藏档M-1，案卷639，348～349页；蒙文抄件存同处，350～351页。

---

① 174～174页背面（信封）有地址：大清国库伦办事大臣、郡王及昂邦致俄罗斯国使团团长议政大臣戈洛夫金伯爵函（174页背面）及日期：嘉庆十年九月十八日（174页）。地址和日期用满文和蒙文书写。盖有两方库伦办事大臣的朱印。

同处还有“写于1805年10月27日”的俄文字样。

174页背面下方有“1805年10月30日收到”的俄文字样。

② 此信用折子书就。

③ 文字书于左半页。

④ 文字书于右半页。

№ 204

1805年，不早于10月28日①。军机处给库伦办事大臣蕴端多尔济、福海的指示，传达嘉庆皇帝的谕旨，要求将俄国使团随员削减到40人，并在库伦教俄人演练叩头礼等

//389//九月二十八日②收到

军机大臣令行库伦办事大臣、喀尔喀郡王等

嘉庆十年九月十九日皇帝诏曰：

蕴等恭谨奏称，俄国使臣仅将随员作些微减缩，故已再次发函，对其表示拒绝［接待使团］③。

俄人生性狡诈，难以完全信任。虽随从人员有所减少，但至今使团中尚有一百三十余人。此外彼等尚未知会纳贡时是否具有贺表，//390//亦未呈报贡品清单，此举显然别有用心。其品行何其卑劣！蕴等遵照朕前次谕旨，再次致函俄人，讲清道理，予以拒绝，甚为可嘉。倘戈洛夫金于此时到达恰克图，蕴等应立即对其说明下列几点：

“此前，凡各国遣使赴我天朝纳贡，选送贡品入京者均为十人或略多于此数。一般各国使团[1]均不超过二十人，

---

① 日期根据皇帝谕旨的时间（嘉庆十年九月十九日）标定。

② 即11月6日。

③ 见186号文件。

//391//其余须在国境等候使臣返回。此次贵国贡品数量虽然颇多，但我方官员和士兵足敷所用，以代替贵方运输及保护贡品。此外，我档案中早有明确记载，此前贵方有多名使臣来朝，均能按我方指示恭谨行事，大量缩减使团人数，然后使臣方能入朝。贵方档案文件中能无此项记载耶?”

故命大量减缩其随员，入朝者不得超过三十人①。若俄人照旧不肯削减随员人数，呈递贡品清单，//392//不肯告知向皇帝进献贡品时是否呈递贺表，蕴等应立即向彼等说明以下内容：

“由于尔此次未能大量削减随员，我等不敢就尔之事向皇帝奏报。”

然后对彼等严词加以拒绝。如彼等于进入我国境前的确大量削减随员至三十人②，并遵从我方所有指示，则可将其留于库伦，蕴等应再次向彼等说明以下各点：

“库伦为治理一切边境事务之地，故各国使臣如到达我国境，我边境大臣首//393//先应为其传授宫廷礼仪，此后方能入京。”

着令传授上述使臣“叩头礼”。如戈洛夫金等能完成礼仪，虔敬庄重，毫无被迫之态，则可按朕对洋人恩典，着蕴等为戈洛夫金等赐宴，并将情况速速上奏。

一俟奏章到达，朕即委派钦差，与蕴等共同护送使臣。务须于十二月内由库伦出发，并于//394//十二月二十日前后③入京朝觐，方为妥当。

着即恭从上命，严格执行，此谕。

---

① 行间有皇帝朱批：40人。

② 行间有皇帝朱批：40人。

③ 即1806年1月末。

蒙古国立中央历史档案馆，藏档 M-1，案卷 639，389～394 页。库伦办事大臣衙门满文抄文簿抄件。И.Т. 莫罗兹译自满文。

№ 205

1805 年 10 月 28 日。库伦办事大臣蕴端多尔济、福海为会晤前来库伦之俄国使团一秘Л. С. 巴伊科夫，要求 Ю. А. 戈洛夫金书面保证于朝见时行叩头礼事呈嘉庆皇帝的奏折

//352// 九月十九日①

奴才蕴端多尔济、福海谨奏。仰祈圣上明察以下诸事：

前不久有折呈圣上，奏知已将我方回拒之意知照俄使戈洛夫金②。

现戈洛夫金又遣一秘、宫廷侍从巴伊科夫前来。该员已于九月十五日③携前俄国教士团学员、满语通译安东[1]抵达库伦，并带来致奴才书信一封④。//353//

奴才等迅即与巴伊科夫等人会晤，详读戈洛夫金来函，并事先将之与满文及蒙文文本核对。内称：

前此贵我两国间所订条约中并无大量精简使团之语，况此次枢密院来函，意仅为请示其汗欲遣使向圣明皇帝致以崇高敬意之意见，出使大臣随员数量问题根本未予涉及。前所遣使臣萨瓦伯爵带有一百二十名随从，但该使臣职位远较戈

---

① 10 月 28 日。

② 见 187 号文件。

③ 10 月 24 日。

④ 见 201 号文件。

洛夫金为低，故戈洛夫金随员数量绝不可少于此前所来之使臣。戈洛夫金唯有//354页//携同众多随员入朝，别无他法。现特派遣官员巴伊科夫等人，命其转致最终答复。

奴才等以为，戈洛夫金此次所遣之出使大臣①巴伊科夫，乃使团中次要人物，故奴才等未备己方之通译，仅通过其同来之通译就新颁上谕②中各项训示向巴伊科夫质询。对此，巴伊科夫回答如下：

各国皆有古老风俗，我方对之亦颇为敬重，一直予以遵守。//355//我使团团长戈洛夫金将一如前朝，经由贵国圣明大皇帝之近臣向皇帝呈递我汗王之国书。至于朝见跪拜一节，我出使大臣亦将遵行前人旧例，行"叩头"之礼。我方之所以无法告知贡品确切数量，实因十五面镜子长数十英尺宽五六英尺，各种玻璃制品、细绒毛皮以及其他易损易碎物品，担心以上种种能否完好运达。//356//使团人数之所以不能精简，原因在于贵我两国间以前缔结之条约对此并无任何规定。戈洛夫金使臣体察圣明大皇帝至高仁爱之心，未经奏明本国汗王即已减少随员。现我方确已无法再行减少使团人数，所余人员尚有各类工匠、官吏，均为使团行进途中各类杂务所必需，及至厨师下人，亦使团团长所必用。此皆我使团团长途中不可或缺之人也，想必郡王及昂邦大臣处早有耳闻。

//357//奴才等经深思熟虑以为：戈洛夫金遣巴伊科夫来，见奴才等一一驳斥，颇感窘迫，深为懊丧，故一味援引前朝康熙、雍正年间遣使觐见所依条约。然内涉以往多次来

---

① 原文如此。

② 见196号文件。

朝使团人数者，奴才处现唯有前不久辑录之汉文旧档一件[①]，其于护送使团入朝经过及精简、遣返诸事皆无述及，事例亦无人知晓。//358//今次巴伊科夫会见，虽已坚决保证出使大臣入京后当遵行往例，于朝见圣明大皇帝时行“叩头”礼，然依奴才愚见，此事尚犹难说。

俄罗斯人向来不知我天朝法度，然京中俄罗斯学员，凡于我国有所闻见，定必设法打探究里，悉数仿效。其习性至为可鄙！奴才等倘与巴伊科夫无止无休交涉，非但与其身份//359//不符，况其更可不负责任，亦无法向奴才等交付正式文书。是以奴才等仅备一回函付之，确认收到戈洛夫金来书无误，随即将其发送回国。

又，圣旨所命遵行各款中，最要者乃朝见行“叩头”礼一节。巴伊科夫于此虽已有坚决保证，然若无戈洛夫金正式确认，亦万难保障狡诈俄人不会出尔反尔。戈洛夫金倘于收到再次要求其遵行上谕之函后，心存畏惧，回心转意，实乃幸事。//360//如其摈弃狡诈之念，文书允行我方所提各项，则事或可不难办理。

现将我方重申条件之回函抄件及戈洛夫金寄送我方之三种文字来件缄于一函，恭呈御览。奴才等愚见当否，抑或另有别项措施，伏乞圣上明鉴，予以训示。//361//

再者，奴才等认真端详携俄国使团团长信件来访官员巴伊科夫之面相，确信俄国汗此次的系遣其身边近臣充任出使大臣。况此前理藩院行文枢密院时，文中亦果未规定使团确切人数。现俄罗斯人已至边界，停候于［恰克图——莫罗兹］北厢，甚为焦虑不安。至于“叩头”礼一节，其国臣民中恐将广为传称//362//，倘俄罗斯人不向圣天子行“叩头”

---

① 见103号文件。

礼，则将自处于可笑难堪境地。臣将再次向渠等发出一信，告知皇上及奴才等所提要求。此后戈洛夫金回函如恭谨有礼，奴才等将谨遵上谕办理。若俄人仍频频来函，胡搅蛮缠，居心叵测，臣等断然不予理会。

专此谨奏，恭候圣旨。

362～363 页正文末尾处：据奏折抄录。在今年十月五日①收到的［由北京返回的］//363//奏折上有皇帝朱批：已有旨。

蒙古国立中央历史档案馆，藏档 M-1，案卷 639，352～363 页。库伦办事大臣衙门抄文簿满文抄件。И. Т. 莫罗兹译自满文。

注释：

［1］使团首席秘书 Л. С. 巴伊科夫到达库伦时带的满语翻译是 А. Г. 符拉德金。

---

① 11 月 13 日。

№ 206

1805 年 11 月 2 日。库伦办事大臣蕴端多尔济、福海为已将理藩院文书及被理藩院退回的枢密院通报换届的俄国教士团已到达的文书送出等事呈嘉庆皇帝的奏折

//378//九月二十四日①

奴才蕴端多尔济、福海具折恭奏。为退回俄国枢密院文书②，仰祈圣鉴事

奴才等顷接嘉庆十年九月八日③上谕曰④：

着即向蕴等晓谕下列内容。前不久俄人送来文书⑤，其中朕之名号及“圣旨”等字样，均置于彼方汗称谓之下。此外，理藩院虽去函详加说明⑥，然其后枢密院回书仍未就此次//379//神职人员和学员是否将随同彼方使团前来北京替换［上届教士团］一事做出明确说明。朕担心俄人是否另有所图，故命理藩院将该书退还。蕴等收到我理藩院给俄人咨

---

① 11 月 2 日。

② 见第 144 号文件。

③ 10 月 17 日。

④ 见第 196 号文件。

⑤ 见 144 号文件。

⑥ 见 104 号文件。

复[1]及此前俄人送来文书后，着即按例将其退交俄督，由其转送俄国枢密院。着将俄人收到退还枢密院文书后之所言以及对蕴等有何回话急速确切报来。若一时并无回答，万不可//380//急于追问。

着将理藩院送俄罗斯枢密院之文书及本谕旨一并抄示蕴等。

奴才等拜读圣旨，谨奉上谕，仰见圣明皇上远见卓识，万不可及。皇上忧心宵小俄人别有图谋，命理藩院退回枢密院来书，并行文俄夷，专为开导解说，奴才等无限钦服，遂于本月二十四日按例遣派协理台吉伊丹扎布等赍理藩院文书投送俄省长。//381//

先前奴才等业已奏报[2]，我处多次发函俄出使大臣戈洛夫金，申明我方拒绝之意。俟伊丹扎布等返回后，再将其详情及俄省长所言据实奏报。

谨奏。

第 381 页正文末尾处写有：据奏折抄录。于同年十月十一日[3]收到［由北京返回］的奏折上，有皇帝朱批：知道了。钦此。

蒙古国立中央历史档案馆，藏档 M-1，案卷 639，378～381 页。库伦办事大臣衙门抄文簿满文抄件。И.Т. 莫罗兹译自满文。

---

① 见 197 号文件。

② 见第 176 号文件。

③ 11 月 19 日。

№ 207

1805 年 11 月 2 日。库伦办事大臣蕴端多尔济、福海为请求递送理藩院致枢密院文书和枢密院为俄国教士团例行换届事致理藩院被退回的文书等事致伊尔库茨克副省长 A. A. 希什科夫函

//387// 九月二十四日[①]

大清国库伦办事大臣郡王及昂邦致俄国伊尔库茨克副省长希什科夫函。为行文事

前不久，嘉庆十年九月二十日[②]，我郡王及昂邦大臣等收到我大理藩院致贵枢密院文书[③]及由理藩院退回之贵枢密院来书[④]。现将二者缄于一函，交由 //388// 专差协理台吉伊丹扎布、梅勒章京噶尔丹等转送贵省长处。望收到后速将文书转送贵国枢密院，并知照本郡王、昂邦大臣，确认［函件］已收到无误并按例转递。专此奉达。

蒙古国立中央历史档案馆，藏档 M-1，案卷 639，387～388 页。库伦办事大臣衙门满文抄文簿抄件。И. Т. 莫罗兹译自满文。

---

① 11 月 2 日。

② 1805 年 10 月 29 日。

③ 见第 197 号文件。

④ 见第 144 号文件。

№ 208

1805 年，不早于 11 月 5 日[①]。军机处为嘉庆皇帝谕令将俄国使团人数减至 100 人，并要求俄罗斯人在库伦演练叩头礼等事给库伦办事大臣的命令

//398//十月五日[②]收到

军机大臣令行库伦办事大臣、喀尔喀郡王等

嘉庆十年九月二十七日奉上谕：

蕴端多尔济等奏称：

俄使戈洛夫金所遣巴伊科夫携来之书信[③]业已收到；现将戈洛夫金来函及由库伦寄送戈洛夫金复函[④]一并呈上，伏祈圣鉴。

俄罗斯人生性诡诈虚伪，多次来函，内多//399//骄矜夸傲之词。是以朕传谕蕴端多尔济等[⑤]，嗣后应行文俄人，严加训导，不可姑息。然此次戈洛夫金所遣巴伊科夫似较易相与，允诺行叩头礼。但同时又申明，俄方带有如此众多随员，实出无奈，盖因必欲确保巨大玻璃镜及其他各种易碎器

---

① 该日期系根据皇帝谕旨时间（嘉庆十年九月二十七日）确定。

② 11 月 13 日。

③ 见 201 号文件。

④ 见 210 号文件。

⑤ 见 196 号文件。

皿完好无损，别无他法之故也。

就此一节，谕令蕴端多尔济等如下//400//：

前颁谕旨①，限令使团入朝人数为三十人或四十人，现着毋庸实行。可以库伦奏报之戈洛夫金来函为依据，行文戈洛夫金，告知人数不得过百。若此后戈洛夫金来函确认其随员不过百人，渠等愿遵命而行，并于抵达库伦后演习叩头礼，则可准其所请，着其来朝。着令蕴端多尔济等可奉诏为戈洛夫金等人设宴，//401//并尽速奏报。俟收到奏报后，朕将另委昂邦大臣，与蕴端多尔济共同护送使团前来。着奉诏于十二月二十日以后护送使团入朝。

谨奉上谕，特传此令。

蒙古国立中央历史档案馆，藏档 M-1，案卷 639，398～401页。库伦办事大臣衙门满文抄文簿抄件。И. Т. 莫罗兹译自满文。

① 见 204 号文件。

№ 209

1805 年 11 月 7 日。Ю. А. 戈洛夫金使臣就使团一秘 Л. С. 巴伊科夫完成使命由库伦顺利返回事呈副外务大臣 А. А. 恰尔托雷斯基的紧急报告

//178//公爵：

在第 8 号紧急报告[①]中，我有幸事先向公爵大人报告了派遣巴伊科夫先生前往库伦之事。巴伊科夫的库伦之行业已完成。他准确执行了我的各项指令，对此我唯有深表满意。公爵，我无时无刻不在等待昂邦大臣们同意的答复。一经收到，将立即将他此次出使的最终报告呈交给您。//178 背面//

在转送理藩院来函[②]时，我曾敦请谢利丰托夫先生尽快将来函的译文通报给我。为了不破坏传统的礼节，我一直隐忍着没有把这封信在这里拆开。我这才比以前更清楚，中国人为何如此看重这一规矩。因此，我宁愿作出牺牲，克制了解该信内容的欲望，为我们在此情况下努力恪守古风旧俗再次做出榜样。

荣幸地向公爵大人致以深切的敬意！

您最卑微、最恭顺的仆人戈洛夫金伯爵

于特罗伊茨科萨夫斯克要塞

1805 年 11 月 7 日

---

① 见 192 号文件。

② 见 197 号文件。

178 页正文上方有“№ 9”字样。

同页正文下方用法文书写：呈 A. A. 恰尔托雷斯基公爵大人。

俄罗斯帝国对外政策档案馆圣彼得堡分馆，总档 1—7，目录 6，1805 年，案卷 1a，卷夹 25，178～178 页背面。法文原件。Н. Б. 祖布科夫译自法文。

使团办公厅抄文簿法文抄件存处，卷夹 41，111～111 页背面；同处，卷夹 46，207 页。

№ 210

1805 年 11 月 14 日[①]。库伦办事大臣蕴端多尔济、福海就库伦谈判期间与使团一秘 Л. С. 巴伊科夫商讨接待俄国使团事致 Ю. А. 戈洛夫金使臣函

1. 译自满文

//182// 大清国驻库伦办事大臣郡王[②]及昂邦致俄罗斯国特命全权使臣、枢密官戈洛夫伯爵金函，为复行知照事

本郡王及昂邦于嘉庆十年九月十五日[③]收到宫廷低级侍从巴伊科夫等赍来尔内含三款之来函[④]，并详加研读。来函不言文书内容及礼品皆为何物，反称条约并无此款，出使大

---

① 嘉庆十年十月六日。

② 亲王误，应为“郡王”。下文中译为“亲王”均误。——中译者

③ 1805 年 10 月 24 日。

④ 见 201 号文件。

臣亦不应受到拦阻[①]云云。若果查证条约，则圣祖仁皇帝（康熙）[②] 年间//182背面//及世宗宪皇帝（雍正）年间尔国汗常遣出使大臣前来，为何高宗纯皇帝（乾隆）年间却未派遣？尔岂能不明，条约中根本未载明应遣几百人前来之语[③]。我等并未拦阻尔等，而是允许尔等前来边界[④]，之所以如此行事，实因如不对诸事详加解说，则无论如何无法办理。

尔来函又称：起初枢密院为进呈贡品事行文理藩院[⑤]，理藩院曾有回函[⑥]，并未提及//183//使团员额事。理藩院当

---

① 左侧页边有Ю. A. 戈洛夫金的批注：（1）文书最重要的内容已包含在出使大臣［……］（日期未注明。见159号文件。——俄编者）的信函中，他们当时对此即已知悉。关于礼品的事当时也对他们说了，而且最主要的礼品也已经列举出来了。其他事项则由巴伊科夫先［生］口头向他们做了说明，正如他们在下面自己所说，是为了出使大臣在边境不致受阻。虽说我有权提及此事，但信里却从来没有写过，不过，条约第四款是有明确规定的（此处及以下的注释号码被标注在文中该行上方的括号内）。

② 此处括号标在正文内。下同。

③ 左侧页边有Ю. A. 戈洛夫金的批注：（2）为什么没有派使团去见乾隆（原文如此。——俄编者），只有天知道。从来也没有提过这个问题。条约中并没有规定随员应该有几百人，但在该问题上，先例正在取代条约，出使大臣在10月20日的信中对他们就是这样解释的（见201号文件。——俄编者）。

④ 左侧页边有Ю. A. 戈洛夫金的批注：（3）由此中国人又制订了一项规矩：不经他们批准，俄国官员和臣民都不准到边境来。

⑤ 左侧页边有Ю. A. 戈洛夫金的批注：（4）我方对中国人所做的一切都是为了表示，全俄皇帝为了友谊送来的是礼品，而不是贡品，是为了让他们不再把俄皇陛下的尊号书写为上面带点的具有纳贡藩王意味的察罕汗（原文此处有下划重点线——俄编者）。但至今一切徒劳无功，依然得不到尊重。

⑥ 见43号文件。

时虽未提及缩减人员一事，然我等于嘉庆十年五月①致伊尔库茨克民事省长函中已确有提及。尔戈洛夫金岂有不知②？我等希望减少随行人员，唯因路途至为遥远，气候于尔俄罗斯人不适，断非因我国无力接待尔区区数百人耳。

尔不知此理，又称尔官衔高于先前遣来之出使大臣［萨瓦·弗拉基斯拉维奇-拉古津斯基］，故尔之随员理应众多，与渠等同行乃事出必需③。此无谓之辩解也。我等虽减缩尔之随从，丝毫不降低尔之身份，所虑//183 背面//唯无用之人愈减则行路愈便捷耳。

因此，尔当细加权衡，再减人员，而后予以回答。

尔遣来之宫廷低级侍从巴伊科夫已奉命对我等问题一一作答，其答复之一称：尔持有致我圣上之文书，拟于京城交皇帝之近臣阁老，由其转呈皇帝陛下。现下尔虽不能将其于我等一示，然可否于会晤时私下示之④？

其一：我等就尔及其他所有入京面圣之人//184//必行之跪拜礼询问巴伊科夫时，渠答称：

---

① 1805 年 6 月。

② 左侧页边有 Ю. А. 戈洛夫金的批注：（5）出使大臣在其［……］（日期未注明。见 201 号文件——俄编者）函中对他们说，如果他们已有不接待超过 60 人使团的法律，那么为什么理藩院没有在使团到达边境之前事先将此事知会枢密院？为什么 1726 年萨瓦·弗拉基斯拉维奇伯爵带着 120 名随从，也受到了接待，虽然当时已有该项法律？

③ 左侧页边有 Ю. А. 戈洛夫金的批注：（6）巴伊科夫先生奉命向他们说明，拥有这么多仆役并不是出于摆排场，［而］是出于路途艰难、气候严酷的极端需要，他们对此话感到可信和满意。

④ 左侧页边有 Ю. А. 戈洛夫金的批注：（7）文书事前已述及，而且出使大臣还在其［……］（日期未注明。见 181 号文件。——俄编者）函中事先向他们作过通报：文书应由他交给指定的皇帝近臣。

我等将按旧例行三跪九叩之礼。此话务要写入复函[①]。

其二：礼品中有长十俄尺[②]余、宽五尺的玻璃镜子十五面，以及各种玻璃器皿、各种皮货。尔等即或一时不能说明所有礼品之详情，然巴伊科夫所说是否属实？着将此话亦在复函中写明[③]。

尔戈洛夫金得知此情后，应给予明确答复，本郡王及昂邦大臣方可于阅后欣然奏请圣上//184 背面//为尔降旨施恩。

然倘尔等虽有诚恳之心，冀望得觐圣上，朝拜大君主，却未能于我等所示各项寄来翔实回复，则我等实不敢有违吾皇之法令为尔上奏，以请圣恩。

我方诚然有数次退回来函，此亦按天朝律法行事，并非一味压迫侮辱尔俄罗斯国也。

请出使大臣戈洛夫金三思。//185//

尔戈洛夫金既称出使大臣，何于细枝末节上犯难？和平

---

① 左侧页边有Ю. А. 戈洛夫金的批注：(8) 根据该指令，就礼节问题巴伊科夫先生被告知以下内容……（原文此处是省略号——俄编者），这事在11月19日函中又得到了确认（见213号文件。——俄编者）。因此，他唯一应该做的，就是以自己前人为榜样，以求不但享有此前俄国使臣享有的待遇，而且更要不玷污与其现有身份相称的荣显。

② 原文此处有下加线。

左侧页边行间有Ю. А. 戈洛夫金和翻译 А. Г. 符拉德金的批注：中国10尺相当于俄国5尺。

③ 左侧页边空白处有Ю. А. 戈洛夫金的批注：(9) 出使大臣向他们通报过最主要礼品的质地，巴伊科夫本人则口头向他们就此做过更详尽的介绍，边境官员们在其［……］（日期未注明。见第203号文件——俄编者）的信函中对此表示满意。但现在他们不仅要求提供礼品的名称，而且要求提供物品的数量和大小尺寸。

友好之规遵之愈坚愈切，则回复我方之信函愈详愈明也[①]。

收到此信后着即回函。如回答仍属模棱两可，嗣后将不复理会尔等，尔戈洛夫金亦休得埋怨。

特寄此函明白晓示。

嘉庆十年十月初六日

1805年11月14日[②]

俄罗斯帝国对外政策档案馆圣彼得堡分馆，总档1—7，目录6，1805年，案卷1a，卷夹25，182～185页。译自满文原件。A. Г. 符拉德金手迹。

满文原件存同处，187[③]～188页[④]。

满文抄件存同处，186～186页背面、189～190页。

经Ю. А. 戈洛夫金核验无误的译文抄件存同处，219～220页背面。

使团办公厅抄文簿抄件：俄文文本存同处，亚洲司图书馆全宗，目录505，1806年，案卷32，18～20页背面；同处，圣

---

① 满文原文为：莫尼—亚布布哈—松科伊—依勒嘎迈—法克萨拉迈—卡鲁—本支布其，埃勒—胡瓦利亚顺—多罗—德—哈米纳齐—奥木毕，意即：如就我方信函［所有］各条给予明确答复，尔即可更加靠近和平与法律（见188页注释。——俄编者）。

② 换算成儒略历的日期是译者所标。

③ 187～187页背面（信封）上有地址：大清国库伦办事大臣郡王和昂邦致俄罗斯国使团团长、公爵、枢密官戈洛夫金之函（187页背面），还有日期：嘉庆十年十月六日（187页）。地址及日期系用满文和蒙文书写。钤有两方库伦办事大臣的朱印。

同处有俄文标注：写于1805年11月14日。1805年11月17日收到。内有一份文件。

④ 信是写在奏折纸上的。正文的开头和结尾钤有库伦办事大臣方形朱印。188页正文下方有俄文标注：1805年11月14日收到。

彼得堡分馆，总档1—7，目录6，1805年，案卷1a，卷夹26，151页背面～153页背面；同处，卷夹28，95～95页背面；满文文本存同处，88页背面～91页。

库伦办事大臣衙门满文抄文簿抄件藏蒙古国立中央历史档案馆，藏档M-1，案卷639，第402～410页。

2. 俄译蒙文本
译自蒙文的俄文文件

//191//大清国驻库伦办事大臣郡王、昂邦致俄罗斯国特命全权使臣、枢密官戈洛夫金伯爵函

再复[①]，其因如下：今嘉庆十年孟秋月十五日[②]，尔等遣派宫廷低级侍从巴伊科夫等寄本郡王、大臣内含三项内容之来书业已收悉。

尔等来函既不言即将进呈之文书，亦不提即将呈送之各种礼品，更不提先前制定之各项章程，唯言庞大使团将照派不误。查以前各项规定，为何康熙[③]、雍正[④]年间有使臣自尔国京都奉命前来，及至乾隆[⑤]年间则未有所遣？尔等岂可不知，先前规定中并无究竟应遣几百人前来之说！我方既已邀尔等至边境地方，绝不会令尔等止步不前。然尔若不对几个问题有明确回答，亦断不能允尔等前来。此次尔等打发使

---

① 前一封信见203号文件。

② 1805年10月24日。

③ 康熙帝在位时期（1662—1722）。

④ 雍正帝在位时期（1723—1736）。

⑤ 乾隆帝在位时期（1737—1795）。

团动身的理由如下：尔等言称，//191背面//先前理藩院就枢密院关于礼品一事的回函中，并未提及使臣一行人数一事。此次我大理藩院又于嘉庆十年仲夏之月[①]提出要求缩减使团人数，并为此致信伊尔库茨克民事省长。尔戈洛夫金岂有不知，最初言及缩减尔使团一事，原因在于，地处遥远，且尔俄人可能不服水土。但绝非因我国无力安置尔区区数百人也，然尔等竟如此无知！

然来函又称：尔官阶高于先前各位使臣，故应有更多随从。此实无谓之狡辩也。缩减尔之使团人数，于尔毫无贬损。如无用之人概行减缩，则以为行路将更为紧凑方便。尔等当就此细加权衡，减缩人员，再予回话。

再者，经询问尔等遣来之管事官员、宫廷低级侍从巴伊科夫，渠称：尔国君主致大博格德汗之文书，将由尔戈洛夫金//192//携至京城，然后再将其交付内大臣[②]，由其奏闻圣上。尔等若不便于此间将文书出示我等，何不于私下会见时予我等一观?

其一：经询问巴伊科夫，尔戈洛夫金携随从抵京后，将履行何种礼仪觐见大博格德汗？巴伊科夫答称：我等定遵旧例，行三跪九叩首礼。着将此意于来函中写明。

再者：巴伊科夫告称：进献物品中有长十多肘宽五六肘之巨型玻璃镜十五面以及各种玻璃器皿及各类皮货。尔等虽一时难以报明全部礼品之数量，然巴伊科夫所说是否属实，着尔一并回复。

如尔戈洛夫金等迅即将诸事查明，予以通报，本郡王、大臣欣然阅毕，即可设法为尔等向大博格德汗奏报请旨。

---

① 1805年7月。

② 即宫廷近臣。

但无论如何，尔等即便真心实意欲觐见我大博格德汗，如不能将我等所示两条予以说明，并尽快来函，则我等绝不敢违犯我天朝律法，为尔等向大博格德汗请求恩旨。我等虽曾多次催促，但我天朝//192背面//律法绝无贬低及侮辱尔俄罗斯国之意。

尔戈洛夫金身为不小的使臣，却为何总在此类小事上犯难？如能依照我等之吁请，分条析缕，迅即答复，当可几近于和平之规定也。

望收到此信，即予回函。

然若依旧不予明确答复，我等亦将不再筹办该事。

望尔戈洛夫金勿妄自尊大，好好思量。

特发此函。

嘉庆十年初冬初六日①

1805年11月17日七等文官亚历山大·伊古姆诺夫翻译于特罗伊茨科萨夫斯克要塞

俄罗斯帝国对外政策档案馆圣彼得堡分馆，总档1—7，目录6，1805年，案卷1a，卷夹25，191～192页背面。译自蒙文原件。手迹。

蒙文原件存处同处，187～188页。

由A.B.伊古姆诺夫所制蒙文抄件存同处，193～195页。

使团办公厅蒙文翻译件抄件存同处，卷夹29，95～97页。

库伦办事大臣衙门抄文簿蒙文抄件存蒙古国立中央历史档案馆，藏档M-1，案卷639，411～420页。

---

① 1805年11月14日。

№ 211

1805 年 11 月 16 日。伊尔库茨克省翻译官 А. И. 帕雷舍夫为枢密院请求允许俄国教士团换届的文书被清方退回事致西伯利亚总督 И. О. 谢利丰托夫的报告

//329// 八等文官、满汉语翻译帕雷舍夫 1805 年 11 月 16 日呈西伯利亚总督报告（抄件）

奉大人的命令，卑职反复研读了被中国理藩院退回的我枢密院用满语书写的文书，同时，又翻阅了先前与中国政府往来的各种函件，发现其中只有该信不合常规。通常在需要书写皇帝尊号、圣旨或谕令的地方，应当抬头书写。这份满文译件按照这一惯例，书写了内含①我国皇帝陛下圣谕的文字，但翻译符拉德金却把对方博格德汗的谕示写低了，没有将其抬格。中国理藩院认为这有违先前的成例和格式，于是将之退回。

正文下方写有：经秘书维里金核验无误。

俄罗斯帝国对外政策档案馆圣彼得堡分馆，总档 4—4，目录 123，1805—1809 年，案卷 1，329 页。

经核对的抄件。

---

① 此处原文拼写有误。

№ 212

1805 年 11 月 18 日[1]至 1806 年 2 月 1 日。Ю. А. 戈洛夫金出使大臣和使团一秘 Л. С. 巴伊科夫与清朝边境当局交涉经过实录

//135//1805 年 11 月 18 日[2]

恰克图

恰克图买卖城扎拉固齐通过驻恰克图司理监管边境事务七等文官索科洛夫，请求拜见出使大臣。伯爵大人准予第二天午后一点钟会见。扎拉固齐径直来至出使大臣驻地，协理台吉达西敦多布和一等台吉哈尔恰古陪同前来。使团总务官［К. А. 纳雷什金］在餐厅接待了他们，并安排宴请；然后得到了出使大臣接见的许可，他们被带往客厅。使团的所有官员都已在那里等候。使团一秘引导他们进入出使大臣办公室，接见时，使团一秘、总务官和几名翻译在场，他们是伊古姆诺夫、符拉德金和伊兹玛伊洛夫。互致问候后，扎拉固齐对出使大臣表示，此行目的仅为陪同协理台吉和一等台吉前来，他们带来了库伦办事大臣、郡王和昂邦致出使大臣的信，是对出使大臣派遣宫廷低级侍从巴伊科夫送去的函件的

---

① 使团办公厅日志中标注的是另一个起始日期：1805 年 11 月 17 日，见原件第 88 页的出处说明。

② 此处日期被写在该页左边空白处。下同。

复函，并将就若干问题做出十分必要的说明。出使大臣收下郡王和昂邦的信后，请扎拉固齐入座。由于该信内容完全不同于他们对巴伊科夫先生所作的口头承诺，扎拉固齐便竭力为郡王和昂邦辩解，一再声明他们的确已把巴伊科夫先生送去的信件以及口头说明的内容向理藩院呈报，请求定夺，同时也命令他们把这封信里的所有内容向伯爵大人宣布。

会见持续了三个多小时，扎拉固齐极力劝说特命出使大臣同意郡王信中的要求，但伯爵大人丝毫不为所动，他在送走扎拉固齐时对后者说：他将下令起草给郡王和昂邦的回函，并尽快寄出。//135 背面//信使们被安置在特罗伊茨科萨夫斯克要塞过夜，扎拉固齐则返回买卖城。

1805 年 11 月 20 日。

恰克图扎拉固齐中午到来。出使大臣致库伦办事大臣的复函业已拟就。巴伊科夫先生接见了扎拉固齐和信使们，并告诉他们，出使大臣身体不适，不能见他们，委托他转交致郡王和昂邦大臣的信。扎拉固齐和信使们久久拒绝接受这封信，提出交给他们信件的应当不是别人，而是出使大臣本人。但最后也同意了巴伊科夫先生的意见，接受了信件，并动身去恰克图，第二天再由当地返回库伦。

1805 年 12 月 12 日。

恰克图扎拉固齐再次通过索科洛夫先生请求拜见出使大臣，会见被安排在午后一点钟进行。扎拉固齐径直来到使团一秘住处，对他说，他奉库伦办事大臣郡王和昂邦大臣之命，前来向出使大臣通报：博格德汗陛下已同意了他的奏请，并有旨给俄国皇帝的使团。他还以不经意的口气告诉巴伊科夫先生，当他向出使大臣宣读他们博格德汗陛下的谕旨时，为了表示对尊贵陛下的深挚敬意，按照他们的习惯，这样的圣旨，出使大臣是应当跪着听取宣读的，但如果站着听旨，他也会满意。

巴伊科夫先生不同意这一要求，他指出，伯爵大人为能够觐见博格德汗陛下，完成本国皇的皇命，当然定会感到欢欣鼓舞。但除了坐着以外，特命全权出使大臣的身份不允许他采取其他方式接见他人。巴伊科夫先生又说，他感到极其惊讶：郡王和昂邦为什么没有//136//答复出使大臣的最后一封信，而且没有把他们君主恩准的事以书面形式通知他。

对此，扎拉固齐回答说，郡王和昂邦通过他来向出使大臣通报此事，这比给他发来书面通知表现出更多的尊重。两个多小时的时间里，他一直在努力说服出使大臣同意站立听取博格德汗的谕旨①。

巴伊科夫先生无论如何不肯同意。扎拉固齐要求面见出使大臣，当他被引见给出使大臣时，说完通常的客套话后，再次提出了站立听取博格德汗谕旨的要求。出使大臣对此表示拒绝，扎拉固齐则宣布如下：

理藩院已向陛下奏报了出使大臣在十一月十九日最后一封信②中提出的五个问题，即：一、关于按照前人先例履行礼仪问题；二、关于在出使大臣抵达北京之前不通报致博格德汗陛下文书③内容的问题；三、关于按现有规定准确对待博格德汗陛下尊号的问题；四、关于馈赠博格德汗陛下的礼品问题；五、关于出使大臣将同意使用他们提供的马匹和向导的问题。博格德汗已恩准了所有这几点，下令通知出使大

---

① 原文如此。

② 见第201号文件。

③ 原文如此。

臣，使团全体随员均可进入国境。此外，扎拉固齐还补充说，博格德汗得知出使大臣有恙后，特地从原定第二天进宫的御医[1]中选派一名前来为他治病，等医生一到，立即领他来见伯爵大人。

他还通报说，库伦郡王已奉命陪同使团前往张家口，再由另一名郡王于当地护送他去北京。此外，还从恰克图派了一名贝勒、//136 背面//一名一等台吉和一名协理台吉来，他正在等待着这些官员的到来。谈话间他还希望了解出使大臣启程的日期。出使大臣回答说，上述官员到达后，他将与其会见，届时当可确定启程的日期。

1805 年 12 月 13 日。

恰克图扎拉固齐通过索科洛夫先生报告一个信息：博格德汗派来的医生业已与郡王的私人秘书噶莱岱①一起到达。他希望知道，何时能让他们来见出使大臣。伯爵大人定于午后一点钟会见。他们受到了接待。医生履行了自己的职责，他认为，出使大臣已经彻底病愈。出使大臣先生对博格德汗陛下的如此盛情表示感谢，并在送别医生时赏他一块金表[2]。

扎拉固齐在此次会见时告诉出使大臣，原定前来护送的贝勒生病了，现已派了一名贝子来代替他，其他官员也将在同一天到达。同时，他再次要求出使大臣确定启程时间，但出使大臣给了他一个与昨天相同的答复。

此后两天，买卖城扎拉固齐尽可能地设置障碍，阻挠被指派护送使团的官员们与出使大臣见面。但他也被告知，不经这一程序，出使大臣无论如何不能确定自己的行程。最

---

① 此处标有下划重点线。下同。

后，他们请求于 16 日谒见，具体时间定为当天午后一点钟。

奉派前来代替贝勒护送出使大臣的贝子名叫戈木博，负责押送礼品的贝子叫宁博多尔济。照例寒暄致意之后，他们各自向出使大臣介绍了自己的助手一等台吉和协理台吉。两位贝子请求出使大臣确定启程日期，一再劝说他//137//尽快行动，以便赶在中国历法本月二十日（1806 年 1 月 26 日）之前到达北京。同时他们告诉出使大臣，库伦郡王根据博格德汗的谕旨，已经准备好为出使大臣的到来举行宴会。他们还请出使大臣在出发前夕打发礼品及用不着的跟班人员上路，并从随行人员中选派几名官员带领他们同行。

出使大臣答复他们说，希望尽快有幸觐见博格德汗陛下，他已确定本月 20 日为启程之日，为使行程更便捷，他将提前发运礼品，并打发大部分人员上路，其中包括某些官员。两位贝子辞别出使大臣去见使团一秘，一秘答应按他们的要求提供提前一天出发的人员名单、辎重清单，以及留在出使大臣身边的随员名单。

1805 年 12 月 19 日。

出使大臣派使团一秘和总务官拜访两位贝子并向他们通报，礼品和大部分随行人员将在同一天上路。

巴伊科夫先生发现，买卖城大门过于狭窄，不便于我们的车队通行。他请求扎拉固齐稍作改动，但扎拉固齐冷冷地表示拒绝。一段时间以来在交往的过程中他一直表现如此。

巴伊科夫先生顺便通知他们，出使大臣打算明天启程，并同意两位贝子到买卖城的大门口来接他。

扎拉固齐希望利用途中之机见出使大臣一面，请求巴伊科夫先生在途中休息时邀请他。巴伊科夫先生认为这样拜访不大体面，建议扎拉固齐在一处庙里接待出使大臣。

//137 背面//1805 年 12 月 20 日。

出使大臣在买卖城大门附近受到两位贝子的迎接，两位贝子引领出使大臣来到一处庙宇，扎拉固齐正在那里等着。他为因身体欠佳而未能与两位贝克[①]一起迎接出使大臣表示歉意。出使大臣以及与其同行的所有随从都受到宴请款待。

这次会见毫无特别之处。一刻钟后，出使大臣登上四轮轿马车，重新上路。

接下来的旅途中，郡王和昂邦派来各级官员，祝贺伯爵大人进入大清国国境。

12 月 29 日，出使大臣决定派遣使团一秘由塔希尔营地前往郡王和昂邦处送信，命令他就初次拜访事宜同两位协商，并告诉他们，出使大臣会遵照前人的旧例，期待着他们首先前来拜访。

[1806 年 1 月 2 日][②]。

出使大臣抵达库伦后，使团一秘禀告，他已与郡王和昂邦有过三次会晤。第一次，他向郡王和昂邦转交了出使大臣的信件，他们对此表示十分高兴，并准备书面向出使大臣致谢，同时允诺为使团顺利、平安莅临做好各种安排。巴伊科夫先生述说了他与郡王的秘书托克托布扎拉固齐就此举行[③]的会谈。关于出使大臣期待他们首先来访一事，扎拉固齐答

---

① 原文如此。应为“贝子”。

② 原文中该日期缺失，现根据使团办公厅官抄文簿抄件恢复（见 115 页背面的注释）。

③ 使团办公厅抄件中在“就此举行”几个字的地方，用的是“然后”一词（见 115 页背面注释）。

复说：郡王任何时候都不会首先去拜访［出使大臣］[①]。即使前任办事大臣做过首先拜访俄国出使大臣这样的事，那么现在的郡王作为具有世袭统治权的郡王，其夫人又属于皇帝宗亲，无论如何是不会这样做的，尤其是在他自己的领地上。

第二次会晤时，郡王向巴伊科夫先生询问了俄罗斯及其他欧洲国家的情况，最后又谈起了有关贸易的事。

郡王说："你们与英国的贸易相当繁荣，//138//这个国家离你们远吗？如何运输？走水路还是旱路？"

巴伊科夫先生向他做了全面介绍。然后，他又问起我们对土耳其人的行动[②]，并就此补充说：

"你们为什么不把你们的贸易扩大到恰克图？英国人距离我们如此遥远，却在广州做着大生意。"

巴伊科夫先生回答说：英国人在北美洲有一些领地，他们可以经水路很便利地运来自己的产品，相反，我们则必须经旱路把所有货物运来。

郡王说："有道理，但是你们已经有一段时间不运货物来了，而英国人的货却一年比一年多。"

巴伊科夫先生又重复了前面说过的那些无法运入俄国商品并按英国人的价格出售的理由。

第三次会晤，他们商议了为便于使团行进和精简随员需要采取的若干措施。

抵达库伦后，出使大臣会见了扎拉固齐、蒙古总兵福宁噶。福宁噶代表郡王和昂邦问候出使大臣，并告诉他，奉博

---

① 原文中"出使大臣"一词缺失，现根据使团办公厅抄文簿抄件恢复（见 115 页背面注释）。

② 使团办公厅抄文簿中此处用的是"关系"一词，而不是"行动"（见 116 页注释）。

格德汗的谕旨，业已为出使大臣准备好了宴请。出使大臣派遣使团一秘向郡王和昂邦致谢，感谢他们的欢迎，并约好就初次拜访事宜进行商讨。当他们弄清巴伊科夫先生是为商谈初次拜访之事而来时，先是在接待他的过程中制造了一些麻烦，但最后还是同意了接待。巴伊科夫先生向他们解释了出使大臣有权等候郡王先来拜访的全部原因。但是郡王反驳说，他们国家的法律、具有世袭统治权的郡王爵位和皇帝宗亲的地位禁止他先去拜访［任何］[①] 人。//138 背面//

1806 年 1 月 3 日。

托克托布扎拉固齐奉郡王和昂邦之命前来会见使团一秘，询问了出使大臣的健康，并打听了他们期待中的与出使大臣初次约会的事。巴伊科夫先生再次提出了前面提过的问题：为什么郡王本人不能先来拜访？并且举了一些过去的例子，提出现出使大臣爵位更高来作为理由。最后说，即使伯爵大人接受了［这一］[②] 礼节，那也只是一种私人行为，因为他不想把时间耽搁在交涉上。因此，他将派两位秘书去向郡王和昂邦大臣通报［出使大臣的拜访事宜。扎拉固齐请求允许他面见出使大臣，转致郡王和昂邦］[③] 的问候之意。

伯爵大人向他重申了被迫首先去拜访的原因。两位秘书被带去引见给郡王和昂邦。秘书们就出使大臣同意先来拜访一事做了说明：其实最合理的本应是出使大臣等待办事大臣

---

① 原文中“任何”一词缺失，现根据使团办公厅抄文簿抄件恢复（见 116 页背面注释）。

② 原文中“这一”一词缺失，现根据使团办公厅抄文簿抄件恢复（见 116 页背面注释）。

③ 方括号中的文字在已公布的文件中缺失，现根据使团办公厅抄文簿抄件恢复（见 116 页背面～117 页上的注释）。

来访。同时他们表示，出使大臣很快就会去拜访办事大臣，但他们应当在二门口迎接，以示尊崇，并在他告辞后给予回访。

郡王和昂邦表示满意，他们请一秘转告出使大臣，他们急切地期盼出使大臣到来。陪同伯爵大人拜访郡王和昂邦的人员，包括两名秘书、一名总务官和两名赏戴勋章的官员、两名使团侍从和一队龙骑兵。郡王和昂邦在第二进院子的门口迎接出使大臣，然后把他接到客厅，请［他］[①] 落座。最初的欢迎场面过后，出使大臣向他们介绍了陪同他前来的赏戴勋章的官员们和侍从们。他们款待了两名秘书、两名赏戴勋章官员和两名使团侍从。出使大臣和两名秘书被请进另一个房间，在那里用茶和甜食//139//受到款待。交谈内容广泛，话题多样。半小时后，出使大臣返回。出使大臣动身时，鸣放礼炮三声，就像通常郡王本人因公事出行时一样。出使大臣刚一回来，郡王和昂邦马上就到他这里来了[②]。一切都发生得非常正常和自然。郡王在向出使大臣表示敬意时宣布，奉博格德汗谕旨，将为此举行宴会。中午时分，贝勒纳木吉勒多尔吉和贝子宁博多尔济以郡王和昂邦的名义来向使团一秘报告，奉博格德汗的旨意，盛宴已准备就绪。

1806 年 1 月 4 日。

清晨，郡王和昂邦派托克托布扎拉固齐和两名噶莱岱来见使团一秘。一秘问他们：出使大臣何时前往？宴会能开多

---

① 原文中“他”一词缺失，现根据使团办公厅抄文簿抄件恢复（见 117 页上的注释）。

② 原文中没有“……来……就”字样，现根据使团办公厅抄文簿抄件恢复（见 117 页上的注释）。

久？他们回答说：现在即可动身，最好是在11点以前出发[1]，庆典活动时间不超过一个钟头，而且，出使大臣出席庆典的时间长短取决于他自己，想待多久就可以待多久。扎拉固齐对［一秘］[2]说：出使大臣无疑会对博格德汗陛下的如此殊恩表示感谢。对此，一秘说：出使大臣大人以应有的敬意领受陛下的这一恩典，他将在宴会开始时，起立举杯，祝福陛下健康长寿，政事畅顺。一秘还说：这种仪式在我国大皇帝的宫廷里也时常举行。托克托布没有表示任何异议，他被引见给出使大臣。出使大臣对皇帝陛下给予的恩典[3]表现出极大的敬意，保证马上就率全体随员出席//139背面//已经备好的盛宴。11点钟，全权使臣在全体官员、旌旗招展的蒙古军队、龙骑兵和哥萨克部队的簇拥下从营地出发。在王府附近，出使大臣受到三声礼炮的欢迎。郡王和昂邦身着全副戎装，在府内二门迎候。互致问候后，郡王和昂邦请出使大臣入内。经两道门，进入一个庭院，里面已经有许多人，郡王对出使大臣说：鉴于此次赐宴，是博格德汗陛下对他的特殊恩典，所以他应该在盛宴开始前，于正午时分在放有三个红色呢绒拜垫并点燃了香烛的香案前行三跪九叩礼。

出使大臣回应这一突如其来的建议说：他怀着应有的敬意，接受了博格德汗陛下的如此隆恩，但由于事先没有得到任何通知，特别是要在这种特别的场合履行这一特殊的仪式，这是他所绝对无法照办的。

---

① 使团办公厅抄文簿抄件中关于出发的时间写的是“午餐前”（见117页背面注释）。

② 原文中“一秘”一词缺失，现根据使团办公厅抄文簿抄件恢复（见117页背面注释）。

③ 使团办公厅抄文簿抄件中此处写的是“博格德汗给予的恩典和王的友善之情”，而不是“陛下给予的恩典”（见118页注释）。

郡王介绍说，这是一种旷古少见的恩典，唯有俄罗斯国出使大臣方能当此殊荣，仅为这一点，出使大臣也应该履行这一仪式，更何况郡王和昂邦也要在他身旁行三跪九叩礼，出使大臣只需跟着他们学即可。同时他们断言，托克托布扎拉固齐事先定已将此事告知出使大臣。

出使大臣提出的理由是：先前各位俄国出使大臣虽然爵位都比他低，但却并未于蒙受这种恩赐时如面见博格德汗那样下跪。而如今的这个新［礼节］① 又与此前的先例全然不合，既然他答应一切统统按照前人的办法办理，并得到了博格德汗陛下的批准，那么现在就无论如何也不能行这个礼。但是为了表示对博格德汗陛下最诚挚的//140//敬意，他可以像在本国君主大皇帝面前一样，起立为博格德汗陛下的健康和他国家的幸福太平祝酒。

郡王为了证明这样的先例是何等罕见，又举出他自己奉命率领使团时的经历，指出这是从无先例的。在户外凛冽的严寒中，当着众人的面，谈叛②持续了大约一刻钟。郡王请出使大臣进入室内。出使大臣被安排坐在上位，右边是郡王，左边是昂邦。其余官员则进入了另外几个房间。郡王继续要求出使大臣同意行跪拜礼。

出使大臣再次表示，由于受到博格德汗陛下的恩遇，俄国使臣们一直受到种种特殊照顾，而博格德汗陛下也从来没有要求过俄国使臣们履行这种礼仪。

郡王则提出现任出使大臣拥有享受特权的头衔，并以此为根据，试图证明过去的例子对他不大适用，而且要使团一

---

① 原文中“礼节”一词缺失，现根据使团办公厅抄文簿抄件恢复（见118页背面注释）。

② 此处原档有误。应为“谈判”。

秘承认，托克托布扎拉固齐已经把他们要履行这种礼仪的事事先通知过他。

出使大臣回答说，如果事先通知过，巴伊科夫先生不会不报告此事，况且托克托布扎拉固齐今天早晨曾经在出使大臣他本人那里待了半个多小时，也只字未提行跪拜礼的事。

郡王召来了托克托布，问他是否向［使团］① 一秘通告过行跪拜礼的事。虽然托克托布一再保证说，确实通告过此事，但郡王还是更相信出使大臣的证言。他最后说，是托克托布把“礼拜”一词说漏了。托克托布回来后曾向他报告说，他把这事既通知了出使大臣本人，又②通知了巴伊科夫先生[3]。不过事情是这样的：//140 背面//尽管［托克托布完全］③ 把这个词漏说了，［但是］④ 由于这个仪式意味着至尊君主亲临宴会，出使大臣如果不行跪拜礼，就不能［被］准许参加庆祝盛宴，这样出使大臣就不能进京，他这个郡王也就不能再护送使团去了。

出使大臣对此表示遗憾，他说，他照样［还是］⑤ 不能履行这一礼仪。郡王就此针锋相对地说，那他将不能供给使团马匹、食物和住所。

出使大臣重申了前述原因，然后补充说，只有在有幸朝

---

① 原文中“使团”一词缺失，现根据使团办公厅抄文簿抄件恢复（见 119 页背面的注释）。

② 原档出现错误，把“又”写成了“好像”。

③ 原文中“托克托布完全”等词缺失，现根据使团办公厅抄文簿抄件恢复（见 119 页背面的注释）。

④ 原文中“但是”一词缺失，现根据使团办公厅抄文簿抄件恢复（见 119 页背面的注释）。

⑤ 原文中“还是”一词缺失，现根据使团办公厅抄文簿抄件恢复（见 119 页背面的注释）。

见博格德汗陛下时他才能行跪拜礼。而且，既然一个小小官员所犯的错误都能使人感到如此不快，那么请郡王想想，这种事不也发生在他本人身上吗？郡王在与他会面，通报博格德汗陛下赐宴的消息时，不也是只字未提行跪拜礼的事吗？

郡王做了自责，承认托克托布有疏漏，认为他应该受到惩处，同时又赞扬出使大臣的人品和坦诚，向他致歉说，昨天会面时，由于［见到他］[①] 十分欣喜，竟忘了告诉他有关礼仪的事。出使大臣感谢郡王的友善表示，并回答说，他绝不是要求惩处托克托布，但唯一令人遗憾的地方在于郡王身上出现的疏忽使他错失了领受博格德汗陛下恩赐的机会。郡王一再承认托克托布有疏忽，但深表遗憾地说，不履行应有的跪拜仪式，是不能朝觐的。说到此，他请求出使大臣［允许］[②] 使团一秘进来。出使大臣表示同意。一秘进来后，出使大臣问他，托克托布扎拉固齐是否事先通告过他要求行跪拜礼的事。巴伊科夫先生肯定地说[③]没有。然后他对郡王说：自与郡王结识以来，已有多次相见，没有任何//141//理由互不信任。他敢说，关于这次出使，他始终有一个认识，就是唯一的宗旨在于公正和坦诚，从这件事情上，郡王也一定能看得出来。

郡王对此没有任何异议，他请求出使大臣允许一秘坐下，巴伊科夫先生坐下了。于是郡王断言道：完全是托克托布扎拉固齐的错，或者是通事翻译得不全。

---

① 原文中“见到他”三字缺失，现根据使团办公厅抄文簿抄件恢复（见120页上的注释）。

② 原文中“允许”一词缺失，现根据使团办公厅抄文簿抄件恢复（见120页上的注释）。

③ 使团办公厅抄文簿抄件上写的是“回答”，而不是“说”（见120页上的注释）。

满语翻译符拉德金保证说，他在那天上午把托克托布所说的一切对一秘翻译得一句不漏。郡王又说，礼拜一词在大清国就意味着三跪九叩，可能是把这个词译得简单化了。符拉德金回答说，这个词的涵义他弄得很清楚，并解释说，满语中有两个词，一个词指礼拜①，另一个指跪拜②。

后来，郡王把奉命护送使团的两名官员贝勒纳木吉勒多尔吉和贝子宁博多尔济召来，命他们与巴伊科夫先生就发生不睦之事进行谈判。对此，出使大臣说，既然郡王和昂邦已承认了托克托布的疏忽，那么他就认为不需要采取什么措施来达成什么和解了，他也不会从以前说过的话后退。

郡王也对自己的建议感到好笑，但他说，尽管贝勒和贝子用不着就这种状况与宫廷低级侍从巴伊科夫达成什么协议，但至少可以就存在于我们两国之间的和平与和解交换意见。出使大臣为表示对郡王个人的好感与敬意，同意了他的建议。一秘带着蒙语翻译伊古姆诺夫，//141 背面// 与贝勒和贝子一起进了另一个房间。

这些［官员］开始重提先前关于跪拜的要求。一秘说：如果他们找他来只是为了这件事，那么他除了证实出使大臣本人所作的解释之外，再也没什么可说的了。如果他们叫他来是为了以某种其他方式化解这件事，那么请他们说得简短些和明确些。

于是，贝勒说了下面这番话：接待俄国使团是奉博格德汗陛下的谕旨进行的，该谕旨共含五项：一、使团随行人员按现有人数接待；二、赐宴；三、赐宴前跪拜；四、郡王本

---

① 左侧页边写有注释：亨基列姆毕—尼亚库拉姆毕（下加线为文中原来所有）。

② 标有两横下加线。

人亲往陪送使团；五、在张家口再次同样赐宴。贝勒补充说，上述五项中除第三项外，其余四项无需执行。

在这个问题上一秘指出：俄国出使大臣具有的头衔较之他的前人更为显赫，特别是俄国出使大臣进入大清国境时的礼仪本身，那是从来没有先例的。出使大臣为了向博格德汗陛下的恩典表示他真诚的感激之情，可以这样做：他愿意像面对自己的大君主那样，站立行三鞠躬礼，并为博格德汗陛下的健康祝酒。接着他又说：出使大臣不可能有别的做法，没有君主的特别旨意他也不敢那样做。贝勒又提出了一个就此达成妥协的办法：明天由贝勒和贝子一起来见出使大臣，为其演示在觐见博格德汗陛下时应如何行礼。那不过是大概做个样子，因此绝对不会有损出使大臣的荣誉。这是消除意外不快[①]的唯一的也是最简单的办法。他还说，除此之外，他们找不到不违背//142//谕旨的其他解决办法。

一秘回答说：如果他们断言找不到其他办法，那么找他来也是徒劳。于是贝勒和贝子回到先前那个屋子向郡王和昂邦汇报，协议未能达成。

郡王承认托克托布扎拉固齐犯下了理应受到惩处的疏忽，把他[②]交给出使大臣处理，但又说即便如此，上述礼节也不能取消。出使大臣预见到郡王之所以坚持这样做，是想把此事公之于众，把［全部］[③] 过错都推到扎拉固齐一人疏忽的头上，于是便说，假如他碰上这宗事，想有个了结倒也

---

① 原文如此。使团办公厅抄文簿抄件中此处用的是“不悦”，而不是“不快”（见 121 页背面的注释）。

② 原文如此。使团办公厅抄文簿抄件中此处有一词难以辨认，可能是“这个人”（见 121 页背面的注释）。

③ 原文中“全部”一词缺失，现根据使团办公厅抄文簿抄件恢复（见 122 页上的注释）。

不难。同时告诉他，给托克托布治个罪倒也能够让双方都皆大欢喜，不过惩罚不归他管的官员，可不是他权限之内的事。唯一感到遗憾的只是这一疏忽将使他丧失领受博格德汗恩典的机会。

双方又反复交涉了一段时间，一方的目的是极力想说服出使大臣同意履行他们提出的礼仪，另一方则列举种种先例批驳郡王的言论，对之加以拒绝。在持续了5个多小时的交涉期间，招待出使大臣和另一个房间里招待其他人的只有清茶一杯。最后，郡王遗憾地解释说[①]：庆祝宴会不举行了，请出使大臣在明天见面之前再考虑一下。出使大臣把前面说过的话又重复了一遍：没有本国君主的旨意，无论如何他不能不遵行过去的礼仪。于是，互致敬意后，出使大臣带着随员和//142背面//卫队，于下午5点返回营地。

1806年1月5日。

贝勒纳木吉勒多尔吉和贝子宁博多尔济来见使团一秘，宣布说，他们奉郡王和昂邦之命，前来与出使大臣会谈。一秘答称：出使大臣因身体不适不能接待他们，他为此表示歉意。贝勒和贝子说：他们奉命询问出使大臣，他是否同意按照他们的礼仪方式为赐宴谢恩，即行九[②]跪九叩礼。

一秘回答说：出使大臣昨天已经宣布将以某种方式为赐宴谢恩，伯爵大人在他昨天与郡王和昂邦举行的三个钟头会谈中曾不止一次申明这一点。出使大臣已向他们宣布了[③]他

① 使团办公厅抄文簿中此处用的是“表示”，而不是“解释”（见122页上的注释）。

② 原文如此。应为“三”。

③ 使团办公厅抄文簿抄件中此处用的是“解释了”，而不是“宣布了”（见122页背面的注释）。

不能不遵行过去礼仪的全部理由。况且，奉命前来通报此事的托克托布扎拉固齐只字未提新礼仪的事，这一业已为郡王所承认的疏忽，是造成此事不当和令大人不快的因由。

贝勒和贝子肯定地说：郡王和昂邦认为，托克托布的疏漏是不可饶恕的，因此特意派他们来通报大人，他们将亲自前来向他道歉，只要他同意行礼；这样，昨天发生的事就可以一笔勾销，庆祝宴会也将择日举行。然后立即开始筹备启程，以便在规定的限期内抵达北京。

巴伊科夫先生以过去一贯遵行的仪式已被公认为一种法规并得到博格德汗批准为由，重申了出使大臣的回拒之意。

贝勒和贝子同样也想说服对方，该仪式是出使大臣//143//在觐见博格德汗陛下时必须履行的礼仪的演练。

巴伊科夫先生反驳了所有这些说法。来人要求出使大臣派遣秘书将其回拒之意面告郡王和昂邦。巴伊科夫先生说，他将把此事呈报出使大臣。出使大臣派遣两位秘书携带回函前往郡王和昂邦处。他们被带到贝勒和贝子、扎拉固齐富宁噶和托克托布扎拉固齐的办公衙门，当时托克托布扎拉固齐不在。

巴伊科夫先生告诉这些官员，他们是应贝勒和贝子的要求，奉派携带出使大臣的回函前来见郡王和昂邦的。这些官员们询问巴伊科夫先生，该回函内容与上午向他们口头宣布的是否一样。巴伊科夫先生回答说：它绝不可能是另一种内容，因为出使大臣的决定是建立在现时两国间通行的、并已得到博格德汗本人批准的礼仪基础之上的。

官员们出去把这一切向郡王和昂邦作了报告，回来后重新开始谈他们的要求，他们极力要让人相信，为出使大臣准备的庆宴绝对不能与过去给俄国公使们设的其他庆宴相比，伯爵大人既要感谢博格德汗陛下的这一殊恩，就应该按照他们的惯例行礼。他们再次说明，该礼仪是出使大臣允诺在北京觐见博格德汗时履行的礼仪的预演。

巴伊科夫先生不同意他们提出的这些理由和建议，于是官员们再次去向郡王和昂邦报告。回来后，他们［向一秘］宣布：由于出使大臣不愿听从博格德汗陛下的旨意，不想为该庆宴［下跪］谢恩，那就可以返回俄国。

巴伊科夫先生回答说，他还是头一次听说，该礼仪是博格德汗谕旨要求执行的，他将把这一点报告出使大臣。但他今次奉命前来，不是为了处理这件事，而只是应贝勒和贝子的要求，//143 背面//完成由出使大臣秘书将致伯爵大人的信件的回函[①]送达郡王和昂邦的任务。因此他希望知道，他是否可以履行这一使命。官员们第三次去向郡王和昂邦报告，然后向两位秘书先生宣布说，他们正忙于给本国君主写奏章，因此不能接待他们。贝勒和贝子顺便告称，今天早晨他们奉郡王和昂邦之命往见出使大臣，也没有得到接见。

一秘对他们说，出使大臣未能接待他们，是因为他昨天患了重感冒，而且他并没有请他们前来。这回则相反，是他们要求出使大臣回函的。但两位秘书还是一无所获，空手而回。

1月6日。

贝勒纳木吉勒多尔吉奉郡王和昂邦之命前来打听出使大臣的决定。伯爵大人回答说，他应郡王和昂邦的要求，派遣自己的秘书去见他们，吩咐他们通报我方的决定。但由于未获接见，因而他下令准备的书面答复也无法送达。

---

① 原文如此。应为“将伯爵大人的回函”。

1月7日。

郡王和昂邦派遣贝子宁博多尔济前来询问出使大臣有无最后决定。他们有意选择这名官员前来，是因为出使大臣对他更为尊重。他们希望能通过此人劝得伯爵大人同意对书面答复做某些补充。

巴伊科夫先生向他保证说：出使大臣绝对不会改变自己的决定，因为该决定是以他所奉几道圣旨为基础，并以先前所有旧例为依据的。在双边交往中以及对于今天的使团，这些惯例都被奉为金科玉律，而且也是博格德汗本人所批准的。贝子又重复了4号那天以及后来会谈中说过的那些话，他力图把这次交涉变为友好协商，目的是想让出使大臣确信，郡王不能不为他举行这次宴会，//144//而出使大臣也必须按要求行礼。

巴伊科夫先生提醒贝子说，只是在昨天他们才告称，该礼仪似乎是博格德汗陛下特谕所要求履行的。但是，即使这样也无法改变伯爵大人的决定，只能迫使他奏请本国君主降旨，以决定是否顺应这一情况。由于博格德汗的这一新规定完全有悖于经他亲自批准的、允许本届使团遵照执行的礼仪制度，出使大臣将上奏请旨顺应这种要求。而且，为了避免今后再发生类似的麻烦，他打算直接与理藩院联系。贝子对巴伊科夫先生的答复感到不满，想直接与出使大臣交谈，但伯爵大人也是重申了先前说过的话。午后两点左右，贝勒、贝子、扎拉固齐富宁噶和托克托布扎拉固齐一起来到使团办公厅通报，郡王和昂邦派他们来，向出使大臣引荐两名他们由北京派来的通译。他们负有郡王和昂邦的重要使命。这两名通译被介绍给出使大臣之后，从口袋里拿出了一张随身携带的似乎是帮助他们记忆的纸，并开始翻译。但由于他们翻译得不是处处流畅，出使大臣便让他们用满语读，然后让他们听译员符拉德金翻译得是否正确。

这张纸上极不公正地罗列了此前发生的种种事情，内容后来被写进了下面将要提到的郡王和昂邦的信中。出使大臣不想和他们多谈，于是说，他深感遗憾，因为事先并没有人告诉他，行跪拜礼是根据博格德汗陛下本人的谕令。鉴于没有得到本国君主的批准，他需//144 背面//要就此进行谈判，以避免再遇到新的麻烦，因为博格德汗陛下下令取消的这套原有的礼仪，曾是两国通使时共同遵行的规定。他认为，直接与理藩院联系，经取得详尽答复后再呈请全俄罗斯皇帝陛下批准，将是一个得体的办法。郡王派来的人想反驳这个意见，但伯爵大人打断了他们，他说，郡王和昂邦委托的事情他已经听明白了，他会派秘书答复的。

1月8日。

中午，伯爵大人派两名秘书带信去见郡王和昂邦。郡王[和昂邦]① 拆开信件后，对信中所有各项都提出②了批评意见，在谈到所提议的谈判一节时，他们拒绝这种办法，也不准许这样做。巴伊科夫先生尽力做了说明，结果白费力气，他说：出使大臣未经本国君主特谕批准，不能以别的方式来满足博格德汗陛下的旨意。他奉有圣上谕令，除了面见博格德汗陛下本人，不能行这样的礼。如果郡王和昂邦本人解决不了这个问题，那么只有一个办法可以避免所有不愉快的后果：[就新的礼仪问题与理藩院函商。郡王否决了所有这些

① 原文中“和昂邦”三字缺失，现根据使团办公厅抄文簿抄件恢复（见130页注释）。

② 使团办公厅抄文簿抄件中此处“提出”一词指的是郡王和大臣都提出，而不是郡王一个人提出（见130页上的注释）。

说法]①，然后补充说：因为出使大臣不同意履行这种礼仪，他必须将此事呈报北京，由皇帝来决定，是否还欢迎②不遵行［此项规定］③ 的使团。一秘回答说：出使大臣一点也不担心博格德汗陛下的决定，希望他能了解自己一贯奉行的处事方法；还说伯爵大人毫不怀疑郡王对本国君主的忠诚，相信他定会如实禀报事情的因由。

［1月9日］④。

出使大臣从秘书们呈交的报告中//145//看到，郡王和昂邦给就礼仪问题进行谈判制造了这么多麻烦，并且还以为出使大臣只是想以此为借口向理藩院告状，于是决定［亲自］⑤ 去向郡王和昂邦说明一切，便派遣使团总务官前去询问，何时可以得到他们的接待。郡王和昂邦答复说，他们将立即前来会见出使大臣。

会谈从重提先前的跪拜礼要求开始，但是当谈到将为此开启谈判时，郡王宣称，这样做毫无益处。出使大臣向他们担保说：就他的身份而言，这是最恰当的办法，也是在不违

---

① 方括号中文字在已公布的文件中缺失，现根据使团办公厅抄文簿抄件恢复（见130页背面的注释）。

② 使团办公厅抄文簿抄件中此处用的是“放进”，而不是“欢迎”（见130页背面的注释）。

③ 原文中“此项规定”等词缺失，现根据使团办公厅抄文簿抄件恢复（见130页背面注释）。

④ 原文中“1月9日”日期缺失，现根据使团办公厅抄文簿抄件恢复（见130页背面注释）。

⑤ 原文中“亲自”一词缺失，现根据使团办公厅抄文簿抄件恢复（见130页背面注释）。

背双方君主旨意的前提下，协调两国君主[①]谕令的最简便的办法，既可以避免发生一切不快，又可以避免导致伯爵大人与库伦办事大臣之间个人出现不睦。郡王和昂邦就此经过多番考虑之后，确信出使大臣的态度不可改变，于是宣布说，他们将把这一切呈报北京，别无他法，只好等待博格德汗陛下的裁决。

1月10日。

贝勒纳木吉勒多尔吉代表郡王和昂邦前来请求对下列问题给予最后答复：大人是否同意履行规定的礼仪？若不同意，他是否打算返回俄国？他们将据此呈报北京。他与理藩院进行谈判的打算于事无补，出使大臣可以在抵达边境后将此事报告枢密院。给理藩院写信是找错了地方[②]。出使大臣问贝勒，他是否被郡王和昂邦授以全权接受他的答复，但他对此予以否认。于是出使大臣托他转告郡王∥145背面∥和昂邦，他将通过秘书把答复告知他们。

会晤后不久，伯爵大人派出他的两位秘书往见郡王和昂邦，答复如下：1. 他已经通过口头和书面形式向他们解释了他拒绝执行所规定礼仪的原因。2. 他不能返回俄国，他要一直等到向他出示博格德汗陛下的谕令为止，因为他是奉有特谕才进入中国的。3. 他打算就此与理藩院进行谈判，这是他希望促成[③]这件事的又一证明，是想以此来消除由于疏忽未将该礼仪事先通告他而造成的不快。4. 全权使臣的

---

① 原文如此。

② 原文如此。

③ 使团办公厅抄文簿抄件中此处用的是“挽救”（исправить）一词，而不是“促成”（направить）（见131页背面的注释）。

身份使他有权不经呈报枢密院即可就一切问题与理藩院交涉，他的前人也都曾享有过这份权利。

郡王多次打断巴伊科夫先生的话，对答复的每一条都提出了反对意见。巴伊科夫先生回答说：他奉命前来，不是为了讨论这件事，而只是为了递交出使大臣的答复。[如果他们不许出使大臣][①] 与理藩院交涉，那么他可以转告出使大臣。根据现行条约第九款，出使大臣有权提出这种要求。郡王和昂邦见巴伊科夫先生态度坚决，便对他说："如果戈洛夫金伯爵认为自己如此显要，以至可以直接与我们的理藩院交涉，那么就让他回到边界去，向他的枢密院报告，那时就可以与理藩院函商了。"

郡王就此补充说：但是出使大臣想通过谈判得到什么呢？他本人（郡王）的地位并不逊于阿利哈达（首席大臣）[②]，他担保说，他的意见同样管用。

贝子宁博多尔济走到郡王跟前，低声说了几句话。郡王就几个争持不下的问题对巴伊科夫先生说：好吧，如果你们想在这里等待决定，那就留在这里好了。我们//146//只为你们备办了十天的生活用品，待其用尽时，我们将不再为你们提供食品和木柴。昂邦也证实了这一点。

巴伊科夫先生激愤地回答说：他们的威胁对奉行本国君主旨意的人不会有任何影响。尽管这种威胁会加重对使团的侮辱，但使团的每一个成员都认为，宁可受到威胁，也决不违背本国君主的旨意。

郡王和昂邦为了缓和他们提出的要求并安抚巴伊科夫先

① 方括号中文字在已公布的文件中缺失，现根据使团办公厅抄文簿抄件恢复（见131页背面注释）。

② 括号是文中原有的。

[生]，在他做了情绪如此激昂的回答之后请他坐下。但是他拒绝了。他解释说，出使大臣还在等待回音：博［格德汗］陛下是否有遣返使团回俄国的谕令？于是大家就此分手。

1月11日。

托克托布扎拉固齐奉派来递交郡王和昂邦的函件[①]。出使大臣命使团一秘收下信件。送别托克托布时，请他转告郡王和昂邦：他将很快给他们发去复函。

1月12日。

贝勒和贝子请求出使大臣私下接见他们。请求获准后[②]，他们谈到了假如出使大臣要就礼仪问题与理藩院进行谈判的话，建议伯爵大人必要时可就此问题与郡王商讨，并在现行条约中增补有关礼仪的条款。

出使大臣回答说：事关重大，他只能与理藩院协商，任何通过中介的办法都只能延误事情的解决。会见持续了两个多钟头。贝勒和贝子始终无法说服出使大臣，出使大臣则尽力向他们证明，直接与理藩院进行外交谈判是妥善解决此事的唯一办法。//146背面//他也不拒绝就此事与郡王或者理藩院其他任何官员进行讨论，如果他们负有处理此事的全权的话。

午后一点钟，出使大臣派两位秘书携带复函[③]去见郡王和昂邦。郡王和昂邦亲热地接待了他们。一秘向他们递交了信件，谈到伯爵大人就礼仪问题与理藩院谈判的建议，尽力

---

① 见248号文件。

② 这里原文有文字上的错误。

③ 见249号文件。

向他们解释说，这是消除 1 月 4 日所发生的不快的唯一办法。还补充说，这表现了出使大臣对郡王的友善之情。郡王也请一秘相信，他对出使大臣怀有同样的感情，但发现事情并未因此有所改观。郡王请两位秘书转告出使大臣：明天他将把一切呈报北京，但不会再提遣散[①]使团之事。郡王还顺便告称，使团已经没［有］[②] 任何必要等待博［格德汗］陛下的谕令了。

1 月 14 日。

伯爵大人派遣总务官通报郡王和昂邦：他将拜访他们。

会见开始后，出使大臣要求派遣信使去北京。他表示，这不应该有任何障碍。派遣信使去北京是为了向博格德汗陛下谢恩，郡王当然也不会反对。对此郡王回答说，他已经向北基特[③]派遣了一名就礼仪问题向本国君主请旨的信使，因此他认为，再派信使已经毫无意义。

出使大臣答道，在此情况下，他完全相信郡王的好意，但他要求派遣自己的信使是有特殊原因的。郡王回答说，出使大臣早为什么不把这一一定要自派信使的要求通报给他呢，否则他本可以将这一情况∥147 页∥在报告中奏闻本国君主的。

出使大臣说，如果他不是奉有圣谕直接与博格德汗陛下商讨某些事情，他就肯定会把这件事告诉郡王的。尽管伯爵大人信赖郡王，但此事却无论如何不能向他通报。不过，其

---

① 原文如此。使团办公厅官抄文簿抄件中此处用的是“遣返”，而不是“遣散”（见 146 页上的注释）。

② 原文中“有”一词缺失，现根据使团办公厅抄文簿抄件恢复（见 146 页上的注释）。

③ 原文有误。应为“北京”。

他任何事情他都会事先向郡王通报的。

郡王找不到［任何］[①] 破绽来反驳如此公正合理的解释，于是改换话题，提了几个涉及俄罗斯其他方面情况的无关紧要的问题。交谈一直持续到出使大臣作出告辞的表示，这才又回到先前的话题上来。出使大臣坚持要求郡王满足他的合理请求，并再次保证说，他永远都将会不失时机地向他通报涉及两国共同利益的一切事情。

郡王回答说：等前一个信使返回之后，出使大臣还会有足够的时间再派信使，需要等待的时间不会超过十天。出使大臣婉转地告诉他，等待的时间太长，这将延长他在库伦逗留的时间，最后只好对郡王说，派遣信使是为了礼品的事。出使大臣认为，这些礼品已经是属于博格德汗陛下的财产，因此希望了解博格德汗陛下的决定。如果进入[②]北京的事还是受阻，再派信使就来不及了。这将会带来很大的麻烦。

就这个问题，郡王的回答是：再派信使也丝毫改变不了局面，他已经追不上前一个信使了，那个信使很快就要回来了。在所有的办法都用尽之前，出使大臣也不想完全中止交涉，于是最后对他说，他的要求是以∥147 背面∥条约为基础的，该条约第 9 款就允许双方就国务问题互派信使。

［1 月 15 日］[③]。

贝勒和贝子奉郡王和昂邦之命前来通报出使大臣，他们

---

① 原文中“任何”一词缺失，现根据使团办公厅抄文簿抄件恢复（见 146 页背面注释）。

② 原文此处有拼写错误。

③ 原文缺“1 月 15 日”日期缺失，现根据使团办公厅抄文簿抄件恢复（见 147 页上的注释）。

无论如何不能同意在得到博格德汗陛下的回旨之后[①]派遣信使。伯爵大人考虑到，郡王和昂邦阻挠派遣信使，原因是担心信使会控告他们的不当行为，于是对贝勒和贝子说，他对郡王和昂邦反对派遣信使感到惊讶。派遣信使的唯一目的，只是为了向博格德汗陛下陈奏某些特别的委托，并就他所带来的礼品向博格德汗陛下请旨。贝勒和贝子反复反驳[②]了这样的说法。

于是出使大臣宣称：他是根据条约第 9 款规定要求派遣信使的。根据该条约和他前人的先例，他无需告知派遣信使的原因。他要求对他的信给予最后的答复[③]。贝勒和贝子就此向王做了禀报。

1 月 16 日。

伯爵大人未能收到派遣信使一事的回音，于是命令准备公函[④]，派巴伊科夫先［生］携带该函及护照[⑤]去见［郡王和昂邦］[⑥]。

郡王和昂邦长时间坚持反对在收到北京答复之前派遣信使，并表示，出使大臣无权派遣信使。巴伊科夫先生向他们介绍了条约的内容和伊兹玛伊洛夫、弗拉基斯拉维奇伯爵的先例。他们在送他出门时请他转告出使大臣，他们将备函予以答复。

---

① 原文如此，应为“之前”。

② 原文如此。

③ 见 249 号文件。

④ 见 249 号文件。

⑤ 见 254 号文件。

⑥ 原文缺“郡王和昂邦”。根据使团办公厅抄文簿抄件恢复（见 147 页背面的注释）。

1月19日。

大人白白地等待了两天两夜，一直不见郡王和昂邦的答复，于是下令询问他们能否接见使团一秘。郡王和昂邦答称，他们因病不能接待，但是如果有事找他们，可以//148//把事情告知王的秘书托克托布。

巴伊科夫先生来到郡王的官衙，向托克托布通报说，他奉出使大臣之命，前来取郡王和昂邦对于伯爵大人最后那封公函的答复。托克托布又开始说起1月4日发生的事。

但是巴伊科夫先生打断了他的话，要求他们就他动身前往北京一事给予最后答复。托克托布回答说：此事所需公文尚未拟就，准备车马的命令也未下达。巴伊科夫先生对他说：根据条约规定，他们不得耽延信使超过24小时，条约第9款对此有确切表述。

托克托布喋喋不休地表示反对，最后他问巴伊科夫先生：为什么要找他来商谈此事，而不去问郡王和昂邦本人？

巴伊科夫先生强调说：他不是自己来找他的，而是应郡王和昂邦的要求，让他到他们的官衙来的。托克托布如此粗鲁无理，实在可鄙。他也看出跟托克托布这种人打交道不会有结果，但愿出使大臣能找到别的办法来解决问题。说完就走了。

1月21日。

贝勒和贝子到使团来见两位秘书，表示歉意说，他们因为生病，有几天未能到使团来。谈了一些不疼不痒的话之后，巴伊科夫先生请他们提醒郡王和昂邦，给出使大臣的最后一封信一个答复。他们这边各种联系都已经断了，出使大臣想知道，他还能不能收到这个答复。他们答应呈报此事。

1月23日。

两名噶莱岱带着郡王和昂邦的复函①来见出使大臣。

1月28日。

伯爵大人派使团一秘携带礼品去见郡王和昂邦。礼品是些装满了糖果的水晶瓶瓶罐罐。//148背面//贝勒和贝子悄悄告诉使团一秘，郡王不清楚北京对他的报告会有什么样的答复，因而难以跟他们见面。巴伊科夫先生请他们相信，不管北京的答复如何，都不会对出使大臣与郡王的友善关系产生任何影响。

巴伊科夫先生向郡王呈上出使大臣的礼品。但他们不同意接受，理由是北京没有批准接受礼品。巴伊科夫先生尽力向他们证明，对他如此怀疑，如此不信任，是对出使大臣的侮辱。同时请他们相信，关于博格德汗陛下批准的问题，出使大臣会坚定不移地等待，因为他是一个坚决执行本国君主意志的人。这些礼品若与他们送给出使大臣的东西相比，实在不足挂齿。并重申，无论事情最后是个什么结果，都不会对他们的友好关系造成任何影响。这一次郡王和昂邦对巴伊科夫的态度异乎寻常地温和。

交谈的话题很广泛，涉及俄罗斯帝国及其现状、俄罗斯帝国与欧洲其他王朝的关系等内容。巴伊科夫先生向他们通报了各种信息，讲到了近80年来俄罗斯疆土的拓展以及萨瓦·弗拉基斯拉维奇伯爵出访中国的情况。稍许静默之后，郡王从口袋里掏出一张小纸条问：俄罗斯国的属国当中，可有一个叫露臣[4]的国家？

巴伊科夫先生回答说：如果有地图，他可以把所有的国

---

① 见268号文件。

家指给他看，但是他认为，这个国家的名称译错了。

然后话题转到天气。郡王说，他在英国使臣马嘎尔尼来中国的时候见过一种能指示天气状况的仪器（气压计和温度计）[①]。

巴伊科夫先生解说了气压计和温度计的性能和使用方法，并答应给郡王搞到它们。

该[②]问道：此类仪器和//149//俄国运来的那些水晶制品是否都能制造？巴伊科夫先生回答说：叶卡捷琳娜二世女皇在位时期，科学与艺术达到了新的辉煌，建立了各种企业作坊，俄罗斯现在各种物品都能制造。

1月29日。

贝勒和贝子受到出使大臣接见。他们此行的目的是禀告出使大臣，收到了北京关于跪拜礼的答复。为了宣布这件事，郡王邀请出使大臣到他的官衙去，跪听博格德汗陛下的谕旨。出使大臣对此反应强烈，他指出，他们的建议何等怪诞和不合时宜，并补充说，他[③]应该知道，全俄罗斯皇[帝][④]的特命全权大臣是不可能按他们的礼节行事的，他只能像在自己家里那样，坐着听取北基克[⑤]来的答复。

贝勒就此回答说：他们国家的法律要求出使大臣履行这样的礼节。但是他们来此不是为了讨论这件事，而是为了执

---

① 括号为文中原有的。

② 使团办公厅抄文簿抄件中此处还有“王然后”几个字（见153页的注释）。

③ 使团抄文簿抄件中此处写的不是“他应该”，而是“他们应该”（见153页背面的注释）。

④ 原文有缺失。

⑤ 原文如此。应为“北京”。

行郡王和昂邦的命令。出使大臣坚决表示，决不会从其最初的答复后退。而且，他们国家的法律也绝不可能在全俄罗斯皇帝陛下的臣民身上生效。他只能像在恰克图接受批准他进入中国国境的许可那样，坐在自己的办公室接受来自北京的谕令。贝勒答应将这些话呈报给郡王。贝勒去后不久，有人前来向出使大臣宣读从北京送来的1806年1月30日[①]的书面谕旨[②]。出使大臣以为谕旨是写给他的，所以当他们宣读完毕后，便要求贝子将谕旨交给他。后来才弄清，原来谕旨是直接下达给郡王的，郡王受命仅向他宣读。出使大臣请//149背面//贝子再次向郡王陈述他先前关于礼仪之争的答复，并向博格德汗陛下奏报他不能履行该礼仪的原因。出使大臣还说：把俄国使团驱逐出境的事，在他们国家的历史上还从无先例，这需要有重大原因，因此他希望郡王和昂邦以书面形式向他宣布遣返使团一事。

1月31日。

出使大臣派秘书们去递交复函[③]。巴伊科夫先生把信交给郡王时说：出使大臣怀着应有的恭顺之情聆听了博格德汗陛下的谕旨后，给他送来自己的最后答复。该答复确切地反映了全俄罗斯皇帝陛下的诏令。由于这个原因，他绝不敢有违先前规定的礼节。至于跪拜礼，他已保证在面见博格德汗陛下时履行这一礼节，并且在到达北京后，他会立即像萨瓦·弗拉基斯拉维奇伯爵那样，通过一秘向负责礼宾事务的官员们学习该礼节。郡王提出了很多反对意见，然后说：既

---

① 双下加线为文中原有的。

② 见270号文件。

③ 见271号文件。

然出使大臣本人不愿执行该礼仪，甚至不想亲自学习该礼仪，那么他是否同意让一秘代替他在此地履行该礼仪?

巴伊科夫先生再次申明：无论哪一种礼仪，我们都只是答应在到达北京后履行。因此郡王的这一建议没有意义，出使大臣也不敢不按下达给他的圣旨行动。

郡王就此说道：他感到十分惊讶，简直无法相信，全俄皇帝竟能预见到出使大臣相关行动的所有方面。

巴伊科夫先生//150//答称：皇帝陛下在派遣出使大臣时，谕令他一切遵照其前人的先例而行，如果情况有变，则须奏请他批准。至于博格德汗陛下驱逐使团的谕旨，那就只好顺从他的意思了。

“那么，戈洛夫金使臣一定是想要回去了?”郡王反问道。

“他的愿望是由圣旨决定的，”巴伊科夫先生回答说，“圣旨能为他的一切行动辩护。”

经过长时间交谈，郡王最后说：“一个巴掌拍不响，两个巴掌才能拍得响。我早就把手举起来了，等着你们来拍，可你们就是不来拍。”

“我们是否能把手向你们伸出来，这不取决于我们，而是取决于圣旨”，巴伊科夫先生回答说。

郡王生气地说：“你们后天就回去吧。”

巴伊科夫先生平静地回答说，我们一切都准备好了。

三个小时的会谈结束后，一秘问郡王：

“请问，对出使大臣该怎样答复?”

“告诉他，”郡王回答说，“如果他同意在信中做一些我指定的修改，我也许会决定再次向博格德汗陛下上奏。”

一秘回答说：此信无论如何不能修改，因为信中写进了伯爵大人对郡王所有意见的最后答复，也是对本国君主旨意的服从。

“那我们就要把你们赶出去，”郡王说。

“那我们只能靠条约规定来保护了，”巴伊科夫先生说。

郡王试图迫使一秘收回信件，添加以下内容：出使大臣抵达库伦后，应邀//150 页背面//参加了奉博［格德汗］陛下谕旨举行的盛宴，但他却以遵从旧有的礼仪为由，拒行跪拜礼，拒不接受陛下给他的恩赏，请博格德汗陛下批准他继续赶路。

巴伊科夫先生就此有损尊严的要求说，他无论如何也不会同意把这种内容的信转交给伯爵大人，郡王可以亲自去交给他。

郡王对巴伊科夫先生说：“请告诉出使大臣，我完全是出自于对他的同情，才给他想出了这些办法，望他三思。”

于是两下分手。

2 月 1 日。

两名官员奉郡王和昂邦之命前来拜见出使大臣[①]先生，带来了一封郡王和昂邦致出使大臣的信件[②]，目的是让出使大臣对这封准备递交理藩院的信件做某些修改。这些修改包括：

1. 出使大臣同意在库伦亲自学习跪拜。

2. （要求）出使大臣出面请求［郡王］[③] 宽恕他的桀骜不驯。

---

① 使团办公厅抄文簿抄件中此处写的是“使团一秘”，而不是“出使大臣”（见 169 页上的注释）。

② 见 272 号文件。

③ 原文中“郡王”一词缺失，现根据使团办公厅抄文簿抄件恢复（见 169 页背面的注释）。

3. 他同意履行要求他履行的所有礼仪。

4. 纠正译文中的某些错误。

出使大臣[①]先生回答说：纠正译文中的错误他同意，但其他几项他[②]无论如何做不到。并且，信中含有我君主的谕令，不能做任何改动。

他们再次向出使大臣提出要求。出使大臣说，他是愿意接受郡王的建议的，但这几项绝对不能接受，因为：

1. 它们有悖于他的前人们享有的权利和特权。

2. 既然没有过错，自然无须请求恩恕，指责他不行叩拜礼是没有道理的，因为他事先//151//一直没有接到过任何通知，所以无论如何也不能同意。

3. 在出使大臣致郡王的所有信件中都已提及，他同意在有幸得见博格德汗陛下时履行跪拜仪式。至于在信中做修改［和补充］[③]，他答应亲笔在俄文原文中并下令在译文上进行修改。

两名官员离开了。一个钟头以后，他们又带着郡王的一封信[④]返回，信中充满了对出使大臣和整个俄罗斯民族的偏见和辱骂，末尾命令立即回国，并称此事他们将同枢密院直接交涉。

贝勒和贝子告知出使大臣，郡王退回了他的礼品。出使大臣回答说：这些礼品已不再属于他，他也绝不会再回收它

---

① 使团办公厅抄文簿抄件中此处写的是“巴伊科夫”，而不是“出使大臣”（见169页背面的注释）。

② 使团办公厅抄文簿抄件中此处写的是“出使大臣”，而不是“他”（见169页背面的注释）。

③ 原文中“和补充”一语缺失，现根据使团办公厅抄文簿抄件恢复（见169页背面的注释）。

④ 见273号文件。

们，郡王可以任意处置。贝勒说，礼品已经到了营地的大门口。出使大臣命令立即把它们扔到旷野里去。贝勒和贝子成了这件事的见证人。

俄罗斯帝国对外政策档案馆圣彼得堡分馆，总档1—7，目录6，1805年，案卷1a，卷夹25，135～151页。原件。

使团办公厅抄文簿抄件存同处，卷夹28，88～173页背面①。

注释：

［1］根据嘉庆皇帝的圣旨，给戈洛夫金派去的不是北京来的医生，而是由库伦的军官送来的蒙古医生（见218、238号文件）。这一点也在外务院恰克图特派员А.И. 索科洛夫的报告中得到了证实。（见246号文件）

［2］根据满文文档Ю.А. 戈洛夫金赏给医生的表是黄铜的，还有一块毛料（见238号文件）。赏给医生的礼品又见247号文件，其中准确记载，还赏给医生“橘红开司米6俄尺”及“804年的托波尔斯克貂皮两张”。（见247号文件）

［3］见180号文件注释1。

［4］满文中的罗刹（由梵文中的“罗刹”而来）是害人的恶鬼。满人于17世纪在阿穆尔河上最初发生冲突的时候就用这个词来称呼俄国人（И.И. 扎哈罗夫：《满俄大词典》，403页）。

---

① 每页正文下方均有如下签注：使团二等秘书、六等文官雅科夫·兰伯特伯爵。

№ 213

1805 年 11 月 19 日。出使大臣 Ю.А. 戈洛夫金伯爵就库伦办事大臣蕴端多尔济、福海提出的交验文书程序及商定礼仪等要求致后二者的信

//221// 戈洛夫金出使大臣 1805 年 11 月 19 日致库伦办事大臣的信

郡王及昂邦大臣先生于嘉庆十年九月四日的来信[①]收到。根据你们的要求，我就其中各点向你们送去了最后的回答[②]。此外，为了一并解决你们就上述内容及其他内容可能提出的各种问题，我特派使团一秘、五等宫廷侍从巴伊科夫，向你们说明促使我重申此前所列各项内容的主要原因。我希望这种办法能消除你们所发现的困难，从而得到你们最后的满意回答。而且，巴伊科夫为满足你们的要求根据我的指令所做的答复，也得到了你们满意的首肯，并口头向他表达了这个意思。

十年十月六日贵方派协理台吉交我一封来函[③]，得知郡王及昂邦大臣先生不仅再次重申了上次的要求，而且还提出了//221 背面//一些贵方来信中过去从来没有提起过的要求。

---

① 见 187 号文件。

② 见 201 号文件。

③ 见 210 号文件。

我已多次向郡王及昂邦阁下说明，而且也尽最大可能以之证明，我确系真诚地希望以一直顺利地存在于贵我两国之间的友谊为重。我认为这一次我已无需再次重申这一立场。

郡王及昂邦大臣阁下，由于你们就我需要向博格德汗呈递的国书以及礼仪问题提出了新的要求，现谨向二位说明如下：考虑到以前的规定和先例，我不能事先告知二位国书的内容，这只能等待我抵达博格德汗尊贵的朝廷，向博格德汗陛下的阁臣们呈递了礼单之后再做。在这种证明身份的国书中，没有什么别的内容，只有我皇帝陛下对博格德汗陛下继承祖宗大位的祝贺，以及希望他全力巩固和扩大//222//顺利存在于贵我两国间的友好关系的真诚愿望。我已将此国书的至为重要的内容写进了我 1805 年 10 月 8 日给你们的信[①]中。至于说到博格德汗陛下的尊号，我要向郡王和昂邦阁下说明的是，这样一个尊号完全符合现行规定。

至于我面见博格德汗时的礼仪问题，我知道先我来的人都遵守了什么样的礼仪，我无疑也会学他们，希望此次同样能得到博格德汗对俄罗斯使臣一贯的恩典。

我想在此说明，我命令宫廷低级侍从巴伊科夫就此向你们所做的说明，以及他对礼品所作的口头说明，都是有效的。

买卖城扎拉固齐以郡王和昂邦阁下的名义向我建议，由于饲料不足，希望用你们的挽马拉马车，用你们的向导。我要对你们说，//222 背面//尽管根据你们嘉庆十年五月的来信我已就此下达了命令，但为了再次向你们证明我有完成使命的愿望，对于这个要求我也表示同意。只是在所需马匹、向导之外，希望还能给我们拨一些人手搭建使团携带的帐

---

① 见 181 号文件。

篷，因为原定负责这项工作的35名马夫将被留在我国边境。

最后，郡王和昂邦阁下，我还要对你们说，现在这个季节通过荒原是很不方便的，我带着全团来到国境，又等了一个月时间，希望阻碍我进入的一切障碍都将会消除。

郡王和昂邦先生，恳请答应我以上请求，就我个人而言，我已再也无能为力。

正文下方有签字：戈洛夫金伯爵

221页正文上方：归入戈洛夫金伯爵第8号报告，1805年[……]①

俄罗斯帝国对外政策档案馆圣彼得堡分馆，总档1—7，目录6，1805年，案卷1a，卷夹25，221～222页背面。经核对的抄件。

① 日期在文中没有标出。

№ 214

1805 年 11 月 24 日[①]。库伦办事大臣蕴端多尔济、福海所指派的护送俄国使团团长所需各种物品以及馈赠清廷礼品的人员名单

//465//[②]为护送俄国使团团长途中所需各种食品，特指派一等台吉奇布卡扎巴、一等台吉哈尔恰古、二等台吉策凌扎布、协理台吉达西敦多布办理。

为护送贡品，特指派一等台吉萌古、协理台吉德密特、协理台吉英克图鲁、//466//梅勒章京噶尔丹办理。

蒙古国立中央历史档案馆，藏档 M-1，639 号文件，465～466 页。库伦办事大臣衙门满文抄文簿抄件。И.Т. 莫罗兹译自满文。

---

① 根据清单所附报告的日期标出。

② 文件没有发文人、标题、日期，因为它是报告的附件。

№ 215

1805年11月24日。库伦办事大臣蕴端多尔济、福海就俄国使团将人数缩减到124名以及使团护卫、供给等事项呈嘉庆皇帝的奏折

//440//十月十六日[①]

奴才蕴、福谨奏

奴才等匍匐跪拜，恭奉圣上多次来旨。其中与十月五日[②]所上奏折[③]//441//同时接奉嘉庆十年九月二十七日[④]圣旨曰：

俄人生性狡诈虚伪，多次来函，内皆夸矜傲慢之辞。故朕谕示蕴端多尔济等去信[⑤]拒绝，严加训导。

然此次戈洛夫金所遣巴伊科夫似较为圆通，保证行叩头礼。虽声言携带大批随员，实乃保障大玻璃镜、各种玻璃器皿及其他器皿之完好所必需，//442//并言称别无他法。

为此特晓谕蕴端多尔济等以下事项：

前发护送使团三十至四十人来朝圣旨[⑥]着即停办，可以前由库伦所呈览之致戈洛夫金函稿为基准，函告渠人数不得

---

① 即11月24日。

② 11月13日。

③ 见205号文件。

④ 11月5日。

⑤ 见208号文件。

⑥ 见204号文件。

超过一百，若能谨遵//443//旨意，抵库伦后演习叩头礼，当可允其所请，送其入朝。着蕴端多尔济等按圣旨为戈洛夫金等设宴，同时速速上奏。闻奏后朕将另委专差大臣会同蕴端多尔济陪护使团，按旨于十二月二十日后将其送入朝中。

//444//奴才等恭拜奉旨。皇上圣明，明察秋毫，洞悉俄人小肚鸡肠阴险狡诈之本性，现格外施恩，特颁圣旨。奴才等循惯例修书，已于六日①差干员协理台吉达西敦多布、云骑尉哈尔恰古送交戈洛夫金。

//445//眼下允许俄国使团来朝之条件虽已完全具备，②但若仅派蒙员去俄人处，因渠等头脑愚钝，恐难当此任③。故奴才等经商议决定：现下戈洛夫金既在恰克图，且已做好准备，可委派衙门章京克西克，因其家距恰克图不远，着其与戈洛夫金会面，详加开导。十四日④达西敦多布一行归来，//446//呈上克西克来函，内称：我等奉命于九日⑤前往恰克图北厢，会见俄国使团团长戈洛夫金。戈洛夫金接过郡王及昂邦委托转交之信说：俄使亦将有信进呈郡王和昂邦，详谈觐见圣上时//447//行叩头礼及彼国汗贺表之事。但戈洛夫金此时又称，作为使团团长，他已无能为力，无权再将使团缩减至一百人，现已向已国之汗请示。言时面色甚为焦虑不安。克西克等因之一再详细说明事情原委，至此使团随员又缩减三十五人，并减少了挽马数量。十二日克西克等再次前往拜访，俄国官员照例全体出面接待，请其转告郡王及昂邦，戈洛夫金//448//因无法自作主张，按郡王及昂邦之命大大缩减

---

① 11月14日。

② 行间皇帝朱批：正确。

③ 行间皇帝朱批：然也。

④ 11月22日。

⑤ 11月17日。

使团随员，深为焦虑，以致昨日染恙在身。于是克西克将回信交付达西敦多布等，着其启程归来。

奴才等拆阅俄人戈洛夫金来函。其口气虽较恭谨，但内称贺表[1]需通过京中阁臣转呈皇上，//449//有关朝见时跪拜礼仪一节其言与前次来使［巴伊科夫］所言相同。来函恳望圣上对俄国使臣施恩，并确认宫廷低级侍从［巴伊科夫］所言无误。又请再拨若干人于使团途中架设帐篷，//450//以应付奉命减少挽马及将三十五人留于边境之不足。戈洛夫金又称，抵达已逾二月，至今未能入境，实已竭尽全力，尚希尽快作出决定云云。

奴才等详细询问达西敦多布一行俄方情况。答称所见与恰克图章京克西克信中所言同。另，彼等又转述戈洛夫金不胜惴惴之言称："理藩院若就人数给予准确指示，我等怎敢携带如此众多随员前来？虽说事已至此，//451//但我方经郡王与昂邦转告不许后，已数次缩减使团，现仅余一百二十四人。今使团已减至百余人，又何必在意多出区区二十人乎？贵方所指使团多余人员，实为工匠仆从，若由团中减去，则我等恐贡品无法维护一如从前，致使觐见天颜时因此而获罪也。"

奴才等仔细研究戈洛夫金来信//452//及克西克章京所禀，得出结论。起初俄人所为，有欠深思，竟派二百余人来边境。奴才等奉皇上圣训，多次致函对方，示意不同意此等安排，坚请减缩使团。现俄人深感不安，确已是山穷水尽，诚心恳请允其入朝。奴才等敬请圣上明察此事，降旨明示奴才等是否应再次去函拒绝，重申缩减使团，抑或另有别策。//453//谨恭候圣示。特将俄使戈洛夫金三种文字来函再行封缄，恭呈御览。

---

① 此处有错：应为贺表，但写成奏章。

又，奴才等愚顽，有如下管见：圣上若恩准使团于今年入朝，则时间已经不多。//454//由于接待使团筹备尚未就绪，奴才等窃以为可作如下安排：使团抵达库伦后，奴才等可督促其演练廷见叩头礼，仔细按单核验礼品，于十一月十五日①设宴后由库伦立即出发。由北京衙门派来库伦之章京、译员等，可陪同使团出发。奴才既已奉旨陪护使团由//455//库伦出发，此处则无需另专派大臣前来。可将其派往萨伊尔乌苏驿站或其他地方，由该处陪同使团行进数站，然后奴才蕴可径自回朝，觐见圣上。此次俄国汗有大车载大量贡品进献，故应事先向戈洛夫金说明，使团途中可分两批起行。驿站所需驮马牲口、蒙古包等迄未齐备，//456//故着喀尔喀两部司理衙门长官、丹珠拉卜扎伊哲布尊丹巴呼图克图尚卓特巴，下令所有驿站全力协助运送奴才蕴辖下及各扎萨克辖下所需一切。察哈尔旗大臣佛亦须下令，于准备接待使团时做好应有安排。查俄国马车尺寸颇大，于伊缅加扎色地区//457//万难行走，故需将其留置佛昂邦辖地。奴才等需派人往见直隶总督，着其下令于伊缅加扎色各县为俄使征用更多挽马、牲口及运送贡品诸物之马车，并着可靠人员护送。谨请圣上审查愚见，颁旨执行。

特此恭奏，以待圣示。

458页文末：据奏折抄录。十一月二日②于［北京发还］奏折上有//458//皇帝朱批：已颁旨。

蒙古国立中央历史档案馆，藏档M-1，案卷639，440～458页。库伦办事大臣衙门满文抄文簿抄件。И.Т.莫罗兹译自满文。

---

① 12月23日。

② 12月10日。

№ 216

1805年11月24日。库伦办事大臣蕴端多尔济、福海就护卫和陪送俄国使团方面的建议呈嘉庆皇帝的奏章

//459//十月十六日[①]

奴才蕴、福等敬请降旨

奴才等有奏折[②]伏请圣裁：今又接俄国使团团长戈洛夫金来函，内再次向奴才等提出要求。

再者，奉旨，应于十二月二十日//460//护送俄使入朝。预定日期将至，故奏请降旨。

为避免接待使团筹备出现疏漏，以奴才愚见，尚需再作如下安排：按此前指示，应有喀尔喀扎萨克等前往护送俄国使团。于指派此等人员时，应着其少习满洲语言。喀尔喀车臣汗部贝勒纳木吉勒多尔吉及土谢图汗部贝子宁博多尔济等两名扎萨克均略通满语。//461//渠等于护送奴才时亦可照看俄使团一般人员及贡物。是以奴才等已选中此二名扎萨克，特此上奏。静候指示其中以何人护卫俄使团团长，何人护送贡物为妥。

此次俄国汗所进贡物//462//悉由四轮大车运送，若与俄国官员所乘马车汇总，其数约八十余辆。前有折奏称俄使

---

① 11月24日。

② 见215号文件。

团宜分两批，亦为往返途中护卫使团、备办驿马骆驼蒙古包等需用大量蒙古官员之故。奴才等以为，按俄人品级，两批共需//463//八名台吉及官员。若圣意准予奴才等所请，则应提前指派贝子、贝勒、官员去恰克图迎候及护送俄国出使大臣等。现将此等人员及官职名单进呈于后[①]，伏请圣裁当否，准予执行。

463～464 页文末：根据奏折抄录。十一月二日[②]［由北京］退//464//还的奏折上有皇帝朱批：已有旨。

蒙古国立中央历史档案馆，藏档 M-1，案卷 639，459～464 页。库伦办事大臣衙门满文抄文簿抄件。И.Т. 莫罗兹译自满文。

---

① 见 214 号文件。

② 12 月 10 日。

№ 217

1805 年 11 月 27 日。伊尔库茨克民事省长 A. M. 科尔尼洛夫为已将理藩院文书及理藩院退回的枢密院知会俄国教士团换届人员已到达的文书送出一事致库伦办事大臣蕴端多尔济、福海函

//472// 十月十九日［收到］[①]

俄罗斯皇帝驾前伊尔库茨克民事省长、四等文官、赏戴勋章科尔尼洛夫致大清国至圣大皇帝驾前库伦办事大臣郡王、昂邦函

尊函[②]及嘉庆十年九月二十四日[③]致我至尊大枢密院文书[④]已由专差信使协理台吉伊丹扎布及梅勒章京噶尔丹 //473// 送到无误。收到致我至尊枢密院文书以及被退回之我枢密院致贵方前次文书[⑤]后，我当即按例将之送往我枢密院。特此知照郡王、昂邦阁下。此信交由贵方来使带回。特此签名 //474// 盖章。

1805 年 11 月 27 日发自伊尔库茨克城。

蒙古国立中央历史档案馆，藏档 M-1，案卷 639，472～474 页。库伦办事大臣衙门满文抄文簿抄件。И. Т. 莫罗兹译自满文。

① 11 月 27 日。

② 见 207 号文件。

③ 1805 年 11 月 2 日。

④ 见 197 号文件。

⑤ 见 144 号文件。

№ 218

1805年，不早于12月2日。[1] 军机处为传达嘉庆皇帝下旨规定俄国使团124人到达北京的各种可能日期给库伦办事大臣蕴端多尔济、福海的命令

//483//十一月二日收到[2]
军机处行库伦办事大臣喀尔喀郡王等令
嘉庆十年十月二十四日皇帝诏曰：

蕴端多尔济等奏称：

俄使戈洛夫金言情已渐恭顺，并已大量减缩随行人员至一百二十四人，//484//但因焦虑过度，以致病倒云云。

前次所颁谕旨命俄国出使大臣随员不得超过数十人[3]，然检视旧档，发现此数甚所不确。再次查验旧档，得知以前使团随员确有超过百人者。加之今次俄人已遵朕所示，将来使人数减为一百二十四人，于我方所示亦极恭谨。是以谕令//485//准其所请，允其入朝。朕得知戈洛夫金焦虑过度致病，恩准蕴端多尔济指定医生，由章京一名护送，为出使大臣诊视。

上述使团抵库伦后，蕴端多尔济等应按前颁谕旨[4]教戈

---

① 日期是根据皇帝谕旨上的日期（嘉庆十年十月二十四日）确定的。

② 10月8日。

③ 见201号文件。

④ 见180号文件。

洛夫金等演练廷见叩头礼仪，然后率今次所派//486//蒙古贝勒、贝子、台吉等将其护送入朝。最好能于十二月二十五至二十六日入京[①]。如此则可于二十八日[②]命出使大臣等觐见，并于淳寰宫领赏。渠等亦可于新年过后元月初四、五日[③]到达，倘如此则可于元月初十前觐见。此时//487//彰彤庐园内有戏演出，施放烟花，来使可应邀与他国使臣同乐焉。

为护卫来使，可指派札萨克、贝勒纳木吉勒多尔吉、台吉奇布卡扎巴、哈尔恰古、策凌扎布、达西敦多布，着其随使团团长出发。为护卫贡物，可指派札萨克贝子宁博多尔济、台吉萌古、德密特、梅勒章京噶尔丹。供应使团所需//488//马匹车辆等事项由佛尔卿额、裘行简等负责，已命渠等尽心办差；另，已有令至理藩院衙门等处，命其差章京、翻译赴库伦。

再者，已有令着佛尔卿额前往萨伊尔乌苏驿站迎接使团，瑚素通阿则前往伊缅加扎色［张家口］，以上各员均各有旨谕示[④]。嗣后待瑚素通阿至该关隘迎得使臣后，一行可由两员共同护送。故由伊缅加扎色起蕴端多尔济可直接进京，先于他人入朝。//489//其余人等均应按所领旨意行事。此旨着按四百里廷寄发送。

谨奉圣旨，特发此令。

蒙古国立中央历史档案馆，藏档 M-1，639 号文件，483～489 页。库伦办事大臣衙门满文抄文簿抄件。И.Т. 莫罗兹译自满文。

---

① 即 1806 年 2 月 1 日或 2 日。

② 2 月 4 日。

③ 即 2 月 9、10 日。

④ 见 219 号文件。

№ 219

1805 年 12 月 2 日。[1] 军机大臣为传达嘉庆皇帝着刑部侍郎瑚素通阿赴张家口迎接和护送俄国使团入京的谕旨给瑚素通阿的命令

//33 背面//军机大臣传谕钦差大臣、刑部侍郎瑚素通阿

嘉庆十年十月二十四日皇帝诏曰：

蕴端多尔济奏称：俄国遣使团进呈贡礼清单，现已允其入京，恭候廷见。

因着蕴端多尔济护送，于本年十二月二十五或二十六日[2]入京。中途若有延误，亦可于来年元月初四日或初五日入京，但不得晚于十日[3]，以便如期赴宴，届时朕当有所赏赐。是以于抵达张家口［关隘］之前对其应抚慰有加，优礼相待，意在争取其心向我方也。

另，已有旨着佛尔卿额[4]予［使团］以关心协助，迎候该使团入关。蕴端多尔济已领有另旨，着其先期入京，奏明一切。张家口迎接使团者仅为重要官员。［皇帝］所遣瑚素通阿着将枫林县马滩居民案复审及荆州府魏廷林一案速速审

---

① 日期按皇帝谕旨上的日期标出。

② 1806 年 2 月 2—3 日。

③ 1806 年 2 月 11 或 12 日—17 日。

④ 见 220 号文件。

结上奏。其后可立即沿驿路去张家口，严格按旨令迎接及护送进贡使团一百二十四人入京。所进贡品应由马车运送，车马着由裘行简[1]认真从容备办。道路司官着备办［使团］沿途一应所需。宿营地及沿途馆舍用品应予备办妥当。对待洋人应务求和气，使其心存敬畏。瑚素通阿侍郎应与佛尔卿额戮力同心。务要尽心竭力，保证该使团及贡品//34//按期入京。

此上谕交由四百里廷寄发送，着即遵照执行，奏报执行情况。

《清代外交史料》（嘉庆朝）[2]，北京，1932年，1集，33页背面～34页。A.Д. 沃斯克列先斯基译自中文。

注释：

［1］裘行简，又名裘继志，乾隆朝（1736—1795）举人，任内阁行走，嘉庆朝（1796—1820）任刑部侍郎，后为直隶总督。

［2］在《清实录》和《清代外交史料》中，皇帝的圣旨基本都是以内容概述的形式给出。

№ 220

1805 年 12 月 2 日①。军机大臣为传达嘉庆皇帝保证俄国使团安抵北京的谕旨给直隶总督[1]裘行简的命令

//34//军机大臣传谕直隶总督裘行简

嘉庆十年十月二十四日皇帝诏曰：

今俄罗斯遣使团进贡，一行共一百二十四人及车八十辆，由库伦经张家口而来。前已颁旨着蕴端多尔济、佛尔卿额护送使团至张家口②，后复遣侍郎瑚素通阿前往协助［有关使团事宜］。

度算使团应于本年腊月二十五日或二十六日③入京。倘有延误，亦可于［来年］正月初四、五到达，但不晚于正月初十日④，以便赴宴，领受皇帝赏赐。

为［运送］贡品方物及俄罗斯使团，应预备所需［数量］车马，沿途应预备房舍营地。事涉外国，所需数量人员、马匹着由裘行简征集，全力设法解决。此事应精心监督，全面管理，不可有丝毫纰漏。

着口北道巡检使何伦会同省衙门满员一人事先于直隶边

---

① 嘉庆十年十月二十四日。

② 见 220 号文件。（此处俄编者有误，应为 119 号文件。——中译者）

③ 1806 年 2 月 2 或 3 日。

④ 1806 年 2 月 11、12 日—17 日。

务衙门备办以上各项，然后送使团至京。道途若有坑洼不平，即使无法修补，亦应稍加平整，以利行进。为执行上谕，着裘行简协调各种问题，调动各种手段。

此上谕按三百里廷寄发出，着即奉诏，即时回奏。

《清代外交史料》（嘉庆朝），北京，1932 年，1 集，34 页。A. Д. 沃斯克列先斯基译自中文。

发表在：傅洛书：《文件集》，1 集，361～362 页。

注释：

［1］此处有尾注号，但缺内容。——中译者

№ 221

1805年12月3日①。军机大臣为传达嘉庆皇帝准备接待俄国使团的谕旨给直隶总督裘行简的命令

//34背面//军机大臣传谕直隶总督裘行简

嘉庆十年十月二十五日皇帝诏曰：

俄罗斯国遣使纳贡，由库伦至张家口一路，途中需有所准备，特颁旨予以指示。

裘行简处前已有旨②，着遣一省级满员协助口北道何伦办事。现经商议，我等以为无此必要再派省内官员前去护送[使团]。

现命驻宣化镇总兵爱新加[1]出发与巡检使何伦会合，迎接[使团]。为此需再派数名官员护送。

俄国使臣来自远方，我等于渠等宜有特别关照。着命于整个旅行期间遵守良好制度纪律，勿使[使团]于途中所需有缺。马车应配有驭者，车内应铺陈苇席毡垫，以御风寒。挽马应强壮有力，饲料供应宜充足。[使团]栖息之房舍应打扫整洁。应有薪柴供应，无使[使团]受冻。食物亦应供应充足。

鉴于入[张家口]关后道路不平，异常危险，且贡物中

---

① 嘉庆十年十月二十五日。

② 见220号文件。

有玻璃［制品］，马车运输可能并非总是相宜，故尚应派遣挑夫，以备搬运之需。

直隶总督接奉上谕后，应发函知照爱新加，着［爱新加］即前往护送［使团］。着由［附近］各防区调集四百兵丁，维持秩序。严防［使团］沿途及宿营地有抢劫偷盗发生。否则夷人当对我心生鄙薄。袤行简应号召所有办事官员尽心办差，接待使团，全力以赴，不得玩忽职守，以向远来蛮夷展示我待客之道，皇恩盛情。

为此可允许地方当政官员动用严禁动用之款项。可由本年公帑余额中拨出十万余两白银，以应此项开支之需。

此旨//35//着以四百里快马廷寄传送。

着即奉诏，报知［执行］情况。

《清代外交史料》（嘉庆朝），北京，1932 年，1 集，34 页背面～35 页。A.Д. 沃斯克列先斯基译自中文。

发表时有删节：傅洛书：《中西关系文献编年》，卷 1，362～363 页。

注释：

［1］满人，正黄旗（见 96 号文件注释 5）。乾隆（1736—1795）年间参加过平定准噶尔汗国的战事，后为伊犁旗军副都统。

№ 222

1805年12月4日。嘉庆皇帝就察哈尔都统佛尔卿额、副都统金良所报因俄国使团到来而产生花销及其他问题所下的圣旨

//2//奴才佛尔卿额率金良谨奏。敬请圣上下旨训示

库伦办事大臣蕴端多尔济等于十月二十二日有信给奴才，告知俄国汗诚心诚意遣使团前来向我至圣皇帝朝贡。该信附有预算单，标明应为使团来朝备办之马匹、骆驼、蒙古包、羊只、黍子、面粉、茶叶、糖、蜡烛等物数量。

再拜，斗胆敬陈以下愚见。我至圣皇帝仁德教化被于四方，俄人虽远处域外，犹衷心感佩，遣使来朝，故皇上允其觐见。

蕴端多尔济等送来俄人途中所需各种备品清单，内有马匹牲口等，奴才等已详细阅过。其中称各驿站需预备乘马及挽马四百余匹，骆驼三百余头，//2背面//食用羊只一百余头，车脚夫三百名，护卫兵丁四十名，蒙古包六十个，帐篷十七顶，修补蒙古包用毡子四十块，以及米、黍、茶、糖、蜡、盐、奶、脂、柴等。来函告知俄人定于十一月十五日前后由库伦出发。

鉴于日期已近，路途遥远，奴才等确应急速下令，着手备办。

按档，奴才等属下共有三十二站，其中有阿尔泰路军驿及由伊缅加扎色至库伦之喀尔喀路邮驿。每站有原定由百姓所缴

纳为过往公差使用之蒙古包四顶，马匹一百零七匹，骆驼三十一峰，另驿丞三十九名，官员及备用兵丁若干。此次俄人若经由驿站而行，仅由驿站备用兵丁迎送，则此数显然不足。

此次奴才等仔细度算，//3//呈请准予驿站主管衙门各章京向驿路左近蒙古各札萨克及八旗军营征用所需数量之牲畜。此外，察哈尔都统亦已奉命为长城附近八驿站准备马匹、骆驼、蒙古包、大车等。各驿站为供餐所备之羊只，每年可领得朝廷拨帑白银一千二百七十两，历年均按规定用于往来公务人员伙食，并无结余。今为保障俄人往来两次通行食用，每驿站需预备约二百只羊，总数超过六千只。奴才等当立即下令，速至内地购买米、面、糖、蜡等，分送各驿站，各驿站伙食所需羊只可命按官价//3背面//每头七钱购买，并交由附近驿站马匹［运送］。

所需银两一事无需由兵丁饷银及食用中扣除，账上查得官马养牧局所属各马场牧头名下，尚有因出租草场、荒地所得银两，扣除历年各种公共花销，尚余一万四千九百八十余两。伏请圣上恩准于此次以之购买俄人往来两趟所需羊只、米、面、茶、糖等物，需动用租地所得银约为五千余两，实用钱数容后向理藩院函报。再者，俄人所需蒙古包、帐篷及车脚夫数量甚大。现奴才等已下令各驿站，由官府预备蒙古包，并由蒙古人私家预备同样数量之蒙古包。另，为将其预备妥当并迅速运交各驿站，此事已交由察哈尔部官兵及驿站后备兵丁各札萨克办理，已由快马传令察哈尔八旗各司官//4//及其下属各部司官。特此恭奏，伏请圣裁。

嘉庆十年十月二十四日①替补拨什库录事金禄奉命恭书奏折。当月二十九日②收到。此折上有皇帝朱批：已有旨。

---

① 1805年12月2日。

② 1805年12月7日。

收到［批示后退还］之折上有一纸，上书：

嘉庆十年十月二十五日皇帝诏曰：

佛尔卿额等上折，请就为俄国来使朝贡预备马匹、骆驼、蒙古包、羊只、米、面等物开销之事下旨云云。

查前不久蕴端多尔济等已有折上奏，内称俄国汗王//4背面//多次恭谨恳请派使来朝纳贡，为此下诏准其所请。因命佛尔卿额前往萨伊尔乌苏驿站迎候使臣，并尽力准备所需数量马匹各物。

佛尔卿额等日前所奏于此前朕所颁各旨并无抵触，着即奉以前各诏预备俄使所需马匹、骆驼、蒙古包、羊只、米、面等物，其所需银五千余两着由所存地租中付给。此后待差事办妥后可向理藩院实报实销，并提交财务报告。

然现时天已大冷，俄使来自域外，因命佛尔卿额一视同仁，为俄人//5//妥善预备蒙古包以供住宿，并羊只、米等食品，将该使臣等安置于较和暖之驿站过宿，提供充足食物。决不可因此类不便而授人以柄，贻笑大方。佛尔卿额可奉前颁圣旨，根据事态进展前往萨伊尔乌苏驿站，会同蕴端多尔济护卫使团。待至入关后会合瑚素通阿、爱新加为使团设宴，然后切实护卫俄人入京朝见。

着萨伊尔乌苏驿站驿丞富年噶前往库伦迎接使团，伊缅加扎色驿丞富明着往萨伊尔乌苏站迎候使团。由京派章京一事已可不必。有关衙门可选派两名出身俄国学堂通晓俄语之官员沿驿路前往库伦。

蒙古国立中央历史档案馆，藏档 M-1，案卷 639，2～5 页。库伦办事大臣衙门满文抄文簿抄件。И.Т. 莫罗兹译自满文。

№ 223

1805 年 12 月 4 日[①]。直隶总督裘行简向嘉庆皇帝呈报的俄国使臣行程

//36//现将俄国出使大臣［入京沿途］行程所经各州县及各站、各宿营地距离呈皇帝御览

［使团］过达京门后，进入万泉县境，在张家口过夜。由张家口入宣化县境，过三十里于西榆林打尖，由西榆林又行三十里至宣化过夜。由宣化于宣化县境内行三十里至响水寨//36 背面//打尖，又过六十里于宣化县鸡鸣驿过夜。又行三十里于保安县沙城镇打尖，过沙城行五十里至怀来县［于其境内］过夜。过五十里于延庆州大路旁打尖，再行四十里于居庸关过夜。［然后应由］居庸关行五十里至昌平州，于当地打尖，又过五十里于清河［边］过夜。由清河入京十八里。

《清代外交史料》(嘉庆朝)，北京，1932 年，1 集，36～36 页背面。А. Д. 沃斯克列先斯基译自中文。

---

① 嘉庆十年十月二十六日。

№ 224

1805 年 12 月 5 日。外务院驻恰克图特派员 A. И. 索科洛夫为报告清朝边境当局为俄国使团准备食品、马匹的消息呈 Ю. A. 戈洛夫金使臣的报告

//204//外务院驻恰克图特派员、领边境事务七等文官索科洛夫呈二等文官、枢密官、院部大臣、皇帝陛下宫廷及各骑士团总典礼官、御前侍从官、特命全权出使大臣、赏戴勋章尤里·亚历山德罗维奇·戈洛夫金伯爵的报告

本月 1 日库达林区段哥萨克准尉杜雷金报告，我方舍罗戈利仁斯基边境哨所班长科热夫尼科夫在就近提请蒙古卡伦章京察看越界入境的 30 匹马和 10 头牛的印迹[1]时，并未提出任何问题，却听到对方主动说，他们那边每个宿营地都已经为到北京去的俄国出使大臣准备了 400 匹马、100 头骆驼、60 个蒙古包、30 头大肥羊。

特此敬向大人禀报。

七等文官　索科洛夫

1805 年 12 月 5 日

于恰克图哨所

204 页正文上方：№ 282。

同处页边：№ 38。

俄罗斯帝国对外政策档案馆，总档1—7，目录6，1805年，案卷1a，卷夹25，204页。原件。

注释：

［1］对于边境地区发现并保存蹄印的过程，Ю. 克拉普罗特有这样一番描述：蒙古人（从俄国方面保卫国境的俄国臣民）“一旦发现另一方的蹄印，便从马背上下来，小心翼翼地沿着印迹由中间地带往里走，勿教灰土把它盖住或是将它踏乱。如果那是马蹄印或牛蹄印，就在周围圈上树枝、石块或草，再着人看守，以免丢失。还有一些人则骑着马到对面中国的蒙古卡伦去，向遇到的中国哨兵喊叫，要他派巡视员带几个人过来。然后双方都到发现蹄印的地方去，仔细检查它是从何而来，通向何处。双方边界卡伦把这块边界上检查时遭到践踏的土地用桩子和盖了封印的细绳子圈起来，以防其他盗贼再顺这些印迹偷越国境，到别国领土上去偷盗或从事贸易……”（《俄中边境随笔》，载《北方档案》，1823年，11期，338页）

№ 225

1805 年 12 月 7 日①。粤海关监督延丰就广州出现两艘俄国船只事呈嘉庆皇帝的奏折

//37//奴才延丰跪奏：俄罗斯外夷来广东贸易，为此请旨训示

澳门、黄埔为粤东[1]二港，夷人自千洲万岛，至此贸易，帆樯［由四方］云集，货物充盈，品质优良。

皇上仁慈，准外夷同等贸易，权利不逊于内地[2]人士，来者心存感激。是以经常由大小洋诸国、嘆咭利、美利坚[3]、荷兰、法兰西、丹麦、瑞典运货至广东。其他各洲各岛商人虽亦能渡过重洋，然迄今犹无到达［中国］者。

本年十月初八日②，据澳门委员报称：有外国商人克鲁森施特恩者由露臣国驾帆船前来。

司官及洋行[4]商人试欲辨明露臣究为何国。

当月十七日③司官复报称，又有一船来自露臣国，其船长曰利相斯基。答询时称，来到广东是为贸易，并运来毛皮及白银云云。

嗣后洋行商人[5]查明，夷语露臣与俄罗斯同音，乃夷人

---

① 嘉庆十年十月二十九日。

② 1805 年 11 月 17 日。

③ 1805 年 11 月 26 日。

所由来国家之名称也。其中一份报告呈交奴才细察得知，上述夷人之两船由俄罗斯沿海路由东方而来。此前该国与天朝于通京城之北方口外贸易。俄罗斯人往返于中华与其国之间，途程邈远，须经陆路，艰苦难行。

今渠等经由海路到达广东。［他们所走过的］距离较之于陆路虽更为遥远，然［途中］花费不大，因而派船至广东寻找商机。率先到来之克鲁森施特恩亦载有毛皮等货物，乃商船而非巡舰，故［夷人］恭求施恩，允其卸货。

奴才窃以为俄罗斯地处北隅，从未至于广东贸易。今克鲁森施特恩、利相斯基两夷船不畏风浪，远涉重洋，终至广东，恭请允准贸易，辞色恳切，其情与其他夷人同。此事虽无先例，然察其恭顺之心溢于言表，若拒其开舱纳税卸货，命其原船返回，则恐有违我圣天子怀柔远方四夷之道。

然［奴才］非独行文报告总督衙门，亦遣吏属［于必要时］以武力防止不轨，并严命洋行商人与之公平交易。

该国早已与我于恰克图和平交易有年，今又遣船至广东，意欲减少费用，增加利润。我方若允其今后于广东贸易，//37//①则北方各口货量恐将日渐萎缩，张家口税收亦将因此而减少。奴才并不确知恰克图贸易情况，不知今后此等问题应如何处置。

解决此类问题，全赖圣上颁旨训示。又，那彦成[6]正于省内巡视。奴才已发函与其商议，并与钦差大臣孙玉庭[7]面商。我等意见一致，现联名敬上奏折。恭请陛下就此垂训。

嘉庆十年十月二十九日奏。

《清代外交史料》1集，36页背面～37页。

---

① 疑有误，似应为37页背面。——中译者

А. Д. 沃斯克列先斯基译自中文。

俄文发表在：А. И. 沃斯克列先斯基：《中国大事记》关于И. Ф. 克鲁森施特恩、Ю. Ф. 利相斯基在广州的章节，载《时代的联系没有断裂》，莫斯科，1993，152～153页。

英文发表在：傅洛书：《中西关系文献编年》，卷1，363～364页。

注释：

［1］粤东为广东旧称（А. Д. 沃斯克列先斯基：《中国大事记》，161页注释5）。

［2］中国本土长城以"里"为计程单位（同处，注释6）。

［3］根据美国学者傅洛书的意见，此处为中国官方文献第一次提到美国的名称（见Fu Luoshu：*A Documentary Chronicle of Sino-Western Relations*，600页；А. Д. 沃斯克列先斯基：《中国大事记》，161页，注释7）。

［4］指的是13家外国洋行的商人。（同处，注释9）

［5］其中一名外国商人，即英商比尔，利相斯基曾提到过。（同处，注释11）

［6］那彦成，满人，正白旗，著名统帅阿桂之孙，其祖因参加远征伊犁及柬埔寨之役而出名。乾隆年间进士。曾任工部侍郎，后任直隶总督（同处，注释14）。

［7］孙玉庭，乾隆年间进士，任内阁大学士，后任两江总督（同处，注释15）。

№ 226

1805 年 12 月 10 日。**И. Ф.** 克鲁森施特恩就俄国船只到广州的原因及请求装货等事项向粤海关监督延丰所做的说明

//188 背面//克鲁森施特恩辩状（抄件）[①]

致粤海关监督大人

我所率领的船只来自露西亚，中国人叫做俄罗斯。我国人民早就同中国在位于两帝国边界的恰克图开展陆路贸易。由于试图与广州开展同等的海上贸易（这一贸易似乎不会有那么大的利益，也没有那么多的困难，如果真的有利可图，我看今后就可能再派船来）[②]，它组织了一个公司，叫做俄美公司。这个公司派遣了一艘船只，//189//在船长利相斯基的指挥下前往中国。

与此同时，公司奉皇帝的旨意，又把另一艘船交付给我，为了同样的目的前来中国。在我出发的时候，陛下还命令我到日本一行。我正是由日本来到广州的，打算为公司装载中国货物。我原以为在这里能找到利相斯基船长，但计划却落了空。除了大约 9000 张海狗皮和 300 张海龙皮之外，又没有别的货物，只好到潭仔等待利相斯基的船只到来。

如今利相斯基船长已经载着足够装满两艘船的货物到

---

① 标题位于该页左侧页边。

② 括号是文中原来就有的。

来，请求大人派给我一名引水员[①]，以便把我的船引进黄埔，待由该处上货后，同//189背面//利相斯基船长的船一道返回俄罗斯。将我引入澳门的引水员向上司报告，说我的船是普鲁士船，是一艘军舰，但这种说法是错误的。我的船是一艘俄国商船，它同其他进入这个港口的商船一样，已经交纳了所有的关税和税款。而且，根据我国法律，军舰是不可以装载货物的。军舰的旗帜同我的不一样，火炮和士兵也更多，而我却没有。

我奉命由此同利相斯基船长同时启程，故请求大人尽快决定是否能够进入黄埔港，否则我将由此处立即返回俄罗斯。由俄罗斯至广州的旅程需时约6～7个月。

荣幸地致以深深的敬意，

大人恭顺的仆人、海军中校、赏戴勋章伊万·克鲁森施特恩

1805年12月10日于广州[②]

俄罗斯帝国对外政策档案馆圣彼得堡分馆，总档1—7，目录6，1805年，案卷1a，卷夹28，188页背面～189页背面。使团办公厅抄文簿抄件。

俄文抄件存中国第一历史档案馆，中俄关系史俄文文件全宗，案卷12，15～18页。抄件中文译本存同处，48页。

使团办公厅抄文簿抄件存俄罗斯帝国对外政策档案馆，圣彼得堡分馆，总档1—7，目录6，卷夹26，177页背面～179页。

库伦办事大臣衙门满文抄文簿抄件存蒙古国立中央历史档案馆，藏档M-1，案卷651，72～75页。

---

① 原文如此。

② 时间地点标于该页左侧页边。

№ 227

1805年12月10日。Ю.Ф.利相斯基船长就“涅瓦号”到广州的原因及请求允许装运中国货等事项向粤海关监督延丰所做的说明

//190//利相斯基船长之辩状①

我特向粤海关监督大人说明，我所指挥的“涅瓦号”海船乃是一艘俄国商船，代表俄美公司到此贸易。本公司希望实地考察一下，这条道路对我们的生意是否比恰克图更为有利，因为通过恰克图的货物运费十分昂贵，尽管海运所需时间比陆路要长得多。这次我的货物由海龙皮、海狗皮以及其他海兽和陆地野兽的毛皮构成，总数大约有10万张。

“涅瓦号”的航行部分单独完成，部分与“希望号”一道进行。“希望号”船长为克鲁森施特恩，该船也有大约//190背面//10000张海狗皮，经由日本，于10月4日来到澳门。由于它的货物太少，无法贸易，故在我抵达此间之前无法进港。现因我运来我的货物，我们这两艘船都可以装上中国货了。故请求大人准许“希望号”也能进入黄埔港，装载我这艘船装不下的货物。至于引水员报告说我是普鲁士人，那大概是因为这两个民族的口音有些相近吧。

荣幸地向大人致意，

---

① 标题位于该页左侧页边。

您恭顺的仆人海军中校、赏戴勋章尤里·利相斯基

又及：对海关所提问题我要荣幸地回答，从俄罗斯经海路到广州，途中需航行6～7个月。我还要说明，中国人把俄国人称为格罗斯人①。

1805年12月10日于广州。②

190页上方左侧页边：№ 41。

俄罗斯帝国对外政策档案馆圣彼得堡分馆，总档1—7，目录6，1805年，案卷1a，卷夹28，190～190页背面。使团办公厅抄文簿抄件。

俄文抄件存中国第一历史档案馆，中俄关系史俄文文件藏档，案卷12，11～13页。抄件中文译本存同处，49页。

使团办公厅抄文簿另一抄件存俄罗斯帝国对外政策档案馆圣彼得堡分馆，总档1—7，目录6，卷夹26，179～180页。

库伦办事大臣衙门满文抄文簿抄件存蒙古国立中央历史档案馆，藏档M-1，案卷651，82～83页。

① 下加线是文中原有的。

② 时间和地点标于该页左侧页边。

№ 228

1805年12月13日。外务院驻恰克图特派员 А. И. 索科洛夫就清朝边境当局准备接待俄国使团以及奉嘉庆皇帝谕旨由北京派御医来给办事大臣看病等消息呈 Ю. А. 戈洛夫金使臣的报告

//205//外务院驻恰克图特派员、领边境事务七等文官索科洛夫呈二等文官、枢密官、院部大臣、皇帝陛下宫廷及全俄罗斯各骑士团总典礼官[①]、御前侍从官、特命全权大臣、赏戴勋章尤里·亚历山德罗维奇·戈洛夫金伯爵的报告

买卖城扎拉固齐在我家中于席间交谈时说，他接到库伦办事大臣和昂邦的命令，在恰克图至库伦各站准备优质食品和蜡烛，以迎接俄罗斯出使大臣经过。各地驿站同时还架设了55个蒙古包，准备了旅途所需700匹挽马和200头骆驼。此外还告知，为了迎接和护送，//205背面//买卖城将有两位贝子[②]光临，并带来13名其他官员。为了护送俄国出使大臣，库伦还下达了特别命令。扎拉固齐又说，当他了解到俄国出使大臣身体欠佳时，便立刻向库伦的郡王作了报告，郡王又派专使报告博格德汗。根据博格德汗的旨意，北京派来了最好的太医，如果需要，它可以一路都伴随俄国使臣，直

① 原文如此。

② 下加线是原来所有的。

至北京，乃至回程。

特此荣幸地向阁下报告。

七等文官　索科洛夫

1805 年 12 月 13 日于恰克图哨所

205 页正文上方：12 月 13 日收到。

同处左侧页边：№ 40

俄罗斯帝国对外政策档案馆圣彼得堡分馆，总档 1—7，目录 6，1805 年，案卷 1a，卷夹 25，205～205 页背面。原件。

№ 229

1805 年 12 月 15 日。Ю. А. 戈洛夫金使臣为给他派来太医一事致库伦办事大臣蕴端多尔济、福海的感谢信

//226//1805 年 12 月 15 日戈洛夫金伯爵致库伦办事大臣函（抄件）

郡王和昂邦大人：奉你们的命令，恰克图扎拉固齐和驻防章京为我送来了一名奉博格德汗旨意来给我看病的医生。我虽因病已痊愈而无法遵从他的医嘱，但圣上的这种关怀使我心存感激。我将全力以赴，不辜负圣上的好意和今后的恩典。

12 月 12 日我在同扎拉固齐会见时听他说，郡王和昂邦大臣阁下已俯允了我最后那封信中所提各点，并向理藩院报告，对此博格德汗陛下已有恩示，同意接见使团；而且还通知//226 背面//我，已有几名官员将立即来到此间护送我及全团前往北京。

我正在等待这些官员的到来，并已把可以由此间启程的日期告知扎拉固齐，衷心盼望能面见你们，郡王和昂邦阁下，向你们表达我崇高的敬意。

正文下方有签字：戈洛夫金伯爵。

226 页正文上方：戈洛夫金伯爵奏章附件第 8 号。1805 年[……][①]

俄罗斯帝国对外政策档案馆圣彼得堡分馆，总档 1—7，目录 6，1805 年，案卷 1a，卷夹 25，226～226 页背面。经核对的抄件。

草稿存同处，206～206 页背面[②]。

А. Г. 符拉德金翻译的满文底稿存同处，207～207 页背面。

А. В. 伊古姆诺夫翻译的蒙文底稿存同处，208～209 页背面。

俄文抄件存中国第一历史档案馆，中俄关系史俄文文件藏档，案卷 11，67～69 页。抄件中文译本存同处，49 页。

使团办公厅抄文簿抄件：俄文复函存俄罗斯帝国对外政策档案馆圣彼得堡分馆，亚洲司图书馆全宗，目录 505，1806 年，案卷 32，23～24 页；同处，卷夹 28，106～106 页背面；满文抄件存同处，106 页背面～107 页；蒙文抄件存同处，107 页背面～108 页。

库伦办事大臣衙门抄文簿抄件：满文抄件存蒙古国立中央历史档案馆，藏档 М-1，案卷 639，490～493 页[③]；蒙文抄件存同处，494～497 页。

---

① 日期在文中未标明。

② 206 页背面：此信于 12 月 16 日送往恰克图交扎拉固齐送往库伦。

③ 490 页正文前有：11 月 9 日即 12 月 17 日。

№ 230

1805 年 12 月 16 日。Ю. А. 戈洛夫金使臣就缩减使团成员，派遣由团内所精简学者组成的考察队研究西伯利亚等问题呈亚历山大一世皇帝的奏章

//11//陛下：

臣要在此荣幸地向陛下呈交一份中国政府要求精简的人员名单。臣尽了最大努力，以求把这一强制性的必要措施同它所涉及的每一个人的特长和意愿结合起来。

宫廷侍从瓦西利奇科夫先生为求得公务所需要的知识，孜孜不倦，//11 背面//他已出发前往涅尔琴斯克，然后经伊尔库茨克转往雅库茨克，再回到托木斯克。他将考察巴尔瑙尔和布赫塔尔玛的矿井、整个额尔齐斯防线，然后再到奥伦堡。他没有被列入使团是因为不愿占据那些公务上不可缺少的人员的名额。由于这次变动主要考虑的是政治因素，我给列入使团的官员发放了第二年的俸禄，相信皇帝陛下一定会体谅他们的处境，不再加重他们的负担。他们在自己的俸禄中已经承受过一笔负担，那就是他们早先为准备这次漫长的旅行曾有过相当的花销。

//12//尽管臣非常希望能给予这许许多多来到帝国荒僻角落的才华横溢的人士以既能服务于皇帝陛下，又对自身有利有益的工作，然而却还是不得不让他们离开臣的身边。臣觉得沿斯塔诺夫山脉所进行的由涅尔琴斯克至鄂霍茨克海的考察，能集中实现所有的预期，并第一次把这种预期同战胜困难的丰功伟绩结合起来。人类的足迹还从来没有踏上过这

片土地，新的科学宝库定能在这里开启。多亏陛下的荫庇，这一任务才可能得以完成。您的慷慨将成就许多有趣的发现；绵延2500余俄里的帝国疆界，//12背面//其状况我们至今一无所知，了解它和确立它将会给我们带来重大的利益。

尽管这样的考察将会遇到危险和困难，著名的博物学家亚当斯先生和总参谋部的少尉波格达诺维奇先生还是志愿参加。

臣希望他们的献身精神，以及他们迄今为止所付出的巨大劳动，能得到陛下的垂青。

臣将把此次考察的训令草稿和人员名单提交给科学院院长先生，请他转呈陛下御览，如果陛下认为可行，敬请予以批准。陛下，臣还想//13//补充的是，完成考察的经费已经绝对不能比官员们从使团财务部门领取的再减少了。

陛下，向您致以深深的敬意。

您最忠诚、最恭顺的奴仆和臣民戈洛夫金伯爵

1805年12月16日于特罗伊茨科萨夫斯克要塞

11页正文上方左侧：№9。

同处右侧用俄文：1806年1月16日收到。

俄罗斯帝国对外政策档案馆圣彼得堡分馆，总档1—7，目录6，1805年，案卷1a，卷夹35，11～13页。

法文原件。Н. Б. 祖布科夫译自法文。

№ 231

1805年12月16日。Ю.А.戈洛夫金使臣就未来同清方谈判可能遇到的困难以及把蒙古文翻译A.B.伊古姆诺夫借调到使团等事给副外务大臣A.A.恰尔托雷斯基的急件

//234//公爵：

自我向阁下送出9号急件之后，每天都在等待中国政府有一个肯定的回答，因此再也没有写信。从我由此附寄给皇帝陛下的报告中您可以看出，我已成功地挫败了中国人那些完全与使团尊严不合的顽固要求，我进入他们国土的日期已定在本月20日。不过，我跟他们的频繁交往总是不断引发繁琐的//234背面//纠缠，从日出到日落，整天纷纷扰扰。我要是能派一个亲眼目睹我如何过境的人去见您，那该是多么荣幸。

令人感到遗憾的倒不是争取进入中国所花费的气力和由此而引起的不快，而是因为那些与现实完全无关、于实现我的使命目标完全无益的杂事。当然，希望谈判中度过的这三个月，以及谈判中涉及的那些事先毫不知情、在给我的训令中也从来没有提起过的要求，乃至遇到的那些可能会具有重大意义的麻烦事，到了北京之后能够更好地为我所用。恰克图的扎拉固齐对我说，希望5月份跟我再见，从这个话来判断，不得不使我猜测我在北京逗留的时间可能很短。除了争辩利益之类的问题之外，处理重要事务的时间//235//可能会剩得很少，甚至根本就没有。不过我决心在任何情况下都

要争取到利益。阁下从我的［……］①号急件附件中也能看出，我下令所作的安排就像是在进入一个殷勤好客懂礼貌的国家；但如果我们同中国交往的办法不能有所改变，对我们来说中国将永远成不了这样一个国家。他们的傲慢和怪异倒是很容易忍受，只要对他们报以鄙视和沉默就可以了，但这样一来贸易就会遭受损失，而这件事却是我们日甚一日需要加以关注的。所以我们只好乞求。俄罗斯在乞求中已经过了80年，一直都在对中国表白自己的殷勤和宽容，拿不出什么更有分量的办法来保卫自己的贸易这一社会繁荣的重要源泉。

//235背面//我们的内阁对此不满是完全有道理的，这使它有时会提出一些更有活力的计划。但经费、遥远的距离和某些更重要的考虑又迫使它停止执行这些计划。我指的不是同中国人打仗，但应该占据有利阵地，迫使对方尊重，迫使这种尊重与帝国的强大相称，以便它能够保护贸易，摆脱中国人的随心所欲，消除贸易大国的竞争。当他们承认以保护和尊重为基础的体制之后，就应该确立一些办法来继续支持这种体制。西伯利亚就应该能够提供足够的办法。公爵，在这个重要的问题上，我想斗胆说一句：我在此间的逗留，以及此间收集到的资料，对于总体计划而言，绝不是没有好处的。

尽管我身处边境，但却无法获得任何有关中国皇帝、//236//他的大臣和他们的意图的情报。他们都是神。人们是不谈论神的——中国人作如是说。这就是我能从他们嘴里打听到的一切。

我要在此附上巴伊科夫先生库伦之行的报告。他的智慧

① 文中没有号码。

和坚定值得特别表扬。

公爵，我想，您一定会对枢密院的信遭到退还一事感到惊讶，我也是这样。中国人到现在还在把这件事瞒着我。幸好他们还没有把这场公案同我每天与他们所打的交道联系起来。

我无法预见在进入中国后是否有办法继续保持通信。只要有条件，我一定会关注通信联络的手段，无论如何，我要请阁下下令将您命令中的秘密内容用//236 背面//密写墨水来书写，或者用普通的柠檬汁来书写，可在急件的编号之下划上两横以资辨识即可。我也会利用同样的方式。

使团随员的缩减主要涉及卫队、马夫和仆人，官员人数的变化并不大。如果我提请诺沃西利采夫先生转交皇帝陛下的有关考察斯塔诺夫山脉至鄂霍茨克海一线的计划能够得到批准，那他们当中许多人比到中国去将能发挥更大的作用。训令的起草工作我要归功于我富有学识和智慧的二秘兰伯特伯爵。

没有蒙古语翻译实在是寸步难行，因此我把八等文官伊古姆诺夫借调到使团。他到过北京，他的关系和熟人//237//会很有用处。我把他从西伯利亚总督手中要过来，让一个人又能对公务做贡献了，这倒是令人满意的地方。我使他免于受到令人作呕的迫害。借调他的薪俸是1000银卢布。

我还要附上颇托茨基伯爵的一个报告，内中讲的是取代天象部分的可能性。[……][1] 号急件的附件中关于印度贸易问题的报告我也要归功于他。

由圣彼得堡历经千辛万苦来到这里，又误在这种不健康、不舒适的地方，搞得团里的人几乎都无法休息。许多人

---

① 文中未标号码。

病了。我们的药房里原来准备了800多服药，现在也几乎用得光光。我采取了一切预防措施，以避免在未来的旅行中发生任何不幸。在这样的季节旅行//237背面//实在是闻所未闻。

公爵，荣幸地向阁下致以深深的敬意。

您最忠实、最恭顺的仆人 戈洛夫金伯爵

234页正文下方用法文：送A.A.恰尔托雷斯基公爵大人。

俄罗斯帝国对外政策档案馆圣彼得堡分馆，总档1—7，目录6，1805年，案卷1a，卷夹25，234～237页背面。法文原件。H.Б.祖布科夫译自法文。

使团办公厅抄文簿法文抄件存同处，卷夹41，112页背面～115页背面；同处，卷夹46，209～212页。

№ 232

1805 年 12 月 16 日。经 Ю. А. 戈洛夫金使臣减缩随员后进入清帝国的使团成员名单[1]

//231//随使团进入中国的官员名单

	人数	
	官员人数	随员人数
全权出使大臣	1	22
使团一等秘书宫廷低级侍从巴伊科夫	1	1
使团二秘六等文官兰伯特伯爵	1	1
历史学家六等文官冯·苏赫特伦	1	1
翻译符拉德金、伊古姆诺夫、斯特鲁维	3	
使团骑士、侍从戈利岑公爵	1	1
宫廷低级侍从：		
边肯道夫	1	1
纳雷什金	1	1
涅利多夫	1	1
古里耶夫	1	1
六等文官卡拉乌洛夫	1	1
使团侍从：		
佩罗夫斯基	1	1
尤尼	1	
杰普洛夫	1	
赫沃斯托夫	1	

//231背面//	车脚夫	17	32①
学者部分：②			
科学部主任、四等文官颇托茨基伯爵		1	2
科学院副官：			
潘茨涅尔		1	
列多夫斯基		1	
皇家军需处随从：			
多夫列上校		1	1
杰斯列夫大尉			
少尉：			
藤涅尔		1	
伊万诺夫		1	
主画师马丁诺夫		1	
膳食管理主任 亚历山德罗夫		1	
医生列曼		1	
医士加里		1	
助理药剂师赫尔姆		1	
使团会计主任六等文官奥西波夫		1	1
机要信使：			
施托茨少尉		1	
洛谢夫少尉		1	
//232//	车脚夫	32	36
随团宗教人士：			
修士辅祭		1	
教堂差役		2	

① 此处及以后车脚夫一词及总计的人数均在每一页最后，然后是下一页。

② 下加线为文中原来所有。

工匠：		
裁缝	1	
马鞍匠	1	
铁匠	1	
靴匠	1	
皮匠	1	
面包师	1	
油匠	1	
杂工：		
玻璃厂工匠	1	
毛皮工匠	1	
金匠	1	
辎重队士官	2	
皇家室内乐乐师	9	
军队：		
龙骑兵军官	1	
//232 背面// 车脚夫	33	59
龙骑兵		20
号手		1
哥萨克军官	1	
哥萨克		10
总计	34	90

正文最后有签字：戈洛夫金伯爵。

231 页正文上方：戈洛夫金伯爵 1805 年第 10 号奏章①附件。

俄罗斯帝国对外政策档案馆圣彼得堡分馆，总档 1—7，目

① 戈洛夫金使臣向亚历山大一世皇帝呈递奏章的信（存同处，230 页）中标有：1806 年 1 月 16 日收到。

录6，1805年，案卷1a，卷夹25，231～232页背面。经核对的抄件。

注释：

[1] 在文件后还附有经缩减后留在俄国的使团人员名单。

留在国内的使团人员名单以及他们的任务

宫廷侍从瓦西利奇科夫并带领八等文官克列门特	前往涅尔琴斯克、雅库茨克及沿西伯利亚各条防线旅行
天文学家、五等文官舒伯特 他的助手舒伯特少尉	回圣彼得堡
使团三秘、七等文官多布罗斯拉夫斯基	留在特罗伊茨科萨夫斯克要塞处理各种事务
帝国科学院助理研究员克拉普罗特	留在伊尔库茨克各档案馆研究历史问题
八等文官亚当斯	奉派从事斯塔塔夫山脉考察，前往乌第堡
皇家军需部侍从少尉、八等文官波格达诺维奇、艺术学院退休画师瓦西利耶夫、考察队向导莫申斯基	奉派参加沿斯塔诺夫山脉至乌第堡的考察
八等文官科尔涅耶夫、维格尔	回圣彼得堡
设计师库罗奇金 八等文官齐尔列因 八等文官阿列克谢耶夫	回圣彼得堡
护送使团的龙骑兵部队中留边境者27人 哥萨克部队中留边境者10人	留伊尔库茨克

（俄罗斯帝国对外政策档案馆圣彼得堡分馆，总档1—7，目录6，1805年，案卷1a，卷夹25，233～233页背面。经核对的抄件。使团办公厅抄文簿抄件存同处，卷夹41，318～319页背面。）

№ 233

1805 年 12 月 16 日[①]。清方迎接和护送俄国使团前往北京的官员名单

//212// 由恰克图至库伦至北京[②]

两名贝子：

1. 库贝贝子	宁博多尔济
2. 德德拉贝子	贡齐克
一等台吉	萌古
一等台吉	奇布卡扎巴
协理札萨克	达西敦多布
协理札萨克	英克图鲁

由库伦至北京

库伦昂邦大臣、大王[③]	蕴端 随行尚有秘书丁
贝勒	纳木吉勒多尔吉
特勒贡台吉	哈尔恰古
哲尔格通吉之祖父	策凌扎布
协理台吉	德密特

① 日期根据外务院驻恰克图特派员 A. И. 索科洛夫给 Ю. A. 戈洛夫金使臣的报告标出，这份名单是该信的附件（见 200b～209b 页的注释）。

② 右栏上方标有：官职（此处及后面的下加线为文中原来所有），左栏上方标有：姓名。

③ 原文如此。

梅勒章京　　　　　　　　噶尔丹

此外，欢迎人员还定有：库伦派往十四站萨伊尔乌苏的有一名固赛昂邦，派到张家口城里迎接的有一名阿斯哈尼昂邦。

北京一路由恰克图至库伦为十一站，第一站定在布拉河，距恰克图八俄里。

库伦至张家口——四十七站。[1]

张家口至北京五站全设在城内。

总共六十三站。

七等文官索科洛夫

俄罗斯帝国对外政策档案馆圣彼得堡分馆，总档 1—7，目录 6，1805 年，案卷 1a，卷夹 25，212 页。原件。

送往外务院的副本存同处，296 页。抄件存同处，210 页背面～211 页。

注释：

[1] 根据库伦办事大臣衙门的资料，库伦往南共有 14 个驿站（参见 96 号文件注释 2）。

№ 234

1805 年 12 月 16 日。Ю. А. 戈洛夫金使臣为准备与清方谈判事给副外务大臣 А. А. 恰尔托雷斯基的急件

//248//公爵：

我有幸于到达中国宫廷后完成的任务，就其性质而言，在各方面都同其他任务有所不同，所以无论是在表述和掌握我所领受的谈判任务的主要内容方面，还是在尽可能对之加以利用方面，都必须有不同于常规的做法。

我接到的训令[①]为我指出了在这一陌生的海面上指引我前进的主要航标，但又为我留下了自由的参照空间。它给予我以信任，使我充满了感激之情，鼓舞我力求//248 背面//无愧于这种信任。怀着以上心情，我撰写了秘密备忘录[②]，现荣幸地将它附在后面，呈献给阁下。

公爵大人，您无疑能够理解，自我启程也就是接到上述训令[③]的那一天起，直至今天为止，使团行程的安排以及巡视各省所遇到的困难，一直不允许我从事这项极其重要的工作。我利用在边境逗留的空闲时间，搜集各种重要情报，对照训令的精神，以备忘录的形式拟出了这份谈判方略。我吸收了某些新的资料，把它同训令中的基本条款进行对比，//285//明确了我的基本路径，并制订了各种实施措施。我

---

① 见 130 号文件。

② 见 235 号文件。

③ 见 130、131 号文件。

想斗胆将此件呈请阁下预先审查。您无疑会发现，在这份诚恳的报告中我牺牲了自尊，而每个进行谈判的人出于自尊都是会把他所使用的手段和头脑中的想法隐蔽起来的。我所开辟的这条道路，我可以把它托付给任何一个将代替我承担起这项责任的人。最后，公爵，我还有一点小小的希望，就是希望您能从这份报告中看出，尽管中国政府为了一点点最微不足道的小事就可能给我制造麻烦，对我的态度坏得无以复加，但我还是照样准备同他们就最重要、最微妙的问题//285 背面//进行谈判。我的口号是热心加耐心。

荣幸地向公爵阁下致以崇高的敬意，

您最忠实、最恭顺的仆人戈洛夫金伯爵

于特罗伊茨科萨夫斯克要塞

1805 年 12 月 16 日

248 页正文上方有俄文：1806 年 1 月 16 日收到。

同处左侧：№ 10。

同处正文下方有法文：送 A. A. 恰尔托雷斯基公爵阁下。

俄罗斯帝国对外政策档案馆圣彼得堡分馆，总档 1—7，目录 6，1805 年，案卷 1a，卷夹 25，248～248 页背面，285～285 页背面①。法文原件。H. Б. 祖布科夫译自法文。

使团办公厅抄文簿法文抄件存同处，卷夹 41，111 页背面～112 页背面；同处，卷夹 46，207 页背面～208 页背面。

① 卷宗中的页码搞乱了。

№ 235

1805 年，不晚于 12 月 16 日[①]。Ю. А. 戈洛夫金使臣同清政府的谈判方略（附使团争取完成主要目标的外交方法分析）

秘密

//249//出使大臣戈洛夫金伯爵据 1805 年 7 月 8 日训令所拟同中国政府谈判方略[②]

在皇帝陛下任命戈洛夫金伯爵为赴北京宫廷出使大臣时颁发给他的训令的序言中说：由于中华帝国距离遥远，风俗有异，对该国需求、政府意图和计划又毫无了解，因此对出使大臣的谈判不可能预先拟定方略。除各有关部门拥有的文件之外，能给他提供的，只能是对那些就其重要性而言值得成为//249 背面//谈判内容的基本原则的指示。

假如如此英明的考虑还不足以为他在所面临的谈判中指明道路的话，那他的第一感觉就是：应该承认自己能力不足。然而，很快他就不断为一种冲动——希望博得至尊君主赐予信任的冲动——所鼓舞。他把深入研究训令视为己任，又以一个个他所得出的结论，以他在西伯利亚和边境逗留期间收集到的有关两帝国间关系前景的情报，对训令内容不断加以充实，并以这种方法为自己制订了谈判方略和行//250//动方略，其成果，就是这份备忘录。现在他荣幸地将之呈献

---

① 日期根据 234 号文件标出，本方案是它的附件。

② 见 130 号文件。

给内阁。不言而喻，戈洛夫金伯爵不会事先就肯定地说，中国政府会同意这些结论，或者会接受这些建议。变化和障碍完全还可能出现，结果甚至可能很糟糕。但下列备忘录可以视为一次战役作战计划，领军人物在制订它时，根据的是准确的地图，以及由侦查得到的情报。而上面提到的训令就是那张地图，就是那些情报。

事先做好这方面的工作之所以显得特别重要，是因为到了中国国内，再要想获得情报就会受到很大限制，而且很不可靠。一份从//250 背面//俄罗斯帝国利益的角度确定和计算过的方略，看来能比较可靠地保证消除无知，避免措手不及，而这些都是中国政府一定会加以利用的。

还有一点需要说明，就是这项劳动成果不可能出现得更早，因为戈洛夫金伯爵是在离开圣彼得堡的当天才接到那份训令的，加之他在整个旅行期间还要巡视各省，而且，只有到了特罗伊茨科萨夫斯克要塞，才有可能收集到完成此项工作所必需的各种情报。

//251//需要同中国进行的谈判，可以划分成四个独立的问题，每一个都需要对之单独进行研究。只有将它们协调起来，才能保证取得一定成绩。

Ⅰ. 关于中国内部政治状况的情报。尤其是关于政府计划和意图、君主的性格、大臣们的影响等等。

Ⅱ. 按对俄国的重要性逐个研究谈判的内容。

Ⅲ. 对可以向中国人做出同等让步的条件的考察。

Ⅳ. 应该运用的手段或者谈判方略。

Ⅰ．关于中国内部政治状况的情报①

在这个问题上，应该认识到，使团去的国家是一个//251背面//此前很少有人去过的国家，关于当地情况和人物，没有任何起码的资料。一定要想办法忘记过去的情报，消除各种偏见，亲自对同谈判内容有关的一切进行考察。

没有什么能比指望耶稣会士和其他传教士可能帮忙这件事更靠不住了。毫无疑问，如果他们能够帮忙，或者愿意帮忙，这当然都是一种成功，但根据最近得到的消息来看，这几乎又是指望不上的事，应该考虑摆脱他们。越是多考虑一些事物发展的不利因素，就越是可能对自己增加几分自信。到一个//252//丝毫不知情的国家去，又没有任何值得信赖的友好关系，那就需要首先在那里交朋友。第一批朋友就应该是那些从北京派来护送使团的人：如果库伦的郡王或者昂邦大臣负有这样的责任的，那就是他们；还有他们手下的官员，这得根据他们的作用和影响大小来决定。这些人的性格和意图将决定我们对待他们的办法。

自尊但不傲慢，殷勤但不软弱，坦诚但不张扬，特别是要事事留心但却不能表现出明显的处处打听，这似乎是与人交往的恰当的行为准则。

不要同主要人物//252背面//过分亲热，以致引起别人猜疑，但要引起他的兴趣，同他交朋友，暗示他会得到相应的报酬。如果风俗习惯和情况允许，也不妨在到北京之前就向首席大臣呈交介绍信。

首席大臣的职位说明，这个位置显然非常重要。最需要结识的正是这个人，要让他对我们产生好感（现在的首席大

---

① 此处和以下标题都是位于该页左侧页边。

臣是皇帝的岳父，据说深得宠幸）①。希望取悦于他是一个明智的动因，然后可以从他周围的人下手，根据情况∥253∥和可能再进行下一步。

对打交道的对象人物如果不了解，就什么事情都无法着手。尽管如此，却也不必过于着急去寻找这样的人。虽然博得了一定信任，但在尚未形成共同利益，并且尚未唤起对方讨论的愿望时，使团切不可过早地暴露它想谈判的意图。

目前欧洲的局势、海上战争、在印度和东方海洋集结的兵力、局势的发展对俄国或中国可能造成的共同或相互影响，这些都是两帝国之间容易找到∥253背面∥交汇点的话题。眼下也正是突出某些建议的恰当时机。然而无论是在谈判之前，还是在谈判过程中，都尽量不要谈贸易。这是个禁忌的字眼。可以谈谈人民的需求和福利。最好让中国人以为我们对政治比对商业更感兴趣。政治问题会引起他们恐惧不安，但却不会像贸易问题引起他们鄙视。要让他们相信，俄国的目光已转向亚洲。这样做不会有多大困难。如果能手段高明地把他们的注意力吸引过来，∥254∥他们很可能会较快就同意做出某些让步，并在一些不可能无动于衷的问题上坚持己见。在这种情况下，事先即使没有获得多少有关现政府的情报，也可以了解到他们对俄罗斯可能有哪些意图，他们为逃避谈判可能会制造哪些麻烦。

中国人多年来的所作所为使我们有根据判断，他们目前在重大问题上对我们并无所求。而且他们既不需要我们的帮助，也不需要我们在某些事情上替他们说话。由此看来，∥254背面∥可以认为他们不会主动出来和我们谈判，因为利益和好处全在我们手里。这种状况以及由此可能给中国人

① 括号是文中原来就有的。

造成的漠不关心，要求使用一些手段，这在下面将会列出。但他们可能制造的第一个麻烦却是：使团除了祝贺，并不承担别的任务，它不能越出该任务的范围。但不同的意见却在1803年11月28日枢密院给中国理藩院发的那封文书①的内容中得到了清晰的反映，而接受了那封文书并予以回答，则是一个令人满意的证据，表明出使大臣有权提出//255//要求，开展谈判。加之皇帝陛下写了一封信，出使大臣又拥有全权，所以，从事这项工作甚至成了他的责任。可以以这些理由为根据要求进行谈判，并提出第一批建议。

Ⅱ．按对俄国的重要性逐个研究谈判的内容

此次派遣使团，是一次难得一见的盛事。我们对中国内部情况，处于全然无知的境况。如果所有这一切促使内阁不仅产生一种想取得它所感到不足的情报的愿望，而且还向使团提出能够为俄国带来利益的谈判要点，这也是很自然的事。正是出于这种目的，不妨把训令及其附件//255背面//视为俄中关系究竟能带来哪些好处的总体审视，但从中应该挑选出哪些内容来，则要视情况而定。从这个角度来看，这份文件［训令］同其他类似文件是有区别的：它为谈判者仅仅指出了可以追求的目标，而不是条件允许达到的目标，而且，这些都没有按目的的重要性加以排列，也没有规定达到目的的途径。至于无需保有达到全部目的的奢望这一条，就更是没有提起过。不过，对目标分类总是必要的，应该确定一个大致正确的顺序。

//256//1）布赫塔尔玛的贸易仓库问题

在这个问题上，意见是分歧的，看来有两个极端。

---

① 见7号文件。

就事论事而言，布赫塔尔玛的贸易仓库有一个好处，就是它将把目前我们只能私下通过克尔克孜人同中国进行的贸易合法化。很难预见中国人打算或者能够以何种规模来开展该项贸易。我说的是打算[①]，因为整个贸易都是通过商行的中介进行的，它们的权利，甚至它们的资本都受到严格限制。至于说到它们究竟掌握哪些同我们开展贸易的手段，关于这个问题，//256 背面//以及关于他们的财富、生产和需求状况，我们掌握的情报还是太少，甚至对取得［贸易］好处可能还没有足够的把握。布赫塔尔玛无疑比恰克图离莫斯科更近，但它却比恰克图离南京、张家口等贸易中心更远。

目前在恰克图进行的贸易，从各方面看都实在是太有利了，所以也就无法让人们对可能产生负面影响的因素过于小心。不过在布赫塔尔玛建立新货栈也还不足以对恰克图构成什么竞争威胁。没有证据表明，这个新市场会同//257//恰克图产生竞争。但如果新市场得以建立，就应该制订有远见的内部规章制度，以防竞争出现。这个问题在 1805 年 5 月 10 日给恰尔托雷斯基公爵阁下的报告[②]中有比较详细的说明。

2）阿穆尔河自由通航问题

这种航行的好处显而易见。但敲定它的可能性也极不明朗，极不可靠。即使中国人表示同意，也完全可能出现难以预料的障碍，使得利用这条河成为不可能。

不过这些想法不应该阻碍该目标的实现，即使目的达到，为了谨慎起见，也应该沿现有路线始终保持//257 背面//交通手段，以防一旦阿穆尔河航行突然中断可能导致的悲惨后

---

① 下加线是文中原有的。

② 见 93 号文件。

果。1805年5月10日交给恰尔托雷斯基公爵大人的报告也持这种观点。

3）俄国船只自由进入广州问题

无疑，英、美人士在毛皮贸易方面与我们展开的竞争，应该唤起我们同他们共同分享广州贸易的愿望。这个贸易如果仅仅取决于航程的远近，对我们可能变得很有利，但也不得不考虑，它主要取决于航海科学的发展，取决于//258//他们的经验，取决于此类远航活动的资金充足与否，特别是回国后能得到多大好处，这些都对我们构成了巨大的障碍。我们的船只卸下毛皮之后能装些什么货呢？它们该把货运往什么地方呢？这些都是首先要搞清楚的问题。还有个更大的障碍，就是英美的毛皮在工艺方面较之我们所占有的优势。恰克图有几个中国商人，在回答我国推销海龙皮和海狗皮的商人时说，来年有人要从广州给他们运毛皮来，价格//258背面//比我们的低40%，制作的质量和完好程度却比我们高得多。

但这一条还是要提出来，在商业问题上许多事物是难以预料的。

4）黄海港口问题

如果我们能争取到广州，那么，再要自由进入黄海的一个别的港口就不会有什么特别的意义。有人说，中国人非常在意保卫这种航行权，甚至连自己的平底帆船也不准随意出海。像这样到处开辟市场，难道不担心它们互相干扰吗？我们是否有把握有足够的货物//259//来供应这些市场呢？请允许我一开始就提出这样的问题，至少，如果我们把前三个问题协调好的话，争取达到这一目标就显得不是那么重要了。

5）争取批准商队进入中国商业城市的问题

我国商队贸易在历史上引起过许多政治和商业上的麻烦纠纷，有着令人惊讶的先例。从那时起，特别是最近一些年来，同中国人的贸易发展到这样的规模，性质上也发生了极大的变化，因而必须在商队贸易同其他现存的已经建立的贸易仓库之间进行选择，这已经成了一条法则。在这个问题上，经验显然倾向于//259 背面//建立仓库。两国之间政治上一致的良好关系和贸易的扩大始于派遣商队的形式宣告终结，并为恰克图的货栈所取代。本备忘录为这种增长提供了一幅可信的图景。

6）在北京、南京和广州设立外交代办机构的问题

这里有一个基本的出发点，即我们同中国的所有关系都是商业关系，只有在边界上出现争议的时候，这些关系才具有政治性质。因此，只有在外交代表处机构通告的消息是某些难以从中获取现实利益的消息时，这样的代表机构才是有用的。北京政府//260//同其他政府有所不同，它对疆界以外发生的一切从来不感兴趣，而且也不希望别人了解它所关心的内容。外交代办机构会使它恼火，引起它的怀疑和担心，即使它能够容忍——不过这几乎不可能，[派驻的代表]也没有任何完成使命的条件。加之我们现在同中国人在边境发生的一切争端都是以无足轻重的官员为中介，只要需要，这些人可以随时撤换，被解职，或者丧失信任。而外交代表则不同了，对他需要根据情况予以支持或者召回，这样做的//260 背面//分量可就大得多了。

但俄国同别的国家也有所不同，它拥有最可靠、最便捷的手段，而且既具有代表处的好处，又不必为代表处的任何不便而烦恼：我们有个教士团驻在北京，为我们提供了这样的手段。然而我们却至今也不愿利用他们。主要的原因就在于对派遣人员的选择。如果这一困难无法排除，我们就无法

从这一得天独厚的条件中得到任何可能得到的好处。换了另外一个国家，一定早就会从中获利了。教士团的领班由于操守堪称典范，道德高尚，行为谨慎，//261//巧妙地保持着广泛的联系，很可能对事业大有好处。而该神职人员所得到的鉴定，以及竭力给予他的推荐，若与他个人的行为和才干相比，对于达致目的反倒不会起多大作用。

至于说到各常设市场的商业代办（广州除外，因为那里有各国的代办）①，他们的情况也同我所说的外交代表的情况差不多。他们的出现将不可避免地引起中国人不必要的恐慌和猜疑，因为俄国商人在这些地方既没有机构，又没有//261背面//工厂。而且这样的官员也可以为商业交易中的督察、监管员或押运员所取代。

6)② 同中方合作在喀布尔和坎大哈对抗波斯的问题——结成防御联盟以对抗布哈拉和游牧民族的问题

恰尔托雷斯基公爵阁下1805年7月8日来信③要求戈洛夫金伯爵“打探中国人是否有意与我们共同行动，反对波斯王巴巴汗。这件事做起来比较容易，因为他们是通过喀布尔和坎大哈同波斯国接壤的”。

“现存的有关喀布尔和坎大哈的资料很少靠得住，没有可靠的报告为依据。”④ 要向中国//262//政府提出类似建议，就要有这些国家的准确资料。在中国要想搞到这些情报将非常困难，不仅因为类似消息会包裹着重重迷雾，而且还因为绵延的沙漠和荒野造成了中国人同上述地区的阻隔，要想穿

① 括号是文中原来就有的。

② 这里的顺序号有误，应该是“7”。——中译者

③ 见131号文件。

④ 所引文字并不准确（见131号文件，116页～117页背面）。

越这片地方，中国人需要通过青海的准噶尔地区、地处高原的西藏及其人迹罕见的地区，穿过印第河和克什米尔，横跨的距离经度达45度之多①。

也就是说，先得要中国出兵征讨喀布尔和坎大哈，而且还得要他们//262背面//肯定能成功，然后，还要判定同这些小民族为邻是否会对我们更有利。找中国人来协调进攻喀布尔的手段同样也会使戈洛夫金伯爵感到为难，因为他接到的命令是巩固“该国国君同俄罗斯的友好关系”，甚至还要请求“允许使团某些官员通行”。

训令第10条要求“打探中国政府能否为征服游牧民族和布哈拉而同我们合作”。应该指出，如果我们想同中国联手征服这些民族，那么，这种从来就布满荆棘的合作，若同//263//中国搞起来将会更加困难。我们将会卷入花费不菲的军事行动，而中国人却很可能利用这一建议，在这些民族中散布对我们野心勃勃的计划的恐慌，以保护为借口，把他们统统纳入自己的版图。此外，还有一个问题需要考虑，就是跟这些民族为邻是否就不如与中国人为邻呢？要求支持这些民族存在的政策，其出发点同地中海商业大国要求野蛮国家存在的出发点难道不是一样的吗？最后还有：目前有一个布哈拉使团//263背面//正在俄国活动，难道不会出现要求我们关照这个民族的结果吗？

7)② 关于请求允许在俄国官员带领下派遣卡尔梅克朝圣香客去见达赖喇嘛的问题

西藏是位于中国统治之下，列入中国版图的。

---

① 页边的空白处有：见艾罗乌斯米特、雷奈尔、平克顿编的地图集。

② 顺序号有误，应该是“8”。——中译者

这样的请求可以提出来，但很可能遭到拒绝。即使得到同意，看来在中国本土以及西藏对俄国官员都会加以监视。是否可以在香客中选一名忠实可靠、精明强干的卡尔梅克人代替官员呢？有这么一个人，就不致引起中国人多大的怀疑，便于完成交付给他的任务。

//264//8)① 通过西藏同印度开展贸易的问题

对这一条需作进一步阐释，将有专门的备忘录予以说明，已委托颇托茨基伯爵起草。

9)② 关于在亚洲建立政治平衡的办法的思考

要想弄清亚洲各国状况、力量和利益，必须要有多年时间，且需多次到地球的这个地区去旅行。我看，今次的使团是很难找到机会对现有材料作进一步补充了。中国人也不大可能主动采取如此重大的政治措施，以完成如此遥远，如此大规模的行动。我们只要一想到他们在同准噶尔人的战争中经受了多少苦难，就可以想见，他们若要同那些最能征善战的民族开战，//264 背面//也不会感到更幸福多少。此外，多疑的天性会不会使他们以为，我们之所以要把他们的军队引到别处去，是为了更容易向他们发起进攻呢？那我们不就有义务在任何情况下都为支持他们而使用巨大的兵力了吗？因为既要打算建立政治平衡，就要有某种能够放在天平上的砝码，这样才能扶助弱者，抑制强者。

Ⅲ. 对可以向中国人做出同等让步的条件的考察

中国人可能对我们提出什么要求，是单独另提要求，还是与我们的让步进行交换，这些都难于预料。//265//现在

① 顺序号有误，应该是“9”。——中译者

② 顺序号有误，应该是“10”。——中译者

可以肯定的是他们并不希望我们给予什么，也非常害怕我们会提出要求，不愿以比较有分量的要求引出我们的要求。至于他们对其他国家有什么打算，应该看到他们不会建议同我们合作，也不会接受这一条。他们可能坚持的唯一内容，将是彻底划定东北部直至鄂霍茨克海的边界①。

我们还可以向他们建议：

1）如果需要，俄国可以在他们同英国人之间乃至他们同在广州贸易的其他国家之间起中间人的作用。不过在那地方他们自己也能处理问题。

2）取消对我国某些//265 背面//货物的出口禁令。但确实是几乎已经证实，那些东西完全是他们所不需要的②。

3）降低我方对某些货物的关税。

Ⅳ. 应该运用的手段或者谈判方略

毋庸赘言，中国人生性多疑是人所共知的，他们对任何同外国人打交道的事都深恶痛绝。上面所说的一切显然证明，我们对他们虽有种种要求，但却提不出任何东西作为回报。这样的谈判//266//在任何地方进行起来都会非常艰难，而在北京就尤其如此。

使臣没有任何事先进行准备，进行引导，或者激起谈判兴趣的可能，所以应该设法先争取几次会见，向对方坦率陈述己方的要求。

中国人心里很清楚，大老远跑来见他们，肯定是有所

---

① 页边有注：参见进呈朝廷的 6 号备忘录和地图。见 192 号文件。

② 页边有注：参见向皇帝陛下进呈的关于广州贸易的［……］号报告。具体号码没有标出。见 1、2、3 号文件。

求，所以从一开始起就要坦率地承认这一点，但要告诉他们，这些要求都是正当的，并不过分，所以才能够直截了当不加掩饰地提出来。谈判大致可以以这种方式开始。不过，会见的事当然要以枢密院的几次信件和皇帝陛下来信为基础，事先商订妥当。

//266背面//从上一个使团[1]到现在，已经过去了80年，时间使得我们有可能观察一些涉及欧洲，特别是涉及俄国的主要事件。妒忌和虚荣为俄国制造了许多敌人，但都被她战胜了，征服了。这并不是由于她的强大，而是为了保障和平安宁。应该让全世界都看到法兰西革命的危险，它从各方面威胁着各国的政治利益。俄国向欧洲各主要国家建议的由她领导的联盟，终于得以以《吕纳维尔和平条约》[2]和《亚眠和约》[3]制止了这股潮流。

//267//成为法国主宰的那个人，他的虚荣是难以满足的，因此，英国为自己赢得的贸易统治权，引起了又一轮新的风暴，酝酿着一种山雨欲来风满楼的局势。

俄国竭尽最大努力，以求避免一触即发，建立和平与安宁。然而她力图使两个强大国家——一个谋求陆地霸权，一个谋求海上霸权——接近起来的高尚努力却落了空。

贸易只不过是这场争斗的借口，而真正的目的却是征服弱者。

在最近这场战争中，俄罗斯对这些国家显示，只要她愿意，就能够把自己的陆军和海军派//267背面//到这些国家的国土上。无论从地理位置来看，还是从国力来看，她都不怕别人进攻。但她并没有去制止交战各国的疯狂，仅仅对有些国家加以保护，让它们在她的关怀下得以安享和平。胸怀宽广的陛下对我国实行着英明的领导，眼看她繁荣昌盛，日益富足。在种种高尚的责任之中，有一项最为重要的责任，就是保障人民生活的需要。俄国在她广袤无垠的疆土上，可以极为丰富地生产出所有的必需品，她能够养活最边远地区的千百万居民而富富有余。金矿和银矿充足地保证了//268//她的需求，用以从国外换回那些大自然没有赐予她的财货。

这些货物就是丝绸、棉花、糖、咖啡和大米。无疑，没有这些东西任何一个国家都可以照样生活，可是一旦这种消费成了人们的习惯，就产生了一种需要，而且还是离不开的需要。

法国大革命以及由此而产生的几乎欧洲所有国家之间的战争又重新燃起了怒火，供应上述货物的殖民地遭到破坏。起初，各种货物的供应遇到了很多障碍，而现在，供应则几乎完全中断。

俄国君主决心//268 背面//不干涉交战各国的疯狂行动，他只希望为本国的臣民保持和平与幸福。

当世界上大多数地区显现出一派战争、破坏和灾难的景象时，中华帝国却在英明强大君主的统治下呈现为一派升平。中国君主是他亿万臣民的父亲和恩人，而人民则是他的子孙。

这一人世罕见的伟大范例促使全俄罗斯皇帝陛下向中国皇帝陛下派遣今天的这个使团，祝贺他荣登大宝，向他表达真诚的愿望，希望在他的统治下，国家繁荣富强，希望同他建立全面友好信任关系，//269//以促进两国福祉。出使大臣拥有一切应有的权力，以便向中国政府建议更好地实现这种紧密的新关系的各种手段。

上面所说的这些只是一个思路，或者说只是第一份应该呈递的文书中的思想逻辑。中国政府的态度将决定是否需要等待这份文书生效，还是立刻就向它提出下列要求。

1）布赫塔尔玛的贸易仓库问题

在上述种种要求之中，在布赫塔尔玛建立贸易仓库的要求是同条约精神最为一致的要求，因而也是最不会引起//269背面//中国政府怀疑，或者最不容易被它拒绝的要求。条约规定建立两座这样的货栈，一在恰克图，一在祖鲁海图。由于祖鲁海图的货栈大家都认为没有必要，所以可以先建议废除它，再提议以布赫塔尔玛的仓库取代它。在这种情况下，才能向他们宣布，我们有在西部和东部地区进行贸易的要求，但由于政治形势，从事这样的贸易出现了障碍，最后还可以看中国会提出些什么要求，以达到彼此对等。俄国之所以不允许使用自己的海船从事这样的贸易，是由于海上战争不但威胁着敌人的船只，也威胁着中立国的船只。俄国//270//多次企图通过波斯开辟一条新路，但内战把那个国家搞得凋敝不堪，英国人的竞争在当地影响很大，因此造成了无法逾越的障碍。俄国也在同坎大哈的君主舍曼·沙赫进行谈判，要求［使用］途经他的领地通往印度的商路。他们也很同意。但英国人专门派了一个使团到波斯去见巴巴汗，使这个计划成为泡影。坎大哈发生的一次政变瓦解了舍曼·沙赫王朝的统治。

//270背面//近几年来恰克图贸易的迅猛增长证明，对中国商品的需求和使用情况同欧洲贸易所遇到的困难成同步增长。

俄国宫廷希望最大限度地保持恰克图贸易的规模，保护它取得成功，然而遥远的距离，贝加尔湖在途中的阻隔，商人们在漫长道路上遇到的困难，而且还不得不利用那些不讲信誉甚或愚蠢的中间人，这些都唤醒了一个愿望，就是要增加一座货栈。从各种条件来看，布赫塔尔玛是一个最适宜的地方。

//271//这个提议可能会由于担心恰克图贸易遇到竞争对手而遭到否决。不过这里仍需指出的是，布赫塔尔玛虽然离俄罗斯帝国中心地带较近，但离中华帝国贸易发达省份和集市却较远。这种困难对中国重要，对俄罗斯也并非不重要，无论如何，为了减少这种困难，可以限定交易额，甚至可以禁止某些种类的商品进入贸易，而把这种特权只留给恰克图。

为出使大臣规定的权限中并没有向中国政府陈述新贸易点//271 背面//能给中国带来哪些好处这一条，但一般而言可以指出，既然现在的贸易能够巩固和发展，肯定是贸易的结果能产生利润，那么贸易的扩大当然会带来更大的利益。

但上述结论也可能无法产生任何影响，那就要再提出一些中国人无法接受的方案，做出一些他们无法同意的决定，迫使他们回到最初的建议来。这些方案是：

a. 俄国如果无法得到中国提供的条件，必将被迫通过英国与波斯接近，允许英国人通过俄国国土同波斯进行贸易，//272//乃至同意英国的某些计划，允许它在亚洲获得它想获得的利益。关于这一点，中国人通过出使不丹和西藏以及通过费茨帕特里克出使尼泊尔的活动想必已有所认识。

b. 派遣船只前往东印度。由于派它们绕过好望角需时太久，花费过巨，俄国应该加强自己在美洲和堪察加的海上机构，并在鄂霍茨克海开设货栈。

还有一个办法，就是可以加强同游牧民族也就是同克尔克孜人的关系，在大布哈拉建一个货栈。//272 背面//不过由于这些民族反复无常，不知忠诚为何物，只能以武力迫使他们就范，所以俄国也不得不以各种手段使用武力，同时通报中国政府，向它保证，俄国一定会非常注意，绝不会危及中国政府统治下的民族，也不会侵犯中国国境。甚至可以建议事先就此搞一个协议。不过，由于很容易理解的原因，中国人显然不会同意这样做。提一提现正在圣彼得堡活动的布哈拉使团也许不无好处，//273//要唤醒中国人心中对印度贸易的兴趣。总之，关于布赫塔尔玛的一切，关于在那边建仓库的事，一定不要说成是俄国希望扩展俄中贸易的结果，而是取代同印度开展贸易的一种手段。

就此还可以顺便提一下，英国势力正在东印度具有威胁性地增长，他们在该海域拥有巨大的舰队，法国在巴达维亚的设施已被摧毁，西班牙和葡萄牙由于让出了锡兰，已使英国优势大增，而西、葡两国则日渐式微等等。

//273背面//2）阿穆尔河的自由通航问题

中国人多次拒绝阿穆尔河自由通航，并提出了许多理由，在此之后，已不可能指望通过常规谈判途径取得该河自由通航权。而且，我方拿不出东西来给中国人作为回报，他们对我们一无所求，使得这件事更不可能。因此，这个问题同一般的谈判问题有所不同，我觉得应该把它作为一个备用的问题加以保留，根据情况再来提出。至于提出的方式，最好是等待中国皇帝作为表明和睦友好的证据提出来，而不是出于什么公正和互利。以换文的形式还是以会谈的形式，//274//可以根据选择而定。可以首先声明，俄国承认中国对阿穆尔河的主权。正义把这份责任放到了中国的肩头；不过俄国皇帝也有一份君父之情，这份感情使他体恤堪察加和西伯利亚东北海岸居民的艰难困苦，这些人最起码的生存资料也要从贝加尔湖沿岸一带运过去，个中困难极大，运输损失之巨简直几乎等于百分之百。说到此可以就价格问题给他们大概算一笔账。

因此，这项要求不是出于追逐名利或者扩张国土而提出，而是出于仁爱之心产生的同情。

//274 背面//显然，接着就可以照着这个花样子来绣花了。比方说，我们可以对中国人说，你可以采取你的预防措施，你可以规定你的种种限制，但请不要妨碍我们为我们的兄弟运送粮食，他们也是你们的兄弟，因为他们也是人。甚至可以让他们感觉到，我们以这种方式把这些省份的生存问题交到他们手上，就是在向他们证明，我们是信任他们的。这样一来，如果我们敢于滥用这种信任，惩罚的手段就会完全掌握在他们手中。此外，还可以向他们提出保证等等。如果这样的努力得不到结果，还可以暗示说，俄国将被迫到印度洋的岛屿上寻找可以利用的地方，并结束同某个不指名的海上强国之间就此进行的谈判①。//275//中国人绝不能眼看挂俄国旗的船只在他们的海上来往行驶而无动于衷。还可以补充说，俄国将不得不把自己的海港向其他商业国家特别是英国开放，而前些年英国人对孟加拉早已有所觊觎。最后，还可以轻描淡写地提到萨哈林岛，指出它并不属于中国，将允许已经立足于该岛的国家建立殖民地。除了这些理由之外，还可以补充说，由于欧洲人运往这些港口的食品只能以毛皮支付，因此整个贸易将落入他们手中，他们将获得贸易的垄断权，这将给中国带来损害，特别是对广州贸易。

//275 背面//3）自由进入广州港问题

仅仅因为其他国家的船只都可以使用广州港，就想让中国人也向俄国船只提供这样的权利，那就更靠不住了。这样的问题讨论起来非常困难，但越是提得不疼不痒，不那么郑重其事，反倒越是容易绕开障碍和困难。如果局势允许，尤

---

① 该行下方有注解：见戈洛夫金伯爵 1805 年 5 月 10 日就向堪察加和鄂霍茨克海沿岸补给办法及在该省区开辟新市场等问题给恰尔托雷斯基公爵的备忘录。见 93 号文件。

其如果前述各项得不到同意，可将这个题目作为奉命谈判的内容提出来加以讨论。否则就需要讨论我们在美洲的企业，把它们作为商业公司的财产提出来，对待这些公司，政府也有如对待自己的臣民，是同样关注，同样关怀的。

只要英国人和美国人不打算从这家//276//公司手中把生意抢过去，公司就可以靠恰克图贸易这么维持着。但这些国家的忌妒心却促使它们开展了有害的竞争，所以公司希望避免采取那种导致毁灭性必然后果的行动。因此它向皇帝陛下请求，命令出使大臣在北京关心一下取得进入广州港权利的问题。俄国皇帝恩准把这件事当做攸关自己切身利益的事来对待。所以，出使大臣将把进入广州港的问题作为捍卫公司利益的问题，而不是作为谈判的一个条款来讨论。为了把这一点做得更//276背面//像模像样，他可以暗示，公司交托给他一笔钱，只要获得允许，他就把这笔钱分送出去。这种借口可以使送钱的事变得容易起来，甚至做得名正言顺。这是商业社会通行的做法，以类似的牺牲换取所希望的利益，而如果直截了当地给钱，就显得非常不体面了。

借着讨论这条建议，还可以讨论西班牙公司的问题——出使大臣奉命对这个问题给予援手①。可以宣布，出于这个目的，出使大臣对于托付给他的此项金额，有10%可作为赏金的支配全权，但他拒绝了此项权力。也许，这样能使中国政府同意，在每年得到一定数额补偿的情况下，//277//应请求出让权利。

如果公司一开始不愿作出某种程度的牺牲，它当然就永远无法同习惯于使用这种手段的国家竞争。但公司为取得特权每年支付的这种报酬，绝不可等同于向所在国交纳贡赋。

---

① 见145、147、148号文件。

这一特权还可以视为对商队贸易的取代。根据条约，我方有权开展商队贸易，这样无疑能使我们深入到其他国家开展贸易竞争的地区。我们之所以不从事这种贸易，完全是为了//277背面//避免动摇自停止派遣商队以来两国间一直存在的和睦关系。

根据1792年为恢复贸易所订条约的第7款，禁止两国商人互相提供贷款。

有意见认为应该取消这条禁令，而且指出，废除禁令可以使贸易规模大增。这种说法看似颇有道理，但却缺乏根据。即使该措施真的能够扩大我们同中国的贸易关系，那也应该指出，我们的政治关系仅仅是经济关系的后果，如一种关系出现哪怕最微小的变化，也会对另一种关系产生直接影响。如果我们以信贷来降低//278//贸易的难度，我们就会把所有的投机分子、唯利是图之徒、手里已没有其他资金的破产分子都吸引到这个贸易中来，而对于那些值得信赖应该得到贷款的真正的资本家，则造成毁灭性的竞争局面。这种局面同现行恰克图贸易规程的精神是完全背道而驰的，因为恰克图贸易最需要的就是参与者的和谐、诚信和有节制。总之，两国之间的关系总不该取决于某个命运乖蹇、时运不济的倒霉的投机分子吧！经验告诉我们，中国政府在支持本国臣民的要求方面，其顽固态度是无与伦比的。自从1744年以来，//278背面//贸易中断过10次，究其原因，却都是鸡毛蒜皮的小事。

最后还有一点也很重要，就是有些国家对俄国贸易及其成就心怀妒忌，它们完全能够以某种方式为贸易布下陷阱，致使其完全中断。至于说到北京理藩院给恰克图贸易所加的限制，这个问题如要提出来加以谈判，一定要十分小心。因为它可能涉及大臣们所不愿或无能力解释的政治前景问题和个人利益问题。

在研究以上四项重要谈判内容时，不用说庆幸把所有的问题都解决，即使能解决其中∥279∥一项，也就很不错了。其余各项就重要性而言虽绝非必需，但谈起来也会极为棘手。因为它们同中国的政策原则和思维是直接对立的。所以可以立一个原则，就是如果上述四点在谈判中得不到成功，那就还要提出下面几条来：首先可以试试运气，其次可以迫使中国政府对前面提的那些建议表现出宽容。但所有这些都有一个前提，就是估计到中国人会同意提供点什么，否则，不管我们向他们提出的要求多么微不足道，也会遭到拒绝。

黄海港口问题

达到这一目的会遇到障碍，一旦∥279 背面∥允许进入广州港，利益上也会有不确定性，所有这些，前面都已经说过了。如果连广州港也不许进入，那别的港就更有拒绝的理由了。此外，如果在圣彼得堡向内阁提交的由爪哇岛和菲律宾向我东北领地提供必需品的方案得到通过，再开辟这个贸易基地也就成为多余。然而尽管如此，也不该忽视取得这一特权的有利条件。如果主要要求难以得到满足，那就可能要用上有关广州港那一条中提到的理由。

决定向中华帝国全境派遣商队的问题

这一措施的结果已在本备忘录第 5）条中说明。

在某些城市设立外交代表机构和商务代表机构的问题

前面我们已经竭力说明，∥280∥代表机构的设立是很难得到批准的，而且在完成使命方面它们受到的限制会超乎常情。但如果政治和贸易关系要求这样做，那就最好让中国人先提出要求。

同中国人合作通过喀布尔和坎大哈与波斯对抗的问题

反对布哈拉人和游牧民族的防御联盟问题

这个问题前面已经详细讨论过，存在着许多政治方面的和实际的困难。

西藏朝圣问题

要取得成功恐怕要比阿穆尔河的通航问题更难，但在中国可能得到的消息将使这个问题明朗化。宗教和政治使中国政府一直注视着那个国家。这两个变动着的原因，再加上中国人的生性多疑、心好猜忌，使得摆脱他们影响的希望//280背面//几乎肯定会化为泡影。

通过西藏同印度通商问题

这个问题要求提供有关该地区、人民、贸易对象、交通等情况的最准确的信息。这些内容都会加进颇托茨基伯爵的备忘录中去。

建立亚洲政治平衡问题

要想建立政治平衡，就要知道用于此事的砝码有多少。关于亚洲主要国家的国力、状况和利益等问题我们一无所知。即便了解这些情况，要想建立起平衡体制，也一定要有一个国家想利用该体制去抗衡或防御另一有野心的国家。那么，哪个//281//国家同中国的关系属于这种类型呢？现在这个话很难说。甚至，要让中国人对这种事有个明确的概念都几乎不可能。此事谈判如果成功，将会使他们陷入矛盾之中，产生许多花费，特别是可能采取许多令他们感到恐慌的武力措施。不过，也有办法比较容易让这个政府感到放心和有利。比方说，向他们描绘欧洲当前的形势，指明交战国的状况，并向他们证明，//281背面//贸易是这些国家发生血腥冲突的唯一原因。最近英国在东印度攫取的利益和取得的成功，中国人应该是了解的。要把英国打算实现的计划给他们勾勒出来。自从法国、西班牙和荷兰的海上力量和殖民地几乎全部被消灭以后，这个国家就几乎可以为所欲为了。它独霸了东印度，而且还不忘派出马嘎尔尼勋爵。1793 年时，这个办法我国朝廷曾运用得很成功，这一回它应该运用得更加温和，不可让中国人产生怀疑，以为我们是出于忌妒和贪婪而//282//败坏别国的声誉。[可以]引用《亚眠和约》和《佛罗里达协议》，使他们看出，英法之间的协议完全是以牺牲西班牙与荷兰的利益为代价的，后两者为了满足两大立约国的野心，不得不让出特立尼达和锡兰。这次战争也将以签订和约告终，条约将使弱国蒙受巨大牺牲。正是为了弱国的利益，为了防止英国贸易霸权的毁灭性后果，俄国才要提请中国政府注意：如果中国需要，俄国愿意作中//282 背面//英之间的中间人。但俄国也要请中国保护那些受到威胁的弱小国家，俄国不得不高度关注它们的保护问题。要让中国政府感到，以无所作为来阻止英国的优势其实是最正确的方式。这一点非常重要，也是唯一可行的办法。在所有的办法中，最可靠的办法就是扩大贸易和削减贸易竞争，因而允许俄国到那边去将是执行这一原则的自然结果。不过要让中国人自己去意会，而不要去说破。

英国人对马鲁古群岛特别是爪哇//283//采取的行动，其图谋已经众所周知；他们的势力只要一到达菲律宾，那个地方就眼看也要落入他们的掌握之中，境况将是悲惨的；他们在印度驻扎了大量海军，打败了海德尔·阿里；最后还有，他们将来会不会迫使哈尔卡尔去执行基特勋爵的计划呢？那可是一个只要能给他一万人和六艘军舰就想跑到中国最富庶的省份去抢劫掳掠的人哦。他们对新缅甸王国的仇恨迟早将把他们的军队引到那边去，到那时他们将逼近中国的边界。

如果能把这些看法运用得有理有据，恰如其分，定能延缓对中国政府注意力的刺激。但如果话说得无法//283 背面//

让中国人向俄国靠拢，并把俄国视为一支不可缺少的抗衡的力量，这样做不仅没有好处，而且还大有坏处。那倒不是说要引起他们对欧洲人的极端反感和不信任，而是应该让他们对俄国人更信任，让他们真正相信俄国的强大，理解俄国的计划。在结束这份未来谈判方略的时候，如果能把使中国政府确立这种观念作为原则，那就再好不过了，那么，方略也就已经达到最有作为的目标了。

重大的事件往往都有一种自我推动的能力，主要是要为它们准备条件。如果这里有什么法则的话，那么，让它们保持这种自我推动力，并对这种状况加以利用，倒也//284//不失为一种有益的措施。还有，就是建议把礼品送过去的时候不必再派什么使团，同时还要确立一些必要的限制条件，以彻底消除纳贡的想法。

戈洛夫金伯爵

于特罗伊茨科萨夫斯克

1805年12月16日

249页正文上方左侧用俄文：归入戈洛夫金伯爵1805年［……］10号信件。

俄罗斯帝国对外政策档案馆圣彼得堡分馆，总档1—7，目录6，1805年，案卷1a，卷夹25，249～284页。法文原件。Н. Б. 祖布科夫译自法文。

使团办公厅法文抄文簿抄件存同处，卷夹41，326～358页；同处，卷夹46，113～139页。

注释：

［1］指的是С. Л. 弗拉基斯拉维奇·拉古津斯基的使团（见69号文件

注释1)。

[2] 法奥之间的《吕纳维尔和平条约》1801年2月9日订立于法国的吕纳维尔。它签订在法军于马伦格战役（1800年6月14日）和戈根林登战役（1800年12月3日）粉碎奥军之后。条约标志着第二次反法联盟的终结，其后法国同它的敌人签订了一系列和约，最后一个条约就是《亚眠和约》（《外交辞典》，卷2，168页）。

[3] 法国同它的盟国西班牙及巴塔维共和国（后为尼德兰）为一方，英国为另一方签订的《亚眠和约》签约于1802年3月27日。条约促成第二次反法联盟解体（同上，1卷，51～52页）。

№ 236

1805 年 12 月 16 日。Ю. А. 戈洛夫金使臣就俄中恰克图贸易的现状和发展前景呈亚历山大一世皇帝的奏章

//32//皇上：

您在训令[①]中指示臣把同恰克图贸易好处有关的一切情况都向您报告，臣现综合海关呈递的材料，把该贸易经比较分析呈现的简略状况荣幸地进呈御览。

即使未经采用任何特别的//32 背面//方法加以扶助，这个贸易的成长也相当出色。特别是近些年来的发展，相当引人注目。所有的商人都认为，扩大贸易的唯一方法就是让它自由发展。所以，臣对陛下只能套用一句商人们的老话，就是 laisser faire[②]。的确，这种易货贸易实在是再好不过了，它每年造就了大约 1000 万卢布的货物周转量，以 450 万卢布的资本金，为皇上和臣民带来了超过 300 万卢布的纯利，利润几乎达到了 75%。人们不由得要问，方案的构思者难道还能有更好的预想吗？臣如果能对这些材料加以核实，对贸易的本质进行更深入的研究，将能得出一幅清晰的全景图，为我的想法提供坚实的基础。不过，臣以为现在就//33//可以提出以下一些看法。

如果商业能够毫无阻碍地发展，显然是因为市场有这个需求。看来，为了满足我方同中国人扩大交易的愿望，就应该先扩大双方的需求。用什么方法才能人为地在中国做到这

---

① 见 130 号文件。

② 法文：听其自然。

一点呢？臣说不清楚。不过即使这一点能在俄国做到，臣也要斗胆提出：扩大茶叶和锦缎的内需未必是一件有利的事。茶叶对私人经济不利，而锦缎对民族工业不利。再者，如果想要大量运输这些货物，比较海运花费和陆运花费可知，前者价格便宜，可以说是占尽了先机。经验也证明了这一点。因为俄国虽然改变了∥33 背面∥中国货准入的法规，免除了它们的出口关税，但却不经营这样的贸易，而且，所有同中国贸易的国家都宣布了这种贸易的禁令。

因此，计划中的扩大贸易的最后一个办法也是唯一的办法，就是把俄美公司的毛皮销往广州。这种做法可能遇到问题：不妨想一想竞争——英国和美国的贸易在这些海域具有巨大的优势，还有他们的毛皮在保存的完好度和加工制作方面都具有公认的优势。

臣有幸在本奏章之后附上一篇关于小小的村落恰克图在政治上和贸易上所遇到的各种困难的报告。这个地方住满了愚昧的下等人，把他们迁居别处早就公认是∥34∥刻不容缓。臣陈述了实施的办法，以期不致引起居民的种种猜测。

陛下，向您致以深深的敬意，

您最卑微、最忠实、最恭顺的仆人　戈洛夫金伯爵

于特罗伊茨科萨夫斯克要塞

1805 年 12 月 16 日

32 页正文下方用俄文：1806 年 1 月 16 日收到。

俄罗斯帝国对外政策档案馆圣彼得堡分馆，总档 2—3，目录 34，1801 年，案卷 2，32～34 页。法文原件。Н. Б. 祖布科夫译自法文。

使团抄文簿法文抄件存同处，1—7，目录 6，1805 年，案卷 1a，卷夹 41，26 页背面～28 页背面。

№ 237

1805年12月19日[①]。Ю.А. 戈洛夫金使臣为使团即将进入清帝国境内致使团官员的公告

//735//致使团官员的公告

值此使团进入中国之际，现行规章制度要求准确无误地遵行下列各条：

1. 整个旅行期间均须遵守马车行进的次序，任何人不得超越他人，亦不得无故停滞不前。

2. 蒙古包的分配原则和秩序一经确定，//735背面//整个行进期间均须遵守。

3. 出发前两小时以号声通告，第二次号声响起后所有马车均应作好出发准备，排好行进队列。

4. 午餐时间亦以号声通知。

5. 使团各位官员先生须知，如果确需与中国人打交道，无论他们职位高低[②]，因此建议为此要最严厉地惩罚自己的仆人和下属，竭力避免相互之间以及同中国人发生争吵，违者要根据陛下的旨令//736//军法处治。

6. 若有投诉或重大问题，可提请使团旅途办公室解决。

---

① 日期标注于使团办公厅抄文簿相应的栏目中（见735页注释）。

② 原文如此，看来文字有遗漏。

7. 无论有何种原因，任何人均不得离营出走，或远离大路。

8. 随团通译的分配原则是每一位有需要的人都可以使用他们，但严禁询问关于法制、君主、政府、政策和管理等能引起怀疑的问题。

学者及官员先生应处处//736 背面//谨慎小心，绝不可泄露真实目的，在蒙古包内亦应保持警惕。

9. 为节约伙食经费，将为下级军官及工作人员配备一名炊事员，各类人员可以蒙古包为单位，在规定时间前往领取分内伙食。

10. 官员们于途中请求[①]普通旅行服，佩绶带，带腰刀。

11. 奥西波夫先生担任总领队，奉命监管途中秩序及营地治安，接收食品供应，并从整体上对各部进行总监管。

任命巴尔捷涅夫//737//大尉、施托茨及洛谢夫少尉为他的助手。

任命哥萨克准尉阿塔曼诺夫斯基为行进指挥。

俄罗斯帝国对外政策档案馆圣彼得堡分馆，总档 2—3，目录 34，1801 年，案卷 2，32～34 页。法文原件。Н. Б. 祖布科夫译自法文。

使团抄文簿抄件。

---

① 原文如此，似应为“着”。

№ 238

1805 年 12 月 20 日。库伦办事大臣蕴端多尔济、福海为给 Ю. А. 戈洛夫金使臣派医生及其他问题呈嘉庆皇帝的奏折

//498//十一月十二日[①]

奴才蕴、福具折恭奏

嘉庆十年十月二十四日[②]上谕曰：

前次所发谕旨命俄国出使大臣随员不得超过数十人，然检视前朝旧档得知，此说颇有不确。经再次查验老档，往年来朝使团随员果有//499//人数过百者。加之今次俄人已遵朕所示，大量削减随员，仅留一百二十四人，于我方所示亦极恭谨。是以谕令准其所请，允其入朝。朕得知戈洛夫金忧虑致病，恩准蕴端多尔济遣章京引医生为该出使大臣诊视。

该使团抵库伦后，//500//蕴端多尔济等可奉前颁圣旨教授戈洛夫金等演练叩拜朝礼，再着于今次所遣蒙古贝勒、贝子、台吉等护送入朝，最好于十二月二十五至二十六日[③]入京。如此则可于二十八日[④]召使臣廷见，并于淳寰宫领赏。朕亦可允其于年后即元月四至五日[⑤]来朝。//501//若渠等于

---

① 12 月 20 日。

② 见 218 号文件。

③ 1806 年 2 月 1 日至 2 日。

④ 2 月 4 日。

⑤ 2 月 9 日至 10 日。

此时不及前来，可听其自便，允其于元月十日前觐见。此时按例于彰彤庐演戏放花，可邀该使臣与别国使臣同观。

为护卫来使，特派札萨克贝勒纳木吉勒多尔吉、台吉奇布卡扎巴、哈尔恰古、策凌扎布及达西敦多布，着其随使团团长同行。为保护所进贡品，特指派札萨克贝子宁博多尔济、台吉萌古、德密特、梅勒章京噶尔丹。//502//供应使团所需马匹、车辆等事已责成佛尔卿额、裘行简负责，着令其尽快操办；着理藩院等衙门将章京、通事等派往库伦。

再者，着佛尔卿额前往萨伊尔乌苏驿站，瑚素通阿前往伊缅加扎色迎接使团，以上各员均各有旨谕示。又，瑚素通阿抵［张家口］关后，着即迎接使臣，由两员共同护送。自此由伊缅加扎色起，蕴端多尔济可径直入京，并先于他员//503//入朝。其他各员按所颁谕令行事。此谕着按四百里廷寄发出。

奴才等谨遵上谕，跪拜奉诏。圣上英明睿智，洞察洋人真心企图，施以无限恩德，下旨允其来朝，不仅俄夷君主衷心感激，即全体俄民亦将感恩戴德也。

//504//今皇帝有旨，着派章京护送医者［看视戈洛夫金］，以此施仁爱于外夷卑贱之民。因奴才属下仅有章京一名，复思恰克图章京克西克所居之地距该地甚近，下令着其带领蒙古医生往视戈洛夫金，向其［戈洛夫金］宣示：我至圣大皇帝恩如天高地厚，特派医者为尔戈洛夫金诊视。因克西克深谙俄人习性，//505//又命其与他员共同护送使团前来库伦。克西克及蒙古医生见戈洛夫金后，向其宣示恩旨，戈洛夫金等俄国官员上下一体至为欢欣感激，恭敬脱帽[1]，向四面鞠躬说：

圣明大皇帝皇恩浩荡，下旨准我汗王所请，下令护送渠等往朝[1]，甚或全然出乎意料，施以无限隆恩，着扎拉固齐引来医生为渠看病，实为仁德无限，为俄国官员卑微之身所不敢当也。//506//从今而后，我等当匍匐叩首，永谢天恩。于觐见天颜之后，亦将加意礼拜，求神灵降福于斯人也。

克西克请医生为戈洛夫金诊脉后，出使大臣曰，如今已自觉较好，为表谢意，赠医生黄铜表一只，丝绸一段。克西克请其早日启程，//507//戈洛夫金答曰：我将有信致郡王及昂邦，匍匐跪拜叩谢至圣大皇帝无限恩德。亦须向我大汗奏报，故至少需假以数日。

七日[2]奴才等收到戈洛夫金来信[3]，俄国特命全权使臣于信中称，得知至圣大皇帝下旨派遣章京//508//引医生来为其看病，心中无限感激，跪祈上天为其赐福。戈洛夫金又言，现下他已痊愈，望能与奴才等见面，并当面表示感谢云云。

奴才等三思后以为：俄人生性卑微，唯见恩旨后方满怀希望，欣然叩首，故奴才等今后亦应首先监督其演练朝礼。现//509//适当天时寒冷，而俄人又为异邦之人。为此已有圣旨着土谢图汗及车臣汗各部盟主钦登多尔吉、马萨哈里、尚卓特巴丹珠尔拉卜扎伊以及前往护卫俄国使团之贝勒纳木吉勒多尔吉、衙门章京克西克等悉心照料，无使俄人于途中感受风寒，务求各驿站事先备好牲畜等物，将使团迅速送往库伦，度计于十二月二十五日[4]前入京。奴才等亦已将旨送达佛昂邦。嗣后//510//待俄国使团于恰克图章京克西克及

---

① 原文如此，叙述的口气一会儿是从这个角度，一会儿又从那个角度。下面有的地方也是如此。

② 12月15日。

③ 见229号文件。

④ 2月9日。

贝勒纳木吉勒多尔吉护送下抵达库伦，经奴才等设宴后由库伦出发时，再最终算出所需蒙古包等物数量，具折上奏，带同蒙古贝勒、贝子、衙门章京富年噶等护送使团上路。届时当紧急行文佛、裘行简、瑚素通阿等。//511//鉴于俄国使团不日即将抵达库伦，奴才等已不遑复函戈洛夫金，将来书于阅后暂留不答。面见俄人时当按旧例将复函交由恰克图章京克西克送达。现特将俄使戈洛夫金送来由三种语言书写之信缄于一函，恭呈御览。

512页正文末尾：据奏折抄录。十二月十二日① [由北京] 退回之奏折上有皇帝朱批：已阅。照准。

蒙古国立中央历史档案馆，藏档M-1，案卷639，498～512页。库伦办事大臣满文抄文簿抄件。И.Т.莫罗兹译自满文。

注释：

[1] 据Ю.克拉普罗特说，中国人、满洲人和蒙古人“在重大典礼上从来不脱帽，而是把手稍微地朝下那么一摆，然后下跪，嘴里还有几句词，说得很高傲，也很俏皮……库伦的信使来见伊尔库茨克民事省长时，是按他们的习俗行礼的。但却要求所有的俄国长官在表示敬意时要按欧洲习俗脱帽。”(Ю.克拉普罗特：《俄中边境随笔》，载《北方档案》，1823年，11期，430页)。

---

① 1月19日。

№ 239

1805 年 12 月 20 日。Ю. А. 戈洛夫金使臣为报告使团进入清帝国呈亚历山大一世皇帝的奏章

//288//陛下：

目下臣正率领使团进入中国。关于使团人员的构成臣有幸于本月 16 日报告①中已向陛下呈奏。

请允许臣在离开陛下的帝国、臣的祖国之际，热烈祝愿陛下：愿祖国繁荣昌盛，愿其君主威震四方。陛下，臣要满怀敬意地告诉您，臣将把这一祝愿视为毕生//288 背面//责任和指导情感的思想。

谨向陛下致以最深切的敬意，

您最忠实可靠、最恭顺的仆人
戈洛夫金伯爵
1805 年 12 月 20 日
于特罗伊茨科萨夫斯克要塞

俄罗斯帝国对外政策档案馆圣彼得堡分馆，总档 1—7，目录 6，1805 年，案卷 1a，卷夹 25，288～288 页背面。法文原件。Н. Б. 祖布科夫译自法文。

使团办公厅抄文簿法文抄件存同处，卷夹 41，29 页背面～30 页。

---

① 见 230 号文件。

№ 240

1805 年 12 月 20 日。Ю. А. 戈洛夫金使臣为因使团长期在边境逗留而追加支出一事致副外务大臣 A. A. 恰尔托雷斯基函

//289//公爵:

荣幸地于此信之后附上给皇帝陛下的奏章，请阁下转呈。

此件写于赞莫多，已深入中华帝国国土，离边境 15 俄里。送交此信的是科尔涅耶夫先生，他将有幸向阁下陈述详情。在零下 24 度的艰苦路途中，写信实在是太困难了。

踏上中国领土后，我受到隆重接待，这正是我所一再要求的：两名奉命护送我的蒙古王公在边境迎接我，鸣放了礼炮。

//289 背面//公爵，我向皇帝陛下呈交了一份请求拨款的预算表，请您给予关照。所有支出都是从节约的角度算了又算，但由于边境逗留时间延长，又采取了一些运送玻璃以及任何像我们这样的旅行所要求的安全措施，有些开支变得不可缺少。没有一条涉及奢侈品。都是为了防寒、防病、解决肚皮问题——这些就是引起增加额外开支的原因。我相信皇帝是仁慈的，我并不想搞排场。

公爵，我斗胆向您推荐呈交这封信的人——科尔涅耶夫先生，他理应获得您的垂青，5 个月来他为运送玻璃制品而鞠躬尽瘁，不幸//290//丧失了健康，而且丧失了视力。

公爵阁下，向您致以深深的敬意，

您最忠实最恭顺的仆人Ю. 戈洛夫金伯爵

1805年12月20日于赞莫多

289页正文上方：№12。

俄罗斯帝国对外政策档案馆圣彼得堡分馆，总档1—7，目录6，1805年，案卷1a，卷夹25，289～290页。法文原件。Н. Б. 祖布科夫译自法文。

使团办公厅抄文簿法文抄件存同处，卷夹41，115页背面～116页。

№ 241

1805年12月25日。外务院驻恰克图特派员 А. И. 索科洛夫呈外务院的描写俄国使团由恰克图出发进入清帝国情况的报告

//292//外务院驻恰克图特派员、领边境事务七等文官索科洛夫呈外务院报告

今年12月20日夜晚11时，二等文官、枢密官、国家院部大臣、御前侍从官、特命全权使臣、赏戴勋章尤里·亚历山德罗维奇·戈洛夫金伯爵大人抵达恰克图前哨，随行有奉派前往北京的各位骑士和官员。他们都乘坐马车。进入教堂，向全能的上帝祈祷后，由200名布拉茨克民团士兵护送，在赐予他们的旗帜及克萨克马队前导下出发。使臣骑马走在前导的后面，身后是一队由军官率领的龙骑兵，个个亮出军刀。

他走出教堂，穿过要塞，直至出境，//292背面//期间30门大炮炮声隆隆，步枪鸣放20响，那是位于特罗伊茨科萨夫斯克要塞的色楞格斯克城防团火枪兵连在鸣枪，他们是专为此盛事调派到要塞来的。

第一站安排在距恰克图20俄里的一个地方，叫做赞莫多[①]，位于布拉河岸边。第二站在鄂尔浑河岸边。所有各站

---

① 此处及以下的下加线均为文中原有的。

均由中国政府决定。据卑职所知，由恰克图至库伦为11站，由库伦至张家口（卡尔甘）为47站，由张家口至北京为5站，共63站。

有关辎重发运的情况容卑职随下一斑邮驿另行专门详报。

七等文官索科洛夫

1805年12月25日

于恰克图哨所

292页正文上方：1806年2月10日收到。

同处页边：№ 333。

俄罗斯帝国对外政策档案馆圣彼得堡分馆，总档1—7，目录6，1805年，案卷1a，卷夹25，292～292页背面。原件。

送外务院院长魏德迈的报告副本存同处，291～291页背面。

№ 242

1805年12月29日。Ю.А.戈洛夫金使臣由塔希尔驿站就俄国使团向库伦行进的情况及派使团一秘Л.С.巴伊科夫为信使等事致库伦办事大臣蕴端多尔济、福海的信

//194//全权使臣致库伦办事大臣郡王及昂邦函①

我得到博格德汗陛下允许接见的恩准后，便以加速我的行程为第一要务，务求早日得享此项殊荣。我将不顾全团同仁于途中可能遇到的险阻，不畏如此严酷季节可能遇到的困难，为即将顺利结束旅程而感到欢欣鼓舞。

感谢郡王和昂邦先生派来贝子先生和各位官员护送我，以加速我的行程。根据他们向我建议的办法，我下达了相关指令，//194背面//以便利使团的行进，并将所有人员划分成三个队伍。我相信一切定能顺利，并认为应尽我愉快的义务，派遣使团一秘、宫廷低级侍从巴伊科夫往见各位，报知详情。郡王及昂邦先生，谨向你们申达衷心急切盼望面晤之意，向你们致以深切的敬意。

1806年12月29日于塔希尔驿站。

俄罗斯帝国对外政策档案馆圣彼得堡分馆，总档1—7，目录6，1805年，案卷1a，卷夹26，194～194页背面。底稿。

---

① 标题位于本页左侧页边。

经 Ю. А. 戈洛夫金核验的抄件本存同处，卷夹 27，20 页。

满文底稿存同处，卷夹 26，195 页。

蒙文底稿存同处，196 页。

使团办公厅抄文簿抄件：俄文抄件存同处，亚洲司图书馆全宗，目录 505，1806 年，案卷 32，24～24 页背面；同处，圣彼得堡分馆，总档 1—7，目录 6，1805 年，案卷 1a，卷夹 26，168～158 页背面；同出，卷夹 28，110 页；满文抄件存同处，110 页背面；蒙文抄件存同处，111 页。

库伦办事大臣衙门抄文簿抄件，满文抄件存蒙古国立中央历史档案馆，藏档 M-1，案卷 639，547～550 页①；蒙文抄件存同处，551～554 页。

① 547 页上：11 月 3 日收到，即 1805 年 12 月 31 日收到。

№ 243

1805年12月31日[①]。库伦扎拉固齐托克托布就俄国使团由库伦出发时的各项规定及分三部分供应使团交通工具等问题给使团一秘Л. С. 巴伊科夫的备忘录

//202//扎拉固齐送来备忘录的译文

戈洛夫金使臣仍按原来安排乘本国轿马车出发。

宫廷低级侍从及各位低级侍从乘自己的敞篷马车和斗子车。戈洛夫金的各位随从官员乘坐我国的篷马车，共二十辆。

如马车不够，亦可乘坐自己的斗子车。

请就所需篷马车和斗子车的数量提供详细清单。

//202背面//大车上的所有行李装入此间由我方预备的箱子，改由骆驼驮运。官员们现有的蒙古包和帐篷，除戈洛夫金的幕帐外，均留于库伦，不必携带。

戈洛夫金伯爵抵达后，将其随从官员等人分成三队，立即出发。

第一队中有箱包、重物、斗子车，另至少还有三十至四十名官员和跟人，他们将于//203//本月二十七日（1月4日）[②] 出发。

---

① 根据收到日期标注。

② 此处及以后的儒略历日期是由翻译换算的，在括弧中标出。

第二队中有郡王和戈洛夫金伯爵，于三十日（1月7日）出发。

第三队中除运送礼品的大车外，还有二十余名官员等人，以及箱包、斗子车等，由宁贝子带队。该队于十二月一日（1月8日）出发。

203页正文下方：1805年12月31日收到①。

俄罗斯帝国对外政策档案馆圣彼得堡分馆，总档1—7，目录6，1805年，案卷1a，卷夹26，194～194页背面。底稿。

符拉德金译自满文原件。符拉德金手迹。

满文底稿存同处，204页。

满文抄件存同处，205页。

使团办公厅抄文簿译文抄件存同处，卷夹28，115～115页背面。

---

① 日期以另一种笔迹标注。

№ 244

1806 年 1 月 1 日[①]。库伦办事大臣蕴端多尔济、福海为派遣一名清政府官员随使团一秘 Л. С. 巴伊科夫前往协调由恰克图至库伦沿途诸事致 Ю. А. 戈洛夫金使臣的信

一、由满文翻译的文本

//197//大清国库伦办事大臣郡王、昂邦致俄罗斯国特命全权使臣、伯爵、枢密官函

戈洛夫金：宫廷低级侍从巴伊科夫已于十一月二十三日将来函[②]送达，我等郡王、昂邦阅后甚喜。由来函得知尔戈洛夫金仰我大皇帝圣恩，已率全体随员进入我大清国界，正顺利前进，我等殊为欣慰。

今年蒙古境内天气苦寒，降雪逾常，然伯爵等俄罗斯使团奉命趱行，觐见博格德汗陛下，事出紧急，库伦以北各驿站又未准备停当，致尔之行程有所延误。今又思尔戈洛夫金等并非无需于途，//197 背面//故我等心甚不安。现阅尔信后，已稍可放心。不日即可面晤畅谈矣。

本王已受命护送贵使团[③]晋京。至觐见之日所余时日无

---

① 嘉庆十年十一月二十四日。

② 见 242 号文件。

③ 以下翻译中略去了“由库伦”等三字。

多，抵库伦后当即速启行，不得延误。现我郡王、昂邦遣我方秘书前往会见宫廷低级侍从一等秘书，望能与渠商妥车马问题，以加速旅程，减少困阻。

为使尔戈洛夫金放心，我等特派秘书面陈一切。

嘉庆十年十一月二十四日（1806 年 1 月 1 日）[①]。

八等文官符拉德金翻译。

197 页正文上方左角：<u>译件</u>[②]。

俄罗斯帝国对外政策档案馆圣彼得堡分馆，总档 1—7，目录 6，1805 年，案卷 1a，卷夹 26，197～197 页背面。译自满文原件。手迹。

满文原件存同处，199～199 页背面（信封）[③] 及 200-a[④]～200-b 页。

满文抄件存同处，198～198 页背面。

Ю. А. 戈洛夫金核验过的译文抄件存同处，卷夹 27，20 页。

使团办公厅抄文簿译文抄件存同处，卷夹 26，158 页背面～159 页；同处，卷夹 28，111 页～112 页；同处，亚洲司图书馆全宗，目录 505，1806 年，案卷 32，24 页背面～25 页背面；满文文本存同处，圣彼得堡分馆，1—7，目录 6，1805 年，案卷

---

① 括号内的儒略历日期为翻译者所标注。

② 下加线为文内原来所有。

③ 在 199～199 页背面（信封）有地址：大清国库伦办事大臣郡王、昂邦致俄罗斯国使团首席使臣、王、枢密官戈洛夫金函（199 页背面）。有日期：嘉庆十年十一月二十四日（199 页）。地址及日期用满文及蒙文书就，上盖有两方库伦办事大臣的朱印。

④ 在 200a 页上正文下方：1806 年 1 月 1 日收到。

1a，卷夹 28，112 页背面～113 页背面。

库伦办事大臣衙门满文抄文簿抄件存蒙古国立中央历史档案馆，藏档 M-1，案卷 639，555～558 页。①

二、由蒙文翻译的文本

//201//大清国库伦办事大臣郡王、昂邦致俄罗斯国特命全权使臣、伯爵、枢密官戈洛夫金函

冬月二十三日（1805 年 12 月 30 日）② 由首席使臣所派宫廷低级侍从巴伊科夫送来尔致我等之函一封，阅后甚喜。同时得知尔戈洛夫金已率随从进入我大清国界，一切顺利，我等至为欣慰。

然我蒙古今年天气苦寒，大雪纷飞，且俄国使臣奉诏趱行甚速，致库伦以北各驿站准备不足，使团之行程稍有延误。

我等虑及尔戈洛夫金于途中将忍受诸般//201 背面//困苦，忧心不绝。阅来信时亦衷心同情。晤面时愿尽欢一叙。

本王已奉旨护送伯爵等由库伦至北京，然觐见大清国皇帝之时已日近一日，抵库伦后当不可再有延误。现派姆德克列克奇—土希梅勒③（九等武官）④ 随尔之宫廷低级侍从前

---

① 555 页上有地址：11 月 24 日即 1 月 1 日。

② 括号内换算的儒略历日期是翻译者标注的。

③ 下加线为文中原有的。满文原件中 200a 页有两个相当的词：艾哲库—哈番，大约相当于股长（见由满文翻译文本的出处说明。——莫罗兹）。

④ 括号内的说明是翻译者加的。

往，讨论协调分配大车驮马等项事宜，以求加速行程。望尔戈洛夫金放宽心怀！为此特派姆德克列克奇—土希梅勒[①]（九等武官）前往面谒。

嘉庆十年冬月二十四日（1806年1月1日）[②]。

七等文官亚历山大·伊古姆诺夫翻译。

201页正文上方左角：译自蒙古文。

俄罗斯帝国对外政策档案馆圣彼得堡分馆，总档1—7，目录6，1805年，案卷1a，卷夹26，201～201页背面。译自蒙文原件。手迹。

蒙文原件存同处，200-a～200-b页。

使团办公厅抄文簿译文抄件存同处，卷夹28，112～112页背面；蒙文文本存同处，113页背面～114页。

库伦办事大臣衙门蒙文抄文簿抄件存蒙古国立中央历史档案馆，藏档M-1，案卷639，559～562页。

---

① 下加线为文内原来所有。

② 括号内换算的儒略历日期是翻译者标注的。

№ 245

1806 年 1 月 6 日。Ю. А. 戈洛夫金使臣为说明拒绝在库伦行叩头礼的原因致库伦办事大臣蕴端多尔济、福海的信

//206//全权使臣致库伦办事大臣郡王及昂邦函①

郡王及昂邦先生派 3 名官员送信给我，要求我证实 1 月 4 日同你们会见时所言，派秘书把最终的决定告诉你们，现在已经是第三天了。其实当天我就已经把决定告诉了你们。可是由于这个决定未能向你们转达，我口头上的委托并没有得到传递，因而我以为有必要再以书面形式把我的回答告知你们。

本人奉有我国至仁皇帝下达的准确命令，同时希望我的所作所为也能表明，本人为履行职责付出了热切而真诚的努力，故在 1805 年 11 月 19 日的信②中曾向郡王及昂邦先生说明，//206 背面//我对我前人所遵行的礼仪已有所了解，定会遵从他们的先例。

为了答复我的这封信，恰克图扎拉固齐于 1805 年 12 月 12 日曾以郡王和昂邦的名义向本人宣布，我信中所列各点已得到博格德汗陛下的首肯，俄罗斯帝国的使团将被接见。由此似应得出结论，此前所规定的礼仪今后亦将成为双方遵循的规矩。

---

① 标题位于本页左侧页边。

② 见 213 号文件。

使团抵达库伦后，我应郡王和昂邦先生邀请，出席奉博格德汗陛下为此赐设的宴会，但事先并没有得到通知说需要履行某种特别的礼仪。你们曾不止一次对我说，这是你们派来的官员出现了疏忽。本人以为有必要告诉你们，为了表达//207//本人对如此崇高荣誉的感激之情，本人定将按我的前辈伊兹玛伊洛夫和萨瓦·弗拉基斯拉维奇的先例办事，他们都曾受到过类似的恩遇，前者于1720年①11月18日进入北京时，后者于1726年10月21日进入张家口时和1727年12月27日及1727年1月18日②，都是站立行三鞠躬礼，为博格德汗的健康而干杯[1]。

如今郡王和昂邦先生不满意这样的说明，违反过去的旧例，要求我面对牌位三跪九叩首，对赏赐的酒宴谢恩。如果这样，我将不仅完全违背了我所领受的圣命，甚至将违背博格德汗陛下的意愿，因为他要求我此次以及在类似情况下要准确地履行仪式，其唯一指导原则就是在两国公认的关系中要以准确履行礼仪为基础。所以我要向郡王和昂邦先生们宣布，由于我的先辈们只是在觐见博格德汗陛下本人时才//207背面//唯一的一次行了跪拜礼，所以除了有幸见到圣上本人，我也不能有别的做法。

郡王和昂邦先生，如果你们本人无法决定这个问题，请你们把我的信提交理藩院。

最后，我认为有责任提请郡王及昂邦先生注意，今后我亦定将努力不辜负博格德汗陛下的深恩，而且还要为加强顺利存在于两个伟大国家之间的友谊和睦，保持我国君主的伟

---

① 此处及后面的下加线为文中原有。

② 左侧页边有符拉德金的注释：康熙五十九年；雍正五年（下加线为文中原有）。

大光荣而努力。

1806 年 1 月 6 日于库伦。

俄罗斯帝国对外政策档案馆圣彼得堡分馆，总档 1—7，目录 6，1805 年，案卷 1a，卷夹 26，206～207 页背面。底稿。A. Г. 符拉德金手迹。

Ю. A. 戈洛夫金核对的抄件存同处，卷夹 27，22～23 页。

满文底稿，A. Г. 符拉德金手迹，存同处，卷夹 26，208～209 页背面。

俄文抄件存中国第一历史档案馆，中俄关系史俄文文件藏档，案卷 11，75～80 页。

使团办公厅抄文簿抄件：俄文抄件存俄罗斯帝国对外政策档案馆圣彼得堡分馆，总档 1—7，目录 6，1805 年，案卷 1a，159 页背面～161 页；同处，卷夹 28，124 页背面～125 页背面①；同处，亚洲司图书馆全宗，目录 505，1806 年，案卷 32，25 页背面～28 页；满文抄件存同处，圣彼得堡分馆，总档 1—7，目录 6，1805 年，案卷 1a，卷夹 28，125 页背面～127 页；蒙文抄件存同处，127 页背面～128 页背面。

库伦办事大臣衙门抄文簿抄件，满文文本藏蒙古国立中央历史档案馆，藏档 M-1，案卷 639，564～571 页②；蒙文抄件存同处，572～580 页。

注释：

[1] Ю. A. 戈洛夫金引用的资料并不完全准确。在使臣 Л. В. 伊兹玛伊洛夫的报告中指出，1720 年 11 月 18 日他的使团到达北京。然而为此并

---

① 信上标注的日期为 1 月 8 日。

② 563 页上的文件开头缺失。

没有举行任何赐宴之类的仪式。使团进入客馆后，“有敖达嘎达（国家机构官员）……来见使臣，然后又送来茶和食物，对使臣说，他们是以个人名义宴请的”（《18世纪俄中关系》，卷1，211页，150号文件）。宴请的情况报告中没有提到。

C.Л.弗拉基斯拉维奇—拉古津斯基使团是在1726年10月11日而不是21日抵达张家口的。报告中说：“11日中午时分进入卡尔甘城门……昌仁（音）总督乘马车带领众多官员前来迎接特命使臣，于问候之间将其请进路旁帐幕代表汗赐茶，特命使臣率全体随员在帐中用茶”在这个场合，使臣“是客，坐了首位”。（俄罗斯帝国对外政策档案馆，俄中关系全宗，目录62/1，1725—1729年，案卷12a，166页背面～167页）关于饮茶的仪式也就再没有其他内容。1726年10月21日使团抵达北京（同上，171页）。关于1726年12月27日，报告中是这样记载的：“12月27日中午时分由汗王的随侍人员从御厨（往客馆）抬来了一张小桌子，上面陈设着用汗王的大银盘盛着的各种馔食……特命使臣回答说，他非常感谢博格德汗陛下赐予的如此殊恩”（同上，286页背面～287页；《18世纪俄中关系》，卷2，419、420页，196号文件）。关于此次赐宴的记叙仅此而已。

关于1728年1月18日，报告中的记载是这样的：“1月18日午后，来了三位扎拉固齐，由博格德汗的御厨往客馆抬来了一张红颜色的桌子，铺着黄绫子，上头的银盘子里装着各种小吃和菜馔……宣称：

‘皇帝陛下进膳时忽思及特命使臣奉女皇所派远道而来，颇为辛苦，殚精竭虑，特着由御厨赏赐他几个菜肴。

‘此时赐予特命使臣纯银酒杯一只，内盛酪浆。特命使臣接过此杯，执于手中，按俄礼一躬至地说，他深深感谢博格德汗陛下为他传来恩旨，别无他言，唯有虔诚地祈求上天保佑博格德汗陛下圣躬康健，皇运吉祥。他将为了本国至仁的女皇陛下和博格德汗陛下的利益努力报效，圆满地完成和结束同光大两帝国君主荣耀有关的一切委托，为两帝国的利益服务。

‘然后向三位扎拉固齐各赠送了两张貂皮、两张上等羊革，并以使臣的名义设宴招待他们：有香槟酒、罗佐利斯（原文如此，音译，不知何意）、各种外洋小吃。大家都站着喝酒，为两国皇帝干杯，请求上帝保佑他们健康，保佑他们皇祚绵长。然后扎拉固齐出馆而去。’”（俄罗斯帝国对外政策档案馆，俄中关系全宗，目录62/1，1725—1729年，案卷12a，322～322页背面；《18世纪俄中关系》，卷2，196号文件，436～437页）

№ 246

1806 年 1 月 8 日。外务院驻恰克图特派员 А. И. 索科洛夫就有关 Ю. А. 戈洛夫金使臣在恰克图期间及俄国使团启程赴库伦后同清国边境当局的关系问题呈外务院的报告

//293//外务院派驻恰克图特派员、领边境事务七等文官索科洛夫呈外务院函

上月即 10 月 25 日，卑职有一 333 号报告[①]呈外务院。现荣幸地补充报告如下：特命全权使臣、赏戴勋章尤里·亚历山德罗维奇·戈洛夫金伯爵大人于 10 月 5 日抵达特罗伊茨科萨夫斯克要塞后，率随员在此间一直逗留到向边境进发。10 月 9 日，大人派专使、九等文官桑热哈耶夫往见库伦的郡王及昂邦，告知已抵达边境[②]；当月 20 日，五等文官、宫廷低级侍从巴伊科夫先生带同两名翻译——满文翻译符拉德金和蒙文翻译、九等文官伊兹玛伊洛夫——及 5 名哥萨克又前往库伦。后来，库伦的郡王和昂邦[③]又有回信给伯爵大人，可一直拖延到 11 月 17 日，才派图撒拉克齐//293 背

① 见 241 号文件。

② 见 181 号文件。

③ 此处及后面的下加线为文中原有。

面//作为信使，带同两名蒙古军官将信送过来①。入境时在买卖城扎拉固齐陪同下通过恰克图哨所。该扎拉固齐直到现在也没有来向伯爵表示敬意，祝贺他顺利抵达，这也许是由于他生性傲慢无礼，但也可能是由于事先没有得到主要上司的同意，不敢来见伯爵。

12月13日买卖城扎拉固齐在我家对我说，库伦的郡王和昂邦给他下达命令，在由恰克图至库伦一线各驿站为俄国使臣准备路过所需食品，//294//并在每个驿站架设55个蒙古包（帐篷）②，每站一定要预备700匹驮马、200头骆驼以供运输。而且扎拉固齐还告诉我，为了迎接俄国使臣，头一回有两位贝子一齐跑到边境来，还带着几名官员；为了护送使臣，库伦还下达了别的命令；库伦的郡王得知使臣贵体违和，还向博格德汗作了报告。汗果然下旨，派库伦最好的医生，在官员陪同下，到特罗伊茨科萨夫斯克要塞来看视戈洛夫金伯爵大人，还带来一名统领。不过医生回买卖城之后也就再没有来过。

尤里·亚历山德罗维奇伯爵阁下一过国境，进入中国领土，就受到两位贝子和大批官员的欢迎，这批官员将陪伴俄国使团直至北京。

伯爵大人在大批中国人陪伴下，应邀进入在扎拉固齐家

---

① 行下有注：之所以迟复，是由于郡王不敢对伯爵大人的要求作答，并就此向博格德汗提交了报告，请求指示。各种意见表明，中国政府的意图可能是希望接待我国使臣的事要慢慢来，以此来拖延他到达北京的时间。因为如果使臣抵达北京的时间在他们新年那个月之前，也就是在1806年2月6日之前，他就可以先于向他们进贡的贡使受到博格德汗接见。博格德汗接见那批人的时间往往在他们新年的第一个月。

② 括号为文中原有。

附近大庙前专门搭起的大篷，内按中国习俗准备了茶点和水果。//294背面//我们的使臣伯爵大人率领多名骑士和官员稍事休息，然后出来率随员分乘马车顺利上路。他们骑乘俄国马匹，抵达事先做好准备的第一个蒙古驿站赞莫多，并在该地休息。辎重等早已分两批运抵该地。指定护送我国使团前往北京的官员人数和名单1月8日已有9号报告单独向外务院呈报。

特此荣幸地向外务院报告。

七等文官索科洛夫

1806年1月8日于恰克图哨所

293页正文上方：1806年2月24日收到。

俄罗斯帝国对外政策档案馆圣彼得堡分馆，总档1—7，目录6，1805年，案卷1a，卷夹25，293～294页背面。原件。

№ 247

1806 年 1 月 10 日[1]。Ю. А. 戈洛夫金使臣为将赏赐清国官员及来看视使臣的御医所用毛皮列支入账一事给使团司库奥西波夫的命令

//69 背面//给使团司库七等文官奥西波夫先生的命令

现命令阁下将不同日期按照我口头命令//70//赏赐给前来我特罗伊茨科萨夫斯克要塞以及护送使团由俄国国境至库伦的中国官员所用礼品列支入账，计有：

去年，1805 年，12 月 15 日赏库伦衙门护送博格德汗的御医前来的统领狐皮两张，一为 1797 年的玄褐狐，一为 1805 年的赤狐；又赏 1804 年 5 号镶牙松鼠腹皮毯一块；赏博格德汗派来医生绛红缎子马褂料 6 俄尺、1804 年 35 号托博尔斯克貂皮两张。

12 月 23 日在中国边境行进至第二站时，//70 背面//赏护送队伍主要官员贝子 1804 年仓房内玄狐皮 7 张、1804 年 6 号札沃伊白色榉貂皮一张。

1806 年 1 月 10 日于库伦赏供应使团伙食的蒙古古纳 1802 年 7 号玄赤狐腹皮毯一块、赏其手下宰桑玄赤狐皮各两张。

---

① 日期根据使团办公厅抄文簿相应的登记表中所示标注。

俄罗斯帝国对外政策档案馆圣彼得堡分馆，总档1—7，目录6，1805年，案卷1a，卷夹42，69页背面～70页背面。使团办公厅抄文簿抄件。

№ 248

1806年1月11日[1]。库伦办事大臣蕴端多尔济、福海要求Ю. А. 戈洛夫金使臣在库伦行叩头礼，否则将被遣送回俄国的信

//210//嘉庆八年冬[2]贵国枢密院有函致我理藩院[3]，表达贵国俄罗斯汗之夙愿。我理藩院将此事呈奏我伟大君主。我君主以仁爱为怀[4]，应贵国使臣所请准予觐见。

我方一再要求尔等减少随员，实因尔俄罗斯人难以忍受此间酷寒，且尔国车辆均甚宽大，难觅此等挽马及车夫。本郡王及昂邦奉旨为尔等周详思虑，下令做全面准备，方始将尔等接来库伦。尔等于来见本郡王及本昂邦之前，又空自争论何人应首先拜见对方。我等对此非但毫不见怪，反敬尔等为异国来人。但亦有以下考虑：

戈洛夫金使臣于<u>二十六日</u>[5]来见我等时，犹不失为坦诚信实之人。本郡王及昂邦于私下会见时曾对渠言，我至圣大

---

① 嘉庆十年十二月四日。

② 翻译略去了满文原件中的头一句话：大清国库伦办事大臣、郡王及昂邦致俄罗斯国使团团长、枢密官戈洛夫金伯爵函。为知照下列事（见214页注释。——莫罗兹）。

③ 见7号文件。

④ 满文原文的意思是：完全出于慈悲（见214页注释。——莫罗兹）。

⑤ 翻译者把换算出来的儒略历日期标在页边：1月3日。下加线为原文所有。

国君此次欲赐宴于尔，为此已拨出内帑。次日我等派秘书托克托布前往回拜，通过翻译告知尔有关宴会事宜，翻译如何对尔戈洛夫金传达，我等不得而知。//210背面//归来后秘书向我等报称，尔将行礼不误。我等按照我国大礼，摆放香案，上香等候。待至我等向戈洛夫金言及此项礼仪，不料渠竟答称：我等将于见到圣上本人后方能按我方习俗行礼，倘于此处如此行礼，实为见所未见也。果若需行礼，当按我方礼仪行事，且我方使臣早已蒙圣上特许，可站立行鞠躬礼云云。

为此本郡王及昂邦对渠言称：此次赐宴与以前各例绝不可同日而语。以前郡王与昂邦尚未总领此间边境事务，本地仅有当地之土谢图汗及其部副头领居住。故当时无此赐宴之礼。此外，此处亦无王大臣、军团总兵[①]之类重要大臣驻守，无扎萨克、贝勒、贝子、理藩院官员等备宴观礼。尔既声言已检视旧档，岂有不知此理？果无此旧档乎？尔等唯知一再提及无谓之旧例，引用无谓之规定。然又有何条何例言及赐宴之举？尔等有意//211//装痴作骇，拒不奉圣上恩旨，蓄意不思我大国君高恩厚德，拒不跪拜谢恩。抑或尔等欲打道归国乎？今次尔等倘不能虔心行三跪九叩之礼，则决不容尔等觐见圣上。此非我等有意破坏好事，实乃尔俄罗斯人蓄意致之也。现请由库伦回转，我等自会向我大国君及大理藩院呈报。

<u>二十七日</u>[②]我等又派贝勒等询问：尔等愿觐见大国君否？

---

① 满文原文为“固赛昂帮”，即八旗兵的总兵（见214页注释。——莫罗兹）。

② 翻译者把换算出来的儒略历日期标在页边：1月4日。下加线为原文所有。

愿按我方礼仪[1]于赐宴时叩头谢恩否?

二十八日[2]我等又派贝勒、贝子及理藩院官员再次就此事询问尔等，然戈洛夫金意气用事，竟不肯见。如此行为怎能称为得体?此后尔派来侍从[3]，我等因正在书写奏折，无暇接见来人。据称尔竟伪作对此毫不知情。我等曾当面对尔戈洛夫金清楚明白解说，后又经贝勒、贝子、官员等询问，侍从到来之时，亦命其向尔说明：

//212//尔为何要伪称毫不知情?尔唯知引用旧例及条约，我等则除规定外更知此次赐宴之为大国君格外施恩，为此盛典特命本郡王及昂邦陪同尔跪拜。对此尔是否同意?若尔竟然不能同意，望断然明白告知尔欲返回本国之意，我等将奏报皇上，同时下令送尔回国。此事需有个决断，别无他法，故我等[4]派贝勒等人将此事告知。

十二月二日[5]本郡王及昂邦同尔见面，于尔详加劝说，然尔竟予以反对，言称：为感谢此等加诸于我之圣恩而需匍匐跪拜，事涉新规定，本人身为特命全权大臣，需待进京后与大理藩院谈判决定。尔之误谬甚矣!现当面告知尔：尔若欲开此项谈判，可于回贵国后，再由枢密院致书我大理藩院。我等今除将该信加盖印鉴送出外……[6]

---

① 翻译者略去了“在此间”一词。

② 翻译者把换算出来的儒略历日期标在页边：1月5日。下加线为原文所有。

③ 指低级宫廷侍从Л.С.巴伊科夫。

④ 翻译者略去了一个词“再次”（见214页注释。——莫罗兹）。

⑤ 翻译者把换算出来的儒略历日期标在页边：1月9日。下加线为原文所有。

⑥ 原文如此。

三日尔于会见我贝勒纳木吉勒多尔吉、贝子宁博多尔济等时言称：我等不能回国，需待大国君就此下旨后方可回归。大国君是否有旨，与尔无涉。现尔所应为者，仅为归国后如何对尔枢密院如实报告一事。今我等已不复禁尔俄罗斯人于库伦之去留，尔等若不体会我圣上之殊恩，不肯跪拜，着即回国。毋庸多言。

三日[①]尔戈洛夫金又派侍从来言，我等决不回国，除非见到大国君圣旨。

我等已将库伦驿站迤北所备撤销，现为尔等回国又下令恢复，然亦非嗟咄可致，需稍事等待，直至//212 背面//马匹骆驼齐备。尔等如有意，可继续留住。

我等郡王及昂邦将向大国君奏报。

戈洛夫金，得知此情后望勿抱怨。专此奉达。

嘉庆十年十二月四日（1806 年 1 月 11 日）[②]。

八等文官安东·符拉德金翻译。

210 页正文左上角：满文译件。下加线为文中原有。

俄罗斯帝国对外政策档案馆圣彼得堡分馆，总档 1—7，目录 6，1805 年，案卷 1a，卷夹 26，210～212 页背面。满文翻译件。手迹。

满文原件存同处，213～214 页[③]。

满文抄件存同处，215～217 页。

经 Ю. А. 戈洛夫金核对过的译文抄件存同处，卷夹 27，24～

---

① 翻译者把换算出来的儒略历日期标在页边：1 月 10 日。下加线为原文所有。

② 儒略历日期是翻译者换算的。

③ 214 页正文下方：1806 年 1 月 11 日收到。

25页背面。

使团办公厅抄文簿抄件：译自满文的文本存同处，亚洲司图书馆全宗，目录505，1806年，案卷32，28～32页[①]；同处，圣彼得堡分馆，总档1—7，目录6，1805年，案卷1a，卷夹26，161～164页背面；同处，卷夹28，137页背面～139页背面；满文文本存同处，132页背面～134页背面；蒙文文本存同处，135～137页。法文文本存同处，卷夹26，61～69页[②]；译自蒙文的文本存同处，140～142页。

库伦办事大臣衙门抄文簿抄件：满文抄件存蒙古国立中央历史档案馆，藏档M-1，案卷639，581～594页；蒙文抄件存同处，595～606页。

① 在抄文簿中文件的日期标为1月10日。

② 在抄文簿中文件的日期标为1月12日。

№ 249

1806年1月12日。Ю. А. 戈洛夫金使臣为请求向其出示嘉庆皇帝要求务必在库伦行叩头礼的圣旨以及为有意派信使去北京等事致库伦办事大臣蕴端多尔济、福海的信

//218//昨天收到郡王及昂邦先生来信①。我以为有责任提请注意我的上一封信②，据你们告知，此信你们已经收到。我在该信中表达了最后的回答。现再补充如下：我认为我无须再提醒二位，我唯一的支撑点和理由，都在条约中说得明明白白，这个条约应该是对双方都起作用的法规，因为它们是经两国君主批准的。希望这个道理你们能明白。然而，从你们的来信中我却看到相反的东西：你们推翻了两国之间这一友谊与和睦的保证，竟宣布要我返回//218背面//边境。不论我对你们这道命令多么不满，但在此信中还是要请求向我出示博格德汗的圣旨。因为我是奉了他的恩旨，才踏上了他帝国的土地，唯有他才能阻止我进入京城。所以我一定要弄清，是否有博格德汗陛下的书面旨意③。

郡王和昂邦大臣先生，我曾不止一次向你们表示，对于你们向我宣布的有关跪拜的新规定，我是准备服从的。

但是，以前规定的礼仪是我所能遵守的唯一规定。如果新规定在事实上已经取代了过去的规定，没有皇帝的特别允

---

① 见248号文件。

② 见245号文件。

③ 此处及以下下加线均为文中原有。

许，//219//我是不能履行的。我必须要求①得到批准。

你们在来信中说，我要求就跪拜问题举行谈判是谬误。既然它是一项新规定，没有接到特别命令我又无法执行它，因而进京之路受到阻隔，而且正如前面所说，不见到博格德汗陛下的明确指示我又不能回国，那么，我建议的办法，岂不就是必然的，而且是非常体面的解决办法？

我以已经批准的决定和约章//219 背面//为依据，有权不通过枢密院，亦不必回到国境，直接就一切国家事务同贵国理藩院交涉。既然你已向我发出通知，不允许我继续前进，我只好根据条约第 9 款通知你，我有意派遣信使前往北京，执行重要的使命。请你们按规定给予必要的协助。

1806 年 1 月 12 日。

218 页左页边用铅笔书写：戈洛夫金伯爵致郡王及昂邦。

俄罗斯帝国对外政策档案馆圣彼得堡分馆，总档 1—7，目录 6，1805 年，案卷 1a，卷夹 26，218～219 页背面。底稿。

经 Ю. А. 戈洛夫金核对过的抄件存同处，卷夹 27，26～26 页背面。

А. Г. 符拉德金翻译的满文底稿存同处，卷夹 26，220～221 页。

俄文抄件存中国第一历史档案馆，中俄关系史俄文文件藏档，案卷 11，81～85 页。

使团办公厅抄文簿抄件：俄文抄件存俄罗斯帝国对外政策档案馆圣彼得堡分馆，亚洲司图书馆全宗，目录 505，1806 年，案卷 32，32～33 页背面；同处，圣彼得堡分馆，总档 1—7，目

---

① 行间有修改：请求。下边还有一些话被删去了：并在取得批准后，再努力地、充满敬意地来执行博格德汗陛下的命令。

录6，1805年，案卷1a，卷夹26，164页背面～165页背面；同处，卷夹28，142页背面～143页背面；满文抄件存同处，143页背面～144页背面；蒙文抄件存同处，144页背面～145页背面。

库伦办事大臣衙门抄文簿抄件：满文抄件存蒙古国立中央历史档案馆，藏档M-1，案卷639，607～611页①；蒙文抄件存同处，613～618页。

① 607页上有：十二月五日，即1月12日收到。

№ 250

1806年，不早于1月12日[①]。Ю. А. 戈洛夫金使臣为库伦办事大臣蕴端多尔济、福海于接待俄国使团时破坏先前的礼仪规定一事致清政府函稿

//28//致军机处函稿

统领亚细亚各国大皇帝、专制君主、大清国博格德汗陛下尊敬的军机大臣和尚书：

各位大人可能已经得知，我，二等文官、枢密官，奉我至尊至威大国君、全俄罗斯专制君主、无上仁慈的亚历山大·保罗维奇皇帝派遣，担任特命全权使臣，携带资格证书，前来朝见博格德汗陛下，祝贺他顺承中国皇统，并通报我至仁皇帝继承俄罗斯帝国大统，并发展和巩固两大国之间历史悠久的友好和睦关系。

当我荣膺如此重任之时，自认为首要任务就是面见博格德汗陛下，在所有的场合都兢兢业业、一丝不苟//28背面//地执行博格德汗陛下的各项指示，以求不辜负觐见陛下的荣幸。我将力求按期入京，履行肩负的使命。我执行博格德汗陛下旨意的意志、决心和诚意，可以鉴之于以下的表现。

我是按照库伦办事大臣郡王和昂邦于嘉庆九年冬月来

---

① 时间根据戈洛夫金致库伦办事大臣的关于有意派信使去北京的信标出。见249号文件。

信[①]中规定的日期出发，前往边境的。后来我才知道，你们要求我缩减随员。对此我感到特别遗憾，因为随员的构成，完全出于我大国君皇帝陛下对博格德汗陛下表达敬意的需要。但考虑到这样的缩减能使博格德汗陛下满意，所以我服从了。

其后，时过不久，库伦办事大臣郡王和昂邦又提出许多其他要求：有关于礼仪的，也有关于提交文书副本，提交礼品清单的，等等。由于这些要求与皇上要求我处处恪守我先辈的前例[②]的训示有所出入，于是我只好努力回避它们。有好一段时间我一直同郡王和昂邦交换信函，最后又派使团一秘、宫廷低级侍从巴伊科夫去见他们，//29//对他们所建议而我无法做到的许多问题予以说明，同时也是要向他们提供一个确定无疑的证据，表明我希望消除目前存在的种种误会，同意履行我前人所履行的种种礼仪，尽管我拥有我的称号已经赋予了我以各种豁免权。

最后令我感到非常满意的是，博格德汗陛下终于恩准了我提出的各项请求，允许我完全按照早已有规定的礼仪行事。

双方引经据典，书信往来，时光流逝，加之我进京的期限日益迫近，于是我只好匆匆由边境就道。促使我在这件事情上以及在所有的事情上采取这种态度的唯一原因，就是要证明我对执行博格德汗的旨意不遗余力。我同意了护送我的蒙古官员为加快使团行程，早日抵达库伦所提出的一切建议，他们可以证明我所说的一切都是事实。

抵达库伦后，我收到了前往拜见郡王及昂邦的建议，尽管我有权否决这一建议，但我还是宽容地同意了。我降尊纡贵，首先跑去拜访郡王。

---

① 见47号文件。

② 这几个字被删掉。

//29 背面//第二天郡王和昂邦派了一名官员过来，邀请我出席奉博格德汗圣旨准备的盛会。没有人事先向我谈到要履行任何特殊的礼仪。该官员只是听着使团一秘说明：在这种场合，我定会尊重我前人的先例——他们谢恩的做法，就是站立着三鞠躬，为博格德汗陛下的健康而干杯。

该员答应把上述说明报告自己的上峰，然后就回去了。

我没有接到郡王和昂邦对此提出的任何不同意见，于是便在规定的时刻去见他们。但亲王却突然要求我在牌位前三跪九叩首，而且对我说，在这种场合我不可按照前人的旧例行事。

可是这样一来，我不仅完全违背了圣上的命令，而且也违背了博格德汗陛下的旨意，因为他也要求我准确地履行以前的礼仪。我对郡王和昂邦先生说，我决不能行叩拜礼，除非见到博格德汗陛下本人。我做出各种努力，但不起任何作用。我只好沮丧地回来，无法得享赐宴的荣耀。

//30//第二天郡王和昂邦再次派员前来，要求我给予最后的回答，一定要我同意向我提出的礼仪。

我拒绝了。我引证了许多成例，它们都是以我国大皇帝下达的命令为依据的，而且如今也得到了博格德汗陛下的批准。

于是他们又要求我再次明确表示拒绝履行礼仪。我这样做了。但由于我派去的人没有被郡王接见，我只好决定写一封信。我把要说的理由都写了进去，并由我的秘书转交。

此次会见时郡王和昂邦大臣宣称，由于这是博格德汗的新规定，他们要求出使大臣予以遵守，行跪拜礼。由于出使大臣的头衔和职位都比他的前人高，所以他所履行的礼仪也要不同于以往。

我愿服从向我宣布的这种新礼仪。但既然它事实上已推翻了我奉为唯一准则的原有旧例，如得不到我的国君批准，对之我当然不能履行。所以我一定//30 背面//要得到圣上批准。

为了尽可能避免今后再遇到各种麻烦，也为了避免路途遥远所招致的时间耽搁，我以为今次有责任事先把所有有关俄国使节的礼仪变化搞清楚，以求作出明确无误的规定。这些规定要尽可能以原来对礼仪的规定为基础，并符合博格德汗陛下对全俄罗斯帝国皇帝的友好情谊以及后者伟大崇高的地位，务求今后大小使节都能有所遵循。

现根据赋予我的权力，派遣使团一秘、宫廷低级侍从巴伊科夫呈递此信，委托该员听取各位大人就此提出的各种建议，并应要求对各位给予各种说明。请各位对他以我的名义所提出的报告给予完全的信赖。

在履行职务的同时，我还有很重要的一点需要澄清，我要为我的行动迟缓做一点辩解：情况发生得太突然了，所以才延误了皇帝陛下为我规定的时间。我觉得我的这些原因，以及对各位公正品格的大胆信赖，当可提供足够的理由，为我在博格德汗//31//陛下面前作有力的辩解。我把他的恩典看得高过一切。请各位大人多多美言，对此事予以成全，我将不胜感激。

正文下方有副署：戈洛夫金伯爵。

28 页正文上方：归入出使大臣戈洛夫金伯爵 1806 年 2 月 19 日 1 号奏章①

俄罗斯帝国对外政策档案馆圣彼得堡分馆，总档 1—7，目录 6，1805 年，案卷 1a，卷夹 27，28～31 页。经核对的抄件。

使团抄文簿抄件存同处，卷夹 41，371 页背面～378 页。

---

① 见 297 号文件。

№ 251

1806 年，不早于 1 月 12 日[①]。Ю. А. 戈洛夫金为介绍全权信使、使团一秘 Л. С. 巴伊科夫给清帝国军机处领队军机大臣的信稿

//27//致军机处军机大臣函稿

统领亚细亚各国大权独揽的大皇帝、大清国博格德汗驾前军机处领队军机大臣、尊敬崇高的军机大臣：

径启者，我已有另函致博格德汗陛下各位尊敬的军机大臣[②]，尊驾乃各位大臣之首，定能首先阅到。从中当可发现，我衷心希望觐见博格德汗陛下，完成我肩负的使命；亦可得知我派出使团一秘、宫廷低级侍从巴伊科夫递交此信的原因。值此机会，我愿以极其高兴的心情向阁下表达我特殊的敬意。我深知阁下同样也希望博格德汗陛下的国土幸福安宁，所以对于能够取得您的关照充满信心，并以无比急切的心情，期待着您对我此函作出裁决。面临如此困境，唯希望阁下加以援手，请求阁下对递交此书的使团一秘、宫廷低级侍从巴伊科夫给予荫庇，以您惯常的宽容大度，允许他当面准确无误地陈述我对阁下的诚挚之情，并向阁下说明我//27背面//所作所为的动机。我的身体十分衰弱，加之气候严酷，遥远的路途又给我带来诸多烦恼，所有这一切迫使我向

---

① 日期是根据戈洛夫金为请求派特使去北京的那封信确定的。

② 见 250 号文件。

阁下请求，务必尽快给我一个令人放心的回答。

谨对阁下就此给予的一切帮助表达我的快慰感激之情，期待着能荣幸地当面向您致以真诚的敬意。

正文下方有签字：戈洛夫金伯爵。

27 页正文上方：1806 年 2 月 19 日戈洛夫金伯爵 1 号奏章[①]附件。

俄罗斯帝国对外政策档案馆圣彼得堡分馆，总档 1—7，目录 6，1805 年，案卷 1a，卷夹 27，27～27 页背面。经核对的抄件。

使团抄文簿抄件存同处，卷夹 41，378 页背面～379 页背面。

---

① 见 295 号文件。

№ 252

1806 年 1 月 13 日。库伦办事大臣蕴端多尔济、福海 Ю. А. 就同戈洛夫金在库伦开展谈判，请求降旨命俄国使团返回俄国等事呈嘉庆皇帝的奏折[1]

//619// 12 月 6 日①

奴才蕴、福为请求降旨驱逐无法无天之俄使回国事谨奏

奴才等于前十一月十二日奉旨派贝勒纳木吉勒多尔吉、贝子宁博多尔济、恰克图章京克西克等，详细清点渠等之马车，共得一百二十五辆；并计算出使大臣随员、马匹牲畜数量，//620//查对行李辎重，然后护送俄国使团团长戈洛夫金由库伦出发。

除四十名俄人善于乘马者外，每驿站尚需七百匹坐骑，以备拉挽俄方之四轮大马车，并需预备四十顶蒙古包。每驿站需预备二十头羊、十斤白糖、三斤白毫茶、六十斤大米、十五斤蜡烛、一百八十头骆驼。

由恰克图至库伦，其中十一个驿站全部深雪覆盖。由于俄国大车沉重异常，纳木吉勒多尔吉贝勒及宁博多尔济贝子所护送使团私人财物//621//数量巨大，故途中需休息四次，直至二十五日②方抵达库伦。

---

① 1 月 13 日。

② 1 月 2 日。

戈洛夫金首先派一名官居宫廷低级侍从的官员［巴伊科夫］前来向奴才问安，奴才等亦派官员回访。奴才等对俄国使团团长给予礼遇，命统领富年噶等人架设帐幕，前往迎接戈洛夫金一行。

二十六日①戈洛夫金再派手下来打听，奴才等是否将于当日先行拜访于他，但奴才等未予回答，以致戈洛夫金首先来访。//622//当天奴才等即予回访。由于我等会见气氛正常，俄人亦颇为恭谨，奴才等对其有言语如下："我至圣大皇帝已全面思量过贵国汗王的真挚意图，今次特格外施恩，于明日赐宴款待于尔。"

此时奴才等经思量得出结论，以为俄人本性至为狡猾，善于打探口风，每遇机会则好吹毛求疵。//623//不久又将得觐见天颜，是以教其演练叩头礼至为重要。今若无法令其当奴才等之面行此大礼，蕴等深恐日后将再演乾隆五十八年间②之事。当时长芦盐政徵瑞等人奉命护送英国使团团长，即未能于诸端细节上有所防范。故奴才蕴、福等经商议后决定，待赐宴诸事准备停当后即向戈洛夫金说明，为感谢皇上赏赐，我国向有跪拜谢恩之礼③，//624//然后命其与奴才等同演叩头礼。

为此奴才等于二十七日④再次专门差秘书托克托布至俄人营地，命其于谈话中择机宣布为渠赐宴之举。托克托布于归来后告知，已经通译向俄人详告一切。戈洛夫金到来后，奴才等于东墙设案燃香，向渠申明：今日除专为欢迎诸位使

---

① 1月3日。

② 即1793年。

③ 行间有皇帝朱批：至为得体。

④ 1月4日。

臣外，特奉至圣大皇帝圣旨，格外//625//施恩，为各位赐宴。尔于来信中业已告知我等，于觐见天颜时将行跪拜之礼，故我等望尔能于皇帝赐宴谢恩之际，随我郡王及昂邦，按我方习俗同行跪拜之礼。

对此戈洛夫金及其助手宫廷低级侍从列夫·谢尔盖耶维奇以及其他人等答称："我等唯有在面见博格德汗时方能行跪拜礼，在此绝不行礼①。如要行礼，亦只能按我俄国习俗站立鞠躬。//626//此外，我朝旧档从来亦无边境行叩头礼之说，且此前我国使臣亦从未有行跪拜礼者。"

渠等竟然更是大放厥词，声言皇帝赐酒时亦仅为立受②。奴才等闻之色变，对渠等作说明如下：此次赐酒绝不可与以前各次同日而语。以前又何曾见过各驿站如此兴师动众准备，指定我如此高品级之郡王、昂邦于途中护送？又何曾见过对使团如此礼遇，为之//627//赐宴赐酒？我等之所以奏闻圣上，实因前不久尔等来信，一再保证履行该礼仪。至此我圣明大皇帝方格外施恩。尔等对我朝礼仪全然不知，既如此，又怎能觐见圣明大皇帝天颜？

对于臣等之说明，戈洛夫金等人又作辩解如下："在此之前，你们对履行礼仪之事一字不提，今日我等对此绝不能同意。"

//628//奴才等答称："尔等声言此前对尔等就此绝口不提，难道我们刚才没有派秘书托克托布前去通知你们？"

戈洛夫金等答称："我们只能按我国习惯行礼。"

略加思索，又道："关于你们的跪拜礼，我们的确一无所知。"

---

① 此处行间有皇帝朱批：无法无天。

② 文中有下加线，并写有：下面加上红线。

我们不能总是犹豫不决，节节退让，而俄人却仍然不断提出各种无理要求，想方设法进行狡辩。是以奴才等提出将其遣送回国，对渠言道："既然事已至此，尔等可先回营地。"

次日二十八日[①]奴才等派贝勒纳木吉勒多尔吉、贝子宁博多尔济、统领富年噶去见戈洛夫金，//629//命其对我国礼仪做以下说明："履行礼仪，并非意味汝等受到侮辱，因为圣明大皇帝加诸于你们的乃特殊恩典：要在蒙古草原在库伦专门为你们举行盛宴。此乃旷古难逢，别国使臣从未一见之恩遇也。请三思。"

经如此说明后，再问渠等是否愿按我国礼法对皇帝赐宴匍匐叩头谢恩。戈洛夫金等人神情严肃，再次拒绝纳木吉勒多尔吉等人[②]。//630//嗣后，宫廷低级侍从列夫·谢尔盖耶维奇奉派求见，再次向我等转达其绝不同意按我方习俗行跪拜礼之意。

翌日戈洛夫金又遣列夫·谢尔盖耶维奇来说："昨日戈洛夫金于同郡王、昂邦会见时已作最后回答。方才通过贝勒等人再次重申同样答复，即：我等即使行礼，亦只能行我方之鞠躬礼，匍匐跪拜有如尔等，我方所不为也。"

奴才等当然不能同意彼等此说[③]，立即通过贝勒纳木吉勒多尔吉等给予回答："适才我等通过纳木吉勒多尔吉贝勒了解到贵方的最后回答：尔等于皇帝赐宴//631//谢恩时，拒不肯按我国习俗行跪拜礼。故请回国。"

然后，臣等请宫廷低级侍从列夫·谢尔盖耶维奇回归驻地。

---

① 1月5日。

② 行间有皇帝朱批：又是一大罪。

③ 行间有皇帝朱批：对极。

稍后，十一月三十日①，我方翻译艾成佳、达芬等人到来，奴才等命其再次把道理向俄国人说明。十二月二日②臣等又同戈洛夫金再次见面，对之详加开导。戈洛夫金就此答称："此乃新规定，故希望贵方能就两国间建立新规定问题作出说明。"

//632//戈洛夫金说完，奴才等决然对其说明如下："尔等定要行跪拜之礼，以感谢至圣皇帝如海深恩，此至重之理也。贵国汗王应知此理，自当不会怪罪于尔。此事亦非待议未定之事。早先所订条约未有提及赐宴者。尔等所受圣明大皇帝赐予，实乃未有之殊恩。然汝等非但不思行叩拜礼，反言此举为一有争议问题，//633//是以戈洛夫金派人入京同理藩院讨论此事之说难以成立。若尔等以为此事犹可争议，则别无他途可行，唯回国向尔汗王奏报一切，然后再由尔枢密院修书过来。尔作为一个如此品级的使团团长③，也无法独自作出决定。由于你已经声明拒绝当着圣明大皇帝之面行跪拜礼④，并决定离此回国，故请即回程。"

戈洛夫金就此答称："未得博格德汗旨意，我绝不回国。"

//634//臣等就此对之作如下说明："如果尔等不愿动身回国，我等今后将无法保证供应尔等所需。"

戈洛夫金以更傲慢的口气答曰："即使情况如此，我亦将下令平均分配供给，继续等待。"

该死的俄国人宣称，他们只有接到皇上旨意后方能回

---

① 1月5日。

② 1月9日。

③ 原文如此。

④ 原文如此。

国。这说明他们根本不想回国，但他们又羞于行跪拜礼，他们是苦役犯的本性。由于目前库伦以北各驿站马匹已放养休息，要调集起来以供这些//635//囚徒归国之用尚需假以时日。考虑到以上原因，臣等命其收拾行装，稍事等候。

奴才等周密权衡，最后得出结论：俄人行事向来狡诈，善于就小事狡辩。俄国汗王自嘉庆八年起多次实心实意向理藩院递交文书，意欲遣使来朝。故而皇上才格外施恩，准拨库帑支付费用，//636//着其来朝。现如今俄人已至库伦，却不愿演习礼仪，以谢赐宴之恩。虽经我方多般说明，犹自空问不休，为非作歹，所行甚为不堪。奴才等衙门档案中虽无有关俄使团之记载，但据奴才揣测，似应绝无俄使不行跪拜礼之事。臣等若不能迫其当面行跪拜之礼，进京后俄人倘又反复，//637//或生其他枝节，至惊圣驾，则奴才等必定惶觫，万难辞其咎。倘如奴才等所料，一切皆属正常，臣等当不复担惊受怕，亦无需再上奏折。然俄人来自异域，其现时所作所为，尽皆表明其不通道理，不足以当皇上之殊恩，毫无知恩图报之意，反而吹毛求疵，呶呶无休。//638//此外，奴才衙门之往来文档中有皇上去年所颁圣旨抄件，其中曰："倘所命令之各项中有一条俄人不能做到，立即将其驱逐回国。绝不可犹豫不决，软弱姑息。"①

此次倘不能坚决将其驱逐回国，该死的俄国人将益发不知天高地厚。且进京之途遥远，中途渠等又不知如何颐指气使，吹毛求疵。故而奴才等越想越怕。//639//现所有办法皆已想尽，唯有奏请颁发圣旨，命贝勒纳木吉勒多尔吉、贝子宁博多尔济、札萨克台吉古鲁扎布、统领富年噶及诸蒙古官员对俄国使团严密监视，将其逐回恰克图。恳请圣上明

① 见102号文件。

察，给予训示。多年来俄人乃唯一对皇上殊恩表示不敬的民族，俄使戈洛夫金处处吹毛求疵，实在不堪救药。但所有俄人中，宫廷低级侍从列夫·谢尔盖耶维奇最不是个东西。

//640//恳请圣上明察，是否应着有司理藩院修一文书发至俄国枢密院，对奴才等呈报之事详加阐述，严予谴责。并由此间发文告知理藩院、察哈尔都统佛尔卿额、瑚素通阿、直隶总督裘行简等奉旨护送使团大臣，以及萨哈连乌拉、伊犁、//641//乌里雅苏台、科布多诸位将军。嗣后奴才蕴可于具折奏报俄使启程返回恰克图情况后，轻装乘驿车直入京城，望阙叩首，觐见天颜，将有关俄国使团之事详细奏明。衷心希望能得到皇上的训示。

奴才蕴、福才疏学浅，生性驽钝，//642//未能办好所委俄国使团来朝的差事，恳请至圣大皇帝交部议处奴才等所犯之罪。

奴才等诚惶诚恐，将戈洛夫金寄我等之函①以及我等劝谕对方之函件②副本进呈圣览。敬祈圣上明鉴。

642页文末：据奏折抄录。当月二十二日③收到的［由北京退还的］奏折上有皇帝朱批：已颁旨。

蒙古国立中央历史档案馆，藏档M-1，案卷639，619～642页。库伦办事大臣衙门满文抄文簿抄件。И.Т.莫罗兹译自满文。

---

① 见249号文件。

② 见248号文件。

③ 1月29日。

注释：

［1］1809 年 3 月西伯利亚总督 И. Б. 佩斯特尔向外务院提交了一份报告，讲述过库伦办事大臣呈嘉庆皇帝这份报告的内容（不早于1806 年 1 月 13 日），其中谈到 Ю. А. 戈洛夫金拒绝在库伦行叩头礼的情况。报告是第八届教士团领班修士大司祭索夫罗尼（格里波夫斯基）于回国后提供的。

蕴端多尔济郡王报告的翻译件：

臣等接到俄国使臣后，将其护送至库伦。

臣等奉旨于此间赐以盛宴，乘此机会开导于渠等，着其按照礼仪跪拜谢恩，但渠等回答："由于我等不知有此礼仪，未经研究，不能行此礼。"

当下奴才等一再劝说，此礼绝不可废，渠等听后答称："我等并非小国纳贡之使。尔等称尔等之规矩不可废，我等反之亦视我国君之命令为必须执行之头等要务。"渠等坚持己见，不能动摇，非但丝毫不肯同意我方要求，而且更蛮不讲理，顽固异常，言词激烈，态度野蛮。

为此奴才等特奏请下旨批允（俄罗斯帝国对外政策档案馆圣彼得堡分馆，总档 4－4，1802—1804 年，案卷 1，552 页背面。译自满文）。

№ 253

1806年1月15日。Ю. А. 戈洛夫金使臣就准备派使团一等秘书 Л. С. 巴伊科夫为外交信使前往北京事给后者的训令

//32//1806年1月15日在巴伊科夫奉派赴北京前给他的秘密训令

值此委托你前往北京履行使命之际，我以为先将4日发生种种事件[1]以来我所遵循的原则予以详述，乃是我开始这份训令的最好办法。

1. 未经我国宫廷正式授权，我决不屈从于郡王要求我在宴请日履行有损尊严的仪式的做法。我接到的训令也不允许这样做。如此卑躬屈膝，不仅不能摆脱困境，//32背面//只会加剧困境，使中国人的侮辱性行为变本加厉，使我们蒙受新的羞辱。这一永远不变的原则是我行为的出发点，你也应当奉行。

2. 我此前使命的目标，只能说是对辉煌的期望，现在应把它暂时放到一边。唯一应当做的，就是尽一切努力采取理性的和审慎的手段，避免关系急剧破裂，否则将导致贸易中断。同时，还要尽一切可能避免激怒中国//33//政府采取这种措施——他们是非常习惯于采取这种手段的。

3. 同样重要的是——也要以小心谨慎的态度就我头衔的尊严问题达成协议。

4. 中国人前不久缺乏诚意和居心险恶的行为表明，事

先就双方使节的礼仪问题达成协议非常必要。

5. 继续把跪拜仪式作为郡王和我之间的一种争议//33背面//或误解来加以讨论，不仅是多余的，而且也是有害的。

6. 为就上述各点双方达成协议，我建议把关于礼仪的预备谈判作为我［谈判］使命的主要内容，并在授予我的权力的基础上，同理藩院或理藩院委任的大臣进行谈判。这种办法有助于使理藩院了解事情的真相，破除郡王为了证明自己清白所力图造成的错误印象，同时还能保护俄罗斯使臣免受//34//中国政府热衷于强加的屈辱和恣意妄为。

7. 如果确认礼仪问题为预备谈判内容的条件被承认，那么使团返回边境时（如果降旨命你等返回）对它保持一个恰当的姿态，使它看起来不像是被驱逐，而像是边境谈判的一种自然结果，就显得很重要了。为此，我写了三封信①附在后面，委托你到北京转交[2]。正如你所知，礼品清单只是让郡王不拒绝给你//34背面//颁发护照的由头。尽管你的使命仅仅在于送达这些信件，因此你只能无所作为，但与此同时看来你还应当尽一切努力，以口头或书面方式，寻找一切办法和机会，或公开陈述或暗地说服，以确保上面列举的各项原则被采纳或易于被采纳。在所有公开和私下场合，你都必须严格执行这些规定，这是本训令为你确定的最重要的行为准则。为//35//便于你实施这些准则，你一定要记住：全部准则都源于一个原则，即：<u>要避免由关于礼仪的争论引发更大的不快，要将它［争论］转化为谈判</u>②。北京政府周围的迷雾令人难以洞彻，不幸的是我却有一点可以确信，那

① 见250、251号文件。

② 着重线是文中原来就有的。

就是你将完全有可能失去行动的自由，交往的权利，无法搜集有助于你搞清行动方向的情报。传教士团的人起初对你可能//35背面//会有所帮助。为此我给几个传教士[3]写了信，届时可能发挥作用。但是我要特别提醒你，使用这个手段要加倍小心，因为这件事一旦公开，将会造成难以挽回的恶果。

毋庸置疑，忌妒心和不友善的态度将促使人们采用一切手段阻挠使团，甚至唆使两国宫廷为敌。如果说一方面是我今天应该竭尽全力避免这种不幸//36//结局的话，那么，从另一方面来说，最重要的就是要尽量破除北京宫廷对使团此行真正目的的错误印象。你的首要任务就是要促成此事。为了向你指明应当如何行动，我向你推荐我在关于谈判的秘密备忘录①里选择的道路。我在其中指出，震撼欧洲的战争和动乱自然会迫使并未参与其中的俄皇把自己的友谊和善意转向中国皇帝，中国皇帝//36背面//是他所有邻国中最睿智、最忠实、最热爱和平的，这是使团前往北京的唯一原因。你要尽可能找出一切恰当的论据来支持这种说法，并使他们相信，我出使的唯一目的，就是宣示和证明这种友谊和信任。

你要以同样的指导思想来向他们揭示（如果有机会这样做的话），自我到达边境以来，导致我种种作为的真正原因究竟是什么，特别是对郡王行为。你要采取//37//中间立场，没有必要为我辩解。而指责郡王只会引发新的恶意。所以你只要简单地陈述事实，就足以让人了解行为上的差异。在这种情况下，你的手里一定要有我和郡王往来信函的副本。我信件中的和睦精神及温和态度，也许能给你一个由头，让你来谈论我个人的品质。我之所以要你说说这个，是因为这

---

① 见235号文件。

样做很有必要，它有助于让中国人以亲切信任的心情来接待我。

无论我的头衔//37 背面//多么显赫，都只能说成是我国皇帝对中国皇帝友好情谊的证明。有必要向中国人说明，我的这个西伯利亚总巡按使的职务，要求我到这边来。而由于因缘聚会，才同时又使我和使团获得了到中国来的荣幸。你要尽可能着重指出总巡按这个职务的重要意义和权力，附带还要指出，这个职务要求我必须常驻西伯利亚，这种近邻关系可能会//38//使他们在行为上有所收敛。

在呈递礼品清单[4]时你要说明，由于这些礼品在进入上国的那一刻起就已经是中国皇帝的财产，我仅仅是它们的守护者，没有他的特别旨意我无法确定将它们运往哪里。你要想方设法告诉他们，这些礼品有多么豪华，特别要强调，送给大臣和官员的那些礼品有多么值钱。你可以以非正式的方式递交礼单，只要你认为这样做有好处。

//38 背面//假如理藩院同意我的提议举行谈判，你可以说，我已做好准备，向他们任命负责此事的人，出示我的授权证书，同时建议把恰克图作为最恰当的谈判地点。但你首先要想办法给他们渗透一个思想，让他们今天接待使团时仍应遵守过去的老规矩。[你要对他们说，] 我必须到北京同内阁讨论礼仪问题，以便为将来的使团确立一定之规，我还//39//一定要将这个协议呈交我的国君批准。假如理藩院指定库伦作为第一个问题的谈判地点，对此不要拒绝，但你要尽量向他们指出该地的不便之处，主要是住所不便，生活资源匮乏，对我和我随行人员的身体健康容易造成危害。

假如理藩院拒绝和我谈判，应要求将他们把希望遵守的仪式知会枢密院。//39 背面//在这种情况下，理藩院有可能命令我重返边境。对此你可以回答，根据我所得到的命令，我应当留在那边，等待我宫廷的指令。

无论如何，你要告诉内阁大臣和理藩院，鉴于此事的重要性，我将尽一切努力促其成功。为此，我可以在他们认为合适的任何地点把驻留期延长；假如我必须返回边境，那么在事情达到两国//40//宫廷满意的程度之前，我不会从那里离开。事先不经请示，你不可同意在礼仪上有任何变动，除非他们同意我按过去的规矩办。甚至还要加上一条：同意我到北京就以后其他使团如何行礼的问题举行谈判。

如果他们建议你留在北京就此事进行谈判，你可以告诉他们，我有权在使团官员中自行任命特命全权公使，你将把这个//40背面//建议报告我以求得批准，获得与官阶相应的授权乃至必要的训示。

理藩院总是要求派往中国的俄国信使履行确实有损尊严的礼仪。一上来你可以以具有宫廷低级侍从和使团一等秘书等职衔为由，拒绝履行仪式。但若清楚预见到这种拒绝将会使你失去完成使命的可能，我授权你在我无法预见的//41//情况下自行选择恰当的应对办法。就此有必要再次提醒你我规定的原则：要避免破裂，同时也要捍卫我职衔的尊严。因此首先要注意，在与中国大臣的交往中，无论他们是哪一类人物，你都不仅要避免激怒他们，而且还要对他们将要采取的各种措施有所防范，使其力度有所削弱。

趁礼仪的交涉尚未结束，你还要特别努力，以求在关于礼仪的风波没有了结之前//41背面//把礼物先留在他们国内；要把它们说成是中国皇帝所有，而我只是个守护人，我等待着他们把对此事的意图告诉我。如果他们想不通过我而把礼品送到北京，那你就要说，它们是俄国君主赠送的，只能由俄国君主专派的人亲自呈交中国君主。

您在北京停留时间的长短无疑将取决于北京内阁对使团

做出的决定，你必须遵守给你下达的命令。也许，//42//只有接受使团以后，你才能获得选择的自由。如果是那样，我希望你留在北京，直到我去时再出来迎接我。

尽管让使团进北京的可能性微乎其微，你还是要搜集与此有关的情报。假如同意让使团进京，那你就决不要用那封给首席军机大臣、军机处和理藩院的、内容含有对事件原委表白的信，只要把给首席军机大臣的感谢信以及礼单交给他就可以了。这封信我//42 背面//已为你准备好。在北京期间，你要尽一切努力搞到关于皇帝性格和意图以及关于大臣和理藩院的情报，尤其是关于俄罗斯和此次出使的情报。如能深入了解极力反对本使团的真正原因，找到我使团受辱的根源，那将是非常重要的。据我目前搜集到的情报来看，几乎可以肯定，原因只能在开展广州贸易的//43//欧洲列强的竞争方面去找，它们竭力挑起北京政府对本次出使的隐蔽动机的恐惧和怀疑。郡王的所作所为足以表明他的意图。不过据我猜测，他之所以这样，主要是受到周围人的影响，尤其是贴身幕僚的影响。我也非常想知道他在宫廷和大臣中所享有的威望和得到支持的程度，想了解他的朋友和敌人。我已下令把礼品和钱款交给你，//43 背面//望你酌情使用。

我交托给你的任务十分重要，这是我信任阁下的才干和能力的最好证明。你面对各种危险和不快所表现出来的勇气，是对我至尊君主忠诚无二的最佳证明，无论努力的结果如何，我都相信它将获得应有的评价。

文末有署名：戈洛夫金伯爵

32 页正文上方左侧：抄件①。

---

① 着重号为文中原有的。

同处正文上方用俄文标注：出使大臣戈洛夫金伯爵 1806 年 2 月 19 日报告[①]的附件。

俄罗斯帝国对外政策档案馆圣彼得堡分馆，总档 1—7，目录 6，1805 年，案卷 1a，32～43 页背面。经核对的法文抄件。Н. Б. 祖布科夫译自法文。

使团办公厅法文抄文簿抄件存同处，卷夹 41，362～371 页背面。

注释：

［1］指的是 1806 年 1 月 4 日就库伦办事大臣们提出在库伦行叩头礼的要求所做的解释（见 212 号文件）。

［2］给“阿利哈达”（满语总理大臣叫阿利哈—笔帖—达）和给内阁的信已发表（见 250、251 号文件）。发往理藩院的信我们没有找到。

［3］我们在俄罗斯帝国对外政策档案馆没有找到写给传教士的信，也许那只是一种打算。

［4］这里所说的清单在俄罗斯帝国对外政策档案馆没有找到。

---

① 见 297 号文件。

№ 254

1806年1月16日。Ю.А.戈洛夫金使臣为派使团一等秘书Л.С.巴伊科夫担任赴北京信使而给他发的护照

//148背面//护照①

奉全俄罗斯等疆域的专制君主亚历山大·保罗维奇皇帝陛下旨意，今特派皇室五级侍从、使团一等秘书巴伊科夫及随行译员一名，携带致理藩院之信件，前往大清国博格德汗陛下之京城。根据条约和双方现行之友好和睦约定，望沿途所经//149//一如在俄罗斯国，提供车马食宿为盼。

特发此照，签名盖章。1806年1月16日于库伦。

148页左侧页边：№ 31。

俄罗斯帝国对外政策档案馆圣彼得堡分馆，总档1—7，目录6，1805年，案卷1a，卷夹28，148页背面～149页。使团办公厅法文抄文簿抄件。

另一份蒙古文抄文簿中的抄件存同处，149页。

① 标题位于左侧页边。

№ 255

1806年1月16日。Ю.А. 戈洛夫金使臣就发给使团一等秘书Л.С. 巴伊科夫护照并将其作为信使派往北京事致库伦办事大臣蕴端多尔济、福海的信

//228//全权使臣致库伦办事大臣郡王、昂邦的信

本官曾于1月12日致信郡王和昂邦阁下，告知欲派信使赴北京完成重命。此事当月14日与二位会晤时又曾当面再次奉告。

今根据第9款，紧急奉上使团一等秘书、宫廷低级侍从巴伊科夫的护照，着其面呈，务祈郡王、昂邦阁下按规定给予必要协助。

1806年1月16日于库伦。

俄罗斯帝国对外政策档案馆圣彼得堡分馆，总档1—7，目录6，1805年，案卷1a，228页。草稿。А.Г. 符拉德金手迹。经Ю.А. 戈洛夫金审核的抄件存同处，卷夹27，44页。满文草稿、А.Г. 符拉德金的手迹，存同处，卷夹26，229页。

俄文原件存中国第一历史档案馆，中俄关系史文件藏档，案卷50。

使团办公厅抄文簿抄件：俄文存同处，亚洲司图书馆全宗，目录505，案卷32，33页背面～34页；又存圣彼得堡分馆，总档1—7，目录6，1805年，案卷1a，卷夹26，165页背面～166页；同处，卷夹28，147页背面～148页；满文文本存同处，

148 页背面。

库伦办事大臣衙门抄文簿抄件，满文存蒙古国立中央历史档案馆，藏档 M-1，案卷 639，646～648 页[①]；蒙古文文本存同处，649～650 页。

① 646 页上有：12 月 9 日，即 1 月 16 日。

№ 256

1806 年 1 月 16 日①。理藩院为俄国船只违反只许在恰克图贸易的规定到达广州事致枢密院的文书[1]

//178 背面//大清国理藩院致俄国枢密院文书

今有圣谕：

粤海关监督延丰报称②，今年十月，露臣国露臣东及尼赞什二人有两艘商船抵广东境内之澳门③（马口）④ 地方。经查悉，露臣国即俄罗斯国也，自古有约[2]，着于恰克图一地，不许于其他地方贸易。今露臣东、尼赞什两艘商船抵澳门贸易，俄罗斯国是否知晓？着理藩院就此照会俄罗斯枢密院，询问此事。

臣等奉圣旨照会曰：

旧约凿凿，着尔等俄罗斯所有贸易集中于恰克图一地施行，若于其他边境地方通商，实属无章可循，如贵国//179//露臣东、尼赞什二人两商船至澳门贸易，是属违法。

此二人出离贵境，是否有书呈尔等，告知将赴我广东省澳门地方贸易？抑或其为尔等所派？

---

① 嘉庆十年十二月九日。

② 见 225 号文件。

③ 此处及以后的下加线是文中原来就有的。

④ 此处的括号是文中原来就有的。

如其并未有书呈报尔等，则系擅为，尔枢密院应奏知尔等之汗，将其交付有司处置，以儆效尤。如其已书报尔等，则枢密院理应知会我等。我理藩院必当奏明当今圣上，以求恩准。如二人系贵国所派，为何将两国旧约置于无地？恰克图贸易又因何而设？此举是尔等欲停恰克图贸易耶？

贵国既认定和睦友好之准则，自当信守旧约，不应以任何方式放任贵国臣民，随意至我国各处入境贸易。

望枢密院详查后来书回复。专此奉达。

嘉庆十年十二月九日[①]。

八等文官符拉德金翻译。

178 页背面正文左侧：译文。

俄罗斯帝国对外政策档案馆圣彼得堡分馆，总档 1—7，目录 6，1805 年，案卷 1a，卷夹 28，178 页背面～179 页。使团办公厅抄文簿满文译本抄件。**А. Г.** 符拉德金手迹。

俄文抄件存中国第一历史档案馆，中俄关系史俄文文献藏档，案卷 12，19～22 页。

另一俄文抄件存同处，案卷 11，71～74 页。

使团办公厅抄文簿其他抄件：满文抄件，符拉德金手迹，存总档 1—7，目录 6，1805 年，案卷 1a，卷夹 28，178～179 页，满文译本存同处，卷夹 26，171～172 页。

П. И. 卡缅斯基和 **С. В.** 利颇夫佐夫的满文译本存同处，亚洲司图书馆全宗，目录 505，1818 年，案卷 44，31～32 页。[②]

---

① 翻译者在左侧页边把日期转换为儒略历：1806 年 1 月 16 日。

② 在这个译本中，日期弄错了：“赛春丰神（满语音译，即嘉庆）十年九月九日，即 1805 年 10 月 18 日”。译文送到外务院的时间是 1818 年。

注释：

［1］理藩院1806年1月16日（嘉庆十年十二月九日）的文书没有找到，此处发表的文本同理藩院的其他文书有所不同，根据的是使团办公厅抄文簿的译文抄件。翻译是А.Г.符拉德金在使团由库伦回国后完成的，然后文书原件被送往外务院。

除了发表在这里的译本之外，档案中还存有另一个译本，是文书的满文本的译本，由Л.卡缅斯基和С.利颇夫佐夫完成。这份译本附于报告之后，于1818年交到了外务院（见文件出处注释）。

［2］这里指的是1727年《恰克图条约》的第4条，其中说：在俄中边境“于尼普科夫（即尼布楚）附近以及色楞格斯克恰克图为少数商人择方便之地，起盖房屋，建造围墙”。（《1689—1916年的俄中关系：官方文件》，莫斯科，1958，19页）。

№ 257

1806 年，不早于 1 月 16 日[①]。军机处为传达嘉庆皇帝要求速报俄国使团到达库伦日期的圣旨给库伦办事大臣蕴端多尔济、福海的命令

//661//12 月 17 日收到[②]

军机大臣令行库伦办事大臣喀尔喀郡王等

嘉庆十年十二月九日皇帝诏曰：

两旬前蕴端多尔济等报称，俄罗斯使臣戈洛夫金等即将抵达库伦，然后由当地出发，预计于十二月二十五日前到京云云[③]。

然蕴端多尔济等至今未曾奏报，俄使于何时到达库伦，赐宴情况如何，如何演练［叩头］礼仪，何时由当地启程。而今俄罗斯使臣等已//662//到库伦否？如此俄使何以得于十二月二十五日前抵达京城？

俄罗斯人性本狡诈，且惯于左右推诿，横生枝节。着蕴端多尔济等一一奏报。本旨着以四百里快马寄蕴端多尔济。

着急速据实奏报：俄使于此期间是否已到库伦？抑或何时到达？何时可由当地出发，且于何日到京？抑或俄人是否

---

① 日期是根据皇帝的圣旨确定的（嘉庆十年十二月九日）。

② 1 月 24 日。

③ 见 238 号文件。

有支吾搪塞推诿之举？或有其他出乎预料之情事？

谨奉圣命，特传此令。

蒙古国立中央历史档案馆，藏档 M-1，案卷 639，661～663 页。库伦办事大臣衙门满文抄文簿抄件。И. Т. 莫罗兹译自满文。

№ 258

1806 年，不早于 1 月 16 日①。外务院就与清帝国划界问题及给使臣的补充训令说明等提出的报告[1]

//77//出使大臣戈洛夫金伯爵认为有必要作出决定，着手划分 1689 年《尼布楚条约》未划定的领土。由中国政府方面刚刚提出的这个问题，以及中国方面派使团觐见皇帝陛下的问题，理所当然地促使外务院要同商务部协调意见，以求向他（指出使大臣——原译者）颁发的训令既能符合//77 背面//帝国今后的计划，又不给目前的贸易带来损害。为此外务院立刻把有关事宜通知了商务部，现该部根据戈洛夫金伯爵进入中国之前几次报告提出的这些问题，陈述了自己的看法。

商务部意见//78//认为，划定边界和派遣使团来俄应当视为同一个问题，即，只有同意我方向出使大臣下达的条件，才能接待中国使团。

但是，戈洛夫金伯爵自己又说：把划界工作推迟，等待他派出的工程师在当地搜集到足够的资料，以确定把边界划在哪里，可能更为明智。如果中国政府坚持着手划界，应命令出使大臣提醒中国//78 背面//政府，《尼布楚条约》已专门讲明："从南方流入阿穆尔河的全部河流归中国所有，而

① 日期根据商务大臣呈递奏章的时间标定。

从北方流入阿穆尔河的全部河流归俄国所有。”[①] 因此很显然，商务部宣称，阿穆尔河以南沿岸的所有//79//领土，一直到海，都属于中国；阿穆尔河以北沿岸的所有领土，一直到海，都属于俄国。商务部又表示，有一个条款谈到了位于乌第河和阿穆尔河左岸之间的那部分领土，这在某种程度上削弱了上一个条款的地位。但可以对中国理藩院说，俄罗斯国在这一条款中，只是希望把当地居住的游牧//79 背面//民族置于中国统治之下，目的是希望他们在最终的边界确立之前，不至从世居的土地上被赶走。其实，俄罗斯国仍然认为，俄国的边界把整个阿穆尔河北岸都包括在内。

最后，商务部在结论的末尾表示，从沙皇伊凡在位直至今天，乌第河和阿穆尔河之间的领土问题之所以始终没有解决，其目的很可//80//能是由于不想因为一块什么土地而给帝国的尊严带来损害，那么，怎么可以指望亚历山大皇帝派出的使团会立即就此做出让步呢?

分析了商务部的这个结论之后，是否批准中国使团来访不应取决于俄国出使大臣奉命提出的建议是//80 背面//否获得成功的这个道理，也就不言而喻了。这些建议很有可能被否定，但我们目前应当精心呵护的与中国的贸易关系却并不会因之而恶化。另外，能够让中国政府形成对俄罗斯帝国繁荣兴旺的有利印象，让它学会相互尊重，这样的机会我们为什么要极力放弃呢? 当我们同一个对我们所有的贸易竞争对手都表现得高傲透顶的国家打交道时，这种相互//81//尊重岂不是非常重要吗?

商务部的想法是等待戈洛夫金使臣派出的工程师调查有

---

① 商务部所引《尼布楚条约》的文字极不准确，不知出于何处。——中译者

个结果，意见要说得有根有据。这当然是对的。但是，要盖一栋房屋，并没有必要非把所有的材料都等齐才开始打地基。政治问题//81背面//就更是如此。只要我们知道有一条路可以通向目的地，就可以谨慎地审时度势，对这条路加以试探。其实，即使中国政府决定要开放边境贸易，他们也不会事先不加//82//以说明就急着办这件事，特别是在沉默了120年之后。

假如中国政府反对划界，商务部建议在这种情况下要遵守《尼布楚条约》的精神。不过商务部从中只摘录了一小段，既没有提到条款的上文，也没有提到它的下文。

须知，在1689年的《尼布楚//82背面//条约》第一款中清楚地写明：自绰尔纳河向下由左岸流入石勒喀河的格尔必齐河为两国边界。同样，由该河源头，沿该河源头附近之石头山直至//83//于海，两国以山脊为界，凡山南流入阿穆尔河之大小河流均属博格德汗之国所有；凡//83背面//山岭另侧河流属大俄罗斯沙皇陛下所有。其余位于属俄罗斯国的乌第河及上述山岭之间的//84//所有河流，其靠近阿穆尔河以及流入阿穆尔河者，属博格德汗之国所有。在上述乌第河和山岭之间边界附近的所有土地，因为全权使臣就此未得沙皇陛下的谕旨，故未//84背面//划定疆界，留待双方使者回国后，于沙皇陛下和博格德汗陛下//85//认为恰当之时，或通过友好书信，或通过派遣使臣，就未划界土地和平友好地进行谈判。①

//85背面//只要看一下这个条约，就会发现商务部关于流入阿穆尔河的河流的说法是没有根据的。商务部所依据

① 外务院引用的这一段文字，仍然不是《尼布楚条约》有关条款的准确文字。——中译者

的《尼布楚条约》写道："所有从山南流入阿穆尔河之大小河流，均属博格德汗国；山另一侧//86//所有河流，均属大俄罗斯沙皇陛下所有。其余位于属俄罗斯国所有的//86背面//乌第河及属汗之国所有的阿穆尔河附近的上述山岭之间的流入阿穆尔河①的河流，以及位于上述乌第河和山岭之间的所有边境土地，属未划定之疆界。"由此可知，中国人是把石头//87//山岭，以及该山岭向南北两侧流下的河流，而不是把阿穆尔河作为两国边界的。这种说法显然毫无疑问，因为1689年《尼布楚谈判》的俄方首席代表戈洛文伯爵，开始曾建议以阿穆尔河划分两国边界，将该河北岸所有土地列为//87背面//俄罗斯领土，南岸所有土地属于中国。但他的提议遭到否决，而且，中国人还摧毁了建在阿穆尔河上的阿尔巴津堡或雅克萨堡[2]。从那时起，俄国始终没有要回阿尔巴津人曾经居住过的领土。

无疑，我们可以从对《尼布楚//88//条约》的解释中得到好处。但如果利用第一条中的文字，作出商务部建议的声明，把阿穆尔河作为两国边界，同时宣布//88背面//乌第河和阿穆尔河之间那片土地上的居民是非法居留的中国臣民，要把他们都赶出去，那就先得开战。

这就需要为征伐准备5万人的军队，而且先得忍受彻底摧毁恰克图贸易的后果。那么，就算中国政府//89//会选择等待，它又会怎样回答呢？他们会这样回答：条约是明确的，你们也遵守了将近120年。如今你们却要开战。那么你们就来吧！否则我们可要给你们讲讲道理了。好好看看条约吧，上面不是给你们说得很清楚吗："自河源至格尔必齐河，边界沿石头山岭迤逦至海，山岭以南流入阿穆尔河的大//89

① 应为"流入海"。——中译者

背面//小河流仍为中国统治的土地；山岭另一侧发源的河流属俄国所有。”也就是说，两国之间的边界根本就不是你们所说的阿穆尔河，而是那道石头//90//岭。

出于这样的考虑，外务院才在给出使大臣戈洛夫金伯爵的训令①第8条中毫不犹豫地指出了这样一个微妙的问题可能带来的不愉快后果，并指出，如果中国政府建议重新划界，//90背面//就应当回答说，使团没有获得这样的授权，但可以保证，如果中方对向它提出的建议表示关注，俄国宫廷的态度将会是友好的；由于当前//91//欧洲局势决不允许我们抽出两万兵力来加强我们同中国的边界，所以一定要回避就这个问题进行讨论。

出使大臣在进入中国之前认为有责任说出自己的意见，外务院同样也认为，对这场争论所涉及的两个//91背面//问题予以特别关注并非多余。

至于有关中国使团对沙皇陛下派往北京使团的回访，外务院认为，从各方面来说，这个问题都是必要的：1. 对于同我们有如此利润丰厚的贸易关系的邻国来//92//说，这是一种相互尊重。2. 这是让中国政府对俄罗斯帝国的强大、富饶和繁荣产生印象的有效方法，因而可以从不断扩大贸易关系所采取的措施中获取更大利益。//92背面//3. 可以破除阴暗的思想，以为不让中国使团来访是由于帝国的贫穷或者内乱。

关于划界问题，外务院的意见是这样：应当授权出使大臣来讨论这件事，表示俄罗斯//93//希望澄清这件事，以免将来产生任何误会。要彻底公开说明一切有关问题，使之最终成为调整两国边界的基础。

---

① 见130号文件。

出使大臣在了解到中国理藩院对此事的意见之后，也许可以对该国政府如何看待我们对阿穆尔河左侧支流所拥有的主权一事做出更//93 背面//清楚的说明。今后我们将努力经常提出各种说明，这样，就比较容易获得阿穆尔河的自由航行权，即使是保持一个边界 status quo（法理边界——中译者）//94//也好。要想就边界问题进行谈判，就一定要避免流露任何敌意。举个例子说，即使我们打定了主意，只承认阿穆尔河是两帝国之间唯一的边界，也不应当用其他方式去谈判。

最后，外务院认为有责任//94 背面//说明，由皇帝陛下专门召开一次大臣会议，制订一个准确的方针，明确规定在鄂霍茨克海到//95//恰克图一线的国境上，究竟什么才算是俄罗斯方面对中国的让步，将会是非常重要的。同时还要说明，这只是把《尼布楚条约》和《恰克图条约》所承认的权利加以确认。这一举措之所以尤其必要，是因为这两个问题如不能明确地加以解决，即使出发点比较合理，符合帝国发展的利益，外务院无论//95 背面//如何也不可能在不损害帝国尊严的条件下，制订出一个真正的、具有坚实基础的计划来。

82～85 页左侧页边以俄语标注：附记：外务院档案馆应商务部请求，提供了《尼布楚条约》和《恰克图条约》的译文。“以格尔必齐为名的河流为两国边界，该河下行至绰尔纳河附近，由左岸流入石勒喀河。同样，该河上源有石头岭，自该河上游头起沿岭脊为界迤逦//83//至海，亦为分隔两国之边界。凡岭南由山上流入阿穆尔河之大小河流，均属汗国所有。凡岭北所有河流，均属大俄罗斯国沙皇陛下所有。其余所有位于俄罗斯国所属的乌第河和汗国所属的阿穆尔河附近//84//上述山岭之间的流入海中的河流，以及该地区位于上述乌第河和作为国界的山岭之间的所有土地，均//84 背面//属未定疆界。因为在为这块土地划界的问题上，全权使臣们没有得到沙皇［陛下］的谕旨，他们把划界的事留待相宜的时机，如果沙皇陛下允许，博格德汗//85//陛下也愿意，那时可让双方使臣再回来，派出使大臣或者使臣就此问题友好地交换信函，然后或通过书面形式，或通过使臣，就未曾划界的土地进行和平的、正式的讨论。”

俄罗斯帝国对外政策档案馆圣彼得堡分馆，总档 1—7，目录 6，1805 年，案卷 1a，卷夹 25，77～95 页背面。法文草稿。П. Г. 季沃夫手迹。Н. Б. 祖布科夫译自法文。

注释：

［1］看来，这篇报告是由外务院档案馆馆长 П. Г. 季沃夫撰写的。因为标明是他的手迹。

［2］Ю. А. 戈洛文的报告见《17 世纪俄中关系》，卷 2，639～641 页。П. Г. 季沃夫在页边引用的（有些不准确）是《尼布楚条约》俄文文本副本中的第 1 条（俄文本的正本交给了清方）。《恰克图条约》的条款没有引用。

№ 259

1806 年 1 月 17 日。外务院驻恰克图特派员 А. И. 索科洛夫就俄国使团到达库伦的消息给外务院的日报

//269// 秘密

1806 年 1 月 17 日（中国历法嘉庆十年十二月）日报

买卖城扎拉固齐[①]派其属下章京到七等文官索科洛夫处告知，他派到库伦的人已经返回，并带来关于俄国使臣的消息，说使臣已于中国历法十一月二十五日[②]顺利到达库伦，在该处滞留原因是已派信使往北京，请博格德汗就俄国使臣前往北京还是回国一事降旨，因为他没有按照博格德汗的旨意行事，跟库伦郡王[③]和一个贝子[④]一道演练叩首礼。俄罗斯使臣说，他认为这种演练礼仪的做法纯属多余，并且解释说，//269 背面// 面见博格德汗本人时他会表现出应有的恭敬。对此郡王表示：假如他连这个要求都不能履行，那么郡王是不敢置博格德汗的命令于不顾的，只好让俄国使臣返回

---

① 此处和以下的下加线都是文中原有的。
左侧空白处：买卖城的长官。

② 左侧空白处标有儒略历日期：1 月 2 日。

③ 左侧页边：皇室血统的郡王。

④ 左侧页边：郡王。同处文下：所有外国使臣、贡使及各类官员在谒见博格德汗时，都要行九叩首的跪拜礼，行礼时三次下跪，每下跪一次三次叩首至地。

了。使臣对郡王回答说，他既已被接纳，而且又从边境走了这样远的路到达库伦，当然不能回国。他将等待博格德汗恩准赴京。

七等文官　索科洛夫

269 页背面正文下方：着呈交外务院。发自恰克图哨所。

俄罗斯帝国对外政策档案馆圣彼得堡分馆，总档 1—7，目录 6，1805 年，案卷 1a，卷夹 26，269～269 页背面，原件。

发给魏德迈的日报副本存同处，265～265 页背面。

经伊尔库茨克省办公厅核对的抄件存同处，261 页。

№ 260

1806 年 1 月 18 日。外务院驻恰克图特派员 А. И. 索科洛夫就俄国使团在库伦逗留的情况给外务院的日报

//270//1806 年 1 月 18 日日报

由恰克图中国买卖城去往库伦，并于今年 1 月 16 日由当地返回的大黄商人、布哈拉人阿布达莱姆①到七等文官索科洛夫家做客时，因为早就相识，当天于闲谈中说起，俄罗斯使臣离开边境去库伦后，他就被郡王召去了。在那里待了几天，同一些奉郡王差遣向俄罗斯使臣传话的官员有所接触。据他说，俄罗斯使臣在中国历法的十一月二十五日②到达库伦后，次日携随行 30 人与郡王在王府举行了第一次会见。当天，郡王带同自己的副手阿斯哈尼昂邦③及多名官员前往位于郡王府不远处的俄国使臣营地拜望使臣。

第四日郡王邀请俄国使臣到自己府上赴宴④。但是当使臣//270 背面//和随员进府入厅，互致问候之后，郡王立刻

① 此处及以下的下加线都是文中原有的。

② 左侧页边有转换为儒略历的日期：1 月 2 日。

③ 左侧页边有：副都统。

④ 正文下方：宴席是奉博格德汗的圣旨预备的，据布哈拉人说，似乎花费了 1500 两银子（2550 卢布，由于时下北京银子的比价又有所上升，1500 两应该相当于 3000 卢布左右）。使臣到达第一个边境城市和要塞张家口后，博格德汗又下令按 300 两的规格赐宴。

建议俄国使臣在他和另一贝子陪同下，在一张特意准备好的桌子前面演练跪拜仪式①。桌子放在豪华的地毯上，朝向东南方，上面插着三支点燃的线香②。但使臣拒绝了。他对郡王说，如果博格德汗接见他，面对博格德汗他自会履行应有的礼仪。郡王见俄国使臣对演练仪式做了这样的回答，就请他进入内室。当双方在按照中国习俗准备的摆放着许多水果和专门为这种场合制作的点心的桌旁就座后，郡王对使臣表示，鉴于未能演练面见博格德汗时应当履行的仪式，他不敢对使臣放行，使臣请就此返回。

使臣对此表示，他既已//271//被接纳，而且已在半路上，因此不能返回，要等待博格德汗最后的旨令。

谈话结束时，使臣喝了一杯茶，回到自己的驻地。

1月6日由库伦派出信使，向博格德汗呈报关于此事的奏章，预计将于本月29日返回。

七等文官索科洛夫

俄罗斯帝国对外政策档案馆圣彼得堡分馆，总档1—7，目录6，1805年，案卷1a，卷夹26，270～271页，原件。

发给И. А. 魏德迈的日报副本存同处，266～267页。

经伊尔库茨克省办公厅核对的抄件存同处，262～263页。

---

① 左侧页边有：一如面见博格德汗时应当履行的仪式。

② 这种线香中国人是用一种含有特殊香味的草本植物做成的，外面漆成淡红的颜色，粗如一根或两根鹅毛管，燃烧后留下灰烬，状似我们的香蜡。

№ 261

1806 年，不早于 1 月 19 日[①]。军机处为传达嘉庆皇帝因 И. Φ. 克鲁森施特恩和 Ю. Φ. 利相斯基的船只到达广州着理藩院致书俄国枢密院一事所颁圣旨给库伦办事大臣蕴端多尔济和福海的命令

//664//十二月二十一日[②]收到

军机处军机大臣行库伦办事大臣、喀尔喀郡王等令

嘉庆十年十二月十二日皇帝诏曰：

前次延丰奏称[③]：

今年十月，露臣国克鲁森施特恩及利相斯基所驭之两商船到达广东澳门地方。

朕详阅此奏。且有报称露臣国与俄罗斯，此一国也。为此朕已专门有旨给军机大臣："昔祖上旧约，俄罗斯贸易定于//665//恰克图一处，于其他边界地方绝未实行。着理藩院行文俄罗斯枢密院说明此事。"

今文[④]已拟就，着即送蕴端多尔济、福海处，命其转送俄罗斯枢密院，并抄示蕴端多尔济等。

---

① 日期根据皇帝圣旨上的时间（嘉庆十年十二月十二日）标出。

② 1 月 28 日。

③ 见 225 号文件。

④ 见 256 号文件。

谨遵圣谕。此令。

蒙古国立中央档案馆，藏档 M-1，案卷 639，664～665 页。库伦办事大臣满文抄文簿抄件。И. Т. 莫罗兹译自满文。

№ 262

1806年1月21日[①]。军机处为因嘉庆皇帝下旨拒绝廷见俄罗斯使团，着刑部侍郎瑚素通阿回京事给后者的命令

//45背面//军机处军机大臣晓谕钦差大臣刑部侍郎瑚素通阿，嘉庆十年十二月十四日今上诏曰：

瑚素通阿奏称，济默多尔吉之子盗马一案已经查实，现交［刑］部议处。先前有旨[②]命瑚素通阿于查案后暂留张家口，俟俄罗斯使团携贡品来朝时予以迎接并护送入京。是日蕴端多尔济恭奏[③]，该国朝贡一行未遵礼仪，故今着该使团不得入京朝觐。瑚素通阿已得旨否？

着［瑚素通阿］得旨后即刻还朝，仍回原部供职，不必等待［使团］。

//46//特传此旨，喻尔知晓。着恭肃奉旨，来书禀报［执行情况］。

《清代外交史料》（嘉庆朝），北京，1932年，1集，45页背面～46页。

А. Д. 沃斯克列先斯基译自中文。

---

① 嘉庆十年十二月十四日。

② 见219号文件。

③ 见252号文件。

№ 263

1806 年，不早于 1 月 21 日。军机处为传达嘉庆皇帝若俄罗斯使团于库伦不履行叩头仪式即命返国的谕旨[1]给库伦办事大臣蕴端多尔济、福海的命令

//671//十二月二十二日收到①

军机处军机大臣行库伦办事大臣、喀尔喀郡王等令

嘉庆十年十二月十四日皇帝诏曰：

蕴端多尔济等奏曰：

俄国使臣戈洛夫金等至库伦后，虽经多方说明，渠等一意拒行叩头礼。因派纳木吉勒多尔吉等前往开解，然俄人一意坚拒，态度傲慢，且所行于法多有冒犯。蕴端多尔济等因请降旨，着将戈洛夫金等驱返，//672//着理藩院行文俄国枢密院，严责渠等之过，并自请刑部查办蕴端多尔济失职之罪云云②。

俄罗斯汗多次请求派使臣纳贡朝觐，此朕所以降旨准其请也。今上述使臣戈洛夫金等已到库伦，反拒行叩头礼。为劝说此事，又派纳木吉勒多尔吉等前往，然俄人再次傲然//673//不遵［礼数］，实为冒犯法度。且声言俄使臣绝不匍匐行礼，如行礼亦按俄俗站立鞠躬。渠等且称，史上并无一

① 日期按皇帝圣旨的时间（嘉庆十年十二月十四日）标定。

② 见 252 号文件。

例记载俄使下跪叩拜，其于接受皇帝亲手赐酒亦仅为立受，罪孽莫此为甚，至为恶劣。戈洛夫金又声称，渠将等待圣明皇帝旨意，否则绝不回国。

因谕蕴端多尔济等：

俟接旨后，即命//674//当地所部蒙古诸王、古纳、台吉、章京等，皆腰佩武器，整列队伍，以示我国威，然后邀戈洛夫金等前来，命其行跪拜之礼。由蕴端多尔济复行跪拜大礼，对戈洛夫金等宣圣上谕旨如下：

应俄罗斯汗多次恭敬之请，我圣明大皇帝为两国敦睦修好计降旨曰："可引使臣来朝。"今戈洛夫金已至（库伦），然执意拒行我天朝之礼。且肆意妄言，称前朝所订条约11款未有言及跪拜叩头之事。

//675//旧约第十一款[2]专为我两国边界问题而设，于派出使团履行礼仪方面并无指涉。即以此事为例，约章中①何曾有外国使团如我边境后即行赐宴之说？且凡有外国使臣来我天朝纳贡者，皆必行叩头礼。前此，安南国王进京朝见圣明大皇帝，亦谨执叩头大礼，//676//汝等仅为使臣，又复何言？圣明大皇帝已命速将使臣于岁末之前送抵京城，且特意加恩，尽行赏赐，汝等使臣所受恩赐几与汝汗等。今汝等已失皇上恩遇，如不行跪拜之礼则立被遣返，所有贡物亦尽返还。汝岂不畏汝汗知悉将治汝等之罪乎？

如戈洛夫金不来见尔，可命纳木吉勒多尔吉//677//等前往将此旨译文向戈洛夫金宣示。如戈洛夫金听旨后确有所惧，面显恭敬，并愿于库伦学习叩头礼，入京来朝，则蕴端多尔济等应安顿戈洛夫金一行于库伦后发五百里廷寄速速奏明。得旨后即可将其护送来朝。

---

① 行间有皇帝朱批：十一条约章。

如其殊无歉疚，于所行并无悔惧，//678//且傲慢如前，亦可着蕴端多尔济等发五百里快马廷寄速向皇上禀明真相，同时命纳木吉勒多尔吉等率可靠护卫，将戈洛夫金等递解出境，所携俄罗斯纳贡贺表及一应贡品尽数遣返。

然俄人或因之恼羞成怒，或有不可预料之荒唐轻率举动，故当俄人返回时，蕴端多尔济等应密令使团途经各哨所及边境卡伦，密切关注其行动。

//679//此外，遣返戈洛夫金一行，应保障其所需物资，无使有缺，一如于我境内迎接时所办。切不可委俄人以任何颠倒是非之口实。

得蕴端多尔济奏报后，着即行文俄国枢密院，详述原委，发至库伦，依站递送。遣返俄使后，即命蕴端多尔济沿驿站速赴京入朝。

蕴端多尔济赴京后，//680//库伦只有福海一人，且到任未久。佛尔卿额久居库伦，谙熟海关事务，因命其前赴库伦，临时代行//681//库伦办事大臣一职。着蕴端多尔济离任前，暂与之交卸诸事。

蕴端多尔济等经办此事并无些微疏忽，因何诸人自请刑部查办失职之罪？特因应此请，降恩一概免予追究。此谕着按五百里快马廷寄发出。

谨奉圣命，此谕。

蒙古国立中央历史档案馆，藏档 M-1，案卷 639，671～681 页，库伦办事大臣满文记事档。И. Т. 莫罗兹译自满文。

注释：

［1］1809 年 3 月西伯利亚总督 И. Б. 佩斯特尔还给外务院送过嘉庆皇帝另外两份圣旨的译文（附在修士大司祭索夫罗尼上交的由中国带回的其

他文献资料当中）（见 252 号文件注释 1）。这些圣旨都是嘉庆皇帝于 1806 年 1 月给库伦办事大臣的（时间是我们根据 Ю. А. 戈洛夫金在库伦谈判的日期确定的），内容也都是行叩头礼和遣返俄国使团的问题。

其一：尔等若将此间政治规则明白晓谕渠等，定可确信渠等绝不会遵守（文中最后一个词重复了两遍。——俄编者）。俄罗斯帝国对外政策档案馆圣彼得堡分馆，总档 4—4，1802—1804 年，案卷 1，552 页背面，译自满文。

其二：渠等实为冥顽不化之愚夫蠢材，故此次对待渠等除不允其入内即遣返外，别无他法（同上，553 页。译自满文）。

［2］这里指的是俄中《恰克图条约》，由十一条构成。

№ 264

1806年1月22日①。军机处为传达嘉庆皇帝关于旧制不可更改，据此俄商在华贸易应于指定区域进行的上谕给两广总督吴熊光的命令

//46//军机处军机大臣行文两广总督吴［熊光］

嘉庆十年十二月十五日皇帝诏曰：

当日那彦成奏称，有函与延丰商及露臣国即俄罗斯国两商船载毛皮白银等来［广州］事，应许其开舱纳税。为此那彦成、延丰已联名上奏［朝廷］。那彦成本有驳回之意，然［又］获延丰来函。因新任粤海关监督阿克当阿已往澳［门］赴任，延丰又于规定之日卸任回京，拟向［朝廷］详奏此事，故那彦成制止［俄人贸易］不及，惟差专人递函新任海关监督，急命［俄商船］停止卸货，免生不虞。各处官员所报之情，均与延丰所奏相符。渠等草草应允此事，实属轻忽，朕特予训诫，着将延丰按律处置。那彦成、孙玉庭着交［吏部］议处[1]。

圣旨命吴熊光奏明［海关情势］，如货物尚未由上述商船卸落，应即行停止收缴关税，奏明圣上，待命行事。

那彦成奏曰，俄罗斯地处北隅，仅允其于恰克图一地贸易。今执意恭请允［其商人］来广［东］贸易，恐渠等将投

---

① 嘉庆十年十二月十五日。

机逐利，有货物走私等事。且渠等此来，显为探听海路及内陆情势。故此事多有不便。

谕：那彦成所办此事甚合朕意。照准。应予嘉奖。其于广东巡抚任上擒贼有功，着及时上报朝廷。皇上将恩遇如昔。

今那彦成有函命阿克当阿禁止俄人开舱卸货。吴熊光应会同阿克当阿向上述商人宣示圣谕，［命］//46 背面//其［今后］应于派商船来广［州］之前向总督上书，以求皇上恩准。

［军机处大臣］得皇上旨意：该国只许于恰克图一处特辟之地贸易。旧制不可［如此］轻易更张。因此应命该国商船携货物尽速返航。［俄人］不得于广［州］滞留。

着吴熊光等严命沿海各港口，上述商人若有转赴其他港口，执意恳请［准其］进行贸易，应予回绝，不得有误。今后尤要密令调查其他各港口是否有此类［商人］擅入我境并请求［准其］贸易事，亦当一概严禁，以儆效尤。

本谕以四百里廷寄晓谕尔等。那彦成奏折亦一并传示。着即奉诏，将执行情况函报。

《清代外交史料》，卷 1，46～46 页背面。沃斯克列先斯基译自中文。

俄文文本发表在：**А. Д.** 沃斯克列先斯基：《有关 **И. Ф.** 克鲁森施特恩和 **Ю. Ф.** 利相斯基商船到达广州的中国文献》，载《时代的联系没有断裂》，154～155 页。

注释：

［1］吏部衙门（满语：多罗伦一伊一珠尔干）存有清帝国全部官员的档案。这个部门决定官员的任命、调转、奖励和惩处。

№ 265

1806年1月22日[①]。军机处为传达嘉庆皇帝圣旨，禁止俄人于广州贸易，着将其商船遣返俄罗斯等事下达的命令

//46背面//嘉庆十年十二月十五日军机大臣得旨曰：

昨已降旨，责延丰办事疏忽，擅作主张，应允露臣国商人到粤［东］从事贸易。盖因延丰在其奏折中指称，已发急函与那彦成请示并亲与孙玉庭会商，已命将此事交吏部议处。

当日那彦成奏报，内称赴陆丰途中得延丰函，曰露臣国亦即鄂罗斯［俄罗斯］两商船来广［州］，具结坚请允其贸易。前述诸情业已奏明[②]。

那彦成本欲断然拒绝延丰所请，然新任粤海关监督阿克当阿已到广［州］，延丰当日业已卸任。此情两人已一并具折奏报。那彦成得［延丰］函后，已知不及禁止［俄人贸易］。是以急发官文予新任［粤］海关监督阿克当阿，命停止［俄商船］卸货，免生不虞。

那彦成举措及所奏深合朕意。

//47//且此前延丰于所奏之尾称，那彦成已启程至省内

---

① 嘉庆十年十二月十五日。

② 见225号文件。

巡视，并致函与彼，以期与之行文会商，且已与钦差大臣孙玉庭商议。奏称两人意见相合云云。

今已明白，延丰行事如下：行函那彦成，然可否贸易一事未得其复。在此情形下并未按规矩与其商议如何行事，擅作主张，且胆大妄为，捏造奏折称经合议［对此事］意见相合。一切所作所为刚愎自用，全然有违朕意。

前已命将此事交吏部议处。现反觉过于姑息。当交吏部从重处罚。

那彦成得延丰函就俄罗斯商船到广［州］贸易事会商，即决意驳回其请。其中绝无有违朕意之处。此前着交吏部立加议处之谕即当撤销，此案撤回。

孙玉庭现已到直省。延丰［就此事］与其会商时，并未立加禁绝，反附和延丰所为，允［俄商］卸货并缴纳关税。此等作为大谬不然，因命如前议，着将孙玉庭案交吏部议处。钦此。

《清代外交史料》（嘉庆朝）北京，1932 年，1 集，46 页背面～47 页。А. Д. 沃斯克列先斯基译自中文。

俄文发表在：沃斯克列先斯基：《中国大事记》，载《时代的联系没有断裂》，155～156 页。

英文发表在傅洛书：《中西关系文献编年》，卷 5，364～365。

№ 266

1806 年，不早于 1 月 22 日[①]。军机处为传达嘉庆皇帝要求俄人在库伦演练叩头仪式谕给库伦办事大臣蕴端多尔济、福海的命令

//689//十二月二十三日[②]得旨

军机处令行库伦办事大臣、喀尔喀郡王等

嘉庆十年十二月十五日皇帝诏曰：

蕴端多尔济等昨有奏圣上折[③]曰：

俄罗斯使臣戈洛夫金一行至库伦后，虽经数次宣喻，不可不演练礼仪，然渠等至今未行"叩头"礼。俄人对此事不仅百般挑剔，且推说其国档案中记载，渠等于皇帝赐酒时尽皆立受。//690//为此蕴端多尔济等欲将戈洛夫金等人驱逐回国云云。

以上诸事朕已下旨[④]明示，更着五百里快马廷寄晓谕蕴端多尔济等。然蕴端多尔济仍具折言其处并无档案涉及前朝俄罗斯使团来朝事项。为澄清此事，特将存于理藩院旧档调出查阅，所言前朝显系指雍正五年[⑤]俄罗斯使臣萨瓦来朝之

① 日期按圣旨上的时间（嘉庆十年十二月十五日）标出。

② 1 月 30 日。

③ 见 252 号文件。

④ 见 263 号文件。

⑤ 为 1727 年。

事，其人亦敬吾朝法律，//691//行叩头礼，因而得见先皇云云。据何确证其国档案中对此毫无记载？戈洛夫金所言，其国使臣于皇上赐酒立受之说，显系谬言，且绝无可能[1]。戈洛夫金定为蓄谋已久，且举止傲慢，所言尽谎，必阴有所图也。

//692//鉴此，谕蕴端多尔济等，着快马六百里廷寄诏曰：

当首先示我之强大，命当地所部蒙古诸王、古纳、台吉、章京等皆腰佩武器，整列队伍，然后邀戈洛夫金等来，命其行跪拜之礼。然后由蕴端多尔济复行跪拜大礼，对戈洛夫金宣圣上谕旨如下：

俄罗斯汗多次恭请恩准派使臣进贡，是以圣明皇上为敦两国友睦之邦交降旨曰："上述使臣可引荐来朝。"今戈洛夫金已至［库伦］，然执意拒行天朝之礼。//693//且言称前朝所订条约之第十一款未有言及跪拜叩首之事。且无中生有，推说其国档案中记载渠等于皇帝赐酒时尽皆为立受。

旧约第十一款所涉专为两国边界及邦交、贸易等事，然于派出使团及履行礼仪方面并无干系。即以此事为例，约章中何曾言及外国使团入我边境之后即为之举行宴会之例？若依档案//694//，则我国档案中明白记载，汝国所派使臣萨瓦一行来朝，其人亦敬天朝法律，行"叩头"大礼。然其中绝无言及皇帝赐酒时有［从手上接过］立受者。我天朝并无于皇上赐酒时立受之俗。且所有外国使臣来我天朝纳贡者，皆必行叩头之礼。前此，安南//695//国王进京朝见圣明皇上，亦谨执叩头大礼，汝等仅为使臣，又复何言？圣上已命速送使臣于岁末之前入京，且意特加恩典，尽行赏赐。汝等使臣所受之恩与汝汗等。今汝等已失皇上恩遇，如不行跪拜之礼，定将悉数立刻遣返，所有贡物亦尽数返还。//696//

贵国之汗为敦两国之睦好，特遣汝等为使。今因汝等不知我国礼仪，已于双方和睦有损！汝岂不惧汝汗知后将汝等治罪乎？

以上着逐条宣示戈洛夫金。如戈洛夫金不肯至尔处，可命纳木吉勒多尔吉等前往，为戈洛夫金宣喻此旨译文。如戈洛夫金听旨后确有所惧、面有//697//悔容，并愿于库伦演练叩头之礼、赴京来朝，则蕴端多尔济等应先行即发快马五百里廷寄速报皇上，然后宴请戈洛夫金一行，演练“叩头”之礼。再由蕴端多尔济、佛尔卿额会同戈洛夫金一行自库伦出发，沿途于使团慎加护卫，计日赴京，抵达时间应不晚于来年正月十五日。

如戈洛夫金行为傲慢如前，不尊圣命，着蕴端多尔济等发五百里快马廷寄，速向皇上禀明真相，再着纳木吉勒多尔吉等携可靠护卫，将戈洛夫金等递解出境。//698//又及，着蕴端多尔济将库伦办事大臣印移交佛尔卿额，本人沿驿路入京。余遵前谕行事。

谨奉圣命，特传此令。

蒙古国立中央历史档案馆，藏档 M-1，案卷 639，689～698 页。库伦办事大臣衙门满文抄文簿抄件。И. Т. 莫罗兹译自满文。

注释：

［1］С. Л. 弗拉基斯拉维奇—拉古津斯基于 1727 年 2 月 10 日朝见皇帝呈递文书时行了叩头礼。（见《17 世纪俄中关系》，卷 2，415 页，196 号文件）。1727 年 4 月 19 日廷见辞行时“……汗目视特别使臣曰：……今尔

回国，朕召尔廷见，与尔送行，朕心甚悦。来，接朕之盏饮之”。

“特别使臣拜谢，趋前至座旁，跪受盏于汗之手中……饮毕将盏奉还再拜。汗取身前案上金果盘赐特别使臣，使臣接过，拜伏于地，离宝座回归原位。”（《17 世纪俄中关系》，卷 2，458～459 页）受到皇帝接见的还有代办 Л. 朗格和使团秘书 И. И. 格拉祖诺夫。他们当然要行叩头礼，尽管文献中对此未做说明。

№ 267

1806 年 1 月 22 日。外务院驻恰克图特派员 А. И. 索科洛夫为报告俄罗斯使团到达库伦情况呈外务院的报告

//268//秘密

外务院驻恰克图特派员、领边境事务七等文官索科洛夫呈外务院报告

今年 1 月 15 日卑职有第 17 号报告呈外务院，并附有两份关于赴北京特命全权使臣尤里・亚历山德罗维奇・戈洛夫金伯爵情况的日报[①]。现补充报告：据我的调查，出使大臣自 1 月 2 日到达库伦后，至今仍滞留在当地，至少要等到 1 月 26 日之后，待派往北京的信使返回，才有可能动身。关于伯爵大人旅途滞留的原因，外务院可参看卑职附上的简报两则。

特命使臣大人的旅行路线已选定为由库伦至北京三条道路中的一条，即西路，亦称“台路”[②] //268 背面//（驿路）[③]。使团人员每日伙食为羊 30 只及其他食品。还有煤炭

---

① 见 259、260 号文件。

② 下加线为文中原来所有。

③ 括号为文中原来所有。

供我使团人员居住的蒙古包（及带篷马车）[1] 取暖。

七等文官索科洛夫

1806 年 1 月 22 日

于恰克图［哨所］

268 页正文上方左侧：1806 年 3 月 17 日收到。

同处左侧页边：№ 1。

俄罗斯帝国对外政策档案馆圣彼得堡分馆，总档 1—7，目录 6，1805 年，案卷 1，卷夹 26，268～268 页背面。原件。

交魏德迈的报告副本存同处，264～264 页背面。

① 括号为文中原来所有。

№ 268

1806 年 1 月 23 日[①]。库伦办事大臣蕴端多尔济、福海为拒绝俄方信使去北京致 Ю. А. 戈洛夫金使臣的信

一、译自满文的文本

//273//按通用文头[②]

望知照执行

戈洛夫金，嘉庆十二月九日（1806 年 1 月 16 日[③]）尔着宫廷低级侍从所交来函[④]我等已详阅。来函中尔戈洛夫金称，欲于五日（1 月 12 日）[⑤] 派急使赴京一行[⑥]，我郡王、昂邦等已奏请皇上圣裁。俟圣旨一下，必明示尔何以行事也。

今尔引据旧约，欲派宫廷低级侍从携一随从急赴京城，我等//273 背面//万难应允。为何？因汝先前已有言欲对条

---

① 嘉庆十年十二月十六日。

② 翻译者省略了头一句话，满文原件中应该是这样：大清国驻库伦办事大臣，总领边务王、大臣致俄罗斯国使团团长、枢密官戈洛夫金伯爵函，内容如下。（见 276 页注释）

③ 儒略历日期的换算结果是由原翻译者标出的。

④ 见 255 号文件。

⑤ 括号内的儒略历日期为原翻译者所标。

⑥ 见 249 号文件。

约另作解释。今次尔之派出信使，实不同于按条约派遣信使。该约之规定原为普通国事往来，而今使者特为纳贡而来。怎能于未获准朝见圣上之际许尔随意行事？我郡王、大臣等的不敢如尔所请，特复此函以告知。

嘉庆十年十二月十六日（1860 年 1 月 23 日）[①]

八等文官安东·符拉德金翻译

237 页左侧页边用铅笔写：郡王和昂邦送戈洛夫金伯爵。

俄罗斯帝国对外政策档案馆圣彼得堡分馆，总档 1—7，目录 6，1805 年，案卷 1，卷夹 26，273～273 页背面。满文原件的译文。手迹。

满文原件存同处，275[②]～276 页。

满文抄件存同处，274～274 页背面。

经 Ю. А. 戈洛夫金核验过的译文抄件存同处，卷夹 27，45 页。

使团办公厅记事档抄件：翻译件存同处，亚洲司图书馆全宗，目录 505，1806 年，案卷 32，34～34 页背面；同处，圣彼得堡分馆，总档 1—7，目录 6，1805 年，案卷 1a，卷夹 26，166～166 页背面；同处，卷夹 28，151 页背面[③]；满文文本存同处，150～150 页背面。

库伦办事大臣衙门满文记事档抄件存蒙古国立中央历史档案馆，藏档 M-1，案卷 639，655～657 页。

---

① 括号内的儒略历日期为原翻译者所标。

② 在 275～275 页背面（信封）有地址：大清国库伦办事大臣郡王、昂邦致俄罗斯国使团首领、枢密官戈洛夫金伯爵，及日期：嘉庆十年十二月十六日。地址和日期用满文和蒙文书写。加盖办事大臣方形朱印二枚。275 页正文下方：库伦于 1 月 23 日收到。

③ 抄文簿中信的日期是 1 月 21 日。

二、译自蒙文的文本

//277//大清国驻库伦办事大臣、昂邦致俄罗斯国出使大臣、枢密官戈洛夫金伯爵函

嘉庆十年腊月初九日（1806 年 1 月 16 日）[①] 戈洛夫金派宫廷低级侍从巴伊科夫所递交来函[②]我等已阅。戈洛夫金五日（12 日）[③] 于来函中称，汝欲由我郡王及昂邦驻地派一信使赴京，此事已奏请至圣皇帝审核恩准。估计不日即可降旨，届时当对戈洛夫金明示。

//277 背面//今戈洛夫金虽口称派宫廷低级侍从巴伊科夫携带一人赴京乃依条约规定行事，然吾等断难送其赴京。欲问为何？因汝有言在先，欲专门就此条约谈判。今尔据以派遣宫廷低级侍从之约定，其法不适于派遣信使，只为处理公务所设。今使团所来，乃为贡献礼品。我至圣专制君主犹未明断是否恩准献礼，岂可随意擅派信使？我郡王、昂邦等敢不犯颜以告，汝所请//278//派遣信使一节我等不予放行。

嘉庆十年腊月十六日（1806 年 1 月 23 日）[④]

七等文官亚历山大·伊古姆诺夫译

277 页正文上方左侧：译自蒙文。

俄罗斯帝国对外政策档案馆圣彼得堡分馆，总档 1—7，目

① 括号内的儒略历日期为原翻译者所标。

② 见 255 号文件。

③ 括号内的儒略历日期为原翻译者所标。

④ 括号内的儒略历日期为原翻译者所标。

录 6，1805 年，案卷 1，卷夹 26，277～278 页。蒙文原件的译文。手迹。

蒙文原件存同处，275～276 页。

使团办公厅抄文簿抄件，翻译件存同处，目录 28，151 页背面～152 页；蒙文文本存同处，151 页背面。

库伦办事大臣衙门蒙文抄文簿抄件存蒙古国立中央历史档案馆，藏档 M-1，案卷 639，658～660 页。

№ 269

1806 年 1 月 26 日[①]。两广总督吴熊光关于批准 И. Ф. 克鲁森施特恩及 Ю. Ф. 利相斯基两人船只回国原因的奏折

//47//两广总督吴熊光跪奏：

奴才前曾奏报，本年十月[②]，有露臣国即俄罗斯国夷商克鲁森施特恩、利相斯基，分乘两船至广州贸易。

因俄罗斯此前从未派船来广东，粤海关监督奴才延丰就此呈报那彦成，其时适逢那彦成巡视惠［州］、肇［州］[1]，拟于会商之后，再奏朝廷。

后因延丰刻将离赴新任，又因俄罗斯商人执礼甚恭，以为拒其开仓卸货，缴纳关税，颇有不便，竟允其船入［黄］埔。其时复以［那彦成］之名上奏请旨，以为必可获准也。

那彦成以为此前［俄罗斯］与天朝贸易只在恰克图一处，其地经由陆路，于京城以北，［长城］以外。今［俄商］经海路至广东，显然于通中国之海路及我内陆情形深为熟悉，因行文新任粤海关监督阿克当阿，力主扣留船只，停止卸货。现将此节谨奏圣上。

然不俟那彦成将此事申报朝廷，延丰已然//47 背面//具折上奏，陈述巨细，且商人黎颜裕[2]于秋收时已为渠等船

---

① 嘉庆十年十二月十八日。

② 1805 年 11 月。

只担保，并已卸货[3]。阿克当阿来［广东］后，即接那彦成来函称，应提请圣示，下令着俄商于圣旨未下之前不得离港[4]。

然蛮夷商人于恳状中称，其国地处极北，如错过季风季节，将被迫滞留此地，以至来年。是以恳请尽快赐予红牌[5]，［准予］起航。若圣旨到时船已起帆，［请将］圣旨转交英吉利国驻广东全权代表[6]，着其于启程前转交。其请亦甚笃焉[7]。

阿克当阿行文与奴才吴［熊光］会商之时，奴才窃以为此事干系重大，理当查实那彦成所奏之事。

然俄商远渡重洋，且已卸货，况海上季风变幻，如待圣旨到达，恐将滞留一年。且外地蛮夷，远道而来，奴才等对此亦不无同情之心。复虑及若阻其贸易，［彼等］恐生疑惧，［如此］实颇为不智也。

事后奴才等会同孙玉庭、阿克当阿多番商讨，斟酌再三，不欲执意于令其久候，决定允［夷船］返国。

然已向彼等宣示严令，为避免今后再生事端，已禁绝由内地运出一切违禁货物。

俟圣旨一到广东，与俄人贸易之事或开或禁，奴才将奉诏而行，不敢违误。

谨将批准俄夷商船归国缘由呈奏如上，恭请圣上示下。

嘉庆十年十二月十八日。

《清代外交史料》（嘉庆朝），北京，1932年，1集，47页～47页背面。А.Д. 沃斯克列先斯基译自中文。

俄文发表在А.Д. 沃斯克列先斯基：《中国大事记》，载《时代的联系没有断裂》，156～158页。

英文发表在傅洛书：《中西关系文献编年》，卷1，365～367页。

注释：

［1］这两个地区皆位于广东，惠州地区在惠阳以西（见 А.Д. 沃斯克列先斯基：《中国大事记》，162 页，注释 25）。

［2］Ю.Ф. 利相斯基把此人叫做鲁克瓦（见 52 号文件，注释 1）［此处有误，应为 53 号文件注释［1］，见 133 页。——中译者］。

［3］事件经过克鲁森施特恩也有记叙。见《1803—1806 年乘“涅瓦号”环球航行》(*Voyage Roung the World*)（А.Д. 沃斯克列先斯基：《中国大事记》，162 页，注释 27）。

［4］逐字翻译应为朱批，意思是指皇帝的圣旨（同上，见注释 28）。

［5］红牌（英文：red chop，指利相斯基从中国政府领的通关证），是船只出港的许可证，于装货并纳税后发给。许可证由粤海关监督发放。类似的许可证有一份收藏在大英博物馆。

［6］傅洛书将嘉庆皇帝的这道圣旨翻译成英文时，此处用了一个术语 supercargo——商船押运员（见傅洛书：《中西关系文献编年》，卷 1，602 页）。指的是詹姆斯·德罗曼。见傅洛书：《中西关系文献编年》，卷 2，602 页；Ю.Ф. 利相斯基：《1803 年—1806 年乘“涅瓦号”环球航行》，237 页；А.Д. 沃斯克列先斯基：《中国大事记》，注释 31。

［7］Ю.Ф. 利相斯基对事件的描述见 52 号文件（应为 53 号文件。——中译者）注释 1。

№ 270

1806 年 1 月 30 日[1]。库伦办事大臣蕴端多尔济、福海敦请Ю. А. 戈洛夫金使臣奉嘉庆皇帝圣旨返回俄罗斯的信

一、译自满文

//230//库伦办事大臣及昂邦致出使大臣戈洛夫金伯爵函（抄件）

库伦，一八〇六年一月三十日[2]

本郡王及昂邦前已奏明圣上，言汝俄罗斯使臣到库伦后未行天朝礼仪，竟不跪拜，于嘉庆十年十二月十五日[3]奉旨曰：

俄罗斯汗恭顺忠谨，数次[4]请求遣使纳贡，圣上念两国和睦之规矩，命送属下使臣到京朝觐。今戈洛夫金来后竟不履行天朝礼法，言前朝所订旧约十一款绝无匍匐跪拜之事[5]，又言汝国旧档有记载：仅可立受赐酒，此皆属妄

---

① 嘉庆十年十二月二十三日。

② 翻译者省略了满文原件中开头的一句话：大清国库伦办事大臣、昂邦为知照事于 12 月 23 日致俄罗斯国一等使臣、枢密官戈洛夫金伯爵函（见 235 页注释。——莫罗兹）。

③ 左侧儒略历日期：1806 年 1 月 22 日，为翻译者所标。

④ 左侧“数次”二字用铅笔画有着重线。

⑤ 此处着重线为文中原有。

言。该约共十一款，惟涉及两国睦邻邦交及贸易之约定，有关互派使臣所应履行之典礼仪式，并无只字提及。该约又何曾写明使臣入境后即赐宴之事？如引据旧档，则我国典籍中明白记载，汝国曾派使臣萨瓦等到京廷见，其亦//230背面//遵我天朝礼法，行三跪九叩礼，既未提及立受赐酒一事，更未见有可超越我国礼法赐酒时立受之说。况外国使朝拜时皆行三跪九叩之礼。前此安南国王亲自到京觐见，为表忠顺，亦双膝跪地三番，叩首九次，汝等使臣夫复何言？

圣上命于岁末前放行尔等入京，欲加以前所未见之荣宠赏赉，其恩几与待尔之汗等同。尔等既不肯行跪拜之礼，是为无福，现命尔等即刻回国。尔汗差尔等前来，惟为确立两国盟好之规。今尔等不遵礼仪法度，反损两国旧有之盟好。尔汗知之，必致重罚。尔等岂不畏乎？

圣上命我等将此意明白详加晓谕，//231//是以不敢怠慢，即欲招汝戈洛夫金面传圣上旨意。然戈洛夫金拒不前来，坚欲于本方营地领受圣旨，吾等因派贝勒纳木吉勒多尔吉、贝子宁博多尔济焚香礼拜，面宣皇上圣旨，通过尔方满文翻译安东及蒙文翻译亚历山大[1]详加开示。无如戈洛夫金等全不感戴圣上之厚爱殊恩，亦未体察俄罗斯汗之诚意重托，一味因循，拒绝于库伦叩拜如仪。自戈洛夫金以下一干俄罗斯人等，既无福消受我圣明皇上之恩赐，即可谨遵圣命，携尔贡物，即刻回国，无需再度交涉。我等一如前例，派贝勒、贝子、差官、札萨克等护送尔等至恰克图我大清国边界。

如戈洛夫金感念皇上恩德厚爱，当我等之面演示如何在京礼拜，我等仍将奏报圣上，护送入京觐见。如一味//231背面//固执前言，唯有谨遵圣命，即刻回国。此后如尔枢密院来函询问，戈洛夫金当知皇上决不开恩，悔之晚矣。

特此再次严词详加开导，加盖印鉴。

嘉庆十年十二月二十三日（1806年1月30日）①。

231页正文下方：八等文官符拉德金翻译。

俄罗斯帝国对外政策档案馆圣彼得堡分馆，总档1—7，目录6，1805年，案卷1a，卷夹26，230～231页背面，译自满文原件，经核对过的抄件。

满文原件存同处，235～236页②。

满文抄件存同处，232～234页背面。

使团办公厅俄文抄文簿抄件存同处，亚洲司图书馆全宗，目录505，1806年，案卷32，32页背面～37页背面；同处，圣彼得堡分馆，总档，1—7，目录6，1805年，案卷1a，卷夹26，166页背面～169页；同处，卷夹28，161～162页背面③；满文文本存同处，154～156页背面。

库伦办事大臣衙门满文抄文簿抄件存蒙古国立中央历史档案馆，藏档M-1，案卷639，699～708页。

---

① 括弧中的儒略历日期是翻译者标注的。

② 在235～235页（信封）上的日期：嘉庆十年十二月二十三日及地址：大清国库伦办事大臣郡王及昂邦致俄罗斯国使团团长、戈洛夫金伯爵及枢密官阁下。地址及日期用满文及蒙文书写。加盖库伦办事大臣红色方形印鉴。

在235页的日期下面：№8。

在235页地址下面：1806年1月30日收到。

③ 信件标注的日期为1月29日。

二、译自蒙文

//237//库伦办事大臣郡王及昂邦致出使大臣戈洛夫金伯爵①

谨鉴

俄罗斯使臣到达库伦后，履行天朝礼仪不诚，为此奏请圣上，于嘉庆十年孟冬月十五日（1806年1月22日）②奉旨曰：

俄罗斯汗一再诚心恳请遣使赍礼品来朝，我圣明皇上因念和睦之制，降旨招其所属使臣入京。今戈洛夫金来后全然不遵天朝礼法。前朝旧约共十一款全未涉及跪拜叩首之事，反言尔旧档中有立受赐酒事，皆属妄言空议。前//237背面//所订之和约十一款，专为关涉两国边界事务，建立和谐贸易等事，与遣派使臣及所应遵守国家礼仪完全无涉，亦未见提及。即如十一款中，可曾提及使臣入境后即赐宴乎？如引据旧档，则其间明白记载，前俄罗斯所派使臣萨瓦一行觐见（博格德汗）③时，恭谨遵守一应天朝礼仪，三跪九叩，有关立受赐酒事全未言及，况亦与我天朝法度不合。外国所遣至我天朝之使在所多有、觐见者亦不在少数。然从未有//238//不遵跪拜叩首之先例。前此安南国王亲自到京，觐见时亦竭诚感恩，遵行三跪九叩之礼；汝等使臣又复何言？

此前圣上恩准尔等使臣一行于年底到京觐见，备及恩宠、赏赐有加，所加隆恩几与尔汗等。今因尔等不行跪拜之

---

① 抬头写在本页左侧。

② 括弧内的儒略历日期是翻译者标注的。

③ 括号是文中原有的。

礼，未得恩遇，着即将尔等遣送回国，所携礼品亦尽行带回。尔国国君遣尔等来，惟为修订两国友睦之约章。然尔等既不遵规章礼制，复//238 背面//破坏两国之和平协议。汝国国君一旦知此，必将重罚，尔等岂不畏惧乎？

我郡王及昂邦等谨奉圣旨，本欲明白详加宣示开导，即刻招尔戈洛夫金前来，以期面传上谕，尔戈洛夫金又行诡计，不肯前来，声言愿于驻在之所承恩听旨，我郡王及昂邦等即派贝勒纳木吉勒多尔吉、贝子宁博多尔济，敬奉博格德汗陛下圣旨，通过尔之满文通译安东及蒙文通译亚历山大，向尔戈洛夫金当面传旨。然尔戈洛夫金全然不顾圣上厚爱隆恩，亦不知体念尔俄罗斯汗起初之//239//良苦用心也。恩命不再。奉圣上旨意，戈洛夫金等一行上下，既无福消受自古于库伦对我圣上跪拜之恩[①]，即可携尔汗所进全部贡品，即刻启程回国。此后亦无须再往返交涉。我等即依旧例，遣贝勒、贝子、差拨、札萨克等，护送尔等至恰克图我大清国边界。

如尔戈洛夫金感念皇上宽仁厚爱，向我等演示到京后跪拜之礼，//239 背面//我等将立即按制呈奏圣上，护送尔等入京觐见。如一味固执前言，着即奉旨回国。如尔国枢密院来函询问，我至圣国君不再施恩，尔戈洛夫金亦无可置词也。

特此再次致函开导，并加盖印鉴。

嘉庆十年孟冬月二十三日（1806 年 1 月 30 日）[②]

七等文官亚历山大·伊古姆诺夫翻译。

---

① 原文如此。

② 括号内换算的儒略历日期为翻译者所标。

俄罗斯帝国对外政策档案馆圣彼得堡分馆，总档1—7，目录6，1805年，案卷1a，卷夹26，237～239页背面，蒙文原件译文。手迹。

蒙文原件存同处，235～236页①。

使团办公厅俄文抄文簿抄件存同处，卷夹28，162页背面～164页背面；蒙文文本存同处，157～160页背面。

库伦办事大臣衙门蒙文抄文簿抄件存蒙古国立中央历史档案馆，藏档M-1，案卷639，709～717页。

注释：

[1] 即通过满文翻译安东·符拉德金和蒙文翻译亚历山大·伊古姆诺夫，他们都随使团到了库伦。

① 235页上：1806年1月30日收到。

№ 271

1806年1月31日。Ю. А. 戈洛夫金使臣为保证在使团一秘Л. С. 巴伊科夫当朝臣、阁老和使臣之面预演叩头礼后于北京觐见嘉庆皇帝时行叩头礼致库伦办事大臣蕴端多尔济、福海的信

//240//致郡王及昂邦函稿[①]

王及昂邦阁下转达博格德汗旨意的来信[②]敬受如仪。我所必须遵从的原则，就是认为有责任向您再次表明，求得博格德汗陛下的垂青及其对两帝国现有友好和睦关系的肯定，乃是我等应追寻的唯一目的。以我对我国皇帝陛下的忠诚以及遵照我国君主给我预先制定的原则，我在此向郡王及昂邦阁下声明，鉴于我所领受的皇命，以及贵方来函中所提及的我的前辈//240背面//弗拉基斯拉维奇伯爵的先例，我保证在有幸面见圣上向博格德汗陛下递交文书时，行三跪九叩礼。履行这种礼仪的要求无论在何种[③]情况下我都绝不会服从[④]，唯有面见博格德汗本人时除外。

1.[⑤] 这种礼仪的演练，应按旧档规定，在我到达北京后，于觐见博格德汗陛下的//241//前几日，在指定的大臣

---

① 此标题位于页面左侧。

② 见270号文件。

③ 原来用的词是“所有”，后改成“无论在何种”。

④ 原来用的词是“遵循”，后改为“服从”。

⑤ 要点序号位于页面左侧。

和出使大臣本人出席的情况下，由使团一秘进行。

2. 本人对于此前①已得到博格德汗先祖认可的成例怀有崇高的敬意，斗胆相信我的期待②可获恩准。

3. 同时，我要向郡王及昂邦阁下声明，一旦再有某种新的指令或变化，若与旧档中明确记载的我的前辈所遵循的礼仪相去甚远，不经//241 背面//全俄罗斯君主沙皇陛下特别批准，我将无论如何都不能执行。

4. 特致函郡王及昂邦阁下，作为我对执行博格德汗意志的最终回复。如有明断，恳请知会。

1806 年 1 月 31 日
于库伦

俄罗斯帝国对外政策档案馆圣彼得堡分馆，总档 1—7，目录 6，1805 年，案卷 1a，卷夹 26，240～241 页背面。草稿（也是底稿）。

Ю. A. 戈洛夫金核对的抄件存同处，卷夹 27，46～46 页背面。

俄文原件存中国第一历史档案馆，中俄关系史俄文文献藏档，案卷 51。

俄文抄件存同处，案卷 12，1—4 页。

使团办公厅抄文簿俄文抄件存俄罗斯帝国对外政策档案馆，亚洲司图书馆全宗，目录 505，1806 年，案卷 32，38～39 页；同处，圣彼得堡分馆，总档，1—7，目录 6，1805 年，案卷 1-a，卷夹 26，169～170 页；同处，卷夹 28，164 页背面～165 页背面；满文文本存同处，165 页背面～166 页背面；满文文本存同处，166 页背面～167 页背面。

库伦办事大臣衙门抄文簿抄件，满文存蒙古国立中央历史档案馆，藏档 M-1，案卷 639，718～721 页③；蒙文存同处，722～727 页。

---

① 原来用的词是“已经”，后改为“此前”。

② 原来的用词是“奢望”，后改为“期待”。

③ 718 页上有：十二月二十四日，即 1 月 31 日收到。

№ 272

1806 年，不早于 1 月 31 日，不晚于 2 月 1 日[①]。库伦办事大臣蕴端多尔济、福海建议Ю. A. 戈洛夫金使臣应列入俄方致理藩院函及补充要点草案之各点

//243//郡王及昂邦建议的补充要点

1. 我等将于觐见前几日按照旧例当特派御前重臣之面演练跪拜礼。

2. 我诚愿履行博格德汗陛下及其圣先祖所订之礼仪。

3. 我本应在库伦行跪拜礼以谢博格德汗陛下之隆恩，然因未经我国皇帝批准，故难以成礼。

4. 我到库伦后[②]未行跪拜，罪在不赦，恳请郡王及昂邦代为奏明圣上，请求宽恕，并请降恩，允我如前赴//243 背面//京，觐见圣颜时将行三跪九叩首之礼。

特加盖印鉴[③]，以资保证。

[代替库伦办事大臣所提 4 点建议的补充要点草案][④]

---

① 日期是按交递要点的时间（见 270 号文件）以及使团抄文簿上的时间（见 26 册 169 页；28 册 172 页背面的注释）确定的。

② 满文原文是："库伦—伊—哲陈—巴德—一新那费"，意即到达库伦边境地带后。

③ 满文文本到此结束（参见 244 页背面注释。——莫罗兹）。

④ 方括号内的文字是根据使团办公厅抄文簿添加的。

有鉴于此，恳请博格德汗陛下开恩，允我按旨行事，绝不敢稍有违背[①]，并请贵国博格德汗大国君圣上降恩，准某入京以表匍匐敬仰之心。

俄罗斯帝国对外政策档案馆圣彼得堡分馆，总档1—7，目录6，1805年，案卷1a，卷夹26，243～243页背面。满文原件的译文。

Ю. А. 戈洛夫金核对的翻译件抄件存同处，卷夹27，47～47页背面。

满文抄件，А. Г. 符拉德金手迹，存同处，244～244页背面。

使团办公厅抄文簿俄文抄件存同处，卷夹26，170～170页背面[②]；同处，卷夹28，173～173页背面[③]；满文文本存同处，172页背面；法文文本存同处，卷夹26，82～84页。

---

① 原文如此。

② 此件日期为1月31日（见169页）。

③ 此件日期为2月1日（见172页背面）。

№ 273

1806 年 2 月[①]。库伦办事大臣蕴端多尔济、福海要求 Ю. А. 戈洛夫金使臣返回俄国的信

一、译自满文

//245//沿用通用文头[②]

为再次敦请执行[③]。

宫廷低级侍从列夫·谢尔盖耶维奇昨日所送来函[④]，本郡王及昂邦等已详阅，其中词句多有不当，行文本当高雅，然蒙语用词颇为粗俗。

尔戈洛夫金既见圣上恩旨，却无悔惧之心，来书言称惟面见圣上时方行三跪九叩礼，到京后演练跪拜礼竟不亲为，反由宫廷低级侍从列夫·谢尔盖耶维奇代表，此等说法更为愚蠢，且不知罪，实为大错。似尔这等不知规矩谦恭为何物，实无必要与愚人再多所言。惟今后再与尔枢密院理论。尔今既//245 背面//不演习叩首礼，可速奉圣明皇上之旨，

---

① 嘉庆十年十二月二十五日。

② 翻译省略了满文原文中开头的句子：大清国库伦办事大臣郡王、昂邦致俄罗斯一等使臣、枢密官戈洛夫金。

③ 满文原文为："达撒迈—卡鲁—亚布布勒—扎林"，意即再次回答。（见 248 页 a 注释。——莫罗兹）

④ 见 271 号文件。

即刻回国。所需骆驼马匹[①]早已备好，即可启程，毋庸多言。

为申果决严词明示之意，特致此函。

嘉庆十年十二月二十五日（1806年2月1日）[②]。

八等文官符拉德金翻译

俄罗斯帝国对外政策档案馆圣彼得堡分馆，总档1—7，目录6，1805年，案卷1a，卷夹26，245～245页背面。满文原件的译文。

满文原件存同处，247[③]～248页a。

满文抄件存同处，246～246页背面。

经Ю.А.戈洛夫金核对的译文抄件存同处，卷夹27，48页。

使团办公厅抄文簿俄文抄件存同处，卷夹26，170页背面～171页；同处，卷夹28，171页背面～172页；满文文本存同处，170～170页背面。

库伦办事大臣衙门满文抄文簿抄件存蒙古国立中央历史档案馆，藏档M-1，案卷639，728～730页。

---

① 满文原文为："乌勒哈"，意思是牲口。

② 括号内转换成儒略历的日期为翻译者所标。

③ 247～247页背面（信封）写有地址：大清国库伦办事大臣郡王及昂邦致俄罗斯国使团团长、枢密官戈洛夫金伯爵和日期：嘉庆十年十一月二十五日。地址和日期都分别用满文和蒙文书写。盖有库伦办事大臣方形朱印。

247页下方用俄文标注：1806年2月1日于库伦收到。

247页背面：№9。

二、译自蒙文

//249//库伦办事大臣郡王及昂邦致特命全权使臣戈洛夫金伯爵函[①]

再复。

昨日宫廷低级侍从列布谢尔盖齐[②]即使团一等秘书官巴伊科夫奉尔戈洛夫金差遣呈来信函[③]，本郡王及昂邦已详阅，其中本应有多处恭敬礼貌用语竟未写入，且函中蒙文愚鲁晦涩。况尔戈洛夫金既已见我圣明君主旨意，竟全无惧罪改过之心，竟言惟面见圣上时方行三跪九叩之礼；又于言及演练仪式时称，尔到京后无需演示仪式，反欲由宫廷低级侍从列布谢尔盖齐代演//249 背面//，不知所书之蠢之过，一味推托，竟不知罪。似尔等如此不知礼法之人至今未为所见也。深以为与愚人实无多费口舌之必要，此后竟与尔国枢密院交涉可矣。尔在此既不肯演练礼仪，亦不遵教训，可即启程回国，以遵圣命。

尔等所需马匹牲口已经备好，即日启程，毋庸多言。

特致此函，以表坚予严词训示之意。

嘉庆十年孟冬月二十五日（1806 年 2 月 1 日）[④]。

俄罗斯帝国对外政策档案馆圣彼得堡分馆，总档 1—7，目录 6，1805 年，案卷 1a，卷夹 26，249～249 页背面。蒙文原件

---

① 标题位于本页左侧。

② 原文如此，指列夫·谢尔盖耶维奇·巴伊科夫。

③ 见 271 号文件。

④ 括弧中换算的儒略历日期为翻译者所标。

的译文。A. B. 伊古姆诺夫翻译，手迹。

蒙文原件存同处，247、248页背面。

使团办公厅抄文簿俄文抄件存同处，卷夹28，172～172页背面；蒙文文本存同处，170页背面～171页。

库伦办事大臣衙门蒙文抄文簿抄件存蒙古国立中央历史档案馆，藏档M-1，案卷639，731～733页。

№ 274

1806 年 2 月 3 日。库伦办事大臣蕴端多尔济、福海为已将理藩院为 И. Ф. 克鲁森施特恩、Ю. Ф. 利相斯基两商船到达广州致俄国枢密院的文书送往伊尔库茨克事呈嘉庆皇帝的奏折

//752//十二月二十七日①

奴才蕴、福为所奉圣旨再次恭奏：

奴才等于十二月十七日②以钦敬之情接奉四百里廷寄圣旨③，内中询及遣返俄罗斯使团一事因何延迟。奴才等不久前有折恭奏俄罗斯使团情事④。//753//21 日⑤又得奉嘉庆十年十二月十二日圣旨曰⑥：

日前延丰报称，今年十月露臣国克鲁森施特恩及利相斯基所率两商船到达广东澳门地面。

经详查得奏报称，露臣与俄罗斯乃同一国也，朕因特命军机大臣颁旨，曰："依旧约俄罗斯贸易定在恰克图一处，

---

① 2 月 3 日。

② 1 月 24 日。

③ 见 257 号文件。

④ 见 252 号文件。

⑤ 1 月 28 日。

⑥ 见 261 号文件。

迄未行于其他边界地区。为此着理藩院//754//行文[①]俄国枢密院，查清此事。”

今文书已拟就，着发给蕴端多尔济、福海，转送俄国枢密院，并依例抄示蕴端多尔济等。

奴才等跪拜恭奉来旨，敬阅理藩院为说明此事致俄枢密院文书抄件。

现奴才等已指派协理台吉明珠等，着其将理藩院说明此事之文书按惯例//755//送交俄国省长。待明珠等归来后当有另折上奏。再者，俄使现于库伦已整装待发，奴才等利用相宜时机，于同俄官员谈话时谨慎打探，俄罗斯是否有属国号称露臣，是否有克鲁森施特恩、利相斯基等人前往其他地面贸易？

俄官员就此答称：我国并无此等名称，克鲁森施特恩等亦从未至其//756//它国家贸易。

俄人之言虽不能信，然奴才等亦应以小心探知之情上奏也。

756 页文末：按奏折抄录。此折于十一月十四日[②]［由京中］退还，上有皇帝朱批：已阅，照准。

蒙古国立中央历史档案馆，藏档 M-1，案卷 639，752～756 页。库伦办事大臣衙门满文抄文簿抄件。满文翻译 И. Т. 莫罗兹。

---

① 见 256 号文件。

② 2 月 28 日。

№ 275

1806 年 2 月 3 日。库伦办事大臣蕴端多尔济、福海就俄罗斯使团返回恰克图事呈嘉庆皇帝折

十二月二十七日[①]

//734//臣蕴及福谨奏。为奉旨已驱逐不法俄使等回国事

奴才等上奏俄国使臣[②]违例行事后不久，十二月九日[③]戈洛夫金又再来函[④]，多有无事生非之语，内称欲派其副手、低级宫廷侍从列夫·谢尔盖耶维奇到京，//735//与理藩院争辩有关行叩头礼之事。奴才等已就此回函[⑤]，内曰：戈洛夫金身为使臣，无权自作动议，且与理藩院讨论任何问题。

嘉庆十年十二月十四日快马五百里廷寄圣旨[⑥]此间于十二月二十二日同奴才的奏折[⑦]一并收到，奴才等现已拜读。

二十三日[⑧]臣等又接奉圣上十五日快马六百里廷寄圣

---

① 2月3日。

② 见252号文件。

③ 2月16日。

④ 见255号文件。

⑤ 见268号文件。

⑥ 见263文件。

⑦ 见252文件。

⑧ 1月30日。

旨[1]，内曰：

蕴端多尔济等奏称，其所在无有//736//俄国使团来我宫廷之记载。为澄清此事，特将往年理藩院旧档取出察看，其中明白记有雍正五年俄国使臣萨瓦来朝，其人敬我法度，行“叩头”之仪，引见皇上云云。岂可言其国旧档中对此并无记载？至于戈洛夫金声称，先皇赐酒时（由手上）立受，此说全然不实，且绝无可能。今戈洛夫金一意傲慢自恃，其心昭然，言尽为谎，必因另有所秘密图谋也。为奉行昨日之谕，//737//特命如左：

今当首先示我之强大，命当地所部蒙古诸王、古纳、台吉、章京等皆腰佩武器，整列队伍，然后邀戈洛夫金等来，命其跪拜。然后[2]宣圣上谕旨之译文如下：

“俄罗斯汗王多次恭请恩准遣使纳贡，我圣明大皇帝为贵我两国敦睦修好，特降旨允其使入京来朝。今戈洛夫金已至（库伦），然拒不行我天朝之礼。//738//无端妄言前朝所签约章之第十一条未有言及跪拜叩首之事，谎称其国有档记载，皇帝赐酒只可立受。

“旧约第十一条乃专涉我两国边界、贸易、邦交诸事之条约，于来使行礼并无干系。即以此事为例，约章中又何曾言及外国使团如我边境后即为之赐宴之例？若依档案所载，则我国档案明白记有汝国使臣萨瓦//739//一行来朝，其人亦敬天朝法律，行‘叩头’大礼。然其中绝无言及皇帝赐酒时［由手中］立受者。我天朝绝无皇帝赐酒立受之俗。且外

---

① 见266文件。

② 以下抄写文件的人省略了圣旨中如下句子：蕴端多尔济—色—因古勒么—尼亚固拉海……意谓：蕴端多尔济等［亦应］多次跪拜如仪……

国使臣来我天朝纳贡者必皆行叩头礼。前此，安南国王进京朝见圣上，亦谨执叩头大礼，//740//汝等仅为使臣，夫复何言？前圣上已有旨命速将使臣于岁末送入京城，本意格外施恩，多行赏赐，其规格几与汝汗等。今汝等已错失圣上恩遇，如不行跪拜礼，即行遣返，所有贡物亦尽发还。贵国汗王为两国敦睦修好，特遣汝等为使。汝等非但//741//不习我国礼仪，反损双方友睦！汝岂不惧汝汗知悉将汝等治罪乎？”

以上应逐条宣示戈洛夫金。如戈洛夫金不愿来见，着命纳木吉勒多尔吉等前往宣谕此旨译文。如戈洛夫金听旨后确有所惧、面有悔色，愿于当地演习叩头礼仪、赴京来朝，则蕴端多尔济等可发五百里快马廷寄速报皇上，并为戈洛夫金一行赐宴，教习“叩头”礼节。再由蕴端多尔济、佛尔卿额陪同戈洛夫金一行由库伦//742//计日出发，沿途对使团慎加护卫，不晚于来年正月十五日入京。如戈洛夫金行为傲慢如前，不遵圣命，则命蕴端多尔济等发五百里快马廷寄速向皇上奏明真相，并命纳木吉勒多尔吉等携可靠护卫将戈洛夫金等递解出境。又及，命蕴端多尔济将库伦办事大臣印移交佛尔卿额，本人由驿路入朝。//743//余可奉前谕[①]行事。

奴才等匍匐奉诏，谨遵圣旨。皇上英明睿智、思虑深邃，非愚下所能企及。圣明大皇帝殊恩的如天高地厚，下旨对异邦俄人反复开说，然其性愚鲁奸诈，实为不堪一顾。奴才等亦衷心感念天恩浩荡，企望尽早入朝。且［圣旨言及］奴才等奉旨办差，并无些许舛错。奴才等身受圣眷隆恩，愚钝//744//过失一概予以宽恕，心怀无限感激，面东匍匐于

① 见263号文件。

地，叩谢天恩。此外，固赛昂邦佛尔卿额虽尚未到任，但奴才等已遣人邀俄使臣戈洛夫金前来，以宣示十四日之上命①。戈洛夫金竟大摆架子，拒绝前来。此后奴才等复遣贝勒纳木吉勒多尔吉等往见。然于听宣圣谕之后，该死的戈洛夫金等竟无些许悔过之意。//745//稍后，奴才等又奉二十三日收到之十五日圣旨②，按制将信封缄钤印交付戈洛夫金，并由纳木吉勒多尔吉等口传圣意，戈洛夫金方恭读圣旨。

二十四日③晚，戈洛夫金遣副手列夫·谢尔盖耶维奇送来信函④，臣等开阅后发现，其中尊号书写有违制式。更有甚者，戈洛夫金全然不知其愚鲁有罪，来函再次告知我等，竟称仅于入京后面见圣上之时方行叩头//746//之礼。渠等不仅于信中拒绝于库伦演习礼仪之事，此辈悬尸示众之徒言辞不堪入目，竟来信宣称：入京后戈洛夫金本人将不在各位昂邦大臣面前演习礼仪，代行者则为其副手宫廷低级侍从列夫·谢尔盖耶维奇⑤。

俄人桀骜不驯，性好无事生非，态度日益狂诞。虽经奴才等反复开导，力求合理平息事端，然此等为非作歹之众全然不懂礼数。奴才等久候昂邦福海不至，就此已反复向俄人说明。

初，俄人不过偏居一隅//747//之夷族，生性顽劣，好吹毛求疵，且无丝毫懊悔之意，一力固执所言，坚拒行跪拜之礼。奴才等一再开导，我天朝对其实已格外开恩⑥。俄人

---

① 见263号文件。

② 见266号文件。

③ 1月31日。

④ 见271号文件。

⑤ 行间皇帝朱批：一派胡言

⑥ 行间皇帝朱批：正是如此。

虽对此置若罔闻，且举止愈加跋扈，然其一行来朝仍为可能之事。今俄人举止之傲慢实已无法无天，恶劣之极。由是奴才等奉旨，经商议于二十七日①派贝勒纳木吉勒多尔吉等，命其严密护卫，将俄使团沿来路递解回国。窃以为此次护送俄使团来朝一事//748//，奴才等所为深合圣心。奴才等忝蒙圣眷，居库伦办事大臣之位逾二十载，实未见俄人有愚蠢无理、吹毛求疵、阴险狡诈如是者。此辈真乃刁蛮之徒也，其中尤以宫廷低级侍从列夫·谢尔盖耶维奇及俄人之蒙古通译官员亚历山大为甚，渠等向夸夸其谈的使团团长散布混乱，灌输种种荒唐念头。倘理藩院行文该国枢密院予以严词切责，该国汗若有头脑，渠等难逃惩戒。

//749//奴才等窃以为，俄人乃贫敝之族，生性琐细，上下人等全然不知礼法；俄人狡诈阴险，只关心一己之私，且其国中少有善骑术者。其男子不知弓箭，射击用手铳，稼穑远逊于华夏。至于俄人之性情，唯知大吃大喝，酷嗜烈酒、葡萄酒及华服，喜爱高官显爵。目下此等歹徒虽尚不足以寻衅滋事，但奴才等已领前颁圣训，密令边界各卡伦恪尽职守、严加防范，然后另行上奏。

//750//又，奴才蕴拜领圣命，着由驿路入朝，臣无地感激，匍匐叩谢天恩。一俟佛昂邦到任，奴才蕴当即将库伦办事大臣之印交其保管，启程赴京，以觐天颜。谨将此一阶段臣等致戈洛夫金之信件说辞②以及戈洛夫金致臣等之信件③各自单独封缄，一并呈交//751//圣上，恭请御览。臣以

---

① 2月3日。

② 见248、268、270、273号文件。

③ 见271号文件。

五百里快马廷寄谨奏。

751页文末：据奏折抄录。嘉庆十一年一月十六日[1]收到的［由北京返回的］奏折上有皇帝朱批：已有旨。

蒙古国立中央历史档案馆，藏档M-1，案卷639，734～751页。库伦办事大臣衙门满文抄文簿抄件。И.Т. 莫罗兹译自满文。

① 1806年2月21日。

№ 276

1806 年 2 月 4 日。库伦办事大臣蕴端多尔济、福海为请求转递理藩院就 И. Ф. 克鲁森施特恩、Ю. Ф. 利相斯基两商船到广州事致枢密院函给伊尔库茨克民事省长 A. M. 科尔尼洛夫的信

//757//十二月二十八日

大清国库伦办事大臣郡王、昂邦为转递信件事致俄罗斯国伊尔库茨克民事省长科尔尼洛夫函

前二十月二十日[①]，我大理藩院致贵国枢密院文书[②]已于缄固之函中送达。我方特遣协理台吉明珠、扎兰章京达木丹等前往，将该文书转交省长。收到后望速命将其转送贵国枢密院，//758//并将收到文书及按址送出等事宜知会我郡王与昂邦等。专此奉达。

蒙古国立中央历史档案馆，藏档 M-1，案卷 639，757～758 页。库伦办事大臣衙门满文抄文簿抄件。И. Т. 莫罗兹译自满文。

---

① 2 月 4 日。

② 见文件№ 256。

№ 277

1806 年 2 月 4 日。使团办公厅谈判及通信记事簿有关 Ю. А. 戈洛夫金伯爵就大清国对俄罗斯使团施加侮辱等问题谈话的摘要

//174//2 月 4 日[①]

2 月 1 日晚，博格德汗陛下给伯爵大人的旨令宣布，命我使团全体即刻打点，从库伦返回俄境，吾等因而于 2 月 3 日中午 1 时启程回国。伯爵大人等因当夜严寒，马匹疲惫，无处容身，饮食无着，与随从人等彻夜于路无眠。次日，即 4 日，补充新马数匹，抵达离库伦后第一站，名曰奎，当晚贝子宁博多尔济（库伦郡王蕴端多尔济手下爱将）[②] 受命送还礼品亦赶到当地，请求面见伯爵大人。入营后问出使大臣身体安好，对其途中于旷野苦寒之地度夜且饱经周折深表同情。出使大臣感谢其意，答曰：他此行一路几乎徒步翻越昆都岭[③]到达驿站，已疲劳之极，其于库伦遭受如此极端屈辱、贬抑和闻所未闻之欺辱，又为郡王及昂邦所迫经历了前夜的种种不快，实在难以想象。身为全俄罗斯大皇帝//174 背面//之特命全权使臣，不想居然遭到库伦衙门的如此对待！俄罗

---

① 日期标示在记事簿相应的栏目上。

② 括弧是原文就有的。

③ 此处及以下着重线均为文中原来所有。

斯大皇帝君临万邦，欧亚诸国由西至东莫不崇敬。郡王岂不知大俄罗斯帝国雄兵超逾百万，为了他有幸代表的君主的荣誉，不惜即刻以性命相殉，以博名垂千古。“我的这颗头颅，”伯爵大人指着自己的脑袋说，“不值五个戈比，为了我伟大君主的荣耀随时可抛”。贝子既惊且敬，急忙打断伯爵大人的话说，他到伯爵大人处，纯系私访，对此不便妄加议论，因为此事涉及他的上司。对此唯有表示遗憾。出使大臣回答，此事关乎国家体面，须留待全俄罗斯大君主的旨意来裁决，应与博格德汗本人直接交涉，用不着跟他贝子说这些话，也不是靠会谈能解决的。说这些话，只不过是出于对他的信任和开诚布公。鉴于出使大臣本人是受到全俄罗斯伟大君主陛下的特别指派，奉命派这样一个委员会从外面来见博格德汗[①]，如今该使命他已尽力完成，他尽可能地表示节制和忍让，//175//不仅将得到举世的承认，也将得到全俄罗斯君主本人的赞许和褒奖。全俄君主的全权使臣，受尽了屈辱、贬抑和欺辱，贝子本人就是见证。相反，出使大臣本人的目的和意图，则是为了最大限度地巩固//175 背面//和发展自古存在于今的安宁和睦，以利于两国臣民的福祉。如今不仅一切都翻了个个儿，就连原本良好的和睦关系都被库伦郡王不可思议的粗鲁行为破坏得荡然无存。出使大臣本人今后仍将任全西伯利亚的总巡按使，驻节伊尔库茨克。他不仅是库伦郡王所管辖的这一段边界的长官，而且还是所有相邻各省各段边界的长官。在他的管辖之下，就有不少像库伦郡王一样的王。伯爵大人奉命主管西伯利亚之初，即被委以特命全权使臣的要职，其主要原因，正在于西伯利亚防线大部分与中国接壤，唯一的目的就是达至与邻国清政府之间建立

① 原文如此。

亲密友谊并予以加强。但这种愿望不仅得不到尊重，反而遭到贬损。尤其令人惊讶和不解的是，如此伟大和强盛的全俄罗斯君主，竟然被等同于属国的汗王、小邦的领主，而且陛下的礼物竟然被无礼地视为纳税，被视为进贡，还用饥饿来恐吓，以期迫使全俄君主的特命全权使臣爬冰卧雪，在郡王那腌腌臜臜的小院子里匍匐下跪，而且事先没有任何准备，也没有任何人提醒。后来又把种种欺瞒狡诈归罪于一个人微言轻的官员——说是由于他们的书记官托克托布疏忽所致，还拒绝给出使大臣提供生活用品和必需品，无视所有的人身权利，明令禁止购买这些物品，致使出使大臣于库伦期间形同软禁。然而此事或迟或早通过这种或那种途径定将全部为北京宫廷所知晓。

贝子认真倾听了这席话语，回答说，他并非主管官员，所以无权对此作出判断，只能对发生的事表示同情。

出使大臣回答，他对贝子很有好感，要请他以私人身份评评理。正如贝子所知，本使团虽怀着//176//众所周知的最良好的愿望，但他这个出使大臣竟受库伦当局所迫，在恰克图边境等待了足足三个月，究其根由并无其他，往来信件全是些最无足轻重的诸如车马奴仆之类的鸡毛蒜皮，但是他却对库伦郡王的要求一再表现出克制和宽容，什么都同意了。他还没有过境，就一再以口头和书面形式申明，君主向他明确指示，必须神圣地、准确无误地遵守一切法规和仪式，以维护两国间一贯的友好和睦，不得有违，尤其要尊敬博格德汗，绝不可违背前人的先例。早在进入大清国国境之前，诸如此类的预先说明，特别是面见博格德汗时要跪拜和叩头等等，他不仅全部接受，而且还通过恰克图扎拉固齐以正式声明的形式无所保留地郑重地加以确认。

虽经种种正式接触和郑重许诺，//176 背面//岂料全俄君主的出使大臣竟然还是蒙受如此的欺骗，经受如此的奇耻大辱，遭遇公然的欺凌。种种粗暴侮辱的行径实乃闻所未闻，为俄国历史上所仅见。然而与此相反，出使大臣却始终表现得德行高尚，在所有与郡王的往来书信和会见当中，宽容有礼，而郡王则在大多数情况下报之以粗野傲慢，最后甚至粗野到破口大骂，令人厌恶之极。

贝子在倾听时尽管显得很平静，但也流露出某种同情，然而没有任何肯定或否定的表示。随后贝子恭恭敬敬地祝愿一路顺利，并祝愿伯爵大人身体早日康复，躬身道了再见，随后告辞回营，答应次日一早面辞出使大臣。但次日晨起他本人未到，仅派了手下特里贡台吉萌古（一等贵族）① 来告知，由于他要留下来遣返礼品，故不及亲来告别，但祝伯爵大人一路平安。自此驿站至恰克图一路，为了行程顺利，使团人员将分成三批。

173～176 页正文下方有副署：使团二等秘书、六等文官雅科夫·兰伯特伯爵。

俄罗斯帝国对外政策档案馆圣彼得堡分馆，总档 1—7，目录 6，1805 年，案卷 1a，卷夹 28，173 页背面～176 页背面。使团办公厅抄文簿抄件。

① 括弧是文中原有的。

№ 278

1806年2月4日。Ю.А. 戈洛夫金伯爵就特罗伊茨科萨夫斯克要塞准备迎接使团由库伦回国事给使团三等秘书 A.M. 多布罗斯拉夫斯基的命令

//201背面//1806年2月4日于库伦致使团三等秘书、七等文官多布罗斯拉夫斯基[①]

收到此函后，着即与相关人员为我返回国境采取必要措施，迎接的规格应与我由//202//特罗伊茨科萨夫斯克要塞出发时相同。

请尽力安排房舍以安置使团随员，并即刻将此送信人伊万诺夫少尉先生送往伊尔库茨克。

相信你定会尽心竭力，以应有的紧迫感完成任务。

201页背面正文上方：№ 2。

俄罗斯帝国对外政策档案馆圣彼得堡分馆，总档1—7，目录6，1805年，案卷1a，卷夹41，201页背面～202页。使团办公厅抄文簿抄件。

---

① 文题位于该页左侧空白处。

№ 279

1806年2月8日。商务大臣Н.П.鲁米扬采夫就Ю.А.戈洛夫金伯爵有关与清帝国划定疆界方案事给副外务大臣А.А.恰尔托雷斯基的信

//380//尊敬的亚当·阿达莫维奇公爵阁下：

公爵大人送来出使大臣戈洛夫金伯爵的信已阅。在我看来，这份文件特别值得重视，其中提出了一些需要解决的问题：

首先，关于阿穆尔河左岸及乌第河之间土地的划界问题。按7179年[①]及1728年条约，这片土地的归属尚未有定论。再者，如果北京宫廷向他提出派使团访俄，他应如何回应的问题。

我以为，如果准确地遵照给他的训令行事，就很容易就这两个问题给予北京宫廷以得体的回答，推说他在这个问题上没有得到授权，因此无法讨论此事，如果他们的确有意派遣使团访问俄国，只需//380背面//同意出使大臣戈洛夫金伯爵提出的条款；作为交换，亦可授权本国使团，求得最终划定边界。出使大臣可以向他们暗示，皇帝陛下将给予中国使团以极大的荣耀，并告诉他们，基于正义和两国之间的和睦关系，他们的政府定会在各方面都得到满足。因为皇帝陛

---

① 1696年。

下并没有拓展疆土的企图，只是想要造福臣民，与邻国友好相处。我特别认为，这样推托一下是非常必要的，因为根据出使大臣戈洛夫金伯爵对《尼布楚条约》及其满文文本译本中有关词句的判断，以及根据//381//条约谈判时曾任中方翻译的耶稣会士的解释，产生了一些歧义。出使大臣指出，根据耶稣会士的说法，边界是一条山脉，俄罗斯人把它叫做尼乌吉亚山，而中国人把它叫做斯塔诺夫山脉，但这二者在条约文字中都没有提及。除此而外，出使大臣戈洛夫金伯爵真是一个卓越的人才，他利用目前的政治局势，派出了一些有能力考察斯塔诺夫山脉的特殊人才，要把从尼布楚到鄂霍茨克的整个山脉的情况都搞清楚。我请公爵大人考虑，是否在此次考察结束前暂不就此问题举行谈判更为恰当。

出使大臣在其报告中说得很对："S'il sagit de parteger aves les Chinois leterrain，qui reste en litige，ou de le leur ceder en entier，il serait sans doute a desirer de mieux connaitre ce qu'on serait dans le cas de ceder ou de vouloir conserver。①"

//381背面//但假如与我的期望相反，清国军机处对我们的建议不肯做任何通融，并以傲慢的姿态一个劲地要求划界，那么我以为我们就可以指示出使大臣戈洛夫金伯爵，让他在一次同大臣们的例行会谈中提出：《尼布楚条约》明明说，所有从南面流入阿穆尔河的河流归中国所有，而由山脉另一面流下的河都属于俄罗斯帝国！由此可见，条约的用语是非常清楚，非常准确的，阿穆尔河以南直至大海的所有土

---

① 如果讨论的问题是应该同中国人分这块土地还是把它全部让给中国人，那么我们最好应该知道，我们究竟打算出让什么，保留什么。

地都属于中国，而该河北岸//382//直至于海的土地则属于俄罗斯。至于这一条款被另一条款，即乌第河及阿穆尔左岸之间的土地未作最终划分一条所削弱一事，则可以说，之所以有这种说法，完全是因为此间政府考虑到，这些地方目前有中国籍的游牧民族在居住，产生这种决定的目的，就是为了不把他们从游牧地赶出去。只要不划界，阿穆尔河北岸就可以看成是他们的土地了。

阁下，这就是我的想法。我以为应该以此为基础，给戈洛夫金伯爵做出必要的指示。我想提请您考虑//382 背面//一个道理：既然自伊凡和彼得·阿列克谢耶维奇沙皇至今，有关阿穆尔河和乌第河之间土地未划定归属的条款一直延续下来，考虑的恐怕就是俄国不要因出让这些土地而招致自己的尊严蒙受损失。那么，现在又怎能容忍以亚历山大皇帝名义派往中国的使团在以前的这个问题上做出让步呢?

现将出使大臣戈洛夫金伯爵给我的信件及经圣上批准的训令送还，并致以永远诚挚的敬意，

您忠实的仆人尼古拉·鲁米扬采夫伯爵

1806 年 2 月 8 日

308 页文下：送 A.A. 恰尔托雷斯基公爵大人。

俄罗斯帝国对外政策档案馆圣彼得堡分馆，总档 1—7，目录 6，1805 年，案卷 1a，卷夹 25，380 页～382 页。原件。

副本存同处，331 页～336 页。

№ 280

1806年，不早于2月9日[①]。军机处为传达嘉庆皇帝要求奏报俄罗斯使团事态进展的圣旨致库伦办事大臣蕴端多尔济、福海及察哈尔都统佛尔卿额的命令

//15//一月十二日收到[②]

军机大臣传谕喀尔喀多罗郡王、库伦办事大臣及察哈尔都统等

嘉庆十一年一月四日圣旨曰：

［军机处］年前于十二月十四、十五日先后有两道圣旨[③]下达蕴端多尔济等，现已过二十日。度算蕴端多尔济等应于十二月二十日前后得令获旨[④]，//16//此时理应由当地有折上奏奉旨情形，曰俄使臣戈洛夫金接旨后，或恭谨从命，或傲慢如前，不遵圣命，已将其驱逐回国。然奏折至今未至，则戈洛夫金未遵上命，又提非分之请，至今并未回国，则事中另有关碍之情明矣。如是，蕴端多尔济等当如实具折奏报详情，请旨定夺。//17//题奏如此拖延时日，显系蕴端多尔济、福海未尽本职，实为大过，应严予申斥。又，此时佛尔卿额应已抵库伦，到后亦当有奏，禀告抵达日期及事情巨

---

① 日期按圣旨上的时间标注（嘉庆十一年二月四日）。

② 2月17日。

③ 见263、266号文件。

④ 圣旨于2月29及30日收到，见263、266号文件。

细。其无奏本，亦是违制。

此令着快马五百里廷寄送蕴端多尔济、福海，得旨后将如何行事，//18//对戈洛夫金所说何言，此前所下训谕已于何时送达，彼等又有何决定，因何多日迁延不见奏报等情一一如实奏来。所奏着快马六百里廷寄递送。

恭奉上谕，特传此令。

蒙古国立中央历史档案馆，藏档 M-1，案卷 651，15～18页。库伦办事大臣衙门满文抄文簿抄件。И. Т. 莫罗兹译自满文。

№ 281

1806年2月9日[①]。军机大臣就延丰准俄国商船于广州卸货一案查办结果奏嘉庆皇帝折

//1//臣等奉［圣上之］命就延丰擅准俄罗斯商船［于广州］卸货事特意传其问话，延丰［于衙门问话时］匍匐叩首称：

据澳门海防同知报称，去年十月[②]露臣［国］两商船抵广［州］贸易。余不知其人来自何国，亦未闻有国名如是者，［遂决意查明真相］，就问于夷商。夷商于打探后报称：经英吉利［国］人细查此事，据其语言辨认，上述货商来自露臣，即埃罗斯国也，其人迄未至此。夷商又云：无论洋商来自何国，一旦船入港口，均准其开仓卸货，此前一向如此。余经查后得知，俄罗斯原在恰克图贸易。缘何今［俄商］又到澳门？遂命夷商吩咐英吉利人至前述商船夷人处探听原委。［英吉利人］查明后报称，［俄罗斯人］言谈颇恭谨谦和。余一时愚钝，私将主上怀柔及于远来蛮夷之意妄加揣测！余遂与［本省］督抚[1]商议解决［此事］办法。其时那彦成于惠［州］肇［州］之地阅军未归，余因之发急函与之商议，此前亦与总督孙玉庭亲商。余见与孙玉庭相合。本意待那彦成复函，求取共见，奏圣上裁夺。

然因阿克当阿于当日已赴任所，那彦成又远在两千余里

① 嘉庆十一年二月四日。

② 1805年11至12月。

外之惠［州］潮［州］，发来快信称其一时难归，况余既在任内，临事不决，且无报请，恐有推卸责任，委事于人之嫌。是以未作等候，自作主张，竟将此事径直上奏。余又愚蠢，于奏折中言称此事已与那彦成有书相商，然［其时］实未得其复函，亦未与之详议［采取何种措施］也。且余亦未就如何行事请示圣意，实属轻忽孟浪，罪不可赦。嘉庆十一年二月四日谨奏[①]。

《清代外交史料》（嘉庆朝），北京，1932年，2集，第1页。A. Д. 沃斯克列先斯基译自中文。

俄文文本发表在：A. Д. 沃斯克列先斯基：《中国大事记》，载《时代的联系没有断裂》，158～159页。

注释：

［1］巡抚为第二号地方大员，仅次于总督，其职责为监督省级政府各机构的工作（A. Д. 沃斯克列先斯基：《中国大事记》，163页，36号注释）。

---

① 1806年2月10日。

№ 282

1806年2月10日。库伦办事大臣蕴端多尔济、福海及察哈尔都统佛尔卿额就巡视俄中边界卡伦事奏嘉庆皇帝折

//9//一月五日[①]

奴才蕴、佛、福谨奏，以达圣听

日前皇上训示：俄使遣回国后，恐恼羞成怒，或有轻率荒谬之举，实不可预知。因着蕴端多尔济等密令沿边各卡伦及［使团回国］沿途严加关防，并行戒备云云[②]。

奴才等奉旨商议，以为俄人虽不足以寻衅滋事，//10//然预作密防实为必要。所司衙门已行文如次：早先奴才等所辖喀尔喀四十七处卡伦归四部扎萨克执掌。自有专折就此奏报后，各卡伦已由一等扎萨克二人执掌，每年春季巡视一通。今次奴才等已命古纳奇旺达西及贝子宁博多尔济共同执掌前述诸卡伦，于下月初[③]开启印信[④]，//11//巡视所有下属哨所，且借此训示官兵，严命奉行职守，密为防范。秋季奴才等将再次巡视哨所，且命官兵诸人等与俄人保持友善，

---

① 1806年2月10日。

② 见263号文件。

③ 三月中旬末。

④ 见18号文件注释1。

一如既往[①]。奴才等同时又致函恰克图衙门章京克西克，若俄人稍有异动，即命其速速禀报。并发函萨哈连乌拉、乌里雅苏台、//12//科布多、伊犁昂邦等一体周知。

奴才等密行防范，理当奏闻，谨奏。

12 页文末：据奏折抄录。当月二十二日[②]［自北京］退还的奏折上有皇帝朱批：知道了，依议。

蒙古国立中央历史档案馆，藏档 M-1，案卷 651，9～12 页。库伦办事大臣衙门满文抄文簿抄件。И. Т. 莫罗兹译自满文。

---

① 行间朱批：对极。

② 2 月 27 日。

№ 283

1806年2月10日。库伦办事大臣蕴端多尔济、佛尔卿额就俄使团已回国、蕴端多尔济已启程赴京等事奏嘉庆皇帝折

//2//一月五日①

奴才蕴、佛谨奏以达圣听

奴才佛兼程遄行，于十二月二十九日②抵达库伦。奴才未到之时，俄人即已拒在库伦演练“叩头”礼，且言戈洛夫金于抵京后当众大臣之面亦不肯演练礼仪，将由其下属官员替代行事。其妄自尊大、举止傲慢，业已触犯国法，因于十二月二十七日③奉圣命自臣蕴等所辖地界将//3//俄使戈洛夫金等递解出境。经奴才佛抵达库伦后询问，奴才蕴答曰，此次到来之俄使全然不知礼节，于琐事无端吹毛求疵，实属卑劣。现俄人已回国，奴才等奉旨已就边界采取防范措施一事//4//专折另行奏报④。

又及，奴才蕴已将一应事宜交代奴才佛，并将库伦大臣印信暂交佛拜领。奴才蕴于诸事稍加安排后，已于一月五日

---

① 2月10日。

② 1月26日。

③ 1月24日。

④ 见文件第282号。

自库伦启程面圣。//5//谨奏。

5页文末：据奏折抄录。当月二十二日[①]收到［自北京返回的］奏折上有皇帝朱批：知道了，依议。

蒙古国立中央历史档案馆，藏档M-1，案卷651，2～5页。库伦办事大臣衙门满文抄文簿抄件。И. Т. 莫罗兹译自满文。

---

① 1月19日。

№ 284

1806 年 2 月 11 日①。嘉庆皇帝为处罚擅准 И. Ф. 克鲁森施特恩及 Ю. Ф. 利相斯基两船到广州贸易及回国的官员给军机处的谕旨

//13//再谕军机处行走

吴熊光等有折奏称，有露臣国［商人］到广［州］贸易。露臣国即斡罗斯也，按常规本当于恰克图一处专辟之地贸易。今该国船商抵达广州，恳请验关卸货。依旧制［本当］拒绝［受理］，命其返回。然延丰竟准其入［河］口卸货。此举实为不智。查该国商船于十月八日至十七日②期间进港，延丰于当月二十九日③方具折奏报，并函告本省主管官员商议。然［延丰］未待那彦成回函，擅自于奏折中加入意见相合之言，其罪实大。前已降旨，着延丰贬为七品笔贴式，然显不足为戒。着令褫夺本职，调往皇陵工地[1]。

阿克当阿就任［粤］海关监督未久，因延丰不待那彦成知晓此事，即已擅准夷商第一船卸货于前，故复准［第二艘］商船进［河］口卸货于后。吴熊光、孙玉庭未能核实巨细，擅纵商船回国，处理事务不当，亦不可不罚。

---

① 嘉庆十一年一月戊辰。

② 1805 年 11 月 17 日至 26 日。

③ 1805 年 12 月 8 日。

吴熊光、孙玉庭、阿克当阿着交吏部议处。自今起当定制如下：凡有上述该国商船来广［东］贸易，即［当］拒之，并［应将其］遣送回国。

《清实录》（清朝大事记），北京：1986 年，30 卷，13 页。A. Д. 沃斯克列先斯基译自中文。

俄文文献发表于：A. Д. 沃斯克列先斯基：《中国大事记》，载《时代的联系没有断裂》，159～160 页。

注释：

［1］指的是清代皇帝的陵寝（A. Д. 沃斯克列先斯基：《中国大事记》，载《时代的联系没有断裂》，163 页，注释 36）。

№ 285

1806年，不早于2月12日[①]。军机处为传达嘉庆皇帝在俄中边界采取秘密防范措施的圣旨给暂领库伦办事大臣佛尔卿额及库伦办事大臣福海的命令

//29//一月十六日收到[②]

军机处行察哈尔都统、暂领库伦办事大臣印等令

嘉庆十一年一月七日圣旨曰：

着即传旨佛尔卿额、福海：

日前蕴端多尔济等奏曰：奉皇帝圣谕，派纳木吉勒多尔吉等前往劝喻俄罗斯使臣，然戈洛夫金等无动于衷，傲慢如前，且无事生非。//30//因奉旨再派纳木吉勒多尔吉等人严加护卫，于去年十二月二十七日已将使团遣送回国云云。

据我等度算，佛尔卿额于此期间应已到达库伦，且已奉旨暂接库伦办事大臣印信，蕴端多尔济理当自彼处启程。

俄人乃一小族，无论如何不敢有轻慢之举。然其使臣被逐回国，大失所望，甚感羞辱，故当防其寻找口实，再生事端。着佛尔卿额、福海//31//按前旨密令各卡伦官兵对俄国边界严加关注，预作防范。

现着理藩院行文枢密院。一旦拟就文书，着即由佛尔卿

---

① 按圣旨上的日期（嘉庆十一年二月七日）标注。

② 2月21日。

额等逐站转递。此旨抄示蕴端多尔济等。

谨奉圣谕，特发此令。

蒙古国立中央历史档案馆，藏档 M-1，案卷 651，29～31页。库伦办事大臣衙门满文抄文簿抄件。И. Т. 莫罗兹译自满文。

№ 286

1806 年 2 月 12 日[①]。军机处给直隶总督裘行简的命令，附嘉庆皇帝为清廷已拒绝接待俄使团而取消全部接待准备工作的圣旨

//1 背面//军机处军机大臣行文直隶总督裘行简

嘉庆十一年二月七日得旨［如左］：

前因俄罗斯遣使纳贡，奉旨知会裘行简筹备一应馆舍、庭院、仆役、马匹等，凡使团所到之处，尽皆派员前往。现据蕴端多尔济上奏并由该处得知，俄使不懂礼仪，故予拒见［使团］，并于上年已命其自库伦回国。

着令召回直隶所派护送官兵、官员、仆役一应人等。各驿站备品筹备工作亦即停止。

特传此谕，着即奉行，并具折回奏。

《清代外交史料》（嘉庆朝），北京，1932 年，2 集，1 页背面。A. Д. 沃斯克列先斯基译自中文。

---

① 嘉庆十一年一月七日。

№ 287

1806年2月13日[①]。理藩院就Ю. А. 戈洛夫金使团自库伦回国的原因问题致枢密院文书

一、俄文原件

//153//大清国理藩院致俄罗斯枢密院文书

前我驻库伦办事大臣郡王及昂邦奏曰，彼等奉吾仁慈国君之旨明白宣诏于汝国使臣尤里·戈洛夫金。然其临事态度傲慢，且谬言曰[②]：某国人等从未有行三跪九叩礼之先例。故奉旨选派贝了[③]纳木吉勒多尔吉，命其护送贵国使臣回国，前自贵使处所取贡品亦一并返还。

吾国圣上因是降旨曰：

此前斡罗斯汗欲遣使前来，向朕转致祝贺，进献贡品，以敦两国之和睦，朕褒扬有加，欣然眷顾。朕复应其所请，多次降旨臣属，使团入境后无论至何处[④]，必命彼等妥加护送。俟到库伦及张家口，//153背面//则应设宴款待。

---

① 嘉庆十一年一月八日。

② 满文原件为"塔布沙迈—吉苏来迈"，即说谎（见满文译文的注解。第157页。——莫罗兹）。

③ 此处原文有错，应为：贝勒。

④ 满文原件为"埃尔契萨—埃布西—支代莱—代"，即俟使臣一行到此（见满文译文的注解。——莫罗兹）。

然俄使臣抵库伦后，于赐宴之恩不知感戴，不遵礼仪，拒行跪拜谢恩之礼。蕴端多尔济等仍遵朕旨，对俄使臣反复劝喻，然其仍不行三跪九叩之大礼。至此蕴端多尔济等犹奉旨对使臣妥加关护，送其归国，一应贡品亦命取回。该事至此，皆因戈洛夫金不知礼节，与彼国汗无涉。戈洛夫金乃外邦之人，无需天朝惩治其罪，待其回国后，彼国汗如何处置，悉听其便。

着理藩院行文，知会俄罗斯国枢密院此事原委。谨奉圣命致函曰，先是，贵国汗欲遣使来朝并献贡品，我皇闻后褒扬有加。此后又数次降旨官员大臣，命于沿途妥善护送，且于库伦//154//及张家口设宴款待，到京后更加意赏赐，可谓天恩浩荡。不经意之间[①]戈洛夫金到库伦后，郡王及昂邦等奉旨设宴款待，宣示其按制当感戴天恩，三番跪地，九次叩首，但该使臣拒不照办。我国郡王、昂邦等当即要求该使臣返回本国，并发还贡品，据实上奏。即便如此，我主上仍衷心感念汝国汗恳切之意，不忍令使臣就此回国。此外我理藩院经查后奏曰，雍正五年贵国使臣萨瓦伯爵曾行三跪九叩之礼，将此档转交我驻库伦郡王、昂邦等，命其如实转告贵国使臣。然彼既不按礼行事，且举止傲慢，对我郡王、昂邦又放厥词。纳木吉勒多尔吉因奉旨护送使臣转回贵国，所携贡品亦命取回。戈洛夫钦不能按照贵国汗之意图行事，行为如此傲慢狂悖，全然与条约不符，实为罪过，其//154 背面//罪万难饶恕。然我国君并未处置于彼，反命郡王、昂邦等遣派纳木吉勒多尔吉善加护卫，送其[②]回国。此诚为体念贵国

---

① 此处原件有误，满文为“古尼哈库”，即不料，不意（见满文译文的注解，157 页背面。——莫罗兹）。

② 文中作：然而。

汗谦恭之意、格外开恩也。

枢密院将此情奏报汝汗，重治戈洛夫金之罪应当[①]。

又及：现已为新年元月，按我大清国体制，印玺已加封[②]，以后我方信函将写于事先加盖印鉴的用纸上寄出。

［嘉］庆[③]十一年一月八日[④]。

153 页正文下方：1806 年 4 月 6 日收到。

154 页背面：日期上盖有理藩院方形朱印。

152～152 页背面（信封）：大清国理藩院致俄罗斯国枢密院（152 页背面）及日期[⑤]：嘉庆十一年一月八日（152 页背面）。地址及日期上加盖三方理藩院朱印。

俄罗斯帝国对外政策档案馆圣彼得堡分馆，总档 1—7，目录 6，1805 年，案卷 1a，卷夹 27，152～152 页背面（信封），153～154 页背面。原件。

---

① 满文原件为“亚尔干—伊—戈洛夫金—柏—乌其热来麦—委勒—阿拉奇—阿羌必”，即：对戈洛夫金确应重惩（见满文译文注解，158 页。——莫罗兹）。

② 满文原件为“多伦—费比莱赫”，即：大印封存（见满文译文注解，159 页。——莫罗兹）。

③ 此页页边无存，字词按相关意思补充恢复。

④ 1806 年 2 月 13 日。

⑤ 地址和日期分别用俄语、满语和拉丁语书写。

二、译自满文

//141// 大清国理藩院致俄罗斯枢密院[①]文书

前我驻库伦办事大臣郡王及昂邦奏明圣上[②]，已将圣上多次谕旨明白详细宣示于使臣戈洛夫金，然戈洛夫金态度傲慢、伪辞巧托，拒行三跪九叩之礼，故奉旨派贝勒纳木吉勒多尔吉等妥善护送使臣回国。一应贡品等亦命发还。

因降旨曰：

此前俄罗斯汗遣使前来，唯愿朝觐圣驾，进献贡品[③]，以敦两国和睦，实属可嘉，朕阅之甚喜。因命准其所请。是以朕训示昂邦，着其沿途护送使臣，务使所到之处，诸事妥

---

① 以下翻译者省略了满文原件中的几个词：“萨吉吉—塞莱—扎琳”，即：知悉。

② 译文抄件右侧页边在“……奏明圣上”一句旁有戈洛夫金的批注（以下引文为戈洛夫金的批注）：

1. 使团进入中国领土之前，按照双方预先的协议，公认的规则是原有的礼节。郡王和昂邦从未通告使臣还有任何新的礼仪。因此，他们或者是隐瞒了皇帝下达给他们的旨意，或者更有可能的是，以为可以强迫使臣接受这种侮辱，以讨好本国朝廷。但他们未能成功。理藩院为了替本国大臣的这种行为打掩护，就只能加罪于使臣的傲慢和说谎了（见187～187页背面的注解）。

③ 在“此前……贡品”一段的旁边，有戈洛夫金的批注：

2. 违背了双方原有的关于尊号的规定，北京宫廷还给“汗”这个词加上了一个点，意味着这是个属国的王或者纳贡的王，并且把礼品称为贡品（见187页背面的注解）。

贴。钦命于库伦及张家口赐宴。为此多次降旨①。然自戈洛夫金抵库伦后，于圣上赐宴之恩既不鞠躬致意，亦不跪拜谢恩。蕴端多尔济等②虽多次晓谕，戈洛夫金仍拒不行③跪拜之礼，蕴端多尔济等因遵旨//141 背面//遣使回国，仍妥加护送如前，一应贡品等亦命其取回④。所有事故盖因戈洛夫金不知礼节，与彼汗丝毫无涉。且戈洛夫金乃外邦之人，天朝大国亦不屑惩处。待其回国之后，彼汗如何施行发落，悉听其便⑤。着理藩院拟文书，将此事知会俄罗斯枢密院。

---

① 在“钦命……多次降旨”一句旁有戈洛夫金的批注：

3. 博格德汗既同意遵守旧礼，如理藩院据实上奏，他显然就不会允许破坏旧制（见 187 背面～188 页的注解）。

② 满文原件有几个词被翻译省略了：“海塞—拜—达哈迈”，即：奉皇上旨意（见 157 页的注解——莫罗兹）。

③ 满文原件为“凡乃—亚布拉库”，即顽拒拒绝执行（见 157 页的注解——莫罗兹）。

④ 在“然自戈洛夫金……命其取回”一段旁，戈洛夫金有批注：

4. 博格德汗据以降旨接待使团的，是使臣去年 11 月 19 日的函件，内中写道：

至于说到我觐见博格德汗的礼仪问题，对于我前人遵守的礼仪，我是知道的，无疑也一定要遵守，希望此次同样能得到博格德汗对俄罗斯使臣一贯的恩典（见 188 页背面的注解）。

⑤ 在“与彼汗……悉听尊便”一段旁，戈洛夫金有批注：

5. 在以前的通信往来中，中国政府不仅对枢密院，甚至对历代俄罗斯沙皇陛下一直使用最粗野的表达和责难。在这件事上，按照他们的说法，似乎博格德汗的尊严受到了侮辱，对他的旨意未予遵从，尽管本使臣多次以皇上的训令作为请求谅解的理由。我国君主产生不满是天经地义的，理藩院担心招致这样的后果，便把一切罪过都推到本使臣头上，并确认与君主陛下毫无关系（见 188 背面～189 页的注解）。

臣等奉诏宣示：此前尔汗欲遣使纳贡，朝觐圣主明君，主上褒扬有加，数番降旨阁臣，命将汝使臣沿途妥加护送；到达后于库伦、张家口两地赐宴，入京后且欲厚加赏赐。天恩浩荡一至于斯！然事与愿违，戈洛夫金抵达库伦后，我郡王及昂邦奉旨设宴，并告以按制当行三跪九叩之礼，然戈洛夫金全未奉行①。

是以郡王及昂邦奏明圣上，曰彼等根据实情，当遣使臣回国，圣上感念汝国汗拳拳之心，未命遣使回国，实出于怜悯。我理藩院又复进呈礼仪，称雍正五年俄使萨瓦伯爵来朝，觐见时三番跪拜，叩首九度，据此命俟//142//郡工及昂邦对使臣再行开导②。然戈洛夫金不遵礼节，拒行三跪九

---

① 在“然事与愿违……全未奉行”一段旁戈洛夫金有批注：

6. 从以下文字可以看出，宴请是根据博格德汗的旨意特别指定的，而跪拜是根据法律，亦即国家的日常制度，是只对臣民有效的（见189页背面的注解）。

② 在“据此命俟郡王……再行开导”一段旁戈洛夫金有批注：

7. 是根据郡王和昂邦的奏请，而不是如他们多次向使者谎称的那样，是根据最高当局的命令遣送使团回国的。博格德汗出于对陛下的尊重，并不同意这样做，下令提醒出使大臣按照以前的使臣萨瓦·弗拉基斯拉维奇的样子履行礼仪，于觐见博格德汗时行三跪九叩首礼。但由于出使大臣已经在去年的十一月十九日及今年的一月六日和三十日信件中（见213、245、271号文件）郑重地宣称将于觐见时照例履行礼仪，可见不仅是郡王，而且连理藩院和内阁大臣们也向皇帝隐瞒了事情的真相以及出使大臣践行前例的多次保证。

叩之礼，傲慢如前，且口出谎言[①]。郡王及昂邦因奉旨遣派纳木吉勒多尔吉等妥加护送使臣回国。一应贡品亦命彼等取回[②]。戈洛夫金未能切实遵行尔汗旨意，反举止傲慢，出言虚谬，不守旧制，实为大错。罪实在彼也。然圣上并未对其有所处置，命郡王及昂邦整备[③]遣贝勒善加护送回国，唯此足证天恩浩荡，真切体念汝汗恭敬至诚之心也[④]。

---

① 在“然戈洛夫金……且口出谎言”一段旁戈洛夫金批注：

8. 在这里举出萨瓦·弗拉基斯拉维奇伯爵觐见博格德汗的仪式作为例子，不能与在库伦向戈洛夫金伯爵指定的仪式相提并论。这样的结论明显证明，理藩院的借口极为牵强，软弱无力（见190页注解）。

② 在“郡王与昂邦……亦命彼等取回”一段之旁有戈洛夫金的批注：

9. 上面提及，博格德汗未同意郡王关于让使团回国的奏请，尽管如此，在收到上述要求出使大臣遵守旧有礼仪的圣旨两天后，这道奏章还是寄出了。也就是说，郡王是自作主张，并没有得到皇上的确切旨意。目的显然是为了不让使臣到北京去，（因为那样的话）就会真相大白，同时他也将会因为说谎和不严肃的行为被治罪（见190页背面的注解）。

③ 此处有一词不清。

④ 在“汝汗恭敬至诚之心也”一段之旁戈洛夫金有批注：

10. 理藩院害怕受到指责，说它对使团施加了种种侮辱，而且提供的生活必需品严重不足，企图以寒冷和饥饿迫使使臣接受屈辱的处境，便在这里强调，博格德汗对之没有任何不满，反而命护送回国如仪。也就是说，所有加之于使臣的屈辱不仅为博格德汗所不知，而且也有违他的意志（见190页背面～191页的注解）。

俟枢密院将此情奏报汝汗王，实当重治戈洛夫金之罪也[①]。

又及：按我大清国体制，新春元月，正当我印鉴封存之时，特于此件上贴附一纸，加盖旧印寄出。

嘉庆十一年一月八日（1806年2月13日）[②]。

142页正文下方：1806年3月5日于伊尔库茨克收到。

142页背面：1806年3月10日由宫廷低级侍从古里耶夫由伊尔库茨克送往圣彼得堡。

俄罗斯帝国对外政策档案馆圣彼得堡分馆，总档1—7，目录6，1805年，案卷1a，141～142页。**А. Г.** 符拉德金译自满文原件的手迹。

满文原件存同处，157～159页。

А. Г. 符拉德金抄写的满文抄件存同处，143～144页。

由 **Ю.** А. 戈洛夫金审核的译文抄件，符拉德金手迹，存同处，179～180页背面。

Ю. А. 戈洛夫金批注的译文抄件存同处，187～191页背面。

俄文副本存中国第一历史档案馆，中俄关系史俄文文献藏档，案卷12，5～10页。

---

① 在“俟枢密院……实当重治戈洛夫金之罪也”一段话之旁戈洛夫金有批注：

11. 博格德汗的旨意中并未提到重治使臣之罪，而将对其言行的考察付诸沙皇陛下，这个精神与旨意未提及让使团回国相同。由此可知，北京内阁在自己的国君面前掩盖真相，且知道自己罪过不轻，有可能带来严重的后果，所以为了避免由此导致的严厉惩罚，竭力将全部过错都推到使臣一人头上（见191页背面的注解）。

② 儒略历日期是翻译换算的。

使团办公厅抄文簿抄件，译文存俄罗斯帝国对外政策档案馆圣彼得堡分馆，总档1—7，目录6，1805年，案卷1a，卷夹26，174～176页；同处，卷夹41，414～418页背面；同处，卷夹28，182页背面～184页；满文译件存同处，179页背面～182页。

库伦办事大臣衙门满文抄文簿抄件存蒙古国立中央历史档案馆，藏档M-1，案卷651，58[①]～65页。

三、译自拉丁文文本

//145//大清国理藩院为知照事致俄罗斯枢密院书

前不久我库伦办事大臣奏称，尽管我国皇帝建立的机构恭敬有礼并且友好地劝告贵国使臣戈洛夫金，要他履行本国在皇帝面前一直履行的礼仪，但戈洛夫金对此毫无尊重之意，并且傲慢地回答说，他绝不按三跪九叩首的习俗行事。因此，按惯例奉旨派遣官员贝勒纳木吉勒多尔吉，命其以应有的恭敬悉心护送贵国使臣及其下属，连同所携礼物沿//146//来路返回。我国皇帝得悉此奏后，有旨曰：

此前俄罗斯皇帝致书称，愿遣使并携带贡物向朕致以祝贺，以敦两帝国之和睦，实属可嘉，朕心甚悦，因允其请。朕且//146背面//即刻训喻有关官员，于使臣所到之处必妥加关照，沿途护送。俟其一临彼国边界，即预备设宴款待。但戈洛夫金入我国境后，不仅不思感戴所受恩德，//147//更不行跪拜之礼。我皇陛下蕴端多尔济等官员多次劝谕戈洛夫金，令其行三跪九叩首之礼，以谢恩宠，然其一概拒绝。

---

① 在58页上写着：一月二十日，即2月25日。

蕴端多尔济等因奉旨，对使臣关切如常，//147背面//着其携礼品于原路返回。戈洛夫金虽不知礼，然此事与其国皇帝无涉。戈洛夫金乃他国臣民，不归我国惩治。待其回国后，交由其国君处置可也。

理藩院//148//特寄此书，以知会俄罗斯枢密院。

臣等谨奉皇上旨意，详察此情，以为先前贵国皇帝经由贵国枢密院来函，言欲遣使祝贺，并向我皇帝进献礼物，故深为嘉许。降旨命库伦办事大臣及当地官员对使臣妥加关照，俟其到达//148背面//后设宴款待，又命诸员预备上好礼品，俟其入京后多加赏赐，实为未有之殊恩。此皆恩遇有加之明证也。然出人意料，戈洛夫金一入境，我国迎接之郡王等员即命设宴款待。此后，当请其按当地习俗三跪九叩首以表谢意时，戈洛夫金坚不行礼，//149//故我国王子及官员等奏请送贵国使臣回国。

我国皇帝得此详报后，感念贵国皇帝之善意，不欲送贵国使臣回国。

理藩院奏知我皇上，查旧档得知，雍正五年俄使萨瓦伯爵[①]来朝，//149背面//觐见时行三跪九叩首礼。是以命王子及昂邦将此告知使臣。

然戈洛夫金执意不行三跪九叩之礼，出言多自夸自大。王子及昂邦大臣因奉旨遣派纳木吉勒多尔吉等妥加护送使臣回国。一应贡品等物亦予发还。//150//戈洛夫金未体察贵国皇帝善意，轻贱他人，自命不凡，不敬习俗，不守规约，过莫大焉，其罪实不可恕。但我国皇帝对其并未处置，反命王子大臣等派遣贝勒纳木吉勒多尔吉等将其妥善护送回国。//150//盖因知贵国皇帝恳切之忱，格外开恩。望贵国枢密

---

① 左侧页边有注：即萨瓦·弗拉基斯拉维奇伯爵。

院将此情奏报贵国汗王，实当严惩戈洛夫金之罪也。

现为新春元月，我大清国向例当将印鉴封存，故本函所用纸张上印鉴为事先所盖。特此告知。

嘉庆十一年一月八日。

145页左侧正文上方：译文①

150页正文下方：录事安德鲁斯基翻译。

俄罗斯帝国对外政策档案馆圣彼得堡分馆，总档1—7，目录6，1805年，案卷1a，145～150背面。拉丁文原件译文。

拉丁文原件存同处，155～156页背面。

① 下加线为文中原有的。

№ 288

1806 年 2 月 14 日。伊尔库茨克民事省长 A. M. 科尔尼洛夫为收到理藩院就 И. Ф. 克鲁森施特恩及 Ю. Ф. 利相斯基两船到达广州事致枢密院公函给库伦办事大臣佛尔卿额、福海的信

//32//一月十七日［收到］[①]

俄罗斯国皇帝陛下伊尔库茨克民事省长、赏戴勋章四等文官科尔尼洛夫致大清国至圣皇帝陛下库伦喀尔喀多罗郡王及昂邦

尊敬的郡王及昂邦：嘉庆十年十二月二十八日您遣专差协理台吉明珠、扎兰章京达木丹等来我处，递交贵国政府致我国枢密院公函[②]。该函已收到无误。现我已下令即刻将//33//其转送我国枢密院。尊敬的郡王及昂邦阁下，我已将回函文书交贵方来员转呈，彼等此刻即将回程上路。特签章如序。

1806 年 2 月 14 日于伊尔库茨克城。

蒙古国立中央历史档案馆，藏档 M-1，案卷 651，32～33 页。库伦办事大臣衙门满文抄文簿抄件。И. Т. 莫罗兹译自满文。

俄文抄件存中国第一历史档案馆，中俄关系史俄文文件藏档，案卷 12，23～24 页。

---

① 2 月 22 日。

② 见 256 号文件。

№ 289

1806年2月14日[①]。军机处给两广总督吴熊光的命令并附嘉庆皇帝严禁俄罗斯商船自行赴澳门贸易的圣旨

//3//一月十七日［收到］[②]

军机处军机大臣奉嘉庆十一年一月九日上谕行文两广总督吴［熊光］、广东巡抚孙［玉庭］

查俄罗斯商船事，前有地方下级官员奏称，经商议，［官员允其］卸货。盖因［此事］不便拖延，本次姑允贸易云云。如上述国家商船再来澳门，谕令一概拒入，不得有误，绝不许擅自贸易。着阿克当阿奉诏谕示孙玉庭、那彦成：彼等通同作弊，其中两处经细察可明：未有及时上报朝廷其一，自作主张允俄商贸易其二。此事已交吏部议处。回奏文书亦不必再行呈阅。

兹特传谕尔等，着即奉诏，［执行情况］函报。

《清代外交史料》（嘉庆朝），北京，1932年，2集，3页。A.Д. 沃斯克列先斯基译自中文。

俄文译本发表在：A.Д. 沃斯克列先斯基：《中国大事记》，见《时代的联系没有断裂》，160页。

---

① 嘉庆十一年一月九日。

② 2月22日。

№ 290

1806年，不早于2月15日[①]。军机处为传达嘉庆皇帝着理藩院向俄国枢密院发函的圣旨给代理库伦办事大臣佛尔卿额、福海的命令

//56//一月二十日［收到］[②]

军机处军机大臣令行察哈尔都统、代理库伦办事大臣昂邦等员

嘉庆十一年一月十日皇帝诏曰：

现礼部已拟就满文、俄文、拉丁文三种文字之文书[③]，钤印封缄，由理藩院递交该国枢密院。因俄使臣戈洛夫金已于年前十二月二十七日[④]由//57//库伦遣送回国，故此文书交由佛尔卿额等，着快马四百里廷寄递送俄总督，继而转送该国枢密院。此文书抄示佛尔卿额等人。

恭奉上谕，特传此令。

蒙古国立中央历史档案馆，藏档M-1，案卷651，56～57页。库伦办事大臣衙门满文抄文簿抄件。И.Т.莫罗兹译自满文。

---

① 按圣旨的日期（嘉庆十一年二月九日）标注。

② 2月25日。

③ 见287号文件。

④ 2月3日。

№ 291

1806年2月17日[①]。Ю.А.戈洛夫金使臣为将使团在库伦期间及返回恰克图途中赏赐清朝官员的礼品费用入账核销给使团司库奥西波夫的命令

//75//给使团司库、七等文官奥西波夫先生的命令[②]

兹命令阁下将使团在库伦逗留期间及回俄罗斯途中根据本人命令给各色人等发放的礼品入账核销。计开：

本年1月13日，赏护送部分人员至库伦的宰桑郎贡扎布天鹅绒12俄丈，编号20；804年产镶边灰鼠腹皮大衣一件，编号2。

1月15日，赏蒙古古纳803年产火狐皮两张，赏其手下图撒拉克奇托博尔斯克产紫貂皮6张，编号35。

1月17日，奉伯爵//75背面//大人指示拨给使团两位秘书小礼品用金银丝线半磅、各色彩纸1刀、小刀6把、剪子6把、小镜子6面、锁6把。

1月18日，为答谢萌古、策凌扎布所送礼品，赠托博尔斯克产紫貂皮6张，编号29。

1月20日，赏蒙古包中的蒙古仆役802年产橙色开司米4俄丈，编号3；火狐皮一张。

---

① 日期标在抄文簿上相应的栏内（同处，75页）。

② 标题位于该页左栏。

1月27日，赏为郡王送礼品两名军官托博尔斯克产紫貂皮6张，编号29。

1月28日，赠郡王及昂邦玻璃器皿，编号9；带托盘大碗1对，//76//编号10；凸花糖罐一对，编号25；描金彩绘长柄勺一对，编号26；描金彩绘冰激凌小桶12只，编号28；描金彩绘带把冰激凌杯32只，编号39；牛奶杯一对，编号41，牛奶杯1只，编号52；描金描银各色茶杯24只，编号60；水果盘5个，编号64；带盖酥油碗及托盘一套，编号68；汤罐4只，编号69；杯子，编号为73的4只，为95的一对；小花瓶，编号99//76背面//的一对，编号103的一对；编号为106的一只，为122的一对；有腿小碗5只，儿童用小酒杯6只，编号132；银锭1俄磅；玻璃匣子1只；小刀6把；剪子6把。

2月2日，为赏送消息来的蒙古人森多扎布托博尔斯克紫貂皮10张，编号为29。

2月3日，赏奉派送还礼品的贝子呢料8俄丈；赏随行军官2人呢料各6俄丈，共12俄丈。

2月13日，赏护//77//送使团返回俄国的贝子纳木吉勒多尔吉804年产紫貂裘皮大衣1件，登记号为18号的；赏图撒拉克奇达西敦多布804年产狐裘皮1件，编号17；红色开司米10俄丈；赏4位章京804年产石貂皮4张。

在75页正文上方：№ 616。

俄罗斯帝国对外政策档案馆圣彼得堡分馆，总档1—7，目录6，1805年，案卷1a，卷夹42，75～77。

使团办公厅法文抄文簿抄件。

№ 292

1806 年 2 月 18 日。库伦办事大臣佛尔卿额、福海就俄使团返回恰克图事呈嘉庆皇帝的奏折

//19//一月十三日[①]

奴才佛、福谨奏：

嘉庆十一年一月十二日奴才等收到军机处大臣来函[②]，训喻如左：

皇帝诏曰：

自十二月十四、十五两日给蕴端多尔济等连发两道谕旨，已过二十余日。度算蕴端多尔济等可于十二月二十日//20//前后收到上谕，于此期间已理当有折上奏，报告俄使戈洛夫金奉旨情形：是否恭谨奉诏，抑或傲慢如前不遵圣命，已将其驱逐回国。然至今未见有折回奏。有鉴于此，则戈洛夫金未遵上命，重提非分之请，至今并未回国，且其中另有关碍之情明矣。如是，蕴端多尔济等当如实//21//奏报详情，请旨定夺。题奏如此迁延时日，显系蕴端多尔济、福海未能恪守本职，实为大过，当对渠等严加申饬。又，此时佛尔卿额应已抵达库伦，到后亦当具折呈奏，告知抵达日期并该事情形。其无奏本，亦是违制。

---

① 2 月 18 日。

② 见 280 号文件。

此谕着五百里快马廷寄递送蕴端多尔济及佛尔卿额。得旨后即刻如实奏报，如何行事，戈洛夫金等又有何言辞，此前圣上所下//22//谕训何时送达，彼等已作何处置，又因何奏本如此多日迁延，等等。回奏着快马六百里廷寄递送。

奴才等恭谨奉诏。此前俄使已遣送回国。奴才佛于去年十二月二十九日[①]抵达库伦。//23//蕴郡王已于一月五日[②]奉旨赴京。奴才佛虽已奏报接掌印信，暂代［库伦大臣］[③]职务等情，然迟未奏报俄罗斯使臣戈洛夫金坚拒行礼因此遣送回国事。奴才为此惶恐，匍匐叩头无数，恳盼天恩。

适才恰克图章京克西克报称：

吾等自库伦出发后即分为数队，送彼回程。//24//由贝勒纳木吉勒多尔吉、伊奇哈尔哈番富年噶护送主队，其中有出使大臣戈洛夫金等四十六人，马车二十一辆，驮包七十件。一月七日[④]到达恰克图，随后将其全部人等护送至俄方界栅。于途无事。

俟贝勒纳木吉勒多尔吉、伊奇哈尔哈番富年噶等将其余两队俄人送到，返回库伦后，奴才等将详询俄人沿途情状，另折奏报。

谨奏。

---

① 1月26号。

② 2月2日。

③ 见283号文件。

④ 2月12日。

//25//25 页末尾：据奏折抄录。在2月2日[①] [由北京返回的] 奏折上有皇帝朱批：知道了，依议。

蒙古国立中央历史档案馆，藏档 M-1，案卷 651，19～25 页。库伦办事大臣衙门满文抄文簿抄件。И. Т. 莫罗兹译自满文。

① 3月9日。

№ 293

1806 年 2 月 18 日。外务院驻恰克图特派员 А. И. 索科洛夫就库伦官员及随行人等拜访俄国使臣后经恰克图边境哨所返回买卖城一事呈 Ю. А. 戈洛夫金使臣的报告

//259//外务院驻恰克图特派员、领边境事务七等文官索科洛夫呈二等文官、枢密官、院部大臣、皇帝陛下宫廷及全俄罗斯各骑士团总典礼官、御前侍从官、特命全权使臣、赏戴勋章尤里·亚历山德罗维奇·戈洛夫金伯爵的报告

今日下午二时，经恰克图哨所来特罗伊茨科萨夫斯克城堡向阁下致意之库伦官员贝子和扎萨克等，并随行人等 55 人，领行骑马昆堆 2 人，其后弓箭手 18 人，再其后随行官员 16 人，再后为章京 4 人，昆堆 2 人及士兵 8 人，悉数返回买卖城，在哨所未作停留。谨报与阁下。

七等文官索科洛夫
1806 年 2 月 18 日
于恰克图哨所

在文件上方左侧：№ 305。
同上右侧：2 月 18 日收到。

俄罗斯帝国对外政策档案馆圣彼得堡分馆，总档 1—7，目录 6，1805 年，案卷 1a，卷夹 26，259 页。原件。

№ 294

1806 年 2 月 19 日。恰克图海关为 Ю. А. 戈洛夫金使臣由大清国返回事致商务大臣 Н. П. 鲁米扬采夫的报告

//8// 自恰克图海关致二等文官、枢密官、商务大臣、赏戴勋章尼古拉·彼得洛维奇伯爵阁下的报告

二等文官、枢密官、赴中国特命全权使臣尤里·亚历山德罗维奇·戈洛夫金伯爵大人一行[①]于本月 11 日自边界回国。随后第二队人员，其中包括司库奥西波夫，于 15 日，以及由三等文官、赏戴勋章颇托茨基伯爵阁下率领的第三队人员，于本月 17 日相继返回。现使团全部人员均驻于本地要塞。礼品、行李等辎重亦一并运抵要塞。

海关谨荣幸地向大人禀报。

1806 年 2 月 19 日。

关长　瓦尼方季耶夫

助理督察［萨图苏林］[②]

检察员布拉戈斯克洛诺夫

行十二等文官职秘书奥舒尔科夫

---

① 文中有拼写错误。

② 签名不能辨认，根据猜测认读。

正文上方右侧：1806 年 4 月 14 日收到。

同处左侧：№ 2373。

正文下方左侧：1806 年 2 月 19 日。

同处：№ 134。

№ 295

1806 年 2 月 19 日。Ю. А. 戈洛夫金使臣就大清国方面未遵守接待俄罗斯使团的规定及使团回国经过致副外务大臣 А. А. 恰尔多雷斯基的紧急报告

//82//公爵：

由本信所附呈皇帝陛下的报告①及报告后所附有关迫使我返回俄罗斯的原因的各文件中，阁下可以发现，我虽为避免如此不快的事件付出全部努力，但均告无果而终。

自去年 9 月我得以与中国官方直接接触并获得准确的消息以来，我即确信，指导他们行为的是一种绝非友善的态度。我在圣彼得堡耳闻的所谓善待来使等传言，亦完全是一种臆想。我毫不怀疑，这些发生的事件是//82 背面//早已策划好的。在这件事情上，我不想用我个人亲历的一些认识来影响您的看法，尽管这些认识有助于我弄清上述事实。公爵，您只要了解一下我从第一天起与中国人的交往，就足以确信，存在着一套他们所奉行的不友善的和故意刁难的做法。假如这次的出使行动不必进行到底，而进行到底又意味着要把使团带到北京再带回来，那也就不会有那么多中国官员出头来搞得它半途而废了；这一点特别重要，特别是在我已就随员人数、到达日期以及其他要求进行了大量斡旋，除了前往出使目的地别无选择的情况下。

到达边境后，我本以为会受到虽不说友好，但也应是有

---

① 见 297 号文件。

所准备的会见，然而我却不得不就进入中国的问题去跟人吵架，跟人谈判，似乎中国是一个此前与俄国没有任何交往的国家。我原以为//83//基于两国条约和相互谅解应该拥有的权利，却成了某种我必须以让步和低三下四才能够换取的恩赐。到头来连是否让我踏入中国国境也几乎成了唯一的谈判对象，而获得批准竟成了我所能期盼的最高成就。清朝廷所承担的义务完全是形式上的，对此它其实不敢拒绝。但时间已过去两年，这两年给了它一个倾听恐惧呼声的机会，也领教了外国竞争的手段。在没有任何重要的甚至明确的理由，而且两国之间也没有任何冲突需要调解的情况下，一国竟向他国派出一个人数如此众多、阵容如此辉煌的使团，这种情况怎能不引起这个本性多疑的朝廷的疑虑，并引起各贸易大国的注意呢？

这些原因中究竟哪一个原因影响更大，倒也实在难说。但至少可以肯定，当北京获悉使团已经组成并且出发之后，//83背面//理藩院就派了一名昂邦到库伦，那可是个刁钻的满洲官场老手，从此这也不行，那也不行，提出了许多要求。在郡王的帮助下，他顺利完成了交办的任务。据我搜集的可靠情报，昂邦和郡王在主要方面是一致的，那就是［极力］阻挠使团前往北京，只是在手段上有所分歧。前者希望使团滞留在边境，始终是在出各种新难题；后者希望把使团放到库伦，到了那里再向它提出新的要求，并希望通过这些要求获得成功，以满足虚荣。后一种方案吸引了他，但却并没有取得他所期盼的成果。因此，他在各方面都身处一个不利的局面。如果传言不错，那么他已经被召到北京，对自己的所作所为做交代去了。假如他受到严惩，那肯定不是因为他侮辱了俄罗斯使团，而是因为他在老百姓面前//84//丢了自己国君的脸。老百姓不满意，他们想甩掉套在自己身上的桎梏，这一点中国政府是心知肚明的。

我在呈送皇帝陛下的报告中已经奏明，是什么原因促使我能在与中国政府的交涉中保持最大的忍让和冷静的克制。当郡王破坏了遵守旧有礼仪的协定，由此非但没有取得预期的成就，反而处于可耻的境地时，我决定引导他一个错误接一个错误地犯下去。我觉得在这方面我做得相当成功。只要把事情的经过简单地重述一遍，再把我们之间交换的那些文件摆出来，我们就有了制胜的武器，北京政府自己也清楚，他们侮辱了俄国，他们对俄国的态度是不公正的，俄国有权要求名誉上的补偿。尽管北京政府心存强烈的恶意，//84背面//而且态度傲慢，显然也无法不承认事实真相，忐忑不安地掂量着它的后果。无须怀疑，理藩院很快就会给枢密院来函，他们不会怪罪郡王，但却可能要求对我进行处罚。但这只不过是一种表面现象。在做出决定之前，他们自然还要了解，圣彼得堡将如何看待此事。根据我们的决定再来考虑他们将采取什么对策。就此提出建议或对此作出预测，都不是我的责任，但我确信并且知道，总体意见则是恐慌和担心报复。我已经尽可能地，明智地利用了这种情绪。对我个人的侮辱已经在边境引起了不安，从中我虽尽量汲取有利因素，竭力继续利用这种情绪，使尽浑身解数，但自我被驱逐回国并不许我//85//同理藩院直接通信以来，我已无法展开有效活动，充其量也不过就是在两国宫廷之间充当一个几乎是无足轻重的中间人而已。

如果我们能保持国家的真正利益所要求的那份冷静，收起那些我们的想像力所无法企及的耀眼的高论，把一切拿来同可靠的材料和事情的本来面目做一个比较，那么，关于派使团前往中国，到那边去谋取巨大利益的问题，就应该有一个答案了。当然，我所考虑的绝不是那些应该由最高级的才华和最完善的经验所决定的行为和成就。但我渴望为祖国赢得荣耀和福祉，在这方面我当仁不让。除此之外，我并没有足够强大的手段来保障出使取得成功。我只好把我们与中国交往的历史以及交往的本质彻底加以研究，并将之与国家的总体利益和局部利益加以比较，特别是注意到它们对//85背面//西伯利亚各省富足繁荣的影响。即是说，我斗胆陈述的只是对事物实际情况的一些思考。

中国政府前不久加诸于俄罗斯的侮辱是令人震惊的。为了捍卫帝国最神圣的权利和威严，应该以武力来加以洗刷。否则，如果我们抱住以温和的态度来谈判不放，瞻前顾后小心翼翼，受到羞辱也仍然无所作为，那我们将把在中国仅有的那么一点点尊严也丧失殆尽。最近的事件说明，一切已到了何等地步。我们将陷于可怕的、可悲的衰落境地而毫无希望，其征兆和后果已明显可感。我在呈交给皇帝陛下的报告中，已有幸把这样一幅真实图景[①]描绘出来了，亟盼阁下在对//86//事件真相和由此引发的重大后果有所了解之后做出判断，对目前的局势作出新的考量。但如果出于对华事务以外的考虑，确有继续现有交往制度的必要，而使团进入中国又被视为无可避免，则有关礼仪、随从人数、入境时间等等以及所有可能导致中国人提出新要求的问题，都应当由两国朝廷事先予以讨论商定。否则，事先若不采取这些措施，出使行动只会徒然引起误解和决裂。不过，为了防止这些事先达成的协议有损帝国尊严，为了防止这些行动使帝国蒙羞，为了防止中国人以某项新规定为借口，随意将规定合法化，从而把我们的使臣变成新举措的牺牲品——前不久他们//86背面//对我正是这样做的——那么，要捍卫使团就必须准备

① 见297号文件。

相应的力量。

最后，公爵，我有责任说出这样一个观点，而且我还有证据，这就是：向中国派遣使团总是弊多利少。如果真要派，不派军队大炮随行，不用他们来迫使对方尊重自己并使自己得到保护，那就是一种缺乏理性的行为。显然，如果缺少这支预防力量，那只要向使臣下一道命令，什么礼仪方面的要求他都只好服从。可谁又能知道，北京宫廷的要求何时才是头呢？谁又能保证它不会滥用我们对弊端的宽容，让强大邻国的代表处境蒙受屈辱呢？如果这样的话，派使团又有什么好处？我们希望中国政府做出重要的让步；但作为回报，他们那边要的却是能满足//87//他们的傲慢和诡诈的奴颜婢膝。事情都是从礼仪开始，随后才能转入正题，所以中国人显然首先要确信，这个礼仪对他们合适，能让他们得到满足。同他们谈别的东西是不可能的。也许有人会对我说，中国人此前还从来没有把哪个俄罗斯使团驱赶回国，那我就要回答，这可是在国家没有什么因由的情况下派出的头一个使团。只要翻翻戈洛文、伊兹玛伊洛夫、拉古津斯基的出使报告就会明白，对他们的接待丝毫不比对我更好，尽管派他们去谈判的内容与中国有特别密切的关系。诚然，他们没有被赶回国。如果我出使的目的中包含着某种他们的好处，我大概也不会被赶出来，或者，至少这种出使不会是什么他们猜不透的从而加大他们担心的秘密。我经常//87背面//做的事，其实并不是喋喋不休地说那些友谊睦邻之类的话。一旦出现了某些令人反感的、需要进行协调的意向，或者出现了某些必须予以终结的冲突，那我就会受到接待了，至少我的话就有人听了。因为对于政治来说，恭维话说不说都是一样的，但当事情涉及切身利益的时候，人们是会洗耳恭听的。对于北京政府在类似情况下可能做出的决定，我并不抱有任何不切实际的幻想，因为他们的措施总是残酷的，并且一定会讨价还价。但事实是如此明显，过错明显在他们一边，而正义是在我们一边，所以我甚至敢于猜测，他们有等待乃至保留和解可能的意图。我确切地知道，中国人是害怕我方单方面中断贸易关系的。假如我的行动能够起到防止他们采取这种行动的作用，那么对于我来说，这就是最高奖赏。

//88//公爵，我的责任，就是向您开诚布公地阐明我对目前局势的见解，其目的不是为了指明哪种决定更恰当，而是为了阐明我这一年多来既是出于目前的责任也是出于信仰而始终关注的国家利益。我觉得，这些利益还没有得到正确的阐释。在寻求这些利益的过程中，巴伊科夫先生是我经常借重的一个人。他所掌握的知识，以及对目前各种事件的慧眼独具的诠释，促使我决定一定要派他去，让他去汇报。此外，他还可以详细地向您讲述我们所受到的那些折磨。

我会想办法把我由安插在边境地区的秘密情报人员那里获得的情报向阁下报告，根据形势发展，这些情报可能变得非常重要。在等待情报的时候我又加上了一份情况简报①，//88背面//都是在我归国后得到的。

公爵，您无疑也能感到，我现时的处境是多么艰难。我不知道内阁对这件事将采取什么行动。由于不了解情况，我只好停步不前，尽管明知有好处，但我进行决策的权力却受到限制。我原可以利用在西伯利亚的机会，直接向中国人提出一些建议，这样做很有利，但我又没有直接同他们打交道的机会。因而我恳求您尽快将我从这种不确定的局面下解救出来，因为国家的利益将会因此受到很大的损失。我想说的不是自己，命运已注定让我经受痛苦的磨难和牺牲。责任要

---

① 见296号文件。

求我必须忍受，而履行职责的意识会给我带来欣慰。

公爵，我要请求您的帮助，使我的随从人员得到皇帝陛下的垂青，他们的行为是无比出色的，理应得到最高褒奖。//89//假如您了解到他们在离开伊尔库茨克之后所经受的一切，他们所拥有的那份勇敢和坚韧将会使您惊讶不置。

我还要请求您把皇帝陛下关于半年薪俸的旨意转交给我，我的随行人员有可能要求我发薪俸，尤其是代表处的职员。

公爵，我认为有必要提醒您，我的随行人员中有些官员同外国保持着经常的通信联系，这件事非常不便。下令给莫斯科和圣彼得堡的邮政总局，让它们采取一些措施，也许是有益的。我这方面也会采取一些必要的措施。

幸运的是及时发现了中国皇帝的先人并没有通用的尊号格式。一旦要是出了这个问题，就足以把使团赶出北京。如何对这件事做出补救，//89 背面//当视情况的发展而定。

这封信耽搁了几日才得以发出，主要是因为我身体欠佳，艰苦的旅途把我的健康完全搞垮了。

公爵，向您致以深深的敬意，

您最卑微、最忠顺的仆人戈洛夫金伯爵

1806 年 2 月 19 日于特罗伊茨科萨夫斯克

82 页正文上方右侧用俄文：1806 年 3 月 23 日收到。

同处左侧：№ 2。

同处正文下方：送交 A. A. 恰尔托雷斯基公爵阁下。

俄罗斯帝国对外政策档案馆圣彼得堡分馆，总档 1—7，目录 6，1805 年，案卷 1a，卷夹 27，86～89 页背面。原件是法文。Н. Б. 祖布科夫译自法文。

使团办公厅法文抄文簿抄件存同处，卷夹 41，118～127 背面。

№ 296

1806 年 2 月 19 日。使团办公厅就库伦办事大臣及官员因俄罗斯使团回国在职位上发生的变动呈外务院的情况简报

//90//简报

［俄］使团的返回在中国人中间引发了广泛的情绪沮丧，与我方中断关系的担心越来越甚。根据可靠的情报得知，我们离开后，郡王立刻应召入京，他的继任者固赛昂邦尽管与之有很好的友谊，也不得不按期到任。他接到指示，要仔细研究前任的全部文件，而且要管理得比前任更好。扎拉固齐托克托布已被解职，且定会因自己的//90 背面//行为受到惩罚。民间的怨声已引起理藩院注意，据说还勒令郡王报销使团往返的全部开支。蒙古王公都准备诉说他们受到了郡王的压制。在宣召他的旨意中，命他在 9 日内到达北京，并且不许他向皇帝奉献规定的礼物。他的一个儿子与皇帝女儿的婚期也被推迟。人们异口同声地说，郡王和昂邦将会受到严厉的//91//惩罚。昂邦也被解职了。护送使团各分队的中国官员丝毫不掩饰自己的想法，大家一致表示惋惜。买卖城的扎拉固齐私下了解，是否可以准许他给出使大臣送一些礼物，与此同时还把这种行为说成是表忠心。向朝廷派信使的消息也把他们吓了一跳，纷纷猜测就同出使大臣的关系问题能说些什么。

2月18日，护送使团的贝勒、贝子和扎萨克都表达//91背面//了同出使大臣告别的愿望，在会见中他们争先恐后地明确表示自己的忠诚。他们还说，曾在由库伦回来的一路上护送使团的买卖城的扎拉固齐叫富年噶[①]，原也想跟他们一起来，但因身体不适而作罢。买卖城的扎拉固齐在一天内给出使大臣送了好几回礼，但出使大臣不许接受。总之他们的所作所为，以及他们的言谈，都证明他们担心把自己归入出使大臣有正当//92//理由控告的人物之列。

在同中国官员的交谈中出使大臣向他们表示，他对于理藩院没有把在广州扣留商船一事通知他，而是直接与枢密院交涉表示惊讶。他说，这一回避就国家事务同他这个因职位得到授权的人物进行谈判的做法，是毫无意义的。因为西伯利亚总督不把这些函件寄给他，是不敢把理藩院来函送走的，而他却有权把这些信件全部拆封。为了使他们更加确信出使大臣具有//92背面//无限权力，他向他们出示了理藩院最后一次来函的副本，这让他们感到惊讶，并使他们确信，由于出使大臣同他们比邻而居，后果远比他们原先想象的还要严重。

此次会见出使大臣还送了贝子一些礼物，他们都收下了。

90页正文上方用俄文：戈洛夫金伯爵1806年2月19日函附件。

同处左侧：№ 1。

俄罗斯帝国对外政策档案馆圣彼得堡分馆，总档1—7，目

① 下加线为文中原有的。

录 6，1805 年，案卷 1a，卷夹 27，90～92 页背面。是法文原件。**Н. Б.** 祖布科夫译自法文。

使团办公厅法文抄文簿抄件存同处，卷夹 41，379 页背面～382 页背面。

№ 297

1806 年 2 月 19 日。Ю. А. 戈洛夫金使臣就使团返回俄罗斯的原因呈亚历山大一世皇帝的奏章

//4//皇上：

陛下派往中国的使团已于 1 月 11 日返回俄罗斯。有关此事的消息想必会让您感到惊讶。不幸的是这个消息一定还会使陛下感到不快。请容臣详细向您禀报。

在臣启程赴中国之前，已向中国政府提出了有关使团随行人员人数、礼品清单，尤其是觐见中国皇帝时应遵守的礼节等条件。它们统统得到了以中国皇帝名义向我宣布的正式认可，随后又指定了朝觐日期。所有这些//4 背面//优渥有加的礼数无疑清楚表明，臣已获得最可靠的保证，以免那些恣意妄为的官员把有损尊严的要求和侮辱强加于臣之身。臣原以为只要表现出始终如一的恰如其分和坚定不移，并以之化解那些屈辱性的建议，再怀着臣社会地位赋予的尊严，照顾到他们出于虚荣提出的某些要求，维护好我皇帝陛下使团应有的荣誉，臣就可以在双方都接受的义务的保护下，直赴使命的目的地了。皇上，臣正是怀着这样的希望，才有幸在 12 月 20 日的奏章①中，向陛下呈报了出发的消息。

在出发后的头几天臣就清楚地发现，被指派护送使团的官员们怀有卑劣的意图，他们在充当库伦总督意志的盲目工具。他们不停地提醒臣，他们的皇帝指定我入京的期限已经

---

① 见 239 号文件。

临近了。在这种严酷的季节旅行，途中的//5//危险和延误本来就是难免的，但他们却以此来恐吓臣。同时，他们不仅不给臣提供加速行程的条件，甚至还不让臣拥有前进的条件。人员不足，马匹不足，给养也不足，这些无疑都是障碍，而臣对此却根本无能为力。然而，不执行他们皇帝的旨意就是犯罪。因此臣也不难得出结论，罪过肯定要落到我的头上。库伦郡王的卑劣用心我早就察觉了。这样一来他将轻易就能撇清自己，而有过错的将是臣一个人。因此我加快了随行人员的分组工作，减少了马车数量，下达了各种命令以加快行程。人们已顾不上谈什么疲劳、饥饿，什么生活必需品的不足，这些对我们来说已经成了家常便饭。我们的口号就是向前。为了说明我们在急急趱行，也为了防止郡王可能向北京传达使团耽搁于途的错误消息，尽管臣预见延误将不可避免，//5 背面//臣还是在途中给他写了一封信①。现将信的抄件附上。这封信在对他说恭维话的同时，也对臣为自己辩解埋下了一个伏笔。他的回答是那么的客气，真令臣感到惊讶，但却不能使臣放心。终于，经过 13 天艰苦卓绝的跋涉，1 月 2 日到达了库伦。

此前，臣已先期派出一等秘书巴伊科夫先生，要他打探总督的意图。他告诉臣，郡王不愿意听到由他先来拜访臣的安排。其实，臣是完全有权要求他这样做的。到达后的次日，臣向他摆出了各种理由，试图迫使他同意这种安排。但是臣知道那是个虚荣心和报复心都很强的人，又要负责把臣送到北京，他的感受可能对皇帝和大臣的态度都有巨大的影响，所以在权衡了成功的可能——这不大可能，也未见得有什么实质性的好处——和激怒他的危险之后，臣毫不犹豫地

① 见 242 号文件。

向他宣称，由于他是皇帝的外甥，//6//又是蒙古的领主，臣将先去拜望他，条件是他要到二门口来迎接臣，到了他的府上臣要在贵宾席就座，而在这之后他还要立即回访。于是，他同意了这些条件，并且准确地照做了。在这些互访中完全没有谈到实质性问题。郡王只是多次重复说，已经指派他护送我到长城，他的皇上给予臣特别的恩遇等等，最后又邀臣次日赴宴，为臣接风，宴请的时间他将通过手下官员转达。

2月4日晨，郡王的一等秘书满族人托克托布——不幸的是这个人在随后的一系列事件中扮演了十分重要的角色——先找到臣的秘书，通知臣宴请的约定时间。类似的宴会为臣的前辈伊兹玛伊洛夫和拉古津斯基都安排过。本来//6背面//这样一来，中国皇帝和臣的前辈都认可了同样的礼节，在这个场合所应遵循的礼仪也就应该能确定下来了。臣当然毫无疑问也要遵守如此隆重地确定下来的协议。不仅如此，为了更有把握起见，臣事先又向托克托布[①]交代说，就餐时臣要起立为博格德汗的健康祝酒，而他的长官也要为你们的[②]皇帝陛下祝酒。他接受了这个提议，说这个建议很得体，他一定会转告郡王和昂邦，还说郡王和昂邦都在急切地等待着我赴宴了。为了证实他再没有别的提议，随后他又来见我，对我方提出的仪式问题未作任何改动，并就向次日动身的第一批随行人员将要发布的一些命令达成了协议。

当臣带领全体随员到达郡王府上时，他穿着盛装迎接臣，把臣带到//7//他房子外面一个类似庭院的地方。在那里他让臣站着，指着放在地上的三个拜垫，垫子前头是一张案子，案上有一个瓷罐，里面燃着三炷香。他对臣说，这是

---

① 下加线为文中原有的。

② 此处疑有错，似应为“我们的”。——中译者注

用来对皇帝赐宴表示感谢的地方，他和昂邦将陪同臣，教臣履行这种礼仪，也就是三次跪倒、九次磕头，就像面见皇帝本人时所做的那样。一大群人簇拥在那个地方，皇上，他们想看着您的出使大臣在他们皇帝的牌位面前履行这种有损尊严的仪式。拜垫后面铺着绸子，是给使团随员等准备的。

这样的提议，特别是郡王的出尔反尔，使臣怒火中烧。依臣的本性，臣当时就想退场。不过臣还是指望他能收回这种具有极大//7背面//侮辱意味的要求，因为它完全违背了双方已经商定的礼仪要求。臣对他声明，臣答应按照要求只在面见他们的君主时磕头，而且正如我皇上所训示和贵国君主所认可的，要严格遵守前人的先例，所以恕不能在此履行这种神圣的礼仪。

郡王这一把臣装进预设圈套的打算落了空，又因为当众丢了自己皇帝的面子而气急败坏，这位不讲信义的人物整整四个小时一直在坚持己见，威胁恫吓，一方面很害怕，一方面又表现得心高气傲，可狡猾的奸计却始终未能得逞。起初他想把过错推在臣的秘书身上，推在向臣转达他的旨意的秘书身上：为什么不把举行仪式的事事先告诉臣呢！臣要求把秘书们叫进来，把谁应当传达这个命令的问题讲清楚。他们不费事就向郡王证明了，//8//谈话当时涉及的仅仅是臣所建议的礼仪问题。这样一来，唯一的罪魁祸首就是他的秘书了。不过那个人正是这场出尔反尔的卑鄙行动的始作俑者，所以郡王根本无法责难他。最后他觉得有必要认个错，便承认头一天没有通知臣，他把这种拙劣的辩白重复了多次，列举的理由就更为拙劣，弄得昂邦都觉得应该提醒他，这种举止太可笑了。后来郡王又来威胁臣，说是他要把臣一个人放在荒漠里，不给臣马，也不给臣预备住所和食物。臣一直指望通过冷静和理智地讲道理，让郡王和昂邦回到商定的礼仪程式上来；然而这种艰苦的抗争毫无结果。入夜，我们怀着不同的心情各回本处了：郡王觉得不好意思，觉得受到侮辱，因为他那些不光彩的图谋使他的皇帝的尊严遭到贬损；而皇帝陛下您的出使大臣却感到幸福，因为他冷静而坚定地捍卫了他//8背面//至高无上的君主的尊严。那是一种由神圣的职责所产生的坚定态度。

上帝可以作证，臣无需在此为自己拒绝当众上演有损俄罗斯使臣尊严的闹剧、在外国统治者牌位面前磕九个头而辩解。毫无疑问，如果双方事先就此没有约定，如果那些前辈的例子不存在，而唯一的出发点只是各国公认的尊重习俗的原则，那么，这个仪式就不会演变成有损于尊严的场面。可是当协议和先例都已确认这样的礼仪已被废止时，再来要求履行这样的礼仪，那就意味着贬低再加侮辱了。臣为了消除进入中国的障碍，已经再也无法从皇帝陛下在训令中给臣规定的底线后退了。//9//而且，在11月19日的信中[①]臣已同意遵照习俗向皇帝本人磕头，还特别提出，臣的前辈所遵守的这个礼节，对双方来说都是对等的。如果臣忘记了如此明确的指示，把自己降低到不用说是欧洲各国普通使者如马嘎尔尼勋爵、王·勃拉姆之流的水准，甚至连最末流的俄国信使都不如的地步——因为就连对那些人也没有提出过如此令人难堪的要求——而且，最后还要收拾起所有的尊严与体面，自甘下贱地去领受屈辱，如果真要以如此的牺牲为代价，去换取中国政府较大的宽容和较少的侮辱，怎能相信臣哪怕有一瞬间能够容忍这样的想法呢？自然不能。侮辱只能激起蔑视，但绝不会是宽容。中国人不像其他民族，他们最不了解这种感情。他们为臣设置了一场接一场的侮辱，直到

① 见213号文件。

把你完全踩到脚下，迫使你的抗争//9背面//完全丧失意义。但如果臣真的是受到彻底伤害，所有的条件都遭到拒绝，背叛了您的旨意，到那时，陛下，因为臣辱没了俄罗斯的荣誉，丢失了陛下的尊严，而且还有可能使两国关系破裂，臣所能够带给我皇的，也就只有为时已晚的悔恨了。唯一的原因将是臣的不明智。处于这样一个境况下，臣就很容易看出，如果背离了由旧例构成的路线，臣将无可挽回地身败名裂，而且还得把使团交付命运的任意摆布。于是我以最明确的方式，将我的这个决定通知郡王于次日迅即派来的官员。他们要的就是逼我磕头。其实早在1月6日的信中，臣就已经确认了这一点。臣的决定非常必要，因为臣刚刚才了解到，在张家口还有一个这样的宴会，也就是一场这样的侮辱，//10//在等着我。

写到这里，我真希望能停下笔来，不再描述那些加诸于陛下使团的粗暴和侮辱，但我的责任迫使我必须就此向陛下写出心情沉重的报告。现附上有关库伦期间所有事件的全部文件[1]，臣仅限于对之做一个客观的叙述。

郡王是个残忍而又专横的人。臣的回信使他失去了逼迫臣顺从的希望，便对臣说，臣应当打道回府。臣回答他说，臣是奉他的皇帝的旨意宣召而来，只有得到同样的旨意，才敢离开他的领地。不过臣又得一定顺着郡王阴险的指示去做，因为臣知道，由于行为不慎，他已经陷入了困境。臣只要稍有差池，他就可以随心所欲地对之加以解释，给自己找到借口。臣的再次拒绝弄得他简直要发疯，他对臣宣称，以后再也不供应//10背面//臣食品和烧柴了。这道残酷的命令得到了严格的执行。毋庸置疑，一直待在零下25～30度的严寒中，唯一的栖身之所——帐篷里又没有生火，还要忍受饥饿的威胁，是一件非常可怕的事。然而，事关维护陛下的尊严和权利。臣决定以从俄罗斯带来的食品充饥，同时储存足够的面包干和伏特加，假如被迫返回的话，在归途中也可以支撑我们的生存。大家一致决定，即使牺牲生命，也决不背叛事业。我们有责任捍卫这个事业。

即便在这种极端的环境下，臣也不该忘记自己是和平的使者。臣确信臣的决定应当让郡王感到他行为的卑下，尤为重要的是应当把目前这种敌对状态化解为更理性、更//11//有利于保持两国和睦友好的秩序上。臣请求与郡王会见，在会见中臣建议把仪式作为谈判内容，臣可以利用手中拥有的全权，在中国政府指定的地点谈判。这个建议除了它本身具有的各种优点之外，也符合臣训令的内容，它要求臣在到达北京之前彻底了结有关仪式的一切问题。然而无论臣怎样坚持，怎样要求，无论是口头方式，还是1月12日写信①以书面方式提出请求，郡王都一概以藐视的态度加以拒绝，并在16日回信②中向臣宣称，臣只不过是向他的国君进贡的使臣，所以没有资格同理藩院谈判。

当臣失去这个本来期望获得最佳效果的手段之后，只能寄希望于最后的和唯一的办法——派信使//11背面//到北京，向内阁陈述事件真相，再次建议在北京或在别的地方就仪式进行谈判。臣对这一步骤寄予希望，因为尽管郡王的举止十分粗野，但却缺乏自信，而且不带有那种十分果断的印记，完全不像是在准确地执行君主的命令。为此臣指派巴伊科夫先生负责此事，对他详加嘱托，准备了致理藩院的信③

---

① 见249号文件。

② 见268号文件。

③ 见250、251号文件。

和训令①。臣要不揣冒昧，恳请皇上对这份训令加以留意，因为它是以臣在库伦期间指导自己一切行动的原则为基础的。依据条约第九条[2]，所有外交使节都有权自由派遣信使，于是臣在12日和16日，两次致函②请求发给护照。然而，郡王再次证明，他是个惯于破坏条约的人，在//12//1月23日来函③中，拒绝了臣的请求。

从13日开始，当他派出信使去北京之后，在等待的过程中，臣尽可能运用各种手段寻求和解。臣在郡王府上与他会面，并表示，负责官员的协商一致是把最复杂的公事简单化的最好方法。臣在与他交往时从不责怪他对待臣的恶劣态度，而虐待我们的命令在14日也终于取消。但他却把臣等禁闭在小小的营地中，我们还是缺这少那，生活上搞得非常艰难。臣给他送去了礼物，他也回赠了臣礼物。总之，臣没有一点轻慢之处，就是希望能感化他，可那是一个粗鲁残暴的家伙，而且很少掩饰他对俄国人的仇恨。

郡王的信使于1月29日从北京返回。郡王马上派来两名官员向臣宣布这个消息，并且命令臣//12背面//到他的衙门去跪着听取他的皇帝的旨意。臣理所当然愤怒地予以拒绝，声称：能够听取贵国皇帝陛下来旨我很荣幸，但我只能在自己的住地坐着接旨。他们也只好这样，于1月30日把郡王传达皇帝旨意的来函交给了臣④。透过其中逻辑混乱的句子可以看出有几点很重要。首先，从中可以清楚地看出，北京的阁臣仅仅担心一点，就是我在皇帝面前不磕头。关于

---

① 见253号文件。

② 见249、255号文件。

③ 见268号文件。

④ 见270号文件。

赐宴时跪拜谢恩的事根本就没有提，但提到了萨瓦·弗拉基斯拉维奇伯爵觐见皇帝时遵守的礼节，还提到安南国王［陈竺］① 的例子。来函还说，俄国皇帝的代表跟他是无法相提并论的。接下去//13//臣在来函中已经不是被称为出使大臣了，而是始终用一个表示多数的词儿——“使臣们”②。最后还有，他们原来如此坚持要求臣叩头，如今却变成了原来仅仅是建议我在到北京之前做一次演练。从以上各点很容易得出结论，郡王和昂邦关注的仅仅是他们那些恶意的企图，并没有把臣1月6日的信③送到北京，而臣在那封信中，已经保证要在面见他们的皇帝时磕头[3]。他们刻意不提臣的职位，把我皇陛下的使团说成是一支由派去进贡的使者组成的小队伍。最后一点，之所以下令坚决要求臣在库伦磕头，竟是郡王自作主张搞出来的一条。臣无疑有权拆穿他奏折中的不实之处。不过臣很快就意识到，既然事已至此，如果把他弄得//13背面//更难堪，臣也得不到任何好处。臣想来想去，觉得莫不如帮他尽快摆脱困境，对臣才是最有利的。因此，臣有意不提过去历次所作的在中国皇帝面前叩头的书面和口头保证，并于1月31日去函答复他1月30日来函，又再次做出正式承诺。要想向中国官员证明俄罗斯帝国和安南国之间的区别，桌上可以摊出来的牌实在是太多了。臣的两个秘书在转交我最后一封信的时候，同郡王之间有过一次谈话，完全证实了臣的见解。他一点一点地修正自己的意见，最后同意由使团一秘代表臣在库伦叩头；同时又要求臣因为没有表示这样的尊敬而通过他来请求//14//皇帝宽恕。这次

---

① “陈竺”这个名字是用俄文写的。

② “使臣们”一词是用俄文写的。

③ 见245号文件。

谈话之后他的几个官员跑来找臣，带来四个附加条件[①]，让臣把它们加进昨天那封信中，让它变得能够接受。看看那些条件就能明白，为了履行我皇帝陛下的旨意，竟要通过郡王这个中间人来请求宽恕，岂不是太堕落了！臣宁愿承受所有的责罚，只要陛下认为这责罚是臣应得的。臣毫不犹豫地接受了第二条建议——在中国皇帝祖先的尊号前面加上一个通行的格式。不过郡王的所作所为表明，只要能够免除他由于行为轻率而造成的责任，我就还有可能迫使他接受我所希望的条件。于是臣转告他，只要在臣的权限以内，臣很愿意接受一切和解手段。//14 背面//在等待他回答的过程中，我想出了一个对上述五处[②]修改都合适的句子，若把它写进我的信中，无疑当可平息所有的争论，令双方都感到满意。这时，有两个情况又引起了臣的不安。首先，不仅在臣的信中，而且在皇帝陛下您致这位君主的文书[③]中，都忽略了中国皇帝祖先的尊号。遇到一个如此挑剔的宫廷，这种忽略就会导致他们拒收文书，同时显然也可能把使团拒之门外。随后臣间接得到消息称，北京派出信使前往伊尔库茨克。于是臣由苦苦寻找对策以改正所忽略的格式转而陷入对此次派出信使原因的茫然猜测。这时郡王的秘书忽然出现，向臣转达旨意[④]说，着将俄罗斯使团//15//由中华帝国驱逐出境。是的，皇上，那旨意正是以这种不客气的口气向臣转达的，其内容也同样令人感到屈辱。就这样，皇上，您的使团，一个俄罗斯国的使团，一个就其周围条件和所负希望而言十分辉

---

① 见272号文件。

② 原文如此，应该是：四个。

③ 见122号文件。

④ 见270号文件。

煌的使团，在经历了常常是忍饥挨饿冻馁交加，且受到无情羞辱的库伦32天羁押之后，竟被赶出了中国的疆界。

皇上，臣不想挑起您的愤怒。臣生而不幸，这样一宗于皇上带来如此不快的事件，居然由臣而起。但臣能做的却只有原原本本将之描述一番。臣有责任，并愿以自己的荣誉担保，叙述是准确的。

出发的准备时间只给了我们24小时。这样的时间做准备倒是够了，但人手和马匹都不够用。//15背面//况且当日又是零下31度的严寒，要走的路也根本不适合通行。为了方便上路，臣不得不要求将辎重分成几队。但是臣的这个要求被拒绝了。使团在2月3日离开库伦。臣的担心完全应验了。使团在路上行进迟缓、七零八落，既无帐篷，又不能生火。臣虽尽一切努力关心帮助受严寒威胁的人们，但却毫无办法。在这几个冻死人的夜晚，不少人遭了大罪，臣的手也冻伤了。不过，幸好在受过两天罪以后，臣又把手下的人集合起来了，最后查明，还没有人死亡。

全体使团人员在蒙古经受了53天苦难艰辛的考验，其表现臣难以一一向仁慈的皇帝陛下陈奏。他们始终都表现得那么坚韧和勇敢。皇上，臣要请求陛下//16//对他们施恩，给予褒奖。

皇上不妨看看那份勒令臣回国的上谕，您会发现其中的内容是无法容臣以通常的抗议加以回答的。对权利的践踏可以抗议，但对粗暴的侮辱就不能是抗议了。此前臣对此类事物的回答一直采取理性态度，但这一次这个横暴的家伙却是把臣赶出了他的领地，臣只好服从。臣奉行的是坚定与温和相结合的原则，这是皇上对臣的指示。臣以坚定来捍卫您的权利，以温和来指导臣的行动。在非常情况下，更要求臣具备这些素质。一月份和二月份是恰克图贸易的重要季节，也就是说，我赢得的时间为贸易带来了好处。此外，好多情况表明，//16背面//郡王非常难堪地卷入此事，是因为他个人的粗鲁以及他阴险的幕僚所致，他们怂恿他犯下了一个又一个错误。他的罪过迟早会被他的朝廷发现。臣以这种方式，展现了皇帝陛下事业的理性优势地位，又以温和的态度加强了这种地位，不仅保证双方有接近的可能，而且还有希望制止关系的破裂。因为对臣来说，那种鼓舞臣做出牺牲、忍受磨难的辉煌希望已经消失了，臣唯一的愿望，就是哪怕不能让好事多多，也要遏止坏事泛滥。先前的例子无疑使臣对制止中国政府终止贸易一事所抱的希望是微弱的，但臣至少没有放过任何机会，而且目前也仍在运用手中所拥有的各种手段，以避免类似事件发生。//17//其中应当提到的是臣离开库伦以后与一位年轻贝勒的秘密谈话[①]。他是郡王的红人。此事臣已写入总报告中。臣运用了一切手段，力图让他认识这一事件可能给中国造成的后果有多么严重。这种信息已经产生了良好效果，它肯定已传到北京，或许会迫使那里的人进行严肃思考。

臣采取了一切必要措施，在此间掩盖臣返回的真正原因。一般的舆论倾向于认为，这是一次预备性会谈，本应在边境完成。贸易往来仍像从前一样平静和自信。理藩院可能很快会致信枢密院，其中的内容能比臣的意见更好地决定皇帝陛下的意志。如果臣不是置身于蒙古荒漠，本可以搜集到一些有关中国政府意图的//17背面//确切的或者具有预见性的情报。臣原来安插了一批秘密间谍，现在还在给他们支付津贴。从他们所通报的各方面意见来看，比较可靠的消息是，半年前从北京回来的昂邦以及郡王的秘书托克托布这两

---

① 见277号文件。

位满族官员都是理藩院特意派来的，他们怀着自己的目的利用了郡王的粗野。而郡王之所以贬低俄罗斯出使大臣，原本是想得到朝廷的赏识。不过显然这件事做得太轻率了。由于走错了这一步，他恐怕很难逃避应有的后果。还有许多消息认为北京的内阁对贸易合作兴趣不大。从建议派出使团到使团出发过去了三年，这使得有足够的时间搞一场国际阴谋。

为了尽快//18//寄出这份奏章，臣对其中许多能说明问题的细节作了描述，然后委托一等秘书巴伊科夫先生呈递，如果需要，还可请他口头加以补充。

在苦难艰辛交集的日子里，只有一个感觉能给予臣以慰藉并支撑着臣的信念，那就是皇帝陛下最公正，他会承认，臣最最关注的，就是捍卫陛下的尊严，捍卫他臣民的利益。不过这两个职责经常提出相互矛盾的行动要求，使臣的处境变得无比艰难，甚至可能超出了臣的力所能及。结果臣只能深深地感到遗憾，因为臣不得不以向陛下通报这种坏消息来终结您对我的嘱托。然而不，皇上，有一个最高尚、最忠实的希望在支持着臣，它的意义超过了臣使命的成功。//18背面//应该承认，陛下使团的被遣返、它所遭受的侮辱、派出它时所抱希望的破灭，这些都只不过是情感上的挫折。幸亏臣没有辜负陛下赐予的信任，能够做到有所预见，事先采取了一些措施，不仅有所准备，有助于应付这种困难情况，而且还可能超出臣的使命预期带来的利益。坏事里头也可以发现好事。本着这一原则，臣要斗胆请求陛下对我的下一个奏章①和附件②予以特别的关注。

如果臣还有希望继续为国、为至尊国君的荣誉尽忠，为

---

① 见299号文件。

② 见300号文件。

帝国的福祉效力，那本奏章就是一个证明。通过它，臣要向我皇陛下致以敬礼。还有臣的著作，臣将把它们作为本奏章的补充呈献出来。只有把俄中关系的真实状况，乃至保障俄国获得尊重和利益，使其增进繁荣、//19//免遭苦难的手段都陈述出来，臣才能面对过去而稍感慰藉，减少遗憾。受侮辱被贬损的时代将从我强大祖国的编年史中抹去，同时，一个繁荣昌盛的光荣时代将会到来。

几天之后臣将率同使团到达伊尔库茨克，并在当地等待陛下的旨意。

陛下，谨向您致以深切的敬意，

您最卑微、最忠诚、最恭顺的仆人和臣子戈洛夫金伯爵

1806 年 2 月 19 日

173 页正文上方右侧用俄文书写：1806 年 3 月 23 日收到。

同处左侧：№ 1。

俄罗斯帝国对外政策档案馆圣彼得堡分馆，总档 1—7，目录 6，1805 年，案卷 1a，卷夹 27，4～19 页。法文原件。Н. Б. 祖布科夫译自法文。

使团办公厅法文抄文簿抄件，卷夹 41，32～41 页背面；同处，卷夹 46，1～12 页背面。

注释：

［1］Ю. А. 戈洛夫金在奏章的附件中呈递了经他核验过的自 1805 年 12 月 29 日至 1806 年 2 月 1 日间同清国地方当局的全部往来信函抄件（俄罗斯帝国对外政策档案馆圣彼得堡分馆，总档 1—7，目录 6，1805 年，案卷 1a，卷夹 27，20～48 页背面）以及会谈记录（同处，49～81 页背面）；参见 277 号文件。

［2］此处指的是 1727 年恰克图条约第 9 款，其中说："凡两帝国之间因公派遣大小使臣，抵达边境后可宣布公事的性质，于国境稍事等候，待对方派人来护送。此时可为该员准备快车、马料，即刻送其启程……凡有一名或两名信使因重要公事到来，可于出示封固之护照后，可由边境官员不作登记即行发放车马、饲料、向导……"（《1689—1916 年的俄中关系：官方文件》，莫斯科，1958，21 页）。

［3］戈洛夫金的信同库伦办事大臣 1806 年 1 月 13 日的奏章一道送给了嘉庆皇帝（见 252 号文件）。

№ 298

1806 年 2 月 19 日。Ю. А. 戈洛夫金使臣为请求把关于俄中关系发展前景的报告呈递给亚历山大一世皇帝审阅给副外务大臣 А. А. 恰尔托雷斯基的急件

//118//公爵：

附上有关俄中关系发展前景的报告[①]，恳请阁下转呈皇帝陛下御览。我想告诉公爵阁下，撰写这份报告的动因不是为了复仇，也不是由于中国人对我的行动使我感到屈辱。我想提醒您，早在去年 12 月 16 日的那份 11 号紧急报告[②]中，我就提起过这份报告。我原打算到中国后能找到一些资料对之再作补充，并还打算论及中国的某些贸易规则和武装力量状况。

公爵，目前的局势比这份文件所能带来的好处给了我更大的推动力，促使我请求您给予它以特别的关注。遗憾的是二者都完全符合我认为//118 背面//有必要报告的真意，希望不要把它看成我所提出的原则以及急需建立的新体制所产生的后果。

如果早早就把这种新体制提出来，将可避免许多花销，也能避免许多麻烦，而我们也一定能更加确定无疑地取得赴中国使团所希望的那些好处，而且还能带来更大的荣誉。靠派遣使团的办法取得好处完全是徒劳的。

---

① 见 300 号文件。

② 见 234 号文件。

荣幸地向您致以最深切的敬意，

您最卑微、最恭顺的仆人 Ю. А. 戈洛夫金伯爵

1806 年 2 月 19 日于特罗伊茨科萨夫斯克要塞

118 页正文上方用俄文：1806 年 3 月 23 日收到。

同处左侧：№ 2。

118 页正文下方：送呈 A. A. 恰尔托雷斯基公爵阁下。

俄罗斯帝国对外政策档案馆圣彼得堡分馆，总档 1—7，目录 6，1805 年，案卷 1a，卷夹 27，118～118 页背面。法文原件。Н. Б. 祖布科夫译自法文。

№ 299

1806年2月19日。Ю. А. 戈洛夫金使臣为呈递关于俄中关系发展前景的报告给亚历山大一世皇帝的奏章

//93//陛下：

臣荣幸地向陛下呈上一件关于俄中关系前景的报告[1]。这是臣在进入中国前夕撰写的。在去年12月16日呈递给您的那份奏章①中，臣曾经提起过这份报告。目前局势的发展使得臣有责任赶紧把它送呈陛下，恳请您对其中的结论特别给予关注。这些结论所根据的绝不是个人意见，而是一些确凿的资料，以及历史和自然法则所证实的东西。

//93背面//臣必须通过不懈的努力，收集有关我们帝国最边远地区的信息，并对之进行观察，否则皇帝陛下交办的任务，就难以取得任何进展。陛下，臣必须了解这些地区的需要和利益所在，了解应以何种方法去争取陛下以慈父般的关怀为它们规划的福利。我国同中国之间的关系对于这些地区的繁荣或者不幸有着最直接的影响。臣要斗胆禀告陛下的是，这两个问题本来就是密不可分的，对于我们帝国的荣誉来说它们同等重要，然而却一直未能把它们摆到一起来考虑，更毋庸说考虑它们的相互关系了。臣不敢肯定说，臣是发现了什么新道理，但臣的责任推动臣，而条件又允许臣这一次收集到了足够的有关我国同中国关系的材料，了解到这

---

① 见236号文件。

种关系对内外事务的影响，//114//[①]以及由此可能产生的后果。陛下，现在臣把这些后果呈献到您的案头。就对于我们帝国的荣誉和利益所起的作用而言，它们是悲惨的，破坏性是很大的。臣只是完成了一桩使臣感到痛苦，使臣的心备受折磨的任务。然而这次的国外之行和观察的机会使我确信，这样一个地区，若能得到英明廉正的管理，必将无可怀疑地成就为财富和力量。为了挽回俄国在中国面前丧失的政治尊严，为了使俄国贸易不再受到我们随心所欲的邻国的阻挠，俄国无需到帝国的其他地区去调拨力量。西伯利亚本身就有足够的力量，只是人们现在对之尚未察觉，或者它一直被人们所忽视。

最后还有一点，如果臣一旦身罹疾病，臣将有幸满怀信心地提出一个有效的治疗办法。是的，陛下，臣将斗胆请求陛下委臣以重任。臣应该承认，后面所附//114 背面//的报告并不是完全令人满意的结论，但臣在将之形成文字之前已经收集到了某些足以使臣充满信心的情报。下一步臣将把它们汇集起来，再充实一些新的资料，把西伯利亚地区资源的全面配置情况以及使用状况的准确报告包括进去，以增益臣的第一份报告。臣还要加上有关中国人力量情况的报道，以及面对这样一个国家我们应该采取何种特别对策的建议，我们一定要摆脱纳贡国的处境，绝不可总是向人家乞求某些贸易上的好处，因为我们是一个强大的、独立的、主张正义的国家。

要完成这样一次重大的、内容广泛的转变，其实比原来想像的要容易得多。陛下，臣要向您坦言，起初臣自己对于

---

① 此处档案页张排列有误：整理档案时 94～113 页错误地插入了后面的报告中。

能以//115//如此有限的付出，如此轻松的方式，完成这样一个内容广泛的漂亮转变，也是感到不可思议。臣动摇过，而且是理所当然地对自己也不敢相信，这一切使臣变得处处留心。可是我越是深入研究，信念就越是坚定，相信上天注定陛下将拥有殊荣，赋予您帝国的这片遥远边疆以新的生命，为它开辟无尽的财富源泉，而且最终还要以这些条件造成压倒欧洲列强的新手段。实现这一美妙而高尚的举措，绝不会给国家带来任何一点点损失，反而能给它带来极大的利益，而且也不会导致帝国的力量和资源背离由其他利益和好处所指示的目标。

臣将为这一任务努力不懈，并等待皇帝陛下的指示，希望能有幸把此项著作呈献给陛下。臣常想，这就是臣赤胆忠心、尽心竭力为陛下的利益和光荣服务的最真诚、//115背面//最有力的证明，臣要把自己的所能全部为陛下贡献出来。臣的著作将使臣所承受的所有艰难困苦都消弭于无形。而且，如果这件事做在陛下赐臣以荣宠，委臣以此任之前，无疑将可以避免种种令臣感到遗憾的牺牲，因为那都是一些无谓的牺牲。那样，臣就将会对情况有足够的了解，并将臣报告中得出的结论早早呈报给陛下。陛下，臣甚至敢斗胆妄测，以陛下公正的秉性，您大概不会把这项任务交派给臣，因为它不会有什么别的结果，而只能是臣不幸向陛下禀报的这样。//116//最近的事态完全证实了臣在报告中向陛下禀报的是实情，臣要再次向陛下强调，臣完成该报告的时间是在12月16日[①]，也就是臣进入中国之前。

为了以最准确的资料补充臣的著作，我从随员中派出了几名人员到涅尔琴斯克，并向他们颁发了特别训令，而且还

---

① 见236号文件。

要求允许臣亲自到那边去一趟，只要臣这几乎垮掉的健康状况允许臣这样做。

臣绝不敢那么自信，以为陛下会批准选择臣呈交的方案，所以臣一直严守秘密，在有关问题上行事也十分谨慎。在臣同中国政府的交往中，不论他们给我带来多少屈辱和刺痛，一直都严守温和之道。臣从中只得到一个好处，就是//116 背面//责任完全落到了他们一方。臣并没有以威胁或是傲慢来刺激他们，因此臣把解决问题的所有选择都交到了陛下手中，使您在这件事情上可以选择您认为最恰当的办法。无论北京政府多么傲慢，多么虚荣，但它也不敢不承认给陛下的尊严造成了伤害，由此又使它产生了恐惧。与这种无谓的伤害尊严的要求形成反差的是，我们相信谈判，尊重约定，甚至尊重别国代表在他们面前履行的礼仪。臣在给恰尔托雷斯基公爵的紧急报告中曾向他报告了公众的看法以及某些特别的细节，它们说明，伤害已经成为公认的事实，受到了谴责，那边对正义的复仇感到了恐惧。的确也是，只要把事情经过摆出来，中国政府又能如何回答呢？对于那些官员的恶劣行径，它还能有什么辩解呢？

//117//陛下，臣的意见显然无法捍卫您的权利，或者平息您在这件事情上正义的愤怒，但如果陛下认为有必要拒绝采取一切断然措施，如果您拒绝您有权要求得到的满足，并希望保持政治关系和商贸关系不受触动的话，陛下，臣可以斗胆告诉您，您一定可以对这份报告感到十分放心，因为臣努力准备了一些这方面的办法。最后，无论是采用哪种办法，陛下，只要您下令，臣就有责任按照您的意志，以最大的努力和热忱，去满足您的愿望。

陛下，向您表示深深的敬意，

您最卑微、最忠实、最恭顺的仆人和臣子戈洛夫金伯爵

1806 年 2 月 19 日于特罗伊茨科萨夫斯克要塞

93 页正文上方右侧用俄文：1806 年 3 月 23 日收到。

同处左侧：№ 2。

俄罗斯帝国对外政策档案馆圣彼得堡分馆，总档 1—7，目录 6，1805 年，案卷 1a，卷夹 27，93～93 页背面，114～117 页。法文原件。Н. Б. 祖布科夫译自法文。

注释：

［1］俄文文件中此处有注释号，但却缺注释内容。——中译者

№ 300

1806 年 2 月 19 日。Ю. А. 戈洛夫金使臣就贸易领域的中俄关系发展前景呈亚历山大一世皇帝的报告

//94//俄罗斯帝国同大清国关系发展前景的报告

当西伯利亚的征服和几名冒险家的勇敢行动使俄罗斯同中国接近起来时，两个幅员辽阔的帝国毗邻而居了，因此相互之间也就自然而然地建立起了政治和贸易关系。

人们喜欢把将两个独立国家联系在一起的这种关系叫做友谊。它只能建立在政治互利或互相尊重的基础上。如果剥除了通常附加在它身上的虚荣的因素，这种互相尊重就不会是什么别的东西，而只能是一种畏惧。

俄国特别希望建立的关系，说到底只是一种公正的贸易关系。它从一开始便对这种贸易带来的好处有着很高的评价。但是俄国在对方这个民族的身上却没有遇到同样的热情，后者用不着同外国做生意也可以过日子。还有它的政府，//94 背面//对贸易也是不屑一顾。俄国费了好大气力，才得以建立某些联系，但在中国人的眼里看来，它们却仿佛是面对强大邻国免不了要做出的牺牲。军事征服和扩张的计划或巩固它的计划，迫使我们保持着强大军事压力的态势；有关我国功业的记忆，迫使亚洲各民族接受这种关系。在这种情况下，我国使臣才敢于在不玷污本国君

主的强大和尊严的情况下同中华帝国的暴君展开谈判，迫使他们尊重我国国君，签订条约，并坚持自己的要求。最后，只有俄罗斯一个国家还在这个把世界各国不是看作属国就是看作叛逆的皇帝面前保持着独立国家的地位。可是，俄国又利用了自己的这种优势地位没有呢？它是否明白，那些如此珍贵的贸易利益，完全只是出于对方的宽容态度，而为了让这种宽容能继续保持下去，就需要北京政府继续保有这种愿望，或者让它感到有必要同一个武功卓著的威严的大国搞好关系呢？要知道这个大国是随时都可能给它造成伤害的。//95//我们的政府是否已经对一个不容置辩的真理有了足够清醒的认识，即：即使有些中国人也承认两国之间的贸易可能对双方都有好处，但他们的政府对此却不会有丝毫的关心，而是会出于高傲或是出于畏惧，继续坚持对外国人保持距离的一套做法。也就是说，必须以最高政治利益，也就是让北京特别敬畏这个大国，让它具有害怕得罪它的畏惧之心，来平衡对贸易利益的漠然态度。要让他们知道，这个国家只是出于秉性温良，除了为自己的国民提出某些同中国贸易的特权之外，并没有提出更多的要求。

在本报告中，除了研究我国政府是否应以这些原则为指导外，还要努力证明这种看法是否有实际的根据。要研究我们在以防御制度取代//95 背面//这些原则之后，在中国人的眼中地位低落了多少，因为他们不会把这种政策看成别的，而是会看成俄国的软弱。我们还要研究，采用这样的原则将会给俄国，特别是它幅员广阔的亚洲属地带来什么利益，以及为了牢固地、长久地建立这些原则，所需的花费对它来说是否真的微不足道。

需求的相互性①

不同民族通过交换剩余产品而体现出来的相互需求是贸易的源泉。这是一种把各民族联系在一起的非常紧密的关系。富饶丰足的中国无疑是一个较少对国外贸易有所需求，并用以满足本国需求的国家。它自身的各种生计不仅能满足它国内的需求，满足它被各种谁也不敢违背的制度和习俗所限定的奢华的需求，而且还可以有相当的对外输出。如果出现歉收，使非常在意于让百姓满足的政府期待落了空，它只能通过海路由孟加拉或者爪哇获得某些援助。但它很少利用这个条件。对于中国来说，外贸之所以不起作用，//96//还在于它不相信别的国家，对这些国家抱有怀疑态度。而这些国家也由于同样的原因被中国所吸引，但中国的富有和政治偏见又把这些国家变成了在中国人眼中低人一等的人。

那些一再强调中国政府对国外贸易丝毫没有兴趣的人，他们并非完全不对，可是那些说中国鄙视贸易的人却是大错而特错了。谁要是想说明一个国家同其他国家之间政治关系格局，那他就应该把这种关系同该国内部治理原则，同它的法律、风俗习惯、舆情相比较。在中国，人们只承认国内贸易有益，不可缺少，但商人的社会地位却很低下，受到鄙视。更有甚者，官员的为非作歹，能给人带来破产的横祸。在这种情况下，怎能期望中国政府把同其他国家的贸易关系看得有多么重要呢？广州贸易以及欧洲各国为//96 背面//扩大市场而付出徒劳努力的种种事实，或者人们为开辟新市场而努力的结果，大家都是清楚的。为了鸡毛蒜皮的小事竟然能13次中断同俄罗斯的贸易，这难道还不能证明，中国

① 此处和以后文中的小标题下面画有浪线。

政府永远只是被虚荣和随心所欲摆布的一颗棋子吗？

但有人曾对我说，专制常会拿社会财富来满足自己的私欲。考察中俄之间的贸易，也正该从这个角度出发。

中止某一领域的贸易，就会破坏社会繁荣的基础，只要这种中止破坏了某种生存手段，或者剥夺了利用手段的条件。中国从我方获得的货物，主要是毛皮和呢绒。穷人失去了俄国的毛皮，可以用节俭来解决问题；而富人则可以花钱来解决。通过广州贸易这些困难就能迎刃而解。我们卖到中国去的呢绒都是外国货，所以它完全可以通过另一条路达到目的。不过，它的输出之所以//97//增长得如此惊人，很可能主要是得力于俄国商人从事此项贸易的一套办法，而不是由于中国对它有什么特别的兴趣。中国对呢绒的过度需求，其代价很可能要由俄国来支付。不过这个问题可以留待以后单独探讨。

从我们自己这方面来看，俄国从中国输入的主要是茶叶和棉布。这两种东西已经成为生活必需品。中止输出生活必需品所引起的最大麻烦，就是这些货物的国内价格将会下降，或者生产制造会相应减少。这些困难还不至于构成重大社会问题。但这些商品将流向广州，停止直接贸易时情况历来就是如此。而且中国社会的繁荣也丝毫不会因此而受到影响。其实根本就不该认为，像这样一个幅员广大的帝国，在中止了同俄国的贸易之后，//97背面//将会受到多大影响。但对这一贸易享有特权的陕西（此处疑有误，似应为山西商人。——中译者）商人，会比别人受到的损失更大。不过大家都清楚，如果从他们的利润中减去为获取特权而付出的代价，以及送给官员们的贿赂和借贷的利息，剩下的本来就不多。

最能说明问题的就是中国政府的那种漠不关心，或者可以说是他们对同俄罗斯贸易关系的懵然无知。他们动不动就表示拒绝，对伊兹玛伊洛夫是这样，对拉古津斯基伯爵是这样，签订这方面的条约或者协议时也是这样。1728 年条约的第 4 款规定了开市地点和派遣商队的权利，它是整个贸易赖以存续的唯一基础。但完全可能出现另一种情况，那就是：如果在这个条约里缺少了那些有力触动中国人的内容，这一款也就很难通过。

现在再来审视一下俄国在同中国进行贸易时所能获得的利益。我们不想在此过多地讨论该贸易本质之类的问题，其实关于这个问题，以及它的运作方式和改进方法等，我们都知之甚少。我们对之过于放任了，//98//以致听任其中的贪欲横流。我想说的只是，如果有大笔资金投入它的运转，国库就可以得到相当的收益，特别是由于货物的流通，许多地区将变得活跃起来，充满活力，而如果没有运输业的发展，贸易和工业就成了无源之水。由于运输行业完全是由俄国国民操业的，当然所有的收益也就都留在了我帝国内部，因此也就免除了我们对外国的依赖。所以，这一贸易理当受到政府的高度重视，受到鼓励。原来它本一直享有这种待遇，直到后来，它不再是皇家享有的特权，而集市又取代了商队贸易。有些规则多少能对商人的贪婪有一些限制，于是这个贸易就真正成为了社会繁荣的源泉。随着它的成功和财源滚滚而来，希望把它巩固下来的愿望也极其自然地日甚一日。由于公众和个人对它都有各种各样的想法，出现了大量不同的方案和观点。然而所有这些观点却始终//98 背面//脱离不了模糊的、可能的范畴，提出的内容也相互矛盾，没有形成具有明确目标和手段的体系。每个人都从自己的角度出发来观察事物，于是出现了一大堆各种思想观点的集合体。这就需要对之进行广泛深入的研究，特别需要有见识，而不是仅仅停留在办公室或者书斋里的思考上。

我在1805年12月16日给外交部送去的有关本使团在中国谈判方略的秘密报告[1]，试图把值得注意的问题按其重要性排列出一个顺序，其唯一的标准，就是对俄国可能产生影响的程度，也许，它能对这个问题作出某种说明。

即以目前的情况而论，俄中贸易确是获利匪浅。详情就不必一一列举了。不过茶叶这种不可//99//缺少的必需品，特别是砖茶[2]，已经成了西伯利亚游牧民和贫苦百姓的食品；低等级的棉布，在当地已取代了地产布匹；糖和烟草，则比从俄罗斯本土运来的要便宜一半。我说的这些东西都是生活中不可缺少的东西。至于说到外运，中国所需要的西伯利亚毛皮又构成了另一财富的源泉，如果丧失了它，对国家就是一场灾难。这又是一项最最不可或缺的需求。最后还有，运输收益，它是使货币在辽阔的西伯利亚全境周转的唯一手段。这些观点就足以证明，此项贸易对俄国的重要性实在无以复加，可以说是绝对缺少不得。

如果由此把改进和扩大此项贸易的观点再提升到更广阔的层面，我们在研究达到这些目的的方法时，可以发现我们还有很多需要从中国人那边获取的东西。现仅来谈一谈开辟布赫塔尔玛市场、阿穆尔河的自由通航、//99背面//俄国船只进入广州港这些问题。我还想再提出一个在恰克图贸易中应搞一些中国人不可能喜欢的变革的问题。由此可见，我们仍然在憧憬着美丽的前景，对贸易抱有很大的希望，而且把利益关系同社会需求关系结合起来，以求巩固我们同中国的关系，所以这才非常认真地要求我们保持这种关系。

---

① 见235号文件。

② “砖茶”一词是用俄文写的，并且下面有一横线。

北京政府对许多细节可能并不知情，我们通过慈父般的关怀和文明的治理已经预计到这些细节将会产生何种影响。不过它非常清楚，我们同他们国家的贸易，为我们带来了巨大的利益，而我们的政府对贸易的重视程度要比他们大得多。我要斗胆说一句，只要我们表现出让步，而且几乎是卑躬屈膝地让步，或者表现出迫不及待地忘记所有的屈辱去寻求恢复关系，就足够让中国人清楚对这些问题该怎么办了。

//100//考察一下此项贸易的未来，以及它与进入中国的其他国家的利益有什么关系，也是非常重要的。不断扩大贸易，而且把它正式列入国家财富的重要来源之一，肯定会引起其他贸易大国的妒忌。英国人和美国人由于得到投机体制的支持（这是他们在贸易竞争中惯用的伎俩），较之于我们他们已取得了更为实在的利益。当他们看到恰克图贸易停步不前时，便大受鼓舞，而且已经抢走了我们的部分毛皮生意。以我保守的看法，他们肯定会竭尽全力把这种事做到底。况且这种观点又得到了某些意见的支持，加之由于叶卡捷琳娜二世的积极政策，导致马嘎尔尼勋爵的出使无功而返，所以他们很可能会寻求报复。这些国家很了解中国人在国内能生产些什么，便按我们的价钱收购呢绒。呢绒是我们交易的主要货物，通过海洋运输比我们通过陆地运输成本要低。//100背面//这样，除了毛皮贸易之外，竞争的内容还包括呢绒贸易。所以，由于其他国家的竞争乃至其他国家所占有的优势，我们同中国的贸易其实一直在受到全军覆没的威胁。这种情况虽小心翼翼亦难以防范。中国政府的虚荣之心和恣意妄为随时都有可能把贸易置于死地。一旦发生这种不幸，我们心怀希望也是枉然，绝不可能再像头几次停市那样以为无足轻重。给国家民族造成的损失将会同近几年来的贸易规模相一致。西伯利亚比过去人多了，但却不像从前那样富裕了，而且对此项贸易的需求和带来的帮助依赖性更大了。它将会受到很大的冲击。而那些妒火中烧的国家则显然绝不会放过如此有利的时机，来填补因中国中止对俄贸易而出现的真空。从中国人那方面看，由于我们对他们开了先例，表现得几乎是温驯怕事，处处忍让，//101//就会使他们变得强硬起来，变得更加鸡蛋里挑骨头，只有在蒙受新一轮的屈辱牺牲之后，我们才有希望——不是恢复旧秩序，这是不可能的，而是建立某些非常脆弱的微不足道的新联系，那将是一种重新建立的联系。

描绘这样一幅图画是非常痛苦的事。但若是等到我们终于认识到，中国人同俄国人之间不应该再发生争执，中国人与中国人之间不应该再有误会，中国官员不该再无事生非，致使造成破裂，不该对俄罗斯这个壮美而强大的帝国横加指责，带来最严重的侮辱，造成严重损失的时候，那将会是一个更加令人痛心的局面。由上述情况可以得出下列结论：

贸易是两帝国之间唯一的联系，它对俄国来说是有利的，而且是必需的。对中国人来说利润就远不是那么大，也不是那么需要。他们的政府对之鄙视的程度，就跟俄国政府对之重视的程度是一样的。

中国政府利用这种地位，//101背面//造就了迫使他人归属于自己，或者听命于自己的随心所欲、保障自己政治安全的手段。

这种办法可以是进攻的武器，但也可以是某种恩惠，用它可以断绝我们由更广泛或者毫无障碍的交往中所能获得的一切利益。

从中国人那方面来看，他们却没有什么需要向我们提出的要求或者希望。

以贸易关系为基础的相互交往，是绝对无法以相互需求或未来利益加以保证的，它是不可靠的，它面临着危险的竞争。

最后还有，既然贸易被认为是社会繁荣的重要源泉，它就应该建立在更牢固的基础之上，就应该有一个制度来加以约束。这样的制度要迫使中国人也关心我们的利益，哪怕是他们在同我们保持贸易联系时并没有获得相应的利益。

//102//具有双向意义的政治前景

一个幅员辽阔、富饶和人口众多的帝国，前不久它的疆域才得到非常有利的扩张，而且，那是一次非常幸运的扩张，新并入版图的疆土，不是其力量已渐衰微，就是它能对最可怕的邻国的发展构成限制——作为这样一个帝国的国君，中国皇帝，是无需战争来满足自己的虚荣的，他只需小心行事就可以了。他拥有沉甸甸的强大的王权，对于许多周边小国来说他是发生争讼时的裁判，在这个世界上它不仅拥有光荣，而且拥有安全。他在异族所建的王朝中已是第四代皇帝[1]，然而依然无法不受惩罚地摆脱支持他登上皇位的那些条件，因此他的政策和力量还是要专注于内部治理。满人是唯一一个有点尚武精神的民族，但他们必须牢牢地盯着整个中国，如果他们的哪个郡王想要开战，此人立即就可能陷于腹背受敌的境地，其中最可怕的敌人就是汉人。汉人受到满人统治的压迫，//102背面//一直心存不满。朝廷所进行的唯一的一次战争，就是同卡尔梅克人的战争[2]，因为这个民族破坏性的入侵活动威胁着帝国。中国人之所以能取得准噶尔的部分土地、小布哈拉、喀尔喀蒙古，收服由俄罗斯逃走的卡尔梅克部落以及西藏，靠的完全是政治，靠的是玩弄狡诈手段，而不是使用武力。北京政府对待周边独立游牧民族，靠的也是这种手段。它力争使用怀柔手段，而不是征服。它没有什么执行复杂政策的烦恼，便把全部注意力都集中在两个大国身上。它很可能对英国向印度的挺进有所顾忌，但位于两国之间的一些国家和天然屏障使英国人很难同中国接触。而同俄国之间的国界不是天然形成就是人为划分，是一条长度惊人、地理条件之艰险惊人的边界。在乌第河//103//和由乌第河绵延向南消失在东海的斯塔诺夫山脉之间，有一片荒野不毛之地，至今仍存有争议。这个问题充其量只能成为中国人找茬儿的一个借口，但永远不会成为一个什么了不起的大问题。在俄国境内，没有人口众多的好战的民族，没有物产丰饶的地区，没有贸易必需的交通条件。该地区中国占有的地方则更是贫瘠荒凉。政府的政策是禁止在这一带开采极为丰富的矿藏，所以涅尔琴斯克或者甚至巴尔瑙尔的矿井也不可能对贪婪的人们产生多大诱惑力。还有许多其他考虑，都有助于理解中国对同俄罗斯的关系抱漠不关心态度的原因，这里就不必一一列举了。毫不走样地保持现状，乃是他们的出发点和唯一的目的。

中国在一定时期可能会在同英国的冲突中寻求我们的介入，但调停国能从中获利//103 背面//的事却是绝无仅有的[3]。对中亚各民族采取积极行动的优势能力，在争取中国人对我们的好感方面将起到更直接的、更可靠的作用。不过，还是让我们来考察一下，我们是否还有能力利用我们的处境，给我们带来仅有的好处。

毫无疑问，俄罗斯是唯一能使中国感到畏惧的国家。这不仅由于它具有力量，而且还由于两国毗邻的疆界长达6000俄里，由于它清楚地意识到或者猜测到，俄国有各种各样的计划。如果不是俄国在欧洲各国中所处的独特地位以及它对这些国家的利益和冲突抱有积极参与的态度，因而常常顾不上处理中国事务的话，这种畏惧当然早就产生了，对俄国来说非常幸运，但对中国却是灾难性的后果。圣彼得堡政府由于顾忌恰克图贸易中断，不止一次决定做出让步，换了别的情况它是绝不会容忍做这种让步，或是推翻//104//计划的，因为执行这些计划根本就不费吹灰之力，而且做起来还会很漂亮。

由于我们对自己的力量不够自信，导致了各种不作为的弊端，因而出现了许多极为重要的情况。它们所产生的灾难性后果，理当引起政府注意。

不幸的是这种让步政策一直得到严格而忠实的遵从，其后果就是我们忽视了对那些在我们同中国之间起中介作用的民族施加影响力。

由此可以得出结论，我们同布哈拉、希瓦以及克尔克孜人的贸易是在克尔克孜人的中介下进行的。这些人中的一部分已经在向中国纳贡，所以我们的贸易就变得一天比一天更为无利可图。看来可靠的情报也表明了这一点（见拉夫罗夫将军的报告①）。情报说中国政府忠实地执行一贯的政策，对这些游牧民族软硬兼施，如果不是打算把他们收服，至少也是企图离间他们同俄国的关系。//104 背面//最后的几批商队在布哈拉失利的原因，完全可能是受到中国影响的结果。如果这种格局继续保持下去，不仅奥伦堡的贸易将会一蹶不振，就连所有在这些地区包括直到印度这一带扩大贸易的前景也必将变得非常黯淡。

为了不再刺激我们这个胆小怕事、疑神疑鬼，但却能对我们起支配作用的邻国，我们把部队撤离了在国境上它可能起更大作用的地段，这样一来，就使它有可能受到不太危险的敌人或者充斥着强盗和流浪汉的地区发生暴乱的损害。

---

① 见 146、149、150 号文件。

最后，为了给我们的正当要求增加分量，我们主动放弃了各种力量，放弃了联合实力，放弃了我们能够控制使用得很好的那些能直接影响中国或影响把我们同中华帝国分隔开的独立民族的手段，致使//105//后者沦为中国活跃政策的影响之下。我们原以为，只要我们报以温和或者事不关己的态度，他们就会把那些一再被他们拒绝的好处——也就是那些由于畏惧阿尔巴津城勇敢的保卫者才肯交还给我们的好处[4]——送给我们。

综上所述可以得知，毫无疑问，对我们那种对侮辱麻木不仁的态度，北京政府一向了如指掌。他们知道我们坚定不移地崇尚热爱和平的制度，知道拒绝我们的哪怕是最公平合理、最温和、最谦恭的请求，我们也会如此行事；而对于为我们从事中介服务的民族，我们从来都是把他们忘在脑后，至少是对他们的命运漠不关心。这是早就有例子说明的。最后，只有当北京政府无法期待我们再作出有力的让步，才会乖乖地面对我们阻挠他们实现计划的种种措施，而且//105背面//除了互相遣返逃人之外，再也看不到其他的政治前景。

具有双向意义的尊重

如果两国之间根本就没有什么政治利害关系，也没有互利的贸易，那它们之间还是可以建立一种以互相尊重为基础的关系。这种关系没有共同的眼前利益，而是建立在对国家实力或影响的理解上。国家广阔的幅员、相互地理位置的接近以及富强的国力往往都是衡量这种关系的尺度，其中既有尊重的成分，也有畏惧的成分，因为事态往往会由威胁发展到行动，以此来提醒应该遵守协议。

那么我们就要来看看，俄国作为欧洲列强中手段最丰富的一个国家，是否能够引起中国的尊重呢？它是否取得了全部好处呢？我不想说那些可能取得的好处，我指的是为了保持自己的尊严，为了不损害自己的利益所应该取得的好处。

我国同中国关系的历史无疑是一种由不公正、傲慢自大和侮辱组成//106//的最广泛、最全面的集合体。这种东西对于一个强大的、从来都是很公正的邻国来说，是完全不应该被允许的。戈洛文、伊兹玛伊洛夫、萨瓦·弗拉基斯拉维奇等使团，都是派遣于中国人对俄国的占领或者［类似的］计划心怀畏惧的时候。他们为我们提供了一幅幅怯懦与傲慢、愚昧与无知、狡诈与威胁交织在一起，然后又受到恐惧心压抑的最不堪入目的景象。7个商队可以说是贪婪的中国政府进行欺诈的活见证。13次自作主张的闭关停市说明对方根本不把条约当一回事，而且随心所欲，顽固不化。理藩院对枢密院的文函充斥着指责和狡辩，只能引起深深的鄙视。他们对待由俄罗斯跑过去的土尔扈特部的态度，沙达尔王①的被杀害——1756年他竟然在布拉季谢夫的眼前被砍成了碎块——以及许许多多的例子，都说明他们是多么野蛮。//106背面//这个政府的所作所为有好多地方无疑都十分丢脸，事例难以数计。不必以国际上的标准来评价，即使在国内那批盲目崇拜神圣而高尚道德的人们眼中，情况也是如此。

中国曾经派过两个使团[5]到俄罗斯，但那却不能算作尊重和关注的证据。它们的真正目的是请求帮助，以对付浑台吉，收买阿玉奇汗。也就是说，仅仅是出于畏惧和叛卖，而不是什么别的感情。其实，他们做这些事全亏俄罗斯，俄罗斯是有权受到他们感激的。我也不必再重提中国政府在同俄

---

① 沙达尔王这几个字是用俄文写的。

国交换信函时所使用的那种侮辱性的行文格式，他们竟毫无道理地提出要求，要俄罗斯承认自己的国君是它的臣下，要求其使臣履行有辱国格的礼节。每个民族都有自己的偏见和风俗习惯，当人们置身于这个国家之外时，可以对这些东西置之不理，但是当你身处这个国家之内时，它们就值得你去尊重，只要它们不违背已经确立的约定，不使人感到遵从它们是一种屈辱就可以了。

至于说到//107//破坏条约，蔑视即使最野蛮的民族也会尊重的普遍规定的行为，那么我想说的是，当对待自己时，中国政府是承认这些规定的，可是当别的国家提出遵守这些规定和要求时，它就会嗤之以鼻。不过只有一个国家，由于惧怕它的力量和毗邻的地理位置，中国人在同它打交道时，会表现出一种对理所当然的尊重满不在乎的特别态度。国境上只要稍有调动，只要有个什么枢密官或者将军出现，或者建立了一个什么居民点，这个政府就会疑神疑鬼，在不安之余赶紧采取预防措施，就像是它真的受到了威胁一样。不幸的是之所以产生两种完全不同的态度，其原因在于长期以来我们同中国人打交道的方式，否则它就不可能产生误解。想当年一些富有进取精神的冒险家组成武装力量，在阿穆尔河上曾把中国军队打得望风而逃。不过，却没有任何一支决定性的力量，能使中国人对俄罗斯的威武有真正的了解。戈洛文带的军队不多，而中国//107 背面//使臣们却是带着大军到涅尔琴斯克去参加会见的。结果戈洛文被迫签下了和约。当拉古津斯基伯爵在中国进行谈判时，边境上仅有一个团的兵力，这难以使他避免中国人的侮辱和不公正的对待。我们除了几次试图阻止卡尔梅克土尔扈特人逃跑的无效努力之外，对中国人策反和接纳他们不但没有采取任何抵制行动，甚至还容忍了中国人以命令的口气说话，最后把我们的嘴也封住，对叛逃的事实绝口不提。还有，他们每一次破坏条约造成伤害的行动，引起的回答仅仅是温和友好的解释和说明。关于阿尔巴津之战的回忆，对该城堡将会被恢复的恐惧，以及关于俄国人如何强大的某些模模糊糊的传言，实际上成了最后还能剩下一点点尊重的唯一原因。对那些东西，中国政府还有可能买一点账。但印象却已随着时间，特别是随着我们经常看到的无所作为而日趋淡薄。到了现在，则完全变成了一种摇摆不定、模糊不清的态度。//108//北京政府出于虚荣和怯懦，常喜欢在各种场合持这种态度。圣彼得堡政府正忙于应付欧洲关系中的重大事务，自然找不到适当时机来解决我们同中国关系中确立了优待和尊重体制后所遇到的麻烦并排除其中的危险。中国人并不了解欧洲发生了什么，他们可能会把某些具有担心和软弱成分的行为都看成是畏惧，尽管以最高当局的眼光看来，这样做是有道理的。随着我国力量的不断壮大，我们的态度倒反而越来越软下来了，这就会让他们变得更加肆无忌惮。他们会从中得出结论，认为关于俄罗斯的那些消息都不可靠，或者眼下正有什么紧急需要，分散了俄国的注意，吸引了它的力量。这两种看法对我们都不利。但毫无疑问，对我们的贸易抱有妒忌之心的列强对这样的//108 背面//局势却有另一种解释，他们认为这对他们会非常有利。

通过广州传递消息的道路是敞开的，但从俄罗斯这面来说却是关闭的，而且，如果一个人说的是自己，那就不会有人相信他说的话。俄国对中国的直接影响被切断了，它失去的手段无法再从哪个国家得回来。那些国家不是求它阻止中国人，就是要它限制给中国人的权利，要它好好教训教训中国人。可是对于亲身体验一下这种教训的后果，他们也许又不无顾忌。

综上所述，可以得出结论，就是中国政府对俄国已不复再有任何尊重，而且尊重的唯一基础——畏惧——也微弱到几乎不存在的地步。

在俄中两国关系中，相互需求、相互的政治利益和相互尊重[①]构成了三项基础。假如上面所引有关这三项基础的研究表明，这种相互性有着巨大的不平等，而且处处对俄罗斯不利，如果研究表明，这种不平等以及我国政府呼吁//109//中国人保持我方极端需要的贸易关系的努力都统统丝毫不起作用，那我们可以毫不怀疑地说，面对一个最虚荣、最好无事生非的政府，我们的贸易已经把我们置于完全从属的地位。这种不可靠的贸易使我们面临的竞争变得无利可图。为了摆脱这种危机状态，为了有可能向中国政府提供同等价值的政治利益，我们只能依靠上天赐予的手段，以求天平马上朝有利于我们的方向倾斜。

长久以来，可以说实在是太长久了，经验告诉我们，如果忘记了这个规则，会使我们遭遇什么危险。我们的关系只不过是一系列最为正当的要求，却遭到顽固的拒绝。他们以最为令人发指的破坏行动来对待我们的宽容，以沉默来对待我们所受的侮辱。因此，我们要不无遗憾地，但却完全正当地，以无可辩驳的证据为基础，对我们同中国的关系下一个结论：//109背面//哪怕是缔结了条约，这种关系也是不牢靠的，它会受到这个高傲而愚昧的政府一系列恣意妄为的践踏。只有在有情有义的互相尊重的制度保护之下，贸易才不会成为随心所欲的牺牲品，才会成为一种既能维系长久，又能为社会财富源源不断带来利润的事业。它将成为一种有分量的事业。只有这时，当它牢牢地扎根之后，才能结出最美

① 下加线是文中原有的。

的果。在这样的制度保护之下，谈判者才有可能谈到对扩大贸易权利的新要求让步，他的意见才会被人听取，这时，现实制度中所有对俄罗斯不利的条件，包括要求的问题，政治利益的问题，尊重的问题，甚至还有畏惧的问题，才能都变得对中国不利，将其置于如今俄罗斯所处的受制于人的地位，迫使它做出让步。甚至可以大胆宣布，它［该制度］的作用将对中国产生远为更加严重的影响。在目前//110//情况下，两国之间的冲突只能对俄罗斯帝国的边远地区产生影响，受到反击后，在我幅员辽阔的疆土上，其他地区几乎不会有任何感觉。以前的多次事件已经说明了这一点。然而如果俄罗斯采取坚决行动来对付中国，后者的情况可就不是这样了。前不久刚被征服的民族将会站出来表示不满，他们立刻会产生对俄国的信任，［这种情况］很容易威胁到统治王朝唯一的避难所，并把它夺取过来。还有，中国军队是那么胆怯，那么无知，所以胜利完全可以唾手而得。这就是采取决断性步骤之后中国政府所面临的后果，而且是无可避免的后果。

当然，是否应该抑制己方的成功，这要取决于俄罗斯的意图，特别是俄罗斯的宽容大度。不过它无疑应该在得到相互关系的可靠保证，取得扩大贸易的一切好处之后//110背面//才能罢手，因为这种关系是民族繁荣的一个方面。俄罗斯不需要占领，它无需取得领土，但需要取得交通权、市场，需要取得所有国家除公开敌对者外都同意互相提供的优惠条件。但如果中国政府不能对将要遭到一次新的报复心存畏惧，提供这些优惠条件又有什么保证呢？

这是幸运的结果。建立在帝国最直接的利益、它所具有的手段乃至公正基础上的体制，必将为帝国的内部繁荣带来这种结果。

然而我们还要大胆把目光转向一些新的考虑上，它们也可能不那么直接，不那么贴近，但却绝非不重要。我们可以在这方面把希望也寄托在由确立该体制而获致的最幸运的后果上。

整个亚洲对俄罗斯都表现出尊重，这无疑将给亚洲造成影响。但这影响也因俄罗斯的温和宽容而受到局限。俄罗斯拥有施加影响，遏制//111//中国人对付两大国之间的克尔克孜及其他民族的计划的能力。它达到了保证自己的直接利益完全不受触及的目的。这样一来，是否还要把这些利益扩大到中国同海上列强的贸易关系方面，并赋予自己的政治优势以新的分量，就完全取决于俄罗斯自身了。更为可能的是，面对俄国可能采取的果断行动和中断同贸易对象国做生意这两种结果，北京政府将毫不犹豫地选择后者。而且它对于同任何国家做生意都无动于衷。这会使得类似的损失变得毫无意义。马嘎尔尼勋爵在他的报告中说，中国人之所以保持广州贸易，更多的是出于民族自豪感，而不是对它有多么重视，或者是它能带来多大利益。如果皇帝哪一天心血来潮，或是大臣们有些什么挑衅行动，都可能使贸易关闭。不过只要俄国能对此加以利用，这样倒也不错。的确，为什么//111背面//不可以设想一下英国在印度的统治和贸易也能发生巨大的变化呢？为什么不可以设想一下从这样的事件中俄国肯定能得到的好处，甚至应该促成这种事件发生呢？如果这样的变化发生在俄国对中国的影响牢固确立之前，那么其他国家通过竞争，将不会容它有时间从这种影响中获取全部利益。可是反过来，当俄罗斯已经拥有现成的手段，可以把这种影响变得对自己有利，或根据自己的计划和利益来支配这种影响的时候，在我们面前，将会展现出多么巨大的财富和国力的源泉啊。

如果有朝一日俄国能够同印度开展贸易，那将是这一天来临的时候。迄今一直存在的困难那时都可能被排除。即使仅限于同中国进行贸易，无疑也会带来巨大的利益，这一点很容易从广州的年出口量上计算出来。

如今同中国关系中，因不稳定性带来的巨大不便显然逃不过//112//圣彼得堡政府睿智的明察秋毫的眼睛。它也无疑以遗憾的心情，多次考察过不稳定的对华贸易给本地区带来的危险，因为大自然使这个地区对任何短缺都显得异常敏感。可是它虽然满心希望给予克服困难以助力，却不得不由于操心欧洲列强的事态而对此裹足不前，只能满足于一般性地议论，议论有些什么障碍，特别是费用有多么高，因而无法下决心建立一个硬性体制，而这种硬性体制的好处，上面已经说得很清楚了。关于西伯利亚，存在着各色各样往往是很肤浅的报道，使人们对无法克服的困难产生了畏惧。人们从一些无根据的猜测出发，至今拒不接受这一与帝国的强大相匹配的体制。在保卫帝国利益乃至权利的问题上，它是无法取代的。贸易本应能导致政治尊重的结果，但后者却对前者做出了牺牲，结果把贸易变得毫无保障。皇帝陛下一直在为自己帝国各民族的幸福//112背面//繁荣呕心沥血，只要把下列几条有理有据的道理向他陈奏，难道这样一个体制还不足以引起皇上的注意吗？

1. 只要使用得明智合理，西伯利亚本身即足以提供资源，以保证面对中国所应该占有的地位，以保卫贸易这个当地福祉的唯一源泉。

2. 如果计算起来，做这样的事，无论对国库还是对国家，花费都要比停止贸易带来的损失小得多。

3. 只要增加不多的防御经费，就可以把防御性的措施转变为进攻性的，最后，不仅可以为俄罗斯带来整整一个世纪一直都在徒劳地张罗着要向中国政府索取的那些好处，而且还可以带来那些在总报告中已经表述过的好处，而它们的好处较之它们所带来的花费，实在不知要高出多少。

4. 所谓同中国开战，//113//其实质不过是一次轻而易举的短期探险行动。

5. 这种行动的成功可以说无可置疑，它将为俄罗斯带来辽阔富饶的土地，并在东方开辟贸易市场。

6. 即使中国人同意在阿穆尔河自由航行，如果我们不占领该河左岸，这种好处也会比我们同他们之间的贸易更为不可靠。

7. 最后一点，我们若要同中国人就我方所期待的诸般利益进行谈判，就应该从阿尔巴津以及阿穆尔河两岸问题谈起。

在这些问题上，政治应该保持沉默，发言权应该属于行政官员或者军事长官。他们的知识和建议使本报告作者有责任证明，上述各条绝对正确无误。如果各条之前的那些说明文字能够令人信服，那是因为撰写过程中对祖国的爱、对祖国的光荣和繁荣的关切在起着指导作用，在//113 背面//鼓舞着作者去完成它所承担的一切使命。

戈洛夫金伯爵 1806 年 2 月 19 日写于特洛伊茨科萨夫斯克。

94 页正文上方有俄文字样：戈洛夫金伯爵 1806 年 2 月 19 日奏章附件。

同处：№ 2。

俄罗斯帝国对外政策档案馆圣彼得堡公馆，总档 1—7，目录 6，1805 年，案卷 1a，卷夹 27，94—113 页背面。翻译 Н. Б. 祖布科夫。法文抄件存同处，卷夹 46，140—164 页。

使团行营法文记录存同处，卷夹41，382页背面—411页背面。日志原件为法文。

注释：

［1］戈洛夫金搞错了。满人建立的清王朝作为中国朝廷，在北京正式成立于1644年。第一位满族皇帝叫福临（年号顺治，1644—1661），然后是玄烨（年号康熙，1662—1722），然后是胤禛（年号雍正，1723—1735），再后来继位的是弘历（年号乾隆，1736—1795），然后才是颙琰，他是第五个满族皇帝（年号嘉庆，1796—1820）。（《满族在中国的统治》，375页）

［2］清政府三次（1755、1756、1757）向准噶尔派去大兵，并于1757—1758年间消灭了卫拉特汗国。详见 И. Я. 兹拉特金：《准噶尔汗国史（1635—1758）》，莫斯科，1964；Л. И. 杜曼：《清帝国征服准噶尔和东突厥斯坦始末》，载《满族在中国的统治》，264～289页。

［3］1860年俄国公使 Н. П. 伊格纳季耶夫（1860年签订俄中北京条约的人）在恭亲王同英法联军代表在北京的谈判中起了居中调停的作用。

［4］见93号文件注释3。

［5］在戈洛夫金使团派出之前俄国已经来过三个中国使团（见53号文件注释5）。

№ 301

1806 年 2 月 20 日。Ю. А. 戈洛夫金使臣为俄国船只在广州被扣一事呈亚历山大一世皇帝的奏章

//119//圣上：

当臣从伊尔库茨克民事省长处收到附来的理藩院就俄国船只在广州港被扣一事致我枢密院函①的抄件时，臣已结束了最后几份报告的发送工作。显然，那是克鲁森施特恩船长的船只。臣立即在买卖城广泛展开询问：这个消息在当地竟无人不知。据说，船被扣在港口，船员们关进了监狱。//119背面//臣首先想到的就是看看有什么办法可以对勇敢而不幸的同胞展开救援。臣要是大胆一点，就会对买卖城来一次轻易即可获得成功的奔袭，那我们将可俘获 10 倍于保证克鲁森施特恩安全所需的中国人质。想使用别的办法是很难的。库伦的郡王不肯放我的信使到北京去，这宗公然拒绝履行条约的举动完全剥夺了臣同理藩院联系的可能。尽管郡王在 5 月份就已经接到了关于我的职位和我的权力的通知，但他在这一事件以及其他事件中，并不承认我具有就各项公务开展谈判的权力。此外，他对克鲁森施特恩船长收到的训令一无所知，臣也怕臣到北京后所作的说明同他在广州的证词有出入，致使他陷于//120//最不利、最可怕的处境。经验告诉臣他是在跟什么人打交道。库伦的郡王在把臣遣送回国的前几天提过一些狡猾的问题，问及广州贸易的事以及它对恰克

---

① 见 256 号文件。

图贸易的影响，他还问及俄罗斯民族的名称，称之为露臣人①。臣发现这同理藩院所言克鲁森施特恩船只所属的国籍是一样的，臣已荣幸地把那份报告②呈递给陛下。这件事说明，郡王得到了命令，要把这件事向我保守秘密。在我收到遣返回国的命令之前几分钟派出的那名中国信使，送出的正好就是理藩院的函件，到达俄罗斯的时间早了臣4天。在克鲁森施特恩广州//120背面//被扣和臣被遣返之间，存在着明显的联系，故臣无法对此再有别的思考和认识。陛下，请您注意一下日期和事态有多么吻合：臣提出这种请求，不是为了自己，而是要让陛下了解事情的真相。

臣还要斗胆再提出一个请求，望陛下主持公道：请圣上允许臣有幸向您呈递一份9月13日写的有关克鲁森施特恩船长探险队的第3号报告③。陛下定会看到，臣早已预见到了这次行动的全部悲惨结果，随着时间推移果然一一都兑现了。臣给他往堪察加派去的信使当时在那边很可能已经找不到他了。臣希望预先能把他解救出这个疑心重重且又忌妒心很强的政府为他造成的困境，因为事先没有得到他将要到来的通知，它恼羞成怒了。//121//但臣万万没有料到，在最后给枢密院的公函中，它会以撕毁条约停止贸易相威胁。臣在最近的1号、2号报告④中曾有幸提醒皇上，这样的行动已经完全改变了事态。它能很好地说明过去，但却使未来充满了变数。那将是一种互相制造损失、互相指责的局面，决不容易通过一般谈判来理清头绪。遇到这种事情，如果继续墨守同中国人打交道的老办法，克鲁森施特恩就会面临绝

---

① 下加线为文中原来所有。

② 见212号文件。

③ 见162号文件。

④ 见299号、300号文件。

境，加诸于使团头上的侮辱将永世得不到洗刷，而贸易也仍然还是会被中止。

种种事件比任何猜测都能更好地说明，就算臣终于到了北京，扣留克鲁森施特恩的事没能瞒过我，那臣解救他的努力也不会取得什么结果。根据理藩院的指示，臣应该在1月27日抵达北京。//121背面//而它的公函是当月16日即发给了枢密院，也就是说，早在出使大臣抵达前的10天，理藩院就要求枢密院作答。换句话说，它或许是以为出使大臣到不了北京，或许是决定跟他根本不提这个碴儿。遇上头一种情况臣是无能为力，遇上后一种情况臣是有力量也使不上。这样的两难处境已成定局。但值得庆幸的是使团没有到北京，否则它将同克鲁森施特恩在广州的船一样，成为中国政府为保证自己的要求得以实现而攥在手中的又一件抵押品，那它的处境可就惨了。

在等待陛下的指示期间，臣将尽一切努力收集有关广州问题的准确的新情报，并找到救助不幸的克鲁森施特恩的某种办法。

陛下，向您致以深深的敬意，您最卑微、最忠诚、最恭顺的仆人和臣子戈洛夫金伯爵于特罗伊茨科萨夫斯克［要塞］，1806年2月20日。

119页正文上方右侧有俄文：1806年3月23日收到。

同处左侧：№3。

俄罗斯帝国对外政策档案馆圣彼得堡分馆，总档1—7，目录6，1805年，案卷1a，卷夹27，119～121页背面。法文原件。手迹。Н. Б. 祖布科夫译自法文。

使团办公厅抄文簿法文抄件存同处，卷夹41，60页背面～64页背面。

№ 302

1806 年 2 月 20 日。Ю. А. 戈洛夫金使臣为俄国船只在广州被扣事件致副外务大臣 A. A. 恰尔托雷斯基的信

//122//公爵：

巴伊科夫先生启程的事已经拖得太久了。这段时间我由于身体不适，只能撰写一份附交给皇上的报告①，呈奏克鲁森施特恩船长的船被扣在广州港的一些消息。我殷切地请求阁下看一看我的报告，以及我 9 月 13 日呈交的紧急报告②。您将会看到，果然被我不幸而言中了，我通过派遣信使请求克鲁森施特恩船长采取的预防措施③，可惜他并没有能见到。在这里我不打算详谈中国政府在//122 背面//这个问题和对待我的问题上行为显然如出一辙之类的事情了，主要的是要考虑一个解救勇敢的克鲁森施特恩的办法出来。

买卖城的扎拉固齐说，如果对克提起诉讼，克将同他的全体船员像海盗一样被绞死。我想过许多办法，其中只有一个办法还值得考虑。我正在认真掂量这个办法，如果可行，将立即予以实施。我已委托巴伊科夫先生就此口头向阁下详细汇报。

中国政府在它致枢密院的公函④中宣称，克鲁森施特恩

---

① 见 301 号文件。

② 见 161、162 号文件。

③ 见 165 号文件。

④ 见 256 号文件。

的船只在预先不作通报的情况下进入广州，是对条约的公然破坏，并以撕毁条约相威胁。这种态势彻底改变了局势，它与我昨日报告①中谈到的情况又大不相同了。报告要求作出的决定完全是另一种决定，因为船只被扣，以及船员们所处的极端状态，//123//都是中国政府立即会加以利用的有利条件。它会对之加以抱怨，其实，只有我们才有权因为遣返使团的事而抱怨。由此还会出现不少冲突和相互指责，这些当然都应该引起阁下的重视。

公爵，向您表示深深的敬意。阁下最卑微、最恭顺的仆人Ю. 戈洛夫金伯爵。

1806年2月20日于特罗伊茨科萨夫斯克要塞。

122页正文上方右侧用俄文：1806年3月23日收到。

同处左侧：№ 3。

俄罗斯帝国对外政策档案馆圣彼得堡分馆，总档1—7，目录6，1805年，案卷1a，卷夹27，122～123页。法文原件。手迹。Н. Б. 祖布科夫译自法文。

使团办公厅抄文簿法文抄件存同处，卷夹41，129～130页б。

---

① 见300、301号文件。

№ 303

1806 年 2 月 20 日[①]。Ю. А. 戈洛夫金使臣为将赠予贝子宁博多尔济的显微镜下账核销给使团司库奥西波夫的命令

//78 背面// 给使团司库、七等文官奥西波夫的命令[②]

兹命令阁下将本人馈赠给护送最后一个分队的蒙古贝子[③]宁博多尔济的显微镜一台入账核销。

俄罗斯帝国对外政策档案馆圣彼得堡分馆，总档 1—7，目录 6，1805 年，案卷 1a，卷夹 42，78 页背面～79 页。使团办公厅抄文簿抄件。

---

① 日期标在抄文簿中相应的栏目中（见 78 页背面注释）。

② 标题位于抄文簿左栏。

③ 原文误为贝勒。

№ 304

1806 年 2 月 21 日[①]。Ю. А. 戈洛夫金使臣为将赏给嘉庆皇帝所差太医及布哈拉人阿布达莱姆的金表及银表下账核销给使团司库奥西波夫的命令

//82 背面//给使团司库、七等文官奥西波夫的命令[②]

兹命令阁下将本人于 1805 年 12 月 10 日在恰克图//82 背面//赏赐给布哈拉人阿布达莱姆的银表、12 月 12 日赏赐给博格德汗派来的医生的金表以及 1806 年 2 月 4 日赏赐给札萨克的银表各一只入账核销。

俄罗斯帝国对外政策档案馆圣彼得堡分馆，总档 1—7，目录 6，1805 年，案卷 1a，卷夹 42，82 页背面～83 页。使团办公厅抄文簿抄件。

---

① 日期在抄文簿中相应的栏目中标出（见 82 页背面注释）。

② 标题位于抄文簿左栏。

№ 305

1806 年 2 月 22 日。Ю. А. 戈洛夫金使臣为询问使团官员在买卖城的行为给外务院驻恰克图特派员 А. И. 索科洛夫的命令

//202 背面// 1806 年 2 月 22 日于特罗伊茨科萨夫斯克要塞给七等文官索科洛夫的命令①

查中国买卖城于日前举行欢庆活动，使团部分官员及各级公职人员有所参与，望你于本官启程之前调查了解上述人员是否有引起不满或//203//投诉之行为。兹命令阁下向恰克图买卖城扎拉固齐征询意见，向本官报告。

202 页正文上方：№ 1。

俄罗斯帝国对外政策档案馆圣彼得堡分馆，总档 1—7，目录 6，1805 年，案卷 1a，卷夹 41，202 页背面～203 页。使团办公厅抄文簿抄件。

① 标题位于该页左栏。

№ 306

1806 年 2 月 22 日[①]。Ю. А. 戈洛夫金使臣为禁止使团官员前往买卖城给外务院驻恰克图特派员 А. И. 索科洛夫的命令

//89 背面//给七等文官索科洛夫先生的命令

兹命令阁下：自今日起，使团官员及全体公职人员一律不准出境前往恰克图中国买卖城。

俄罗斯帝国对外政策档案馆圣彼得堡分馆，总档 1—7，目录 6，1805 年，案卷 1a，卷夹 42，89 页背面。使团办公厅抄文簿抄件。

---

① 日期标注在使团办公厅抄文簿的相应栏目中（见 89 页背面注释）。

№ 307

1806 年 2 月 22 日。Ю. А. 戈洛夫金使臣因任命 Л. И. 伊兹玛伊洛夫接替 А. И. 索科洛夫为外务院驻恰克图特派员给 Л. И. 伊兹玛伊洛夫的指示

//203//1806 年 2 月 22 日给特派员、七等文官索科洛夫所主持的边境事务的①八等文官伊兹玛伊洛夫的指示

现将由七等文官索科洛夫先生署理的各项事务移交给你，并以为有必要就此指示如下：

1. 目前局势要求同中国官员交往时要尽可能小心谨慎，提高警惕，避免两国臣民挑起一切事端。

2. 你同时还要督促所有边务官员在这方面//203 背面//加强努力，严密监视中国臣民的一切活动，命他们将情况向你报告。

3. 要利用一切可以利用的手段在买卖城等地打探北京朝廷的消息和行动，以及库伦的动静。

4. 所有事件均需写信向本官报告，如有必要，亦可派遣专使。

5. 凡本官派往//204//恰克图或边境其他地方的专差人员，如持有本官密令，你应竭尽全力，予以协助。

6. 你应向全体边境官员发布密令，着其避免两国臣民

---

① 原文如此。

酿成纷争，致生不满。

203 页正文上方：№ 1。

俄罗斯帝国对外政策档案馆圣彼得堡分馆，总档 1—7，目录 6，1805 年，案卷 1a，卷夹 41，203～204 页。使团办公厅抄文簿抄件。

№ 308

1806 年 2 月 23 日。外务院驻恰克图特派员 А. И. 索科洛夫就同买卖城扎拉固齐克西克会见以及清方对中国新年期间参加庆祝活动的使团成员并无任何反感等情况呈 Ю. А. 戈洛夫金使臣的报告

//125//<u>秘密</u>①

外务院驻恰克图特派员、领边境事务七等文官索科洛夫呈二等文官、枢密官、院部大臣、宫廷及各俄罗斯骑士团总典礼官、赏戴勋章特命全权使臣尤里·亚历山德罗维奇·戈洛夫金伯爵大人阁下的报告

2 月 22 日大人给卑职发来一通密令②，涉及使团某些官员及各级公务人员于恰克图中国买卖城节日期间到该处去的问题，大人希望于离开此间之前了解上述人员是否有招致对方不满或投诉的行为。奉此，卑职于昨日同买卖城扎拉固齐会见，并于谈话中婉转地问及阁下命令中提到的问题。扎拉固齐回答说，俄国人行为//125 背面//颇为得体，没有收到任何令人不快的、有人不满或投诉的报告。此外他又说，今晚他还要再去问一问，在买卖城开城门之后他会马上来告诉我。所以，现在扎拉固齐派一名章京前来告诉我，他们没有发现有投诉抱怨的事情发生，这几日进城观光过年的人，态

---

① 下加线为文中原来有的。

② 见 305 号文件。

度都很友好，像个好邻居的样子。

七等文官索科洛夫

1806年2月3日

于恰克图哨所

125页正文上方：2月23日收到。

同处页边：№ 65。

俄罗斯帝国对外政策档案馆圣彼得堡分馆，总档1—7，目录6，1805年，案卷1a，卷夹41，203～204页。

№ 309

1806 年 2 月 24 日。外务院驻恰克图特派员 Л. И. 伊兹玛伊洛夫为监视清帝国边境状况给各边防段长官及界务巡视员的命令

//127//领边境事务八等文官伊兹玛伊洛夫 1806 年 2 月 24 日给各边防段长官、各界务巡视员的密令（抄件）

奉二等文官、枢密官、御前侍从官、赏戴勋章特命全权使臣尤里·亚历山德罗维奇·戈洛夫金伯爵大人阁下本月 22 日严令①，尔等应严格执行以下各条，不得有误：

1

各长官须秘密严命本段各边防卡伦与中国蒙古人友好相处，竭力避免卡伦间发生争端，特别是在交代印迹时务要保持公正，决不许弄虚作假，//127 背面//逃避对方及我方规定的严厉惩罚。

2

在同蒙古官员会见时，以及各卡伦在查哨及境内巡查时，应尽力了解对方是否有新的命令或安排，但决不可让对方感觉是在打探消息。如探知确切消息或有所发现，着即向你们报告，尔等亦应派专差逐卡伦向本官报告，不得延误。

---

① 见 307 号文件。

3

根据目前情况，要求各卡伦长官严密监视所属人员，不得滋生事端，挑起争议。巡视边界要严格管理，务使边界保持清静无人；根据我方边务衙门指示，//128//我方异族游牧民除命令中规定的地段和时间外，绝不允许再在当地居住，不许越过新设立的边界松土区守望哨。守望者要严密监视负责管理的人员，不得松懈。

4

一旦发现有印迹在边界松土区附近出现，务要按照边务衙门的命令严格准确地缉拿盗贼。即使有时该印迹为当地警务人员所留，亦须查明，不可松懈。

5

上述各项务须严格遵守，但不得使邻国边务人员有所察觉。各卡伦长官务须保守秘密，防止手下卡伦人员有所觉察。尤其应防止布拉茨克人知晓，他们胸无城府，会将此事告知蒙古人。

//128背面//6

在严格准确执行本命令的过程中，尔等及各卡伦长官若有建树，可视所获情报的重要性给予表扬奖励，若有丝毫不遵命令，玩忽职守，定按律严惩不贷。

正文下方：底稿经衙门八等文官伊兹玛伊洛夫审核。

俄罗斯帝国对外政策档案馆圣彼得堡分馆，总档1—7，目录6，1805年，案卷1a，卷夹27，127～128页背面。经审核的底稿抄件。

№ 310

1806 年 2 月 25 日。库伦办事大臣佛尔卿额、福海就如何处理给 Ю. А. 戈洛夫金的礼品及俄国使臣回送礼品等事呈嘉庆皇帝的奏章

//51//一月二十日[①]

[②]此前俄使戈洛夫金来到库伦，蕴郡王及奴才福等按友好惯例，赠与茶叶一包、玉鼻烟壶一只、鼻烟及各色食品若干。渠欣然接受。

后，十二月二十日[③]，派人赠奴才等带小碟玻璃碗各一套、各色玻璃器皿茶杯、酒盅、酒杯等计三十余只。奴才等经考虑，因戈洛夫金坚拒行叩头礼，//52//未予收受。为此已有折呈奏皇上，并将俄使遣返。然俄方来人放下礼物即行返回，奴才等立刻派人将礼品送还俄人。戈洛夫金回国时，出乎意料竟未将所赠礼品带走，置于所居营内。是以奴才等委派贝勒纳木吉勒多尔吉等奉命护送使团之人，将礼品与其行李一并装车，送往恰克图交付渠等。

现//53//纳木吉勒多尔吉等人已返回库伦，报告如下：该项玻璃器皿运至恰克图后，于交付戈洛夫金之时，遭到拒

---

① 2 月 25 日。

② 抄文簿中此抄件无标题。

③ 1 月 27 日。

绝。据称，鉴于郡王、昂邦等于彼馈赠良多，按礼当有所回赠，故特备各色玻璃物件奉送，是难再行收回。因此，该项礼品现全数暂存中国恰克图。

以奴才等愚见，戈洛夫金赠与奴才等各色玻璃器皿，所值无多。因渠坚拒//54//带回，奴才等拟将其分赐蒙古官员士兵，以犒其前不久往返护送俄人于途之劳①。是以奴才等特具折上奏，以达圣听。

54 页文末：据奏折抄录。2 月 7 日②收到［由北京返回］的奏折上没有御批。

蒙古国立中央历史档案馆，藏档 M-1，案卷 651，51～54 页。库伦办事大臣衙门满文抄文簿抄件。И. Т. 莫罗兹译自满文。

① 行间有皇帝朱批：甚妥。

② 3 月 14 日。

№ 311

1806 年 2 月 25 日。库伦办事大臣佛尔卿额、福海就俄国使团返回恰克图的时间以及俄中边界采取预防措施等呈嘉庆皇帝的奏章

//40//一月二十日[①]

奴才佛、福谨奏。为奏报俄人通过恰克图边界事

据［本］衙档记，有奏折[②]报称，俄使戈洛夫金等组成之首批人员已由贝勒纳木吉勒多尔吉等人护送，于一月六日[③]由库伦出发，返回恰克图边界，直抵俄方边界。

现据贝勒纳木吉勒多尔吉、贝子宁博多尔吉、衙门章京富年噶、克西克等人报称：

第二批俄人已于十日[④]，//41//第三批于十三日[⑤]抵恰克图。俄方之马车财物均运至俄国边界，向俄人交接无误。

又，贝勒纳木吉勒多尔吉等回库伦后，奴才等详细询问俄人沿途行止，答称：

我等奉命悉心保护俄人，渠等一路寡言少语，彼此未有任何龃龉。戈洛夫金等一如既往，与我等言色友好，对我等

---

① 2 月 25 日。

② 见 292 号文件。

③ 2 月 11 日。

④ 2 月 15 日。

⑤ 2 月 18 日。

致谢时称："尔等来我边境，护送我等至库伦，往返于途，多有劳动。"//42//奴才等因谨奏圣上，俄使已带同一切财物，于精心护送下越过恰克图边界。

此外，前一月七日所发谕旨称：

俄使被逐回国，大失所望，甚感羞辱，故当防其寻觅口实，再生事端。着佛尔卿额、福海按前旨密令各卡伦官兵对俄国边界//43//严加关注，着意防范①。

奴才等匍匐再拜，谨遵上谕。圣上无比英明，思虑深邃，万难企及！奴才等恭奉前发圣旨，命卡伦总管贝子宁博多尔济、占纳齐旺达西于雪融后各自前赴卡伦视察。另再奉前不久所颁圣旨，对贝子宁博多尔济等//44//详加解说，给予以下指示：着向全体卡伦官员下达命令，于执行各项公务时务要提高警惕，采取各种预防措施，但不得惊动俄人，仍需保持对俄人原有之友好关系。特此恭奏。

44页文末：据奏章抄录。于二月七日②［由北京退还的］该奏章上有皇帝朱批：已阅。照办。

蒙古国立中央历史档案馆，藏档M-1，案卷651，40～44页。库伦办事大臣衙门满文抄文簿抄件。И.Т.莫罗兹译自满文。

---

① 见285号文件。

② 3月14日。

№ 312

1806 年 2 月 25 日。库伦办事大臣佛尔卿额、福海关于将理藩院就 И. Ф. 克鲁森施特恩、Ю. Ф. 利相斯基的船只到达广州事给枢密院的文书送往伊尔库茨克呈嘉庆皇帝的奏章

//45//一月二十日①

前不久②有折上奏，理藩院奉皇帝旨致俄罗斯枢密院询问露臣国商人之文书③，已交我方专差协理台吉明珠等送出。

今一月十七日④协理台吉明珠等已返回，由俄国省长科尔尼洛夫处带来给臣的信一封⑤，从中得知//46//该员已收到理藩院致枢密院文书，并下令继续将其送往枢密院。

臣等询问明珠一行与科尔尼洛夫省长谈话内容，答称：

科尔尼洛夫收下文书后，一如以往殷勤留我等休息三日，丝毫未提及任何事件。我等回程时得到波里斯绒、狐皮等物赏赐。

现将臣等收到的三种文字的省长来函单独缄于一函，恭呈皇帝御览。

---

① 2 月 25 日。

② 抄文簿中没有文头标题

③ 见 274 号文件。

④ 2 月 22 日。

⑤ 288 号文件。

46 页文末：据奏折抄录。在 2 月 7 日[①]收到的［由京中退还］的奏折上有皇帝朱批：阅。照准。

蒙古国立中央历史档案馆，藏档 M-1，案卷 651，45～46 页。库伦办事大臣衙门满文抄文簿抄件。И. Т. 莫罗兹译自满文。

① 3 月 14 日。

№ 313

1806 年 2 月 25 日①。理藩院为禁止俄国商人到广州贸易，并以停止恰克图贸易相威胁，致俄国枢密院的文书

//187 背面//译自满文②

前粤海关总督延丰向皇上奏称，有露臣国及尼赞什商船来我广东省澳门。据详细调查，露臣国，俄罗斯国也。圣上即命我理藩院致书枢密院③追究此事。

今海关监督向我大国君奏报，彼等应露臣国、尼赞什所请，准其卸船，并将其所呈两俄文文件④送呈圣上审查。圣上已下旨对其处置不当严加惩罚⑤。

贵国贸易仅限于恰克图一处进行，此事已有约定，不得于其他边界地区再行交易。贵国若愿派此二人至广东贸易，按理//188//应事先致函我理藩院，恳请圣上下旨，今贵国商船露臣国、尼赞什随意直驱广东省澳门贸易，实为对条约极大之破坏。贵国国君素来于各事恭谨诚敬，遵守成约，朕当以为贵国国君必不知此二人来广东贸易之事，否则绝不允如此恣意妄为也。

---

① 嘉庆十一年十一月二十日。

② 标题位于左侧页边。

③ 见 256 号文件。

④ 见 226、227 号文件。

⑤ 见 284 号文件。

为此特将此二人所呈俄罗斯文字文件两份①奉递贵方，望枢密院收到后转呈贵国国君，于问明原委后不独予二人以严惩，且严命各地不许任何人擅自来我国境其他地方贸易。倘有人再不遵条约，随意来我边境其他地方交易，则将视为贵方自愿终止恰克图贸易，理藩院定将//188 背面//奏明圣上，将恰克图贸易作一了结。贵国若念两国和睦友谊，当应遵守原订各项条约，绝不应纵容属民随意来到边境，于我国各地随意开市交易。

嘉庆十一年一月二十日。②

翻译者八等文官符拉德金。

188 页背面左侧页边：№ 40。

俄罗斯帝国对外政策档案馆圣彼得堡分馆，总档 1—7，目录 6，1805 年，案卷 1a，卷夹 28，187 页背面～188 页背面。满文译本的抄件存使团办公厅抄文簿。手迹。

其他抄件存使团办公厅抄文簿，满文本的译本存卷夹 26，176 页背面～177 页背面③；满文文本存卷夹 28，184 页背面～187 页。

① 见 226、227 号文件。

② 翻译者把儒略历日期标在页边：1806 年 2 月 25 日。

③ 176 页背面页边：1806 年 3 月 24 日由机要信使洛谢夫由伊尔库茨克送出。

№ 314

1806 年 2 月 26 日。恰克图海关就 Ю. А. 戈洛夫金使团已出发前往伊尔库茨克呈商务大臣 Н. П. 鲁米扬采夫的报告

//14//恰克图海关呈二等文官、枢密官、商务大臣、赏戴勋章尼古拉·彼得罗维奇·鲁米扬采夫伯爵的报告

二等文官、枢密官、特命全权使臣、赏戴勋章尤里·亚历山德罗维奇·戈洛夫金伯爵及使团各位官员已于本月 23 日由本地要塞出发，前往伊尔库茨克。

本海关特荣幸地向伯爵大人报告。

海关关长瓦尼方季耶夫

督察亚岑科夫

助理督察［萨图苏林］①

检察员布拉戈斯克洛诺夫

行十二等文官职秘书奥舒尔科夫

1806 年 2 月 26 日

正文上方：1806 年 4 月 22 日。

同处：№ 2694

正文下方左侧：1806 年 2 月 26 日。

---

① 签名模糊不清，此名为猜测所得。

同处：№ 147。

俄罗斯国立中央古代文献档案馆，国家档案全宗第 15 号，1806 年，案卷 30 补充，14 页。原件。

№ 315

1806年2月26日。库伦办事大臣佛尔卿额、福海就递送理藩院为遣返戈洛夫金使团致枢密院文书一事给伊尔库茨克民事省长A.M.科尔尼洛夫的信

//66//1月21日[①]

大清国库伦办事大臣、郡王及昂邦致俄罗斯国伊尔库茨克民事省长科尔尼洛夫函。为发送文函事

兹有我郡王及昂邦处专差协理台吉达西敦多布、梅勒章京图门，将我大理藩院致贵国枢密院文书[②]一份递送省长。此书我等于嘉庆十一年一月二十日[③]收到。望收到后急速转递//67//贵国枢密院，并知会我郡王及昂邦文书已按址送出无误。专此奉达。

蒙古国立中央历史档案馆，藏档M-1，案卷651，66～67页。库伦办事大臣衙门满文抄文簿抄件。И.Т.莫罗兹译自满文。

库伦办事大臣衙门蒙文抄文簿抄件存同处，68～69页。

---

① 2月26日。

② 见313号文件。

③ 2月25日。

№ 316

1806 年 2 月 28 日。外务院驻恰克图特派员 Л. И. 伊兹玛伊洛夫就清国信使达西敦多布、图门送来理藩院致枢密院文书以及就同他谈话的内容呈 Ю. А. 戈洛夫金的报告

//130//领边境事务八等文官伊兹玛伊洛夫呈二等文官、枢密官、院部大臣、皇帝陛下宫廷及全俄罗斯各骑士团总典礼官[①]、御前侍从官、特命全权使臣、赏戴勋章尤里·亚历山德罗维奇·戈洛夫金伯爵阁下的报告

今日三时，买卖城扎拉固齐派手下章京前来知会卑职，中国信使携带理藩院致枢密院文书[②]，由库伦昂邦处往见伊尔库茨克民事省长。库伦所派信使为协理台吉达西敦［多布］[③] 及梅勒章京图门，另随员四名。特此事先派专人通知，为其预备马匹饲料。

协理台吉于此间逗留期间坐于卑职身旁，轻声言称，该书内容友好，事涉出使大臣阁下回国。言及郡王时面带微笑，称其现//130 背面//在库伦。然告别时又小声言称，郡王情况不妙。在场人杂，渠不便多言。

特将此情禀告阁下，余容明日详细打听，即由另人

---

① 原文如此。

② 见 313 号文件。

③ 页边损毁，字母根据意思恢复。

报告。

衙门八等文官彼得·伊兹玛伊洛夫
1806年2月28日上午9时
于恰克图哨所

130页正文上方：3月3日收到。
同处右侧：№ 320。

俄罗斯帝国对外政策档案馆圣彼得堡分馆，总档1—7，目录6，1805年，案卷1a，卷夹27，130页~131页背面。原件。

№ 317

1806 年 3 月 1 日。外务院驻恰克图特派员 Л. И. 伊兹玛伊洛夫就关于清国边务当局拒绝放行俄国使团造成各种后果的消息呈 Ю. А. 戈洛夫金使臣的报告

//132//密件

买卖城秘密消息

2 月 28 日，即中国的白月[1]，扎拉固齐由北京收到他亲戚的一封信。这位亲戚是皇帝驾前内阁成员。在信中这个人不赞成库伦郡王对俄罗斯使臣的做法，还说郡王已于白月 14 日①一早入京。以前，他当天就可以入朝面驾，可这一回却没有让他去，而是到了 15 号大典的时候才同别人一同晋见。站班的时候也不是原来站的位置，而是往后错了两个人；坐的也不是平时的三个塔勒巴克②，而是一个。而且也没有能跟皇上说上话，只是皇帝对郡王说，他给边境各卡伦就如何对待俄国人下的那道命令口气太冷淡了，一点也不符合同俄国之间的双边友好关系，说完就出去了。

当天内阁讨论驻库伦的昂邦及郡王的问题。皇帝觉得昂邦也是个头脑不够用的人。说从报告来看，恰克图的//132 背面//扎拉固齐同俄国人打交道还不错，觉得他还可以在库

① 2 月 19 日。

② 伊兹玛伊洛夫在页边有注：官员的坐垫。

伦干。内阁于是说："那就按您的意思办吧。"不过这件事要等到白月 18 号①以后，等皇上让所有朝贺的人都散了再办。

由此当可判断，郡王的日子不好过，除非皇帝的十一弟才能替他说话，因为郡王的儿子嫁给了他儿子的女儿，也就是他的孙子②。

人们都在猜测，理藩院会请我们的枢密院再派使团到中国去，这份文书将会十分友好地谈及此项内容，并询问枢密院就此会有什么想法。

据库伦收到的消息，人们猜测恰克图的扎拉固齐可能会升任库伦昂邦，除内阁发放的普通印鉴之外，还要给他发一枚郡王的特别印章，因此他也将具有昂邦的称号，统率蒙古军队。

八等文官彼得·伊兹玛伊洛夫

1806 年 3 月 1 日

于恰克图贸易城

俄罗斯帝国对外政策档案馆圣彼得堡分馆，总档 1—7，目录 6，1805 年，案卷 1a，卷夹 27，132 页～132 页背面。原件。手迹。使团办公厅抄文簿抄件存同处，卷夹 41，412～413 页背面。

注释：

[1] "白月"，蒙古语叫"察干—萨尔"，是指新年及其后的第一个月。春天由这个月始。其名称来源有不同说法。有的认为之所以叫白月，是因为这个季节周围白雪覆盖。第二种说法是在这个饥饿的季节到处有凶神恶

---

① 2 月 23 日。

② 原文如此。

煞在游荡，因此要把他们的煞气去掉，而把这个月叫做白月，是因为在蒙古人古老的颜色象征观念中白色主吉祥，是“吉祥之月”。还有一种说法，认为之所以叫白月，是因为这个季节吃的东西全是白色的奶制品。（《东亚民族历法中的习俗和仪式：新年》，莫斯科，1986，179 页）新年期间一个月都要穿白色的衣裳。

№ 318

1806 年 3 月 2 日。枢密院为发送换届的俄国教士团前往北京事致理藩院文书

//420//草稿

俄罗斯帝国枢密院致大清国理藩院文书

我方已收到贵方嘉庆十年九月八日文书，现奉我至仁皇帝陛下旨意答复如下：关于现仍滞留于俄国境内的我国//420背面//教士团及学员问题，我方认为派往北京实属非常必要，其原因在我方此前几次打算与使团同时将其派出的文书中已然奉告。我方请求贵方协助取得博格德汗陛下①恩准，并将现驻北京修士大司祭索夫罗尼、其他神职人员及学员等于上述//421//新一届教士团抵达北京后，准其自行前往俄罗斯国边境，并给予应有协助。新一届替换他们的教士团成员有：修士大司祭阿颇洛斯，两名修士司祭谢拉菲姆及阿尔卡季，修士辅祭涅克塔里，两名教堂差役瓦西利·亚菲茨基和康斯坦丁·帕利莫夫斯基，学习汉满语言的随班学员米哈伊尔·西帕科夫、列夫·济马伊洛夫、马克尔·拉夫//421背面//罗夫斯基和［……］②。希望能本着相邻两帝国

① 此处及以下划有下加线的词都是提格书写（但文中并没有划下加线的词。——中译者）

② 这里留了个填名字的空白。

间友谊和睦的精神，使他们得到善待，并于逗留北京期间按旧例得到博格德汗陛下朝廷的优渥供养，于受到欺侮时受到公正保护。现我方愿向贵方重申此项请求。//422//至于贵方所提我方1805年8月2日文书①满文译件未遵守格式一事，其中②或有某些与旧例或习惯不合之处，但要告诉你们，这种现象的出现完全是由于翻译的错误。

本文书于耶稣//422背面//降生后第1806年，全俄罗斯皇帝、专制君主亚历山大一世在位第5年3月2日③，发自皇京圣彼得之城。

420页左侧页边：1806年3月9日由骑使科尔热夫斯基送出递交谢利丰托夫总督。

俄罗斯帝国对外政策档案馆圣彼得堡分馆，总档4—4，目录123，1805—1809年，案卷1，420～422页背面。草案（也是底稿）。草稿存同处，总档1—5，目录4，1823年，案卷1，卷夹15，第1部分，102～103页背面。

拉丁文草稿存同处，104～106页背面。

① 见144号文件。

② 这里删去了一个“确”字。

③ 原来写的是2月2日，后被删掉，改为3月2日。

№ 319

1806年，不早于3月2日[①]。军机处给临时署理库伦办事大臣佛尔卿额和库伦办事大臣福海的命令，传达嘉庆皇帝的旨意，着将理藩院文书和 И. Ф. 克鲁森施特恩、Ю. Ф. 利相斯基寄到北京的几封信转送枢密院

//70//2月5日[②]收到

军机大臣行察哈尔都统及临时署理库伦办事大臣等令

皇帝嘉庆十一年一月二十五日诏曰：

日前吴熊光等人将前来粤海关经商名为克鲁森施特恩、利相斯基等二人所交俄文文书[③]两件呈上御览。两件文书交俄文学校译成满文，阅后得知克鲁森施特恩等二人确系俄国人，故谕示理藩院//71//再拟通知，寄送俄国枢密院，克鲁森施特恩等人呈上之两封俄文文书亦另函缄固，一并转寄。着佛尔卿额等人收到此两函后，按已定程序将其送达俄国省长，转送俄国枢密院。理藩院文书及两俄文函件译文抄示佛尔卿额等。

着即遵照执行，此令。

蒙古国立中央历史档案馆，藏档 M-1，案卷651，70～71页。库伦办事大臣衙门满文抄文簿抄件。И. Т. 莫罗兹译自满文。

---

① 日期系根据皇帝颁旨时间确定（嘉庆十一年一月二十五日）。

② 3月12日。

③ 见226号和227号文件。

№ 320

1806 年[①] 3 月 4 至 5 日。外务院驻恰克图特派员 П. И. 伊兹玛伊洛夫就同清边境当局接触，谈话涉及俄国 Ю. А. 戈洛夫金使团回国等情况呈外务院的日志摘录

//78 背面//3 月 4 日

扎拉固齐派扎兰章京来我处，为某中国商人于 3 月 2 日由我布拉茨克牧人处换去的 7 头牛很快被找到并被送回表示感谢。这些牛四散奔逃，在山头卡伦处迅速穿越国境，进入林中，当即为我哨兵截获。按条约规定，根据我的命令，它们被送交买卖城章京，并要回了收据……[②]

//79//……谈话间他询问特命全权使臣戈洛夫金伯爵的情况，是否健康抵达伊尔库茨克，全体随员是否亦同样抵达伊尔库茨克，是否会长久居留。我对此回答说，出使大臣已顺利抵达伊尔库茨克，随员亦全部离开此间；我不知道他在伊尔库茨克要逗留多久，只知道皇帝陛下委托他视察整个西伯利亚地区，因此他一定得做这件事。之后我问对方是否一切都顺利，有什么新消息没有。对此他回答说，只知道一个

---

① 在 П. И. 伊兹玛伊洛夫致外务院的报告中标有年代，日志附于该报告之后（见本文件存处，77 页）。

② 接着在 78 页背面～79 页谈到 П. И. 伊兹玛伊洛夫于 1806 年 3 月 5 日访问买卖城扎拉固齐的情况。

新消息，即信使送来了文书①，以及他们的理藩院致我枢密院文书的内容②。他接着说起，他们君主对与我皇帝陛下之间的相互间友谊//79 背面//十分满意，这种友谊将永世长存。为表示友好，证明这种友好关系，他定会接受俄国君主送来的礼物。他命令库伦郡王和昂邦在库伦向出使大臣演示或教他如何磕头，但出使大臣不肯做，出使大臣的行为是聪明还是愚蠢，当由我方君主裁定。同样，郡王因为出使大臣没有满足这一意愿而将其遣返，亦应由博格德汗裁夺，但两位君主则应和好如初……

俄罗斯帝国对外政策档案馆圣彼得堡分馆，总档 1—9，目录 8，1806—1819 年，案卷 2，78 页背面～79 页背面。边务衙门日志摘录。П. И. 伊兹玛伊洛夫手迹。

---

① 左侧页边：于 2 月 28 日带来理藩院的信件。正文中抹掉了。

② 见 313 号文件。

№ 321

1806 年 3 月 5 日。外务院驻恰克图特派员 П. И. 伊兹玛伊洛夫就有消息称清方欲就恢复使团举行谈判一事致 Ю. А. 戈洛夫金使臣的报告

//135//秘密

特派与大清国扎拉固齐同理两国边境事务八等文官伊兹玛伊洛夫呈二等文官、枢密官、院部大臣、皇帝陛下宫廷及各骑士团总典礼官、御前侍从官、特命全权使臣、赏戴勋章尤里·亚历山德罗维奇·戈洛夫金伯爵的报告

本月 1 日卑职曾向阁下呈交一份报告，附有关于买卖城消息的汇报[①]一纸，之后卑职又有幸报告，本月 3 日，一个名叫阿布达莱姆的布哈拉人来见卑职，在问话和交谈中告知了由扎拉固齐处听到的新闻，证实了那些消息。他见卑职时又补充说，2 日傍晚有个库伦的中国商人从那边来，那是他的友好，为昂邦等人//135 背面//府上采办食品，该商人对他说，新来的固山昂邦收到一封北京来信，通知他说，奉博格德汗谕旨，一位非常显赫的大员将前来库伦，然后现驻库伦的固山昂邦会到恰克图来，奉命同省长和您商谈把阁下由库伦遣送回国之事。

昂邦认为，此行带有调查郡王对待阁下的行为的性质。

与郡王共事的库伦昂邦奉正月//136//十七日（我国历

---

① 见 317 号文件。

法2月24日）接到的谕旨，已被召回京城，并于十八日启程。同为正月十七日，固山昂邦的秘书噶莱岱扎拉固齐由张家口来到库伦，奉命对外说，郡王因为路途遥远，年前赶不到北京，年后才能到达。

八等文官伊兹玛伊洛夫

1806年3月5日

于恰克图商城

135页正文上方右侧为：3月9日收到。

同处，用铅笔书写：№ 37。

136页正文下方为：№ 13。

俄罗斯帝国对外政策档案馆圣彼得堡分馆，总档1—7，目录6，1805年，案卷1a，卷夹27，135～136页。原件。手迹。

№ 322

1806 年 3 月 5 日。恰克图海关关长 П. Д. 瓦尼方季耶夫为提供使团回国后在恰克图同清方官员和商人关系的情报致 Ю. А. 戈洛夫金使臣的报告

//139//秘密

致二等文官、枢密官、赴大清国特命全权使臣尤里·亚历山德罗维奇伯爵先生阁下的报告

根据卑职职责规定，谨向阁下报告：上周恰克图贸易情况正常，没有发生任何不愉快的事件。

卑职曾向阁下报告，按照惯例，此间经商的中国人于货物交割完毕后便即回国。唯至今仍滞留于买卖城迟迟不肯动身者，卑职由其谈话中得知，是在等待其理藩院致我理政事枢密院文书的结果。

与此同时，彼方信使派出后不久卑职便//139 背面//得知，中国人向我商人打听，伊尔库茨克是否会拆阅理藩院致枢密院的文书。卑职已明确告知彼等，不要说如此重要的函件，即便私人信件，除非收件人，其他人亦不敢拆阅。

递送理藩院文书的几名信使 3 月 1 日经过此间要塞时，因马车换马有所延迟，招致极度不满，竟要求将彼等送回边境，还说发现了//140//某些反常的现象。七等文官索科洛夫去职一事也引起中国人不小的怀疑，但我们解释说，他是因为身体状况欠佳才调换的，至于那些人是否相信，卑职不

敢肯定。

卑职对中国边境方面的一举一动均极为留意，定会向阁下一一报告。

关长瓦尼方季耶夫

1806年3月5日

于恰克图

139页正文上方为：3月9日收到。

俄罗斯帝国对外政策档案馆圣彼得堡分馆，总档1—7，目录6，1805年，案卷1a，卷夹27，139～140页。原件。

核对过的抄件存俄罗斯国立中央古代文献档案馆，国家档案全宗第15号，案卷30补充，19～20页。

俄罗斯帝国对外政策档案馆抄件存圣彼得堡分馆，总档2—3，目录34，1801年，案卷2，74～75页。

№ 323

1806年，不晚于3月5日[①]。外务院为戈洛夫金在某些即将同清政府谈判的问题上提出建议以补充向他下达的训令一事呈亚历山大一世皇帝的报告

//299//关于批准出使大臣戈洛夫金伯爵请求的报告。1806年3月

//300//［1］特命全权使臣、二等文官戈洛夫金伯爵担心他奉命同中国政府进行外交谈判时会遇到一些困难，恭请皇帝陛下批准下列请求：

1. 1689和1728年签订的两个条约，//300背面//将两帝国之间的共同边界留待勘察后再行划定，关于这个问题，他请求授予超越训令的更大权力，即：如果中国人强烈要求他做出回答，可授予他同意对上述疆土划界的权力，授予他确定作为划界依据的初始规定的权力。他的理由是，//301//俄国可以向中国提出许多建议，但对乌第河和阿穆尔河左岸之间的土地划界，是俄国政府可以向中国政府提出的唯一有利的建议。

2. 如果中国人提出建议，要向俄国派出//301背面//使团，以作为向他们派出使团的回访，他请求批准授权他予

① 日期系根据呈递给亚历山大一世皇帝的报告所标时间确定。

以同意。同时还提出，拖延这一愿望ad referendum[①]（拉丁文：以待向政府请示。——中译者）或拒绝，可能对实现我方意图有害。

外务院理解出使大臣戈洛夫金伯爵提出这些要求的重要性，因此立即将//302//他有关这几个问题的来函转交商务大臣鲁米扬采夫伯爵，希望了解他的意见。

商务大臣的意见认为：

1. 把这两个问题合为一个问题较为方便。应命令他准确执行训令，给予北京朝廷以得体的回答，即同意他们//302背面//划界的要求和接受他们派遣使团的建议是有条件的，如果中国人能同意出使大臣戈洛夫金伯爵向他们建议的条款，那么作为交换条件，他们亦可委托己方使团提出最后划界的要求。

2. 从戈洛夫金伯爵本人的话来考虑，不就这一问题//303//（即划界问题）进行谈判是否更好，因为对那些要让出或保留的土地，首先应该有一个彻底的了解才是。

3. 如果中国政府坚持要求划界，对我方建议不肯让步，那么在同//303背面//该政府举行一般性会见时要指出，《尼布楚条约》中有一条说，凡岭南一侧……流入阿穆尔河的大小诸川，应归中国管辖，另一侧……的河流应归俄国管辖。由此清楚可见，岭南至阿穆尔河直达于海的所有土地属于中国人，//304//而北面河岸直达于海则属于俄国。

4. 既然阿穆尔河和乌第河之间的土地归属未定这一条款至今仍没有变化，而且还要考虑到在准确让出这些土地时不使俄国的尊严蒙受损失，那么让亚历山大一世皇帝派往中国的使团在其//304背面//最初的议题中便提出上面所说的

① 这里和以下的着重号为原文所加。

这种让步是否恰当呢?

这里附上商务大臣致副外务大臣的原信①，从中可以对这些意见有一个更详尽准确的了解。

外务院对出使大臣戈洛夫金伯爵的请求和商务大臣的意见综合研究的结果，//305//认为:

1. 就接待中国使团这个议题而言，不管我们多么希望使团交涉的各条各款都取得圆满成功，但同时也觉得，俄国宫廷之所以同意接受中国互派使团，不能取决于上面各条成功与否，因为交换使臣的基础是两国共同需要。中国人//305背面//不会把俄国多次表现的宽容大度看成是一种好处、一种偏得或者一种奖赏。即使使团各方面的目标无法实现，我们同中国的关系踏步不前，俄国的商业和政治设想无法取得任何成功，那也仍然应//306//该承认，现状虽然不尽如人意，但对俄国还是十分有利的，因此一定要时时密切关注保持现状的问题。不过，中国人如果真的愿意向俄国派遣使团，个中之义无非是表达两国之间的相互尊重，对此俄国绝不应该拒绝，更何况那是//306 背面//一个对所有国家都心存蔑视，从不向任何国家派遣使团的大国。女皇安娜·伊凡诺芙娜在位时期来过的那两个中国使团，其实并不能认为是中国皇帝派过来的真正使团。众所周知，那两个使团的目的是去见卡尔梅克地方长官阿玉奇汗，而不是出使俄国宫廷。//307//然而，最近一个世纪以来，俄国国力大增，中国人对此并不完全了解，趁此机会我们可以全方位地展示强大国力，若能令其深入中国人的观念，这种办法将对俄国贸易产生非同小可的推动作用。颁发给戈洛夫金伯爵的训令中，接受使团来访一条是以 ad referendum//307 背面//形式

---

① 见 279 号文件。

提出的。这种可能性很小，而且没有先例。但为了尊重戈洛夫金伯爵的报告，况且他还说，中国人想派使团访俄的传闻正四处传播，到了北京将会向他提出这一建议，外务院因而同意戈洛夫金伯爵的意见，认为应该允许他解决这一问题，以便他能够给//308//中国人一个明确的答复，表明我宫廷同意接受来访。但要附带说明，考虑到距离遥远，中国人应预先知会，以便在该使团抵达俄国边境之前做必要的准备。

外务院完全同意//308背面//商务大臣的意见，即中国人可以责令己方使团要求划界，而且中国使臣也可以受权讨论这个问题。外务院认为有必要命令出使大臣戈洛夫金伯爵，要他把这个想法暗示给中国理藩院。

2. 关于上述领土//309//划界问题。外务院认为商务大臣的见解非常有道理，即首先应对有争议的土地取得详细资料，以便确切了解其中哪些可以让给中国人，哪些留给俄国有利。为此，出使大臣戈洛夫金伯爵还派了几名工程师//309背面//前往斯塔诺夫山脉和乌第堡。但是另一方面，外务院考虑到这片未知土地绵延于群山峻岭中，长达2500俄里，即使对之进行最肤浅的考察，没有一二年也难以完成，如果中国人坚决要求划界，外务院担心回避这一要求会妨碍//310//我方出使计划取得成功，因此认为，在内阁批准此事并制订可据之划界的准则之前，迫于情势，未来可见的和现有的利益均要求授予使臣戈洛夫金伯爵全权，给中国政府一个虽不确定，但却可令其满意的答复，即：使其相信，//310背面//我皇陛下会同意划界，但需根据我在北京的出使大臣预先做出的说明，在边境召开一个会议，由双方全权大员解决此事。这类事情审议起来总是十分缓慢，足以获得提供所需资料的时间，届时再根据具体情况，//311//决定划界或保持现状。而且，如果我方能对吸引中国政府注意的某个建议摆出好说话的样子，而我国使团又能在哪怕某一点上求得所希望的一致，那这种灵活性就会变成对俄国具有实质意义的好处。

3. 早已指出，//311 背面//《涅尔琴斯克（尼布楚）条约》的俄文、拉丁文和满文文本中，含有某些互不吻合和模棱两可之处，各方解释均对自己有利。商务大臣的想法恰好就是，根据条约，阿穆尔河左岸应被认为是俄国边界。

可是//312//第一条中的文字却具有完全相反的意思，因此无法把阿穆尔河认为是我国边界：

“将向下经由左岸在绰尔纳河附近流入石勒喀河之格尔必齐河定为两国之边界。自此河源之石头山起，沿该山之岭脊//312 背面//直至于海：凡山南流入阿穆尔河之大小河流，均属大清国；山北所有河流，均属俄罗斯国”，等等。

由此可见，不是阿穆尔河，//313//而是石头山被承认是共同边界，如果山南流入阿穆尔河之大小河流被承认属于中国，那就很清楚，阿穆尔河左岸也属于中国，因为所有这些河流均经由左岸流入阿穆尔河。我们同中国之间//313 背面//边境事务的这种困难状况迫使我们要准确、细心地研究这一问题，在目前情况下，这一问题特别值得重视。

4. 外务院同样同意商务大臣的意见，即：我们派往中国的使团在其最初议题中不应做出让步。它只是应该准确界定，//314//应该把什么认为是实际让步，把什么认为是对《涅尔琴斯克（尼布楚）条约》和《恰克图条约》所规定的权利的确认。这条原则之所以特别有用，是因为外务院对俄罗斯帝国同中国的边界并没有明确的概念，无法为这一次乃至以后制订任何系统的准则。//314 背面//经皇帝陛下批准，外务院已根据此报告陈述的意见形成急件，派专使送交出使大臣戈洛夫金伯爵。该急件的内容同//315//圣上批准的内容一致。因此，现在只有乌第河和格尔必齐河之间的那片土地的划界问题尚未解决，也就是在中国政府坚持要求划界的情况下，出使大臣戈洛夫金伯爵可根据什么原则来应对还//315 背面//没有解决。鉴于该问题的重要性，圣上可否下令将本报告连同所有相关文件转发内阁审议。

1806 年 3 月……日[①]。

299 页正文下方：未能执行。

300 页左侧页边：报告中注明为 1806 年 3 月 5 日，但由于使团返回，未能执行。

俄罗斯帝国对外政策档案馆圣彼得堡分馆，总档 1—7，1805 年，案卷 1a，卷夹 25，299～315 页背面，底稿。

---

① 文件未标明日期。

№ 324

1806 年 3 月 7 日。伊尔库茨克民事省长 A. M. 科尔尼洛夫就收到并送出理藩院为 Ю. A. 戈洛夫金使团回国一事致枢密院的文书致库伦办事大臣佛尔卿额和福海的信

//86//2 月 7 日[1]［收到］

俄国皇帝陛下伊尔库茨克民事省长、赏戴勋章四等文官科尔尼洛夫致大清国至圣大皇帝驾前库伦办事大臣、昂邦函

高贵的郡王和昂邦阁下：嘉庆十一年一月二十日[2]贵方专差协理台吉达西敦多布、梅勒章京图门已顺利抵达此间，并将贵国大理藩院致我枢密院文书[3]交付本官。本官定将来书立即送往我枢密院不误。//87//特此知照并有回执交付贵方回程官员。签名盖章。

1806 年 3 月 7 日发自伊尔库茨克城。

蒙古国立中央历史档案馆，藏档 M-1，案卷 651，86～87 页。库伦办事大臣衙门满文抄文簿抄件。И.Т. 莫罗兹译自满文。俄文抄件存中国第一历史档案馆，中俄关系史俄文文件藏档，案卷 12，27～28 页。

---

① 3 月 14 日。

② 2 月 25 日。

③ 见 313 号文件。

№ 325

1806年3月8日。Ю.А.戈洛夫金使臣就清政府说明遣返俄国使团原因事呈亚历山大一世皇帝的报告

//173//陛下：

微臣有幸将理藩院就遣返我使团事致枢密院文书之译文呈上①。这是一份逻辑极其混乱的文件。一个政府，只要它不像北京政府那样傲慢虚荣，准会认为这只是一种辩解。但若以中国外交礼节的标准而言，那就是恐惧和慌乱的公然流露了。微臣不想对理藩院来书中一大堆粗野的指控有所指责，//174背面//只想恭请圣上把最近这份文件同此前接到的两份文件对比一下：一份是退回枢密院的关于教士团的文件，另一份是关于克鲁森施特恩船长的舰只驶入广州港的文件②。头一份文件指责说，在中国君主的尊号前面似乎多了几行文字，而另一份文件则威胁要中断条约，停止贸易，甚至要逮捕皇帝陛下的臣民。

如果说有什么事能激起中国政府的愤怒和凶狂的话，那么，这件事无疑就是看到当众开了外国人的先例，拒绝向其伟大君主表示敬意，而且还告诉这个傲慢的民族，有人是与其//174//君主处于平等地位的。不过，尽管北京政府认为犯下了重大的不可饶恕的过错，但它的抱怨却很温和，呼吁却很胆怯，讲的道理却很糊涂，或者说很荒谬。中国理藩院

---

① 见287号文件。

② 分别见197号文件和256号文件。

生怕引起我皇帝陛下理所当然的不满，于是便以夸大的口气，再次强调了估计陛下会对中国君主怀有的感情，以解除陛下的武装。还有，中国政府在不同时期，曾因一些最微不足道的事由，使友好关系破裂达上十次之多，这是他们惯用的手法。但这一次，当他们君主的尊严受到损害，君主的谕令遭到拒绝的时候，他们不仅没有这样做，甚至没有敢使用威胁手法。不错，全部过错都推到了微臣的头上，但是总得有一个替罪羊吧。当然了，北京政府是不会先//174 背面//责备理藩院或者库伦郡王的。微臣在理藩院来书页边的批语中尽情地表达了这些见解。微臣在边境上安插了很多密探，由边境信使口中得到的情报，证实了上述见解。在此附上一封北京给买卖城扎拉固齐的来信摘要，该扎拉固齐已奉命接替库伦的昂邦，现在正带头揭发昂邦，同时也揭发郡王。

陛下，微臣有幸向圣上禀报的一切，有一点是毫无疑问的，即不仅是政府和理藩院，而且甚至连皇帝都在担心遣返使团的后果；他手下的官员可能隐瞒了欺辱行为的真相，他们应该怕真相//175//传到皇帝耳中。

不过，相信中国政府这种假惺惺的温和态度是极其危险的。它清楚地知道它做得不对，可是却先要了解了解，这种所作所为究竟造成了什么印象，然后再来决定自己该怎么办。这个政府现在还在受到傲慢和恐惧的折磨，但它很可能会利用手中哪怕最微不足道的一点点优势，也要重走粗暴和侮辱的老路，这就是它的本性。不幸的是它唯一的一个应该惧怕的大国却对它忍让得太久了。如果说仅仅是政治保护了微臣，使陛下没有应中国政府所请对微臣进行责罚，那微臣认为自己实在是太不幸了；他们现在惧怕的是不满和愤怒，他们非常希望哪怕能有片刻摆脱这种//175 背面//不满和愤怒，而对微臣的惩罚乃是一个必不可少的条件。雅各比[1]和兰布两位将军之所以调到其他地方任职，就是因为中国人不喜欢他们作风强硬，忠于职守，于是关闭了贸易，要求对这两个人予以惩罚。他们以此为例，还有可能故伎重演，以求一逞。毫无疑问，新的宽容态度不会使他们变得随和起来。然而，如果他们失去这一希望，第一次听到一个伟大国家准备在短时期内忘掉某些商业利益而发出的声音，强有力地坚持自己的权利和尊严，并声明要维护它们，那么，虚荣和傲慢的要求很快便会趋于寂灭，在相互关系中建立//176//某种平衡就不会那么困难。既然陛下的使团蒙受了侮辱，那就只有我陛下才有资格确定到什么程度才能感到满足。中国政府的怯懦行为，特别是贸易还在继续，友好的关系依然保持，使陛下有了选择手段的可能和时间。尽管目前这些手段只不过是发表一个简单声明，但非常重要的一点是，在我方得不到应有的满足之前，从声明的内容和相应的措施中决不可事先透露出丝毫想进行谈判的口风。当微臣提出，希望把礼仪列为谈判内容，并希望派一名信使到北京去时，微臣无疑已经意识到，这些措施是不足的。但正如微臣已有幸奏明的那样，这些措施给微臣提供了一个为贸易赢得必要//176背面//时间的机会。现在的情况是，政府、理藩院和郡王的声誉都遭到损害，急于开始谈判会使我们的优势荡然无存；而且，由于那些难逃罪责的人都在想方设法得到解脱，向北京派遣信使不仅没有任何好处，反而使对方可以逃避做出应有的解释。既然连克鲁森施特恩的安全都得不到保证，那就别无选择，只能诉诸武力，加以惩罚。

不管理藩院最后这个步骤多么令人不足信，微臣不能不向陛下承认，这份来书已给微臣带来了一份满足之感，使我在艰难的处境中找到了一丝安慰。陛下，微臣斗胆将这份来书呈递给圣上，//177//它清楚不过地证明，为执行圣上的谕令，微臣已竭尽全力；微臣并没有牺牲社会的福祉来维护陛下的尊严。如果微臣能够就克鲁森施特恩船长一事向我皇陛下做一些说明，那微臣将更感荣幸。克鲁森施特恩一事比使团之事无疑更为急迫；不过，出于同样的原因，也必须采用非常手段。我不敢指望能使用这些手段，因此也无法预见其后果。微臣只想恭请我皇陛下回忆一下微臣于2月20日向陛下提交的报告①中有幸向陛下陈述的内容，如果在这件事情上还是循规蹈矩地同中国政府办交涉，那克鲁森施特恩就毁了，使团所蒙受的侮辱也永远得不到洗刷，//177背面//而贸易也会中断。微臣斗胆向陛下进言，只有当中国使团被迫出现在陛下命令它出现的地方时，才敢指望不受中国政府恶劣行径的影响；坦诚的说明和明白无误的理由是这个政府不会使用的一种语言；他们不懂对话，只懂专制君主的意志和奴隶般的服从。从微臣有幸把有关克鲁森施特恩的最新消息向陛下奏报以来，安插在边境的密探就再也没有向微臣报告过详细的消息；微臣只知道，通古斯人把俄国人叫罗刹，这就证明，克鲁森施特恩船上的那些翻译也属于这个民族。

对外易货贸易依然十分活跃，只是俄国//178//国内投机倒把活动太盛，抬高了中国商品的价格。微臣正在努力防止抬高价格，但利润的诱惑依然很大。

微臣将所有校官都派往涅尔琴斯克，继续做他们的工作。特别是多夫列上校，他奉命去搜集我国各地直到阿穆尔河的情况和邻接满洲地区的资料。使团外科医生还要在那里考察医院的状况。一名学者正奉命对前不久发现的土著城进行发掘工作。

目前有一位医生正在研究位于巴尔古津郊区的两个矿

---

① 见301号文件。

泉，花不了多少钱，这两个矿泉便会十分有用。

//178 背面//陛下，请允许微臣推荐呈送此报告的古里耶夫先生。这个青年人才能卓著，活动能力强，工作努力，值得特别表彰。几年来他一直同家人天各一方，微臣不想剥夺他享受家庭团聚的愉悦。

陛下，微臣谨向您致以最深挚的敬意，

您最卑微、最忠诚和最恭顺的仆人和臣子戈洛夫金伯爵

1806 年 3 月 8 日于伊尔库茨克

173 页正文上方右侧用俄文书写：1806 年 4 月 6 日收到。

同处左侧为：№ 4。

俄罗斯帝国对外政策档案馆圣彼得堡分馆，总档 1—7，目录 6，1805 年，案卷 1a，卷夹 27，173～178 页背面。法文原件。Н. Б. 祖布科夫译自法文。

注释：

[1] 雅各比，伊万·瓦尔法洛梅耶维奇（1726—1803），中将，伊尔库茨克和科雷万督军（1783—1789）（《18 世纪下半叶研究太平洋北部的俄国考察队：文件集》，莫斯科，1989，380 页）。

И. В. 雅各比是解决阿穆尔河沿岸问题必要性方案的作者，该方案写成的时间不早于 1796 年 11 月，发表时的标题是《让好处再翻一番的初步设想》，载《俄罗斯历史和古代文物学会论丛》，1858 第 4 期（引自 Е. Л. 别斯普罗兹万内赫：《17—19 世纪中叶俄中关系体系中的阿穆尔河沿岸地区》，125、186 页）。

№ 326

1806 年 3 月 8 日。Ю. А. 戈洛夫金使臣为针对理藩院就由库伦遣返俄国使团的原因致枢密院的文书提出一些想法而致副外务大臣 А. А. 恰尔托雷斯基的紧急报告

//183//公爵大人：

卑职在呈皇帝陛下的报告①中附有北京理藩院致枢密院文书②的译文，现将该译文抄件连同卑职一些想法奉寄给阁下。

这份来书的内容准确地印证了卑职在 1 号紧急报告③中有幸提请阁下注意的那些内容。郡王坑害了理藩院，理藩院欺骗了皇帝，而皇帝又不太了解此事，但归根结底他们全都害怕。在未//183 背面//得到我宫廷回答之前，这种感受还将继续下去。回答将促使北京做出决定：如果恐惧到了一定程度，那回答将是温和的；一旦出现一线希望，以为我们又会变得随和和忍让，那决定会是生硬的；在要求释放克鲁森施特恩的正当权利得到满足之前，我方愿意进行谈判和寻求解释的任何明显表示，均会使中国政府的傲慢自大重新抬头，所以我们应该精心保持我们的一切优势。卑职在呈皇帝陛下的报告中曾试图对这个想法有所发挥，卑职认为，在目前情况下，这个想法是有某些可取之处的：坚定的语调，乃

---

① 见 325 号文件。

② 见 287 号文件。

③ 见 298 号文件。

至威胁的语调，对北京政府而言是一种新的语调，是一种具有巨大震撼力的语调，也许会使它认为危险大过实际存在。也许到了那时，北京政府就会放弃它那威风凛凛不容商量的作风，自动请求进行解释，或者建议//184//了结此事。卑职认为，在所有国家，这都是一个相当自然的过程，它在中国比在其他地方应该起更大的作用。不言而喻，这种体面的语言显然应该以果断的行动为后盾，不能光靠空洞的言辞。否则我们的声望就会下降得比现在还要低。不采取类似措施，那就别怕受罪，跟自己的邻居凑合着过一天算一天得了。

在这个问题上，卑职还是要引证此前有幸向阁下呈递的那几份紧急报告，特别是论述我国政治关系的那份报告①中的某些内容。理藩院的最后这一步更加证实了我的意见。卑职同中国政府的交往，从来没有使用过一句威胁的语言，甚至没有表示过不满。卑职在谈到伟大和强盛时，着意避开了那些//184 背面//可能伤及虚荣心的响亮词句，不想引起对武力的恐惧。卑职只不过非常谦虚地向那些中国负责官员提供了纠正错误的手段，卑职的所有行动都是以无可争辩的权利为依据，就连他们自己，如果不想加重自己的过错，也无法推翻。卑职使他们陷入了一种境地，让他们既怕我方正义的报复，又怕自己承担可怕的责任。卑职不得不这样行动，因为卑职看到，我已被迫放弃了出使的真正目的，陷入了不把所有事情搞糟的圈子里。公爵大人，为了使阁下了解中国政府这次同以前行事有多么的不同，卑职认为有责任把以前中断贸易的事件因由摘要在此附上[1]。公爵大人，阁下从中可看到，这些案例均提出了惩罚不对中国人胃口的管理人员

---

① 见300号文件。

的要求。不言而喻，这不是//185//为了卑职自己，而是为了国家。卑职要提请阁下注意惩罚卑职的要求：他们把这一条置于首位，类似于 sine qua nan①，根本未使本人感到不安。但如果这一条不能以应有方式立即遭到断然拒绝，那它将会给贸易造成极大困难，危害无穷。

克鲁森施特恩的命运将更糟。如果中国人不能被迫释放克鲁森施特恩，那特别应该担心的就应该是外国商人在广州的竞争和影响，他们对防止我国的竞争极感兴趣。卑职不由得不怀疑，他们也深深地卷入了对付使团的行动。情况既然如此不利，就不难理解使团即使到了北京，也绝不敢就什么有利于贸易的问题开展谈判。尽管如此，信念和责任迫使卑职还要再重复一遍，就是//185 背面//类似的出使行动不会带来任何好处，但给坏事却能造成许多机会。我们究竟希望让出哪些地点的问题，应该由西伯利亚部队的司令到边境上去谈。

公爵大人，今年 2 月 20 日，卑职在 3 号紧急报告②中曾对阁下说，巴伊科夫先生将向阁下面陈卑职认为可以拯救克鲁森施特恩船长的办法。当时卑职曾希望能在俄美公司驻伊尔库茨克的经理人处找到发给那位船长的训令抄件。但经理拿不出来，因为他们根本就没有收到过这份文件。卑职担心自己的行动会与命令他在广州发表的声明相抵触，因此只好放弃这一计划，以免把事情弄得更乱。

卑职在边境安插了几名暗探，//186//如能得到卑职认为值得阁下注意的消息，定会向阁下报告。

公爵大人，荣幸地向阁下表示深深的敬意，

---

① 必要条件（拉丁文）。

② 见 301 号文件。

您最卑微、最恭顺的仆人戈洛夫金伯爵

1806 年 3 月 8 日于伊尔库茨克

183 页正文上方用俄文书写：1806 年 4 月 6 日收到。

同处：№ 5。

同处正文下方为：送 A. A. 恰尔托雷斯基公爵阁下。

俄罗斯帝国对外政策档案馆圣彼得堡分馆，总档 1—7，目录 6，1805 年，案卷 1a，卷夹 27，183～186 页背面。法文原件。H. Б. 祖布科夫译自法文。

注释：

[1] 此处俄编者给出尾注号，但缺尾注内容。——中译者

№ 327

1806年3月9日。副外务大臣 A. A. 恰尔托雷斯基致信西伯利亚总督 И.О. 谢利丰托夫，委托他找人把枢密院为俄国教士团换届事致理藩院的文书译成满文，并将文书移送清朝当局

//333//致西伯利亚总督谢利丰托夫函（草稿）

尊驾于11月19日为呈递北京理藩院致我理政事枢密院文书①而写来的公函已荣幸地收悉。该文书将我枢密院为派遣新一届教士团致理藩院的文书②一件，以未遵守书写格式为由予以退回。

由八等文官、翻译帕雷舍夫的//333背面//证言③得知，这一错误，或格式未能得到遵守的原因，在于满文译文。

由于此间缺少满文翻译，外务院别无他法，只好以翻译帕雷舍夫的证词为基础，将俄文原件稍作修改，并加了一点说明，重新抄录一遍；拉丁文译文也做了同样处理。现将该文书送交//334//阁下，谨请阁下命翻译帕雷舍夫或贵衙门所属其他翻译将此文书准确译出，再按常规途径送到中国边境。阁下如有其他可行办法，能尽快将此书顺利送达北京理

---

① 见197号文件。

② 见144号文件。

③ 见211号文件。

藩院，皇帝陛下也批准阁下//334背面//可便宜行事。

此外，伊尔库茨克民事省长也可以直接向中国边境长官说明造成这一疏漏的真实原因，即错误在于翻译人员。//335//相信一个英明的政府，一个知道要花多少年时间方能学会汉文和满文的政府，是不会把翻译人员的失误看得有多么严重的。

虽然临到派遣教士团尚有相当一段时间，但此间认为有必要派信使将理政事枢密院致北京理藩院的加盖关防的文书送//335背面//阁下，同时希望有几份发往北京的急件[①]也能送到使臣戈洛夫金伯爵手里。

在枢密院文书的俄文和拉丁文文本中留有空白，用以填写一名学员的姓名，以替补因病取消派遣任务的//336//办事员波利特科夫斯基。

恳请阁下下令将替补学员的姓名填入俄文原件及拉丁文和满文译本中。

333页左侧页边：1806年3月9日签署并交骑使科尔热夫斯基送出。

俄罗斯帝国对外政策档案馆圣彼得堡分馆，总档4—4，目录123，1805—1809年，案卷1，333～336页。底稿。

经过核对的抄件藏同处，350～351页。

---

① 见318、327、328号文件。

№ 328

1806 年 3 月 9 日。副外务大臣 A. A. 恰尔托雷斯基就亚历山大一世皇帝对 Ю. A. 戈洛夫金使臣所呈几份报告表示赞同以及向使团补充拨款事致使臣的急件

//347//伯爵：

我已将阁下在进入中国之前寄来的几份紧急报告和备忘录呈交皇帝陛下。阁下进入中国的详细情况引起了陛下的特别关注。

伯爵，我要极为愉快地//347 背面//通知您，阁下抵达恰克图后，为克服困难所付出的全部努力，均得到了圣上嘉许。

根据我至圣君主皇帝陛下的圣意，外务院有责任通知阁下，部里完全同意阁下的见解。那是一个智慧和文明使全世界惊叹的民族，唯有您这样一位在同它打交道时深明每一个步骤的//348//重要性、后果和作用的人，才能拥有这样的见解。

伯爵，谨对您致以深深的敬意，

您最恭顺、最忠诚的仆人恰尔托雷斯基公爵

1806 年 3 月 9 日于圣彼得堡

P. S. 荣幸地通知阁下，陛下已批准阁下在 12 号报告[①]中所提出的补偿阁下由恰克图商会借用的 10400 卢布的

---

① 见 240 号文件。

请求，另又寄去10000卢布，以备使团返回圣彼得堡时的特殊花费之用，陛下就此已有旨给财政大臣。

恰尔托雷斯基公爵

1806年3月9日，圣彼得堡

347页正文上方右侧用俄文书写：1806年4月2日收到。

同处：№ 4。

同处正文下方为：送戈洛夫金伯爵阁下。

349页正文上方左侧用俄文书写：归入№ 35（着重号为原文所有）。

同上右侧：归入№ 4。

俄罗斯帝国对外政策档案馆圣彼得堡分馆，总档1—7，目录6，1805年，案卷1a，卷夹26，347～349页。法文原件。Н.Б. 祖布科夫译自法文。

№ 329

1806 年 3 月 9 日[①]。副外务大臣 A. A. 恰尔托雷斯基为指示按计划同清方谈判致 Ю. A. 戈洛夫金使臣的急件

//347//阁下打算利用派到使团后又因情况所迫不得不让他们离开的那些人员的计划得到了皇帝陛下的批准。同一个不习惯遵守礼仪的民族进行谈判，总是会遇到一些不愉快，但这种不愉快不仅没有削弱阁下的热心，而且似乎使其更有所增加。阁下提出，希望了解陛下对下面两个主要问题的圣意：

1. 陛下是否同意接待中国使团作为对阁下的回访?

2. 是否应向中国政府建议对乌第[②]河以北直至格尔必齐河的长达 2500 俄里的《尼布楚条约》未划定边界的地面划界?

伯爵，关于第一个//347 背面//问题，阁下可以告诉中国人，我皇帝陛下将非常愿意接待该国代表，陛下十分珍视同它的友谊。但是由于两国首都相距极其遥远，皇帝陛下希望事先能得到通知，以便能下达接待中国使臣的相应旨令，使接待与现存于两国之间的友好情谊及和睦关系相称。至于第二点，皇帝临时授权阁下向中国政府声明，只要你们的谈判能取得某些进展，陛下就准备同意对遗留的未定边界进行

① 日期据 330 号文件确定，急件的文字用密写药水写在该文件的行间。

② 着重号为文中原有的。

划界，同时还可以做出某些与阁下的请求相一致的让步。根据北京对阁下提出的种种建议，还可以当时就地着手召开边界会议，//348//以便在两大帝国全权代表的参与下，审议这一问题。阁下甚至可以暗示，北京宫廷不妨可授予中国使臣一开始就这一问题进行谈判的全权，因为估计这样一个有争议的问题在阁下逗留北京期间想要得到解决是不大可能的。至于此次划界应遵循何种基本原则，划界时我们的边界可以退让到哪条线上，我还无法告知您肯定的意见，因为陛下的旨意是要将这一问题提交内阁委员会讨论。一俟陛下对此有了肯定意见，我将下令将其送达阁下。现在我不想让信使再多等待，因为他应该立即将陛下的谕令送达阁下。

皇帝陛下还对阁下关于组建一支不大的队伍以研究考察阿穆尔河的想法表示赞同，但需要注意的是切莫让这一举动给俄中两国现存的关系造成任何伤害，北京谈判结束后，阁下对情况将有所了解，//348背面//当能对此做出判断。此间认为在布赫塔尔玛建立新贸易仓库的问题以及在阿穆尔河自由航行的问题这两点十分重要，应成为阁下关心的重点。至于阁下所述其他各条，言之均极有理，部里眼下还来不及形成权威性的意见，只想满意地告知阁下，所有各点均受到圣上的赞赏，特别是阁下按重要性划分轻重缓急并打算在谈判中付诸实施的做法，以及呈报各种资料的办法。且阁下表露出的超群识见，已足资证明向阁下提出指示意见纯属多余。

阁下提出了有关外交代办和商务代办的想法，就此还要做一些补充：皇帝陛下谕令阁下，在离开北京时，不仅要对教士团领班下达相应的指示，而且要委托阁下用个人经费建立一项1000银卢布或相当于此数额银锭的//349//特殊基金，并转交给他。此款过后由国库奉还。如果做不到，则要把拨给阁下作为使团特别款项的余额留给他。根据阁下的意见，应建立教士团领班报告经费使用情况的制度，但该制度不可束缚他使用这笔资金，以便深入研究阁下命令他做的那些事情。最后还有一点，部里认为……[①]送礼物给别人时不能通过使团，而是只能通过信使衔的卫队长进行，为此，取得中国政府的同意非常重要。[②]

俄罗斯帝国对外政策档案馆圣彼得堡分馆，总档1—7，目录6，1805年，案卷1a，卷夹25，347～349页。法文原件，显密文本。**Н. Б.** 祖布科夫译自法文。

法文抄本之抄本存圣彼得堡俄罗斯国家历史档案馆，俄国历史教育促进会全宗，目录1，案卷203，71～73页。

法文抄本的另一译本发表在《戈洛夫金伯爵文件摘编》，53～55页。

---

① 其后有一词不清，另一译本（见注释）为：不时地。

② 此件收到的情况和地址见330号文件。

№ 330

1806 年 3 月 9 日。副外务大臣 A. A. 恰尔托雷斯基就北京谈判期间可资利用的欧洲国际关系消息给 Ю. A. 戈洛夫金使臣的急件

//351//阁下在奏章之后附有一份备忘录，标题为同中国理藩院的谈判方略[①]，其中谈到一个意见，即必须把欧洲的主要国际事件，特别是与俄国有关的事件，向该国政府做一个介绍。鉴于阁下离京后战争引发了一些新的事件，而中国人可能得到的消息完全错误，因此部里才急于把欧洲当前的局势告知阁下。

阁下离开圣彼得堡后，我至尊君主皇帝陛下考虑到有必要给奥地利宫廷以援助，因为它受到法国方面入侵的威胁。皇帝陛下为素有的无私和慷慨所驱使，下令库图佐夫、布克斯赫夫登、本尼格森、托尔斯泰、拉西等几位将军指挥几个军团开始运动。俄国军队进击的英勇和迅速并未获得预期的效果。//351 背面//俄军先遣部队同盟军会合后，奥地利军队中只剩下了很少一部分完全绝望的军人，他们对自己的指挥部门完全丧失了信任。当此危急之机，我盟友的首都虽处于敌军控制之下，俄军仍同奥军一道，在摩拉维亚的奥斯特利茨与法军进行了会战，当时胜负难分；然而奥军的卑鄙行径迫使俄军面对优势数量敌军，不得不实行避让，而且，敌军占据的还是有利阵地。这次血腥的会战使敌军精锐尽失，

---

① 见 235 号文件。着重号为原文所加。

罗马帝国的皇帝陛下在会战之后被迫立即签订了停战协定，不久，又在普列斯堡签订了合约[1]，但我至尊的皇帝绝未参与此次交易。

//353//粮食不足，饲料根本没有，特别是维也纳的宫廷普遍笼罩着沮丧的情绪，这些都迫使我军在刚刚退回边境之后必须立即撤退。

《普莱斯堡和约》使奥地利王室脸面丢尽，而意大利则完全沦入敌人之手。

海上的局势则较为顺利，英国人在特拉法利加尔附近消灭了由36艘战舰组成的法国—西班牙联合舰队。战斗仍在进行中。期间首相皮特去世，而特拉法利加尔战役的胜利者纳尔逊则在胜利的怀抱中牺牲[2]。

出使大臣先生，这一简短的概述，已足够阁下以相应的口吻来描述欧洲的共同敌人了。要把法兰西这个民族描述得让它永远进不了中国，而且，在这件事情上耶稣会士的帮助对阁下将会非常有用。毫无疑问，最简单的做法就是用阁下认为最恰当的办法告诉中国人，或者向他们//353背面//暗示，这篡夺了法国王位的新王朝，其全部宗旨就是要千方百计推翻各国王室，教唆臣民造反，反对合法的国君。总之一句话，阁下只要把眼下乔装打扮的雅各宾党人描述一番就可以了。

伯爵大人，阁下如果认为有必要利用这些消息，那主要应取决于阁下面对北京宫廷所处的地位，以及阁下认为从中可能取得什么好处。不过，对阁下说这些话似乎有些多余了。阁下在当地获得的消息将会更好地向阁下提示，以何种形式来透露这些消息将更为得体，而阁下的才干定能保证阁下做出正确的选择[3]。

351 页正文上方左侧用俄文书写：1806 年 4 月 2 日收到。

同处：№ 5。

同处，左侧：№ 36。

351 页正文下方用俄文书写：送 **Ю. А.** 戈洛夫金伯爵阁下。

同处，用铅笔，以俄文书写：安季波夫卷宗中有抄件。

351 页背面正文下方用俄文书写：圣彼得堡，1806 年 3 月 9 日，还有 A. A. 恰尔托雷斯基的法文签字。

俄罗斯帝国对外政策档案馆圣彼得堡分馆，总档 1—7，目录 6，1805 年，案卷 1a，卷夹 25，351～351 页背面、353～353 页背面。法文原件。显密文本①。**Н. Б.** 祖布科夫译自法文。

审核稿，亦是法文底稿，存同处，354～359 页背面。②

注释：

［1］1805 年 11 月 20 日（公历 12 月 2 日），法国于奥斯特利茨战胜奥俄联军。之后，1805 年 12 月 14 日（公历 26 日），法国和奥地利两国在普列斯堡市签订了《普列斯堡和约》。条约的签订意味着 1805 年建立的以俄、奥、英为基本成员的第三次反法联盟瓦解，也意味着“日耳曼民族神圣罗马帝国”的终结（《外交词典》，卷 2，418 页）。参见本文件注释 3。

［2］纳尔逊·赫莱齐奥（1758—1805）——英国海军统帅、尼尔男爵、子爵、海军中将，1805 年 9 月在卡的斯将法、西联合舰队包围，10 月 21 日在特拉法利加尔海战中将其击溃。在此一役中他身受致命重伤，葬于伦敦［A. 布塔科夫：《新版传记中的纳尔逊》，载《海战文集》，1899 年，

① 在急件的字行之间，以密写药水用俄文写入了为翻译安季波夫的遗孀规定的退休金（见脚注②）

② 354 页左侧页边有亚历山大一世皇帝御批：照准。

同处：1806 年 2 月 22 日经圣上批准。用密写药水写入所附急件中。1806 年 3 月 9 日交驭手科尔热夫斯基送出。

2、3 期；《海军统帅海军上将纳尔逊勋爵》（译自英语），载同处，1890 年第 11 期]。

[3] 底稿（357 页背面～358 页）最后有一段文字被抹掉，未收入现在发表的这个原件中：

“法国对奥地利的胜利使各日耳曼国家的状况发生了明显的变化。两个选帝侯领地，即巴伐利亚和符腾堡，由于法国人玩弄诡计，变成了两个王国。巴伐利亚的一个公主嫁给了拿破仑安插的意大利副国王叶夫根尼·博阿尔奈。

“另一些更加不寻常的事件似乎预示着日耳曼帝国的瓦解。

“最后，那不勒斯宫廷正受到威胁，而里斯本宫廷也面临着从强国名单中消逝的危险。”（同上，357 页背面～358 页）

№ 331

1806 年 3 月 9 日。副外务大臣 A. A. 恰尔托雷斯基就克服清朝宫廷造成的通信困难给Ю. A. 戈洛夫金使臣的急件

//362//伯爵大人：

北京朝廷始终不同意将欧洲各国同它的联系方法做丝毫改进，这种情况迫使外务院把所附急件做成副本。如果万幸这些急件几乎不用等待就能送往北京交到阁下手中，我们相信阁下定能妥善加以利用。但如果墨守成规的中国人//326背面//不肯让递送谕旨的信使通过，阁下此次收到的副本将使阁下在必要时能致函库伦昂邦，告知他外务院有几道指示，希望能送到北京交给阁下。阁下可将这一行动说成是宫廷最近才委托阁下办理的一件事，要求该官员通报理藩院，然后再由理藩院对枢密院作出可用这种办法进行通报的回答。//363//不过，如果阁下在中国建立的关系可使阁下对库伦昂邦所采取的行动抱有成功的希望，那时，即使阁下要在恰克图停留数周，也只会使皇帝陛下对阁下产生更加特殊的好感。

伯爵大人，有幸向阁下致以最深切的敬意，

您最恭顺、最忠诚的仆人恰尔托雷斯基公爵

1806 年 3 月 9 日于圣彼得堡

362 页正文上方用俄文书写：1806 年 4 月 2 日接到。

同上：№ 7。

362 页正文下方：送恰克图交戈洛夫金伯爵阁下。

俄罗斯帝国对外政策档案馆圣彼得堡分馆，总档1—7，目录6，1805年，案卷1a，卷夹25，362～363页。法文原件。Н. Б. 祖布科夫译自法文。

法文抄件之抄件存圣彼得堡俄罗斯国家历史档案馆，俄国历史教育促进会全宗，目录1，案卷203，69页。

法文抄件的另一译文发表在《戈洛夫金伯爵文件摘编·关于戈洛夫金伯爵出使中国的文件》，49～50页。

№ 332

1806 年 3 月 9 日。Ю. А. 戈洛夫金使臣致书亚历山大一世皇帝：尽管出使失败，仍请求将其留在国家岗位效力

//194//陛下：

臣心怀遗憾，斗胆恳请陛下于为国增光日理万机的公务之余垂听臣之陈情。陛下，臣的处境迫使臣不得不求助于您慈父般的恩典，唯此恩此情才是臣民幸福希望之所在。

陛下，臣奉旨办差，一切所作所为唯有等待陛下的最高裁判。臣不敢矜夸己能，但至少赤胆忠心，对陛下的//194背面//公正深信不疑。臣正等待着陛下的裁夺。臣虽寄希望于陛下的恩典，但却不得不承认还有另一种感情使臣痛苦万分。哦，陛下，臣恳切地请求您宽厚地垂听臣担心声誉受到怀疑被黑暗阴影所笼罩时的心情。恕臣冒昧，陛下一言，足可驱策臣民不畏艰苦牺牲，以拳拳之心勉力报效。向陛下倾诉臣的一腔忠诚，对臣实为巨大之精神鼓舞；能博得陛下垂青，则是为臣子的最高奖赏。不过，臣还抱有一个大胆的希望，那就是名声，但绝不是通过平平常常的事件带来的名声，而是通过某种成功赢得的名声。阴错阳差使得臣一向与这一可贵的幸福无缘。种种事件甚至有把臣迄今在社会心目中的建树毁于一旦的危险。陛下，您知道，臣还将受到法庭严厉的审判。引导陛下做出判断的是事实和证据，而有些人却只根据成败。只有//195//像陛下这样公正开明的人，才会认为臣应该受到公正的待遇。望法庭能承认，有些具体情况造成的障碍，臣是既无能预见，也无法克服的。在这种情

况下，人们至多会认为臣很不幸，但声誉却不会受到影响。对于臣来说，声誉比生命更宝贵。

臣斗胆向陛下流露了这些痛苦的烦恼，承认是它们毒化了臣的生活，而且也无力摆脱造成这些烦恼的原因。臣身陷沉重的厄运之中，远在亚洲腹地，无法利用那种注视公众人物一举一动并常常为之辩护的社会舆论；臣远离家人，而家庭是臣生活的慰藉；臣的健康已濒临崩溃。臣之所以还能有一点点力量，无疑要感谢陛下，要归功于陛下认为臣还能效劳。陛下，请您不要忘记，臣正在西伯利亚[①]，在痛苦的处境之中，等待着您对微臣命运做出裁决。

陛下，谨致以最深切的敬意，

您最卑微、最忠诚和最恭顺的仆人和臣子戈洛夫金伯爵

1806年3月9日于伊尔库茨克

194页正文上方用俄语书写：1806年4月6日收到，由宫廷低级侍从古里耶夫送来。

俄罗斯帝国对外政策档案馆圣彼得堡分馆，总档1—7，目录6，1805年，案卷1a，卷夹27，194～195页。法文原件。手稿。Н. Б. 祖布科夫译自法文。

---

① 着重号为原文中所加。

№ 333

1806 年 3 月 9 日。Ю. А. 戈洛夫金使臣为提请向亚历山大一世皇帝求情以帮助改善自身处境致副外务大臣 A. A. 恰尔托雷斯基的信

//196//私人信件①

伊尔库茨克，1806 年 3 月 9 日

伯爵大人：

我恳请阁下俯允，将卑职的奏章②呈递给皇帝陛下。

要在陛下面前奔走一番，提请他对自己予以关注，实在是一件很痛苦的事。但我寄希望于他的善心和公正，相信这一刻的降临能减轻我整整一年的痛苦，免除我的牺牲，使我所面临的令人不安的阴暗的未来能变得明朗。

公爵，您对我怀有的一片特殊感情，使我能够开诚布公地向阁下倾诉我的处境。这是一种在各方面都令人感到痛苦的残忍的处境，而且，阁下可能会同意，我再加上一句，这是一种不公平的处境。如果我是为了功名利禄而四处钻营，才把目前这个位置搞到了手，那这处境便是我应有的下场，我又何敢抱怨？然而，我只是奉了皇上的旨意，凭着一颗报效皇上的忠心，才克服了对这份差事的一贯厌拒之心，承担

---

① 着重号为原文所加。

② 见 332 号文件。

起了这份责任。公爵大人，关于这一点，有谁能比您更清楚呢？有谁能比您更了解，我所有的心思和愿望，都只不过是追求在瑞士有一份不起眼的外交差事，以便回到家庭的怀抱，过上安稳的日子呢？//196背面//卑职一被安插到这个显赫的位置，立刻就认识到这个岗位责任繁重，艰险重重。然而我希望博得君主陛下的赏识，也希望自己能扬名，是这些东西支持了我。面对卑职的处境，也就只能指望这两种奖赏了。现在，所有耀眼的希望都幻灭了。卑职已不可能再指望还能有什么幸运的机遇可以补偿我失去的一切了。我所应该关心的，只是如何保存以前由于自己的劳动和已经丧失意义的牺牲所换来的那些东西了。也许，还有保护自己免遭诽谤和无礼吧。再有，我的心已经碎了，我疲惫不堪，无所适从，我的健康已受到损坏，我正在等待末日的来临。我意识到自己一直都是尽心尽力，恪尽职守的，这种意识无疑使我感到安慰。证据是有的，但这些证据都是些不能公开拿出来澄清社会舆论的证据。卑职只能以沉默和忍耐保护自己。从西伯利亚或蒙古荒漠，是不会有任何一声揭示事实真相的呼喊传递出去的。6000俄里的路程把我同将要审判我的法庭隔开，而判决将传遍整个欧洲。我没有朋友帮助，没有朋友出主意，得不到家庭的安慰。长期丧失信心的残酷加深了我的不幸。公爵，这就是我现状的真实写照，而我所能够向皇上奏报的，只不过是大概的情况而已。

//197//写这封信的唯一目的，是想请皇上知道，我的效忠之心虽永远不会衰减，但境况使我苦恼不堪，我的精力亦大不如前。我要因为现在所保有的事物而感念皇上。但是，公爵，实不相瞒，只有对成功抱有充分希望，并确信我肯定能达到目的，才能使我鼓起勇气。我在商务部门服务期间，从未得到过理想中的好处，而在我现今的差事中，又要同不可克服的障碍进行拼搏。进入老年的那一天已指日可待；简朴的生活，和平安逸的工作以及宁静的悠然，一直是我所追求的目标，现在更是如此。我清楚地知道，人们认为我是一个爱好虚荣的人，这太抬举我了。其实，退休倒是我的愿望，我要以此证明，自己到底有没有患上向生活索取一切的毁灭性的顽症。

公爵，信写得太长了，请您原谅。请您不要忘记，即使在西伯利亚，也是需要敞开心扉的，而遗憾的是这样这一点小小的愿望在这里也难以得到满足。我是怀着信赖之情来同阁下交谈的，我要感谢阁下对我怀有的这份真情。在此，也请接受我对阁下的真情。我的感情就是我最崇高的敬意。

公爵大人，我荣幸地向阁下致以这种崇高的敬意。

阁下最卑微、最恭顺的仆人Ю. 戈洛夫金伯爵

196页正文上方左侧用俄文书写：1806年4月6日收到。

俄罗斯帝国对外政策档案馆圣彼得堡分馆，总档1—7，目录6，1805年，案卷1a，卷夹27，196～197页。法文原件。手迹。Н. Б. 祖布科夫译自法文。

№ 334

1806 年 3 月 10 日。Ю. А. 戈洛夫金使臣为要求恰克图海关关长 П. Д. 瓦尼方季耶夫同清国商人交谈查询俄国船只在广州的情况向其下达的命令

//28// 密件

致恰克图海关关长、五等文官瓦尼方季耶夫先生

你的两份秘密报告[①]我已收到无误。我想，商人们通过私人渠道，也许已获得有关克鲁森施特恩船长的船只被扣的消息，因此有必要委婉地打听一下有关此事的新消息。

中国信使来到此间后，我下令问他们对迎来送往是否满意，他们回答说十分满意。

至于他们出于好奇，打听理藩院致枢密院的来书是否被拆阅的问题，在目前情况下，较为得体的回答应该是暗示他们：出使大臣无疑拥有权力拆阅来书，但这一次是否使用了这种权力就不得而知了。今后，对所有类似与本大臣有关的问题，均以不了解情况或模棱两可的言词回答为宜，但本人所拥有的特命全权使臣和西伯利亚各省巡阅使的职衔所具有的权力范围除外。目前的时机关系重大，凡可能转移本人注意力的一切事件，乃至妨碍执行本人命令的一切行为，不仅将使本人感到极度不快，而且将迫使本人采取最强有力的措

① 见 322 号文件。

施，以杜绝出现阻滞政务的障碍。//28 背面// 希望阁下做出应有努力，以避免此类混乱现象发生，并对下属发出相应指令。

原件由尤里·戈洛夫金伯爵签署。

正文下方：原件经关长瓦尼方季耶夫阅过。

1806 年 3 月 10 日于伊尔库茨克。

28 页正文下方为：1806 年 3 月 14 日收到。

俄罗斯国立中央古代文献档案馆，国家档案全宗第 15 号，1806 年，案卷 30 补充，28～28 页背面。经核对的抄件。

抄件存俄罗斯帝国对外政策档案馆，总档 11—3，目录 34，1801 年，案卷 2，92～92 页背面①。使团办公厅抄文簿抄件存同处，总档 1—7，目录 6，1805 年，案卷 1a，卷夹 41，215 页背面～216 页②。

---

① 抄件中删去了命令中开头的一句。

② 抄文簿抄件中命令的日期是 1806 年 3 月 13 日。

№ 335

1806 年 3 月 11 日。蒙语翻译 A.B. 伊古姆诺夫为汇报俄国使团回国给清朝边境当局造成种种影响的消息由特罗伊茨科萨夫斯克要塞向 Ю.A. 戈洛夫金使臣呈递的报告

//201// 秘密[①]

七等文官伊古姆诺夫呈二等文官、枢密官、特命全权使臣、皇帝陛下宫廷及各骑士团总典礼官、院部大臣、御前侍从官、赏戴勋章尤里·亚历山德罗维奇伯爵的报告

卑职今天于此间会见了自伊尔库茨克返回库伦的协理台吉达西敦多布，他在闲谈中提到：

1. 蕴端郡王将于下月即 4 月 2 日前后由北京返回，并担任原职，在他离开期间临时派驻当地的张家口固山昂邦佛尔卿额于跟郡王办过交代后过两天也将返 //201 背面// 回张家口。

2. 郡王并未因遣返使团而获罪，因为他得到的命令就是演练叩头。也许，当俄国提出异议时，有可能还会把库伦发生的不愉快认为是一种侮辱。

3. 郡王今年不会亲自去巡边，为此，他将把贝子宁博多尔济派到西部去巡查，而把车臣汗部的王公达什扎布派到东部去巡查，但达西敦多布不知道那些人从库伦出发的准确

---

① 此处及以下的着重号均为原文所加。

时间。

4. 关于库伦的秘书官扎拉固齐托克托布，似乎他提职一事已经取消，他现在是既无功，也无过。除非俄国为自身遭到的误会进行辩解，并决定在会议上采取不利于郡王和托克托布的行动。

卑职从达西敦多布和其他人的谈话中判断，//202//满洲政府可能打算在枢密院对其最后那份文书[①]做出回答之后再来解决此事，为此它打算召开一次特别会议，在会上表面承认郡王和托克托布失职，把事情搪塞过去，摆平在库伦对使团的所作所为，以求让俄国满意。时至今日，满洲政府在议论各国时惯用的那种霸道的命令语气仍然不变，现今的调门儿更高了。当然，也可能会用关闭市场的办法（这是他们惯用的手法，是惩罚俄国的一种手段）[②]，如果它对俄国的强盛和对自己边境的脆弱到现在了解得也不比以前更清楚，更彻底的话。

七等文官伊古姆诺夫

于特罗伊茨科萨夫斯克要塞

1806年3月11日

201页正文上方右侧为：3月16日收到。

同处以铅笔标出：№ 45。

202页正文下方：№ 2。

俄罗斯帝国对外政策档案馆圣彼得堡分馆，总档1—7，目录6，1805年，案卷1a，卷夹27，201～202页。原件。手稿。

---

① 见313号文件。

② 括号为原文所加。

№ 336

1806年3月14日。Ю. А. 戈洛夫金使臣为任命П. И. 伊兹玛伊洛夫为外务院驻恰克图特派员以代替А. И. 索科洛夫，并请求把瑞典地方民团建设计划寄到伊尔库茨克等事呈副外务大臣А. А. 恰尔托雷斯基的紧急报告

//214//公爵大人：

卑职有幸在今年第4号急件[①]中向阁下禀报，卑职已委托八等文官伊兹玛伊洛夫 ad interim[②] 担任此前由七等文官索科洛夫担任的职务。1800年由外事局颁发给索科洛夫的训令目前内容已有所不足；因此，我认为应拟订另一训令对之加以补充，其抄件附后[③]。

我对自己的这项措施甚感满意，正如阁下//214背面//由本函的附函[④]中看到的那样，我从边境消息中得知，买卖城扎拉固齐同伊兹玛伊洛夫似乎是莫逆之交，而后者极为巧妙而积极地履行着自身的新职务。

对于目前我正在从事的工作而言，非常需要地方民团的设置计划，卑职知道，瑞典订立的这一计划博得了广泛的赞许，我希望能对它有一个了解。外事局无疑是有这项计划的，因此我斗胆请求您，公爵大人，安排赐寄一个副

---

① 见302号文件。

② 拉丁文：于现阶段。

③ 见307号文件。

④ 见321号文件。

本给我。

公爵大人，荣幸地向阁下致以最深切的敬意，

阁下最卑微、最恭顺的仆人Ю. 戈洛夫金伯爵

1806年3月14日于伊尔库茨克

214页右侧正文上方用俄文书写：1806年4月24日通过邮驿收到。

同处左侧正文上方：№ 7。

214页正文下方：送А. А. 恰尔托雷斯基公爵大人。

俄罗斯帝国对外政策档案馆圣彼得堡分馆，总档1—7，目录6，1805年，案卷1a，卷夹27，214～214页背面。法文原件。Н. Б. 祖布科夫译自法文。

№ 337

1806 年 3 月 14 日[①]。Ю. А. 戈洛夫金使臣为买卖城城门关闭后禁止俄国官员于该城滞留一事给恰克图镇长谢苗诺夫的命令

//111 背面//致恰克图镇长谢苗诺夫[②]

现于今年 2 月 22 日得知，颇托茨基伯爵前往买卖城后，有两昼夜在特罗伊茨科萨夫斯克要塞过夜。随后又得知，恰克//112//图扎拉固齐曾通知七等文官索科洛夫先生，买卖城的城门通常于半夜一时关闭，按照往年惯例，俄国人逗留的时间不得超过半夜一时。

本官特命令尔等立即前往买卖城了解：颇托茨基伯爵是否出了什么麻烦。着尔等将执行命令的情况详细上报。

111 页背面正文上方：№ 712。

俄罗斯帝国对外政策档案馆圣彼得堡分馆，总档 1—7，目录 6，1805 年，案卷 1a，卷夹 42，111 页背面～112 页。使团办公厅抄文簿抄件。

---

① 日期标明在记事簿相应的栏里（同上，111 页背面）。

② 标题置于该页左栏。

№ 338

1806 年 3 月 17 日。外务院驻恰克图特派员 П. И. 伊兹玛伊洛夫就俄国船只在广州被扣事件呈 Ю. А. 戈洛夫金使臣的报告[1]摘录

//234//领边境事务八等文官伊兹玛伊洛夫 1806 年 3 月 17 日报告摘抄

这几位信使捎来的信件中含有我国船只在广州被扣的内容，因为这些船只一进港便被认为不是俄国，而是别国的船只。船上的外国旗帜也证明了这一点。但后来北京派一官员检查，发现的确是俄国船，因此理藩院才要求枢密院告知，它们是否真为俄国人，是在当地放行，还是交恰克图处理①；如果由当地放行，希望将来不会因未按条约要求把他们交还而再要人。这些船上的官员和工役//234 背面//现位于广州，人身有自由，受到监护，由博格德汗的国库供应膳食。

235 页正文下方有副署：戈洛夫金伯爵。

234 页正文上方：出使大臣戈洛夫金伯爵 1806 年 3 月 24 日 5 号奏章附件。

俄罗斯帝国对外政策档案馆圣彼得堡分馆，总档 1—7，目

---

① 着重号为原文所加。

录6，1805年，案卷1a，卷夹27，234～235页。经核对的抄件。

注释：

［1］我们未找到П.И.伊兹玛伊洛夫1806年3月17日的报告。

№ 339

1806 年 3 月 23 日。伊尔库茨克民事省长 A. M. 科尔尼洛夫就收到理藩院为禁止俄商在广州经商致枢密院的文书并已将其送出等事致库伦办事大臣佛尔卿额、福海的信

//90//2 月 23 日[1]［收到］

俄国君主皇帝驾前伊尔库茨克民事省长、赏戴勋章四等文官科尔尼洛夫致大清国至圣大皇帝驾前办事大臣郡王、昂邦函

尊贵的郡王和昂邦：贵方于嘉庆十一年一月七日发来贵国大理藩院致我枢密院文书已收到[2]。贵方专差一等台吉萌古和扎克鲁克奇噶尔丹顺利抵达此间，并将文书交付本人，该文书将//91//立即转送我枢密院。谨具函知照尊贵的郡王和昂邦，并将其交付贵方返程差官收执。特此签字，加盖印信。

1806 年 3 月 23 日发自伊尔库茨克城。

蒙古国立中央历史档案馆，藏档 M-1，案卷 651，90～91 页。库伦办事大臣衙门满文抄文簿抄件。И. Т. 莫罗兹译自满文。库伦办事大臣衙门蒙文抄文簿抄件存同处，92～93 页。

---

① 3 月 30 日。

② 见 313 号文件。

№ 340

1806 年 3 月 24 日。Ю.А. 戈洛夫金使臣为要求把就政治问题同清方交换的全部信函交由使团团长掌管一事给西伯利亚总督 И.О. 谢利丰托夫的命令

//135 背面//致西伯利亚总督谢利丰托夫①

鉴于//136//本官行辕暂设此间，可将涉及中国政府的事务分为两类，一类为边境日常事务，另一类为政治问题。本官有责任通知阁下，凡第一类事务的公函，仍按此前规定程序发出；//136 背面//凡有关政治问题的公函，本官奉圣上所授全权，留归自己处理。

谨将此令通知阁下。

135 页正文上方：№ 752。

俄罗斯帝国对外政策档案馆圣彼得堡分馆，总档 1—7，目录 6，1805 年，案卷 1a，目录 42，135 页背面～136 页背面。使团办公厅抄文簿抄件。

---

① 标题位于该页左栏。

№ 341

1806 年 3 月 24 日。Ю. А. 戈洛夫金使臣就自己对理藩院致枢密院的文书和 И. Ф. 克鲁森施特恩、Ю. Ф. 利相斯基给粤海关监督两封信的看法呈亚历山大一世皇帝的奏章

//227//陛下：

臣能把北京理藩院致枢密院的文书[①]和克鲁森施特恩、利相斯基二位船长在广州发表的声明[②]转呈我皇帝陛下，深感荣幸。

臣希望这两份文件能够对他们、他们船员目前的处境以及中国//227 背面//政府对他们的意图做一些说明。然而，这两份声明的内容以及理藩院在其两份文书中对此事只字未提的事实，又只能使人对此事做一些猜测。两位船长于 12 月 10 日向粤海关提交了报关单，后者允许他们卸船。然而，正如理藩院最后一封来书指出的那样，政府得知此事后，惩罚了允许卸船的官员。此事对我船只的后果如何，现在说不清楚，最多也只能是猜测。根据买卖城的谣传，根据臣在边境安插的线人和密探的报告（臣已有幸将情报副本进呈陛下），乃至根据中国//228//以前和现在派出的信使断言（臣总是下令立即就我水手在广州的情况对他们进行质询），有一点准确无误，即某些俄国人已被扣留。此事臣已有幸禀报陛下。但究竟只是两位船长还是全体船员？是领水员，还是

---

① 见 313 号文件。

② 见 226 号和 227 号文件。

奉命出售货物的后勤人员，还是他们全体呢？理藩院的来书对此未做说明。它只要求惩处两个人。可见，在我船只问题上他们是极力想造成我们的不安，使我们丧失信心，以便以后视我宫廷的决定促成比较有利的变化。//228 背面//对我国两位船长而言，如能让他们把货物装回船上，放他们出海，那将是最顺利的了；但北京政府岂能在担心我皇帝陛下为使团遭受屈辱和被遣返感到不满的时候，释放如此难得的人质呢？本来是要求予以严惩以儆效尤的人员，怎么会一下子又被它释放了呢？当它正在要求我枢密院对下令批准这次破坏条约的考察作出明确解释的时候，能相信它会放人吗？还有，这么一个藐视各种协议和简单的好客之道的政府，一个想把我皇帝陛下的使团饿死和冻死的政府，对一帮被它称之为冒名顶替者的人，//229//会表现得更宽宏大量吗？我的想法就是这样。对中国人的记恨心和阴险的性格有所了解之后，这些想法就变得更为不可动摇了，它使我对克鲁森施特恩的船只的释放已经不抱任何希望。由于没有正面消息，臣只能向陛下提出导致臣对前景如此不明同时又如此微妙的问题做出判断的几种可能。

从两位船长先生的声明内容来看，臣的任何作为只能给他们带来危害，不言而喻，这是因为臣在解释他们驶入广州港的理由时与他们无法协调一致。因为要避免引用我皇陛下的谕令，而且不能//229 背面//谈于恰克图贸易有什么不利，也不能说将来还要进行类似的考察，以及途中究竟需要花费多少时间，臣只能请求为我皇陛下的臣民提供庇护，保证安全，并告知将走臣于去年 9 月 13 日有幸向陛下奏报的那一条路线。臣不知道那两位军官的声明是否以发给他们的训令为根据，但不管怎么说，这些声明还是以另外一种口气写为好。如果将来广州贸易比恰克图贸易有利（臣斗胆插一句，这很难得到证实)[①]，但以这种官方形式承认这一点毕竟不合适。此举的后果很容易便可预见到。//230//这一次的企图和今后的企图会把中国人吓坏，他们会对我们所希望的新市场表现出比任何时候更不妥协的态度。我们不知疲倦的商业竞争对手——那些外国人，正利用一切手段来破坏我们的意图。既然我方声称，这几艘船奉有进入广州港的准确命令，那么，北京政府定会以此举事先没有得到通知为由，而表示出前所未有的强烈不满。但在两份来书中，关于预先通知一事，仅仅只是作为应予澄清的问题被提了出来。最后，两位船长声称，从俄国港口到广州，路上必须用六个月时间，这一说法使得能够赋予该事件以应有色彩的唯一的最后的手段也失效了。我们现在再也不能说，//230 背面//出使大臣被迫耽搁在边境和库伦，使他无法把海上考察队的事预先通知中国政府了。正如理藩院第一份来书所说，船 11 月份就已经到了广州。中国人甚至以为这几艘船是直接从俄国来的。这就同克鲁森施特恩在日本停留过的说法发生了矛盾，他们会说，枢密院从 5 月份起有足够的时间预先给我们一个通知，完全可以不必请出使大臣转交，因为他本人也是直到 11 月份才能抵达。臣相信，中国政府正是怀着这一狡猾的意图，才向两位船长询问//231//路上要走多少时间的。

为使团入境设置障碍，乃至遣返使团，都是不太体面的借口。加之使团抵达中国的时间和船只起航的时间相距颇近，又使这一借口受到了削弱。不过，看来这是中国政府唯一可以提出的理由。为了强调这个逻辑，使它变得更有说服力，为了防止它被推翻，防止在广州和恰克图采取强硬措施，就必须以极为果断和极为明显的行动来支撑这个逻辑，

① 括号为原文所加。

要别无选择地承认，造成扣船事件的唯一原因，就是使团受到了阻滞，使团被遣返了。//231背面//这样一来，整个过错就可以全部落到中国人头上，而且，甚至还可能为使团遭受的屈辱、为事件的直接结果——船只被扣，郑重地讨一个完美的、令人满意的说法。

如果我皇帝陛下出于宽宏大度，批准减轻所要求的补偿，那么臣认为有责任谦卑地向陛下奏明，即使克鲁森施特恩不再被扣于广州，此举后果亦可能十分不利。因为真诚的友好情怀，或者坦诚的交换意见，都不合北京政府的口味和准则。此举甚至可能意味，由于使团受辱，由于害怕使团再出现类似的错误，我们在北京政府面前所拥有的全部优势将丧失殆尽。只要//232//他们稍稍有所感觉，发现我们愿意使用和平的手段，他们就会利用这一点，就会说船只进港违反了条约。但是由于不可能否认他们就此下达过命令，他们会千方百计采取各种严厉措施，甚至停止贸易，理藩院在其来书中已经提到了这一点。毫无疑问，应该担心的是，如果克鲁森施特恩及其船员还扣在广州，一旦发生敌对的或者哪怕是威胁性的行动，他们将作为战俘被扣留在那里。不过我们还可以指望，当北京政府在对它来说后果可悲的战争和释放船只之间进行选择时，它会选择后者，//232背面//尤其是如果它指望我们降低赔偿要求的话。

陛下，臣在向陛下谈到臣认为必须采取果断措施时，本不该向陛下说什么应该采取哪类措施。臣只应向陛下奏明，他们应完全有别于臣在附于2号报告①后的备忘录②中所谈的那些措施，在那些措施中应该使用的只是西伯利亚一地的

---

① 见299号文件。

② 见300号文件。

力量，而且它们只同将来保持两国相互尊重有关。

鉴于此事后果非常严重，臣不得不诚惶诚恐地向陛下提出一些浅虑，因为臣不敢向陛下隐瞒，几乎在各种情况下停止贸易均难以避免。//233//这里还应该加上俄美公司将招致的重大损失。其中有由于公司货物在其他港口丢失或亏本销售所致，也有由于该公司可能遭恰克图买主拒绝所致，臣在12月16日致陛下的11号报告①中，根据极为可靠的情报，已提到过此事。

早就认识微臣的中国信使常来这里，加上臣散布了一些有关派他们前来的原因的传言，破坏了商人们的投机活动。中国货的价格几乎已降到从前的价位。这些投机活动的后果可能会在帝国其他城市感觉到，但它们的影响亦可以消除。

//233背面//臣从边境得到报告，库伦郡王将于4月初返回担任原职。他的命运可能取决于陛下将要做出的决定。

三等文官颇托茨基已于本月18日离开伊尔库茨克，他事先曾通知臣，说他离开是蒙我皇陛下恩准的。

谨向陛下致以最深切的敬意，

您最卑微、最忠实、最恭顺的仆人和臣子戈洛夫金伯爵

1806年3月24日于伊尔库茨克

227页正文上方右侧用俄文书写：1806年4月20日收到。

同处，左侧：№9。

俄罗斯帝国对外政策档案馆圣彼得堡分馆，总档1—7，目录6，1805年，案卷1a，卷夹27，227～233页背面。法文原件。Н.Б.祖布科夫译自法文。

---

① 见236号文件。

№ 342

1806 年 3 月 24 日。Ю. А. 戈洛夫金使臣为请求把有关俄国在广州被扣船只的奏章呈交亚历山大一世皇帝审批并就俄中贸易前景给副外务大臣 А. А. 恰尔托雷斯基的紧急报告

//236//公爵大人：

谨将奏章[1]及其后所附新收到的有关克鲁森施特恩和利相斯基船只内容的理藩院文书[2]呈上，恳请阁下转奏皇帝陛下。奏章中还附有这两位军官给粤海关监督的个人声明[3]。令人遗憾的是，声明的内容在很多方面使本已相当困难的事情更加复杂了。现在已无法为他们进入广州港一事提出一个可能瞒不过//236 背面//中国人，但起码可以使他们感到满意的说法了。不言而喻，现在不应该对我国这两位军官弃之不顾。即使北京政府有时间或者有机会猜测，我们并未把船只被扣一事看成是再次出现了与遣返使团同等重大的过错，特别是并没有把它看成是由这种侮辱产生的后果，但我们的内阁在承担全部责任的同时，也一定能看出由此而产生的一切不愉快后果。阁下无疑深知北京政府那高傲自大同时又胆小怕事的本性，难于设想它会听从率直真诚的解释，它会把这种解释看成是恐惧的语言，而它的傲慢很快便会变成暴力，为我们造成破裂导致的所有不利，他们会把这破裂归咎

---

① 见 341 号文件。
② 见 313 号文件。
③ 见 226 号和 227 号文件。

为我方违反条约，而不是对我方权利的侵犯。为了避免陷入//237//一定会招致破坏性的、也许是不可弥补的损失的严重困境，只应采取最果断，最迅速的措施。毫无疑问，我知道这是一场灾难，但在短时间内使用这些手段也许能够防止更大的灾难。

我是在经过深思熟虑之后才决心提出这一意见的，这是唯一的可能，它虽不能从中国政府那里得到新的好处，但却能保存现有的好处。理藩院就扣船一事发出的两份来书充分显示，为有利于我方贸易而争取新让步的一切友好尝试，均会无果而终，而保存现有的贸易成果则取决于我船只进入广州港一事的解决能让他们满意到何种程度。我怀着深深的敬仰与信任之情，向阁下提出自己的浅见，相信如果有更合适的方法，阁下定会发现并建议使用。//237背面//我知道凡事应从整体上去考虑，这样才能判断出其中每一件事的相对重要性。我从我的角度只能看到交给我办的事情，我的责任和我的信念都要求我提出我认为是最恰当、最有效的手段。不管怎么说，我倒希望自己是一个比在克鲁森施特恩事件中表现更糟的预言者。

阁下由理藩院最后这份来书中可以看出，我幸运地摆脱了就克鲁森施特恩进入广州一事做出解释的任何尝试。我不但不能改善他的处境，反而险些给他造成很大的伤害。他在自己信中曾提到停留日本一事，令人遗憾；中国人只要一调查，就又会出事了。

//238//公爵，我还想提请阁下注意，理藩院的前几份来书和扣留克鲁森施特恩船长的这份来书是有差别的。这份来书逻辑清晰，语言准确，几位翻译都感到惊奇。可能是在外国人影响下写出来的，是外国人口述的，为之还付了钱。

由于季节的关系，到圣彼得堡的道路已经十分难行，我认为十分重要的是今天的紧急报告不能延误。我把它交给机要信使洛谢夫，我对此人十分满意，请阁下多多关照。在洛谢夫到达之前，如有命令下达给我，我将把对这些命令的执行延迟到收到此信的复信之后。

谨向阁下致以最崇高的敬意，

您最卑微、最恭顺的仆人戈洛夫金伯爵

1806 年 3 月 24 日于伊尔库茨克

236 页右侧正文上方用俄文书写：1806 年 4 月 20 日收到。同处左侧正文上方：№ 8。

俄罗斯帝国对外政策档案馆圣彼得堡分馆，总档 1—7，目录 6，1805 年，案卷 1a，卷夹 27，236～238 页背面。法文原件。Н. Б. 祖布科夫译自法文。

№ 343

1806年3月24日。Ю.А.戈洛夫金使臣就针对清方关于使团问题和广州扣留俄国船只问题的公文应采取防范措施一事呈副外务大臣A.A.恰尔托雷斯基的紧急报告

//239//公爵大人：

理藩院致枢密院的所有信件，均寄到伊尔库茨克民事省长手中。该民事省长为了不违反条约规定，甚至在总督在场的情况下从中国信使手中接过这些信件。民事省长将这些信件转交给总督，并以自己的名义转达总督的答复。我返回伊尔库茨克后，科尔尼洛夫先生将他未拆封的一封信交给我，我下令由我的办公厅将该信译出。鉴于该信只涉及遣返使团之事，故本人未向任何人展示该信，因为我已不止一次遇到过//239背面//谢利丰托夫先生办公厅有这种不得体的事例，我已有幸于去年的2号紧急报告①中将此事告知阁下。

日后如果理藩院或库伦当局关于边境事务的任何信件送达本人手中，我将按常规转寄出去，但若涉及克鲁森施特恩或使团，卑职认为必须采取像对最后这封信一样的防范措施，因为在目前情况下，若将北京政府的决定公开，只会加剧商人的投机活动，他们仅仅根据几句传言，就能做出有失国家体面的事情。但他们若无法准确了解事情真相，就不敢明目张胆地去干。本人今后将尽//240//一切努力保守秘密，使他们对政府的意图不甚了了，除非朝廷对我下达指示，告

---

① 见140号文件。

知本人应如何行动。

公爵，谨向阁下致以崇高的敬意，

您最恭顺、最忠诚的仆人戈洛夫金伯爵

1806 年 3 月 24 日于伊尔库茨克

239 页正文上方右侧用俄文书写：1806 年 4 月 20 日收到。

同处，左侧：№ 9。

同处正文下方：送 A. A. 恰尔托雷斯基公爵阁下。

俄罗斯帝国对外政策档案馆圣彼得堡分馆，总档 1—7，目录 6，1805 年，案卷 1a，卷夹 27，239～240 页。法文原件。Н. Б. 祖布科夫译自法文。

№ 344

1806年3月26日。副外务大臣A. A. 恰尔托雷斯基就使团一等秘书巴伊科夫呈交的有关使团返回的几份紧急报告业已收到一事给Ю. A. 戈洛夫金使臣的信

//162//尤里·亚历山德罗维奇伯爵阁下：

阁下由特罗伊茨科萨夫斯克要塞发出的、由宫廷低级侍从巴伊科夫带回的几份紧急报告[①]，此间已收到无误。我已荣幸地将它们恭呈圣上御览，一俟得知陛下圣意，将立即通知阁下。现趁//162背面//司法副大臣派出信使之便，火急通知阁下，巴伊科夫先生已抵达此间，使团在库伦遭遇的不快事件以及迫使使团返回俄国的种种障碍[②]，已引起陛下的特别关注。我毫不怀疑，俟皇帝陛下阅过阁下呈交的全部消息之后，定会相信[③]阁下的所作所为，都是//163//基于最明智的理由，面对库伦郡王和昂邦向阁下提出的令人为难的建议，很难有另外的选择。但愿不久便会把圣上的决定通过专使送达。

顺致真诚的敬意并表示同样的//163背面//忠诚，

阁下最恭顺的仆人亚当·恰尔托雷斯基公爵

1806年3月26日于圣彼得堡

---

① 见295、298号文件。

② 在底稿中接下来删去了：它们不能动摇皇帝陛下对阁下个人人格和尽心效力精神所抱有的信任（见160背面～161页的注释）。

③ 在草稿中删去了：更加（见161页注释）。

162 页正文下方：送 Ю. А. 戈洛夫金伯爵阁下。

同处，正文上方左侧：5 月 26 日收到。

同处，右侧：№ 8。

俄罗斯帝国对外政策档案馆圣彼得堡分馆，总档 1—7，目录 6，1805 年，案卷 1a，卷夹 27，162～163 页背面。原件。

底稿存同处，160～161 页背面。

抄件之抄件存圣彼得堡俄罗斯国家历史档案馆，俄国历史教育促进会全宗，目录 1，案卷 203，77 页。

文件复本发表在《戈洛夫金伯爵文件摘编·关于戈洛夫金伯爵出使中国的文件》，60～61 页。

№ 345

1806 年[①] 3 月 29 日。外务院驻恰克图特派员 П. И. 伊兹玛伊洛夫日志中关于清朝当局巡视边境卡伦的消息摘录

//85//……3 月 29 日[②]。曾在恰克图接待我使团并将其护送回国的贝子于晚 8 时由库伦抵达中国买卖城。由于以前我见过他，故派去军官欢迎他的到来，并对他说我想同他结交，非常希望能当面向他表示敬意。他满意而又亲切地表示同意，派了一名梅勒[③]随我的差官过来致意，告诉我他急着要走，他认为我提出这种愿望说明了友谊，如我有时间，他非常愿意接待我。

送走这位差官之后，过了一个小时，我便骑马去见他。到了扎拉固齐家，按扎拉固齐通常待客的方式，受到十分亲切的接待。我问他一路的情况，他回答说，他肩负着一年春秋两季//85 背面//巡查卡伦的任务，检查一下这些哨所，他现在要到东边去，一直查到那边的库布尔泽库耶夫卡伦。该卡伦位于我钦丹图鲁库伊区段所属钦丹卡伦的对面。然后他说他非常满意，又指着扎拉固齐说他非常高兴，因为我被指派跟他共同管理事务，是个老熟人，而且表示感谢，说扎

---

① 年代标在 П. И. 伊兹玛伊洛夫的报告中，日志摘抄附于该报告之后（同处，82 页）。

② 日志中略去了 3 月 10—28 日之间在俄清边界发生的多起越境事件的记录。

③ 左侧页边：蒙古少尉军衔。

拉固齐也很满意。我坐了半个来小时便告辞，祝他一路顺利。他亲切地询问了一些事情，遗憾地说我们将很久不能见面，因为他将从边界直接返回库伦，然后还要护送呼图克图去甘通省（音译，具体指何处待查。——中译者），那里通常是他们的皇帝夏季狩猎的地方。

回来后过了半小时，有一位一等台吉[①]奉派来此对我回拜，表示感谢。他道歉说本该亲来致谢，可是正忙着出发。他还吩咐台吉告诉我，郡王将于24日或25日，我们的历法是3月31日或4月1日，返回库伦，但未必还能理事，因为据传这次来只是为了接家眷。详情此后我会向扎拉固齐了解。据说，他们正急切地等待我枢密院对理藩院有关使团的文书[②]作出回答。

八等文官伊兹玛伊洛夫

俄罗斯帝国对外政策档案馆圣彼得堡分馆，总档1—9，目录8，1806—1818年，案卷2，85～85页背面。日志摘抄。伊兹玛伊洛夫手迹。

---

① 左侧页边：二等扎萨克。着重号为原文所加。

② 见287号文件。

№ 346

1806 年 4 月 1 日至 5 月 10 日。外务院驻恰克图特派员 П. И. 伊兹玛伊洛夫记述同清朝边境当局交涉的日志

//88//外务院驻恰克图特派员、领边境事务八等文官伊兹玛伊洛夫由 1806 年 4 月 1 日至 5 月 14 日①的日志

4 月 1 日②。中国买卖城扎拉固齐派两名章京来见我，祝贺我们的节日，请求按例收下面包、盐、茶叶 1 小箱、水果若干、酒和活羊 1 只。向送礼者赠送：两名章京价值 4 卢布的狐皮各 1 张，两名蒙古人棉织头巾各 1 块。为了回礼，次日我派百人长纳济莫夫和十三等文官利亚霍夫送去附件齐全的五味瓶 1 套、上等貂皮 2 张、一俄升装的维因酒和法国酒各 1 瓶、一俄升装白酒 1 瓶、14 俄磅重白糖 1 大块和屠宰好的羊 1 只，同时吩咐对他送来的礼物表示感谢。他收下全部礼物，高兴地吩咐向我道谢，赠给送礼去的百人长纳济莫夫绸缎 1 匹，赠给十三等文官利亚霍夫纺绸 1 匹，赠给随行 3 名哥萨克砖茶 6 块。

4 月 17 日。据基兰斯基卡伦长官、军士苏耶京口头报告，当天早晨中方发生一起林火，在岔路口向基兰斯基卡伦以东窜去，当天被我//88 背面//卡伦人员和当地土著扑灭。

---

① 日志中的记录以 1806 年 5 月 9 日事件结束。

② 这里和以下日期标明在日志的相应栏中。

为此，我派一名官员去见扎拉固齐，请他严令边境哨所人员以及其他过路人员小心用火，因为草原大火会把上好的森林烧毁，而双方人员灭火又十分困难，令人疲惫不堪。扎拉固齐高兴地接受了这个建议，当着派去官员的面向所属各地下达了有关此事的命令，吩咐派去的官员回话，对我的提醒表示感谢，说他将准确执行不误。

4月19日。中国扎拉固齐派协领和扎兰来见我，声称他们是奉库伦郡王的命令由扎拉固齐派来的，通过买卖城扎拉固齐问我，我方是否同意他们提出的要求，以交纳逾期罚金的方式由他们手中接收5匹牲畜。他们于正月3日（按他们历法）寄给伊尔库茨克民事省长和赏戴勋章阿列克谢·米哈伊洛维奇·科尔尼洛夫先生阁下的信[①]至今还没有得到回音。我按我于本月即4月8日致省长大人的49号报告中的话回答说，省长先生同意接受逾期罚金，但条件是，他们也要接受我方的一匹马、一副鞍具、//89//一副笼头和一支枪。同时我又说，省长先生至今未做回答，可能是因为事情太小，决定等有便再回答吧。

他们离开我的住处之后，为对等起见，我派会同蒙古官员处理双方事务的十二等文官、界务专员伊古姆诺夫去见中国扎拉固齐，宣读了我在致省长大人的最后一份报告中所陈述的全部内容[②]。扎拉固齐对此反应十分满意，吩咐向我表示感谢。他还请求说，此事是博格德汗根据库伦郡王的呈请亲自批准的，因此要我把此事急速报告伊尔库茨克民事省长先生，并请他对他们的信作出回答。我认为有必要派专使将此事呈报省长大人，为了尽快满足他们的愿望，请按我上述

① 见352号文件。

② 见385号文件。

报告做出回答，因为这些话都是他给我下达的命令中说过的。从上述内容可以看出，所有这些官员都对这个回答很满意，看来库伦的官员也不会反对。

在4月8日致阿列克谢·米哈伊洛维奇·科尔尼洛夫先生的49号报告中有内容如下：

根据阁下3月31日关于5头牲畜逾期罚金的1188号//89背面//命令，已向中国扎拉固齐做出回答，并已下令对罪犯给予应有的惩处。至于阁下对库伦大臣的回答，根据条约第9款规定，只要方便，就不应置之不理，不予回答。回答应该写得实事求是，因为此案根据条约规定已经过了一个多月也没有公开，为此扎拉固齐宣布，他们卡伦的长官办事不力，已按他们的法律受到惩处。同时，我方的通古斯人在抓到之后亦受到惩处，并迁离边境。因此，送来的逾期罚金根本用不着，也没有人要。要感谢他们办事公平，最后还要说，如果他们几位昂邦要求这笔逾期罚金非收下不可，那么为遵守相互对等这一原则，他们也要下令接受这个越境通古斯人的马匹、马鞍和枪支，虽然他们十分清楚，越境并不是想去偷盗，而是应他们的一个蒙古岑贡（音译，意思不详。——中译者）的恳求才越境的，但是携带了武器，因此责任在我方。既然收下了这笔逾期罚金，为了保持友好情谊，也应该把上面列的那些东西送给他们。这样的回答最真实，将显示阁下处理问题比对方更为公平。

//90//5月1日。我邀请中国买卖城扎拉固齐共进午餐，他带同一名蒙古军官和一些服役人员共20人前来赴宴。宴会时小提琴演奏俄罗斯歌曲，扎拉固齐对此深表满意。餐后用了一些时间进行友好交谈，逗留到下午5时，道谢后返回境内。次晨派一名章京前来见我，对宴请表示感谢。

5月2日。收到伊尔库茨克民事省长阿列克谢·米哈伊洛维奇·科尔尼洛夫先生阁下的传文单，其中附有上月26日写来的给库伦大臣郡王和昂邦的信，按照同扎拉固齐商定的惯常文件交换方式，由我方中尉在界桩旁通过常规手续交给对方的宰桑，以便送往库伦。收到回执。

5月6日。半夜11时新任扎拉固齐抵达中国买卖城。此前他曾在库伦那边的买卖城任扎拉固齐，现调到此间接替前任扎拉固齐。今晨，在他过来之前，我派人给老扎拉固齐送去给他饯行的面包和盐，为此，前任扎拉固齐派一名章京来向我道谢，//90背面//说他明天就要离开，认为我是他的好朋友，想同我告别，但由于要准备交接事务，没有时间到我这里来，所以请我看在友谊的分上，到他那边去同他告别，我当时就答应了。新任扎拉固齐抵达买卖城后，我派一官员前去祝贺他上任，他亲切地接待了派去的官员，吩咐转致谢意，又请求说，他由前任扎拉固齐处得知我是他的好朋友，所以请我前去同离任扎拉固齐告别，同时也与他结为新交。四个小时后，我带领一支体面的队伍前往买卖城。进入扎拉固齐的庭院后，在第一道大门旁受到几位章京迎接；穿过庭院后，在房前受到两位扎拉固齐极为亲切的欢迎，寒暄片刻之后，进入屋内，受到茶和糖果招待。与此同时，进行了友好交谈。我坐了半个小时，祝老扎拉固齐一路平安，同他告别，又向新任扎拉固齐做了自我介绍，向他表示友谊。出屋后，两位扎拉固齐送我到公衙的大门口，在两名章京和两名士兵护送下返回驻地。

5月7日。新来的中国扎拉固齐派两名章京来见我，声称//91//接到库伦昂邦命令，告知我他们同意按省长先生来信提议，接受我方给予的一匹马、一具马鞍、一副马笼头和一支枪。他们按逾期罚金方式送回了我方的五匹牲畜，要求我下令把马匹和枪支交给他们，并从他们手里接收那几匹牲畜。对此回答他们说，马匹在距此地20俄里的地方，今天派人去牵，明天牵回，后天交给他们，同时后天（即9日）[①]从他们手里接收五匹牲畜。接收马匹、枪支等物时，由他们的宰桑出收据；接收牲畜时，由我方界务官员出收据。

9日，按照同买卖城扎拉固齐议定的常规交换方式，由十二等文官、界务专员伊古姆诺夫在界桩旁将带马鞍的马和枪支交给蒙古宰桑，并从宰桑手中接收了五头牲畜。双方接收牲畜等物时均相互交换了收据。

5月9日。我按常规派百人长纳济莫夫和十三等文官利亚霍夫给新来的扎拉固齐送去一些食物：甜点心、野味、一俄升装的法国酒1瓶、14俄磅重的白糖1块和活羊1只。他把所有这些食品高兴地收下，吩咐派去的人向我道谢，为此，他送给百人长纳济莫夫丝织物半匹，送给十三等文官利亚霍夫纺绸1块，随他们同去的4名哥萨克砖茶12块。次日，他又派一名甲喇，一名章京来见我，带来1匹单色粗织物、1箱茶和水果。为此，我赏给甲喇两张狐皮和两张海狗皮，送给章京两张海狗皮，3名蒙古人各1张海狗皮。

衙门八等文官伊兹玛伊洛夫

俄罗斯帝国对外政策档案馆圣彼得堡分馆，总档1—9，目录8，1806—1818年，案卷2，88～91页背面。原件。

---

① 括号为原文所有。

№ 347

1806年4月2日。恰克图海关关长П.Д.瓦尼方季耶夫就清朝官员视察边界事呈Ю.А.戈洛夫金使臣的报告

秘密

//69//呈二等文官、枢密官、出使大清国特命全权使臣、赏戴勋章尤里·亚历山德罗维奇先生阁下的报告

卑职认为有责任向阁下报告，在过去一周内，此间在贸易方面未发生任何值得注意的事件。

唯有一事值得指出，即中国人答应的商品尚未运抵此间边境。而且，据卑职的看法，在理藩院得到我理政事枢密院对其来书①的答复之前，未必能运到。

此间边境官员当然会向阁下无遗漏地一一报告中国官员进出买卖城之事。同样，卑职也认为此乃应尽的责任，故谨向阁下报告，中国特派官员日内曾在买卖城作短暂停留，之后前往东部边境，直至阿穆尔河，据称似为巡视卡伦，据卑职探知，实则想查看我方边境对他们是否有不利的行动。据称，另一位官员不久将沿边向西巡视。俟此事发生后，卑职将立即通过邮驿//69背面//向阁下报告。

原件上署名：关长瓦尼方季耶夫。

---

① 见287号文件。

正文下方：经关长瓦尼方季耶夫核对无误。

1806年4月2日
于特罗伊茨科萨夫斯克要塞

69页正文上方左侧：抄件①。

同处：归入3478号。

同上，右侧：秘密。

俄罗斯国立中央古代文献档案馆，国家档案全宗第15号，1806年，案卷30补充，69页。经核对的抄件。

抄件存俄罗斯帝国对外政策档案馆圣彼得堡分馆，总档2—3，目录34，1801年，案卷2，97～98页。

① 着重号为原文所加。

№ 348

1806 年 4 月 3 日。库伦办事大臣蕴端多尔济、佛尔卿额、福海就蕴端多尔济已返回库伦担任原职事呈嘉庆皇帝的奏章

//94//2 月 27 日①

奴才蕴、佛、福恭谨上奏，以达圣听

奴才蕴等匍匐恭领圣训[1]，祝圣上万岁，并以整备数日后，于二月八日②出京，二十七日抵库伦。奴才蕴、佛、福率全体官员、呼毕尔甘、喇嘛等，匍匐恭祝我圣明皇上万岁。哲布尊丹巴呼图克图出居所而迎，//95//连连匍匐跪拜，高举黄色哈达[2]，山呼圣上万岁。奴才蕴将所奉由圣上赐呼图克图哈达转交时，呼图克图多次下跪，双掌合十加顶[3]，跪接赏赐，连连叩头，以谢天恩。

为此，呼图克图将黄色哈达单独卷起，双手高捧，跪地恭祝圣上万寿无疆，将其供奉于香案之上。

又，奴才蕴已于当天恭接过临时由奴才佛保管的库伦大臣印信，//96//开始履行公务，此事应具折奏报，特恭呈以达圣聪。

---

① 4 月 3 日。

② 3 月 15 日。

96 页正文末尾：3 月 13 日[①]收到［由北京返回］的奏折上有皇帝朱批：已阅。照此办理。

蒙古国立中央历史档案馆，藏档 M-1，案卷 651，94～96 页。库伦办事大臣衙门抄文簿抄件。И. Т. 莫罗兹译自满文。

注释：

［1］我们在库伦办事大臣衙门抄文簿中未找到嘉庆皇帝这道谕旨的文本。

存有理藩院（夏初月 11 日）就蕴端多尔济返回库伦担任原职给他的信译文（见 10 号文件注释 3）。Ю. А. 戈洛夫金于 1806 年 6 月 23 日收到该件。随件还附有 П. 伊兹玛伊洛夫 1806 年 6 月 17 日的报告（俄罗斯帝国对外政策档案馆圣彼得堡分馆，总档 1－7，1805 年，案卷 1a，卷夹 27，411～412 页）：

"百人长纳济莫夫用蒙语从满语转述并记录。八等文官伊兹玛伊洛夫翻译。

大理藩院致喀尔喀副将军。

至高无上的博格德汗陛下的大理藩院衙门颁发密令：'鉴于尔同俄国使臣之事在接到俄国国君就尔的证词做出答复之前无法弄清，也无法解决，唯有等待，故尔应返回库伦，担任前职。收到俄国信使送来文书后，着即将其送至大理藩院'。"

正文下方注明：八等文官伊兹玛伊洛夫同副本核对无误。

八等文官伊兹玛伊洛夫译自蒙文。

蒙文本系根据百人长纳济莫夫所译满文译出：亦见 383 号文件注释 1。

［2］哈达（蒙语为哈达格）——叠成窄条的丝织物，尺寸不同，颜色也不一。为表示友谊，祝贺长者，会见客人，可以作为礼物献上哈达。黄色哈达献给皇上，以及献给职位崇高的宗教人士。这一习俗是从西藏传来的（Н. Я. 比丘林：《蒙古札记》，卷 1，84 页）。

---

① 4 月 19 日。

［3］满语为“基噢金—阿罗”，意即祈祷或迎接客人和问候健康时把双掌合起，触及额头，状似为之祈祷（И. И. 扎哈罗夫：《满俄大词典》，326页）。

№ 349

1806 年 4 月 3 日。库伦办事大臣蕴端多尔济、佛尔卿额、福海就理藩院致枢密院的文书和 И. Ф. 克鲁森施特恩、Ю. Ф. 利相斯基交粤海关的信已送往伊尔库茨克事呈嘉庆皇帝的奏折

//103//2 月 27 日[①]

奴才蕴、佛、福恭奏，以达圣聪

奴才等于嘉庆十一年一月二十日[②]接奉由军机处发来圣旨，匍匐拜读。皇上于当月十日圣旨中训示：“现礼部已拟好以满文、俄文及拉丁文书写的文书一份，着由理藩院用印，发往俄枢密院。然俄使戈洛夫金已于去年十二月二十七日[③]由库伦返回，着佛尔卿额等派//104//四百里快马廷寄将该书递交俄省长，转送枢密院，并抄示[④]佛尔卿额等。”

奴才佛、福阅过理藩院致枢密院文书抄件，此次指派协理台吉达西敦多布等，命其递送理藩院致枢密院文书及奴才等致俄省长函。

---

① 4 月 3 日。

② 2 月 25 日。

③ 2 月 3 日。

④ 见 313 号文件。

日前，二月七日[①]，达西敦多布等人返回，将俄省长科尔尼洛夫来函[②]交奴才等。省长在信中告知，//105//理藩院致枢密院文书业已收到，并将立即送出。

奴才等询问达西敦多布等人省长说了哪些话，他们报告说：

省长接过文书后，按例着我等休息了几天，但未问及任何事情。在回答我等问题时说，不久前回国的俄使团团长戈洛夫金现正在伊尔库茨克，派一等秘书、宫廷低级侍从［巴伊科夫］去见他们的汗。当我等要返回时，省长照例赐我等波利斯绒和其他各种物品。

为此，奴才等将省长以三种文字写成的寄给臣的信另函封缄，敬呈皇上御览。

又，奴才等二月五日[③]接奉上谕，拜读皇上一月二十五日[④]//106//圣旨：

已命理藩院再次拟文书发往俄枢密院，另函发去此前由克鲁森施特恩等人所呈两封俄文信件。佛尔卿额等人收到该函后，着即按规定办法将其送达俄国省长，转送俄枢密院。着将该文书并将两俄文信之满文译本抄示佛尔卿额等[⑤]。

此次奴才等已指派一等台吉萌古、扎克鲁克奇噶尔丹等人按规定办法将理藩院文书送给俄省长。详情待萌古等人回国后再奏。谨//107//奏。

107页正文末尾为：据奏折抄录。在三月十三日[⑥]收到［由

---

① 3月14日。

② 见324号文件。

③ 3月12日。

④ 3月2日。

⑤ 见290号文件。

⑥ 4月19日。

北京返回]的奏折上有皇帝朱批：已阅，照此办理。

蒙古国立中央历史档案馆，藏档 M-1，案卷 651，103～107 页。库伦办事大臣衙门满文抄文簿抄件。**И. Т.** 莫罗兹译自满文。

№ 350

1806 年 4 月 3 日。Ю. А. 戈洛夫金使臣为出使活动得到肯定给亚历山大一世皇帝的感谢信

//250//陛下：

恰尔托雷斯基公爵转来我皇陛下的谕令，从中看出陛下对臣进入中国之前有幸向陛下报告的种种安排表示嘉许。臣相信这是迄今为止//250 背面//臣孜孜以求的唯一最为崇高的奖赏，臣深感幸福。生活中各种痛苦的事件早已剥夺了臣的这种幸福感，但陛下这双为民造福的手把痛苦的创痕抚平了。而且，陛下，您将公正和慈父般的关怀普施于那些有功正等待您的赏赐，有难正期待您的救助的人们身上，使臣的幸福和尊敬感激之情获得完美的归宿。陛下，臣听到了对您那万人景仰的名字发出的祝福；臣看到了蒙受陛下无尽恩惠的人流下的欢乐之泪。在此，臣斗胆将这爱和感激的献礼呈送给陛下，同时，这又是臣所能指望的//251//最美好、最甘甜的奖赏。从臣在西伯利亚的逗留中，陛下应该有权得到另外一些消息，那就是把规模空前的重大善举更强有力地推广到这一地区。目前，臣正在为落实陛下的谕令而孜孜不倦，劳作不休。

谨向陛下致以最深切的敬意，

您最卑微、最忠诚、最恭顺的仆人和臣子戈洛夫金伯爵

1806 年 4 月 3 日于伊尔库茨克

250 页正文上方右侧用俄文书写：1806 年 5 月 13 日收到。同处，左侧：№ 6。

俄罗斯帝国对外政策档案馆圣彼得堡分馆，总档 1—7，目录 6，1805 年，案卷 1a，卷夹 27，250～251 页。法文原件。Н. Б. 祖布科夫译自法文。

№ 351

1806 年 4 月 3 日。Ю. А. 戈洛夫金使臣就皇帝尊号的写法以及枢密院为俄国驻北京教士团换届事致理藩院文书内容等问题的一些想法致副外务大臣 А. А. 恰尔托雷斯基的紧急报告

//252//公爵大人：

前天卑职接到信使科尔热夫斯基送来阁下第 35、36 号急件和卑职应该在边境使用的几份证书。

该信使将枢密院就派出教士团接替目前驻北京教士团一事致北京理藩院的文书交给卑职。卑职遗憾地发现，这份文书可能会造成一些新的困难，卑职以为有责任提请//252 背面//阁下注意。

中国人将 1805 年 8 月 2 日的文书退还枢密院，指责文书内容含混不清，满文译文未遵守书写其君主尊号的惯用格式。现在寄来的这份文书，就实质而言只是前一份文书的翻版而已，根本无法满足他们的要求，澄清他们所认为的含混不清之处，即新一届教士团出发的时间问题。他们已知道，俄国不想随出使大臣同时派出教士团；但这一点在任何地方却并未对他们说明。教士团将在何地等待规定的时间到来，何时可以进入中国？也许正是这样一个疏漏，才使理藩院产生了怀疑和种种猜测。因此，卑职认为枢密院文书中必需清楚指出，//253//我们的神职人员正在伊尔库茨克，等待着他们何时可以前往北京的指示。

至于他们所提出的有关他们皇帝尊号的书写格式问题，理藩院的这一要求是完全没有根据的。任何一个条约均未规

定在此种情况下应该遵守什么格式。由克罗波托夫的来信（现将摘录附上）可以看出，恰恰相反，在他对条约的增补中，总是把己方君主的尊号写得高于中国皇帝尊号，而中国全权代表在他们的文本中做法则恰好相反。对此并未提出过异议。枢密院同理藩院的往来信函始终遵守这一格式，中国人也从未提出过反对意见。每一方都用大写字母书写∥253背面∥本国君主的尊号，而对他国君主则无须如此。也就是说，北京政府现在提出了一个新的要求，但又没有提出任何替代办法，而枢密院却对此做出了让步，把罪名加到译者身上，这不仅使我方接受了理藩院的要求，处罚了这名译者，而且还提供了一个姑息的新证据。就目前而言，这种姑息态度也许是不合时宜的。

这便是卑职认为必须将文书留下不发的原因。恳请公爵大人对这两个问题拨冗予以关注，因为它们可能再度引起北京宫廷对我方不满。由此造成的书信滞留并不会产生什么不良后果，因为我们想等待∥254∥上一届教士团返回的确切消息也是白等，那个教士团无论如何都会到得很迟。这里的教士团反正秋天以前也无法上路，那边的教士团来年春天之前也回不到俄国。至于把文书送到库伦一事，甚至即使一切格式都合规格，卑职也要拖上它几周时间，以便能把它交给一个能从驻留该地的中国省长处搞到情报，或者能把卑职的消息告诉省长的人。眼下搞这种书信往来没有什么意义。相反，卑职已建议所有边境官员以及我的密探行事要沉稳，不能显露出任何好奇或不安，因为这种情绪会引起不必要的怀疑。不过，要想把我们的事办好，可能还得∥254背∥托那位代库伦郡王理事的固山昂邦，所以卑职很想摸摸他的性格，在此谨向阁下呈上一份卑职收到的报告。

公爵大人，敬请阁下把所附报告转呈皇帝陛下。

谨向阁下致以崇高的敬意，

您最恭顺、最忠诚的仆人 Ю. 戈洛夫金伯爵

1806 年 4 月 3 日于伊尔库茨克

252 页正文上方右侧用俄文书写：5 月 13 日收到。

同处，左侧：№ 10。

252 页正文下方：送 А. А. 恰尔托雷斯基公爵阁下。

俄罗斯帝国对外政策档案馆圣彼得堡分馆，总档 1—7，目录 6，1805 年，案卷 1a，卷夹 27，252～254 页背面。法文原件。Н. Б. 祖布科夫译自法文。

№ 352

1806 年 4 月 7 日。库伦办事大臣佛尔卿额、福海就理藩院致枢密院文书和 И. Ф. 克鲁森施特恩、Ю. Ф. 利相斯基呈粤海关的信已送出一事致伊尔库茨克民事省长 А. М. 科尔尼洛夫的信

//82//2 月 7 日①

大清国库伦办事大臣、昂邦就信件已经送出事致俄国伊尔库茨克民事省长科尔尼洛夫函

本郡王、昂邦特派一等台吉萌古、扎克鲁克奇噶尔丹，命其将本官于嘉庆十一年二月五日②收到的我大理藩院致贵国枢密院文书③一封送交省长先生。望收到此函后立即转送贵国枢密院，并按惯例给//83//本郡王、昂邦来函，告知该书已收到，并已按上述收件人地址送出。专此奉达。

蒙古国立中央历史档案馆，藏档 М-1，案卷 651，82～83 页。库伦办事大臣衙门满文抄文簿抄件。И. Т. 莫罗兹译自满文。

库伦办事大臣衙门蒙文抄文簿抄件存同处，84～85 页。

---

① 3 月 14 日。

② 3 月 12 日。

③ 见 313 号文件。

№ 353

1806 年 4 月 11 日。Ю. А. 戈洛夫金使臣为使团向 И. И. 列多夫斯基考察队拨款提供队员赴鄂霍茨克的路费一事给副外务大臣 А. А. 恰尔托雷斯基的紧急报告

//298//公爵大人：

当卑职得知无法将使团配备的所有学者都带往中国时，卑职便想方设法利用彼等在西伯利亚逗留的机会，以补偿彼等因旅行而给皇帝陛下造成的花费。卑职回国后，那些一直伴同卑职的人亦并未无所事事。随着天气转暖，他们的工作将变得更加值得注意。列多夫斯基先生在各方面都是其中深堪嘉许的一个，//298 背面//他自告奋勇去堪察加、千岛群岛和尚塔尔群岛考察。在一位像他这样品质优秀的人率领下，这次考察活动定能取得重要成果。不过，若要等待皇帝陛下批准，列夫多斯基先生就会失去整个夏天，或者只能在伊尔库茨克附近利用他的专业知识，但大家对周边情况已经有了相当深入的了解。因此卑职认为，可以从使团的非常款项中抽出若干经费，以供他作为去鄂霍茨克的路费。他将在鄂霍茨克等待皇帝陛下批准他所提出的旅行计划，再由卑职将计划转寄科学院院长先生。

卑职对这项开支并未多所斟酌，因为此间虽搜集到不少有关雅库茨克和阿尔丹河口之间那条新通道的消息，但却混乱不清，相互矛盾，//299//极难判定已经花出的大量资金将来是否会带来好处。鉴于该项目对向堪察加和我国美洲企业提供给养具有重大意义，卑职想彻底了解一下，并最终确

立信心，至今与开辟这条新路意见相左的种种障碍是否存在，是由于当地的自然条件和气候条件，抑或由政府在当地雇佣的那些官员管理不善造成的。也就是说，卑职需要一个又有学识又公正的人，让他来研究一下，是否有办法沿着这条路线建立起几座俄罗斯的、雅库特的或通古斯的居民点，能保留这些居民点的真实原因是什么。时至今日，政府已经支付了 6 万多卢布，但工程尚未完成。列多夫斯基先生是完成此项任务的最佳人选。卑职把雅库茨克区一个姓科热温的老土地丈量员调拨给他做伴。科热温由//299 背面//各个方向多次穿越该地区，参加过福明海军少将的考察队，通晓通古斯人和雅库特人的语言，对列多夫斯基十分有用。

由于科热温在此已居留 18 个月，失业无薪，家庭人口众多，生活极为困难，故不得不发给他 600 卢布，以便做好准备，等待出发。希望陛下能批准卑职对这个老职员的救助。此人同好多西伯利亚人一样，由于申诉无门，无法直达圣听，因而处于无助的地位。卑职要承认，此次由于有机会把公平、人道同为我至尊君主效劳而带来的明显好处相结合，亦深感欣慰。

谨向公爵大人致以深深的敬意，

阁下最卑微、最恭顺的仆人 Ю. 戈洛夫金伯爵

1806 年 4 月 11 日

298 页正文上方左侧：№ 12。

同处右侧用俄文书写：1806 年 5 月 21 日收到。

俄罗斯帝国对外政策档案馆圣彼得堡分馆，总档 1—7，目录 6，1805 年，案卷 1a，卷夹 35，298～299 页背面。法文原件。Н. Б. 祖布科夫译自法文。

№ 354

1806 年 4 月 16 日。恰克图海关关长 П. Д. 瓦尼方季耶夫就有消息称库伦办事大臣蕴端多尔济、福海受到嘉庆皇帝奖励一事呈商务大臣 Н. П. 鲁米扬采夫的报告

//49//秘密

致二等文官、枢密官、商务大臣、赏戴勋章尼古拉·彼得罗维奇伯爵先生阁下的报告

特送上特命出使大臣尤里·亚历山德罗维奇伯爵阁下 3 月 31 日给卑职下达的命令，以及卑职对该命令所做回答①的抄件，谨请阁下过目。现再将卑职得知的确切消息作为补充报知大人。在库伦迎接和接待过俄国使团的中国郡王和昂邦，于使团回国后被其君主由库伦召到北京，受到重赏。除诸般荣宠之外，郡王还得到君主亲赐的一枚印章，具有空白札子的重要效力，以示君主对他深为嘉许。据说，该郡王还亲自安排并下达命//49 背面//令，着一名官员沿与我毗邻的边界向东巡视。此事卑职已于本月 2 日向阁下报告。

上述内容卑职未向尤里·亚历山德罗维奇伯爵报告，以防可能产生受侮辱的感觉。

卑职定会向阁下详报一切。

关长瓦尼方季耶夫

---

① 见 347 号文件。

1806年4月16日
于特罗伊茨科萨夫斯克要塞

49页正文上方右侧：1806年6月18日。
同处，左侧：№ 4326。

俄罗斯国立中央古代文献档案馆，国家档案全宗第15号，1806年，案卷30补充，49～49页背面。原件。

№ 355

1806年4月16日。外务院驻恰克图特派员П. И. 伊兹玛伊洛夫就边界状况及库伦办事大臣在俄国使团回国后的职务调动等消息致Ю. А. 戈洛夫金使臣的报告

//261//秘密①

外务院驻恰克国特派员、领边境事务八等文官伊兹玛伊洛夫呈二等文官、枢密官、院部大臣、皇帝陛下宫廷及各骑士团总典礼官、御前侍从官、特命全权使臣、赏戴勋章尤里·亚历山德罗维奇·戈洛夫金伯爵的报告

卑职荣幸地向阁下恭报，边境和贸易前哨各处一切正常，邻国长官及其下属军官同我方相处亲切，未发现任何暴力行为。

据对方传闻，库伦郡王已于上月彼国历法二十三日，我国历法3月30日抵达库伦，由二十五日至四月一日未到职视事[1]，当天接到专使送来到职命令，对他重申要严于律己，同俄方宽厚相处，尽量克制自己的傲慢态度。

在他之前任职的固山昂邦已于二十六日，我国历法4月2日，离开库伦，前往北京。昂邦一职正等待新人或者由此间扎拉固齐升任。蒙古人到处都在说郡王变化很大，面色憔悴，郁郁不欢，心事重重，这主要是因为他的事情//261背面//尚未了结，需待到俄国枢密院对他们理藩院的上一份文书②做出回答之后。一般而言，所有中国长官都急不可待地

---

① 着重号为原文所加。

② 见287号文件。

等待这一回答。

对方所有哨所均收到严令，要尽量亲切友好地对待俄国人，避免出现任何可能破坏安定的事件。许多蒙古哨卡长官也谈到了这一点。

还有一些人判断，下面两点帮了郡王的大忙，一是他主持同俄方办交涉已有10年，他的亲家就此向国君做了很好的介绍；二是他的妻子故去，按照迷信说法，人们把这看成是特殊惩罚，使皇帝动了恻隐之心。人们认为，不然的话，是不会让他再去管事的。

顺便说一下，此间有传闻说，阁下在库伦的所作所为//262//受到皇帝陛下赞许，这实在是再公平不过了。如果此事传到那边长官耳中，会迫使他们思索的。不过，除非阁下允许，否则卑职绝不敢同边境人员说起此事。

衙门八等文官伊兹玛伊洛夫

1806年4月16日

于恰克图哨所

261页正文上方右侧：4月29日收到。

同处：№65。

262页正文下方：№21。

俄罗斯帝国对外政策档案馆圣彼得堡分馆，总档1—7，目录6，1805年，案卷1a，卷夹27，261～262页。原件。

注释：

［1］根据呈递给嘉庆皇帝的报告，蕴端多尔济于1806年4月3日由北京返回库伦（见348号文件）。

№ 356

1806 年 4 月 21 日。库伦办事大臣蕴端多尔济和福海就收到伊尔库茨克民事省长 A. M. 科尔尼洛夫的信并就有关 Ю. A. 戈洛夫金的消息等事呈嘉庆皇帝的奏章

//113//3 月 15 日[①]

奴才蕴、福恭奏以达圣听

日前奴才等恭奏：奉圣上谕旨，奴才等派遣一等台吉萌古等人前往递送理藩院致俄枢密院文书，以查明克鲁森施特恩等人赴粤海关经商有何根据[②]，同时将奴才的信送交俄国省长。今三月一日[③]，一等台吉萌古等人已返回，并将俄省长科尔尼洛夫复函[④]送交奴才等。答复称已收到我理藩院致枢密院文书无误，并将立即按收件人地址送出，云云。

奴才等询问萌古等人与科尔尼洛夫省长//114//谈话情况如何，回答如下：

省长高兴地接过信件，请我们留下休息三天，按惯例赐给我等波里斯绒及其他物品。之后，回答我等问题说，不久前回国的俄国使团团长戈洛夫金等人现正在伊尔库茨克，等

---

① 4 月 21 日。

② 见 313 号文件。

③ 4 月 7 日。

④ 见 339 号文件。

待彼国汗的训示。

特将省长以三种文字书写的信封于函内，恭呈圣上御览。

114 页正文末尾：据奏章抄写。在四月二日①接到［由北京退回］的奏折上有皇帝朱批：已阅，照此办理。

蒙古国立中央历史档案馆，藏档 M-1，案卷 651，113～114 页。库伦办事大臣衙门满文抄文簿抄件。И. Т. 莫罗兹译自满文。

① 5月7日。

№ 357

1806 年 4 月 30 日。商务大臣 Н. П. 鲁米扬采夫为委托就允许俄国在广州开市同清方开始谈判一事致恰克图海关关长 П. Д. 瓦尼方季耶夫的信

//22//致瓦尼方季耶夫的信

接到你今年 2 月 19 日关于俄国使团从中国返回的信①。我要向你表示感谢，而且要告诉你，我早就预料到你会有这样一封来信，我相信，这样的问题你是不会不禀报上司的。

你当然不会不知道，此事发生的原因在于驻库伦的中国长官，他们以［惯常的］但却是［特殊的］礼节②来刁难我出使大臣，这种礼节与他所具有的显要地位的尊严是不相称的。在这种情况下，得知你坚定相信我国同中国的贸易会有所改变的谣传并无根据，贸易不会遭到动摇，就使我尤为高兴。由此可见，这一事件对我国的方针大计并未产生影响，而且，更重要的是，1805 年恰克图的易货贸易将比以前更加活跃。

在此，我有一事要通知你：据此间收到的情报，恰克图扎拉固齐将［升任］库伦昂邦，除了普通官印之外，尚授予他一枚特殊的郡王的印信，因此具有昂邦王的头衔。根据你在中国边境效力的这段时间来看，深知恰克图商人对你赞誉

---

① 见 294 号文件。

② 最初写的是："要求我使臣服从他们这一礼节"。接下来的修改不清晰，这里的文字是推测出来的。

有加，//22背面//我想，你同那位扎拉固齐的关系一定很好，这一点能给目前的政治局势带来好处。如能运用得当，方法巧妙，则更为可观，将为你博得君上的恩宠开辟道路。我要委托你运用相应的手段从你自己的角度说服扎拉固齐，要他坚信俄国宫廷对中国朝廷的和平意愿决不动摇。你肯定也知道，我国有两艘环游世界的船驶入广州经商，但被中国政府扣留，理由是中国宫廷事先就此未得到通知。你可就这一新情况对扎拉固齐做出说明，通过他向北京宫廷做工作，要他们允许我国在广州经商，或者照以前的办法，允许在朝鲜海岸或其他属于中国的海岸经商，提示这位扎拉固齐，中国政府如能同意，表示他们愿意保持两国间现存的这种古老的友好联系。在目前情况下，这种联系似乎有动摇的危险。但即使中国人不许在广州开展交易，不许在别的地方开市，俄国宫廷仍坚定相信，中国政府绝不会//23//不许我国两艘船只离开，否则俄国宫廷就不得不认为，这是对自己尊严的侮辱。

我把这些事情委托给你，你知道我对你是信任的，因此请你把我就此事给你的信件保存好，切莫让他人知道。一切谈话均以你自己的名义进行，绝不要露出我名字。请你相信，你为国效忠的一举一动我都会向皇上奏报。

顺致真诚的敬意。

22页左侧：1806年4月30日。

同处：№ 934。

同处，正文上方：据№ 2598，正中间：

给瓦尼方季耶夫的信①

俄罗斯国立中央古代文献档案馆，国家档案全宗第15号，1806年，案卷30补充，22～23页。底稿。

① 着重号为原文所加。

№ 358

1806 年 5 月 2 日。内阁非常委员会就 Ю. А. 戈洛夫金使团回国后同清帝国的关系问题呈亚历山大一世皇帝的报告

//338//内阁委员会对戈洛夫金伯爵最近几份紧急报告的意见

//339//鉴于收到特命全权使臣戈洛夫金伯爵 2 月 19 日①写于特罗伊茨科萨夫斯克要塞、3 月 23 日由宫廷低级侍从巴伊科夫送到此间的几份紧急报告，皇帝陛下特颁旨组成内阁非常委员会，其构成人员如下：商务大臣鲁米扬采夫、陆军大臣维亚兹米季诺夫、内务大臣科丘别伊伯爵、副外务大臣恰尔托雷斯基公爵。他们的责任是全面评估//340//出使大臣戈洛夫金伯爵所描述的事件，就制订符合目前国务状况的措施形成共同意见。

为此，我们搜集了解决本问题所需的全部资料，开始阅读文件。文件清单见 1 号附件，//340 背面//呈请圣上御览。

第二次会上，臣等又阅读了 4 月 6 日收到的、戈洛夫金伯爵于 3 月 8 日和 9 日②写来的紧急报告，以及由宫廷低级侍从古里耶夫送到此间的第 4 号报告，第 5 号、第 6 号致恰

① 见 295、298 号文件。

② 见 325、326、333、313 号文件。

尔托雷斯基公爵的两封信[①]，其中附有北京理藩院致枢密院的文书[②]和//341//译文。文书对使团返回的原因做了解释，其中对戈洛夫金伯爵进行了指责。

第三次会上阅读了 4 月 20 日接到的由机要通信员洛谢夫送来的几份紧急报告[③]，其中有北京理藩院致理政事枢密院的文书[④]，告知//341 背面//由克鲁森施特恩海军大尉和利相斯基指挥的两艘俄国船只驶抵广州。

臣等将以前的结论同某些变化了的情况以及新得到的消息放到一起考虑，推论如下：

俄国使团未达到目的便返回，令人不快，//342//但却是由多种原因造成，大部分原因尚不清楚，应予以查究。戈洛夫金伯爵紧急报告中提到的一些原因，只能归结为郡王和昂邦的所作所为公开暴露出他们对俄国不怀善意。臣等从中//342 背面//得出结论，库伦办事大臣、郡王和昂邦提出的那些不相宜的要求，要么是北京宫廷对他们下达的命令，为的是给俄国使团的下一步设置障碍；要么是这些长官自行其是，在我使团刚迈出第一步时便擅自为之制造困难，而这些行为又可能//343//受到在广州经商的欧洲各国暗中鼓励。因为官员们知道，要求也好、设置障碍和贬低也罢，都是同他们政府的那一套相一致的。一旦出什么事，他们还能够在自己的朝廷上找到为自己辩护的办法，//343 背面//把全部罪过都推到俄国使臣顽固不化头上。

臣等的这些结论已为经验所证实，而且，最近接到的北

---

① 这里的着重号均为原文所加。

② 见 287 号文件。

③ 见 342、343 号文件。

④ 见 256 号文件。

京理藩院遣返使团的文书[①]更是一个明显的证据。因为中国政府不仅指责戈洛夫金伯爵，而且还要求因为他不执行//344//博格德汗的谕令而受到严惩。

不过，只要比较一下这份文书和以前几份文书，便可发现其中的内容和用语表明中国政府有友好的意愿，甚至还为遣返我使团可能引发的后果表示了某种担心。

从外务院提交的//344背面//有关俄国使臣在边境和北京受到接待时所履行的礼节的资料明显可见，不管是在库伦，还是在张家口，不管是途经的任何城市，哪一位使臣也没有被要求行叩头礼，尽管为他们也准备了类似的盛大宴会。所有的俄国使臣都只是在北京博格德汗的面前才履行//345//上述礼仪。因此，出使大臣戈洛夫金伯爵不能不遵守这个约定俗成的、并经时间确认的规定，从而使自己的称号不受到贬损。

提请解决的一个最重要的问题，就是解救在广州被扣的俄国舰只。

臣等认为//345背面//必须立即向北京理藩院发去一份理政事枢密院的回书，回书草案见第2号附件[②]，恭请陛下圣裁。如果中国朝廷顽固不肯释放这两艘船只——虽然这种可能性不大——如果不能很快接到北京理藩院令人满意的回答，臣等以为//346//应该采取积极措施，即在边境展示力量，甚至实施报复，以便通过这种行动，手中掌握足够的保证条件，以挽回因俄国船只被扣而使我方蒙受的侮辱，如果这些传闻为可靠消息所证实的话。

俄国使团由库伦被遣返是另一个需要//346背面//重视

---

① 见287号文件。

② 见367号文件。

和解决的问题：应该以何种形式来接受这一事件呢？

臣等深入研究亚洲各国人民的风俗后发现，我使团的返回也好，一些不得体的要求也好，粗暴的语言和库伦办事大臣的信件也罢，对这些都不必像对待欧洲//347//宫廷发生此类事件那样过分予以重视。在同奥斯曼帝国政府打交道的过程中，每一个国家多少都遭遇过那些政府大臣粗暴的、蛮不讲理的对待。要等待中国人给予友善的、彬彬有礼的接待那就更是困难。他们甚至认为，对待//347背面//使臣粗暴无礼这种根深蒂固的恶习，居然是国家政策的基础。从彼得大帝时代起直到如今，俄国宫廷对待中国宫廷的温顺宽容，无疑成了促成他们得寸进尺、恣意妄为甚至破坏条约的原因。不过，//348//我国使团遇到的这些困难，却是由双方的原因造成的：戈洛夫金伯爵不同意库伦郡王的要求，同样也向中国政府证明，对俄国而言，这个使团也许并不像他们想象的那么重要。

因此，臣等得出的结论是，虽然没有足够的理由把我使团被遣返//348背面//一事看作是一种实实在在的侮辱，但也应该尽量利用这一机会，以便中止俄国宫廷由于总是实行宽容政策而使自己陷入的不利状态。既然取得了要求报偿的权利，现在只需要证实一下，是否有可能利用这件事得到好处，以便在//349//最得体的基础上把我们同中国的边境事务办好就行了。出使大臣戈洛夫金伯爵在题为“Memoire sur la situation actuelle des relations entre L′Empire de Russie de la China”① 的报告中想要证明有这种机会，但却没有所需的完整资料，他答应搜集这些资料并送上来审查。

//349背面//为了把种种情况汇集起加以利用，准备在

① 见409号文件。

万一的情况下用以反击中国政府的狡诈和阴谋，谨请陛下同意臣等的意见，把戈洛夫金伯爵以特命全权使臣的身份留在西伯利亚，直至俄国宫廷同中国宫廷就使团被遣返和俄国船只被扣广州等事的信函往来//350//结束为止。因此，理政事枢密院致北京理藩院的复书应把此项安排通知中国政府，通信则依然根据过去的规定，通过伊尔//350背面//库茨克省长，按常规进行。答书草案见3号附件，呈请陛下圣裁。

有鉴于此，应采取必要措施，命令西伯利亚总督佩斯特尔[1]，着其到职之后，从自己的角度尽可能给予戈洛夫金伯爵以帮助，以利于顺利完成//351//交付给后者的工作。现总督尚未到任，内务部应命令伊尔库茨克民事省长，着其满足戈洛夫金伯爵所提与职务有关的种种要求。

在此意义上，似应给西伯利亚巡阅使拉夫罗夫少将下达命令。上述//351背面//所有人员同戈洛夫金伯爵的关系，仅在于应他的要求向他提供所需情报，不得迟误。这些安排可加强戈洛夫金伯爵手中已有的资源，并应在不太长的时间内将西伯利亚各省的完整资料搜集完毕，而且要对当地事务产生显著效益//352//。即使新获得的资料出乎意料无法证实可以改善俄国边境以及同中国政治关系的境况，那么针对一个如此遥远的边疆地区，了解到有关其内部和边境在资源方面的详细而准确的状况，亦能带来相当可观的效益。因此，由于//352背面//戈洛夫金伯爵勤勉努力，能够准确执行陛下的旨意，若能在西伯利亚逗留一段时间，是不会没有好处的。

为了更好地说明意图，臣等认为需要命令戈洛夫金伯爵，在他同中国边境长官办理交涉时，一定要遵守这样几条原则：

1. 通信和言谈中要尽量避免//353//能导致两帝国间关

系突然冷淡的任何表示，否则结果将是恰克图贸易提前中断。

2. 要竭尽全力，营救在广州被扣的俄国船只。

3. 应告诉他，交给他办理的最重要的工作，便是//353背面//搜集西伯利亚边境和内地的情报，并将之送到此间，但无须付诸执行。

臣等的意见可简述如下：

1. 尽力营救广州被扣俄国船只，就此要向北京理藩院和戈洛夫金伯爵发函。

2. 无须将使团遣返一事视为//354//多么了不起的侮辱，只可作为双方因无法达成共识而发生的不愉快事件。但一定要把它看成是一种不尊重，正是由于以前对他们有许多宽容的先例，中国政府才养成了这样的态度。

3. 有鉴于此，有必要摆脱这一对俄国不体面的境况，并利用眼下的这一//354背面//理由，迫使中国人完全满足俄国宫廷的要求。

4. 为了实现这一意图，应让戈洛夫金伯爵在西伯利亚少事逗留。通过这一做法可使中国人相信，俄国宫廷对戈洛夫金伯爵的所作所为是满意的；而且通过对戈洛夫金头衔的尊重，//355//可望使中国人变得更容易打交道。因为从各种真真假假的情况看来，他们也很害怕同俄国关系破裂，这从他们最近几份来书的温和口气，从北京朝廷的反应以及前库伦郡王和昂邦到了北京朝廷受到很不好的接待，以及从戈洛夫金伯爵送来的//355背面//其他情报上，都可以明明白白地看出来。

最后，臣等议论了伏尔加河卡尔梅克人愿意迁到俄国之事。由于我使团已从中国返回，消除了因使团//359//在中国境内而存在的顾虑，因此臣等以为，圣上通过副外务大臣今年3月9日信件传达的给拉夫罗夫少将的命令中提出的那些限制应予废除，并命令拉夫罗夫鼓励卡尔梅克人执行这一方针。

此新命令的方案见4号附件，恭请陛下圣裁。

尼古拉·鲁米扬采夫伯爵
谢尔盖·维亚兹米季诺夫
瓦西利·科丘别伊伯爵
亚当·恰尔托雷斯基公爵
1806年5月2日

339页左侧页边：已蒙圣上批准。1806年5月5日。

同处：1806年5月16日给戈洛夫金伯爵书写了一份，交由宫廷低级侍从巴伊科夫带走。

俄罗斯帝国对外政策档案馆圣彼得堡分馆，总档1—7，目录6，1805年，案卷1a，卷夹27，338～356页背面。原件。

注释：

［1］佩斯特尔·伊万·鲍里索维奇（1765—1843）——国务会议成员，三等文官，西伯利亚总督，被处死的十二月党人 П.И. 佩斯特尔的父亲。祖籍为萨克森人，生于莫斯科。1774年父亲送他加入萨克森国王斯坦尼斯拉夫·奥古斯特军团服役，斯坦尼斯拉夫·奥古斯特亦是波兰国王，他把佩斯特尔升为少校。1780年 И.Б. 佩斯特尔以骑兵大尉军衔转为俄国服役。1782年退役，在圣彼得堡和莫斯科任邮政局长，1799年保罗一世解除其所任职务。1801年亚历山大一世赐他三等文官衔，1806年3月3日任命他为伊尔库茨克、托博尔斯克和托木斯克总督，以接替被解职的 И.О. 谢利丰托夫的职务。1809年佩斯特尔返回圣彼得堡，直至1819年仍为西伯利亚总督（《俄国传记词典》，卷13，593、595页）。

据 Н.И. 格列奇的看法，佩斯特尔“十分聪明，受过良好教育，可能很诚实，但是为人严厉、残酷，具有一副铁石心肠。”在他统治时期，西伯利亚在极为残酷的压迫下呻吟。“恶棍和骗子”包围了他，而他则从圣彼得堡对西伯利亚实行遥控，“害怕在自家的家门口遭人暗害。他住在米哈伊洛夫城堡对面的方坦卡，跟阿拉克切耶夫的情妇普卡洛娃共用一个门廊，因普卡洛娃的关系而受到阿拉克切耶夫的垂青。不过他认为自己是个最诚实、最公正的人，深受谎言和恶势力的迫害”。（Н. И. 格列奇：《我的自述》255、256 页）

И. Б. 佩斯特尔退职后，从 1823 年起移居自己的庄园——斯摩棱斯克省瓦西利耶沃村，过着离群索居的生活。死于斯摩棱斯克，一种资料说是死于 1843 年［《俄国传记词典》，卷 13，595 页；《日记和回忆录中的革命前俄国史》，卷 2，第 1 分册，83 页；另一种资料说是死于 1845 年，见皮缅（即 Д. Д. 布拉戈沃）：《老祖母的故事——摘自五代人的回忆录，由老祖母的孙子 Д. 布拉戈沃记录整理》，列宁格勒，1989，434 页的注释 50。］

《俄国档案》杂志发表了 И. Б. 佩斯特尔本人撰写的《И. Б. 佩斯特尔服务札记》。（见《俄国档案》，1875，卷 1，第 4 期，370～407 页）。

№ 359

1806 年 5 月 3 日。Ю. А. 戈洛夫金使臣就传闻亚历山大一世皇帝嘉许使臣行动一事给外务院驻恰克图特派员 П. И. 伊兹玛伊洛夫的命令

//229 背面//1806 年 5 月 3 日再次致伊兹玛伊洛夫①

//230//你在 21 号密报②中还告诉本官，你的周围正流传着许多消息，说本官在使团遣返问题上的行动受到皇帝陛下的嘉许。

本官认为必须命令你，要想方设法回避同中国官员谈及这一话题，但如果对方对此感到好奇，你可回应说，圣彼得堡尚未有任何消息来，但你完全可以自己的名义证实，在这件事情上，本官是奉圣上的谕旨行事的。

229 页背面正文上方：№ 8。

俄罗斯帝国对外政策档案馆圣彼得堡分馆，总档 1—7，目录 6，1805 年，案卷 1a，卷夹 41，229 页背面～230 页。使团办公厅抄文簿抄件。

---

① 标题位于该页左栏。

② 见 355 号文件。

№ 360

1806 年 5 月 5 日。外务院驻恰克图特派员 П. И. 伊兹玛伊洛夫就清方不愿同俄国关系破裂、是否可能恢复派遣使团等问题呈 Ю. А. 戈洛夫金使臣的报告

//381//秘密

外务院驻恰克图特派员、领边境事务八等文官伊兹玛伊洛夫呈二等文官、枢密官、院部大臣、皇帝陛下宫廷及各骑士团总典礼官、御前侍从官、特命全权使臣、赏戴勋章尤里·亚历山德罗维奇·戈洛夫金伯爵的报告

近日来卑职由接近扎拉固齐的两位人士——一为其蒙文书办昆度，另一为其管家尼尔巴[①]，前者卑职送了他 20 卢布，他偷偷地来见我；后者同我手下的百人长纳济莫夫相识——处得知，博格德汗的确有亲谕给库伦办事大臣，命他们在同俄罗斯交往中不得有任何挑起争端之举。//381 背面//各哨卡亦应遵守同样规定，以保不生任何破坏和睦关系和贸易的借口，并称他们不希望同俄国关系破裂，而且面对目前俄国的情况，生怕出现友好关系的破裂。为此他们经常派出巡逻队到各哨卡巡查，严密监视边境动静，急切等待着我枢密院的回信。这些情况他们二人说得虽略有不同，但大体一致。他

① 着重线为文件中原来所有。

们似乎还接到命令，说如果对他们行为不妥有所批评，请伯爵大人直接告到他们京里，关于此事扎拉固齐还收到了抄件。卑职定将尽力将此件弄到，抄写一份，但最近，据说是6号，将有新任扎拉固齐//382//来轮替，不知是否能来得及。

本月1日卑职准备了一桌酒宴招待扎拉固齐，来客甚欢。谈话间他一直探听我君主对您的回国有什么想法。卑职回答说，此事谁也无法预先知道，因为如果国君有什么书面命令，当天就会得到执行，然后由专使把回答送走。因此连打听都无法打听。后来又谈到郡王的行为，他轻声说，郡王很快就要到北京去了，应该是去见皇上去的，希望过3个来月能同他再见面。//382背面//卑职说："当然还能再回库伦来当昂邦，我衷心感到高兴。"他笑笑回答说，他不知道皇上是什么意思。真要让他接待使臣的话，以他的性格，以皇上的信任，他决不会像郡王那样做，一定要合乎双方国家的体面和荣誉。他坐了5个来小时，听我们的人用小提琴演奏曲子，还有伙计们演唱坎特歌。

从扎拉固齐的话中，还有他们的各种反应中，可以得出结论，只要我方有一点表示，他们就会请求俄国继续派遣使团。

又及，边境和商业城市恰克图一切平安无事。

八等文官伊兹玛伊洛夫

1806年5月5日

381页正文上方右侧：5月15日收到。

同处：№72。

382页背面正文下方：№27。

俄罗斯帝国对外政策档案馆圣彼得堡分馆，总档1—7，目录6，1805年，案卷1a，卷夹27，381～382页背面。原件。本人手书。

№ 361

1806 年 5 月 7 日。恰克图海关关长 П. Д. 瓦尼方季耶夫就瑞春接替克西克担任买卖城扎拉固齐、清方中止恰克图贸易等事呈商务大臣 Н. П. 鲁米扬采夫的报告

//53//秘密

呈二等文官、枢密官、商务大臣、赏戴勋章尼古拉·彼得罗维奇伯爵大人阁下：

卑职有禀告此间情况的报告随此班邮车送全权使臣尤里·亚历山德罗维奇伯爵大人，现将抄件呈阁下一阅。为了避免可能出现的屈辱与不快（其中部分情况阁下已经目睹并有所了解），有些内容卑职不敢写入报告，特于此函中呈报。

扎拉固齐的撤换是根据库伦郡王的呈请所为，于上报理藩院收到命令后，由库伦//53 背面//派来一名新人。据中国人称，此人非常精细谨慎。

中方一般应于 5 月运抵此间的货物确已停止运送。此间的中国商家虽纷纷往福昌（音译——中译者）写信，要求发运茶叶过来，但那边的代理人接到北京的命令，要求驮马队停止出发，以待理藩院由理政事枢密院接到所期待的文书。显然，此间今年的贸易额将大大缩减，秋季到货情况也不大可能跟往年一样。情况会随着时间越来越明显，此事应向伯爵大人如实禀报。

关长瓦尼方季耶夫

1806 年 5 月 7 日

于特罗伊茨科萨夫斯克要塞

53 页正文上方：1806 年 6 月 23 日。

俄罗斯国立中央古代文献档案馆，国家档案全宗第 15 号，1806 年，案卷 30 补充，53～53 页背面。原件。

抄件存俄罗斯帝国对外政策档案馆圣彼得堡分馆，总档 2—3，目录 34，1801 年，案卷 2，129～129 页背面。

№ 362

1806年5月8日。亚历山大一世皇帝给Ю.А.戈洛夫金的谕旨，要求他以特命全权使臣衔继续留驻西伯利亚，并就其活动任务给予总体指示

//268//二等文官戈洛夫金伯爵先生：你通过宫廷低级侍从巴伊科夫、宫廷低级侍从古里耶夫、机要信使洛谢夫①送交副外务大臣恰尔托雷斯基转呈给朕的几份报告已经收到。

你多次报告消息，足资证明你勤于国事，忠心报效，是以朕深为赞赏并特予嘉勉。同时，对你手下担负特殊使命及工作出色的使团官员，也请转达朕的嘉勉之意。

//268背面//你提出的关于必须改变现存同中国政府的政治交往方式，将其置于同俄罗斯帝国的尊严相一致的体面地位的建议，朕以为很有道理。朕已谕令副外务大臣向你全面宣示朕对这一问题的意图。为便于完成此项任务起见，朕以为有必要以特命全权使臣衔把你在西伯利亚留一段时间。内务大臣和陆军大臣也收到命令，做出必要安排，以便//269//向你提供达到既定目标的有效手段。完成本阶段目标乃是你最主要的责任，具体如下：

1. 利用你在西伯利亚逗留的机会，收集关于当地边区内地和边境有利条件的情报，及时送达此间，但无须着手实施。

① 见297、325、332、341号文件。

2. 通过往来信函和讲话尽力消除可能使两帝国间关系趋于冷却的一切因素，以消除//269 背面//恰克图贸易可能提前中止的结果。总之要努力维护同中国人之间的和睦友好关系。

朕深知你忠心耿耿，才华出众，相信你定能不辱使命；你敏锐的眼光也定能看出该项任务的极端重要性。

对你深为嘉许的

亚历山大

1806 年 5 月 8 日于圣彼得堡

正文下方有副署：亚当・恰尔托雷斯基公爵。

268 页正文下方：6 月 25 日交低级侍从巴伊科夫递送。

俄罗斯帝国对外政策档案馆圣彼得堡分馆，总档 1—7，目录 6，1805 年，案卷 1a，卷夹 27，268～269 页背面，原件。

批准的草案（即底稿）存同处，264～267 页①。

抄件的抄件存俄罗斯国立中央古代文献档案馆，俄国历史教育志愿者协会全宗，目录 1，案卷 203，86～87 页。

发表时根据《戈洛夫金伯爵文件摘编・关于戈洛夫金伯爵出使中国的文件》，66～67 页抄件。

上列出版物的简介发表于：《19 世纪和 20 世纪初的俄国外交政策》卷 3，154 页。

---

① 264 页左侧页边：亚历山大一世皇帝的批示：照准。

№ 363

1806 年 5 月 13 日。库伦办事大臣蕴端多尔济、福海就巡视俄中边境哨卡一事呈嘉庆皇帝的奏章

//140//四月八日①

奴才蕴及福谨奏：巡视哨卡时未见任何违约犯规之事，各处均下令采取预防措施，特此恭奏，以达圣听

前不久奴才等于所呈奏折②中奏称：

鉴于积雪已融，奴才等特派贝子宁博多尔济、公爵奇旺达西前往巡视其属下喀尔喀四十七个哨卡。

现宁博多尔济、奇旺达西二人几乎同时返回，报告如下：

卑职等为办好此项差遣，人人恪尽心力，巡查各自属下位于恰克图两翼之喀尔喀四部。//141//据卑职所见，兵器、马匹、牲畜均完好，各哨卡官兵当差尽责尽力，行事小心谨慎。哨卡境外俄人未见些微滋扰，行为十分恭谨平和。奉郡王及昂邦训示，已向各哨官员下达指示，着彼等恪尽职守，谨慎小心，照旧同俄人保持友好。

由于此事应专章报告，//142//故恭呈此折，以达圣听。

---

① 5 月 13 日。

② 见 311 号文件。

142页文末：据奏折抄制。本月二十二日[①]收到的［由北京返回的］此折上有皇帝朱批：阅。照准。

蒙古国立中央历史档案馆，藏档M-1，案卷651，140～142页，库伦办事大臣衙门满文抄文簿抄件。И. Т. 莫罗兹译自满文。

① 5月27日。

№ 364

1806 年 5 月 13 日。外务院驻恰克图特派员 П. И. 伊兹玛伊洛夫为告知清方接待俄国使团的意图以及俄国船只在广州逗留的情况等消息呈 Ю. А. 戈洛夫金使臣的报告

//385//秘密

外务院驻恰克图特派员、领边境事务八等文官伊兹玛伊洛夫呈二等文官、枢密官、院部大臣、皇帝陛下宫廷及各骑士团总典礼官、御前侍从官、特命全权使臣、赏戴勋章尤里·亚历山德罗维奇·戈洛夫金伯爵的报告

本月 5 日扎拉固齐手下一名丰德博什库[①]由北京到来，证实了 3 月 1 日卑职在 12 号报告所附专札[②]中禀报的关于郡王的消息。皇上接见他时表现非常冷淡。卑职在专札中提到过他的亲戚，经他求情，为了在政治上做个样子，郡王又被派回库伦任职。派出时给他下了一道严命，着他在俄国事务中一定严格执行命令，遵守先例，不得对指示要求有任何违背，不得独出心裁，也不要以为可以得到中国皇帝的荫庇，因为王子犯法与庶民同罪。为了再次迎接俄国使团，一名显贵的宫廷阁老做好了准备，此人现已在张家口。一旦//385

---

① 左侧页边有说明：秘书。

② 见 317 号文件。

背面//收到枢密院要求放行使团的文书，他将立即前往库伦接待使团，库伦办事大臣们将不再参与此事。新任命的典礼官将代替郡王护送俄国使团由张家口到北京，现已做好准备。为此，由公帑中划拨出5万两银子，因长时间等待使臣到来，此银在奉旨迎接使团的人员身上已花得一个不剩。可是使团依然不见到来，其原因正如所知，完全是库伦郡王行为失据，看来这笔款子还要着落在他身上。不过已有命令，这件事要等俄国枢密院的文书收到以后再处理。

关于我国在广州船只被扣问题，据说它们领有由霍莫归[①]领地进入广州的合法证明。霍莫归是有权为广州贸易颁发通行证的。可是他们进入广州后，这张通行证被偷了，粤海关监督阿克当阿//386//不问青红皂白，就把文书送往北京，文字上有好几种说法，一会把他们说成是俄国人，一会又说成是别国人。根本就没有出具文书，就没收了他们的货物，全是海兽皮，计有海龙、海狗等等。其中一部分毛皮已经拍卖，还有一部分留做已用，后来北京派来一名专员查办，该监督被认定有罪，正在审理中。

我方官员人身享有自由，由官府供应膳食，待遇良好，现正等待对枢密院来书的回答[②]。但中国皇帝对广州阿克当阿这种行为颇为恼怒，现北京正在对他进行审判，据称该监督将被撤职，并被流放。

八等文官伊兹玛伊洛夫

1806年5月13日

于恰克图哨所

---

① 此处和后面的下加线都是原文中所有。

② 见256、313号文件。

385页正文上方右侧：5月19日收到。

同处：№75。

386页正文下方：№28。

俄罗斯帝国对外政策档案馆圣彼得堡分馆，总档1—7，目录6，1805年，案卷1a，卷夹27，385～386页。原件。

报告摘抄存同处，424页。

№ 365

1806 年 5 月 14 日。恰克图海关关长 П. Д. 瓦尼方季耶夫呈商务大臣 Н. П. 鲁米扬采夫的报告，告知嘉庆皇帝有旨，严命边境与俄人接触时奉行和平，恪守规矩

秘密

//57// 呈二等文官、枢密官、商务大臣、赏戴勋章尼古拉·彼得罗维奇伯爵大人阁下：

本月即 5 月 7 日，卑职随上一班邮车向大人呈递过报告，内称买卖城有新任扎拉固齐来接替前任，后者于新官到达次日即行离去。值此新旧交接之际，中国人对原官表示了非同一般的赞誉，实为历来所仅见。送别时他们脱下了他脚上的靴子，送别归来后将其悬于买卖城中街 //57 背面// 专门预备的一个地方。按照他们的习俗，这是一种了不起的纪念和荣誉。新任扎拉固齐按规定已将此事向理藩院报告。对于新任扎拉固齐的品性，卑职还无法给予详细报告。仅从中国人同我方交谈中听说，该员极得郡王的信任，其特点是在极细微之处亦严格按条约行事。此前中国官员访问此处国境时，均为口头向哨卡发布命令，要求他们遵守过去命令他们奉行的规矩。现在郡王在巡视时，根据皇上的谕旨下达书面命令，要求想一切办法防止同我方发生冲突，如果对方有人制造口实挑起争端，要求 //58// 不得以同样手段回报，而应

立即报告上峰。

此事卑职在呈尤里·亚历山德罗维奇伯爵大人的报告中并未提及，以免引起不安。

现有专使居住在买卖城，专门等待理政事枢密院给理藩院的回书，不等到有结果不会撤回。

6 月份应运到的中国货的确已经停止。现在我们只能等待秋季。但要想在数量上达到过去几年水平，恐怕难以实现。

此外，卑职还要毫不隐讳地斗胆向大人报告，卑职对新任边境长官们的行为不谨慎深感忧虑，希望不要因此而发生关系破裂。卑职荣幸地深得中国人的信任，//58 背面// 自会尽力消弭他们看法上的动摇。他们的观察极为仔细，遇事疑虑重重，但如果卑职对制止可能发生的不快真的无能为力，伯爵大人，请不要怪罪我。15 年来卑职一直在保持平衡，但其他人若行事不慎，很可能会将之毁于一旦。

如果时间和条件允许，卑职将向大人继续报告。

关长　瓦尼方季耶夫

1806 年 5 月 14 日于恰克图

57 页正文上方：1806 年 6 月 30 日。

俄罗斯国立中央古代文献档案馆，国家档案全宗第 15 号，1806 年，案卷 30 补充，57～58 页背面。原件。

№ 366

1806 年 5 月 14 日。副外务大臣 A. A. 恰尔托雷斯基为传达有关俄国船只在广州被扣及俄国使团归国等事项的训令致 Ю. A. 戈洛夫金函

//290//尤里·亚历山德罗维奇伯爵阁下：

上次我曾有幸派今年 3 月 26 日回伊尔库茨克的信使通知①阁下，我已收到您 2 月 19 日交由宫廷低级侍从巴伊科夫带来的几份紧急报告②。此后，此间又收到阁下交由宫廷低级侍从古里耶夫送来的紧急报告③，以及不久之后由机要信使洛谢夫送来的紧急报告④。所有这些报告均已转呈陛下亲览。

//290 背面//皇上指示将上述各份报告送特别内阁委员会审议。近日委员会已将意见⑤呈送皇上审批。现我把所有各点意见通报阁下，并略加必要的补充，以求更清楚的理解。

在对阁下紧急报告中提到的各种情况和看法进行认真研究后，提出了两个问题需要解决：

第一个问题是解救在广州被扣的船只。

//291//为解决这个问题，此间认为需要立即由理政事

---

① 见 344 号文件。

② 见 295、298 号文件。

③ 见 326、333 号文件。

④ 见 342 号文件。

⑤ 见 358 号文件。

枢密院向北京理藩院递交文书，并附盖有印鉴的空白文书一份①，用以抄写满文译本。阁下可将此件随同此件送去的另件②一道，按惯例通过伊尔库茨克民事省长发往理藩院，以避免中国政府节外生枝，因为，正如所知，这个政府是最怕有什么做得同过去//291背面//不一样的。伊尔库茨克民事省长已收到命令，要求他把收到的一切文件都向阁下通报，并通过您的紧急报告送往此间。

如果中国政府在释放这些船只的问题上顽固不化，北京理藩院给予的答复难以令人满意（看来这不大可能），此间决定将采取有力措施，即在国境展示力量，甚至进行外交报复，届时皇上将予以批准，//292//目的是通过这些行动使我方掌握足够的保证条件，一旦这些传闻被证实，将能够有办法消除因俄国船只被扣而蒙受的耻辱。

第二个问题是俄国使团无果而归。需要做出决定，这一事件应以何种形式来接受。

对亚洲各民族习俗总体进行研究的结果，使我们认识到库伦办事大臣郡王和昂邦的行为虽然不漂亮，但也无须引起我们过度的//292背面//重视，将其等同为欧洲各国关系中出现的那些问题。众所周知，中国人对使臣的看法非常粗鲁，这已经成为他们根深蒂固的习惯，并且成为他们国策的基础。但我国使团所遇到的困难，其基础却在于相互关系。阁下同库伦郡王之间的不和，几乎是等于向中国政府证明，对于俄国来说，这次出使的目的并不如他们//293//想象的那般重要。因此可以得出结论，尽管没有足够的理由，逐回我国使团，的确也应算做是一种侮辱了。但更重要的是要利

---

① 见367号文件。

② 见369号文件。

用这样一个机会，结束这种不利的局面。俄国宫廷之所以能走到这一步，也许的确应该拜以这一套温顺做法对待中国人之所赐。

获得了要求满足的权利以后，现在要做的就是要搞清，是否有可能利用这个机会，在最得体的条件下，把我国同中国的//293背面//边境事务安排妥当。

您写了一份备忘录，题目叫 *Memoire sur la situation actualle des relations entre l'Empire de Russie* [*de*] *la Chine*[①]（《关于俄罗斯帝国同中国关系的实际情况的备忘录》）。伯爵阁下在对这个问题尚未获得完整的资料时，即已指出了这种可能性，并保证要收集资料，送到此间来审议。

为了利用这样一种条件，以防万一中国政府施展阴谋诡计，搞不可告人的勾当时不致束手无策，皇上有旨//294//把阁下以特命全权使臣的头衔留在西伯利亚，直到俄国朝廷同中国朝廷之间就逐回使团及在广州扣留俄国船只等事件交换信函的工作告一段落。

由随函附上的皇上给您的圣旨[②]和发往北京理藩院的、其中要求对逐回您的使团的原因做出解释的文书中，阁下可以清楚地看出//294背面//皇上的意思。皇上已命令您一方面根据当地情况，另一方面根据阁下的经验和智慧，采取预防措施，而这些措施，应该是遵守公理的结果。对此窃以为可不必多所赘言。

为了给阁下手中掌握的办法做一些补充，皇上还指示内务部//295//下令给西伯利亚总督佩斯特尔，要求他到任后从自己的角度给予阁下以尽可能的协助，以求顺利完成阁下

① 见409号文件。

② 见368号文件。

所承担的委托。鉴于目前该总督尚未到任，同样的命令亦将发给伊尔库茨克民事省长科尔尼洛夫。

同样内容的命令将由陆军部大臣发给西伯利亚巡阅使拉夫罗夫少将。//295背面//此间正等待阁下提供全面的情报，以及北京理藩院对目前发出的几封文书的回答，收到回答后，将可更准确、更有根据地着手解决问题，以满足俄国宫廷的要求。

不过，也完全可能出现这样的情况，即中国政府会以为阁下的行为是得到了皇上的同意，而相形之下中方却要求对//296//库伦郡王的不体面行为给予严厉的惩罚。我个人认为，即使中国宫廷对郡王的最后处理内心并不以为然，至少表面上也一定要装出一副惩办的样子，以求避免今后再有麻烦，而在我国宫廷的一再坚持要求之下，这些麻烦很可能变得他们不能不买账。不过，阁下根据许多可靠事实也能得出结论，中国人本身也害怕同俄罗斯关系破裂，从他们//296背面//所有文书的遣词用语，从北京对郡王的接待态度很不好，以及从传到我们耳中的其他消息中，实际上都说明了这一点。

所以，现在阁下可以做的，就是利用中国政府想要同俄国和平共处的这种好感，全面说明由此可以获取的利益，以及您所建议的方法，以求改善俄中两帝国之间的边境关系和商务关系。

皇帝陛下指示，//297//要求阁下根据您个人的意见，把目前无法在阁下工作中加以利用的使团官员遣返俄国，身边仅留下最必需的人，其余人员可逐步遣返原地。

最后，我愿愉快地通知阁下，陛下对您能够顺利完成交托给您的任务充满信心，//297背面//相信您定会尽心尽力，努力为国报效。但同时我也有责任告诉阁下，皇帝陛下的思维方式是全欧洲都十分熟悉的，即使在目前的情况下，条约的神圣性也是不能有丝毫改变的，除非中国一方有明显的破坏条约的行为为此提供了借口。设若出现这种情况，甚至即使中国人关闭了恰克图互市，//298//为我方制造麻烦，也要尽量赢得时间，展开谈判，直到我国边境一切准备都成竹于胸。为使成功更有把握而采取措施做好准备，当然需要时间，这一点想来已不必对阁下再做解释。

而做好准备的第一步，就应该掌握全面详细的情报，因而现正//298背面//以急迫的心情期待着您。为此，皇帝陛下期望阁下能大展才能，尽心竭力保持同中国人的友好和睦，杜绝西伯利亚和国外可能散播的一切不合时宜的流言蜚语，因为它们对我国贸易，危害非常显著。您手下的官员，无论是分散在各地，还是留在您身边，其职权都只仅限于履行自身所领受的任务，务要人人保持//299//体面的谦虚谨慎，遵守阁下满怀雄心壮志下达的命令。在目前情况下，这些命令对他们不妨严予重申。

皇帝陛下还谕令阁下将留置伊尔库茨克的博格德汗的礼品保护完好，以待上谕。

荣幸地致以衷心的敬意。

您忠实恭顺的仆人

亚当·恰尔托雷斯基公爵

于圣彼得堡，1806年5月14日

290页正文左上角：6月25日［收到］，由士官生巴伊科夫送达。

同处右上角：№ 12。

同处正文下方：送呈Ю. А. 戈洛夫金伯爵。

俄罗斯帝国对外政策档案馆圣彼得堡分馆，总档1—7，目录6，1805年，案卷1a，卷夹2，290～299页。原件。

经批准的草稿（也是底稿）藏同处，272～289页①。

抄件的抄件存俄罗斯国立中央古代文献档案馆，俄国历史教育促进会全宗，目录1，案卷203，88～95页。

发表时根据的抄件存《戈洛夫金伯爵文件摘编·关于戈洛夫金伯爵出使中国的文件》，68～72页。

上列出版物的简介发表于：《19世纪和20世纪的俄国外交政策》，卷3，173页。

---

① 272页右页边有亚历山大一世的批语：照准。

同处：钦定于1806年5月3日。5月14日签字，同月15日交由宫廷低级侍从巴伊科夫带走。

№ 367

1806 年 5 月 15 日。枢密院为说明俄国船只进入广州的情况、建议在互利条件下于广州开市等致理藩院的文书

//190 背面//1806 年 5 月 15 日枢密院致理藩院文书①

贵方于嘉庆十年十二月九日来书②，内称今年 10 月③有露臣④国商船来到广东省澳门地方，船主为露臣东及尼赞什，此事应通报贵方枢密院云云。该书我方已于 1806 年//191//3 月 12 日收到无误。数星期过后，当致贵方复书成书之时，我方又收到贵方嘉庆十一年一月二十日来书⑤，内中贵方通知我方有两艘俄罗斯船到达广州，询问我至仁皇帝陛下是否知情，并要求以后禁止俄国船只进入广州，否则贵方将有意终止恰克图贸易。

我等已有幸将此事向我至仁皇帝陛下报告，现得到皇上旨意，对贵方答复如下：

虽然贵方来书中船主姓名写得完全不对，而且“露臣”一词在我国语言中也完全不是俄国的意思，但我们猜到，原

① 标题置于左侧页边。

② 见 256 号文件。

③ 1805 年 11 月。

④ 此处及以下的下加线为原文中所有。

⑤ 见 313 号文件。

来所说的那艘船，可能就是俄国商船，属于俄美公司所有，这是一个受到我皇帝∥191背面∥陛下荫庇的公司，长期在美洲东北部岛屿上从事商业和造船业。现在我方从贵方以原件形式寄来的递交给粤海关监督延丰的说明中非常清楚地看出，抵达广州的两艘俄国商船为“涅瓦号”和“希望号”，两艘船的船长是克鲁森施特恩和利相斯基。故而我方可立即准确和详尽地向贵方说明，是什么原因使我们无法事先向贵方通报有关这两艘船的情况。

三年前，上述俄美公司曾向美洲海岸派出几艘船只，并希望在遇到不可预见的情况或有贸易需要时，能允许它们穿过太平洋进入中国港口广州，在当地以经贵方政府批准的与广州有贸易关系的所有欧洲商人∥192∥同样的条件，出售自己的货物。

我方以为特命全权使臣戈洛夫金伯爵抵达北京的时间将早于我国船只在广州出现的时间，特委托他前往北京，亲到当地说明情况。同时我们也在期盼，以两帝国间现存的友谊，博格德汗陛下将不会拒绝俄国商人在必要时利用欧洲其他国家所拥有的同等权利。但我国使臣在前往北京途中，遭遇到未能预见的障碍，于是本来应由特命全权使臣戈洛夫金伯爵于抵达北京后奉命向贵方奉告的这一说明，却因此未能送达。我方的建议是这样的：

∥192背面∥对于大清国而言，俄国商船前往广州，给贵国运去各种供出售的货物，其价格远较欧洲各国商人所提供的更为优惠，当不致给贵国造成任何损失。因此，我方友好地向贵方提出请求，现在也仍然请求，将此情向博格德汗陛下奏报，恳请他允许俄国商船于此次和将来按欧洲其他国家同等条件在广州贸易。我方认为，这一举动实乃贵方对我俄罗斯友好态度之确定无疑的标志。

况且，我俄罗斯船长对海关监督延丰说明，船只由俄罗斯至广州，可在六、七个月内到达，是完全正确的。

如果以我国堪察加港口的距离来看，遇上顺风几个星期内到达广州也是可能的。但目前已在广州的上述//193//两艘船只，是由首都圣彼得堡出发的，需要绕过几乎整个地球，由于办理商务，需要停靠许多外国港口，所以此间只能有一个大概的推算，以为我国使团到达北京的时间将早于船只到达广州的时间。正是由于这个原因，我们才委托戈洛夫金使臣，请他到北京后向贵方说明情况，请求博格德汗陛下准予我国船只进港。

最后我们要对贵方说，即使贵方认为允许俄国商船进入广州不合贵方惯例，而且觉得贵方由此也得不到什么好处，那完全可以随你们的意思，允许广州的这两艘俄国船卖掉船上的货，再装上中国货，然后打发回来。我们期望着贵方证明贵国同俄罗斯帝国之间的友谊和睦邻关系，但如果你们连这一点事情也不肯做，那就请把船打发回来。贵方//193背面//不许他们卖自己的货，但也不要对俄国船只的船长有丝毫留难，否则我们会认为这是贵方恶劣态度的表现。

贵方不要以为我们有终止恰克图贸易的意图。恰恰相反，我们希望永远同贵方保持贸易关系，不仅在恰克图，而且只要你们同意，还可以在别的地方。所以贵方不要从这一出乎意料的事件中得出任何有悖于彼此应和谐相处的结论，因为俄罗斯帝国多年来的所作所为说明，它同中国和睦友好相处的愿望非常坚定，非常真诚。为了更好地证明这一点，我们保证今后将禁止所有俄国船只进入广州，除非贵方同意不再拒绝我国享有其他欧洲国家享有的同等权利。

专此奉达。

基督降生第1806年、亚历山大一世皇帝
在位第6年5月15日
于帝国京城圣彼得堡

190 页背面左侧页边：№ 42。

同处：1806 年 7 月 1 日由翻译官 Ф. 桑热哈耶夫由伊尔库茨克送往库伦。

俄罗斯帝国对外政策档案馆圣彼得堡分馆，总档 1—7，目录 6，1805 年，案卷 1a，卷夹 28，190 页背面～193 页背面。使团办公厅抄文簿抄件。

俄文抄件存中国第一历史档案馆，中俄关系史俄文文件藏档，案卷 12，41～48 页。

使团办公厅抄文簿中的其他抄件：俄文抄件存同处，卷夹 26，180 页背面～184 页；拉丁文抄件存同处，卷夹 28，194～196 页背面。

А. Г. 符拉德金翻译的满文底稿存同处，196～200 页。

根据《19 世纪和 20 世纪初的俄国外交政策》卷 3，175～177 页上的抄件发表。

№ 368

1806 年 5 月 15 日。亚历山大一世皇帝批准俄国赴清帝国使团团长 Ю. А. 戈洛夫金的行动的谕旨

//337// ［二等文官］戈洛夫金伯爵先生：

朕从你 3 月 9 日来信[①]中满意地发现，其中表现出一贯热心忠诚为朕服务的情怀。对此朕表示深切的赞赏。相信此次无论努力结果如何，你仍将得到朕的赏识。朕要高兴地告诉你，朕将不会以成败来给予你以评价。朕深知你才华出众，具有许多优秀品质，故而交付给你的使命遭到失败的原因，只能到一系列无法为你所预见或者克服的不利条件中去寻找。这种信心 //337 背面// 应该可以打消你所流露的不安，从中朕满意地看出你一贯具有的对朕本人的出众的忠诚。特此向［二等文官］[②] 戈洛夫金伯爵先生[③]……

对你表示赞赏……

337 页正文上方用俄文：1806 年 5 月 15 日由圣上签署并交由宫廷低级侍从巴伊科夫带走。

俄罗斯帝国对外政策档案馆圣彼得堡分馆，总档 1—7，目录 6，1805 年，案卷 1a，卷夹 27，337～337 页背面。法文底稿。Н. Б. 祖布科夫译自法文。

---

① 见 332 号文件。

② “二等文官”在文中被删除。

③ 下面删除了“表示朕的嘉许之意。1806 年 5 月于圣彼得堡”。

№ 369

1806 年 5 月 15 日。枢密院就 Ю. А. 戈洛夫金使臣准确地履行了训令，清方对使团回国一事负有责任等给理藩院的文书

//300// 以枢密院名义给大清国理藩院的文书（草稿）

上月此间先是收到伊尔库茨克民事省长科尔尼洛夫，后又收到特命全权使臣戈洛夫金伯爵本人突然传来的消息[①]称，俄国为表示我至仁国君皇帝陛下 //300 背面// 对博格德汗陛下的友好和尊敬之情，派使团赴北京，因北京方面的命令，经边境长官库伦郡王和昂邦向我使臣戈洛夫金伯爵宣布，由于该使臣在第一次 //301// 同郡王会见时未能就牌位前行叩见礼的问题达成一致，在争辩和各种不愉快中于库伦度过 33 天之后，被迫踏上返回俄罗斯的路程。

上月即 4 月初，此间收到贵方 2 年 1 月 8 日来书[②]，对我特命 //301 背面// 全权使臣戈洛夫金伯爵多所责难，言其不听博格德汗陛下的命令，不愿在库伦行叩头礼，言此礼为所有使者所遵守，亦为俄国使者萨瓦·弗拉基斯拉维奇—拉古津斯基伯爵所遵守，故 //302// 贵方要求对戈洛夫金伯爵

---

① 见 325 号文件。

② 见 313 号文件（此处俄文原件印刷有误，应为嘉庆十一年一月八日。——中译者）。

予以严惩。

使臣戈洛夫金伯爵把有关使团的所有情况，由跨过中国边境起到从库伦返回止，对我们做了详细报告[①]。从中可以清楚看出，由最初提出的种种困难，//302 背面//到缩减使团成员的争论，到马匹骆驼等的数量，以及其他许多不值一提的琐事，都足以证明贵方边境长官对我俄国使团明显的恶劣态度。使臣戈洛夫金到达库伦后，郡王和昂邦建议他对奉博格德汗谕旨赐宴一事表示感谢，//303//要按贵国习俗在牌位前行三跪叩头礼。但戈洛夫金伯爵早在进入贵国国境之前，即已同库伦郡王和昂邦就使团礼仪问题商定，应按//303背面//旧例行事。而此前俄国使臣仅需在北京面见博格德汗陛下时，却从未被迫于库伦或张家口履行此等礼节。故使臣戈洛夫金伯爵感到，履行这样的礼仪是对他所拥有的荣衔的一种贬低。

//304//我等将此事件报告了我至仁国君皇帝陛下，得到上谕如下：

朕为俄中两帝国毗邻而居，长期友好，特派使团向//304背面//博格德汗陛下表示祝贺，并命戈洛夫金伯爵对迄今未能解决的划界等其他问题予以说明。

彼国理藩院来书称，闻知俄国派遣使团的消息，他们感到高兴。但为何如今在接待问题上又搞出这许多麻烦？看来库伦//305//发生的种种事件，他们并没有据实向博格德汗陛下奏报，故你们对此事要详加说明。

奉皇帝陛下圣谕，我等首先要问贵方：

如果贵国国君博格德汗陛下不愿在北京接待俄国使团，你们为什么要给我们来书//305 背面//声称，你们很高兴同

---

① 见 202 号文件。

意接待我国使团？你们在来书中声称，萨瓦·弗拉基斯拉维奇伯爵履行了三跪叩首的礼节，而戈洛夫金伯爵出于生性骄傲，拒绝行礼。你们怎可以在这种情况下推说是他不肯行礼，而且故意装作//306//看不到萨瓦·弗拉基斯拉维奇伯爵在北京面见博格德汗陛下时行礼同要求戈洛夫金伯爵在库伦当着郡王和昂邦的面在牌位前行礼之间的区别呢？

到过北京的所有俄国使臣，包括1676年的斯帕法里、1693年的//306背面//代办伊兹布兰特、1720年的使臣伊兹玛伊洛夫、1726年的最后一名使者萨瓦·弗拉基斯拉维奇—拉古津斯基，都按照你们的习俗在博格德汗陛下面前行了三跪叩首的礼。从那时起，我们已把这样的礼仪视为规矩。根据正常的判断，你们自己也会同意，就是//307//使臣戈洛夫金伯爵不会破坏自己的前人订下的旧例，更何况他身为枢密官，官居二品，远比以前的使臣重要呢。

正是以这些规矩为根据，戈洛夫金伯爵在尚未进入中国国境之前，就以书面形式//307背面//向库伦办事大臣们保证，到达北京后，他一定会像自己的前人伊兹玛伊洛夫和萨瓦·弗拉基斯拉维奇伯爵那样，在博格德汗陛下面前行三跪叩首礼。此后，戈洛夫金伯爵得到了库伦郡王和//308//昂邦的允许，进入了贵国国境。这时没有一句话讲到你们要求戈洛夫金伯爵在库伦面对牌位磕头的新习俗。

综上所述我们可以得出结论，贵方的库伦长官郡王和昂邦//308背面//并没有把他们同戈洛夫金伯爵往来信函的准确情况向你们报告，否则你们就不可能给我们来书作不符实际情况的解释；而且也无须我们做任何说明就会相信，不是戈洛夫金伯爵而是郡王和昂邦，才是造成种种//309//麻烦的因由。不过，也许你们上述这种在库伦磕头的做法并不是什么新鲜事，而是自古就有的，但完全可以相信，这种情况只适用于贵国的属国藩臣，而不适用于同等的、强大的、希望//309背面//重申和睦友好的国家派来的使臣。如果这一习俗在你们国家确立的时间还不长，并要求所有外国使者统统遵守，那为什么你们的边境长官郡王和昂邦又没有在恰克图对戈洛夫金伯爵宣布呢？//310//当时足有一个多月，你们不是一直在同他争论有关削减随员、马匹骆驼等事情吗？这样俄国使团不是就可以不必进入贵国国境，而是直接返回伊尔库茨克，也免除了蒙古草原//310背面//的所有劳碌和冬季酷寒侵体之苦了吗？

你们是否了解这些情况？还是库伦郡王和昂邦向你们隐瞒了实情呢？

不过无论如何，我们还是有义务向贵方说明，对于希望维护两国//311//之间永远友好和睦的国家来说，这样的行为是不体面的。这不得不使我们得出结论，你们嘴里说的是一套，做的却是另外一套。

既然我至仁国君皇帝陛下谕令我等调查//311背面//此事，弄清真相，我等以为最好的办法就是把我方想法真诚地奉告，并等待贵方的说明。根据种种情况和道理来看，我们认为//312//使臣戈洛夫金伯爵是准确地履行了对他的指示，我们赞赏他坚决拒绝了同他的职衔不相容的礼仪的行为。因此，我至仁国君皇帝陛下着戈洛夫金伯爵于西伯利亚继续暂时留任原特命全权使臣一职，并担任//312背面//西伯利亚各省总巡按。

我方原希望向贵方派遣使团，以作为寻求友好的象征。贵方也表达了接待它的愿望。我方向贵方派出了使团，但贵方却//313//设置各种障碍，阻挠它抵达北京。起初是在国境，然后又在库伦。因此，贵方必须说明：这些问题是如何出现的？原因在哪里？并应寻求办法消除出现麻烦的原因。

因为我们坚信，//313 背面//戈洛夫金伯爵完全不应该受到任何责难。

如今要请贵方公平地调查审议，如果一切情况的发生与你们的愿望相左，完全是出于库伦郡王和昂邦的不友善所致，我们期待着贵方的公正处理。希望他们能由于//314//犯下重大过失而根据贵国律法受到惩处。

而且，俄国使团提前被逐回一事出于被迫，极不体面，实乃我//314 背面//方闻所未闻之事件，定要求贵方作出准确客观的解释。

专此奉达①。

300 页左侧页边有亚历山大一世皇帝的批示：照准。

同处：1806 年 5 月 5 日经圣上批准，5 月 15 日交宫廷低级侍从巴伊科夫带走。

同处正文上方左侧：№ 3。

俄罗斯帝国对外政策档案馆圣彼得堡分馆，总档 1—7，目录 6，1805 年，案卷 1a，卷夹 27，300～314 页。经批准的抄件。

草稿抄件（也是底稿）存同处，315～322 页。满文底稿由 A. Г. 符拉德金翻译。

作者手稿存同处 334～336 页背面。

拉丁文底稿草稿由书办安德鲁斯基翻译，存同处 323～326 页背面。

---

① 以下在文书草稿的抄件上有：基督降生 1806 年 5 月 15 日，全俄专制君主亚历山大一世皇帝陛下在位第 6 年于帝国京城圣彼得堡。(见 322 页注释。——莫罗兹)

俄文抄件存同处 327～330 页背面[①]。

拉丁文抄件存同处 331～333 页。

俄文抄件存中国第一历史档案馆，中俄关系史俄文文件藏档，案卷 12，49～60 页[②]。

本件根据《19 世纪和 20 世纪初的俄国外交政策》卷 3，177～179 页上的抄件发表。

使团办公厅抄文簿抄件：俄文存俄罗斯帝国对外政策档案馆圣彼得堡分馆，总档 1—7，目录 6，1805 年，案卷 1a，卷夹 26，184～188 页背面；同处，卷夹 28，200 页背面～204 页；满文本存同处，208～212 页背面；拉丁文本存同处，208～212 页背面。

---

① 327 页左侧页边：6 月 25 日在伊尔库茨克收到。

330 页背面正文下方：1806 年 6 月 1 日由桑热哈耶夫从伊尔库茨克送往库伦。

② 卷宗中各页的顺序弄乱。

№ 370

1806 年 5 月 18 日。Ю. А. 戈洛夫金使臣就新任扎拉固齐瑞春抵达买卖城、М. Ф. 亚当斯考察队的开支问题以及使团其他事项给副外务大臣 А. А. 恰尔托雷斯基的紧急报告

//360//公爵：

上月 11 日曾有一紧急报告①呈上。此后国境上一切平安无事，条约各款得到严格遵守，因此我无须向阁下呈报什么新内容。唯一的是买卖城扎拉固齐任期三年已满，早就要求将其免职，现终于被批准进京，而他的继任原来在库伦任职，//360 背面//本月 6 日已来到买卖城。[1]

上月 22 日伊尔库茨克民事省长向我报告，说省衙接到国库的命令，要发给亚当斯先生 2360 银卢布及 11859 卢布 30 戈比现金作为考察经费，考察计划我已有幸呈报皇帝陛下。由于无法恰当其时地对执行此项任务下达必要的指令，目前的情况又无法预料考察将于何时开始，故我已将这笔款项存入了省财库。不过亚当斯先生并没有丧失夏季的时机，我已由使团金库划拨了一笔可供他到达勒拿河口的经费。当地还没有一个旅行家到达过。他已于 10 日出发前往该地，预计冬季才能返回。

列多夫斯基先生明天亦将出发，前往鄂霍茨克，此事我

---

① 见 353 号文件。

已有幸//361//在最近一份紧急报告[①]中报告阁下。

伊尔库茨克省衙已通知我，他们收到命令，要求向俄美公司驻恰克图代表支付 10410 卢布 73 戈比，此款为使团出发前的借款，并在该代表回来之前准备好邮驿费 52463 卢布及非常项目开支 10000 卢布。皇帝陛下的慷慨恩赐来得非常及时，因为眼前使团已不得不动用以非常项预备金补充的以白银付给的非常项经费了。

荣幸地向公爵大人致以崇高的敬意，

您最恭顺、最忠实的仆人

戈洛夫金伯爵

1806 年 5 月 18 日于伊尔库茨克

360 页正文上方右侧以俄文书写：1806 年 6 月 20 日驿车送到。

同处左侧：№ 13。

同处正文下方：送 A. A. 恰尔托雷斯基公爵。

俄罗斯帝国对外政策档案馆圣彼得堡分馆，总档 1—7，目录 6，1805 年，案卷 1a，卷夹 27，360～361 页。法文原件。Н. Б. 祖布科夫译自法文。

注释：

[1] 外务院派驻恰克图专员 П. И. 伊兹玛伊洛夫在买卖城会见新任扎拉固齐瑞春后，在 1806 年 5 月 21 日给戈洛夫金的报告中谈到这个人："瑞春希望同我建立友谊。他一再请我同他像同老扎拉固齐一样来往，他听老扎拉固齐说了好多事情，知道我非常熟悉边境事务，请我遇事多加指点，按他到任前的老规矩处理条约各款和各种礼仪事项。我很愉快地答应他一

① 见 353 号文件。

定做到，同时跟他谈了一些很早以前由于官员不和而造成的事例。我还开导他说，如果我们完全拘泥于条约条款，不能摆脱不必要的约束，那就一定会把事情弄得一团糟，让上司们感到头疼。他表示同意，请我照这个规矩办，他会尽量跟我学。由于他已是一个将近60岁的人，所以看上去没有火气，而且似乎也没有远见。是由库伦郡王推荐从库伦的扎拉固齐中选出来任职的。正如中国人所说，他没有什么根子。”（俄罗斯帝国对外政策档案馆圣彼得堡分馆，总档1－9，目录8，1806～1818年，案卷2a，卷夹8，92～93页。原件。）

№ 371

1806 年 5 月 19 日。Ю. А. 戈洛夫金使臣就俄国广州被扣船只的消息及俄中边境局势等问题呈副外务大臣 А. А. 恰尔托雷斯基的紧急报告

//362//公爵：

适才我接到恰克图报告，称克鲁森施特恩船上货物已被粤海关监督没收，不等北京下令，即将其中部分公开拍卖，其余部分被他中饱私囊。为此他正在接受审理。不过对待船员的态度还不错，必要的膳食均由中国政府供应。

//362 背面//这些消息也证实了我有幸向阁下报告的边境平安无事的情况，以及我一再强调的郡王回到库伦只是一种政治手段的意见。但主管官员的所作所为，绝不是北京的意思。买卖城前任扎拉固齐在离任时的行为及其继任者的行为，看来也能证明传闻的正确，否则这就可能仅仅是俄国和中国商人投机行为的结果，不值得多所信任。

荣幸地向公爵大人表示崇高的敬意，

阁下最恭顺、最忠实的仆人

戈洛夫金伯爵

1806 年 5 月 19 日于伊尔库茨克

362 页正文上方右侧：1806 年 6 月 20 日邮车送到。

同处左侧：№ 14。

同处正文下方：送恰尔托雷斯基公爵大人。

俄罗斯帝国对外政策档案馆圣彼得堡分馆，总档 1—7，目录 6，1805 年，案卷 1a，卷夹 27，362～362 页背面。

法文原件。**Н. Б.** 祖布科夫译自法文。

№ 372

1806 年，不晚于 5 月 21 日①。副外务大臣 A. A. 恰尔托雷斯基为派遣耶稣会士赴清帝国事呈亚历山大一世皇帝的奏章

//21//关于派遣耶稣会士赴大清国的奏章致瓦西利耶夫公使的急件

//22//要派遣知名的耶稣会士前往中国[1]，必须得到教皇的特许。为了获得这样的特许，耶稣会僧团首脑布尔若佐夫斯基神父[2]可能会把此处附上的信件提交给大主教谢列奇斯基，外交部方面也将发函，提前告知陛下派驻里斯本的公使，向他介绍这一方案。

此外，是否可在//22 背面//那些现已抵达葡萄牙的耶稣会士未出发之前赏他们一笔钱，并给他们寄去一张金额为 3000 至 4000 卢布的汇票？根据布尔若佐夫斯基的意见，寄汇票比较方便而且又不太张扬的办法，就是通过正在伦敦的耶稣会士斯特拉克兰德转交。

恭请陛下指示。

1806 年 5 月……日②。

---

① 日期根据呈亚历山大一世皇帝的奏章上的日期标出。

② 文中未标明日期。

21 页正文上方：见 1806 年 5 月 21 日奏章。

同处，正文下方：5 月 23 日已给里斯本瓦西利耶夫公使发函；1806 年 5 月 25 日为布尔若佐夫斯基送去收款人为耶稣会士斯特拉克兰德①的 4000 卢布汇票。

俄罗斯帝国对外政策档案馆圣彼得堡分馆，总档 1—7，目录 6，1805 年，案卷 1a，卷夹 2，21～22 页背面。

底稿。

注释：

［1］参见 56 号文件注释 1。

［2］法杰伊·布尔若佐夫斯基，波兰人，耶稣会士驻俄罗斯僧团首脑，格鲁伯神父（见 436 号文件注释 3）死后即担任此职。1805 年 9 月 2 日他从波洛茨克给副外务大臣 A. A. 恰尔托雷茨基去过一封信，告知被选为耶稣会士驻俄罗斯僧团首脑之事：

“公爵大人，您能关心我们僧团选举首脑的事，实在是太好了。向您表示最大的谢意。我以为有责任向大人报告我们代表会议的结果。9 月 2 日主决定把这副重担托付给我。我要斗胆向您，我的大人，请求，今后您将一如既往，给予我们耶稣会僧团以庇护。请相信，我们将会满怀最激动的感激之情和尊敬。法杰伊·布尔若佐夫斯基这个耶稣会士僧团首脑将永远是公爵大人您最恭顺、最忠诚的仆人。1805 年 9 月 2 日于颇洛茨克。”(译自原件。手迹。法文翻译 Н. Б. 祖布科夫。法文手迹原件存俄罗斯帝国对外政策档案馆圣彼得堡分馆，总档 1—7，1805 年，案卷 1a，卷夹 2，15 页)

布尔若佐夫斯基在 1806 年 9 月 25 日致北京的耶稣会士 A. 帕奥尔特和 A. 齐颇勒的信中把因 Ю. A. 戈洛夫金的出使而派往中国的三名耶稣会士的情况通知了他们 (参见 56 号文件注释 1)：“……我尊敬的前任身前曾打算就至仁的皇帝批准派遣传教士去见中国大皇帝一事向你们提供一些背

---

① 原文如此。

景资料，其中有三名耶稣会士，对物理、数学、雕刻和雕塑颇有素养，但由于目前赴中国的教士团事先若得不到教皇的批准，没有人能够动身前往，因而他们至今还滞留在里斯本，已经有一年的时间。不过我希望他们很快就能成行。这些人的名字是：诺伯特·科尔萨克神父，波兰人，物理学家和数学家；约翰·安图安·格拉西，意大利人，贝戈蒙的物理学家和数学家；约翰·施蒂默尔，修士，雕刻家和雕塑家。如果天主保佑他们能早日到达广州，他们将由当地把耶稣会士团神父的信送交给你们，请你们在他们顺利到达北京之前，把你们以及我国驻北京传教士团的其他神甫们在当地广为传播的上帝的福音乃至你们给予两国大皇帝小小帮助的情况告知……”（俄罗斯帝国对外政策档案馆圣彼得堡分馆，总档 1－7，1805 年，案卷 1a，卷夹 2，31～35 页背面。拉丁文原件翻译件，翻译者外务院书记员安德鲁斯基）

莫罗什金对格鲁伯和布尔若佐夫斯基这两个人做过比较，它是这样写的：“可以肯定，格鲁伯对政治问题、耶稣会僧团的活动和意义等等的看法，比较于别列佐夫斯基（即布尔若佐夫斯基。——俄编者）的眼界而言，不知要开阔多少，高明多少，而且更具有世界规模。后者只不过是个非常狭小意义上的耶稣会士……”接着他又写道：看来，布尔若佐夫斯基“对中国的事务并不像格鲁伯那么受鼓舞，那么感兴趣。还有好多别的事情也同这件事（指 Ю. А. 戈洛夫金的出使。——俄编者）有关，决定了它将有一个不利于我国政府计划的结局。格鲁伯的继任者也以自己的名义给中国的耶稣会士写了一封信，但内容几乎完全是仅仅关系到耶稣会利益的事，同俄国政府的计划没有关系。”（М. Я. 莫罗什金：《俄国的耶稣会士》，333 页）信的全文发表在该书 336～339 页。

Ф. 布尔若佐夫斯基通过总理大臣 А. Я. 布德伯格及外务大臣就派遣三名耶稣会士到中国的往来信函存于俄罗斯帝国对外政策档案馆圣彼得堡分馆，总档 1－7，1805 年，案卷 1a，卷夹 2，43、54～54 背面、55～56 背面、59～60、61～62 页。

№ 373

1806 年 5 月 26 日。外务院驻恰克图特派员 П. И. 伊兹玛伊洛夫因同清国库伦办事大臣就他们收到的俄方文件中尊号的写法问题发生争执一事呈 Ю. А. 戈洛夫金使臣的报告

//363//外务院驻恰克图特派员、领边境事务八等文官伊兹玛伊洛夫呈二等文官、枢密官、院部大臣、皇帝陛下宫廷及各骑士团总典礼官、御前侍从官、特命全权使臣、赏戴勋章尤里·亚历山德罗维奇·戈洛夫金伯爵的报告

本月即 5 月 23 日，买卖城扎拉固齐派手下章京来见卑职，送来一张我方为一过境马匹出具的收据。在书写该收据时，两国国名抬头高度一致，而对方要求将大清国改写在俄罗斯国之上。出现这一要求的原因，在于此前也有过一张由该员呈送给郡王的舢板收条，抬头为双方平列的，郡王见彼方国名没有抬头书写，就严命扎拉固齐坚持这一要求。而且，以前还有一次，在索科洛夫先生接受我方 6 名逃人时开具的收据上，他们的国名就是抬高书写的。卑职见扎拉固齐坚持得很激烈，又了解到他之所以有此一说，是由于得到了郡王的严命，就琢磨，郡王如果要固执地坚持比来比去，把在卑职以前开具的许多有高抬头的收据都拿来给卑职看，而且以后往来信函也都这样要求的话，那他很可能真是以此寻

找机会为自己开脱，想要上奏说俄国人连他皇帝的尊号也开始敢于不尊重了。卑职觉得，正如大人所知，//363 背面//中国人生性高傲，非常爱好虚荣，所以卑职决定，要解决这个要求，得一步一步来，不能一下子就向他们出示许多我方出具的其抬头都是双方平列的收据。但扎拉固齐派了两名磋商边界小事的蒙古军官来见卑职，又拿来了四张我方出具的收据，也是那种高抬头，并坚决要求我方按旧例行事，否则他决不接受。卑职回答说，这得经过认真的修改才行，而修改以后，我得要明天，也就是 24 号，亲自同扎拉固齐见面。果然，由索科洛夫先生处把开出的收据要过来一看，发现其中有一张如前所说是高抬头的，而其他几张则是不抬头的。卑职去找扎拉固齐，为了不让他以为我马上就能同意他的要求，于是对他说，不查一查旧例，我无法满足他的要求，现在发现在大部分档案中有这样的情况，为了维护双方友谊，可以给他开一张新的收据，抬头稍高一点，跟他们退给我们的那张不一样。//364//扎拉固齐对此非常高兴，抓住我的手，以他们表示友好的方式紧握着说，我严格按照旧例，做得完全正确，因为去年郡王就把一封抬头平列的信退给了省长先生。当时他在库伦，亲自看见第二次送来的信就变成高抬头了。所以我也应该学他的榜样。卑职在他那里坐了大约一个小时，回来后给他开了一张抬头稍高一点的收据。由于迄今为止尊号的问题在所有的文件中并无规定，但却常因此事出现争议，甚至在 1792 年的那次会议上也出现过我方按其要求提高抬头的问题，因此，看来需要就此作出规定。

卑职所作所为，尚希伯爵大人明鉴。今后应如何应对，荣幸地敬候大人的吩咐。

八等文官彼得·伊兹玛伊洛夫
1806 年 5 月 26 日

于恰克图哨所

363 页正文上方：6 月 2 日收到。

364 页正文下方：№ 117。

俄罗斯帝国对外政策档案馆圣彼得堡分馆，总档 1—7，目录 6，1805 年，案卷 1a，卷夹 27，363～364 页背面。

原件。

№ 374

1806 年 5 月 31 日。Ю. А. 戈洛夫金使臣于使团二秘 Я. О. 兰伯特奉派去恰克图时给他的训令

//399//1806 年 5 月 31 日戈洛夫金伯爵在伊尔库茨克给兰伯特伯爵的秘密训令（抄件）

我将收到朝廷就我今后同中国政府关系的本质问题下达的指示，但信心仍感不足。这种情况不仅不应使我有借口对中国政府的意图一无所知，反之，它更应成为推动我事先获取情报的强有力的理由。总之，这样的情报是有益的，而且，为了指明我应该走的路，甚至是必不可少的。这种手段之所以不可或缺，还因为迄今为止我事先一直没有得到任何消息，表明朝廷认为在这件事上应该做出什么决定；我打算采取的准备手段，将使决定易于得到迅速执行，将有可能在得到新指示之后为执行决定赢得时间。

你出使的表面理由是视察边境衙门的档案室和索科洛夫先生转交给伊兹玛伊洛夫先生的文件。你抵达的消息边境和库伦的中国官员立刻就会知道。由于你这次出差//399 背面//是因为内部事务，因此不必先采取步骤要求同中国官员会见，但可以等待他们表达会见的愿望，如果这种愿望提出的方式很得体，那你就可以同意。如得到扎拉固齐邀请，你甚至可以到买卖城去会见他。然后你还可以把他请过来，以常礼来接待他，赠送给他一些普通的礼品。在你同中国人交

往的过程中，你的行为绝对不要主动[①]。我目前对朝廷究竟会有什么指示，以及命令我应采取什么措施，统统一无所知，这就使我必须为你的行动规定一个原则：要尽量想办法打听，但什么都不要说。可是你又不可能光是了解而不说，所以可以在必要的时候不经意间以自己的名义说，召回使团可是一件过于严重的事，它已引起了皇帝陛下的高度关注，只有他一个人才能做出决定，只有等待他的命令。正因为这个原因，我才留在伊尔库茨克。其实，如果只是为了执行我巡视西伯利亚的任务的话，我更希望是在一个好的季节，这样才可以到这个∥400∥广袤无垠地区的许多地方去转转。你不必让他们相信我很喜欢这个地方，相信我在这里找到了许多像马匹、田猎、音乐之类的乐趣，得到了许多愉快。如果中国人向你打听我个人的情况，你只需说，如果想要同我打交道，他们就应该了解我的性格和原则。

你无须拒绝中国官员的任何暗示，如果他们答应要向你提供重要消息，你甚至可以对他们加以鼓励。但你的回答始终要注意分寸，不超越你所承担的内部普通使命的界限。关于召回使团一事，郡王的所作所为，郡王对此事的打算，北京朝廷的意见究竟如何，很值得了解。

你一定要刻不容缓地表达了解克鲁森施特恩船长及其船只现在何处，以及他的船员们受到何种待遇的愿望。

∥400 背面∥伊古姆诺夫先生和伊兹玛伊洛夫先生可以由附件中了解到你为他们规定的行动方式。

你很清楚我同海关主管的关系，了解他的来信，也知道我经常由可靠来源获得消息，必须建议你不让他参与任何政治方面的事务。而且，你还应该竭尽全力秘密监视他在境外

---

① 此处以及以下各处的下加线都是文中原有的。

的活动，这些活动很可能一直是针对你的。不少已知的事例证明，这名官员为了达到他犯罪的目的，是无所不用其极的，它们足以向你说明，对待他你应该处处小心。而且你还会看到，有些官员，特别是伊古姆诺夫和伊兹玛伊洛夫，对他的行为简直是逆来顺受。

如果你因为什么事对恰克图海关主管的影响感到担心，你不妨//401//以自己的名义对他暗示，说他在此间的所作所为对我们同中国人的谈判和现存的各种法律条文起到了破坏作用，所以希望他要有所收敛。

你要按时通过驿车给我送报告，如果遇到重要消息，要派专差沿陆路给我送信。

在特罗伊茨科萨夫斯克逗留期间，你要监督对镜子和玻璃器皿做必要的补足，还要照顾好它们在海关仓库的存放问题。使团司库奥西波夫将在你的直接领导下对此事进行监督。

在过去你同中国官员打交道的过程中他们对你的评价，对我来说是一个保证，他们一定会对你表示出信任，甚至你的到达会使他们感到高兴。这也是我把此项任务交托给你的另一个原因。

经核对无误。宫廷低级侍从边肯道夫。

俄罗斯帝国对外政策档案馆圣彼得堡分馆，总档1—7，目录6，1805年，案卷1a，卷夹27，399～401页。经核对的法文抄件。Н. Б. 祖布科夫译自法文。

№ 375

1806 年 6 月 5 日。Ю. А. 戈洛夫金使臣就俄中边境的局势以及派遣使团二秘 Я. О. 兰伯特赴恰克图等事呈副外务大臣 А. А. 恰尔托雷斯基的紧急报告

//396//公爵：

我从诺沃西利采夫先生派来的信使处收到阁下 3 月 26 日给我的紧急公文①。公爵，我非常尊重您的意见，不能不以最感激的心情来接受您所表达的一切。我是一个命中注定要同不可逾越的障碍不断进行斗争的人，如今不该在成功中，而是要在我最尊贵的君主的裁判中以及公正和理智中寻求补偿了。

我想，我大可不必再对阁下说，//396 背面//我是如何渴望着获得对我可起指导作用的指令了。边境向我报告，中国人正在怀着望眼欲穿的心情等待它。他们的这种心情使我觉得非常有利，一定要利用一下，以便把他们的感觉和意图都摸摸清楚。这些情报无论如何都是很重要的。我在 11 号紧急报告中早就对阁下谈到，对海关主管隐蔽而危险的挑衅行为，我有一种恐惧感。它们的目的，不外乎就是破坏两个国家之间的关系。这迫使我从边境召回了我的一名官员，命令另外一名要尽量避免继续同中国官员发生关系。为了清除这些不便，能像以前那样继续收到秘密情报，我认为最好的办法就是以视察留在当地的镜子、玻璃器皿和其他物件为掩

① 见 344 号文件。

护，把我的二//397//秘兰伯特伯爵派往恰克图。我给他下了一道训令，其抄件附后。

边境的政治、贸易往来和谐活跃，一如以往。

我派往涅尔琴斯克和区内各地的多夫列上校及总参谋部其他军官尚未归来。上校来信谈到了非常有意思的研究工作。我正焦急地等待他归来，因为我委托他收集的资料，对拟订我所宣布的总体计划，以维护中国人在政治上对我方的尊重将十分必要。公爵，我要荣幸地告诉您，这套办法同目前在遇到预料之外的情况和紧急情况时维护尊严的那些办法是//397背面//完全不同的。我以为办法可以有千种万种，但无非都是必要时用于这两种情况的。我在提出建议之前，一定会同熟悉情况的人好好商议。

本急件我将请西佐夫先生带走。他是一位矿业部门的官员，到这边是为教士团送钱来的。运输行索要的到北京的运费为3万多卢布。我们的布里亚特人一贯都是非常热心，非常善良的，他们无偿为政府提供200匹马。利用这一支持，再加上采取一些其他节约措施，运输费用将不会超过6000～7000卢布。由于他的//398//行期实在定不下来，关于这个问题的细节我将以后再向阁下奉告。

公爵，荣幸地向阁下表示最深切的敬意，

您最恭顺的仆人

戈洛夫金伯爵

1806年于伊尔库茨克

396页正文上方右侧用俄文书写：1806年7月16日收到。

同处左侧：№ 15。

同处正文下方：送A. A. 恰尔托雷斯基公爵大人。

俄罗斯帝国对外政策档案馆圣彼得堡分馆，总档 1—7，目录 6，1805 年，案卷 1a，卷夹 27，396～398 页。原件为法文。H. Б. 祖布科夫译自法文。

№ 376

1806年6月6日。使团二秘Я.О.兰伯特就买卖城新任扎拉固齐瑞春及库伦办事大臣蕴端多尔济、福海的行动和意图由特罗伊茨科萨夫斯克呈Ю.А.戈洛夫金使臣的报告[1]

//402//秘密①

使臣先生：

抵达此间后，卑职第一件任务便是收集了有关我们的邻居的行动和意图的全部材料。新任买卖城扎拉固齐的到来为我们的官员提供了比他的前任在位期间更多的良机。他的前任把最重要的文件都交由自己来书写和保管，而现任的这位却把它委托给自己的手下。//402背面//伊兹玛伊洛夫先生非常干练地利用了这一幸运的变动，以获取理藩院给库伦办事大臣的命令抄件，核对买卖城中国商人中不同时期散布的流言。

郡王在北京受到的接待非常糟糕，只是由于很容易猜到的原因才让他又回到库伦。但他的权力受到了很大的限制，所以不经陪同阁下旅行的那位贝子和由北京派来接替托克托布的那位新任扎拉固齐的同意，他现在什么决定也不敢做。托克托布现在则充当了一个不起眼的小角色，成了库伦附近看货物仓库的头儿。对昂邦的态度也好不到哪儿去，他正在

① 此处及以后的下加线为文件中原来所有。

等着人来接替他。郡王和昂邦的命运现在完全取决于我方内阁的答复，中国政府正迫不及待地等待着。

当理藩院下令要求迫使阁下在库伦演示这样的礼仪时，显然它唯一的目的，就是希望确认，//403//阁下一定不会拒绝像以前的各位使者那样对中国国君表示敬意。在他们给郡王的旨意中，根本没有提到要搞什么庆祝宴会，要您当堂下跪。这种强迫您的做法当然是他自己的发明。从理藩院的第二道命令中可以看出，在没有达到目的之后，他就指责您。但中国大臣们却担心郡王所抱怨的这些差错其实都是他自己的所作所为引起的。对他的严厉态度说明，这样的担心在古阿伊（音译，意思不详。——中译者）昂邦审查他的行动时已经被证实了。然而，在我国内阁做出决定之前，中国人希望还是像以前一样，按中华帝国高傲的统治者那套办法行事。但他们心里很害怕。跑去求仙请神，为的是安慰皇帝，而皇帝则特别不相信自己的臣子，登基后在短短几年中已经发现他们有//403背面//三次要造反，所以特别畏惧外来的战争！

给蒙古部队下达命令，要求他们做好充分准备，其实只不过是一种预防措施，而所有的中国人恰恰相反，都相信只是在等待圣彼得堡回答，好着手谈判。据说正因为如此，两个星期前才派了个大员，带了一大群随从来到库伦。人们正在等待明天的驿车，好了解他此行的真正目的。不过，所有的人几乎都认为，理藩院定会竭尽一切努力，让使团能被派往北京，而且都在说，新任扎拉固齐正在急急忙忙装修他家的房子，准备接待贵客。这个扎拉固齐不如他的前任能干。他在北京没有根子，好像是郡王的朋友替他//404//张罗的这个位置。理藩院还派了个秘书到他这里来。不过看来能把事办妥的还不是这些人，他们唯一要操办的事就是在边境事务中避免一切争端。尽管他对我到来的原因也表现出某些兴趣，但看来他并没有授权采取任何行动，害怕把事办糟，所以不接到命令是不会有所作为的。因此我命令伊兹玛伊洛夫对布哈拉人阿布达莱姆稍加暗示，说我可能会在此间逗留较长时间。

使臣先生，谨向您表示深切的敬意，

阁下最恭顺最忠实的仆人

兰伯特

于特罗伊茨科萨夫斯克要塞

1806 年 6 月 6 日

402 页正文上方左侧：6 月 15 日由邮车［送到］。

同处：№ 1。

同处右侧：№ 81。

同处正文下方：送戈洛夫金伯爵阁下。

俄罗斯帝国对外政策档案馆圣彼得堡分馆，总档 1—7，目录 6，1805 年，案卷 1a，卷夹 27，402～404 页。原件为法文。本人手迹。Н. Б. 祖布科夫译自法文。

注释：

［1］当天 Я. О. 兰伯特又由特罗伊茨科萨夫斯克给 Ю. А. 戈洛夫金发了第二份报告，报告镜子的保管情况：

“使臣先生：卑职抵达后的第二天立即视察了留置于特罗伊茨科萨夫斯克海关的礼品，非常难过地发现 4 号和 5 号镜子已碎成了破片。2 号和 3 号镜子已被水所毁，它渗入了水银和玻璃之间，致使水银直到当中都由玻璃上剥落。因此无疑必须重新装涂水银，或者至少需把镜面裁去一半。这样一来，镜子就只剩下 8 面，其中只有一面遭到轻微水害。壁镜和镏金框已完全被潮气所毁，但以后还能够修复。其他物件凡卑职能够见到的，都处于完好状态。

“如果需要使用 2 号和 3 号镜子，那就一定要帮助尼基京重新装涂水银，这就需要从圣彼得堡派一至两名工匠来，并供给他们所需原材料及工具。

“卑职请求阁下告知，是否要下令将两面镜子的碎片运往伊尔库茨克。如果需要的话，可以把它们同本城内所有的对使团轻马车有用的几只轮子和其他物品一道运走。

“海关关长先生对卑职说，没有地方可以为镜子遮蔽雨水，他建议卑职将镜子置于为使团修建的马车库中。但卑职要得到大人的批准，才能表示同意。但需注意的是，这个地方比海关更易受到火灾的威胁。

“由于八等文官索科洛夫有病，卑职尚未有机会把大人的吩咐转交他。”（俄罗斯帝国对外政策档案馆圣彼得堡分馆，总档1—7，目录 6，1805 年，案卷 1a，卷夹 30，19～20 页）

№ 377

1806 年 6 月 6 日。祖鲁海图边境事务长官戈尔布诺夫就会见率军队来到额尔古纳河的清国官员事呈外务院驻恰克图特派员 П. И. 伊兹玛伊洛夫的报告

//432//祖鲁海图边境事务长官哥萨克少尉戈尔布诺夫 1806 年 6 月 6 日报告副本（编号：158）

今 6 月 3 日，有两名中国人经中方老祖鲁海图卡伦来见卑职，声称他们乃呼伦贝尔城章京大人属下，随同章京大人由齐齐哈尔城前来，奉昂邦及乌固尔达所派，通报章京大人到来，并告知此行目的乃沿额尔古纳河巡视通商地点，并询问：是否能答允同该章京大人于通商地点会见？卑职据此两名中国人所言，请祖鲁海图部队颇别杜兴大尉先生于 6 月 4 日前往老祖鲁海图卡伦，等待对方随员到来。当天下午 6 时许，大批人员约 200 人来到通商地点。为欢迎彼等到来，卑职特意为之送去晚餐用牛羊各一头。但章京大人并未接受，言其正值十七日斋戒之期，不得肉食，亦不得饮酒，唯请求与卑职会见。且就牛羊一事言称："本人非常满意，一切就算心领了。"

是以卑职带同大尉先生、三名军官及 20 名哥萨克赴约。及至额尔古纳河附近，昂邦大人已带同官员等前来迎接。渡过额尔古纳河后，卑职发现在场者一色为官员，头

戴各色宝石帽顶[1]，约有 30 余人。昂邦大人迎到我等后，将我等引入章京大人大帐，接见时荣宠有加，将我等座位置于其右手边，彼方官员无一坐于此侧。昂邦及其他重要官员共五人皆坐于我方对侧，其余各位大人尽皆站立，往来伺候。我等队伍一行另有帐幕安置，茶点招待。谈话间章京大人态度和悦，言称希望今后友好来往，//432 背面//确保和平和谐。随后卑职为体面计，亦邀对方来我方做客，但对方因急于返回，予以谢绝，答称后会有期。谈话间并无任何值得注意之处，后于告别时章京大人赠卑职及大尉先生蓝红两色缎子各半匹，用以缝制半长袍；外普通绸子荷包各 4 个、白毫茶各一包、茶砖各一块；赠我方其他到场人员中国大布各一段、茶砖各一块。嗣后，昂邦大人又将我等让入其大帐，同样招待一番，并告知该章京为满人，前不久才由北京博格德汗驾前来此，现奉命由齐齐哈尔于白月之前启程，正在视察防区。告别时又赠卑职及大尉先生各半段绿缎半长袍料，另又加赠卑职白毫茶两包、茶砖两块、缎子荷包 4 个、茶砖 10 块。我等虽一再推辞，但最终未能谢绝。嗣后昂邦大人率无数官员将我等直送至额尔古纳河畔，并于河沿又送我方两盒食点，一包白毫茶。由此分手后，渡河回老祖鲁海图卡伦，并于该处过夜。翌日即 5 日清晨黎明时分，于日未出时，该章京大人即率随员出发后转由原途返回。

卑职及其他人所收赠礼均已一一封存登记，向祖鲁海图海关哨卡申报。为此特向大人禀报，并以卑职名义向特罗伊茨科萨夫斯克边务衙门具文上报。

文下有签署文字：经八等文官伊兹玛伊洛夫亲笔签名证明核对无误。

俄罗斯帝国对外政策档案馆圣彼得堡分馆，总档 1—7，目录 6，1805 年，案卷 1a，卷夹 27，432～432 页背面。经核对后的抄件。

注释：

［1］清朝官员帽顶上镶着不同颜色的宝石（例如蛋白石），以示官阶。

№ 378

1806 年 6 月 8 日。祖鲁海图海关哨卡就向巡视边境的清国官员对俄国边境段士兵所赠货物征收关税一事呈恰克图海关的报告

//67//祖鲁海图哨卡给恰克图海关的报告

此间祖鲁海图边境段边务官戈尔布诺夫于今年 6 月 6 日向本哨卡报告，齐齐哈尔城的库伦堡章京、广州城的昂邦[①]以及其他官员等大人物，带领大批下属，沿着国境线中国一侧巡视中国领土。他们在老祖鲁海图哨卡对过双方的贸易点宿营休息，并把戈尔布诺夫叫了过去。这次 6 月 4 日会见，送了边务官和陪同他去的大尉颇别杜兴一些礼品。章京送他们每人红蓝缎子各半匹，绸子荷包各 4 个，白毫茶各一包，茶砖各一块；昂邦送他们绿色缎子各半匹，单独送边务官白毫茶//67 背面//两包，茶砖两块，绸子荷包 4 个；随行的其他官员又送他两盒点心，一包白毫茶；此外，对边务官和大尉手下 3 名军人和 20 名哥萨克更有礼品相赠：章京赠送每人一块中国大布，一块茶砖，昂邦赠送所有下级人员中国大布 4 块，茶砖 10 块。为了回报这样的友情，我方虽然也提出要赠送礼品，但章京通过昂邦拒绝了，因此其余的中国官员也就什么都没有收。

---

① 原文如此，疑原文有误。——中译者

边务官戈尔布诺夫把上述中国礼品运抵本哨卡后，请求登记，加盖戳记，经验明数量无误，现已全部按规定正式加盖戳记，发还边务官，并着其分发各人。经计算，他应交纳关税如下：缎子 15 卢布，荷包 6 卢布，白毫茶 5 磅//68//计 87.5 戈比，砖茶 1 普特 28 磅计 3 卢布 70 戈比，中国大布 4 卢布 80 戈比，总计 30 卢布 43.5 戈比，此外，每交纳 1 卢布税款，应征收中国贸易公共设施费 61 戈比，新增商业银行开办费等费用 30.5 戈比，检疫费 61 戈比，总计 31 卢布 96 戈比。

特此向国家院部报告，同时本哨卡也荣幸地向恰克图海关报告。

正本上有省府书办伊万·卡尔萨科夫签字。

正文下方有副署：关长瓦尼方季耶夫。

经秘书、十二等文官奥舒尔科夫与原件核对。

1806 年 6 月 8 日。

67 页正文上方：海关于 1806 年 7 月 26 日收到。

同处：№ 7998。

68 页正文上方：№ 50。

俄罗斯国立中央古代文献档案馆，国家档案全宗第 15 号，1806 年，案卷 30 补充，67～68 页。

经核对的抄件。

№ 379

1806 年 6 月 10 日。外务院驻恰克图特派员 П. И. 伊兹玛伊洛夫就清国边境官员的行为、大清国北方各省粮食歉收和要求批准粮食外运等事呈 Ю. А. 戈洛夫金使臣的报告

//405//秘密

外务院驻恰克图特派员、领边境事务八等文官伊兹玛伊洛夫呈二等文官、枢密官、院部大臣、皇帝陛下宫廷及各骑士团总典礼官、御前侍从官、特命全权使臣、赏戴勋章尤里·亚历山德罗维奇·戈洛夫金伯爵的报告

卑职荣幸地向伯爵大人报告，国境及贸易城恰克图一切平安无事，我邻国处处礼让。卑职同他们打交道已有 30 年，但也不无惊讶地发现，他们是那么的温顺、友好和客气。

3 日库伦有专差来此，这在他们那边是常事，向扎拉固齐传达命令，内容为三条：

第一[①]，命令他想一切办法通过商人打听，为什么俄国对送过去的三封文书至今没有任何回答，俄国有没有发生什么新变故，是否为反对他们而在做准备。

第二，命令他在跟俄国驻恰克图的官员办任何事情的时候，态度都要和蔼，友善，不管发生什么事情，都不准弄到双方进一步交换文书提出交涉的程度。

---

① 此处及以下下加线均为原文中所有。

第三，对他们来说不是什么好事：在离张家口骑马要走13天的陕西省和张家口本地，连续三年粮食歉收，灾荒十分严重，很可能百姓要死掉一半，也许会造反，因为有好多富户已经遭普通百姓抢劫。

中国人自已都在讲这些事，而且好年景已经没有希望，更何况迄今为止一直//405背面//没有下过一场雨。所以扎拉固齐接到命令，要通过头头和他手下的小商人，尽量从俄国搞一些粮食，然后运到库伦去，再运往张家口。

卑职敬请大人钧定，如果在最后这个问题上遇到他们哪个商人或扎拉固齐本人提出要求，求我们出售粮食，在这种情况下卑职应该如何回答。敬请给予指示。因为我方粮食亦不甚丰足，每普特价格从没有低过75至80戈比。是否应该事先就向海关关长下令，要采取相应措施，防止粮食出关。没有大人的命令，卑职不敢对他下这个通知。

卑职已就此给各边务长官下达了秘密的严令，但并未让他们对这个问题有任何察觉。

关于兰伯特先生写给大人的信[①]中提到的那些去库伦的官员，此间还没有接到任何正式通知。

八等文官彼得·伊兹玛伊洛夫

1806年6月10日

于恰克图哨所

405页正文上方左侧：6月18日收到。

同处右侧：№86。

405页背面正文下方：№40。

---

① 见376号文件。

俄罗斯帝国对外政策档案馆圣彼得堡分馆，总档 1—7，目录 6，1805 年，案卷 1a，卷夹 27，405～405 页背面。

原件。

№ 380

1806 年 6 月 10 日。副外务大臣 A. A. 恰尔托雷斯基就为俄国教士团换届同清方交换信函事给 Ю. A. 戈洛夫金使臣的信

//341//尤里·亚历山德罗维奇伯爵阁下：

阁下 4 月 3 日及 11 日发来的急件①此间收到无误。我已荣幸地把它们呈交给皇上御览。

阁下即将从帝国科学院院长处收到批准书，按隶属关系我虽没有参与其事，但我可以提前通知您，您就派遣列多夫斯基先生前往堪察加和千岛群岛的安排已得到//341 背面//皇帝陛下的完全赞同。

现在我认为有义务要对阁下送来的 10 号急件②中的一些意见做某些分析。在您的来件中，您告知说，您认为枢密院应该停止就派遣新一届教士团向北京理藩院发送文书③。

俄罗斯于 1805 年 8 月 2 日由此间发出的文书④，附在前总督谢利丰托夫 11 月 19 日的报告中⑤被退了回来，//342//从中国的文书来看，表面原因有二：

<u>第一是因为写得不清楚；第二是没有遵守格式。</u>⑥

---

① 见 351、353 号文件。

② 见 351 号文件。

③ 见 318 号文件。

④ 见 144 号文件。

⑤ 原文如此。

⑥ 此处和以下下加线为原文所有。

外务部做了大量研究，又核对了原来的格式，但无法搞清我方文书究竟有哪些不清之处。至于说到格式上的疏忽，据汉文和满文翻译、八等文官帕雷舍夫的书面证词①称，这个疏忽之处在于我皇帝陛下的圣谕写得比一般文字的抬头要高，而在满文译本中博格德汗的谕旨却写得跟//342背面//一般文字抬头一样高。外务部认为不遵守格式是翻译符拉德金的错误，实际上也的确是这样，如果说他在行文抬头的问题上真的没有保持对等的话。所以认为应该把文书的内容照原样留下，把出现格式差错的原因归结为可能是翻译出了错。

//343//阁下认为这样的回答不能使北京朝廷感到满意，因为文书中没有提及教士团出发的时间和逗留的地点。

阁下的这一结论可能非常正确，但却不可取，阁下自己也把它仅作为一种猜测。另一方面，又何尝不可以认为中国人自己就能意识到教士团逗留的地点，因为文书中对此已//343背面//有所提及：

我们以为，由于我方理藩院已有信给你们，你们就不会把神职人员和学员同你们的使臣一同派过来，而是把他们留在伊尔库茨克。② 因此对于理藩院已经知道的事情，提不提就不能算作是什么重要的事情。

至于阁下关于第二条不遵守格式的意见，阁下推测说，中国人要求遵守尊号的平等是没有道理的，各方在书写尊号的时候，都是把自己国君//344//的尊号写得高于他国国君。您还引证克罗波托夫上校所签条约[1]的最后一个附则，附上了样本，上面有双方的尊号。阁下，请允许我对您说，外务

---

① 见211号文件。

② 见197号文件。

部不同意阁下的意见，而且也是以阁下送来的那份克罗波托夫的样本为基础，当然，除了其中的一个词，明显是由于抄写人员的错，于是//344 背面//意思改变了，这样一来您的意思也就有了根据。这里也有一个样本，是保存在外务院档案馆中几份文件的抄件，我有幸把它送给您，请阁下加以比较。您从中可以发现，我方一贯坚持相互间完全对等的原则，可是中方在对待俄罗斯帝国尊号时，却并没有遵守这一原则，他们总是把博格德汗的谕旨或尊号置于“卡彤汗”//345//（即女皇）[①] 之上[②]，而我方则把女皇陛下同博格德汗的尊号并列。同样并列书写的还有俄罗斯国和中国的国名。中国人则在写中国的时候要抬头，而在写俄罗斯国的时候不抬头。因此，外务部认为，如果翻译符拉德金果然背离了原来的格式，北京理藩院的责难不是没有道理的。对此间发往北京理藩院的文书不应该有//345 背面//任何改动。请求阁下遵照圣意，按您收到的原样把它发往库伦，您可根据情况命令符拉德金或者别人，在满文译本中应遵照原来的格式，该抬头的时候就抬头写，不得有任何改变和差错。

在此，我谨提醒阁下，应要求翻译符拉德金对//346//翻译帕雷舍夫提供的说明[③]也给予说明[④]，并送我一阅，以便准确地了解北京理藩院提出诉求的原因。

顺致诚挚的敬意。

阁下最忠实最恭顺的仆人
亚当·恰尔托雷斯基公爵

---

① 括号为文中原来所有。

② 原文此处疑有印刷错误。“ваше”（你们的）应为“выше”（更高），这样才能说得通。——中译者

③ 见 211 号文件。

④ 见 414 号文件。

于圣彼得堡，1806 年 6 月 10 日

341 页正文下方：7 月 28 日收到。

同处：№ 13。

同处正文下方：送 Ю. А. 戈洛夫金伯爵大人。

俄罗斯帝国对外政策档案馆圣彼得堡分馆，总档 4—4，目录 123，1804—1809 年，案卷 1，341～346 页。原件。

经审阅的草稿（亦为底稿）存同处，总档 1—7，目录 6，1805 年，案卷 1a，卷夹 27，388～395 页①。

注释：

[1]《恰克图条约》中关于俄中边界的补充条款签订于 1768 年 10 月 18 日。俄方签字的是伊万·克罗波托夫（见《1689—1916 年的俄中关系：官方文件》，莫斯科，1958，22～24 页）。

---

① 在 388 页左侧页边有亚历山大一世皇帝的御批：照准。1806 年 6 月 4 日。同处：6 月 10 日签署，通过邮驿发送。

№ 381

1806 年 6 月 10 日。使团二秘 Я. О. 兰伯特就清国边务官员不愿同他交往一事由特罗伊茨科萨夫斯克呈 Ю. А. 戈洛夫金使臣的报告

//406//使臣先生：

伊兹玛伊洛夫先生收到消息说，买卖城扎拉固齐通过最近一班邮车下达了许多命令，这表明库伦当局非常不安，他们急于想知道我国朝廷的决定。另一方面，扎拉固齐的沉默，以及他并不急于了解卑职到此的目的等情，说明这一情况似乎出乎他们的预料，他还没有接到上司的任何指示。不过他//406 背面//一定会请求指示，故卑职以为，要想采取任何一个表明希望同他见面的步骤，都应该等到他有可能收到指示的时候。这样的答复当然不至于延缓行动。由于人们绝口不谈前不久从北京来到库伦的那些官员的情况，很有可能是对商人们已经打好了招呼，就等着我方表示出想听他们谈话的愿望。

使臣先生，谨向您表示最深切的敬意，

阁下最恭顺的仆人

德·兰伯特伯爵

1806 年 6 月 10 日于特罗伊茨科萨夫斯克

406 页正文上方左侧：秘密，6 月 18 日通过邮驿收到。

同处：4。

同处正文下方：送戈洛夫金伯爵大人。

俄罗斯帝国对外政策档案馆圣彼得堡分馆，总档 1—7，目录 6，1805 年，案卷 1a，卷夹 27，406～406 页背面。

法文原件。作者手迹。**Н.Б.** 祖布科夫译自法文。

№ 382

1806 年 6 月 14 日。恰克图海关关长 П. Д. 瓦尼方季耶夫呈商务大臣 Н. П. 鲁米扬采夫的报告，控告使团成员及 Ю. А. 戈洛夫金使臣因彼此对清方对待使团的态度有不同评价而对其进行迫害，并报告有关俄国备战的消息正在流传

//496//秘密[①]

呈二等文官、枢密官、商务大臣、赏戴勋章尼古拉·彼得罗维奇伯爵大人

自从尤里·亚历山德罗维奇伯爵大人带着使团从国外回来后，以及后来他到了伊尔库茨克，就始终不断地着力要求卑职，甚至强迫卑职报告俄国船只抵达广州的原因。卑职发现他这种好奇心背后的目的，觉得如果满足了他的想法，不仅将有失公道，而且也违背了我的良心。于是我亲手写下了给伯爵大人的报告，坦诚//496 背面//地向他陈述了全部实情。后来，卑职又尽力向中国人打听，发现在他们的思想中，船只同使团根本就没有任何关系；由北京发往圣彼得堡的文书，也是一份关于船只[②]，一份关于使团[③]，第三份又

---

① 下加线为文中原来所有。

② 见 256 号文件。

③ 见 287 号文件。

是关于船只[①]。所以卑职得出结论，二者之间没有任何关联。可是卑职的坦率却不合伯爵大人的心意，所以他认为我是故意不说实话，对卑职大发雷霆，而且我亲耳听到他说，一定要对卑职报复。但卑职自以为无愧于心，坚决相信公正的上帝、仁慈的皇上和明鉴秋毫的//497//上司，如果一旦要传卑职去述职，那卑职将把一切公之于众，并要表明，正是这位大人，他听信了一些毫不理解这个使团重要性的人物的意见，做出了许多不该做的事情。

使团向卑职提出了许多令人难以忍受的问题，但他们所有那些隐蔽的意图，都还不足以掩蔽真相。使团秘书多布罗斯拉夫斯基以最大的努力动员起司法和部里的力量，想要把我搅进他们的失误中去，把卑职变成整个失误的动因，为此生生地造出荒谬的谣言和各种流言蜚语。下一班邮车将给阁下带去他同卑职的全部往来信函抄件，现在卑职还来不及准备，因为我只能靠//497背面//我的两个儿子充当我的书办，别人都倾向于使团，托他们办事很危险。背信弃义的最明显的例子，就是省府的秘书奥舒尔科夫，他偷走了卑职的秘密文件，转交到使团手中，为此自己得以晋身使团办公厅。卑职很清楚地感到了这一点，但始终坚强地忍耐着。

对卑职造谣中伤的挑衅行为，已经到了恣意妄为的程度。整个恰克图商城中已经布满了暗探，为的是阻挠卑职同中国人的会见。卑职现在都不敢到恰克图去。与此同时到处流传着足以破坏两国之间的安宁和危及贸易的说法。上个星期有一名中国甲长//498//来到我国俄美公司的大股东商人西佐夫经理的家中，非常恳切地要求我们像朋友一样对他说实话，我方是否增派了许多部队，此间国境上究竟会出什么

---

① 见313号文件。

事。

西佐夫听到了这样奇怪的问题，感到非常恐怖。对于想安居乐业的、经过风雨的人来说，听到这样的问题能不感到惊慌吗？

西佐夫就问中国甲长，是从哪里听到这种不符合俄国实情的消息的？

可是甲长又把问题问了一遍，再次央求西佐夫看在彼此交情的分上对他一定要说实话，还不时地叹着气又说，他们住在买卖城，一点//498 背面//保障都没有。西佐夫的矢口否认虽然能够使甲长停止提问，但却没有止住他的叹息和沉思，这说明在中国人的脑海里，我方企图制造麻烦的印象该是多么强烈。他们就这样分手了。不久西佐夫就把这件事告诉了卑职，我们从中发现，那位甲长当然是扎拉固齐派来的。扎拉固齐是个精细的人，他看问题比较远，遇事处处留心，特别是在观察我方官员行为的时候。卑职无法准确地向阁下//499//报告，只是根据自己的意见猜测，会不会是那些愚蠢的搞政治的人物，像七等文官伊古姆诺夫、八等文官伊兹玛伊洛夫等人，在同扎拉固齐频频会见时，为了吓唬中国人，在谈话中就随口乱说了一通俄国增兵之类的事情。在目前情况下，这种相当不谨慎的做法是唯一能引起他们恐惧的手段，但别人又不可能做这样的事，唯有伊古姆诺夫和伊兹玛伊洛夫，因为这两个官员会说他们的话，常常能够同扎拉固齐在没有见证人的//499 背面//情况下见面。卑职见情况严重，只好到恰克图去了一趟，到了要塞，请来了两位甲长，他们早就跟卑职是朋友，一直对卑职很信任。我开始时说，我很高兴同他们见面。谈着谈着他们自己就提起了军队以及我方意图的问题。卑职很冷静地笑着对他们说了一番话，使他们不仅不再提了，而且也不再想了。最后我对他们说，如果我们的上司知道了这些厌恶人的所作所为，一定会让他们受到//500//严厉的惩罚，你们能不能把他们哪怕一个名字说出来，你们就会看到我多么铁面无私，而他们则要倒大霉。

他们听到这么一说，心情振奋了不少，于是承认这是听扎拉固齐说的。卑职诚恳地向他们保证，要他们转告扎拉固齐，我方维护太平和友好的态度不会改变，这些传言毫无根据。他们答应了，于是高高兴兴地留了下来。

尊敬的伯爵大人，请看，此间荒唐的行动泛滥到了何等程度！

15年来，卑职一直居留此间，类似的情况却是见所未见，闻所未闻！但卑职完全清楚，//500背面//比起那些来不及经历考验，特别是发现有些靠不住的人来，中国人肯定是更相信我。关于这些动摇互信的流言，卑职没有向尤里·亚历山德罗维奇大人报告，因为那些官员是他选任的结果：也许，他富有远见的意志并不违背那些人的好感吧。

此前卑职已经向大人报告，现在还要再向大人报告，没有中国货物运抵此间，看来秋季之前是不会来了。

中国人正在急迫地//501//等待理政事枢密院的来书，他们认为这是俄国方面究竟如何对待中国方面的决定性的态度。

我方商人运抵此间的货物价值超过百万，在秋季到来之前这一百万都只能是死钱。但卑职要斗胆报告，中国人对于这样的阻滞也深感痛心。这就是目前状况的后果。前途发展变化如何，容卑职再向大人报告。

关长　瓦尼方季耶夫

1806年6月14日于恰克图

496 页正文上方右侧：1806 年 7 月 28 日［收到］。

同处左侧：№ 5631。

俄罗斯帝国对外政策档案馆圣彼得堡分馆，总档 1—7，目录 6，1805 年，案卷 1a，卷夹 27，496～501 页。

原件。

№ 383

1806 年 6 月 17 日。使团二秘 Я. О. 兰伯特就伊尔库茨克派来给他送文件[1]的信使行为不检点一事由特罗伊茨科萨夫斯克给 Ю. А. 戈洛夫金使臣的报告

//413//使臣先生：

阁下派来见卑职并由卑职派遣送本报告于今天回程的哥萨克，在此间散布流言说，教士团似乎已渡过贝加尔湖，正准备踏上通往北京的路途。他还补充说，近一二日内人们正在等待一个什么将军，并为他准备了住处，就住//413 背面//在总督的家里，所以伯爵大人才动身到那边去了。总之，他说了一大堆显然不是自己能想出来的蠢话。他之所以变得那么多言多语，只是在从海关关长先生的家里出来之后，据他说，他在那里是遇上了老朋友。

卑职认为有责任把这种不谨慎的行为向阁下报告。阁下如认为必要，可于今后下令责成由伊尔库茨克来此出差的人员三缄其口，不再饶舌。

使臣先生，谨向大人致以深切的敬意，

您最恭顺忠诚的仆人

德·兰伯特伯爵

于特罗伊茨科萨夫斯克

1806 年 6 月 7 日

413 页正文上方左侧：6 月 23 日由专使［送达］。

同处右侧：№ 88。

俄罗斯帝国对外政策档案馆圣彼得堡分馆，总档1—7，目录6，1805年，案卷1a，卷夹27，413～413页背面。

法文原件。作者手迹。Н. Б. 祖布科夫译自法文。

注释：

[1] 头一天（1806年6月16日）Я. О. 兰伯特从特罗伊茨科萨夫斯克给Ю. А. 戈洛夫金发了一份报告，谈到蕴端多尔济郡王回到库伦，带来下面的消息：

“使臣先生：买卖城扎拉固齐的师爷从理藩院为库伦的郡王带来了第一批命令。这个人利用上司不在的机会，抽空到乡下去了一趟，把手抄的一份郡王官复原职的公开命令交给了伊兹玛伊洛夫先生。师爷还补充说，理藩院在把命令交到郡王手上的时候，还宣读了另外一份非常严厉的命令，责成他遇事多加小心，特别是在同俄国人打交道的时候。还警告他，以后办事若再有些微差错，虽爵位显赫，身为贵戚，亦定将严惩不贷。该师爷说：贝子也搅到了库伦昂邦蕴端多尔济的事情里头，把事情搞得很复杂，还想把所有的过错全推到郡王的头上。最后，还命令买卖城的扎拉固齐照常把报告提交给郡王，但在送出之前还要抄一份送给贝子。这个扎拉固齐原来的确是郡王手下的人，但许多原因使他对郡王不满，使他跟自己的朋友和恩人分开了。此外人们还说，他现在的境况也非常困难，他来上任的时机就充满了危难，所以非常怕担责任，什么事都严格按照理藩院的指示办。

“卑职在前一份呈大人的报告中，提到有一批官员被派到库伦，这批人员派来的目的，现在仍然是个谜，至今无法破解。布哈拉人阿布达莱姆来见卑职的时候我正好不在，不过他最主要的目的只不过是想看看运来的礼品，所以我也不愿见他。眼下礼品都还没开包，卑职得另想办法邀请他前来，想了解一下他是否另有任务。

“由于索科洛夫先生有病，直到前天卑职还没有能够同他谈上话，接收他的文件给了我一个很体面的理由，使我能在特罗伊茨科萨夫斯克继续待下去，时间将视需要而定。”（俄罗斯帝国对外政策档案馆圣彼得堡分馆，总档1－7，目录6，1805年，案卷1a，卷27，409～410页背面。）

1806年6月17日Я.О. 兰伯特由特罗伊茨科萨夫斯克又给Ю.А. 戈洛夫金发了一份报告，谈到礼品完好的程度：

“使臣先生：卑职在本月17日的最后一份报告中有幸报告阁下镜子目前的状况。其他物品现也已经检查过，破碎的很少，但所有壁镜及镜框均严重受潮，已完全不能使用。奥西波夫先生将向阁下呈交详细清单。他的工作需再过两天方能全部结束，届时卑职将下令把所有箱子都堆到海关仓库，海关关长先生对此已做出安排，然后司库将带同所有同行的工人登程返回伊尔库茨克。卑职请求阁下安排一艘官家的平底帆船在波索尔斯克修道院等候他到来。同时，还要安排该船回来，或安排另一艘船，以便接多夫列上校渡湖。至于卑职本人，眼下还无法结束同索科洛夫先生的工作，文件非常混乱，所以我看它们还会让卑职在这里逗留一段时间。”（俄罗斯帝国对外政策档案馆圣彼得堡分馆，总档1－7，目录6，1805年，案卷1a，卷夹30，21～21页背面。）

№ 384

1806年6月9日。Ю.А.戈洛夫金使臣为建议扩大边务衙门编制、在特罗伊茨科萨夫斯克要塞恢复城防司令职位等事给副外务大臣A.A.恰尔托雷斯基的报告

//204背面//致副外务大臣恰尔托雷斯基公爵[①]

阁下24日来函敬悉。承蒙阁下在来函中垂询，//205//边境事务究竟应由外务院派一官员前来署理，抑或将此职司交付边务衙门成员署理，就此，本人荣幸地表达意见如下：由该函有关边务衙门职司的附件中阁下可以看出，该职位署理的内容涉及军事、外交、刑事、民政、警务等各方面。这些问题个个都非常重要，但却从未得到过统一的训示，其所奉行的指导原则//205背面//唯有几份条约、制订于不同年代的一般性法规和上级下达的命令。就这些问题，外务院署理边务特派员八等文官索科洛夫于1800年还曾收到过部里的一份训令。根据伊尔库茨克省于1805年新确定的人员编制，在索科洛夫先生离开此//206//职后，同扎拉固齐的谈判已交由边务衙门的顾问进行，职位也由该顾问承担。尽管把各种边务职司合成一个职位具有许多明显的好处，但另一方面，边务衙门现有官员数量，由当地省政府任命的隶属关

① 此标题位于该页左栏。

系以及这个名称本身，同该衙门的重要性以及所承担职司的多样性完全是不相吻合的。唯有由外务院直接任命一名专员，掌握本部门所必需的情报，并同外务院有直接联系，方能//206背面//就中国情况的各个方面获得真正有用的情报，可是现在我们却对这些情况一无所知。而且，如果该员有办法有能力，还可以逐步起到驻北京朝廷代办的作用。

以这种办法选出的官员，将会比由本地省级上司不经选择地任命的官员更能得到中国官员的尊敬。

//207//此外，由于恰克图商业镇距特罗伊茨科萨夫斯克有4俄里，受命署理恰克图边境事务的官员也一定要到位于特罗伊茨科萨夫斯克要塞的边务衙门去，就凭这一个理由，由一名官员来署理这两个职位也几乎是不可能的。因此我认为一定要在现有的边务衙门编制的基础上再增加一位直接由//207背面//外务院任命的专员，除了负责外交事务之外，还可以在边务衙门中供职。

与此同时，我认为有必要向阁下说明，特罗伊茨科萨夫斯克要塞原来曾设有要塞司令一职，1797年奉旨撤销，此职很有必要重新予以恢复。

看来，将异族部队中的哥萨克边防军交由文职官员指挥是不恰当的。

为此，我曾在关//208//于《解除边境哥萨克劳务负担》[①] 的报告中给予了详细说明。

此外，原来的经验也证明，中国人对这一军衔是非常尊敬的。

特将这些意见呈请阁下审核。至于说到目前边务衙门中官员的品质和才干，究竟何人能胜任我所建议的专员之职，

---

① 下加线为原件中所有。

我认为我有责任向阁下推荐代行//208背面//索科洛夫先生职务的八等文官伊兹玛伊洛夫，他在所承担的所有工作中，无不表现出极大的热情和勤勉。

204页正文上方：№ 875。

俄罗斯帝国对外政策档案馆圣彼得堡分馆，总档1—7，目录6，1805年，案卷1a，卷夹42，204页背面～208页背面。使团办公厅抄文簿抄件。

№ 385

1806年6月19日。Ю.А.戈洛夫金使臣为请求向亚历山大一世皇帝转呈有关俄清边境局势的奏章、批准向大清国运送粮食呈副外务大臣A.A.恰尔托雷斯基的急件

//425//奉请阁下将所附奏章[①]转呈皇帝陛下

山西和张家口两省发生的灾荒和暴乱，无疑将对同中国政府的关系产生影响。对于这一点现在就可以加以利用。但是我对朝廷未来的意图不甚了了，故不敢采取任何果断措施：由于今后行事的方略不明，对哪些行动可能引起不良后果不清，因此要想禁止条约所允许而现在又由昂贵的价格所决定的粮食外运，实不能不感到有些//525背面//不便。库伦郡王对我方任何一点不当的举措都深感关注，他不会放过任何一个机会。向我方购买粮食的建议很可能就是他想出来的：前不久他就做过类似的尝试，但没有成功。此前他曾严令买卖城扎拉固齐不接受任何中方国君尊号不高于我国国君尊号的官方文件。该官员立即予以执行。这种要求从未被我方承认过，但由于出现过一些例外，我方官员就非常聪明地作为先例来加以利用，以满足那些死乞白赖的要求。我批准了这种做法，命令他们继续//426//保持这样的格式，以待新的指示。我相信现在还不是制造新麻烦的时候。

---

① 见386号文件。

理藩院给郡王下的两道指示，抄件附于我的奏章[①]之后。它们非常清楚地说明了该官员在对待我国使团时的所作所为。然而出乎他的本意，他却为使团做了一件大好事，使后者避免了一场因灾荒和暴乱而在张家口省可能遭遇的巨大危险。张家口是使团的必经之路，由于使团过境而出现的征敛过度，定会引发更绝望的行动。此所谓因祸得福是也。现在在恰克图根本没有办法谈论什么商业行动：不仅难于获得什么利益，而且//426背面//没有办法制止完全可以称之为犯罪的投机活动：这对我方在恰克图的贸易是致命的打击。阁下可以从我的二秘兰伯特伯爵附寄的报告[②]中看到某些详情。我希望能获得更多的证实，便同对中国贸易非常感兴趣的伊尔库茨克商会讨论了这个问题。现将收到的回答附后。这种情况除了带来实实在在的亏损之外，还使中国人也感到十分非同寻常，以至于他们得出结论，认为两国之间的破裂不可避免。这种担心更为我方的沉默所证实，使他们既感不安，又很烦躁。我有幸向陛下和阁下指出一个证据，就是//427//海关关长瓦尼方季耶夫。不用多久，我还能举出其他更为确实的证据。公爵，我不能不对您说，只要这个官员在国境上工作，我就无法对任何事情负责任。我知道，同受到庇护的、而且是富有的（正如他所夸口的那样）叛徒作斗争，并不总是能收到成效，但我还是忍不住要向他们展开攻击。

公爵，今天巴伊科夫先生动身离开我已经四个月了。这么长的时间我没有得到任何应该做什么工作以及有关我个人前途的指示。毋庸向阁下赘言，我是多么急切地等待着这两

---

① 见386号文件。

② 见376号文件。

件事的决定。在同我们的邻国的政治关系方面，我的处境变得的确困难而又危险：我担心焦躁、恐惧和某些流言会//427背面//产生暴力行动，很可能会针对我国朝廷所希望选择的制度。我将尽力而为，以求避免这种状况发生，因为暴动的胆小鬼往往也是可怕的。至于说到我，我将耐心而虔诚地服从命运的安排。但我不能瞒您，公爵，在这个受到严重打击的冬天之后，我的健康已无法再恢复到原来的状况，如果继续留在西伯利亚这样的气候中，我的病将注定永无康复之日。

此急件由信使诺沃西利采夫先生送出。

公爵大人，特向您致以深切的敬意，

您最谦卑恭顺的仆人

戈洛夫金伯爵

于伊尔库茨克，1806年6月19日

425页正文上方右侧用俄文：[1806年] 7月27日 [收到]。

同处左侧：16。

同处正文下方：送A.A. 恰尔托雷斯基公爵。

俄罗斯帝国对外政策档案馆圣彼得堡分馆，总档1—7，目录6，1805年，案卷1a，卷夹27，425～427页背面。原件为法文。H.Б. 祖布科夫译自法文。

№ 386

1806 年 6 月 19 日。Ю. А. 戈洛夫金使臣就俄中边境的局势、清帝国北方数省粮食歉收及请求对粮食外运给予指示等问题呈亚历山大一世皇帝的奏章

//414//陛下：

我急于向陛下奏报一些信使刚刚送到的消息。本月 7 日买卖城扎拉固齐收到由专使送达的命令称，要求他竭尽全力了解对理藩院三封书信不予作答的原因，特别是了解//414背面//我方是否在进行军事准备。他奉命就此询问我国商人，并务求避免与我国商人发生不合时宜的争吵。而且，最重要的是政府向他宣布，在帝国北方地区，特别是山西和张家口，发生了歉收，并命令他尽量从俄国购入粮食，必要时可以向我方官员求援，将其立即运往中国。

我早已知道中国人一直在焦急地等待我国朝廷的决定，担心回答迟缓会引起不良后果，故派遣我的二秘兰伯特伯爵前往恰克图，以求分散他们等待我皇帝陛//415//下谕旨的注意力。这次行动的表面理由是察看留存在当地的礼品并将它们归置入库。我给该员的训令[①]以及训令的副本我已送呈恰尔托雷斯基公爵。该员奉命以个人身份同中国官员接触，如果对方猜测我已收到朝廷的命令，可既不予肯定又不予否定，以造成错觉。总之他的行动完全不要主动。

---

① 见 373 号文件。

至于边境事务上的协商合作，中国人会发现我国官员将按照我不断反复强调的命令，给予完全的配合。

关于购买我国粮食的问题，则应进行认真探讨。

中国北方歉收已达三年，今//415背面//年大旱，颗粒无收。可怕的饥荒已夺去部分居民的生命，其余的人则纷纷起来造反。暴乱达到了骇人听闻的规模。由于动乱主要发生在恰克图至北京一线，商人们自然担心商路会受到很大的影响。有些情况在我进入中国之前已有所耳闻，但我并不认为可以因此而推迟行期。不过，遣返使团一举也许竟让使团得以避免一场巨大的灾难。

就过去发生的这些事件，我还不清楚陛下会做出什么决定，因此也无法制定自己就粮食外运问题所应采取的行动立场。如今恰克图粮价飞涨，随着粮食大量外运，粮价必将继续上升。依照现行规定，//416//无疑可以有足够的理由来制止粮食外运。看来，理智的考虑也要求我们不应亏了自己去帮助我们这个意图难以捉摸的邻国。然而，在政治决定还不确定的情况下，采取这样的措施可能引起怀疑和担心，而引起这样的后果也许并不符合陛下的意图。因此，我只是把此事通知了伊尔库茨克民事省长，作为他分内的工作来处理，同时请求他做出安排，达到外运粮食虽不禁止，但却要略加限制。但是投机商的贪婪和恰克图海关的自行其是很快便抵消了预防措施的作用。因此我才斗胆恭请陛下//416背面//宣示旨意，在这种情况下究竟应该采取什么措施。

我想很快就能有幸把上面提到的三道圣旨的准确抄件呈报给陛下，因为代理边境事务的伊兹玛伊洛夫先生收买了扎拉固齐的一名师爷，已经弄到了两道圣旨的抄件，内容有关接待和遣返使团，是理藩院早先发给库伦郡王的，现于此件之后附上。这些文件的内容非常有趣，而这样的秘密谍报工作所费极少，将来却可能非常有用。

我还有幸随此奏章向陛下呈上有关最近中国情况的简报及我国广州被扣船只情况的简报。如果简报情况属实，//417//加之京畿附近几乎同俄国交界的各省发生饥馑和暴乱，那就无须怀疑，目前这个时候实在是夺回我们失去的东西，争取更大利益以及惩治高傲的北京政府的最好时机。

总参谋部上校多夫列带领手下两名军官正沿石勒喀河顺流而下，准备到阿穆尔河后，再沿额尔古纳河溯流而上。另外两名军官刚刚结束了在国境其他地段的工作。这次考察将为陛下献上一批您国家最遥远边疆的地图和略图，报告当地的一般情况和详细情况。这些资料都非常翔实，不亚于研究进行得比较深入的地区。我正在非常急切地等待考察的结果。//417 背面//陛下，我曾向您奏称，正在制订一个西伯利亚可供资源的总计划，此次考察对完成该计划和利用资源，都是必不可少的。在我国同中国的政治关系中，这项工作的目的在于保持我国的政治尊严和优势，因此，比起一个恢复已经被遗忘的尊严之类的普通计划来（这类问题其实不是我的专长），它需要更多的时间。

我想荣幸地向陛下报告，我有关西伯利亚内部状况的报告已告杀青。当我能够把它呈献在陛下面前的时候，那将是我生命中最美好的时光，它是我忠诚于您至高无上地位和我国人民福祉的纯洁而真实的见证。

在恰克图刚刚完成了一笔对于诚实//418//和理智的商人来说具有灾难性后果的交易。这些商人都不希望参与这种交易，而且它的政治后果非常危险，因此特别值得注意。我方货物被贬低到不值一文，人们贪婪地用它们交换质量低劣的中国货物，这种状况为我国贸易造成了几乎无法弥补的损失，使中国人产生了怀疑：为什么我们不马上宣布中止贸易？有关此事的详细报告和我的想法，我将向恰尔托雷斯基公爵报告。

低级侍从涅利多夫先生由于库伦之行身体变得极端衰弱。苏赫特伦先生在贝加尔湖边摔断了腿，尽管他遭到如此不幸，而且年事已高，仍勇敢地跟随使团一同向中国进发。//418 背面//他们请求我准许他们返回圣彼得堡。我本着陛下对病人仁慈为怀的精神，在没有得到陛下旨意的情况下，批准了他们的请求。敬请陛下原谅我自作主张。不过，当问题涉及人们的福祉时，我相信我是能体谅陛下的心意的。

陛下，谨向您致以深切的敬意，

您最谦卑、最忠诚、最恭顺的臣子

戈洛夫金伯爵

1806 年 6 月 19 日于伊尔库茨克

414 页正文上方右侧用俄文：［1806 年］7 月 27 日［收到］。同处左侧：№ 8。

俄罗斯帝国对外政策档案馆圣彼得堡分馆，总档 1—7，目录 6，1805 年，案卷 1a，卷夹 27，414～418 页背面。原件为法文。Н. Б. 祖布科夫译自法文。

№ 387

1806 年 6 月 19 日。А. А. 恰尔托雷斯基就他已退休、А. Я. 布德伯格[1]被任命为俄罗斯外务大臣一事给 Ю. А. 戈洛夫金使臣的信

//466//伯爵：

皇帝陛下已批准我由副外务大臣职位上退休的请求，并确定将本部门的管理委托具有步兵将军、国务委员等衔的布德伯格男爵担任。伯爵，今后请把您上奏的报告和急件交由该大臣转呈朝廷。

//466 背面//伯爵阁下，我想急于告诉您的是，我愿借此机会//467//向您对我管理本部门期间的合作与支持表示感谢，同时再次荣幸地向您表示我深深的敬意。

您最卑微恭顺的仆人

恰尔托雷斯基

1806 年 6 月 19 日于圣彼得堡

466 页正文上方右侧用俄文：1806 年 8 月 8 日于伊尔库茨克收到。

同处：№ 14。

同处正文下方：送交戈洛夫金伯爵。

俄罗斯帝国对外政策档案馆圣彼得堡分馆，总档 1—7，目录 6，1805 年，案卷 1a，卷夹 27，466～467 页。原件为法文。Н. Б. 祖布科夫译自法文。

注释：

[1] 布德伯格，安德烈·雅科夫列维奇（1750—1812），男爵，外交家，三等文官（1797）。曾受女皇叶卡捷琳二世私人委托出使德国和瑞典。曾任步兵将军、常设咨议会委员（1804—1808）。1806 年 6 月 17 日起任外务大臣。反对俄法签订《蒂尔西特条约》（1807）。1807 年 8 月 30 日被撤职。尼·彼·鲁米扬采夫继其后主持外务院工作。1808 年 2 月 12 日布德伯格退休（见《外交部史纲》74 页；《祖国历史》第 1 卷，300 页）。

№ 388

1806 年 6 月 22 日。使团二秘 Я. О. 兰伯特为请求待返回伊尔库茨克后再对边境发生的事件做更详细报告由特罗伊茨科萨夫斯克呈 Ю. А. 戈洛夫金使臣的报告

//428//使臣先生：

视察礼品一事即将于日内完成，索科洛夫先生的健康状况又不允许他在短期内把文件整理完毕以供交接，故恳请阁下准许卑职自行决定，待可以离开特罗伊茨科萨夫斯克之时立刻前去谒见，以便就此间发生的一切向阁下做更//428 背面//详细的汇报，并取得您的指示。

使臣先生，向您致以深深的敬意，

您最卑微最恭顺的仆人

杰・兰伯特伯爵

1806 年 6 月 22 日于特罗伊茨科萨夫斯克

428 页正文上方左侧：由信使……［送达］。

同处正文上方右侧：№ 99。

同处正文下方：送戈洛夫金伯爵。

俄罗斯帝国对外政策档案馆圣彼得堡分馆，总档 1—7，目录 6，1805 年，案卷 1a，卷夹 27，428～428 页背面。原件为法文。Н. Б. 祖布科夫译自法文。

№ 389

1806年6月25日。使团二秘Я.О.兰伯特就结束视察、礼品、奥西波夫已携带详细报告出发等事由特罗伊茨科萨夫斯克呈Ю.А.戈洛夫金使臣的报告

//436//使臣先生：

卑职收到阁下本月16日发来命令时，离八等文官符拉德金派去给省长送信的信使出发晚了仅几个小时。

礼品已进入海关库房，奥西波夫先生明天将出发，他会向您就这一问题呈交详细报告[1]，并报告我们的急件中涉及的其他问题。//436背面//不过卑职似无法对我的7号报告①再做什么补充。

中国官员得知卑职已结束对礼品的清点，询问卑职是否打算近期离去，无疑是要等待上级给予指示。卑职回答说，看来我还要逗留一段时间，以便同七等文官索科洛夫办理文件交接。

使臣先生，向您致以深深的敬意，

您最谦卑、最恭顺的仆人

杰·兰伯特伯爵

1806年6月25日于特罗伊茨科萨夫斯克要塞

436页正文上方用俄文：［1806年］7月30日收到。

同处：№ 396。

---

① 见388号文件。

同处正文下方：送戈洛夫金伯爵。

俄罗斯帝国对外政策档案馆圣彼得堡分馆，总档 1—7，目录 6，1805 年，案卷 1a，卷夹 27，436～436 页背面。原件为法文。Н. Б. 祖布科夫译自法文。

注释：

[1] 1806 年 6 月 26 日就礼品的储放问题 Я. О. 兰伯特向 Ю. А. 戈洛夫金发了这样一份报告：

“使臣先生：恰克图海关无疑已向阁下报告，礼品已存入两个仓库，即 1 号和 2 号仓库。据海关关长和海关工作人员说，这是整个海关上最好的仓库。正是由于听到了这样的话，卑职才同意把那些东西存进去。但是所有的仓库，甚至 1 号和 2 号仓库，均已多年失修。海关工作人员亚岑科夫受关长的特别指派，负责看管这些礼品，他提醒海关，只要雨水稍大一点，就可能渗进仓库。必须下令对顶盖进行翻修。卑职尚不知道关长先生是否会对该报告给予重视。卑职以为有必要将这一情况报告阁下，提请阁下注意，这一翻修将耗资 150～200 卢布。每年给海关拨出修缮房舍的款项为 600 卢布，故此款应很容易得到解决。”（俄罗斯帝国对外政策档案馆圣彼得堡分馆，总档 1—7，目录 6，1805 年，案卷 1a，卷夹 30，22～22 页背面。）

№ 390

1806 年 6 月 30 日。伊尔库茨克民事省长 A. M. 科尔尼洛夫为已将枢密院致理藩院的关于船只抵达广州以及 Ю. А. 戈洛夫金准确执行所领训令等内容的文书送出一事给库伦办事大臣蕴端多尔济、福海的信

//160// 6 月 6 日［收到］[①]

俄罗斯国皇帝陛下伊尔库茨克民事省长、四等文官、赏戴勋章科尔尼洛夫致大清国至圣大皇帝驾前库伦办事大臣郡王、昂邦函

奉收到的旨令，按已有之惯例，现送上我崇敬的枢密院致贵方理藩院两封文书[②]。尊贵的郡王和昂邦，此间指派桑热哈耶夫大尉为专差，并由多骑护送，交由他送去我崇敬的枢密院致贵方理藩院文书。谨请收到该二书后，立即将其转送贵国尊敬的理藩院，并由我方大尉及其他官员于回程时带回书面回执，确认该文书已按址送出。特此签字盖章。

1806 年 6 月 30 日由伊尔库茨克城发出。

蒙古国立中央历史档案馆，藏档 M-1，案卷 651，160～161 页。库伦办事大臣衙门满文抄文簿抄件。И. Т. 莫罗兹译自满文。

---

① 即 6 月 9 日。

② 见 367、369 号文件。

国家清史编纂委员会·编译丛刊

【俄】B.C.米亚斯尼科夫 主编 徐昌翰 等译 徐昌翰 薛衔天 审校

19世纪俄中关系：资料与文献

第1卷 1803~1807（上）

РУССКО-КИТАЙСКИЕ ОТНОШЕНИЯ В XIX ВЕКЕ

Том 1

1803 * 1807

廣東省出版集團
广东人民出版社
·广州·

ББК 63.(5Кит.)
Р88

Данный том подготовлен при содействии
Российского фонда гуманитарных исследований

Составители

М.Б. Давыдова, И.Т. Мороз, В.С. Мясников,
Н.Ю. Новгородская

Ответственный редактор

акад. С.Л. Тихвинский

Редактор тома

В.С. Мясников

Сборник представляет собой первый том документальной серии "Русско-китайские отношения в XIX в." Данная публикация впервые делает доступный для исследователей комплекс материалов, связанных с посольством Ю.А. Головкина в Цинскую империю (1803–1807). Публикуемые документы обеих сторон освещают вопросы подготовки посольства, поездку в Пекин 9-й Российской духовной миссии, а также переговоры посла на границе и в Урге.

Р $\frac{0503010000-020}{01Д(03)-95}$ Без объявления

ISBN 5-88451-029-2 Том 1
ISBN 5-88451-032-2

总 序

纂修清史是我国新世纪标志性的文化工程，它包括3000余万字的清史主体工程及文献、档案整理和编译工作。广大史学工作者正以高度的民族责任感和历史使命感，努力做好清史编纂工作，科学总结历史经验，继承和弘扬民族优秀文化，为建设中国特色社会主义服务。

世界各国从分散发展到趋于一体，大抵从15世纪、16世纪开始，直至19世纪末20世纪初，形成了资本主义的世界市场和世界体系。清朝从1644年到1912年共延续了268年，这是世界历史发生深刻变化的重要的转折时期。在这个特定的历史条件下，清王朝却依然以“天朝大国”自居，闭关自守，使封建社会的中国越来越落后于西方资本主义国家，在洋枪洋炮面前不堪一击；西方列强用大炮打开了中国的大门，使之沦为半封建半殖民地国家。在18世纪世界历史的大变局中，康乾盛世不过是中国封建社会“落日的辉煌”，而到19世纪中叶鸦片战争后，清朝日益衰颓，已奏起了“落日的挽歌”。因此，研究清史，确定它的基本内容，以及确定研究它的基本理论、原则和方法时，不能脱离清王朝社会发展过程中世界正在发生深刻变化的广阔的社会历史背景。

在编纂清史时要有世界眼光，这已是广大史学工作者的共识。不仅要把清史放到世界历史的范畴中去分析、研究和评价，既要着眼中国历史的发展，又要联系世界历史的发展进程，而且还要放眼世界，博采众长，搜集和积累世界各国人士关于清代中国的大量记载，汲取外国清史研究的有益成果，为我所用。正是从这一基本认识出发，国家清史编纂委员会决定编辑出版“国家清史编纂委员会·编译丛刊”（以下简称“编译丛刊”）。

清朝建立之初，与世界各国曾保持着一定程度上的接触。后来中国的大门一度被关闭而后又被强行打开，这期间，外国的传教士、商人、外交官、军队、探险家、科学考察队蜂拥进入中国，东方古国的一切都使他们感到惊奇。基于种种不同的目的，他们记录下在华的所见所闻。这些记录数量浩瀚，积存在世界各国的图书馆、档案馆、博物馆或私人手中，成为了解清代近三个世纪历史的珍贵资料。由于西方人士观察、思考和写作习惯与中国人不同，他们的记载比较具体、比较广泛、比较注重社会的各个阶层各个方面，因而补充了中国史料记载的不足。“编译丛刊”将从中选取若干重要资料译介给国内的读者；对早年问世的具有开拓性、奠基性价值，但不为中国学术界所熟知的作品，我们也将同样给予关注；此外，对反映当代国外清史研究新的学术思潮、前沿问题、热点问题和重要成果的学术专著，“编译丛刊”也将及时地介绍给中国学术界。

从中国史学的历史与现实出发，有选择地介绍国外新史学的一些理论与方法是必要的。如西方历史学家提出，第二次世界大战后，“历史学的界限变得越来越模糊了”，主要是强调扩大历史学家的视野，拓宽历史研究的选题；又如提倡“自下而上看的历史学”，努力将社会精英的历史变成社会大众的历史，将千百年来隐藏在历史幕后的社会大众推上历史的前台。此外，在第二次世界大战后历史研究整体化趋势的推动下，出现了一系列历史学分支学科，如社会史、人口史、民俗史、新经济史、新政治史、心理史、社会生态史、环境史、妇女史、城市史、家庭史等等，对于纂修清史有一定的借鉴作用，这些都将在“编译丛刊”的作品中有所体现。

人类的文明史就是一部不同文明间不断交流和融合的历史。任何国家的文化都是通过与异质文化的对话和交流获得营养，从而不断发展壮大。纂修清史必须排除闭关自守的文化排外主义的干扰，破除中西对立的僵化思维方式，以开放的胸襟、兼容的态度和科学的精神对待国外清史研究的一切成果，因为它们既是“中国的”，也是“世界的”。愿“编译丛刊”在新世纪中外文化交流的广阔背景下，作为一座科学的桥梁、友谊的桥梁，为纂修清史做出更多的贡献。

于 沛

2004 年 5 月

的研究。此外，在第二次世界大战后的史学研究整体化趋势的带动下，也建立了一系列新的分支学科，如社会史、人口史、民族史、教育史、政治史、心理史、社会生活史、环境史、妇女史、城市史、家庭史等等，对于我国的史学有一定的借鉴作用。这些都在"海外[illegible]"的作品中有所体现。

人类的文明史就是一部不同文明间不断交流和融合的历史。任何国家的文化都是在通过与其他文化的对话和交流才得以丰富，从而不断发展壮大。[illegible]史学研究[illegible]，[illegible]中西方[illegible]。[illegible]外国[illegible]中国[illegible]史研究的一切成果，因为它们既是"中国的"，也是"世界的"。而"海外[illegible]"在推进中外史学交流的广阔背景下，将为[illegible]的桥梁，为[illegible]史学作出更多的贡献。

2004年6月

目　录

中译者前言

戈洛夫金使团不果而返的出使中国，过去已经整整200年了。现在回头再看，依然有许多值得探讨、回味和思考的内容。遗憾的是历史学家们，特别是中国的历史学家们，对它的了解却是那么少。

200年前，即1805年的12月25日，隆隆礼炮和阵阵排枪打破了蒙古荒原的寂静。一支蜿蜒数公里的队伍冒着零下30度的严寒，离开俄国边境要塞特罗伊茨科萨夫斯克，经由恰克图踏上了南下的旅程。送行的队伍威武雄壮。走在最前面的是200名马刀闪亮的哥萨克骑兵，一面面绣着双头鹰的军旗在寒风中抖动。后面是又一队人高马大、盔甲鲜亮的龙骑兵。走在两队之间的则是这个场面的主角——俄罗斯国出使中国的特命全权使臣戈洛夫金伯爵。这一天他没有像由圣彼得堡一路上过来惯常的那样乘坐轿马车，而是特意骑了一匹鞍辔鲜亮的骏马，身着锦绣华服，肩披绶带，一副意气风发踌躇满志的样子，似乎对几经周折后即将展现在面前的出使光明前景充满了希望。龙骑兵的后面，跟随着百十辆各色各样的马车：有豪华轿马车、普通篷马车、朴素的斗子车，也有临时征集来的蒙古草原常见的勒勒车……它们都是使团随员的旅行工具，标志着各自主人身份的高下尊卑。由于经历了由圣彼得堡到恰克图横穿欧亚大陆长途跋涉的洗礼，车身早已伤痕累累，装饰破旧，丧失了几个月前的辉煌和光鲜。跟随大使出使中国的数十名使团成员——骑士、宫廷低级侍从、使团侍从、军官、学者……众多达官显贵以及他们的跟随、侍仆和马夫，都怀着兴奋好奇的心情在马车上东张西望。迤逦的驼马辎重粮草在身后的荒原上爬成了一眼望不到头的长蛇。这支色彩斑斓、光怪陆离的队伍，吸引了沿途牧民好奇的眼光……这就是当年使团从恰克图出发的大致图景。

戈洛夫金使团，从俄国方面看，可以说是清代中俄关系史上最为重大的一次外交出使行动，它的主要策划者和推动者为18世纪末、19世纪初俄国最重要的政治家之一，时任商务大臣后任总理大臣的鲁米扬采夫，而他背后的支持者则是登基时间不长但雄心勃勃好大喜功的俄皇亚历山大一世本人。俄国政府对这次出使活动抱有很大希望，认为是一次开拓国际市场、满足国内日渐发展的经济需求、从中国争取最大利益的行动，也是一次联合中国平衡亚洲政治势力、对抗英美势力日渐扩张的重大措施。对于这样一个史无前例，影响可能十分深远的行动，俄国政府当然不能掉以轻心。它经过长期筹划准备，除了制定目标远大措施周密的出使训令、备办了形形色色用心良苦寓意深刻的礼品之外，就连统一使团成员的制服、制作专用的使团宴客餐具、成立吹奏乐队等细节都考虑进去了。赋予使团的任务是宏大的，其中包括在新疆地区开辟布赫塔尔玛通商口岸、取得黑龙江自由通航权、开辟广州贸易、在我国内地商业中心城市设立代表处、加强中俄关系对抗英美商业竞争；重提在《尼布楚条约》和《布连斯奇条约》也称《恰克图条约》中遗留的未能划定边界的“乌第河地区”的边界勘分问题，争取以黑龙江为界划定边界；通过中国内地开辟通向我国西藏地区乃至通向印度和阿富汗的商路等等。

为了完成这些具有重大战略意义的谈判，亚历山大一世在考虑了多名人选之后，最终把目光落到了圣彼得堡上层权贵圈子里素享睿智之名的政治家尤·亚·戈洛夫金身上，决定由他出任出使中国的特命全权使臣。这件事成了1803～1805年圣彼得堡贵族沙龙的热门话题。最后的安排凸显了使团的重要性和对它寄予的厚望。使团的规格之高是少有的。戈洛夫金伯爵出身俄国最显贵的名门望族，身居二等文官①，就任大使后又被任命为西伯利亚各省总巡按，具有代天子巡狩的钦差大臣的身份，甚至有权不经奏报直接任命公使衔的外交代表。

戈洛夫金使团先是一路跋涉，穿越西伯利亚，于1805年的9月份抵达伊尔库茨克，并同清政府展开了积极的交涉。经过压缩使团人数、外交使团同换届的教士团分开走等种种周折，等待了3个月之后，终于在1805年临近岁末的时候走出了国门，踏上了中国的土地。俄国使团顶风冒寒一路行来，于新年的第二天即1806年1月2日抵达库伦。随着，清俄双方又发生了礼仪之争：库伦办事大臣蕴端多尔济奉嘉庆皇帝的圣旨，在当地为大使赐宴，要求戈洛夫金对着皇帝的牌位谢恩，行三跪九叩礼。这个在中国官员看来是天经地义的要求被俄罗斯使臣断然拒绝。双方围绕此事展开交涉，库伦北京600里快马函札交驰，库伦办事大臣府邸内中俄官员唇枪舌剑。经过整整一个月的拉锯，库伦当局甚至还使用了一些断粮断薪的极端手段，最后嘉庆皇帝一锤定音：遣返不懂规矩的俄国使团。1806年2月1日，库伦办事大臣下了逐客令。俄国使团一路忍饥挨饿、冻馁交加，在清政府官员的护送下原途狼狈而返。一路上溃不成军，队伍搞得七

---

① 在俄国整个文官制度史上，具有一等文官等级的一共只有三四人，他们必须是总理大臣。

零八落。当戈洛夫金最后把自己的部下集合起来时，不得不感叹好在还没有人魂断异国他乡。2月11日这支队伍终于又回到恰克图，同出发时的情景形成强烈对照。

一个背负着各种政治诉求和经济诉求的辉煌的使团，经过充分准备，怀着志在必得之心，不远万里踏上了大清国土地。不料滞留了一个半月之后，连库伦也没有走出去，便戏剧性地“铩羽”而归。其间的是非得失成败因果等等，还是留待历史学家们去评说罢。但有一点，窃以为特别值得一提，就是戈洛夫金使团不仅带来了体现本国、本民族政治、外交、商贸、领土等诸方面利益诉求的出使计划，而且也给正在从康雍乾盛世一步步走向衰微的中国带来了一股文化上的、观念形态上的乃至心理上的冲击。有意思的是这场冲击并没有直接涉及两国之间的领土、战争、通航、贸易之类的具体权益问题，但却通过礼仪之争和处理危机的过程，清楚地表现在文化理念、外交理念、主权理念、战争理念、决策理念、世界权力结构理念等许许多多“非物质”的问题上。冲突的代表人物，从俄方来看，是具有纯粹西欧文化背景的戈洛夫金；从中方来看，则是嘉庆皇帝和他在库伦的代理人蕴端多尔济。双方文化上的、心理上的和性格上的差异无疑能引起今日研究者莫大的兴趣。当然，这种冲撞由于只是发生在库伦，未能深入到帝国的心脏地区，因而影响比较有限，但即使如此，对于我们的历史学家也好，普通读者也罢，这场发生在国力于彼得大帝去世后80年间得到迅猛提升的俄罗斯同迅速走向式微的中国这个老大封建帝国之间的冲突，无疑能够为历史文化思考提供大量有趣的、内容独特的、生动的素材。

以B.C.米亚斯尼科夫院士为首的俄罗斯同行们付出了巨大的劳动，从散藏在中国、俄罗斯和蒙古等地的浩如烟海的档案文献中，筛选、整理、翻译出一百六七十万字的资料，对之作了周到的科学处理，把这次鲜为人知的重要的出使活动完整地、科学地呈献于历史学家们和广大读者的面前。B.C. 米亚斯尼科夫为本卷撰写的前言，指出了本文件集填补中俄关系史研究空白的重要意义，M. Б. 达维多娃则在本卷的《古文献学引言》中，把本书的编选情况和技术处理原则作了专门的详细说明，这些工作都将对准确理解和使用书中文献起到重要作用。编者们广阔的科学视野和深湛的学术水平，以及处理历史文献的严谨态度，使这部篇幅巨大的文献资料著作获得了很高的学术品质。

本书选取的内容，包括 536 篇档案文献、当时一位著名回忆录作家维格尔的关于出使活动的长篇回忆录、戈洛夫金的传记材料以及其他多种相关资料。它们全部是产生于当时的公文、信函、命令、训令、圣旨、计划、方略之类的东西，以及账单、物件清单、花名册之类原始单据性质的文献，其可靠性和研究价值是不言自明的。在相关文件和资料的注释中，又含有许多独立成篇的有的甚至篇幅巨大、相当翔实的背景资料，往往引自同时代人的相关论述和回忆，数量众多，弥足珍贵。所有这些文献资料不仅对于研究戈洛夫金的出使具有重要价值，而且对于了解更广泛意义的中俄关系、俄中两国社会经济发展水平和两国某些地区的发展状况，乃至当时的国际关系格局、边疆民族关系等等，都能起到无可替代的作用。由于出使活动从一开始就是同欧美列强在商业贸易和势力范围上的争夺纠缠在一起的，因而中国、俄国、欧美列强的各种利益关系就被紧紧地绑到了一起，涉及的问题也特别广泛，其范围不仅包括事件的主要舞台圣彼得堡和北京、伊尔库茨克和库伦，也有广袤的西伯利亚和蒙古、中俄两国由西到东绵延万里的漫长国境、遥远的俄国美洲殖民地，还有俄国和英国展开激烈争夺的中亚、以俄国为首的神圣同盟与拿破仑法国展开斗争的欧洲……这次外交行动还牵扯到耶稣会士在世界许多地方的活动，牵扯到俄土战争，牵扯到西藏、印度、喀布尔、缅甸、越南、波斯等地区和国家。大量第一手资料对俄国经济和全俄市场的发展，西伯利亚的开发、交通、城市发展状况，恰克图贸易的规模、格局、运作机制，中国西部地区通过当地民族同境外开展贸易的状况，以及中俄两国政府的外交理念、决策过程、边境管理机制、外贸管理机制等等都有详细的描述和说明。相信本文件集出版后，必将引起研究者和一般读者的浓厚兴趣。

在翻译本卷的过程中，也发现编者有一些看法是我们难以苟同的，需要提出来说一说。

编者在前言（《尤·亚·戈洛夫金出使中国之行》，索引中简称为编者前言）中认为，根据《尼布楚条约》划定的中俄东段边界，是“中国对俄国欠下的债务”。这一断语无形中否定了该条约作为平等条约的性质，显然有违于历史事实。1689 年的中俄《尼布楚条约》，是中俄之间的第一个平等条约，它正确地反映了当时的中俄两国领土管辖状况、对边界情况的了解和国际法准则，为两国缔造了较长时期的边界和平和和睦友好关系，并为当时的沙皇政府所接受，称之为“和平条约”。该条约的平等性质，不仅为当时的沙皇政府和清朝政府双方共同确认，而且也得到沙皇时代和苏联时代的许多俄国学者确认。本文集所收入的一些俄国官方文件，也反映了上述这种俄国对条约的较为一贯的看法。而所谓“欠债”，只是俄国学者中的一种观点，而且长期以来并不是俄国的主流观点。只是到了 20 世纪的六七十年代以后，由于受到两国意识形态之争的影响，苏联政府才改变了对事实的认定，把《尼布楚条约》看成是不平等条约。今天，当中俄东段边界问题已经彻底解决、整个中俄边界重新成为联结中俄人民世代友好的纽带时，这种“欠债”的观点也该是回归历史事实的时候了。

还有一点应当指出的是，编者的注释中，有一些资料来自俄国在华教士们的道听途说，对中国的许多情况、特别是对清政府典章制度的阐述有许多错讹之处，译者不能一一指出。在此要提醒读者，使用这些资料时务必查对有关中文资料，以免以讹传讹。

戈洛夫金使团的派出是沙皇亚历山大一世政府对华政策的集中体现，因此使团受到其政府的高度重视。但对清朝政府而言，该使团来华却几乎没有产生任何实际意义，以致在嘉庆朝的《清实录》中竟然没有相关记载。这一方面反映了闭关锁国政策在嘉庆朝的严重发展，另一方面也说明了清政府在对外关系上的麻木不仁。仅就此而言，这部文献资料对清史研究的意义就很值得重视了。中俄关系是清代对外关系的重要组成部分。研究中俄关系，不仅要研究中国一方的对俄国的政策，还必须研究俄国的对华政策和相关国家在对华政策中错综复杂的利害关系。从目前我国学者对中俄关系的研究来看，窃以为对 17 世纪下半叶和 19 世纪下半叶的研究比较深入，也取得了较为丰硕的成果，但对 19 世纪上半叶的研究，则显得相对薄弱，特别是对 19 世纪初俄国对华政策的研究，在我国基本还是空白。这种研究工作中的不连贯性，就使我们难以准确和深入地把握俄国对华政策的本质和特点。这部文件集恰好为研究 19 世纪初俄国对清帝国的政策提供了无以替代的基础资料。

* * *

前面已经提到，这部文献资料集内容特别广泛，涉及许多国家的大量历史、地理、民族、宗教、语言、风俗、习惯和政治、经济、军事等方面的知识，给翻译工作带来了巨大的挑战。书中相当数量来自蒙古突厥和满通古斯民族、特定地区、特定行业、特定历史时期乃至中国方言的词语，是目前现有各种辞书所难于应付的。许多地点、机构、人物、事件的译名，有赖于做艰苦的查对工作或重新予以创立。原档案文献中文字上的晦涩或讹误，要求在译文中得到恰当的处理。档案文献所涉及的各种事件，从孟加拉、柬埔寨到鄂霍茨克海、库页岛，从里斯本的宫廷到玉兹汗的金帐，从奥斯特里茨的战场到马卡里耶夫集市，其中许多富有特色的文字表述，形成了原原本本翻译传达过程中的一个又一个暗礁。许多中国文献，本来是应该查对存放于北京、乌兰巴托、圣彼得堡、莫斯科各档案馆的原件的，但囿于条件和时间，只好满足于从俄文照译，无法进一步去做文本核对工作。文献中有些中下级官员、军官士兵、普通居民的名字，以及小居民点、街道、小山丘、小溪流的名字，由于无从查考，只能满足于音译。18 世纪末 19 世纪初的俄语，正处于古俄语向现代俄语演变的最后阶段，许多基础语法范畴和语法现象仍处于不稳定之中，也构成了使用者的随意性，表达上不规范性，从而增加了理解的困惑和翻译的难度。

值得告慰的是以上种种困难并没有成为我们降低工作要求的借口，反而成为我们提高工作质量的动力。国家清史编纂委员会编译组的同志们对我们的工作给予了极大的关怀，提供了各种可能给予的协助。特别是著名的中俄关系史专家、中国社会科学院近代史所的薛衔天研究员应邀为本卷的翻译担任审校工作，对照原文认真审读全书译文，提出了许多宝贵的意见。本书责任编辑柏峰同志在编辑过程中认真核对与广东地区相关的档案资料，订正了相关的译名。所有这些，都为提高译文质量做出了巨大贡献。在此谨向他们表示诚挚的谢意。

本书在翻译过程中，力图信守忠实原文的原则，力争准确传达文献资料的原貌。原编者所有对文本的技术性处理，如脚注、尾注、文本中的附加符号（着重号、增补文字的括号）以及不同字体的运用等等，务求与俄文版基本保持一致。对俄编者明显的疏漏和错误，我们则通过脚注予以订正，并注明该脚注出自中译者。俄文文本中所标的原档案页码，我们在译文中以双斜线（// //）前后区隔，照样标出，以供引用者标注出处时参照。俄中对照人名、地名索引按俄文字母顺序排出。

虽然我们始终本着老老实实、认认真真的态度，为保证工作质量不敢有所松懈，尽最大的努力，争取对得起读者，对得起编者，对得起自己，但学无止境，加之篇幅浩大，精力有限，错误和疏漏恐怕还是难免。译者们怀着诚惶诚恐之心，敬候指教。如蒙赐告，不胜感激。

参加本书翻译工作的各位同人，其个人情况和各自承担的章节如下：

徐昌翰（黑龙江省社会科学院研究员）：《古文献学引言》、1—59 号、177—204 号、213—252 号、298—318 号 360—396 号文件；

宋嗣喜（黑龙江省社会科学院译审）：《尤·亚·戈洛夫金出使中国之行》、60—176 号、319—359 号文件、全部附录；

宿丰林（莫斯科大学博士、黑龙江省社会科学院研究员）：205—212 号文件；

刘涧南（黑龙江省社会科学院副研究员）：253—297 号文件；

阿拉腾·奥其尔（中国人民大学博士）：397—482 号文

件；

徐明稼（俄罗斯人民友谊大学副博士生）：483—536号文件。

除宋嗣喜、宿丰林所译文件的部分尾注由他们本人翻译之外，其余所有文件的尾注均由徐昌翰译出。

全书译文由徐昌翰统稿、订正，由徐昌翰、薛衔天审校。

又，徐明稼为全稿作了编排上的计算机处理、整理目录、校对人名地名、为全书插标原档案页码；四川大学外语学院俄语系02年级的全体学生参与了奥其尔所承担文件的部分翻译工作；黑龙江省社会科学院的杨昕沫参与了戈洛夫金传记的部分翻译工作．并协助宋嗣喜完成打字工作，特此一并致谢。

徐昌翰

2006年4月9日初稿

2009年5月20日修改

Ю. А. 戈洛夫金
出使中国之行

各国间外交关系的发展产生了不少事件，使历史学家久久激动不已。这些关系含有种种解不开的谜，有时往往还打上同时代人截然相反评价的印记。19 世纪头 10 年俄国向清帝国派遣的一个未获成功的使团，便属于这类历史事件。专家们至今仍搞不清楚，究竟应把它视为派往北京的使团，抑或前往库伦（今乌兰巴托）的考察队。使臣 Ю. А. 戈洛夫金伯爵是亚历山大一世皇帝的个人代表，这位外交官的行动完全得到了皇帝的赞同，虽说最终未能通过清帝国的蒙古前哨到达中国。嘉庆皇帝把俄国使团失败的过错全推到俄国使臣身上。还有一位皇帝也同意这种意见，那便是拿破仑。他在回忆录中评价了当时的国际关系并指出，如果俄国使臣确实想完成自己的使命，那他就应该服从接待他的国家所规定的外交礼节[1]。

许多年来，使团失败的原因被解释为俄方不愿服从中国的“叩头”仪式，因而使团成员才被逐出清帝国。俄国和西欧各国在不同时期派过好几个使团前往清帝国，它们都曾有过不少类似的或几乎类似的经历，这就为这种既简单又明了的解释，做出了有力的佐证。只要想想俄国使臣 Ф. И. 巴伊科夫（1655）或不列颠外交官阿美士德（1816），整个情景似乎便呈现在眼前了。然而在那几个世纪，同样也不乏一些取得过完美成功的使团，既破例无须完成礼仪，又高高兴兴地受到了接待。

外交礼仪是一国人民民族文化特点的可见部分，是其政治传统的体现。对于同属一个文明，比如欧洲文明的国家而言，外交礼仪的标准由于基督教的道德规范和历史地缘政治信息的一致而趋于一致。然而对分属不同文明构架的国家而言，礼仪在互相交往中却成了一种防卫手段，它维护着各方对自己以及对整个世界的看法。它是一个免疫体系，力图把一切异己的成分都滤除干净。尽管如此，但我们却认为，中国同西方交往的许多事例，都可以十分清楚地表明，在此类关系类型中，很难把各方外交失利笼统地仅仅解释为交往双方在某一具体时机不具备克服民族文化障碍的能力。不言而喻，政治传统的差异会影响政治优先地位的确立。但无论如何，国家利益往往还是要高于外交传统，虽然两者紧密相关。

上述几个因素确实对Ю. А. 戈洛夫金出使的结局有影响。但若是要对整个充满戏剧性的失败的出使行动做出评估，则必须把出使的结果同与出使相关的种种意图以及出使所抱的种种希望进行比较。有三个皇帝对使臣的行动给出过评价，在这三个人之中，谁的评价更接近真相呢？这个问题可以从揭示了双方行动方式的清朝文献和俄国文献中找到答案[2]。

向中国派遣使团是俄方提出的。1803年2、3月间，商务大臣Н. П. 鲁米扬采夫伯爵多次向亚历山大一世皇帝呈递奏章，提出了这个想法[3]。Н. П. 鲁米扬采夫的动机超出了这一时期在睦邻基础上发展得十分平稳的俄中关系这一范围。《恰克图条约》的签订（1727年），以及嗣后经两度修订（1768、1792年）变得更为明确的条款，确立了两国之间的交往。恰克图贸易是经济联系的主要舞台，投资450万卢布所获得的收入，竟达到300万卢布[4]；政治问题通过理藩院和枢密院之间通信解决；俄国驻北京教士团存在已近百年，活动颇为顺利，而且也在完成某些外交职能。

但到了1801年，俄国又一次进入了改革时期。国务会议改为常设咨议会，其职能为审议国家事务、制定法律、进行决策。1802年9月8日，根据亚历山大一世颁布的宣言，在彼得一世厘定的各院基础上，成立了八个部，设内阁，以讨论须共同协调的事务。活动方向多的部增设副大臣一职。A.P. 沃隆佐夫伯爵被任命为外务大臣（领国务总理大臣衔），沙皇亚历山大一世的“生活挚友”、三等文官亚当·恰尔托雷斯基（恰尔托里日斯基）公爵任副大臣[5]。商务部为新建机构之一。Н.П. 鲁米扬采夫是个经验丰富的宫廷重臣。早在为亚历山大一世选后时，他便当过叶卡捷琳娜二世的钦差代表。Н.П. 鲁米扬采夫还是个同样有经验的国务活动家，他在对国际贸易形势进行评估时得出结论，觉得俄国政策的亚洲方向，准确点说是远东方向，应该能拥有一定的发展潜力。

欧洲进入拿破仑战争时期后，的确对它同近东的联系有一定影响；与此同时，英国也积极试图进入中国市场。马嘎尔尼使团（1792—1794）便是一个证据。俄国政府为了采取应对措施，早在1800年3月便发布了新的《恰克图贸易条例》，同年10月又发布《给恰克图海关和商人的指令》。这两份文件把贸易公司的活动置于政府监控之下，目的是促使工业产品在出口中占据绝大多数份额。清朝政府也对商人实行巡视制度，其证明便是搞了一个专门的秘密指令，以规范中国商人在恰克图的行为。北京宫廷深知俄国对恰克图贸易兴趣颇浓，在解决政治事务时便将其作为向俄国施压的筹码。在 18 世纪，恰克图贸易曾被清朝中断过 11 次。

Н. П. 鲁米扬采夫建议政府采取新措施来巩固俄国在东亚的政治和经济地位。这位商务大臣所建议的计划，其中心点便是向中国派遣一个应完成一整套任务的全权使团。在交付给使臣的任务中，至关重要的一个指示便是向清政府通报俄国第一个环球考察队的船只在 И. Ф. 克鲁森施特恩的领导下即将驶抵广州，并为俄国在广州取得贸易权。按照这个方案，作者的意图是为俄国在广州开市，使俄美公司的货物打进中国市场，把北美、堪察加和鄂霍茨克海岸的贸易同中国和日本市场结成一个完整体系。俄国船只在阿穆尔河的自由航行权也应有助于此[6]。鉴于阿穆尔河的源头位于俄国境内，而下游土地实际上并未划界①，所以根据当时的国际法，完全有根据把该河变成一条共用河流，不仅对中国船只，而且也对俄国船只开放[7]。

计划的第二部分是力争北京同意，在俄中边界西段布赫塔尔玛地区开辟新的贸易点。这必将把中央亚细亚和中亚地区纳入俄中贸易联系。不仅如此，俄国使臣还应取得中国当局允许，从北京经喜马拉雅山向喀布尔派遣一支考察队，以便把俄国贸易扩展到阿富汗和印度。而在中国本土，人烟最稠密、最发达的地区——扬子江流域也引起了俄国商界的注意[8]。

由此可见，这实在是一个非常宏大的计划！在讨论谁是能实现这一伟大构想的人选时，入选的是古老的贵族戈洛夫

① 按 1689 年中俄《尼布楚条约》规定，以格尔必齐河、外兴安岭至海为中俄两国国界，“凡岭南一带土地及流入黑龙江大小诸川，应归中国管辖”，黑龙江（俄称阿穆尔河）为中国内河。此处所谓黑龙江“下游土地实际上并未划界”是完全错误的。——中译者

金伯爵家族，其国外的一支中有一位年轻的代表，他就是Ю. А. 戈洛夫金。此人刚从欧洲返回俄国，是个世袭外交官，受过欧洲教育，有在欧洲各国宫廷从事外交活动的实践经验[9]。Ю. А. 戈洛夫金使团同以前派往中国的所有其他俄国使团相比，不同之处在于它与其说是要解决双边关系问题，倒不如说是要确立俄国的远东新政策，我们完全有理由把这一政策称作亚洲和太平洋政策。

想法得到了亚历山大一世及组成其宫廷“非官方委员会”的年轻同谋 В. П. 科丘别伊、Н. Н. 诺沃西利采夫、П. А. 斯特罗加诺夫、А. А. 恰尔托雷斯基等人的热烈支持。只有经验丰富的外交家、国务大臣 А. Р. 沃隆佐夫对实现此举的实际可能表示怀疑。他指出，整个事情的成败直接取决于清朝政府的意愿，他强调指出，在他的记忆中，“俄国和中国人之间的贸易中断过三次，原因可以说微不足道，只是由于中国人有些粗暴，特别是他们顽固反对一切新措施造成的；而我方对这类偏见不予尊重，也导致了对双方均有利可图的贸易蒙受损害”[10]。由此看来，依 А. Р. 沃隆佐夫的看法，甚至在俄、清两帝国之间存在正常经济联系的情况下，两国统治阶层也并无互相理解可言。而缺乏相互理解，就不可能指望Ю. А. 戈洛夫金使团会取得成功。А. Р. 沃隆佐夫关于中国外交因循守旧的意见，只能说明双方都各自生活在对世界模式具有不同认识的观念体系之中，说明各自的国家在这些模式中处于不同的位置，说明礼仪的意义，最后，说明谋略外交的种种手段和可能。虽然这位年迈的总理大臣抱着怀疑态度，俄国枢密院依然向中国理藩院发去了一封“文书”，通知他俄国将派一位全权的外交官出使清廷[11]。

使团的筹备和装备工作延续了一年多。Ю. А. 戈洛夫金直至 1805 年 2 月 16 日方被任命为使臣。我们将会看到，使团出发时间的滞后，对出使的结果也产生了不利影响。滞后的原因大概是由于外务大臣、国务总理大臣A.P. 沃隆佐夫于1804年初患病离职，返回位于符拉季米尔的庄园所致。1804年1月16日皇帝颁旨，任命A.A. 恰尔托雷斯基为外交部主管。然而，把俄国的对外政策委托给一位波兰公爵，这个主意不仅未得到宫廷的支持，而且也受到沙皇身边大臣们的反对。

俄国政府还是采纳了A.P. 沃隆佐夫的意见。根据A.A. 恰尔托雷斯基的建议，有关部门决定同耶稣会接触，希望Ю.A. 戈洛夫金使臣在完成任务时能得到北京天主教传教士的协助[12]。A.A. 恰尔托雷斯基在致Ю.A. 戈洛夫金的信中甚至搞了个计划，要后者到北京尽可能达成一项协议，与中国共同实行抗英政策。使臣应把这项协议同允许俄国使团过境前往喀布尔一事联系在一起[13]。使臣本人则因为戈洛夫金使团同И.Φ. 克鲁森施特恩的考察队未能协调一致而深感不安。他担心俄国舰只在他抵达北京之前驶进广州港会惊动清朝政府[14]。使臣把这种担心直接上奏亚历山大一世。正如此后事件发展所表明的那样，使臣的这种担心完全合理。

使臣在北京的行动应由他接到的训令来决定。这份以亚历山大一世名义起草的训令，Ю.A. 戈洛夫金直到离开圣彼得堡的当天才接到。在西伯利亚的整个途中，以及后来在中国边境一带逗留期间，使团首脑收到了各种各样有关中国的消息，他总是把这些消息同他得到的训令进行对比，以图制订保证其使命获得成功的谈判路线。这一工作的结果，便是他于1805年12月16日在特罗伊茨科萨夫斯克完成的备忘札记（《回忆录》），后来他把这一札记送到了外务部[15]。

Ю.A. 戈洛夫金为自己制定了同清朝外交官打交道的方

式，这就是："尊严而不傲慢，亲切而不软弱，坦诚而得体，特别是消息要灵通但又不能让人看出是明显的爱打探。"他十分现实地对待面临的任务，允许自己对训令中多数条文持独立不羁的态度，特别是对待 А. А. 恰尔托雷斯基的命令。比方说，他就指出，同中国合作反对波斯和阿富汗，或者同清政府签订反对布哈拉汗国和游牧民族的防御同盟，这些想法都是不现实的。这位使臣指出："此类联盟困难重重，同中国结成这样的联盟尤其困难，我们将卷入十分昂贵的军事行动之中。类似的建议极有可能为中国人所利用。而且针对我们的这些好大喜功的计划，还可能在这些民族中间散布惊慌情绪，以提供庇护为借口，把他们招纳过去，统统归入自己名下。"[16]

使团有一支相当庞大的随员队伍，其中包括科学院的学者、艺术家、医生等，共 242 人。使团的科学部由 И. О. 颇托茨基伯爵领导，后来他成了组建俄国亚洲科学院方案的著名策划者。对东方的研究由圣彼得堡科学院东方语言和文学部助理研究员 Ю. 克拉普罗特和汉学家 А. Г. 符拉德金主持。后者作为俄国教士团成员，在北京度过 13 年，是《满语语法》的作者，也是满语和汉语《词汇》的编者。拉丁语翻译是 Х. А. 斯特鲁维。地形测绘组由 Ф. Ф. 多夫列上校领导，手下还有个地形测绘员叫 К. И. 藤涅尔。值得一提的是，后来成为著名西伯利亚历史学家的 Г. И. 斯帕斯基，也随同 Ю. А. 戈洛夫金使团一起游历了西伯利亚。

对于俄国向中国派遣使团这一消息，清朝政府最初的反应十分正常[17]，因为遣使的表面理由是通报亚历山大一世登上俄国皇位（使臣履行此项任务时，当已在事件发生 5 年以后），并祝贺嘉庆皇帝登极（在他登上皇位的 10 年之后）。

嘉庆皇帝是喜好武功的乾隆皇帝（弘历）的继承人[18]，性格温和，很有教养。他所面临的问题都十分严重，主要是人口剧增（半个世纪翻了一番），已达3亿；而连带产生的问题则是粮食和生活必需品不足；加之官员贪赃受贿，旗军腐败；而这一切，又促成人民起义。盘踞在中国南部沿海各地的海盗也造成了重大损失。只是到了1803年，这些问题才暂时部分得到政府的处理。同外国贸易的海关收入是补充国库的重要来源。其中的70%到80%，由广州的英国贸易（主要是鸦片贸易）税收构成，政府从中可获收入120万两到160万两白银。

显然，由于担心同俄国的关系会影响中英贸易，北京宫廷便不会支持俄国的外交倡议。在嘉庆1805年2月1日的谕旨中，清朝外交政策似乎有意要同任何能损及现状的意图拉开距离。皇帝指出："……俄国人意欲向宫廷派遣使臣，朕念俄人行为恭谨，特命依其所请，但绝非朕有意邀请彼等。"皇帝接着强调指出，库伦官员不得擅越职权，其任务唯静候俄国传来消息而已。皇帝又说："倘俄使举止确实恭谨，且能于六、七月份抵达库伦，蕴端多尔济等应立即由当地启程，俾于朕生辰之前将其送抵首都。"我们想提醒一下，嘉庆皇帝生于1760年11月13日。这道命令的意思是，他希望俄国使臣能赶上正式朝贺，因为在正式朝贺的过程中，帝国的高官、前来首都的各附庸国使臣，都要向皇帝表示祝贺，接受他的礼物和官衔、封号等赏赐。如果此事真的发生，那就等于说俄国是自己承认了满洲外交强加给它的清帝国"附庸国"的地位。

如果俄国使团在上述期限之前赶不到，由于蒙古冬季寒冷，应把使团送到南边的首都来，因为那边更暖和。最后，谕旨还预先定出了接待俄国使团的第三个方案：如果俄国使团于次年春天新年之后抵达，那便应把使团送到热河的夏宫，以便皇上接见。皇帝强调指出，执行这些指示的官员“在任何情况下均不得催促事件的进展，不得东问西问，喋喋不休”[19]。

这样，我们可以看到，清政府除了担心同英国的贸易收入外，对俄国使团到嘉庆皇帝的宫廷来朝见一事亦感到一定的兴趣。俄国是强大的邻国，其使臣能履行宫廷朝见礼节，可在帝国精英和帝国普通百姓眼中证明清朝皇帝至高无上的地位和俄罗斯国家的“附庸”依赖关系，加强清帝国首脑的政治威望。这一点对清朝皇帝尤为必要，因为他正同腐败的官僚开展斗争，试图削减宫廷乃至各类节日和纪念日的开支，同时又不放弃他所钟爱的事业：狩猎和出版御制图书。可见，清方感兴趣的是王朝的威望，然而，考虑到礼仪上的体面，又要求不能把这种兴趣表露出来。不仅如此，为了礼仪甚至还可以牺牲威望上的考虑。因为官僚们在盯着礼节的遵守情况，这些人有他们自身的、有别于宫廷的利益。

在谈判的过程中，如果俄国使臣要陈述本国政府的政治建议和经济建议，那么清朝当局就可能提出一些属于另一层面的利害关系和要求来，但在发给使臣的训令所包含的庞大计划中，却并没有规定诸如清朝宫廷若允许俄国在中国及其毗连国家扩大贸易将会得到何种好处之类的细节。清朝当局若允许俄国在广州或南京地区乃至西部边境进行贸易，其所能得到的实质性好处仅仅是向皇帝及其近臣送上的那些豪华礼品而已。这显然是不够的。使臣理解这一点。当他考虑到北京谈判的计划时，正是由于意识到清朝这个外交伙伴上的这些特点，意识到他带到清帝国首都的建议中缺少给中国的好处，才对谈判是否能取得成功产生怀疑[20]。

沙皇的礼物，尤其是精美的大镜子，在西伯利亚难以通行的道路上，运输起来十分困难。使团笨重的辎重车队因而行驶缓慢。直到1805年9月，使团方抵达伊尔库茨克。这时，清朝官僚的核心层已拟订出一项计划，要迫使俄国使团的行动符合清朝的朝见礼仪。在我们看来，前引皇帝谕旨中，最后一句话便是具有命令性质的信号："任何情况下均不得催促事件的进展，不得东问西问，喋喋不休。"北京朝廷以此把在帝国境内接待使团的领导权全部抓到自己手上，而且要人们明白，延宕出使行动是完全可以接受的。

事实上早在1805年6月俄国使团的命运便已经决定了，当时使团正在俄国广袤的原野上行进，而圣彼得堡尚在解决任命拉丁语译员加入使团的问题。有关方面意识到，俄国教士团成员随同使团一起去换届乃是合理之举，这样可以把教士团成员同使团合并，让他们同时抵达北京。但1805年6月27日伊尔库茨克省长И.О.谢利丰托夫给亚历山大一世上了一道奏章，说清方要求缩减使臣的随员人数，并要求单独解决教士团成员的换届问题。此前不久，库伦办事大臣接到皇帝谕旨，内称："此次俄罗斯派高官为使，前来朝见，足见其行为恭谨，其所请之事可予允准，然所遣人数过多，应稍加削减，实属完全合理，以往亦有旧例……若俄人接奉此函（函中陈述了清朝的要求——米亚斯尼科夫注）之后，回书有欠恭谨，无意削减人员，着蕴端多尔济立即致函彼等，予以坚拒，同时奏报皇上。若俄人此后中途止步不来，亦无不可。"[21]不仅如此，军机处1805年10月7日的信中直言不讳地声称，"若俄使接获我拒绝之函后中途止步，实乃最佳之举"[22]。

1805年末，当使团尚未越过边界时，清帝国政府的立场便形成了，那便是坚决拒绝俄使，即使在边境行了"叩头”礼亦复如此。剩下的便是官僚的技术性问题了。库伦办事大臣把这个问题分解成几步走：先是拒绝俄国教士团换届人员随使团同行，接着又端出一个运输问题，起了为使团“刹车”的作用。库伦郡王和昂邦呈报北京，声称阿尔泰军路各驿站、喀尔喀各驿站乃至各储备所，马匹、牲畜均不敷使团由恰克图至张家口一路所需之用。其结果是，清方又向俄国使臣提出了几个先决条件：缩减使团随员人数，仅可保留数十人；由俄方拨出沿途所需马匹；事先呈交文书（清朝外交官员竭力想了解两位皇帝的尊号是怎样写的），通报在北京呈交的礼物清单[23]。

Ю. А. 戈洛夫金通过派遣特别代表和交换信函的方法，与清朝当局进行了长期谈判，结果在缩减使团成员和单独派遣教士团这两个问题上做出重大让步。显然，俄国使臣竭力想完成他所领受的任务，为此他做了明智的妥协。清方也提出了妥协的条件。例如，只要把使团成员缩减到100人，在库伦预演“叩头”礼，皇帝便准许俄国使团进入北京[24]。然而，这个让步的用意，只是迫使俄国使臣既在库伦又在北京行“叩头”礼。当时使臣尚未意识到，他遇到的重重障碍，其实都是按清帝国首都的直接指示设置的。

众所周知，在Ю. А. 戈洛夫金逗留伊尔库茨克和库伦的整个时期，北京谣言四起，说俄国使臣将力请清政府允许俄国船只在阿穆尔河航行，并沿这一天然界线划定俄中边界；俄国使臣还将坚决要求准许俄国人在布赫塔尔玛地区和广州开市；最后，他还将要求遣返于1777年离开游牧地，进入20年前才并入清帝国版图的准噶尔境内的部分伏尔加河卡尔梅克人。很难说是谁制造了这些谣言，也许是那些同英国贸易有利害关系的人制造的，但也许是耶稣会士在清朝宫廷的暗示下制造出来的。清政府对这些谣言十分清楚，它们不利于同俄国的谈判。库伦办事大臣的立场也起着重要作用。北京宫廷对待俄国使团的态度以及俄国使臣的反应取决于他们准备的文件。例如，库伦郡王和昂邦于1805年11月13日接到皇帝谕旨，只要使团人数不超过100人，便可获准放行。但他们都背旨而行，而且违背了同俄使一秘 Л.С. 巴伊科夫达成的协议，在11月14日致戈洛夫金的信中，竟又重申了原来的立场[25]。

使团于1806年冬终于越过边界，进入清帝国境内。看来，相互争吵的时期似乎暂时成为过去，现在的主要困难是通过蒙古的冬季道路，还有即将在北京的会见。但是在这一点上使臣却错了。清朝的外交部门制订了一项逐步、分期阻碍俄国代表的计划。在这种情况下，他不得不始终做出让步，以满足清方预先设计的要求。俄国人刚刚在前往库伦的道路上走出几俄里，清方便做好了彻底拒绝俄国使团的一切准备，即使它的团长同意在皇帝面前行“叩头”礼亦然。

这一点从嘉庆的谕旨（不早于1805年10月7日）中可以看得一目了然。皇帝指出：“俄使来函不恭，骄矜自夸之词甚多，故按此前所颁命令，着即由库伦致函戈洛夫金予以拒绝。”皇帝接着指责俄人不恭，有意隐瞒所带“贡品”清单，拒绝告知使臣是否带有给皇帝的贺表。谕旨指出：“若俄使接获我拒绝之函后中途止步，实为最佳之举。”

这道谕旨同时还暴露了阻碍俄国使臣向清帝国首都行进的办法。“若戈洛夫金举止恭谨，奉行诏令，缩减人员，呈献……贡品时向皇帝献上贺表和贡品清单，则还要对他说：尔业已进入我天朝上国土地，欲朝见我皇帝，然我国有礼仪法度，于朝见我圣明大皇帝时人人皆须遵守。其后命其面向东方，教以‘叩头’之礼。彼等若按规定行事，确实毫不犹豫，行‘叩头’礼时容色庄敬，命蕴端多尔济等再加详报，然后按规定期限［由库伦］起行，送使团入朝。此等条件俄人若有一条不能完成，立即对其严词拒绝，遣其返回，任何情况下行事不得犹豫不决，软弱无力”[26]。

皇帝的这些训示中有两点值得注意。首先，北京已经预见到俄国使臣会完成事先提出的所有要求，于是又想出了一个新的补充要求——要他在边城库伦行“叩头”礼。在此之前的150年外交往来中，任何一位俄国使臣均未被迫走过这一步。通常，这部分程序性内容应归入北京谈判的议事日程。其次，他们开始指责俄国使臣不恭，固执己见，他们似乎在给自己找借口，尽力把使团未来可能遭遇失败的责任推到俄国使臣身上。

俄国外交部门原则上应该料到这类困难，在为使臣准备训令时，A. A. 恰尔托雷斯基便指出：“中国人自古定下的仪式，极受尊重，延续至今，些微偏离，便视为违逆之举。尽管如此，你在对正题加以说明之前，应同中国大臣就你进入北京或抵达博格德汗驻跸之地，以及朝见和辞别皇帝时应履行何种仪式，在上述场合应遵守何种礼节等事达成协议。”使臣享有一定程度的行动自由，但毕竟受到框框的严格限制。政府希望Ю. А. 戈洛夫金会努力，“尽可能摆脱那些不体面的仪式，特别是考虑到赐予你的崇高尊荣。在其他方面，你所应遵循的唯一原则，就是把我帝国的尊严同中国人的仪式协调起来，但却不能由于礼仪和尊号方面的某些让步而牺牲重要利益”[27]。

大历史学家、外务院莫斯科档案馆主任尼古拉·尼古拉耶维奇·班德什-卡缅斯基对俄中关系上相关的先例进行过研究。远在1776年，他便根据外务院莫斯科档案馆所存的档案文件，着手准备具有重大价值的奠基性著作《俄中两国外交档案文件汇编》[28]。应该指出，有关Ю. А. 戈洛夫金使团的文件汇编，也是一种以文献资料来对此前两个世纪俄中关系所做的独特的描述，因为不断寻求先例、援引两国关系史的，不仅有俄方，而且也有中方。

使团的结局按北京准备的脚本上演。这一幕是在库伦搬上舞台的：库伦郡王和昂邦在官邸为欢迎使团到来而举办了一个隆重的宴会。当俄国外交官出现在宴会厅，相互问候之后，在请Ю. А. 戈洛夫金入席之前，清朝官员把他领到一面墙前，那里专门摆设一张香案，让他行“叩头”礼。发给使臣的训令没有预见到这样一个仪式，因为没有先例。

俄国使臣拒绝接受送给他的这份意外“礼物”。经过简短争论之后，戈洛夫金率随员离开库伦办事大臣的官邸。他用了33天时间试图同清朝官员达成协议，但官员们牢记皇帝谕旨中不许表现得犹豫不决软弱无力的命令，顽固坚持自己的立场。俄国代表团坚决拒绝履行可能证明它所代表的国家处于附庸地位的叩头仪式。叩头仪式之所以未被接受，还因为履行这种仪式的地点，不是在使臣要朝见的皇帝面前，而是在自称为皇帝的“奴才”的官员——库伦郡王和昂邦匆忙设置的象征物面前。

1806年2月1日，俄国使团要离开库伦的消息宣布了。库伦办事大臣还是吓坏了。他们足足等了十天，要看使团是否真的返回，只是在这之后，才向北京递送了紧急报告。这便违反了皇帝的谕令，因为谕令要求把有关使团的一切变动立即上报北京，而且信使应以每天600里（300公里）的速度疾行。

两个最重要的因素结合在一起，便成为使团失败的原因。第一个因素是清朝宫廷对使团所要达成的结果不感兴趣。使臣携带的不是政治建议，而是贸易建议。在皇帝做主的中国，贸易被视为下层人的领地。清朝宫廷严肃的政治家们原指望同使者们可以谈谈别的内容。试想，即使Ю. А. 戈洛夫金在库伦执行了清朝当局的所有规定，并到了北京，他也未必能实现为他制订的计划。第二个因素是俄国外交部门所犯的策略性错误，因为它没有能够引起中方对俄方计划的兴趣。原打算用以拓展同清帝国联系的种种方法，都是从欧洲政治武库中搬过来的。它们只能从礼仪方面考虑一点清朝外交实践的特点。使团抵达北京和И. Ф. 克鲁森施特恩的舰只抵达广州，在时间上未能协调好，当然也会影响清朝宫廷的立场。但这只不过是一个方便的口实而已，以之可以散布对俄国意图的怀疑。在这种复杂的形势下，使臣把维护他所代表的国家的尊严，视为自己重要的任务，这一点他倒是光荣地完成了。

当然，出使行动遭受挫折，在任何国家的关系中都是非同小可之事。何况这里所谈乃是两大帝国的关系。俄方在某种意义上已经是晕头转向，不知所措了。Ю. А. 戈洛夫金还有一个附带的使命，就是调查西伯利亚各省情况，就改善行政当局的活动提出建议。他在清帝国边境地区逗留了好长一段时间。[29]他听到一些传闻，说清朝皇帝似乎对使团失败表示惋惜，严惩了库伦官员。俄国使臣多次奏报亚历山大一世，致函 А. А. 恰尔托雷斯基，就事件的实质做了说明。他甚至建议扩大边境城市的俄国卫戍部队，以向邻国显示力量。但政府并未采纳这些建议，政府太珍视同中国已经建立起来的睦邻关系了。后来，远东政治舞台暂时退居次要地位——拿破仑发动的战争震撼了欧洲。对圣彼得堡而言，奥斯特利茨会战的失利比在蒙古草原腹地上演的这场外交上的小小失利分量要大多了。

俄国使臣离开库伦后，中国外交领域有两股潮流在涌动，诚然，这两股潮流均产生于同一根源，即对中俄关系前途的不可捉摸，对俄方可能会进行的报复感到恐惧。因此，清朝地方当局即库伦郡王和昂邦深受折磨，怀疑自己是否把事情做得太过分了，是否违背了不为他们所知的某种宫廷意图，于是便竭力把这一尴尬事件的责任完全推到俄国人身上。为了达到这一目的，甚至还使用了一些负面的阴暗色彩，以满足清朝官员对待其他民族时的那种虚妄的民族文化优越感。他们在给北京的报告中写道："奴才等以为，俄人乃一贫穷民族，生性小气，上等人和下等人均浑然不知法度（即他们都是些不懂清帝国法律的蛮夷——米亚斯尼科夫注）；俄人狡猾阴险，唯知一己之利。"[30]接着又写道："其国内少有人谙骑乘。其男子不善弓箭，唯知以枪射击，耕耘则不如汉人。至于俄国人性情，贪吃贪喝，嗜酒如命，喜好华服，看重高位显衔。眼下此等夷鬼虽不能挑起事端，但奴才等奉此前所颁训示，已对所有边界哨卡发出密令，着其严加防范，后事容向皇上再行奏报。"[31]

另一派则在同俄国代表接触时力图强调清朝当局对他们的好感。在库伦当局同伊尔库茨克的往来信函中，在对递送邮件的俄国信使的接待中以及在对海关官员和商人的会见中，均可看出这一点。由 Н. Я. 比丘林（雅金甫）率领的新一届俄国教士团于 1807 年抵达北京时，受到了良好的接待。教士团警官助理 М. 波波夫向外务部报告说："卑职有义务附带说明，我们在邻国中国境内逗留的整个期间，不仅可以感到，而且亲身体验到，我们处在最好的朋友之间……总之一句话：当我们同蒙古人、汉人和满人交往时，所有的人对我们都十分友好，使我们深感满意。他们在许多方面，特别是在途中，总是帮助我们，使我们荣幸地相信，在希望同他们交好的所有民族中，俄国人最受他们青睐。”[32]这样便以实际行动体现了接待“蛮夷”的古训，即“三表五饵”。[33]

再回过头来评价俄国使臣的活动时，应该指出，即使俄国使臣在库伦履行了强加给他的礼仪程序，安抵北京，俄国工商业人士广泛进入亚洲和太平洋市场的计划，想也无法实现。中国正处于封建停滞和人为的同外部世界隔绝的状态，企业家的活动以及同外国人的接触，无不受到国家的严格控制。所有这些均使清朝对俄国使臣的建议和请求不会产生兴趣。Ю. А. 戈洛夫金本人也对实现商务部意图的可能表示怀疑。1805 年 12 月 16 日，即在他跨越边界前夕，他在呈交亚历山大一世的奏报中指出，只有通过“顺其自然”的办法方能扩大恰克图贸易。他指出：“如果商业中不存在障碍，这显然就是顺应市场需求调节的结果。所以，要满足那些希望扩大俄中贸易人士的期盼，就必须扩大双方的相互需求。卑职看不出有什么办法可以人为地在中国产生这样的效应，即使俄国能够做到这一点，卑职也要斗胆怀疑，扩大茶叶和锦缎的内需是否就是有利之举。前者与私人经济相矛盾，后者与民族工业相对立。”[34]Ю. А. 戈洛夫金的看法是对的，使团的失败并未对俄中恰克图贸易的发展产生消极影响。这个西伯利亚城市的商品流通额，在 19 世纪头 25 年一直不断增长（1812 年除外），1800—1824 年间增长了 90%，进入了高峰期[35]。

使团的失败，首先对俄美公司的事业产生了影响。该公司同中国和日本市场缺乏牢固联系，同俄国的交通又十分困难。这种情况导致该公司以及俄国在北美的所有企业逐渐失去活力而趋于衰亡。正如日后历史事件的进程所表明的那样，原来试图派遣 Ю. А. 戈洛夫金使团去实现的那项计划，只是到了 19 世纪下半叶至 20 世纪初叶，才得以分阶段地实施。综合导致使团失败的各种因素，我们可以看到，所谓使臣的固执，根本不是最主要之点。政治优先地位和经济利益之间的巨大分歧，民族文化方面的缺乏相互理解，满人实行的闭关锁国政策，清朝当局对于向俄国偿还历史债务——即把阿穆尔河左岸和卡尔梅克人归还俄国①的担心——所有这一切造就了一种态势，使俄国使团必遭失败。从清朝政府的观点来看，这个如此豪华的使团能够顺利完成的使命只有一个，即俄国沙皇向清帝国“进贡”。但这种期盼却只能是一厢情愿的想法。

就当时而言，俄国商务部所制订的外交计划也不现实。使团的结局便是这两种外交的虚幻政策垮台的结果。不过，被任命为国务总理大臣的Н. П. 鲁米扬采夫却于1807年8月30日担任了外务大臣一职，取代了А. А. 恰尔托雷斯基。

有一件事值得一提，那就是根据清方倡议，伊尔库茨克省省长Н. И. 特列斯金于1810年3月在恰克图同库伦办事大臣蕴端多尔济举行了会见，讨论俄国恢复向清帝国派遣使团的问题。Н. И. 特列斯金提议，双方应在平等基础上签订协议，交换使团。然而在讨论过程中产生严重分歧，致使谈判未能取得任何具体结果[36]。尽管如此，双方还是友好地分手了，俄国对中国的政策依然是友好的。

19世纪提出了向现实主义政策过渡的要求，这样的政策应符合形成该政策的各国的经济利益。这一时期，东亚和太平洋北部各国的关系正转变成世界体系国际关系的一部

---

① 大兴安岭以南、黑龙江左岸的土地是根据平等条约1689年中俄《尼布楚条约》划归中国的。部分游牧于伏尔加草原的土尔扈特部（俄称卡尔梅克人）不满沙皇压迫，在首领渥巴锡率领下，于1771年（乾隆六年）回归祖国。这两桩事谈不上是清政府欠俄国的历史债务。——中译者

分。但这已是另外一个研究领域了。

Ю. А. 戈洛夫金从中国边境回来后，十年内未担任任何外交职务[37]。1815—1819 年间同胞们在意大利见到过他[38]。从 1819 年至 1822 年，他担任驻维也纳公使，外交生涯也就到此结束。

使团归国后不久，Ю. А. 戈洛夫金使团的材料便开始发表。它们都是由有幸参加这次出使活动的成员撰写的。当时，参加那次极其艰难而又饶有兴趣的旅行，的确是一次难得的机会。关于戈洛夫金使团的第一篇文字，出现在 1806 年。那是使团成员中的画家亚历山德罗夫寄自恰克图的一封信，谈到了由伊尔库茨克至恰克图一路的旅途印象[39]。次年，1807 年，柏林地理杂志上刊登了一篇文章，据 Ю. А. 戈洛夫金的看法，是 X. A. 斯特鲁维写的[40]。1807 年 2 月 22 日，*Gasette de Petersbourg* 上发表了斯特鲁维的一篇文章，其内容看来与柏林发表的那篇文章相同。1819 年，画家 A. E. 马丁诺夫用法文发表了一部画册，其中主要部分是画家在途中的写生，由本人制成版画。遗憾的是出版的只是第一部分。所有写生画均附有画家撰写的简要说明，他在画册的前言中还特意对文字的篇幅进行了限制。画家写道："谨把发表详细报告之事留给那些参加我们访华使团的学者和文学之士，让他们去操办吧。但我确信，写生画对视觉和想象会产生更强烈、更愉快的作用。特别是那些看画的人如果了解历史，了解画面上事物的专门用意的话。我在沿途各地把自认为值得公众注意的景物画下来，对之仅做了简要说明。"[41]

在使团的"学者和文学之士"当中，有一位 Ю. 克拉普罗特，他用德语撰写了《俄中边境随笔》，并于 1823 年翻译发表在《北方档案》[42]上。但作者在文中所接触的俄中关系这个题目，继续在他的心中涌动，于是他又发表了两篇著作：一篇专门论述两国的外交关系和商贸关系，另一篇论述中国人对俄国的一些认识[43]。第九届俄国教士团团长 Н. Я. 比丘林（雅金甫）是经 Ю. А. 戈洛夫金的推荐而被任命担任此职的，他在其编著的《北京志略》中提到："1805 年，当人们在等候戈洛夫金伯爵使团到来时，曾在城市的另一边为使臣准备了一个住处，那便是掌管皇后、太子家族事务的机构——詹事府。"[44]

《祖国之子》上发表的一篇论述俄国向中国所派遣的几个使团的文章，很可能就是使团的一位成员或参加使团筹备工作的人士撰写的。文章从 Ф. И. 巴伊科夫使团起笔，以戈洛夫金使团的材料结束。[45]把文章作者设想为一位十分接近使团的人士，这是有根据的，因为为 Ю. А. 戈洛夫金曾经专门准备过一份以前各个使团有关情况的总体性材料。总之，该使团成员回到圣彼得堡后，要么写回忆录或科学论文，要么向社会讲述所见所闻，比如，曾随使团一起到过中国边境的著名回忆录作者 Ф. Ф. 维格尔就多次向 А. С. 普希金讲述过有关中国的情况。[46]后来，维格尔还撰写了有关使团的回忆录（见附录一）。

与 19 世纪初叶俄国对外政策部门有关的某些人士，在他们的回忆录中也涉及了筹备使团的历史。例如，荷兰驻圣彼得堡使臣 Д. 戈根多尔普（1803－1805）的回忆录，外交家 А. Я. 布尔加科夫的回忆录，其中对 А. А. 恰尔托雷斯基和 Ю. А. 戈洛夫金均给予评说，提供了有关使团的简明资料，分析了这次外交行动的失败对日后俄国东方政策的影响[47]。А. А. 恰尔托雷斯基的日记及其同亚历山大一世的通信亦属于这类史料之列。日记和通信先是用法文发表，后又用俄文发表[48]。它们使人对俄国的欧洲政策有一个广泛的了解，也包含了Ю. А. 戈洛夫金使团的一些情况。

Ю. А. 戈洛夫金使团引起了研究者的注意，把它视为俄中关系史上的关键性场景之一。М. Я. 莫罗什金那本颇有分量的著作《俄国的耶稣会士》，在阐释Ю. А. 戈洛夫金使团的历史时，结论使读者感到多少有点意外[49]。与此同时，著名的收藏家和研究家В. Н. 巴斯宁于1875年发表的文章，描述了藏于俄国外交部档案馆的有关这个使团的文献资料。В. Н. 巴斯宁发表的文字，其价值无疑在于它不仅揭示了大部分最重要文献的内容，而且似乎也为后世的历史学家阐释这些事件，形成了最基本的观点[50]。

В. Н. 巴斯宁在发表了有关Ю. А. 戈洛夫金使团的文献资料概述之后，并未放弃这个题目。在其出版的另一部有关东西伯利亚历史的文献资料集中，他收集了大量有关Ю. А. 戈洛夫金使团以及使团结束后直至1820年的俄中关系状况的材料[51]。

《西西伯利亚备忘录》中，清帝嘉庆的名字同Ю. А. 戈洛夫金使团再次被提及。嘉庆当政时，“俄国的戈洛夫金伯爵使团，以及1816年的英国勋爵阿美士德使团，都未获准进入北京”。该备忘录还引述了有关戈洛夫金使团的一般性资料[52]。

海军部也参与了赴北京使团的准备工作，某些有关该使团的材料进入了该部档案馆的文件和卷宗目录。海军部门的专家甚至制作了一些军舰模型，打算到北京展示[53]。最后，戈洛夫金担任使臣期间全部活动的有关的文件也被收集起来，单独发表[54]。

19、20世纪之交，《世界史导报》发表了В. П. 瓦西利耶夫院士的论文集。В. П. 瓦西利耶夫院士在论及俄中关系史时指出，北京给叶卡捷琳娜二世和保罗一世的许多函件，语气都是与外交礼仪不符的。这位杰出的中国学家在谈到派遣 Ю. А. 戈洛夫金使团的原因时说："保罗一世皇帝本打算惩治一下这个高傲的邻邦，但由于他的逝世，军事准备便停顿下来。亚历山大皇帝还打算再试试和平手段，于是才搞了个戈洛夫金伯爵使团。蛮横无理的边境长官竟将其赶出库伦。对这种粗暴之举是可忍孰不可忍！但这时西方拿破仑胜利的桂冠吸引了我们对东方的全部注意力！"[55] В. П. 瓦西利耶夫首次提到清朝方面有关于这个使团的文件，它们收藏在中国皇家档案馆中。

与此同时，В. В. 巴托尔德院士却把派遣 Ю. А. 戈洛夫金使团同阿穆尔河问题联系起来。他强调指出：远在 19 世纪头几年，俄国政府便提出把阿穆尔河归还俄国的问题，这便是向中国派遣戈洛夫金伯爵使团（1805）的目的之一。但无论是在这个问题上，还是在其他问题上，使团都遭到了彻底的失败。[56]

任何一位从事俄中关系史研究的严肃的学者，都不能不在其著作中涉及 Ю. А. 戈洛夫金使团问题，但在观点体系方面，他们一般都无法超出 В. П. 瓦西利耶夫和 В. В. 巴托尔德划定的框架。这里指的是 И. Ф. 巴布科夫和 Н. В. 克尤涅尔的著作[57]。

在研究俄中关系史的知名著作中，Х. 特鲁谢维奇的著作对理解 19 世纪初叶向中国派遣使团的经济必要性颇为有益。虽然该书由于受年代限制而并未提及使团本身，但它首次总结了 18 世纪的贸易经验，而书后附表中也包含了 19 世纪头几年的统计资料[58]。Б. Г. 库尔茨教授的精彩著作亦可起到叙述 Ю. А. 戈洛夫金使团的历史导言的作用[59]。

直到战后时期，对档案资料研究的注意方得到加强。在俄罗斯科学院东方学研究所圣彼得堡分所档案馆编写查询指南的过程中，在枢密官、俄国外交部档案馆馆长 П. Г. 季沃夫（1763－1841）的材料中，发现了有关戈洛夫金的文件[60]。此后，开始出版《俄国外交政策》文献丛书，我们在上文对此书已经有所提及。

在编写中国近代史、俄国中国学史以及科学院俄国东部地区考察史的总结性著作[61]时，同 Ю. А. 戈洛夫金使团相关的资料，是对俄国开展两国外交史研究、开展俄中边界地区自然和居民研究的宏大纲领的最好说明。

Е. Л. 别斯普罗兹万内赫的专著《17—19 世纪中叶俄中关系体系中的阿穆尔河沿岸地区》对 Ю. А. 戈洛夫金使团的历史做了比较详尽的分析。作者以文献资料为基础，揭示了为什么恰恰在当时要向中国派遣使团的原因，相当详细地描述了 И. Ф. 克鲁森施特恩的考察经过[62]。作者把主要注意力，集中到使命中的阿穆尔河问题上，这是十分自然的，因为这是他著作的主题。在谈到使团的失败时，Е. Л. 别斯普罗兹万内赫有充分根据地得出结论，认为“对戈洛夫金使团失败的原因问题……应该进行专门研究，因为还无法得出确切的答案”[63]。

《17—20 世纪中国东北史》一书，简要叙述了戈洛夫金使团和 И. Ф. 克鲁森施特恩、Ю. Ф. 利相斯基率领舰只驶入澳门这两件事[64]。

А. Д. 沃斯克列先斯基对有关 И. Ф. 克鲁森施特恩和 Ю. Ф. 利相斯基在广州逗留情况的中文文献进行了分析[65]。

在西欧和美国的历史文献中，没有专门论述 Ю. А. 戈洛夫金使团的著作。尽管如此，英国女学者 P. 奎斯蒂德的著作，却对该使团各方面情况进行了详尽的分析，因此应该承认，这部著作乃是历史文献学领域最严肃的成果之一[66]。

P. 奎斯蒂德指出，尽管使团的豪华程度超乎寻常，但组织得却并不尽善尽美。作者强调指出，至于使团的目的，它本应该用和平手段取得英国过了半个世纪方能用武力取得的东西。作者认为，在当时，这是俄国无法完成的任务[67]。作者分析各种事件时，以俄文文献和中文文献为根据，无疑是该著作的一大长处。作者认为，俄国舰只“涅瓦号”和“希望号”突然驶入广州一事，是造成清廷改变对使团立场的原因，同时也导致冲突，破坏了俄国人首次试图在中国沿海开辟贸易的计划。P. 奎斯蒂德利用美国女学者傅洛书（音译）编辑出版的著名史料集，对《清朝外交史料》（应为《清季外交史料》——中译者）这部著名史料集中的中方文件进行了分析[68]。

在中国历史学家的著作中，我们也找不到专门研究Ю. А. 戈洛夫金使团的著作。很显然，这同历史文献学传统有关：毕竟只是一个半途而废的使团，一个未获得成功的外交步骤，没有签订什么条约，往往也就不能引起中国作者的注意。尽管如此，官方史料中还是有所记载的：“使臣不遵我礼仪，故未被接纳，将之遣返”[69]。甚至何汉文在他那本十分详尽的专著中也说，亚历山大一世和嘉庆统治时期，俄中关系实际上未得到发展，因为俄国当时正忙于梅特涅建立的神圣同盟问题，完全忽视了可从西伯利亚获得的利益，不过对中国还是采取了爱好和平的立场[70]。了解Ю. А. 戈洛夫金使团历史的人，很容易看出何汉文提出的说法同事件的实际过程是多么不一致。但他对俄国的睦邻意图，看得却是很准的。

然而，在当代中国作者的著作，其中包括俄国史专家的著作中，也没有提到俄国在远东的这一重要行动。比如两卷本《俄国通史简编》中，有专节论述1812年以前时期亚历山大一世的对外政策，但却认为俄国政府在对外政策方面采取的步骤，统统都是同欧洲政策有关联的[71]。

由此可见，对俄国历史文献和外国历史文献所进行的简述表明，向研究人员提供有关Ю. А. 戈洛夫金使团的足够完整的史料汇编，并在此基础上完整地阐述这一在俄国外交领域和中国外交领域都鲜为人知的十分可悲的事件，是非常必要的。

注释：

[1] 拿破仑的爱尔兰医生奥马拉在其回忆录中写道："1817年3月26日，我通知拿破仑，说英国最后一位驻华使臣阿美士德将于日内访问圣赫勒拿岛。他就此指出，英国内阁没有命令阿美士德遵从派往国的习俗，是犯了一个错误。又说，如果是这种情况，就根本用不着派他去。拿破仑说，我认为，既然这是民族的习俗，国内一流人士都能遵从，一个外国人，做了与他们同样的事，不能认为是贬低自己。"过了一些时候，话题又谈到阿美士德，拿破仑就Ю. А. 戈洛夫金之事指出：他一贯认为，"使臣应该服从一个国家为其高官制订的礼仪。须知中国人并未请我们向他们派遣使臣，既然我们把使臣派出去了，这就证明，我们是在谋求某种宽恕或某种好处；因此我们应该服从他们的习俗，要么就根本用不着派人去"。拿破仑又说，"我想起，有一次在蒂尔西特同亚历山大皇帝谈过这件事，那时我们二人是好朋友（1807年6月25日他们首次在'筏'上见面，26日，亚历山大驶入蒂尔西特。他们的会见延续到7月9日。——米亚斯尼科夫注）。他就这个问题征询我的意见，当时我对他说的话同现在一样。我的论点使他完全信服，于是他对自己的使臣做了处分，因为他未能完成赋予他的使命。"（Barry

E. Napoleon en Exil-Bruxelles，1824，— pp. 170 ～ 172；211）引文据伊杰斯·伊兹布兰特和亚当·勃兰特：《俄国使华使团札记（1692—1695)》（前言和注释由 M. И. 卡扎宁完成），莫斯科，1969，352～353 页。

［2］有关 Ю. A. 戈洛夫金使团某些文件的发表情况可见：П. E. 斯卡奇科夫：《俄国中国学史纲》，莫斯科，1977，310 页，注 1；最重要的文件选编载于文件系列丛书《19 世纪和 20 世纪初的俄国外交政策——俄国外交部文件（第一编，1800—1815 年)》，卷 1—4，莫斯科，1960—1965。

［3］见 1 号、3 号文件；亦见《19 世纪和 20 世纪初的俄国外交政策》，卷 1，386、403～405 页。

［4］见圣彼得堡俄罗斯国家历史档案馆，国家档案全宗第 15 号，案卷 29，5～7 页背面。

［5］姓氏的两种读法是由以俄语转写波兰词的特点造成的。我们在本书中将这位波兰大人物的姓氏写法同沃伦河上恰尔托雷斯克这一名称的固定转写法一致起来。亚当·恰尔托雷斯基是亚历山大一世少年时期的朋友，1796 年时，19 岁的未来皇帝正是向恰氏吐露了心中的秘密，说他不同意宫廷的看法，他同情波兰。从那时起，A. 恰尔托雷斯基把恢复波兰的 1772 年疆界视为自己的生活目标，其条件是保存同俄国王朝的联系。

［6］根据《阿穆尔河札记》（见 93 号文件）判断，使臣并不完全相信俄国提出阿穆尔河航行权的问题是正确的。我们认为，这只能证明 Ю. A. 戈洛夫金并未透彻地研究有关这一问题的史料和材料。而差不多在他 100 年之前，弗拉基斯拉维奇—拉古津斯基却已经这样做了。

［7］在类似河流上自由航行的原则，欧洲早在 1648 年便被德国、法国和瑞典三国签订的《奥斯纳布吕克条约》批准了。1783 年密西西比河又向英国船只和美国船只开放。革命的法国政府也确认了这项原则，声称：“任何一国人民若要将独占某一

河流的权利据为已有，从而妨碍居住在该河上游的邻国人民也享有这些利益，都是一件不公平的事。”（《国际法》，莫斯科，1947，232页）

［8］见53号文件。

［9］曾祖父加夫里尔·伊万诺维奇·戈洛夫金（1660—1734）是彼得一世亲密的同道、国务大臣、外务院首任大臣（从1717年至1734年）、帝国最高秘密委员会成员、枢密官。他当政时，向中国派遣了**Л.** 伊兹玛伊洛夫和**С. Л.** 弗拉基斯拉维奇—拉古津斯基两个使团。祖父亚历山大·加夫里洛维奇·戈洛夫金曾任驻柏林、巴黎和荷兰公使。**Ю. А.** 戈洛夫金从中国返回后，曾任驻维也纳使臣。他逝世后，戈洛夫金家族也到此结束。关于戈洛夫金家族的详细情况见附录二。

［10］见8号文件。

［11］见7号文件，亦见《19世纪和20世纪初的俄国外交政策》，卷1，555～556页。

［12］见56号、129号文件。

［13］见131号文件。

［14］见154号、161号、162号及其他文件。

［15］见234号、235号文件。

［16］见235号文件。

［17］见18号文件。

［18］嘉庆——清朝第五位皇帝的年号（1796－1820），本名颙琰，庙号仁宗。

［19］见60号文件。

［20］见235号文件。

［21］见102号文件。

［22］见180号文件。

［23］见180号、197号、208号和其他文件。

［24］见189号文件。

［25］见 210 号文件。

［26］同上。

［27］见 129 号文件。

［28］**Н. Н.** 班德什-卡缅斯基：《1619—1792 年俄中两国外交文件汇编》，喀山，1882。该书扉页上注明“根据 1792—1803 年莫斯科外务院档案馆保存的文件辑成”，但是为该书出版做准备工作的 **В. М.** 弗洛林斯基教授在前言中指出，作者是在 1776 年开始工作，到 1792 年已经编写完毕（同上第 IX 页。）

［29］**Ю. А.** 戈洛夫金于 1806 年 8 月 20 日由西伯利亚召回（见 419 号文件），但早在 1806 年 4 月 11 日，他便拟定出一份全面考察堪察加半岛和千岛群岛的方案（见圣彼得堡俄罗斯国家历史档案馆，第 139 号全宗，目录 1，案卷 175，7～24 页；方案原件用法语写成）。**Ю. А.** 戈洛夫金在同年 6 月以前一直忙于千岛群岛考察队的问题（同处，案卷 176，19、44～45 页）。与此同时，使臣还建立了一支考察队，以勘察斯塔诺夫山脉和雅布洛诺夫山脉；他还利用保存在地方档案馆的文献，研究俄中边界形成史（见同处，案卷 171，91～141 页；案卷 196，44～45 页；案卷 175，25～37 页）。

［30］大贪官和珅被贬斥（1799 年）之后，这种指责之声在帝国之内显得特别令人信服。

［31］见 32 号文件。

［32］《19 世纪和 20 世纪初的俄国外交政策》，卷 4，642 页。

［33］**В. С.** 米亚斯尼科夫：《17 世纪的清帝国与俄国》，修订增补 2 版，哈巴罗夫斯克，1988，264 页。

［34］见 235 号文件。

［35］**М. И.** 斯拉德科夫斯基：《俄中人民经贸关系史（1917 年以前）》，莫斯科，1974，197～198 页。

［36］《伊尔库茨克省省长，四等文官特列斯金同中国边境

长官库伦郡王和昂邦友好会见记录（自1810年2月19日至3月10日）》，莫斯科，1860；《17—20世纪中国东北史》卷1；《封建时代的满洲（17世纪—20世纪初叶）》，符拉迪沃斯托克，1987，214～216页。

［37］《远东国际关系》，莫斯科，1973，卷1，296页。

［38］K. 巴久什科夫于1819年5月自那不勒斯致函科学院院长C.C.乌瓦罗夫，谈到开办圣彼得堡大学时，提到他见过戈洛夫金伯爵，“是从他那儿得知这一消息的，而这个消息是乌瓦罗夫告诉戈洛夫金的”（K. 巴久什科夫：《散文选》，莫斯科，1987，433页）。

［39］见附录一（2）。

［40］见458号文件和111号文件注1。

［41］Voyage pittoresgue de Moscou aux frontiers de la Chine, par Andre Martinoff, coseiller de I'Academie des Beaux Arts, A. St. Petersbourg, De 1, Imprimerie de Pluchart, Imprimeur-Libraire—1819, P. 1. 该书用俄文出版，安德烈·马丁诺夫：《从莫斯科至中国边境的风景如画的旅行》，圣彼得堡，1819。

［42］Ю. 克拉普罗特：《Ю. 克拉普罗特于1806年沿中俄边界旅行时所收集的边界观察》，载《北方档案》，1823，第9期，184～204页；第10期，253～277页；第11期，328～346页；第12期，413～432页。

［43］Ю. 克拉普罗特：《俄中外交贸易关系》，载《莫斯科电讯》，1826，第7卷，1分册，145～148页；同样是他的著作：《俄国问题摘编》，克拉普罗特译自中文，见于他的文章《Memoires relatians a I'Asie》，载《喀山通报》，1827，1，19页；1，45～65页；2，104～116页。

［44］O. 雅金甫：《北京志略》，附有1817年绘制的该首都平面图，圣彼得堡，1829，51页。

[45]《历史上俄国各使华使团情况通报》，载《祖国之子》，1821，第 32 期，241～253 页。

[46] Я. 济金：《普希金与中国》，载《远东》，1989，第 12 期，141～145 页。

[47] 见 А.Я. 布尔加科夫：《一位老外交官的札记片断》，载《自传札记》，1858，卷 1，第 10 期，291～306 栏；第 11 期，323—331 栏；同上，单行本，莫斯科，1858；Д. 戈根多尔普：《戈根多尔普伯爵札记摘编》（译自法语），载《俄国档案》，1888，卷 3，第 9 期，108～119 页。

[48]《亚当・恰尔托雷斯基公爵回忆录及其同亚历山大一世皇帝通信录》（А. 德米特里耶娃译自法语），卷 1，莫斯科，1912；卷 2，莫斯科，1913。

[49] М.Я. 莫罗什金：《戈洛夫金伯爵所率赴中国使团的出发》，载《俄国的耶稣会士》，圣彼得堡，1870，卷 2，311～369 页。

[50] В.Н. 巴斯宁：《戈洛夫金伯爵赴华使团》，载《俄罗斯历史和古代文物学会丛刊》，1875，卷 4，1～109 页。

[51]《东西伯利亚：颇杜什金中尉萨哈林岛出差札记》，В.Н. 巴斯宁报道，载《俄罗斯历史和古代文物学会丛刊》，莫斯科，1875，10—12 月号，131、132～144、146～158 页。

[52]《西西伯利亚 1882 年年鉴》，鄂木斯克，1882，57～60、285 页。

[53]《海军部档案馆藏档概况》，圣彼得堡，1902，卷 9，535 页。

[54]《戈洛夫金伯爵文件摘编》（《戈洛夫金伯爵赴华使团文件》），圣彼得堡，1904，1～81 页。

[55] В.П. 瓦西利耶夫：《中国的发现》，圣彼得堡，1900，85、86 页。

[56] В. 巴托尔德：《欧洲与俄国的东方研究史》，第 2 版，

列宁格勒，1925，236 页。

[57] Н. В. 克尤涅尔：《远东各国现代史》，符拉迪沃斯托克，1910，卷 2，第 3 册，《同俄国的关系》，53～56、61～76 页；И. Ф. 巴布科夫：《我在西西伯利亚服役的回忆（1859—1875）——1869 年同中国西部的划界》，圣彼得堡，1912，127 页。

[58] Х. 特鲁谢维奇：《俄国同中国的遣使和贸易关系》（19 世纪以前），莫斯科，1882，270～299 页。

[59] Б. Г. 库尔茨：《16、17 和 18 世纪的俄中关系》，哈尔科夫，1929。

[60] 《历史研究所列宁格勒分所档案馆查询指南》，莫斯科、列宁格勒，1958，296、297 页。

[61] 见《中国近代史》，莫斯科，1972，98～100 页；М. И. 斯拉德科夫斯基：《经济贸易史》，188～194 页；П. Е. 斯卡奇科夫：《俄国中国学史纲》，82、89～90、91、310、311、371、376、402、407、438 页；Д. А. 希林娜：《科学院东北亚考察活动编年史》，新西伯利亚，1983，57～61 页；М. М. 什穆列维奇：《西部外贝加尔地区》，莫斯科，1985，198～199 页；В. М. 帕谢茨基：《难以重复的旅行》，莫斯科，1986，45～54 页。

[62] Е. Л. 别斯普罗兹万内赫：《17—19 世纪中叶俄中关系体系中的阿穆尔河沿岸地区》，哈巴罗夫斯克，1986，200～217 页。

[63] 同上，209 页。

[64]《17—20 世纪中国东北史》，214～216 页。

[65] А. Д. 沃斯克列先斯基：《关于 И. Ф. 克鲁森施特恩和 Ю. Ф. 利相斯基商船到达广州的中国文献》，载《时代的联系没有断裂——纪念 П. Е. 斯卡奇科夫诞生 100 周年》，莫斯科，1993，151～165 页。

［66］ Qusested R. K The Expansion of Russia in East Asia 1857－1860，－Kuala Lumprur：University of Malaya Press－1968，P. 10－18.

［67］ 1bid，p. 10－18.

［68］ Fu Lo-shu. The Documentary Chronicle of Sino-Western Relations，1644—1820，V. 1－2，－Tucson. 1966.

［69］ 同上，卷 1，88 页。

［70］ 何汉文：《中俄外交史》，上海，1935，92～93 页。

［71］ 孙成木、刘祖熙、李建主编：《俄国通史简编》，卷 1，北京，1986，427～436 页。

古文献学引言

呈献给读者的本卷，是《19 世纪俄中关系》系列文件集中的头一部。它围绕同一主题，按历史顺序，构成系列中前已出版其他各卷[1]的续篇。本卷内容涉及 1803—1806 年间 Ю. А. 戈洛夫金使团出使清帝国的筹备工作和出发情况。

本卷同前已出版的 4 卷文件集相比，其不同之处在于它不仅收入了俄国档案文件，而且还收入了清方文件的满文译本——当时满文在中国是官方语言。所以本卷收入的文件原件共有 6 种文本，即：俄文、法文、满文、中文、蒙文和拉丁文文本。俄中两方的文件多数都是第一次得到科学规范处理。

在俄中关系史上，Ю. А. 戈洛夫金使团是一次理应引起注意的事件。有关文件使人们得以了解俄国政府在 19 世纪初对两国经济关系（主要是贸易关系）发展前景以及划界问题的态度。材料也足以对清政府在这些问题上的态度做出评价。

本卷材料的有趣之处，还在于其内容是俄中关系史上俄国和国外史学界研究甚少的一段历史，有关史料公布得也很不充分。

从俄方来看，出使的失败，以及当时同拿破仑正在进行的战争，转移了国内视线，使得对这一问题的兴趣有所降低。这在某种程度上解释了研究不够的原因。也许还有一个原因，В. А. 季亚科夫和 Л. Н. 克利沃舍因当时都提出过这种猜测，那就是以为相关基本档案资料未能保存下来[2]。

Б. П. 古列维奇有一篇分析19世纪前半叶外交部有关俄中关系文件的论文[3]，其中亦未提及俄罗斯帝国对外政策档案馆藏有Ю. А. 戈洛夫金使团的材料。他指出，在系列文件集《19世纪和20世纪初的俄国外交政策》的一些卷本中虽也公布了一些资料，但涉及本卷主题的材料却颇为零散，而且没有标明文档收藏地点[4]。

本卷是首次专题披露Ю. А. 戈洛夫金使团出使清帝国有关材料的文件集。编者的主要目的，除了尽量全面披露使团的主要活动——外交活动之外，还在于披露派遣俄国教士团赴北京换届的相关事宜。按照俄国政府本意，这届教士团应与使团同时抵达中国首都。

本卷所收文件起自1803年的2月13日（商务大臣Н. П. 鲁米扬采夫奏请俄皇亚历山大一世派员赴北京谈判开广州贸易事），止于1816年11月1日（原伊尔库茨克民事省长А. М. 科尔尼洛夫就俄、清帝国边界事致外交大臣К. В. 涅谢利罗德的咨文）。

戈洛夫金使团解散后不久，俄国即有第一批介绍它的文字问世，均出自使臣随从的笔底。这些文字内容五花八门，有旅途印象，也有科学论文。其中首先值得一提的是画家И. П. 亚历山德罗夫的一封旅途信件（1806），它谈了一路上的种种印象[5]。1807年又有两篇文字问世：一篇发表在柏林的刊物《地理拾零》上，据戈洛夫金认为，作者是使团拉丁文译员Х. А. 斯特鲁维[6]；还有一篇也出自同一作者手笔，内容大同小异，刊载在*Gasette de Petersbourg*上[7]。一年后列曼医生又发表了一篇关于贝加尔湖地区矿泉水的文章（1808）；他还有一篇同此行有关的文章，发表时间较晚（1819）[7a]。此时画家А. Е. 马丁诺夫也出版了一部旅途写生集，并在每幅画下附有文字说明（1819）[7a]。后来，Ю. 克拉普罗特的著作问世（1823）。最后，多年之后，还有一位使团成员 Ф. Ф. 维格尔的《笔记》也得以出版[8]。

有关 Ю. А. 戈洛夫金同库伦办事大臣谈判的大致情况，以及使团历史的一般情况，在 В. И. 瓦金、Я. А. 颇杜什金、П. Е. 斯卡奇科夫、Е. В. 布纳科夫、Е. Л. 别斯普罗兹万内赫等人的著作中均有所述及。俄中关系史方面的不少著述，都介绍过使团概况，作者均为知名学者，如 В. П. 瓦西利耶夫、В. В. 巴托尔德、Н. В. 克尤涅尔、И. Ф. 巴布科夫、Д. А. 希林娜、В. М. 帕谢茨基等。有关这次出使的一些小文章，或提及这次出使的文章，分别刊载于各种文集、回忆录、百科全书、传记以及手册和词典中。有关俄国船队到达广州的情况可见于考察队领导人和参加者 И. Ф. 克鲁森施特恩和 Ю. Ф. 利相斯基的札记。有关传教士的材料可见于 М. Я. 莫罗什金的著作。

西欧和美国历史学著作中见不到关于 Ю. А. 戈洛夫金使团的专门记载。值得一提的只有英国女学者 P. 奎斯蒂德和美国女学者傅洛书。她们披露了有关这次出使的一些文件。关于 1805—1807 年俄国使团对清帝国的出使，中国也没有专门的论述。

首次比较详细论及有关 Ю. А. 戈洛夫金使团俄文档案材料的是 В. Н. 巴斯宁发表的一篇文章，它对主要文档逐份进行了描述[9]。现让我们就此做一详细介绍。

在这篇文章中，В. Н. 巴斯宁既未说明这些文件归属于哪个卷宗，也未指出它们的收藏地点，更未说明文件的编选者是谁。至于文件清单从何而来，他更是讳莫如深。在巴斯宁全宗以及巴斯宁所收藏的文件中，这份清单的原稿没有保存下来。尽管我们手头没有他批阅过的手稿原件，但还是有理由猜测，这份清单很可能得自外交部档案馆负责登记戈洛夫金使团档案材料的一名官员。因为完全有把握肯定，发表的清单正是收存于圣彼得堡外交部总档案馆的此次出使的文档编目。巴斯宁公布的档案清单分类标题，同俄罗斯帝国对外政策档案馆所存该档的文件顺序及标题完全一致。

上述介绍Ю. А. 戈洛夫金使团档案的文章，涉及材料大约有500余件。目录分17个题目，每个题目说明一个具体问题，如出使筹备工作、组织工作、使团活动（“使团成员”、“使团出发”）等等。在每一主题下，又按时间顺序，对每一份文件内容给出简要说明，其中包括形成日期、起草人姓名、内容简介。如果文件特别重要或有趣，介绍的内容就更为翔实。但说明中却也缺少一些特别重要的要素，如文件外观、受件人、是否正本、所用文字、文件存档地点等。总体来说，这些都不能不使介绍的价值大打折扣；而不标明存档地点，则增加了检索文档的难度。介绍文件内容的文字即使再贴切，也无法取代文件本身。还应指出，按主题编排文件，会打乱总体时间顺序，从某种意义来说显得很不自然，因而也很难一以贯之。巴斯宁的介绍尽管有这样那样的缺点，但对研究19世纪初叶俄中关系史的人来说，至今仍不失为难得的、不可或缺的文献资料，因为在一般参考文献中，根本无法找到俄罗斯帝国对外政策档案馆这一藏档的线索（这一点我们已经谈到）。清单还能使我们对照藏档中现存文档的情况，了解收藏是否完整。

总体来说，В. Н. 巴斯宁的文章提供了可靠资料，使人们得以了解俄国政府在派遣Ю. А. 戈洛夫金使团时打算解决的问题，为研究该课题打下了基本文献资料基础。

至于Ю. А. 戈洛夫金使团的档案本身，直至该使团出发后100年才得以公布。1904年，历史资料集《史海钩沉》[10]

发表了使团档案材料选编[11]。其中包括由 Ю.А. 戈洛夫金本人亲自编选、由他的孙女 E.A. 萨尔蒂科娃-戈洛夫金娜[12]送交编辑部的 29 个文件。

编辑部选编该文献集时撰写的《前言》，对使团任务、它所经历的几个主要阶段，都做了简要说明，并指出该课题研究状况薄弱，强调了文件发表的意义，注明了它们的出处（保存状况以及是否为正本）。

由此看来，《前言》符合公布文献资料的要求。这是一个高水平的科学版本。但也有失误，就是没有把文献集发表的材料同外交部档案馆所藏文件加以对比[13]。其结果致使研究者无法得知存档全貌，至今仍限于利用 Ю.А. 戈洛夫金私家藏档的抄本，而正本却沉睡在俄罗斯帝国对外政策档案馆的圣彼得堡分馆中。就其构成而言，档案集所收文件都是研究出使最重要的文件，如给使臣的训令、呈俄皇亚历山大一世的情况报告、副外务大臣 A.A. 恰尔托雷斯基给 Ю.А. 戈洛夫金的信函等等。

然而与此同时，私家藏档所具有的一定局限性，也导致了这部文件集具有选编性质，限制了对这个课题的总体研究。我们还要指出，在发表的 29 份文件中，只有 15 份同使团外交活动有关，其余都是研究西伯利亚各省的材料。文集中古文献学材料处理原则得到了严格遵守。所有文件均按时间顺序排列，附有题跋，标明撰写日期、作者、受件人以及其他符号印记。这对于确定文件真伪极为重要。法文本的文件给出了原文，并附有俄文译文。有一处地方在脚注中还给出了未发表文件的引文。不过这种情况本应见诸附录或尾注，但在该文件集中这些却一概阙如。

自从上述文件集出版后，有关使团出使的基础资料就大大丰富了，遗憾的只是人们对档案馆还有一批存档却一无所知。自然，以这样的资料想要对课题做综合研究尚嫌不足。

1959 年 М. С. 谢列兹尼奥夫发表了一篇文章，通报北京国家古文献档案馆（现为中国第一历史档案馆）藏有 19 卷共 30 余件俄文档案原件，时间起于 17 世纪，迄于 19 世纪上半叶，其中第 11 卷和第 12 卷含有 Ю. А. 戈洛夫金使团的文件——枢密院致理藩院的几份文书、伊尔库茨克省长和使臣致库伦办事大臣的一批公函，以及使团人员名单[14]。

1993 年 А. Д. 沃斯克列先斯基翻译发表了有关 И. Ф. 克鲁森施特恩和 Ю. Ф. 利相斯基的船只到达广州的中文史料。

以上是俄国和国外有关 Ю. А. 戈洛夫金使团史料的出版情况。

在俄国，Ю. А. 戈洛夫金使团出使清帝国的筹备工作主要是由专门管理亚洲各国事务的一个局（亚洲局）来操办的，该局于 1797 年成立，隶属于外务院。根据 1802 年 9 月 8 日设立外交部的诏书，外务院隶属于外交部，并一直存在到 1832 年[15]。在 Ю. А. 戈洛夫金使团筹备期间和出发时，领导外交部的有国务总理大臣 А. Р. 沃隆佐夫（1802 年 9 月至 1804 年 1 月 16 日）、副外务大臣 А. А. 恰尔托雷斯基（1804 年 1 月 16 日至 1806 年 6 月 17 日）、国务总理大臣 А. Я. 布德伯格（1806 年 6 月 17 日至 1807 年 8 月 30 日）、外务大臣 Н. П. 鲁米扬采夫（1807 年 8 月 30 日至 1814 年 8 月 1 日）。

由此看来，以上关于 Ю. А. 戈洛夫金使团出使清帝国文献档案情况的综述清楚表明，在俄中关系史上，这一事件从来没有成为专门学术出版的对象；而已经出版的有限文件，也无法构成研究该课题的完整史料基础。本文件集向研究者提供了大批无人涉及的材料，填补了俄中关系史上的一个空白。

领导 Ю. А. 戈洛夫金使团筹备工作的是外交部办公厅。记载着这段历史的档案资料集中在圣彼得堡外交部总档案馆，它是俄国外交政策档案馆（现为俄罗斯帝国对外政策档案馆）的一个独立档案分馆。

在这个档案馆内，有关戈洛夫金使团的档案资料归入统一的档藏，基本文档已全数收入[16]。所有文件看来都是在1868年以后整理成档并加以登记的。当时外交部各司将档案汇集起来，归入外务院总档案库。在整理档案库材料的时候多组不同来源的材料都归了档，其中有：

1. 外务院以及国务总理大臣沃隆佐夫、副外务大臣 А. А. 恰尔托雷斯基、国务总理大臣 А. Я. 布德伯格、外务大臣 Н. П. 鲁米扬采夫办公厅的文档。

2. Ю. А. 戈洛夫金使臣办公厅的文档。使团归国后，这批材料由使团二秘 Я. О. 兰伯特于1807年3月转交外务院亚洲司秘书 А. М. 伊万诺夫[17]。

3. Ю. А. 戈洛夫金使臣转送外务院备案的西伯利亚总督 И. О. 谢利丰托夫（1803年4月16日至1806年3月8日）、И. Б. 佩斯特尔（1806年3月8日至1819年3月22日）、伊尔库茨克副省长 А. А. 希什科夫（1805年1月12日至1806年8月4日）、伊尔库茨克民事省长 Н. М. 卡尔特维林（1803年4月10日至1804年9月26日）、А. М. 科尔尼洛夫（1805年3月27日至1806年5月25日）和 Н. И. 特列斯金同清国办事大臣的往来信函。

4. 17—18世纪期间俄中关系档案文件抄本。由外务院莫斯科档案总馆和伊尔库茨克省办公厅于1804—1805年期间应外务院和中 Ю. А. 戈洛夫金办公厅要求抄制，并转送该两机构[18]。

研究 Ю. А. 戈洛夫金使团历史，比较值得重视的是第一组文件。其意义首先在于它们都产生于亚历山大一世政府中派遣使团、组织使团等想法的创意人以及对之实施具体领导的人士和机构。唯其如此，这些文件对问题的阐释才能比较全面深入。

首先让我们来检视一下这段时间俄清两国政府的往来换文、交换信函程序、存档文件类别和各种不同文本。

由枢密院发往理藩院的文书，是由外务院亚洲司根据国务总理大臣的指示起草的。草案要向沙皇亚历山大一世奏报，经他批准后交由外务院按御批形成文件，同时再形成亚历山大一世给西伯利亚总督的敕旨。

发往北京的文书正本，用俄文、拉丁文和满文书就（前面已经说过，当时满文是清帝国的官方语言）。

因此，存档的枢密院致理藩院的文书内，还包括经俄皇亚历山大一世审阅过的俄文草稿、由外务院按草稿形成的底稿（实际上这就是文书的文本），以及满文文本和拉丁文文本底稿。满文文本一般由译员 A. 符拉德金拟成，拉丁文译员有好几个，其中我们知道的有文办 И. К. 普罗涅维奇。

理藩院致俄罗斯帝国枢密院的文书正本包括俄文、满文和拉丁文文本[19]。所有三种文本格式相同，盖有两体文字方形朱印（在清帝国它们等同于签字），左方为满文："图勒尔基－果洛－拜－达撒拉－朱尔干－伊－多隆"（意思是"理藩院之印"），右方为篆体汉字，其义相同。也就是说，所有三份文件均为正本。文书由清国信使送达西伯利亚总督。伊尔库茨克省办公厅对满文原件进行翻译（翻译者一般为 A. 帕雷舍夫）。译件经核对后连同原件送外务院[20]。外务院收到文书后，由 A. 符拉德金再次翻译（现存有译文手稿，其上间或加有注释）。译本有时还要做几份抄件，分送多人参阅（如送交商务大臣 Н. П. 鲁米扬采夫），然后再退回外务院[21]。所以理藩院致枢密院的文书原件有三种文本以及满文译本和拉丁文译本，还有经过核对的译文的多份抄本。

全权证书文本的起草工作是1804年5月开始的，为此参阅了大量档案资料，研究了此前俄清两国政府外交换文的经验。外务院莫斯科档案馆主任、著名俄中关系文献档案专家H.H.班德什-卡缅斯基[22]亲自查找和挑选外务院要求提供的材料，在对之进行研究的基础上撰写了专门的参考手册和奏章札记。有一编篇幅很大的参考资料，其中开列了自1654至1792年间俄清帝国往来文函中的各种职衔，摘录了这一时段内全部换文的详细内容和格式。这不仅对于分析1805年6月29日的几份文书文本很有意义，而且本身就是研究17—18世纪俄中关系的史料[23]。全权证书的草稿是由外交部密档室主任П.Г.季沃夫于1805年5月起草的，其中有一条提到阿穆尔河航行权的问题，并将之列为出使的主要目的[24]，值得注意。依惯例，全权证书对使臣的使命不必加以说明，故此条在定稿中未被列入。公文现存各次草稿以及起草过程中种种想法的零星记录，使得追踪公文起草过程成为可能。在本组文档中，俄清两国政府换文的情况大体如此。

指明使团任务的主要文件是1805年7月6日下达的19条训令。这份训令存有几个稿本，包括有皇帝亚历山大一世签字的正本[25]和钦定底稿[26]、各次草稿以及有关内容意见的奏章等。其中有一份十分详尽全面的奏章，叫做“训令草案各条内容”，共23条，很可能是A.A.恰尔托雷斯基于1805年拟订的（此稿中没有标明起草人和起草时间）[27]，其中根据出使大纲，对各种细节做了具体规定。

A.A.恰尔托雷斯基于1805年7月8日致Ю.A.戈洛夫

金的信，其中附有一份经亚历山大一世皇帝批准的底稿，个别地方间有指示和说明[28]，应视为补充训令。

A. A. 恰尔托雷斯基和 Н. П. 鲁米扬采夫之间交换过大量信函；档案中还保存了他们呈亚历山大一世皇帝的大量奏章。它们在很大程度上都有助于理解训令内容，了解它的文外之义。不研究这些文件就无法再现使团筹备工作的完整面貌。属此类文献之列的还有 Н. П. 鲁米扬采夫 1805 年 1 月 16 日关于同清帝国发展商贸关系前景的奏章[29]以及 A. A. 恰尔托雷斯基 1805 年 1 月 23 日关于出使训令内容和使团筹备情况的奏章[30]，这些文件的正本都保存了下来。

在此第一组文档中，外交部同使臣之间的换文占有特殊地位。它们对自出发至返回期间使团全部事件进程和使臣 Ю. A. 戈洛夫金的活动都做了说明。通常信使送达圣彼得堡的每一次驿报都包括使臣呈亚历山大一世皇帝的奏章、给外务大臣的公函（二者内容基本相同，同时还附有法文正本），并附使臣同清帝国边境当局、西伯利亚各省政府往来信函的抄本等。举凡日常事务乃至戈洛夫金途中所遇困难及感受，均在奏章和公函中一一加以奏报。此外，有些奏章还记录了使团的问题和任务，提出了解决办法的建议。例如，关于扩大同清帝国贸易关系前景的建议[31]，关于一旦清国一方提出划界问题时拟议的国界方案和所附地图[32]等等。

有时，从收文簿中译成俄文的 Ю. A. 戈洛夫金奏章中，还要做一些摘录，以向亚历山大一世皇帝报告。凡各部大臣对使臣下指示做说明，归档的公文一般都是经过批准的底稿或副本。

外务院以及外交部办公厅的材料，相当详细地反映了西伯利亚省政府参与使团筹备和派遣工作的情况[33]。

就所有这些问题存档的文件，还包括经亚历山大一世审阅的诏书底稿、外交部几任大臣致西伯利亚总督的公文副本，以及总督们的奏章正本、他们送外交部的公文。公文中还附有伊尔库茨克民事省长和西伯利亚总督同库伦办事大臣往来的换文抄件，下文我们将予以详述。值得注意的还有恰克图边境长官的报告正本，其中含有清方对Ю. А. 戈洛夫金使团的态度、清帝国内部情况、边境状况以及俄清两国边境当局之间关系的性质等非常有趣的补充情报。

外务院文件中，还存有大量关于遴选使团成员情况的往来信函[34]。

此外，大量信函的内容研究了如何保证使团各种食物、备品、随员服装供给等问题。对挑选馈赠清帝的礼品一事也给予了极大关注。

在副外务大臣А. А. 恰尔托雷斯基的办公厅以及后来的国务总理大臣А. Я. 布德伯格、外务大臣Н. П. 鲁米扬采夫等人办公厅的材料中，他们同驻俄国耶稣会士团的两位总主持Г. 格鲁伯和Ф. 布尔若佐夫斯基以及同俄国驻里斯本公使И. М. 瓦西利耶夫之间的往来信函应予以特别关注[35]。这些信函涉及俄国政府有意利用耶稣会士在北京的影响，来促进Ю. А. 戈洛夫金出使成功。

卷宗内的第二组文献资料，如前所述，由使团办公厅的文件构成。其中首先是一组Ю. А. 戈洛夫金同库伦办事大臣的往来信函，从1805年7月起至1806年1月止，涵盖了出使的整个时期，几无遗漏（详见下文）。

使臣同副外务大臣的往来信函包括А. А. 恰尔托雷斯基致Ю. А. 戈洛夫金的法文原件，以及一本收文发文登记簿[36]。使臣办公厅的大量文件中，还包括戈洛夫金同西伯利亚总督И. О. 谢利丰托夫和И. Б. 佩斯特尔、伊尔库茨克民事省长、西伯利亚防线巡阅使拉夫罗夫少将、恰克图边防长官等人的来往信函。

除了外交使命之外，戈洛夫金还负有巡视西伯利亚各省的任务。送交使臣的报告，均带有述职性质。

使团办公厅的材料说明了戈洛夫金在筹备使团过程中研究的文献范围[37]。

卷宗内的第三组文件基本上都是伊尔库茨克省办公厅的材料，由它同库伦办事大臣的往来信函构成，由西伯利亚省长们以抄件形式经伊尔库茨克省办公厅秘书 И. 维里金副署后，转呈外务院以及 Ю. А. 戈洛夫金办公厅备案。

伊尔库茨克省办公厅的信件是俄文的[38]。库伦办事大臣的信件由原文译成了俄文：蒙文由译员兼信使 Ф. 桑热哈耶夫翻译，满文由译员 А. 帕雷舍夫翻译。

第四组文献资料是由本编中的 17—18 世纪俄中关系档案文件选编而成，这一组文件所余无多，因为（如前所述）文件的主体部分已由使团办公厅移交外交部莫斯科档案馆。

在结束对本编文件内容结构介绍之时，还要指出圣彼得堡外交部总档案馆对卷宗系统整合和编目的一些特点。许多分属不同馆藏的文件（如外务院、Ю. А. 戈洛夫金使团办公厅、伊尔库茨克省各衙门）先是被集中到了一起，然后又打乱时间顺序按主题分编（按使团筹备工作和活动等主题）。以这种方法整合的结果，同时起草的文件分别归入了不同文档，且按主题系统整合的原则又难以普遍和一贯（因为每份文件内容复杂，头绪纷繁），因而同一份文件就会在不同的地方出现，且相距甚远。还有一个特点，那就是本编收入的某些文件是不同稿本或变体（如草案、正本、底稿、经核对的抄本等）。因此，要检索某一主题的相关文件，就不能局限于档内的某一主题。不过，也正是由于本编材料无所不包，它才能为研究使团历史提供基本文献基础，才能够相当完整地说明使团历史的各个主要方面。

除了这里提到的有关 Ю. А. 戈洛夫金使团的文档之外，在外交部圣彼得堡总档案馆的馆藏中，还有一些没有归档的个别卷宗，其中也存有戈洛夫金使团的有关文件，值得一提。

在收有外务院同西伯利亚总督、恰克图边境长官讨论 1806—1830 年期间俄中边境局势的往来信函专卷中[39]，集中了大量产生于戈洛夫金使团出发以及逗留于恰克图和库伦期间的报告。

在这个卷宗中，收有西伯利亚总督 И. Б. 佩斯特尔同外务院之间交换的信札，其中谈到要求查证拿破仑敦请清国皇帝与之结盟共同反俄的消息（这些消息相当复杂）[40]。卷宗还收有恰克图边境长官 П. И. 伊兹玛伊洛夫日志的正本，记载了他同清国边境当局会见的情况[41]及许多其他文件。值得注意的是一张清单，上面载明 1762—1782 年间西伯利亚各省省长“有关中国事务”的一批报告，是因应 Ю. А. 戈洛夫金出使，于 1806 年由外务院调集给佩斯特尔的[42]。

在总档案馆馆藏的某些卷宗中，还有关于使团出发前后恰克图贸易情况的材料[43]。使团的日常账目也保存了下来[44]。最后，这批馆藏中还保存了俄国教士团派遣人员前往北京换届的卷宗[45]。

在亚洲司图书馆全宗中，保存着加入使团的科学考察队成员关于东西伯利亚情况的笔记[46]以及游离于该基本卷之外的一个卷宗夹，内有 Ю. А. 戈洛夫金同库伦办事大臣的往来信函[47]。

介绍了俄罗斯帝国对外政策档案馆馆藏之后，让我们再来看一看收藏于其他档案馆的有关 Ю. А. 戈洛夫金使团的文件。首先要提到的是商务院的馆藏。这个衙门直接从事同清帝国发展经济关系前景问题的研究。它的首长 Н. П. 鲁米扬采夫是派遣使团的倡议者之一。但在现存于俄罗斯国立中央古代文献档案馆的商务院藏档中，对我们感兴趣的这个时期，所收文献甚少。保留下来的只有一封公函，内容是因 Ю. А. 戈洛夫金被任命为出使清帝国特命全权大臣而准予离职二年（他于 1800－1807 年间任国家院部大臣），还有同他的账目结算记录[48]。有关筹备使团这一事件本身，藏档中并没有保存什么材料。这一点可以有一个解释，就是 Н. П. 鲁米扬采夫于 1807 年被任命为外务大臣，兼任商务大臣（至 1810 年），他下令把有关 Ю. А. 戈洛夫金使团筹备工作的文件调到了外务大臣办公厅[49]。及至 1834 年圣彼得堡成立俄罗斯帝国国家档案馆时，这些材料（连同外务院的其他档案材料）就转了过去。后来，国家档案馆的藏档又归入了俄罗斯国立中央古代文献档案馆。

国家档案馆 1803—1806 年间的馆藏中，只有两个卷宗涉及商务大臣 Н. П. 鲁米扬采夫参与筹建出使清帝国使团[50]一事。

一个卷宗是 Н. П. 鲁米扬采夫致副外务大臣 А. А. 恰尔托雷斯基、国务总理大臣 А. Я. 布德伯格的信件，其中谈到应该如何同清方进行外交谈判（无论是使团筹建过程中，还是使臣由库伦返回后，他都提出了类似的意见）[51]。

同西伯利亚省政府衙门以及恰克图海关关长 П. Д. 瓦尼方季耶夫的往来信件占了材料的一多半，涉及的主要是恰克图贸易状况，以及恰克图边境当局同 Ю. А. 戈洛夫金之间的矛盾。

俄国驻里斯本领事 А. Я. 杜巴切夫斯基的信件值得注意，其中谈到清帝国内部的一些情况[52]。值得注意的还有俄美公司的经理们写来的一份报告，其中提到随同使团出发的有一位公司代表，还运去了一批货物。这份报告于 1805 年 3 月 24 日转呈给亚历山大一世皇帝[53]。外务院送鲁米扬采夫参考的一份理藩院致枢密院的照会（该件为满文译本抄件）[54]，也保存了下来，其中谈到同意接待俄国使团。

总的来看，国家档案馆所藏文献对 Н. П. 鲁米扬采夫作为商务大臣的活动反映得远远不够，但是关于使团筹备工作的某些方面反映得却相当充分，特别是关于 Н. П. 鲁米扬采夫参与起草使臣训令一事。查阅这些文件时应当注意，其中有一部分是草稿，而正本都收藏在俄罗斯帝国对外政策档案馆。

除了收藏在俄罗斯帝国对外政策档案馆的文件[55]之外，在圣彼得堡俄罗斯国家历史档案馆的东正教事务管理衙门办公厅全宗和东正教事务管理衙门大臣办公厅全宗中，还存有关于东正教北京教士团全宗，其中保存了 1805 年的一批往来信函，涉及选派修士大司祭和两名修士司祭随 Ю. А. 戈洛夫金使团赴北京的事宜[56]。

在鄂木斯克州国家档案馆馆藏中，存有西伯利亚多位总督同枢密院、俄国边境当局等于 1805－1810 年间的大批往来信件。其主要内容是筹建和派遣 Ю. А. 戈洛夫金使团事宜[57]以及俄中边境的情况（遣返逃民、寨堡现状、关于通往边境道路状况的介绍、同清国边务当局的关系等）[58]。

有些私家藏档，如 Я. О. 兰伯特[59]、П. Г. 季沃夫[60]、Н. В. 巴斯宁[61]的藏档中，涉及出使经过的文件也颇为值得关注。

现在让我们再来看看本卷收入的清方档案文件。清帝国的管理系统始终没有什么变化，同俄罗斯的关系也照例仍由理藩院处理[62]（根据 1727 年的《恰克图条约》），但大政方针和具体决定权则掌握在皇帝和他的近臣手中。

现存有关 Ю. А. 戈洛夫金使团的满文文档，集中在中国第一历史档案馆（北京），遗憾的是在为本卷准备材料时我们无缘到那边去工作。还有就是在蒙古国立中央历史档案馆（乌兰巴托）。后者所藏满文文档本卷有所收录。

本卷编入的该馆文件起自 1803 年 12 月 20 日（伊尔库茨克民事省长 Н. М. 卡尔特维林致信库伦办事大臣蕴端多尔济和佛尔卿额，知会本人就职）[63]，止于 1808 年 10 月 31 日（伊尔库茨克民事省长 Н. И. 特列斯金致信库伦，感谢协助俄国教士团成员前往北京暨返回俄国）[64]。围绕着本卷主题，我们在蒙古国立中央历史档案馆的馆藏中，一共选取了 2884 页手抄满文文档。大部文件未经任何删节直接译成俄文，编入本卷。枢密院和理藩院的公文保留了当年的老译文，并通过文尾注释标明它们藏于国立中央历史档案馆（对存于俄国档案馆的伊尔库茨克、库伦之间往来信函，也做了同样处理）。在介绍满文档案之前，先要把它们的来源作一简短说明。

众所周知，清政府在北部蒙古（蒙语称喀尔喀）的最高代表是乌里雅苏台将军[65]，自 1759 年起，其驻地位于喀尔喀蒙古西部的乌里雅苏台。一般来说，将军都是满人。最初在将军辖下，设有军事和民事管理机构，管理喀尔喀四部：土谢图汗、车臣汗、赛音诺颜汗、扎萨克图汗。为了协助将军治理，皇帝又下旨任命两名昂邦参赞大臣（称黑白昂邦）分驻乌里雅苏台和科布多。自 1762 年又增设库伦一处。库伦昂邦参赞大臣[66]管理东喀尔喀民事，辖下有土谢图汗和车臣汗两部，负责俄罗斯边界事宜。参赞大臣一由满人担任（派自北京），另一为蒙古人。形式上蒙古昂邦参赞有责任就地方管理诸事向满人昂邦提出建议，实际上却仅为唯命是从而已。

稍后，库伦办事大臣取得了直接向皇帝报告的权利，这样他们对乌里雅苏台将军的从属关系几同虚设，其表现仅在于送往北京的报告必须呈给他一个副本。

使团由恰克图前往北京，库伦是必经之地，而“迎送保护洋人乃地方官员之要务”[67]，故而库伦办事大臣不但要迎接Ю. А. 戈洛夫金使团的到来，并护送它到北京，还要安排换届的俄国教士团（第九届）途经蒙古时的各项事务。因此，他们要同中国境内各站点以及俄方交换信函。于是所有这些文件也就在他们的衙门里保存下来。枢密院和理藩院的换文，也要由这个衙门经手（关于这一点，下面还要详谈）。

库伦办事大臣衙门办理公事有个特点，即凡往来文书都要在发文和收文簿上留下抄本，凡由此收发的文件，全都要精心抄录到这些抄文簿上，然后正本送走，抄文簿上的抄件则取代正本，具有完全的法律效用[68]。库伦办事大臣也正是利用这些抄文簿上的抄件来指导工作。因而可以完全放心地指出，对当代研究者而言，库伦办事大臣衙门的抄文簿同正本具有同样的历史价值[69]。

在蒙古国立中央历史档案馆，库伦办事大臣衙门的抄文簿一度被归入独立文档（M—1）。文档中有关Ю. А. 戈洛夫金使团的材料集中于几个卷宗，主要是案卷639。看来有关Ю. А. 戈洛夫金使团的材料初期并没有全部保存下来，这一点可以从我们在中国第一历史档案馆找到的文件中，以及库伦办事大臣衙门抄文簿中简短的往来文件摘要中得到印证。蒙古国立中央历史档案馆馆藏中有关Ю. А. 戈洛夫金使团的满文档案，至今还没有一件得到发表。文件保存完好，笔迹各异[70]，由黑墨书就。正本中清国皇帝所作朱批均由衙门录事在抄写时另笔标出。所有文档均装订成册，作长方形（满文叫“档子”），按年代存放。档子封面有标题（本卷在相关文件注释中予以标明），并注明其中文件的年代。文件本身不标年代，仅有发文和收文月份日期。

该馆藏中有关 Ю. А. 戈洛夫金使团的满文文档，来源可以分为三类：1）库伦办事大臣同清帝国中央政府机构——军机处和理藩院的往来信函；2）库伦办事大臣同西伯利亚政府及俄国使团的往来信函；3）中俄两国中央政府机构——理藩院和枢密院——之间的往来信函[71]。对于研究1805—1806 年间俄国使团出访清帝国这段历史，文档具有不同的重要性，其表面特征（装帧）也各不相同。下面就此还要详谈。

无疑，就研究 Ю. А. 戈洛夫金使团历史而言，最值得注意的还是第一组文件。其中清嘉庆皇帝因俄国使团到来而给库伦办事大臣下的圣旨占有特别地位，因为出使的结局如何，最终还是取决于这些圣旨。

清帝嘉庆给库伦办事大臣的圣旨[72]全是用满文书写的，由军机处[73]以饬令形式发往库伦。以军机处名义签发的饬令往往只有两句话：一是文头（“军机大臣饬令库伦办事大臣喀尔喀王及一众人等”，“皇帝诏曰”）[74]，一是文尾固定格式的结束语（“着尔等一体奉诏执行，此令”）。在这一头一尾之间，就是皇帝的诏令。

书吏（满文叫“笔帖式”）将诏书录入衙门文簿时，要在文头注明库伦收文日期。军机处的饬令则还要送回北京[75]。比较重要的文件有嘉庆皇帝于 1805 年 2 月 1 日后下达的诏书（即下诏同意接待使团后不久），其中明确表达了他对此事的立场。在诏书中写道：他仅仅是下旨同意俄国人的请求，而本身并没有邀请使团的意思[76]。这份诏书似乎是库伦办事大臣以后行动的纲领，其后果如何，已经一清二楚。

库伦办事大臣向嘉庆皇帝报告俄国使团到来的奏折，对理解事件发展具有重大意义。在奏折中报告了执行圣旨的经过，未来保障使团由库伦到北京一路所需的情况，准备工作遇到的困难，为使团调集护卫的情况，同西伯利亚当地政府以及使臣交换信函的情况，俄方几次信使到访和接谈的情况等等。

奏折写在长长的专用纸上，折叠成手风琴的样子（满文叫“卜克搭哩”）[77]，文尾在日期之前留有空白，供皇帝批示。奏折发往京城之前，要录入衙门文簿，预填发文日期（写在奏折正文之前）。根据紧急程度，奏折以不同的速度送往京城（皇帝有时也在诏书中注明奏章应以何种速度递送）。奏章送抵北京后，皇帝以朱笔加批，然后退回库伦。把批示誊到相应奏折的抄件上，正本再次送回北京[78]。

库伦办事大臣衙门的公文有一套固定格式，语言干干巴巴，我们翻译时尽量保持原样。而在致郡王和昂邦的报告中，对俄国人及俄国使团则是污言秽语，辱骂有加，无所不用其极。从这方面看，对比清俄两方文件也是很有趣的。

由本卷所收文件可以清楚看出，库伦办事大臣在呈送给皇帝的奏折中，有时也“不揣驽骀”地提出一些建议，而这些建议对于京城就俄国使团到来而做出的这样那样决定，远不是没有影响的。

例如，在1805年5月12日的奏折中，他们提请皇帝注意，俄国使臣初次入朝觐见（此处应读做不懂礼仪），随员人数太多，所贡何物，情况不明；而且使团违反惯例，带同俄国教士团前来换届[79]。嗣后，6月10日皇帝就下了诏书，着Ю. А. 戈洛夫金削减随员，并禁止俄国教士团随使团进京[80]。库伦同理藩院的往来文函，其着重点在于讨论如何接待俄国使团的问题（审核各种证件，提出各种查询等）。

第二组关于使团的文件，前面已经提过，是库伦办事大臣同伊尔库茨克省长们以及 Ю. А. 戈洛夫金之间的往来信函，补充说明了清方对俄国使团的态度，就其意义而言，在俄国使团出使清帝国的历史中占有十分重要的地位。

库伦办事大臣致西伯利亚省政府的信件都是用满文和蒙文写的（再交代一遍：满文翻译是 A. 帕雷舍夫，蒙文翻译是 Ф. 桑热哈耶夫[81]）。

送往库伦的信，如前所说，由三种文字写成：满文、蒙文和俄文。三种文字的正本都要从库伦送到北京，呈交嘉庆皇帝[82]。库伦衙门的收发文簿上抄录的只是满文和蒙文文本。

这些往来信函关注的内容，主要是清方接待使团的条件问题，以及知会俄方和清方政府派遣信使移送公函、保障使团马匹车辆供应、准许第九届俄国教士团前赴北京等事项。

库伦郡王和昂邦致俄国使臣 Ю. А. 戈洛夫金的信函，讨论的也是这些问题。有时，这些信函的稿本还要送往北京审批。也有北京拟好信稿，派人送往库伦[83]，誊写后发送的情况。如果回信当时发出，抄件一定要呈送皇帝，同时当然也要录入库伦办事大臣衙门的抄文簿。

库伦公函到了使臣办公室，要由译员桑热哈耶夫在信封上注明库伦办事大臣写信以及收文日期。这一点非常重要，因为俄清双方换文的过程中，唯有在这份译稿上是以儒略历（即旧俄历）标明日期的。使团办公厅设有专册，登记戈洛夫金同库伦办事大臣所交换的信函（用俄文）[84]。

使臣致库伦办事大臣的信函先是由办公厅用俄文起草，然后送呈戈洛夫金审阅，并派信使把俄文、满文和蒙文正本送往库伦。满文正本由 A. 符拉德金负责成文，蒙文则由伊尔库茨克省办公厅的译员 Ф. 桑热哈耶夫负责成文。三个正本都由郡王和昂邦呈送北京御览[85]，而在库伦办事大臣衙门只登录满文和蒙文文本。

最后，第三组有关Ю. А. 戈洛夫金使团的满文文档是理藩院和枢密院之间的往来信函。前面已经说过，这两个国家机关之间的文函是通过库伦交换的。库伦郡王和昂邦没有权力拆启公函，但是，理藩院和枢密院之间的所有往来函件（满文本），北京都要抄送库伦办事大臣衙门（备案）。这些函件的文字也被录入收文发文簿。如前所述，满文档案中如收有此类文函的抄件，我们在相应的文件注释中均将予以说明。

前面说过，有关Ю. А. 戈洛夫金使团的满文档案还保存在中国第一历史档案馆[86]。由于我们在中国逗留时间有限，只能对这一巨大馆藏的满文藏档走马观花，选出若干有关俄使Ю. А. 戈洛夫金使团早期活动的文件，编入本卷[87]。

所有这些满文文档都以奏折纸书就，装入封套，并按日期排列，以不长的时段为单位，存放于一个个蓝盒中，上标序号[88]。

在为本卷收集和编选Ю. А. 戈洛夫金使团材料时，编者遵循的选题原则同前几卷基本相同。选题仅限于使团的外交活动（这一点前已说过），即，使团出发的准备工作、遴选随员、挑选礼品、俄清双方往来公函、西伯利亚政府及使臣同库伦办事大臣之间就派遣使团和北京教士团换届问题的换文等。

关于派遣耶稣会士赴华的问题，以及И. Ф. 克鲁森施特恩、Ю. Ф. 利相斯基探险队的问题、随外交使团派遣科学院科学考察队等问题，本卷探讨的程度则根据它们同使团外交使命的关系而定。凡此种种，在我们为本卷编写的注释中，均予以补充说明。

本卷共收入六种文字的 536 份文件，其中满文译件 167 份（旧译 68 份，新译 99 份），中文译件 11 份（新译），法文译件 111 份（全部为新译）。

文件篇幅浩大，选取并非易事。编选时主要收入正本，如收入其他文本（底稿、文簿抄件、草稿、初稿、抄件等），均在附记中注明。除公文外，本卷还编入了公私信件、呈文等其他文件。比较次要的文件（如事务查询、有关庶务银钱方面的往来文函等）没有入卷，但有些用作注释。所有文件均用阿拉伯数字统一编号。凡两种或三种文本同时发表，要以罗马数字补充编号（这种情况主要涉及枢密院和理藩院的往来公函）。

本卷以及此前各卷的文献资料，其编辑工作都遵照了《苏联历史文献资料出版规定》（莫斯科，1990），并参照本系列文件集第 1 卷出版时编者制订的一些办法。文件发表时不加删节，其上的各种记号和批注均予以标出（包括存档期间所加的记号），并对其上的图章一一标明，加以描述。极个别情况下，若内容同本卷主题完全无关，则以删节号省略。直角方括号内的文字为编者所加。

文内遗漏的文字尽可能加以恢复，标在方括号内，并以脚注说明。

本卷资料完全照本直录，不加任何校改，除非抄录者犯下明显错误。如果意义发生错误，在脚注中加以指出。但理藩院来文的俄文文本不属此列。这首先是因为其中错误太多，要改正就势必重写。其次读者从中也可以看出 19 世纪初清帝国的俄文水平。

俄文原文的拼写，除软音符号和硬音符号外，一律遵照现行拼写规则。所有文件的分段、标点符号，均按文义加以处理（值得一提的是满文和中文文本中没有大写字母、问号、惊叹号、冒号等符号)。满文文档中顶格书写的词语(如"皇帝"、"中国")一律纳入行中。文件中有的文字分两栏书写，有的写成一栏(这时纸面的另一半为空白)，在本卷中一律不留空白。我们把位于纸面空白部分的批注标明为"左侧页边的批注"。而针对文中某处的页边批注，则插入该处正文内。

俄文文件中的专有名称和地名，以及19世纪初由满、蒙、拉丁文转译的名称，有的在写法上有所不同(有所讹错)，一律按档案文献中原样印出。它们的正确写法在文件标题、目录和注释中给出。满文、中文、法文译文中的专有名称，如翻译工作是现在做的，按正确的写法给出。地名(如与俄国约定俗成的有所不同)保留当时书写原状(唯"北京"一词除外)，而当代广泛接受的地名在文件标题、目录或注释中给出[试比较"康同"(俄文中"广州"一词的旧译——中译者)和"广州"二说]。

文件的标题和脚注(针对每一具体日期)中，均把按不同历法所标日期换算成公历和当时俄国使用的儒略历[89]。编者如无法确定文件准确日期，则标出它的大致日期(即不早于或晚于某一可能的日期)，其根据在脚注中加以说明。如果文件标有两个日期(如在文簿中开始抄写和抄录完毕的日期)，本卷采用其开始的日期。

本卷正文用正体(本卷中文译文为宋体——中译者)字母印刷、编者的话用斜体(仿宋体)字母印刷。

档案中行文所用标题或原作者所用标题用散排(黑体)字母印刷、编者所拟标题用斜体(仿宋体)字母印刷。正本结尾处的签字用散排(黑体)字母印刷。其下如再有办公室的附笔或签字，则不用散排(黑体)字母。每篇文件结尾如有附记，按档案文献惯例给出。文件如有出处，均在结尾处标明。

凡新译满文文档，其向嘉庆皇帝奏报的日期（抄写时由文尾移至文头）、在库伦收到西伯利亚政府和使臣信函的日期，均以下加横线标出。如果皇帝诏令在另一文档中全文引用（这种情况是清代中国行文的一个特点），其开头和结尾以及博格德汗的批示也以下加横线标出。

文档中的标准缩略称谓均给出全称。编者为文档所拟标题一般均包含文件本身的标题。编者把俄中两国国家之间的往来信函依当时俄国外交界比较流行的称谓定名为“文书”。而把由清帝国军机处发往库伦的文件（公文）称为“饬令”。

本卷的附录一发表了使团成员 Ф. Ф. 维格尔、И. П. 亚历山德罗夫、Х. А. 斯特鲁维的笔记和书简。附录二发表了俄国出使清帝国使臣 Ю. А. 戈洛夫金的传略。附录三是矿务督办颇斯佩洛夫的报告。

本卷附有《Ю. А. 戈洛夫金出使中国之行》和古文献学引言（即《〈19世纪俄中关系〉第一卷 古文献学引言》）、注释、人名地名索引、专用术语注释（已体现在中文译文中，故从略）、文献目录（已体现在中文译文中，故从略）、插图和缩略词对照表（中文译文已全称译出）。

每篇文件后的注释对现实问题、史料学问题、人物生平问题给出说明，对重要国务活动家（凡同 Ю. А. 戈洛夫金使团出使有关的）给出生平简介，并尽可能对出使清帝国使团所有成员的个人资料给予交代。每一份文件的尾注均有编号（中文译文用方括号——中译者）。脚注用星号（中文译文中用圈码——中译者）表示。

参加本卷编写工作的为俄罗斯科学院远东研究所“俄罗斯—中国”中心的研究人员。撰写历史学前言为 В. С. 米亚斯尼科夫，撰写古文献学引言为 М. Б. 达维多娃和 И. Т. 莫罗兹，对文件文本进行古文献学加工的为 И. Т. 莫罗兹和 Н. Ю. 诺夫哥罗茨卡娅。完成外文文献翻译工作的有：满文——И. Т. 莫罗兹、法文—Н. Б. 祖布科夫；中文——А. Д. 沃斯克列先斯基和 И. Т. 莫罗兹。注释编写者为 М. Б. 达维多娃、И. Т. 莫罗兹、В. С. 米亚斯尼科夫、А. И. 塔拉索娃。Ю. А. 戈洛夫金的小传（附录二）由 И. Т. 莫罗兹和 А. И. 塔拉索娃撰写。专用术语注释、人名地名表由 И. Т. 莫罗兹和 Е. Н. 马尔金娜、Т. М. 图尔恰克编写。稿件技术处理由 Н. И. 格里申娜、Е. Л. 格里申娜、М. Л. 拉夫罗娃、И. Т. 莫罗兹、Е. Н. 马尔金娜、Т. М. 图尔恰克、Н. Ю. 诺沃戈罗茨卡娅完成。

本卷编者向审阅本书的历史学博士 В. А. 亚历山德罗夫、Е. Д. 斯捷潘诺夫表示感谢。

“17—18 世纪俄中关系”课题组成员特向俄罗斯帝国对外政策档案馆、俄罗斯国立中央古代文献档案馆、蒙古国立中央历史档案馆和中国第一历史档案馆的工作人员致意，感谢他们长期以来为我们完成此项基础性课题所给予的帮助。

编者感谢“俄罗斯—中国”中心的下列工作人员，他们对本卷的收尾工作给予了帮助，他们是：А. С. 伊帕托娃、Р. А. 米罗维茨卡娅、О. С. 阿尔焦米耶娃、С. Б. 纳姆萨罗耶娃、А. А. 斯维什尼科夫。

注释：

［1］《17 世纪俄中关系》，卷 1，1608—1683，莫斯科，1969；卷 2，1686—1691，莫斯科，1972；《18 世纪俄中关系》，卷 1，1700—1725，莫斯科，1978；卷 2，1725—1727，莫斯

科，1990。

［2］В. А. 季亚科夫、Л. Н. 克利沃舍因：《19世纪俄中经济、科学、文化关系文献》（简介），载于《文献学问题》，1959，第3（总13）期，21～27页。

［3］Б. П. 古列维奇：《19世纪初的俄中关系——俄国外交部档案资料》，载于《苏联历史》，1972，第4期，136～145页。

［4］《19世纪和20世纪初的俄国外交政策》，第1卷，莫斯科，1960；第2卷，1961；第3卷，1963；第4卷，1965；第5卷，1967；第6卷，1962；第7卷，1970；第8卷，1972。

［5］见附录一（2）。

［6］见458号文件、111号文件注释1及В. Н. 巴斯宁：《戈洛夫金伯爵赴中国使团》，《俄罗斯历史和古代文物学会丛刊》，莫斯科，1875，卷4，第5部分，103页。

［7］Gasette de Petersbourg. 1807, №. 22，2月28日。现为珍本。

［7a］见82号文件，注释1。

［8］见附录一（1）。

［9］В. Н. 巴斯宁：《戈洛夫金伯爵赴中国使团》，1～103页。

［10］该文献集以单本书的形式，由俄国纪念俄皇亚历山大三世历史教育促进会出版。

［11］选自М. А. 戈洛夫金伯爵文档：《戈洛夫金伯爵使团出使中国文件集》，圣彼得堡，1904。档案馆藏中存有此书的手稿（圣彼得堡俄罗斯国家历史档案馆，全宗747，目录1，案卷203，1～104页）。

［12］1904年出版的《戈洛夫金文档（1815—1845）·前言》中，标明了它们存藏的地方："文件取自家庭文档藏量丰富的克拉斯纳亚帕赫拉村档案馆（莫斯科省颇多尔斯克县）"——由Ю. А. 戈洛夫金伯爵藏档提供，圣彼得堡，1898。上述文件

在国家档案馆私家藏档中并未发现。

［13］可以作为例子的是1805年6月给使臣的训令。从发表的训令正本抄件中可以看出，拟稿时有许多疏漏和重大的不准确之处。

［14］《历史档案》，1959，第2期，206～207页。

［15］有关外交部的历史见《外交部简史（1802—1902）》，圣彼得堡，1902；**Н. П.** 叶罗什金：《革命前俄国国家机关史》，莫斯科，1968，179～180页；**Л. Е.** 舍佩廖夫：《档案馆：探索和研究》，莫斯科，1871，131页；《18世纪俄国的国家机构（法律资料）》，莫斯科，1960，134页。

［16］俄罗斯帝国对外政策档案馆圣彼得堡分馆，总档1—7，1805年，目录6，案卷1-а，卷夹1～47。

［17］关于交付卷宗的信函见俄罗斯联邦国家档案馆，1643（**Я. О.** 兰伯特档）全宗，目录1，案卷25，27页；俄罗斯帝国对外政策档案馆圣彼得堡分馆，总档1—7，1805年，目录6，案卷1а，卷夹37。

［18］俄罗斯帝国对外政策档案馆圣彼得堡分馆，总档1—7，1805年，目录6，案卷1а，卷夹1，135～139页；卷夹19，33、76页；卷夹21，25～28、70～70页背面；**Ю. А.** 戈洛夫金就交出文件事同西伯利亚总督**И. О.** 谢利丰托夫之间的书信往来，见同案卷，卷夹21，101～102页。

［19］参见1804年3月理藩院就同意接待俄国使团事致枢密院的公函，存俄罗斯帝国对外政策档案馆圣彼得堡分馆，总档1—7，1805年，目录6，案卷1а，卷夹1，50～51а页、49～49页背面、45～46页、47а、47b、48页。

［20］见同处，42～42页背面。

［21］见同处，66～67、80～81、97～97页背面、99页。

［22］参见**Н. Н.** 班德什-卡缅斯基：《外交档案集》。

［23］俄罗斯帝国对外政策档案馆圣彼得堡分馆，总档1—

7，1805年，目录6，案卷1a，卷夹19，59～66页背面。《关于职衔的报告》，同前，53～57页。

［24］见同处，卷夹19，13～15页。

［25］见同处，卷夹20，95～113页。

［26］见同处，卷夹20，80～94页（训令前半部）；案夹22，21～48页（训令后半部）。

［27］见同处，卷夹20，174～185页背面。还有其他草稿也存于同卷夹，14～43、44～67页。

［28］见同处，卷夹20，114～118、126～133页背面。

［29］见同处，卷夹20，68～79页。

［30］见同处，卷夹22，1～20页。

［31］见同处，卷夹21，109～153页背面。

［32］见同处，卷夹25，135页。

［33］对于西伯利亚省政府来说，保证使团大车、马匹和船只的供应是一个复杂的问题，因为使臣随员众多，主要是行李累赘。亚历山大一世“颁旨”申斥西伯利亚总督 **И. О.** 谢利丰托夫，责其供给马匹不力。就此交换的书信存于同案卷，卷夹22。

［34］见同处，卷夹3，5～15页；卷夹18，1～1页背面；卷夹21，81～83页。

［35］见同处，卷夹2，1～72页。此材料曾在 **М.Я.** 莫罗什金的专著《俄国的耶稣会士》中引用，但未注明准确出处。

［36］因为1913年从北京运来时我们不了解情况，这本簿子同档案不存于一处。文件藏于俄罗斯帝国对外政策档案馆，亚洲司图书馆全宗，目录505，1806年，案卷32。对这些文件还有一些相当重要的补充，就是簿子里的一些报告，记录了 **Ю. А.** 戈洛夫金会见买卖城扎拉固齐以及1805年11月18日—1806年1月同库伦办事大臣谈判的情况。见俄罗斯帝国对外政策档案馆圣彼得堡分馆总档1—7，1805年，目录6，案卷1a，

卷夹25，135～151页。

[37] 使团一秘Л.С.巴伊科夫奉戈洛夫金之命从外交部莫斯科总档案馆取来一批文件，其清单正本藏于俄罗斯帝国对外政策档案馆圣彼得堡分馆，总档1—7，1805年，目录6，案卷1a，卷夹1，136～139页。使臣同秘书、科学考察队队员以及使团其他成员之间的书信往来均存于同一案卷，卷夹6，14～21页。使团各处处长关于他们由圣彼得堡到恰克图的一路旅行报告也存于该案卷卷夹22，58～59页背面，卷夹23，1～183页。

[38] 1804年10月—1805年9月俄国政府来函原件存于中国第一历史档案馆，中俄关系藏档。

[39] 俄罗斯帝国对外政策档案馆圣彼得堡分馆总档1—9，8卷，1806—1819年，案卷2，1～456页。

[40] 见同处，4～21页。

[41] 见同处，78～101页。

[42] 见同处，371～456页。

[43] 见同处，2—3，1807年，目录34，案卷2，1～11页；案卷4，67～79页。

[44] 见同处，4—27，目录1805—1807年，案卷1，图1～4。

[45] 见同处，4—4，目录123，1805—1809年，案卷1；又见注释56。

[46] 俄罗斯帝国对外政策档案馆，亚洲司图书馆全宗，目录505，1806—1807年，案卷35～38，124、134～136页。

[47] 见注释36。

[48] 俄罗斯国立中央古代文献档案馆，商务部全宗，目录3，案卷1825，1～69页；案卷1945，1～2页；案卷1922，1～35页。

[49] 关于1810年10月17日Н.П.鲁米扬采夫建议外务院保存这些文件的情况，见俄罗斯国立中央古代文献档案馆，巴斯宁全宗，第1号，案卷89，103页。

［50］俄罗斯国立中央古代文献档案馆，国家档案全宗，第15号，案卷29（补充）及案卷30（补充）。

［51］例如，Н.П.鲁米扬采夫就建议待使团由库伦回国后由恰克图海关关长П.Д.瓦尼方季耶夫重开谈判。此议得到俄皇亚历山大一世的首肯。然而鲁米扬采夫就此事给瓦尼方季耶夫的命令虽由给使臣送急件的信使送出，却未能到达恰克图。显然它是在使臣Ю.А.戈洛夫金的办公厅被扣下了。见俄罗斯国立中央古代文献档案馆，国家档案全宗，第15号，案卷30（补充），22～24、64～65、74～76页。

［52］俄罗斯国立中央古代文献档案馆，总馆全宗，第15号，案卷30（补充），61、71～72、88页。正本。

［53］见同处，案卷29（补充），24页。正本。

［54］见同处，14～15页。另见注释13及15。

［55］见注释45。

［56］俄罗斯联邦国家档案馆，东正教衙门办公厅全宗，目录86，案卷167，413、580页；东正教事务大臣办公厅全宗，第19号，1805年，案卷2；《给修士大司祭雅金甫（比丘林）及哥萨克警长百人长休金的训令》抄件，存俄罗斯科学院东方学研究所圣彼得堡分所档案馆，全宗7，案卷38，11～18、20～21、37～38页背面。

［57］鄂木斯克州国家档案馆，西伯利亚总督全宗，1805年，案卷28、30、31；1806年，案卷40。

［58］见同处，1806年，案卷50，110～135页；1806年，案卷66，404～405页；1805年，案卷30，103～104页；1807年，案卷66，245～465页。

［59］俄罗斯联邦国家档案馆，兰伯特全宗，目录1，案卷20～36。

［60］俄罗斯联邦国家档案馆，东正教事务管理局办公厅П.Г.季沃夫全宗，目录1，案卷65、66、69、105、107、112、

113、115、124、126、131、293、299、351、484、506、510、573、660、664。

［61］见《古文献学引言》，3～4页。

［62］枢密院同理藩院的关系似乎把俄国摆到了中国属国的位置，因为俄国的枢密院是一个最高政府机构（尽管它的政治作用到了19世纪初明显减弱），而理藩院却是一个管理帝国属国的机构，它的地位低于其他各部（见**В.П.** 瓦西利耶夫：《中国的发现》，74页）。在清代中国，同其他外国之间的关系是由负责接待外国人的礼部来管理的，这个部在中国历史极为悠久，也极为重要。

［63］见10号文件。

［64］见530号文件。

［65］这一职位出现于1733年同准噶尔战争期间。乌里雅苏台将军的职责是指挥喀尔喀的满蒙军队。

［66］在俄国文件和文献资料中他们被称做库伦办事大臣。本卷中沿用此名称。

蒙文中昂邦这个协理大臣的头衔的说法是：甲尔利克—叶尔扎鲁克桑—胡里恩—杜尔—萨固珠—赫勒克—希特赫克奇—塞特，意思是奉圣命派往库伦裁夺事务的大臣（**И.С.** 布伦纳特、**В.В.** 加格尔斯特罗姆：《中国现代政治组织》，北京，1910，379页）。

［67］**Н.Я.** 比丘林：《雅金甫修士文集·蒙古札记：附蒙古地图与各种蒙古服饰》，圣彼得堡，1828，第1卷，72页。

［68］清帝国的所有地方机构对文件都是照抄照转（见**Е.Ф.** 热洛霍夫采娃：《17至19世纪档案中的中国东北地方机构资料》，载《东方学问题》1960年第4期，176～185页）。

［69］据中国第一历史档案馆的工作人员说，当时对正本并不像现在这样重视。有些不太重要的文件，抄录了副本之后，正本很可能就被扔进字纸篓。

［70］满文的写法是从上至下，由左至右。

［71］遗憾的是由于时间有限，我们未能详细了解蒙古国立中央历史档案馆满文馆藏的其他材料，但看来其中绝大多数都是清帝国内部各机构之间的往来文函。

［72］我们手头没有任何有关清国文牍事务的专门参考资料。就此我们所能说的，只能是同收入本卷的满文文档打交道的结果。有些情况我们是听蒙古和中国第一历史档案馆的工作人员讲的（每遇这种具体情况我们都要加以说明）。

［73］军机处大约成立于1730年，此后清帝国最高国务机关“内阁”的作用大大减弱。

［74］有趣的是军机处奉转圣旨的饬令虽是送给库伦两位办事大臣的，但文件的抬头常常只写一个人，就是其中的蒙古人，而库伦的第二位大臣——那位满人——前面说过，他是从京城派来的，他才是该地区事实上的统治者，但饬令中却只用一个“等”字来代替。

［75］随着库伦衙门的来文越积越多，文件往往要送回北京。例如，押签房文簿中就有关于库伦将嘉庆九年十月至嘉庆十年九月间收到的文档送往京城的记载（见蒙古国立中央历史档案馆，藏档M-1，案卷639，421页）。

［76］见60号文件。

［77］奏折是一条长长的纸折起来做成的，所以上面没有页码。

［78］很可能送往北京的报告是一式两份，那份有皇帝朱批的要返回库伦。不过这一点还有待于证实。

［79］见97号文件。

［80］见102号文件。

［81］如43和22号文件。

［82］见38号文件。

［83］如102号文件。

[84] 在俄罗斯帝国对外政策档案馆保存着满文和蒙文的正本以及由译员 **А.** 符拉德金和 **Ф.** 桑热哈耶夫翻译成俄文的手稿。见俄罗斯对外政策档案馆圣彼得堡分馆，总档 1—7，1805 年，目录 6，案卷 1a，25 页。

[85] **Ю. А.** 戈洛夫金信函的正本存于中国第一历史档案馆中俄关系档藏。由使臣签押的送交库伦的信函副本以及他收到的库伦来函副本，均送呈亚历山大一世皇帝审阅，并以急件的形式将抄件（俄文文本和俄文译文）送外交部办公厅。

[86] 这个中国最大的机构建于 1925 年，是著名的故宫博物院的明清历史资料部，在它的馆藏中存有各种文档 600 余万件，主要是公文，其中绝大部分是清代档案。这个档案库的正式名称直到 1955 年才定下来。现在，中国第一历史档案馆是最重要的有清一代历史文献研究中心。以它的馆藏为基础，1949 年以来，已经编辑出版了论述清帝国历史上关键问题和事件的鸿篇巨制 20 余部。（见 **Б. М.** 诺维科夫：《中华人民共和国当代历史研究中的清代秘密社团问题》，载《亚非国家史学和史料学研究》，12 辑，列宁格勒，1990，151～152 页）

[87] 据档案馆的工作人员说，这些文件都是抄件，是当年军机处公事房抄制的。

[88] 例如［中国第一历史档案馆］3 号库 197 卷 3665 函 13 封（嘉庆九年二至三月）。

[89] 由中国历法换算为西洋历法时，使用了毕仲三（**原文有误。应为薛仲三。——中译者**）、欧阳颐编《两千年中西历对照表》，三联书店，1957。

№ 1

1803 年，不晚于 2 月 13 日①。商务大臣 Н. П. 鲁米扬采夫[1]为建议派代表赴北京谈判俄国于广州开贸易事呈亚历山大一世皇帝的奏章

//2//为广州开贸易事

俄美公司于由此间港口派考察队首赴北美之际，曾就开展广州贸易的必要性具章恭奏陛下[2]。

查该公司为臣职司所辖。臣于详察其经营，并将之与俄中贸易总格局一并思考之余，确知该公司在恰克图虽苦心经营，刻意维持毛皮价格，唯英、美等国人由诺特卡-宗德群岛及夏洛特群岛将毛皮直运广州，生意上占尽先机。俄国一日不开通广州商路，则此种现象将延续一日。

该公司皮货资源丰富，足敷大宗贸易之需，且价格可观，于恰克图[3]互市并无丝毫影响。一旦俄国位于美洲的居民点发现//2 背面//出售毛皮、鱼、脂肪及其他自然资源的可能，定能吸引具科学艺术素养之各界人才前往开设工厂，加工金属、皮革等，并于当地逐渐形成文化工商社会，由村落而衍生城镇，进而同两个印度（东印度公司占领的印度与未被占领的印度——中译者）建立牢固贸易关系。

广州贸易利益既如此巨大，臣以为有责任向陛下建议，

① 按内阁审议报告的时间确定日期。

酌派一专使赴北京，以船队将首航北美为由，请中国港口予以必要之友好协助；//3//同时仿效欧人榜样，要求开展互市。臣以为俄国与中国乃毗邻之大国，此一要求必不至为其朝廷所拒。且中国政府亦应了解，一旦大量毛皮运入广州，中国人本身定能从中获益匪浅。

又，据伊尔库茨克来函称，库伦办事大臣近派多起信使，有意同伊尔库茨克总督会晤，此亦开展谈判之良机也。

第2页左边空白处：皇帝陛下谕令将此奏章交由内阁审议。

H. П. 鲁米扬采夫伯爵

于圣彼得堡

1803年2月20日[4]

同处：№ 372①。

俄罗斯帝国对外政策档案馆圣彼得堡分馆，总档1—7，目录6，1802年，案卷1，卷夹2，2～3页。抄件。另一抄件也存于同处，4～5页②。

发表在《19世纪和20世纪初的俄国外交政策》，卷1，莫斯科，1960，386页。根据抄件。

注释：

［1］鲁米扬采夫（鲁米扬佐夫），尼古拉·彼得罗维奇（1754—

① 下加线为文中原有的。

② 第5页文字下方有H. П. 鲁米扬采夫手写的一句话：“内阁于1803年2月13日审议。”

1826），伯爵，国务总理大臣（自 1809 年），俄罗斯科学院荣誉院士；П. А. 鲁米扬采夫伯爵、元帅（俄国第一个一级圣乔治勋章获得者）之子。1801 年 12 月 11 日“奉皇帝谕旨被任命为商务大臣，免去其他一切职务”（俄罗斯帝国对外政策档案馆，人事及经济事务全宗，花名册，目录 464，1922 号案卷，2 页）；1807 年 8 月 30 日，于国务总理大臣 А. Я. 布德伯格（参见 387 号文件注释 1）卸任后，受命领导外交部，“兼任商务大臣”。1814 年 8 月 1 日辞职（俄罗斯帝国对外政策档案馆，人事及经济事务全宗，目录 464，1922 号案卷，2 页背面）。Н. П. 鲁米扬采夫自国务会议成立之日起（1801 年）任委员，后任主任委员（1810－1812 年）。死于圣彼得堡英国堤岸大街的宅邸中。终身未娶，无后（《俄国传记词典》，卷 17，圣彼得堡，1918，493、518 页）。

Н. П. 鲁米扬采夫“私人出资组织了几次科学考察队，买巨舟进行环球航行；花费了大量金钱和心血搜集俄国的手稿，并将其公开出版；开办图书馆，向大众开放，并立遗嘱捐赠大批收藏品及各种珍稀物品成立博物馆”，连建筑物在内，当时估价约为 200 万卢布（Е. П. 卡尔诺维奇：《特殊的财富》，莫斯科，1992，122 页）。1861 年这批收藏品转移到莫斯科，成为新建立的“莫斯科公共博物馆和鲁米扬采夫博物馆”的基础（设于帕什科夫大厦）。1862 年在“鲁米扬采夫博物馆”内成立图书馆，1925 年重组为 В. И. 列宁图书馆［详见《荣膺列宁勋章的苏联国立 В. И. 列宁图书馆 100 周年史（1862—1962）》，莫斯科，1962］；现在是俄罗斯联邦国家图书馆。

［2］俄美公司是 1799 年 7 月 8 日奉保罗一世的谕旨正式成立的。成立的方案是 Н. П. 列扎诺夫（参见 5 号文件注释 1）草拟的。它是一个贸易联合体，目的是开发属于俄国的大片国土：俄国的美洲属地（参见 401 号文件注释 1）、千岛群岛及其他岛屿。当时这些岛屿分属相互竞争的几个公司。俄美公司的管理局设在伊尔库茨克。1800 年公司总部迁到圣彼得堡，Н. П. 列扎诺夫被任命为该公司驻圣彼得堡代表。1802 年公司总部请求亚历山大一世派遣第一个环球考察队（参见 53 号文件注释 1）。俄美公司成立的同时也开启了俄国开发太平洋领地、发现和开发新土地、发展实业和贸易的新阶段。

1868 年俄国属地出售给美利坚合众国，俄美公司于是不再存在。

［3］恰克图是根据《恰克图条约》第四款于 1728 年建立的（参见

《1689—1916年的俄中关系：官方文件》，莫斯科，1958，19页）。其建筑是按同清朝代表签订该条约的C.Л.弗拉基斯拉维奇—拉古津斯基伯爵所绘图样进行的（参见69号文件注释1）。描写恰克图的文献资料数量众多。我们所引用的资料出自同Ю.А.戈洛夫金使团同时在当地逗留的人，或是不久后到达该地的人。

例如，Н.Я.比丘林写道："恰克图是一个不大的镇落，恰好位于边界线上，在恰克图小溪左岸一条峡谷的南部河口。这个镇上居住的全是同中国进行贸易的俄国商人和经纪人，所以这里设有客馆，可以存放货物。建筑物很漂亮，布局相当合理，但一切全是木头建造的。教堂建在高处，虽然外部装饰对游客没有什么吸引力，但内部装饰富丽堂皇，颇有艺术眼光"；"恰克图原来是蒙古话对此地自然风貌的称呼"（Н.Я.比丘林：《蒙古札记》，卷1，123页）。

又例如1804年出版的由谢卡托夫所编的词典是这样描写恰克图的："这是边境上一个从事贸易的美妙的地方，如今俄中之间的交易正在进行。它位于平坦的、稍有起伏的河谷，宽阔的恰克图河从当中流过……它被高高的、多数长满林木的石崖山环绕着……恰克图寨堡四周围有栅栏，角上建有四座碉堡，架设着城防大炮。有三座城门……寨堡内有一座满出色的木头教堂，装着上好的自鸣钟，堡内的客馆很大，容有近60家商号……寨外的居民村有栅栏隔开，住有近120户人家……一条叫恰克图的小河流向北方，流经寨堡和居民村……恰克图进行的贸易，可以认为是整个西伯利亚贸易的基础。"（А.谢卡托夫：《俄国地理词典》，莫斯科，1804，3卷，1044～1045页）

在恰克图河上（或小溪上）建有两道木头的堤坝以作蓄水之用（由于水浅，不敷居民之用）——一道在特罗伊茨科萨夫斯克边境碉堡附近，建有水磨；还有一道建在恰克图商城附近，恰好在国境上。人们通常称之为上坝和下坝。后来这两道坝遭到毁坏，被水冲走。（Н.В.谢米夫斯基：《至今并非广为所知的东西伯利亚当代可靠趣闻》，圣彼得堡，1817，18页）

Ю.А.戈洛夫金随员中的画家А.Е.马丁诺夫在他的《从莫斯科至中国边境的风景如画的旅行》中对恰克图做了非常有趣的描述。此外，他还详细谈到了这一边境俄国小镇居民的构成："这里的居民有莫斯科、喀山、库尔斯克等地的商人，有西伯利亚的鞑靼人，有布哈拉人、布里亚特蒙古

人、通古斯人和许多其他民族的人，他们都汇聚到这里来经商。”（见该书56页）

［4］奏章上标明的日期是1803年2月20日。但根据文件上的各种标注判断，看来奏章在内阁讨论了两次，一次是1803年2月13号，一次是2月20号。所以文件不可能拟定于2月13日以后。（《19世纪和20世纪初的俄国外交政策》，卷1，386页）

№ 2

1803 年 2 月 20 日。内阁关于审议商务大臣 Н. П. 鲁米扬采夫奏请开广州贸易事的记录

//16//1803 年 2 月 20 日内阁会议记录

商务大臣鲁米扬采夫于御前宣读了两份奏请同日本和广州开展贸易的报告①，并于其中建议，为顺利开展互市计，可派官员赴日本、广州。此二议案经上裁已由内阁审议完毕。

文头空白处：归入案卷 520。

俄罗斯帝国对外政策档案馆圣彼得堡分馆，总档 1—7，目录 6，1802 年，案卷 1，卷夹 2，16 页。抄件。

---

① 参见 1 号文件。

№ 3

1803 年，不晚于 3 月 27 日①。商务大臣 Н. П. 鲁米扬采夫就同清帝国[1]及日本开展贸易之前景呈亚历山大一世皇帝的奏章

//17//商务大臣敬呈皇帝陛下

北美天然物产之丰饶早已举世瞩目。彼得大帝贤明睿哲，预见到上天赐予俄罗斯的真正利益。他为此规划了远景，并于伟大君主身后由继承人变为现实。1728 年白令考察队出发。1740 及 1741 年，白令//17 背面//带同船长奇里科夫，首先记述了北纬 55 度以上北美海岸线的情况，巩固了这片疆土永属俄罗斯的伟业。自此人民远航当地，络绎不绝。虽航海技艺知识有所不足，归来时却往往满载渔猎所获，利益丰厚。嗣后其他贸易大国对此亦有所注意。杰出的英国航海家库克向他的同胞介绍了这一新兴产业。他们专注于诺特卡-宗德群岛，对已获得的土地视同珍宝，乃至最终竟同企图驻留当地的西班牙人宣战。俄国人虽每年远航//18//美洲，访问属地，但这种私家贸易容易受制于不断变化的局势，无法一劳永逸地保障我国牢固拥有主权。舍利霍夫和戈利科夫虽成立了第一家公司，前者还亲临美洲，为该地区移民打下一定基础，但该地区幅员辽阔，经费有所不

① 日期根据呈亚历山大一世皇帝奏章上的时间标出。

足，尚需大家共同努力。这也是建立俄美公司的原因所在。该公司拥有之商品货物、船只和企业，现已达 350 万卢布[2]。

臣自蒙陛下任命为商务大臣以来，察知该机构为//18背面//扩大贸易夙夜匪懈，然自然阻力常使其难收功效。货物由雅库茨克运往鄂霍茨克困难重重，用载重不超过五普特的驮马运送重物极为不便，一根船锚只能分成数段，运抵鄂霍茨克后再行焊接。运费每年都要涨价，致使本来对公司极为有利的生意变得不堪重负，而雅库特人则只因给位于堪察加的先遣部队运送了一次给养就失去马匹，以至生计无着。种种情况使公司感到，辎重经由波罗的海港口运往美洲，好处将无可比拟，唯缺乏熟练海员，又构成//19//新的障碍。如今皇帝陛下体恤下情，谕令政府给予公司必要之协助，各股东立即行动，在英国购得 430 及 450 吨位船只各一艘，遣其作环球之旅。俄人这一首航伟业，将使我皇帝陛下在位的年月熠熠生辉，君主的关怀亦将使俄人得以贸易赢得万邦应有之尊敬。

向皇帝陛下报告该公司业务状况，理应奏报其开展贸易的远大前景。北美野生动物//19背面//蕴藏丰富，然如不开辟销路，将永远无法带来可观利益。据臣所知，该公司在北部群岛猎获海狗逾百万头，而恰克图毛皮年销售量尚不足6万张。中国人口众多，虽对海狗皮需求量甚大，但可在广州由英国及波士顿人手中购买。美洲所产鲸油、西伯利亚北部所产猛犸象牙以及美洲所产海象牙，虽均可逐渐成为重要商品，但同样缺少销售市场。预计当地尚有其他更为重要的资源，//20// 但因对自然缺乏考察，加之对贸易方式一无所知，所以俄罗斯虽可能坐拥宝藏，却不知如何利用。在了解上述情况之余，臣以为有必要为国家利益考察美洲领地，组织物产，前赴广州开市，并重视同日本及亚洲其他地区之贸易。为了将以上建议付诸实施，恭请皇帝陛下由熟知之臣下中择一通晓政经、谙熟民情、忠公勤勉、深孚众望、才能和知识均足堪此任之干员，随船队远赴//20背面//美洲经略此事。该员更可在皇帝陛下关怀下，有如1793年的考察队[3]，作为使臣出使日本皇室。因皇帝陛下已俯允该船前往长崎，委托该员以体面方式向当地皇室传递有关俄罗斯帝国尊严之正确信息，并于当地努力打下贸易之坚实基础，届时定能福星高照，大获成功。为此将配备必要的人员，备办礼品。同时谕令该员于使命完成后巡视美洲，//21//详细记录俄国领地情况，并摹画图册。更可着其招募学者画工同行，归来时得呈报当地切实情况。如臣此议得到陛下首肯，臣将就此二事斗胆进呈两份给该员的训令，内含此次出行所有细节。同时，臣还要斗胆请求陛下派一深知其能并由同中国宫廷往来信函中知悉全部所需情况之官员//21背面//前赴北京，值此船队由此首航北美之际，要求北京于必要时在中国各港口给予友善帮助，准其在广州开展贸易，与欧洲人一体对待，同时向当地政府说明，如大宗毛皮得以运抵该地，中国人亦将获益匪浅。

此议如能获得所望之成功，则俄国美洲地区村落将看到向各地销售毛皮、油脂、渔产等自然物产的前景，有科学、艺术素养的各界人士亦必将受到吸引前往创设工厂，加工金属、皮张等等，并//22//逐步于当地建立能工巧匠和手艺人社会，而村落亦将最终变为城镇，当地边疆将全然改变面貌，同两个印度之间的贸易亦将打下牢固基础。

商务大臣尼古拉·鲁米扬采夫伯爵
于圣彼得堡
1803年3月27日

17 页页边有亚历山大一世皇帝的批示：照准。亚历山大。

正文下方：遵照大臣的指示，此文在总册中未登记。

俄罗斯帝国对外政策档案馆圣彼得堡分馆，总档 1—7，目录 6，1802 年，案卷 1，卷夹 2，17～22 页。原件。

发表在《19 世纪和 20 世纪初的俄国外交政策》，卷 1，403～405 页。根据原件印出。

注释：

［1］中国当政的每一个王朝都有自己象征性的国号。1644—1911 年在中国当政的满族王朝国号叫“清”（意思是“清洁”、“清明”，“没有瑕疵”）。它也叫“大清”，即“伟大的、无瑕疵的”之意（满语叫“岱清”）。这一朝号也是它所辖国土的名称。

［2］库尔斯克省雷尔斯克的商人格里戈里·伊万诺维奇·舍利霍夫（舍列霍夫），是公司的股东和几个商业公司的参股人，俄国航海家。1783—1786 年领导了俄属美洲领地的航海探险，率先在当地开展俄国殖民活动，并从 1790 年起成为该活动的领导人。俄美公司的创始人之一。见《俄国商人舍利霍夫由鄂霍茨克海经太平洋到美洲海岸的航行》，哈巴罗夫斯克，1971。

［3］A. K. 拉克斯曼领导的俄国第一次出使日本（1766 年），目的在于让俄国同 17 世纪起政府一直奉行闭关锁国政策的日本建立贸易关系。拉克斯曼还奉命把 10 年前在俄国海岸遭海难的日本人送回日本。

拉克斯曼使团是以伊尔库茨克和科雷瓦总督 K. A. 皮尔的名义派到日本的，这是因为考虑到一旦使团在建立贸易关系上遭到失败，不至于丢了叶卡捷琳娜二世的面子，同时也为了不引起英国和荷兰对俄国远东政策目的的怀疑。运输船“叶卡捷琳娜号”在 26 岁的亚当·拉克斯曼指挥下于 1792 年 9 月 13 日从鄂霍茨克出海。拉克斯曼最后到达日本松前国，同它建立了良好的关系，并经过这个小公国的介绍，同幕府（中世纪日本的政府）建立了关系。

但拉克斯曼并未达到出使的主要目的——同日本建立贸易关系。不过比起其他国家来，拉克斯曼还是获得了 1854 年日本“敞开大门”之前所无法获得的成绩：日本政府特许俄国每年派一艘船到长崎。这一特许后来成为俄国 Н. П. 列扎诺夫使团到达日本的法律依据。

拉克斯曼于一年后即 1793 年 9 月 8 日回到鄂霍茨克［В. 拉古斯：《埃里克・拉克斯曼——他的生平、旅行、研究和书简》，圣彼得堡，1890；《中尉亚当・拉克斯曼领导的俄国第一次对日本出使》，莫斯科，1805；《亚当・拉克斯曼的日本之旅》，载《北方档案》1882 年 3 期；《日本近代史纲（1640－1917）》，莫斯科，1958，95 页；Л. Н. 库塔科夫：《俄国与日本》，莫斯科，1988，参考索引；中村信太郎：《日俄关系史》，莫斯科，1983，104～120 页；Э. Я. 法因伯格：《1697—1875 年的日俄关系》，莫斯科，1960］。

№ 4

1803年5月4日。恰克图边防长官A.И.索科洛夫[1]就日前抵达买卖城[2]的扎拉固齐克西克[3]及北京俄国教士团[4]等情况呈外务院的报告

//110//外务院驻恰克图领边境事务七等文官索科洛夫的报告

日前，一"克"姓新任扎拉固齐[5]由北京抵达中方买卖城。他通过拜访他的担任蒙古文翻译的省府书办马克西莫夫告知属下有关北京俄国教士团团员①和学员的情况。据称，至其离京时一切安好，但离京具体日期未加说明；留学生学语言颇有成绩。由于该员在理藩院[6]供职，//110背面/学员俱与之相熟，曾于赴理藩院领汗郡王所赐月俸时同他见过面。

七等文官索科洛夫

1803年5月4日

于恰克图哨所

① 原文如此。

110页正文上方标有：1803年7月24日收到。

俄罗斯帝国对外政策档案馆圣彼得堡分馆，总档4—4，目录123，1802—1804年，案卷1，110～110页背面。原件。

送呈国务总理大臣A.P.沃隆佐夫[7]的报告副本存同处，109～109页背面。

注释：

[1] A.И.索科洛夫，文件中的职务叫做“外务院派驻恰克图管理边务七等文官”，根据1792年《俄中恰克图贸易通则》，1801年被任命担任此职（参见《1689—1916年的俄中关系：官方文件》，24～26页）。关于A.И.索科洛夫索科洛夫的任命情况见外务院秘书A.M.伊万诺夫给外务委员И.A.魏德迈的报告（见俄罗斯帝国对外政策档案馆圣彼得堡分馆，总档1—7，1805年，目录6，案卷1-a，卷夹20，140～143页）。戈洛夫金奉命对索科洛夫的活动进行考察，结果后者于1806年2月被免职，并由八等文官П.И.伊兹玛伊洛夫接替（参见307号文件）。

[2] 买卖城，现在叫阿勒坦布拉格（蒙古），位于恰克图以南恰克图河的左岸。谢米夫斯基认为“买卖城”一词源于三个中国字——“买”、“卖”和“城”，也就是贸易城的意思（H.B.谢米夫斯基：《至今并非广为所知的东西伯利亚当代可靠趣闻》，147页）。雅金甫·比丘林对此有另一种解释：“在恰克图对过，国境以南约120俄丈的地方，有一个中国人的小居民点，叫做买卖城，因为它周围有一圈土夯的围墙（‘城’的意思是城墙——编者）。墙内商人的房子一律都是低矮的土坯房，因为在国境两侧不许盖石头房子……中国人把买卖城也叫做恰克图。”（H.Я.比丘林：《蒙古札记》，卷1，124页）。他还写道：据中国商人说，“恰克图的买卖城有一个规矩，就是各商号录用的学徒一定要在头两年内学会说几句俄文，特别是同贸易有关的单词。两年期满学不会的就送回中国。但由于他们不是从运用中学说话，而是抱着个本本死啃，所以学出来的口音误谬极大，没有听惯的人就很是难懂。我们的商人非但不去纠正中国人的错误语言，反而去迁就那种误谬。于是就出现了一种我们的商人在恰克图同中国人讲

的四不像的俄国话。”（同处，106 页）画家 A. 马丁诺夫是 Ю. A. 戈洛夫金使团中的一员，在这座小镇逗留之后，留下了对买卖城有趣的描写：

“恰克图对过，在河对岸不到 100 俄丈的地方，有一座中国小镇，叫做买卖城，意思是做生意的小城。它的建筑也同俄国城（指恰克图——编者）一样，呈方形。北面和南面有三座大门，建有望楼。在面向俄国小镇的大门前面，建有木栅栏，所以从外面看不见里面在做什么。栅栏上写着中国的‘福’字。街道是直的，通向城门，故而小镇被划分为几个规则的方块。在小镇中央由两条主要街道构成的十字街上，在一座敞厅上方，耸立着高高的塔楼。敞厅中悬挂着木制的官府告示栏。四面都有楼廊可以登上塔楼。它的顶部下沿层层突起，挂满各色各样无数铸铁或其他金属的风铃，稍有微风吹动就会发出非常悦耳的声音。”

“房屋建筑鳞次栉比，很少有窗户开向街面……街上和院里打扫得纤尘不染。中国法律禁止妇女在边境城镇居住，所以恰克图（即买卖城——编者）居住的清一色全是男人。有钱人蓄有蒙古小妾，但她们只能在城墙外的蒙古包里住。”

“南门附近左首边坐落着居住在恰克图的满洲官员的府邸，官员叫做扎拉固齐（参见本文件注释 5）。他的手下随时有 100 至 50 人构成的一哨主力蒙古巡边骑兵待命。”

马丁诺夫还说，扎拉固齐府邸旁有两座很壮观的庙，南面“同扎拉固齐府院相连的广场上竖立着一根描花金漆高旗杆。节庆的日子旗杆上要挂上大旗和牙旗，夜晚则燃起火炬和号灯。”（《从莫斯科至中国边境的风景如画的旅行》，59～62 页）戈洛夫金使团的另一个成员 Ю. 克拉普罗特写到，在买卖城中国边境竖起的旗杆上，“写着中国字‘买易处’，即做买卖及交换的地方。满洲话叫呼代巴，即贸易的地方”（Ю. 克拉普罗特：《俄中边境随笔》，载《北方档案》1823，12 期，414 页行下注）。

[3] 在满文文档中克西克称作“衙门章京”，在俄文文档中称作“扎拉固齐”。

在给嘉庆皇帝（见 6 号文件注释 3）的一份奏折上库伦大臣说到克西克是这样说的：“当地衙门章京克西克仅仅是在那一年（指 1802 年——莫罗兹）才来到买卖城的，但已对俄国人和蒙古人的习性十分熟悉”（蒙古国立中央历史档案馆，藏档 M-1，案卷 621，229～230 页，库伦办事大臣衙门满文抄文簿抄件）。根据同他有过交往的 Я. О. 兰伯特（参见 78 号文件注释 3）的意见，克西克忠于职守："亲自起草和保存所有重要文件，而现在的这位（指瑞春——莫罗兹）多半却把这些事交给手下去做。"（参见 376 号文件）

1806 年初（在这个职位上任职超过规定的 3 年任期之后），克西克请求库伦大臣派员来代替他，让他官复原职（看来是在理藩院）。库伦大臣在奏章中建议任命此前在库伦任职的员外郎哈番瑞春担任此职，北京表示同意（参见 370 号文件）。关于 1806 年 5 月隆重欢送克西克离开买卖城的情况参见 370 号文件。

[4] 北京的东正教教士团是东正教的一个机构，从 18 世纪初至 19 世纪下半叶一直起着俄国政府派驻清代中国的非官方外交机构的作用。在它成立之前，1685 年于北京出现了由阿尔巴津（即雅克萨——中译者）被俘的俄国人构成的俄国居民（参见 93 号文件注释 3）。后来在他们居住的地方形成了俄罗斯北馆。

17 世纪 90 年代初，这里建了一座由神甫马克西姆开光的小教堂（马克西姆·列昂季耶夫也是一个被俘的阿尔巴津人，他从阿尔巴津带来了教堂的法器和圣像）。他又于 1696 年给圣索菲亚教堂开光，开始从事礼拜活动。这座教堂"便成为我国'教士团'诞生的胚胎，到现在为止存在了几乎 200 年"（И. Я. 科罗斯托维茨：《中国人和他们的文化》，圣彼得堡，1898，385 页）。

1711 年，Г. А. 奥斯科尔科夫领导的商队来到北京，俄国政府委托他交涉允许俄国教士团赴北京事宜（当时除了一个已届耄耋之年的也是阿尔巴津俘虏的神甫德米特利·涅斯杰罗夫之外，北京已没有任何东正教教会人士）。康熙皇帝同意了。1715 年末或 1716 年初，以修士大司祭伊拉里翁·列扎伊斯基为首的第一班教士团一行九人随回国的图理琛使团（参见 53 号文件注释 5）来到北京（И. Я. 科罗斯托维茨：《中国人和他们的文化》，386 页；П. Е. 斯卡奇科夫认为是 1715 年：《俄国中国学史纲》，358 页）。1727 年《恰克图条约》第 5 条从法理上给予了俄国北京教士团以正式地位。

俄国教士团是俄中之间非官方关系的正式渠道，他对发展两国之间的文化关系起到了相当重要的作用，其许多成员的科学和文学活动促进了俄罗斯对中国历史和中国人民生活的了解，对中文和满文以及中国文学的研究，使中国人民开始对俄罗斯文化有所了解。

到了19世纪下半叶，随着1858年《俄中天津条约》的签订以及俄国外交使团在北京的出现，俄国教士团的政治外交作用显著减弱，20世纪初它成为一个纯教会的机构。

详情参见《远东的东正教——俄国教士团在华275年》，圣彼得堡，1993。

[5] 扎拉固齐（蒙语：法官、官员的意思，兼有司法和行政的职能），设置于“昂邦之下，以裁断居住在蒙古的汉人及汉人与蒙古人之间的诉讼”（见H.B. 谢米夫斯基：《至今并非广为所知的东西伯利亚当代可靠趣闻》，147页）。

从1729年起，“由于恰克图开市”，扎拉固齐被派遣到那里，监督贸易和居住在那里的中国人（В.П. 瓦西利耶夫：《中国的发现》，98页）。不过遇到重要的事情他们还是要“报告军事长官，那才是受委派监视边境蒙古王公兵力和相应省份首长的主要人物”（见H.Я. 比丘林：《中华帝国述略》，北京，1910，第1部，189页）。

要得到扎拉固齐的职位并不容易。首先官员要在理藩院任职一段时间，然后再派到库伦继续任职。在此，根据他的才能他要先在中国买卖城任三年扎拉固齐，如果表现好，才能最后再到恰克图的买卖城任职三年。

商人和从中国来的人要向扎拉固齐呈验允许从事商业的证明。他还有一个助手叫博什库，“可这个官却几乎什么也不是”（Ю. 克拉普罗特：《中俄边境随笔》，载《北方档案》，1823年11期，328页）。

前面已经说过，在本卷的满文文献中扎拉固齐也称作“衙门章京”，其意义相当于“理藩院的官员”或者“部里的官员”。

[6] 理藩院（中文），满文音为图勒尔基—果洛—拜—达撒拉—朱尔干。这是清帝国主管对外关系的一个院，成立于17世纪，专司管理蒙古、库库淖尔、中国西部塞外各回部事务。1860年之前，这个机构还通过枢密院同俄罗斯书信往来。理藩院的活动受到《理藩院则例》的指导（俄文有《中国理藩院则例》出版，是斯捷潘·利颇夫佐夫从满文翻译的，两卷集，圣彼得堡，1828）。

详见И.С. 布伦纳特、В.В. 加格尔斯特罗姆：《中国现代政治组织》，134～139页。

由于蒙古人参加理藩院的会议，他们就把这个机构叫做“蒙古衙门”（满文也叫“蒙古朱尔干”）。本卷收入的满文文档中理藩院更经常的说法是“蒙古衙门”或者就是“衙门”。为了方便起见，我们也把它翻译成“部”（虽说理藩院的作用有些不一样）。在亚历山大一世皇帝的某些谕旨中把这个机构叫做“部”（参见130号文件）。

[7] 沃隆佐夫，亚历山大·罗曼诺维奇（1741—1805），伯爵、国务活动家和外交家，国务活动家和外交家米哈伊尔·沃隆佐夫（1714—1767）之子。15岁起在伊兹玛伊洛夫团服役，1759年入斯特拉斯堡军校学习，1762—1764年任驻英全权大臣，1764—1768年任驻荷兰使臣，叶卡捷琳娜二世时任枢密院阁员、商务院总裁，主持过俄罗斯同法国（1786）、瑞典（1790）、土耳其（1791）的谈判。1802—1804年间任国务总理大臣。主张同英国交好，促进了同拿破仑的决裂和建立反法联盟。倾注了极大的精力设置各部，改革枢密院（参见6号文件注释1）。1804年1月16日，A.P. 沃隆佐夫因病去职（见《外交部史纲》72页）。

№ 5

1803 年 11 月 3 日。商务大臣 Н.П. 鲁米扬采夫为建议就派遣使臣赴清帝国事知会清国当局以及为使臣准备训令等事呈国务总理大臣 А.Р. 沃隆佐夫的报告

//13// 亚历山大·罗曼诺维奇伯爵阁下：

伯爵大人已知，我于 3 月 27 日海上考察队出发之际曾有一报告呈送内阁①，后蒙圣上批示。报告建议派遣一使臣前赴北京，宣示友好，知会吾皇登基，并询问中国政府是否同意除陆地边境恰克图外，另辟广州贸易，允许我国加入，与万国万邦一体对待。

而后俄国专使将把中国政府的回答通知圣彼得堡，侍从官 //13 背面// 列扎诺夫[1] 在堪察加应不晚于 1805 年年底前接到此间通知，并据以执行所领的下一步任务。

倾接侍从官列扎诺夫消息，知道他正准备由法尔穆特启程，急于赶往堪察加，即时采取措施同中国政府开展谈判。卑职已奏请皇帝陛下将该使臣即将抵达一事知会中国边境长官。为此奉圣谕知会伯爵大人，商讨为使臣拟订训令事宜。

专此恭奉勋安

您忠实的仆人尼古拉·鲁米扬采夫伯爵

1803 年 11 月 3 日

---

① 参见 3 号文件。

13 页正文下方：送呈 A. P. 沃隆佐夫伯爵阁下。

同处：第 3167 号。

俄罗斯帝国对外政策档案馆圣彼得堡分馆，总档 1—7，目录 6，1805—1807 年，案卷 1a，卷夹 1，13～13 页背面。原件。

副本存俄罗斯国立中央古代文献档案馆，国家档案全宗第 15 号，案卷 29 补充文件，4～4 页背面。

发表在《19 世纪和 20 世纪初的俄国外交政策》，卷 1，544—545页。根据原件。

注释：

[1] 列扎诺夫，尼古拉·彼得罗维奇（1764—1807），二等文官、宫廷侍从，俄美公司（见 1 号文件注释 2）创始人之一，参与组织了以 И. Ф. 克鲁森施特恩为首的第一次环球航行，作家 Г. И. 舍列霍夫的女婿。

根据亚历山大一世的谕旨，Н. П. 列扎诺夫于 1803 年 7 月 10 日被任命为俄美公司殖民地的全权代表、出使日本的外交使团团长，第一次环球航行考察队队长（见 53 号文件注释 1），带领该队前往日本。但由于日本政府阻挠（关于 Н. П. 列扎诺夫在日本逗留的情况参见中村信太郎：《日本人和俄国人》，127～136 页），列扎诺夫的出使没有获得成功。不过此举还是有助于两个相邻民族的相互了解，为进一步交往奠定了基础。（详见 Л. Н. 库塔科夫：《俄国与日本》，76～85 页）

1805—1806 年，Н. П. 列扎诺夫访问旧金山，在那里制订了俄属美洲领地的计划，并计划从加利福尼亚、日本和菲律宾向该处补给食品。但这一计划未能成功。1807 年 3 月，他于返回圣彼得堡的途中在克拉斯诺亚尔斯克逝世（Н. Н. 博尔霍维季诺夫：《历史的乐音》，载《飘带》杂志，1993 年 6 期，154～159 页）。列扎诺夫在旅行期间的日记非常有趣。他还编写了《日本词语汇编》和《日本语知识指南》。

№ 6

1803年，不晚于11月9日①。国务总理大臣A.P.沃隆佐夫就亚洲司起草枢密院[1]致理藩院文书知照俄国将派使团赴清帝国一事给外务院的指示

//14//皇帝陛下为彰显俄中两帝国之间深厚的和谐友谊，并为两国贸易利益计，决定派遣使臣前往中国，//14背面//告知博格德汗[2]全俄国皇帝陛下举行登基大典事，并祝贺中国皇帝[3]登基。为此特通知外务院，命亚洲司//15//草拟致中国理藩院文书，以表达皇帝陛下的愿望，并派遣使臣赴中国说明，此举的唯一目的在于敦睦修好，通报皇帝陛下登基，//15背面//并对中国皇帝登基致贺。顺告理藩院，我方希望事先得知派遣使臣能否得到博格德汗陛下接见。此间于得到满意的//16//答复后，我方将预先奉告使臣启程时间，俾中方做出国境接待之必要安排。

亚洲司//16背面//拟定文书后，着将其呈交本人，以备转呈皇帝陛下御览。

14页左侧页边：陛下已阅。1803年11月9日批准。

俄罗斯帝国对外政策档案馆圣彼得堡分馆，总档1—7，目录6，1805年，案卷1a，卷夹1，14～16页背面。

原件。

---

① 日期按亚历山大一世皇帝审阅报告所作批示的时间确定。

注释：

［1］理政事枢密院为俄国最高管理机构，奉彼得大帝的谕旨成立于1711年2月22日。1716年在这座建筑坐落的地方首先由缅希科夫亲王修建了一座“瓦顶的又高又长的梅阿赞风格的建筑，充做客馆之用，用‘公帑’接待外国请来的技师”。后来缅希科夫又建造了一座“石头房子，当他失宠之后，房子转到了米尼希的手上”。后来这座房子被国务总理大臣И. А. 奥斯特曼接收。当后者也被流放到西伯利亚时，这幢房子又为国务总理大臣А. П. 别斯图热夫-留明所利用。他重新加以修葺，“增建了一排宽敞的石头厅房和一座教堂，不过在这里居住的时间也不长，同前几位房主人的命运一样，也遭到流放”。1764年，枢密院迁移到这座建筑中（见М. И. 佩利亚耶夫：《早年的圣彼得堡》，莫斯科，1990，280～281页。按А. С. 苏沃林版本再版）。

［2］博格德汗［蒙语：博格德汗；满语：恩都林格－额真；汉语：神功（原文如此——中译者）］，意思是“最神圣的君主”、“最圣明的君主”、“最圣明的统治者”。清国的皇帝只把这一尊号给自己，而不给其他国家的君主。当时俄国把满洲称为“博格德汗的土地”，而把满洲人称为“博格德汗的子民”。

［3］当时中国在位的是清朝的第五代皇帝颙琰（1760—1820）。他是弘历皇帝（年号叫乾隆）的第五个儿子，弘历从1736年至死一直在位，是为乾隆朝（参见12号文件注释1）。颙琰的性格和学习的能力引起了弘历皇帝极大的注意，并于1773年12月21日瞒着所有的人立他为皇储，但直到1795年10月15日决定退位时才宣布（清代中国的皇位只传男性，皇位继承人事先并不宣布，也不一定非传长子）。可是颙琰直到1796年2月9日才继位。他继承的那个帝国状况极为可怜：至少有三个省由于人民起义处于破产状况，政府腐败透顶，战争已把国库耗净，中国南部沿海海盗横行，经过10年（1800—1810）才得以剿灭。

颙琰中等身材，敦实匀称，喜行猎，善射。他是一个勤勉的皇帝，宵衣旰食，勤于国事，健康状况几乎一生良好。1820年8月26日他由北京去热河行宫（见20号文件注释2）。这时天气炎热，9月1日到达热河时他可能得了中风，第二天晚上驾崩。遗体送回北京，葬于昌陵。［Hummel, Arthur W. Eminent Chinese of the Ch’ing period（1644—1912）. —Washington，1944，V. I.-P. 965]。

Г. 斯帕斯基谈到一些关于这位皇帝为政时性格上的颇有意思的特点和个人品质（根据八等文官西帕科夫的话转述。М. Д. 西帕科夫曾在第九届俄国教士团任职，1822 年回到俄国）。他写道："嘉庆朝的精神是中庸之道。这一优良品质使他在愤怒的人民起义和家族的阴谋诡计包围之中免遭危难。他在行动方向上明智审慎，为了实现预定目标他富有远见，坚持不懈，故而死后得到睿帝——即圣明的皇帝——的谥号（'仁宗睿皇帝'——俄编者）。他严格遵守法纪，善于把严格和仁慈结合起来，但他的仁慈多施于百姓，而不是官宦。他相信普通百姓犯法多是由于愚昧，而官宦知法犯法则是由于贪赃，而且常常欺压百姓。嘉庆总是模范遵守国法，是朝廷大员行为的楷模。他不大愿意接近这些大臣，总是限制他们过大的权力，也许正是为此也得不到他们的喜爱。这位皇帝有一些受到责备的弱点，看来不是没有原因的：他过于谨小慎微，有时甚至变得软弱而胆小怕事。然而这些缺点同他的优秀品质比较起来几乎是难以察觉的，对他的统治几乎没有造成什么影响。"（《关于中国博格德汗嘉庆驾崩和他的长子旻宁继位的通报》，载《西伯利亚通报》，格里戈里·斯帕斯基主办，圣彼得堡，1823 年，1 卷，卷夹 1，4～5 页）。关于嘉庆皇帝同英国、俄国使团的关系，以及准备接待 Ю. А. 戈洛夫金使团的情况，可见于俄国教士团领班修士大司祭索夫罗尼的报告（见 531 号文件）。关于索夫罗尼的情况参见 99 号文件注释 2。

№ 7

1803 年 11 月 16 日[①]。枢密院为俄国政府向清帝国派遣使团事致理藩院的文书

//26//全俄罗斯枢密院致大清国理藩院文书

我至仁至善君主皇帝陛下出于至高圣意，为大力发展长期存在于全俄罗斯帝国和中国之间的睦邻友好及贸易关系，//26 背面//提议派遣使臣前往北京，赴阙觐见博格德汗皇帝陛下，告知我皇帝继承祖父皇位宣告登基的喜讯，同时祝贺博格德汗陛下喜登大宝，//27// 诸事顺遂。现特指示我等通过各位昂邦大人，将此事奏报博格德汗陛下。

我等恭奉圣谕，转达我大皇帝陛下至高无上之旨意，表达我至仁至善君主//27 背面//对博格德汗陛下的一片至诚，冀望恢复中断已久的以往全俄罗斯王朝与中国王朝之间的友好往来，并至为祈盼//28//敦睦修好，发展友邻关系，以利于发展双边臣民贸易。我等意欲先期从昂邦大人处了解博格德汗陛下对此事的圣意，不知博格德汗陛下对派遣使臣一事是否满意。故请//28 背面//各位大人奏达博格德汗陛下圣听，并将结果告知我等，以便转奏我至仁至善的君主。如蒙贵方给予满意答复，我方将提前奉告//29//此间我皇派出使

① 另一日期为 1803 年 11 月 27 日，见使团办公厅抄文簿（原件 12 页注释）。

臣的时间，以便贵方发布必要的指令，在边境给予体面的接待，并将其护送至北京。

为此奉圣谕于 1803 年，我皇帝陛下全俄罗斯专制君主亚历山大·保罗维奇在位之第 3 年，11 月（……）[①]日//29 背面//由京都圣彼得之城发此文书。

第 26 页左侧页边有俄皇亚历山大一世的御批：照准。1803 年11 月 16 日。

俄罗斯帝国对外政策档案馆圣彼得堡分馆，总档 1—7，目录 6，1805 年，案卷 1a，卷夹 1，26～29 页背面。经批准后的草稿（也是文件底稿）。

俄文抄件存中国第一历史档案馆，中俄关系史俄文藏档，案卷 10，29～31 页。

外务院抄件存俄罗斯帝国对外政策档案馆圣彼得堡分馆，总档 1—7，目录 6，1805 年，案卷 1—2 号，卷夹 1，23～24 页背面。

使团办公厅抄文簿抄件：俄文文本存同处，卷夹 28，12～13 页；拉丁文本存同处，13～14 页。

发表在《19 世纪和 20 世纪初的俄国外交政策》，卷 1，555～556页。根据底稿。发表的文件日期按批准的日期——1803 年11 月16 日。

---

① 日期未标明。

№ 8

1803年11月24日。国务总理大臣A. P. 沃隆佐夫就发展俄中商贸关系及致书理藩院通知将派俄国使团赴清帝国等事给商务大臣H. П. 鲁米扬采夫的信

//5//尼古拉·彼得罗维奇伯爵大人阁下：

大人于给我的关于奏报我国海上考察队一事的3167号函[①]中，谈到由我国派遣使团赴中国一事，并要求我就此草拟训令。

大人，我认为有必要提醒您，据我的记忆，俄国同中国人之间的贸易已经三起三落，而且导致这种状况的原因完全微不足道，明显由于中国人的愚蠢//5背面//而起，特别是因为他们冥顽不化，拒绝接受任何新事物，而对于这样的行止我方又无法予以尊重，故而损害了有利于双方的贸易。陛下谕令我给北京理藩院专门拟发一文书，告知对方的回答不仅能决定派遣使臣赴中国的时间//6//，而且还能决定该使团是否能够成行。

目前我国同中国人开展的贸易，以及由贸易所获致的国库收入，对俄罗斯特别是对西伯利亚地区十分重要。我深知中国人生性厌恶一切新鲜事物，所以不得不认为自己有责任在同他们打交道时谨慎行事，以求避免在追逐尚属子虚乌有的利益时，使俄中之间//6背面//历史悠久的现存商务关系

---

① 见5号文件。

中的利益遭到损害。同时，如果一旦造成我国使臣抵达国境后竟遭中国人拒绝的不愉快局面，我将永远也不能原谅自己。为了防止这种局面，我希望这几天能发往一份给中国政府的文书，以了解北京朝廷是否同意接受我国使团[①]。//7//

至于您在给我的信中提及的为赴中国的使臣草拟训令一事，我认为有必要提醒您，所有对外关系以及外派使团等等，均属外务院的职权，与其他部门无关。一旦派往中国的使臣得到皇帝钦准，自然就会考虑给他颁发训令的问题。在草拟//7背面//这份训令时，当然也会考虑我国同中国人之间的贸易，为此外务院自会就此内容同伯爵阁下磋商。

荣幸地向伯爵大人表示诚挚的敬意。

您忠实恭顺的仆人

亚历山大·沃隆佐夫伯爵

1803年11月24日

第5页正文上方右侧：1803年11月25日。

同处左侧：8355号。

同处正文下方：送交Н.П.鲁米扬采夫伯爵。

俄罗斯国立中央古代文献档案馆，国家档案全宗第15号，1803—1805年，案卷29补充卷，5～7页背面。原件。

抄件存俄罗斯帝国对外政策档案馆圣彼得堡分馆，总档1—7，目录6，1805年，案卷1-a，卷夹1，17～21页背面。

---

① 见7号文件。

№ 9

1803 年 11 月 28 日①。亚历山大一世皇帝给西伯利亚总督 И.О. 谢利丰托夫[1]的批示，告知枢密院已就俄国政府有意派遣使团出访清帝国事向理藩院发出文书

//30//给西伯利亚总督、二等文官谢利丰托夫的谕令。如其不在，着交由中将②列别杰夫[2]处理（草稿）

今拟特派使臣前赴中国，为朕登临先祖父大宝事知照中国博格德汗陛下，并祝贺其同登大宝//30 背面//之喜。为此，特以枢密院名义拟就致中国理藩院文书[3]，并着尔派员携带由尔署名之专函，前赴库伦③会见库伦办事大臣[4]，恳请彼等将文书//31//送往北京，同时务应谨守一切应有之礼仪。随此谕特附文书抄件与尔，以备一体知悉。如就文书内容有所回话，着即回报外务院。[……]

---

① 时间按外务院决定发出批示的时间标出（参见注释）。

② “中将”字样写在被删去的“军事省长”上方。

③ 文中“库伦”一词拼写有误。

30 页左边空白处有亚历山大一世皇帝的批示：照准。

1803 年 11 月 16 日。

俄罗斯帝国对外政策档案馆圣彼得堡分馆，总档 1—7，目录 6，1805 年，案卷 1a，卷夹 1，30～31 页。此为经过审核的文稿，亦即底稿。

外务院核定的文稿抄件藏同处，23～24 页。

注释：

[1] 谢利丰托夫（谢利丰杰耶夫），伊万·奥西波维奇（1744—1822），二等文官，勋章获得者，枢密院成员。任西伯利亚总督 3 年（从 1803 年 4 月 26 日至 1806 年 3 月 8 日）（见俄罗斯国立中央古代文献档案馆，巴斯宁全宗第 183 号，目录 1，案卷 18 号，6 页背面）。有材料说他任此职的时间为 1803 年 3 月 29 日至 1806 年 3 月 3 日（见 H. H. 谢利丰托夫：《谢利丰托夫和鲁米扬采夫族谱——致友人》，圣彼得堡，1890，1 册）。

谢利丰托夫的父系家族起源于古老的诺夫哥罗德大贵族家庭，母系起源于斯摩棱斯克贵族家庭。据 H. H. 谢利丰托夫说，“在伊万·奥西波维奇所藏族谱第一条注解中有这样一句话：‘根据户籍档案，谢利丰托夫和乌拉科夫家族本是同族，古代是诺夫哥罗德的大贵族。6778 年的编年史（1470 年）称，诺夫哥罗德人脱离了莫斯科和全俄罗斯大公，归附波兰国王（卡季米尔——俄编者），诺夫哥罗德大贵族帕姆菲尔·谢利丰托夫曾多次出任使臣。莫斯科和全俄罗斯大公伊万·瓦西利耶维奇召集军队，直逼诺夫哥罗德城下，于是诺夫哥罗德人降伏，谢利丰托夫家族被分迁到各个城邦。’所以帕姆菲尔的始祖伊万·奥西波维奇才列为第 13 房。”不过 H. H. 谢利丰托夫却把自己这一支归为这位帕姆菲尔的父亲的后代（同上）。

И. О. 谢利丰托夫于 1758 年开始仕途，任监察办公室实习官，后于同年 6 月 17 日奉枢密院命令调海军任候补士官生；1760 年升任士官生。一直在海军服役，参加过多次战役，受到奖励，官阶也逐步晋升。1778 年获海军上校衔；1783 年获准将衔，被任命为佩尔姆刑事法庭庭长。1785 年任托博尔斯克副省长，1787 年获少将衔，1790 年晋升为中将，被任命为梁赞地区总督，1796 年任伊尔库茨克和科雷瓦总督。1797 年谢利丰托夫奉诏由托博尔斯克回莫斯科，“由中将改任三等文官，并在理政事枢密院 6 个莫斯科局中任职”（同上，26 页）。

1802 年谢利丰托夫被派到西伯利亚巡视工作。1803 年 3 月 6 日晋升为二等文官，29 日“奉诏任托博尔斯克、托木斯克、西伯利亚总督”（同上）。谢利丰托夫管辖土地幅员广大，其中还包括美洲西北部的俄国领地（Н. Н. 博尔霍维季诺夫：《俄国发现美洲——1732—1799》，莫斯科，1991，129 页）。据 В. И. 瓦金的意见，谢利丰托夫这个人正直、聪明，“弱点是对下属缺乏监督”（В. И. 瓦金：《1805 年出使中国的戈洛夫金使团》，载《俄国地理学会西伯利亚分会学报》，伊尔库茨克，1872 年，3 卷，3 期，135 页）。俄国出使清帝国的使臣 Ю. А. 戈洛夫金伯爵正是同这样一个人打交道。巴斯宁有材料说，谢利丰托夫的两个儿子请求吸收他们参加使团，但被拒绝（В. Н. 巴斯宁：《戈洛夫金伯爵的赴华使团》，5 页）。

西伯利亚总督的行辕当时设于托博尔斯克。不过当使团到达时谢利丰托夫有好几个月都在伊尔库茨克，因为他要负责为使团横渡贝加尔湖准备所需船只，这是一件繁重的工作。他还要为使团挑选两名（或者至少 1 名）蒙语和满语的随团翻译，要同库伦办事大臣商谈让他们准备一定数量的驮马、人夫、向导等等，这些他都做到了。

然而谢利丰托夫同戈洛夫金的关系说得委婉点却搞得不怎么好。这主要是因为俄国赴清帝国的使团在沙皇那里领受了“视察西伯利亚治理情况”，也就是检查西伯利亚总督政绩的使命（В. Н. 巴斯宁：《戈洛夫金伯爵的赴华使团》，24 页）。“视察”的结果“老好人谢利丰托夫”只好离西伯利亚而去，而在这片山高皇帝远的土地上平素小小不言的弊端却被佩斯特尔（见 358 号文件注释 1。——俄编者）及其同党的作恶多端所取代（В. И. 瓦金：《1805 年出使中国的戈洛夫金使团》，174 页）。

1806 年谢利丰托夫退休。患中风（而且双目失明）死于他在雅罗斯拉夫省罗曼—波里索格列布斯基县的瑟沃罗特基诺庄园，安葬于当地报喜教堂的墓地。1770 年结婚，妻子是阿历克桑德拉·彼得罗芙娜·纳利亚诺娃（1750—1812）——五等文官彼得·尼基托维奇·纳利亚诺夫之女（见 Н. Н. 谢利丰托夫：《谢利丰托夫和鲁米扬采夫族谱——致友人》，24、26 页）。他的田庄清单见同书 26 页。

谢利丰托夫的文档藏于俄罗斯联邦国家档案馆，科斯特罗姆省全宗第655号，目录1（参见《苏联国家档案库个人档案汇编》，莫斯科，1963，卷1，154页）。

[2] 列别杰夫，尼古拉·彼得罗维奇，中将，勋章获得者。1802年4月7日起至1803年4月10日任伊尔库茨克省长。后被解职（俄罗斯国立中央古代文献档案馆，巴斯宁全宗第183号，目录1，案卷18，6页背面）。

[3] 遵照国务总理大臣A. P. 沃隆佐夫的要求，枢密院致理藩院的文书先是由亚洲司司长K. K. 拉多菲尼金于1803年11月30日向外务院秘书A. M. 伊万诺夫征询意见。当天文书转送办公厅（俄罗斯帝国对外政策档案馆圣彼得堡分馆，总档1—7，目录6，1805年，案卷1a，卷夹1，32～33页）。

文书直到1803年12月2日才由圣彼得堡发往清帝国，并附有给伊尔库茨克省长H. П. 列别杰夫的信（同处，36页）。

[4] 本文件集的文件中这个城市（或者地点）在不同的语言中有不同的称呼：蒙文文件称呼勒，满文文件称库伦，俄文文件称乌尔噶，而“蒙古人和中国人大多把这个地方叫做库伦”（H. Я. 比丘林：《蒙古札记》，卷1，107页脚注）。

库伦的奠基人是17世纪颇有影响的封建领主土谢图汗贡波多尔济。1639年他宣布自己5岁的儿子扎纳巴扎尔为蒙古佛寺主持，并宣布其大营的机构为“乌尔噶”，后成为蒙古首都的基础（《乌兰巴托城市博物馆》，乌兰巴托，1974年，6页，蒙文和俄文）。大营存在期间多次迁移，名称也随之改变（关于乌尔噶迁徙的情况参见A. M. 波兹涅耶夫：《北蒙古的城市》，圣彼得堡，1880，5页）。

库伦分三部分：博格多呼勒喇嘛庙（蒙古喇嘛教首领博格多格嫩的宫邸），甘丹（喇嘛的宿舍，当时喇嘛约有5000人，参见490号文件）和买卖城（别把它同恰克图的买卖城混淆。这是一个中国的商业中心，离城区约5公里，参见同一文件）。库伦也是一个政务中心，它是库伦办事大臣——郡王和昂邦——的驻跸之地。

1911年推翻清朝后，蒙古人把这座城市叫做“呼勒首都”。1924年第一届人民大呼拉尔将城市命名为乌兰巴托（蒙文意思为“红色勇士”），并宣布它为社会主义蒙古的首都（《乌兰巴托城市博物馆》，6～7页）。

№ 10

1803 年 12 月 20 日。H. M. 卡尔特维林[1]因就任伊尔库茨克民事省长事致库伦办事大臣蕴端多尔济[2]、佛尔卿额[3]函

//229//11 月 30 日①［收到］

皇帝陛下俄罗斯伊尔库茨克民事省长、四等文官、赏戴勋章卡尔特维林咨行大清国至圣大君主驾前库伦办事大臣郡王及昂邦函

我国君大皇帝陛下已将二等文官、枢密官、赏戴勋章伊万·奥西波维奇·谢利丰托夫升任为大西伯利亚土地//230//三省军事总督②。我本人值此荣任伊尔库茨克民事省长之际，秉睦邻友好之惯例，视大力促进边境和平为第一要务，以利两伟大国家之间源远流长之友谊。为此，本人希望在边境出现问题时，尊敬的郡王和昂邦能会同我一道，通过交换信函加以解决。相信贵方亦定能牢记双方友好和睦之谊，给予回答。

---

① 1911 年以前中国使用的是太阴历，每个月的开始以月亮由亏返盈的日子开始计算。闰年有 13 个月，计 384 天，平年为 354 天。每年从春季第一个月开始计算，一般都开始于阳历 1 月初至 2 月初之间。大月为 30 日，小月为 29 日。（见 H. Я. 比丘林：《蒙古札记》，卷 1，34 页）

② 满文文本就是如此。

专此奉达，签字盖章。

1803 年 12 月 20 日发自伊尔库茨克城。

蒙古国立中央历史档案馆，藏档 M-1，案卷 621[4]，229～230页。库伦办事大臣衙门[5]满文抄文簿抄件。И.Т. 莫罗兹译自满文。

库伦办事大臣衙门蒙文抄文簿抄件存于同处，231～232 页。

注释：

［1］卡尔特维林，尼古拉·米哈伊洛维奇，四等文官，1803 年 7 月 10 日至 1804 年 9 月 26 日任伊尔库茨克民事省长，后被解职（俄罗斯国立中央古代文献档案馆，巴斯宁全宗第 183 号，目录 1，案卷 18，6 页）。1906 年任高加索省民事总督（见《宫廷龙骑尉礼仪杂志，1695—1817》，圣彼得堡，1853—1910，1806 年 7—12 月，圣彼得堡，1905，144～145 页）。

［2］蕴端多尔济（1756—?）——郡王、额驸（满语：皇帝女婿）。后一身份说明他属于清朝统治时期由蒙古郡王同满族公主通婚而出现的一个特殊阶层。蕴端多尔济是第 9 任库伦办事大臣，得以在这个职位上保持 40 多年，历经三个皇帝：乾隆、嘉庆、道光。

俄国 Ю.А. 戈洛夫金使团抵达前不久，蕴端多尔济在职务上犯下了一个重罪：他自作主张，下令为喀尔喀扎萨克纳木吉勒多尔吉制作新印信（见 18 号文件注释 1）。嘉庆九年四月十七日（1803 年 5 月 13 日）（原文有误。应为 1804 年 5 月 13 日。——中译者），遵照谕旨，理藩院对这一罪行进行勘议，蕴端多尔济受到严厉处分（参见蒙古国立中央历史档案馆，藏档 M-1，案卷 628，211～214 页；库伦办事大臣衙门满文抄文簿抄件）。可以想见，蕴端多尔济害怕再次惹怒皇帝，所以在 Ю.А. 戈洛夫金到达俄中边境以及后来进入库伦同他谈判时，表现得处处谨小慎微，过于吹毛求疵。

本文件集的满文文件表明，蕴端多尔济由于同俄国使臣谈判不力，于 1806 年降级为郡王，就是二等亲王（在北京给他的正式公文中这样称呼他）。

Ю. А. 戈洛夫金回俄罗斯后，嘉庆帝召蕴端多尔济进京述职，受到冷淡待遇（见 317 号文件）。但他并没有被解职（见理藩院关于蕴端多尔济回归原职的公函译件，348 号文件注释 1、383 号文件注释 1）。1806 年 4 月 3 日蕴端多尔济又回到库伦，继续任原职（见 348 号文件）。

满文文件表明，1808 年清政府还以为俄国将派新使团前来。嘉庆帝发到库伦的谕旨（1808 年，不早于 2 月 20 日）命令，若有俄国新使臣前来，库伦不必设宴招待，不必以宫廷礼仪接待（见 511 号文件）。但俄国并没有朝这方面做任何努力。清政府对 Ю. А. 戈洛夫金使团由库伦归国一事深感不安，同时英国的威胁与日俱增，故而决定采取措施同俄国实现关系正常化。

1810 年 2、3 月间，根据北京政府的建议，在特罗伊茨科萨夫斯克和恰克图买卖城进行谈判，俄方参加的人员为伊尔库茨克民事省长 Н. И. 特列斯金（见 440 号文件注释 1），清方人员为库伦办事大臣蕴端多尔济郡王和昂邦。会见进行了几次，Н. И. 特列斯金建议讨论互派使团的问题，并建议缔结一方若遭到其他国家攻击另一方将给予援助的条约。但蕴端多尔济和昂邦对这些问题的讨论加以推诿，只谈俄国恢复派遣使团赴华的问题。他们保证使团在库伦不必行廷见礼。由于清方立场僵硬，蕴端多尔济郡王（原文如此，似应为昂邦。——中译者）和 Н. И. 特列斯金三年余的谈判无果而终。

后来，俄国出版了一本叙述这次谈判情况的杂志《友好会商杂志》。特列斯金在杂志中评价了谈判的意义，他说：他们给了库伦办事大臣“并通过他们给了他们的政府一个关于俄罗斯的完全不同于此前他们想像的印象。我提出要求互派使团，我们行为坚定，外表华美，这些都告诉他们俄国是一个独立的国家，在教育程度和国力上都胜过了中国，如果目前的和谐遭到破坏，它对于中华帝国同样是可怕的。如果结成紧密联盟，将会是多么有利。中国政府自古以来对俄国的关系必须要改变”。“如果无法预知这次会见给未来将会带来什么有利的后果，至少它已经给俄罗斯带来了应有的荣誉，那就是高傲的、反复无常的中国政府有了根本的变化，它通过郡王和昂邦几乎在请求俄国政府重派使团，唯一的目的几乎就是消除遣返前一个使团的后果，他们为此深感不安，而且会继续感到不安，直至北京朝廷做出互派使团的决定。”（《友好会商杂志》，249～250 页）

蕴端多尔济于嘉庆十四年二月二十八日（按中西方历对照表应为嘉庆

十五年。——中译者）（1810 年 3 月 20 日）的奏章中谈了他同 Н. И. 特列斯金谈判的过程和结果（见蒙古国立中央历史档案馆，藏档 М-1，案卷 663，45～52 页；库伦办事大臣衙门满文抄文簿抄件；《库伦办事大臣蕴端多尔济就恰克图谈判事给嘉庆帝的奏章》，Н. Я. 比丘林译，手稿，俄罗斯科学院东方学研究所分所档案馆，7 号全宗，案卷 38，93～95页）；库伦办事大臣蕴端多尔济就 1810 年在恰克图会见特列斯金的结果给嘉庆帝的报告中文本见同处案卷 31a；《特列斯金同昂邦会见》（俄罗斯科学院档案馆圣彼得堡分馆，775 号全宗，案卷 24/13）（见 П. Е. 斯卡奇科夫：《俄国中国学史纲》，409、414、441 页）。

嘉庆帝于 1810 年 4 月颁发了谕旨，作为对蕴端多尔济报告的回答，其中说他仍不排除俄国重新派使团来华的可能。但他不主张派使团赴俄国的立场却没有改变。

“从蕴端多尔济的奏章中可以知道，他以及他的同僚在恰克图边境地区同俄罗斯省长有过会见，省长告诉他，俄国人准备再派使臣来朝贡，但还是要求中方同样也要派使团过去。”

“……俄人生性狡诈，不可深信。因此蕴端多尔济多次吩咐，绝对禁止在我方派遣使团的问题上让步。如今，当我们看到蕴端多尔济就他同俄国省长会面一事给皇帝的奏章时，我们就清楚了，眼下他们是不准备派遣使团出使我国的，他们仍然寄希望于‘我们的天朝’将首先派使者去见他们。这一点我们当然绝不能同意。由于蕴端多尔济已经不再注意这个问题，自然应该听听他们将以何种形式表述自己的要求。如果在此期间省长再派人来打探，那就让蕴端多尔济对他们这样说：‘如果你们俄国将派使臣来纳贡，那我将竭尽全力，请求我的衙门（部）把我写的报告呈递圣览。相信至仁的皇帝一定会同意我的意见。贵方的使臣往来均会得到尊重和照顾。我们中国一定会赐予贵方使臣以珍贵的礼品。此次会见，贵方表现极为恭谨，由此可知贵国使臣来京觐见我国君主时亦必将更为恭谨。故而他若来到库伦，无须再为领受皇上赐宴做准备，也无须再为谢恩行三跪九叩首大礼。如果贵方不打算派使臣前来，我也不敢把你们的请求斗胆向皇上奏报。’如果俄国人再要提起让我们‘天朝’派使臣去他们那边的事，就让蕴端多尔济立刻回答：‘我天朝大国，属国众多，纳贡求见者无计其数。但从来未有派遣使臣至别国讨论边务者。我们这些大臣虽官高爵显，亦不敢以琐求来使君主厌烦。’如此解释一番，则可以直截了当对之加以拒绝。”（何秋涛：《朔方备乘》，北京，1881 年，2 集，卷 12，4~4页背面。引文从 B.C. 米亚斯尼科夫：《18 世纪清代中国对俄罗斯的新了解》，载论文集《世界史与东方》，莫斯科，1989，112～113 页）。谕旨最后说：“如果他们依然请求我方派遣使团回访，可以‘不敢回奏皇上’为借口立即回绝，并再次奏知。同时也拒绝他们再派自己的使臣前来。”（同处，113 页）

同库伦办事大臣蕴端多尔济见过面的俄国人对他有如下评价。使团的一秘 Л.С. 巴伊科夫（参见 78 号文件注释 2）写道：“库伦的郡王是土谢图汗的侄儿。1779 年土谢图汗去位后由他接替伯父的位置。他是在乾隆皇帝的监督下在北京受的教育，乾隆把自己的一个女儿，也就是现在皇帝的姐妹，许配给他。他统治这一地区，同时兼任蒙古部队的最高统帅。他大约有 40 岁，长得很帅气。据说人还很善良。他的举止非常高贵……”

据 Н.Я. 比丘林说，蕴端多尔济会三种语言。当第九届俄国教士团于 1807 年换届经过库伦到北京时，修士大司祭比丘林受到郡王的接见，同他“非常亲切地用蒙语、满语乃至汉语交谈”（Н.Я. 比丘林：《蒙古札记》，卷 1，103 页）。

修士大司祭索夫罗尼（格里波夫斯基）于 1808 年带领教士团从北京回国时也同蕴端多尔济见过面，对他的印象是这样的：“别人告诉我，郡王有 42 岁。他是个地道的蒙古人，跟所有的蒙古人一样，有一副黑脸膛，相当英俊。高高的身材，性格乐观，说话很快，行动敏捷，潇洒大方。除了蒙古话之外，郡王还会说满语和汉语。据学生（俄国教士团的。——俄编者）告诉我，学问相当好。”（《修士大司祭索夫罗尼·格里波夫斯基 1808 年从北京至恰克图游记》，载《北方导报》，圣彼得堡，1823 年，1 卷，39 页）。出自画家亚历山德罗夫笔下的蕴端多尔济画像现藏于俄罗斯国家博物馆（见 75 号文件注释 1）。该画家是随 Ю.А. 戈洛夫金使团到库伦的。

[3] 在准备 Ю.А. 戈洛夫金使团出发和该使团于库伦国境逗留期间，库伦昂邦数次更迭。起初在那里的是佛尔卿额昂邦，1804 年初奉诏去了北京。接替他的是阿尔达西的昂邦，1804 年 1 月 24 日到达库伦（参见 16 号文件）。后来，嘉庆九年八月三日（1804 年 8 月 25 日）他又被颙琰的一道上谕召回北京。接替他的是图尔番昂邦玉衡。1804 年 12 月 17 日的一份文件上已经签署着他的名字了（参见 47 号文件）。玉衡于 1805 年 6 月 23 日

回京，原因可能是家庭遭逢丧事（参见 101 号文件）。后来又是福海昂邦奉命接替他，1805 年 6 月 26 日抵达库伦（参见 120 号文件）。俄国使团抵达前佛尔卿额昂邦因为熟悉当地情况，又来接替了他。

［4］在含有 275 页的案卷 621 的封皮上有一个标题：嘉庆朝八年期间奏章合订本。

［5］比丘林对库伦办事大臣衙门有如下描写："库伦东南约两里，在伊合色尔比河右岸坐落着库伦办事大臣衙门。这是一所低矮的木制建筑，郡王（即库伦办事大臣蕴端多尔济。——俄编者）就在这里。伊合色尔比河从院中房屋的南边窗下流过，窗户高度离地不过两俄尺，然后流入在院落南部相距数十俄丈的花园。窗外的寒溪在绿阴浓密的灌木丛中潺潺流淌，这条河真是花园里田园风光中最出色的亮点。郡王的花园就是一片在低洼的河谷拦出的草地，建有一座凉亭，生长着几丛河柳。一匹白色的高头大马在花园里放牧——那是郡王心爱的坐骑。衙门往东，伊合色尔比河左岸是郡王副手的房子，也是木制的低矮建筑，四周围着板墙。它的后面也是这么一所房子，那是现任库伦办事大臣的住所。西北面的远处是往来官员的行馆，我们就住在那里。"（Н. Я. 比丘林：《蒙古札记》，卷 1，108 页）

№ 11

1804 年 1 月 3 日。伊尔库茨克民事省长 H. M. 卡尔特维林为请求迅速将枢密院关于俄国派遣使团出使清帝国的文书送达理藩院一事致库伦办事大臣蕴端多尔济和阿尔达西的函

//244//……①本人奉俄罗斯大枢密院之命，根据往日签订之条约，特命桑热哈耶夫大尉[1]带领数名随从护送我枢密院②发来之文书前往贵方，谨请贵方立即将其送往贵国京城，并着我信使桑热哈耶夫将贵方确已收到文书并送往京城的消息回报。贵国理藩院如有回书致我//245//大枢密院，亦请将其送达我处。特此签字盖章。

1804 年 1 月 3 日发自伊尔库茨克城。

蒙古国立中央历史档案馆，藏档 M-1，案卷 621，244～245 页。库伦办事大臣衙门满文抄文簿抄件。И. Т. 莫罗兹译自满文。

俄文抄件存中国第一历史档案馆，中俄关系史俄文文献藏档，案卷 10，27～28 页。

注释：

［1］在中国第一历史档案馆 1804—1806 年的俄文档案中，桑热哈耶

---

① 文件头丢失。

② 参见 7 号文件。

夫大尉的名字不止一次出现。他是主要的信使，在伊尔库茨克民事、军事省长同库伦办事大臣之间往来传递书信。看来，他是个懂蒙语的布里亚特人。这就便利于他在往返于边境至库伦期间的交往（见中国第一历史档案馆，中俄关系史俄文文献藏档，案卷 10，27～28、47～49 页；案卷 12，35～36 页；案卷 13，19～20 页）。

№ 12

1804① 年 1 月 5 日。库伦办事大臣蕴端多尔济、佛尔卿额就 H. M. 卡尔特维林就任伊尔库茨克民事省长事呈嘉庆皇帝[1]的奏章

//237// 十二月五日②

蕴、佛[2]二奴才谨奏，恭呈圣上御览

奴才等于十一月二十九日③接获恰克图章京克西克送来俄罗斯省督函④称，彼国汗王已将原省长列别杰夫调任管理大西伯利亚所有土地⑤，其继任者 //238// 为省长卡尔特维林。来函请求今后所有文函移送新任省长。

奴才等[3]得悉，［俄国人那边］除原省长更调外，确无他事。待阿［尔达西的］昂邦前来［库伦］上任，替换佛昂邦时，奴才蕴等亦将循例知会该新省长，以示友好。

现将该俄督送达以三种语言书就之来信缄于一函，呈送御座之前，伏请圣上御览。

---

① 此处及以后年代均标于库伦办事大臣衙门抄文簿的封面。

② 1 月 5 日。

③ 12 月 30 日。

④ 参见 10 号文件。

⑤ 原文如此。

239 页正文末尾：据奏章抄录。[由北京发回的] 奏折于同月二十三日[①]收到，上有皇帝朱批：知道了，照准。

蒙古国立中央历史档案馆，藏档 M-1，案卷 627，237～239 页。库伦办事大臣衙门满文抄文簿抄件。И.Т. 莫罗兹译自满文。

注释：

[1] 清代中国皇帝都有自己的名字和朝号（有满文的，也有中文的），死后还有谥号，其中要体现出死者对国家的贡献。皇帝本人的名字严禁提及，在他的生前只准以朝号来称呼他（以皇帝登基的年代为元年开始计算年代）。Ю.А. 戈洛夫金出使时，正如所知，是嘉庆皇帝当朝的时候（参见 6 号文件注释 3）。他的朝号中文叫嘉庆，满文叫“赛琼噶—丰申”，翻译出来意思是“幸福”、“值得赞美的英才”、“令人快慰的欢乐”（还有其他的译法）。死后的谥号为仁宗睿皇帝。

有趣的是历史学家和民族学家发现世界上几乎所有的民族都有隐瞒自己名字的风俗，这可以用担心人的名字同命运有联系，知道名字就能支配人的命运来解释。例如古代埃及人一般都有两个名字——日常称“小名”，而“大名”则要精心地做到不为人所知。澳大利亚的土著有一个大家使用的名字，但还有一个秘密的、不为人所知的名字。两个名字的风俗在格鲁吉亚一直保存至今（A.A. 戈尔博夫斯基：《我国的预言家和未卜先知的人》，莫斯科，1990，86～87 页）。传说符拉季米尔·莫诺马赫就还有个“内部”的、严格保密的名字，叫瓦西利。

[2] 此处和其他各文件中库伦办事大臣的姓名往往按照中国人的习惯只以第一个音节相称。我们在文件标题中都给出全称。

[3] 中国的臣民在对皇帝说话时没有权利把自己称为“我”，而是要自称为“奴才”。库伦办事大臣在呈递给嘉庆皇帝的奏章中也是这样称呼自己。考虑到清代中国存在奴隶制的事实（皇帝的任何一个臣民都可能被

① 即一月二十三日。

流放或贬为奴隶），我们认为把这个词用贬义的“奴才”二字来表现比较恰当。有意思的是俄国在彼得大帝时期在正式公文中也使用“奴才”这个字眼。就此 A. C. 普希金在《彼得大帝史》中曾指出：在呈递给皇上（指彼得一世。——俄编者）的书面文件中，“仆人”一词取消了，代之以奴才（serviteur）（法文：奴才，奴仆）。伏尔泰的意见完全正确：请看《圣经》里，serviteur 这个词的意思到处都同“奴才”相吻合（《A. C. 普希金全集》，莫斯科，1958，9 卷，104 页）。后来奉叶卡捷琳娜二世的命令（1786 年），俄国才废止了在正式文件中使用“奴才”这个词（还有“叩首”一词），其实它的含义只不过是“属下”。

№ 13

1804年1月5日。库伦办事大臣佛尔卿额就奉旨回京由阿尔达西的继任事呈嘉庆皇帝的奏章

//240//十二月五日①

奴才佛尔卿额匍匐恭谨奉诏[1]

奴才倾接军机处[2]下达皇帝谕旨：佛尔卿额着即回京，由阿尔达西的前往库伦。

奴才奉旨望东叩谢天恩。//241//待阿尔达西的到任，奴才当即与其交代，奉旨进京面驾。

谨奏。

241页正文末尾：根据奏章抄录。佛尔卿额谢恩折上无御批。御批暂留我处［军机处］。

蒙古国立中央历史档案馆，藏档M-1，案卷621，240～241页。库伦办事大臣衙门满文抄文簿抄件。И.Т.莫罗兹译自满文。

注释：

［1］嘉庆皇帝的这份谕旨在库伦办事大臣衙门的抄文簿中没有找到。

---

① 即1月5日。

［2］军机处，满语称“巧海—纳斯浑”，设立于雍正年间（1723—1736）1830 年前后（应为 1730 年。——中译者）。起初它只是一个具有临时性质的军事行政机构（军机房），后来演变成最高国务机构，处理重要军务和国家事务，草拟诏书。军机处设立后国务会议就失去了作用（И. С. 叶尔马琴科：《清帝国征服中国时期国务机构概况》，载《满族统治的中国》，莫斯科，1966，154～155 页）。亦可参见 И. С. 布伦纳特、В. В. 加格尔斯特罗姆：《中国现代政治组织》，34～35 页。

№ 14

1804 年 1 月 11 日。外务院驻恰克图特派员 A. И. 索科洛夫就已将枢密院致理藩院照会送出事呈国务总理大臣 A. P. 沃隆佐夫的报告

//37//外务院驻恰克图特派员、领边境事务七等文官索科洛夫呈国务总理大臣、一等文官、赏戴勋章亚历山大・罗曼诺维奇・沃隆佐夫伯爵阁下的报告

自 1 月 4 日向阁下报告至 1 月 11 日接获位于边远地区中国边境 8 个要塞长官报告，在此期间，由阿穆尔河口至通金区段我奥卡哨所，一切平安无事。同时，请允许向阁下报告，伊尔库茨克民事省长卡尔特维林大人//37 背面//派遣信使、蒙古语翻译桑热哈耶夫，携带卡尔特维林大人的信件[①]，护送理政事枢密院致中国理藩院的文书[②]前往库伦，谒见郡王及昂邦。据我及时由买卖城扎拉固齐处得到消息，1 月 7 日在 4 名哥萨克民兵护送下，文书已送过边境。

七等文官索科洛夫

1804 年 1 月 11 日

于恰克图哨所

---

① 参见 11 号文件。

② 参见 7 号文件。

俄罗斯帝国对外政策档案馆圣彼得堡分馆，总档 1—7，目录 6，1805 年，案卷 1-a，卷夹 1，37～37 页背面。原件。

送外务院副本存同处，38～38 页背面。①

① 38 页正文上方：1804 年 3 月 2 日收到。

№ 15

1804 年 1 月 19 日。库伦办事大臣蕴端多尔济、佛尔卿额就收到枢密院致理藩院关于派遣俄国使团的照会和伊尔库茨克民事省长 H. M. 卡尔特维林来函事呈嘉庆皇帝的奏章

//256//十二月十九日①

奴才蕴端多尔济、佛尔卿额恭奏皇帝陛下：

奴才等拆阅了前不久由专差桑热哈耶夫大尉送达的俄罗斯新任省长②来函，内称：俄罗斯枢密院送来致理藩院文书③一封，封皮已损。//257//在俄罗斯省长给奴才们的信中唯请求递送枢密院文书，别无它言。

故此特将两函封固，恭呈御览：一为枢密院之来书，已由奴才等缄于一新封套中；另一为俄罗斯省长以三种文字书就之来函。

奴才等问及文书内容时，专差桑热哈耶夫答称：

我国枢密院送来文书，是为了昭示我国大汗衷心感谢［贵国］皇帝陛下天恩，意欲派遣一重臣向圣明的大皇帝献贡，并祝他万寿无疆。

---

① 即 1 月 19 日。

② 参见 11 号文件。

③ 参见 7 号文件。

奴才等见专使桑热哈耶夫//258//行为恭谨，好言抚慰，赐以茶叶、各色锦缎，并赐随行人员砖茶。后循例复函俄罗斯省长，告知来信收到，即着信差返回。

特此恭奏，伏呈圣上御览。

第258页正文末尾：据奏章抄录。该奏章于［嘉庆］九年二月六日①［由北京］退回。皇帝朱批：知道了。照准。

蒙古国立中央历史档案馆，藏档M-1，案卷621，256～258页。库伦办事大臣衙门满文抄文簿抄件，И.Т.莫罗兹译自满文。

① 即1804年3月5日。

№ 16

1804年1月25日。库伦办事大臣阿尔达西的就抵达库伦任所事呈嘉庆皇帝奏章

//271//十二月二十五日①

奴才阿尔达西的匍匐恭奏：

奴才阿尔达西的承京中来旨②，训勉有加，一路于十二月二十四日③抵达库伦，会同蕴、佛二人，率库伦各扎萨克台吉、诺门汗、呼图克图及喇嘛，跪祝我圣皇帝万寿无疆。嗣后奴才详细询问蕴端多尔济此间蒙古情况及俄罗斯情况。就佛尔卿额返京//272//一事已有另折上奏④。奴才得蒙皇上圣恩隆眷，委以新职，衷心感激，唯谨守圣上教诲，于诸事辅佐蕴端多尔济，不敢稍有怠忽。

谨奏。

272页正文末尾：按奏折抄录。该折［由北京退回］于九年二月六日收到，上有皇帝朱批：尔宜恪尽职守，尽责尽力。

蒙古国立中央历史档案馆，藏档M-1，案卷621，271～272页。库伦办事大臣衙门满文抄文簿抄件。И.Т.莫罗兹译自满文。

---

① 即1月25日。

② 参见13号文件。

③ 即1月24日。

④ 参见17号文件。

№ 17

1804 年 1 月 26 日。库伦办事大臣佛尔卿额呈嘉庆皇帝的奏章，报告新任库伦办事大臣阿尔达西的到任，本人已启程回京

//273//十二月二十六日[①]

奴才佛尔卿额谨奏：

阿尔达西的昂邦已于十二月二十四日[②]抵达库伦，奴才当即将此间事务与其交割完毕，介绍民风民情及边情。//274//嗣后谨遵圣命[③]，修章奏报，启程进京面驾。

特此谨奏。

274 页末尾：根据奏章抄录。军机处称：佛尔卿额折上没有御批。暂留军机处。

蒙古国立中央历史档案馆，藏档 M-1，案卷 621，273～274 页。库伦办事大臣衙门满文抄文簿抄件，И.Т. 莫罗兹译自满文。

---

① 即 1 月 26 日。

② 即 1 月 24 日。

③ 参见 13 号文件。

№ 18

1804 年 2 月 22 日[①]。理藩院就嘉庆皇帝同意廷见俄国使臣事致枢密院的文书

1. 俄文文本

//50//大清国理藩院为知照俄罗斯枢密院特致文书

此前贵国枢密院来书[②]称：贵国国君出于至高愿望，意欲在两国间敦睦修好，多年不派使臣，如今特予恢复，为双方利益计，着臣下大力发展友好。此举是否符合贵国至圣皇帝之意，该使［臣］[③] 是否能够进入北京，希［望］你们事先有所知悉。要求我国大［臣］将此事向我圣［明］国君奏报，并即速由理藩［院］以文书作答。我大皇帝圣明君［主］已接到奏报，特颁上谕如下：多［年］来俄罗斯帝国诸事谨守规矩，一直相安无事，如今［欲］派//50 背面//使臣来北京朝觐祝贺，并探听是否同意。朕意准予所请，唯该使臣何时启程，何时抵达北京，需事先来函说明。据彼所言，彼等之意图甚堪嘉许。阅来书后朕心甚悦，着即准其所请。彼处距北京甚为遥远，彼使臣抵京日期无须事先规定，筹备就绪后即可出发。着将施恩远方使臣之意告之。为此即由理藩

---

① 嘉庆九年一月二十四日。

② 参见 7 号文件。

③ 页边已经损毁，此处及后面缺失的字母是按意思恢复的。

院向俄罗斯枢密院发出文书。

//51//我等恭奉圣上此谕，特知照贵国。望贵国枢密院收到国书后遵照我圣上谕旨行事。凡诸事可依惯例。如使臣行期已定，望知会我库伦//51a//办事大臣。

专此奉达。

嘉庆九年一月二十四日①。

51a 页日期上盖有理藩院方形朱印[1]。

45～46 页（信封）上写有地址：大清国理藩院致俄罗斯枢密院照会（46 页）及日期②：嘉庆九年一月二十四日（45 页）。地址及日期上加盖理藩院方形朱印。

俄罗斯帝国对外政策档案馆圣彼得堡分馆，总档 1—7，目录 6，1805 年，案卷 1a，卷夹 1，45～46 页（信封）、50～51a。原件。

拉丁文原件存同处 49～49 页背面。

俄文抄件存中国第一历史档案馆，中俄关系史俄文文献全宗，案卷 10，33～35 页。

（原件为俄文，行文到处皆是不通顺之处，勉强译出，作为了解大意的参考。——中译者注）

---

① 即 1804 年 2 月 22 日。

② 地址及日期用俄文、满文和拉丁文书写。

2. 满文译本

//43// 大清国理藩院致俄罗斯国枢密院文书

理政事枢密院向我发来文书①称，贵国国君②为大力发展两国之间和睦关系，为双方臣民利益恢复已中断有年之使节往来，为大力敦睦修好，特询问我国君是否同意允许贵国使臣来我京城北京。请求我等就此奏报我皇帝陛下，以决定贵国之行止，并请求尽快予以答复。我皇帝陛下就此 //43 背面// 谕示：近年来俄罗斯国信守各项已有之协议，如今又思恢复久已中断之往来，派使团来我国京城北京表达敬意，保证行为得体，友好亲善，如蒙应允，将派遣使团前来北京，届时提前知会。朕观书心中喜悦，对彼等此议甚为赞赏，着尔等作复。唯彼等所居之地距我北京甚遥，无须事先规定彼使团抵京日期。着彼等准备妥当，//44// 即可成行，以示朕对远方使臣体恤赏识之意。为此着理藩院与理政事枢密院联系。

我等谨奉圣谕，特知照理政事枢密院，望收到国书后循例行事，执行皇帝陛下圣意。

贵方使团如准备停当，出发前亟望事先知照我库伦办事大臣③。

---

① 翻译者漏去满文“前不久”一词（见 47a 注释）——莫罗兹。

② 满文原件译为“我国国君”（见 47a 注释），以下引用枢密院文书。

③ 翻译者略去了“特此知照”的字样（见 48 注释）。译文中还有一些细小的不准确之处——莫罗兹——译者。

嘉庆九年一月二十四日①。

由八等文官阿列克谢·帕雷舍夫[2]翻译。

43 页正文上方：由满文翻译。

俄罗斯帝国对外政策档案馆圣彼得堡分馆，总档 1—7，目录 6，1805 年，案卷 1a，卷夹 1，43—44 页。据满文原件译出。

满文原件存同处，45～46、47a、47б 页。

经核对的译文抄件存同处，55～56 页。

使团办公厅抄文簿抄件：俄文译本存同处，卷夹 28，14～16 页背面②；满文抄件存同处，15 页背面～16 页背面。译文另一抄件存俄罗斯国立中央古代文献档案馆，国家文件全宗第 15 号，案卷 29 补充，14～15 页。

注释：

[1] 按照传统，清帝国所有的文件并不是以签字为准，而是要加盖圆形、方形或长方形的关防。

清帝国有 25 枚国玺，均藏于北京故宫。上面镌刻的文字视用途而有所不同。制造国玺的材质也有所不同，如玉、金、香木等。全部 25 枚玉玺都归皇帝所有，文件需在太监的监督下在玉玺房加盖印章。当皇帝到外地出巡时，玉玺要带同随行。回朝后掌玺大臣要会同百官详加查点，立即交还掌玺太监。每当新年前夕，所有玉玺要隆重地加以擦洗，然后封存起来，（按照当时中国的说法）这叫做封印，待到新年过罢，再重新启用。在满洲的旧京——奉天，还保存着 10 枚国玺，但它们已不再使用，而是存作皇室先人的纪念。它们同皇帝使用的玉玺不同之处就是新年前夕对它

---

① 即 1804 年 2 月 22 日。

② 在使团办公厅的抄文簿中，译者在将日期转换为儒略历时误为 1804 年 2 月 21 日（参见第 52 页注④）。

们已不再清洗（K. 帕夫利诺夫：《中国国玺概况》，北京，1862，存俄罗斯帝国对外政策档案馆，1862 年，目录 8，案卷 18 号，原件；И. И. 扎哈罗夫：《满俄大词典》，圣彼得堡，1875，824、825 页）。

清帝国的每一个政府机关也有自己的关防。向官员授印信是就职典礼的重要部分。丢失关防就要导致官员解职。

蒙古当职郡王拥有权力的重要凭据就是他的印信，就位时他一定要领受这颗印信。授印的仪式同蒙古郡王领受理藩院委任状同时进行。授印由王公会盟的首领主持，他先把印信收回，然后在仪仗队的陪同下去见新蒙古郡王。印信送进佛堂，这时衙门官员、台吉和人众已在佛堂聚集。由会盟首领派来的一名官员宣读誓言，新蒙古郡王双膝跪倒，接过印信，在场的人都向新郡王跪拜。然后喇嘛进入佛堂，举办法事。此后印信移入一单独建筑，作为日常存放之地。每个蒙古郡王还有一枚小章，这是他的私章，用于他的私人信函（A. M. 巴拉诺夫：《蒙古术语词典》，《满蒙史料》11 集，哈尔滨，1907 年，卷 1，227～228页）。

据同蒙古国立中央历史档案馆工作人员谈话得知，库伦办事大臣蕴端多尔济的私章是银质的，现藏于乌兰巴托蒙古国家银行。

［2］阿列克谢·帕雷舍夫是第六届北京俄国教士团（1771—1781）的学员，组团时来自托博尔斯克宗教学校，时年 18 岁。回俄国后于 1782 年被任命为外务院翻译，但留在伊尔库茨克给西伯利亚总督 И. В. 雅各比当翻译。

帕雷舍夫没有出版过一本著作，但留下 12 部手稿，其中包括一部满俄词典和几本满俄会话手册。帕雷舍夫的遗孀建议伊尔库茨克中学收购丈夫遗下的满文书籍和手稿，但不知是否被收购，也不知这些东西现在何处。关于帕雷舍夫，有一个 1809 年给西伯利亚总督 И. Б. 佩斯特尔的报告抄件（俄罗斯国家图书馆手稿收藏部，藏档 F-XVII，24/2，110 页，转引自 П. Е. 斯卡奇科夫：《俄国中国学史纲》78～79、359、401、403 页）。

在 Ю. А. 戈洛夫金使团时期收到和发出的许多由满文译成俄文的文件上，都有 A. 帕雷舍夫的署名。

№ 19

1804 年 3 月 10 日。库伦办事大臣请求理藩院下发有关接待俄国使团准备工作指示的公函

//81// 二月十一日[①]

衙门请示函

前不久理藩院致函俄罗斯枢密院称：已接获贵国枢密院文书[②]，现告知我方今后所有事务将一如既往唯大皇帝圣命是听，并按原订之条约办理。

经查阅我衙门记事档，得悉往年俄国使团曾多次来朝献贡。然事隔久远，我处文档已无存，此等使团如何接待及护卫已无可稽考。故俄人若有所问，我方将难以作答，亦难于//81//着手准备接待使团。

再者，我衙门档案所存往来文函仅起自乾隆二十四年[③]，再无更早者。故特请理藩院详阅全部存档，来文告知往年接待俄罗斯使团来朝旧例及护送方式。俄罗斯使团既已将至，我衙门当着手按理藩院发来的指示相机筹办。

81 页背面正文结尾处：与原件核对无误。

---

① 即 3 月 10 日。

② 参见 7 号文件。

③ 即 1759 年。

同处：在此期间给俄国省长已发二函。

蒙古国立中央历史档案馆，藏档 M-1，案卷 627[1]，81～81 页背面，库伦办事大臣衙门满文抄文簿抄件。И. Т. 莫罗兹译自满文。

注释：

［1］在篇幅为 294 页的案卷 627 的封皮上，有如下标题：嘉庆九年日常来文来函汇编，由正月起（即 1804 年 2 月起）。

№ 20

1804 年 3 月 10 日。库伦办事大臣蕴端多尔济、阿尔达西的呈嘉庆皇帝的奏章，报告就俄罗斯枢密院所送达文书执行情况

谨奏

奴才蕴端多尔济、阿尔达西的恭奏办理上谕情况

日前与奴才奏章同时接获皇帝谕旨[1]曰：

俄罗斯枢密院有文书致理藩院①称，俄人欲派全权大臣来京。多年来俄人事事谨守［双方订立之］条约。今次枢密院送来文书，同样极为恭谨。故特颁上谕，着顺俄人所请，并有回书致枢密院②。唯请朕为俄国使臣规定来京日期一节，朕思彼等乃外邦之人，途程遥远，故并未规定彼到达之准确日期。一俟俄国使团抵达库伦，蕴等应事先奏报，或于今秋朕临幸避暑山庄[2]之时，或于岁末朕万寿之月[3]，命该使团由库伦来见。万一使臣到达时间较早，蕴等应挽留其休息数日，以顺我至圣大皇帝对外国使臣仁爱之意，然后按前所规定时间送其上路。同时蕴、阿二臣可相机行事，根据双方约定，护卫使团一同前来。特将枢密院国书抄示蕴等，望一体知悉。

---

① 见 7 号文件。

② 见 18 号文件。

奴才等谨奉圣意，望旨叩拜谢恩，选取两名优秀干练协理台吉，一为达西敦多布，一为色尔古楞林哈，命其将理藩院致俄罗斯枢密院咨文[①]递送俄国省督处。圣上明鉴秋毫，体察外国汗真实意图，谕令顺其所请，实为无上恩典，为此俄罗斯人尽皆衷心感恩戴德也。

现将奴才等寄送俄罗斯省督之两种文字信件副本恭呈御览[②]。

再者，倘俄罗斯汗派来之重要官员职衔与奴才等同，根据双方协议奴才中一人当陪同使团前往。若来使职衔与奴才等不相若，得酌情先期奏报，着他员陪送。又，俄罗斯汗住地遥远，臣等已决定以臣等名义知会省督，此次使团来朝，可随意或于秋季抵热河入朝，或岁末于圣诞之月［前赴北京］。为此奴才等已派员往见该省督，当面就此陈述。待收到俄督来信后再奉圣谕相机行事。谨奏。

二月十一［日］[③]

正文末尾日期之前：嘉庆九年二月二十日[④]皇帝朱批：知道了。

中国第一历史档案馆，3号馆藏，197编，3665匣，13缄，嘉庆九年二至三月军机处满文记事档。И.Т. 莫罗兹译自满文。

另一抄件存蒙古国立中央历史档案馆，藏档 M-1，案卷

① 见18号文件。

② 见22号文件。

③ 即3月10日。

④ 即3月19日。

627，83—85 页①。库伦办事大臣衙门满文抄文簿抄件。

注释：

[1] 嘉庆帝此谕我们在库伦办事大臣衙门的抄文簿中没有发现。

[2] 满语叫“哈尔浑—拜—翟拉尔—古伦”，意思是避暑的宫殿。中文叫“避暑山庄”。这是外地的一所宫殿，1703 年由康熙皇帝所建。在北京东北约 250 俄里，位于长城以外佩奇山上。行宫在民间以热河行宫闻名。热河在山间建有高坝，形成了一串互相通连的大湖，两岸有无数外形各异的壮丽宫阙（原文如此。——中译者）。

每一个中国皇帝年年都要到热河来，一方面阅军，一方面接受蒙古王公朝贡。随行的一般有所有的王子、各部大臣和宫廷贵胄。皇帝在此率蒙古军队围猎 18 天，每天都要迁移驻跸之所（Н. Я. 比丘林：《中华帝国述略》，卷 1，99、182～183 页；《西伯利亚导报》，格里戈里・斯帕斯基出版，圣彼得堡，1823，1 卷，卷夹 1，5 页）。外国人访问热河的事例也有，如 В. Ф. 布拉季谢夫（参见 93 号文件注释 10），他于 1757 年 1 月 21 日到达北京，当月即被送到清帝的夏季行宫（Г. И. 萨尔基索娃：《伏尔泰论中国和俄国中国学的形成》，收于《时间纽带并没有断绝——纪念 П. Е. 斯卡奇科夫诞辰 100 周年》，莫斯科，1993 年，106 页）。受叶卡捷琳娜二世派遣于 1762 年来北京协调边界争端的近卫军中尉、边务特派员 И. 克罗波托夫也曾到此接受博格德汗的接见。他谈判的结果是签订了《恰克图条约》有关俄中边境的补充规定（《1789—1916 年的俄中关系：官方文件》，22～24 页；克罗颇托夫的谈判日志见：俄罗斯科学院东方学研究所圣彼得堡分所档案馆，36 号存档，1 编，案卷 154，151～213 页）。第一届英国使

① 85 页正文末：根据上述情况，特知照恰克图衙门及克西克章京，已发出文书，告知此间已派出图撒拉格奇达西敦多布及色尔古楞林哈，命彼等赍封固之致俄罗斯枢密院文书于今年 2 月 11 日出发，送交省督。同时着图撒拉格奇达西敦多布等抵达恰克图（即买卖城——莫罗兹注）后，按规定放行［出境］。着令将我等收到的理藩院发往俄罗斯枢密院文书一并抄示恰克图衙门及克西克章京［知悉］。

团团长马嘎尔尼勋爵（见 53 号文件注释 2）也到过热河，当时弘历正在该处（《中国近代史》，54 页）。

［3］皇帝万寿——为清代朝廷每年都要庆祝的三大节日之一（其他两个是新年和夏至）（原文如此。清朝三大节日指万寿、新年和冬至。——中译者注）。

这一天王子们、大臣们、高级军事和民事长官以及外国使节都要应邀到宫内典礼大殿，有古老的乐器伴奏，太监合唱颂歌。净鞭九响后所有在场的人都要行“叩头”礼（参见 180 号文件注释 1）。为皇帝祝贺生日的典礼还要在帝国各主要城市举行，当地还建有万寿宫。这些庙宇的围墙和内中陈设都是明黄色的，这是清代代表帝王权力的颜色（В. Я. 西季赫缅诺夫：《中国的往事》，莫斯科，1987 年，233、240、248 页）。

№ 21

1804年3月10日[①]。库伦办事大臣蕴端多尔济、阿尔达西的就阿尔达西的就任库伦办事大臣事致伊尔库茨克民事省长 H. M. 卡尔特维林函

库伦办事大臣郡王及昂邦致俄罗斯国伊尔库茨克民事省长函

前不久我圣明大皇帝特恩赐本王［蕴端多尔济］之同僚右侍郎［佛尔卿额］于库伦任职四年余后返回京城。继其任者为二等侍卫［阿尔达西的］昂邦，特予知照，以示友好。

中国第一历史档案馆，3号馆藏，197编，3665匣，13缄，嘉庆九年二至三月。满文抄件为军机处衙门所制。И. Т. 莫罗兹译自满文。

---

① 根据呈嘉庆皇帝奏章上的日期。该奏章附有此信抄件（参见20号文件）。

№ 22

1804 年 3 月 10 日[①]。库伦办事大臣蕴端多尔济、阿尔达西的为请求转送理藩院致枢密院文书，并及早将俄国使臣官职、使团人数、使团到达边境时间等通知清方事致伊尔库茨克民事省长 H. M. 卡尔特维林函

//51b//大清国领库伦办事大臣致俄罗斯国伊尔库茨克民事省长函

顷接我理藩院致俄罗斯国枢密院文书[②]，特着协理台吉达西敦多布及色尔古楞林哈等人送交贵方，望收到后即刻转递。

贵国国君请求派使臣携礼物前来，已获应允，并为此对贵国国君表示赞赏，特谕令我大理藩院致书贵国枢密院将此意告知。同时请速将贵国君所派使臣职衔、抵达边境随员多少及到达//51b//时间告知。因贵国国君处地遥远，故贵国使臣何时抵达较为妥当，我等已命信使协理台吉达西敦多布等就此与贵方仔细商谈。请贵方通过彼等了解详情。我方信使归来后将向我等禀报此行送达文书情况。

嘉庆九年仲春之月十一日。

---

① 嘉庆九年二月十一日。

② 参见 18 号文件。

九等文官翻译费多尔·桑热哈耶夫翻译。

51—6 页正文上方：由蒙古文翻译。

俄罗斯帝国对外政策档案馆圣彼得堡分馆，总档 1—7，目录 6，1805 年，案卷 1a，卷夹 1，51—6—51—6 背面。由蒙古文翻译。译文抄件藏俄罗斯国立中央古代文献档案馆，国家文献全宗第 15 号，案卷 29 补充，16～16 页背面。

№ 23

1804 年 3 月 14 日。外务院驻恰克图特派员 А. И. 索科洛夫就清国信使携理藩院致枢密院文书抵达伊尔库茨克一事呈国务总理大臣 А. Р. 沃隆佐夫的报告

//41// 外务院驻恰克图特派员、领边境事务七等文官索科洛夫呈国务总理大臣、一等文官、赏戴勋章亚历山大·罗曼诺维奇·沃隆佐夫伯爵阁下的报告

据买卖城扎拉固齐事先报告，今日下午 2 时 3 名蒙古军官信使赍送中国理藩院致理政事枢密院文书，经由恰克图哨所前往伊尔库茨克。其中二人为协理台吉达西敦多布、色尔古楞林哈，更有侍卫阿穆尔，带同 4 名随从，随身带有库伦郡王及昂邦致伊尔库茨克民事省长卡尔特维林大人的信件①。

又，//41 背面// 卑职斗胆向钧座报告，在库伦司理边务、官居第二位的大臣已奉召回北京，其继任者的级别为阿思哈尼昂邦[1]。

七等文官索科洛夫

1804 年 3 月 14 日

于恰克图哨所

① 参见 22 号文件。

41 页正文上方：1804 年 5 月 4 日收到。

俄罗斯帝国对外政策档案馆圣彼得堡分馆，总档 1—7，目录 6，1805 年，案卷 1-a，卷夹 1，40～41 页背面。

原件。

注释：

［1］这里指的是库伦办事大臣佛尔卿额和阿尔达西的（见 13、16 号文件）。

№ 24

1804 年 3 月 23 日。伊尔库茨克民事省长 H. M. 卡尔特维林致库伦办事大臣蕴端多尔济、阿尔达西的函，保证送达理藩院致枢密院的文书，事先向清方通报俄国使团人数及到达边境时间

//52//全俄罗斯国君、独裁大皇帝陛下四等文官、伊尔库茨克民事省长、赏戴勋章卡尔特维林致大清国博格德汗驾前库伦办事大臣郡王及昂邦的信

郡王及昂邦阁下：贵方所派专使协理台吉达西敦多布、色尔古楞林哈已抵我省城伊尔库茨克，尊函[①]收悉，甚慰。同时送达的还有贵国大理藩院致我理政事枢密院文书[②]。此书我将遵嘱按照规定派专人即速送往枢密院。

博格德汗恩准于北京接见我至仁至圣国君皇帝派遣朝觐博格德汗皇帝陛下的使臣，承蒙郡王及昂邦阁下转达喜讯，此等盛情，无上感激。尊使在转交//52 背面//阁下信件时，已代表阁下告知我方使臣到达北京的恰当时间。本人视此为十足友好之举，故特呈报枢密院，并在此表达我方之谢忱。

为满足贵方意愿，我等将非常乐于告知阁下俄国赴北京

---

① 参见 22 号文件。

② 参见 18 号文件。

使臣的职级，以及使臣随员人数，抵达国境时间。

但本人就此尚未得到全俄罗斯枢密院的详细消息，故暂无法满足贵方要求。倘于近期接获消息，定派专使尽可能于使臣到达前知会郡王及昂邦阁下。

阁下派来的军官及随员将于鞍马劳顿之余少事憩息，然后返程。本函由本人于伊尔库茨克省城签名并加盖印章，由尊使送达。

1804 年 3 月 23 日。

与原稿核对无误：书记官伊万·维里金。

52 页左方正文上方：抄件。

俄罗斯帝国对外政策档案馆圣彼得堡分馆，总档 1—7，目录 6，1805 年，案卷 1a，卷夹 1，52～52 页背面。经核对的抄件。抄件副本存同处，58～59 页。

俄文抄件存中国第一历史档案馆，中俄关系史俄文文献全宗，案卷 10，39～41 页。

库伦办事大臣衙门满文抄文簿抄件存于蒙古国立中央历史档案馆，藏档 M-1，案卷 626，230 页背面。

№ 25

1804 年 3 月 26 日。西伯利亚总督 И. О. 谢利丰托夫向外务院报告清方建议俄国使臣应于 11 月抵达国境[1]的咨文

//42//二等文官、枢密官、托博尔斯克及伊尔库茨克省长、赏戴勋章谢利丰托夫致外务院

去年，1803 年，11 月 28 日，奉皇帝陛下圣谕①，我处收到理政事枢密院致中国理藩院文书②，告知皇帝陛下决定派遣使臣前赴北京，并着本人修函派专使将之送往库伦办事大臣处，再转送北京。

根据俄罗斯帝国同中国之间所订条约[2]，同库伦办事大臣及昂邦之间的交往应以省长名义进行，故该文书在由我处送达伊尔库茨克民事省长后，已由他加修专函，派专使送往库伦办事大臣处。

//42 背面//是以于本月 9 日前述郡王及昂邦处有 3 名军官信使带同四名随从，携带致民事省长的信件③，护送北京理藩院致理政事枢密院文书④来到伊尔库茨克，告知博格德

① 参见 9 号文件。

② 参见 7 号文件。

③ 参见 22 号文件。

④ 参见 18 号文件。

汗陛下同意接待俄罗斯使臣，并请求于使团由俄罗斯启程之时，事先将使臣职衔品级、随员人数、抵达国境时间等告知。此外，前述中国信使还传达昂邦口信，使臣前往北京时间最好在冬季首月，即11月。使臣到达库伦后，可在当地［少］[①] 事休息，并于仲冬即12月抵达北京，因［为］夏季气候酷热，路途极为艰难，博格德汗本人亦将离开北京前往热河避暑，以待秋凉，并在该处接见使臣，//53//[②]故使臣将无法见到北京。如使臣具有将军职衔，郡王及昂邦将亲自陪同由库伦前往北京。

现谨将北京理藩院以三种文字——满文、拉丁文和俄文——书就的文书，以及昂邦来书及省长答书、报告等派专使一并送呈外务院。

伊万·谢利丰托夫

于伊尔库茨克

1804年3月26日

42页正文上方：1804年5月12日收到。

53页正文上方：605号。

俄罗斯帝国对外政策档案馆圣彼得堡分馆，总档1—7，目录6，1805年，案卷1a，卷夹1，42～42页背面，53页。原件。

---

① 此处及以下因页边损毁，括号内是根据上下文恢复的文字。

② 归档时此页误置于43～52页各文件之后。

注释：

［1］1804 年 4 月 3 日 И. О. 谢利丰托夫也呈交了一份同样内容的报告给国务总理大臣 A. P. 沃隆佐夫（俄罗斯帝国对外政策档案馆圣彼得堡分馆，总档 1－7，目录 6，1805 年，案卷 1a，卷夹 1，54～54 页背面，原件；俄罗斯国立中央古代文献档案馆，国家档案全宗第 15 号，案卷 29 补充，12～13 页，抄件）。

［2］指的是 1727 年订立的俄中《恰克图条约》。

№ 26

1804 年 4 月 4 日。外务院驻恰克图特派员 A. И. 索科洛夫就俄中边境平安无事及清国信使由伊尔库茨克回国事呈国务总理大臣 A. P. 沃隆佐夫的报告

//61//外务院驻恰克图特派员、领边境事务七等文官索科洛夫呈国务总理大臣、一等文官、赏戴勋章沃隆佐夫伯爵阁下的报告

自 3 月 28 日有报告呈伯爵大人后，至本月 4 日，据起自阿穆尔河口、止于通金区段奥卡哨所各边远地区的 8 处要塞长官报来消息称，俄中边境一切平安无事，对方境内一切正常。

此外，斗胆向伯爵大人禀报，前 3 月 14 日于此间经过，作为信使前往伊尔库茨克，给俄罗斯理政事枢密院送文书[①]的前述 3 名//61 页背面//蒙古军官已于 28 日返回，我方按惯例将其护送至第一个蒙古驿站。

七等文官索科洛夫

1804 年 4 月 4 日

于恰克图哨所

---

① 参见 18 号文件。

61页正文上方：1804年5月24日收［到］。

俄罗斯帝国对外政策档案馆圣彼得堡分馆，总档1—7，目录6，1805年，案卷1a，卷夹1，60～61页背面。原件。

呈外务院的报告副本藏于同处，60页。

№ 27

1804年5月26日。副外务大臣A.A.恰尔托雷斯基[1]就俄国赴清帝国使团筹备情况致商务大臣H.П.鲁米扬采夫的公函

//62//致商务大臣鲁米扬采夫伯爵①

伯爵大人前已收到去年11月24日国务总理大臣建议本人发送文书给中国理藩院的信件②，要求北京朝廷答复是否同意接待我国使臣。此议已得到皇帝陛下首肯，并付诸实施。

今传来//62背面//中国皇帝同意的消息③，我认为有责任通知阁下。现特送上西伯利亚总督谢利丰托夫报告④抄件及中国理藩院就此致我国及西伯利亚总督文书之译文⑤。

//63//亟盼就此能尽快与伯爵大人一晤⑥。

---

① 原来标题的开头有“外交部副大臣的信稿”，后被删除。

② 参见8号文件。

③ 参见18号文件。

④ 参见25号文件。

⑤ 参见18号文件。

⑥ 原来此处还有一个删去的句子，在62页背面和63页上：同时我想告诉伯爵大人，我将立即开始着手草拟给使臣的训令，故期待着阁下把认为有必要知会使臣的同中国人开展贸易的有关情况写入训令。我将逗留于［……］

62 页在“致鲁米扬采夫伯爵”字样之后还有：1804 年 5 月 26 日。

俄罗斯帝国对外政策档案馆圣彼得堡分馆，总档 1—7，目录 6，1805 年，案卷 1a，62～63 页。草稿。

注释：

[1] 恰尔托雷斯基（Gzartoryski，Gzartorysky），亚当·叶日（亚当·尤里）（1770—1861），亲王，波兰及俄罗斯国务活动家、外交家。亚历山大一世的好友，秘密委员会成员。

1802 年，当俄罗斯成立各部时，恰尔托雷斯基得到了副外务大臣的职位。1804 年 1 月至 1806 年 4 月主管外交部，1806 年 6 月退休（《外交部史纲》，72 页；《外交词典》，莫斯科，1986，3 卷，562 页）。这样，正如 Я. А. 颇杜什金所言，在派出 Ю. А. 戈洛夫金使团赴华期间，外务大臣的职位“正是被这位虽然很有本事但却对东方事务很不了解的高傲的亲王恰尔托雷斯基占据着”（《东西伯利亚——颇杜什金上尉萨哈林旅行记》，133 页）。关于恰尔托雷斯基同鲁米扬采夫伯爵之间的关系以及任命 Ю. А. 戈洛夫金为使臣一事，作者讲了以下看法：“不幸的是不知什么原因，也许是思想方法不合，这位临时部长同鲁米扬采夫伯爵就是搞不到一块儿去。本来，只有提出这个想法、为实现这一想法而竭尽全力、具备特殊才干和商务大臣职位的人，在国内才最适宜于向挑选出来的人发出具体指示，以使其具有完整周密的认识。本来只有这样一个人才有权力去确定人选，以实现自己的意图。然而恰尔托雷斯基亲王却是另一种意见，他坚持要求信任他尊重他的皇帝陛下把他的亲戚戈洛夫金伯爵作为使臣派到中国去。这样一来，从第一步起就把事情全都搞糟了。”（同上）

一位传记作家 M. 阿尔丹诺夫在写到恰尔托雷斯基担任俄罗斯外务大臣职务的活动时，看来给予了非常客观的评价，认为他在一生中最后 25～30 年“被人们认为是（相当程度上也的确是）俄罗斯和所有俄国事务的凶恶的敌人”，可是“在俄国外务大臣的岗位上，他却是完全真诚地为俄罗斯服务——不过仅仅是因为当时他认为俄罗斯的利益同波兰的利益相吻合”（M. 阿尔丹诺夫《亚当·恰尔托雷斯基在俄国》，载《我国居民》，1991年4期，80、84页）。前面说过，亚当·恰尔托雷斯基写过关于俄罗斯的回忆录，据这个阿尔丹诺夫说，恰尔托雷斯基未完成的回忆录写得苍白乏力，虽然表面上笔调挺花哨。还说：“同他打交道的人各色各样，可他从来不说别人的坏话。”（同上，87页）正如所说，Ю. А. 戈洛夫金使团的事在他的回忆录中几乎没有得到任何反映，因为作者主要的兴趣不在东方，而在西方。

№ 28

1804年6月4日。商务大臣H. П. 鲁米扬采夫就收到有关筹备俄罗斯派使团赴清帝国信件的抄件事致副外务大臣A. A. 恰尔托雷斯基的信

//72//亚当·阿达莫维奇公爵阁下：

蒙阁下厚爱，就我国派遣使团赴中国事送来西伯利亚总督报告抄件及中国理藩院文书译文抄件[①]。

特向阁下表示我最诚挚的谢意，并荣幸地向阁下表示衷心的敬意。

您恭顺的仆人

尼古拉·鲁米扬采夫伯爵

1804年6月4日

72页正文下方：1365号。

同处：送A. A. 恰尔托雷斯基公爵殿［下］。

俄罗斯帝国对外政策档案馆圣彼得堡分馆，总档1—7，目录6，1805年，案卷1a，卷夹1，72页。原件。

---

① 参见18号、25号文件。

№ 29

1804 年 7 月 7 日。西伯利亚总督 И. О. 谢利丰托夫给副外务大臣 A. A. 恰尔托雷斯基的报告，询问俄罗斯出使清帝国使团出发的时间

//73//亚当·阿达莫维奇公爵阁下：

我派往外务院报告拟议中出使中国的俄罗斯使团问题的信使今天已返回伊尔库茨克，但除外务院所授回执外，没有带来任何回答。

这种情况使我万分为难，我不知应该如何回答库伦办事大臣郡王及昂邦。他们正等待消息，并经常向国境的俄罗斯官员打听。为此我觉得有必要报告伯爵大人，敬请就此赐答。伯爵大人，我正在无比荣幸地恭候您的回音。

您恭顺的仆人伊万·谢利丰托夫

于伊尔库茨克

1804 年 7 月 7 日

73 页正文下方：1787 号。

俄罗斯帝国对外政策档案馆圣彼得堡分馆，总档 1—7，目录 6，1805 年，案卷 1a，卷夹 1，73 页。原件。

№ 30

1804 年 8 月 2 日。西伯利亚总督 И. О. 谢利丰托夫给副外务大臣 А. А. 恰尔托雷斯基的报告，转达库伦办事大臣询问俄国赴清帝国使团何时出发

//74//亚当·阿达莫维奇公爵阁下：

7 月 7 日我曾有公函①呈阁下，言及我难以就拟议中的俄罗斯使团出使中国一事给予库伦办事大臣以回答。

今又收到特罗伊茨科萨夫斯克边务衙门主事科留科夫上月 25 日报告称，中方买卖城、扎拉固齐蒙古章京[1]又问他是否知道出使北京使团何时抵达，由哪位官员率领，有多少人出发。但该员对情况一无所知，无从回答。

//74 背面//我以为有责任将此情况向阁下报告，敬请大人从速赐告。

衷心向您表示敬意并至为荣幸地向阁下问候。

您恭顺的仆人伊万·谢利丰托夫

于伊尔库茨克

1804 年 8 月 2 日

74 页背面正文下方：2175 号。

俄罗斯帝国对外政策档案馆圣彼得堡分馆，总档 1—7，目

---

① 参见 29 号文件。

录 6，1805 年，案卷 1a，卷夹 1，74～74 页背面。

注释：

［1］此处有尾注号，但缺内容。——中译者

№ 31

1804年，不晚于8月3日[①]。商务大臣 Н.П.鲁米扬采夫就知会清国边务当局使团由俄国抵达边境时间一事致副外务大臣 А.А.恰尔托雷斯基函

//18//亚当·阿达莫维奇公爵阁下：

从阁下给我送来的有关我国出使中国的文件中我注意到，中国信使拜访伊尔库茨克民事省长时，曾以库伦办事大臣的名义宣称，使臣由伊尔库茨克出发的最佳时间为11月。

目前派遣使臣的工作有所延迟，为了不至于把我们的沉默当做情况有变或是默认，如果以为我们默认，对方将很早就开始准备接待，故请公爵殿下考虑，是否派信使往见谢利丰托夫总督，请他通知中国边务长官，11月我国使臣来不及由伊尔库茨克动身，但他将努力兼程，尽快到达。

不过，亲爱的阁下，我还是想听听您的意见。敬颂阁下大安。您恭顺的仆人敬上。

1804年8月[②]……日。

18页正文下方：应标明1804年8月3日[③]。

同处：送 А.А.恰尔托雷斯基公爵殿下。

俄罗斯国立中央古代文献档案馆，国家文献全宗第15号，1803—1805年，案卷29补充，18页。底稿。

---

① 日期按发出时所标的时间。

② 正文中未标明日期。

③ 这句话为鲁米扬采夫手书。

№ 32

1804 年 8 月 29 日[①]。亚历山大一世皇帝就发送枢密院致理藩院文书，通知使团改期于 1805 年出发事给西伯利亚总督 И. О. 谢利丰托夫的谕旨

//85//由外务院下达西伯利亚总督谢利丰托夫的谕旨稿

今年 3 月 26 日你有信上呈[②]，并将中国理藩院来书送外务院[③]，为此特将理政事枢密院给中国理藩院的答复[④]转给你，着你传谕伊尔库茨克民事省长，并按惯例附书一封，派专使将文书送交//85 背面//库伦办事大臣郡王及昂邦，请其转送北京。

由此文书抄件中你可得知，我方建议派使臣赴中国一事已延迟至明年。

85 页左方空白处有亚历山大一世皇帝的批示：照准。1804 年 8 月 29 日。

---

① 按亚历山大一世皇帝批示之日确定。

② 参见 25 号文件。

③ 参见 18 号文件。

④ 参见 34 号文件。

同处：1804 年 9 月 3 日邮寄。

同处正文上方：№ 131。

俄罗斯帝国对外政策档案馆圣彼得堡分馆，总档 1—7，目录 6，案卷 1a，卷夹 1，85～86 页背面。审定稿（即底稿）。

抄件藏俄罗斯国立中央古代文献档案馆，国家文献全宗第 15 号，案卷 29 补充，20 页。

№ 33

1804年9月2日。副外务大臣A. A. 恰尔托雷斯基为通报将派遣俄使团赴清帝国一事延迟至1805年致西伯利亚总督И. О. 谢利丰托夫函

//82//此前7月7日收到省长大［人］来信①称，回程的信使仅带去一纸回执，使大人难以就此间收到理藩院来书②事对库伦办事大臣作答［……］。荣幸地回［复］大［人］，此间//82背面//即将由国［家］外［务］院向中国理藩院作出答复，考虑到各种情况，决定将向中国派遣使团的事延迟到来年。

顺颂钧［安］［……］

82页正文上方左侧：送交伊尔库茨克谢利丰托夫收，1804年9月2日。

同处正文上方：№ 9

俄罗斯帝国对外政策档案馆圣彼得堡分馆，总档1—7，目录6，1805年，案卷1a，卷夹1，83～82页背面。草稿。

---

① 参见29号文件。

② 参见18号文件。

№ 34

1804 年 9 月 3 日[①]。枢密院就将俄国出使清帝国的时间推迟到 1805 年致理藩院的文书

//86//致大清国理藩院文书草案

全俄罗斯帝国枢密院致大清国理藩院文书

1803 年 11 月 28 日我方曾有文书致贵国[②]，今收到库伦办事大臣于嘉庆九年一月二十四日的答复[③]，甚慰。

贵方告知，博格德汗陛下对我至仁至圣皇帝陛下有意派遣使臣朝见博格德汗皇帝陛下的建议表示赞赏，//86 背面//对此我们表示感谢。现特告知你们，我们已将贵方回信的内容呈报我皇帝陛下。

我皇帝陛下得知回信内容后圣心愉快，认为这是//87//博格德汗对他的情谊，指示我们立即着手筹备使团出发事宜，以大力推进两国之间的和睦，扩大邻国之间的友好，加强两国臣民之间的商贸联系。

我等现恭奉圣意，正尽心竭力，努力使此次出使//87 背面//不辜负两国伟大君主的期盼。但因时间仓促，筹备不及，加之路途遥远，故使臣难以在冬季第一个月抵达国境，

---

① 日期标于使臣办公室文件簿中（参见 17 页注解）。

② 参见 7 号文件。

③ 参见 18 号文件。

迫于情势，我们只好将出使延迟至来年即1805年[1]。

届时将提前//88//通知贵方边务长官。

为此特奉上谕，由京都圣彼得格勒城，于1804年9月3日即全俄罗斯独裁者伟大国君亚历山大一世皇帝在位第4年，修此文书奉达。

1804年8月29日。

86页左方空白处有亚历山大一世皇帝的批示：照准。

同处正文上方：№ 130。

俄罗斯帝国对外政策档案馆圣彼得堡分馆，总档1—7，目录6，1805年，案卷1-a，卷夹1，86～88页。审定稿（即底稿）。

A. Г. 符拉德金[2]的满文翻译稿存同处，89～90页。

X. A. 斯特鲁维的拉丁文翻译稿存同处，91～91页背面。

使团办公厅抄文簿抄件：俄文抄件存于同处，卷夹28，17～17页背面；拉丁文抄件存同处，18～18页背面。

俄文抄件存俄罗斯国立中央古代文献档案馆，国家文献全宗第15号，案卷29补充，21～22页。

俄文抄件存中国第一历史档案馆中俄关系史文件藏档，案卷10，43～45页。发表在《19世纪和20世纪初的俄国外交政策》，卷1，莫斯科，1960，127～128页。根据底稿。发表的文件中日期按草案批准的时间标出，即1804年8月29日。

注释：

[1] 1804年9月3日外务院秘书A. M. 伊万诺夫就这个问题拟交了一份说明报告："关于'迫于情势，我们只好将出使延迟'。已商定请司长及秘书长先生取消这一条，以免给中国人以挑剔的口实。拟改为：'由于以

上原因，我仁慈国君皇帝陛下决定将此次出使延至来年即 1805 年’等等。”以下与文书中文字同。

但这两个人都不同意向部里报告，并下令按照拟好的文稿发出。于是这份文书就成了现在这个样子。（俄罗斯帝国对外政策档案馆圣彼得堡分馆，总档 1—7，目录 6，1805 年，案卷 1-a，卷夹 1，84～84 页背面）

［2］符拉德金，安东·格里戈里耶维奇（1761—1811），俄国的第一个满文语文家，第一个满、汉语教师，七等文官。其生平研究得不够。

П. Е. 斯卡奇科夫是唯一研究过他生平的人，他这样写道：“安东·格里戈里耶维奇·符拉德金（1761—1811）是卡尔梅克人（土尔扈特部），在阿斯特拉罕受洗，毕业于谢尔吉耶夫圣三一修道院莫斯科神学院，并以哲学班学员的身份于 1780 年被派到中国。在北京期间他应皇帝的要求不止一次协助把从俄罗斯送来的文件译成满文，得到绸缎赏赐。

符拉德金在以伊古姆诺夫为领班的教士团任翻译。1796 年 4 月 9 日他向外务院呈递了一份报告和一份很长的备忘录，以及北京地图和中国地图。在北京逗留了 14 年后，他回到俄国，被任命为外务院翻译。”（П. Е. 斯卡奇科夫：《俄国中国学史纲》，79～80 页）

符拉德金在外务院的翻译工作很成功。他有个同时代人——著名的回忆录作家，叫 С. П. 日哈列夫，在札记中引用了外务院一位官员对符拉德金的评价：“遗憾的是任何东方语言我都不懂，否则外务院里有的是可以做的工作。伊利亚·卡尔洛维奇常说，现在正值同土耳其人开战的时候，亚洲司里有许多事要做，官员们都闲不着。在这些大忙人里头，特别是亚洲语言的翻译工作方面，有许多杰出的人物。例如六等文官维季罗夫、七等文官符拉德金、八等文官胡多贝舍夫等等。他们从不出头露面，也听不见他们说什么，但他们却像蚂蚁一样地工作”（С. П. 日哈列夫：《当代人札记》，列宁格勒，1989，2 卷，《官员日记》，304 页）。

除了翻译工作，符拉德金在 1798—1801 年期间还在正式由外务院成立于 1798 年 5 月的学校中教授满语和汉语，这所学校培养的是中文、满文、波斯文、土耳其文和鞑靼文的翻译。他编写过各种教材，其中包括一部满语语法，现存有手稿（П. Е. 斯卡奇科夫：《俄国中国学史纲》，80～81、83 页）。

1805 年符拉德金被任命为 Ю. А. 戈洛夫金使团的满文和中文翻译。回俄国后使臣给予他极高评价（参见俄罗斯帝国对外政策档案馆圣彼得堡分馆，总档 1—7，目录 6，案卷 1a，卷夹 7，1～8 页）。戈洛夫金在呈亚历山大一世的奏章中对完成特殊任务的使团成员（如符拉德金奉命同使团一秘Л. С. 巴伊科夫出差到库伦，同库伦办事大臣商谈使团抵达边境后出现的争端问题）给予评价，他在谈到符拉德金的办事能力时这样说："七等文官、外务院中文及满文翻译符拉德金，1806 年获得此职。该员精通此两种语言，品质谦逊，同中国官员打交道举措得当，实堪特别举荐。"（参见 458 号文件）

А. Г. 符拉德金的科学著作见 П. Е. 斯卡奇科夫：《俄国中国学史纲》398～399 页；《中国参考书目》，莫斯科，1960，45 页。

符拉德金著作的手稿现藏于俄罗斯科学院东方学研究所圣彼得堡分所档案馆他个人的专档（88 号全宗，目录 1，1789—1805 年，案卷 1～10 号）及北京教士团专档中（42 号全宗，目录 1，案卷 1。符拉德金的著作同教士团其他学员的著作订在同一卷中），以及在俄罗斯国家图书馆手稿收藏部，542 号全宗，案卷 527，还有一案卷没有编号。有资料显示，符拉德金的许多著作和他收集的中文和满文著作在他生前即已被伊万·奥西波维奇·颇托茨基伯爵和 Ю. 克拉普罗特收藏（《百科词典》，圣彼得堡，А. А. 普柳沙尔出版社，1838，卷 2，93 页）。

关于符拉德金还可以参见《符拉德金自传简表》，1800，存俄罗斯帝国对外政策档案馆，亚洲司图书馆全宗，目录 505，案卷 61 号；"关于符拉德金的遗孀、改嫁后的济马伊洛娃将符拉德金的遗稿转交科学院的卷宗(1827 年)"——存于俄罗斯联邦国家档案馆，733 号藏档，目录 87，案卷 273 号；П. Е. 斯卡奇科夫：《17、18 世纪俄罗斯研究中国的历史（史纲）》，载《17、18 世纪俄国国际关系》，莫斯科，1966，174～176 页。关于符拉德金的简短材料可见于其他许多著作。

№ 35

1804 年 9 月 3 日。外务院关于发出经亚历山大一世皇帝批准的枢密院就俄国出使清帝国使团延期至 1805 年出发一事致理藩院文书的决定

//83// 奉皇帝陛下 1804 年 9 月 3 日给外务院的谕旨，特决定如下：

着即将经由皇帝陛下批准、用过玉玺的致中国理藩院文书以及满文和拉丁文译本发往伊尔库茨克，交该地总督、二等文官谢利丰托夫阁下。一并发出的还有给该员的敕旨。文书①及敕旨②共两件。

签署者：恰尔托雷斯基公爵
德米特里·塔季谢夫
书记长　维斯特曼
书　记　阿尔希普·伊万诺夫

俄罗斯帝国对外政策档案馆圣彼得堡分馆，总档 1—7，目录 6，1805 年，案卷 1a，卷夹 1，83 页。草稿。

---

① 参见 34 号文件。

② 参见 32 号文件。

№ 36

1804 年，不早于 9 月 3 日[①]。外务院关于枢密院同理藩院之间就俄国向清帝国派遣使团事交换信函情况的备忘录

//127//关于大清国理藩院就出使北京使团来函情况的备忘录

关于请求博格德汗陛下同意接待俄国使臣的文书。1803 年 11 月 28 日由此间发往中国理藩院[②]。

理藩院有回书作答[③]。西伯利亚总督谢利丰托夫于 1804 年 3 月 26 日收到[④]。内称博格德汗陛下同意接待，并请求事先将使团准备出发的消息通知库伦[⑤]昂邦。

昂邦等派遣专使，要求伊尔库茨克民事省长将使臣的级别职衔，随员人数，到达国境的时间通知他们。并提示，使臣到达北京最适宜的时间是冬季的首月即 11 月，到达库伦后，可少事休//127 背面//息，然后于仲冬月即 12 月到达北京。因为夏季天气炎热，旅途极为不便，博格德汗本人也会出京去热河居住至秋凉，故接见将在该地举行，亦即使臣将

---

① 日期根据文件中提到的时间确定。

② 参见 7 号文件。

③ 参见 18 号文件。

④ 参见 25 号文件。

⑤ 文件中误为伊尔库茨克。

不能进入北京。如使臣的级别为将军，则郡王或昂邦将亲自陪同他由库伦进京。

为了作答，1804 年 9 月 3 日又给中国理藩院发去另一文书[①]，告知我皇帝陛下非常愉快地接受了博格德汗陛下同意的表示，指示理政事枢密院筹备使臣启程。枢密院不敢稍有松懈，期望这次行动能不负两国国君厚望。但∥128∥由于时日苦短，使臣行程遥远，来不及于今冬首月到达国境，故被迫将此行推迟至来年即 1805 年。届时必事先将情况告知边务长官。

俄罗斯帝国对外政策档案馆圣彼得堡分馆，总档 1—7，目录 6，1805 年，案卷 1a，127～128 页。原件。

---

① 参见 34 号文件。

№ 37

1804 年 9 月 5 日。外务院驻恰克图特派员 A. И. 索科洛夫就库伦办事大臣询问俄国使臣抵达国境时间事呈副外务大臣 A. A. 恰尔托雷斯基的报告

//75//外务院驻恰克图特派员、领边境事务七等文官索科洛夫呈副外务大臣、二等文官、御前侍从、赏戴勋章亚当·阿达莫维奇公爵阁下的报告

自 8 月 29 日卑职向公爵阁下报告以来，至本月 5 日止，卑职接获自阿穆尔河口起至通金区段奥卡哨所各防段 8 座要塞长官报告称，中国边境一切平安无事。

上月，8 月 30 日买卖城扎拉固齐章京奉库伦办事大臣蕴端多尔济之命，派人到卑职家中询问是否有出使北京的俄国使臣的消息。据说蕴端多尔济将出猎 20 余日，担心俄国使臣因此而耽误。卑职以自己的名义回答章京，告知对我国使臣是否会到来的消息一无所知，只要一//75 背面//接到确切消息，当然立即知会章[京大]人。章京得到回答后离此返回。

为了更好地说明情况，当天卑职又派出衙门书办马克西莫夫前往谒见章京，向他证实了卑职所言。扎拉固齐表示极为满意。

据中国商人说，库伦郡王离开当地并非为打猎，而是被

博格德汗召回北京。

特将此情呈报公爵阁下。

七等文官索科洛夫

1804年9月5日

于恰克图哨所

75 页左方空白处：155 号。

俄罗斯帝国对外政策档案馆圣彼得堡分馆，总档 1—7，目录 6，1805 年，案卷 1a，卷夹 1，75～75 页背面。原件。

№ 38

1804 年 9 月 27 日。西伯利亚总督 И. О. 谢利丰托夫致外务院公函，询问使臣何时由俄罗斯出发，以便通知库伦办事大臣[1]

//100//二等文官，托博尔斯克、托木斯克、西伯利亚总督，赏戴勋章谢利丰托夫给外务院的报告

前 3 月 26 日我曾派专差送报告给外务院①，同时呈上北京理藩院关于拟议中俄国使团问题的文书②。现正等待有关此事的答复，以便回复库伦办事大臣。

但该专差返回伊尔库茨克后，仅转交我一份封缄的外务院回执。

这种情况使我非常为难。我应该如何回答前已提到的办事大臣呢？他们一直在等待消息，经常询问我方边境官员。为此我不得已于 7 月 7［日］报告副外务大臣恰尔托雷斯基公爵③，请求给予回答；又于 8 月 2 日再次向他请示④。//100 背面//此后中国边防长官们不断向我方官员提出询问，赴北京使团何时成行，其中最主要官员为何人，出发人

---

① 参见 25 号文件。

② 参见 18 号文件。

③ 参见 29 号文件。

④ 参见 30 号文件。

数共有多少。他们解释说，库伦郡王已再次派专差询问买卖城扎拉固齐，希望了解情况，以便事先对接待和陪同进京有所准备。

故此，我以为有必要将此情况通知外务院，请求向我通报有关情况，以便给中国边务官员一个回答。

伊万·谢利丰托夫

于伊尔库茨克

1804 年 9 月 29 日

100 页正文上方：1804 年 11 月 7 日收到。

100 页背面正文下方：№ 3006。

俄罗斯帝国对外政策档案馆圣彼得堡分馆，总档 1—7，目录 6，1805 年，案卷 1a，卷夹 1，100～100 页背面。原件。

注释：

[1] 同时 И. О. 谢利丰托夫还将类似的请求提交国务总理大臣沃隆佐夫（俄罗斯帝国对外政策档案馆圣彼得堡分馆，总档 1—7，目录 6，1805 年，案卷 1a，卷夹 1，101～101 页背面）。

№ 39

1804 年 10 月 17 日。外务院驻恰克图特派员 А. И. 索科洛夫就同库伦办事大臣蕴端多尔济、阿尔达西的会谈关于俄国将派使团出使清帝国事宜的情况呈副外务大臣 А. А. 恰尔托雷斯基的报告

//102//外务院驻恰克图特派员、领边境事务七等文官索科洛夫呈二等文官、副外务大臣、御前侍从、赏戴勋章亚当·阿达莫维奇公爵阁下的报告

此前 9 月 5 日曾有编号 155 的报告呈递公爵阁下，报告库伦办事大臣派买卖城扎拉固齐前来打听我国派往北京使臣将于何月抵达边境。

卑职回答他说对此一无所知，一旦获得消息，定将立即转告扎拉固齐大人。此事卑职已禀报托博尔斯克和西伯利亚总督谢利丰托夫大人。

但此后扎拉固齐又多次派手下章京前来提出同样问题，卑职只能给予同样回答。

卑职的回答无法使买卖城扎拉固齐满意。本月即 10 月 12 日派人通知卑职，希望当天一定亲自//102 背面//同卑职见面，单独会谈有关重要公务。就此卑职对来人说，我随时准备同扎拉固齐大人会见。

扎拉固齐于当天来到卑职私宅，别无多言，只是说 11

日库伦郡王派两名专使送信给他，命他亲自会见懂满语的俄国官员索科洛夫，详细了解俄国赴北京使臣究竟何时到达边境，为何如此之久仍得不到这方面的消息，使团是否已被取消。

扎拉固齐还问及使臣的职级，并请求把所有这些情况报告西伯利亚总督大人，如果收到回答，请通知他，以便向郡王回报。

卑职除了告诉扎拉固齐没有任何关于我国使臣的消息，如果得到消息，定将告知扎拉固齐大人外，别的什么话也无法再说。

就此卑职已向托博尔斯克和西伯利亚总督谢利丰托夫大人报告，请他如有消息就告知库伦郡王。

特此恭报公爵阁下。

七等文官索科洛夫

1804 年 10 月 17 日

于恰克图哨所

102 页左边空白：№ 195。

俄罗斯帝国对外政策档案馆圣彼得堡分馆，总档 1—7，目录 6，1805 年，案卷 1a，卷夹 1，102～102 页背面。原件。

№ 40

1804 年 10 月 23 日。西伯利亚总督 И. О. 谢利丰托夫就已将 1804 年 9 月 3 日枢密院致理藩院文书送出事呈亚历山大一世皇帝的奏章

//103// 托博尔斯克、托木斯克、西伯利亚总督恭奏皇帝陛下

臣有幸接到皇帝陛下 9 月 3 日圣旨①及以理政事枢密院名义发给中国理藩院的文书②，告知原定赴中国使团已延期至来年。臣已指示伊尔库茨克民事省长循例派专使将文书送交驻库伦办事大臣郡王及昂邦，并附专函请求将文书转送北京，所有应遵之礼数一体遵行无误。

//103 背面// 特此恭奏皇帝陛下。

伊万·谢利丰托夫
于伊尔库茨克
1804 年 10 月 23 日

103 页正文上方：1804 年 12 月 3 日收到。
同处：№ 113。

俄罗斯帝国对外政策档案馆圣彼得堡分馆，总档 1—7，目录 6，103～103 页背面。原件。

---

① 参见 32 号文件。

② 参见 34 号文件。

№ 41

1804 年 11 月 7 日。外务院驻恰克图特派员 А. И. 索科洛夫就已派信使将枢密院致理藩院文书转送库伦事呈外务院的报告

//105//外务院驻恰克图特派员、领边境事务七等文官索科洛夫的报告[1]

四等文官、伊尔库茨克民事省长、赏戴勋章尼古拉·米哈伊洛维奇·卡尔特维林大人派遣信使、九等文官桑热哈耶夫携带他的信件，护送理政事枢密院致中国理藩院的文书前往中国，谒见库伦郡王和昂邦，并于本月即 11 月 2 日按惯例通过国境。护送者为四名哥萨克。此前卑职已通知买卖城章京准备马车迎接。为彰显理政事枢密院文书的崇高地位，由旗手//105 背面//格拉文斯基及办事员马克西莫夫、科留科夫等将信使桑热哈耶夫一直护送至会见买卖城扎拉固齐为止。特此谨向外务院报告。

七等文官索科洛夫

1804 年 11 月 7 日

于恰克图哨所

105 页左边空白：216 号。

俄罗斯帝国对外政策档案馆圣彼得堡分馆，总档 1—7，目

录 6，案卷 1a，卷夹 1，105～105 页背面。原件。

注释：

[1] 同时（1804 年 1 月 7 日），恰克图领边境事务长官 A. И. 索科洛夫还发了一份相同内容的报告给副外务大臣 A. A. 恰尔托雷斯基。文件中照例也报告了俄中边境平安无事（俄罗斯帝国对外政策档案馆圣彼得堡分馆，总档 1—7，目录 6，1805 年，案卷 1a，卷夹 1，104～104 页背面）。

№ 42

1804 年 11 月 8 日。库伦办事大臣蕴端多尔济就呈送枢密院致理藩院文书及伊尔库茨克副省长 Г.Я. 列扎诺夫来函等事呈嘉庆皇帝的奏折

谨奏

奴才蕴端多尔济恭呈至圣皇帝陛下明鉴：

此前收到奴才等所呈奏章①，上有嘉庆九年十月二日②皇帝批示[1]曰：

俄罗斯使团到达一事至今仍无消息，故着蕴端多尔济等待。倘俄方使团出发确有消息，着对其到达时间加以度算。若到京时间能赶在封玺之前，着蕴端多尔济上奏，并着玉衡或蕴端多尔济陪同使臣入朝。若俄使不及于岁末前到达，入京之期当在来年，着蕴端多尔济按原所颁谕旨③以休息为由将使团挽留于库伦一段时日，然后出发，可度算于来年四月末④抵达京城。如尚未收到俄罗斯使团到达音讯，着蕴端多

---

① 见 20 号文件。

② 即 1804 年 10 月 23 日（当为 22 日。——中译者）。

③ 见 20 号文件。

④ 四月三十日为 1805 年 6 月 7 日。

尔济仍留守本职，不必入朝面圣谢恩。

奴才蕴端多尔济恭敬叩拜，谨奉圣谕。嗣后奴才拆阅俄罗斯省督遣桑热哈耶夫大尉于十月十七日①送来之函。省督致奴才的信封皮已损，内称俄罗斯枢密院致我理藩院文书已到，信中除请求奴才转递枢密院文书外别无他事。省督又称，彼之汗[2]就朝贡问题请求我圣明大皇帝明鉴，蒙我大皇帝高瞻远瞩，体察入微，［对使团来访事］予以允准，彼等内心无比喜悦。唯路途十分遥远，使团于年内已不克上路，有待来年出发。故枢密院特专致文书，附省督函送来奴才处，现奉请圣览。

信使桑热哈耶夫通晓蒙古语，故奴才蕴端多尔济得以询问以下各节：

贵国汗的使团为何今年不能到来？

桑热哈耶夫回答：

我听说虽然圣明大皇帝高瞻远瞩，［对使团来访事］予以允许，但因准备尚未周到，故今年使团将无法到达。但来年一定会入朝面圣。

奴才经过认真思考，得出结论。虽然俄国汗诚心希望前来朝贡，但俄方至今并不清楚圣上是否已恩准彼等来朝，故自然也不能将贡品准备妥当，亦无法于枢密院文书中说明使团出发时间。

奴才愚钝，窃以为如今俄人虽已告知使团将于来年出发，但俄历有异于［我］天朝历法，倘俄人不知，错误计算时间，可能又会延误。恭请圣上对此明鉴。

依奴才愚见，俄人办事糊涂，唯有着理藩院下书俄人，指明来年使团到达日期，并事先说明该日期应如何同彼等之

---

① 即11月6日。

历法相合，俄人方能行动无误。此议当否，恭请皇上圣裁。

俄国信使桑热哈耶夫态度极为恭谨，故奴才好言予以抚慰，按例赐茶叶、绫罗、锦缎，随从赐砖茶[3]，并依俄国规矩给俄罗斯省督写了收到来信的回执，打发他们回国。特此恭奏，以达圣听。

十月十九［日］①。

正文末尾日期之前：嘉庆九年十月二十七日②皇帝朱批如下：已有旨。

中国第一历史档案馆，3号馆藏，197编，3653匣，7号封套，嘉庆八年一至二月。满文抄件，军机处抄制。满文翻译И.Т.莫罗兹译自满文。

注释：

［1］嘉庆皇帝的这份谕旨在库伦办事大臣衙门抄文簿中我们没有发现。

［2］汗（满语也叫“汗”）这个词意味着国君、最高统治者、唯一的王。蒙古文：部族统治者。满语中还有个词叫“额真”，也是帝王的意思，其属下有许多领主（见И.И.扎哈罗夫：《满俄大词典》，378、83页）。

把俄国皇帝叫做汗，蕴端多尔济是在贬低他的地位。翻译A.Г.符拉德金就满文文件中使用“汗”和“皇帝”这样的词有自己的看法，见414号文件。

［3］俄文编者在文件中给出了注释编号，但却没有给出注释文字。——中文译者

---

① 即11月8日。

② 即1804年11月16日。

№ 43

1804 年 11 月 17 日[①]。理藩院致枢密院的文书，告知嘉庆皇帝同意于 1805 年在清廷接待俄国使团

1. 俄文文本

//118// 大清国理藩院文书

为知照俄罗斯枢密院事。

此前贵枢密院来书称，遣使一事已通过贵国政府向至圣大皇帝报告。至圣至仁大皇帝有旨果然做了此事。我枢密院已向我俄罗斯国君报告。

为此我国君指示我等即［刻］[②] 着手筹备使臣出发事宜，以大力推进两国和［平］谐睦。只是由于距离遥远，现［在］我们虽然着手执行，但今年又如何能到达国境？为此我们不得不推迟到来年，届时将提前通知贵国边境长官，并经由我国理藩院向我至圣皇帝［奏］报。

为此我至圣皇帝［有］旨：来书说俄国道路遥［远］，今岁无法就派遣使臣准［备］妥当。此言不谬。着即按彼等

---

① 嘉庆九年十月二十八日。

② 页边已损毁，此处及下面的缺损处是按意思恢复的。

意愿延至来年再派使臣。此事我国[1]理藩院//118 背面//已有书致俄国枢密院。

我等恭奉我至圣皇帝上谕，特致此书于贵方。

贵方收到此书后，望即按照我至圣国君旨意办事，于来年将该使团筹办停当，于贵国出发后何时到达库伦，望事先来书知会我库伦郡王及大臣。

特发此书。

嘉庆九年十月二十八日[2]。

188 页日期上盖有理藩院方形朱印。

114～144 页背面（信封）上有地址：大清国理藩院致俄罗斯国枢密院文书（114 页）及日期[3]：嘉庆九年十月二十八日（114 页背面）。地址及日期盖有理藩院方形朱印。

俄罗斯帝国对外政策档案馆圣彼得堡分馆，总档 1—7，目录 6，1805 年，案卷 1a，卷夹 1，114～114 页背面（信封），118～118 页背面。原件。

拉丁文原件存同处，117～117 页背面。

俄文抄件存中国第一历史档案馆，中俄关系史藏档，案卷 10，51～52 页。

抄件存同处，124～125 页。

---

① 原文误为“贵国”。

② 即 1804 年 11 月 17 日。

③ 地址及日期用俄文、满文和拉丁文书写。

2. 满文译本[1]

//122//大清国理藩院知照俄罗斯国枢密院文书

贵国来书称：

贵国已按我方意愿就我将派遣使臣事奏报贵国圣君，并得到贵国皇帝陛下同意和赞赏。我方已将此事奏报我国君主。皇帝陛下为进一步敦睦修好，命令我等立即着手筹备使臣出发。我等虽尽心竭力，但因路途极其遥远，今年已无论如何不克到达国境。无奈只好将此次出使延至来年。届时将告知贵方长官。

理藩院//122 背面//将此情奏报圣明大国君，谕旨称：俄罗斯路途遥远，故也许今年不克遣使前来。可随他们的意思来年再派使臣，着理藩院就此回书枢密院。

奉上谕知照贵方，于收到此书后遵圣明大皇帝旨意而行，待到来年使臣出发筹备停当，即致书我库伦郡王及昂邦，说明该使臣出发时间及抵达我库伦之日期。

嘉庆九年十月二十八日①。

由八等文官安东·符拉德金翻译。

俄罗斯帝国对外政策档案馆圣彼得堡分馆，总档 1—7，目录 6，1805 年，案卷 1a，122～122 页背面。由满文原件翻译。手迹。

满文原件存同处，113，115～116 页。

A. 帕雷舍夫的满文原件译本存同处，119～119 页背面。

---

① 即 1804 年 11 月 17 日。

使团办公厅抄文簿抄件：А. Г. 符拉德金翻译的满文原件译本存同处，卷夹 28，18 页背面～19 页背面。

注释：

［1］在翻译满文的时候 А. Г. 符拉德金编写了下列五条说明：

（1）大清（此处及以下下加线为原文所有。——俄编者），即伟大的清国，或最清明的国家。满族在占领中国后，用这个国号来称呼所属的土地（参见 3 号文件注释 1。——俄编者）。

（2）库伦，蒙古土谢图汗和呼图克图的驻地，距恰克图不远（参见 9 号文件注释 4。——俄编者）。

（3）王，领主的头衔，古代的君主使用过。满洲皇帝封自己的儿子为王，也封治下的蒙古等领主为王。

（4）昂邦，中国话叫大人，大臣、显贵、权贵、权臣的意思。将军衔以上的都可以以这个词相称。所有的官员在汗的面前都把自己叫做昂邦，意思是奴隶（参见 12 号文件注释 3。——俄编者）。

（5）嘉庆，在位的满洲汗的朝号。（俄罗斯帝国对外政策档案馆圣彼得堡分馆，总档 1—7，目录 6，1805 年，案卷 1a，卷夹 1，123 页。手迹。）

№ 44

1804 年 11 月 21 日。外务院驻恰克图特派员 А. И. 索科洛夫就送枢密院致理藩院文书的信使已由库伦返回事呈外务院报告

//107//外务院驻恰克图特派员、领边境事务七等文官索科洛夫呈外务院报告

今 11 月 2 日九等文官、信使桑热哈耶夫携俄罗斯理政事枢密院致中国理藩院文书①通过恰克图哨所，并于 11 月 15 日返回，由两名蒙古章京带领相当数量蒙古士兵，护送至特罗伊茨科萨夫斯克要塞[1]，然后返回买卖城。他们到了卑职的私宅，讲述了顺利护送我信使往返的经过。同时，按彼此间友好惯例，卑职送了他们 20 卢布皮货。

特此恭报外务院。

七等文官索科洛夫
1804 年 11 月 21 日
于恰克图哨所

107 页正文上方：1805 年 1 月 7 日收到。

同处左边空白处：№ 226。

俄罗斯帝国对外政策档案馆圣彼得堡分馆，总档 1—7，目

---

① 参见 34 号文件。

录 6，1805 年，案卷 1a，卷夹 1，107 页。原件。

送 **A. A.** 恰尔托雷斯基的报告副本存于同处，106～106 页背面。

注释：

［1］特罗伊茨科萨夫斯克要塞是由俄国使臣萨瓦·弗拉基斯拉维奇-拉古津斯基在圣三一日奠基的，故名。（中译者按："特罗伊茨科"是圣三一的意思，萨夫含有萨瓦的名字。）

比丘林是这样描写这座要塞的："由恰克图向北 3 俄里，有一片很大的开阔地，由山谷和沙沟沿恰克图河的右岸和部分左岸展开。这里簇聚着大约 400 所房子，叫做特罗伊茨科萨夫斯克。但俄罗斯常把这座要塞当成恰克图。这里有市长、海关和客馆。"（H. Я. 比丘林：《蒙古札记》，卷 1，124 页）戈洛夫金使团的画家马丁诺夫写道：特罗伊茨科萨夫斯克要塞是最早的边境要塞，在那里"对过境的中国货物征收关税。由于萨瓦·拉古津斯基伯爵于 1727 年签订的条约规定两个帝国之间的国境和开展贸易的地点离这座要塞还有 3 俄里，位于恰克图河的河谷，于是才建起了恰克图和买卖城，而同中国边境官员交换公文和进行谈判的边务衙门则留在了要塞内。为便于巡视，任命了司令。这里的边防部队有两连士兵，要塞中有两个炮垒。"（《从莫斯科至中国边境的风景如画的旅行》，53 页）

戈洛夫金在 1806 年 6 月 19 日给 A. A. 恰尔托雷斯基的报告中建议增加特罗伊茨科萨夫斯克边境衙门的人员，他指出，该衙门的职责"正拓展到军事、外交、刑事、民事、警务领域。尽管这些事务都非常重要，但它却没有专门的条例可循，只能遵照颁布于不同时期的一般性条例规定和上级指示行事"（参见 284 号文件）。

№ 45

1804 年 11 月 25 日。西伯利亚总督 И. О. 谢利丰托夫为把关于俄国赴清帝国使团出发时间延至 1805 年的枢密院致理藩院文书已送出一事呈亚历山大一世皇帝的报告

//108//托博尔斯克、托木斯克、西伯利亚总督恭呈皇帝陛下的报告

臣荣幸地向我皇陛下报告，今年 9 月 3 日恭奉上谕以及我理政事枢密院给中国理藩院的文书[①]，告知原定赴中国使团延至来年出发。现根据臣的命令并按惯例，由伊尔库茨克民事省长修书给库伦办事大臣郡王及昂邦[②]，//108 背面//已于 10 月 24 日将文书交由边境专使翻译官送出，昨已返回伊尔库茨克，带回中国官员致省长复信，并告知文书收到后已按例送往中国理藩院。

伊万·谢利丰托夫

1804 年 11 月 25 日

于伊尔库茨克

俄罗斯帝国对外政策档案馆圣彼得堡分馆，总档 1—7，目录 6，1805 年，案卷 1a，卷夹 1，108～108 页背面。原件。

---

① 参见 34 号文件。

② 参见 41 号文件。

№ 46

1804 年 12 月 11 日[①]。库伦办事大臣蕴端多尔济、阿尔达西的为请求及时通报俄国使臣到达恰克图的时间及使团人数致伊尔库茨克民事省长 H. M. 卡尔特维林函

//120//大清国领库伦办事大臣及昂邦致俄罗斯国伊尔库茨克民事省长卡尔特维林函

今收到我理藩院致俄罗斯国枢密院文书一封，特交由协理台吉达西敦多布及扎兰章京明噶扎布送达贵处，望总督大人收到后立即将其转送枢密院。

博格德汗陛下收到我大理藩院报告称，贵国陛下之使臣今年已不克携礼品出发，并将行期延至来年，故颁旨言称：贵国国君地处遥远，使臣今年不克出发，情有可原，但如来年犹不能决定到来的准确日期，似不合于双方友睦之道。故望贵方尽力安排贵国使臣来年按我国历法于十月[②]抵达库伦。//120 背面//为此双方均需做出应有安排，望贵国使臣勿因时间不当而不安。在此欲事先告知，我方已派出军官，代表我等当面解释，以便贵方按我方历法换算日期。为避免双方计算出现错误，望总督［大］人仔细将我方所定时间同贵国

---

① 嘉庆九年十一月二十二日。

② 即 11 月。

历法加以核对；为完善我方迎接贵国使臣筹备工作，总督［大］人应事先将贵国使臣抵达恰克图时间，以及之前是否尚有其他人员到来、行李辎重数量、随行人员人数等通知我方。

望于我信使返回时将上述各项一一告知。

嘉庆［九］[①] 年仲冬月二十二日[②]。

八等文官阿列克谢·帕雷舍夫翻译。

120 页正文上方：译自满文[③]。

俄罗斯帝国对外政策档案馆圣彼得堡分馆，总档 1—7，目录 6，1805 年，案卷 1a，卷夹 1，120～120 页背面。由满文原件翻译。

---

① 年份在文中标明，按 48 号文件确定。

② 即 1804 年 12 月 11 日。

③ 下加线为文中原有。

№ 47

1804 年 12 月 17 日。库伦办事大臣蕴端多尔济、玉衡呈嘉庆皇帝的奏章，报告已将理藩院同意于 1805 年接待俄国使臣致枢密院的文书送往伊尔库茨克交民事省长 H. M. 卡尔特维林

谨奏

奴才蕴端多尔济、玉衡恭奏奉诏之情

随奴才奏折同时收到军机处发来嘉庆九年十月二十八日①皇帝谕旨[1]曰：

转示蕴端多尔济。前信使送来俄罗斯枢密院致理藩院文书②，译成满文后朕已阅过，内称俄人虽已采取措施加快派出使臣，但因路途极为遥远，使臣已绝不克于年内到达边境，故将于来年派出云云。

此次来书言辞极为恭谨，故着理藩院回书告知，特许俄人按其请于来年遣使。着蕴端多尔济收到回书后③送交俄督，转送俄罗斯枢密院。

来年接获俄国使臣抵达库伦确切消息后，着蕴端多尔济

---

① 即 1804 年 11 月 17 日。

② 参见 34 号文件。

③ 此后至本段末尾的文字是后加在两行之间的。

立即上奏。务须度算使臣库伦启程日期，安排于来年岁末入京为妥。倘该使抵达之消息提前收到，着蕴端多尔济出面将其多挽留一段时日，按前颁谕旨于规定日期启程进京。此前玉衡须到库伦熟悉海关事务，故蕴端多尔济应按前旨，以私家卫队护送该使入朝。着将致俄罗斯枢密院回书[①]抄示蕴端多尔济一阅。

奴才等恭奉上谕，望旨跪拜，派遣原多次去俄人处办差、深悉俄人习性之协理台吉达西敦多布、扎兰章京明噶扎布将理藩院致俄罗斯枢密院文书送往俄国总督处。

圣上格外施恩，体察外国汗于来年派使臣来朝之请，对彼等实乃无上恩德。但俄国［历法］之年月日与我中国历法不符。俄人对此有所不知，恐将再次延误。故奴才等于致总督信[②]中明确告知彼等，使臣应于来年十月左右到达库伦，不得耽搁[③]。

此外，奴才等又着奉差到该地的达西敦多布等人将同样内容面告省督。待我方信使返回后，当另有奏报。

奴才等接到俄罗斯使臣将于来年何时到达的消息后，定即上奏，并着手按旨行事。

现将以两体文字书就之致省督回函[④]恭呈陛下御览。

谨奏。

十一月二十八日[⑤]。

---

① 参见43号文件。

② 参见46号文件。

③ 行中朱批：正确之至。

④ 参见46号文件。

⑤ 即12月17日。

正文末尾日期之前：嘉庆九年十二月六日①皇帝朱批：知道了。

中国第一历史档案馆②，3 号藏档，197 编，3674 匣，54 函，嘉庆九年十至十一月。满文抄件，军机处抄制。И.Т. 莫罗兹译自满文。

注释：

［1］嘉庆帝的这道谕旨我们在库伦办事大臣衙门抄文簿内没有发现。

---

① 即 1804 年 12 月 25 日。

② 俄文此处有印刷错误，把 ПИА 误为 ИИА——中译者。

№ 48

1804 年 12 月 19 日。外务院驻恰克图特派员 A. И. 索科洛夫就向伊尔库茨克民事省长 H. M. 卡尔特维林递送理藩院致枢密院文书的信使到达一事呈外务院的报告[1]

//110//外务院驻恰克图特派员、领边境事务七等文官索科洛夫呈外务院报告

今 12 月 14 日库伦郡王派信使协理台吉达西敦多布携两封信经过恰克图哨所。该员带领一名扎兰、一名侍卫、四名随从，携带致伊尔库茨克民事省长大人的信①，是为护送中国理藩院致俄罗斯理政事枢密院的文书而来。

特此谨向外务院报告。

七等文官索科洛夫
1804 年 12 月 19 日
于恰克图哨所

110 页正文上方：1805 年 2 月 4 日收到。
同处左边空白处：№ 257。

俄罗斯帝国对外政策档案馆圣彼得堡分馆，总档 1—7，目

① 参见 46 号文件。

录 6，1805 年，案卷 1a，卷夹 1，110 页。原件。

给 **A. A.** 恰尔托雷斯基的报告副本存于同处，109 页。

注释：

[1] 此处有注释号但缺注释内容。——中译者

№ 49

1804 年 12 月 26 日。外务院驻恰克图特派员 А. И. 索科洛夫就清国嘉庆皇帝下旨安排迎接俄罗斯使团的消息呈副外务大臣 А. А. 恰尔托雷斯基的报告

//111//外务院驻恰克图特派员、领边境事务七等文官索科洛夫呈二等文官、副外务大臣、赏戴勋章亚当·阿达莫维奇·恰尔托雷斯基公爵阁下的报告

今年 12 月 23 日卑职到买卖城例行会晤扎拉固齐，于友好谈话之间获悉，大约 10 天前主要的办事大臣蕴端多尔济的副手阿利哈昂邦奉博格德汗陛下旨意由北京来到库伦，然后又去了以前的乌里雅苏台城，被任命为当地主管官员[1]。此外，扎拉固齐还说，他们的库伦办事大臣多罗郡王此前本已奉圣上谕旨到北京就 3 年任期述职，但还是留了下来，等待出使中国的俄罗斯使臣到来。他将亲自陪同俄国使臣去北京谒见博格德汗。扎拉固齐还告知卑职，办事大臣多罗郡王命令他转告，上次该郡王在共同//111 背面//巡边时受到尊敬和优待，对此非常满意。郡王还命令日前于此间经过的信使协理台吉达西敦多布转告伊尔库茨克省长，说他对俄方七等文官索科洛夫先生的各种安排非常满意。

特此向公爵阁下禀报。

七等文官索科洛夫

1804 年 12 月 26 日
于恰克图哨所

111 页正文上方：1805 年 2 月 10 日收到。

同处左侧页边：№ 261 号。

俄罗斯帝国对外政策档案馆圣彼得堡分馆，总档 1—7，目录 6，1805 年，案卷 1a，卷夹 1，111～111 页背面。原件。

注释：

［1］这里指的是库伦办事大臣阿尔达西的离开库伦并由玉衡接替他的事（参见 10 号文件注释 3）。

№ 50

1804 年 12 月 27 日。伊尔库茨克副省长 Г. Я. 列扎诺夫[1]致库伦办事大臣蕴端多尔济、玉衡函，告知已将理藩院文书送往枢密院以及他对俄国使团抵达日期和使团人数等一无所知

//121//全俄罗斯专制君主大皇帝驾前伊尔库茨克副省长、六等文官、赏戴勋章列扎诺夫致大清国博格德汗驾前库伦办事大臣郡王及昂邦函

日前库伦有专使协理台吉达西敦多布、扎兰章京明噶扎布率同随从来到此间，送来贵方来信一封，以及由贵国大理藩院致我国理政事大枢密院的文书①。我已立即转送枢密院无误。

至于郡王和昂邦的要求，我非常乐意现在告诉你们：决定朝见博格德汗陛下的俄国使臣将在来年到达边境。关于携带行李辎重的数量以及随员人数等，目前没有收到全俄罗斯枢密院的任何命令，//121 背面//一旦得到消息，我将立即预报详情，以便贵方做好一切必要准备，安排于边境接待我国使臣，并将其送往北京。郡王及昂邦大人挑选了我国使臣到达库伦的最佳时间，即贵国历法中的十月，我已记下了贵国军官的详细说明，并同我国历法做了对比，现已将这些情

---

① 参见 46 号文件。

况转报枢密院。

贵方派来的军官及随员鞍马劳顿，经于此间休息后，由我送上归程。此信经本人签名盖章，由他们转奉。

于省城伊尔库茨克。

1804 年 12 月 27 日。

121 页正文左上方：抄件。

121 页背面正文下方：书记官伊万·维里金核对。

俄罗斯帝国对外政策档案馆圣彼得堡分馆，总档 1—7，目录 6，1805 年，案卷 1a，卷夹 1，121～121 页背面。经核对的抄件。

俄文抄件存中国第一历史档案馆，中俄关系史俄文文献藏档，案卷 11，1～3 页。

注释：

［1］列扎诺夫，格里戈里·雅科夫列维奇，六等文官，勋章获得者。自 1804 年 5 月 5 日至 1805 年 1 月 12 日任伊尔库茨克副省长。后被解职（俄罗斯国立中央古代文献档案馆，巴斯宁全宗第 183 号，目录 1，案卷 18，7 页）。

№ 51

1804年12月27日。西伯利亚总督И.О.谢利丰托夫致外务院函，告知理藩院致枢密院函已经送出，建议俄国使臣抵伊尔库茨克时间应不晚于9月

//112//二等文官，枢密官，托博尔斯克、托木斯克、西伯利亚总督，赏戴勋章谢利丰托夫给外务院的［报告］①

本月22日库伦办事大臣郡王及昂邦派遣两名军官信使及随从来到此间，按今已由此间退休的民事省长、四等文官卡尔特维林确立的惯例，由我委任副省长列扎诺夫负责接待。他们带来了致民事省长的信件②，以及北京理藩院致理政事枢密院的俄文、拉丁文、满文等三种文字的文书③。

我已荣幸地将此文书及满文译本，以及昂邦大臣来信、副省长回信④的抄件送往外务院。

外务院由库伦大臣来信中可以得知，他们坚持要求事先告知俄国赴北京使臣抵达国境时间、//112背面//行李辎重

① 文中“报告”字样脱漏。

② 见46号文件。

③ 见43号文件。

④ 见50号文件。

马匹数量以及随行人员数量。

故请求外务院一定要把相关情况通知我，以便转告库伦办事大臣。至于他们在信中建议俄国使臣抵达库伦的时间，按他们的历法是在十月，按俄国历法则是在11月。

此外，我认为有必要解释的是，此间只有在9月份才有可能安全渡过贝加尔湖[1]，而在12月份则已结冰。这里四周是大海，虽说有通道，但森林中道路还没有开通，即使用驮马也非常困难。

故我国使臣抵达伊尔库茨克的时间在9月最为方便。

伊万·谢利丰托夫

于伊尔库茨克

1804年12月27日

112页正文上方：1805年2月4日收到。

112页背面正文下方：№ 4309。

俄罗斯帝国对外政策档案馆圣彼得堡分馆，总档1—7，目录6，1805年，案卷1a，卷夹1，112～112页背面。原件。

注释：

[1] Ю. 克拉普罗特认为："贝加尔看来不是蒙古词，而是古鞑靼词，因为现在雅库特鞑靼人的语言中，海还是叫巴亚哈尔。"（Ю. 克拉普罗特：《俄中边境随笔》，载《北方档案》1823年9期，184页）对这个地名的注解又见《18世纪俄中关系》2卷，574页。

№ 52

1804年12月29日。Ю.А.戈洛夫金致副外务大臣A.A.恰尔托雷斯基函，请其出面向亚历山大一世皇帝保举自己获得二等文官品级和御马监总监封号，以便出任赴清帝国使团团长[1]

//1//公爵，我同您最后的谈话，涉及的只不过是我个人的愿望，它在您所代表的最高意愿中只能是不起眼的一小点。谁要是只谈自己，难免会坚持己见。但是，让皇帝陛下知道我请求恩典的真正原因实在是太重要了，故而我才斗胆把它向公爵阁下扼要诉说一下。

皇帝陛下一定知道，如果我出使中国，我将痛苦地牺牲构成我个人生活幸福的亲情和习惯。我不敢说自己因此就有权提条件，但我恳求仁慈的君主对我格外施恩，以冀对我的损失有所补偿和褒奖。皇帝陛下赏赐我二等文官的品级，只是做了一件由于当年我身处散职而推迟//1背面//实施的事情。现在无论以什么方式回头再来谈这个问题，我相信，皇帝陛下一定会对我过去失去的东西予以补偿。

如果皇帝陛下认为恢复我的品级是因为任命我出使中国而给我的恩赏，那我将请求他公正地对待我，提醒他想一想我过去的劳绩，换一个场合我是不会提这些的：我编写过两部篇幅巨大的通用税则，还编写过两部地方税法，一部是阿斯特拉罕税法，一部是奥伦堡税法，附有各种细则，足堪呈报皇帝御览，尽管并没有呈报。1801年我主持过同英国的结算，卸下了多艘英国海船上的货物，这次行动为国家挽回了可观的损失，避免了无穷无尽的麻烦。斗胆猜测，//2//以陛下的仁厚和公正，无须其他条件，我获得这样一个品级当是有希望的。

尽管我所希望的御马监总监的头衔对我所从事的职务只是一种荣誉头衔，但它是我未来的一种保障。眼下，这一未来正面临着前途未卜的遥远旅程和艰难而微妙的谈判的考验。

最后，如果所有这些理由还不够的话，我只想对我宽容仁慈的皇帝陛下说：这是我向您请求的唯一恩典，我一定会知恩图报，我将以自己的忠心和尽责尽力来证明这一点：我有责任不辜负您的信任。

公爵阁下，请原谅我的固执。谨向您表示最诚挚的敬意。

您永远最恭顺忠实的仆人

戈洛夫金伯爵

1804 年 12 月 29 日

俄罗斯帝国对外政策档案馆圣彼得堡分馆，总档 1—7，目录 6，1805 年，案卷 1a，卷夹 4，1～2 页。原件为法文。手迹。Н. Б. 祖布科夫译自法文。

注释：

[1] 按俄罗斯文官品级，授予一等文官的只有总理大臣或者国务总理大臣。这是一个极品，它只授予文官体系中占据最高位置的官员（在俄罗斯这个品级总共只有 11 人获得：第一人在 1709 年获得，是 Г. И. 戈洛夫金伯爵；最后一人在 1867 年，是 А. М. 戈尔恰科夫公爵）。最常见的是授予外务大臣。Ю. А. 戈洛夫金请求授予他二等文官的品级，这属于一品或二品。戈洛夫金还请求授予他宫廷职衔御马监总监，在 19 世纪初，这是宫廷中的二品职衔（Л. Е. 舍佩廖夫：《俄罗斯帝国的职衔、制服和勋章》，列宁格勒，1991，116、163、221 页）。

№ 53

1805年1月16日。商务大臣Н.П.鲁米扬采夫呈亚历山大一世皇帝的奏章，报告发展俄中贸易的计划和出使清帝国使团的目的

//68//商务大臣以为，就派遣使团赴中国一事，有必要奏明所司范围的下列内容①：

1. 在广州和黄海开市②

随着我国美洲村落渔猎业有所发展，也应该拓展便于销售的渠道。

俄美公司无法保持皮货的价格，是因为英国人和美国人从诺特卡一宗德和夏洛特群岛把皮货运往广州，而俄美公司却是将皮货经由艰难的//68背面//鄂霍茨克通道运往恰克图。故而前者在这个市场总是占尽先机，而后者至今犹未能有机会涉足广州。俄美公司开展造船业务，加之堪察加及美洲到广州距离较短，使人们有理由认为，由美洲村落销售皮货、鲸油、海象牙，而从西伯利亚北方销售猛犸牙等是有利可图的。

为此目的，特委派环球考察队中的一艘船只[1]试验到广州//69//开市，但为了更有把握，也为了尽可能多地开辟销售西伯利亚和美洲产品的新途径，商务大臣认为有必要指示奉命出使中国朝廷的官员说服该国政府，既然广州对所有国

---

① 以下各条的标题均写在每页左侧，下有横线。

② 此处和以下标题的下加横线都是原有的。

家都能开放，那俄国理应抱有很大希望，相信它的臣民在这个问题上不会遇到障碍。同时我方将努力建立同南京的联系，那里资源富庶，人口众多，在中华//69背面//帝国首屈一指，原是中华帝国的古都，盛产棉花，其织物具有天然色彩，而其他省份的产品在质量上大有不如。

同南京的联系最方便的办法是通过中国东部、北部海岸以及满洲和朝鲜濒临的所谓黄海。

众所周知，前不//70//久马嘎尔尼勋爵[2]首航该处海域，说明这条路可以大大缩短至北京的行程，也说明广州距该国首都多么遥远。但英国人虽然竭力想在该地建立码头，却未获任何成功。对我方有利的地方在于这片海同美洲及堪察加相邻，以这种有利的地理环境，贸易每年就可以周转多次。总之很多原因都促使我们应该做认真的努力，以便//70背面//我国俄美公司可以顺利销售自己的产品。

商务大臣认为此事可以成功的原因如下：

一是因为欧洲人都在利用广州这个市场，因此中国人不会拒绝俄国；

二是因为运到中国的大量皮货将使中国人获利匪浅；

三是因为这种贸易是在陛下的直接关怀下以商社的形式进行的，在商务往来中不会//71//对中国人造成任何不良后果，而且正如所知，中国人本身也认为商社形式比个体形式好，在他们国内也有一个商社叫洪帮，在政府和洋人面前互相担保；

四是在广州除了受本国国君委派的欧洲商人之外，其他外国商人一概不准居住。

2. 从北京经由西藏到喀布尔

目前拟议中的出使行动能给我们带来的最大利益，就是为促进一般教育和科学取得成绩//71背面//提供了一个最佳契机，特别是提供了一个经与中华帝国取平行走向的西藏和印度斯坦直通波斯，把我们的贸易形式拓展到喀布尔的机会。

通过波斯把我国贸易一直拓展到印度，是彼得大帝梦寐以求的理想。但长期以来，波斯内乱阻碍了愿望的实现。1717 年沃棱斯基[3]使团同当时的波斯王首先打下了俄国在波斯自由贸易的基础，但 1721 年皇帝陛下又被迫//72//改弦更张，把贸易变成军事行动。虽说当时俄国人根据同波斯王塔赫马斯普签订的条约重新获得在波斯自由贸易的权利[4]，以及可以安全通过波斯进入印度的许可，但正如所知，这时亚美尼亚人成为贸易中介，一直起主宰作用，直到波斯平定。后来战乱又起，贸易遭到破坏，亚美尼亚人因而破产。

中国的局势一直//72 背面//稳定。当地朝廷统治的稳定，有利于贸易，看来似乎也可以保证通过西藏到达印度之路的成功。

根据这些理由，应该说服中国理藩院：我皇帝陛下宅心仁厚①，以战争平定背信弃义的巴巴汗实乃不得已之举。同这种反复无常的民族无法和睦共处，而且格鲁吉亚之所以投向//73//仁义的俄罗斯君主，本身也是为了逃避波斯当局的残暴统治②。这种情况使得俄罗斯君主更加尊重和肯定同中国皇帝以及喀布尔统治者之间的亲密友谊与和睦关系，故而希望③中国朝廷允许使团官员借道，安全地前往喀布尔，向

① 在“皇帝陛下宅心仁厚”处有铅笔笔迹：“我皇帝陛下宅心仁厚”。看来此处以下，给亚历山大一世的奏章中有 A. A. 恰尔托雷斯基的修改。

② 铅笔修改：俄罗斯帝国的统治。

③ 铅笔修改：恳请。

当地统治者说明自己的①和平意愿，并望允许俄国君主//73背面//的臣民今后亦可经由此路自由通行。

在提出这一请求时，可向中国人指出，1714年，目前在位的国君②之祖曾经宽宏大量允许中国皇帝的祖先派遣使团经俄罗斯会见卡尔梅克汗阿玉奇。[5]

3. 如果中国人同意，不仅可以在布赫塔尔玛，而且还可以沿整个额尔齐斯防线开市、建立市场，或者建立像恰克图那样的市镇。[6]

自从生活在阿尔泰山脉中额尔齐斯河上游的准噶尔卡尔梅克人归降以来，这块版图同中华//74//帝国的疆界已连接到一起，因此后者的疆界离俄罗斯更近了，最近的地方是布赫塔尔玛要塞，它距离莫斯科比由恰克图到莫斯科近2000俄里，而且路途更为方便。

准噶尔卡尔梅克人在中国境内游牧，克尔克孜一哈萨克人占据着东边的草原，游牧在中国一侧宰桑湖乃至以远的地方，他们都向中国边境供应牲畜。

在中国一侧，离俄国边境最近的哨所叫丘古恰克（即塔城。——中译者），位于宰桑湖对岸。//74背面//过去，当中国国境距离俄国国境比较遥远的时候，或者说当蒙古国的国境没有关闭的时候，这里据说曾经有过自由贸易集市。商人们从小布哈拉（现在是中国的领土）把货物运往俄罗斯，远至托木斯克和库兹涅茨克。

现在在这些国境线上，贸易几乎已完全停止，因为所有的道路都被中国政府所阻遏。在距离我帝国//75//边境不远的清帝国城市如塔城、固勒扎（伊犁）等，除中国人和塔什

---

① 铅笔修改：我们的。

② 铅笔修改：皇帝陛下。

干人，其他人都不准贸易。可是在这些地区，中国同俄罗斯贸易的自然结合十分必要，塔什干人或克尔克孜苏丹就进行这种贸易，他们把派往中国的商队称为自己的商队。

如果能够说服中国朝廷允许两国边界地区，如在固勒扎和科布多这两个要塞之间，开展自由贸易，如果能够建立同小布哈拉之间的安全交通//75 背面//，必然将对双方都大有裨益，而且因该地区距恰克图十分遥远，商业资金向额尔齐斯边境汇集将不会使恰克图贸易受到影响，而中国属下的小布哈拉因同蒙古各省相邻，又同西藏及印度地区相近，定能成为中国和俄罗斯财富聚集的地方。

对于俄罗斯的好处自然是无可怀疑的：

1. 前从额尔齐斯防线克尔克孜和哈萨克人手中获得的牲畜，//76//最需要就是换取布匹。运到边境的布匹几乎唯一的来路就是布哈拉。如果这段国境上可以直接同中国人进行贸易，就可以以中国布匹取代布哈拉布匹，向克尔克孜人换取牲畜，用部分牲畜和其他货物则又可以换取中国货。

2. 克尔克孜人也不必同//76 背面//中国人打交道，因为许多人离俄国边境比离中国边境更近。

3. 西伯利亚可以向中国提供皮货和皮革（随着国外需求增长，这种手工业必然也会增多）。

4. 马卡里耶夫[7]、伊尔比特和叶尼塞斯克的集市定能把贸易扩展到中国西部，并使当地百姓除了对其他货物感兴趣外，还将特别对布列斯拉夫黑呢产生兴趣。最后还有一条：

5. 额尔齐斯河上的航运可一直通到托博尔斯克，//77//必将有一个发展。我国政府早已注意到此事可能带来的利益。但如何通过阿尔泰山脉一直是一个备受关注的问题：1771 年涅兹纳耶夫中尉奉派由乌斯季卡缅诺戈尔斯克城堡前往中国城堡科布多，后来乌斯季卡缅诺戈尔斯克又派少尉沃洛沙宁至中国城堡巴扬达。前者沿额尔齐斯河行进，经布赫塔尔玛河上游、索戈河和贡戈·伊舒尔河到达科布多。后者//77背面//穿过吉尔吉斯草原，绕经巴尔喀什湖走上一条没有水草的沙漠之路，再穿越宰桑湖直达固勒扎，就可以避开那片草原。两个人都顺利返回，途中并没有遇到多少困难。此外，还有新消息证明，去年有一俄国商队由塞米巴拉金斯克要塞到中国西部省份去过，曾到达塔城，后又到过固勒扎、阿克苏，那边有一个//78//中国边境海关。该商队是以某克尔克孜苏丹的名义派出的，也顺利地回来了。但他们说，在塔城和固勒扎只许克尔克孜人贸易，而且完全是官家买卖，如果俄国人持有边境长官护照，到这些城市去当不会有问题。还说中国人希望能同我们直接开展贸易，但就怕政府禁止。

//78背面//以上是对当地贸易状况自然趋势的报告，自由贸易可能带来的巨大利益以及中国人的偏见所造成的障碍，都说明有必要取得中国朝廷的协助，争取沿额尔齐斯防线开展自由贸易，争取我国以边境长官的名义派遣商队深入内地，特别是喀什噶尔地区贸易对所有人都开放，//79//故而要求中国一方保障俄国公民使用这条道路也是合理的。

商务大臣鲁米扬采夫伯爵

1805年1月16日

俄罗斯帝国对外政策档案馆圣彼得堡分馆，总档1—7，目录6，案卷1a，卷夹20，68～79页。原件。

底稿存俄罗斯国立中央古代文献档案馆，国家档案全宗第15号，1803年，案卷29补充，32～42页背面。

草稿存同处21～31页，43～49页。

发表于《19 世纪和 20 世纪初的俄国外交政策》，卷 2，297～301 页，根据原件印出。

注释：

［1］由伊万·费奥多罗维奇（亚当·约翰）·克鲁森施特恩（1770—1846）和尤里·费奥多罗维奇·利相斯基进行的俄国第一次环球航行（1803—1806）同俄美公司的活动有关（参见 1 号文件注释 2）。俄美公司由于缺乏固定市场销售渔猎制品、毛皮、革、软革等，而且还需要供应领地居民的粮食和生活必需品，所以面临的困难很大。

当时有一个想法，就是利用 A. 拉克斯曼（见 3 号文件注释 3）所取得的日本特许，从就近的日本向鄂霍茨克和堪察加运送给养。1802 年初，先是海军上校 Г. А. 萨雷切夫提出这一建议，后来海军中校 И. Ф. 克鲁森施特恩也提出这样的建议（Л. Н. 库塔科夫：《俄国与日本》，77 页）。值得一提的是几年前 И. Ф. 克鲁森施特恩就到过中国的港口广州，了解外国人乘船到当地做毛皮生意非常有利的情况。他了解俄国也向中国人出售毛皮，但要从俄国的美洲居民点先由海路运到鄂霍茨克，再由陆路运到恰克图，先后要耗费两年多的时光。而且每年都有许多船只葬身鱼腹。“为此，”克鲁森施特恩在自己的报告中写道，“我觉得俄国人如将皮货由自己的殖民地直接运到广州，将能获得莫大的利益。这虽不算什么新想法，但我却认为它非常可行。所以回到俄罗斯之后我决定告知政府”（转引自 В. М. 帕谢茨基：《И. Ф. 克鲁森施特恩传》，莫斯科，1974，17 页）。1799 年回到俄罗斯后，克鲁森施特恩向海军部副大臣 Г. Г. 库舍列夫递交了自己的报告、考察队的计划和方案。作者相信，如果计划得以实现，“俄国人……不仅能在毛皮贸易上同英美一较高下，而且能在同中国和日本的贸易中居于执牛耳的地位”（同上，17、24 页）。但海军上将 Г. Г. 库舍列夫对这个方案不感兴趣。

1802 年 7 月 29 日，俄美公司总部请求亚历山大一世允许从克琅施塔德派遣俄国的第一个环球考察队，为自己的太平洋领地运送给养和必需的造船材料。公司还打算到广州开市贸易（此地是中国允许同欧洲贸易的唯一商港）。

在提交的文件中说道，“俄美公司可以在广州开辟对俄国非常有利的市场。据到过当地的海军中校克鲁森施特恩说，中国人对此非常欢迎，只是东方人固有的骄傲妨碍他们提出这种请求。况且广州并不禁止所有欧洲船只进入。俄美公司希望在不久的将来能同中国和日本建立这样一个贸易的开端，同其他外国人相比占有上风，在从广州回来的途中再到东印度公司的殖民地去试试看能否也做成生意”（俄罗斯帝国对外政策档案馆圣彼得堡分馆，总档1－7，目录6，1802年，案卷1a，卷夹1，9页。抄件。发表于《19世纪与20世纪初的俄国外交政策》，卷1，369页）。为此，俄美公司还请求为它派遣有经验的军官和管理经理，拨款25万卢布。

当天亚历山大一世即批准了俄美公司的请求，8月7日И.Ф.克鲁森施特恩被任命为考察队队长，海军中校Ю.Ф.利相斯基被任命为他的副手。

拨归考察队的有两艘船只——“希望号”和“涅瓦号”，都是利相斯基从英国订购的。第一艘由克鲁森施特恩指挥，第二艘由利相斯基指挥。参加考察队的有军官Ф.Ф.别林斯豪森和俄美公司经理人员Ф.И.谢梅林，还有几个学者。

不久，不晚于1803年2月13日，商务大臣Н.П.鲁米扬采夫递交给亚历山大一世两份报告：《关于广州开市》（见1号文件）及《关于同日本贸易》（俄罗斯帝国对外政策档案馆，总档1—7，1775—1895年，案卷1，卷夹2，6～9页。转引自Л.Н.库塔科夫：《俄国与日本》，78页）。后不晚于1803年3月27日他又向沙皇呈递了一份报告，论述同清帝国及日本发展贸易的前景（3号文件）。后来又决定派遣Ю.А.戈洛夫金外交使团使华和派遣Н.П.列扎诺夫使团出使日本签订贸易协定。1803年7月10日亚历山大一世颁发谕旨，任命Н.П.列扎诺夫为俄美公司殖民地的全权代表、访日使团团长，并取代И.Ф.克鲁森施特恩担任第一个环球考察队队长。考察队的商业事务也移交给Н.П.列扎诺夫，克鲁森施特恩仅负责“管理船只和船员”（Л.Н.库塔科夫：《俄国与日本》，78～79页）。然而事实上И.Ф.克鲁森施特恩还是起着考察队队长的作用（同上，353页）。

以列扎诺夫为首的赴日使团成员都在“希望号”上。启碇的那天（1803年8月7日）亚历山大一世和大臣们登上“希望号”和“涅瓦号”，这充分说明对使团的重视。沙皇下船后，两艘船驶出克琅施塔德港，开始了著名的俄罗斯环球航行。文件集中记录的俄国船只进入中国广州港并在当地停泊的情况最为有趣。它们在澳门会合后（到达夏威夷群岛之前，

“希望号”和“涅瓦号”走在一起，后来就分开了），一同进港。

俄国政府以为Ю. А. 戈洛夫金将在这两艘船只进港前到达北京，并通知清政府这两艘船只将在中国领海出现。但当“希望号”和“涅瓦号”到达广州时，使臣还滞留在边境，无法同北京取得联系。这一情况使Ю. А. 戈洛夫金很着急，他给亚历山大一世的多份奏章和同副外务大臣А. А. 恰尔托雷斯基的往来信件就是证明（见154、161、162、163、301、302、341、342、343、366、371号文件）。使臣还往堪察加彼得罗巴甫洛夫斯克给И. Ф. 克鲁森施特恩舰长去过信，介绍了同清国广州当局交涉的情况（见165号文件）。但信件没有收到。

“希望号”和“涅瓦号”在中国领海的突然出现引起了清政府的不满，也导致就此在理藩院和枢密院、库伦和北京、库伦和伊尔库茨克之间的一轮信件往来（见256、261、274、276、288、312、319、339、352、367、390、394、395、400、411、412号文件），以及广东地方当局同北京之间的信函往来（见225、264、265、269号文件）。И. Ф. 克鲁森施特恩、Ю. Ф. 利相斯基也同粤海关官员有信件往来（见226、227号文件）。

关于俄国船只进入广州后发生的种种事件，Ю. Ф. 利相斯基有这样的描写：“我本可以把货物运上岸，但遭到广州政府的阻挠。由于我们的船只是俄国开进这个国家的最早的船只，所以要求我们作出各种解释，否则总督就不允许我们进行贸易。”

“各种各样的信使跑来见我们，最后，他们的头儿潘启官（即同文行的潘有度。——中译者）问了我们一些问题：我们是哪国人？是否同中国在陆路进行过贸易？为什么我们要跑这么远的路过来？我们的船是不是军舰？所有的回答要求以书面形式，说他一定要送到北京去给皇上看。这样的情况占了我们好几天时间，因为潘启官对每个字都要咬文嚼字。起初我们用英语做了解释，以为中国人比别的国家更懂英语，后来又被迫改成用俄语。当比尔向我们宣布黎官（即西成行商人黎颜裕。——中译者）决定按市价收购我们的货物时，我们高兴极了。关于我们的船是不是兵船的问题，当然是这样引起的：克鲁森施特恩抵达澳门后，因为载货少，不愿意进入黄埔港，决定先停留在潭仔（音译。——中译者）。可是由于中国人不断向他提出问题，他只好说他指挥的这艘船是兵船。这一来广州立刻接到了报告。后来当‘涅瓦号’到达时，克鲁森施特恩想要把它同‘希望号’一同开进黄埔港，澳门海关关长就不答应了。于是他只好亲自跟我去了结这件事。我们通知中国人，‘希望号’是我国国君的御船，它交给俄美公司是为了帮助公司贸易，可以按照欧洲习惯购买货物，又告诉他们，船上装载着毛皮。这话一说，中国人大为放心。起初先是派了一些人到潭仔来验看，后来又派来了领港，23号他把‘希望号’领来同我们会合。这时我们船舱里的货物已全部出清，我们正打算察看船体的水下部分。”（Ю. Ф. 利相斯基：《1803—1806年乘“涅瓦号”环球航行》，莫斯科，1947，236页）。俄国船运到广州的皮货共卖了176605个皮阿斯特（《19世纪和20世纪初的俄国外交政策》，卷3，209页）。

然而，当装货的工作（主要是茶叶、瓷器和布匹）进行到一半，克鲁森施特恩和利相斯基正准备由广州启程的时候，他们接到消息，说粤海关监督下令在他未接到北京关于“涅瓦号”和“希望号”到达报告的回答之前，暂不允许俄国船只出港（参见225号文件）。据利相斯基说，后来又出现了这样的情况：“为了我们能服从他（指黎官。——俄编者）的命令，他下令在两艘船上都布上他的岗哨。这种突如其来的变故使我们感到十分惊讶。但也没有什么办法，我们只好决定抗议这种暴力行为，并在第二天准备文件。由于在广州的欧洲人都无法同中国长官直接联系，我们也不知道怎样才能保证成功，于是同英国东印度公司在广州的代理贸易总管德罗曼（即中文文献的哆啉吹。——中译者）进行联系。他很痛快地答应帮忙，把所有敲锣的报子都叫到府上，命他们把我们的书面抗议分送给不公平地下令扣我们船只的人。虽然德罗曼的要求很有道理，但这些报子起初坚决不干，说他们谁也不敢把这份我们在其中证明扣船无理、要求放行或者对背信弃义的行为给出书面解释的文件交到那些人手里。可是当他们知道我们自己会找机会把诉状递上去时，彼此商量了一会儿，决定满足我们的要求。

“第二天我同克鲁森施特恩又去见德罗曼，看到他府上有几个报子。他们告诉我们，我们的诉状交给了海关监督，但他把状子退了回来，说我们的船是巡抚下令扣的，如果我们希望此事有个好结果，建议我们尽可能礼貌一些给他写封信。起初我们反对这样做，可是又一想，我们可能浪费许多时间，还不知道是否会得到公正的解决，于是末了还是决定把诉状撤回，只是递了一个简短的陈述，说明无法等待北京的答复。这期间岗哨撤去了，装货的事情又允许恢复了。不过我们浪费了整整一个星期的时间。我们很担心不能平平安安地直航欧洲，而是被迫走一条漫长而艰难的路。

之所以得出这样的结论，是因为要是我们的船不能在4月中旬前由广州起航，那就不得不穿过东部海峡，由此我们将到处遇到恶劣的天气和顶风。而且抵达俄罗斯的时间也将晚整整一个冬天。”（Ю. Ф. 利相斯基：《1803—1806年乘“涅瓦号”环球航行》，237～238页）

1806年2月9日，我们终于拿到了中国政府的许可。“涅瓦号”和“希望号”扬帆起航，顺利穿过南中国海，驶入印度洋。可是，1806年4月15日，阴霾的天气突然把两条船分开了，后来它们就各自单独行驶。1806年8月19日“希望号”抵达克琅施塔德，那时“涅瓦号”到达已有两周（В. М. 帕谢茨基：《克鲁森施特恩传》，78～80页）。有其他材料说，“涅瓦号”是1806年7月23日到达克琅施塔德的，7月25日利相斯基“应邀到石岛赴宴”（《宫廷侍卫礼仪杂志》，1806年7—12月，圣彼得堡，1905，64、65页）。这本杂志还说，1806年8月7日克鲁森施特恩到达克琅施塔德，8月9日有幸得到亚历山大一世的接见。8月18日皇帝乘游艇从奥拉宁堡到克琅施塔德，参观了停泊在该处的“涅瓦号”和“希望号”，检视了从中国运来的各种丰富的物品（同上，98、110～111页）。

商务大臣 Н. П. 鲁米扬采夫在给亚历山大一世皇帝的奏章中，建议发函理藩院，对俄罗斯船只由广州返航一事表示感谢（见410号文件），但内阁非常委员会建议将“表示感谢”的事推迟到“北京理藩院就前发文书给予回答”之后进行（见415号文件）。显然，这份表示感谢的文书后来并没有发出。

这样，作为最终结果，俄罗斯的目的——通过广州同中国建立海上贸易（这件事早在1725—1727年间就由使臣弗拉基斯拉维奇—拉古津斯基努力交涉过，参见《18世纪俄中关系》，卷2）——这一次依然没有达到。清政府的这种立场是由于害怕恰克图贸易的收益会减少，同时害怕俄国人会在广州收集关于中国的情报［*Fu Loshu. The Documentary Chronicle of Sino－Western Relations*（傅洛书：《中西关系文献编年》），卷2，600页，注释90］。

与此同时，在这次环球航行中，首次在大西洋、太平洋和印度洋完成了大量海洋学和气象学的研究，开创了大洋深海系统探测，对千岛群岛的一部分、萨哈林沿岸、堪察加沿岸和某些日本岛屿进行了调查。有关此次旅行和海洋学、民族学研究的结果，И. Ф. 克鲁森施特恩的三卷著作《旅行记》有详细叙述。1813年他出版了地图集《旅行记》，1823—1826年又出版了两卷集的《南海地图》，其中对大量俄国及外国资料进行了历史地理分析。利相斯基自费出版了《1803—1806 年乘“涅瓦号”环球航行》一书。参加航行的俄美公司经理谢梅林发表了《首次俄国环球航行杂记》（圣彼得堡，1816，1 卷）。参加航行的其他人也留下了记叙旅行的文字，如博物学家乔治·朗斯道尔夫和威廉·季列济乌斯。Ф. Ф. 别林斯豪森根据“希望号”军官们的描述画出了萨哈林地图（存于俄罗斯国家军事历史档案馆，ВУА 藏档，23786 号）。不过他们的著作同本书没有直接关系。

关于 И. Ф. 克鲁森施特恩的情况还可参见：В. В. 涅夫斯基：《俄国的首次环球航行》，莫斯科，1951（内有相关书目）；В. М. 帕谢茨基：《被希望所吸引》，列宁格勒，1970。

［2］乔治·马嘎尔尼（Macartney，George，Earl）（1737—1806），英国外交家和官僚，一度担任过驻俄罗斯使臣，1780—1785 年任印度马德拉斯总督。马嘎尔尼使团是不列颠政府派到中国的第一个正式使团（1792—1794）。出使的目的是建立大不列颠同清政府之间的外交关系，要求取消中国公司“公行”在同外商贸易中的垄断地位，（除广州外）开辟宁波、舟山、天津港为通商口岸等，要求大不列颠的公民有在中国领土上的自由居住、自由迁徙权，要求鸦片贸易合法化，并收集有关中国的新情报。

马嘎尔尼使团先到大沽（1793 年 8 月 5 日），然后被送往北京，并由该处送往皇帝的热河行宫。英国使臣在此受到乾隆皇帝的两次接见（9 月 14 日和 9 月 18 日，后一个日子是皇帝诞辰）。使团受到热情接待，双方交换礼品。回到北京后（10 月 3 日）马嘎尔尼提出英方关于贸易的建议，但全被清政府拒绝［《中国近代史》，54～55 页；《远东国际关系》，卷 1，48 页；《外交词典》，莫斯科，1986，2 卷，173 页；A. W. 胡迈尔：《清代杰出的中国人》（Hummel A. W. *Eminent Chinese of the Ch'ing Period*.）1 卷，371 页；参见 180 号文件注释 1］。

关于这个使团的情况见《1792、1793、1794 年英王使者马嘎尔尼勋爵觐见中国皇帝时游历中国内地和鞑靼地方的游记，并附该使团的出使报告，“里昂号”及“印度斯坦号”旅行记、船只在西班牙、葡萄牙、荷兰等国居民点停靠时的非常有趣的见闻，选自马嘎尔尼勋爵、艾拉兹马·胡佛爵士、考察队队长及使团其他人士的文件》，编选者为乔治·斯当东，伦敦皇家学会会员，出使中国宫廷全权大臣，附有地图和版画插图，译自法文，莫斯科，1804—1805 年；乔治·斯当东：《英皇马嘎尔尼使团出使中国宫廷实录》(Staunton, George L., *An Authentic Account of the Earl of Macartney's Embassy from the King of Great Britain to the Emperor of China.*)伦敦,1797,1～2卷;随马嘎尔尼使华的英国旅行家比尔(1764—1848)也发表了一本关于这次出使的书:《1794年中国旅行记》(*Voyages en Chine en* 1794),伦敦,1804。

关于马嘎尔尼使团又见方·德尔·费尔德:《(英国)使华记:18世纪下半叶的故事》,《方·德尔·费尔德文集》,B. 朗格尔译自德文,圣彼得堡,1830年,245页(载《斯拉夫人》杂志,1829年12期,46～63、110～141、176～222、273～302、340～374、417～484、488～495页)[马嘎尔尼勋爵的中国游记:塔卡游记;北京:使团在北京的逗留;出发:风俗习惯和历史简述];方·德尔·费尔德:《使团在中国:方·德尔·费尔德文集》,卷2,载《祖国之子》杂志,1828,8期,65～82页,B. 朗格尔译自德文《马嘎尔尼在宫廷受到接见》一节;方·德尔·费尔德:《使华记》,圣彼得堡,1836。

[3] 阿尔焦米·沃棱斯基(1689—1740),俄国国务活动家和外交家,出使过波斯(1715—1719),目的是研究波斯,为俄国商人取得贸易特许。两个任务都得到顺利解决,擢升为宫廷侍卫长(1718),后任阿斯特拉罕总督(1718—1725)、喀山总督(1725—1730)、内阁大臣(1738)。主张贵族参政。娶彼得大帝的表妹阿历克桑德拉·纳雷什金娜为妻。受敌人庇隆和奥斯特曼的诬陷获受贿、贪污公帑及颠覆国家罪,1740年被斩首。

关于他的情况可参阅 И. 希什金:《A. П. 沃棱斯基》,载《祖国纪事》1860年卷,128～129页;Д. A. 科尔萨科夫:《18世纪俄国活动家生平》,喀山,1891;Ю. B. 戈季耶:《阿尔焦米·沃棱斯基的振兴国务方略》,载《案件和时光》杂志,1922,3卷;П. П. 库舍夫:《1715—1718年沃棱斯基的赴伊朗使团》,莫斯科,1978;《18世纪俄中关系》,卷2,535～536页;《罗曼诺夫家族——传记手册》,列宁格勒,1990,4章,31～33页;《俄国史:从古代到1917年》,百科全书,莫斯科,1994,1卷,447～448页。

[4]《俄国伊朗(波斯)条约》签订于1723年9月23日,是由彼得一世同代表伊朗国王塔赫马斯普二世的伊斯玛仪—别克在圣彼得堡签署的。条约规定在同阿富汗人的斗争中俄国要给予塔赫玛斯普二世以军事援助,伊朗国王则承认德宾特和巴库这两个城市及其周边土地属于俄罗斯,并把

濒里海的省份吉良、马增德兰和阿斯特拉巴德（现在叫戈尔干）割让给俄罗斯。在这份条约的基础上俄国把军队开进了吉良，但马增德兰和戈尔干实际上从来没有被俄军占领过。条约宣布“两国之间友好相处，开展自由贸易，人民自由往来”（《伊朗史》，莫斯科，1977，201页；《外交词典》，卷2，483页）。

［5］1712年从北京往俄罗斯派遣了中俄关系史上第一个中国使团（这也是中华帝国派遣到欧洲国家的第一个使团）。它的目的是同俄罗斯国民卡尔梅克汗阿玉奇建立反准噶尔联盟。因为准噶尔（或者卫拉特）汗国这时成功地反抗了中国征服它的企图。不过出使并不顺利。关于此次出使的情况，使团成员、满族人图理琛写有详细的报告（见《18世纪俄中关系》，卷1，437～484、626～627页）。

18世纪30年代初又有两个中国使团访问了俄罗斯。目的还是同样的：要在同准噶尔汗的艰苦战争中获得支持。第一个使团到俄国的时间是1731年1月至3月。使臣们在莫斯科受到隆重接待，女皇安娜·伊凡诺芙娜接见了他们，并允许他们前往伏尔加去见卡尔梅克人（H. H. 班德什-卡缅斯基：《外交档案集》，174～181页）。

1732年1月，回国途中，在托木斯克附近，使团遇到了由一个重要大臣德兴和理藩院侍郎班第率领的第二个中国使团。但这两个使团都同图理琛的使团一样，由于俄罗斯拒绝支持清王朝占领准噶尔的计划而没有取得成功。第二个使团的成员满泰写有一份短短的报告，见《清代中俄关系档案史料选编》，中国第一历史档案馆，北京，1981，1编2卷，241号文件，555～560页（B. C. 米亚斯尼科夫：《18世纪的清代中国对俄罗斯的新了解》，111、114～115页）。

［6］在布赫塔尔玛开市的问题早在派出 Ю. А. 戈洛夫金使团的前几年就已经提出了。1796年西伯利亚独立军团的指挥官 Г. Э. 施特兰德曼中将就给外交部提出了一份报告，请求中国商人在布赫塔尔玛开辟贸易，并就此提出了自己的建议（俄罗斯帝国对外政策档案馆，俄中关系全宗，目录62/3，1796—1798，案卷5，1～3页背面；引文根据 H. A. 阿尔达别科娃：《18世纪末至19世纪中叶中亚地区俄中贸易关系的形成》，载《时间的联系并没有中断》，136页）。施特兰德曼在没有得到回答的情况下于1797年2月直接写信给皇帝谈了自己的想法。保罗一世在3月25日的回信中指示通过布赫塔尔玛地区同中国发展贸易关系；该指示命令外务院促进该地区

的开市问题，并着施特兰德曼同清国当局交换信件。然而俄方当局在布赫塔尔玛开市的建议在中方并没有得到支持（H. A. 阿尔达别科娃：《18 世纪末至 19 世纪中叶中亚地区俄中贸易关系的形成》，136～150 页）。

戈洛夫金的出使未能成功，同时（跟其他问题一样），也未能完成交给他的任务——获得中国允许不仅在布赫塔尔玛开市，而且在额尔齐斯防线开市。直到 1851 年，根据《俄中伊犁条约》才开辟了两个新点以进行俄中贸易，这就是伊犁和塔城。根据这个条约，双方的货物可不交纳关税（《1689—1916 年的俄中关系：官方文件》，莫斯科，1958，26～29 页）。

[7] 马卡里耶夫集市很有名，恰巧 Ю. А. 戈洛夫金使团也途经那里。关于这座市场，研究俄国商人的大专家 П. А. 布雷什金有这样一段话："有一段时间这里发生过对整个俄罗斯国民经济都十分重要的过程——广袤的俄罗斯土地，无论是欧洲部分还是亚洲部分，需要的货物都从这里流过。它们从第一手即生产者手中，流向第二手即商人的手中，乃至第三手即直接同需求者打交道的人手中。幅员辽阔的俄罗斯，从欧洲部分到亚洲部分，在这座市场上储存起所需的大部分产品，然后又把它们分配到四面八方——分配到商业地区和工业地区。因此在它最繁华的时期——上个世纪的六七十年代——在供需之间、生产和消费之间，马卡里耶夫市场每年都起着主要的调节作用。"（П. А. 布雷什金：《莫斯科的商人》，莫斯科，243 页）除了俄国商人之外，欧洲、亚洲和美洲的商人也聚集到这里，几乎有两个世纪之久。市场用地是由修道院提供的，同时市场回报给它的不仅有名声，而且还有财富。担任使臣侍从的列曼医生（见 82 号文件注释 1）对火灾前的老马卡里耶夫市场有一段很有趣的描写。当 Ю. А. 戈洛夫金使团察看过市场后，也就是 1816 年，整个市场建筑群烧为白地，市场迁移到距马卡里耶夫 80 公里的地方——下诺夫哥罗德。市场迁移后，修道院开始衰落，但最大打击还是在 1917 年 10 月之后（俄国所有的修道院都是如此）。1991 年通过决议，把修道院归还教会，同年冬季，30 名女修士进入马卡里耶夫，"以振兴当地的修道院，但如今已经是女子修道院"（C. 加里宁：《马卡里耶夫修道院》，载《劳动报》1992 年 9 月 19 日，7 版）。

№ 54

1805 年 1 月 16 日①。商务大臣 Н. П. 鲁米扬采夫就为俄国向清帝国派遣的使团挑选礼品事给副外务大臣 А. А. 恰尔托雷斯基的备忘录

//19//就赴北京使团携带的礼品问题商务大臣以为，此事宜援引使臣伊兹玛伊洛夫[1]旧例，办得体面豪华，同我国广有财富的地位相合，同帝国自那时以来取得的尊严相一致。礼品中应有我国历代国君头像及表现他们统治期间著名历史事件的金质纪念章一套，以及高级机械制品。

俄罗斯国立中央古代文献档案馆，国家文献全宗第 15 号，案卷 29 补充，1803 年，49～49 页背面。② 底稿。

俄罗斯帝国对外政策档案馆圣彼得堡分馆，总档 1—7，目录 6，1805 年，案卷 1a，卷夹 16，19 页。抄件。

注释：

[1] 伊兹玛伊洛夫，列夫·瓦西利耶维奇（1685—1738），1707 年为普列奥布拉仁斯基团的大尉，1725 年为该团少校，1730 年为谢苗诺夫近卫龙骑兵团上校。1728 年任少将，1734 年任中将，获得圣亚历山大·涅夫斯基勋章，参加过两次征讨克里米亚的战争（1736、1737）（《18 世纪俄中关系》，卷 2，530 页）。

---

① 按照底稿中的日期标出。

② 49 页背面正文下方：1805 年 1 月 16 日。

伊兹马伊洛夫曾任俄国出使清帝国使团（1719—1722）公使衔团长。他的使团中有 90 名成员。使团给康熙帝带去了彼得一世的贵重礼品（《18 世纪俄中关系》卷 1，151 号文件，229 页）。清帝也向俄国皇帝回馈了同样贵重的礼品（同上，172 号文件，276～277 页）。出使的任务是根据 1689 年《尼布楚条约》求得恢复 1718 年被中国中断的商队贸易，任命领事和在北京修建东正教教堂。伊兹玛伊洛夫行廷见礼，清朝廷对他优礼有加：他被皇帝接见了 12 次。但是同清政府全权代表的旷日持久的谈判是一件非常难办的事，结果什么贸易协定也没有签成，清政府对此并不重视。伊兹玛伊洛夫只得到口头承诺，允许俄国商队进入北京，并允许从使团中留一人（Л. 朗格），于商队逗留北京期间在清帝国首都作为领事。其他问题都没有得到解决，而且清政府这时刚刚结束了占领蒙古的行动，它的兴趣首先在于同俄罗斯划定蒙古段的国界，索回逃往俄国的蒙古人。1721 年谈判中断，3 月 2 日伊兹玛伊洛夫离开北京（《18 世纪俄中关系》，卷 1，参见目录；《Л. В. 伊兹玛伊洛夫使臣编写的俄国出使清帝国使团述略》，同上，151 号文件）。

№ 55

1805 年 1 月 16 日。外务院驻恰克图特派员 A. И. 索科洛夫就清国信使经由恰克图返回库伦事呈副外务大臣 A. A. 恰尔托雷斯基的报告

//126//外务院驻恰克图特派员、领边境事务七等文官索科洛夫呈二等文官、外务大臣、御前侍从、赏戴勋章恰尔托雷斯基公爵阁下

自本月 9 日至 16 日向公爵大人发出此报告，在此期间，据我接获的由阿穆尔河口至通金区段最远的奥卡哨所之间 8 个要塞防区长官发来的消息，中国边境一切平安无事。

去年，1804 年 12 月 19 日，有库伦信使协理台吉达西敦多布[①]送致枢密院的文书[②]至伊尔库茨克城，途经我哨所，此事我在 257 号报告[③]中已禀报。今年 1 月 10 日该信使经由恰克图哨所已顺利返回库伦。

七等文官索科洛夫

1805 年 1 月 16 日

于恰克图哨所

① 下加线为原文所有。

② 见 43 号文件。

③ 见 48 号文件。

126 页左侧页边：第 11 号。

俄罗斯帝国对外政策档案馆圣彼得堡分馆，总档 1—7，目录 6，1805 年，案卷 1a，卷夹 1，126 页。原件。

№ 56

1805 年，不晚于 1 月 23 日①。副外务大臣 A. A. 恰尔托雷斯基呈亚历山大一世皇帝的奏章，报告赴清国使团的目的及筹备情况、给使臣的训令内容，并建议派遣三名耶稣会士赴广州协助使团[1]

//1//副外务大臣启奏皇帝陛下

前年，1803 年 11 月，商务大臣向国务总理大臣报告：为派遣海上探险队事，他有//1 背面//奏章得到皇帝陛下批示，其中建议派使臣出使北京，敦睦修好，通报全俄罗斯国君登基，以期收以下两方面之功效：

一是探听中国政府是否同意接受俄国人除//2//恰克图外在陆界上择方便之地另辟一处通商口岸的建议；二是探听对其他国家已经开放的广州贸易是否也应该把俄国人包括在内。同时，商务大臣还请求把有关使臣到达之事通知中国边务长官，并就上述两问题草拟给使臣的训令。

国务总理大臣当时曾就商务大臣的奏章回答，中国政府在没有得到//3//我方事先通报目的之前，将不会接受使臣，需要等待对方表示同意。是以外务院奉上谕立即以理政事枢

---

① 按亚历山大一世皇帝批准报告的日期标出。

密院的名义给中国理藩院发去文书①。后接到回答，使臣//3 背面//将受到接见，并已颁发命令，将在国境迎接和接待使臣②。

为此，必须挑选一位品学兼优、知识足具的官员，来担当起这份不仅重要而且艰巨的工作。使团筹备工作的纷繁复杂，迫使这项工作//4//推迟到第二年。

中国人迟迟不见已被告知的使团到来，天性多疑的他们开始感到不安，不断派人到恰克图询问管理边境事务的七等文官索科洛夫，打听使臣是否会到来，何时到来，以及随员人数//4 背面//是否会很多。

众所周知，任何一点稍有根据的怀疑，已足以使中国人中止同我们的贸易关系，而我们将因此而蒙受相当严重的损失。因此此间认为，有必要再次由外务院以理政事枢密院的名义致书//5//他们的最高理藩院，说明为了使此间建议的这次出使无愧于两大国的崇高地位和威名，筹备工作正在进行中，因此需要时间，故才将出使推迟到第二年③。

//5 背面//从我方出现的种种情况来看，来年派使团去中国势在必行。而且一定要办得有声有色，俾第一次被迫出现之延宕以第二次回答得到补救。如今只有采取//6//一切措施，以求该使团获得成功，为我国贸易创造某些有利条件。故现草拟了一些条款，以作为向使臣下达训令的基础，同时还要决定应该为使臣备办什么礼物。需时虽多，但却仍//6 背面//来得及在来年夏初出发时打点停当。

至于说到怎样才能有助于说服中国人实现所求，那主要

---

① 参见 7 号文件。

② 参见 18 号文件。

③ 参见 18 号文件。

就应依靠北京的耶稣会士。他们受到尊敬，//7//同当地上层人物交往颇深。由于使团乃至所有外国人都受到警觉的监视，无法同当地居民交往，故臣认为有必要请此间耶稣会首脑挑选三名//7 背面//精干人员，给予丰足的往返所需旅费，经广州派往北京。要委托他们通过居住在北京的教会人士，想尽办法促使当//8//地有头脑有影响的权臣对俄罗斯产生好感，事先定好办法，待使臣到达后，把有关那些权臣及其爱好等各种可靠消息，把使臣应该知晓的有关北京朝廷的一切情况以及谈判过程中可能发生的一切问题统统告诉使臣。//8 背面//臣以为有责任把自认为应该写进训令供使臣参考的最重要的问题奏明陛下。

第一和第二个问题已由商务大臣奏明，现报告其他问题。

//9//第三点，臣以为我们应该取得阿穆尔河[①]的自由通航权。这一新航路的发现将促使堪察加获得生命，以最短的距离从俄罗斯向这个蛮荒之地供给它极为匮乏的生活必需品。届时将可以//9 背面//期盼当地会逐渐有人定居，并为我国扩大同日本和广州贸易提供更多的物资。

第四点是中国到俄罗斯的商队在抵达恰克图之后，或可途经贝加尔湖，沿途危险重重，然后经陆路到托博尔斯克，//10//其距离有 3500 俄里；或可走一条困难不亚于前者也不比前者更近的新路。可是此间有可靠情报指出，还存在着另外一条路，它比前两条都要近得无可比拟，而且没有任何危险，这就是从布赫塔尔玛河上的多棱堡出发，到达科布多//10 背面//城，行程骑马不超过 12 天，由科布多到北京，行程为 18 天，距离不超过 1500 俄里，有食宿供应。由布赫

---

① 此处和以下的下加线均为文中原来所有。

塔尔玛河还可能经由水路把货物运到托博尔斯克，这条路距离不超过1800俄里。如果在布赫塔尔玛河的多棱堡建立//11//仓储，中国商人也可以少走500多俄里的冤枉路，交通全是通过草原。因此臣以为如果无法说服中国人沿国境全线开辟自由贸易，可努力//11背面//说服中国政府同意经布赫塔尔玛河同我国建立贸易关系。

第五点，要指示使臣在到达中国国境之前和到达之后，尽力收集一切信息和方案，以促进和发展我国同中国人之间的贸易，综合国家和私人的利益//12//加以深入思考，把这些信息变成对北京朝廷提出的要求。

第六点，由于中国人政策多疑，且装出一副对贸易不屑一顾的样子，要求他们在对我方无所求的情况下//12背面//同意我方提出的要求，将有许多困难。故给使臣的训令中应有这样的内容，命他运用一切手段，了解对方有哪些取决于我方、但又无损于我方利益的不可或缺的利益，可建议以之与对方交换我方//13//希望中国政府同意的条款。

同时，在此间要告诉那些经广州到北京的耶稣会士，让他们也特别注意这一点，并以一切办法通过北京耶稣会士向中国人暗示，他们可以向俄国使臣提出//13背面//各种利益要求。此亦并非无益之举。为此，耶稣会士应该或对当地可能收集到的消息，或对使臣到北京后告诉他们的消息，或对使臣在途中收集到的消息有所心领神会。//14//如果耶稣会士在该问题获得成功，那就有可能出现一个相当重要的特别机会，造成使臣得以中国理藩院所提某项要求已越出其权限，需派信使请示为借口，赢得更多//14背面//在当地逗留的时间，以期深入结交中国权臣，向他们灌输[1]对自己的

① 原文如此。

信任，以推进我方所期之最终结果。

除了这些最重要的问题之外，再有就是要决定//15//送到北京给博格德汗本人及权贵们的礼品。

中国人对礼品非常贪婪，对此早有耳闻。故而有必要运用这种手段使他们的有识之士对我们产生好感。这些礼品应该同目的相吻合，尽管无法准确预见目的一定能达到。更何况以臣之见，在谋划任何事情时，都不应//15 背面//对任何一点可能导致成功之处有所忽略。特别是在目前情况下，几乎所有礼品都只不过是我国工厂的产品，或者是我国毛皮业的产品。将要发放给使臣及其全体随员的旅费，大部亦都将留在国内。按惯例毛皮将占礼品中的绝大部分，关于它们的数量质量以及由何处获取的问题，最好//16//还是让微臣报告内阁总理大臣并详细了解情况后，再向陛下奏报。现斗胆进呈清单一份备览①。

据此，特请圣上命令财政大臣预先备办//16 背面//清单中开列的纪念章，并着二等文官古里耶夫大人备办镜子及其他水晶制品。清单中开列了要赠送的马车，臣以为可以委派臣属下部门的一名官员去订制并监造，以便事先对此//17//保守秘密。为此以及为购置科学用品，所需经费估计约需 25000 卢布。如果微臣所请得到圣上批准，恭请圣上立即向财政大臣颁发谕令。关于锦缎、丝绒//17 背面//等衣料，臣将尽力了解情况，打听采购地点及价格。

最后臣要报告，使团所需之官员、随从、工匠等，微臣将待使臣选定后，//18//会同其提前酌定，并呈报圣裁。眼下臣以为有必要提醒，为了收集有用的资料信息，应尽可能准备地理图册；该使团还需要调集几名//18 背面//学者，

① 见 57 号文件。

其中工程军官两名、船务技师一名、自然史教授一名、物理教授一名、天文教授一名、机械师一名、画师一名、医生和医士各一名。这些人应该提前调集，务使选择深得其人。

//19//该使团使命繁复，人员复杂，随行物品包罗万象，有许多东西还需要采购，臣一时难以说出所需经费数量，将在以后荣幸地向陛下奏报。//19 背面//目前所想到的仅限于眼下急需的内容，即构成使团此行最主要目的并需耗费时日准备的事物。//20//特此恭呈圣上御览。

亚当·恰尔托雷斯基公爵

1805 年 1 月……①日

1 页左侧页边有亚历山大一世皇帝的批示：照准。1805 年 1 月 23 日。

俄罗斯帝国对外政策档案馆圣彼得堡分馆，总档 1—7，目录 6，1805 年，案卷1a，卷夹 22，1～20 页。原件。

注释：

［1］不晚于 1805 年 1 月（根据档案中相邻的有关派遣耶稣会士的文件标出日期）外务院档案馆主任 П. Г. 季沃夫就派遣三名耶稣会士去广州协助 Ю. А. 戈洛夫金使团行动一事拟写了一份备忘录：

“备忘录。由于经验表明，北京宫廷有个对待所有外国人的习惯，那就是始终要把他们关在一个街区里，禁止他们同当地百姓发生任何关系，所以派这些耶稣会士跟这个使团一起前往是一个不谨慎的行为；但也许派他们经过广州（原文中有下加线。——俄编者）前往，对他们领受的委托不露任何痕迹，却可能取得完全的成功。如此说来，他们随身只应携带他

---

① 文件中没有标出日期。

们教会长老的介绍信，甚至连开给伦敦的期票都应该是长老吩咐给予的，这样才能把他们的使命更好地隐瞒起来。

“长老派遣了他手下的三个人——两个数学家和一个能干的机械师。这些耶稣会士应该大大早于使团出发，并在使团到达北京时已经抵达那里。他们应该就谈判的主要内容得到口头指示，并且遵循自己教友的榜样为那些建议获得成功做好准备。由于这三名耶稣会士是经广州到达的，所以他们的使命不会引起怀疑。他们将会非常便于把使臣需要的情报通知他。”

本页左方：HB. 尽管档案中没有一行字讲到这个方案，然而据所知，叶卡捷琳娜二世在位时期，在已故别兹波罗德科伯爵的部里，对此还是存在着疑问的（见 H. Б. 祖布科夫翻译成法文的 П. Г. 季沃夫的手迹。法文手迹藏于俄罗斯帝国对外政策档案馆圣彼得堡分馆，总档 1—7，1805，案卷1-a，卷夹 2，5～6 页）。

当时 П. Г. 季沃夫草拟的文件标题是《耶稣会士参考资料备忘录》：

“1. 派往中国使团的目标——扩大现行贸易，由于两国之间所有的交往至今仅限于恰克图市场，首先就要努力争取让贸易根据商人的要求在国境全线展开。

“2. 由于中国人没有提出任何要求，作为我皇家提出要求的补偿，故希望提醒他们提出一些要求。甚至当所要求的内容实为难以接受或根本无法接受时，也可从中得到一个好处，就是使臣可以派信使赴圣彼得堡请示，从而可以以（这里在页边加了一句：此事超出了他所拥有的权限，须）等候己方君主的命令为借口（原文中有下加线。——俄编者）在北京继续逗留。此外，它还可以赢得时间，更好地研究当地情况，建立联系，逐步把中国人引向所希望达到的目的。

“3. 使臣将接到命令沿途收集情报，了解中国人的需要。这些情报将转告耶稣会士，由他们去说服当地人向使臣提出，同时尽量由此而取得更大的好处。

“4. 同时耶稣会士一方也要尽力了解中国人的喜好，并将这些愿望想方设法告知使臣。

“5. 要向中国人灌输关于俄罗斯帝国以及它所具有的国力、它的巨大财富、圣彼得堡政府在其他大国中享有的威望的正确观念，要让他们知道亚历山大皇帝的统治同其他人有所不同，他崇尚公正的原则，他在最近这段时间为人类做了无数善事（页边：皇帝陛下政通人和，始终持有同邻国友好相处的愿望）。

“6. 要求耶稣会士要取得对构成中国政府的官员的准确而详尽的情报。他们应努力打探，哪些人对事务有较大影响，谁比较接近皇帝，谁对他能产生影响，礼物应该送给谁。他们要努力深入了解皇帝的禀性，打探他的癖好、习惯、喜爱的物事、喜欢谈论的内容。收集到的所有情报应待使臣抵达后立即向他报告。

“7. 要让使臣了解中国政府对他的态度，了解人们对他的看法，了解他所能指望的成功的程度，这些都很重要，因此必须要让耶稣会士努力做到对中国各衙门中有关使臣的一切情况了如指掌，并把消息通知使团。他们还应当想办法向当地居民散布他们认为有利于俄罗斯的一切新闻和消息，以便使臣用来争取他所承担的谈判获得成功。”（П. Г. 季沃夫的法文手迹由 Н. Б. 祖布科夫翻译。法文手迹存俄罗斯帝国对外政策档案馆圣彼得堡分馆，总档 1－7，1805，案卷 1a，卷夹 2，7～10 页背面）

按照耶稣会俄国总会长格鲁伯（参见 436 号文件注释 3）的命令，派往中国的（经葡萄牙）耶稣会士有三人：科尔萨克、格拉西和施蒂默尔。科尔萨克·诺伯特熟谙物理学和数学，波兰人，当时 32 岁。他深得格鲁伯的信任，是这组教士的头目。1806 年 1 月 16 日他给伦敦的耶稣会士斯特拉克兰德写了一封信，后者给他的回信中谈到从里斯本派传教士去中国的计划所遇到的困难。摘录他们往来信件的抄件收进了外交部呈亚历山大一世的报告中（1806 年，不晚于 1 月 16 日，日期根据文件中提及的时间确定），藏于俄罗斯帝国对外政策档案馆圣彼得堡分馆，总档 1－7，1805，案卷 1a，卷夹 2，18～20 页。底稿部。1806 年 12 月科尔萨克从里斯本往圣彼得堡发来一封信，是写给耶稣会会长 Ф. 布尔若佐夫斯基的（见 372 号文件注释 1），其中有一段清国大臣给颙琰的奏章（很可能是满文翻译的抄件），讲到基督教传教士在中国的活动有害，并讲到了同他们的影响作斗争的方法（俄罗斯帝国对外政策档案馆圣彼得堡分馆，总档 1－7，1805，案卷1a，卷夹 2，45～46 页，法文抄件）。在另一封信中他报告了传教士在中国的状况，并对耶稣会士到广州是否合适提出了怀疑（同处，44～44 页背面，法文抄件）。

科尔萨克同另一个耶稣会士（施蒂默尔）草拟了一封信（不晚于 1805 年 1 月，日期根据涉及议论由里斯本派遣耶稣会士的相邻的档案判定），其中谈到如果他们能顺利抵达广州，就派耶稣会士普阿罗去北京（同上，13～14 页，法文手迹）。

第二名耶稣会士是约翰·安图安·格拉西，意大利的贝加莫人，熟谙物理和数学，30 岁（M. Я. 莫罗什金：《俄国的耶稣会士》，316 页、334 页页下注）。现存有一封他写于 1807 年 1 月的信，内含嘉庆皇帝禁止基督教在清帝国传播的谕旨（看来可能是满文译文的抄件）（藏于俄罗斯帝国对外政策档案馆圣彼得堡分馆，总档 1—7，1805 年，案卷 1a，卷夹 2，46～47 页背面。法文抄件）。

第三名耶稣会士叫约翰·施蒂默尔，德国人，“刻印章造假的能手”，“生性狡猾，是个狂热的传教士”，46 岁。但他同前两名耶稣会士有所不同，没有神甫的职位，只是一个普通的神职人员（教士）（M. Я. 莫罗什金：《俄国的耶稣会士》，318、331、334 页）。

由于 Ю. А. 戈洛夫金的出使没有实现，耶稣会士也没有到达北京。但他们直到 1812 年才获得亚历山大一世的批准回到俄国（见 534 号文件）。

№ 57

1805 年，不晚于 1 月 23 日[①]。副外务大臣 A. A. 恰尔托雷斯基呈亚历山大一世皇帝奏章的附录，开列有为出使清帝国使团备办礼品的清单

//16//为出使大清所备办的礼品清单

1. 本地玻璃厂自产大号镜子两面、二号镜子两面。

2. 蓝、绿、黄色金花中国风格大花瓶数只。

3. 黑漆金龙花马车一辆，四面及门上有“两国友好和睦为人民福祉”的中文字样[②]。//16 背面//车内应为黄丝绒软包，车辕及车轮为金色。

4. 金银花锦缎数匹。

5. 紫色及黄色丝绒数匹。

6. 紫、深蓝及黄色软缎数匹。

7. 商务大臣以为有必要赠送镌有我国历代国君像及其统治期间重大事件的金质纪念章一套。微臣斗胆进言，//17//窃以为似可赠送银质纪念章一套，仅此一项可节省约 35000 卢布。中国人亦将同样满意，因为这样的纪念章他们也会跟金质的几乎同样看重。

---

① 日期按 A. A. 恰尔托雷斯基呈亚历山大一世的奏章批准之日标出。同时呈递的还有奏章（见 56 号文件）。

② 下加线为文中原有。

正文下方：关于银质纪念章问题，圣上已于1805年1月25日提交财政大臣瓦西利耶夫伯爵决定。

俄罗斯帝国对外政策档案馆圣彼得堡分馆，总档1—7，目录6，1805年，案卷1a，卷夹16，16—17页。底稿。

№ 58

1805 年 1 月 24 日。库伦办事大臣蕴端多尔济、玉衡呈嘉庆皇帝的奏章，报告收到伊尔库茨克民事省长 H. M. 卡尔特维林的来信，但未收到俄国使臣到达时间的消息

//14// 十月六日[①]

奴才蕴、玉恭奏圣听

此前奏报[②]，奴才等已奉谕派协理台吉达西敦多布等人赍理藩院致俄罗斯枢密院文书[③]［前往伊尔库茨克］。

今十二月二十五日[④]达西敦多布等返回，带有俄国省督给奴才的信[⑤]，内称理藩院的文书将立即转送枢密院，又称现下虽尚不知彼国汗王使臣究竟于 //15// 来年何时到达，但彼等记得奴才等对他们的说明，故肯定唯与我天朝商定时间，并事先来书知会出使我国大臣的职级后，使团方能动身来我边境。省督又称，彼已获知奴才玉衡已接替阿［尔达西的］昂邦之职，并称彼国汗撤换了前省督列别杰夫，此缺不

---

① 即 1 月 24 日。

② 见 47 号文件。

③ 见 43 号文件。

④ 即 1 月 13 日。

⑤ 见 50 号文件。

久将由新任省督接替，现此职由省督顾问代理①。

奴才等还详细询问了达西敦多布等人同省督谈话经过，彼等回称：

我等到伊尔库茨克后，//16//省督照例向郡王和昂邦恭问安好，并开阅了您的说明信②。在将致郡王及昂邦的回信交给我等时，言称枢密院尚未通知彼汗所派使臣人选的消息，亦未通知贡品中究有何物，对此他感到不安。但在接到有关消息后他一定会立刻转告郡王及昂邦。省督还说，俄国人不耐严寒，故如使团在天冷前到达，将提前//17//知会郡王及昂邦。由于他们那边有个海子叫贝加尔湖，那时还没有封冻，便让我等又多耽搁了几天，期间常邀我等做客、看戏、看变戏法。省督按例赏给奴才达西敦多布及奴才的随员每人细红毡1块、黄狐5张、充缎2匹，随从人等每人赏粗布及各种琐细物件。

奴才等特将省督日前送到的信专函封固，//18//送呈圣上御览。

此外，如俄国使团到达库伦时间与奴才等所定时间相合，考虑到新年[1]即将到来，奴才等将谨遵圣谕，飞章奏报，然后亲自护送使团上路。如俄国人果然畏寒，来年六七月间③方到达库伦，奴才将按上谕所示，事先奏报，亲自护卫使臣从库伦出发，时间要安排在皇上万寿之期//19//入朝。如果奴才等还有什么问题需要圣上训示，将另行奏报。

特此恭奏。

---

① 原文如此。

② 见10号文件。

③ 即1806年8、9月间。

19页文件末尾：照此办理。此折［由北京返回］，1月23日①皇帝有朱批如下：已传旨。

蒙古国立中央历史档案馆，藏档M-1，案卷639[2]，14～19页。库伦办事大臣衙门满文抄文簿抄件，И.Т. 莫罗兹译自满文。

注释：

［1］清代宫廷每年有三大节日要庆祝：新年、夏至和皇帝圣诞（参见20号文件注释3）。新年的庆祝活动始于相当于二月份（按旧历）的新月出现之日。从公元140年开始即被正式定为春节。（《东亚民族》，《世界民族丛书》，莫斯科—列宁格勒，1965，296～298页）在位的王公和台吉在新年之前有一段时间需要亲自赴北京朝贺。喀尔喀王公为此需要分为6批按顺序轮流进京，在轮空的年份他们每一个人都要往北京送去一份贡礼。喀尔喀土谢图汗、车臣汗、扎萨克图汗和库伦哲布尊丹巴呼图克图每年供奉1头骆驼和8匹白马。他们从1638年就接受了这样的恩典，那一年他们自愿派遣使团带着这样的贡品前赴满洲。得到的回赐一色是银制品和绸缎，等同于外国的统治者。他们的使者也能得到绸缎布匹的赏赐（Н. Я. 比丘林：《中华帝国述略》，107页）。对属国使者以及地方王公来朝贺新年者，皇帝要赐宴两次，一次在保和殿（他在此接受对寿辰及其他重要事件的祝贺），第二次是正月十五日欢庆结束时在城外的圆明园。新年期间要燃放绚烂的焰火，张挂无数花灯。故而欧洲人又管这个节叫“灯节”（Н. Я. 比丘林：《中国的民俗和道德》，北京，1911，4卷，24页）。这样的焰火所有的中国皇帝都燃放，没有什么特别的变化。描写中国庆祝新年的还有Л. 朗格的1716—1717年北京旅行“报告”（见《17世纪俄中关系》，卷1，496～497页）。

［2］总数为762页的案卷639的封皮上有一个标题：嘉庆在位10年期间文件抄写簿。关于俄罗斯的皇帝谕旨和文件。

---

① 即2月10日。

№ 59

1805 年，不晚于 1 月 25 日[①]。为清国宫廷准备的礼品——成套俄国银质纪念章清单

//21//历史纪念章清单[②]

1. 拉多美斯尔逝世，860 年[③]。
2. 诺夫哥罗德使者来到瓦良格人的土地——860 年。
3. 收服老拉多加——861 年。
4. 西涅乌斯和特鲁沃尔逝世——864 年。
5. 白湖和伊兹博尔斯克归并诺夫哥罗德——864 年。
6. 留里克派遣长官分驻各城邦。//21 背面//
7. 留里克受大公封号。
8. 波兰人和戈伦人向留里克请求公的封号。
9. 奥斯科尔德征讨希腊人——865 年。
10. 留里科夫逝世。
11. 伊戈尔大公。
12. 乌尔曼大公奥列格监国——879 年。

---

① 日期根据财政大臣瓦西利耶夫 1806 年 1 月 25 日致 A. A. 恰尔托雷斯基的关于将银质纪念章一套交付使臣 Ю. A. 戈洛夫金的公函标出（俄罗斯帝国对外政策档案馆圣彼得堡分馆，总档 1—7，目录 6，1805 年，案卷 1-a，卷夹 16，20～20 页背面）。

② 文件有两种文本，另一个文本不全。

③ 此处及以下“年”字用直体字母书写。

13. 奥列格建立莫斯科城——880 年。

14. 纪念南北俄罗斯联合。//22//

15. 德列夫利安人、北方人和罗季米奇人给诺夫哥罗德纳贡——884 年。

16. 乌格拉军过基辅。

17. 奥列格征讨希腊——906 年。

18. 奥列格占领众多希腊城邦——906 年。

19. 纪念同希腊人签订和约——906 年。

20. 同希腊人第二次媾和并建立联盟——912 年。//22 背面//

21. 奥列格逝世——916 年。

22. 斯维亚托斯拉夫诞生——920 年。

23. 伊戈尔海陆大捷——941 年。

24. 希腊人向伊戈尔纳贡——944 年。

25. 伊戈尔同希腊人媾和——945 年。

26. 伊戈尔逝世——945 年。

27. 斯维亚托斯拉夫继承北部和南部俄罗斯——945 年。

28. 接见前来赔罪的德列夫利安使团。//23//

29. 斯维亚托斯拉夫和奥莉嘉征讨德列夫利安人——946 年。

30. 奥莉嘉建立普斯科夫城——947 年。

31. 符拉季米尔诞生——947 年。

32. 奥莉嘉海路出征君士坦丁堡——955 年。

33. 女大公奥莉嘉在察里格勒受洗——955 年。

34. 奥莉嘉劝子受洗——956 年。

35. 斯维亚托斯拉夫攻占别洛韦日城——965 年。//23 背面//

36. 斯维亚托斯拉夫为援助希腊人带领匈牙利人战胜保加利亚人、科夏尔·科撒格人和雅西人——967年。

37. 斯维亚托斯拉夫夫妇同光荣的匈牙利女大公在一起。

38. 从佩切涅格人统治下解放基辅——968年。

39. 奥莉嘉逝世——969年。

40. 斯维亚托斯拉夫向希腊人宣战——971年。//24//

41. 斯维亚托斯拉夫在色雷斯攻城略地——971年。

42. 斯维亚托斯拉夫接受希腊人进献武器——971年。

43. 希腊人向斯维亚托斯拉夫纳贡——971年。

44. 斯维亚托斯拉夫由多瑙河航入第涅伯河——971年。

45. 亚罗坡尔克在基辅登大公位——976年。

46. 弟兄友爱和睦。//24背面//

47. 亚罗坡尔克战胜佩切涅格人，向他们索贡——976年。

48. 亚罗坡尔克给佩切涅格王公分封建城的土地——976年。

俄罗斯帝国对外政策档案馆圣彼得堡分馆，总档1—7，目录6，案卷1a，卷夹16，21～24页背面。抄件。

№ 60

1805 年，不早于 2 月 1 日。① 军机处给库伦办事大臣蕴端多尔济、玉衡的命令，附嘉庆皇帝为俄国使团规定抵达北京可能日期所下的谕旨[1]

//23//1 月 23 日［收到］②

军机大臣令行库伦办事大臣、喀尔喀郡王等

嘉庆十年一月十四日皇帝诏曰：

蕴端多尔济等人奏称，已派出协理台吉达西敦多布等人递送理藩院致枢密院文书，云云。③

此前，蕴端多尔济等多次奏称//24//俄人欲遣使来朝。朕见俄人行为恭谨，下令顺其所请，但绝非朕有意邀请渠等。且俄人行事极为可疑，故蕴端多尔济等决不可越权行动，在此期间只应静待俄人消息。若俄使举止确实恭谨，并于六七月份抵达库伦，蕴端多尔济等可立即由当地出发，以便于万寿日之前将其送达京城。

若俄国人于冬季抵达，库伦之地正值严//25//寒，俄人将难以忍受。京城与库伦相比，此时暖和甚多，既然由北向

---

① 日期根据皇帝谕旨的时间（嘉庆十年一月十四日）确定。

② 即 2 月 20 日。

③ 见 47 号文件。

南，愈行愈暖，又有何道理说彼等不可抵达北京？故俄人若冬季到达，着即按此前所颁谕旨由库伦出发，估计于岁末入京。

该使臣等若无法于年内，仅能于新年过后来年春天到达，蕴端多尔济应立即由当地出发，算计朕启驾去避暑山庄时间，将其送往热河行宫。无论如何，蕴端多尔济等人只应等待俄人消息，并于得到确切消息之后方行奏报，以待圣示，一切遵旨行事。绝不可越权行事，亦不可无所事事，终日请示，呶呶不休。

恭奉上谕，特发此令。

蒙古国立中央历史档案馆，藏档 M-1，案卷 639，23～26 页，库伦办事大臣衙门满文抄文簿抄件。И.Т. 莫罗兹译自满文。

注释：

［1］在这道圣旨中，嘉庆皇帝首次提到了 Ю.А. 戈洛夫金使团到达的准确时间。尽管天寒地冻，俄国使团仍然还是要从库伦出发，并预计在皇帝生日之前（1805 年 11 月 13 日之前）赶到北京。指定这个日期绝非偶然，也不是无所谓。因为这样一来，Ю.А. 戈洛夫金就一定要随同来朝的各藩属国家的使节一道向清帝拜寿。与此同时，在外交地位上，俄国使臣也将降低为一个藩属国家的使节。

№ 61

1805 年 2 月 9 日[①]。Ю. А. 戈洛夫金于接受俄国使团团长任命时就组织筹备工作方面的建议和私人请求给副外务大臣 А. А. 恰尔托雷斯基的信

//3//1

一支前往中国的考察队正在筹备之中，为便于其达到目的，必须将谈判目标予以集中，统一发布训令，保证唯有考察队领导人方能在有关其活动的报告中获得他应得的各种情报。

2

授予考察队领导人的种种权限亦应具有这种统一的原则，因为这支考察队是如此庞大，组成人员如此众多，前往之地又如此遥远而鲜为人知。

3

最高当局决定这支考察队远赴他国，特别是中国人生性多疑性格阴沉，要求挑选考察队组成人员时要特别严格。考察队领导人必须有推荐使团职员和官员的权力，然后交由外务大臣呈请皇帝陛下批准。

---

① 日期根据 66 号文件中提到的提交建议的日期确定。

4

装备使团的经费和开销，其管理和报表将交由专职人员负责，使臣对此不必负任何责任。

5

戈洛夫金伯爵心怀恭敬感激之情，接受领导此项委托的建议，定将鞠躬尽瘁，忠心耿耿、尽心竭力报效君王。他不图奖赏，不提要求，唯望竭诚服务以博恩宠。然而当此远离祖国，远离亲人、家业乃至远离最珍贵的一切之际，他希望不仅能憧憬未来，而且还斗胆恳请//4//皇帝陛下慷慨赐恩如下。

6

批准伯爵的遗嘱，俾其配偶能于身后享用他的财产。

7

现在赐予他御马监总监之职。宫中已三次将此职授予委以重任的比他年轻的人士，他最近一次被提升为三等文官之后，曾斗胆恳请皇帝陛下将此职恩赐于他，这将使他［戈洛夫金］享有地位和名分，为他的使命增添巨大的光彩。

8

由于工作有序，管理有方，戈洛夫金伯爵的财产足以使他过上富足生活，但却有欠体面排场，也无法承受特别开销。离家远行迫使他把收入留给妻子，荒疏了构成收入主要来源的某些营生。为此他满怀羞惭之心，恭谨信赖之情，期望皇帝陛下赐予资财，提供帮助。

俄罗斯帝国对外政策档案馆圣彼得堡分馆，总档1—7，目录6，1805年，案卷1a，卷夹4，3～4页，原件为法文。手稿。Н. Б. 祖布科夫译自法文。

№ 62

1805 年，不晚于 2 月 14 日[①]。副外务大臣 A. A. 恰尔托雷斯基就拨款购买礼品、筹建管乐队以及护送派赴清帝国使团的部队等事呈亚历山大一世皇帝的报告

//49//前已有幸奏报陛下，值此我使团启程赴中国之际，礼品中已确定应有各种玻璃器皿和毛皮。估计价值 50000 卢布的玻璃器皿、价值 35000 卢布的毛皮已经足够。今斗胆请求陛下颁旨将此事示知有关人士。为//49 背面//护送上述物品，亦为使团能具有盛大阵容，微臣以为有责任恳请陛下，责成微臣向陆军大臣传达陛下旨意，着其下令在我国同中国毗连的边界准备 60 名龙骑兵、40 名哥萨克，发给//50//新装。60 名龙骑兵经费可由国库拨付，40 名哥萨克经费可由御前办公厅支付，部队新装经费可由军需局支付。该使团尚需带一支管乐队，陛下是否可颁旨着微臣经办此事？

1805 年 2 月［……］[②] 日

50 页正文下方：此奏章内容已由圣上批准，圣意已于 1805 年 2 月 14 日通知内廷总管古里耶夫，并于 1805 年 3 月 21 日通知陆军大臣维亚兹米季诺夫。

俄罗斯帝国对外政策档案馆圣彼得堡分馆，总档 1—7，目录 6，1805 年，案卷 1a，卷夹 16，49～50 页。底稿。

---

① 日期根据有关执行情况的批注确定。

② 日期在文中未标出。

№ 63

1805 年，不晚于 2 月 14 日①。为派赴清帝国使团备办的礼品清单及礼品价格

//59// 为派赴大清国使团备办的礼品及其价格

//60// 为派往大清国使团备办物品的清单及其价格

1. 玻璃制品，计有镜子、桌子、花瓶、灯、长颈玻璃瓶、盘子、酒杯、水杯等，价值 50000 卢布。

2. 毛皮，计有貂皮、狐皮、白鼬皮、海狸皮、北极狐皮。据宫内厅估价为 52612 卢布，市场价为 85475 卢布。

3. 从皇帝陛下内//60 背面//［库］② 调拨各种锦缎、丝绸和天鹅绒 795 俄尺，价值 7833［卢布］。

4. 从铸币局领取俄罗斯银质纪念章一套，价值 3000［卢布］。

镶嵌青铜的红木纪念章盒一只，价值 1000［卢布］。

5. 数学工具若干，价值 4940［卢布］。

总计 152 248［卢布］。

俄罗斯帝国对外政策档案馆圣彼得堡分馆，总档 1—7，目录 6，1805 年，案卷 1a，卷夹 16，59～60 页背面，原件。

---

① 日期根据 62 号文件标出。

② 文中“库”字脱落，今据意义恢复。

№ 64

1805 年 2 月 16 日。亚历山大一世皇帝就任命 Ю. А. 戈洛夫金为赴清帝国特命全权使臣颁发给他的诏书

//4//二等文官戈洛夫金伯爵先生：

鉴于需要向中国派遣特命全权使臣，朕以为任命你担任此职甚为适宜，为此特授你以与北京宫廷交涉的全权，在即将下发给你的训令中，对交涉内容将有所说明。你前往的地方十分遥远，中国人又生性多疑，故要求你的众多随行人员要严守纪律。对此你要多加注意，恪尽职守，严加督察。因此，除朕之出使大臣一职赋予你的权力之外，朕尚准许你对随行人员中行为不轨者，不论职位高低，务要严加惩处，在俄国境内犯事者，可将其留于途中；进入中华帝国境内者，可将其遣回俄国边境。你忠心耿耿，经验丰富，知识广博，办事勤勉，实为朕肱股之臣，相信在新任上定能竭尽全力，以求朕交办之事获致最完美的结局。你前往中国所要经办之事均须与副外务大臣、三等文官恰尔托雷斯基公爵联系，朕已命该副大臣与你共同商定随行人员中之官员人数。

朕已下旨外务院，发给你启动费 35000 卢布及两年薪俸与伙食费，每年计约 50000//5//卢布。钦此。

亚历山大

亚当·恰尔托雷斯基公爵

1805 年 2 月 16 日于圣彼得堡

正文上方：2 月 15 日收到。

引自 Ю. А. 戈洛夫金伯爵文件。《戈洛夫金伯爵赴华使团文件》，圣彼得堡，1904 年，4～5 页①。

① 档案中未发现此文件。

№ 65

1805 年 2 月 16 日以后。[①] 副外务大臣 A. A. 恰尔托雷斯基就亚历山大一世皇帝任命 Ю. А. 戈洛夫金为赴清帝国特命全权使臣而为其规定薪俸数额事给 Ю. А. 戈洛夫金的通知

//6//恰尔托雷斯公爵有幸通知戈洛夫金伯爵大人，皇帝陛下任命其为赴中国特命全权使臣，恩准其额定的年俸为 20000 卢布，伙食费为 30000 银卢布。戈洛夫金大人尚可领到此次旅行的筹备费和直至我国边境的车马差旅费 35000 卢布。

恰尔托雷斯基公爵将此旨意通知戈洛夫金伯爵时，想了解他对此事的意见[②]，以便回奏皇上。同时借此机会再次向他表示深切的敬意。

1805 年 2 月［……］日[③]。

俄罗斯帝国对外政策档案馆圣彼得堡分馆，总档 1—7，目录 6，1805 年，案卷 1a，卷夹 4，6 页。

法文底稿。Н. Б. 祖布科夫译自法文。

---

① 日期根据 64 号文件确定。

② “对此事的意见”这几个字是后加上去的，原来几个被删掉的字是：“对此事的回答”。

③ 文中未标明日期。

№ 66

1805 年 2 月 17 日。Ю. А. 戈洛夫金就接奉亚历山大一世皇帝任命他为赴清帝国特命全权使臣诏命事致副外务大臣 А. А. 恰尔托雷斯基的信

//8//公爵大人：

我有幸通知大人，现已收到皇帝陛下任命我为赴中国使臣的诏书。我将尽心尽力，竭尽所能，不辜负圣君的赏识信任。此次奉旨办差，能与大人共事，有机会向大人聊表寸心，实在非常高兴。

公爵大人，我有//8 背面//幸在 9 日信中[①]事先向阁下提出了诏书中许多未遑涉及的问题，希望它们能得到我所希望的首肯。无疑，这种默许较之要求我保证执行更能令人满意。

我正敬候大人指示接见的时间，以便开展大量与未来使命相关的工作。务祈接受我的深切敬意。公爵大人，我将为能成为您最恭顺、最忠诚的仆人而深感荣幸。

戈洛夫金公爵

1805 年 2 月 17 日

---

① 见 61 号文件。

8 页正文上方以俄文书写：对任命为使臣的通知的回答。

8 页背面正文下方以俄文书写：送 **A. A.** 恰尔托雷斯基公爵大人。

俄罗斯帝国对外政策档案馆圣彼得堡分馆，总档 1—7，目录 6，1805 年，案卷 1a，卷夹 4，8～8 页背面。原件为法文。手稿。**Н. Б.** 祖布科夫译自法文。

№ 67

1805年，不早于2月17日[①]。Ю.А.戈洛夫金特命全权使臣关于使团必须拥有一支武装卫队及其人数和具体职能的报告[②]

//4// 使团随行人员中必须有一支武装卫队，特别是哥萨克护卫队，理由如下：

从边境到北京有两个月行程，这期间使团只能驻扎在营盘中，帐篷将是唯一的栖身之所。每天安营扎寨或拔寨起行，乃至保管帐篷，都必须有士兵。

财产和金库的保卫、营区和沿途的警卫，以及在人数众多的随员中维持秩序和纪律，这一切只能交由俄国士兵去办，因为他们理解向他们下达的命令，并有义务执行之。

在沙漠荒原，得不到任何援手，必须要有一些多余的人员，以便照管辎重，遇到可能发生的灾祸，亦可给予帮助，还能护送//4背面//可能掉队的车辆。

在前往北京的整个途中，使团人员吃不到面包，只能以干粮[③]充饥，这种干粮亦需士兵制作。

在使团逗留北京期间，一定要有士兵保护财产，维持大本营内部秩序，此事不可委托外国军队代办。最后，中国政府不可能提供人员从事日常服务工作，如：打扫房间、烧炉子、洗衣、喂养马匹等。其中照顾马匹尤为必要，因为使团

---

① 日期根据戈洛夫金被任命为使臣的时间确定（见64号文件）。

② 报告给何人文中未指明。

③ 文中括弧内有俄文解释：面包干。

由边境继续行进以及进入北京时均须骑马。

还须有士兵看护病人，为那些既无钱雇用私仆又无权拥有私仆的职员当勤务兵①。最后，士兵还可看管那些为维护//5//秩序需特别加以看管的人员。

行进途中和宿营地必须设以下岗位：

使臣帐篷旁	哨兵1人	军官1人
金库旁	哨兵1人	15人
行李和银器旁	哨兵1人	------
车辆旁	哨兵1人	守备人数按需要设置
警官的传令兵	哨兵1人	------
夜间守卫	2人	2班共32人
	哨兵7人②	
	照看病号者8人	
	总计49人	

预计整个营地按12小时计算，每岗每小时需1人，每天卫兵总数为21人，如每人每两天轮休一次，需63人。此63人实为饲养、看护、放牧时看守骑乘马匹所必需。骑乘马匹不少于50匹，至少需12人；同前述人员//5背面//加在一起为75人，军官和军士还不在此数之内③。预计若有不幸事件、疾病和特殊情况，此数还要增加。

俄罗斯帝国对外政策档案馆圣彼得堡分馆，总档1—7，目录6，1805年，案卷1a，卷夹10，4～5页背面。原件为法文。手稿。Н. Б. 祖布科夫译自法文。

---

① 下加线是文中原有的。勤务兵一词用俄文写出。

② 此表中栏从第一行起便作有这样一行文字："哨兵7人"。右侧有花体括号。

③ 右侧页边注明：军官3人、号手1人、总指挥军官1人。

№ 68

1805 年 2 月 27 日。科学院院长 H. H. 诺沃西利采夫[1]就任命学者参加 Ю. A. 戈洛夫金使团一事致副外务大臣 A. A. 恰尔托雷斯基的信

//5// 亚当·阿达莫维奇公爵阁下：

为满足大人愿望，除派舒伯特院士先生[2]和七等文官潘茨涅尔[3]参加赴中国使团外，现就增派一位教授事，将本人的意见紧急奉告如下。

据闻，潘茨涅尔先生在植物学和矿物学方面造诣颇深。窃以为目前在动物学方面尚缺一名官员。本人认为，亚当斯[4]先生才华出众，此人系科学院通讯院士，现任助理研究员，去过格鲁吉亚，深为三等文官普希金伯爵 //5 背面// 赞许，在自然史方面，特别在动物学方面，知识确实极为丰富。本人已委托科学院向他提出建议，相信他会愉快接受。在此情况下，本人认为，除科学院所领薪俸外，使团应付给他年薪 1000 卢布以及同样数目的启动费。至于舒伯特先生，科学院承认该官员科学贡献非常巨大，随使团出发对他的任用不但不会造成困难，而且科学院将采取一切必要措施，以保证他人虽派走，但在科学院的任职 //6// 却不会因此而有所中断。关于他的任职条件，完全听凭伯爵大人同他商量决定。

务祈伯爵大人告知本人，科学院是否有必要向己方参加

使团的官员颁发科学工作训令。

荣幸地向伯爵大人致以诚挚的敬意。

您恭顺的仆人尼古拉·诺沃西利采夫

于圣彼得堡

1805年2月27日

5页正文下方是：送A.A.恰尔托雷斯基公爵大人。

同处：No 159。

俄罗斯帝国对外政策档案馆圣彼得堡分馆，总档1—7，目录6，1805年，案卷1a，卷夹13，5～6页，原件。

注释：

[1] 诺沃西利采夫（诺沃西利佐夫），尼古拉·尼古拉耶维奇（1768—1838），伯爵，俄国国务活动家，圣彼得堡科学院院长（1803—1810），秘密委员会成员，得到亚历山大一世的特别信任。1804—1809年在西欧担任外交使命。在蒂尔西特同拿破仑签订和约（1807）后被迫退休（同时退休的还有一批亲英的明显敌视拿破仑的其他国务活动家）。

1812年再次出山担任公职，任为治理华沙公国而成立的临时议政会副议长。华沙公国更名为波兰王国后，诺沃西利采夫担任执政会主任委员，对波兰人表现得十分残酷，故而由亚当·恰尔托雷斯基原来的好朋友转变为他的主要敌人。从1832年起任国务委员会主席和内阁首席大臣。1833年在获得各种勋章和各种头衔之后，被授予伯爵称号。死在圣彼得堡（H.K.希尔德：《俄皇亚历山大一世的生平和统治》，第2版，圣彼得堡，1904—1905；H.И.格列奇：《我的自述》，莫斯科，1990，328页）。

[2] 舒伯特，费多尔·伊万诺维奇（1758—1825），数学家，天文学家，大地测量学家。出生于德国，1783年迁居俄国。1786年任科学院数学学科助理研究员。1789年为数学学科院士。1803年任天文学院士。

1805年奉派参加Ю.А.戈洛夫金使团。同少尉К.И.藤涅尔一道，进行了圣彼得堡—下诺夫哥罗德—喀山—叶卡捷琳堡—托博尔斯克—伊尔库茨克交通干线的测量，在戈洛夫金使团行进到伊尔库茨克的一路上，对该交通线进行了实地测绘。

1806年1月中旬使团随员缩减后，Ф.И. 舒伯特回到圣彼得堡（有关他生平的详情见H.H. 纳夫罗茨基：《三等文官、勋章获得者舒伯特院士生平及其著作》，圣彼得堡，1827；《自然科学和技术专家传记词典》，莫斯科，1959，卷2，392页；Д.А. 希林娜：《科学院东北亚考察活动编年史》，57～60页；苏联科学院：《名录》，莫斯科，1974，卷1，1724—1917，24页；Л.С. 巴格罗夫：《俄国亚洲部分地图集：历史杂记》，圣彼得堡，1914，26页；B.H. 巴斯宁：《戈洛夫金伯爵的赴华使团》，100页）。

Ф.И. 舒伯特由伊尔库茨克和托木斯克给科学院的报告被保存了下来（俄罗斯科学院档案馆圣彼得堡分馆，1号藏档，目录2，1805，491、531、557节）。保存下来的还有 Astronomishe Beobachtungen auf einer Reisevon St.-Petersburg nach Irkutsk im Sommer des Jahrs 1805（俄罗斯科学院档案馆圣彼得堡分馆，1号藏档，目录3，案卷36、37号）。1809年出版了他的成果：Schubert F. F. *Ditermination on astronomique de quelques villes de L'Empire Russe*. -Memoires de L'Academie imperiare des Sciences de St. —Petersburg. —V. ser. —t. I. Spt. 1809.

［3］潘茨涅尔（潘斯涅尔），拉夫连季（劳伦茨）·伊万诺维奇，教授，矿物学家，毕业于德国耶拿大学，获哲学博士学位。1803年应邀到俄国，在绘图局服务。

1805—1807年参加Ю.А. 戈洛夫金赴中国使团的科学考察队，从事矿物学和地理学考察。1806年戈洛夫金由库伦回国后，他被派往“上乌丁斯克边区和涅尔琴斯克边区的许多地方进行矿物学考察”，特别是考察“发现于离中国边界35俄里、位于俄国境内康杜亚河之间田野上、靠近新建的康杜亚居民点的”属图尔库耶夫斯克区段的叫做钦达特的城市废墟（B.H. 巴斯宁：《戈洛夫金伯爵的赴华使团》，92页；另见232号文件注释1）。

潘茨涅尔提交的报告中谈到了从特罗伊茨科萨夫斯克到涅尔琴斯克一路途中的情况，谈到雅布洛诺夫山脉（即外兴安岭。——中译者）的海拔高度，谈到对一个国家开展地质研究的重要性，谈到根忒木尔家族，涅尔琴斯克档案的状况以及“其中的内容对了解国家历史、国内居住的异族人可能有什么好处”等等（同处，93 页）。通过 И.О. 颇托茨基的举荐，潘茨涅尔因为所完成的工作获得终身 300 卢布的皇家年金和一枚戒指（见 509 号文件）。

在后来的几年中，他在莫斯科省、诺夫哥罗德省、圣彼得堡省从事确立天文观测点和三角测量学的工作。1817 年他创立了圣彼得堡矿业学会，并被全体一致选为理事长。一年后被聘为师范学院总院矿业学编内教授。1834 年退休，回到祖国德国。1851 年在钦达特去世，遗嘱把自己的图书和矿业标本献给市立中学（详见《帝国圣彼得堡大学建校头 50 年—根据大学校务委员会决定，由东方史教研室教授 B.B. 格里戈里耶夫编撰的史纲》，圣彼得堡，1870，23 页；《引语、注释、补遗》，15 页）。

［4］亚当斯，米哈伊尔·伊万诺维奇，自然探索家，动物学家，植物学家。生于 1780 年，死期不早于 1833 年（有资料说是 1829 年）。科学院通讯院士（从 1804 年起），动物学助理研究员（1800 年起），后为莫斯科大学和外科学院教授（苏联科学院：《名录》，卷 1，32 页；苏联科学院档案馆：《档案资料一览》，列宁格勒，1933，卷 1，173 页；《日记和回忆录中的革命前俄国史》，莫斯科，1978，卷 2，第 2 册，111 页）。1805 年亚当斯被任命为戈洛夫金使团的博物学研究员。在此之前他 5 次前往高加索山区旅行，发现了数十种植物新品种。

1805 年 4 月 24 日，在科学院的学术会议上亚当斯收到了即将举行的考察工作的训令。使团成员减缩后，亚当斯留在了国境（见 232 号文件注释 1）。使团由库伦归来后，Ю.А. 戈洛夫金把科考队的任务进一步明确，由亚当斯负责勒拿河一带直至北冰洋的自然历史考察，这要求一笔不小的经费（B.H. 巴斯宁：《戈洛夫金伯爵的赴华使团》，89～90、93～94 页）。Ю.А. 戈洛夫金在 1806 年 5 月 18 日给副外务大臣 A.A. 恰尔托雷斯基的急件中说，4 月 22 日收到伊尔库茨克省长的通知，告知省政府收到国库的命令，着即发给亚当斯 2360 银卢布和 11859 卢布 30 戈比的纸币，作为科考队经费。但“由于执行此命令的必要手续无法及时完成，目前情况很难预料何时能够办好，所以我把这笔钱留在了省的金库。但希望亚当斯先生不要浪费这个夏天，我由使团金库中拨出一笔必要的钱给他，供他到达勒拿河口。那边还没有一位博物学家去过。他于本月 10 日已动身前往该处，预计冬季返回。”（见 370 号文件）

亚当斯面前的另一个任务，就是寻找雅库特商人波格达诺夫于 1803

年 3 月发现的猛犸象遗体。“发现的地方是北冰洋以北，距日甘斯克 1500 俄里，距贝科夫角 5 俄里的海湾中。”

亚当斯考察的成果是他在去勒拿河口的途中收集的地理资料，他运到圣彼得堡的猛犸象骨骼，后来成了科学院动物博物馆的展品。大量“发掘出来的王国的物件”和“鸟类及鱼类标本”被送往科学院。有资料说亚当斯在贝加尔湖以南的山岭中发现了“许多科学界所不熟悉的动物”（B. H. 巴斯宁：《戈洛夫金伯爵的赴华使团》，100 页；Д. А. 希林娜：《科学院东北亚考察活动编年史》，62～63 页）。

И. О. 经颇托茨基推荐，亚当斯获得了终身 300 卢布皇家年金和一枚戒指的奖励。（见 509 号文件）

他对北冰洋之旅的简单描述以法文出版，标题是：*Relation abregee d'un voyage a la mer Glaciale et decouvertes des rester d'un mamout*（圣彼得堡，1807—1808）。其中部分章节（《寻找猛犸象的北冰洋之旅》）用俄文出版，收于 Г. И. 斯帕斯基的著作：《西伯利亚的最新科学考察和写生旅行》，圣彼得堡，1822，卷 2，1～20 页。根据 Journal de Nord，1807，№ 32，633 页 翻译。还刊载于《西伯利亚导报》，1820 年，卷 10，6 册。有关他的情况见 B. M. 帕谢茨基：《难以重复的旅行》，45～54 页。

亚当斯用德文给科学院执行秘书 H. И. 福斯以及院长 H. H. 诺沃西利采夫写的信件都保留了下来（俄罗斯科学院档案馆圣彼得堡分馆，第 1 部分，目录 133，单独藏档 1～16）。

№ 69

1805 年 2 月 28 日。副外务大臣 A. A. 恰尔托雷斯基就俄国以往出使清廷使臣所持文书的外观形式向外务院莫斯科档案馆馆长 H. H. 班德什一卡缅斯基所作咨询

//77// 尼古拉·尼古拉耶维奇阁下！今欲向中国派遣使团，需要了解使臣通常所持证明文书的情况，特请阁下由莫斯科档案馆尽快为我提供有关资料：证明文书应使用何种纸张？何种墨水？何种印章？印鉴盖在何处？用何种封函？何种格式？用一种语言还是几种不同语言？似可以发给伊兹玛伊洛夫和 //77 背面// 萨瓦·弗拉基斯拉维奇[1] 的证书为例，请将这些证书的准确抄件送来。

请接受［……］①

77 页正文上方有墨水字迹：送班德什一卡缅斯基。

同页右侧页边用墨水书写：1805 年 2 月 28 日。

俄罗斯帝国对外政策档案馆圣彼得堡分馆，总档 1—7，目录 6，1805 年，案卷 1a，卷夹 19，77～77 页背面。草稿，铅笔。

---

① 文字写在该页左侧页边。

注释：

［1］弗拉基斯拉维奇—拉古津斯基，萨瓦·卢基奇（1669—1738），伊利里伯爵，俄国国务活动家、社会政治活动家、外交家，塞尔维亚族人。生于波斯尼亚，家族拥有几座村庄，但受土耳其人的排挤，全家迁居拉古扎（杜布罗夫尼克），从事贸易。1689 年萨瓦离开父母家庭，也开始经商，5 年中到过法国、西班牙和威尼斯。1694 年来到君士坦丁堡，继续从事贸易和商业活动。1699—1701 年主动同出使土耳其的俄国使臣结识，暗中向他们提供“有关当地情况”的珍贵情报。彼得一世招募他参加工作，于是他在 30 年间在许多方面忠诚地为俄国服务，其中包括外交方面。他外交活动的巅峰就是出使中国（1725—1728）（见专门讨论这次出使的文件集《18 世纪俄中关系》卷 2）。萨瓦于 1727 年 10 月 21 日签订的《恰克图条约》（其中也包括他于 1727 年 8 月 20 日签订的《布连斯奇条约》条款）历经许多年一直决定着俄中关系的性质和规范。戈洛夫金和清朝官员都以该条约的条款指导自己的行动。

关于萨瓦的生平尚可参见：Diruh J. *Iedan Srbin diplomat na dvoru Petra Velikog I Catarine I*，*gof Sava Vladislavich*，贝尔格莱德—圣彼得堡，1942；Н. И. 帕夫连科：《萨瓦·卢基奇·弗拉基斯拉维奇—拉古津斯基》，载《西伯利亚火光》1978 年，3 期，155～168 页。

№ 70

1805年3月6日。科学院院长H.H.诺沃西利采夫就推荐植物学家И.И.列多夫斯基[1]教授参加使团一事致副外务大臣A.A.恰尔托雷斯基函

//9//亚当·阿达莫维奇公爵阁下：

植物学家列多夫斯基①教授先生应商务大臣鲁米扬采夫伯爵大人邀请，本拟同潘茨涅尔先生一道参加赴西藏旅行，今于来到此间后，十分惊讶地得知，此次旅行已经取消。

由于失去了建议他担任的位置，于是他决定请求参加赴中国使团，为此，戈洛夫金伯爵大人认为该官员植物学和昆虫学知识十分渊博，对此次旅行十分有益，于是亲自请求我向阁下推荐这位列多夫斯基先生。后者在自然史方面，尤其在植物学方面的知识为帝国科学院所共知。为满足伯爵大人的愿望，阁下若认为派该员前往既能有益于所期望的科学发现，又能满足此前对他的邀请，则亟盼大人//9背面//做出力所能及的安排，在此次即将成行的旅行中，采用他担任公职。

荣幸地向您致以真诚的敬意。

您恭顺的奴仆尼古拉·诺沃西利采夫

于圣彼得堡

1805年3月6日

---

① 文中误为“鲁多夫斯基”。

9 页正文下方为：送 A. A. 恰尔托雷斯基公爵大人。

同处：No 180。

俄罗斯帝国对外政策档案馆圣彼得堡分馆，总档 1—7，目录 6，1805 年，案卷 1a，卷夹 13，9～9 页背面。原件。

注释：

［1］列多夫斯基，伊万·伊万诺维奇（1774—1807），植物学家，旅行家。出生于麦麦尔，就学于凯尼斯堡大学和莱比锡大学。1799 年初来到莫斯科，获得管理 A. 拉祖莫夫斯基伯爵的著名植物园的工作（位于莫斯科郊外的戈连基）。发表了几本该植物园的植物谱（Г. Н. 根纳季：《18、19 世纪亡故的作家和学者情况词典；1725—1825 年俄文书籍目录》，柏林，1876—1908，卷 3，240 页）。列多夫斯基还是瑞士物理学会会员（自 1805 年起），自 1805 年 3 月起任科学院植物学助理研究员。

1805 年列多夫斯基为 Ю. А. 戈洛夫金使团科学院考察队成员，任务是在使团所到之处进行自然历史、地理和民族学考察。

由科学院派出的学者中，只有他一人随使团到达库伦。回到伊尔库茨克后，列多夫斯基接受了 Ю. А. 戈洛夫金下达的任务，完成了雅库特、堪察加、千岛群岛、尚塔尔群岛和萨哈林岛的考察。Ю. А. 戈洛夫金在尚未得到皇帝批准的情况下（为了不浪费时间），就从使团的账上拨了一部分经费（从特别准备金中）给考察队，作为到鄂霍茨克的路费（见 353 号文件；В. Н. 巴斯宁：《戈洛夫金伯爵的赴华使团》，94～96 页）。

在列多夫斯基亲自提议下，考察队的任务扩大了，于是，他在 1806 年 4 月 18 日由伊尔库茨克写给科学院的信中请求下达补充任务。科学院制订了一个 3 年考察计划（路线为：伊尔库茨克—鄂霍茨克海沿岸—鄂霍茨克—吉日金斯克—堪察加—白令岛—千岛群岛和尚塔尔群岛—乌第堡—雅库茨克—圣彼得堡），目的是收集有关当地历史、地理、社会经济状况的资料。考察队的组成人数也在不断变化。

1806 年 5 月 20 日考察队由伊尔库茨克出发，按下列路线前进：基连斯克—奥廖克敏斯克—雅库茨克—阿姆金村—乌斯季玛亚—涅利坎—阿尔多姆码头—鄂霍茨克—伊尼亚—塔乌伊斯克—奥拉—吉日金斯克。考察队于 1807 年 1 月 26 日到达吉日金斯克，这里竟成了最后一站，因为在这里列多夫斯基于 2 月 8 日去世。

关于列多夫斯基去世一事有几种说法。比如，巴斯宁就说他死亡的原因是自杀（B.H. 巴斯宁：《戈洛夫金伯爵的赴华使团》，100 页）。另一种更具体的说法是认为列多夫斯基是开枪自杀的（《东西伯利亚——颇杜什金上尉萨哈林旅行记》，144 页）。B.Φ. 格努乔娃写道：根据 Γ.И. 朗斯道尔夫的说法，列多夫斯基“路途极度疲乏，一想到前面那条新路的困难，陷入了绝望，于是服毒自杀”.（B.Φ. 格努乔娃：《18、20 世纪科学院考察队史资料：年谱和档案资料概述》，莫斯科—列宁格勒，1940 年，157 页）还有一些有关列多夫斯基死因的说法。关于此人的情况以及他的考察和著作还可见：《苏联科学院档案》，106～107 页；Φ.Γ. 萨夫罗诺夫：《17 世纪至 19 世纪初的雅库茨克城》，雅库茨克，1957，51～52 页；《雅库特的俄国农民（17—20 世纪初）》，雅库茨克，1961、1957，71 页；A.M. 切尔尼科夫：《И.И. 列多夫斯基的雅库特考察和鄂霍茨克海之行（1806—1807）》，地理知识史资料集，列宁格勒，1962，1 分册，《17—19 世纪的西伯利亚地理研究》，3～41 页；A.M. 切尔尼科夫、A.Д. 塞罗瓦茨基：《И.И. 列多夫斯基的雅库特考察和鄂霍茨克海之行（1806—1807）》，论文集，雅库茨克，1966，4 分册，172～190 页；Д.A. 希林娜：《科学院东北亚考察活动编年史》，63～69 页；C.H. 马尔科夫：《环绕地球：关于陆地旅行家和航海家的书》，莫斯科，1966，354 页；《Γ. 斯帕斯基对列多夫斯基的回忆》，载《祖国纪事》，1852，84 卷，10 期，8、144～152 页。

在保存于俄罗斯科学院档案馆圣彼得堡分馆的 И.И. 列多夫斯基档案中，存有他尚未发表的德文日记手稿抄件（俄罗斯科学院档案馆圣彼得堡分馆，37 号档藏，目录 1，案卷 16 号，1～236 页）。

№ 71

1805 年 3 月 6 日。外务院莫斯科档案馆馆长 H. H. 班德什-卡缅斯基致副外务大臣 A. A. 恰尔托雷斯基的短信，并附有关俄国访问清帝国使团的外交文件

//76//公爵大人，阁下：

阁下 2 月 28 日大札①于昨天收到。兹将有关致送中国的文书资料附上，共五件，其中一件为原件，亟盼日后归还。

阁下在资料中可找到所有问题的解答，直至与中国宫廷有关的尊号问题。

卑职在著作中[1]对中国宫廷//76 背面//的外交活动进行描述时，在末尾对两个宫廷之间相互使用的尊号做了完整的说明，并作为 E 项呈览。

在此谨荣幸地对公爵大人表示最诚挚的敬意。

阁下最恭顺的仆人尼古拉·班德什-卡缅斯基

1805 年 3 月 6 日于莫斯科

76 页页边：a，b，c，d，e.

俄罗斯帝国对外政策档案馆圣彼得堡分馆，总档 1—7，目录 6，1805 年，案卷 1a，卷夹 19，76～76 页背面。原件。

注释：

[1] 这里指的是 H. H. 班德什-卡缅斯基的著名著作《1619—1792 年俄中两国外交文件汇编》。

---

① 见 69 号文件。

№ 72

1805 年 3 月 9 日。副外务大臣 A. A. 恰尔托雷斯基就确定参加赴清帝国使团的海军设计师一事给海军大臣 П. В. 奇恰戈夫[1]的公函

//1//1805 年 3 月 9 日副外务大臣恰尔托雷斯基致海军大臣奇恰戈夫的公函（抄件）

皇帝陛下钦颁谕旨，要求派海军设计师一名参加我国派赴中国的使团，以便根据您所下达的训令考察由此间到北京的沿途情况，并做必要记录。

现将圣意紧急转告阁下，并通知阁下，该设计师仍保留原俸，并可由//1 背面//使臣、二等文官戈洛夫金伯爵处领取年俸 600 卢布、启动费 600 卢布以及三匹马的往返驿马费。

谨请阁下命令所选参加使团官员于收到训令后立即向使臣戈洛夫金伯爵报到，接受由此间出发的命令。

谨此［……］

1 页背面正文下方为：与原件核对无误。八等文官尼基京。

俄罗斯帝国对外政策档案馆圣彼得堡分馆，总档 1—7，目录 6，1805 年，案卷 1a，卷夹 15，1～1 页背面。校对过的副本。

注释：

[1] 奇恰戈夫，帕维尔·瓦西利耶维奇（1767—1849），海军上将（自1807年）、海军大臣（1802—1811）、多瑙河方面军总司令和黑海舰队司令（自1812年），著名海军上将瓦西利·雅科夫列维奇·奇恰戈夫（1726—1809）之子。（苏联百科词典，莫斯科，1980，1509页）。在另一部资料中，П. В. 奇恰戈夫的出生年份有所不同——1765年（《日记和回忆录中的革命前俄国史》，卷2，1册，248页）。

1813年奇恰戈夫离开军队，出国旅居英国和法国。1834年俄国颁布法令，俄国人在国外的居留时间不得超过5年。奇恰戈夫认为“这是一道侵犯俄国贵族权利的法令”，所以没有遵守。为此，他被剥夺国务委员的头衔，褫夺了年金，财产被查封。但他并没有屈服，独自居住在巴黎的安茹街，不知以何为生。后死在巴黎（В. М. 安德松：《国外的俄国名人墓地》，圣彼得堡，1915年，1分册，《巴黎和巴黎郊区》，95页）。奇恰戈夫的回忆录很出名，内容很有特色。（П. В. 奇恰戈夫：《海军上将札记——亲眼目睹并自以为有所认识》，载文集《大俄罗斯人》，莫斯科，1992，《秘密》文集附录，2分册，3～67页）回忆录的大部是谈对叶卡捷琳娜二世这个直至今日还引起许多争议的历史人物的看法。他还是另一篇札记的作者——П. В. 奇恰戈夫：《札记摘编——1812年的土耳其问题》（В. И. 伊林译自法文），载《俄国档案》，1870年，9期，圣彼得堡，1522～1551页。

№ 73

1805年3月9日。副外务大臣A.A.恰尔托雷斯基就确定两名画家参加派赴清帝国使团一事给艺术科学院院长A.C.斯特罗加诺夫函

//2//1805年3月9日副外务大臣恰尔托雷斯基致艺术科学院院长斯特罗加诺夫先生函（抄件）

奉皇帝陛下圣意，要求艺术科学院派两名优秀毕业生参加我国派赴中国的使团，一人为肖像画师，一人为风景画师。该二人由使团负责薪给，由本年4月1日起，薪俸为400卢布，同时再发给启动费400卢布，外加往返驿马费。

//2背面//现将圣意转告阁下，恳请阁下下令挑选学生送到我处，以便向使臣戈洛夫金伯爵派遣。

谨此［……］

2页背面正文下方为：与原件核对无误。八等文官尼基京。

俄罗斯帝国对外政策档案馆圣彼得堡分馆，总档1—7，目录6，1805年，案卷1a，卷夹15，2～2页背面。

№ 74

1805年，不晚于3月9日[①]。副外务大臣 A. A. 恰尔托雷斯基就由皇家私库向使团发放纺织品一事呈亚历山大一世皇帝的奏章

//89//关于赴大清国使团所需纺织品的报告

//90//奉圣上旨意，微臣已致函办公厅，但库内所存纺织品均无可用于中国者，唯六等文官德鲁日宁掌管的皇家私库中才有。现将向中国大臣送礼所须物品列出清单，它们将更能迎合当地所好。斗胆恳请圣上颁旨，准许该批纺织品出库。

1805年3月［……］日[②]

90页正文下方：就此下达的圣意已于1805年3月9日向总管托尔斯泰伯爵传达。

俄罗斯帝国对外政策档案馆圣彼得堡分馆，总档1—7，目录6，1805年，案卷1a，卷夹16，89～90页。

底稿。

---

① 日期根据执行情况记录确定。

② 具体日期文中未标出。

№ 75

1805 年 3 月 12 日。艺术科学院院长 A. C. 斯特罗加诺夫就指定 И. П. 亚历山德罗夫[1]和 T. A. 瓦西利耶夫[2]两位画家参加使团事给副外务大臣 A. A. 恰尔托雷斯基的公函

//3//亚当·阿达莫维奇公爵阁下：

本月即 3 月 9 日，阁下于致卑职的公函中宣布了皇帝陛下的旨意①，现卑职已选出由艺术科学院供养的画家亚历山德罗夫和瓦西利耶夫参加赴中国使团，特荣幸地请科学院副院长先生将此二人介绍给公爵阁下。

两位年轻画家荣膺此任，实归功于他们艺术专一，品行端正。卑职毫不怀疑，他们将准确无误地履行其派出任务。

致以真挚的敬意。

阁下恭顺的仆人亚历山大·斯特罗加诺夫伯爵

1805 年 3 月 12 日

3 页正文下方为：送 A. A. 恰尔托雷斯基公爵阁下。

同处：№ 80。

俄罗斯帝国对外政策档案馆圣彼得堡分馆，总档 1—7，目录 6，1805 年，案卷 1a，卷夹 15，3 页，原件。

---

① 见 73 号文件。

注释：

［1］亚历山德罗夫，伊万·彼得罗维奇（1780或1781—1818），风景画家，素描画家。生于符拉季米尔省的伊万诺沃村。是Н.П.舍列梅捷夫伯爵的农奴。1800年送入艺术科学院学习。1802年获小银奖章，授予画师称号，当年获得人身自由。

1805年，时任享受艺术科学院津贴的画师，被派往Ю.А.戈洛夫金使团。旅行期间完成了一系列素描和速写。回院后于1807年春向艺术科学院院长提出，要求批准其竞选院士称号的计划，保证于同年9月1日前完成作品《蒙古郡王等身肖像》。这个主题同他与使团在库伦的逗留有关。作品按期完成，1807年9月2日亚历山德罗夫以多数票当选为院士，获十等文官衔（《苏联各族人民的艺术家》，载《传记词典》，莫斯科，1970，卷1，90页；《圣彼得堡帝国艺术科学院百年史资料集》，П.Н.彼得罗夫编注，圣彼得堡，1864—1866年，卷1，第1册，498、400页；Н.Н.冈恰罗娃、Е.М.科尔涅耶夫：《19世纪初俄国素描画史话》，莫斯科，1987年，30页）。画家把这幅肖像画献给亚历山大一世，为此得到一枚戒指作为奖赏。国务总理大臣А.Я.布德伯格在1807年3月17日的报告中对皇帝办公厅总管Д.А.古里耶夫说："皇帝陛下圣恩浩荡，因赴中国使团画师亚历山德罗夫进献给陛下一幅中国郡王的肖像而赏赐给他一枚价值350～400卢布的戒指。我奉命向办公厅索要这枚戒指。特此奉告阁下并恳请下令将此价值的戒指交付本人。请接受……"（俄罗斯帝国对外政策档案馆圣彼得堡分馆，总档1—7，目录6，1805，案卷1a，卷夹40，33页。底稿）。Д.А.古里耶夫关于将戒指送到的复函见469号文件。

画家的这幅以《郡王肖像》为名的画当年藏于艺术科学院（А.Н.安德烈耶夫：《欧洲主要画派的写生画和写生画家》，圣彼得堡，1857，494页）。现在它换了个标题，叫做《库伦郡王蕴端多尔济——中国嘉庆皇帝的妹夫的肖像》，藏于俄国国家博物馆，是1897年由艺术科学院转去的，编号为ИНВ.№4700—ж，油画，绘于画布上，249/196 см。

从1808年开始，画家开始在奥廖尔居住，在贵族中学教授绘画。1813年起生活在著名的戏剧资助者卡缅斯基伯爵的奥廖尔庄园（有关这位伯爵破败的庄园、肮脏的住屋、他家的宴会、戏院等情况见М.И.佩利亚耶夫：《杰出的古怪人物》，莫斯科，1990，236页；以及《演员谢普京手记》，莫斯科，1988，见《人物表》一节），创作了10幅等身大小的肖像画，两幅他的家族成员的纤巧画以及其他画作。1818年前后亚历山德罗夫返回圣彼得堡，后在当地逝世。

作为Ю.А.戈洛夫金使团成员旅行期间，画家曾发出过几封信。一封《旅途印象》是他在恰克图写的，收信人是他的朋友（见《附录一2》）。

还有材料说画家又写了两封信给艺术科学院，一封发自恰克图，一封发自伊尔库茨克。头一封信是他跟画家瓦西利耶夫一道写的（见本文件尾注2）。帝国艺术科学院在1806年2月26日会议上做了一个决定，里面这样说："津贴画师瓦西利耶夫和亚历山德罗夫来信已宣读，其中报告称，由于赴中国使团人员减缩，瓦西利耶夫留在边境，他将按使臣阁下的指派参加一些考察队，出发时将另行报告。亚历山德罗夫随同一众官员前往中国。一路上他们曾有所分工，分别专门描绘风景和服饰，但因忙于上司交办的任务，尚未得暇对材料加以整理，只好留待适当时机。"（《圣彼得堡帝国艺术科学院百年史资料集》，475页）

1806年6月2日的会议决定中谈到了第二封信的情况："津贴画师伊万·亚历山德罗夫由伊尔库茨克的来信被记录在案。该信首先告知，他已由蒙古回国，使团全体人员已由恰克图移至伊尔库茨克；其次，此次旅行凡事关他那部分且值得关注的工作，他都已经在尽可能短的时间内克服大量困难加以完成。整个旅行期间遭遇了可怕的严寒，唯一的宿营地就是蒙古包，里面是无可逃避的寒冷，冒个不停的浓烟，搞得人不仅什么也干不成，而且连眼睛都睁不开，怎么想工作也都是白搭。在这种艰难的情况下，想要练习练习都谈何容易。可是尊敬的会议把他们派去了。正是希望达致会议所确立目标的愿望才使他们充满活力，于是他抓紧每一分钟，调动起工作的全部能力，如今又等待着命运对自己的裁决，创作着自己的一张又一张草图。

"同自己的同事会合后，他们感到庆幸，因为即使他们没有达到预期目标，至少也完成了从圣彼得堡到国境这一路飞驰的旅途所能允许他们做的一切，而且回国后还将有幸把自己的劳动成果呈献于自己的资助者和师长眼前，以此来表现至死永不泯灭的忠诚和感激发出的火花。"（见同处，479～480页）

[2] 瓦西利耶夫，季莫菲·阿列克谢耶维奇（1783－1838），画家，生于圣彼得堡，艺术科学院的毕业生。1802年作品荣获小金奖章。1803

年获一等毕业证书。

1805年时，作为艺术科学院津贴画师，奉派加入Ю.А.戈洛夫金使团。旅行期间创作了许多非常有趣的风景画（《苏联各族人民的艺术家》，卷2，191页）。使团人数减缩后，瓦西利耶夫参加斯塔诺夫山脉考察工作，前往乌第堡（参见232号文件注释1）。关于瓦西利耶夫的考察活动，艺术科学院1806年6月2日会议决定称："……津贴画师瓦西利耶夫由克拉斯诺亚尔斯克致副院长的信中还报告，他和使团其他官员留在边境以后，使臣先生任命他参加到涅尔琴斯克和其他地方的考察工作，计划已呈报圣上审批。同时他还收到科学院的指令，暂留在克拉斯诺亚尔斯克县政务会主席斯帕斯基家中。目前正在整理自己的草图。"（《圣彼得堡帝国艺术科学院百年史资料集》，卷1，第1册，480页）关于瓦西利耶夫和亚历山德罗夫随使团旅行时的第二封信的情况，参见本文件尾注1。

1807年春画家回到圣彼得堡后，向艺术科学院院长提出了批准他申请院士计划的要求，保证在当年9月1日前完成该计划。一幅与他的西伯利亚之行有关的创作——《色楞格斯克城风景》按期提交了。他以多数票当选为院士，授予十等文官衔（《圣彼得堡帝国艺术科学院百年史资料集》，卷1，第1册，499页；Н.Н.冈恰罗娃、Е.М.科尔涅耶夫：《19世纪初俄国素描画史话》，30页）。当时，这幅画，还有他的另一幅作品《安加拉河上的尼古拉耶夫斯克码头景色》等均收藏于艺术科学院（А.Н.安德烈耶夫：《欧洲主要画派的写生画和写生画家》，494页）。现这两幅画都藏在俄罗斯国家博物馆，后一幅画的标题改为《安加拉河流入贝加尔湖入口处的尼古拉耶夫斯克码头景色》（《苏联各族人民的艺术家》，卷2，191页）。他还创作了画作《贝加尔湖景色》（1815年）。

№ 76

1805 年 3 月 19 日。副外务大臣 A. A. 恰尔托雷斯基就为赴清帝国使团成员中的科学家拟定训令事给科学院院长 H. H. 诺沃西利采夫的公函

//204//尼古拉·尼古拉耶维奇阁下：

阁下在给我的来函中谈到，科学院须向参加赴中国使团的几位教授下达训令。本人完全同意阁下的意见。现特恭请阁下立即命令有关人士起草训令，务求不耽搁各位教授的行程。窃以为责成彼等尽可能详细、准确地描述①国内所经地区的情况，是有益处的。

不过，我的意见仅供阁下参考。

您最恭顺的仆人［……］

1805 年 3 月 19 日

正文下方为：送 H. H. 诺沃西利采夫阁下。

俄罗斯帝国对外政策档案馆圣彼得堡分馆，总档 1—7，目录 6，1805 年，案卷 1a，卷夹 20，204 页，底稿。

---

① “彼等尽可能详细、准确地”几个字是后加的，原来的用语为“概略”。

№ 77

1805 年 3 月 20 日[①]。亚历山大一世皇帝给西伯利亚总督 И. О. 谢利丰托夫的谕旨，着其将 Ю. А. 戈洛夫金出任特命全权使臣、俄国使团抵达边境的时限、俄国教士团换届人员将随使团前往北京等事通知库伦办事大臣

//120//外务院所拟下达给托博尔斯克、托木斯克和西伯利亚总督谢利丰托夫的谕旨草案

今年 2 月 15 日，朕通过外务院，任命二等文官、枢密官、国家//120 背面//院部大臣、宫廷骑士团总典礼官、御前侍从、赏戴勋章尤里·亚历山德罗维奇·戈洛夫金伯爵为出使中国之特命全权使臣。朕命你责成伊尔库茨克行使民政省长职责之人员，着其按通常//121//程序，答复库伦办事大臣郡王和昂邦给他的公函，向彼等通报此项任命，同时还要说明，朕对博格德汗陛下怀有特殊敬意，为确证朕对他怀有真诚的睦邻友好情谊，现特赋予值得双方信赖的朕的宫廷近臣以//121 背面//崇高地位，委其为特命全权大臣。

该使臣即将由此间出发，故不晚于 9 月份即可抵达边境。其随行官员、//122//职员和车辆可见旨后附表[②]。此表内容应知照中国边境长官，请彼等于使团抵达边境时做好接待安排，

---

① 日期按亚历山大一世皇帝批准方案的时间推算确定。

② 见 78 号文件注释 1。

护送其继续前进，勿使//122 背面//有所阻滞。

随同使团出发的尚有神职人员和学员，他们既为在途中担任祈祷之职，亦为替换从 1794 年起便在北京的教士团。枢密院为此次换届致中国//123//理藩院的例行国书将由我使臣转交，此事亦需事先通知中国边境长官。为使团全体人员横渡贝加尔湖一事，你等应采取必要措施，备好足够数量的平底帆船和其他船只。此外，还应挑选两名，//123 背面//至少一名，满语和蒙语翻译，他们应懂得两种文字的书写，可将他们随团派往中国。使臣抵达恰克图时，应命彼等参见。

你们应尽力说服中国//124//边境官员，或由行省长职务之员，或经由我边境专员发出公函，如何做好，由你们酌定，俾中方事先为大臣的车队和运送礼品的车辆备好所需之挽马。若你们//124 背面//于意料之外得知中国政府无法提供挽马和向导，可事先购买挽马 150 匹，并全部套具，以市价按月雇佣向导，随使团一起前往//125//中国。在你等所管辖的边区，每匹马市价不高于 25 至 30 卢布，几乎长年不变。待使团由中国返回时，应将马匹收回出售。购买 150 匹马连同套具共需款多少，俟你等上报国家外务//125 背面//院即可拨付。当使团离开中国返回俄国境内时，你等应将出售马匹所得及时退还外务院。

朕将［……］

1805 年 3 月 20 日

120 页左侧页边有亚历山大一世皇帝御批：照准。

俄罗斯帝国对外政策档案馆圣彼得堡分馆，总档 1—7，目录 6，1805 年，案卷 1a，卷夹 20，120～125 页背面，被批准的方案（亦为发文底稿）。

№ 78

1805 年，不晚于 3 月 20 日①。经由亚历山大一世皇帝批准的 Ю. А. 戈洛夫金使团人员名单以及为其规定的生活费数额

//19//赴中国的使团人员②：

外交人员部分	年薪	启动费	马匹数	驿马费
使团一秘				
宫廷低级侍从[1]巴伊科夫[2]	1500	1000	4	784
使团二秘				
六等文官兰伯特[3]伯爵	1000	1000	4	784
使团三秘				
七等文官多布罗斯拉夫斯基[4]	2000	1000	4	784
中文翻译				
八等文官符拉德金	1000	300	3	588
历史学家				
冯·苏赫特伦[5]	2000	1000	4	784
使团骑士 4 人				
每人薪俸 900 卢布				
启动费 700 卢布	共 3600	共 2800	每人 4	共 3136
第一位宫廷低级侍从边肯道夫[6]				
第二位宫廷低级侍从纳雷什金[7]				
第三位六等文官卡拉乌洛夫[8]				
第四位［……］③				

---

① 根据 77 号文件确定日期。

② 本文件中的加重线是文中原有的。

③ 此人文中未指明。

两名自费使团骑士 宫廷待从戈利岑公爵[9]和 三名士官生每人 500 卢布， 还有四人每人 400 卢布， 每人启动费 200 卢布，	共 3100	共 1400	每人 2	共 2774
担任此职者为下列官员： ①八等文官科尔涅耶夫[10] ② 八等文官佩罗夫斯基[11] ③ 八等文官尤尼[12] ④ 九等文官杰普洛夫[13] ⑤ 八等文官、翻译波利尼亚克伯爵[14] ⑥ 十四等文官克列门特[15] ⑦ 学员波利特科夫斯基				
司库	800	600	3	588
机要通信员两人每人 300 卢布	600	600	4	784
驭手 1 人	100			
第一年共计 37267 卢布				
总计	15700	9100	56	10976
第二年共计 27676 卢布				
二年共计 64952 卢布				

//19 背面//学术人员部分	年薪	启动费	马匹数	差旅费
该部主管三等文官 И. 颇托茨基伯爵[16]	1000	7000	12	2352
冯·苏赫特伦将军所选两名工程军官每人年薪和启动费均为 600 卢布马 3 匹，两人	共 1200	共 1200	共 6	共 1176
测绘平面图后勤军官 1 人	1000	600	3	588
海军设计师	600	600	3	588
天文学家五等文官舒伯特 因他有一辆运送天文用具的特殊车辆	3000	1500	6	1176

其助手	600	600	3	588
动物学教授				
科学院通讯院士亚当斯①	1000	1000	3	588
自然科学家				
七等文官潘茨涅尔	750	800	3	588
物理学家格鲁济诺夫教授	1000	500	3	588
医生	2000	1000	4	784
医士	1000	700	3	588
药剂师	500	400	3	588
用于药房	—	—	3	588
艺术科学院两名毕业生				
一为肖像画师，				
一为写生画师				
薪俸各 400，启动费各 400	共 800	共 800	共 4	共 784
共计：	23450	16700	59	11564

第一年共计 51714 卢布

第二年共计 35014 卢布

二年共计 86728 卢布//20//

行李和服务人员	年薪	启动费	马匹数	差旅费
宫廷银器鉴定师	500	500	2	392
玻璃工厂助理工匠				
符拉季米尔·尼基京	700	300	2	392
木匠 1 人	500	—	2	392
管理处熟皮匠				
伊万·格鲁德岑老大	400	150	2	392
13 名乐手	—	—	12	2352
运送软毛皮车两辆				
每车 3 匹马	—	—	6	1176
运送玻璃器皿车 14 辆	—	—	42	8232

---

① 此后在行间用铅笔加上：克拉普罗特——1000，驿马费 500。

运送成套银器和				
使臣赴中国途中应赠送之物品				
宫廷四轮敞篷马车两辆				
大车两辆	—	—	19	3528
运送伽伐尼发电机和其他工具	—	—	12	2352
运送使臣的马车及其全部行李	—	—	50	9800
全体随员总管，				
六等文官阿列克谢耶夫	1200	600	3	588
其助手十四等文官齐尔列因	500	300	3	588
总计：	3800	1850	154	30184

第一年共计 35834 卢布

第二年共计 33984 卢布

两年总计 69818 卢布。

除上述数额外，尚有特别支出 20000 卢布，
用于购买各种工具、开司米、呢料
和药房用布，用于缝制乐手服装，
发放乐手薪俸、军饷
及其他不可预见的花费，共 20000 卢布。

//20 背面//总计：

使团两年薪俸	—187900 卢布
使团启动费	—63150
往返差旅费	—105448
玻璃器皿	—50000
毛皮	—35000
非常项目支出	—20000
购买各种物品追加费用	—20000
为购买钟表及派遣耶稣会士已由国库领取	—25000

总计：506498 卢布。

说明一，所有官员的第一年薪俸、启动费和差旅费均于

此间由国库领取。根据财政大臣命令，第二年的费用在边境领取。由中国回程的差旅费在边境发放。

说明二，随使团前往的外务院全体官员、军官和教授，以及宫廷银器鉴定师，除应保留额定生活费外，还应保有现在领取的薪俸，第一年的薪俸可于此间提前发放；下一年的薪俸若彼等不愿于此间留作家用，可留待至边境发放。

说明三，一部门差旅费若有节余，使臣可将其用于启动时差旅费不足的另一部门[17]。

19 页正文上方右侧有亚历山大一世皇帝御批：照准，亚历山大。

同处，左侧为：圣彼得堡，1805 年 3 月［……］日

俄罗斯帝国对外政策档案馆圣彼得堡分馆，总档 1—7，目录 6，1805 年，案卷 1a，18 册，19～20 页背面，原件。

三个副本藏同处：21～22 页背面；23～24 页背面；27～28 页背面。

注释：

［1］Ю. А. 戈洛夫金的随员中，有几个人有宫廷低级侍从的头衔。俄国最早授予这个头衔的时间是 1711 年。当时宫廷低级侍从和宫廷侍从是宫廷中的主要侍从人员。18 世纪末向显赫贵族家族出身的代表人物赏赐宫廷低级侍从头衔的情况越来越多，有时，甚至在儿童时期，不必经过之前的级别就可以获得。19 世纪初拥有这一头衔的人的主要职责就是“在皇帝驾前随侍”，许多人事实上甚至连这样的义务也没有承担。低级侍从的职位也可以与其他职位，如军职，同时履行（Л. Е. 舍佩廖夫：《俄罗斯帝国的职衔、制服和勋章》，164、170～171 页）。

［2］巴伊科夫，列夫·谢尔盖耶维奇（1779—1829），三等文官，宫廷侍从。

根据 A. Б. 洛巴诺夫—罗斯托夫斯基和 A. 博布林斯基的推测，塔拉城督军、1645 年任瓦鲁伊卡首脑，后任督军（1647），1649 年任曼加泽亚督军，1654 年被沙皇阿列克谢·米哈伊洛维奇派到中国做使臣的费多尔·伊萨科维奇·巴伊科夫也是这个家族的（A. Б. 洛巴诺夫－罗斯托夫斯基：《俄国族谱》，圣彼得堡，1895，卷 1，36～37 页；A. A. 波布林斯基：《载入全俄罗斯帝国总族徽谱的贵族》，圣彼得堡，1890，1 册，752 页）。有关 Φ. И. 巴伊科夫及其旅行的详情，见 H. Φ. 杰米多娃、B. C. 米亚斯尼科夫：《出使中国的首批俄国使者（И. 佩特林的报告和 Φ. И. 巴伊科夫的奏章）》，莫斯科，1966，87～145 页；同时参见 103 号文件注释 1。

1805 年 Л. C. 伊科夫（当时是宫廷低级侍从）加入俄国派往中国的 Ю. A. 戈洛夫金使团为一秘。他组织和管理了使团办公厅（直到使团由库伦回国），完成 Ю. A. 戈洛夫金交办的各种重要使命。例如，根据使臣的命令，他前往库伦，同库伦办事大臣协调使团抵达俄中边境后产生的一系列有争议的问题（见 200、201、202、205、209、210 号文件）。戈洛夫金还派巴伊科夫作为信使，由蒙古驿站塔希尔送信给库伦办事大臣，通知使团即将抵达（见 242 号文件）；他还积极参与了库伦的谈判（212 号文件）。由库伦回国后，Ю. A. 戈洛夫金派遣这位一秘到圣彼得堡去向亚历山大一世呈递奏章，解释使团被迫回国的原因（见 297 号文件），还送去了一封说明俄国舰船在广州被扣情况的信（见 301 号文件）。巴伊科夫带着信件于 1805 年（此处有误，应为 1806 年。——中译者）4 月 8 日到达首都（《宫廷礼仪杂志》1806 年1－6 月，圣彼得堡，1905，279 页），5 月 15 日又返回伊尔库茨克，带了许多邮件，其中有亚历山大一世的饬令，要 Ю. A. 戈洛夫金以特命全权大臣的名义继续留在西伯利亚（见 362 号文件），有亚历山大一世同意俄国使团团长活动的谕旨（见 368 号文件）及其他文件。

库伦办事大臣蕴端多尔济对巴伊科夫在 Ю. A. 戈洛夫金的谈判中所起的作用评价极为负面。后来，当蕴端多尔济跟伊尔库茨克民事省长 H. И. 特列斯金会见，就恢复俄国赴中国使团一事进行谈判时（见 10 号文件注释 2），他对省长说，所有的“不和谐”不仅出于符拉德金和伊古姆诺夫蹩脚的翻译，Ю. A. 戈洛夫金的种种所作所为，而且更多是出于使团的这位秘书，这位年轻的宫廷低级侍从巴伊科夫过于言辞激烈，由于他的挑唆，使臣把他们的所有善意和行为都当成了恶意和有意使坏（《友好会见记录》，6 页）。

Л. С. 巴伊科夫 1829 年 10 月 2 日死于维利纳（今维尔纽斯。——中译者）（А. Б. 洛巴诺夫—罗斯托夫斯基：《俄国家族考》，卷 1，37 页）。

［3］兰伯特，雅科夫·奥西波维奇——伯爵，参加过 1812 年战争中别列吉那战役的著名的将军卡尔·兰伯特之弟，Ю. А. 戈洛夫金使团的二秘（当时 Я. О. 兰伯特是六等文官）。根据“使团办公厅各部门总体分工及官员任命情况”（1805 年 9 月 12 日），兰伯特的工作是“负责同大臣的公文往来，并就此建立日志”（俄罗斯帝国对外政策档案馆圣彼得堡分馆，总档 1—7，1805，目录 6，案卷 1a，卷夹 5，16～17 页）。

他曾完成使臣委派的某些秘密工作。例如 1805 年 Ю. А. 戈洛夫金把兰伯特派往库伦。根据秘密训令他奉命探听清方迎接俄国使团情况的情报以及了解护送使团的官员人数、他们的性质等等（见 166 号文件）。兰伯特从恰克图给戈洛夫金送过两份呈文，报告出差的结果（见 171、177 号文件）。使团由库伦回到伊尔库茨克后（1806 年 5 月），他奉 Ю. А. 戈洛夫金之命再次前往恰克图，了解清政府下一步的意图，完成其他任务（见 374 号文件）。

戈洛夫金对兰伯特在使团的服务评价如下：在一秘离开使团后，使团二秘“领导办公厅。在履行该项职能以及完成边境秘密使命、在组织由皇帝陛下批准的三支科学考察队并为其制订训令时，该员勤勉有加，通晓业务，实堪最高嘉奖”（见 458 号文件）。在 Ю. А. 戈洛夫金向亚历山大一世皇帝呈报的提请奖励人员名单中，有兰伯特的名字（见 459 号文件）。

19 世纪 20 年代初，Я. О. 兰伯特在俄国政治生活中开始崭露头角。Н. Н. 博尔霍维季诺夫把他称为“沙皇驾前有影响的专家”。他的书有一章专门讲俄属美洲部分的命运，其中这样评价兰伯特对这个地区的政治立场：“主张扩大俄国在太平洋地区和北美影响的人（Н. П. 鲁米扬采夫、Н. С. 莫尔德维诺夫、И. Б. 佩斯特尔等）在 19 世纪 20 年代初逐渐转变了自己的态度。从另一方面来看，像 К. В. 涅谢利罗德、Я. О. 兰伯特这样的活动家影响却越来越大。因此俄国对美洲西北部的政策中，保守的保护主义倾向则越来越重。”（Н. Н. 博尔霍维季诺夫：《俄国对北美的发现》，198、199 页）1817 年 1 月 14 日兰伯特的札记和 М. А. 萨尔蒂科夫对 П. 多别洛建议堪察加和俄美同菲律宾、加利福尼亚、广州等地发展贸易关系的注解（1816—1817），可见于俄罗斯帝国对外政策档案馆，办公厅全宗，案卷 13378，165～173 页；引自 H. H. 博尔霍维季诺夫：《俄国对北美的发现》，270 页。

［4］多布罗斯拉夫斯基，安德烈·米哈伊洛维奇——七等文官，俄国赴华使臣 Ю. А. 戈洛夫金使团随员，三秘。在给亚历山大一世皇帝的奏章中给他的评语如下："七等文官多布罗斯拉夫斯基是三秘，从 1803 年起升任现职，主管内部事务和贸易。他完成任务勤勤恳恳，堪称典范。"（见 458 号文件）没有到达库伦，被 Ю. А. 戈洛夫金留在特罗伊茨科萨夫斯克完成各种差遣（见 232 号文件注释 1）。在使团人员中是受到戈洛夫金呈请奖励一年薪俸的人。

［5］苏赫特伦，帕维尔·彼得罗维奇（1788—1839），侍从武官，奥伦堡总督，著名工程兵将军彼得·科尔尼洛维奇·苏赫特伦（1751—1836）的儿子。那是一位从 1783 年即开始为俄国服务的荷兰人（后来他被赐封为伯爵）。苏沃罗夫认为他的军事经验非常有效，常私下向他请教（А. В. 苏沃罗夫：《书信集》，莫斯科，1986，211、615 页）。

1805 年 П. П. 苏赫特伦（时任六等文官）加入 Ю. А. 戈洛夫金使团。在第一份使团成员名单中，他的职务是历史学家（见 78 号文件），另一份文件中则是拉丁语翻译（见 83 号文件）。1806 年 6 月他因身体健康缘故退出使团，回到圣彼得堡（В. Н. 巴斯宁：《戈洛夫金伯爵的赴华使团》，14 页）。后来还参加过 1812 年的战争。

苏赫特伦参加 Ю. А. 戈洛夫金使团旅蒙期间的法文日记见俄罗斯国立中央古代文献档案馆，188 号档藏；俄罗斯国立中央古代文献档案馆，手稿合编，目录 1，425 号。

［6］边肯道夫，康斯坦丁·赫里斯托佛罗维奇（1785—1828），中将，著名宪兵头子 А. Х. 边肯道夫的兄弟（此人的档案藏于塔尔图市爱沙尼亚国家中央档案馆，2249 号档藏，目录 1，87 号单独存档。引自 Н. Н. 冈恰罗娃和 Е. М. 科尔涅耶夫的著作，200 页）。13 岁记名为外务院实习生，1803 年获得宫廷低级侍从衔。

1805 年 К. Х. 边肯道夫（时为宫廷低级侍从）列为 Ю. А. 戈洛夫金使臣随员中的骑士，1807 年回国后，Ю. А. 戈洛夫金在给亚历山大一世的呈文中，推荐他获得奖赏（见 459 号文件）。在使团呈报给副外务大臣 А. Я. 布德伯格的嘉奖使团骑士的名单中，也有他的名字（见 460 号文件）。

1812 年边肯道夫晋升为宫廷侍从，参加了 1812 年战争（骑兵少校）

和国外军事行动（1813—1814），战斗中表现突出，提升了军阶，1814年10月获少将衔。后担任访那不勒斯使团秘书、驻符腾堡和巴登公国的公使（1820—1826）。波斯战争期间获侍从武官衔、中将衔，荣膺二级圣符拉季米尔勋章，镶钻石军刀。1828年参加俄土战争，指挥飞龙军，一直打到巴尔干半岛敌军后方，1828年7月7日占领普列沃德。这是他最后的战功。当年8月病逝，终年44岁（K. M. 波罗兹金：《贵族边肯道夫伯爵家族史初探》，圣彼得堡，1841，20～23页）。遗骸根据遗嘱移至斯图加特，同妻子纳塔莉亚·达维多芙娜合葬在一起。

K. X. 边肯道夫有很高的教养，饱读诗书，精通五种语言，发表过一系列作品：《波斯书简》，载《北国的蜂》，1828年116期；《边肯道夫少将队伍在荷兰的行动》，载《军校学生阅读杂志》，卷20，79期，335～349页。（关于他的情况，还可以参考 Д. Н. 班德什-卡缅斯基：《外交人物词典》，莫斯科，1836，卷1，121～127页；《百科全书》，圣彼得堡，布罗克豪斯、叶夫隆，1890—1897，卷5，448～449页；《俄国传记词典》，圣彼得堡，1900，卷2，698～699页；《革命前俄国史》，卷2，1册，138、299、354页。）

［7］纳雷什金，基里尔·亚历山德罗维奇（1786—1838），宫廷大总管，国务委员会委员，宫廷侍从长亚历山大·利沃维奇·纳雷什金（1760—1826）之子。

1805年纳雷什金（当时是低级侍从）加入Ю. А. 戈洛夫金使团，充任司仪官，负责典礼仪式。Ю. А. 戈洛夫金为他专门制订了训令（见184号文件）。使团回国后他和其他人一道被Ю. А. 戈洛夫金提名获得嘉奖（见459号文件）。

后来仕途上的进展完全是在圣彼得堡宫廷获得的，当时他被认为是宫廷嫡系年轻人中耀眼的新星之一。1825年他已经获得了宫廷总管头衔，是少数几个事先就得知康斯坦丁·保罗维奇大公将拒绝接受皇位的人之一。他被晋升为宫廷大总管，后又被任命为宫廷财务总长，获宫廷侍从官衔。

不久，被任命为国务委员。1828年10月25日在克里米亚去世，葬于亚历山大-涅夫斯基大修道院。K. A. 纳雷什金的配偶是玛丽娅·雅科夫列芙娜·洛巴诺娃—罗斯托夫斯卡娅（1759－1854）（《俄国传记词典》，卷11，88页）。

有关他的资料文献，目录见于同处。

[8] 卡拉乌洛夫，帕维尔·彼得罗维奇，1805 年（当时为六等文官）加入 Ю. А. 戈洛夫金使团为骑士。1805 年 10 月委托他研究符拉季米尔、下诺夫哥罗德、喀山、维亚特卡、佩尔姆、托博尔斯克、伊尔库茨克省的文件并编出目录（В. Н. 巴斯宁：《戈洛夫金伯爵的赴华使团》，86 页）。有关此项巨大工作完成情况的记载没有发现。1807 年在给亚历山大一世的奏折中呈请授予他以珍贵奖品（见 459 号文件）。

[9] 戈利岑，德米特利·尼古拉耶维奇，公爵，宫廷侍从官。1805 年加入戈洛夫金的赴华使团为骑士。1807 年 Ю. А. 戈洛夫金呈请他同使团其他官员一道获嘉奖。

[10] 科尔涅耶夫，雅科夫·安德烈耶维奇，1805 年（当时为六等文官）参加 Ю. А. 戈洛夫金使团，负责保管赠送给清朝皇帝的大镜子以及各种玻璃制品。这是一件不轻松的工作，因为所经过的西伯利亚道路很糟糕，这些易碎品大有破损后运不到北京的危险。

因此，Ю. А. 戈洛夫金下令运送这种东西的辎重坏天气不许上路，同时要求西伯利亚总督 И. О. 谢利丰托夫派一名有经验的官员给科尔涅耶夫以必要的帮助。为此，谢利丰托夫派出了区段督察员帕先科夫。戈洛夫金还为雇佣向导和租赁驮马拨出了 1000 卢布（В. И. 瓦金：《1805 年的戈洛夫金访华使团》，175 页）。

除了道况不良引起的困难以外，科尔涅耶夫途中还遇到了其他麻烦。例如他在克列缅丘克驿站就因为当地乡长而遇见了不少烦恼。当科尔涅耶夫要求派人护送时，那个乡长“态度极其粗暴，威胁要让农民揍他，其中的一个甚至抓住了他的领口”。出了这件事之后，谢利丰托夫下令对“如此大胆的行为”严加调查，把肇事者交付审判（同处，176 页）。科尔涅耶夫没有去库伦，他于 1805 年 12 月 20 日因病被迫回程（见 240 号文件）。Ю. А. 戈洛夫金和 И. О. 颇托茨基（在 1805 年 12 月 16 和 18 日）请求对他的服务给予奖励。叶卡捷琳娜·戈洛夫金娜伯爵夫人也呈请（1806 年 3 月 6 日）给予他在使团的服务以表扬（В. Н. 巴斯宁：《戈洛夫金伯爵的赴华使团》，7 页）。

戈洛夫金对科尔涅耶夫后来的命运也产生了影响，他为后者写了一封给 А. А. 恰尔托雷斯基的推荐信，在信中（1805 年 12 月 20 日）说：“公爵，我斗胆向您推荐呈交这封信的人——科尔涅耶夫先生，他理应获得您的垂青，5 个月来他为运送玻璃制品而鞠躬尽瘁，不幸丧失了健康，而且

丧失了视力。”（见 240 号文件）

［11］佩罗夫斯基，尼古拉·伊万诺维奇（1785—1858），四等文官（从 1822 年起）。A. K. 拉祖莫夫斯基的非婚生子。1799 年入外务院做练习生，参加赴君士坦丁堡使团，1801 年转入维也纳使团，1803 年转入德累斯顿使团。

1805 年佩罗夫斯基（时为八等文官）参加 Ю. А. 戈洛夫金使团。在向亚历山大一世报告使团完成特殊任务人员的呈文中戈洛夫金对他有这样的评价：“八等文官佩罗夫斯基是使团低级侍从，他在自己负责的部门即办公厅和完成各种交办的任务方面行动极为迅速，表现热心。”（见 458 号文件）使臣提请晋升他的职位。

由西伯利亚返回后，佩罗夫斯基有一段时间在部队服役，后再次列入外务院编制，还担任过各种职务。由 1817 年起，Н. И. 佩罗夫斯基任塔夫里亚副总督，晋升为五等文官；1820 年起任费奥多西亚市长；1822 年任塔夫里亚省省长；1828 年在塔夫里亚总督任上去职，但继续任费奥多西亚市长；1825 年再次入外务院工作。退休后住塔夫里亚省辛菲罗坡尔县，并在该地去世（《俄国传记词典》，卷 13，550～551 页）。

［12］尤尼，弗兰茨·亚历山德罗维奇（1782—1830），五等文官，各种勋章获得者（《莫斯科名人墓地》，圣彼得堡，1908，卷 3，392 页）。1799—1804 年任六等文官（此处可能有误。疑为八等文官。——中译者）、外务院莫斯科档案馆职员。1805 年，时为八等文官，参加了 Ю. А. 戈洛夫金使团。戈洛夫金在呈亚历山大一世的报告中谈及完成特殊使命的使团成员时，也提到了尤尼的名字：“八等文官尤尼为使团侍从，完成了办公厅交付给他的艰巨使命，积极努力，不知疲倦。他专门致力于研究同中国的政治和贸易关系，获得了相关的知识，对将来的公务可能大有裨益。目前他赋闲在家，没有薪俸。”（见 458 号文件）。戈洛夫金还呈请为他提升职级。（见 459 号文件）从西伯利亚归来后，尤尼提前得到了两年的薪俸（使团其他成员也是如此），并且恢复了原职（В. Н. 巴斯宁：《戈洛夫金伯爵的赴华使团》，7 页）。

1826 年后尤尼是内务部的特务人员（《外交部莫斯科总档案馆文集》，莫斯科，1899，6 编，382 页）。他向尼古拉·帕夫洛维奇和米哈伊尔·帕夫洛维奇两位亲王进献了一本书（书名不详），为此获得一个金鼻烟壶的奖励（В. Н. 巴斯宁：《戈洛夫金伯爵的赴华使团》，7 页）。去世后葬于莫斯科维登山的异教徒公墓（В. И. 萨伊托夫、Б. Л. 莫扎列夫斯基：《莫斯科名人墓地》，圣彼得堡，1907—1908，卷 1，302 页）。

Ф. А. 尤尼在西伯利亚获得了许多 1667—1700 年间文件的正本（盖有叶尼塞斯克和伊尔库茨克两城市的火漆印），死后于 1857 年被外交部莫斯科总档案馆收购，现仍藏于俄罗斯国立中央古代文献档案馆（Ф. А. 尤尼全宗第 208 号，目录 1，案卷 1～13）。在这些文件中有叶尼塞斯克督军给伊尔库茨克寨堡、色楞格斯克堡堡主叶尼塞斯克小贵族 И. М. 佩尔菲利耶夫的训令（1667、1679、1688 年），有关于叶尼塞斯克小贵族伊万和瓦西利·佩尔菲利耶夫出使蒙古情况的几份文件（1668、1673、1682 年），有大贵族 Ф. А. 戈洛文给伊尔库茨克省田庄总管、伊尔库茨克小贵族 В. 佩尔菲利耶夫的训令（1688 年），有伊尔库茨克小贵族 И. М. 佩尔菲利耶夫对被罚款一事提出的诉状（1700 年）（М. П. 普齐洛：《同西伯利亚有关及属于外交部莫斯科总档案馆的案卷手稿目录》，莫斯科，1879，39～40 页；《俄罗斯国立中央古代文献档案馆指南》，莫斯科，1946，卷 1，155 页）。

Ф. А. 尤尼同德米特利·弗拉基米罗维奇·戈利岑公爵 1826、1828、1829 年的往来书信共 7 封藏于俄罗斯国立中央古代文献档案馆 395 号藏档，М. А. 奥博连斯基公爵藏书和办公室文件目录，目录 1，案卷 18。Н. П. 鲁米扬采夫伯爵给 Ф. А. 尤尼的信共 8 封，另其他内容的信 2 页，藏同处，案卷 19。

［13］杰普洛夫在 Ю. А. 戈洛夫金赴华使团中列名在使团办公厅（当时他是九等文官）。Ю. А. 戈洛夫金呈请奖励使团人员的名单中没有他的名字。

［14］八等文官、翻译波利尼亚克伯爵没有列入 Ю. А. 戈洛夫金使团成员的最后名单。代替他的人是 А. А. 赫沃斯托夫。

［15］克列门特，尼古拉·米哈伊洛维奇、军官、旅行家、作家。1805 年（当时为八等文官衔）加入 Ю. А. 戈洛夫金使团。使团减缩后留在边境，然后到涅尔琴斯克、雅库茨克及沿西伯利亚防线旅行（见 232 号文件注释 1）。Ю. А. 戈洛夫金把他同使团其他成员一道提请晋级（见 459 号文件）。

1806 年，在返回西伯利亚后，克列门特调到圣彼得堡海军部新造的三桅战船“弗萝拉”号服役。后来他描写了在这艘战船上航行、在阿尔巴尼亚海岸遭遇海难和沉船以及嗣后船员们在阿尔巴尼亚和土耳其当俘虏的经过。见 H. M. 克列门特：《一个俄国军官在地中海航行和在阿尔巴尼亚和土耳其当俘虏的札记》，《北方档案》，圣彼得堡，1823，卷 7，17 期，265—286 页；18 期，337—357 页。又见于：《北方档案》，圣彼得堡，1891，卷 2，8 期，总标题是《1806—1807 年三桅战船“弗萝拉”号的毁灭和船上人员历险记》，1806—1807。节本刊于《祖国之子》，1840，卷 6，1、2 册合刊，24 期；《海事文集》，1857，28 卷，3 期，标题为《一年的土耳其俘虏生涯》。又见《革命前俄国史》，卷 2，1 分册，165 页。遗憾的是在这些札记中作者一句未提参加 Ю. А. 戈洛夫金使团出使清帝国的事。后来克列门特还担任过圣彼得堡大学的督学。

［16］颇托茨基，伊万・奥西波维奇（1761—1815），伯爵，奥地利和俄国的军人和外交官、旅行家、考古学家、历史学家、民族学家、斯拉夫学家、波兰作家，科学院荣誉院士。他出生于皮科夫（距维尼察不远），在日内瓦和洛桑受的教育，后来又在维也纳军事工程学院学习。精通几种古代和现代语言。教育完成后回到俄国，开始服军职。

1802 年向外务院呈递了一个方案，建议在圣彼得堡建立一座军事学院，叫做亚历山大亚细亚学院。但方案没有实现（Н. В. 塔伊罗夫：《И. О. 颇托茨基关于设立俄国亚细亚学院的建议》，载《东方学问题》，1973，2 期，202～207 页；В. Н. 巴斯宁：《戈洛夫金伯爵的赴华使团》，75 页；П. Е. 斯卡奇科夫：《俄国中国学史纲》，89、190、310、332、378 页）。

在 Ю. А. 戈洛夫金的赴清帝国使团建立之时，颇托茨基奉命领导科学考察队，随团一道出发（关于颇托茨基在此任上就各种问题同各方人士交换信函的情况见 В. Н. 巴斯宁：《戈洛夫金伯爵的赴华使团》，97～100 页）。可是，1806 年 3 月 18 日，经亚历山大一世批准，颇托茨基却离开了伊尔库茨克（见同书，99 页）。

波兰历史学家和著作家巴林斯基（1794—1864）一百多年前在评价颇托茨基的活动时这样说：“颇托茨基伯爵作为一个历史学家，在 18 世纪欧洲学者中无疑占有最前列的位置。无论是他的旅途札记，还是历史探索，他那无数的研究著作表现出高度的严谨，此外，他还表现出极度的勤勉。”（И. Ф. 贝尔扎：《萨拉戈萨发现的手稿》；Я. 颇托茨基：《萨拉戈萨发现的手稿》，载《文学遗存》丛刊《И. Ф. 贝尔扎论文集及注释》，莫斯科，1968，574 页）

关于Я. 颇托茨基的科学著作（全是法文的）见：《俄国传记词典》，卷 14，695 页；И. Ф. 贝尔扎：《萨拉戈萨发现的手稿》，574～582 页。

Я. 颇托茨基在浪漫主义文学的历史上也写下了亮丽的篇章。他是著名的长篇小说《萨拉戈萨发现的手稿》的作者。但作者生前却无缘看到小说全文的发表，因为它具有反宗教倾向（А. М. 戈尔布诺夫：《世纪全景——从诞生到 20 世纪的国外创作小说。通俗出版物百科》，莫斯科，1991，493 页）。他还创作了一组独幕剧《乐园》（《文学百科全书》，莫斯科，1987，680 页）。

1812 年 Я. 颇托茨基告别了圣彼得堡，几乎足不出户地生活在颇多尔斯克和沃伦省以及乌克兰的田庄里，直到去世。1814—1815 年他“由于肉体和精神道德上受到的折磨而患上抑郁症”，1815 年 10 月 20 日自杀身亡（《俄国传记词典》，卷 14，692、695 页）。

详细情况是：当时他在自己的田庄乌拉多夫卡（别尔季切夫城附近），招来了家庭教堂的神甫，命他为糖罐子上摘下来的一只银球行开光礼，然后回到书房，把银球放进手枪枪筒，对着自己的太阳穴开了一枪（И. Ф. 贝尔扎：《萨拉戈萨发现的手稿》，587 页）。

[17] 在已批准的 Ю. А. 戈洛夫金使团人员名单的基础上，不晚于 3 月 20 日，又拟就了一个“使团随行官员人数、官员随从及其他人员名单”：

“全体在册官员、职员及乐师共 56 人。皇帝陛下批准的军官 2 人，随行神职人员 10 人，工匠 8 人，护卫辎重人员 23 人，使团护卫人员 24 人，其他官员的服务人员 38 人。总计 161 人。确定主画师后，还要加上主画师 1 人、跟班 1 人、翻译 2 人，伊尔库茨克还有警务人员 4 人、啤酒师 1 人、格瓦斯酿造师 1 人加入，都是不可少的，总共为 10 人。还有 6 人听用。总计 177 人。”（俄罗斯帝国对外政策档案馆圣彼得堡分馆，总档 1—7，目录 6，1805 年，案卷 1a，卷夹 5，9 页）

同时还编制了“赴中国使团官员总名单”如下：

使团办公厅：

使团一秘低级侍从巴伊科夫、使团二秘六等文官兰伯特伯爵、使团三秘七等文官多布罗斯拉夫斯基、中文翻译八等文官符拉德金、八等文官佩罗夫斯基、八等文官尤尼、八等文官维格尔、九等文官杰普洛夫、翻译八等文官波利尼亚克、八等文官克列门特。

使团骑士：宫廷侍从戈利岑公爵、侍从武官古里耶夫、侍从武官边肯道夫、侍从武官纳雷什金、侍从武官涅利多夫、六等文官卡拉乌洛夫。

学术部门：学术部门主任三等文官白鹰勋章圣斯坦尼斯拉夫勋章获得者颇托茨基、天象学家四等文官二级圣安娜勋章获得者骑士舒伯特。

教授：多夫列上校、七等文官潘茨涅尔、七等文官亚当斯、七等文官列多夫斯基、中尉杰斯列夫、少尉藤涅尔、少尉波格达诺维奇、少尉伊万诺夫、少尉舒伯特。

学员：亚历山德罗夫、瓦西利耶夫。

教士团成员：修士大司祭1名、修士司祭2名、修士辅祭1名、教堂差役2名、学员4名。

医务人员：总药剂师1名、医师1名、医士1名、药剂师1名。

使团一般人员：警务督察1名六等文官阿列克谢耶夫、助理督察准六等文官齐尔列因、司库奥西波夫中校、机要信使2名、交通员1名、使团服务人员总共127人。

部队：军官1名、龙骑兵40名、士官2名、号兵1名、哥萨克20名其中军官1名。

使臣及各位随从官员的马车、辎重车及为博格德汗运送礼品马车的用马共计500匹（俄罗斯帝国对外政策档案馆圣彼得堡分馆，总档1—7，目录6，1805年，案卷1a，卷夹5，5～6页背面。副本）。

№ 79

1805 年，不晚于 3 月 20 日。[①] 副外务大臣 A. A. 恰尔托雷斯基就派遣军事小分队护送赴清帝国使团事致陆军大臣 C. K. 维亚兹米季诺夫函

//6//副外务大臣致陆军大臣维亚兹米季诺夫函（草稿）

奉皇帝陛下谕，为确保赴中国使团安全，着派遣 40 名龙骑兵、一名军官、3 名军士、1 名号手，并另派哥萨克 20 人、军官 1 人，随使团同行。上述人等应于今年 9 月//6 背面//初抵达恰克图，并选用上好呢料缝制新装，由督察费支付。全体人员要提前支付一年薪饷，日期由今年 9 月 1 日起算。皇帝陛下要求此小分队应由品行端正的精选人员组成，拥有军用//7//卫生辎重车一辆、军官帐篷 6 顶，以备使臣及其随员中高级官员使用。

谨此特向阁下通报圣上的旨意［……］

6 页左侧页边：圣上于 1805 年 3 月 20 日批准。

同处：1805 年 3 月 21 日发出。

俄罗斯帝国对外政策档案馆圣彼得堡分馆，总档 1—7，目录 6，1805，案卷 1a，卷夹 10，6～7 页，草稿（亦为发文底稿）。

---

① 日期系根据给亚历山大一世皇帝的奏章确定。

№ 80

1805 年 3 月 21 日。海军大臣 П. В. 奇恰戈夫就已为赴清帝国使团确定一位造船师事致使臣戈洛夫金公函

//4//尤里·亚历山德罗维奇阁下：

奉皇帝陛下圣旨，要为以阁下为团长的赴中国使团配备一名通晓造船技艺的官员，着其在前往北京途中了解必要的情况。为此特通知阁下，卑职现已亲自选定设计师库罗奇金担任此职，并由他面呈本函。出发时卑职将对之做相应的训示。

所推荐的官员望能使您满意。荣幸地向阁下致以诚挚的敬意。

您最恭顺的仆人帕维尔·奇恰戈夫夫

1805 年 3 月 21 日

4 页正文下方为：送 Ю. А. 戈洛夫金伯爵阁下。

同处：1805 年 3 月 22 日收到。

同处：No 525

俄罗斯帝国对外政策档案馆圣彼得堡分馆，总档 1—7，目录 6，1805 年，案卷 1a，卷夹 15，4 页。原件。

№ 81

1805 年，不晚于 3 月 23 日。俄美公司几位经理就派遣贸易中介人携带商品随使团前往中国一事给商务大臣 Н.П. 鲁米扬采夫的呈文

//24// 为呈请派公司经理人携带商品随使团前往大清事

俄美公司几位经理确知皇帝陛下已恩准向北京宫廷派遣一个显赫的使团。为了祖国的贸易利益，他们认为这是一个十分重要的举措，对了解中国的内外贸易即民生状况，了解货物购销，了解对工厂产品有必然影响的白银在中国国内流通的不稳定性和比价过高的种种原因，都是一个极好的机会；而且还可了解，用什么办法，以什么方式，使用何种手段方能把目前的俄中边境贸易变得对俄方有利，怎样才能使之完善，使之更有利可图。他们同时还希望皇帝陛下格外施恩，能批准俄美公司做一次力所能及的尝试，将所附清单[①]上的货物随使团一起发出，并取得使团直接庇护，以保事事安全，并派经理人员一名及助手若干名押送货物，以俄中条约中规定的商人名义前往。他们将为同胞获得许多有用的知识。为此，这些经理斗胆烦请 //24 背面// 阁下在皇帝陛下面前大力斡旋，以求得到陛下批准。

在此，这些经理有义务说明，此项活动公司无需国库任

① 清单原件见 25 页的注释。

何资助。到北京的货物，往返运输费用完全自理；运入中国的货物及运回之中国货，公司亦将按规定交纳关税。

首席经理米哈伊洛·列扎诺夫

经理叶夫斯特拉季·杰拉罗夫

经理伊万·舍利霍夫

1805年3月……①日

24页正文上方左侧为：1805年3月23日收到。

同处左侧为：No. 1946

同处，左侧页边：1805年3月24日奏报皇帝陛下。

俄罗斯国立中央古代文献档案馆，国家档案全宗第15号，1803—1805年，案卷29补充部分，24～24页背面，原件。

① 文中未标明日期。

№ 82

1805年3月25日。Ю. А. 戈洛夫金就为赴清帝国使团确定医生事致副外务大臣 А. А. 恰尔托雷斯基函

//2//亚当·阿达莫维奇公爵阁下：

按前往中国使团的人员编制，应设置医生和医士二职。卑职有幸向阁下推荐，第一职可由列曼医生担任，第二职可由加里医士担任。该二人已通过国家医务管理局的考试，故本人完全同意。谨此向阁下推荐，请阁下奏报皇帝陛下批准该二人的职务。

荣幸地向阁下表示衷心的敬意。

您恭顺的仆人尤里·戈洛夫金伯爵

1805年3月25日

2页正文下方：送 А. А. 恰尔托雷斯基公爵。

俄罗斯帝国对外政策档案馆圣彼得堡分馆，总档1—7，目录6，1805年，案卷1a，卷夹14，2页。原件。

注释：

[1] 列曼（Rehman），奥西普·奥西波维奇（Joseph）（1779—1831），自1821年起任内务部总医官，巴登地方一位医生的儿子。维也纳大学医科毕业（1802）后获医师资格，然后进入俄国。1805年2月20日获得行医执照。

当年4月，列曼被任命为 Ю. А. 戈洛夫金赴中国使团随团医生。同

时，内务部长还委托他沿使团行进路线于途中视察医院及其他医疗机构。列曼随同戈洛夫金伯爵的使团一道到达库伦，又于1806年2月随同使团一道返回。经使臣戈洛夫金批准，带领药剂师赫尔姆考察了贝加尔湖地区的矿泉，考察结果发表在长篇论文《贝加尔湖的图尔金斯基耶矿泉介绍》，列曼医生撰文，原稿为德文，由B.Я.钟科夫斯基翻译，圣彼得堡，1808。为了这篇著作，"1807年11月15日皇帝陛下向他致以谢意"。（《俄国传记词典》16卷46页）他还发表过一篇文章，也同Ю.А.戈洛夫金使团的经历有关，叫做《谈谈蒙古茶》（见 Memoires de la Socrete Imperiale des Naturelistes de Moscou 第2卷）上面注明为列曼医生的著作，并附出版人的批注，载《西伯利亚通报》，圣彼得堡，1819年第8期，169、173页。此外，他还写过《预防天花接种》（圣彼得堡，1824）的文章。

他有一部没有正式出版的札记，叫做《马卡里耶夫集市：俄罗斯东部、西伯利亚和蒙古未发表的游记（O.索莫夫译自法文）》，其中的一个片断载于《北方档案》，1822，第2卷，第8期，138—156页；第9期，199—242页，我们的资料集无疑会对它特别感兴趣。这篇东西还有一个单独发表的版本，叫做《宫廷医生Г.列曼的著作：俄罗斯东部、西伯利亚和蒙古未发表游记摘抄》。在这些札记中列曼描述了著名马卡里耶夫集市的状况（见53号文件注释7），集市上几乎有来自全世界的数量众多无比丰富的商品，并介绍了贸易的组织情况和集市建筑等等。我们特别感兴趣的是他对下诺夫哥罗德民事省长为给Ю.А.戈洛夫金使团接风而举办的宴会的描述："宴会厅用由缀满鲜花的彩带装饰起来，宴会期间始终奏响着优美的乐曲。摆酒宴的房子周围，挤满了好奇的人群，他们都以惊奇的目光朝宴会厅张望。酒宴极尽奢华，绝不逊于任何欧洲的大都会。席间水陆杂陈，觥筹交错，还上了最名贵的伏尔加小鲟鱼。宴会之后，下诺夫哥罗德剧院的老板兼院长沙霍夫斯科伊公爵还为我们演出了一场歌舞剧[……]。欣赏完喜剧后，我们又万分惊喜地观赏了一场芭蕾。这是公爵专门为了欢迎我们而亲自编排的[……]。戏剧演出之后，为了给我们送行，还演唱了歌曲：祝我们一路平安，表达了归途中与我们顺利再见的愿望。"（《马卡里耶夫集市》，载《北方档案》，1822，第2卷，第9期，232页）

列曼于1807年7月7日由使团退职。戈洛夫金在给亚历山大一世的呈文中对他有这样的评价："列曼医生是弗兰克博士的优秀学生，来到俄罗斯后不久即加入使团。他不仅尽心尽力，忠于职守，为数量众多的官员们送医送药，处理沿途出现的各种伤病意外，而且还特地视察了各地的医院、药局、温泉疗养地和一切慈善机构。由于他的辛勤劳动和努力，牛痘接种普及到了北冰洋和鄂霍茨克海岸边。只要人们向他求助，他就会无偿地给予帮助。现在他既没有职位，也没有薪俸。”（见 458 号文件）戈洛夫金还建议应该向他发放使团的半薪作为退职金，认为“所有参加遥远艰苦探险活动的医生都应该有这种待遇”。（见 459 号文件）

1810－1820 年间，列曼作为一名实习医生，在圣彼得堡上流社会享有很高声誉（比如说，他曾为著名历史学家卡拉姆津看病），是多个科学协会的会员。他因患霍乱死于圣彼得堡，埋葬在沃尔科夫斯基霍乱病死者公墓（《俄国传记词典》，卷 16，45—46 页）。

除《马卡里耶夫集市》外，他还把一本满洲文集由俄文译成了德文（1810 年）（Г. Н. 根纳季：《参考词典》，卷 16，46 页）。

遗憾的是列曼中国之行有关的文件和地图全都没有能够留存下来，根据他遗孀的遗嘱（同样也是在圣彼得堡去世的），只有一些政治内容的文件交到了列曼的侄儿弗里德里希·列曼——一位为霍亨索伦—悉玛林根大公服务的医生手上。（В. Н. 巴斯宁：《戈洛夫金伯爵的赴华使团》，14 页）

［2］加里——英国外科医生。作为俄国出使中国的使臣 Ю. А. 戈洛夫金使团的一员（1806 年），视察了外贝加尔地区的医院和康复机构（В. Н. 巴斯宁：《出使中国》，24、92 页）；参加了科学考察活动。

№ 83

1805 年 3 月 28 日。副外务大臣 A.A. 恰尔托雷斯基就确认使团成员事致西伯利亚总督 И.О. 谢利丰托夫的公函

//75//我已将我国派赴中国使团①的名单通过信使送达阁下，但该名单未列入后来确定的拉丁语翻译六等文官苏赫特伦。医生和医士亦为后来所确定，前者为列曼，后者为加里。特有幸告知阁下，以备中国边境长官查询。

二人虽无官职，但医生相//75 背面//当于七级，医士相当于八级。

随函附上内务大臣公函一封，谨［……］

又及：顷接命令，将七级教授克拉普罗特[1]派入使团任职，今后将不再有人列入。

75 页正文上方为：1805 年 3 月 28 日。送谢利丰托夫。

俄罗斯帝国对外政策档案馆圣彼得堡分馆，总档 1—7，目录 6，1805 年，案卷 1a，卷夹 22，75～75 页背面，草稿（铅笔）。

注释：

［1］克拉普罗特，亨利·尤利（Klaproth Heirich Julius）（1783—

---

① 见 78 号文件注释 1。

1835)，院士，德国东方学家。生于柏林，1801 年在加阿尔的大学学习，进修古典哲学（此前自修掌握了中文）。1802 年在德累斯顿继续学习。Ю. 克拉普罗特是作为中国学家应邀到俄罗斯来的。1804 年 9 月 1 日起，他担任科学院东方语文科的科研助理。先是在维尔诺（今维尔纽斯。——中译者），后是在巴黎担任东方语言教授（《俄国百科词典》，圣彼得堡大学教授 И. Н. 别列津编，圣彼得堡，1873 年，卷 3，2 分册，197 页；苏联科学院：《人名录》，32 页；П. Е. 斯卡奇科夫：《俄国中国学史纲》，310、313 页；《俄国传记词典》，卷 8，727 页）。

克拉普罗特到圣彼得堡的时候，戈洛夫金的赴清帝国使团正在筹备之中。早在领导使团的团长还没有明确之前，他就已经获得任命，参加使团。但出发的时间在 1805 年春，早于使团（《俄国传记词典》，卷 8，724 页）。

根据 1804 年 4 月 24 日科学院学术会议决定，克拉普罗特的主要任务是搜集著作以丰富科学院藏书。为了在中国购买书籍，以及为了支付到恰克图的路费，专门给他拨了一笔钱（见 94 号文件）。在西伯利亚，克拉普罗特旅行的路线是：喀山—佩尔姆—叶卡捷琳堡—托博尔斯克—鄂木斯克—克拉斯诺亚尔斯克—伊尔库茨克。1805 年秋，他随同 Ю. А. 戈洛夫金使团一起到达恰克图，研究蒙语、满语，收集语言学资料。

戈洛夫金使团人数缩减后，Ю. 克拉普罗特留在了伊尔库茨克，在翻译们的帮助下，在伊尔库茨克图书馆学习中文，在于伊尔库茨克日文学校工作的日本人帮助下学习日文（П. Е. 斯卡奇科夫：《俄国中国学史纲》，90 页）。他还奉命于一段时间内在伊尔库茨克档案馆研究当地历史（见 232 号文件注释 1）。

1806 年 3 月 10 日，由于不明原因，他从伊尔库茨克给科学院写信，希望把他从考察队召回（俄国科学院档案馆圣彼得堡分馆，4 号藏档，目录 2，1805，案卷 526 号，76 页背面）。

根据科学院给科学考察队成员发来的新训令，特别是给克拉普罗特发来的训令，要求对西伯利亚继续开展研究。他的足迹遍及阿尔泰地区，从事亚洲历史研究。

1807 年回到圣彼得堡后，克拉普罗特荣获特聘院士称号（《俄国传记词典》，卷 8，728 页）。经 И. О. 颇托茨基推荐，他还获得终身皇家年金每年 300 卢布，得到一枚御赐的戒指（见 509 号文件）。

这一年他奉派到高加索研究语言，搜集编年史和传说。1808 年科学院把他召回圣彼得堡，从那时起，开始出版 *Archiv fur die asiatische Litter-*

atur, *Geschichte und Sprachuunde*（圣彼得堡，1810）。他还奉命为科学院的丰富中国藏书编目。1811 年科学院把克拉普罗特派往柏林，订购印刷他的著作所需的铅字。他利用这个机会，永远离开了俄国。1815 年克拉普罗特迁居巴黎，在那里发表了他的基本著作（见《俄国传记词典》，卷 8，728 页）。1817 年 5 月 15 日，Ю. 克拉普罗特因“行为不端”被俄国科学院除名（П. Е. 斯卡奇科夫：《俄国中国学史纲》，313 页）。他还因同 Н. Я. 比丘林之间的争论而广泛为人所熟悉（同处，见索引）。

克拉普罗特考察的成果：为科学院图书馆“收集到中国、波斯、蒙古、西藏图书，采集到所访问地区的地理情况，并使用于 *Memoires relatifs a l'Asie*（巴黎，1824—1828）一书中”以及绘制亚洲地图的工作中（Ю. 克拉普罗特：《中亚地图》，巴黎，1836）；用俄文发表的几篇论文，其中有《中俄边界问题之我见》，发表在《祖国之子》，1816，33 册，41～42 期，有删节，标题为《恰克图介绍》；《同中国的外交和贸易关系》，发表在《莫斯科电讯》，1826，7，1 分册，145～148 页，等等。关于克拉普罗特考察成果以德文和法文发表的问题，见 В. Ф. 格努乔娃：《科学院考察活动史资料汇编》，157 页。克拉普罗特的翻译著作有：《中华帝国概况和政治概述》，1795 年编于北京，由克拉普罗特由中文译成法文（俄罗斯联邦国家军事历史档案馆，军事历史档案汇编，447 号，《中国》，1737—1918，单独藏档，119 号）；Н. Я. 比丘林著作《西藏现状概述》的法文译本（1822 年在圣彼得堡出版，是中国著作《维藏图志》的翻译，这是一本详细描述西藏的历史地理著作）。此书于 1831 年在巴黎出版，法文名称叫 *Description du Tibet*, *traduite partiellement du chinois en russe par le Hyacinthe Bitchourine et du russe en francais par... Klaproth*（巴黎，1831）。还有一本小册子，是 1809 年在莱比锡出版的，叫 *Die russiesche Gesandschaff nach China im Jahre* 1805，一般也认为是克拉普罗特的著作（见 111 号文件注释 1）。

Ю. 克拉普罗特的档案藏于俄罗斯科学院档案馆圣彼得堡分馆，783 号藏档，案卷 783，1805—1839 年，146 号单独藏档。此外，同处藏有他 1805—1807 年旅行期间写给科学院常务秘书的信和报告，并有关于他著作的简介：1—7 号，目录 130，1 部分；案卷 1，目录 2，1806 年（苏联私家档案库，第 1 卷索引，莫斯科，1962，329 页；Д. А. 希林娜：《科学院考察活动年谱》，61～62 页）。

№ 84

1805 年 4 月 4 日。Ю. А. 戈洛夫金使臣为收到救生艇模型致海军大臣 П. В. 奇恰戈夫的感谢信

//490 背面//致海军大臣帕维尔·瓦西利耶维奇·奇恰戈夫①

收到船舶救生艇的模型，为此谨向//491//阁下致以无比真诚的谢意。此种发明为人类造福，提供了救援手段，实赋予我以愉快的义务，要将其展示给对此尚不知晓的民族。

俄罗斯帝国对外政策档案馆圣彼得堡分馆，总档 1—7，目录 6，1805 年，案卷 1a，卷夹 42，490 页背面～491 页，使团办公厅抄文簿抄件。

---

① 标题位于抄文簿左栏。

№ 85

1805年4月19日[1]，副外务大臣A.A.恰尔托雷斯基就已接到葡萄牙为俄国赴清帝国使团所写的致该国驻北京传教士的几封介绍信一事给俄国驻里斯本公使И.М.瓦西利耶夫的急件[1]

//51//副外务大臣给驻里斯本公使瓦西利耶夫的急件草稿

阁下无疑已得知此间决定任命二等文官戈洛夫金伯爵为赴中国出使大臣。该使团宗旨是进一步加强两相邻帝国之间业已存在的友好关系，并尽可能扩大同该国的贸易业务。

虽然我方的意图不会给其他国家造成任何伤害，但业已得知许多人倾向于抱怀疑态度，担心东印度贸易会受到竞争的打击。//51背面//葡萄牙代办丹德拉德先生在同我谈到该使团时，对于使团的理解看来符合我们的愿望。由于该国在北京有自己的传教士，他答应上报本国朝廷，请求批准由北京传教士在里斯本的道友为我使团给北京传教士写介绍信并送到此间。阁下可向达拉乌若先生表示我的感激之情，感谢葡萄牙代办在此间对我国主动做出的殷勤表示。如有必要，阁下在谈话中可向这位大臣保证，我国同中国的贸易//52//对其他国家贸易不会产生任何影响，因为我国从当地购得的

① 根据关于签字的标注确定。

货物，完全是为了满足国内需求，而中国人从俄国购买的物品，亦大部分为与我国毗连的几个省份所需用，欧洲其他国家的人民，则根本无法将自己的产品运入这些省份，从而同我国产品展开竞争。最后，我国派遣使团的主要目的，是祝贺中国皇帝登极，并通报我至圣国君亦登上俄国皇位。利用这个机会可以对我国同他们贸易条款中的某些误会加以说明。

同时阁下还要说明，我皇帝陛下//52背面//确信摄政王殿下的友谊，相信殿下定会向有关人员下令，要求葡国驻北京传教士全力帮助我国使臣，并要求葡国驻殖民地长官于我环球船队返回俄国途中停靠其殖民地时提供帮助。

阁下，谨请您告知本人，当地对我国向中国派遣使团的意图有何反应，达拉乌若先生就此对阁下有何反应。

谨此［……］

51页左侧页边上抄录了亚历山大一世皇帝的御批：照准。1805年4月17日。同月19日签署（用花体）①

同处，正文上方右侧为：抄件。

52页背面为：原件见<u>里斯本</u>卷②，1号发文。

俄罗斯帝国对外政策档案馆圣彼得堡分馆，总档1—7，目录6，1805年，案卷1-2，卷夹19，51～52页背面，经批准的底稿抄件。

① 括号为原文中所有。

② 下加横线为原文中所有。

注释：

［1］俄国驻里斯本公使 И. М. 瓦西利耶夫给副外务大臣 A. A. 恰尔托雷斯基呈递了一份紧急报告，内容是关于传教士等待梵蒂冈批准前往广州的事，具体如下：

“公爵阁下，您5月3日给我的密码急件已收到。里面提到的三位传教士现在这里。他们抵达里斯本后，即去晋见主教级罗马教廷代表加勒皮先生，后者接见了他们。为了避免公众对他们的好奇，同时也为了让他们有一个便宜的居所，便把他们安排到一家修道院，如今他们就在那儿。我在收到皇帝陛下有关他们的命令后，立即同他们谈了话，并告知将采取什么步骤把他们送到目的地，以及为继续他们的旅程而确定的款项数目，告知了这笔款项交付他们的办法，以及如果他们的逗留期将延长而且必须延长，我已获准为维持他们的生计而提供某些帮助。

“由于在他们旅行过程中克服困难的措施要求得到至圣教皇的批准，而批准的命令又需要通过主教级教廷代表传达，所以我以为必须把这件事事先告诉这位教廷代表。他向我保证只要一接到批准的命令，就会通知我，并采取权限以内的一切措施，以保证他们作为教廷传教士前往澳门。不过所谓教皇的命令，只不过是给教廷代表的命令，要他为他们由葡萄牙政府取得护照。根据教廷同葡萄牙王国之间存在了已经好几个世纪的协议，没有护照，此间就不能派出一个传教士，无论是到中国还是到非洲。此间对保有这样的权力是非常在意的。

“教廷代表对我说，这里来了几个传教士的事已经通知政府，政府从英国得到消息，知道他们属于哪个僧侣团。在英国他们未曾获准直接前往目的地。不过他相信，以后这些人不会遇到麻烦，按他们申请发给护照的事不会遭到拒绝。他们在护照中将简单地被说成是僧人。

“今后我将遵守对我提出的在这个问题上采取一切预防措施的命令。

“公爵大人，荣幸地向阁下表示深切的敬意，您最忠实最恭顺的仆人瓦西利耶夫伯爵”（Н. Б. 布科夫译自法文原件。法文原件藏俄罗斯帝国对外政策档案馆圣彼得堡分馆，总档 1—7，1805，案卷 1a，卷夹 2，28～29 页背面。）

1806 年 5 月 23 日 A. A. 恰尔托雷斯基发了一个急件给 И. М. 瓦西利耶夫，再次请他尽量协助传教士：

恰尔托雷斯基公爵致里斯本瓦西利耶夫公函草稿

“驻俄罗斯传教士团领班、已故的格鲁伯神父去年奉皇帝陛下旨意，派了三名传教士前往中国，其中两名神父，一名为诺伯特·科尔萨克神父，一名为约翰·格拉西神父；还有一名俗家人画家约翰·施蒂默尔教友。没有教皇的特许就不能去中国的困难迫使他们在里斯本停留。由于他们都是传教士，所以必须严格保守秘密。阁下，也许正是这样一种原因使他们甚至没有去求见您。他们旅行的目的直接同我国的利益相关。在等待排除他们旅行障碍的时候，皇帝陛下的外交部不能不关心他们是否能获得所要求的至圣教皇批准的问题，希望他能通过至圣教廷在里斯本的代表，立即把批准书送达葡京。阁下，我要提醒您，奉皇帝陛下旨意，希望您能把此事通知传教士，并采取6点必要措施，像对俄国公民一样，在任何情况下都要对他们给予支持，同时要尽可能仔细避免把他们的身份泄露出去，因为根据葡萄牙政府的原则，绝对不允许耶稣会士进入自己的领地。您还要告知他们，皇帝陛下已经为他们的旅行拨款4000卢布，这些钱将通过传教士团领班布尔若佐夫斯基神父的中介以向斯特拉克兰德神父出具借贷信的形式立即汇出。但由于这笔钱汇到之前他们可能缺少经费，特委托阁下拨款予以资助，可记在特别用途项下。提供给他们的数额以‘……’（文中没有写明具体数额。——俄编者）卢布为限。当然，在他们离开里斯本的时候，您也要尽力予以协助。您还要竭尽所能在各方面给予必要的帮助，如雇船或其他任何事情，只要您的照顾对他们能有用。

“阁下，我们对您的热心努力非常了解，所以决不怀疑您的所作所为定将使皇帝陛下深感满意。

“荣幸地……”（Н. Б. 祖布科夫译自法文草稿。草稿存俄罗斯帝国对外政策档案馆圣彼得堡分馆，总档1—7，1805年，案卷1a，卷夹2，23～25页背面。）

№ 86

1805 年 4 月 22 日。副外务大臣 A. A. 恰尔托雷斯基就奉亚历山大一世皇帝旨意制作几艘军舰模型交由使团赠送清朝宫廷事致海军大臣 П. В. 奇恰戈夫的公函

//94// 奉皇帝陛下旨意，赴中国使团除携带各种礼品外，还应携带百门大炮军舰模型一座、巡航舰模型一座及几座小军舰模型。

现将此项圣意通报阁下，待模型制作完毕后，请阁下令人将其送到使臣、二等文官戈洛夫金伯爵处。

//94 背面// 谨此 [……]

94 页左侧页边为：送海军大臣奇恰戈夫。

1805 年 4 月 22 日

俄罗斯帝国对外政策档案馆圣彼得堡分馆，总档 1—7，目录 6，1805 年，案卷 1a，卷夹 16，94～94 页背面，草稿。

№ 87

1805 年 4 月 27 日。伊尔库茨克副省长 A. A. 希什科夫[1]就任命 Ю. А. 戈洛夫金为特命全权使臣，随使团有俄国教士团换届人员同行，恰克图至北京一段旅程需提供必要数量马匹等事致库伦办事大臣蕴端多尔济、阿尔达西的函

//79//全俄专制君主皇帝陛下伊尔库茨克副省长、五等文官希什科夫致函大清国博格德汗陛下库伦办事大臣郡王和昂邦

郡王和昂邦大人，现谨就你们派专使送来的于嘉庆九年十一月二十二日写给伊尔库茨克民事省长的信回答如下。我于日前接到枢密院命令，现紧急通报阁下：//79 背面//我皇帝陛下全俄专制君主已任命二等文官、枢密官、国家院部大臣、皇帝陛下至尊宫廷和俄国各骑士团总典礼官、御前高级侍从、赏戴勋章尤里·亚历山德罗维奇·戈洛夫金伯爵为特命全权使臣，前往京城北京觐见博格德汗陛下。我至仁至善皇帝陛下对博格德汗陛下素怀特殊尊敬之情，为有力证明对博格德汗陛下怀有真诚的睦邻友好情谊，派出之特命全权使臣实为皇帝陛下身边品格端方之朝廷重臣，足堪两国大国君信任。

//80//该俄国大臣即将由我帝都出发，不晚于 9 月份即

可抵达边境。有关其随行官员的构成，执役人员和车辆等情况，随此信附去名单一份。根据两国大国君的共同愿望，谨请二位于特命使臣抵达之前，本着两国间现存的和平条约之规定，本着睦邻友好、和睦亲善精神，下达命令在边境接待使团，继续护送其前进，勿致有任何耽延。

在此，我愿愉快地通知郡王和昂邦阁下，随同使团前往的将有神职人员和学员，既为随团在途中∥80背面∥司祈祷之职，亦为替换自1794年起便驻在北京的俄国教士团。有关此次换届，枢密院有例行文书致理藩院，将由特命全权使臣呈递。

郡王和昂邦大人在来信中要求省长告知俄国使团所带辎重和驮运物件数量，我亟愿完全满足阁下的要求，特荣幸地通告如下：运送全俄皇帝陛下赠送博格德汗陛下礼品的车辆、特命全权使臣先生∥81∥及其随行官员所乘马车以及运送其行李的车辆，共需马500匹，其中挽马150匹。因此，烦请郡王和昂邦先生尽量于使团抵达前下令备办以上数量马匹，并配备向导。

如果阁下在准备上述150匹挽马时有困难，或者由于贵方缺乏此类可供役使的马匹而无法提供，请立即通知本人，以便此间如数准备马匹和向导，同使团一起前往贵国。如此则贵方只需准备350匹马即可。

∥81背面∥为尽快将本人的通知送达贵方并得到回答，特派桑热哈耶夫大尉为专使，率手下随员谒见郡王和昂邦大人。亟望大人本着睦邻友好之情谊，将两国间有关这一大事的一切情况详细向我通报，特命全权使臣及其全体随员途中食品供应的办法亦请一并告之。

特于此信上亲笔签字并加盖印章。

1805年4月27日于省城伊尔库茨克。

逐页于正文下方标有：与原件核对无误，秘书伊万·维里金。

79 页正文下方左侧：抄件。

俄罗斯帝国对外政策档案馆圣彼得堡分馆，总档 1－7，目录 6，1805 年，案卷 1a，卷夹 22，79～81 页背面。抄件，经核对无误。

经核对抄件之副本藏同处，V1—4，目录 126，1805—1809 年，案卷 1，243～246 页。

俄文抄件藏中国第一历史档案馆，中俄关系史俄文文献藏档，案卷 11，7～12 页。库伦办事大臣衙门满文抄文簿抄件。

蒙古国立中央历史档案馆，藏档 M-1，案卷 639，65～76① 页；蒙文抄件，同处，77～86 页。

注释：

［1］希什科夫，阿尔谢尼·安东诺维奇——五等文官，1805 年 1 月 12 日～1806 年 8 月 4 日任伊尔库茨克副省长（俄罗斯国立古文献档案馆 183 号藏档，巴斯宁全宗，第 1 册，18 号卷宗，第 7 节）。1809～1811 年任托博尔斯克省长（H. 图尔基斯塔诺夫：《外省文抄》，莫斯科，1894，44 页）。

---

① 65 页有收文记载：4 月 23 日（1805 年 5 月 9 日）。

№ 88

1805 年 5 月 1 日。宫廷狩猎总管 А. Л. 纳雷什金就向使团派遣标本制作人一事致 Ю. А. 戈洛夫金使臣的信

//27//尤里·亚历山德罗维奇伯爵阁下：

此间科学院要求我以该院名义，派一名谙习标本制作的官员在阁下领导下随同使团前往中国。如今我手下缺乏这种人才，但找到一名懂手艺的退伍准尉，他在随别利克斯先生远征时担任过这种职务，而且现在也愿意前往中国。

特此荣幸地向伯爵大人报告。请告知本人应以何种身份派遣此人进入阁下随员的行列。

顺致敬意！

阁下最忠实的仆人 Д. 纳雷什金

1805 年 5 月 1 日

27 页正文上方有："№38"字样。

同处标有：1805 年 5 月 1 日收到。

俄罗斯帝国对外政策档案馆圣彼得堡分馆，总档 1—7，目录 6，1805 年，案卷 1a，卷夹 13，27 页。原件。

№ 89

1805年5月4日。外务院档案馆主任П.Г.季沃夫就皇家玻璃工厂已将赠送清朝宫廷的制品送到一事呈副外务大臣А.А.恰尔托雷斯基的报告

//108//为出使中国的使团向皇家玻璃工厂定做的所有物品均已制作完毕，并已交付国库等因，特此荣幸地向恰尔托雷斯基公爵阁下报告。

这套工业艺术品可能会受到皇帝陛下的重视。由于发运路途遥远，应抓紧每分每秒，故卑职急于向阁下报告，以求加快包装和发运。

五等文官帕维尔·季沃夫

于圣彼得堡

1805年5月4日

俄罗斯帝国对外政策档案馆圣彼得堡分馆，总档1—7，目录6，1805年，案卷1a，卷夹16，108页。原件为法文。手稿。Н.Б.祖布科夫译自法文。

№ 90

1805 年 5 月 8 日。东正教事务管理衙门就向北京派遣俄国教士团换届人员并提议将该教士团成员薪俸增加一倍等事呈亚历山大一世皇帝的报告

//25//东正教事务管理衙门谨以最忠诚之心向至圣至尊大皇帝陛下、全俄独裁君主呈递奏章

诺夫哥罗德都主教、正教事务衙门委员阿姆夫罗西特就派遣教士团随同俄国使团前往中国一事呈具一份简略的报告，副外务大臣恰尔托雷斯基公爵阁下已将该报告副本及圣上批复的意见转交东正教事务管理衙门总监戈利岑公爵。后者提请东正教事务管理衙门要严格按照副本精神执行。报告要求为教士团提供一流法衣圣器柜之事，//25 背面//已获圣上颁旨恩准。报告中提到的其他事项，东正教事务管理衙门有下列意见斗胆向陛下陈述：

第一[①]，该教士团的修士大司祭具有一级修士大司祭衔，但在北京逗留期间仍应同目前一样，称为大神甫。完成任职并返回俄国后，若修道院院长尚无空缺，为免其生活陷于困苦，于安排担任该职前可按一等修道院院长标准为其发放薪俸，提供一切待遇；//26//与此同时，随其赴任的两名修士

---

① 这里和以下的着重号为原文所加。

司祭和一名修士辅祭于履行职务回国后，同样可于获得三等修道院院长任职之前，比照修士大司祭候补期间的办法，给予相应待遇，勿使生活有缺。两名教士于回国后，在获得安置之前亦应领到薪俸，数额与北京领取的相同，由宗教司拨付。

第二，目前该教士团所有成员年薪为：修士大司祭 600 卢布，//26 背面// 两名修士司祭每人 300 卢布，修士辅祭 250 卢布，教会事务补贴 50 卢布，两名教士连同 1803 年起的加薪每人 200 卢布，4 名学员每人 250 卢布，教师礼品费 150 卢布，受洗人招待费 300 卢布，共计 3350 卢布。其中 1700 卢布由拨付宗教司的数额中支付，其余 1650 卢布由财政大臣下令由其他款项中支付。但根据此前到过北京和目前仍在北京的几位修士大司祭报告，明显可以看出所定数额太小，经费极其不足，仅够 //27// 维持修道院清苦生活之需。而饲养或租用马匹费用太高，为经济状况所不允许，但在当地徒步行走又不合身份，通常都会被当地老百姓瞧不起，很不体面。距使臣公馆足有 5 俄里有一座俄国教堂，叫做尼古拉教堂，由于经济拮据，若临时要到该教堂做祷告，或监督训导不谙教规的受洗者，往往就会遇到不小的困难。

东正教事务管理衙门远在 1774 年便考虑到上述情况，同时也为了体面地供养堂堂大国在异国 //27 背面// 他乡的神职人员，诚惶诚恐地吁请把这些神职人员的薪俸数额增加一倍，后因等待当时在北京任上的修士大司祭回国，以便了解有关生活拮据的全面情况，故而暂停办理。该修士大司祭在返国途中溘然长逝，致使上述神职人员至今生活仍颇为拮据。东正教事务管理衙门至今仍认为应把上述教士团的年俸额增至：修士大司祭薪俸 1500 卢布、雇用杂役费及车马费 500 卢布，两名修士司祭和一名 //28// 修士辅祭薪俸每人

400 卢布，两名教士每人 300 卢布，4 名学员每人 400 卢布，教会事务补贴 150 卢布，教师礼品费、受洗人招待费数额与现在同，为 450 卢布，修道院房舍修缮费 500 卢布，共计 6500 卢布。

这样，除现在发放的数额外，尚应追加 3150 卢布，此款可与现在拨付的 1650 卢布由同一渠道拨出，以补充上述由宗教司划拨的 1700 卢布。

第三，除以上所定数额外，应允许修士大司祭及教士团将北京现有属俄国教会的庭院收入//28 背面//以及俄国教会人士购买和继承的耕地收入（据 1792 年报表，应折合俄国货币 508 卢布），用于维修当地房舍，从事公共福利，无须上报。

第四，在当地逗留的期限不得超过 10 年。按惯例，前往中国的人员除发放差旅费和驿马费外，可提前发给 5 年薪俸。该款原来以毛皮支付，以中国银两补足，//29//但毛皮运抵北京后，需请外人出售，颇为不便，且造成部分资金流失。现按上述期限预拨薪俸时，由原来以毛皮支付改为全额以白银支付，今后亦不得变更。

第五，有关人士受委托经当地政府允许每年两次向东正教事务管理衙门报告该修道院和教士团情况，并由伊尔库茨克将去世和因故不能任职的其他人员遣返原籍时，东正教事务管理衙门收到有关命令，亦应做出相应安排。

//29 背面//至为仁慈的国君！东正教事务管理衙门诚惶诚恐奏请吾皇陛下对上述意见予以圣裁。

最忠诚于陛下的：诺夫哥罗德都主教阿姆夫罗西

普斯科夫大主教伊里涅伊

特维尔大主教梅福季

格鲁吉亚大主教瓦尔拉姆

总司祭帕维尔·奥泽列茨科夫斯基
（在原件上签字）
1805年5月8日

秘书长加夫里洛·茹里欣逐页副署。

每页正文下方有：经秘书雅科夫·波德列斯诺夫斯基同原件核对。

25页左侧页边有说明亚历山大一世皇帝御批情况的文字：原件上有皇帝亲笔御批：照此办理。亚历山大于圣彼得堡，1805年5月12日。

29页背面正文下方为：№ 5。

俄罗斯帝国对外政策档案馆圣彼得堡分馆，总档1—7，目录4，1823年，案卷1a，卷夹15，第一部分，25～29页背面。抄件经核对无误。

№ 91

1805 年 5 月 10 日之前①。内务部就 Ю. А. 戈洛夫金使团的行进次序给各省长官的通知

//154//前往大清国的使团人员首批出发情况②

（1）首批出发的使团人员由八个分队[1]组成，各分队人员和车辆清单附于通知后。

（2）所有八个分队可乘普通驿马陆续出发。驿马若不敷用，可按法定驿马费租用民马，即每匹马 2 戈比，直至边境。各分队所需马匹数量为 20～25 匹不等。

//154 背面//（3）第一分队由此间出发的日期为本月 10 日，第二分队——15 日，第三分队——17 日，其余五个小分队每隔两三天陆续出发。

此外，送给谢利丰托夫先生和托博尔斯克省长格尔梅斯的通知中还有一个补充：前三个分队的路线取道托博尔斯克，其他五个分队取道伊希姆河和额尔齐斯河③。

154 页背面正文下方：核对无误。七等文官巴卡列维奇。

俄罗斯帝国对外政策档案馆圣彼得堡分馆，总档 1—7，目录 6，

① 日期系根据文中提到的日期确定。

② 标题位于该页的左侧页边。

③ 着重号为原文所加。

1805年，案卷1a，卷夹22，154～154页背面。抄件经审核无误。

注释：

［1］内务大臣B.П.科丘别伊发给俄国使团各分队长官一份出示给地方行政当局的“公开证书”，内中指出：“奉皇帝陛下圣旨，兹将此公开证书发给派往中国的俄国皇家使团……（此处空白留以标明分队番号）分队长官……（此处空白留以标明长官姓名和日期），望各市长、地方警察局局长、西伯利亚各省地方警察局专员必要时依法按各自职权尽可能给予帮助，协助该团官员顺利前进。圣彼得堡。1805年6月……日。内务大臣B.科丘别伊伯爵。”（俄罗斯帝国对外政策档案馆圣彼得堡分馆，总档1—7，目录6，1805年，案卷1a，卷夹22，167页。原件。文下有B.П.科丘别伊伯爵的红色火漆印章）。

№ 92

1805 年 5 月 10 日。亚历山大一世皇帝为向 Ю. А. 戈洛夫金使臣拨付馈赠清廷所选毛皮给御前办公厅的谕旨

//109//给御前办公厅的谕令：

着将清单所载官价为 52612 卢布 30 戈比的毛皮由御前办公厅拨付奉差前往北京的特命全权使臣、二等文官戈洛夫金伯爵，由其按所领之训令支配，此谕。

1805 年 5 月 10 日。

俄罗斯帝国对外政策档案馆圣彼得堡分馆，总档 1—7，目录 6，1805 年，案卷 1a，卷夹 16，109 页。草稿。

№ 93

1805 年 5 月 10 日。Ю. А. 戈洛夫金使臣就阿穆尔河通航问题呈副外务大臣 А. А. 恰尔托雷斯基的报告

//343//关于阿穆尔河的报告

本报告的目的，在于对萨哈林乌拉①或阿穆尔河流向的已有知识做一些补充，故我们试图在其中综合的，只是一些最准确的内容。

帝国臣民沿该河自由航行，始终被认为是一件意义重大之事，因此，这个问题究竟有什么好处，又有什么困难，进行可靠的评估实属重要。

名称②。我们称之为阿穆尔河的这条河流，//343 背面//是由石勒喀和额尔古纳这两条河汇合而成，或者更应该说是由此两河汇合处开始即得到此名称。两河中一条发源于涅尔琴斯克附近山中，另一条则发源于鞑靼地区的达赉湖。

地理位置。该河流经地区位于北纬 53°和 47°之间。确定该河流经的准确长度实属困难。平克顿在其《地理》一书中标定其为 2700 俄里。

航行。该河的某些地方河岸相当陡峭，水流湍急。但哥

---

① 这里和以下的着重号为原文所加。

② 小标题均位于左侧页边。

萨克哈巴罗夫[1]于1654年顺流下驶到松花江口，行程600俄里，返回阿尔巴津//344//时运载了大量食品和缴获物。1659年，斯捷潘诺夫[2]队伍中的180名哥萨克顺流穿行整个阿穆尔河又逆流而返。他们使用的木驳船应该相当大，因为船上载有几门大炮。中国人进攻阿尔巴津时[3]，也拥有相当数量的木驳船，能分别运载四五十人和一门大炮。

1643年哥萨克波雅尔科夫[4]是沿阿穆尔河下驶，由鄂霍茨克经海路返回，在//344背面//乌第河登陆的第一人[5]。关于该河河口深度的情况虽一无所知，但既然北面有沙底浅滩阻挡拉彼鲁兹[6]通过的话，那些障碍就不可能允许更大的船只通过。

居民。当波雅尔科夫于1643年由鄂霍茨克过来时，他在距阿穆尔河不远的结雅河岸边过冬，同当地达斡尔酋长建立了联系。看来，这些达斡尔人当时已是满人的贡民。尽管如此，我们的哥萨克还是不断向这个民族征收贡赋，//345//直到1677年才被沙皇派往北京的斯帕法里[7]所制止。他在松花江畔遇到过久切尔人，接着是纳特基人，最后，是基里亚克人，中国人把这些人称为鱼皮鞑子，这些人还生活在阿穆尔河口对面的萨哈林岛上。

久切尔人是中国的贡民。我们的哥萨克在久切尔人中间遇到过该民族的一些官员，他们看来在当地享有某些权力。在他们看来，纳特基人和基里亚克人完全是独立的。他们一冬天就在这些民族中度过，//345背面//收水獭皮作为贡赋。

我们的哥萨克早就在阿穆尔河两岸狩猎。他们虽建成了阿尔巴津，但还是不愿种地，只知道沿河闯到下游去干些打家劫舍的勾当。1656年斯捷潘诺夫遇到了极大的困难，由于当地的中国人焚毁了所有的居民点，致使田地荒芜，所以他只好逆松花江而上去搞粮食。1683 年托尔布津从涅尔琴斯克带来一批农民，建立了//346//几个居民点，从事耕作。缪勒[①]在其著作中描述了阿穆尔河和我国在该河两岸拥有的机构，他说：那里土壤肥沃，当 3 年后哥萨克返回 1685 年遭到毁坏的要塞时，发现那里满地长着麦穗，都是完全没有经过耕作而从地里长出来的。阿尔巴津、瑷珲、萨哈林四周生长着大片森林，中国人所有的民房都是用木头造的。要塞四周的栅栏墙//346 背面//非常高。大自然和气候都使人产生一种想法，就是建筑木材的质量与我们在伊尔库茨克和涅尔琴斯克四周所拥有的木材质量不相上下。

动物。在我国哥萨克对阿穆尔河沿岸以及该河北侧支流沿岸实施奔袭及居住于阿尔巴津期间，他们狩猎的收获一直颇丰。基里亚克人都使用漂亮的毛皮，原因是他们得到毛皮非常容易。在阿穆尔河捕鱼，捕捞量颇大，对我们的猎手是一种//347//最重要的补充收获。

萨哈林岛。该岛又称乔卡，位于阿穆尔河口对面。该岛绵延于北纬 54°～46°之间，南北向最长约为 900 俄里，宽约 130 俄里。土著人看来属于鞑靼种，同日本人和满洲人有些关系。岛的中部为山地，布满森林，海岸平缓，适于耕作。

//347 背面//总的看法。以上就是所能搜集到的阿穆尔河由其河源至河口的某些确切的细节。现把我国迅速占领该地区的历史作一简要回顾。

阿尔巴津始建于 1651 年，1658[②] 年为中国人所毁。但我国猎人仍到这一带活动。1665 年阿尔巴津得到恢复。4 年以后，中国人集结了一万人马又将其包围。该要塞虽只有

---

① 原文如此，应为米勒。

② 文中如此，该页左侧页边用铅笔修改为 1685 年。

500 人防卫，竟坚守//348//了 3 年，后根据 1689 年《尼布楚条约》予以放弃。直至那时两大帝国才产生了要划界的想法。双方同意以相当的准确度划定安加拉河以西的界线，但迤东至海的边界仍属争议问题。

在此有必要附带对 1689 年条约所载有关俄中两国划界的尚存疑义的一些条款加以说明。//348 背面//

该条约条款称，“将顺流而下于绰尔纳河附近由左侧汇入石勒喀河之格尔必齐河定为两国之边界。自此河源之石头岭起，沿该岭脊直至于海：凡岭南流入阿穆尔河之大小河流，尽归清国；岭北所有河流，均属俄罗斯沙皇帝国”。[8]

//349//这样划界的结果自然会产生两种不便。

在条约的拉丁文本中，中国人给绰尔纳河起了一个鞑靼名称，叫阿鲁穆河（应为乌伦穆河。——中译者），并指明该河同格尔必齐河一样，也流入阿穆尔河。然而应当指出，当地叫格尔必齐的有两条河，叫绰尔纳的也有两条河。一条格尔必齐河在涅尔琴斯克以北流入石勒喀河，还有一条格尔必齐河比较大，//349 背面//称为大格尔必齐河或阿马扎尔河，在额尔古纳河以下汇入阿穆尔河。

两条绰尔纳河中，有一条在小格尔必齐河以上汇入石勒喀河，另一条在阿马扎尔河以下汇入阿穆尔河，使阿穆尔河的水量更为丰沛。当地居民称该河为乌拉河。这一通古斯语名称与鞑靼名称乌伦穆近似，中国人在条约的拉丁文本中称该河为乌伦穆河，译成俄语为绰尔纳河。

条约条款称，//350//格尔必齐河流入石勒喀河，虽然据此也可以认为石勒喀河是两国边界，而且直至今日双方的确也依然对此表示同意，并由此不难确信，也可以用石勒喀河这个名称来表示阿穆尔河，但在这种情况下，构成边界的应该是大格尔必齐河或阿马尔扎尔河，而不是小格尔必齐河。

上引条约条款所载明的山脉，应该始于格尔必齐河附近，它无法构成边界，因为它并没有//350 背面//一直延伸到格尔必齐河，而且上下均为多条流入石勒喀河和阿穆尔河的河流所隔断，根据河流的大小来判断，它们肯定发源于十分遥远的地方。

为了实现条约的真正目的，恰恰应该沿大格尔必齐河确定边界。这个论点既有上面引用的种种证明为依据，又有迪荷尔德神父在其《中国历史》一书中的论述为依据。他在书中说：//351//“传教士们都了解有关尼布楚会议的情况，他们始终认为构成两帝国边界的是这条河。”[9]

剩下的就是要了解一下，条约规定为边界的山脉延伸到何处。与此有关的条款文字非常简短：“俄罗斯国所属乌第河和大清国所属阿穆尔河附近山岭之间，所有入//351 背面//海河流及一切土地，因全权使臣未得划分此等土地之旨意，应暂行存放。”

1727 年签订第二个尼布楚条约①时，中国使臣试图违背准确的条约表述，对之做出完全相反的解释。他们标出了一条山脉，它的确是同按条约内容构成边界的山脉连接在一起，但山脉却向北延伸，一直到很远的地方。他们想以这种办法把//352//长达 400 俄里的海岸线全部纳入自己帝国的版图。又是这位迪荷尔德神父说，后经长久谈判，方取得一致，按 1689 年条约确定了现在的条款。

结论。如果以某种方式通过山脉划界，那么总会留下一些不够明确、容易引起抱怨和争议的理由，尤其是在那些距离遥远、相关资料匮乏的地方，//352 背面//不可能达致

---

① 原文如此，指《布连斯奇条约》。

准确。

河流则不然，它们更宜于作为划界的依据。除了阿穆尔河可成为自然边界外，何不利用流经这一带的各条小河，如额尔古纳河，来划定边界呢？格尔必齐河，又称阿马尔扎尔河、奥利吉坎河、结雅河、西林穆迪河，还有图古尔河，这些河都能通到海洋。但也不能不考虑，中国人既同意做出某些让步，至少是相信这种让步//353//能保证他们得到好处。有了这样的想法，在确定谈判（时间）时就要考虑，能否付出把阿穆尔河拿到手的好处，或者确切地说，能否付出把这条河的自由航行权拿到手的好处。

为了使西伯利亚同堪察加乃至鄂霍茨克的机构之间交通更为便捷，阿穆尔河的自由航行权对我们至关重要。毫无疑问，较为温和的气候、该河两岸//353 背面//肥沃的土地以及由当地可以得到造船的木材等优势，对向这些贫瘠地区供应粮食和同它们进行贸易均可构成十分有利的条件。阿穆尔河的通航还可使我们同满人以及朝鲜居民建立积极的贸易关系。最后，能得到一块绵延在该河和我国现行边界之间的如此广袤的土地，也应视为一大好处，尽管我们在当地可能找不到当年曾吸引过我国//354//哥萨克的东西。那里的猎物可能不会那么丰富，因为这些地方已有人居住，土地已经得到开垦，而中国人又在由当地向外收运毛皮。然而，对于该河河口的状况，以及该河口可以提供的建立机构以保卫和保障我国航运的方便条件，至今我们也是几乎一无所知。这条河先是折向南方，再折向东北，然后入海，这个大甩弯使航道延长了许多。如果说这种情况对顺流而下的航行//354 背面//造成的困难还不算大，那么对逆流上行便会构成相当大的障碍。最后，既然阿穆尔河本身就是一个巨大的利益，那便应认真地考虑一番，是否值得付出可能是必要的牺牲，以争取阿穆尔河为我所有，并将之保有下去。

谈判的过程将极其艰难。我们虽将竭尽全力证明自己对这块土地拥有权利，但肯定徒劳无益，因为中国人永远不会承认我们的这些权利。

我们的占领史证明，当我国哥萨克//355//首次沿阿穆尔河顺流而下时，中国人已在当地建立统治权的何止是一两个地方。而且，中国甚至有官吏常驻在当地收缴贡赋。我们还看到，当我们1689年取得多次胜利后，中国人又挟重兵而来，夺取了瑷珲要塞，两年以后，还把当地的居民迁到萨沙岭（即瑷珲，今黑河。——中译者），在该地设将军，其管理范围广及整个阿穆尔河流域及该河支流流经地区。也就是说，他们通过《尼布楚//355背面//条约》只是想要恢复被他们不公正侵占的土地。这个傲慢的民族，它有统治世界的野心，而且它居然还以为根本就用不着同欧洲人发生关系，以为我们还没有学会用自己的产品养活自己。一个这样的民族，怎能指望它在应其要求提出的等价条件得不到满足的情况下，就同意做出如此重大的让步呢？这里还有一件事不要忘记，那就是1756年我们想通过阿穆尔河向堪察加//356//运送粮食，但遭到了中国人的拒绝。[10]当时他们是多么的惊慌不安：他们害怕一旦表现出宽宏大度，就会激起我们再度占领这块地方的企图。

只有一个情况对我们可能有利：我们看到在1731年中国人同准噶尔人交战期间，他们曾派使团来请求我们帮助。这一行动告诉我们，尽管他们傲慢，但也觉得我们的支持对他们十分有利。也就是说，如果他们再度陷入类似境况，我们的帮助，甚或我们的调停，就能//356背面//赋予我们提出要求的权力，但一定要使我们有可能消除1728年条约中的不准确和模棱两可之处，如果有可能的话，争取把结雅河口以下的阿穆尔河一侧河岸，以及由该处上溯至乌第河河口的阿穆尔河左岸给我们让出来，以取代向东划出的那条直线。

综上所述完全可以看出，通过谈判取得成功的希望十分渺茫。通过武力将更不会顺利。我们的哥萨克人数很少，武器装备也差，//357//但遭到10万中国人的攻击，居然坚守了好几年，他们的表现使中国人认识到我们的勇敢，也给中国人军事艺术方面的知识留下了不高的评价。不过应该注意，《尼布楚条约》签订后，阿穆尔河两岸居民人数增长很快，中国人开始在瑷珲设防，耶稣会士在上个世纪初教会了他们铸造和使用大炮的方法。

中国人可以轻而易举地在阿穆尔河两岸//357背面//集结起10万人马，而我们在那里集结和补给一支1.5万到2万人的军队则要克服太多的障碍。相比之下即可看出，征服意味着要付出很高的代价，而对我们却可能并没有什么好处。1734年拉古津斯基伯爵曾就此事向奥斯特曼伯爵呈递过一份备忘录，其中正确地指出，一个如此骄傲但又身受失败屈辱的民族，有可能做出同自己的战胜者中止一切友好关系的举动。而且，如果没有能力把占领推拒到非常远的地方，就有可能陷入//358//和又和不了，打又打不下去的困境。

这种敌对情绪只有时间方能消除，它会迫使我们放弃自己的目的，至少也会延缓我们的行动。

由此可见，无论我们的权利多么合法，无论我们国家会使他们产生多么大的敬意，反正无论什么都不会使中国人同意做出哪怕是最微小的让步，除非出现或造成某种态势，引得中国人自动产生某种意愿或需求，为了自己的利益而让我们也参与进去。

//358 背面//上述见解的目的，是拓展俄国由阿穆尔河自由通航中可能得到的好处，它同政府不时就这一主题流露出来的意向相一致。有鉴于此，它应该成为此次赴中国使团特别关心的议题。但我们自己也应该承认，就这一如此重要的问题我方所掌握的情况实在十分有限。开辟了帝国东西伯利亚各省这条补给和贸易新路，是否就意味着保证获得成功，//359//对此很没有把握。谈判的目的是要让疑虑重重、不容他人染指的北京政府开放这一远离其监督和力量中心的地区。这必然会遭遇诸多困难，但我们不应在困难面前停步不前，至少应预见到这些困难，特别是在我方无法向对方提出任何互惠条件作为交换的情况下。尽管如此，如果想要中方真的表现出这种可称之为无缘无故的宽宏大度，要它//359 背面//不提出任何可能把这些好处消弭于无形的限制，那就必须对这种情况预先做一番分析。如果这条新航道真能成为我国边疆福祉全部企盼的集中体现，如果真能将现时使用的种种手段满怀信心地置诸不顾，那就完全不必再去寻求其他辅助途径。

现在所掌握的关于阿穆尔河的通航状况、该河两岸粮食供应、河口、北边大陆和萨哈林岛之间的海峡通道等情况，实在是难有比它们更不可靠的了。现已得知，南部通道甚至不适于舢板船//360//航行。有关此事的所有议论均以传闻为根据，一旦对该地区有了更深入的了解，人们期盼的让步所能产生的好处完全可能化为子虚乌有。

如果能派出两支考察队，一支顺河下驶，直抵河口，另一支由鄂霍茨克抵达该处，无疑可成为获得准确情报的最好手段。但此举又将挑起同中国人的争执。1753 年，正是由于听到一条简单传闻，说涅尔琴斯克正在制造可能会沿阿穆尔河下驶的内河木驳船，中国人便拒绝谈判//360 背面//与该河通航有关的任何问题。即使我们料想与该地区可以有令人十分满意的关系，也还是要再考虑一下应该以何种手段获取这些利益。即使中国人允许我们造船，把它们装备起来，让它们航行，那河的两岸也一定要设几个停靠的码头，河口也要建一个港口，以便船只可以装运由内河木驳船送到那里的货物。这个仓库的重要性以及沿河各码头的保卫工作//361//肯定会要求使用武力，这样将会使北京王朝深感不安，可以预期因此而导致它再次拒绝。试想，如果预先不与知会，甚至早早就在那边安置上军队，那我们就要冒断绝交通的危险，承担由此而产生的一切不快。否则，即使中国政府同意我们用沿河居民的船只运送货物，但若不向我们提供观察和保障安全的手段，//361 背面//我们也会备受留难，遭到嫉妒和贪婪的侵害。不仅贸易往来，更为重要的是我国居民点的供应，亦将落入中国人或阿穆尔河两岸野蛮民族的手中。看来，上述两种设想都会使航道的使用任由那些民族来摆布。即使我们最终能找到办法，消除由此产生的//362//重要不便，那也要彻底研究一下，如果我们放弃一直用以运送货物的道路，那么，开辟那些道路的居民是否会破产呢？雅库特人是一直从事这种运输的人，除了从这种行当得到收入外，他们没有别的生存手段。这是他们挣钱活命的唯一行当。贸易方向一经确立，要想不造成影响而改变它就很难。而且，要剥夺//362 背面//雅库特人的唯一生存手段，就应该考虑，万一情况突然有变，不得不回头再用老办法运输，就别指望他们的地位很快能够恢复，其所需时间会使我们饱受饥饿之苦，使贸易陷于停顿。看来，在这条路上始终保持一定的货物运输，直到新线路能够确保长期使用，是有好处的。

在结束所有这些议论时，可以从中//363//得出结论，为了维持我国的贸易关系，保障鄂霍茨克、堪察加和我国美洲企业的供给，仅仅着眼于阿穆尔河的航运是危险的，也是不明智的。如果我们有可能把这个通航权搞到手，那就应该利用它，但可不能让那些最重要的行动统统取决于这一极不可靠的手段。我们应力求尽快确立竞争，发展我们的交通，不仅是因为这样更可靠，这样交通将永远不会在同//363 背面//一时间一下子统统断绝，而且还因为这是一种最可靠的手段，它将使那些看来是老天爷让它们遭受最大困苦的边远地区享受富足和低廉的物价。

343 页正文上方左侧：№ 1。

同处用铅笔书写：1805 年 5 月 10 日。

363 页背面正文下方用铅笔以俄文书写：**Ю. А.** 戈洛夫金伯爵呈 **А. А.** 恰尔托雷斯基公爵，1805 年 5 月 10 日于圣彼得堡。

俄罗斯帝国对外政策档案馆圣彼得堡分馆，总档 1—7，目录 6，1805 年，案卷 1a，卷夹 35，343～363 页背面。原件为法文，**Н. Б.** 祖布科夫译自法文。

注释：

[1] 叶罗费·帕夫洛维奇·哈巴罗夫（约 1610－1667）——俄国农民（诨名斯维亚季茨基），航海者、新土地发现者。1649 年率一支由 70 名“志愿”人员组成的队伍出发前往阿穆尔河沿岸地区；1650 年沿乌尔卡（多尔坎）河进入阿穆尔河，使一些地方小头人接受莫斯科沙皇的“崇高统治”。1651 年他携带增援部队返回阿穆尔河沿岸地区。他临时留在那里的队伍，扎营在阿尔巴津城（确切些说是阿尔巴津堡），这是当时最大的设防的俄国居民点，位于阿穆尔河右岸支流阿尔巴昔哈河河口（以前该城称为雅克萨，属于当地小酋长阿尔巴昔，后来因其名称为阿尔巴津）。是

年秋天，他的队伍顺阿穆尔河下驶，停在乌苏里江口以下的地方，在当地建立了一个设防的过冬营地——阿枪斯克小城。1652年溯阿穆尔河上驶，建立了呼玛尔堡。从这时起，俄国人在使当地部族接受俄国国籍的同时，开始对阿穆尔河沿岸地区开展积极的经济开发。哈巴罗夫因征服阿穆尔河获得沙皇的金质奖章；他绘制了“阿穆尔河图”。讲述哈巴罗夫的著作很多，如《17世纪俄中关系》，卷1－2（根据索引）；Ф. Г. 萨夫罗诺夫：《Е. П. 哈巴罗夫》，哈巴罗夫斯克，1956；М. И. 别洛夫：《叶罗菲·哈巴罗夫在曼加泽亚和泰梅尔》，载《北方编年史》，莫斯科，1975年，文集7；Г. В. 麦利霍夫：《满洲人在东北（17世纪）》，莫斯科，1974年，95～96页。

［2］斯捷潘诺夫，奥努夫里——自1651年8月哈巴罗夫去莫斯科后便是阿穆尔河沿岸地区哥萨克队伍（大致500人）的头领。1653年和1656年因粮食匮乏曾率队伍试图溯松花江（当时称松加里）上驶，但乘帆船溯松花江航行3天后，与拥有3000名大军的满洲舰队遭遇，被迫返回阿穆尔河。不久（1658年6月30日），斯捷潘诺夫的队伍在该江江口以下地方被满洲人的优势兵力包围，在一场力量悬殊的战斗中牺牲（《满洲记》，Д. М. 波兹涅耶夫主编，圣彼得堡，1897年，卷1，14页；《17世纪俄中关系》，卷1－2，根据索引）。斯捷潘诺夫留下了一份极为珍贵的文件：《1653年达斡尔地区、久切尔地区和基里亚克地区实物税簿》（俄罗斯国立中央古代文献档案馆，1177年全宗，目录4，34～45页）。

［3］在17世纪，阿尔巴津城是俄国人同满洲人在阿穆尔河上发生冲突的主要地点。如前所述（见本文件注释1），它从1651年便属于俄国人。该城于1659年首次遭到满洲人破坏，但于1666年得到恢复，这时尼基福尔·罗曼诺维奇·切尔尼戈夫斯基被任命为阿尔巴津哥萨克首领，来到阿穆尔河上。1682年阿穆尔河沿岸地区建立了阿尔巴津军政长官辖区，首任军政长官是阿列克谢·托尔布津。

1685年，经过充分准备之后，清军在郎坦、班达尔沙和萨布素的指挥下包围了阿尔巴津城。5000人左右的军队装备着大量火炮，乘船沿阿穆尔河而来，1000余名骑兵沿河岸前进。阿尔巴津被围初期城中只有350人，因此，经过短暂围困后，俄国人便开始了弃城的谈判，条件是准许他们返回外贝加尔。俄国人放弃的这座城为满人所毁，45名哥萨克、几名妇女和儿童作为俘虏被带走。根据此后不久签订的《涅尔琴斯克（尼布楚）条约》(1689)，被俘的阿尔巴津人留在北京，住在京城的东北部，距城墙不远。所有被俘的男人编为一个特殊连队，划归满洲八旗军的镶黄旗（见96号文件注释5)。赐给他们土地，准许他们信奉自己的宗教（见4号文件注释4)。

涅尔琴斯克军政长官弗拉索夫（阿尔巴津在其管辖之下）不甘心遭受这种损失，命令阿尔巴津军政长官托尔布津立即准备重返旧地。当托尔布津于1685年8月回到阿尔巴津时，看到遍地是阿尔巴津人春天种下的庄稼，于是他首先要操办的事就是把庄稼收割回来。

1686年7月，清军在郎坦率领下再度前来攻城。这次500名阿尔巴津守卫者受到了一支2000人部队在400名福建盾牌兵支持下的攻击。1687年初，托尔布津在一次出击时腿部被弹片击伤，不久因伤死去。拜顿代行其职（《满洲记》，卷1，14～15页）。

最后，1687年8月，清军撤围离城。这同莫斯科政府和北京朝廷开始谈判有关。这次谈判以1689年签订《涅尔琴斯克（尼布楚）条约》告终。有一部文集专门讲述俄中关系史上这第一个条约（见《17世纪俄中关系史》，卷2)。

作为法律文件，《涅尔琴斯克（尼布楚）条约》是极不完善的：不同语言文本（条约文本用满文、拉丁文和俄文拟就）间的差异极大，地理方位标志不清，没有交换地图。条约签订后未进行实地划界，条约也没有专门的法令予以批准。尽管如此，但其条款始终为双方所遵守［B. C. 米亚斯尼科夫:《涅尔琴斯克（尼布楚）条约的历史意义》，载论文集《时代的联系并未断裂》，85～91页］。关于阿尔巴津，尚可见A. P. 阿尔捷米耶夫:《阿尔巴津研究史》，见同处，91～99页。

［4］西伯利亚并入俄国的过程持续了不止一个10年，是一段复杂的历史。其主要目的可归结为对这一广袤无垠的地区进行经济开发。17世纪40年代，新土地发现者和军役人员中开始流传有关富饶的达斡尔地区和阿穆尔河的消息。雅库茨克书记官瓦西利·丹尼洛维奇·波雅尔科夫率领由132名哥萨克组成的队伍，首先到达阿穆尔河。1644年，这支队伍从雅库茨克出发，到达阿穆尔河，在河口过冬，1645年到达鄂霍茨克海，秋天抵达乌利亚河口，1646年6月率队返回雅库茨克。他是对阿穆尔河、世居当地的各民族、他们的生产活动、该地区经济状况等进行描述的第一人。波雅尔科夫还报道说，这些民族不隶属于任何相邻国家。继他之后，叶罗

费·哈巴罗夫于1649年再次前往阿穆尔河沿岸地区［《17世纪俄中关系》，卷1，9～10页，534、541页；Г.В. 麦利霍夫：《满洲人在东北（17世纪）》，94页］。

［5］由俄国新土地发现者组成的队伍对乌第湾及其毗邻地区开展考察，当属17世纪30年代末期的事。新土地发现者的队伍之一——И.Ю. 莫斯克维京的队伍于1639年由阿尔丹河和马亚河到达鄂霍茨克海，在那里过冬，后来队伍分成两批，其中一批向南，到达了乌第湾。乌第河的冬营（后来为乌第堡）建于17世纪下半叶，地点在该河左岸，距河口30俄里（《17世纪俄中关系》，卷2，793页）。

［6］拉彼鲁兹（1741—1788）——法国航海家。1785—1788年间领导太平洋研究考察队。萨哈林和北海道之间的海峡便以他的名字命名。拉彼鲁兹考察队由悉尼向北出发后便失去了踪迹（《1785、1786、1787和1788年期间南、北太平洋旅行记》，卷1，圣彼得堡，1800）。

［7］俄国出使清帝国的使臣Н.Г. 斯帕法里（见103号文件注释1）给阿尔巴津堡发来"指令"（1676年，不早于4月8日），在使团从中国返回之前，禁止沿阿穆尔河和结雅河派遣考察队，收缴实物税（《17世纪俄中关系》，卷1，491～492页，208号文件）。

［8］Ю.А. 戈洛夫金引证的是《涅尔琴斯克（尼布楚）条约》的第一条（见《1689—1916年的俄中关系：官方文件》，莫斯科，1958年，9页）。

［9］指 Du Halde J. B.，*Description geographique*，*historique*，*chronologique*，*politigue et physique de L'Empire de la Chine et de la Tartarie chinoise*…… [Paris]，1735.

［10］1755年中国打败准噶尔汗国后，清朝宫廷对俄国的态度急剧恶化。这主要同个别蒙古公国转到俄国方面有关。

1756年专差信使瓦西利·费奥多罗维奇·布拉季谢夫（不晚于1714年出生）奉命前往清帝国调解边界争议，同时还奉命就允许俄国向远东各要塞供应粮食的船只在阿穆尔河自由通航事同清政府谈判（《中国近代史》，62页）。1756年8月12日颁发了"关于以信使的名义派遣办公厅顾问布拉季谢夫，携带枢密院致中国理藩院的普通文书及所需指令，前往中国朝廷，要求对方派遣使团来俄访问，并申请准许俄国船只在阿穆尔河自由航行，为东北海岸各要塞、寨堡防军运送粮食和其他备品"的上谕。

（圣彼得堡俄罗斯国家历史档案馆，1329 号全宗，目录 2，111 号文件，132 页。）

然而俄国代表在北京受到的接待并不友好，他得到的只是清朝宫廷同意恢复恰克图贸易（《中国近代史》，62 页；另见《办公厅顾问布拉季谢夫旅北京日记》，俄罗斯帝国对外政策档案馆，俄中关系全宗，目录 62－1，1758－1759 年，案卷 8；《派往中国的办公厅顾问 B. 布拉季谢夫日记摘要》，1756－1757 年，俄罗斯国立中央古代文献档案馆，案卷 259，目录 1，4856 号文件，19～46 页，862～868 页）。

布拉季谢夫从中国返回后，写了《布拉季谢夫短期逗留北京期间搜集的情况——伏尔泰有关中国看法的某些印证》。据 И. 罗索欣的看法，“伏尔泰有关中国看法的某些印证……几乎完全出自驻北京耶稣会士所说所写……”（П. Е. 斯卡奇科夫：《俄国中国学史纲》，394 页）。这篇由罗索欣注释的、经过校订的《情况》，是由 Г. И. 萨尔基索娃发表的（见萨尔基索娃：《伏尔泰论中国和俄国中国学的形成》，111～132 页）。

关于布拉季谢夫及其中国之行，还可参见：《瓦西利·布拉季谢夫》（小传），载《历史词典或压缩的图书馆》，莫斯科，1790，卷 2；Е. Л. 别斯普罗兹万内赫：《17—19 世纪中叶俄中关系体系中的阿穆尔河沿岸地区》（见索引）。

№ 94

1805 年 5 月 12 日。科学院院长 H. H. 诺沃西利采夫就向科研助理 Ю. 克拉普罗特提供经费以供到大清国购买图书并将书籍发寄到恰克图一事致 Ю. A. 戈洛夫金使臣函

//35//尤里·亚历山德罗维奇伯爵阁下：

随使团前往中国的科学院科研助理列多夫斯基和克拉普罗特向我呈交报告，提出几项需要办理之事，并请我转告阁下：

第一，他们需要一辆单独的马车，装运其学科所需之用品和书籍；

第二，他们提出请求，若科学院拨给科研助理克拉普罗特购买所需中文书籍的款额不敷使用，允许以科学院名义由使团经费中借用；

第三，他们请求采取必要措施，由北京向恰克图邮寄所购书籍；

//35 背面//第四，科研助理克拉普罗特已领取路费 500 卢布，但其他几位科研助理领取的各为 1000 卢布。为此，克拉普罗特请求再发给 500 卢布。我于 5 月 2 日已将此事告知恰尔托雷斯基公爵大人，请求向克拉普罗特发放同等之数额。

阁下，我已将上述几位科研助理递交的报告内容告知，恳请阁下下令酌情允其所请。

同时我认为有必要告知阁下，出于责任，我已与内务

//36//大臣阁下、托博尔斯克、托木斯克和伊尔库茨克各位省长大人联系，请他们向随使团同行的科学院成员将要行经的各省长官下令，若途中遇有不可预见情况，请尽可能提供帮助。

顺致真诚的敬意。

阁下最忠实、恭顺的仆人

尼古拉·诺沃西利采夫

于圣彼得堡。

1805年5月12日

35页正文上方左侧有："№45"字样。

同处左侧：1805年5月12日收到。

36页正文下方有："№350"字样。

同处有："送Ю.А.戈洛夫金伯爵阁下"字样。

俄罗斯帝国对外政策档案馆圣彼得堡分馆，总档1—7，目录6，1805年，案卷1a，卷夹13，35～36页。原件。

№ 95

1805 年 5 月 12 日[①]。库伦办事大臣蕴端多尔济、玉衡就他们已将俄国使团抵达边界时间呈报理藩院一事致伊尔库茨克副省长 A. A. 希什科夫的信

//88//**译自满文的文本**

大清国库伦办事大臣蕴端多尔济、玉衡咨照俄国伊尔库茨克副省长希什科夫函

省长先生，嘉庆十年四月二十三日[②]阁下派大尉衔使者桑热哈耶夫将尊函[③]送达我处。我方郡王和昂邦已拜读。阁下于来函中称，贵俄罗斯国为呈献礼品[④]，已向我皇帝陛下派出使臣，并告知使臣抵达边境时间，我等已详悉，甚慰。

阁下允诺于收到理政事枢密院命令后，当即转告我等，所为甚是，实堪赞赏。今阁下来信中要求我理藩院告知某些情况，为此，我等已上报大理藩院，俟理藩院就此向我等下达命令后，当即派精细军官赍送阁下。

---

① 嘉庆十年四月二十六日。

② 1805 年 5 月 9 日。

③ 见 87 号文件。

④ 着重号为文中原来所有，页边明确标出：贡品。

值此派遣大尉桑热哈耶夫回国之际，特奉上此回函。

嘉庆十年四月二十五日①。

八等文官、翻译阿列克谢·帕雷舍夫译。

俄罗斯帝国对外政策档案馆圣彼得堡分馆，总档1—7，目录6，1805年，案卷1a，卷夹22，88页。原件。译自满文。

由原件翻译，蒙文译文藏同处，89页。

库伦办事大臣衙门抄文簿抄件：满文文本藏蒙古国立中央历史档案馆，藏档M-1，案卷639，87～88页；蒙文文本藏同处，89～91页。

---

① 文中的二十五日为译者犯的错误。满文抄件中为“奥林一宁功一德”，意即二十六日（文档的87页上标得很清楚）。

№ 96

1805 年 5 月 12 日。库伦办事大臣蕴端多尔济、玉衡就准备接待俄国使团，请求派遣两名理藩院官员和几名俄语翻译等事呈嘉庆皇帝的奏章

//101// 四月二十六日①

奴才蕴及玉谨奏，恭请圣上谕示

奉今年给奴才蕴的上谕②，今再次上折，恭请圣上就护卫俄国汗使团朝贡事给予示下。

经此间衙门核对档案查明，阿尔泰军路[1]各兵站、武备司及奴才所辖喀尔喀各驿站[2]所有马匹 //102//、牲畜及其他用品，数量均明显不足，故奴才等以为应采取以下方式行事[3]。

接奉上谕训示并确定使团最终所需之马匹、骆驼、车夫、蒙古包和其他物品数量之后，奴才等将向察哈尔[4]八旗[5]都统佛尔卿额、直隶将军赵襄下达命令，着其就近命各扎萨克、各旗、各部拨出马匹、骆驼、蒙古包、车夫，并着各驿站全力协助运送。另，奴才蕴若陪同俄国枢密官使臣前

---

① 5 月 12 日。

② 见 60 号文件。

往京城，肯定无法保证各驿站按所需数量提供牲畜。为此，奴才应比使团提前一天出发，以便监督照料，以保证各驿站妥善供应马匹、牲畜及洋人所需各种物件。又，使团行进途中经过张家口地面各驿站，为护卫俄国枢密官使臣//103//及奴才蕴等，急需由理藩院派遣优秀干练之章京官员。此外，俄国使团抵达恰克图时，理藩院应指派章京、官员、古纳//104//和扎萨克到该地迎候，护卫使团前往库伦，否则难以预料愚蠢的洋人将恣意妄为到何等地步。

奴才衙门内除书办托克托布[6]一人外，别无其他章京，亦无俄文翻译。使团虽带有数名满文翻译，但俱是洋人，一旦奴才等需要对俄国人有所宣示，绝难对彼等完全依赖。

奴才等驽钝之议，伏请圣上明鉴，//105//并谕令依臣之所请：由理藩院指派两名此前到过库伦、深悉俄情之章京及书办各一人，于八月初①到库伦办事，会同奴才蕴等共同护送俄国使团。此外，亟盼能为奴才等赐派一名俄罗斯馆[7]通晓俄语之翻译。

特此奏闻，恭请圣示。//106//呈请圣明皇帝御览。

106页文末：据奏章抄录。五月二十五日②收到的［由北京退回的］奏章上有皇帝朱批：已颁旨。

蒙古国立中央历史档案馆，藏档M-1，案卷639，101～106页。库伦办事大臣衙门满文抄文簿抄件。И.Т. 莫罗兹译自满文。

---

① 1805年9月份。

② 6月10日。

注释：

［1］阿尔泰军路，喀尔喀和准噶尔的固定军事驿路（也有临时驿路），由张家口（卡尔甘）通往科布多，支线通往苏约克、恰克图（经过库伦）、古城子、达尔库利和金鸡岭。这条军路直接受察哈尔将军管辖，同时所有驿站均归兵部管辖。位于军路两旁的军事驿站（满文为“乔海－格亚蒙”）均由八旗军士兵在站上执役（见 96 号文件注释 4），为传递中央政府衙门和各省衙门之间以及各省衙门之间的公文服务。除直接用途之外，驿站还充当犯有过失官员的流放地点。凡因公需要通行的官员，由兵部发给特殊的驿马使用证（И. С. 布伦纳特和 В. В. 加格尔斯特罗姆：《中国现代政治组织》，286 页）。

［2］这里所说的驿站（满语为“格亚蒙”，蒙语为“乌尔通”）位于喀尔喀驿路上，由库伦办事大臣直接管辖。这条驿路从阿尔泰军路上距张家口几站地的萨尔乌苏驿站开始，通往恰克图。喀尔喀驿路共有 25 个驿站：由库伦往北有 11 个驿站（奎、布勒加尔泰、博罗诺尔、呼奇岗、塔希尔、贝特盖、呼鲁曼图、库泰尔纳拉苏、嘎萨克、努凯图、基杜凯诺尔），由库伦往南有 14 个驿站（托奥拉毕拉、布库克、布哈、吉尔加朗图、温都德罗布 、塔尔布拉克、尼兰、莫多、托奥里姆、博罗达加、巴彦呼苏或托阿达克、比尔盖库、索洛盖、苏吉）（蒙古国立中央历史档案馆，藏档 M-1，案卷 628，5～8 页。库伦办事大臣衙门满文抄文簿抄件）。蒙古各王公辖地派出一定数量的驿差为驿站服务，以完成驿路的基本职司。他们的责任是在驿路上递送邮件，出马匹驮载因公旅行的官员、前往服役地点的军人、持有将军或昂邦出具的通关文牒的旅行者、为通行者架设蒙古包过夜、供应用具、提供饮食等等（А. М. 巴拉诺夫：《蒙古术语词典》，261～264 等页）。距驿站不远的地方设有驿站储备所（满语叫“哈卜苏尔噶”；蒙语叫“哈富斯拉噶”），备有人员、马匹、牲畜等，当驿站自身力量无法完成运送任务时，便可使用之。这时可设立临时驿站。蒙古驿站相互间的距离约为 30～40 公里。

从库伦往北京递送紧急邮件的信使从郡王的衙门出发后上马疾驰，同时还要鸣枪（同蒙古国立中央历史档案馆工作人员交谈得知）。邮件放在套夹里（满语叫“匣布萨布”，是两块小木板，文件夹在当中），斜背在信使肩头，如邮件尺寸大，也可放在盒中（满语叫“西特痕”）。邮件仅在白天传送，速度为每天 400 里、500 里、600 里不等。

［3］每次为接待俄国使团而做的准备工作，总会使游牧在戈壁草原上的蒙古人遭受一场劫难。清朝政府不管付出多大代价，也不能“丢脸，这与其说是出于对外政策，倒不如说是出于对内政策的考虑：即使不幸的蒙古人饿死，他们也得往绵延 1600 俄里的各驿站送交数量可观的马匹、牲畜和烧柴，不言而喻，随之还有相应数量的人员”（B. H. 巴斯宁、颇杜什金：《东西伯利亚——颇杜什金上尉萨哈林旅行记》，132 页）。

［4］察哈尔人，是游牧在长城以外张家口（见 102 号文件注释 2）附近南蒙古人的一支。该独立汗国正当满人侵略中国之途的要冲，因此在中国被满人征服之前便已被满人征服。察哈尔人同成为清帝国成员的其他蒙古人不同，没有自己的氏族王公，由清朝派官员直接管理。

比丘林对察哈尔人的描写如下：“察哈尔人自认为是为中国服职，实际上只是自己主人的奴隶。他们的大半土地变成了牧场，他们在牧场上放牧属于中国宫廷的骆驼、马匹和羊。”他接着又写：“察哈尔近卫军士兵每月的饷银是二两，其他人是一两。当地百物腾贵，这点银子太不够用了。在前面的路上此间的中国警官警告我们，他说察哈尔人都是贼，要多加小心为是。这话说得对，但说得不全。察哈尔人由于同中国接近，比其他同部落的人更有教养，但却失去了质朴。中国在向他们传播了文明的同时，也破坏了他们的习性。总之，察哈尔人厚颜无耻，胆大妄为，贪婪残暴。”（H. Я. 比丘林：《蒙古札记》，卷 1，72～73 页）

［5］满族皇帝努尔哈赤当政时期，满洲居民不分部族起源，一律编入大的军事单位“八旗”，也就是军团（满语叫“扎昆固山”，汉语叫八旗），为满人在中国统治的支柱。起初军队由四个军团组成，每个军团有一固定颜色的旗帜：黄色、白色、红色和蓝色旗帜。旗的指挥官直接听命于皇帝。1615 年，经过军事征战后，满洲人口增加，又增设了四个军团，其旗帜颜色相同，只是镶了边（黄旗镶红边，白旗镶红边，蓝旗镶红边，红旗镶白边）。八旗军分为两类：“上三旗”包括黄旗、镶黄旗和白旗，为清朝皇帝的亲卫军，服从皇帝调遣；“下五旗”服从皇帝钦定的军事长官指挥。八旗军的民族成分不一，其中有各民族和部族的士兵：满族人、汉族人、蒙古族人等。

［6］托克托布在库伦办事大臣衙门总部任书办（满语叫“笔帖式”，蒙语叫“毕切其”）。衙门书办负责通信、检查户口、监督纳税、监督交纳

实物贡赋的情况等。书办还负责教蒙古儿童念书识字，家长们把这些孩子就像送进学堂一样送进衙门（让孩子们逐渐熟悉法律和衙门事务；他们通常是王公的顾问和官员的孩子；普通蒙古人如果也教孩子念书识字，通常都是在家里教）。书办由北京派到库伦，期限为 3 年，但可以延长（A. M. 巴拉诺夫：《蒙古术语词典》，19～20 页）。

托克托布 1803 年由北京来到库伦，他精通满语和蒙语。很显然，库伦办事大臣很满意他执行公务的情况，因此向北京申请延长他在库伦的服务期限（蒙古国立中央历史档案馆，藏档 M-1，案卷 621，37 页。库伦办事大臣衙门满文抄文簿抄件）。这一请求得到满足（同上，单独藏档，案卷 651，99～102 页）。托克托布作为翻译参加了 Ю. А. 戈洛夫金同库伦办事大臣在库伦的谈判。使团回国后被撤职（把同 Ю. А. 戈洛夫金在库伦谈判破裂的部分罪责加到了他身上），派到库伦附近一家贸易仓库当管事。

［7］俄罗斯馆（满语叫“俄罗斯库仑”）是康熙皇帝(1654—1722) 时决定修建的，用以安置莫斯科来的商队。该馆四周修有高高的砖墙，内有三个庭院。虽然北京设有俄罗斯馆，但该馆并非俄国使臣的唯一住处。比如，为戈洛夫金使团就在城的另一端准备了住处。这是御河东岸的储君官邸（詹事府），建于明朝［Н. Я. 比丘林：《北京志，附有 1817 年绘制的该城平面图》，雅金甫修士译自汉语，北京，1906 年，39～40 页；伊兹布兰特·伊杰斯和亚当·勃兰特：《俄国使华使团札记（1692—1695)》，309～311 页］。

№ 97

1805 年 5 月 12 日。库伦办事大臣蕴端多尔济、玉衡就北京教士团换届人员将同使团一起抵达边境，库伦未能得知呈献皇帝礼品的情况，建议缩减使团随员等问题呈嘉庆皇帝的奏折

//92// 四月二十六日①

奴才蕴、玉谨奏，恭呈圣明皇帝陛下御览

四月二十三日②俄国省长派信使桑热哈耶夫大尉给奴才等送来一封内容糊涂透顶的信③，奴才等已拆阅。省长希什科夫显然是受其枢密院委托，在信中说：为证明对圣明大皇帝的至高敬意，重申我们两国之间的信任并进献贡品，特委派官衔为枢密官的汗的近臣为使团团长，同时委派使臣的 //93// 助手三人、高级和低级官员近二十人，于九月份抵达边境。信中还列出护送人员人数、一定数量之必备骑乘和使役用马，请求预前做好使臣所需之各项准备。信中接着又谈到他们将利用这一良好时机，派俄国教士团换届的学员随使团一同前来，列出神甫名单和教职，//94// 并通知说，枢密

---

① 即 5 月 12 日。

② 即 5 月 9 日。

③ 见第 87 号文件。

院致大理藩院的相应文书由使臣亲自携带。此外，信中还说，他们所需马匹总数为五百匹，有骑乘用马匹、拉四轮马车和板车的挽马，其中挽马一百五十匹。如果我蒙古驿站找不到受过训练的一百五十匹挽马，俄国人可以自备，则我方应备的马为三百五十匹。省长还告知有关使臣、其余官员等人途中的伙食供给问题。

为此，特将该省长以//95//三种文字书就的信件封固进呈，恭请皇上御览。

此外，奴才等把省长在信中提到的以及来使桑热哈耶夫同时也指出的日期，同我国历法做了对比，计算出使团将于我国历法八月份抵达边境。使团在此将稍事停留修整，然后，根据陛下给奴才的训示，可以让使团于十月份由恰克图前往库伦，在十二月十号[①]左右觐见朝廷。

但需要注意的是，俄国使臣//96//［戈洛夫金］系首次谒见宫廷，随员既不懂满语，又不懂蒙语，而且护送人员队伍过大。现奴才等已仔细推敲过省长来信内容，得出一个结论。虽然信中介绍了使团团长的情况，也提到了所需牲畜马匹的数量，但却未提贡品中包括哪些物件。此外，俄国人利用进贡的机会，还夹带了些学员。显然，他们在就这一问题不断向理藩院提出请求的同时，希望得到皇帝陛下的殊恩，为自己谋取好处。

奴才由衙门档案得知，上次俄国学员//97//换届已过去十一年，与学员换届有关的开支，一向均由俄国人自行负担，理藩院只管派笔帖式和博什库在往返途中对其护送，我驿站从来不向俄国人提供脚力。奴才敬候就此谕示，以定行止。

---

① 即在1806年1月中旬。

此外，马匹、牲畜、粮食供应等问题虽大致正常，但臣等得知俄人马车尺寸大，且为四轮。鉴于由此直至张家口皆为蒙古驿站，根本无法找到//98//受过拉车训练的挽马。除此之外，俄人此次来信亦未通知车辆数量。奴才等据此以为，收到省长来信后应立即作复，说明我驿站真实情况，并告知彼等，我们希望拉车用一百五十匹挽马由对方自行准备。然后奴才等还可向他们派出几名官员转告，若俄人准备挽马有困难，可着乘车者骑马上路。另，根据和平条约，还应告诉俄国人，着其缩减随员，目前随行军士数量过大，而且并无所用①。

待圣上就使团所用蒙古包、//99//马匹、骆驼、车夫等事给予明确训示后，奴才等将根据上谕，重新商议，下达书面指令，着有关各方准备一应所需。根据上述情况，奴才等不揣驽骀，已草拟了致俄国省长回函草稿，敬呈御览。特请圣上对奴才等建议当否予以审度。

又，俄国省长派来的信使桑热哈耶夫举止恭顺，故奴才等依例赏赐绸缎一匹、茶碗一只、茶叶//100//及其他物品。之后，给省长写了收到来函的复件，交桑热哈耶夫，着其回国。

谨奏。

100 页文末有：据奏折抄录。在五月二十六日②收到的［由北京退回的］奏折上有皇帝朱批：已颁旨。

蒙古国立中央历史档案馆，藏档 M-1，案卷 639，92～100 页。库伦办事大臣衙门满文抄文簿抄件。И. Т. 莫罗兹译自满文。

---

① 文中行间有皇帝朱笔御批：此言甚当。

② 即 6 月 11 日。

№ 98

1805年5月13日。副外务大臣A.A.恰尔托雷斯基就挑选俄国工匠制作的兵器和工艺品以赠送清朝宫廷事致御前办公厅主任Д.A.古里耶夫函

//110//德米特里·亚历山德罗维奇阁下：

奉皇帝陛下谕旨，由宫廷办公厅拨出一批俄国工匠制作的长枪、手枪、青铜制品及镶嵌宝石的日用品，供前往中国的使团之用，由尊敬的阁下同使臣戈洛夫金伯爵共同挑选。

在向阁下转达圣谕的同时，恭请阁下将选出的物品向本官赐告，以便//110背面//奏报皇帝陛下。

谨向尊敬的大人致以衷心敬意，您忠诚的［……］

1805年5月13日。

110页文下左侧为：送尊敬的Д.A.古里耶夫阁下。

俄罗斯帝国对外政策档案馆圣彼得堡分馆，总档1—7，目录6，1805年，案卷1a，卷夹16，110～110页背面，草稿。

№ 99

1805年5月19日。东正教事务管理衙门为已确定派往北京的俄国教士团例行换届人员事给外务院的教令

//37//全俄专制君主皇帝陛下御前至圣东正教事务管理衙门给外务院的教令

本年1月份，我国驻北京教士团于当地的驻留期已满，如今派赴该地的使臣业已任命，首途日期业已确定，要求为该教士团遴选修士大司祭一名、修士司祭两名、修士辅祭一名、通晓拉丁语的神职人员两名。为此，副外务大臣、三等文官、枢密官和勋章获得者恰尔托雷斯基公爵致函至圣东正教事务管理衙门总监、国务秘书官、御前侍从官、赏戴勋章亚历山大·尼古拉耶维奇·戈利岑公爵阁下。至圣东正教事务管理衙门奉皇帝陛下谕旨，根据公爵的建议，于本年3月2日//37背面//开始操办此事。鉴于教士团通常需随团携带四名学员前赴北京学习汉语和满语，外务院现已有两名满语能力颇强的学员，可派他们前去深造，故只需另选两名体格强健、最好能稍谙拉丁语的年轻学员，待此项//38//人员一经选定，着即送往外务院。

为此，根据至圣正教事务衙门的命令，由该衙门成员、诺夫哥罗德主教、赏戴勋章的至圣的阿姆夫罗西负责，为赴中国教士团选任齐赫文修道院修士司祭阿颇洛斯[1]为二等修

士大司祭，于本月17日升任该圣职；选任亚历山大-涅夫斯基大修道院修士司祭谢拉菲姆和阿尔卡季、修士辅祭涅克塔里为亚历山大-涅夫斯基神学院的教士；修辞班学员瓦西利·亚菲茨基、诗歌班学员康斯坦丁·帕利莫夫斯基、哲学班学员叶菲姆·雅罗斯拉夫斯基和马克尔·拉夫罗夫斯基四人为学员，//38背面//兹命令：

1. 新升任修士大司祭阿颇洛斯加入赴中国换届的教士团，该员及其随员到北京应如何行事，至圣东正教事务管理衙门将援例颁发训令，现正对训令进行审核，并将予以批准。

2. 上述入选为教士团成员的修士司祭、修士辅祭、神职人员和学员应由至圣东正教事务管理衙门办公厅予以确认，并立书保证按发给修士大司祭的训令办事，视修士大司祭为长官，听从命令，服从领导，始终保持行为端正。

3. 此任命一经//39//向派往中国教士团的修士大司祭、修士司祭、修士辅祭、神职人员和学员本人宣布，便应按照副外务大臣恰尔托雷斯基公爵先生奏章的精神，携带至圣东正教事务管理衙门的教令和人员任职情况清单，将上述人员送往外务院，根据惯例由外务院方面酌情予以安排，并将情况向理政事枢密院报告。

4. 至圣东正教事务管理衙门应向现在北京的修士大司祭索夫罗尼颁发教令[2]，命其于换届人员抵达北京后，把当地的奉献节修道院、其他//39背面//教堂、房舍及公产造成清单，连同居民中信奉基督正教的教徒花名册，一并移交修士大司祭阿颇洛斯，然后根据外务院指示，按修士大司祭标准为该员发放回国川资。回俄后着其到至圣东正教事务管理衙门报到，并就北京期间的所作所为，以何种办法吸引人民接受基督教为最佳，共给多少人施洗，当地共有多少人信奉基督正教，在当地逗留期间有何见闻等，一一做出汇报。

//40//特着修士大司祭阿颇洛斯率随员携此件前往贵院。

1805年5月19日

秘书长加夫里洛·茹里欣①

秘书雅科夫·波德列斯诺夫斯基逐页副署

37页正文上方有："1805年5月19日收到"字样。

同处左侧页边有："№ 1348"字样。

俄罗斯帝国对外政策档案馆圣彼得堡分馆，总档1—5，目录4，1805年，案卷1，卷夹15，第1部分，37～49页。原件。

注释：

[1] 阿颇洛斯（阿列克谢耶夫）——小俄罗斯一神甫之子，就读切尔尼戈夫宗教学校，1803年接受剃度礼，1805年晋升为修士大司祭（Г. Н. 根纳季：《参考词典》，卷2，38页）。

1805年阿颇洛斯被任命为第九届俄国教士团领班，同Ю. А. 戈洛夫金使团一起前往中国，枢密院于1805年6月18日致理藩院的文书中已通知此事（见112号文件）。

然而Ю. А. 戈洛夫金使臣在其1805年10月17日致东正教事务管理衙门总监A. H. 戈利岑公爵的信中却推荐任命伊尔库茨克救主升天修道院修士大司祭雅金甫为俄国教士团领班，以代替阿颇洛斯（见168号文件注释1），说后者"才华出众，当之无愧，而在阿颇洛斯身上这些品质吾未曾见也"（见195号文件）。

1806年11月6日，修士大司祭阿颇洛斯已到了西伯利亚，他向外务院提出请求，要求给他下发俄国教士团领班的训令和护照（俄罗斯帝国对外政策档案馆，主馆全宗第1—5号，目录4，1823年，案卷1，卷夹15，

---

① 签名潦草难辨，可能是：苏里欣。

卷1，132页）。

外务院把准备的护照（按以前样式）和训令连同附在亚历山大一世1807年3月20日诏书之后的介绍信，发给了西伯利亚总督 И. Б. 佩斯特尔（同处，212、217页）。

外务院在下发给修士大司祭阿颇洛斯的训令中向他提出一系列建议：关于向上届教士团和本届教士团成员发放薪金的办法；关于接收教士团北京财产的问题；关于监督学员和自身行为的问题；关于从北京回国时要呈交报告的问题等（同上，228～240页背面）。

1807年2月枢密院致理藩院的文书，谈到召回第八届北京教士团的种种原因。这份文书谈到“由修士大司祭阿颇洛斯率领”的换届教士团的任命问题（见479号文件）。3月20日又发去文书，介绍修士大司祭阿颇洛斯任第九届北京教士团领班（见470号文件）。然而1807年4月12日，戈洛夫金这时已返回圣彼得堡，正教公会向外务院下发了一道教令，引用亚历山大一世皇帝的谕令，指定修士大司祭雅金甫为第九届俄国教士团领班，以代替阿颇洛斯。戈洛夫金伯爵的多次报告，以及“僧侣们呈递的控诉”，成为这次换人的根据。这道谕旨还命令修士大司祭阿颇洛斯留在伊尔库茨克教区，“住进一座圣正教衙门认为更有利于改正行为的修道院”（见474号文件）。教令称：“上述谕旨应于伊尔库茨克宗教事务所严肃地向修士大司祭阿颇洛斯宣布，收回决定他参加北京教士团的谕旨和训令，以及圣上1805年5月12日批准的有关这届教士团的报告的抄件和增补的钱款，退还圣正教衙门；阿颇洛斯的教区驻地和职务安排，可由伊尔库茨克主教酌定；关于该修士大司祭的行为和生活方式，主教要每过4个月就报告一次”（同上）。枢密院致理藩院的关于由修士大司祭雅金甫替代阿颇洛斯的文书，日期是1807年5月7日（见479号文件）。文书中谈到更换的原因是阿颇洛斯病了。

阿颇洛斯留在伊尔库茨克，1807年被指定在宗教学校当神学教师。关于他后来的命运详见：《俄国作家和科学家参考词典》，38页。

阿颇洛斯于1859年在罗斯托夫雅科夫列夫救世主修道院去世（同上）。

[2] 格里波夫斯基·索夫罗尼（死于1814年）——俄罗斯第八届驻北京教士团领班（1794－1807）。任职时曾为教士团图书馆奠基；为《无标题札记》一书作者，以内容翔实著称（П. Е. 斯卡奇科夫：《俄国中国学史纲》，83～85，129、130、309、359、370页）。

№ 100

1805 年 5 月 23 日。西伯利亚总督 И. О. 谢利丰托夫就信使 Ф. 桑热哈耶夫库伦一行的结果致副外务大臣 А. А. 恰尔托雷斯基函

//87//尊敬的亚当·阿达莫维奇阁下：

卑职派信使、翻译、九等文官桑热哈耶夫，向库伦办事大臣郡王和昂邦送去以副省长名义写的一封关于向中国派遣使团的信①，该员已于昨天返回伊尔库茨克，并将对方用蒙文和满文写给省长的回函②带回此间。现荣幸地将回函的译文呈送阁下。

翻译桑热哈耶夫根据郡王和昂邦的反应向卑职报告，关于准备换马一事，他们现在无法答复，因为事先要详细了解他们是否有这种马匹。关于途中提供伙食的办法问题，他们请省长先生不必操心，因为所需一切均可充足供应。待他们详细了解情况后，将派急使专函告知。翻译还解释说，他抵达库伦的第二天，即 5 月 10 日早上，对方便派出一名信使，把他送去的文件送往北京。显然，不奉博格德汗的旨意，他们自己无法解决所需换马之事，因为//87 背面//在蒙古全境直至中国第一座城市张家口或称卡尔甘，他们要解决这个问题都很困难。

阁下据此可以做出判断，要指望中方准备换马恐怕是一

---

① 见 87 号文件。

② 见 95 号文件。

件靠不住的事，因此，为防万一遭到拒绝，为了不浪费时间，卑职已于昨天派了一名专差到贝加尔湖以远地区去了解，是否可能在那边购得或租到所需数量的马匹，并雇到车夫[1]。关于此事以及卑职从库伦办事大臣处得到的最后回答，卑职将及时呈报阁下。

谨向阁下致以真诚的敬意。

您恭顺的仆人伊万·谢利丰托夫谨上

1805 年 5 月 23 日于伊尔库茨克

87 页正文上方有："1805 年 6 月 30 日收到"字样。

87 页背面正文下方有："送 A. A. 恰尔托雷斯基公爵阁下"字样。

同处有："№ 2683"字样。

俄罗斯帝国对外政策档案馆圣彼得堡分馆，总档 1—7，目录 6，1805 年，案卷 1a，卷夹 22，87～87 页背面。原件。

注释：

[1] Ю. А. 戈洛夫金使团所用马匹是在外贝加尔地区采购的，马具是在伊尔库茨克采购的（В·И·瓦金：《1805 年出使中国的戈洛夫金使团》，178 页）。

№ 101

1805年5月23日。库伦办事大臣蕴端多尔济就库伦办事大臣玉衡回北京事呈嘉庆皇帝的奏折

//114//五月七日①

奴才蕴谨奏：

皇帝于嘉庆十年四月二十七日②所颁谕旨奴才等于五月五日③收到，内称[1]：

黎宁病故④，赐恩着玉衡返回，服丧[2]骑马入京。

库伦昂邦出缺着巴昌按察使福海//115//递补，赏二等侍卫。抵京请得训示后，可由驿路前往任所。

奴才玉衡拜读皇帝谕旨后，匍匐于奴才蕴之前，痛哭流涕，以额触地，磕头无数，叩谢天恩。奴才蕴奉上谕为其备妥驿马、牲畜，已于七日⑤入京。

特此恭奏。

---

① 5月23日。

② 5月13日。

③ 5月21日。

④ 从俄文文本看"黎宁"似为人名，从内容看似事涉丁忧，不知何来"黎宁病故"之语。疑此处俄译有误。——中译者。

⑤ 5月23日。

115—116 页文末为：据奏折抄录。在五月二十五日①收到的//116//［由北京退回的］奏折上有皇帝朱批：阅，照准。

蒙古国立中央历史档案馆，藏档 M-1，案卷 639，114～116 页。库伦办事大臣衙门满文抄文簿抄件。И.Т. 莫罗兹译自满文。

注释：

［1］皇帝的这道谕令文本我们在库伦办事大臣衙门抄文簿中未发现。

［2］中国的白丧服分成五类，以布料质量相区别。服丧的期限根据同死者关系的亲疏程度而不一样，有三年的，一年的，五个月的，等等。(Н.Я. 比丘林：《中国的民俗和道德》，50、53页)

① 6月10日。

№ 102

1805年，不早于5月26日[①]。军机处给库伦办事大臣蕴端多尔济的命令，附嘉庆皇帝谕旨，要求缩减Ю. А. 戈洛夫金使团随员人数，禁止俄国教士团换届人员随同使团进京

//119//五月二十五日[②]收到
军机大臣令行库伦办事大臣喀尔喀郡王等
嘉庆十年五月十日皇帝诏曰：

蕴端多尔济等奏称：

顷接俄国省长来函[③]告知，其汗近臣中一显贵大臣兼枢密官被任命为使团团长，由三名助手及二百余名随员护送来朝进贡，并将于今年八月[④]抵达恰克图。省长请预先备好乘骑挽马，//120//以及使团所需其他物品。又称，彼等愿借此良机，实施［俄国教士团］学员换届。蕴等现将省长来函[⑤]及致俄国省长复函稿[⑥]恭呈御览，请予示下。

---

① 日期系根据皇帝谕旨（嘉庆十年五月十日）确定。

② 6月10日。

③ 见87号文件。

④ 1805年9月份。

⑤ 见87号文件。

⑥ 见95号文件。

此事交由军机大臣办理。经参考旧档，已向皇帝奏报，内容如下：据文档记载，顺治、康熙年间，俄人曾向朝廷遣使进贡，然每一使团人数均不多。雍正五年来使甚多，//121//故令俄人缩减使团人数，并于使团规模大为缩小后，方准其入朝①。

此次俄人派高官为使入朝，足证其态度恭顺，着允其所请。唯其使团人数过多，依例应大为缩减。蕴等有此一虑，实属正确之极。

然朕阅过渠等所拟致省长回函草稿后，察其内容颇显鲁钝。故此间代蕴等另行拟定致省长回函，发往库伦。//122//蕴等收到此函中说明后，可将其翻译并直送省长。倘俄人决定有所改变，送来信函，渠应紧急奏报。朕待收到奏报后，视情况再做指示。

若俄人收到此信后，恭谨奉诏，愿大大缩减随员人数方来朝见，蕴等可按此前所颁谕旨②，度计于十二月③抵京，并担当护卫使臣//123//之责，于十月④由库伦出发。若俄人收到此信后，回信不甚恭顺，不愿缩减随员，着蕴端多尔济立即回信，坚予拒绝，同时据实奏报。此后若俄人中途止步不来，亦无所不可。无需再频频奏报，请求指示。

俄人无论如何乃异国人士[1]，不谙我中华习俗。来使若数量不大，则不难安置于一地，加以保护。在此期间，蕴端多尔济等应在信中以及日后接见彼等派来人员时作如下说明：通往京城之唯一道路十分遥远，//124//且过伊缅加扎

---

① 关于以前俄国向清帝国所派各使团情况可见103号文件。

② 见60号文件。

③ 1806年1—2月间。

④ 1805年11月末。

色[2]后沿途多山，马车难行。我方之所以不邀请贵国多人前往，尽皆出于圣明大皇帝仁慈之心。大皇帝唯恐异国人难以经受途中艰苦困顿，或因气候不适而染病。

另，俄国人请求知照大理藩院，欲借此良机，带［俄国教士团］神职人员、学员来换届，此举实属唯一仅见，绝无先例，故应坚拒，方可杜绝洋人//125//日渐打探［我国事务］之念也。

目下理藩院已向枢密院发去文书①。蕴端多尔济等接到该书后，应将其送交省长，以便转送枢密院。

再者，蕴端多尔济等应待马匹、骆驼、车辆、蒙古包以及该使臣进谒朝廷所需其他用品准确数量确定之后，重新加以计算是否足敷使用，然后向佛尔卿额、杨干等发令，着俄国使团沿途所经各站提前准备所需一切。

此前出差到过库伦并熟悉俄人习性之章京、笔帖式、翻译等//126//到达后，理藩院应责成属下库伦，从中择优［随使团一同］派出。所需之古纳、札萨克及其他人员，应由蕴端多尔济等由所属地面遴选，呈报后［随使团一并］派出。此时朕将委派一名专差大臣，着其与蕴端多尔济一同陪护使团。

又，理藩院致枢密院文书，以及有关顺治、康熙年间入朝俄国使团人数之中文奏折②，于查得旧档后已进呈御览，着抄送蕴端多尔济等人备用。

谨此恭奉圣示。特发此令。

蒙古国立中央历史档案馆，藏档 M-1，案卷 639，119～126

---

① 见 104 号文件。

② 见 103 号文件。

页。库伦办事大臣衙门满文抄文簿抄件。И.Т. 莫罗兹译自满文。

注释：

[1] 满语为“图勒尔吉－古隆”，（汉语为“外番”）——指外国。在中国，这个称呼常指进贡国、附属国（И.И. 扎哈罗夫：《满俄大词典》，757页）。不过这一用语起码有三个意义（详见 А.Д. 沃斯克列先斯基：《关于“外番”这个术语的多义性》，学术会议报告提纲，载《中国的社会与国家》，莫斯科，1987，卷2，163～165页）。

[2] 伊缅加扎色是满语，汉语叫张家口——这是由蒙古前往北京途中长城口上的城市名，俄国人早就知道它叫卡尔甘。比丘林认为，这个名字“来自蒙语词‘哈尔噶’，意为通道、关口”。住在城镇附近的居民通常不称城名而仅呼其为“关”。这样，俄国人常听蒙古人说“哈尔噶”，逐渐把它变成了现在这个名称。卡尔甘分为上下两口，下口当南边来路，建有一小要塞，将军的助手副都统驻扎于此。这就是张家口堡，位于南面距关门5里处。上口位于山脚下，正当隘口，朝北有坚固的砖修关门为屏障，是长城在谷底的一道关隘，修在两边陡峭的悬崖之间。张家口原来只是长城上这道关隘和上口村的名字。如今从边关大门向南，直到要塞，都住满了人家，上下两口合称张家口。

卡尔甘是个军事要塞，因此察哈尔驻军的将军和众多军政官员都驻在此……当地设有陆路口岸和商业口岸，是准许中国人同恰克图通商的唯一通道。因此卡尔甘成为往来恰克图货物运输的唯一集散地。当地设有海关，代替恰克图征收商品关税，后来又根据对一个条款的奇怪的误会（指1727年《恰克图条约》第4款。——俄编者）取消了关税。这一条款是最后一次签订边境条约时由俄国专员提出的（Н.Я. 比丘林：《蒙古札记》，卷1，29～30页）。

№ 103

1805年，不早于5月26日①。理藩院就此前来华俄国使团人数呈嘉庆皇帝奏折的摘要

据我文件表明②，俄国人曾于顺治十二、十三、十四年，康熙十五、三十二和五十九年，雍正五年派使团来朝，以自产方物为贡。但由于事过多年，仅能由旧档中查询情况，结果发现某些卷宗已破损不堪，无法使用；顺治朝和康熙朝三十二年间的档案中不见来使、士兵和服役人员人数的记载。康熙十五年的使团由一百五十六人组成，其中有使臣、士兵和服役人员，五十九年来的使臣、士兵和服役人员有九十多人。雍正五年来的使臣、士兵和服役人员数量相当大，故曾颁旨令其尽可能缩减之。使臣立即遵旨，将使团人数缩减，结果抵达京城的人员仅一百二十人。由以上材料可以看出，所有来朝使团人数，据俄人呈交名单看，从未超过二百人。[1] 此次前来的使臣、士兵和服役人数超过二百四十人，故应大加缩减。

上述情况转告蕴端多尔济执行。[给俄国人] 下达酌情缩减 [使团人数] 的指示。顺致敬意。

---

① 日期系根据军机处命令推定。理藩院报告摘要附于该命令之后（见102号文件）。

② 该文件没有发文者名字、目录和日期，因这是摘要（满文称“阿法哈”）。

蒙古国立中央历史档案馆，藏档 M-1，案卷 639，128 页。库伦办事大臣衙门中文抄文簿抄件。И. Т. 莫罗兹译自中文。

注释：

［1］顺治（福临皇帝统治年代：1644—1661）十二年，即1655年，以“布哈拉商人”谢伊特库尔·阿布林和托博尔斯克鞑靼人头领彼得·亚雷什金为首的商队抵达中国。这个商队是巴伊科夫于1653年从托博尔斯克派遣的。巴伊科夫当时奉沙皇之命，到托博尔斯克市场采购中国货物。显然，阿布林和亚雷什金二人行了“叩头”礼，受到皇帝接见，把以沙皇阿列克谢·米哈伊洛维奇名义送的礼品交给理藩院，为此得到回赠［Н. Ф. 杰米多娃、В. С. 米亚斯尼科夫：《出使中国的首批俄国使者（佩特林的报告和巴伊科夫的奏章）》，89页］。清朝编年史《大清实录》关于他们的到来是这样说的：“前，顺治十二年（1655），俄国白沙皇派使祝贺，呈方物为贡，但未带国书。因其首次进贡，朕赐恩，遣其返回，令奖赏之。赐其国书，指出彼等要每年来贡”（同上，90页；详见《17世纪俄中关系》，卷1）。

顺治十三年，即1656年，以Ф. И. 巴伊科夫为首的使团抵达北京。这是俄国访问清帝国的第一个官方使团，目的是在两国之间建立正常的使节联系和贸易联系。巴伊科夫使团可能由100人组成，其中有几名阿拉伯人；同行的有一支很大的队伍，由亚雷什金率领的20名托博尔斯克军役人员和商队组成。北京为巴伊科夫举行了迎接仪式，在这个仪式上俄国人和满人在使节礼仪观念上首次发生冲突：巴伊科夫拒绝在一座喇嘛庙前鞠躬施礼，喝奉给他的茶水。

清朝官员要求俄国使臣把带来的礼品和文书交给他们，但是巴伊科夫拒绝执行这一要求，此后他同随员一起被隔离起来。几乎有半年时间，清朝当局一直以处死相威胁，试图迫使巴伊科夫完成“叩头”礼。但巴伊科夫始终不为所动，于是，1656年9月4日又将以前夺去的礼品发还给他，要他离开北京。巴伊科夫于1658年8月返回莫斯科［Н. Ф. 杰米多娃、В. С. 米亚斯尼科夫：《出使中国的首批俄国使者（佩特林的报告和巴伊科夫的奏章）》，91～96页；《17世纪俄中关系》，卷1，见索引；另见78号文件注释2］。

顺治十四年，即 1657 年，俄国使团并未到过中国，显然，这是指“小贵族”И. 佩尔菲利耶夫和谢伊特库尔·阿布林的代表团（1658－1662）。这个派往中国的官方代表团，其目的是建立使节联系和商务联系。他们受命把沙皇阿列克谢·米哈伊洛维奇的文书和礼品呈交给清朝皇帝，在中国出售一批俄国商品，采购一批中国商品并且邀请一些“匠师”到俄国去工作。清朝方面决定对文书不予回答，也不向俄国派遣使团（阿列克谢·米哈伊洛维奇的文书中有这个建议），只向佩尔菲利耶夫转交了回赠礼品。佩尔菲利耶夫于 1662 年 7 月 1 日返回祖国塔拉城（《17 世纪俄中关系》，卷 1，见索引；B. C. 米亚斯尼科夫：《18 世纪清帝国与俄国》，莫斯科，1980，107～112 页）。

康熙（玄烨皇帝，统治年代为 1662－1722）十五年，即 1676 年，尼古拉·加夫里洛维奇·斯帕法里使团抵达北京，使团随员有 156 人。使团派往中国的目的是：调整因清朝军队在阿穆尔河沿岸地区向俄国人发动的侵略行动所产生的问题；建立两国之间的外交关系和贸易关系；详细描述俄国新土地开发者所开发的西伯利亚和远东地区的情况；寻找使团和商队前往中国的更便捷的道路。此外，使团还有科学性质的任务（因此，随员中有地理、制图学、矿物学和其他学科的专家）；随同使团去的有商人和军役人员。

斯帕法里同清朝大臣的谈判从 1676 年 5 月一直延续到 8 月，谈判期间同 Ф. И. 巴伊科夫使团一样，曾引发关于使节礼仪问题的激烈争论。虽然使臣在礼仪上做了某些让步，也受到清朝皇帝接见，但却未能为俄取得外交成功。1677 年 9 月 1 日斯帕法里离开北京。尽管如此，谈判还是为双方阐明立场提供了机会，发现相互间对建立平等的外交关系和贸易关系均感兴趣。斯帕法里于 1678 年 1 月 5 日返回莫斯科（《17 世纪俄中关系》，卷 1，见索引；B. C. 米亚斯尼科夫：《18 世纪清帝国与俄国》，130～161 页）。

康熙三十二年，即 1693 年，以埃维尔特·伊兹布兰特（叶利扎里·叶利扎里耶维奇）·伊杰斯为首的使团抵达中国京城。伊杰斯是移居俄国的丹麦商人。同他一起前往中国的还有戈尔什京商人亚当·勃兰特。虽然伊杰斯没有正式外交官衔，他却奉命向中国索回在阿穆尔河被俘的俄国俘虏、准许中国商人到莫斯科做生意、获准在北京修建一座俄国教堂并在中国销售大批俄国商品。不过，当时中国正准备对蒙古和准噶尔进行征服性远征，清朝方面对同俄国发展贸易关系不感兴趣，而要就满人感兴趣的政治问题（首先是俄中领土进一步划界问题）举行谈判伊杰斯又没有得到授权。因此，清政府官员只准使团销售带来的商品，同意了俄国官方商队前来中国，同意释放俄国俘虏，但却回避同伊杰斯谈判其他问题［H. H. 班德什-卡缅斯基：《1619—1792 年俄中两国外交文件汇编》，67～68、72～73 页；伊杰斯·伊兹布兰特和亚当·勃兰特：《俄国使华使团札记（1692—1695）》；《18 世纪俄中关系》，卷 1，见索引］。

康熙五十九年，即 1720 年，Л. В. 伊兹玛伊洛夫使团抵达北京（见 54 号文件注释 1）。

雍正（胤禛皇帝，在位年代为 1723－1736 年）五年，即 1727 年，萨瓦·卢基奇·弗拉基斯拉维奇－拉古津斯基使团到达中国（见 69 号文件注释 1）。

№ 104

1805 年 5 月 26 日①。理藩院致枢密院文书，拒绝接待随 Ю. А. 戈洛夫金使团同行的俄国教士团例行换届人员

//274// 一、俄文文本

大清国理藩院致俄国枢密院文书

此前不久我②驻库伦郡王和大臣探知报告，贵国使臣将于今年抵达，并趁此机会携神职人员和学生多名一同前来。就此次换届贵方枢密院亦将有请求我理藩院同意的文书，由该使臣带到。

条约载明，俄国若派遣神职人员和学生来京，均应自行前来，若无其他人同行，仅有此等人前来，贵方亦应事先报告我理藩院。我理藩院据贵方报告，需呈奏我至圣国君，以便安排笔帖式、博什库等中途迎接，由其自费前来。抵达都城北京后，安排于俄罗斯馆，按常例发放薪饷。从不以驿路传送[1]。

唯在乾隆八年贵方有三名学员奉派随使臣米哈伊尔少校一同前来。但我理藩院仍依惯例派出笔帖式及博什库迎接上

---

① 嘉庆十年五月十日。

② 文中为贵方。

述学员，未允其与使臣米哈伊尔同行，//274背面//并将此事奏报我至圣大君主，称此事有条约规定，日后不得再有发生。上述理由已向贵国枢密院发文书说明。

多年来我大清国同俄国一切均按所订条约规矩行事，故不便允许贵国神职人员和学生随所派使臣一同前来。贵国神职人员和学生之行望按原订条约办理，重新予以安排。此事业已奏报我至圣大君主，望得旨着即按我方所言行事云云。

特恭奉上谕将此事知会贵方。

贵国枢密院收到此书后，应于贵国神职人员和学生换届之前，依前订条约，向我理藩院递交文书，我方将按条约办理。

此次随贵国使臣派遣神职人员和学生之事应予中止。特此咨照。

//275//嘉庆十年五月十日①

274页正文上方有：1805年6月24日收到。

275页日期上盖有理藩院方形朱印。

268—269（信封）上有地址：大清国理藩院致俄国枢密院文书（269页）和日期②：嘉庆十年五月十日（268页）。地址和日期上盖有三方理藩院的朱印。

俄罗斯帝国对外政策档案馆圣彼得堡分馆，总档4—4，目录123，1805—1809年，案卷1，268～269页（信封），274～275页，原件。拉丁文原件藏同处，276～277页。

俄文抄本藏中国第一历史档案馆，中俄关系史俄文文件藏档，案卷11，119～120页。

---

① 1805年5月26日。

② 地址和日期用俄文、满文和拉丁文书写。

//266//二、满文译本

大清国理藩院致俄国枢密院文书

驻库伦办事大臣郡王及昂邦不久前向我等报告：贵国拟于今年送换届神职人员和学生随贵国所派使臣一同前来，并由贵国使臣将此通知面交我大理藩院。

然而档案表明，俄国送神职人员和学生来我京城，按例均自行出资，并须事先知照我大理藩院，再由理藩院呈报君主，派笔帖式、博什库[①]至驿站迎接，由我方人员护送，自费入京，安置于客馆[②]居住，并按例发放食用所需，但从未有过由驿站送他们前来的先例。

//266 背面//乾隆八年[③]贵国派三名和学生随同使臣米哈伊尔少校一起前来，但我理藩院依例派笔帖式、博什库到边境迎接，送三名和学生抵达此间，亦未与使臣米哈伊尔少校同行。当时理藩院曾将此事奏报君主，日后不得将此事视为成例，并将此事书面通知贵国枢密院。

近年来我大清国与贵国双方，诸事均以早先所订和约为准，故此次俄国神职人员和学生亦不便随使臣同来。神职人员和学生如欲换届，可按以前换届方法办理。吾等已将此事呈奏至圣大君主，得旨按所奏行事。我等谨奉谕旨，将此事通知贵方，于神职人员和学生换届时依例办理。可按早先所

---

① 着重号为文中所加。

② 满文原件为“俄罗斯—库仑”，即俄罗斯馆（见270页注释。——莫罗兹）。

③ 满文原文为“阿巴凯一伟赫赫一伊一扎库奇一阿尼亚”，即阿巴凯一伟赫赫（汉语为乾隆）在位第八年。

订条约，向我理藩院递送国书，依常规办理之。现下随贵国//267//使臣派遣之事应予中止。

嘉庆十年五月十日（1805年5月25日）①

八等翻译阿列克谢·帕雷舍夫译。

266页正文上方：译自满文。

俄罗斯帝国对外政策档案馆圣彼得堡分馆，总档4—4，目录123，1805—1809年，案卷1，266～267页，译自满文原件。

满文原件藏同处，270～273页。

译文抄件藏同处，总档1—7，目录6，1805年，案卷1a，卷夹22，99～99页背面。

使团办公厅抄文簿译文抄件②藏同处，卷夹28，26～27页背面。

库伦办事大臣衙门满文抄文簿抄件藏蒙古国立中央历史档案馆，藏档M-1，案卷639，129～132页③。

注释：

[1] 原文中此注有序号，但缺注释内容。——中译者

---

① 译者将日期转化成儒略历时行下标出的日期有误，应为1805年5月26日。

② 转化成儒略历时使团办公厅抄文簿上误标为1805年5月25日，应为5月26日。

③ 129页上：五月五日即5月21日收到。

№ 105

1805 年，不晚于 5 月 31 日。由外务院档案馆主任 П. Г. 季沃夫起草的发给 Ю. А. 戈洛夫金使臣的全权证书稿，其中表述了俄国赴清帝国使团所要达到的基本目标

//13// 1805 年派赴北京的特命全权使臣、二等文官尤里·亚历山德罗维奇·戈洛夫金伯爵的全权证书稿①

与尊号一致②

鉴于两帝国间现有之完美友好和睦关系，以及我臣民与汗陛下臣民之间在恰克图边境有幸存续的往来关系，朕以为切实巩固数百年延续 //13 背面// 不断之往来，为双方臣民从事合法和平贸易开辟便捷途径，以整体维系 1728 年决定和 1769 年的说明[1]，绝非无益之举。其最主要的方法，便是让两帝国船只于阿穆尔河③全程自由通航，在布赫塔尔玛开辟类似恰克图的第二贸易点[2]。

为此，朕决定授予 //14// 二等文官尤里·戈洛夫金伯爵全权，委其为特命全权使臣，提出有关上述问题之种种建议，以期汗陛下友善之关怀，以求两帝国臣民之福祉。凡此

---

① 标题位于左侧页边空白处。

② 着重号为原文所加。

③ 在“阿穆尔河”行中有说明：萨哈连乌拉。

种种，使两友好国家有理由//14 背面//签订补充决定。现特通过此全权证书向世人宣告，凡特命全权使臣尤里·戈洛夫金伯爵与汗陛下委派的全权使臣之间//15//议定及签署之所有决定，朕将神圣遵奉，恪守不渝。

朕特亲笔签署此全权证书，加盖国玺，以资证明。

救主耶稣诞生第 1805 年 5 月……日①朕在位第 5 年颁于京都圣彼得之城。

俄罗斯帝国对外政策档案馆圣彼得堡分馆，总档 1—7，目录 6，1805 年，案卷 1a，卷夹 19，13～15 页。草稿。季沃夫手书。

注释：

［1］这里指的是 1727 年的《恰克图条约》（缔结双方于 1728 年在恰克图换约），可能还指《恰克图条约补充条款》和 1768 年 10 月 18 日的《中俄边界条例》（《1689－1916 年的俄中关系：官方文件》，莫斯科，1958，17～24 页）。

［2］包含在给 Ю. А. 戈洛夫金全权证书中的 П. Г. 季沃夫的这两条建议，即确立俄国船只在阿穆尔河的自由航行权、在布赫塔尔玛开辟类似恰克图的第二贸易点，包含在副外务大臣 А. А. 恰尔托雷斯基就训令草案致 Ю. А. 戈洛夫金的备忘录中（见 129 号文件），亦包含在亚历山大一世给俄国使臣的训令中（见 130 号文件）。

---

① 文中未指明日期。

№ 106

1805 年，不晚于 5 月 31 日[①]。外务院给艺术科学院院长 A. C. 斯特罗加诺夫的备忘录，附赠送清朝宫廷的绘画和艺术品清单

//146//给斯特罗加诺夫伯爵阁下的备忘录

绘有圣彼得堡、莫斯科风景和漂亮建筑物的神奇罩灯 1 盏。

绘有皇帝在宫廷广场大检阅的彩绘 1 幅。

绘有洒圣水祈福仪式的彩绘 1 幅。

绘有城内宫殿和城郊宫殿景色的彩绘或单色绘 10 幅。

由国产稀有宝石制作的花瓶、金字塔等精巧制品清单。

绘有各军种制服的彩色画册 1 本。

新喀山教堂平面图和外观图。

俄罗斯帝国对外政策档案馆圣彼得堡分馆，总档 1—7，目录 6，1805 年，案卷 1a，卷夹 16，146 页。法文底稿。Н. Б. 祖布科夫译自法文。

---

① 日期系根据为清朝宫廷挑选礼品的通信时间确定（见 89 号、98 号文件）。

№ 107

1805年，不晚于5月31日[①]。Ю. А. 戈洛夫金使臣关于为清朝宫廷补充挑选礼品以及关于服役人员数量和使团运输所需畜力数量的报告

//1//对各种清单的说明报告

通常各国都乐于接受礼品，在中国除此之外还有一个用途，即可以激起虚荣心和好奇心。我皇帝陛下送给中国皇帝的礼品包括精选的毛皮、镜子、桌子、花瓶和精工制作的玻璃器皿；但是由于玻璃制品太脆、易碎，不管包装和保护多么精心，都难免途中损毁，故其数量和精美程度均易受影响，要求设法补充替代。国库中许多物件就其形状和做工而言仅适用于//1背面//亚洲，价值不大，可补选为礼品。恳请皇帝陛下恩准向总司库交涉，由下列物件中补选一批：

镀金青铜框皇帝陛下及皇后陛下肖像画[②]；

除国库提供的毛皮外，还须添购40条（海狸尾）[③]。海狸尾用于装饰衣领和衣袖，在中国十分流行[④]，缺了这些尾

---

① 日期系根据为清朝宫廷挑选礼品的通信时间确定（见89号、98号文件）。

② 在该页左侧边码上用铅笔书写：埃尔米塔什博物馆。

③ 文中括号里的词用俄文书写。

④ 在该页左侧页边用铅笔书写：国库。

巴，毛皮就无法作为礼品赠送；

几套好枪，主要是俄国工厂生产的，其中//2//有1套是图拉工厂献给皇帝陛下的，已为国库收藏①；

由俄国稀有宝石制作的几只花瓶、金字塔及轻巧制品②；

城郊宫殿和房屋风景画及皇帝大检阅场面的彩绘③；

马赛克集锦1套，此物中国人从未见过④；

各军种制服彩绘1套⑤；

彼得大帝塑像1尊⑥；

百门大炮军舰及其他舰艇模型1套⑦。

最好在这些物品之外，再加上//2背面//一幅圣彼得堡城全景图，这种礼品可给中国人一个概念，了解俄罗斯帝国首都有多美丽，同时还可减轻绘制北京全景图的难度。该图的主人要价5000卢布，并答应负责教会一个学徒，只要用他发明的工具，便可轻易地分两次绘出全景草图。

除全景图和肖像外，余物几乎不值多少钱，因为其中部分已经完成，部分则由为沙皇服役的艺术家和工匠制作。

物品中有些可列入使臣按惯例应呈交中国皇帝的礼品⑧。

//3//如果认为发给A类清单内乐师的薪俸过高，须向皇帝陛下奏明，陛下的这些老仆人均是有家室的人，拥有每年进项达1000卢布的庄园。这些乐师均是军人，穿旧制服

---

① 在该页左侧页边用铅笔书写：国库。

② 在该页左侧页边用铅笔书写：斯特罗加诺夫。

③ 该页左侧页边有铅笔字迹：科学院。

④ 该页左侧页边有铅笔字迹：购买。

⑤ 该页左侧页边有铅笔字迹：科学院。

⑥ 该页左侧页边有铅笔字迹：同上。

⑦ 该页左侧页边有铅笔字迹：海军部。

⑧ 该页左侧页边有铅笔字迹：所有物品，但肖像除外。

不体面，须更换正式宫廷制服。为此应恭请皇帝陛下向宫廷总管大臣[①]颁发谕令。

B类清单中提到的工人，是人数众多的随员在得不到匠人服务的困难重重的两年内所不可缺少的。

武装卫队的士兵懂得一些手艺，可以帮助工人们，但士兵们在任何情况下都是无法代替他们工作的，即使工作并不需要付出多少精力。

C类清单标明使团各种车辆的数量，//3背面//这表明必须要有一些人手，以便在前往国境的7000俄里途中，以及在这样一个大部分地区都无法提供最起码服务的国度，照顾、维修和保护车辆。随员中的军人即使提出要从事这样的工作，也不能把这些义务加到他们头上，一旦发生不幸或者疾病，整个车队便会无人帮助和监督。为此目的而使用自由民，则因开销太大且人又不大可靠，从而感到不便。若皇帝陛下恩准组建一支同样数量的士兵队伍，这些困难当可迎刃而解。

使臣请求皇帝陛下恩准，由宫中家具仓库//4//或宫中马厩仓库划拨一顶大号帐篷[②]，以应途中接待北京宫廷派来的官员和前来迎接使团的鞑靼[③]王公以及随员就餐之需。此外，尚需四顶小号帐篷，可供使臣及其随员至边境[④]途中使用，因为边境城镇很少，除农舍外，没有其他安身之所。

鉴于使团入城仪式不能乘坐豪华马车或四轮轿马车，而应骑马，故使臣恭请皇帝陛下恩准，由宫中马厩领取豪华马

---

① 文中从"这些乐师"到"宫廷总管大臣"这些词写在该页左侧页边，同处有铅笔笔迹：说明并照准。

② 照准。

③ 即满洲。

④ 该页左侧页边有铅笔笔迹：假若其他帐篷尚未制作好。

具，以供买不起马具的官员使用[①]。

//4 背面//鉴于宫中的马厩为运输器皿和礼品提供的四轮敞篷马车太重，轻载时每辆车至少也要套 4 匹马，是以使臣定购了带篷的军用马车，每辆 230 卢布。这样的篷车既可节省畜力，又能拉更多的东西。因此，使臣请求皇帝陛下准许由皇家马厩出资，补偿他这 1000 卢布[②]。

D 类清单标明为使臣运送行李的大车数量，是按报告第 7 条所列使臣须用的物品和食物准确计算确定的。在拟定该报告时，使臣考虑的不是求豪华，重感观，而是众多随员的健康和需求，//5//使臣别无他法，唯有感谢君主的慷慨大度。

尽管如此，使团仍将常常感到缺东少西，很不方便，因为中国人无法找到替代欧洲人所需食品的办法，或者把这件事搞得很糟糕，他们能够提供给外国人的基本上只有羊肉、大米和茶[③]。

根据所附两个清单，使团所需马匹数量增加到 135 个替换班次，比使团原定数量超过 85 匹马[④]。副大臣于 2 月 10 日给使臣的信[⑤]中保证说，所有的马车均可获得一直发//5 背面//到边境的驿马费，这使他有理由指望，这笔多出来的以及返程的花销均能得到补偿。

艺术科学院参加使团的两名学生，尽管做出最大努力，也未能搜集到全套必要材料，以构成完整的、能引起他们兴

---

① 该页左侧页边有铅笔笔迹：应当了解数量，此事方能解决。

② 该页左侧页边有铅笔字迹：此款可由补充数额款项中支付。

③ 该页左侧页边有铅笔字迹：他们有野禽肉、肥猪肉、比牛肉还好的羊肉，上等鱼等等，等等，等等。

④ 该页左侧页边有铅笔字迹：已拨给。

⑤ 比较 65 号文件。

趣的一套收藏品。

使团如不能收集到一套优美的绘画，其最后的总结将在品位和趣味上失去许多东西。因此，最好能给使团再派一名艺术学院毕业的山水风景画家，同时还可指导两名学生工作①。

俄罗斯帝国对外政策档案馆圣彼得堡分馆，总档 1—7，目录 6，1805 年，案卷 1a，卷夹 16，1～5 页背面。原件为法文。巴伊科夫手迹。Н. Б. 祖布科夫译自法文。

---

① 该页左侧页边有铅笔字迹：如能找到合适人选，那就好了。

№ 108

1805 年 6 月 10 日。内务大臣 В.П. 科丘别伊[1]就 Ю.А. 戈洛夫金使团第二批人员行进顺序事项给西伯利亚驿路沿途各省长官的通知

//171// 内务大臣于 1805 年 6 月 10 日给西伯利亚驿路沿途各省长官的通知

此前已就赴中国使团首批人员的出发事宜致函各位大人，现接获使臣戈洛夫金伯爵关于该使团第二批人员出发的详细安排，特将下列情况荣幸地通知各位：

（1）赴中国使团第二批人员共由 8 个分队组成。

（2）其中第一分队已于本月即 6 月 //171 背面// 初上路，其他分队亦正陆续启程。

（3）各分队组成载重车队，运载贵重物品和礼品，由军队保卫和护送，此间对护送部队已发出特殊指令。

（4）8 个分队每队需驿马 25 匹至 30 匹（驿马不足时可征用民马）①。

（5）本批人员的驿马费按前批标准支付，即每匹马 2 戈比，//172// 直至边境。

本官把这些情况通知各位大人，窃以为不必在此再重申圣谕，因为前次在有关该使团出发的公函中，已有幸发出通

---

① 括号为原文所有。

知，要求城乡警方向各分队提供应有的合法帮助以及地方长官力所能及的一切方便。

使臣本人及其随从官员出发等情况，本官将有幸及时向各位通报。

172 页正文下方：经核对无误。七等文官巴卡列维奇。

俄罗斯帝国对外政策档案馆圣彼得堡分馆，总档 1—7，目录 6，1805 年，案卷 1a，卷夹 22，171～172 页。经核对过的抄件。

注释：

[1] 科丘别伊，维克托·帕夫洛维奇（1768－1834）——副首相（1798—1799）。1799 年"因热心效力，成绩卓著"，保罗一世颁旨，赐为全俄帝国伯爵（A. A. 博布林斯基：《贵族家世》，595 页）；亚历山大一世在位初期任机密委员会成员，掌管外务院（1801－1802），历任内务大臣（1801—1802；1819－1823）、国务会议成员（1810）、经济局主席（1812），从 1816 年起为国务会议民政和宗教事务局主席；国务会议和大臣委员会主席（1827—1834），首席国务总理大臣（1834）；获得公爵爵位（П. В. 多尔戈鲁科夫：《圣彼得堡随笔：一位侨民的檄文》，莫斯科，1992，517 页）。

№ 109

1805 年 6 月 14 日[①]。库伦办事大臣蕴端多尔济、玉衡给伊尔库茨克副省长 A. A. 希什科夫的信，告知如不按要求大大缩减使团随员人数、提交礼品清单，便拒绝向清朝皇帝呈递有关俄国使团的报告

//100// 一、由满文翻译的文本

大清国库伦办事大臣郡王和昂邦致俄国伊尔库茨克副省长希什科夫函

省长先生：

阁下派来的大尉衔军官桑热哈耶夫已于四月二十三日[②]抵达此间，将来信交到我等手中[③]。我等仔细阅读此信得知，贵国君主出于对我圣明大君主的尊敬，任命近身大武官，枢密官为主要使臣，率其他人等共二百四十二人，按贵国历法可能于九月份抵达边境。阁下并请求准备好乘骑、驮马和挽马。此外，随同使团人员前来的尚有替换现驻北京的神职人

① 嘉庆十年五月二十九日。

② 1805 年 5 月 9 日。

③ 见 87 号文件。

员和学员，贵枢密院就此事致我大理藩院的相应文书将由使臣本人递交。并称，尚需挽马一百五十匹，如此间找不到挽马，阁下拟于当地自备，//100 背面//因而我方只需备马三百五十匹。

我等据此发现，贵国君主出于对我圣明大君主博格德汗陛下的尊重，决定派遣功勋显赫的亲近大员前来呈献礼品[①]。

平心而论，此事实堪赞慰！我国物产丰饶，马匹牲畜亦然，足敷贵国使臣及其随员入境后乘用，途中所需食用，一概供应丰足。我英明君主陛下恩及万国，泽被四方，愿外邦来使献礼之时，免遭途中困顿疲惫之苦，不因此间气候不适而罹致病疴，故命各国使臣加速趱行于途，随员人数不可过多，多余人员可留于本国境内。

我方由记事档中发现，与今日相比，此前贵国派来呈献礼品之使臣//101//所带军人数量很小，由于吉岭[②]边境至库伦一带，均为空旷之荒原，及至伊缅加扎色或张家口一带，山岭纵横，河流众多，地形颇为陡峭，大队人马于此地通行，难免困难重重。此前雍正五年[③]时，贵国亦曾派多起使臣前来，随员人数极众，但均于边境大为减缩。今贵国突然

---

① 此处及以下下加线为文中原来所有。满文抄文簿中的用语为“扎法朗格—扎林”，意即进贡（见 135 页上的注释。——莫罗兹）。

② “吉岭”，满语为“吉林”，除用作城市名称外，尚有地带、线等意思。满文抄文簿中的说法是：“苏维尼—巴契—麦尼—库仑—德—一新之勒—艾木—吉林—伊—巴德—戈壁—比木比麦……”即从贵国之地到我库伦这一地带全系多沙、多石、无水的荒原（见 137 页上的注释。——莫罗兹）。

③ 满文抄文簿抄件中为：“胡瓦利亚孙—托布—伊—孙扎吉—阿尼亚”，即在雍正五年，即 1727 年（见 137 页上的注释。——莫罗兹）。

派出二百余人前赴北京，与此前规定有所不符，我等无论以何种理由，均无法向上申奏。

因此，省长先生，请您向首席使臣宣布，请他缩减随行冗员以及军队，以保持体面为宜，身边留数十人足敷使用；余人可留置于贵国境内。

此外阁下信中还写道：拉车需用挽马一百五十匹，如我方没有这种马匹，贵方将自行准备。但从我恰克图库伦①到伊缅加扎色或张家口，//101 背面//在数千俄里地面上所设均为蒙古军驿站，马匹、骆驼等虽然十分充足，但却没有拉车的挽马。故阁下可自行准备之。

在此，我等以为必须通知阁下，国家不分内外大小，凡向博格德汗陛下进献礼品②，事先均须向办事大臣说明，礼品都由哪些物品构成。贵国拟呈献何种物品，阁下来信只字未提，因此我等亦难就此奏报。凡此种种，请阁下务要通知贵国使臣，着其一定多多削减人员，然后据实函告人员、车辆和所运物品数量。

至于说到贵国使臣将于九月份抵达边境事，按我天国历法换算，该月应为八月份，如当时已抵达我境，可着其休整一个月，望事先通知我驻恰克图郎中③，由该员向我等报告。接报后即派理藩院章京、扎萨克及数名军官前去//102//迎接，小心稳妥将其护送至库伦。我等为维护和约，已将详情

---

① 满文抄文簿中的说法为："麦尼—恰克图，库伦—奇—扎色—德—伊西塔拉"，即：从我恰克图和库伦直到张家……（见138页注释。——莫罗兹）。

② 据满文抄文簿抄件，这里和下面凡谈到礼品时，用的都不是礼品一词，而是贡品（见139页上的注释。——莫罗兹）。

③ 满文抄文簿抄件为："爱西拉库—哈番"，即部里司局长的副手，员外郎（见141页上的注释。——莫罗兹）

写于致贵方的信中，望省长先生通知我等，不得延误。

阁下来信还提及驻北京学员换届事，并称，提出要求的文书将由使臣本人送交。我等已将此事报告大理藩院，现收到理藩院致贵国枢密院的文书，特将该文书转致省长阁下，望转交。

专此奉达。

嘉庆十年五月二十九日①

八等翻译阿列克谢·帕雷舍夫译。

100页文下左侧为：满文译本②。

俄罗斯帝国对外政策档案馆圣彼得堡分馆，总档1—7，目录6，1805年，案卷1a，卷夹22，100～102页。译自满文原件。

库伦办事大臣郡衙门满文抄文簿抄件，蒙古国立中央历史档案馆，藏档M-1，案卷639，133～143页。

//92//二、由蒙文翻译的文本

大清国库伦办事大臣郡王和昂邦致俄国伊尔库茨克副省长希什科夫函

四月二十三日③阁下派来大尉衔信使桑热哈耶夫，将阁下来信送交我等。阅后发现，贵国君主出于真诚，对博格德汗表示尊敬，特遴选显贵廷臣、枢密官为使团团长，共派出

---

① 1805年6月14日。

② 下加线为文中原有。

③ 1805年5月9日。

二百四十二人，将于九月份抵达边境。信中标出可用的挽马数量，请求为贵国使臣备办所需一切，并称将有教士团随使臣前来替换现驻人员，声言贵国枢密院为此修有文书一通，将由使臣亲呈我理藩院，并称尚需挽马一百五十匹，如我方无挽马，答应自行准备，此外尚需马三百五十匹。

我等于阅信后清楚看出，贵国君主对博格德汗陛下深为敬重，遴选亲近大臣，着其前来进献礼品。此乃真正好事！吾等甚为欣慰！我国各种物产，举凡马匹牲畜等，无不应有尽有，一旦贵国使臣率随员抵达我国边境，所需食物及途中所需其他物品均可充足供给，//92 背面//对此阁下当自有判断。唯我博格德汗陛下仁慈为怀，恩及四海，泽被万民，献礼朝贺者不绝于途，我博格德汗陛下一概待之以宽厚仁爱，为体恤下情，以免途中遭受水灾等苦楚，谕令大量外邦来使速速趱行，不可携带过多随员，余人可留置于本国境内休息。此外，据我等查积年案卷得知，俄国历年派使臣前来献礼，所带军人均少于此次。至库伦一路，途中多为空旷荒原，考虑到由张家口或卡尔甘以近，一路多山多河，随员如此众多，通行将十分困难。此外，雍正五年①贵国派一使臣来朝，随员人数亦颇多，后人员缩减，方予放行。此次使团人数超过二百，若听其进入京城，与以往惯例不符，故我等不敢冒险将此事奏报。

因此，省长先生应将此事报告贵国使臣，着其酌情削减随行冗员及军士，全部使团人员组成不得超过数十人，余下人员可留于边境休息。阁下在来信中//93//还说，需用挽马一百五十匹，如我方无此种挽马，阁下将自备马匹。我方由恰克图至张家口或称卡尔甘一带，所有驿站均由蒙古军队把

---

① 1727 年。

守，驿站上驼马虽多，但却没有拉大车[1]的挽马，因此阁下可使用自己的马匹。此外，普天之下，内外大小国家众多，凡向我天朝大国献礼者，事先均在递交边境大臣的信函中对礼品及数量详加说明，再由大臣恭奏我博格德汗陛下。此次俄国来函，只字未提礼品事，故我等实难上奏。

有鉴于此，收到我等去信后，务请阁下将诸事向贵国枢密官使臣详加报告，着其多多缩减随员，并将缩减数量，随行人数，以及大车[2]数量和礼品数量，来信一一详示。

贵国使臣及随行人员拟于九月份抵达边境，按我天国历法计算，正当秋季八月。如果照此安排，贵国使臣于八月份抵达边境，可在贵国境内再休整一个月时间。与此同时，应将使臣抵达边境之事先行通知我驻恰克图军官图苏拉克奇[3]，我方将根据该负责人给我等的报告，派出理藩院军官、扎萨克和其他军官前去//93 背面//迎接使团，他们将妥善护送使团直至库伦。

我等为维护双方友谊，对一切情况均详加说明，并命令我方军官当面对阁下确认此事，亟盼省长阁下赐以详答，切莫延误。

阁下在信中还提及教士团换届一事，并称有关该项请求的文书将由使臣本人递交我理藩院。我等已将此事呈报理藩院，理藩院亦有文书致贵国枢密院[4]，现将我处收到的文书随此信一并送呈阁下，望尽速转送枢密院。

专此奉达。

---

① 此处和以下下加线为文中原有。旁边页边有“四轮马车”字样。

② 同处。

③ 旁边页边：扎拉固齐。

④ 见 104 号文件。

嘉庆十年仲夏月二十九日①。

九等翻译费多尔·桑热哈耶夫译。

92 页正文上方：<u>译自蒙文</u>②

同处用铅笔书写：译自使团卷宗中的致枢密院文书。

俄罗斯帝国对外政策档案馆圣彼得堡分馆，总档 1—7，目录 6，1805 年，案卷 1a，卷夹 22，92～93 页背面。译自蒙文原件。

译文抄件，同上，103～105 页。

使团办公厅译文抄文簿抄件：同处，卷夹 26，134a～136 页③；同处，卷夹 28，27 页背面～30 页背面；同处，亚洲司图书馆全宗，目录 505，1806 年，案卷 32，3～6 页④。

库伦办事大臣衙门蒙文抄文簿抄件，蒙古国立中央历史档案馆，藏档 M-1，案卷 639，143～153 页⑤。

---

① 1805 年 6 月 14 日。

② 下加线为文中原来所有。

③ 134a 页上左栏日期转成儒略历时误为：1805 年 6 月 13 日。

④ 3 页左侧页边：1805 年 7 月 26 日收到，于符拉季米尔。

⑤ 143 页上日期为：五月二十九日，即 1805 年 6 月 14 日。

№ 110

1805 年 6 月 16 日。库伦办事大臣蕴端多尔济为收到大量缩减俄国使团人数的谕旨、已将理藩院文书送往枢密院等事呈嘉庆皇帝的奏折

//154//六月二日①

奴才蕴等为奉旨事恭奏陛下

嘉庆十年五月十日②皇帝谕旨曰：

此次俄人派其高官为使来朝，足证其态度恭顺，可下令允其所请，唯使团人数过多，可着其依例大为缩减，方为合理。//155//蕴端多尔济等思虑及此，甚为妥当。

然朕阅蕴等拟就的致省长回函稿后，发现其内容皆属老生常谈，显得头脑愚钝。故此间为蕴等重拟致省长回函，发往库伦。蕴等收到该说明函后，应予翻译，直送省长。若俄人决定有所改变，收到回信应急速奏报。朕待见奏折后，视情况再颁新旨。

俄人收到此信后，倘能恭顺奉诏，//156//于大大缩减随员后来朝，蕴等宜按前旨行事，即：蕴端多尔济应度算必须于十二月份抵京，并亲自护送使臣，于十月份由库伦出

---

① 6 月 16 日。

② 见 102 号文件。

发。若俄国人收到该信后，回信桀骜不驯，不同意缩减随员，着蕴等即刻回信，坚予拒绝，并如实奏报。若俄人因此而中途辍步，不再前来，亦无所不可。无需事事奏报，频频请求指示。//157//不管怎样，俄人乃外邦之人，不谙我中华习俗，若朝觐使臣人数委实不多，亦不难将其集于一地，予以保护。于此期间，蕴等于信中乃至接见彼等日后所派人员时，应做如下说明：

这条通往京城的唯一道路非常遥远，且一过伊缅加扎色沿途多山，马车难于行走。我方不邀请贵国多人前来，完全出于圣明大皇帝仁慈之心，圣心唯恐洋人难以忍受途中艰苦困顿，因气候不适而染病。再者，俄人请求知照大理藩院，愿借此机会携带神职人员和学员前来，以替换［俄国教士团］以前人员，实属绝无仅有之举，以前并无先例，故唯有坚拒，方可打消洋人得寸进尺打探［我方事务］之图谋。

目前理藩院已向枢密院发去文书①。蕴端多尔济等收到该件后，应将其转送省长，以便进一步送往目的地。再者，待前述使臣朝见所需之马匹、骆驼、车辆、蒙古包等准确数量完全确定之后，//159//蕴端多尔济等应认真核算是否够用，再向佛尔卿额、杨干等下令，着其于俄国使团所经所有驿站事前做好准备。待以前到库伦当过差并熟悉俄人习性的章京、笔帖式和翻译到达后，理藩院应责成其属下的库伦衙门从中择优［随使团一起］派出。蕴端多尔济等应由属下各地方遴选所需数量的古纳、扎萨克等人员，于奏报后亦［随使团一起］派出。此时朕将派专差大臣一名，着其会同蕴端多尔济一道护卫使团。

又，理藩院致枢密院文书，以及与顺治、康熙年间来朝

---

① 见104号文件。

的俄国使团人数有关的中文报告文本①，//160//应抄录一份，经与档案核对后进呈御览，并抄示蕴端多尔济等。

奴才蕴恭奉圣谕，跪领来旨。皇上圣明，所赐修改果然处处极为正确，奴才等所拟致俄国省长函内容的确愚钝。此外，圣明皇帝目光锐利，洞察秋毫，阅过俄国省长来函后即颁发恩旨，命奴才等通知俄方，之所以不邀请整个使团前来，实因路途遥远、气候于洋人不宜。//161//皇上英明天纵，明察秋毫，令人惊叹，无与伦比，且洞悉俄人卑微本性，知渠等提出如此要求，全为一己之私。皇上谕令理藩院予以坚拒，以杜绝俄人得寸进尺打探［我方事务］之图谋。俄人应一如既往，以崇敬之心感谢天恩，缩减其随行人数，唯如此奴才等方能确实将所有人员安置一处，予以保护，并加速趱行。

因此，奴才蕴奉圣谕指派此前到过俄国的一等台吉萌古和协理台吉达西敦多布，于二十九日②将//162//理藩院致俄国枢密院文书及奴才等给省长的信送去，信函等照例已在此间翻译。奴才等趁机命令萌古等恭记皇上谕令中几处训示，友好地向俄国省长希什科夫详加说明。一俟省长有所回复，奴才等将恭奏皇上，再请训示。

此外，若俄国人不知深浅，今后再将愚蠢而又莫名其妙的信件送来，奴才等将遵奉此前不久所颁圣谕，认真商议，//163//寻找合法根据，在适当时机给对方去信坚决予以回绝。

还有，奴才等对萌古台吉等尚有如下训示：此次省长若

① 见103号文件。

② 6月14日。

再提随使臣派遣学员事，应立即对之作有理有据的说明，坚决拒绝之。一俟萌古等人返回，将立即再行奏报。

专此恭奏。

164 页文末：据奏折抄写。在同月十七日[①]收到的［从北京返回的］奏折上，皇帝朱批为：阅，照准。

蒙古国立中央历史档案馆，藏档 M-1，案卷 639，154～164 页。库伦办事大臣衙门满文抄文簿抄件。И. Т. 莫罗兹译自满文。

① 7月1日。

№ 111

1805年，不晚于6月17日①。副外务大臣A.A.恰尔托雷斯基为指派拉丁语翻译X.A.斯特鲁维[1]参加Ю.A.戈洛夫金使团事呈亚历山大一世皇帝的奏章

//3//有关指派拉丁语翻译加入戈洛夫金伯爵使团的奏章

//4//在拟定派往中国使团的人员组成时，为维护国家利益起见，原曾设想利用随团教授充当拉丁语翻译。但现在查明，教授中无人能轻松自如地使用拉丁语表达思想，承担沟通使臣同北京朝廷交往的任务，这些交往通常都使用拉丁语。因此，使臣戈洛夫金伯爵//4背面//致函卑职（此函随奏章呈上），请求将一名通晓拉丁语的翻译列入使团。

因此卑职斗胆奏请圣上下旨，派遣外务院部门所属八等文官斯特鲁维加入使团，该员的薪俸由使团经费中列支。如果同意，还可派一名主画师//5//随团前往，其薪俸亦可由该项经费支付。

1805年6月［……］② 日

5页正文下方为：1805年6月17日已下旨。

俄罗斯帝国对外政策档案馆圣彼得堡分馆，总档1—7，目

---

① 此日期系根据随后颁发的谕旨中的记载确定。

② 文中未标明日期。

录6，1805年，案卷1a，卷夹7，4～5页。底稿。

注释：

［1］斯特鲁维，赫里斯季安·安德烈耶维奇——八等文官，外务院拉丁语翻译。从本文件可以看出，1805年6月他被调派为Ю.А.戈洛夫金使团成员，任拉丁语翻译，其时使团已在路上。返回后，他在*Gasette de Peterbourg*（1807年2月22日）上发表一篇有关使华使团的文章。据Ю.А.戈洛夫金意见，X.A.斯特鲁维也是1809年在莱比锡出版的德文小册子*Die russische Gesanschaff nach China im Jahre* 1805（《1805年俄国使华使团》）（1817年第2版）的作者。不过，也有人说这本小册子是Ю.克拉普罗特写的（见83号文件注释1）。

毫无疑问，俄国使臣以极大的兴趣阅读了这两件作品，他在给外务大臣A.Я.布德伯格的报告中，论证了上述小册子的作者是斯特鲁维，他是这样说的："本人有机会在柏林地理札记中看到一篇似乎是使团成员撰写的旅行报告，尽管这份报告中冷嘲热讽的口气足以向我表明谁是它的作者，尽管报告的发表有悖于所有使团官员以书面形式向本人做出的只有经过至圣君主批准方能在期刊上发表文字的正式保证，因为唯有君主才有权支配我们的劳动成果（见158号文件。——俄编者），尽管如此，在怀疑未得到证实以前，本人不拟采取任何措施。七等文官斯特鲁维先生本月22日刚在*Gasette de Peterbourg*上发表的那篇文章，已使人不会对此产生任何怀疑。"（见468号文件）

现在这个小册子成了珍本，但是，在俄罗斯帝国对外政策档案馆的藏档中，只收藏了这本小册子的《摘要》（这就是手稿的名称）。这份法文手稿未注明日期、作者，也没有签名。但Ю.A.戈洛夫金也许是对的，X.A.斯特鲁维很可能是它真正的作者，他同使团一起到了库伦，是所述事件的见证人。而Ю.克拉普罗特，众所周知，是留在边境的，并没有到过库伦。由于文件不长，又出自使团参加者的手笔，我们认为，不加删节，全文发表是合理之举。首次用俄文发表。其内容如下：

"作者说，奇怪的是许多人都认为亚洲的所有各帝国中，中国是最不为人所知的，可是在欧洲以外，却几乎没有一个国家能够得到许多如此受信任的旅行者访问，而且得到如此准确的描述。而且还有令人奇怪的地方就是，在所有访问中国的使团中，没有一个能提供准确的描述。唯一达到目的的使团是1727年葡萄牙公使梅特洛·苏扎的使团。不过，英国的马嘎尔尼使团也并非没有成果，它使中国人对不列颠的强大有了明确概念，为以后的谈判打下了基础，保证英国在广州成为享受特别优惠的国家。

“此类举动之所以收效甚微，原因是对中国习俗不了解。原指望派使团去可在那边签订条约；中国人却相反，以为他们只是些奉命来向自己的君主说几句好话，献点贡品的使者。中国官员要戈洛夫金伯爵明白的还是这一点。

“中俄两国的边界和贸易关系早在1727年的条约中就确定了。虽然1755年以后前往北京的俄国商队运动因对帝国造成损失而停止，但两大国之间的关系仍令人满意。它们通过按时交换的外交信函得以保存下来，如果发生过某些争议，也都友好地解决了。波将金坚信，俄国不应卷入欧洲事务，而应成为一个纯粹的亚洲国家。他曾酝酿过一个向中国派遣使团的想法，也可能意在先造成决裂，然后再迫使中国人签订一个比1727年更有利的条约。

“这项计划并没有被遗忘，伊尔库茨克民事省长卡尔特维林先生报告称，他于1804年在边境同中国官员有过一次交谈。该官员证实：人们感到惊奇，为什么俄国这么长久时间未向中国派遣使团。他说，许多人从这一状况中找到了两个宫廷间关系冷淡的证据，但北京宫廷不希望这种说法是真的。

“不久，圣彼得堡决定向中国派遣一个使团。不过，在决定派团的时候，意见并不一致。有些人希望从中国人手里把阿穆尔河要过来，因为得到这条河就能使俄国得到更大的商业优势。谁也没有去考虑这条河流经的一些地方是满人的发源地，他们把这些地区看成是本民族的摇篮。在北京看来，这样的建议不啻要求俄国让出诺夫哥罗德或者莫斯科。

“另一些人则希望总共由40人组成的使团奉命以更有利的方式调整商业关系。使团应由外交司两位值得尊敬的官员领导，其中之一已经具备在亚洲和北非旅行的正面知识。但命运做了另外一种安排。戈洛夫金伯爵动用了他同恰尔托雷斯基公爵有交情的关系，当上了这样一位使臣。

“由于他谋求这个职位的目的不过是满足自己的虚荣，他朝思暮想的只是为自己组成一支人数众多的随员队伍。他不是去发掘有用的官员，而是让一群年轻人把自己包围了。这些年轻人把这次考察看成是一次快活的游览，以为要取得成功还不是手到擒来。

“使团由五花八门的人员构成，总数约为 200 人。至少有一半多余。

“除掉天文学家舒伯特之外，科学家当中没有一个人值得一提。礼品菲薄，选得不好，大部分是玻璃制品，要知道，中国人会认为这些东西一文不值。

使团于 1805 年 5 月从圣彼得堡出发，于 9 月末抵达伊尔库茨克。由于必须有两个月时间在当地进行各种准备工作，向中国写信和等待回信，可以预见，只能在冬季穿越蒙古草原和戈壁荒原。这样就要忍受极度严寒，水和饲料也不会充足。所选的出发时间坏得实在无以复加。

“使团抵达边境后，中国当局告知，使团的人数过多，不能进入中国，因为到了那边，使团的给养甚至穿着都要由政府负责。这边又无论如何不同意把使团人数减至 100 人。最后，历经两个月的谈判，于 1805 年 12 月末，128 人越过了边界。

“在离开恰克图以前，中国人又出了个新的难题：使臣是否同意完成‘叩头’礼（这里和以下的着重号为原文所加。——俄编者），即在皇帝面前额头 9 次触地（见 180 号文件注释 1。——俄编者）。戈洛夫金伯爵回答说，他将同先前的使臣一样行动。看来，这些先前使臣都是行过‘叩头’礼的，只是返回欧洲后未加以宣扬罢了；也就是说，中国人认为，使臣也会如此行动。

“经过 14 天的令人筋疲力尽的旅行之后，使团抵达库伦——这里是郡王的常驻之地，郡王是边境高官，又是在位皇帝的妹夫。驻地附近有一殿堂，蒙古的大神甫便驻在这里。一路所受的苦使我们的外交官对中国人产生反感，他们竟然对中国人做出一些最具侮辱性的举动。

“然而北京怀疑戈洛夫金伯爵对‘叩头’所下保证的真实性，为了考验他，库伦郡王奉命在皇帝的宝座前为使臣举办一个隆重的宴会，在皇位面前也有“叩头”的习俗。戈洛夫金伯爵对此一无所知，便应邀赴宴，但在皇位面前却拒绝‘叩头’。经过几个小时的争论之后，因为冻得发僵，只得返回营地。

“我们的外交官认为，为了事业成功，对中国人只应采取几乎跟顽固差不多的生硬态度，并以早年使华的俄国使臣萨瓦［·弗拉基斯拉维奇—拉古津斯基］伯爵为例，后者返回欧洲后声称，他似乎就是以这种精神克服了礼仪上的困难。他们不知道，中国人的报告由这一事实却得出了完全不同的结论。报告送到北京去了，在收到回答之前，争论继续进行，而且愈演愈烈。由于完全不了解中国人的习俗，针对郡王制造了大量不满的口实。一方面是官员们行为不得体，很傲慢；另一方面则是下流卑鄙。这便使使团丧失了一切可敬之处。

“最后，北京送来了回答。回答说，鉴于戈洛夫金伯爵在库伦的宴会上拒绝向皇座表示敬意，他别无选择，只有携带所有运来的礼品打道回府。不过戈洛夫金伯爵接受郡王的劝告，同意向中国皇帝写一封信，请求免除“叩头”礼。信已准备好，但在一等秘书的撺掇下，他又改变了主意。他以为固执能使他到达北京。1806 年 2 月 2 日，他收到了最后回答：‘鉴于俄国使团由疯子组成，我们不愿跟它打交道，还要就其行为向枢密院提出控告。’

“考察竟落得个如此的下场。毫无疑问，这次考察如能得到更开明的管理，肯定会使两帝国之间的友好关系得到巩固。

“所有那些有关英国人和法国人在北京反对俄国影响的说法，纯属臆造；有关耶稣会士的情况也是如此，那些人当时在中国正遭到严酷迫害，他们既无能为力，也不愿采取行动，以反对唯一能使他们得到庇护的国家的利益。

“不过，即使在最顺利的条件下，使团也未必能够迫使中国人自愿改变贸易条约条款，因为这个条约在签订时对俄国十分有利，只是现在对俄国人不利罢了。的确如此，现在中国人购买毛皮商品数量不足当时的一半，原因是英国人和美洲的英国人现在运往广州的毛皮质量又好，价格又不那么贵。

“在恰克图同中国贸易，大多由外国平纹布和毛织品支撑着。俄国用以交换的是茶叶和供西伯利亚居民夏天做衣服的中国大布。进口这种布匹，对于在俄国建立作坊构成了巨大的障碍，而到国外去购买平纹布和毛织品，帝国需流失大量银币。

“大多数西伯利亚农民认为，养马搞货物运输更合算，从而忽视了农业。离开农业，文明的发展可能极为缓慢。

“如果中国人自己不同意修改贸易条约，那就应该迫使他们这样做。对北方各省采取军事行动可以促生政变，南方的秘密帮会白莲教就常想搞这种政变，力图把中国从满人的压迫下解放出来。”

3 页左侧正文上方用法文写着：德文本摘要。

3 页左侧页边：这本 1807 年发表的小册子一般认为是参加使团的著名东方学家克拉普罗特撰写的。

7 页背面左侧页边：作者在注脚中列举出中国迫害耶稣会士的种种传闻。同时他还引证了一篇翻译过来的反对基督教的中国宣言，通篇都是粗鲁的骂人话（俄罗斯帝国对外政策档案馆圣彼得堡分馆，总档 1—7，目录 6，1805 年，案卷 1a，卷夹 38，3～8 页背面。法文抄件。H. Б. 祖布科夫译自法文）。

本书附录一（3）还有一篇文章，我们认为也是出自 X. A. 斯特鲁维的手笔。

№ 112

1805 年 6 月 18 日。枢密院就确定前往北京换届的俄国教士团人员并着其随同 Ю.А. 戈洛夫金使团一同出发等事致理藩院文书

//17//俄罗斯枢密院致大清国理藩院文书

我至仁君主皇帝陛下为向博格德汗陛下表示特别的尊敬，为有力证明对其怀有真诚的睦邻友好情感，认为向其宫廷派出特命全权大臣实乃造福之举，同时，根据 1728 年签订的两帝国现存条约第 5 条，谕令我院向北京派出新一届教士团随使臣同行，现驻北京的俄国希腊正教修士大司祭索夫罗尼及教堂差役博戈罗茨基，学员帕维尔·卡缅斯基、斯捷潘·利颇夫佐夫、伊万·马雷舍夫、瓦西利·诺沃肖洛夫因于该地居留过久，着其返回祖国。

为此，特派去三名神甫，为首者为阿颇洛斯、两名助手为//17 背面//谢拉菲姆、阿尔卡季，以及修士辅祭涅克塔里，两名教堂差役瓦西利·亚菲茨基、康斯坦丁①·帕利莫夫斯基等，以替换该教士团。为学习汉语知识和满语，尚派有学员四名：米哈伊尔·西帕科夫、列夫·济马伊洛夫、帕特里基·波利特科夫斯基[1]和马克尔·拉夫罗夫斯基。

本院本友好精神，现将此事通知贵院，并请贵院向博格

---

① 文中如此。

德汗陛下代为请求，下令批准前教士团大神甫索夫罗尼及教士和几名学员于上述特命全权使臣回国时随同返回，给予方便，予以协助，护送其至俄国边境。以修士大司祭阿颇洛斯为首的继任修士司祭及修士辅祭各一名、教堂差役、学员各数名，望能得到友好接待，按//18//两帝国间现存睦邻友好关系要求，在居留北京期间，由博格德汗陛下的宫廷按旧例予以优渥待遇，受欺侮时能得到公平保护。

特此奉上文书。耶稣诞生第1805年6月18日，君主亚历山大一世皇帝陛下在位第5年，于帝都圣彼得之城。

16页（信封）的地址上盖有大国玺火漆朱印：全俄枢密院致中国理藩院文书。

俄罗斯帝国对外政策档案馆圣彼得堡分馆，总档1—5，目录4，1823年，案卷1，卷夹15，第1部分，16页（信封）、17～18页，原件。

经批准的草稿（亦是发文底稿），同处，总档1—7，目录6，1805年，案卷1-a，卷夹28，6①～8页背面。

方案抄件存同处，总档1—5，目录4，1823年，案卷1a，卷夹15，第一部分，54～54页背面。

满文原件存同处，总档1—5，目录4，1823年，案卷1，卷夹15，第一部分，19～22页。

А. Г. 符拉德金拟定的满文底稿，同处，58～59页。

拉丁文底稿存同处，56～57页。

俄文抄件存同处，总档4—4，目录123，1805—1809年，案卷1，255～256页。

---

① 6页左侧页边为亚历山大一世皇帝御批：照准，1805年6月1日。

满文抄件存同处，257～258 页。

拉丁文抄件存同处，259～260 页背面。

使团办公厅抄文簿两个抄件：俄文本存同处，总档 1—7，目录 6，1805 年，案卷 1a，卷夹 28，20 页背面～21 页背面；拉丁文本存同处，21 页背面～22 页背面。

注释：

［1］帕特里基·波利特科夫斯基因病未能成行（见 327 号文件）。

№ 113

1805 年 6 月 19 日。内务大臣 В. П. 科丘别伊就使团出发顺序给使臣 Ю. А. 戈洛夫金的公函，并传达亚历山大一世皇帝对该问题的意见

//173//尤里·亚历山德罗维奇伯爵阁下：

本人有幸将最近阁下有关出发方式的来函呈交皇帝陛下，陛下命本人通知阁下，他仍坚持此前颁发的圣谕准确不变。皇帝陛下认为，阁下出发时所用驿站马匹不得超过 30 匹，其中既包括驿马，也包括驿马不足时征用的民马。为此，阁下应做出安排，将身边官员分成小分队出发，并为彼等在伊尔库茨克或恰克图//173 背面//指定集合地点，命其一定要在阁下到达前一段时间抵达该处。

本人在将圣意通知阁下的同时，还有幸告知阁下，皇帝陛下已接到西伯利亚总督先生奏报，称其已命所属各省于各驿站备办 100 匹马，以供使团通行使用。圣上已指示就此对其表示赞赏，并派专使传达。

荣幸地向阁下致以深切敬意。

您恭顺的仆人 В. 科丘别伊伯爵

1805 年 6 月 29 日

173 页正文上方为：6 月 19 日收到。

同处：№108。

同处，正文下方：送 Ю. А. 戈洛夫金伯爵阁下。

173页背面正文下方：№ 2719。

俄罗斯帝国对外政策档案馆圣彼得堡分馆，总档1—7，目录6，1805年，案卷1a，卷夹22，173～173页背面。原件。

№ 114

1805年6月24日。亚历山大一世皇帝给使臣Ю. А. 戈洛夫金的旨令，着其将枢密院关于俄国教士团换届的文书递交清国朝廷，向离北京返国的前一批人员发放薪俸和直达边境的驿马费

//247//朕，天助神祐全俄皇帝和专制君主等尊号拥有者亚历山大一世皇帝，致出身高贵、深蒙朕信任的使臣：①

有鉴于我教士团和学员在北京居留已久，有必要将其召回，根据1728年签订的现存于俄罗斯帝国和中国之间的条约规定，应派人员更替之。因此，朕选定阿颇洛斯为修士大司祭，谢拉菲姆和阿尔卡季为修士司祭，涅克塔里为修士辅祭，瓦西利·亚菲茨基及康斯坦丁·帕利莫夫斯基为教堂差役，并派遣外务院翻译米哈伊尔·西帕科夫前往学习汉语和满语，选定列夫·济马伊洛夫和帕特里基·波利特科夫斯基为办事员，另又选派宗教学校学生马克尔·拉夫罗夫斯基等为学员，前往学习。所有人员薪俸额度均开列于至圣东正教事务管理衙门报告副本中②，附于本敕令之后。该报告已获朕批准。此间已提前一年将薪俸连同差旅费、驿马费一起发

① “朕，天助神祐全俄皇帝和专制君主亚历山大一世”这些词位于文中其他文字上方。

② 见909号文件。

放，其余4年薪俸，俟其抵达伊尔库茨克后，//247背面//折成白银支付之。4年乃为其在北京居留时间的一半。

考虑到现仍驻北京的教士团薪俸只领到本年1月30日之前，因此朕同时又通过财政副大臣下令，由伊尔库茨克拨出2300银卢布，你可委派专人立据后将其带到北京，向修士大司祭索夫罗尼和众神职人员、学员按旧额发放1年薪俸，时限由今年1月30日起至来年即1806年1月30日止。鉴于彼等以后还将领到与你同处期间的全额薪俸，故委托你由特殊支出经费项目中将此薪俸先发给他们，同时视情况将北京出发一段的差旅费亦支付给他们，而抵达此间的驿马费，待彼等回国后到伊尔库茨克领取，外务院已将此事通知财政副大臣。

关于本届教士团换届事，已有我理政事枢密院致中国理藩院的文书①附于此敕令之后。为便于了解情况，你可将其留下副本。朕委托你//248//于抵达北京后，立即按常规方式将其递交给对方，由该处回国时，要根据当地情况，对修士大司祭阿颇洛斯详加指示，同时亦不得忽视发给其前任的指示。待你回国后，须将所做指示的抄本呈报外务院。

朕对你深为嘉许。

1805年6月24日于圣彼得堡。

248页正文下方为：照皇帝陛下亲颁谕旨办。亚当·恰尔托雷斯基公爵副署。

247页正文上方为：1805年6月27日收到。

同处，正文下方为：送二等文官、特命全权使臣戈洛夫金伯爵。

同处，页边为：№ 1021。

俄罗斯帝国对外政策档案馆圣彼得堡分馆，总档4—4，目录123，1805—1809年，案卷1，247～248页。原件。

---

① 见112号文件。

№ 115

1805年6月24日。外务院任命修士大司祭阿颇洛斯为俄国驻北京教士团领班的派遣命令

//63//全俄专制君主皇帝陛下之外务院给修士大司祭阿颇洛斯的到北京的派遣命令

附于命令后的抄件包含了1728年俄帝国和中国所订条约的第5条，从中你可了解两国朝廷就俄国神职人员和学员居留北京所做的规定[1]。

根据此项规定，过去，即1793年，曾向该地派出修士大司祭索夫罗尼、两名教堂差役司祭叶谢伊和瓦尔拉姆、一名修士辅祭瓦维拉。此三人已先后于当地故去。另尚有两名教堂差役科济马·卡尔甘斯基和瓦西利·//63背面//博戈罗茨基，前者因身体虚弱，经修士大司祭和当地政府批准，已于1799年离开当地回国。后者目前仍驻在当地。为学习当地两种语言，曾派出4名学员前往该地，即帕维尔·卡缅斯基、卡尔普·克鲁格洛波洛夫、斯捷潘·利颇夫佐夫和伊万·马雷舍夫，其中克鲁格洛波洛夫亦因身体虚弱，于1795年随同去那里的十等文官伊古姆诺夫一起回国。伊古姆诺夫将他的病情报告理藩院，请求把带来的边务衙门蒙语通事瓦西利·诺沃肖洛夫作为学员留下替补，经理藩院同意，诺沃肖洛夫留在当地学习[2]。

考虑到全体上述人员在当地均已居留过久，//64背面//

现决定令其回国，另派新人接替他们的位置。为此，至圣东正教事务管理衙门命令，特派你为修士大司祭，带同亚历山大-涅夫斯基大修道院的两名修士司祭谢拉菲姆和阿尔卡季、修士辅祭涅克塔里以及两名教堂差役瓦西利·亚菲茨基及康斯坦丁·帕利莫夫斯基一道前往。外务院派翻译米哈伊尔·西帕科夫、办事员列夫·济马伊洛夫和帕特里基·波利特科夫斯基，以及神学校学生马克尔·拉夫罗夫斯基[3]前往进修汉语和满语。

奉皇帝陛下旨意，二等文官戈洛夫金伯爵先生作为特命全权使臣前往该国，现决定你为其随行，途中负责祈祷仪式。因此，//64 背面//外务院决定你及整个教士团人员听从特命全权大臣领导，并认为有必要对你下达以下命令：

1. 由于你的前任奉命在中国称自己为大神甫，而非修士大司祭，故你亦应沿用此称呼，两名修士司祭则称助理神甫，而外务院官员，即翻译西帕科夫、办事员济马伊洛夫和波利特科夫斯基根本不必以原官职相称，而应称为学员。因为在我枢密院致中国理藩院的文书中，你们的称谓便是如此。

2. 根据圣上批准的至圣东正教事务管理衙门报告①，你及随行者在当地的薪金//65//是：你每年可得薪金 1500 卢布、仆役车马费 500 卢布、教务杂费 150 卢布；你属下的两名修士司祭和一名修士辅祭每人年薪 400 卢布；两名教堂差役年薪各 300 卢布，4 名学生年津贴各 400 卢布，教师礼品费和书籍、笔、纸张费 150 卢布；此外，受洗者招待费 300 卢布、修道院房舍修缮费 500 卢布，亦可由你自行支配。整个教士团每年总计 6500 卢布。

---

① 见 90 号文件。

此外，你同教友尚可使用属于俄国教会的北京现有庄院收入，以及俄国神职人员购买并遗留的耕地//65背面//收入，共计508卢布，此款可用于维修房舍及为众教友谋福利，无须报告。

3. 根据你已收到的你及教士团全体成员此行差旅费及随同运送两座法衣圣器柜（根据此处所附清单，这两座柜已由你接收）所需运费的情况来看，你在此间已领到23匹马的费用，外加启程费750卢布，两名修士司祭、一名修士辅祭和4名学员每人各发200卢布，两名教士每人各发150卢布。同时，此间按前述薪金数额已以白银预发你一年薪金，其余4年可//66//在伊尔库茨克预领，亦为白银支付。上述款项领到后应妥为保管，按月足数发给你属下之教士团成员。

4. 随此命令附示枢密院因教士团事致北京理藩院的文书[①]抄件，以备了解情况。

此外，在使臣先生前往北京的途中以及他在该地逗留期间，你要遵从他的命令，使臣离开后，要遵奉他为你下达的指示。

1805年6月24日。

命令上的副署者：伊万·魏德迈

秘书 阿尔希普·伊万诺夫

在左侧边码上逐页副署者为秘书阿尔希普·伊万诺夫。

63页左侧页边：№ 1823。

俄罗斯帝国对外政策档案馆圣彼得堡分馆，总档1—5，目录4，1823年，案卷1，卷夹15，第1部分，63～66页。

底稿。

---

① 见112号文件。

副本存同处，8～11 页。

另几个抄件存同处，12～15 页背面；同处，总档 4－4，目录 123，1805－1809 年，案卷 1，261～262 页背面。

注释：

［1］《恰克图条约》第 5 条是这样说的："俄人现今在北京所居之房舍，嗣后亦将供来京俄人居住……目前该房舍中仅有驻北京喇嘛（神父）一人居住，并决定继有另三名喇嘛（神父）前来。彼等来后，要像以前来的喇嘛一样向其提供食物，并将其安置于该教堂内……此外，伊利里伯爵萨瓦·弗拉基斯拉维奇［一拉古津斯基］想把懂得俄语和拉丁语之四名学童和两名年龄稍长者留在北京学习语言，也将居住在该房舍内，由俄皇津贴生活，提供膳食。学成后可按其意愿回国。"（《1869－1916 年的俄中关系：官方文件》，莫斯科，1958，19－20 页）《恰克图条约》中文本第 5 条条文如下："在北京之俄馆，嗣后仅止来京之俄人居住。俄使请造庙宇，中国办理俄事大臣等帮助于俄馆盖庙。现在北京喇嘛一人，复议补遣三人，于此庙居住。俄人照伊规矩，礼佛念经，不得阻止。"［引自《东北国际约章汇编》（1689－1919），第 52 页。——中译者］

［2］这里指的是第八届俄国教士团（1794－1807）成员：领班索夫罗尼·格里波夫斯基（死于 1814 年）；修士司祭叶谢伊（1804 年死于北京）、瓦尔拉姆（1804 年死于北京）；修士辅祭瓦维拉（1797 年死于北京）；教堂差役科济马·卡尔甘斯基、瓦西利·博戈罗茨基；学员帕维尔·卡缅斯基（1765－1845）、卡尔普·克鲁格洛波洛夫、斯捷潘·利颇夫佐夫（1770－1841）、伊万·马雷舍夫（1770－1806，北京）、瓦西利·诺沃肖洛夫［（从 1791 年起）。警务官瓦西利·伊古姆诺夫（П.Е. 斯卡奇科夫：《俄国中国学史纲》，359 页］。

［3］马克尔·拉夫罗夫斯基死于北京（П.Е. 斯卡奇科夫：《俄国中国学史纲》，360 页）。

№ 116

1805 年 6 月 26 日。外务院驻恰克图特派员 А. И. 索科洛夫就清国边境哨所更换人员、清朝当局在库伦为接待俄国派往清帝国的使团修建房舍等事给外务院的报告

//17//外务院驻恰克图特派员、领边境事务七等文官索科洛夫的报告

卑职从第二批随员中卑职所辖伊古姆诺夫[1]专员处得知，恰克图以西蒙古卡伦所属军员目前正在进行调换，人员从一个卡伦调到另一个卡伦，无一例外。这次更换，人员是否有所增加，或者仍保持原有数量，卑职尚未查清；其原因卑职亦同样不得而知。为此，卑职已向我所有区段哨卡长官先生下令，要他们在俄国特命使团逗留中国直至返回境内的整个时期小心谨慎，了解中国政府是否会对各卡伦下达什么特殊命令，进行什么更换，增添什么设施。由我驻各哨卡最为可靠的哨长进行的秘密观察，务要格外小心，一//17 背面//有任何情况，立即将实情向卑职报告。卑职已向两批随员中的各位边界专员下达了同样命令（他们每年都要巡视边界）①，要他们此次巡边时尽力查明此事，并派紧急信使将情况告知卑职。此外，卑职得知，距离恰克图 320 俄里的库伦

---

① 括号为原文所加。

正为接待我使团的到来特别准备一座房舍，其中服务设施齐全。

谨将此事恭报外务院。

七等文官索科洛夫
1805 年 6 月 26 日
于恰克图哨所

17 页文上方：1805 年 8 月 11 日接到。

同处页边有"№ 150"字样。

俄罗斯帝国对外政策档案馆圣彼得堡分馆，总档 1—7，目录 6，1805 年，案卷 1a，卷夹 24，17～17 页背面。原件。

A. A. 恰尔托雷斯基收到的报告副本存于同处，16～16 页背面。

注释：

[1] 伊古姆诺夫，亚历山大·瓦西利耶维奇（1761—1835）——五等文官，伊尔库茨克省政府蒙语翻译，Ю. А. 戈洛夫金使团蒙语翻译，生于俄中边境库达拉要塞。其祖先在边境服役，担任过各种职务：祖父是前往库伦和北京的商队管理员，父亲瓦西利·伊古姆诺夫是八等文官，在恰克图边界管理委员会任汉语和蒙语翻译，是第五届（1755—1771）和第八届（1794—1807）俄国北京教士团警务监察，后又在外贝加尔地区担任各种职务。A. B. 伊古姆诺夫一生的最初年代是在蒙古人中间度过的，蒙语说得比母语俄语还好，住的是蒙古包，穿的是蒙古服装。1771 年进入当时在色楞格斯克建立的蒙语学校，1777 年毕业，之后被指定到边境公署当通事。1781 年—1782 年随同第七届俄国教士团前往北京，任翻译。回国后获得了先是到莫斯科，后是到圣彼得堡继续深造的机会。

1793 年 A. B. 伊古姆诺夫结束了边境服役，被任命到涅尔琴斯克当"初级农民特别法庭"法官；1795 年调转到伊尔库茨克任初级客籍法院法官，后任上乌丁斯克边区警察局局长；1798 年升为八等文官；后被任命为涅尔琴斯克移民总督导员；因工作优秀，升为七等文官（Н. П. 休金：《亚历山大·瓦西利耶维奇·伊古姆诺夫》，载《祖国之子与北方档案》，圣彼得堡，1838，卷 2，第 3 部分，84～90 页）。1805 年伊古姆诺夫被指定为 Ю. А. 戈洛夫金当翻译（见 227 号文件）。关于伊古姆诺夫和指定他参加使团的情况，瓦金是这样写的："伊古姆诺夫作为卓越的蒙古学家声名远扬，很有才能，相当有教养。负责审理过各种案件。但省长下令让他既接受使臣管理，又接受省政府管理，直属于省政府。所以只好把执行上峰命令的情况向谢利丰托夫报告"（В·И·瓦金：《1805 年出使中国的戈洛夫金使团》，176～177 页）。受戈洛夫金的委托，伊古姆诺夫草拟了一份在伊尔库茨克组建军事一民事满蒙语言学校的计划和日语学校管理计划（В. Н. 巴斯宁：《戈洛夫金伯爵的赴华使团》，98～99 页）。看来，这个计划未能实现。1806 年 8 月伊古姆诺夫向 Ю. А. 戈洛夫金递交了一封信，提出了同中国恢复正常关系的办法，这种关系因中方拒绝使团前往北京而受到某些损害。信中含有对清政府"强掠蒙古人加入中国国籍"状况的描述。信共 24 页，无结尾（В. Н. 巴斯宁：《戈洛夫金伯爵的赴华使团》，97 页）。

А. В. 伊古姆诺夫收集蒙古手稿和木版书，从事当地居民的民族和宗教研究；1787 年开始编纂蒙俄词典。他理应被认为是俄国首批蒙古学家之一（《19 世纪中叶以前的祖国东方学史》，莫斯科，1990，71～72 页）。1828 年，喀山大学督学邀请伊古姆诺夫教授两名大学生蒙语，他们便是后来成为著名蒙古文学教授的 А. В. 波波夫和 О. М. 科瓦列夫斯基。伊古姆诺夫的丰富藏书为当时正在伊尔库茨克的东方学家希林格男爵购去（Н. П. 休金：《亚历山大·瓦西利耶维奇·伊古姆诺夫》，91 页）。

伊古姆诺夫因服务成绩卓著，获得六等文官和五等文官官衔，三级圣斯塔尼斯拉夫勋章。1822 年起住在伊尔库茨克，并在当地故去。

关于伊古姆诺夫情况尚可见《关于汉语翻译八等文官符拉德金、拉丁语翻译八等文官斯特鲁维和蒙语翻译七等文官伊古姆诺夫在［戈洛夫金］使团服务情况》——俄罗斯帝国对外政策档案馆，第 347 号全宗、总档 1—7，目录 6，1805 年，案卷 1a，卷夹 7，8 页。

№117

1805 年 6 月 27 日。西伯利亚总督 И. О. 谢利丰托夫就接待 Ю. А. 戈洛夫金使团条件同库伦办事大臣通信的结果呈亚历山大一世皇帝的报告

//113//托博尔斯克、托木斯克、西伯利亚总督谨奏：

奉我皇陛下于今年 3 月 20 日就向中国派遣特命使团事发给微臣的圣谕①，微臣因省长尚未到任，按规定程序，以副省长名义就此事向库伦办事大臣发去一函②，附有使团随从官员和服役人员名单，请他们于使团抵达之前，在边境就接待，以后的护送以及提前备办所需马匹//113 背面//数量等方面做出相应安排。他们接到此函后，已将此事提前报告北京理藩院，并应允即时通报情况。

本月 24 日，办事大臣派出两名军官担任信使抵达此间，将北京理藩院致我理政事枢密院的文书③以及办事大臣本人的信函④送达副省长处。经翻译后得知，前一件文书要求随使团派教士团赴北京换届一事要立刻停下来，并首先要同理

---

① 见 77 号文件。

② 见 87 号文件。

③ 见 104 号文件。

④ 见 109 号文件。

藩院取得联系，因为按此前惯例，这类人员总是单独派遣的；第二件来信中库伦办事大臣要求：第一点，根据以前情况，使臣随员中的冗员，其中包括军人，要大为缩减，整个使团由几十人组成即可，并将结果通知他们；第二点，拉车用马匹要用//114//俄方的，因为从恰克图直到张家口这一段，他们只有驮载用马和骆驼，没有挽马；第三点，礼品的构成要详细告知他们，否则难以向博格德汗奏报；第四点，使臣抵达边境前要预先通知他们，以便他们派出官员迎接。

仁慈的陛下！微臣事先并未受权回答这类要求，无法向他们做任何解释，只能以副省长名义回答说，理藩院文书和办事大臣的要求已派急使送往理政事枢密院，对此有何决定，一俟收到，定会立即通知他们。同时告诉他们，拉车用马将由我方准备。微臣已通过急使将此事//114背面//通知副外务大臣恰尔托雷斯基公爵先生，请他对此事做出决定。北京理藩院致我枢密院的文书和库伦办事大臣的信件译文亦一并送给他。

臣有义务将此事恭奏我皇帝陛下。

伊万·谢利丰托夫

1805年6月27日

于伊尔库茨克

113页正文上方为：1805年7月24日收到。

俄罗斯帝国对外政策档案馆圣彼得堡分馆，总档1—7，目录6，1805年，案卷1a，卷夹22，113～114页背面。原件。

№ 118

1805 年 6 月 27 日。伊尔库茨克副省长 A. A. 希什科夫致函库伦办事大臣蕴端多尔济、福海，告知彼处送来的理藩院致枢密院文书已经送出，并涉及清帝国接待俄国使团的条件等事宜

//94//全俄专制君主皇帝陛下伊尔库茨克副省长希什科夫致大清国博格德汗陛下库伦办事大臣郡王和昂邦的信

郡王和昂邦先生，二位派出的紧急信使一等台吉萌古和协理台吉达西敦多布[①]二人及其随员已于日前抵达伊尔库茨克，将十年仲夏月二十九日[②]尊函和贵国理藩院致我理政事枢密院文书[③]一并送达我处，本官已立遣专使送往我枢密院。

同时，二位有关缩减使团随员人数等事项的要求，亦转请枢密院研究。若我理政事大枢密院授权本官处理此事，本官将立即通过专使通知郡王和昂邦先生阁下，绝不拖延。至于拉车用马匹事，鉴于贵方没有这种马匹，将由我方准备。

阁下派来的军官和随从，因路途遥远，鞍马劳顿，于此

---

① 文中满文为："特里贡—台吉—萌古—达西敦多布"，即特里贡台吉萌古和达西敦多布（见注释 194 页。——莫罗兹）。

② 见 109 号文件。

③ 见 104 号文件。

间休息后，本官将派彼等返回，并带上本官签字盖章的信函。

1805 年 6 月 27 日

于省城伊尔库茨克

94 页正文左上方：抄件。

同处右上用铅笔书写：(译自有关教士团换届问题全宗中的致枢密院文书)①。

俄罗斯帝国对外政策档案馆圣彼得堡分馆，总档 1—7，目录 6，1805 年，案卷 1a，卷夹 22，94 页。抄件。

俄文抄件存中国第一历史档案馆中俄关系史俄文文件藏档，案卷 11，21～22 页。

库伦办事大臣衙门抄文簿抄件：满文文本存蒙古国立中央历史档案馆，藏档 M-1，案卷 639，194～196 页②；蒙文文本存同处，197～199 页。

---

① 括号为原文所加。

② 194 页标明收文日期：六月二十四日，即 1805 年 7 月 8 日。

№119

1805年6月27日。商务大臣Н.П.鲁米扬采夫就他已研究过颁发给Ю.А.戈洛夫金使臣的训令草案事给副外务大臣А.А.恰尔托雷斯基的信

//119//亚当·阿达莫维奇公爵阁下：

谨将颁发给使臣戈洛夫金伯爵的训令草案退还给阁下，本人并未发现任何须要补充或更改之处。此外，该训令第二条称，须委托使臣就地研究恰克图贸易是否会因方向转向布赫塔尔玛而蒙受损失的问题。窃以为请使臣来打探一位大臣的行为，似乎有所不妥，况且在布赫塔尔玛建立海关以吸引恰克图贸易难以顾及的中国西部贸易，其原因当时早已在内阁会议上研究过，并得到圣上的首肯。

不过，此意见仅供参考，完全由阁下裁夺。对阁下所赐予的荣幸表示感谢。真诚地向您表示始终不渝的敬意。

您最恭顺的仆人尼古拉·鲁米扬采夫伯爵

1805年6月27日

正文上方有：送А.А.恰尔托雷斯基公爵阁下。

同处：№ 1660。

俄罗斯帝国对外政策档案馆圣彼得堡分馆，总档1—7，目录6，1805年，案卷1a，卷夹20，119页。原件。

№120

1805年6月29日。库伦办事大臣福海为报告抵达库伦任所事呈嘉庆皇帝的奏章

六月十五日①

//171//奴才福海匍匐恭奏，以达圣聪

奴才福海恭聆圣上教诲后，于五月十三日②由京城出发，六月十二日③抵达库伦。奴才福海会同蕴亲王率库伦官员、呼图克图和众喇嘛，匍匐恭祝圣上万寿无疆。哲布尊丹巴呼图克图[1]双膝跪地，叩头无数，敬献黄色哈达，祝愿圣明皇上万寿无疆。//172//奴才福以为，哲布尊丹巴呼图克图举止恭顺，尚卓特巴丹珠拉卜扎伊哲布尊丹巴等人亦称，呼图克图蒙皇上殊恩，心怀赤诚感激之情，热心关怀黄教[2]，维护伟大戒律。故奴才由哲布尊丹巴呼图克图手中接过黄色哈达，将其卷好，以备恭呈于御座之前。

蕴对奴才福详述了俄国边境各卡伦、各驿站，［喀尔喀］两部以及此间蒙古人和喇嘛的情况。

此外，奴才福为感皇上殊恩，对皇上心怀无限真诚//173//感激，定将兢兢业业，积累经验，不辜负圣上教诲。

---

① 6月29日。

② 5月29日。

③ 6月26日。

173页正文末尾为：照奏章抄写。润六月一日①接到［由北京批回的］奏章，上有朱批如下：努力不负所托，尽心竭力。

蒙古国立中央历史档案馆，藏档M-1，案卷639，171～173页。库伦办事大臣衙门满文抄文簿抄件。И. Т. 莫罗兹译自满文。

注释：

［1］1803年蒙古喇嘛教会首领哲布尊丹巴呼图克图拥有17个鄂托克（蒙古语音译，蒙古的社会经济单位，大小相当于千户，由地域接近的亲族集团组成。——中译者），15683户（蒙古包），82585口人，36197峰骆驼，270230匹马，270987头牛，1272495只羊，30头驯化的鹿；喇嘛数量达到17720人（蒙古国立中央历史档案馆，藏档M-1，案卷621，261～266页。库伦办事大臣衙门满文抄文簿抄件）。

［2］蒙古人称自己的喇嘛教为黄教，属黄帽派（藏语称噶鲁巴派）。喇嘛教称“黄教”，是因为喇嘛的衣服和教堂里的法衣均以黄色为主的缘故（A. M. 巴拉诺夫：《蒙古术语词典》，卷1，39～40页）。

① 7月14日。

№ 121

1805 年 6 月 29 日。库伦办事大臣蕴端多尔济、福海为通知新任办事大臣福海已抵达库伦事致伊尔库茨克民事省长 A. M. 科尔尼洛夫[1]函

//124// 六月十五日①

大清国库伦办事大臣郡王、昂邦咨行俄国伊尔库茨克民事省长科尔尼洛夫函

我大皇帝圣眷深隆，前不久与本大臣同理［库伦］事务四品侍卫、正黄旗大臣［玉衡］奉调回京担任另职，谕令出缺着本昂邦②、二品侍卫福海继任。现知照省长先生，以示友好。专此奉函。

蒙古国立中央历史档案馆，藏档 M-1，案卷 639，254 页。库伦办事大臣衙门满文抄文簿抄件。И. Т. 莫罗兹译自满文。

库伦办事大臣衙门蒙文抄文簿抄件藏同处，255 页。

① 6 月 29 日。

② 满文文本如此（虽然话是以两个人名义说的）。

注释：

［1］科尔尼洛夫，阿列克谢·米哈伊洛维奇（1760—1843），毕业于莫斯科中等军事学校。在地中海长期航行，后升为军官（1782）。在红山战役中以中尉军衔指挥巡航舰，获四级圣乔治勋章和海军大尉军衔，1797年晋升海军中校，后成为“耶路撒冷大骑士团”炮舰分舰队长官。A. M. 科尔尼洛夫是著名的塞瓦斯托波尔英雄、海军中将弗拉基米尔·阿列克谢维奇·科尔尼洛夫之父（《俄国传记词典》，卷 9，260 页）。

1805 年 3 月 27 日，A. M. 科尔尼洛夫被任命为伊尔库茨克民事省长（俄罗斯国立中央古代文献档案馆，巴斯宁全宗第 183 号，目录 1，案卷 18，6 页背面）；同年 4 月 30 日于赴任前在冬宫受到皇帝接见（宫廷典礼官礼仪日志，1805 年 1 月—6 月，圣彼得堡，1904 年，202 页）。他担任此职到 1806 年 5 月 25 日（俄罗斯国立中央古代文献档案馆，巴斯宁全宗第 183 号，目录 1，案卷 18，6 页背面）。后又任托博尔斯克省长（1806—1809）；1807 年永远离开西伯利亚，回到特维尔省的世袭领地居住；1822 年起为枢密官。

A. M. 科尔尼洛夫的著作《划桨船队战术行动指挥信号》在当时具有重要的实际意义。（《俄国传记词典》，卷 9，260 页）。他还有以下一些著作：《枢密官科尔尼洛夫关于西伯利亚的见解》（圣彼得堡，1828，10，104 页）、《枢密官科尔尼洛夫关于西伯利亚的见解补充》（圣彼得堡，1835，1～20 页），第 1 页附有地图：“1809 年俄国亚洲部分状况，附三等文官、枢密官 A. M. 科尔尼洛夫的见解”。发表的其他作品还有：《一位在西伯利亚先任伊尔库茨克民事省长，后任托博尔斯克省长的人士关于西伯利亚的见解片断》，载《宗教杂志》卷 2，№ 9～12，圣彼得堡，1815。遗憾的是，作者在这些著作中实际上未谈及 Ю. А. 戈洛夫金使团之事，而此事正与他在伊尔库茨克当民事省长时有关。上述著作中的第一篇只是顺便提到了 Ю. А. 戈洛夫金：“拟在贝加尔湖北岸巴尔古列津哈小河的入口处建一座码头，为了实现这一设想，特命使臣 Ю. А. 戈洛夫金伯爵派中尉图哈耶夫乘坐上述商人西佐夫出资建造的轻体船做试验，结果发现用了不到 10 小时便横过贝加尔湖，往返航行了一趟”（《关于西伯利亚的见解》，32 页）。这本书基本上是介绍西伯利亚各城镇（伊尔库茨克、恰克图、托博尔斯克、别廖佐沃等等）和工农业状况等。第二部著作有关中国的情况说得非常简略，有关使团只说了几句话（在行下注释中）。有两篇送外务大臣 K. B. 涅谢利罗德的文稿也出自 A. M. 科尔尼洛夫之手，一篇是《关于俄中边界的意见》（见 536 号文件），另一篇是该报告的附函（见 535 号文件）。

有意思的是，这个传统的海军世家却出了一位俄国历史学家，这便是亚历山大·亚历山德罗维奇·科尔尼洛夫教授（1862—1925）。他的俄国史讲稿当时曾引起轰动，现在也一再重版（A. A. 科尔尼洛夫：《19 世纪俄国史教程》，莫斯科，1993）。

№ 122

1805 年 6 月 29 日。亚历山大一世皇帝为任命 Ю. А. 戈洛夫金为赴清帝国特命全权使臣事致嘉庆皇帝的国书[1]

//1//谨向亚洲诸大国之帝、独裁专制君主、朕之朋友中国博格德汗真主①致以挚爱的祝贺。

朕对博格德汗陛下怀有特殊友好之情，为祝贺陛下继承中国大统，并向陛下通报朕已成为统治俄罗斯帝国之主，为巩固和加强朕与博格德汗陛下之间自祖上起便久已存在的友谊，推进有利于两国之事业，特向博格德汗陛下派出朕驾前二等文官、枢密官、国家部院大臣、宫廷和各骑士团总典礼官、御前高级侍从、赏戴勋章、朕亲信之尤里·戈洛夫金伯爵；为向博格德汗陛下表示崇敬，特任命其为朕之特命全权使臣。请博格德汗陛下允许该特命全权使臣觐见，呈交朕之国书，对其奉朕谕旨所提出各事项予以完全之信任，准其按品级享有随侍陛下之荣誉，直至其完成朕所委派之任务，并对其本贵我双方利益所请各事予以俯允。顺祝博格德汗陛下国运昌盛，万事如意。

本国书颁于耶稣救主诞生第 1805 年，本皇帝在位第 5 年，6 月 29 日，于圣彼得之城。

博格德汗陛下之好友　亚历山大②

---

① 文中此处和以下带下加线的词均用金字书写。

② 该国书用金色植物图饰花纹勾勒，满文和拉丁文的国书原件均用这种花饰勾勒。

文下的副署为：亚当·恰尔托雷斯基公爵。

5页背面（信封）地址上有大国玺的红色火漆印，并有："致亚洲诸大国之帝、独裁专制君主、中国博格德汗真主"字样。

俄罗斯帝国对外政策档案馆圣彼得堡分馆，总档1—7，目录6，1805年，案卷1a，卷夹15，1页、5页（信封）。原件。

经批准的稿本（即文件底稿）存同处，43～46页背面①。

文件草稿存同处，35～36页背面。

满文原件存同处，4页。

А. Г. 符拉德金所拟满文底稿存同处，47～48页。

满文草稿存同处，37～38页。

拉丁文原件存同处，3页。

拉丁文底稿存同处，39～40页。

注释：

[1] 卷宗中有关于国书装帧的描述："国书原件写于亚历山大皇帝专用纸上，带有金色装饰图案。这种图案通常用在致土耳其苏丹的国书上，但本国书装饰图案位于国书下方。原件呈折叠状，加盖国玺，格式与此间发给中国理藩院的国书同。拉丁文译文和满文译文与国书原件相同，交使臣时未封口。国书的信封上用俄文以金字写出地址和收信人。"（俄罗斯帝国对外政策档案馆圣彼得堡分馆，总档1—7，目录6，1805年，案卷1a，卷夹19，36页背面）国书尺寸：100×55厘米。

---

① 43页左侧页边为亚历山大一世皇帝御批：照此办理。1805年6月22日。

№ 123

1805年6月29日。亚历山大一世皇帝颁发给出使清帝国的特命全权使臣Ю.А.戈洛夫金的全权证书

//2//朕天助神佑亚历山大一世，全俄莫斯科、基辅、符拉季米尔、诺夫哥罗德皇帝和专制君主，喀山、阿斯特拉罕、西伯利亚、赫尔松涅斯·塔夫里切斯基沙皇，普斯科夫君主，斯摩棱斯克、立陶宛、沃伦和波多尔大公，叶斯特兰、利夫兰、库尔兰和谢米加尔、萨莫吉茨、科列拉、特维尔、尤戈尔、佩尔姆、维亚特卡、保加利亚诸地公爵，下诺夫哥罗德大公，切尔尼戈夫、梁赞、波洛茨克、罗斯托夫、雅罗斯拉夫、别洛奥泽罗、乌多尔、奥布多尔、孔吉斯克、维捷普斯克、姆斯季斯拉夫和整个北方地区统治者，伊维尔、卡尔塔利尼亚、格鲁吉亚和卡巴尔达诸地、切尔卡斯和戈尔诸酋长的世袭君主，挪威王位继承人，石勒苏益格、荷尔施泰因、斯托尔马伦、迪特马尔森和奥尔登堡公爵，叶韦尔君主，等等，等等，等等，

特通告所有有关人员，朕始终如一，以关心万能上帝所托付之臣民福祉为第一要任，确知此事亦博格德汗陛下之最大关心。现对朕之亲信，二等文官、枢密官、国家院部大臣、宫廷和各骑士团总典礼官、御前高级侍从、赏戴各种勋章尤·戈洛夫金伯爵委以全权，派遣其为觐见博格德汗陛下之特命全权使臣，授权他同博格德汗陛下授权之代表进行谈判，缔结、签署条约条款和决定，以利于确立两帝国间之联

盟，为两国增光造福。朕以皇帝名义，代表朕和朕的继承人，允诺接受和忠实履行该全权使臣根据授权缔结和签署的约章，承认其为谋求福祉之举。

特亲手签署此全权证书，谕令加盖国玺确认，以为凭信。

耶稣救主诞生第1805年，朕在位第5年，6月29日颁于朕帝位所在之圣彼得之城。

文下副署：亚当·恰尔托雷斯基公爵。

同处左侧盖有大国玺火漆朱印。

俄罗斯帝国对外政策档案馆圣彼得堡分馆，总档1—7，目录6，1805年，案卷1a，卷夹19，2页。原件。

批准稿（亦为发文底稿），存同处，41～42页①。

草稿存同处16～17页。

满文原件存同处，6a页。

А. Г. 符拉德金拟满文稿存同处，10～11页背面。

满文草稿存同处，18～19页背面。

拉丁文原件存同处，6页背面。

拉丁文底稿存同处，20～21页。

发表于《19世纪和20世纪初的俄国外交政策》，卷2，第472页。根据原件。

---

① 41页左侧页边有亚历山大一世皇帝御批：照办。1805年6月19日。

№ 124

1805 年 6 月 29 日。俄国出使清帝国特命全权使臣 Ю. А. 戈洛夫金的护照

//7a//天助神佑全俄皇帝和专制君主亚历山大一世，

特向所有有关人员宣布，此护照持有者、二等文官、枢密官、国家院部大臣、宫廷和各骑士团总典礼官、高级御前侍从、赏戴各种勋章尤·亚·戈洛夫金伯爵为朕派往博格德汗陛下宫廷之特命全权使臣。

为此，朕以友爱之心请求博格德汗陛下，乐见贵国边境内地各城镇官员，并以至仁至爱之心谕令朕所属军政官员，不论赴北京谒见博格德汗，抑或返回朕宫廷途中，各处均要任朕的特命全权使臣及其随员、宗教人员、军政官员以及所携行李物品通行，予以方便和协助，不得阻拦。为此，朕允诺在类似情况下亦向博格德汗陛下提供同等方便。望朕之臣民一体仰照执行。

特由朕亲笔签署此护照，加盖国玺，颁予持照人，以资凭证。

亚历山大

1805 年 6 月 29 日

于圣彼得堡

文下左侧盖有大国玺火漆朱印。

俄罗斯帝国对外政策档案馆圣彼得堡分馆，总档 1—7，目

录 6，1805 年，案卷 1a，卷夹 19，7a 页。原件。

底稿存同处，22～23 页。

满文原件存同处，7 页背面。

А. Г. 符拉德金拟就的满文底稿存同处，24～26 页背面。

拉丁文原件存同处，27～27 页背面。

拉丁文底稿存同处，28～28 页背面。

№ 125

1805 年 6 月 30 日。外务院授予 Ю. А. 戈洛夫金使臣以国书、全权证书和护照的决定

//29//1805 年 6 月 30 日，奉皇帝陛下谕旨，外务院决定：

现将由皇帝陛下亲手签署、加盖大国玺予以确认的皇帝陛下致中国博格德汗的关于任命戈洛夫金伯爵为全权使臣的国书，以及相关的全权证书和护照，授予使臣先生，并附国书、全权证书、护照的满文、拉丁文译本。

为此签署者有：亚当·恰尔托雷斯基［公爵］、伊万·魏德迈、秘书长维斯特曼、秘书阿尔希普·伊万诺夫。

俄罗斯帝国对外政策档案馆圣彼得堡分馆，总档 1—7，目录 6，1805 年，案卷 1a，卷夹 19，29 页。抄件。

正文下方有：有关将皇帝陛下的国书、全权证书和护照授予前往北京的使臣戈洛夫金伯爵事。

№ 126

1805 年 7 月 3 日。内务大臣 В. П. 科丘别伊就以 Ю. А. 戈洛夫金为首的使团最后一批人员出发事宜给各省长的通报

//177//1805 年 7 月 3 日内务大臣致各省长先生通报（抄件）

本官已就前两次赴中国使团人员出发事发过两次通告①，现荣幸地就该使团第三批也是最后一批人员出发事通知各位，详情如下：

该使团最后一批出发的人员分为三个小分队。每个分队的轻便马车见本抄件附件。马匹数量是指驿马，驿马不够时也指民马。头两个小分队//177 背面//多达 30 匹，第三个小分队为 9 匹。三个小分队将相继出发，彼此间隔不远。不言而喻，此批人员同前两批一样，出发后各地方均无须再提供备用马匹。此批驿马费的支付办法同前。

使臣将随同三个小分队之一出发，事先将通知抵达时间。第一小分队将于 7 月 4 日前后上路。至于城乡各地警方协助一事，因同地方安排//178//有关，我在前两次公函中已有说明，今次仍依旧例办理。

178 页正文下方：与原件核对无误：六等文官拉科夫。

俄罗斯帝国对外政策档案馆圣彼得堡分馆，总档 1—7，目录 6，1805 年，案卷 1a，卷夹 22，177～178 页。

---

① 见第 108 号文件。

№ 127

1805 年 7 月 3 日。Ю. А. 戈洛夫金使臣为欲利用俄中关系史著作手稿事致外务院莫斯科档案馆馆长 Н. Н. 班德什-卡缅斯基的信

//629//致四等文官班德什-卡缅斯基①

我奉至尊君主皇帝圣谕，被任命为赴北京宫廷的全权使臣，故在外务院看到一些文件，其中有阁下编纂的《俄中两国外交文件汇编》[1]。我极其认真地阅读了大作，深感它//629背面//翔实可靠，并愿无论现在还是今后，都将它奉为我的指导原则。

我想愉快地告诉阁下，我对阁下的感谢和尊敬之情将永志不忘，同时还有幸通报阁下，此次途经莫斯科，我定将当面向您致意和致谢。我热切地期待着就此内容能从阁下手中获得更多信息。您肯定知道，它对我将会很有用。但由于杂//630//务缠身，我无法在莫斯科久留，故恳请将有关信息告知使团秘书杰·兰伯特伯爵。此次我有意派他先行，命他去见阁下，务祈阁下［……］

629 页正文上方有“№ 341”的字样。

俄罗斯帝国对外政策档案馆圣彼得堡分馆，总档 1—7，目

① 收件人标在左侧页边。

录 6，1805 年，案卷 1a，卷夹 42，629～630 页。使团办公厅抄文簿抄件。

注释：

［1］H. H. 班德什-卡缅斯基的这部手稿于 1882 年在喀山出版，名为《1619－1792 年俄中两国外交文件汇编》。

№ 128

1805 年 7 月 3 日。外务院驻恰克图特派员、领边境事务七等文官 А. И. 索科洛夫为了 Ю. А. 戈洛夫金使团在北京期间监视清国各边境卡伦事给八位边境事务长官的命令

秘密

//2//外务院驻恰克图特派员、领边境事务七等文官索科洛夫给八位边境事务长官的通令

接到此命令后，你等应向所属各哨卡军士长下达命令，着其于同对方边境人员友好会晤时以隐蔽方式打探，现时彼方卡伦同过去相比是否有特殊变化，是否颁发过特别的命令，采取过特别的措施。打探时务必小心谨慎，切莫露出蛛丝马迹，让边境人员看出破绽。不仅现在非常需要打探，而且在俄国特命使臣逗留中国首都，直至其由彼处顺利返回的整个期间，均应如此。一旦打探到可靠的详情，应立即通过各哨所或邮驿向本官报告，不得延误。若打探到需紧急报告的情况，应立即派专使通过各哨所呈报。//2 背面//接到此命令后应即回报。此外，从明天即本月 4 日起，库伦的贝子①诺木本②将由布连斯奇哨所出发，沿蒙古边境各卡伦向东巡行，直至第一个索伦哨所，其随员 30 人，官员 5 人。

① 正文下方有小注：二等郡王（下加线为文中原有）。

② 正文下方有小注：人名（下加线为文中原有）。

你等应向知情人士打听，该贝子在途中对各卡伦是否有异常安排，关于卡伦的变动（这些变动本官业已知悉）[1] 是否有异常的言论或指示，并尽速派紧急信使报知本官。

七等文官索科洛夫亲笔签字

1805年7月3日。

俄罗斯帝国对外政策档案馆圣彼得堡分馆，总档1—7，目录6，1805年，案卷1a，卷夹25，2～2页背面。抄件。

① 参见116号文件。括号内文字为原来文中所有。

№ 129

1805 年，不早于 7 月 6 日[①]。副外务大臣 A. A. 恰尔托雷斯基为出使清帝国的 Ю. A. 戈洛夫金使臣草拟的训令条文稿

//174//训令条文稿

第 1 条，关于礼仪[②]。

中国人自古形成的礼仪一直保存完好，极受尊重。任何偏离均被视为大逆不道。故你在切入正题之前，应事先同中国大臣就礼仪问题达成协议，其中包括进入北京、抵达博格德汗驻跸之地、廷见和辞行时应遵守的礼仪等等。在我国同中华//174 背面//帝国发生关系的最初阶段，我宫廷派出的官员职衔虽各不相同，但其中人人都得以成功地消减礼仪加之于被接见者的屈辱。

朕希望你此次亦要以这些例子为榜样，努力拒绝不体面的礼仪，特别是因为你具有崇高的身份。不过你应遵循的唯一准则，就是把我帝国的尊严同中国人的礼仪协调起来，不要因为礼仪上或称谓上受到//175//某些贬抑，就牺牲重大

---

① 日期系根据亚历山大一世皇帝批准训令方案的时间确定（见 130 号文件）。

② 此处及以下的标题中下加线为原文所有，标题位于各页左侧页边。

的利益。

第 2 条，以条约的形式确定双方尊号。

为了一劳永逸地避免由于双方迄今尚未确定尊号形式而经常产生误会和不满，应以促使中国人接受固定形式的尊号为妥。为此，我方可提出下列尊号，以取代迄今两个宫廷之间使用过的其他尊号，即：亚洲各大国、满洲各部、大中华及其他各广袤地区之皇帝、君临万邦泽被四方奉天承运//175 背面//专制君主大汗陛下、朕最友好的邻居和挚友。

彼方致我方宫廷的尊号可以是［……］①

使臣可以这种方式事先把所有与礼仪有关的问题确定下来，然后着手执行交给你的重要任务，具体如下。

//176//第 3 条，阿穆尔河的自由通航问题。

此举的好处是：

1. 扩大同北美、日本和中国本土的贸易。

2. 向无人居住的岛屿移民；

3. 解决本帝国东北边疆区的粮食供应问题。

迄今为止，我方曾多次试图取得中国人对此条的同意，但均未获成功。尽管如此，仍应提出此条。作为初步，尽可同意他们因生性多疑而坚持提出的种种限制，如我方所派船只的数量、装备，甚至可把对我国船只拥有的在司法诉讼等类问题上//176 背面//的直接权力让给中国人。

第 4 条，以恰克图贸易为主在布赫塔尔玛河口开辟贸易点。

很久以来，在布赫塔尔玛河口开辟贸易点一直是我方追求和努力的目标。

该处的地理位置，由俄中双方通向该帝国边疆区路途的

---

① 文中以下为删节号。

便捷，以及贸易总是能给我们带来的好处，吸引了我方对该地区的注意。使臣应于到边境后及逗留恰克图期间，事先搜集所需情报，查清新的贸易点是否会因竞争//177//而给正在进行并明显获利的恰克图贸易带来损害，西伯利亚的该地区是否会因日渐富裕的贸易业务被吸引到别处而趋于贫弱。根据这几个原因，使臣不要轻易提出开辟新贸易点的请求，而应充分将各种情况考虑成熟之后，再向中国政府提出这项有利于两帝国臣民的建议。//177 背面//这时你应说明，那些远离恰克图的居民，还根本无法享受我们友好同盟的果实，同时还要向中国人保证，我们将坚决神圣地维护恰克图所有现行决定。为了说服中国人接受我方建议，作为回报，可同意放松目前恰克图税则中禁止出口的某些商品。

第 5 条，坚持要求俄国同其他欧洲国家享有同等权利，其商船可进入广州，并在黄海开辟通商口岸。

要为俄国船只坚持这一权利，利用向欧洲人提供的各种优惠，//178//保护俄美公司同英、美商人在毛皮贸易上的竞争。使臣应提示中国政府，既然广州可以对所有的欧洲人都开放，那么俄国皇帝当然也坚定地希望，不会禁止他的臣民到那里去。我国同其他国家一样，也应获准在那里设立贸易代办。

这一请求当然会引起在广州贸易的欧洲人和//178 背面//在恰克图贸易的中国人的妒忌。为了杜绝这种情况，使臣应说服中国人相信，我们要求这样的权利，是为在收购由南方诸省运往广州的商品方面，而不是在销售商品特别是毛皮商品方面，获得更大的利益。

黄海同俄罗斯帝国的东北边疆毗邻，有很多地方可以直通此海，这使我们希望中国政府除允许俄国船只自由进入广州外，还能同意扩大范围，允许俄国船只进入//179//黄海口岸。由于该地海港同俄国领土距离较近，故较易开辟。在这种情况下，还应就贸易往来的安全问题做出决定。如果上述建议北京宫廷一个都不同意，那么就应优先考虑我国船只自由进入广州这一项。

第 6 条，如果使臣认为有利，也可以谈判边界问题。

目前如没有明显理由就提出讨论边界，既无好处，也不合适。因此，使臣在中方提及这一话题时，应回避//179 背面//对方就此提出的各种建议，推说未奉有训令，不具有讨论此事所需之权力。但是相反，如中国人不谈此事，却顽固地回避前面的各条建议，使臣就可提出，目前边界状况对俄国不利，与条约内容全然不符，出了两条格尔必齐河这样的误会，便是此论点的证明。到底是提出此事，还是避而不谈，使臣要根据是否有利而定。

//180//第 7 条，关于利用耶稣会士的问题。

传教士，尤其是耶稣会士，常对俄中两国之间的事务提供帮助。

目前情况下，他们同样能起作用。使臣可设法说服他们协助完成任务，何种方法最为恰当，可由使臣自行决定。去年 2 月份由此间派出、经由英国前往指定地点的耶稣会士，可能尚未到达目的地。即使已经到达，亦恐未能按给他们的命令行事，故使臣//180 背面//由此间出发时，应带上一封由耶稣会首脑给北京传教士的信，但应小心谨慎，如果可能，应在耶稣会士和北京俄国教士团领班之间建立秘密联系，俾后者能利用他们的情报，更好地完成托付给他的任务。

第 8 条，如果为了达到拟议中的目标需要动用钱款，使臣有权动用。

可于 2 万银卢布之外，再增加若干数额，为此，使臣有权动用拨款，//181//包括回国后需要退还的款项。

第9条，尽力说服中国人对我修士大司祭和驻该地传教士同样尊敬。

此次派往北京的教士团人员尚未对国家有任何贡献。他们受中国人轻视。其原因是这些神职人员生活腐败，而也有部分原因是给这些官员定的生活费太低。如今生活费已足够使用，选中的人员均品行端正，故应可受到中国人的尊敬。使臣在逗留北京期间，//181背面//从自身方面要做出应有努力，使我修士大司祭脱颖而出，赢得与传教士同等之尊敬。

第10条，如果开辟布赫塔尔玛贸易点一事已见端倪，可请求中国人同意回俄国时走布赫塔尔玛一路。

如果中国政府同意我方建议，开辟布赫塔尔玛贸易，可请求允许派少量官员由北京前往布赫塔尔玛，此行最好由军需部门的军官担任。

第11条，请中国人同意在广州接待即将到达的俄国船只。

列扎诺夫和克鲁森施特恩两位先生曾接到指令，要求他们率领的//182//船只于年内抵达广州，有鉴于此，使臣应向中国政府发出公函，敦请接待这两艘船只，免生障碍。

如北京宫廷于使臣到达前便已得知船只抵达广州，并由此产生某种怀疑，应好言抚慰，使之相信此次派船停靠广州，并非蓄意制造既成事实，实为申请此种权利之举。

//182背面//第12条，关于交换条件。

自1792年恰克图贸易关系恢复以来，中国政府既未提出任何要求，亦未提出任何抱怨。因此很难知道他们有何愿望。为此，使臣根据交给他的任务，应设法请求中国政府同意提供有利于我帝国的各种项目。但在此情况下应该对中国政府可能提出的交换条件有所预测。使臣应详细暗中查访，中方将提出何种建议，并机变//183//地接受和确认那些无损于我帝国尊严和福祉、符合我方利益要求的建议。

如果使臣认为延长在北京逗留的时间有利，有权回避中国人提出的任何终极性建议，可推说此要求已超出权限，并以此为借口派紧急信使请求进一步指示。但遇//183 背面//有下列问题，使臣在必要情况下可便宜行事：

a）关于目前禁运的某些商品的出口放行问题。

b）降低某些商品的出口和进口关税问题。

c）关于1770 年逃跑的 40 户卡尔梅克人取得永久国籍的问题，可在表面上做出让步。

d）结成防御性和进攻性同盟以对付两帝国以外其他民族的问题。

第 13 条，相互派遣使团。

此条虽不应视为努力争取的最高任务，但如能在不牺牲//184//利益的前提下达致这一目标，使臣实可谓勋业卓著。

第 14 条[①]，

如果在上述各条之外发现有利于国家的其他条款，使臣有权为之努力。

第 15 条，

使臣有权就上述各条缔结条约或签订条款，形式不限。

第 16 条，关于使团在北京逗留问题。

使团在北京逗留的时间不定，可视情况或根据中国人的//184 背面//倾向，由使臣决定是否延长，如上所述，可以派遣紧急信使为借口。

第 17 条，关于由随行官员中任命一名全权使臣的问题。

为了同某部门进行谈判，有必要根据情况指定一名全权使臣，使臣可自行决定由随行人员中挑选官员，临时授予此衔，并向该官员发放任命书，下达相应指示。

---

① 第 14 和第 15 条文字写在该页左侧页边。

第 18 条，关于任命代办或其他称谓的代理官员问题。

同中国的所有往来//185//均以边境贸易为基础，政治关系通过同枢密院以及西伯利亚省长同昂邦之间的通信来实现，因此，无须请求向北京派遣外交代办。但作为一种取代的手段，使臣可就此向驻留北京的修士大司祭下达必要的指令，向他提供把一切有价值的情报向我们报告的办法。不过应小心行事，切莫让通信引起怀疑。为了把他的报告送到边界，使臣应向他提供//185 背面//最便捷的手段。

第 19 条，关于贸易情报问题。

使臣在途中应搜集一切有关我国同中国人进行贸易的情报，以及他们国内贸易的情报。

第 20 条，关于日志问题。

使臣在整个行程期间和逗留北京期间，均应作详细的日志，把所有值得注意的事件全记录下来。

第 21 条，关于礼品。

除此间馈赠博格德汗的特定礼品之外，其余礼品使臣均可酌情支配。

第 22 条①，附带说明。

若中方在一年内无法接待使团，或其内部发生混乱的传闻属实，在此情况下定会对使臣另行下达指示。

第 23 条，

应向使臣发放驿马费；如不发放驿马费，则无须交纳旅程费。

俄罗斯帝国对外政策档案馆圣彼得堡分馆，总档 1—7，目录 6，1805 年，案卷 1a，卷夹 22，174～185 页背面。底稿。

---

① 第 22 条和第 23 条写在该页左侧页边。

№130

1805 年 7 月 6 日。亚历山大一世皇帝为任命 Ю. А. 戈洛夫金为赴清帝国特命全权使臣而给他颁发的训令

//95//二等文官戈洛夫金伯爵先生：

朕心怀宏愿，欲为我臣民尽力拓展贸易，提供寻求福祉、达致富裕的有效方法，已在国内外开辟了许多新途径，提供了种种优惠和便利条件。同中国的贸易正引起朕的注意。该贸易目前虽受到种种限制，但已为朕之臣民提供了可观的利益。若能将之置于稳固的基础之上，并加以扩大，定可成为实业、丰足和财富的滚滚来源。为此，朕以为派你作为特命全权使臣前往//95 背面//北京，实为有益之举，并向你颁发训令如下。

中国政府事先已宣布，它同意接待这一向他们派遣的使团。但中国人生性多疑，加之因循守旧，故迫使我们需要向他们宣布，祝贺博格德汗登基继绍大统、通报朕承接皇位是此行的目的。这便是我方拟定的向中国派遣使团的表面理由。你唯有展现智慧，广集//96//情报，方能找到最佳途径，完成任务。

中华帝国远隔万里，待人接物、风俗习惯全然有异于我邦，加之我对该国官员之需求爱好一无所知，以至此间根本无法预定你所应遵循之行为准则。三等文官、副外务大臣恰尔托雷斯基公爵将把说明我方同中国往来关系以及各//96 背面//部门所存同该国贸易的有关资料告知你；你可方便地从中选取某些指导原则，朕于此处仅提出最主要的内容，作为你此次北京之行努力的目标。

1

北京宫廷接待外国高官和与之交往时，虽严格遵守古来为博格德汗臣民定下的规矩和礼仪，但我方在不同时期由此派去的官员，却成功地//97//回避了其中某些最有损于俄罗斯帝国尊严的做法。朕望你效法先例，努力不懈，以求对你的接待尽量符合你所拥有的高贵身份和我帝国之尊严。为此，在进入北京之前，或抵达中国国君驻跸之处，你应同其大臣就陛见和辞行时的仪式以及应遵守的礼节达成协议，但如在此场合或其他场合//97 背面//万一中国人顽固坚持野蛮的礼仪，则绝不应置朕派你前往北京所期待的利益于不顾。

2

俄中贸易目前仅限于恰克图一地，由两国臣民在该地以货易货。我国同中国边界漫长，距该地遥远的居民要么根本享受不到本可从这种贸易中获得的成果，要么获得生活必需品和出售剩余产品都极其困难，//98//因此亟望说服北京朝廷同意沿整个边界开展贸易，不受阻拦。这种努力若遇困难无法克服，可争取于恰克图之外另辟一条新的商路，在布赫塔尔玛要塞附近建一易货点，亦可谓得益匪浅。布赫塔尔玛与恰克图相比，不仅距莫斯科近 2000 俄里，而且对中俄双方商人都还有许多其他的便利之处。

3

堪察加和我北美//98 背面//居民点乃是财富的丰富来源，但却遭受生活用品和其他必需品极度匮乏之苦，原因是通过现有道路运输这些物品费用太高，而且极其困难。这些地方成为不宜居住之地。朕之臣民无法在该地增加海船数量，无法加强我国同日本和经过广州同中国本土的贸易。阿穆尔河发源于我边境附近，流入//99//堪察加附近的鄂霍茨克海，朕认为只有该河有可能为该地区创造充足财富。为此，你在前往北京途中和到北京后应尽量详细查明，船只是否能沿该河驶到鄂霍茨克海，可使用什么船，是海船还只是平底船。如果你了解到该河确可通航，则应把全部注意力集中于这一目标，想一切办法说服中国政府，促其允许我国船只在阿穆尔河上航行，每年数艘亦可。但需向你指出，如果该河仅能通行不能航海的小//99背面//船或平底船，则你之努力尚有另一个目标：在阿穆尔河口为我国商品建立一处货仓，俄国来的船只可在此卸货，从堪察加和我北美各居民点来的船只则可由此驶入海洋，将我方货物运往目的地。

众所周知，中国人有个习惯，凡有利于外国人之事，他们均感为难。因此，如果他们对此项建议推三阻四，//100//或要求大大限制我获准通行阿穆尔河的船只数量，或禁止这些船只在航行期间在两岸和河口地区进行贸易，甚或禁止这些船只携带武器，均可不必完全拒绝这些条件。但应考虑提出我方建议的方式，不得有任何忽视该项建议利益之处。至于如何说服中国大臣同意，则全凭你的智慧和艺术。

4

//100背面//你已知道，宫廷侍从长列扎诺夫为进行通商试验，曾下令在他指挥的舰只中装备其中一艘，派往广州。各欧洲国家虽均已获准到广州通商，但为了使我国船只首航该地不致引起怀疑，你应就此问题了解中国政府的想法。你可在交谈中透露，俄国也将利用赋予欧洲//101//各国的权利，派一艘船到广州经商，我们打算日后不时向该地派遣类似船只，每次均由皇家官员率领。中国人可能沉默，也可能做出回应，你有必要争取对方准许我船只驶入广州，或确保这种准许不会引起任何异议。

5

当你发现中国皇帝和他的大臣心绪好时，可努力设法促使//101背面//他们同意我国同南京交通。通过黄海进行这种联系颇为方便。如能成功说服中国政府指定码头专供我俄美公司船只停靠则更好。黄海与堪察加和美洲毗连，贸易可一年周转数次，甚为方便，而俄美公司直接受朕的保护，可保证中国人完全避免纠纷和混乱，//102//这是他们同欧洲商人打交道时最怕的。因此，他们更喜欢同享有特权的公司打交道。

6

朕知道中国政府疑心很重，千方百计防止自己的臣民同外国人频繁接触。朕虽对由你所作的努力取得完全成功并无信心，但认为有必要让你知道，此间公认我国同中国开展贸易有利可图，尽管你//102背面//无力达致所有目标，至少亦应取得某些优惠，即取得某些可以代替的好处。朕以为以我国政府名义向中国所有内地城市和边境城市，或仅向北京、脑温和呼图克图领地自由派遣商队，便属这种好处。原来向这些地方派遣//103//商队是不受限制的。你应特别努力为俄国商人争取这种权利。你还应尽力说服中国人允许我国派往北京的商队和教士团走一条比现在更为方便的路，就连中国人自己都认为，这条路确实存在。

7

你若能成功说服中国政府根据朕之愿望扩大双边贸易，朕必将设皇家商务代办：如阿穆尔河口有此必要，一名代办可驻阿穆尔河口的货仓；另一名可驻广州。北京城可设一外交代表。应委婉地//103背面//陈述理由，并保证选派最称职的人员担当这些职务，保证若有些微令当地政府不满之处，可随时撤换。朕寄望于你说服中国政府，以满足我方请求。但若遭彼等完全拒绝，则至少应商定让俄国驻北京的修士大司祭有权就我商人事务同政府联系，充当他们的辩护人。这时，你应//104//根据他所接受的任务，向他下达由你签署的指示。

8

你从副外务大臣提供的情报中可以看出，我帝国同中国的边界存在争议。因此，若中国政府向你建议重新划分边界，你应回称此事虽未经授权，但知道我方遵循的原则，知道我方有坚定的愿望要同中国政府和睦相处、亲密友好、成为盟友，//104 背面//坚信我方在任何情况下都愿为博格德汗陛下效劳，从不怀疑我方会同意重新划界，只要中国政府对你之所求能表现出宽宏大度，乐于给予我方以相应的回报。目前欧洲形势极为不平静，使我方无力抽调甚至少量兵力到中国边境，故将划界之事延至恰当时机实属必要，否则轻易地划界必将对我方利益造成//105//极大损害。我方必将要么中断同中华帝国的联系（而这种联系对朕之臣民又是如此有利），要么划定有损于我国领土的边界。因为中国人若看到我方在该地区军事力量薄弱，定会谋取我国的领土。

9

你知道，我国的教士团从多年前便留驻北京，但至今未带来任何好处，这也许是由于教士们本身不肯尽心尽力，也许是发给他们的训令对该地区//105 背面//情况没有指示明白。因此，你在离开北京之前，应根据当地情况向随行的修士大司祭下达你认为有益于完成任务的指示。你亦不应忘记察看我国教堂、教会房舍及我国所有教会设施，命令有关人员对你看到的情况准确加以描述，待你返回此间后向朕奏报。同时你应为//106//我国驻北京修士大司祭做好安排，申请准许他每年至少四次向外务院呈递报告。你可向中国政府解释，任何一个机构完善的国家，均应对其驻国外教士团的状况有所了解，通过这种手段可防止各种弊端，因为神职人员和学生若知道其长官可将他们的过错和荒疏之处报告到国内，他们就会小心行事，以免使自己遭到指责。//106 背面//如果教士团成员行为不检，不配留驻北京，可允许修士大司祭将此类人员遣送回国，以儆效尤，以便此间再派人员接替。

10

对于北京宫廷的政治设想，以及该朝廷同其毗邻各国君主和人民的关系情仇等，我方均一无所知。因此，你应积极努力探查与这些问题有关的一切情况，还要了解他们对波斯以及对我国在该地区的军事行动[1]//107//有何看法，他们是否会采取与我们一致的行动，以保障我们两国疆界免遭游牧民族和大布哈拉的侵犯。你还应了解博格德汗本人和他手下最有权势的大臣们的爱好，了解他们是倾向于安定，还是倾向于征服行动，了解这种征服扩张的目的指向及有利条件或障碍。

11

英国在东印度已将其征服行动推向中国边界，中国政府对此该不会//107 背面//无动于衷；你应发挥才智，了解中国人对该方向的担心，并让中国政府懂得，只有强大的俄国在欧洲所具有的影响，才能对中国人有所帮助。你要表示信心，一旦产生误会和不满，只要北京宫廷愿意，朕不会拒绝在它和英国之间斡旋，以和平方式结束双方争端。

12

你还应顺便了解，必要时//108//北京朝廷能集结起多少军队，炮兵处于何种状况，掌握火炮艺术的程度，骑兵骁勇善战的程度以及遥远省份的粮食供应状况。凡此种种，都要向朕详细奏报。此外，还要了解人民的富裕情况，人民最需要何物，了解中国人对满洲贵族平民和蒙古人的态度，了解现今达赖喇嘛和呼图克图的习性，北京宫廷对待他们的方式，他们对人民思想的影响以及使这个宫廷感到可怕的程度。

13

当卡尔梅克人朝拜//108 背面//达赖喇嘛这位第一圣人时，我方总是派一名官员以警官的身份随行，目的是了解达赖喇嘛领地内各族人民的状况，了解当地有何产品，我们可以何种产品与他们交换。扩大我国同达赖喇嘛辖区贸易关系的愿望是采取这种做法的起因。然而中国政府只放行朝拜者，却总是以各种借口不许我方官员入境。中国的地界上有一条捷径通向达赖喇嘛驻地。因此，你应说服中国//109//政府，根据俄国自古定下的法律，俄国属下的游牧民族，没有皇家警官护送，任何人不得离开本族前往帝国境外。中国政府禁止该官员护送卡尔梅克人，便是剥夺他们敬神，不许他们得救。朕深知博格德汗陛下和他的政府以仁爱为本，故希望这些与警官同行的朝拜者日后可不受任何阻碍，获准//109 背面//前去朝拜达赖喇嘛。

14

此间考虑要你在北京争取的内容，虽对我和中华帝国臣民双方均明显有利，但由于这些要求全是由我方提出，而非由他们提出，故中国政府可能认为，这些建议仅对俄国有利。不管朕多么相信你会尽力使他们理解这些问题的真正意义，朕仍希望你还要同时向他们允诺我方所能给予的某些好处。上面//110//业已提到，我们充当中间人便是好处之一，此外尚可加上有限制地允许输出某些目前禁运的商品等等。为此，你在前往中国途中应详细了解，可向中国提供的贸易上的好处都有哪些，但不可使我国贸易蒙受任何损失。当北京谈判涉及这些好处时，可由你具体裁夺。途中你还应尽力了解同//110 背面//中国人的贸易存在什么弊端，可能存在于我方，也可能存在于彼方；还要了解除上述好处外，还能为贸易提供什么好处。要根据对我真正有利的原则，将之作为你在北京努力的对象，根据当地环境尽力而为。一旦发现我国境内存在任何弊端，你应立即通知有关部门，加以纠正，同时向朕详报。

15

朕已下令向你拨发 20 普特各种成色的银锭，供途中和北京城内//111//特殊花费之用。只要公务利益需要，你可随意使用，还可用于派遣信使。但信使的费用仅发到恰克图，因为我国边境长官在该地会发给他们驿马费。

16

在到达北京以前的旅途中，以及北京城内和回国途中，你要处处留心，不要同中国人发生任何不快。万//111背面//不得已时，可因地制宜，随机应变，以机智宽容的态度加以化解，以防旁生枝节，贻误朕委托给你的重任。你应以友善的说词排除一切困难，以机智的手段避免刺激中国人的高傲和目空一切。对你随员中的官员，不论职位高低，均要严加管束，命其对待中国人的态度//112//要和蔼亲切。

17

至于你使团的内部管理，主要在于每个人都要尽心竭力，恪尽职守，始终保持最严格的秩序，勿使任何人遭受委屈，心存怨恨。中途或在北京若有人玩忽职守，虽经长官教诲亦不知悔改，//112背面//六等以上者可遣回俄国，七等以下者可处以禁闭；此后若发现犯罪，可由你作出决定，将其遣回俄国，同时将理由向朕申报；下级军职官员要按军规和军法条例惩处。

18

你的报告一般应向副外务大臣递送，所用语言悉听尊便。

19

朕知道，根据北京宫廷礼节//113//，并非总是由你亲自同中国有关部院举行会议。为此朕授权你，可由使团官员中选取一名优秀干员，委为全权公使或临时代办。

朕据此间现有情报，将我国臣民同中国贸易方面最迫切的问题提交于你，相信你定将努力报效，始终如一，胸怀祖国利益，对朕心存感激，//113背面//抱有赢取终生荣耀之信念，尽心竭力，争取荣膺之使命完全成功。

朕对你实为眷顾有加。

亚历山大

1805年7月6日

于石岛

95 页正文上方为：7 月 8 日收到。

文下副署：亚当·恰尔托雷斯基公爵。

俄罗斯帝国对外政策档案馆圣彼得堡分馆，总档 1—7，目录 6，1805 年，案卷 1a，卷夹 20，95～113 页。原件。

被批准的方案（也是发文底稿）存同处，80①～94 页（前 5 条）；同处，卷夹 22，24～48 页（训令后半部）。

法文草稿存同处，第 20 项，9～12 页，13a，13—6。

副本抄件存圣彼得堡俄罗斯国家历史档案馆，俄罗斯历史教育促进协会全宗，目录 1，案卷 203，13～29 页。

发表在：《戈洛夫金伯爵文件摘编. 关于戈洛夫金伯爵出使中国的使团》，圣彼得堡，1904 年，11～22 页。根据抄件。

以转述形式发表在《俄罗斯历史和古代文物学会论丛》，莫斯科，1875 年，卷 4，第 5 部分，20～21 页。

述评收于《19 世纪和 20 世纪初的俄国外交政策》，卷 2，476 页。

注释：

［1］这里指的是 1804－1813 年间俄国—伊朗战争。

---

① 80 页页面左方空白处有亚历山大一世皇帝的御批：照办。还有处理情况的附记：1805 年 7 月 6 日签署，并送交使臣。

№ 131

1805年7月8日。副外务大臣A. A. 恰尔托雷斯基就必须同清政府达成一致，共同抵御英国在亚洲扩张，争取批准俄国使团前往喀布尔一事致Ю. A. 戈洛夫金使臣的信

//114//尤里·亚历山德罗维奇阁下：

在从阁下出使北京的行动中获取最大利益的同时，到喀布尔去游说我国的商业设想也就恰当其时了。这个设想就是把贸易由中华帝国和与之平行的西藏经印度斯坦一直扩展到波斯。

大君主彼得一世始终希望通过波斯在印度开展贸易，但该国由来已久的内乱妨碍了此举。1717年，沃梭斯基使团访问了当时的沙赫，为俄国在波斯的自由贸易奠定了初步基础。但至1721年，我国君主却不得不改贸易设想为军事设想，尽管在此前后，根据同塔赫马斯普沙赫签订的几个条约，俄国人又获得了//114背面//在波斯自由经商的权利。虽然安全通行到印度已获允许，但众所周知，这时充当贸易中介的是亚美尼亚人，他们才是贸易的主人。情况一直延续到波斯平定。后来战乱不止，贸易凋敝，亚美尼亚人也随之破产。

中国一直很太平，那里的朝廷对此有一套办法，看来能使我们经西藏到达印度的计划取得最好的成绩。

由于上述原因，应说服中国政府，我君主皇帝天性仁慈，以战争制服背信弃义的巴巴汗，乃至无法同这个朝三暮四的民族和睦相处，实属迫不得已。格鲁吉亚、伊梅列季亚、梅格列季亚、卡拉巴赫、舍基汗国等//115//为逃避波

斯几代君主的残酷统治，均先后归顺俄国君主为民造福的统治。这些情况使我皇帝陛下更加尊敬中国皇帝，愿同中国皇帝和喀布尔君主建立最紧密的同盟和友谊，和睦相处。由于战乱不止，我国同喀布尔之间无法通过波斯，也无法通过游牧民族居住的草原或通过大布哈拉建立关系，因为这些民族的背信弃义早已为我所知。因此，皇帝陛下愿请求中国朝廷，允许你使团中的某些官员平安地前往喀布尔，向当地君主说明陛下的意图，并准许俄国君主的臣民日后也由此路通行，不受阻拦。

谋求此事时//115背面//应向中国人指出，1714年，我皇帝陛下的先祖曾恩准中国皇帝的祖先经由俄国向卡尔梅克阿玉奇汗[1]派遣使团。如中国政府同意此项要求，可从你率领的使团人员中挑选2至3名官员，为他们配备一名翻译，提供所需钱款和一些体面的礼品以馈赠喀布尔君主；让他们带上以你的名义所写的信函，内容可视情况而定。对这几名官员，要颁发与此行目的相一致的训令，同时命令彼等寻找返回俄国的最便捷、最安全的道路。

圣上今天向阁下//116//颁发的训令①中，已命令阁下要利用中国人对英国的担心，为我事业谋取利益。就此陛下又指示我向阁下详加解释。目前俄国同伦敦宫廷的关系，不允许我方对中国人做出任何公开承诺以反对英国。因此阁下要做的，只是让中国政府明白俄国的力量和强大，以及它在欧洲的影响。这种影响能使我君主皇帝有办法在中华帝国同英国打交道时充当有用的中间人。此外，应该让中国政府明白，中华帝国的地理位置和俄国在亚洲的幅员辽阔的领土，要求这两个大国紧密团结，友好和睦，//116背面//坦诚相待。故采取措施确立一个总的体系以保证双方安全当非无益之举。为确立该体系，随时保持联系，了解两帝国双方的需

---

① 见第130号文件。

求，应有一俄国公使派驻北京朝廷。此时，应详细了解中国政府对波斯和在位的当地君主有何了解。阁下可巧妙地向中国政府说明，巴巴汗全力讨好英国人，为他们扩大在亚洲的权力大开方便之门。俄国宫廷和北京宫廷的利益，都要求尽可能遏止这个不安分的波斯领主。俄国有一边同它接壤，而中国通过喀布尔和坎大哈与它相通，于此都有方便条件。但//117//两帝国宫廷彼此事先应商讨明白，约定应遵守的行为准则。这里谈到喀布尔和坎大哈时，我应告诉阁下，对于这些领地，我们并没有什么真实的第一手知识，我们所了解的，只不过是这些地方跟英属殖民地相毗邻，而这些传言还未可足信。关于英国殖民地，阁下必须要切实地加以了解：它已扩展到什么地方？英国人在那里拥有多大力量？这些地方对中国疆界构成多大威胁？此外，阁下还要费心详细了解喀布尔和坎大哈的情况，了解它们的力量和影响，看看这些力量和影响对波斯和其他亚洲事务能起多大作用。总之，我们对整个亚洲应该有一总体观察。俄国对世界上//117背面//这一地区的了解对我们来说实为必不可少，因为只有了解亚洲每个国家的政治、军事和商业情况，了解游牧民族的联系以及他们之间的敌对关系，方可为我亚洲各省从中谋取最大利益。

如果阁下发现，恰到好处地花费几笔钱款可以更便于说服中国政府同意我方要求的话，那我们完全可以同意阁下利用这种手段。为阁下拨付的这些供非常情况使用的钱款如若不够，而阁下又认为必须要用，只要时间允许，阁下可向此间报告，以便将款子立即为阁下汇去。阁下亦可动用私人钱款，此间根据阁下的报告，将立即将款项//118//交付给阁下委托的托收人。

现奉圣旨将此事通知阁下，同时附带说明，陛下有意在有关我国同中国事务的全部情报送达俄国境内后，即请阁下对之作一了解，并将阁下认为有用的情报由边境向此间报告。

在此谨向阁下表示由衷的敬意。

忠实于阁下的恭顺的仆人亚当·恰尔托雷斯基公爵

1805年7月8日

于圣彼得堡

114页正文上方：7月8日收到。

同处，文下为：送戈洛夫金伯爵阁下。

俄罗斯帝国对外政策档案馆圣彼得堡分馆，总档1—7，目录6，1805年，案卷1a，卷夹20，114～118页。原件。

被批准的草稿（亦是底稿）存同处，126①～133页背面。

抄本抄件藏圣彼得堡俄罗斯国家历史档案馆，俄国历史教育促进会全宗，目录1，案卷203，30～35页。

发表于《戈洛夫金伯爵文件摘编》，22～26页，根据抄件。

评论载《19世纪和20世纪初的俄国外交政策》，卷2，480页。

注释：

[1] 见53号文件注释5。

---

① 126页左侧页边有亚历山大一世皇帝御批：照此办理。并标出执行情况：1805年7月8日签署并发出。

№ 132

1805 年 7 月 8 日。副外务大臣 A. A. 恰尔托雷斯基就亚历山大一世皇帝批准使团通过边界时吸纳两名懂汉语的地方官员一事致 Ю. A. 戈洛夫金使臣的信

//7//尤里·亚历山德罗维奇伯爵阁下：

阁下申请带一二名官员前往北京的愿望可以得到满足，只要阁下在边境能找到这样的官员，阁下认为他们特别需要，非常有用即可。尤其是伊古姆诺夫，因为该人几次到过北京，精通汉语。我有幸向皇帝奏报后，陛下命我通知阁下，凡不在职者，只要阁下认为有用、官员本人同意，便可//7 背面//带去；在职者则需要事前同该官员上司联系。

谨向阁下致以由衷的敬意。

您忠实恭顺的仆人亚当·恰尔托雷斯基公爵

1805 年 7 月 8 日

第 7 页正文上方为：1805 年 7 月 8 日收到。

同处，文下为：致 Ю. A. 戈洛夫金伯爵阁下。

俄罗斯帝国对外政策档案馆圣彼得堡分馆，总档 1—7，目录 6，1805 年，案卷 1a，卷夹 7，7～7 页背面。原件。

经批准的草稿（亦是文件底稿）存同处，卷夹 5，10[①]～10 页背面。

---

① 10 页左侧页边有亚历山大一世皇帝御批：照此办理。同处还有：1805 年 7 月 8 日签署并发出。

№ 133

1805年7月8日。副外务大臣A.A.恰尔托雷斯基就奉亚历山大一世皇帝命令转交外务院有关俄中关系的文档一事给Ю.А.戈洛夫金使臣的信

//80//尤里·亚历山德罗维奇伯爵阁下：

我已将在各部门查到的有关我国同中国关系的往来文函移送阁下。现通知阁下，应移送的尚有部分由外务院起草的有关文档①。

皇帝陛下有意请阁下考虑这批文档的内容，根据个人的理解和具体情况，从中汲取有用的内容。

谨向伯爵阁下致以由衷的敬意，

您忠实恭顺的仆人亚当·恰尔托雷斯基公爵

1805年7月8日

于圣彼得堡

正文下方有：送Ю.А.戈洛夫金伯爵阁下。

正文上方右侧有：1805年7月8日收到。

正文上方左侧有："№125"字样。

俄罗斯帝国对外政策档案馆圣彼得堡分馆，总档1—7，目录6，1805年，案卷1a，卷夹21，80页。原件。

---

① 旁边页边用铅笔标明：收到国书后的回答。

№ 134

1805 年 7 月 11 日。副外务大臣 A. A. 恰尔托雷斯基就前往清帝国的 Ю. A. 戈洛夫金使团车队通过边界时应免税放行一事致商务大臣 H. П. 鲁米扬采夫的公函

//186//奉皇帝陛下圣喻，使臣戈洛夫金伯爵及其随行人员的行李，以及赠送博格德汗陛下及其大臣的礼品，在我国同中国的边界上无须检查，免税放行。

谨将此事通知阁下，致［……］

1805 年 7 月 11 日①

正文上方有"送鲁米扬采夫伯爵"字样。

俄罗斯帝国对外政策档案馆圣彼得堡分馆，总档 1—7，目录 6，1805 年，案卷 1a，卷夹 22，186 页。底稿的草稿。铅笔书写。

① 日期用墨水书写。

№ 135

1805 年 7 月 12 日。商务大臣 Н. П. 鲁米扬采夫就 Ю. А. 戈洛夫金使团的行李免检免税过境事致副外务大臣 А. А. 恰尔托雷斯基的公函

//187//亚当·阿达莫维奇公爵阁下：

奉阁下向本人宣布的圣谕，已向恰克图海关下令，着赴中国的使臣戈洛夫金伯爵及其随员行李均免检免税过境，特此通知阁下。

荣幸地向阁下表示由衷敬意。

阁下恭顺的仆人尼古拉·鲁米扬采夫伯爵

1805 年 7 月 12 日

正文下方有：送 А. А. 恰尔托雷斯基公爵阁下。

同处上方有"№ 1870"字样。

俄罗斯帝国对外政策档案馆圣彼得堡分馆，总档 1—7，目录 6，1805 年，案卷 1a，卷夹 22，187 页。原件。

№ 136

1805 年 7 月 19 日[①]。Ю. А. 戈洛夫金使臣就等待对清方的要求下达指示以及使团顺利前进等事呈亚历山大一世皇帝的奏章

//21//君主陛下：

臣于本月 18 日在莫斯科和符拉季米尔之间遇到信使，携带有西伯利亚总督致皇帝陛下的紧急报告、给臣的一封附有中国理藩院致枢密院文书副本的信[②]，以及中国办事大臣致伊尔库茨克民事省长的几封公函[③]。

//21 背面//这些文件的内容如此重要，致使臣必须恭请皇帝陛下向臣颁发谕令，该谕令可能在臣到达伊尔库茨克之前送达臣的手中，这样，臣将指望能有时间在到达边境之前采用经过陛下批准的措施。

俄罗斯帝国同中国人建立联系以来的整个历史，为中国人严格遵守约定形式和通过机变获取好处以求//22//在未来获取更大好处的做法提供了无数例证。与此同时，它也为俄国外交家以其机智的行为获取成功，从而捍卫本国君主的伟大和尊号的尊严提供了许多实例。就此，臣在送交恰尔托雷斯基公爵的紧急报告[④]中，对理藩院和中国几位省长的种种要求阐释了自己的想法。

---

① 使团办公厅记事簿中标有此日期（见注解）。

② 见 104 号文件。

③ 见 109 号文件。

④ 见 137 号文件。

遵照吾皇陛下谕令，臣将于明天开始巡视//22 背面//符拉季米尔省。臣对所有省份均将进行检查，直至西伯利亚边境，届时臣将由该处荣幸地向陛下再行奏报。整个途中臣尚未见到值得特别提及的情况。

据臣收到的最严格和最准确的消息，使团各部门先遣人员无论在//23//行为上，还是在使用马匹上，均未引起抱怨或责难，他们严格遵守陛下的谕令。臣所收到的使团各部人员报告显示，全体状态良好，勤勉可嘉。由陛下随从军官组成的部门早已远在西伯利亚。敬请陛下相信，臣等全体均欢欣鼓舞，热情高昂，忠贞报效，定不辜负圣上的圣眷隆恩。臣为//23 背面//此次旅行选定一则座右铭："前进就是上帝所赐的幸福!"臣等对我至圣皇帝心怀信任和忠诚，在此感情鼓舞下，臣等齐心协力，相信定能战胜一切困难。臣等恪尽职守，以此证明，只要陛下下令，便没有办不到的事情。

谨对君主表达最深切的敬意，

陛下最卑微、最忠诚、最恭顺的仆人戈洛夫金伯爵

1805 年 7 月……日[①]

于符拉季米尔

21 页正文上方用俄语：1805 年 7 月 24 日收到。

同处：№ 1

俄罗斯帝国对外政策档案馆圣彼得堡分馆，总档 1—7，目录 6，1805 年，案卷 1a，卷夹 24，21～23 页背面。法文原件。Н. Б. 祖布科夫译自法文。使团办公厅法文记事簿抄件藏同处，卷夹 41，1 页背面～2 页；同处，卷夹 46，165～166 页。

---

① 文中未标明日期。

№ 137

1805 年 7 月 19 日。Ю. А. 戈洛夫金使臣为就理藩院致枢密院来书拒绝接受随使团同去的俄国教士团换届人员、库伦办事大臣要求缩减使臣随员、呈交礼品清单等事提出看法呈副外务大臣 А. А. 恰尔托雷斯基的紧急报告

//18// 公爵大人：

信使为阁下送去西伯利亚总督的紧急报告、北京理藩院致枢密院文书译文①，以及昂邦致伊尔库茨克民事省长的信②，同时还将上述文件的抄件送达本人。总督认为有必要将这些文件的副本送交本人。根据这些文件内容，我考虑应利用这一机会，恭请皇帝陛下就本人有幸附上的报告下达谕旨，同时把我对刚收到的情报进行分析思考的结果，//18 背面// 呈请阁下做一判断。

在中国人发来的两份文件中，只有理藩院致枢密院的文书可以看作正式文件。至少，它涉及的主题看来属于皇帝陛下向中国君主提出有力证据，表明我方怀有友谊和良好意愿的那段时间。但鉴于中国政府不允许对业已采用的形式进行任何更改，而我方又对它们有所偏离，我认为，在这些具有更为重大意义的追求面前，纠缠于这些微不足道的东西，实在徒劳无益，甚至颇为有害。所以在所附意见中，我提出了

---

① 见 104 号文件。

② 见 109 号文件。

一些供枢密院在答书中举出的理由，以表同意理藩院的请求①。

昂邦致伊尔库茨克民事省长的信，根据我国同中国人交往的众多实例来判断，我以为不能把它看成什么别的，只应是对方对与之打交道的人性格和意图的探查或者考验。因此卑职认为，开始行事时要理智而又坚定，//19//这一点十分重要。他们狡猾而又爱好虚荣，欲望一旦得到满足，随之又会提出更多的要求。用不了多久，就连那些最公正的、人所公认的权利，也变得无法坚持了。很明显，正是由于北京内阁不想以拒绝来败坏自己的声誉，这才命昂邦采取这一步骤。不然为何理藩院在其致枢密院的文书中对此缄口不谈呢？为何昂邦请省长将他们的要求通知使臣，而不是通知政府呢？中国政府使用类似手法已不是第一次，而我的前人总是善于以巧妙而又坚定的方法予以回避。我有幸就昂邦来信中最重要的几点向阁下提出一些意见，其根据便在于此。如果这些意见得到赞同，窃以为若能把这些意见作为我个人的意见通知他们，反而能有助于对我的权威和行为有一个更高的看法，日后对方如再提出类似要求，我就可以此为据。目前拒绝让步//19背面//还可为我提供一个好处，就是当我抵达边境或进入中国时，如果对那里的接待和状况感到满意，就可以缩减使团随员，秘密地向中国人递交礼品清单。这一突然行动很可能会对他们产生良好作用，而他们现在所要求的这些让步，将来却没有任何价值，只会受到指责。如果我认为此举可以接受，被迫缩减随员人数，在这种情况下，我认为首先要缩减的应为各种军事人员，其中既包括军官，也包括士兵，还有多余的官员、仆人和某些学者。在这

① 见138号文件。

种情况下，抵达中国国内后，可以使用皇帝陛下的侍从军官和学业对口负有专职的学者，为此，可向他们下达必要的训令，拨出资金。恳请公爵阁下奏请皇帝陛下格外批准。

//20//我将恭候命令，恳请阁下尽快传达。我将致信西伯利亚总督，告知不久将对他递交卑职的文件副本所涉诸事做出回答。

由于中途得遇信使，不得不着其随我一同返回符拉季米尔，以便撰写紧急报告。望阁下对耽搁时间能有所谅解。

荣幸地向公爵阁下表达最大的敬意，

您最卑微、最恭顺的仆人戈洛夫金伯爵

1805年7月19日

于符拉季米尔

18页正文上方用俄文书写：1805年7月24日收到。

同处有“№1”字样。

同处，正文下方：送 **А. А.** 恰尔托雷斯基公爵。

俄罗斯帝国对外政策档案馆圣彼得堡分馆，总档1—7，目录6，1805年，案卷1a，卷夹24，18～20页背面。法文原件。**Н. Б.** 祖布科夫译自法文。使团办公厅法文抄文簿抄件存同处，卷夹41，98～99页背面；同处，卷夹46，191～193页。

№ 138

1805年7月19[①]日。Ю. А. 戈洛夫金使臣就清方拒绝接待随使团同时到达的俄国教士团例行换届人员和就建议如何对清方接待使团条件作答[②]等所写的报告

//24//理藩院致枢密院文书[③]称，根据迄今一直遵行的惯例，俄国驻北京教士团人员的换届从来是由俄国单独派遣的，所以随使团派遣一事要停下来。必须事先同理藩院取得联系，并告知枢密院，根据条约和此前形成的惯例，神职人员和学员前往北京城只能是自费。

对此可回答说，枢密院提出与使团同时派出教士团的建议，绝非有意背离两国之间就此业已确立的决定。相反，枢密院认为维护这些决定，使之免遭破坏，实为天经地义。枢密院唯一的想法，是希望能利用这一方便机会，避免两次派员过境引起的麻烦，同时还可由这些宗教人员取代在一个如此高规格而又人数众多的使团中必不可少的神甫和//24背面//其他神职人员。但枢密院在今次及今后同理藩院打交道的过程中，表明它愿意尊重所有现行规定，现已命令使臣把他收到的有关教士团的文书提前直送边境转致理藩院，不必

---

① 日期标在使团办公厅记事簿上（见原件中的注释）。

② 报告分两栏：左栏是清方的要求，右栏标题下方有“注释——对要求的回答”字样。

③ 见104号文件。

按命令待使臣到达北京后再行呈递。同时，//25//命令他为教士团拨出所需款项，以备途中花销。至于随团举行旅途宗教仪式所需教士数量，使臣可于抵达边境后同有关人员商定。

又，此复文方案如得到批准，或有其他方案，因圣彼得堡目前没有翻译，可否在空白//25背面//公文纸上加盖印鉴，署以所需签名，将其交付使臣，于翻译成文后再送伊尔库茨克发出，如此将更为方便。

//26//在办事大臣致伊尔库茨克民事省长的信中对方要求：

1. 按旧例由使臣随员中削减冗员及军人，要求全体随员由数十人组成，并把人数和车辆数通知他们。

为回答这项要求可指出：第一，削减随团官员和其他人员的要求，根本与旧例不符；第二，俄国皇帝出于对博格德汗陛下的特殊尊敬，挑选名士近臣为特命全权使臣，并为其指定与其尊荣和头衔相称的随员。以前俄国派往中国的使臣级别低下，然经//26背面//博格德汗陛下同意后，尚可由人数众多的随员扈从。伊兹玛伊洛夫先生的随从官员为90人，而弗拉基斯拉维奇伯爵的随员为120人。

2. 拉车用马匹要用俄国的，因为从恰克图到张家口一段，他们只有驮运马匹和骆驼，没有挽马。

关于这一点，伊尔库茨克民事省长可告诉办事大臣，挽马将由我方自备。

3. 关于礼品，究竟有哪些，要详细告诉他们，否则难于向博格德陛下奏报。类似的问题中国人向俄国宫廷派出的每一位使臣都提出过，但他们总是避而不答。在目前情况下，//27//对昂邦较为恰当的回答是，俄国皇帝委派使臣于呈递贺表时同时呈递礼品。使臣带礼品来，是为了表示皇帝对博格德汗陛下的友好情谊。详细清单不能提前呈递，因为部分礼品可能于途中遭到损毁。这就是使臣只能到时候才把所要求的清单交给他们的缘故。

4. 关于应提前知会使臣抵达边境的时间，以便他们能派出官员迎接的问题。此事一切措施均已安排妥当。使臣抵达边境的时间预计在9月份，//27背面//唯一的原因是晚秋时节渡过贝加尔湖很危险。使臣相信对方政府会尊重这一有说服力的理由，作出妥善安排，尤其是众多随员的住房。如果他们在边境逗留的时间延长，将会造成很大困难。

俄罗斯帝国对外政策档案馆圣彼得堡分馆，总档1—7，目录6，1805年，案卷1a，卷夹24，24～27页背面。底稿。

使团办公厅抄文簿抄件存同处，卷夹41，274～275页；同处，卷夹46，213①～216页。

---

① 213页正文前有一标题：使臣就拟定给理藩院和库伦长官的回答提出的意见。

№ 139

1805 年 7 月 19 日。库伦办事大臣蕴端多尔济、福海为已将理藩院就接待俄国使团的条件致枢密院文书送出，已将伊尔库茨克副省长 A. A. 希什科夫来函送往北京等事呈嘉庆皇帝的奏折

//201//闰六月六日[①]

奴才蕴、福等谨奏。奴才等恭呈奏章，以备御览

前不久奴才蕴奉旨恭奏圣上[②]称，萌古台吉等人已奉差由此间将理藩院致俄国枢密院文书[③]及奴才等致俄国省长函[④]送出。

一等台吉萌古等人于六月二十三日[⑤]返回，带回俄国省长希什科夫给奴才等的回函[⑥]，内称//202//省长已紧急派人将文书以及缩减使团人员的信函[⑦]送往枢密院，并称一俟收到枢密院回文，将立即通知尊贵的郡王和昂邦，云云。

---

① 7月19日

② 见110号文件。

③ 见104号文件。

④ 见109号文件。

⑤ 7月7日。

⑥ 见118号文件。

⑦ 见109号文件。

此次省长来信没有任何重要内容。一俟枢密院回文送达，奴才等即再行恭奏圣上。

奴才等询问萌古等同希什科夫省长等谈话情况，得到回答如下：

省长收下文书后，按例让卑职等休息三日，//203//其间他们的官员多次看望卑职等。卑职等得知，贡使尚未到达。对于此前各使团来朝之事，他们亦一无所知，因此不厌其烦地向卑职等提出各种问题。在俄方地界，路旁已为使臣等建成一栋新房[1]。卑职等为完成嘱托，于闲时交谈曾对俄国官员说明，由库伦到伊缅加扎色路途遥远，戈壁之地[2]干旱少水，俄国人甚至洗漱用水亦难得到。卑职等还说，伊缅加扎色//204//地方地势多山，河流纵横，水势丰沛，不仅像他们这样人数众多的使团，即我蒙古人行路也十分困难，颇不安全。

省长的信以三种语言写成，单独封于另一函内，恭呈圣览。

谨奏。

204页正文下方为：按奏折抄录。闰六月二十一日①收到[由北京返回的]。奏折上有皇帝朱批：阅，照此办理。

蒙古国立中央历史档案馆，藏档M-1，案卷639，201～204页。库伦办事大臣衙门满文抄文簿抄件。И.Т.莫罗兹译自满文。

① 8月3日。

注释：

［1］恰克图边务衙门认为，恰克图没有可供安置 Ю. А. 戈洛夫金使团的条件完备的住所，经总督谢利丰托夫批准，将边务部门的两座公房“稍事修缮”（В・И・瓦金：《1805 年出使中国的戈洛夫金使团》，136～137 页）。看来，由伊尔库茨克返回的信使向库伦办事大臣报告的就是这两座房舍。巴斯宁还提到一栋为 Ю. А. 戈洛夫金准备的小屋，是 1805 年 9 月份运到特罗伊茨科萨夫斯克的（В. Н. 巴斯宁：《戈洛夫金伯爵的赴华使团》，16 页）。

［2］戈壁——满语意为贫瘠的地方、荒原。也用来称谓蒙古那条著名的无水的沙漠地带。此地带东西延伸，长达数千俄里，把蒙古分成南蒙和北蒙。汉语称沙漠（И. И. 扎哈罗夫：《满俄大词典》，340 页）。比丘林关于这个地理专有名称的解释是这样的：“俄国人也同中国人一样，把这个荒原称为戈壁，蒙语一般是指无草无水的沙漠地带。对整个荒原，蒙古人没有专有名称。当需要特别指出荒原的某一部分时，他们就有专有名称了：沙漠、大碛、漠南、漠北。”（Н. Я. 比丘林：《蒙古札记》，卷 1，71～72 页）

№ 140

1805 年 7 月 30 日。Ю. А. 戈洛夫金使臣就马卡里耶夫集市商人间的传闻和扩大同清帝国贸易的前景等事致副外务大臣 А. А. 恰尔托雷斯基的紧急报告

//28//公爵大人：

由于卑职的旅途由马卡里耶夫集市穿过，故想利用这个机会，见识一下这个欧亚商品的大仓库。这里的年交易额达 7000 万～8000 万卢布。卑职对这次游览尤感高兴的是，在集市上见到了西伯利亚特别是恰克图最重要的商人。卑职有兴趣知道他们贸易的现状和最有可能扩大//28 背面//贸易的方法，向他们提出了各种问题，以了解这些情况。然而卑职从他们嘴里能得到的答复，仅是对这一贸易现状完全满意，以及对现状和进程采取任何新措施的反感。此外，他们还强烈担心，似乎使团不仅不会改善俄国同中国的关系，而且还会把现在的关系搞糟。

卑职自然不会指望在商人身上找到崇高的志向，但政府为贸易的利益却应当追求这样的志向，有时甚至还要违反//29//本应从中获取最大利益的人士的意愿。然而当卑职找到这些商人时，发现他们对昂邦最后一封信的内容竟十分熟悉[①]，因而颇感惊讶。卑职有幸向阁下呈递的第一号紧急报告[②]就是这个内容。中国人提出的各种要求他们全知道。他

---

① 见 109 号文件。

② 见 137 号文件。

们感到不安，因为他们已经有了一种成见，认为由此产生的后果对贸易将十分不利。卑职做了力所能及的一切对之进行安抚，力图告知保持两国关系现状乃是我此次奉旨出使的主要目的。//29 背面//这个消息可能很快便会在商人中间传开并传向远方。但日后杜绝类似泄密事件十分重要。此事有可能出自西伯利亚总督衙门。卑职认为有必要向他们发去一信，副本附后。卑职提请阁下考虑，是否也同样有必要命他们采取防备措施。

后几天卑职就要到达西伯利亚，我将立即给当地巡阅使拉夫罗夫将军写信，请求他就中国人//30//可能已向布赫塔尔玛海关提出建议要求在该地设立新的贸易仓库一事向卑职作出说明。我想借此机会请求阁下拿这些建议同昂邦的最后一封信进行比较，并在此基础上作出判断，在多大程度上可以认为中国人有利于我方的行为是可靠的。由此仅能得出这样一个结论，就是西伯利亚实在是太大了，散布谣言实属不易，因为那边还在造谣，这边就已经在辟谣了。

疲惫的旅程已过三周，但卑职发现到伊尔库茨克的路尚未走出四分之一。离卑职原定//30 背面//的到达日期已剩下不足一个月。这样的距离令人感到可怕，但最好的办法是加倍努力，尽力完成任务。公爵大人，卑职不想隐瞒，对各省的巡视和旅途劳累，已使我体力大为不支。稍事休息，实为卑职所必需。但考虑到许多重要情况催人前进，卑职实在没有休息时间。

特荣幸地向公爵大人表示最大的敬意。

您最卑微最忠实的仆人戈洛夫金伯爵
1805 年 7 月 30 日
于喀山

28 页正文上方用俄语书写：1805 年 8 月 12 日收到。

同处：有“№ 2”字样。

同处正文下方为：送 **A. A.** 恰尔托雷斯基公爵阁下。

俄罗斯帝国对外政策档案馆圣彼得堡分馆，总档 1—7，目录 6，1805 年，案卷 1a，卷夹 24，28～30 页背面。法文原件。**Н. Б.** 祖布科夫译自法文。

使团办公厅抄文簿抄件存同处，卷夹 41，99 页背面～101 页；同处，卷夹 46，193～195 页。

№ 141

1805年7月30日。Ю.А.戈洛夫金使臣就清朝方面拟在布赫塔尔玛开辟贸易一事对西伯利亚军事防线巡阅使Н.И.拉夫罗夫少将的质询

//217//致拉夫罗夫少将

本人离开圣彼得堡时得知，布赫塔尔玛海关向副商务大臣报告，似乎中国政府建议同俄国在该地区开展贸易，并称，阁下将就此事进一步做最详尽的报告。

本人被任命为出使北京宫廷的特命全权使臣，同时奉圣上谕令视察我国同中国的贸易情况，望阁下务必告知本人，此消息是否属实，同时再请阁下把详情告知本人。//217背面//本人此刻位于喀山，并于8月1日启程前往伊尔库茨克，计划到达该城之前不在任何地方停留。

亟盼有幸同阁下见面，听取对上述问题的说明，但如果阁下公务繁忙，或因其他情况无法做到这一点，本人再次请求阁下稍后将报告送到伊尔库茨克。

荣幸地致以……

217页正文上方为：1805年7月30日，喀山。

俄罗斯帝国对外政策档案馆圣彼得堡分馆，总档1—7，目录6，1805年，案卷1a，卷夹46，217～217页背面。使团办公厅抄文簿抄件。

使团办公厅抄文簿另一抄件存同处，卷夹41，172～173页。

№ 142

1805年7月31日。副外务大臣A.A.恰尔托雷斯基就清朝方面要求缩减使团随员事给Ю.A.戈洛夫金使臣的急件

//9//伯爵：

阁下7月19日呈皇帝的奏章和写给本人的紧急报告[①]连同所有附件均由谢利丰托夫先生派出的信使完好无损地送到本人手中。我已即刻报知皇帝陛下，并立即把答复交由上述信使给阁下送去，以便阁下在抵达边境之前能收到就这些问题内容下达的谕令。

伯爵大人，皇帝陛下完全赞同阁下对中国政府有关阁下使团的种种要求所进行的观察，允许阁下把握住恰当时机完全自由地根据这个精神作答。阁下的见解无疑十分正确。如果我们不加反驳便立即同意中国人的要求（尽管讨论的问题不论对他们还是对我们均无重要意义）[②]，将会把他们放纵得越来越苛求，一旦遇到更重要的问题就//9背面//不好商量。其实，正如阁下在紧急报告附函中[③]所说，拒绝满足昂邦在其致西伯利亚总督的充满傲慢口气和用语的信中提出的那些要求，并不会对他们的傲慢有任何削弱。不过，如果阁下决定同意对方信中提出的某些要求，窃以为减少随员人数

---

① 见第137号文件

② 括号为原文所有。

③ 见138号文件。

一条较为可行，可将军人和使团中不大用得着的服役人员留在边境。至于学者，阁下可仅将那几位最能在天文学和自然史方面以及其他有意义的方面做出发现的学者留在身边。阁下缩减随员，向中国人表示善意，绝不意味着我们是屈从于他们的意志。相反，更能向他们证明，我们有诚意在各方面都对邻国和盟友表现出友善。我们同中国人交往，在一切场合都一定要表现出强硬的态度，但也必须根据情况有所调整，//10//既不能伤害他们，又不要冷却他们对我们的关系，更不要因此而放过此次出使可能给我国带来的最大利益。伯爵大人，毫无疑问，无人能比阁下更清楚把所有这些情况协调起来的好处，也无人能比阁下做得更好。因此，皇帝陛下对阁下才寄予完全的信任。

我荣幸地对伯爵阁下表示最大的敬意。

您最忠实、最恭顺的仆人恰尔托雷斯基公爵

9页正文上方用俄文书写：1805年8月26日于托木斯克收到，由信使切乌舍夫送达。

同处：圣彼得堡，1805年7月31日。

同处正文下方：送使臣戈洛夫金伯爵先生阁下。

俄罗斯帝国对外政策档案馆圣彼得堡分馆，总档1—7，目录6，1805年，案卷1a，卷夹24，9～10页背面。法文原件。H. Б. 祖布科夫译自法文。

№ 143

1805 年 8 月 2 日。亚历山大一世皇帝就枢密院发给理藩院文书请求按惯例接待俄国教士团例行换届人员事给 Ю. А. 戈洛夫金的谕旨

//282//朕，天助神祐全俄皇帝、专制君主亚历山大一世[1]，等等，等等，等等尊号

致朕驾前出身高贵、可亲可信的使臣：

兹送去理政事枢密院致中国理藩院[2]文书，附拉丁文译文，以上文书均为加盖封章的原件，以替换此间曾发给你的有关我教士团和学员随使团一同前赴北京换届的前一文书[3]，并对由对方收到的文书中中国人所言不得将教士团同使团一起派出的意见作出答复。

朕命你把满文译文附于该文书之后。可由随团懂满语的译员翻译后，把几种译文连同原件装入同一封筒，发往伊尔库茨克，交朕的二等文官谢利丰托夫总督，按常规程序送交驻库伦办事大臣。//282 背面//你应将前发文书交回外务院。雇用车辆将该教士团由边境送往北京一事可命谢利丰托

---

① “朕……皇帝……亚历山大一世”这些字写在高于其他文字的地方。

② 见 144 号文件。

③ 见 112 号文件。

夫总督办理。所需钱款已由副财政大臣下令解决。

请勿忘将此事通知修士大司祭阿颇洛斯，命其不必等你到达，即可继续向境外进发。

你身受皇恩，深蒙圣眷。

1805 年 8 月 2 日颁于圣彼得堡

据皇帝陛下亲谕。

282 页背面正文下方副署者为：亚当·恰尔托雷斯基公爵。

282 页正文下方为：送二等文官、特命全权使臣戈洛夫金伯爵。

同处页边有“№ 1256”字样。

同处正文右侧有“№ 2”字样。

俄罗斯帝国对外政策档案馆圣彼得堡分馆，总档 4—4，目录 123，1805—1809 年，案卷 1，282～282 页背面。原件。

底稿存同处，总档 1—5，目录 4，1823 年，案卷 1，卷夹 15，76～77 页。

№ 144

1805年8月2日。枢密院致理藩院文书，建议把俄国教士团同Ю. А. 戈洛夫金使团分开，按常规接待

//417//全俄罗斯帝国[①]枢密院致大清理藩院文书

贵方嘉庆十年五月十日来书[②]我方于我国使臣由此间出发后收到无误。为答复此书，我方认为有必要对贵方有所解释。我方原来把教士团及学员与使团同时派出的建议，绝无背弃两国间就此所确立原则的意图。我方认为，维护这些原则使之不受破坏，乃神圣之举。我方唯一的出发点，就是想利用方便机会，以避免两次派员出境所必然会造成的种种麻烦，所以才以该教士团取代地位如此尊崇且又人数众多的使团肯定要携带的神甫和教堂差役。但我们愿意证明，在这个问题上乃至涉及同贵国关系的其他问题上，我方一定//417背面//尊重现存所有规定。我们曾将此事奏报我至仁至圣君主皇帝陛下[③]，并得到圣上谕旨，命我使臣在考虑使团做礼拜所需教会人士问题时，要考虑到使团过境前往北京的时间会拖得很长，需同贵国边境长官进行联系；这之后，我皇帝

① "全俄罗斯帝国文书"这几个字写得比其他文字高出一行。

② 见104号文件。

③ 这里及以下带着重号的文字均写得比其他文字高出一行。

陛下根据 1728 年两帝国间签订的现行条约第 5 款，亲自指示我们要向北京派遣新的教士团。目前在那里从事俄罗斯希腊正教神职活动的修士大司祭索夫罗尼及教堂差役博戈罗茨基，以及学员帕维尔·卡缅斯基、斯捷潘·利颇夫佐夫、伊万·马雷舍夫和瓦西利·诺沃肖洛夫等在当地逗留的时间已经太久，应着其返回祖国。故//418//此次派三名神甫以替换该教士团，具体人员是：修士大司祭阿颇洛斯，两名修士大司祭谢拉菲姆和阿尔卡季，外加修士辅祭涅克塔里，两名教堂执事瓦西利·亚菲茨基和康斯坦丁·帕利莫夫斯基，以及学习汉语和满语的学员米哈伊尔·西帕科夫、列夫·济马伊洛夫、帕特里基·波利特科夫斯基和马克尔·拉夫罗夫斯基四人。

我方将此项任命友好地通知贵院，同时恳请贵院恭请博格德尔汗陛下恩准原教士团的修士大司祭索夫罗尼率神职人员和四名学生回国，于新教士团到达后，任其自由前往俄国边境，并给予必要的协助，同时让奉命接替他们的几位神甫，包括修士大司祭阿颇洛斯、修士辅祭、几名教堂差役和四名学生，受到友好接待，在其逗留北京的整个期间，能按旧例得到博格德尔汗陛下宫廷的优渥供养，如受欺侮，能按//418 背面//两帝国间现有的睦邻友好与和谐气氛的要求，得到公正保护。

耶稣降生第 1805 年，我皇帝陛下、全俄君主、专制统治者亚历山大一世在位第 5 年 8 月 2 日发自皇帝京城圣彼得堡。

326页（信封）的地址上盖有官印红色火漆印，标页字母下方为：全俄帝国枢密院致中国理藩院。

俄罗斯帝国对外政策档案馆圣彼得堡分馆，总档4—4，目录123，1805—1809年，案卷1，326页，417～418页背面。原件。

底稿存同处，总档1—5，目录4，1823页，案卷1，卷夹15，第1卷，78～81页背面。

草稿抄件存同处，总档1—7，目录6，1805年，案卷1-a，卷夹28，1～4页背面。

使团办公厅抄文簿抄件存同处，卷夹26，136页背面～139页背面。

А. Г. 符拉德金为译成满文而抄写的抄件存同处，总档4—4，目录123，1805—1809年，案卷1，283～284页背面①。

满文原件存同处，325～325页背面，327页。

满文底稿存同处，287～288页背面。

拉丁文原件存同处，324～324页背面，328～328页背面。

拉丁文底稿存同处，总档1—5，目录4，1823年，案卷1，卷夹15，第1部分，82～83页。

拉丁文副本存同处，总档4—4，目录123，1805—1809年，案卷1，285～286页。

---

① 284页正文下方为：1805年8月25日于托木斯克收到。

№ 145

1805 年 8 月 2 日。西班牙公使 Г. М. 诺隆纳为请求由 Ю. А. 戈洛夫金代为向清政府交涉赔偿 1802 年 9 月 15 日在中国海岸边沉没的西班牙“费罗伦尼亚号”船上被掠去的贵重物品事致副外务大臣 А. А. 恰尔托雷斯基的文书

//144// 文　书

天主教王国国王陛下特命全权公使荣幸地向恰尔托雷斯基公爵阁下通报以下事实：

马尼拉的西班牙皇家菲律宾公司经纪人由于需要，向该公司驻广州代理人转交一笔钱款，装备了皇家“费罗伦尼亚号”海船，在船长霍阿金·德·扎拉乌斯先生指挥下，于 1802 年 9 月 4 日出海。恶劣的天气将船抛到广州以北的岩石湾海岸，于 15 日在当地沉没。军官、船员和乘客冲破重重困难得救，但满船钱币却沉入海底，数额达 718637 皮阿斯特，其中 600000 属皇家菲律宾公司，其余属马尼拉各家私人。

船长德·扎拉乌斯和大副 Х. Б. 乌罗斯以及马尼拉派来的代理人对船只失事地点做了很好的标记，他们心存希望，想把大部分被海水吞没的钱币捞出来；但当他们徒手走在当地岸边时，遇到了二三百名既打鱼也做海盗的当地中国居民，强迫他们返回距岸 2.5 海里处的岩石湾。船长和大副立

即把船只失事和船上所运物资受到损失之事通知广州公司，请求紧急的有效援助，以便捞救余下的东西。这时他们派出三名自己人去监视中国人的行动，但当地居民把这三人赶了回来，在此之前从海里捞上来的钱匣子公然就摆放在他们的眼前。由于广州救援人员迟迟不到，西班牙人只能眼睁睁//144 背面//痛苦地看着中国人热火朝天地打捞沉入海底的钱币，把它们据为己有。当月 30 日，船只失事的消息终于传到广州公司代理人耳中。他们立即去找两广总督和海关监督，请求下令让他们租来的由船长斯特林指挥的英国船“科罗曼德尔号”出海寻找船只失事时丢失的钱币。他们请求两广总督下令，派一名武官领兵前去船只出事地点，再派手下一名副官监督士兵迅速执行命令，在潜水现场准确地记录打捞上来的东西。两广总督立即下令，让海关副监督前往出事地点，向岩石湾的官员传达命令。“科罗曼德尔号”10 月 3 日驶离黄埔，船上载有海关副监督和公司代理人匆忙招募的 30 名潜水员；几天之后，继之又有 8 名潜水员从陆路辗转来到。公司代理人预见到在传达发自广州的两广总督命令的船只抵达之前，免不了会有抢劫发生，于是又去找两广总督，提醒他如果对抢劫不采取最严厉的措施，他的官声将严重受损。

由于这些申请均未得到回答，公司代理人便去找海关监督。海关监督便找行商公所的人来商量，会上有人报告了公司代理人的申诉问题，决定向岩石湾派出一名级别更高的官员，其权力既能受到尊重，又可处理赔偿受损钱款的问题。这位官员派出第二天，“科罗曼德尔号”返回黄埔，带回了遇难船的船长、大副和全体船员，还有 66257 皮阿斯特，找回的结果就是这一数目。其余的东西捞上来之后，被当地居民一抢而光。该船在起航之前，潜水员们都说，海岸附近再也没有钱币了。应船长德·扎拉乌斯和大副乌罗斯的要求发表了声明，当地官员和海关副监督均有出席。公司代理人把船要开回去的事告诉了海关监督，报告了船上有多少人和多少钱。并请求再派一名两广总督可以完全信赖的高级武官，在岩石湾海岸//145//继续寻找。此事于当年11月23日即已提出申请。这位新派去的官员同以前派去的官员一样，没有为公司做一点事。尽管如此，公司代理人还是继续向两广总督提出要求，并附有打捞上来的钱币藏匿于何处何家的详细报告，是根据船长和大副在岩石湾期间得到的线索和寻找结果起草的。呈交给两广总督的明细情况为：

庄昌永（音，下同）3万；南才、秦宽阁、常桂、荣齐、隋邦财——6万；满友健——2万；季初宁，该人为头子，家财万贯；巴泰——1万；齐富江——该人有许多船上的货物。

从这份报告可以看出，海里捞上来的钱币数量比本文书前列数目要多。但必须指出，商人们在致两广总督的报告中就说过，属于马尼拉私人的钱款在这里没有计算在内。两广总督决定，既然船长和大副说得准捞上来的钱都在何家何处，那就由三名官员陪同，立即从陆路前往岩石湾。由于船长身体状况不允许旅行，所以由大副陪同广州商人费尔南多·莫拉列斯先生和三名官员一起前往。此行同以前一样，也没有什么效果，但公司代理人并未停止奔走，并声明，如果两广总督不采取更有力的措施，他们将奏报皇上。为了保证新的努力获得成功，这些广州商人找到了马尼拉商人，用公司的船把菲律宾总督大将军手下的三名官员送去见两广总督吉庆和海关监督，要求//145背面//赔偿沉入水中的钱款，并警告，否则菲律宾总督将直接向皇上控诉。广州商人将这些文书译成汉语，以便巡抚到港探望商船时面交。但海关监督把探望商船的事交给了手下去办，而这位下属却拒绝接受信函，借口是帝国有法律，只允许通过涉外衙门接受欧洲人的控诉。于是他们就请求进城直接呈交菲律宾总督的信。这个要求本来很公平，但也遭到拒绝，弄得这些商人再也无法坚持自己的请求了。

以上便是发生在岩石湾的皇家“费罗伦尼亚号”轮船失事、广州和马尼拉公司代理人以及菲律宾群岛总督以国君名义不懈努力未果的准确记述。

两广总督急急忙忙接受西班牙人请求，先向岩石湾派去海关副监督，还让他带去一名武官，接着又派去几名高级官员；为让手下那些了解盗贼确切消息和每一份赃物下落的人陪他们一起去，采取了许多措施；广州的公司代理人获得准确情报，知道广州官员提出要岩石湾官员交出一半赃金，就可以迫使西班牙人了结追寻工作；派往岩石湾的官员中，有一人奉召进北京面驾，竟在途中自杀，显然是惧怕揭露参与盗窃和被控为非作歹的结果。尽管做了这些努力，但对公司和对同“费罗伦尼亚号”有关的人却并没有任何好处，这真是闻所未闻的事。政府给派往岩石湾的官员下达了各种各样的任务，但却拒绝接受菲律宾总督的来函，为的是免得被迫接受信中把此事奏报皇上的许诺。所有这些情况汇总在一起，使我们完全有根据设想，而且社会舆论也这样认为，派往岩石湾的第一批官员分到了当地居民从海里捞上来的钱，继他们之后派去的高官也跟第一批一样//146//分得了一份。这样，在“科罗曼德尔号”抵达之前捞上来的651680皮阿斯特，就全部落到了他们手中。“费罗伦尼亚号”只收回了66957皮阿斯特，其中还得拨出40987皮阿斯特付给船员准备起航和用于其他花费。

人性本该促使岩石湾的居民尽快对“费罗伦尼亚号”失事遭到不幸的人们伸出救援之手，帮助他们捞救由于不幸而变得更为神圣财物。正义应命令岩石湾的官员、海关副监督、派去的官员采取最坚决的措施，把从海里捞上来的钱归还给合法主人。如此巨大的金钱数额，本应对中国官员成为一个更好的理由，促使他们行事更廉正，因为这类损失只有经过多年方能恢复元气，往往导致许多家庭破产。本来，发生在岩石湾海岸的这种不幸可以得到迅速救助，损失也不会太大，只要沿岸居民不这么贪心，官员和广州的官府不这么贪赃枉法便可办到。

整个欧洲的商业利益要求发生在中国海岸的如此可耻的事件不再重演。阁下，我国君主不会漠视臣民在岩石湾海岸蒙受巨大损失。他求助于全俄皇帝陛下的公正和大度，请皇帝陛下命其使臣就广州和岩石湾当局的不公正行径向中国皇帝提出坚决抗议，为皇家菲律宾公司和“费罗伦尼亚号”失事时遭到不幸的相关人士讨还公道，归还“科罗曼德尔号”抵达出事地点前被居民由海中捞出的651680皮阿斯特。

借此机会再次表示对恰尔托雷斯基公爵阁下的完全敬意。

天主教王国国王驾前全权公使诺隆纳伯爵签字

1805年8月2日

于圣彼得堡

144页左侧页边有法文铅笔标注：中国。

同处，正文上方左侧用铅笔书写：№ 9。

俄罗斯帝国对外政策档案馆圣彼得堡分馆，总档1—7，目录6，1805年，案卷1a，卷夹20，144～146页背面。法文原件。**Н. Б.** 祖布科夫译自法文。

法文副本存同处，157～166页。

西班牙文原件存同处，147～151页背面。

№146

1805年8月11日。西伯利亚军事防线巡阅使 Н. И. 拉夫罗夫少将为使团即将访问清帝国就俄中贸易和边境状况给西伯利亚总督 И. О. 谢利丰托夫的报告

//39//关于当前西伯利亚边区同大清国之间最主要的边境事务

这一地区以及中国西部各省边境城市中国人的贸易是通过克尔克孜苏丹进行的，其原因是在该边境地区只准克尔克孜人和哈萨克人进行这种贸易，因此俄国商人不得不靠苏丹照顾，以贵得多的价格购买商品。这些苏丹以自己的名义派送商队前往中国边境，称这些商人为其属民，常在途中对商队欺压勒索。此外，商队远离俄国边界，总有被抢劫的危险，而护送的苏丹却无力加以保护。商队主人因自称是苏丹的人，而无权请求中国长官相助。在中国城市，这种贸易只能同官方进行，不管是克尔克孜人，还是以他们名义前来的人，均不准同私人买卖。我国商人因此受到限制，得不到好处。但尽管如此，以本//39背面//地区状况而言，这种贸易无论对支持附近各省商人还是外地商人的生存，都是必要的。它甚至可以提供俄国内地所需而克尔克孜人又能提供的一切，如牛、马、羊，因为这些东西大部分均要在草原上换成由固勒扎和塔城运来的中国货，以供当地居民做衣服之

需。由于这些原因，生意人尽管遇到上述困难和限制，却仍在做买卖。所以需要在边境临近中国的地区开辟一个集市。较为方便的贸易地点可选在额尔齐斯河上称为克拉斯内耶亚尔基的地方上，在布赫塔尔玛要塞和布赫塔尔玛河口以上60俄里的地方①。但应该怎样才能把此事做得完全体面呢？也就是说，怎样才能使横跨克尔克孜草原、距塞米巴拉金斯克要塞400俄里的中国边界上的塔城要塞做起买卖来也能感到方便呢？

由于中方明面上尚未开展这项贸易，目前//40//在布赫塔尔玛海关进行的贸易规模也很小，商人往往不得不带着商品进入克尔克孜草原，再前往中国各卡伦，同各卡伦人员进行小量贸易。这个问题一天若得不到最后解决，贸易一天就得不到顺利开展，我方在该要塞设立海关也不会有什么好处。

中国人同俄国人一样，正在做克尔克孜人和哈萨克人的归化工作，为了安抚他们，也推出了这样一些规则，如：选贤举能以继承汗位，在宫廷接待克尔克孜人的代表，赐给他们礼品、封官，准其主要在边境进行贸易。他们则利用这个贸易权，从俄国商人那里获得足够的利润。

虽然有消息说目前中国人对克尔克孜人和哈萨克人的态度已经冷淡下来，但只要这个贪图私利的民族能从商队身上获得足够的好处，就不会改变对待中国人的态度。卑职以为，开辟直接贸易便可以使这些手段失效，促使他们更靠近我们，制止他们的桀骜不驯，至少可在中玉兹消除对商人的种种令人不快的侵犯活动。//40背面//克尔克孜和哈萨克人的双重归属使边境长官极难根除针对我境外商人或外地商

① 参见53号文件注释5。

人所发动的抢劫。

当瓦利汗于1803年欺压商人的消息经过彼得保罗边境海关传到商务大臣尼古拉·彼得罗维奇·鲁米扬采夫耳中时，他曾问过卑职一个问题："这个汗既然是俄国臣民，他有什么道理干如此穷凶极恶的勾当呢？"

卑职就此提出自己的看法，认为此事的原因就在于俄中两国宫廷都确认汗的头衔，都认为这个汗是自己的忠实臣民，他也同时向两个宫廷派遣代表，提出自己的请求。这些情况几乎总会使这里的长官感到困惑，不知如何对待他才是。当他干出穷凶极恶的勾当时，由于不了解政治关系，害怕后果，不得不又管又不管，强暴行径虽制止了，但却无法根除，搞得他贼胆越来越大。//41//当游牧在中国边境附近尤其是中国境内的克尔克孜人和哈萨克人进行抢劫，或把马匹从我边境偷走时，同对方边境长官根本无法取得任何联系，因为政府严禁这样做。他们甚至不敢接受俄国边境长官的信函，说这样的信应该送到北京。这种困难使受害人难以满意。

因此，卑职认为必须提出，可否订立一些条款，以消除这种困境。

虽然有些自称为俄国逃人的人在恰克图被遣送出境，但还有许多人隐匿在中国境内，长期居住在当地，有的人在那里定居。卑职认为有必要把此事提出加以研究。

中国人从我方的几乎无所作为中看到了结果，甚至对去年的俄罗斯边境视察也表示满不在乎。那本是一条应该对阿尔泰山中缴纳实物税的卡尔梅克游牧民起保护作用的边界。中国人总把自己说成是//41背面//严格遵奉古代规定、维护其一成不变的人，总是把巡逻队派到那些以前到过而现在根本不属于他们的地方。四年前他们把巡逻队派到丘亚河上游，该河从右侧汇入卡通河，双向纳贡者便在右侧游牧。今年春天又把巡逻队派到阿尔古特小河上游，这条小河汇入卡通河的地方在其右侧丘亚河河口以上。1790年他们侵犯了缴纳实物税的卡尔梅克人，把后者从卡通河左岸山中逐走，致使1791年皇帝陛下颁发谕旨，派出少量军队到当地，以安抚和保护卡尔梅克人，但军队并未开展任何军事行动。

1763年9月19日，皇帝陛下给西伯利亚防线指挥官施普林格中将亲署了一份训令，内称从布赫塔尔玛要塞到捷列茨科耶湖的距离为600余俄里，该湖应归属俄罗斯。指出为保障科雷瓦诺—沃斯克列先斯克矿山工厂的供应，应占领该湖，由于种种不便，至今未能占领，但中国人派出新的巡逻队一事，卑职认为必须上报。

拉夫罗夫少将

1805年8月11日

俄罗斯帝国对外政策档案馆圣彼得堡分馆，总档1—7，目录6，1805年，案卷1a，卷夹24，39～41页背面。核验过的副本。

核验过的副本之抄件存同处，49～52页背面。

其他抄件存同处，总档2—3；目录34，1805—1830年，案卷4号，32～36页背面；同处，38～42页。

№ 147

1805 年，不晚于 8 月 15 日[①]。外务院致西班牙公使 Г.М. 诺隆纳的文书：亚历山大一世皇帝已下令 Ю.А. 戈洛夫金使臣，着其应诺隆纳所请，代为向清政府交涉赔偿西班牙菲律宾公司所受损失

//152//对西班牙公使诺隆纳伯爵的回函稿

副外务大臣已收到天主教王国陛下全权公使诺隆纳伯爵本月 2 日来照[②]，并立即将该文件内容奏报皇帝陛下。

皇帝陛下亟愿向天主教王国陛下//152 背面//证明，他对陛下怀有真诚友好情谊，已谕令使臣戈洛夫金伯爵，着其于抵达北京后对中国政府采取一切适当措施，要求其赔偿"费罗伦尼亚号"船失//153//事后由岩石湾居民从海中捞起的 651680 皮阿斯特，并将该款交西班牙皇家菲律宾公司驻广州的代理人。

特此将皇帝陛下的旨意急告诺隆纳伯爵。

恰尔托雷斯基签字

---

① 日期系根据发文标记确定的。

② 见 145 号文件。

152 页左侧页边：1805 年 8 月 15 日签署并送达诺隆纳伯爵。

同处有铅笔汉语标注：中国。

同处用铅笔书写：№ 18。

俄罗斯帝国对外政策档案馆圣彼得堡分馆，总档 1—7，目录 6，1805 年，案卷 1a，卷夹 20，152～153 页。法文底稿。Н. Б. 祖布科夫译自法文。

№ 148

1805年8月16日。副外务大臣 A. A. 恰尔托雷斯基应西班牙公使 Г. М. 诺隆纳所请给 Ю. А. 戈洛夫金使臣的紧急通知

//156//伯爵：

西班牙驻我宫廷公使诺隆纳伯爵将一文书①转给本人，其副本随此通知附上，供阁下参考。

我已将此文件内容奏报皇上，陛下责令伯爵阁下在中国政府面前承担起交涉的责任，以赔偿西班牙菲律宾公司所要求的这笔巨款，并将其交付该公司驻广州代理人。

陛下将此任务交给阁下承办，是想向西班牙国王证明愿做一切可使天主教国王陛下愉快之事。为此，请阁下采取一切认为与阁下崇高地位相一致的行动，根据阁下由中国政府了解到的意图行事，以便满足//156背面//马德里宫廷的这一愿望。阁下如能完成此事，皇帝陛下将会十分高兴，因为陛下可由此获益，从而在全欧事务中实现其对西班牙的设想。尽管有这些想法，但如阁下在为西班牙菲律宾公司寻求公正时遇到的困难太大，或者阁下认为，执意要求在某种程度上会给阁下与我国直接相关的谈判任务带来损害，阁下当然就绝不要为本信中提到的这件事再继续奔波。

伯爵大人，谨向阁下深表敬意。

您最恭顺、最忠诚的仆人 A. 恰尔托雷斯基

---

① 见145号文件。

1805 年 8 月 16 日
于圣彼得堡

156 页正文下方用法文书写：送戈洛夫金伯爵阁下。

同处正文上方用法文书写：1805 年 9 月 17 日于伊尔库茨克收到。

同处正文上方右侧为：№ 9。

俄罗斯帝国对外政策档案馆圣彼得堡分馆，总档 1—7，目录 6，1805 年，案卷 1a，卷夹 20，156～156 页背面。法文原件。Н. Б. 祖布科夫译自法文。法文底稿存同处，154～155 页背面①。

① 154 页左侧页边为：1805 年 8 月 16 日签署并交邮使发出。同处正文上方左侧用铅笔标注：№18。

№ 149

1805 年 8 月 20 日。西伯利亚防线巡阅使 Н. И. 拉夫罗夫少将就在布赫塔尔玛开辟同清帝国贸易的前景给 Ю. А. 戈洛夫金使臣的信

//33//伯爵大人于上月 30 日由喀山惠寄给卑职的大札此刻方到卑职手中。深为未能及时收到而遗憾：卑职本可做好适当安排，到大人给卑职发来信函和副本的必经之地与阁下见面，向大人表示真诚的崇敬之心。然而冒昧地与阁下会见的愿望，又使卑职担心会引起阁下的不便。现在卑职只能感到懊悔，因为错过了一次叙旧的大好机会，这种旧有的情谊本是卑职无比珍惜的，如今阁下再次使卑职感到了歉疚。

阁下在第一封信中希望了解中国人对布赫塔尔玛贸易的意图。今年，他们带了一些货物去到当地，//33 背面//当时卑职正在该处。那些人全是军人，来自距布赫塔尔玛 200 俄里的金吉斯套哨位。他们的确是征得了长官的准许，以长官名义来进行贸易的。据他们讲，长官得到上谕，要同俄国友好相处，开展贸易。为了检验这个消息是否正确，卑职命布赫塔尔玛驻军的一名少校去金吉斯套会见这位军官，告诉他，我方热忱欢迎任何商人，但是卑职担心他们政府是否会有所不满，因此卑职极想得到有关此事的某些保证。

伯爵大人，这就是卑职在对阁下做出回答之前采取的措施。我想了解一下，他们说的话在多大程度上与实际情况相符。因中国军官不在，布赫塔尔玛驻军少校未能及时报告。

大人可从卑职呈递给总督的报告[1]中得知同中国人建立直接贸易关系而产生的后果。卑职差不多有把握相信，这份报告不会得到伊尔库茨克的赞同，因为卑职去年曾收到一份文件副本，其中赞同旧有的想法，//34//认为同中国人在布赫塔尔玛开展贸易是不明智之举，认为这只能使伊尔库茨克四郊民生凋敝，说那里现在就都不种地，全跑去赶车拉脚了。卑职作为30年的老兵，已经养成习惯，在上峰面前保持沉默，但卑职已积累了一些遵照圣彼得堡命令在这一地区开展贸易的经验，这些经验是完全成功的经验。伯爵大人定可就此做出比卑职更好的决定，不过这并不属于卑职的职权范围，我之所以研究这个问题，完全是遵循鲁米扬采夫伯爵大人的意愿。

昨天才收到阁下所提问题的副本，能够给予回答深感荣幸。阁下从托木斯克发出的信尚未收到。卑职想对所说的意见再做一点补充：在北京不妨了解一下，那里的朝廷对中玉兹的瓦利汗会采取什么措施。这个厚颜无耻、惹是生非、劫掠成性的人愤愤不平，是因为他贪婪的本性未能得到满足。他已有5年未能派出一个商队，也未派出过护送商队的边境居民。两年前他想离开俄国，集结起自己的人员，但发生了内讧。卑职知道，这个汗看到最强有力的人不站在他这边，便请求保加利亚人帮助，//34背面//但遭到拒绝。今年他又再次萌生了这个念头。卑职派出自己的人，叫他们把事件的进程随时报告。他们是以商人身份行事的，报告卑职说同中国人已进行过一轮谈判。接到这一消息后，卑职有点不知所措，便向汗允诺为他向皇帝陛下申请某些特别的恩惠。这

---

① 见146号文件。

时卑职又抓到汗的儿子，挫败了［……］[①] 他的意图。上述情况使卑职不得不向阁下报告，请示卑职今后将如何行事。

卑职除了通过邮驿之外，没有别的办法可将文件呈递给阁下。卑职相信，伊尔库茨克反对在我边区［发展］商业的这种意见只限于老朋友之间讨论，不会传到造谣生事者的耳中。

值此机会荣幸地向阁下表示深深的由衷敬意。

阁下最恭顺、最忠诚的仆人尼古拉·拉夫罗夫

1805 年 8 月 20 日

于圣尼古拉要塞

33 页正文上方用俄文书写：1805 年 8 月 25 日于托木斯克收到。

俄罗斯帝国对外政策档案馆圣彼得堡分馆，总档 1—7，目录 6，案卷 1a，卷夹 24，33～34 页背面。法文原件。手稿。Н. Б. 祖布科夫译自法文。法文抄件存同处，53～54 页背面。

① 这里有一个词看不清楚。

№ 150

1805年8月25日①。西伯利亚防线巡阅使 Н. И. 拉夫罗夫少将就清帝国边境状况答 Ю. А. 戈洛夫金使臣提问②的备忘录

//130//1. 紧靠俄中边境有哪些毗邻民族?

距这一地区俄国边境最近的相邻民族是克尔克孜哈萨克，又分大玉兹、中玉兹和小玉兹。其中中玉兹游牧在西伯利亚防线附近，从布赫塔尔玛要塞到兹韦林诺戈洛夫斯卡亚要塞，沿中国边境则由布赫塔尔玛要塞到塔城要塞，再向西沿通往边境省城固勒扎（即伊犁）的大道直至博罗塔拉小河；小玉兹的游牧地在奥伦堡防线我边境附近；而大玉兹则位于布哈拉、塔什干和库坎等国属地附近。从博罗塔拉小河向西沿中国边境直到巴尔喀什湖，这片山地无人居住，山地以远的山中居住着克尔克孜人，我国称为黑色克尔克孜或石头克尔克孜，其中一部分向中国纳贡；他们的游牧地几乎直//130背面//到喀什城；小布哈拉省被占领后，该城成为中国领土。

2. 他们的军事力量如何，其中是否发现有亲这一方或那一方的现象，是否有愿意取得或转入俄国国籍的? 布哈拉

---

① 日期根据使团办公厅抄文簿上的日期标出（见46册，219页的注解）。

② 文件分左右两栏：左栏标题是“使臣戈洛夫金伯爵的问题”，右栏是“拉夫罗夫的回答”。

人和克尔克孜人同中国人是否有特殊关系?

中玉兹男人的数量大约有 30 万左右。另外两个玉兹的人口数量，由于其游牧地远离西伯利亚防线，故不清楚。但两个玉兹，特别是大玉兹，人口数量不会超过中玉兹。中玉兹就其人口数量而言本可拥有很大势力，但由于群龙无首，多年来彼此争衅和抢劫（他们称为巴兰塔）[①] 不断，为他们造成了难以克服的障碍，迫使他们既向俄国宫廷，又向中国宫廷寻求庇护。他们同时向这两个宫廷称臣，由这两个宫廷取得汗的封号。

1772 年伏尔加河的卡尔梅克人从俄国跑到中国，1790 年又通过密派到那里的人宣布想返回俄罗斯。但这一意图被中国人发现，结果我理政事枢密院//131//和中国理藩院曾就此事交换文函。最后，1797 年，我皇帝陛下向卑职前任施特兰德曼中将颁发谕旨称，恰克图贸易的开展使我国获利颇丰，十分值得重视，应想尽办法不要为中国政府提供中断贸易的口实。但从另一方面来讲，促使伏尔加河卡尔梅克人返回俄罗斯亦并非不重要。因此要施特兰德曼先生下令采取措施和行动，务使二者兼顾。正是由于这些原因，他们才没有立即采取行动。

从被中国占领的布哈拉的几个省来看，由于它们力量弱小，所以必须同中国结成联盟。但布哈拉领地附近大玉兹的克尔克孜哈萨克牧民，则都认为自己是布哈拉国的臣民。

3. 目前两个帝国的政治关系处于何种状况，//131 背面//是否有的方面曾就逃人问题或其他问题提出过抱怨?

//131//[②]政治关系始终都是通过恰克图在进行，而这边

---

① 括号为文件中所原有。

② 俄文本如此，疑俄编者有误。——中译者

的边境则是通过伊尔库茨克民事省长先生进行。在这边边境，//131 背面//[①]中国人严禁发生这种关系，甚至连商务关系都要暗中进行。不管是在边境问题上，还是在其他问题上，均没有发生过任何纠纷。

俄国始终认为，从布赫塔尔玛要塞到捷列茨科耶湖的这片 600 余俄里的土地，无论从归属的角度，还是从保障科雷瓦诺—沃斯克列先斯克矿山工厂供给的角度，都需要加以占领。

4. 在边境上中国人对俄国人的态度和行为如何？

中国人尽量避免同俄国人发生关系，但是当他们走近边境捕鱼和干别的营生时，他们总是表示出种种敬意，显示出好客态度。

5. 有没有什么准确的情报说明中国人想要扩大领土？

虽然居住在克尔克孜哈萨克草原上流入巴尔喀什湖的七河地方[②]附近的中国穆斯林有过扩大边界的想法，但那片土地非常贫瘠，致使他们放弃了这一行动。在阿尔泰山中，在卡通河右岸支流丘亚[③]小河和阿尔古特小河上游，中国人又派出//132//边境巡逻队。但尽管如此，却不必担心中国人将采取有力措施去扩大边境。

6. 中国人是否知道我方向他们派遣使团之事，这个消息是否产生过什么影响？

克尔克孜哈萨克人知道向中国派遣使团之事，但未对他们产生任何影响。他们听俄国人说，这个使团是为搞贸易而

---

① 俄文本如此，疑俄编者有误。——中译者

② 原文如此。

③ 使团办公厅抄文簿上写作古亚（见注解，第 41 册，277 页背面）。

派遣的。

7. 边境上是否在进行秘密贸易，是通过中介还是中国人自己做，运来的是些什么货物？

边境上有秘密贸易，是通过克尔克孜哈萨克苏丹进行的，其原因是在这条中国边界上只准克尔克孜人和哈萨克人贸易。因此，从塞米巴拉金斯克要塞出发的俄国商人，不得不按苏丹的强行规定以贵得多的价格购买。这些苏丹护送以自己的名义派出的商队和货物，前往中国边境的塔城和固勒扎（伊犁），把商人称作自己的属下。货物以中国丝织品、棉织品和普通织品为大宗，虽说都是//132 背面//官货，但又都是从私人手里买的。不管什么货，都是走私货。

8. 在布赫塔尔玛或在别的合适地点开辟市场，会有哪些收益和好处？

在布赫塔尔玛开辟市场可从中得到的利润和好处，卑职已将说明附于卑职送呈西伯利亚总督 И. О. 谢利丰托夫[①]的详细报告的副本中，由他呈交阁下。

9. 关于从布赫塔尔玛到北京的这条路，有没有准确的情报？

关于从布赫塔尔玛到北京的这条路，没有准确情报，只知道在距布赫塔尔玛要塞 400 俄里的戈尔达（音译）城，长官要用 6 周时间才能收到北京对其呈报事务的批复，而邮驿人员夜间从不赶路，只在白天走路。由此大致可以推断，北京距布赫塔尔玛不超过 3000 俄里。

10. 军事力量在该边境地区有什么重要性，对该地区有哪些防御方法？

俄国在该边境地区有正规军两个连，炮兵有两个龙骑兵

---

① 原文写作谢利丰季耶夫。

团，还有三个枪兵营、两个步兵营、八个野战边防营、近6000名哥萨克防线驻军，//133//共2.5万人，足够进攻使用。但要在乌斯季卡缅诺戈尔斯克要塞和布赫塔尔玛要塞事先建好仓库。部队由该地区进入，占领额尔齐斯河地带之后，便可找到办法，以消解对我额尔齐斯防线上任何一座要塞的进攻。除此之外，克尔克孜草原对中国人也是一大障碍，因为穿过草原展开进攻供应工作就很艰难。中国军队既未经应有的训练，也缺乏应有的武器装备。我防线附近的要塞都建有土墙。为了保卫防线，设有要塞和多楞堡，足够给进攻者造成麻烦，特别是对像中国人这样的军队。他们的军事技能无论就性质还是艺术而言，均显得与众不同。除此之外，我防线一带地域极其辽阔，防御起来甚为不便。卑职认为这个地方给中国政府带来的麻烦会比其他地方更大，因为从这里更便于直通国家腹地。故在该处边境仅蒙古军队驻扎即达3万人，此外尚驻扎满//133背面//洲军队达4000人，但素质相差无几。

130页左栏文字前标有：使臣问题：№ 3.

133页背面正文下方为：摘自抄文簿附件，见中国[①]，д—3类，案卷11。

俄罗斯帝国对外政策档案馆圣彼得堡分馆，总档1—7，目录6，案卷1a，卷夹1，130～133页背面。摘自使团办公厅抄文簿。

使团办公厅抄文簿抄件存同处，卷夹41，276～279页；同处，卷夹46，219～223页。

---

① 下加线是文中原有的。

№ 151

1805 年 8 月 26 日。Ю. А. 戈洛夫金使臣给西伯利亚防线巡阅使 Н. И. 拉夫罗夫少将的信，肯定他提供的情报对同清廷方面进行谈判十分重要

//61//1805 年 8 月 26 日使臣戈洛夫金伯爵由托木斯克给西伯利亚防线巡阅使拉夫罗夫将军的信（抄件）

我刚刚收到阁下于［……］[①] 日惠寄给本使臣的回答以及所有附件。真诚感谢阁下向我提供的情报，它非常有趣。我特别想告知阁下的是，这些情报对于构成我此次出使目的的谈判十分有益。

鉴于此次出使的主要目的不仅在于巩固两帝国间的和睦关系，而且还在于为两国谋取最大的利益，将军阁下，本使臣毫不怀疑，您定会采取心目中认为最恰当的各种手段，对之加以促进。即使中国人调动巡逻队对条约有所破坏，或者听信了中玉兹//61 背面//瓦利汗的令人愤慨的建议，那也应该指望他们现在能更正确地理解我君主以热爱和平尊重条约和自身强大等情感为基础的值得尊重的意图。将军阁下，你我之间应就此保持联系，这样才会对双方公务均有所裨益，故恳请阁下把边境监视到的各种事件详细告知本人。来

---

① 文中未标明日期。

信请发往伊尔库茨克，但如果一切顺利的话，信件有可能直接给我送到北京，所以请阁下在谈问题时用词要十分谨慎，以免信件内容一旦让中国人知道，会激起他们的不信任或者不满。在我们的通信中，阁下甚至不必署名，不必注明日期，此事至为重要。现在，将军阁下，//62//想请您立即见告的，就是布赫塔尔玛驻军少校会见中国军官的结果。

阁下来信中提到，为防止瓦利汗令人发指的计划，已开始采取措施，我也想了解它们是否取得成功的一切消息。本人认为，在目前情况下，应采取一切手段，防止他在中国人面前把我们置于不利地位。我将把我的意见报告恰尔托雷斯基公爵。建立新的俄中贸易点会为商业投机活动和私人利益提供十分广阔的天地，不能不产生各种各样的分歧意见。不过办任何事情时全面了解正反两种意见都是一件好事，所以请阁下把先前有关建立新贸易点没有好处的想法给我寄过来，我曾在面交阁下的一份报告中谈过这种看法，阁下又给我发来过它的抄件。//62 背面//阁下请放心，我使用这些材料的目的，只是为了弄清问题的真实状况。

将军阁下，您曾对本人谈起过阁下应商务大臣请求开展贸易的某些成功尝试，如能将详情告知本人，我将不胜感激。

如阁下能将捷列茨科耶①湖对于科雷瓦矿矿山的意义，以及目前为将其保留在我国领土防止中国人侵犯采取了何种措施的所有消息赐告，本人亦将不胜感激。

我在伊尔库茨克逗留的时间不会太长，预计 9 月末方能到达边境。

未能同阁下晤面，甚感遗憾。如有幸向阁下当面致意，

---

① 捷列茨科耶这个名称文中是用俄文写的。

将非常高兴。请相信，这是我的夙愿。

荣幸地致以［……］

俄罗斯帝国对外政策档案馆圣彼得堡分馆，总档 1—7，目录 6，1805 年，案卷 1a，卷夹 24，61～62 页背面。法文抄件。H. Б. 祖布科夫译自法文。

使团办公厅法文抄文簿抄件存同处，卷夹 41，175～176 页背面；同处，卷夹 46，223 面背面～225 页。

№ 152

1805 年 8 月 27 日。Ю. А. 戈洛夫金使臣就即将同清方会谈以及在布赫塔尔玛开辟贸易等事致副外务大臣 А. А. 恰尔托雷斯基的紧急报告

//43//公爵阁下：

阁下派赴西伯利亚总督处的信使送来 7 月 31 日给卑职的急件[①]已荣幸地收到。

卑职今天将结束托木斯克省的视察，预计一周后到达伊尔库茨克，然后立即按既定程序将枢密院致北京理藩院的文书[②]发出。该函将知照对方派遣传教士团延期，并回复昂邦于其最近一封//43 背面//信中提出的要求[③]。卑职还将拟定呈递给皇帝陛下的详细报告。

由阁下的急件中得知，卑职针对中国官员最终提出的种种要求，以及针对他们提出规定路线的真正动机提出的分析意见，得到了圣上的首肯。卑职的欢欣鼓舞之情实在难于言表。皇帝陛下命卑职酌情选择和使用资金，当可确信卑职定会把经费用于协调陛下使团应有之尊严同使团所应指望获得之利益。对中国人了解越深，卑职就越是会尽力避免激起他们的不信任，或伤害其虚荣心，这样，卑职便能处于一种优

---

① 见 142 号文件。

② 见 144 号文件。

③ 见 109 号文件。

势，既可满足他们提出的种种要求，又无须让他们看出（这是没//44//有好处的）① 卑职是在屈从于他们。

如果目下必须使中国政府抱有与皇帝陛下热爱和平的友好意图相一致的完全信任态度，卑职以为就应该充分向他们介绍，从我国最后一个使团访问该国[1]以来，80年间帝国的国力和军力取得了哪些成就。两帝国之间现存的和睦关系，使这种说明做起来将更为轻松，它不会带有威胁和自夸的性质。这种力量是同正义结合在一起的，展示这样的力量，将不会使他们感到恐惧或受到刺激，而是唤起他们的尊重和信任，以保障帝国在这一边境地区的安宁，//44背面//为帝国开辟新的繁荣之源。公爵大人，既然皇上恩准卑职自由支配经费，这便将是卑职行事的一贯原则。我将把这个原则奉献给圣上，决不辜负卑职深以为荣的信任。卑职利用与西伯利亚南疆警备司令拉夫罗夫将军邻近的机会，请求他提供某些卑职完成使命所必需的情报，现将他寄给卑职的情报和信件②的副本附上。卑职在信中还请他继续保持这种关系。卑职认为这种关系非常必要，因为中国人正是把注意力放在这一地区，并集中了他们的力量，而居住在两帝国疆界之间的那些独立的民族，则具有//45//引起严重纷争的可能。阁下在拉夫罗夫将军提供的情报中可以看出以下几点：

第一，中国人将其巡逻队推进到条约规定的疆界之外。不过在这方面卑职打算根据清国军机处的意图，在更为重要的问题上采取相应步骤。如果中国人也要向我方提出此类要求的话，这一情况对我甚至可能有利。

第二，克尔克孜最强大的玉兹即中玉兹的瓦利汗，其意

---

① 括号为文中原来所有。

② 见141、149、150、151号文件。

图令人生疑，应予以高度重视。要防止中国人利用这一点扩大他们在该地区的优势，使我们不仅不能扩大，甚至难以保持在该地区乃至更远地区的贸易。//45背面//到目前为止，预防和监视的措施，以及皇帝陛下允诺对他的宽待，还能使瓦利汗遵守义务。瓦利汗的行为，可能对我国同中国的关系产生重要影响，故卑职不得不请求您，公爵大人，多多予以关注，向他提供一切必要条件，以防止产生敌意，并赢得他对我们的好感。在目前情况下，好感尤其重要。

第三，拉夫罗夫将军关于中国人近来显示出支持布赫塔尔玛贸易意图的情报，看来只是几个密探或//46//逃兵传来的消息，他们把自己说成是政府代表，以免遭到逮捕。值得注意的是，当情况要求中国军官比任何时候都应更坚守岗位的时候，他却不在自己的岗位上。如果政府的确有意准许在当地开展贸易，那么除了恰克图之外从不允许任何别的商路存在，并对已确立的形式加以最严格监督的中国人，现在一下子又以令人惊奇的方式背离原来的立场，岂不更加令人奇怪？卑职以为，阁下定会认为卑职此前有幸提出的意见中关于此种情况可能产生的结果言之不谬。

就布赫塔尔玛新建贸易仓库一事，卑职试图搜集的种种意见//46背面//相互并不矛盾。归结起来，它们显示了经由恰克图贸易和转口获取利益的做法对西伯利亚大部分地区的不便之处。目前卑职暂时不想就此发表意见，特别是因为至今同卑职谈话的都是一些由于防止了这种危险的竞争将获得直接或间接好处的人士。但是卑职事先已采取了各种措施，以防他们认为此事正引起政府的注意。卑职特别希望在伊尔库茨克能发现反对这一计划的强有力的多数社会舆论。

由卑职得到的报告判断，使团大部成员//47//可在卑职抵达之前在伊尔库茨克集合。只有运输镜子和玻璃器皿的人员落在卑职后面。阴雨连绵，道路艰难，特别是巴拉巴草原，即使卑职行来其困难亦难以想象，致使延误了行进的速度。但卑职在此已采取了一切必要措施以加速行程，希望他们在卑职进入中国之前能抵达边境。尽管服役人员再三保证，所有易碎物品均完好无损，但卑职还是担心它们难以经受出圣彼得堡以来一路遭遇的可怕考验。卑职将//47 背面//通过信使立即把枢密院请求接待教士团的信函发往外务院。

谨向亲王殿下致以崇高敬意。

阁下最恭顺、最忠诚的仆人戈洛夫金伯爵

1805 年 8 月 27 日于托木斯克

43 页正文上方用俄文写着：1805 年 10 月 2 日于普拉瓦收到。

同处有“№ 3”字样。

同处，正文下方为：送 A. A. 恰尔托雷斯基公爵阁下。

俄罗斯帝国对外政策档案馆圣彼得堡分馆，总档 1—7，目录 6，1805 年，案卷 1a，卷夹 24，43～47 页背面。法文原件。Н. Б. 祖布科夫译自法文。使团办公室抄文簿法文抄件存同处，卷夹 41，101～104 页；同处，卷夹 46，195 页背面～199 页。

注释：

[1] 即从 1725—1728 年起，当时访问中国的是 С. Л. 弗拉基斯拉维奇-拉古津斯基使团（见 69 号文件中的注释 1）。

№ 153

1805年8月29日。西伯利亚总督И.О.谢利丰托夫致Ю.А.戈洛夫金使臣的信，告知特罗伊茨科萨夫斯克边境事务官员П.И.伊兹玛伊洛夫同买卖城扎拉固齐克西克交谈的内容，以及使臣前往库伦的最佳时间和护送使臣到北京的规程

//63//尤里·亚历山德罗维奇伯爵阁下：

特罗伊茨科萨夫斯克边务衙门官员、九等文官伊兹玛伊洛夫于本月，8月16日，向卑职报告，在恰克图中国买卖城的扎拉固齐请他去访，交谈之间涉及我国派往中国的使团，询问是否很快能收到最近我枢密院对中方发出信函的回答。对方解释说，本月，即他们秋季的第一个月，从4日算起，按我国历法从15日算起，10天以后他们的库伦郡王和昂邦按其博格德汗规定的惯例要离开库伦参加围猎，为期20天。他们不在库伦期间，即使接到俄方枢密院或伊尔库茨克民事省长的信函，也要等到他们返回恰克图[1]方能处理。//63背面//在此之前，该扎拉固齐不会派出信使，直到他得到郡王已返回库伦的通知为止。而且他还主动说，使团若在他们中国国内行进，时间以从10月开始并于12月份抵达京城北京最为方便，因为此时他们的博格德汗将接见所有外来使臣。一位著名的官员将到库伦来护送使团，他将陪同库伦郡王一起，直到抵达北京。而在恰克图，接待使团的将有两名蒙古古纳、两名扎拉固齐、两名秘书、一名扎萨克和两名一等

台吉。

卑职利用机要信使返回圣彼得堡的机会，高兴地将此事报告阁下，并荣幸地向阁下表示最诚挚的敬意。

阁下最忠实恭顺的仆人伊万·谢利丰托夫

1805 年 8 月 29 日 于伊尔库茨克

63 页正文上方为：9 月 2 日于克柳钦斯科耶站收到。

63 页背面正文下方为：致 Ю. А. 戈洛夫金伯爵阁下。

同处有“№ 4013”字样。

俄罗斯帝国对外政策档案馆圣彼得堡分馆，总档 1—7，目录 6，1805 年，案卷 1a，卷夹 24，63～64 页背面。原件。

抄件存同处，66～66 页背面。

注释：

[1] 即买卖城。

№ 154

1805年9月2日。Ю.А.戈洛夫金使臣致副外务大臣A.A.恰尔托雷斯基的紧急报告，告知俄国船只若在使团抵达北京之前出现在广州，定会使同清方的关系复杂化

//64//公爵大人：

鄂霍茨克派出的机要信使在卑职抵达此间后，将西伯利亚总督的一封信函交给卑职，现荣幸地将该函副本呈送阁下①。

据恰克图军官向我官员报告，中国边防长官多人已离开，返回自己岗位的时间不会早于9月15日。这就使卑职有充裕的时间于抵达伊尔库茨克后，把枢密院致理藩院的回信及卑职给昂邦的回信寄出。卑职希望在伊尔库茨克逗留的时间是6号或7号，此事在由托木斯克发出的急件②中已通知阁下。

//64背面//鄂霍茨克的信使对卑职讲了一些有关列扎诺夫先生考察日本的传闻，他告诉卑职，克鲁森施特恩先生现正在萨哈林岛附近的海中游弋，对该岛进行考察，由该地将驶往堪察加，以装载从我美洲领地运去的毛皮，之后再把毛皮运往广州。公爵殿下，您对为帝国争光和谋利的事业无不尽心竭力，使卑职深受这种大公无私的热情所

---

① 见153号文件

② 见152号文件。

鼓舞。请允许我对克鲁森施特恩船长旅行的这两个目的发表一点粗浅看法。

首先，他的萨哈林岛环岛航行，以及阿穆尔河河口一带的航行，无疑将立即引起中国政府的反对。再者，他可能在卑职之前载着货物到达广州，那时卑职不仅//65//来不及请求北京批准此次航行，而且甚至来不及向中国政府通报俄国船只这次非同寻常的突然出现[1]。中国人依然固执己见，前不久他们还声称，宁肯让俄国人越过长城，也不愿见到他们有船进入广州港；他们绝不许任何一位俄国使臣提出阿穆尔河的自由航行权问题；而且仅仅因为没有履行简单的手续，现在竟把我国教士团拒之于国门之外。想要说服他们，说这两艘海船绝不违背条约内容，对他们绝不构成任何危险吗？公爵大人，卑职应向大人坦承，面对如此巨大的困难，奉命谈判实不敢存有能取得成功的幻想。但困难和障碍不仅不能降低卑职的热情，反倒鼓起了我的勇气。然而卑职肩负的责任，//65背面//更使卑职为了事业要直抒己见，陈述解决如此重大问题时所要求的真相。卑职确信前路虽困难重重，却完全不必为此感到沮丧；但首先应指出产生困难的原因。如果卑职有幸能找到办法及时防止如此不利的情势，卑职会毫不犹豫地向阁下提出有关此事的建议，尽管距离和时间对此会造成难以克服的障碍。

公爵大人，卑职抵达伊尔库茨克后，将有幸致信阁下，就此问题作更加详细的报告。尽管天气恶劣，道路在在难行，但卑职仍急急蹒行。自进入西伯利亚以来，途中艰难困顿难以备述，非言辞所能表达，唯全力以赴，以竟全功。

荣幸地向阁下表示最深切的敬意。

您最恭顺、最忠诚的仆人①戈洛夫金伯爵
于距伊尔库茨克650俄里的克柳钦斯科耶
1805年9月2日

65页正文上方有“№ 4”字样。

同处，正文下方用俄文书写：送 A. A. 恰尔托雷斯基公爵阁下。

65页背面正文下方用俄文书写：1805年9月30日收到。

俄罗斯帝国对外政策档案馆圣彼得堡分馆，总档1—7，目录6，1805年，案卷1a，卷夹24，64～65页背面。法文原件。Н. Б. 祖布科夫译自法文。

使团办公厅法文抄文簿抄件藏同处，卷夹41，104～105页背面；同处，卷夹46，199页背面～201页。

注释：

[1] 见53号文件注释1。

---

① “最恭顺、最忠诚的仆人”这几个字由文书和 Ю. А. 戈洛夫金手书了两次。

№ 155

1805 年 9 月 9 日。西伯利亚总督 И. О. 谢利丰托夫向 Ю. А. 戈洛夫金使臣报告，护送他的龙骑兵和哥萨克队伍已抵达恰克图

//24//尤里·亚历山德罗维奇阁下：

卑职荣幸地向阁下报告，被指定护送使团前往中国的龙骑兵和哥萨克队伍从伊尔库茨克出发后，已顺利通过正在兴建的贝加尔湖环湖大道，根据预先安排，现正分驻于恰克图附近各村庄。

荣幸地向阁下表示由衷的敬意

您忠诚的最恭顺的仆人

伊万·谢利丰托夫

1805 年 9 月 2 日于伊尔库茨克

24 页正文上方为：1805 年 9 月 9 日收到，伊尔库茨克。

同处有“№ 189”字样。

同处，正文下方有“№ 4163”字样。

同处还有：送 Ю. А. 戈洛夫金伯爵阁下。

俄罗斯帝国对外政策档案馆圣彼得堡分馆，总档 1—7，目录 6，1805 年，案卷 1a，卷夹 10，24 页。原件。

№ 156

1805年9月10日。Ю.А.戈洛夫金使臣为严格纪律事向抵达伊尔库茨克的使团官员发布的训词

//11//致使团各位官员先生：

派往中国的使团业已会合。本使团即将进入中华帝国境内，这使本人有义务以特命全权使臣的身份向全体随员宣布皇帝陛下赐给本使臣的上谕，同时宣布本使臣所拥有的有关秩序和从属关系的权力，使团活动期间人人务须遵守。

皇帝陛下颁发给本使臣的圣旨①和训令②中，就此次出使任务表述的圣意如下：

鉴于尔等前往之国路途遥远，护送尔等之随员人数众多，故务须保持最严格的纪律，特着尔加意监督，不得懈怠。除朕所授予之全权使臣权限之外，准尔于俄国境内或进入中华帝国境内后，随员中若发现有人行为不端，不论官衔高低，只要罪有应得，可将其留置途中。至于尔使团内部管理，主要问题在于人人务须尽心竭力，热心尽职，纪律严明，不得对任何人欺辱打骂。途中或在北京期间，若有人玩忽职守，经长官训示仍不知悔改，凡六等以上官员可遣返俄国，七等以下官员可予以逮捕。此后若有再犯，//11背面//可酌情将其遣回俄国。下级军官的处置可按军规军法行事。

---

① 见64号文件。

② 见130号文件。

我团所有官员均经过遴选，品质优秀，行为端正，本使臣深以为荣。本人相信，每位团员乃至全团同人定会尽职尽力，热情报效，为中国人树立效忠于至圣君主、服从上司的榜样。总之，要建功立业，成为辉煌高尚品质的典范，让俄罗斯民族处处引以为荣。

本人能承担领导责任，深感愉快，我将给予各位以必要的有益训导，因时因地制宜，采用适当方法。但也认为有必要宣布，万一出乎所愿，本使臣所采用的手段难以奏效，我定将充分行使赋予本人的权力。

使团某些官员需担任特殊职务，本使臣要求其他人员应多多予以尊重，以方便其执行上司交付的委托。

凡本人可以决定的一切事务，无论属何种何类，使团各位官员先生均应以书面形式向本人提出，而我本人亦将以同样方式对每一个人作出回答。同时还要指出，本使臣下达的所有命令，均以本使臣拥有的权力为基础，无须解释，亦不得加以反对。

//12//在使团进入中国境内之前，本使臣还将颁发专门训令，制订途中和进入中国境内后应遵守的规定。

使臣尤里·戈洛夫金伯爵

使团一等秘书、宫廷低级侍从巴伊科夫

1805年9月10日于伊尔库茨克

俄罗斯帝国对外政策档案馆圣彼得堡分馆，总档1—7，目录6，1805年，案卷1a，卷夹5，11～12页。原件。

经**Ю. А.** 戈洛夫金核对过的副本存同处，卷夹24，96～97页。使团办公厅抄文簿的几个抄件：俄文件存同处，卷夹46，226～228页；法文件存同处，卷夹42，654页背面～656页背面。

№ 157

1805年9月11日。外务院驻恰克图特派员A. И. 索科洛夫就同买卖城扎拉固齐克西克关于使臣抵达时间、护送办法和缩减随员等问题的谈话呈副外务大臣A. A. 恰尔托雷斯基的报告

//71//外务院驻恰克图特派员、领边境事务七等文官索科洛夫呈三等文官、副外务大臣、宫廷侍从官、赏戴勋章亚当·阿达莫维奇·恰尔托雷斯基公爵阁下的报告

买卖城扎拉固齐派章京来邀请卑职于8日访问他，因为他们认为这个日子是个吉日。卑职觉得已有一个多月未同这位扎拉固齐会晤，所以便满足了他的要求。为了不使他感到有所不便（卑职以前曾发现，当卑职带领七等文官科留科夫，还随身请了六七名其他官员去拜访他时，觉得这位扎拉固齐似乎感到某些不快，虽然他口上头上也说，不认识的客人来访使他十分满意）①，这次卑职只带了书办马克西莫夫前往。卑职像通常一样受到扎拉固齐亲切接待，待以水果和茶，交谈期间扎拉固齐问卑职是否知道俄国使臣何时方能抵达伊尔库茨克和边境。卑职回答说，暂时还未收到关于此事

① 括号为文中原来所有。

的详细消息，但已是从圣彼得堡动身的时候了；接着扎拉固齐说，他之所以询问使臣何时抵达，是因为多罗郡王库伦办事大臣[①]前不久问及此事，并给他写过信，因为本//71背面//月，按他们的历法从十四日起（按我国历法是从上月，即8月25日）[②] 郡王与昂邦要率其他长官和官员离开库20多天，到草原去围猎[③]，在此期间不论我使臣是否抵达边境，均无人接待。故扎拉固齐请卑职以睦邻友好为重，一旦得知俄国使臣抵达伊尔库茨克的确切消息，立即通知他，以便派急使将此消息转告库伦，由郡王派指定官员前来恰克图接待。为此卑职向扎拉固齐保证，若事先得到我使臣抵达伊尔库茨克的消息，一定通知扎拉固齐。

此后，卑职想打听中国政府方面对我使臣一路上接待所需是否确已准备就绪。卑职就此询问扎拉固齐，得到的回答是，对使臣一路应有之准备早已就绪，不会有任何阻滞。接着又说：为接待贵国使臣，库伦派了一位贝子[④]率领多名官员来到恰克图，并由北京特派两名扎拉固齐，率四名军官来此。随同贝子前来边境护送使臣至库伦的官员有20多名，郡王将率众多随员，亲自由库伦陪同使臣前往北京。

//72//这时扎拉固齐主动说：他知道理藩院已致函俄国枢密院，称俄国以前派来的几个使团扈从公使的随员从未超过100人，而这次派来200多人，他们的博格德汗似乎希望能加以削减，目的只是想要避免可预见的困难，因为戈壁荒原水草极少，到处一片干旱，倘若人员众多，定会困难重

① 这里和以下的着重号为文中原来所有。

② 括号为文中原来所有。

③ 页边注为：打野兽。

④ 页边注为：公爵。

重，尤其是不惯此途者，患病可能极多。此外，北京附近八达岭山区通行极为困难，而俄国的马车很大，他们的马匹根本不能拉，也没有这样的挽具。

卑职就此对扎拉固齐回答，就其第一点而言，毫无疑问，俄国人能经受住这种道路，不会有太大困难，因为卑职非常熟悉这条道路，而且戈壁荒原上也没有特别困难的地方；至于后一点，关于挽具和我国大车的问题，根本不是问题，因为我方为载人和载货马车的运行已做好一切准备。

扎拉固齐听完卑职的话后，没有再做回答，只是一般闲谈。最后，在卑职告辞时，扎拉固齐邀我//72背面//次日到他那边共进午餐。他说如果卑职能赏光，他将十分感激，并解释说，此前他已两次拜访过卑职，因此希望卑职能给他一个对等的机会。卑职不得不满足扎拉固齐的愿望，他感到十分满意。会晤期间他对前述问题再未做任何说明，只是继续友好地闲谈。特荣幸地将此事恭报阁下。

七等文官索科洛夫

1805年9月11日

于恰克图哨所

71页正文上方为：1805年10月31日收到。

同处页边有“№ 231”字样。

俄罗斯帝国对外政策档案馆圣彼得堡分馆，总档1—7，目录6，1805年，案卷1a，卷夹24，71～72页背面。原件。

№ 158

1805年9月13日。Ю. А. 戈洛夫金使臣对使团成员的训词以及他们保证不泄露大清之行科学考察和科学发现结果的签字

//2//致赴中国使团各位官员先生

皇帝陛下在由本人荣任团长的使团中，配备了官员、尊贵的学者和艺术家，再次说明皇帝陛下对科学极为开明慷慨，眷顾有加。本人相信，各位先生满怀对至尊庇护者的真诚感激之情，定将怀有高尚的报效精神，争献自己的热情，以有益的著作和有意义的发现去丰富他们奉命展开活动的领域，并使使团获得新的价值。随行的官员虽各司其职，各有分工，但所有的人毫无例外，均应将成果归功于君主，是他的慷慨为你们提供了赢得无上光荣、创造巨大福祉的手段。诸君之中有谁能不为把自己的劳动成果献给挚爱的亚历山大皇帝，以他为这些劳动成果的拥有者而感到幸福？本使臣满怀//2背面//这种人所共有的感情，按照政府出资派遣的所有考察队所应遵守的惯例，请求使团所有官员、学者和艺术家向本使臣切实保证，将把自己的勘查和观察结果，视为皇帝陛下的财产，他们将只把这些结果告诉本使臣，在本使臣有幸将这些成果呈报皇帝陛下之前，不以任何方式发表。唯有皇帝陛下才有权确定这些成果的运用。

想把自己的名字同优秀著作联系在一起并享有著作带来的声望，乃是一种理所应当的高尚感情，应该受到鼓励。在本人有幸将使团情况呈报皇帝陛下的计划中，绝不会忘记这

一点。根据本使臣的计划，我们的劳动成果，将是各部门专项报告的汇编，并标明每位作者的姓名。

使团的官员、学者和艺术家先生附于本文件之后的签名，将证明各位忠于义务，不辜负本使臣对各位的厚望。

签名完成于伊尔库茨克。

1805 年 9 月 13 日

戈洛夫金伯爵

//4//我们，赴中国使团的官员，发表声明并签名保证：我们认为自己的勘查和发现成果，乃是皇帝陛下的财产，我们将成果只告知使臣先生，并于将其//3//呈报皇帝陛下之前，不以任何形式发表。唯有皇帝陛下有权决定成果的运用。

特此保证。1805 年 9 月 12 日于伊尔库茨克。

签字人：

宫廷侍从阿列克谢・瓦西利奇科夫①[1]

宫廷低级侍从巴伊科夫

宫廷低级侍从边肯道夫

宫廷低级侍从纳雷什金

宫廷低级侍从涅利多夫[2]

［宫廷侍从官］德米特利・戈利岑公爵

宫廷低级侍从亚历山大・古里耶夫[3]

六等文官卡拉乌洛夫

八等文官尤尼

九等文官杰普洛夫

① 在 4～4 页背面左栏正文用俄文书写。

伊万·颇托茨基伯爵

三等文官、本考察队学术部主任　舒伯特院士

多夫列上校[4]

杰斯列夫大尉[5]

舒伯特少尉[6]

藤涅尔少尉[7]

八等文官、圣彼得堡科学院　研究助理 Ю. 克拉普罗特

Л. И. 潘茨涅尔

И. 亚历山德罗夫

八等文官斯特鲁维

瓦西利耶夫

М. 亚当斯

医生列曼

Г. 加里

伊万诺夫少尉

波格达诺维奇少尉[8]

Р. 苏赫特伦

П. 赫尔姆

//4 背面// 八等文官符拉德金

八等文官维格尔[9]

八等文官佩罗夫斯基

使团侍从官赫沃斯托夫

十四等文官克列门特

3 页正文下方用法文书写：Л. 巴伊科夫，使团一等秘书。

2 页和 4 页正文上方左侧为：№ 403。

俄罗斯帝国对外政策档案馆圣彼得堡分馆，总档 1—7，目

录6，1805年，案卷1a，卷夹35，2～3页，4～4页背面。法文原件。Н. Б. 祖布科夫译自法文。

注释：

［1］瓦西利奇科夫，阿列克谢·瓦西利耶维奇（1772－1854）——二等文官，枢密官（1825）；1805年（时任宫廷高级侍从）为赴清帝国俄国使臣Ю. А. 戈洛夫金的随员。使团缩减后留在边境；“到涅尔琴斯克、雅库茨克及西伯利亚各防线旅行”（见232号文件注释1）。瓦西利奇科夫是戈洛夫金1807年1月份向亚历山大一世名下呈递的报告中推荐奖励的人员之一。戈洛夫金在报告中写道：“宫廷高级侍从阿列克谢·瓦西利奇科夫——推荐授予勋章，他因有益的重要劳动成果对此项奖励完全当之无愧。”（见459号文件）戈洛夫金在另一份给亚历山大一世的报告中是这样描述瓦西利奇科夫的：“钻研业务，孜孜不倦，为了完成卑职交办的任务，自费走过西伯利亚最不为人知的地方，搜集了极为重要的资料，进行了极为重要的考察。一俟材料编辑完成，将立即呈上。”（见458号文件）1809年，瓦西利奇科夫被任命为诺夫哥罗德省长（Н. 图尔基斯塔诺夫《省长名录》，56页）。

［2］涅利多夫，柳比姆·伊万诺维奇——保罗一世侍从武官，后被免职，流放。1805－1806年任Ю. А. 戈洛夫金随员，显然到了库伦，因为随员缩减后留在俄国的官员名单中没有他的名字（见232号文件注释1）；1806年6月因健康状况请求使臣批准回圣彼得堡（386号文件）。

［3］古里耶夫，亚历山大·德米特里耶维奇（1786－1865）——亚历山大一世时期财政大臣Д. А. 古里耶夫（1751－1825）之子；1802年以自我教育为目的，在俄国南方与考察队会合，自费参加施普伦颇尔滕考察队的旅行（见191号文件注释1）（Н. Н. 冈恰罗娃：《Е. М. 科尔涅耶夫》，25页）。

1805－1806年А. Д. 古里耶夫（当时为宫廷低级侍从）参加Ю. А. 戈洛夫金使团，任随从骑士。使臣评语称，有一次因途中车坏，他落在队伍后面，遭到强盗袭击，但表现沉着勇敢（见160号文件）。1806年3月古里耶夫回莫斯科时，戈洛夫金委托他把一份报告（见325号文件）和几份公函（见326、332、333号文件）带回，呈交亚历山大一世。他同另外几个人一起，被使臣列为应受到珍贵礼品奖励的人士（见459号文件）。从1828年起，А.Д. 古里耶夫任敖德萨市长。正如В.В. 韦列萨耶夫所说，他在这一职务上表现为“毫不中用的行政官员，修养十足的饕餮之徒，枯燥冗长的夸夸其谈压得满座都透不过气来；怡然自得的长长话语滔滔不绝，交谈者等待良久还插不上一句话。普希金与古里耶夫相识，看来还到过他家，在一些信中流露出对他小女儿健康的关心。沃隆佐夫不在的时候，古里耶夫就是圣彼得堡对普希金放逐令的执行者”。（В.В. 韦列萨耶夫《普希金的同路人》，莫斯科，1993，卷1，377页）

［4］多夫列，费多尔·菲利波维奇（1766－1828）——陆军上将，按籍贯是法国人，生于德累斯顿，并于当地工程院毕业，之后到波兰服务。1785年由于П.К. 苏赫特伦的推荐，转为俄国服务，官衔是大尉工程师；1801年起多夫列是御营上校侍从官；在俄国服务期间完成过种类繁多、各式各样的任务。比如，1805年他奉派出差，同Ю.А. 戈洛夫金使团一起绘制平面图和地图（《俄国传记词典》卷6，488页）。多夫列极其细心地绘制了使团从莫斯科到俄中边境的路线图，后来Ю.А. 戈洛夫金将这幅平面图呈献给亚历山大一世皇帝（见160号文件）。1805年9月份使臣还责成多夫列核对所有现存的俄中边界图。为完成这项任务，他下令汇集一切必要的补充材料，如西伯利亚各省分省图，并要求详细标出各地方、各条天然界，以及各省民族情况的资料，并要求使团内的学者向多夫列提供一切帮助。征集的143幅简图和地图中，有28幅后来返回原主，其余115幅被多夫列上校拿到圣彼得堡地图局复制（В.Н. 巴斯宁：《戈洛夫金伯爵的赴华使团》，86页）。1806年3月份多夫列得到Ю.А. 戈洛夫金的指令，要“搜集一切可能搜集到的情报，并对贝加尔湖和中国边界点之间，从斯特列尔卡到恰克图这一地区，特别对石勒喀河和额尔古纳河流入阿穆尔河这一地区的军事态势提出意见”，“并对今后是否可在阿穆尔河和斯塔诺夫山脉之间的地区开展小规模秘密考察提出结论”（同上，90页）。在考察边境地区（从格尔必齐河到涅尔琴斯克）期间，多夫列在格尔必齐河上发现有5种文字及“其他标记”的界桩，中国人每年都要对之加以修整，而当地的老居民对他说，他们认为这界桩“应设在阿马扎尔河上，中国人把阿马扎河也叫做格尔必齐河”。阿穆尔河当地的通古斯人也对多夫列说，“他们认为这片土地属于俄国”（同上，91页）。多夫列上校在该地区旅行后，于1806年8月10日向Ю.А. 戈洛夫金呈交了一份不引起中国怀疑而在阿穆

尔河左岸开展考察、对该河进行描述和探测的方案。1806 年 11 月 4 日，他又呈交一份报告，内称发现“小贵族米洛瓦诺夫于 1686 年结雅河之行的资料及其所绘地图，该图一份应藏于叶尼塞斯克，另一份藏于莫斯科”(同上，92 页)。

由西伯利亚返回后，多夫列参加了 1807 年战争，从事各种地图绘制工作。1810 年他率领五批军官小组对俄国西部边界进行军事观察；工作完成后，他晋升为少将。1812 年战争期间多夫列是维特根施泰因伯爵所指挥的军团的参谋长；1813－1814 年战役中因战功卓著，晋升为中将。1815－1819 年任波兰王国同普鲁士划界的俄国界务官。1819 年被任命为立陶宛独立军团司令，指挥该军团直到 1827 年。1826 年多夫列升任陆军上将。获多枚奖章（《俄国传记词典》卷 6，488 页）。

［5］杰斯列夫，亚历山大·彼得罗维奇（1781－1847）——九等文官之子，在涅瓦步兵团开始服役，当军士；1793 年调任御营仪仗队队列长，升为准尉（1797）。1802－1805 年期间听 Ф. И. 舒伯特院士讲授天文学课程，多次随同他出差完成科学任务。

1805 年杰斯列夫加入 Ю. А. 戈洛夫金使团科学考察队，同天文考察队其他成员一起，对俄国使团所经城镇进行经纬度测定；参加多夫列考察队，对涅尔琴斯克边区进行目力测绘（见上面注释）。

А. П. 杰斯列夫参加了 1807 年和 1812 年同法国人的战争；因战功卓著获得军衔和奖赏；1832 年任亚历山大大学代理副校长；1833 年被任命为芬兰总督民政助理；1841 年晋升为步兵上将（《俄国传记词典》，卷 20，500 页）。

［6］舒伯特，费多尔·费奥多罗维奇（1789－1865）——Ю. А. 戈洛夫金使团科学考察队成员。Ф. Ф. 舒伯特是天文学家 Ф. И. 舒伯特的独子，生于圣彼得堡，11 岁时被送到彼得保罗学校学习，未等毕业（1803）即按照父亲的意志，在军务总监 П. К. 苏赫特伦的帮助下，成为队列长；次年同年长的同事杰斯列夫（见上面的注释）一起参加了两次天文学出差，因顺利完成任务，晋升为军官。

1805 年 Ф. Ф. 舒伯特同父亲一道参加了 Ю. А. 戈洛夫金使团的科学考察队。随员缩减后留在俄国，返回圣彼得堡（见 232 号文件注释 1）。1806 年夏舒伯特在纳尔瓦和雷瓦尔又参加天文学工作。这次出差结束了他前半部的科学生涯（13 年后舒伯特方重返这一领域）。

在此期间他全身心地服役，参加了自1806年至1814年俄军所有最重要的战役，莱比锡战役后受奖，升为上校。由法国回国后离开军职。1819年舒伯特又返回军队。关于他的情况详见《军事地形测绘团活动史纲（1822—1872）》，圣彼得堡，1872，102～105页。Ф. Ф. 舒伯特全宗（案卷139），存于俄罗斯科学院档案馆圣彼得堡分馆，67，1803—1835年藏档。

[7] 藤涅尔，卡尔·伊万诺维奇（1783—1860）是Ю. А. 戈洛夫金使团科学考察队的成员。生于纳尔瓦附近阿姆福尔庄园，父亲是一个普通的村长，甚至无力让儿子受初等教育。在曼泰菲尔伯爵家中，伯爵注意到这个男孩有天赋，便让他学习数学、法语、德语和拉丁语，还学习历史、地理和音乐。1798年，曼泰菲尔要出版一部西伯利亚旅游记和中亚贸易记，让藤涅尔为之绘制一幅地图，为此把藤涅尔带到圣彼得堡。在这里他以自己的制图作品引起军务总监П. К. 苏赫特伦将军的注意，把他收到自己的部门（1801）；1802年藤涅尔升御营少尉随从。

1805年，藤涅尔由于在亚洲地理和地形测绘学方面知识渊博，被录为Ю. А. 戈洛夫金使团科学考察队成员，苏赫特伦责成他准备必需的材料。藤涅尔同其他地形测绘员一起，参加了从佩尔姆到恰克图全程的目测绘图工作，同时测定途中城镇的经纬度。藤涅尔还参加了多夫列上校对涅尔琴斯克边区的考察活动，为此考察队领导为他申请奖励（В. Н. 巴斯宁：《戈洛夫金伯爵的赴华使团》，26页）。他还参加了1807年和1812年同法国人的战争。1856年藤涅尔晋升为陆军上将。获得过许多奖章（详见《军事地形测绘团活动史纲》，67、68页；《俄国传记词典》，卷20，468～469页）。

[8] 波格达诺维奇——御营少尉随员；1805年被录用为Ю. А. 戈洛夫金的随员；使团缩减后留在边境，被指定参加斯塔诺夫山脉和乌第堡的考察活动（见232号文件注释1）。

[9] 关于Ф. Ф. 维格尔的情况见附录一（1）注释1。

№ 159

1805 年 9 月 13 日。Ю. А. 戈洛夫金使臣就库伦办事大臣蕴端多尔济、福海要求缩减使团随员呈交礼品清单和推迟派遣俄国教士团等事给他们的信

//74//至圣至尊伟大君主、拥有全俄专制君主等尊号的亚历山大·保罗维奇皇帝驾前特命全权使臣、二等文官、枢密官、院部大臣、至尊的皇家宫廷和俄罗斯各骑士团总司礼官、御前侍从官、赏戴勋章尤里·亚历山德罗维奇·戈洛夫金伯爵致大清国博格德汗驾前库伦办事大臣郡王与昂邦先生函

伊尔库茨克副省长希什科夫接到郡王与昂邦二位先生最近写于仲//74 背面//夏月 29 日的来函①后，向本人报告称，阁下要求本人酌情缩减随员中的冗员以及军事官员②。为此应向二位说明，我至仁君主全俄皇帝出于向博格德汗陛下表明特殊尊敬、大力彰显业已顺利存在于两国间睦邻友好关系之愿望，//75//不囿于往日成例，特指派一最佳之使团，谕令其所有成员务要体念我皇帝对博格德汗陛下无上景仰之情及敦睦之心。我至仁君主亲擢本人于随侍左右的大臣之中，

---

① 见 109 号文件。

② 底稿草稿和满文抄件中有“拉布杜勘—伊—艾肯布齐—阿羌比”字样，即应大加缩减（见 220 页和 77 页注释。——莫罗兹）。

授予本人全权使臣崇高称号，为其指定了数量合乎礼制的显贵官员和各种职吏为随员，以适配本人蒙受圣恩拥有的重要职衔、官阶和身份。

郡王与昂邦先生，听了本人对我君主意向的说明，二位当可判定，本人//75背面//怎敢按二位的要求缩减随员。正如本人上面所说，随员的组成，完全是为了表达我大君主对博格德汗陛下怀有敬意，说明他对汗陛下心存友好。本人现在及今后在任何情况下，都将永远遵奉为我制订的一个主要原则，即为防止和避免一切可能遭遇的难以预料的困难而尽心竭力。

郡王与昂邦先生要求预先通报我至仁君主、全俄//76//皇帝为昭示友谊[①]命本人呈送给博格德汗陛下的礼品清单。为此应向二位说明，根据以往规定，该清单应在礼品顺利运抵博格德汗陛下京城、贵我两国尊崇的宫廷就此举行仪式后，由本人立即呈交给有关人士[②]。对此本人坚信不疑，因为贵国大君主[③]洪福齐天，礼品定能完好无损地运到。

根据全俄理政事枢密院的呈文，全俄[④]皇帝//76背面//陛下已颁发圣旨，命本人在得到贵国理藩院有关教士团入境的相应命令之前，暂停该团的派遣。因此随同本人在途中举行祈祷仪式的将只有三名神职人员。

本人当会把抵达边境的消息及时知会郡王与昂邦大人，希望贵方能以适配本人崇高职衔的方式作出接待本人之一切必要安排。

---

① 这里和以下的着重号为文中原来所有。

② “有关人士”这几个字写于该页右侧页边。

③ “贵国大君主”写于该页左侧页边。

④ “全俄”写于该页左侧页边。

专此奉达，并签名盖章。

1805 年 9 月 13 日发自省城伊尔库茨克。

74 页正文下方为：№ 8。

俄罗斯帝国对外政策档案馆圣彼得堡分馆，总档 1—7，目录 6，1805 年，案卷 1a，卷夹 24，74～76 页背面。底稿草稿。

经 Ю. А. 戈洛夫金审核过的抄件存同处，93～95 页。

满文底稿存同处，77～78 页背面。

Ф. 桑热哈耶夫拟定的蒙文底稿存同处，79～80 页背面。

俄文抄件存中国第一历史档案馆，中俄关系史俄文文件藏档，案卷 11，23～28 页。

使团办公厅抄文簿抄件：俄文本存俄罗斯帝国对外政策档案馆圣彼得堡分馆，总档 1—7，目录 6，1805 年，案卷 7a，卷夹 26，139 页背面～141 页背面；同处，亚洲司图书馆全宗，目录 505，1806 年，案卷 32，6～7 页背面①；满文本存俄罗斯帝国对外政策档案馆圣彼得堡分馆，总档 1—7，目录 6，1805 年，案卷 1a，卷夹 26，37～38 页背面；蒙文本存同处，38 页背面～39页背面。库伦办事大臣衙门抄文簿抄件：满文本存蒙古国立中央历史档案馆，藏档 M-1，案卷 639，219～223 页②；蒙文本存同处，224～227 页。

---

① 7 页背面为：1805 年 9 月 15 日发自省城伊尔库尔茨克。

② 219 页为：八月十三日，即 9 月 23 日。

№ 160

1805 年 9 月 13 日。Ю. А. 戈洛夫金使臣就抵达伊尔库茨克、路途艰险及准备向恰克图进发等情况呈亚历山大一世皇帝的奏章

//87//君主陛下：

臣经过几近两个月旅行，现已抵达伊尔库茨克。臣应向皇帝陛下坦言，近两个月的旅途，较之陛下恩赐臣视察西伯利亚诸省的任务，实在是太漫长，太令人疲倦了，行行复行行，无时无刻不使臣感到乏味。

奉皇帝陛下谕令，//87 背面//臣已将枢密院最近致北京理藩院的文书[①]转交总督先生，以便按常规发出。臣亦乘机附上了给库伦办事大臣的回信[②]。回信中臣根据陛下的谕令，对其近来提出的种种要求做出答复。现荣幸地把回信抄件附上。臣在这第一次同中国当局的交往中，力图遵循软硬结合的原则。臣负有维护我皇帝陛下利益的光荣职责，定将对这一原则坚守不渝，认为它既为必要，亦为合理。说它必要，是因为要把我皇帝陛下的强大与情感尺度真实地向//88//中国人昭示，这一点极为重要；说它合理，是因为在我们的相互关系中他们多年来也还令人满意地尽着谦恭有礼的全部义务。根据臣就此搜集的情报来看，在这条漫长的边界上，双方提出的要求数量都不多，解决起来也并不费力。臣正致

---

① 见第 144 号文件。

② 见 159 号文件。

力于维护这种良好和睦的关系，以及由此而对帝国福祉产生的明显利益，同时我皇帝陛下的谕令亦将得到执行。但为了进一步发展，以达到臣预期的目标，就需要驱散包裹着中国政府的//88背面//重重迷雾，这倒是一件更难办的事。臣冀望在此间能获得一些情报，为臣照亮道路，但中国人却对有关其帝国内部的一切情况讳莫如深。他们对邻居的事好奇心极强，对自身的事务却善于缄默不语。这两点他们做起来同样极其得心应手。臣得到一些有关［克尔克孜］边境的情报，并通知了恰尔托雷斯基公爵①，根据情报判断，对方的注意力似乎正在转向这一地区，而且克尔克孜中玉兹瓦利汗的计划对他们有利，我方应密切关注。奥恰科夫围困战[1]之后，波将金公爵曾制订过一个对中国人开战的方案，//89//对方立即得知了这一计划，并得知了托博尔斯克所做的准备。对此事的回忆以及边界上与重兵为邻的情况，很自然会迫使他们在该地区设防并削弱我们，他们特别希望把臣服于帝国的那些民族都拉到自己一方去。

臣在此间已同使团的六个组会合，并将其中五个应该就位的组打发上路。运送镜子和玻璃制品的人员由于道路太糟而行进迟缓。臣对进入中国时他们能否抵达已失去希望。但愿一切能完好无损。两个月来阴雨连绵，西伯利亚道路坏到无以复加。//89背面//这样的夏天从来没有人见过，道路难行，尽管采取了一切可能的措施，［使团］各组事故还是屡屡不绝，实在需要人员和马匹方面的特殊帮助。这次旅行正值收获季节，麻烦在许多地方都使得使团举步维艰，特别是在居民稀少的地方。信使乘坐的马车至少得套上六匹马，由此可见其他。装玻璃制品的大车需由数人从两旁扶持，方

① 见152号文件。

能行进。臣向这个部门派去一名官员，带去1000卢布，以备在特殊情况//90//下给不得不征用的人夫和马匹支付费用。

学者、艺术家，特别是皇帝陛下的随从军官，充分利用了途中的时间。多夫列上校极其细心地测绘了从莫斯科到此间的路线图。这份工作对纠正地图可是非常非常有用，值得向君主陛下推荐，说明完成此项工作的人员对陛下热心报效，勤勉可嘉。

臣认为抵达此间后，有必要向使团成员晓示我皇帝陛下有关严格遵守秩序和纪律的谕令，现荣幸地将就此下达的指令①副本随本报告呈上。

//90背面//臣虽对使团各部门下达了严格而又准确的指示，但随员人数如此众多，行进中难免出现种种弊端。就此臣曾亲自征集并向各省长大力征询意见，因而严重事件尚未有发生。尽管如此，臣认为必须派出一个纠察委员会，臣将根据该委员会的报告，对有关人员给予处罚。

担任护送任务的龙骑兵和哥萨克现驻扎在恰克图附近农村。据最近收到报告称，人员和马匹均状态良好。

运送使团渡过贝加尔湖的船只现已准备就绪[2]。已有几批人员渡过。//91//臣将根据人员抵达情况，命人员陆续渡湖。对伊尔库茨克省的视察业已结束，待加入恰克图一路视察［有结果］后，臣将由当地把西伯利亚各省情况的报告汇总呈奏我皇帝陛下。

宫廷低级侍从古里耶夫因马车损毁，于距此50俄里处脱离［使团］所属部门，遭匪徒袭击，开了四枪，幸未击中。他被拖进森林，绑到一棵树上，随身携带的少许银钱也

---

① 见156号文件。

被抢走，折磨了两小时，弃之而去。//91背面//所幸这些不幸的人对他并未加害。这位青年的遭遇虽极为可怖，但他沉着勇敢，甚堪嘉许。匪徒走后，他即设法挣脱绑绳，并为仆人和车夫松绑，且于获得自由后并未急于走开，而是打起精神，搜集那些属于匪徒的、对破案可能有用的物证。现此案正在调查中。前不久省长先生还在沿途增设了无数岗哨和卫队。这些匪徒还不是团伙，仅是几个沦落到这里的罪犯，既无栖身之所，又无//92//生存之道。

臣等身历各种艰难困苦，前途境况亦然，但一想到全团上下将满怀愉快心情共同庆祝至尊至爱君主的加冕盛典，欣喜之情油然而生。在这一天，臣等将献上热情洋溢的话语，以表对我皇帝陛下的崇敬爱戴和竭力效忠之情。之后，臣将立即登船，争取月底前抵达边境。根据中国人最近的意图，臣等于10月初始能踏入他们的领土。但愿不要出现意外的困难，而在这个国家，出现意外困难//92背面//的因由比比皆是。

谨向君主陛下表示最深挚的敬意。

您最卑微、最恭顺、最忠诚的臣仆

戈洛夫金伯爵

1805年9月13日于伊尔库茨克

87页正文下方为：№2。

92页背面正文下方用俄文书写：1805年10月22日收到。

俄罗斯帝国对外政策档案馆圣彼得堡分馆，总档1—7，目录6，1805年，案卷1a，卷夹24，87～92页背面。法文原件。Н. Б. 祖布科夫译自法文。

使团办公厅抄文簿法文抄件藏同处，卷夹41，2～6页；同处，卷夹 46，166 页背面～170 页。

注释：

［1］1768－1774 年俄土战争期间，奥恰科夫是土耳其舰队在黑海北岸的主要基地。1787－1891 年俄土战争初期，土耳其人加固了奥恰科夫的防御，强化了 1.5 万人的卫戍部队，这时的奥恰科夫成为军事行动中心。波将金把奥恰科夫从 1788 年 6 月一直包围到 12 月，最后对要塞发起冲击，并于 12 月 6 日攻克。1791 年《雅西条约》使德涅斯特河到库班的整个黑海北岸，其中包括克里米亚，都划归俄国，该条约还加强了同土耳其关系的政治立场（《苏联大百科全书》，莫斯科，1955 年，卷 31，483 页；《外交词典》，卷 3，616 页）。

［2］当地商界在使团渡过贝加尔湖时对使团提供了力所能及的帮助。比如，伊尔库茨克“商人杜多罗夫斯基对公家利益十分热心，用自己的船把前往中国的使团各部运过贝加尔湖，就时价而言，他赞助的钱数超过 5000 卢布”（《圣彼得堡杂志》，圣彼得堡，1806 年，№ 11，2 月，154 页）。瓦金报道说，为了把使团运过贝加尔湖，“雇用了船主”梅利尼科夫和杜多罗夫斯基的船（В. И. 瓦金：《1805 年出使中国的戈洛夫金使团》，137 页，行下注释）。Ю. А. 戈洛夫金于 1805 年 9 月 26/27 日从波索利斯克乘大木船渡过贝加尔湖，但这次越湖旅行并不十分顺利：在波索利斯克码头船搁浅了（《圣彼得堡杂志》，№4，178 页）。

［3］索伊莫诺夫，费多尔·伊万诺维奇（1682－1780），西伯利亚总督、海军中将、枢密院总检察官、俄国水文学家和地图测绘专家。1740 年受到参与阴谋反对 Э. 庇隆的指控，流放到西伯利亚服苦役，1742 年被解放。1757 年任西伯利亚总督，建议成立了一系列北冰洋和太平洋探险队（В. Г. 冈察洛夫：《Ф. И. 索伊莫诺夫——俄罗斯第一位水文学家》，莫斯科，1954；Д. М. 列别杰夫：《彼得大帝时期俄国的地理学》，莫斯科－列宁格勒，1950）。1759 年曾把 34 件清国满文、蒙文和拉丁文文书正本移交外务院。其中有些文件在外务院被翻译出来，还有一些又送还托博尔斯克，后同该省政府衙门其他档案资料一同毁于大火。现在翻译出来的材料和毁去文件的清单藏于俄罗斯国立中央古代文献档案馆。（《18 世纪俄中关系》，卷 1，26 页）（这条注解在正文中找不到相应内容和注脚编号。——中译者）

№ 161

1805年9月13日。Ю.А. 戈洛夫金使臣致副外务大臣 А.А. 恰尔托雷斯基的紧急报告，告知清朝边务当局对俄国使团产生兴趣以及 И.Ф. 克鲁森施特恩考察队引起的种种担心

//82//公爵先生：

我在送皇帝陛下的报告①中呈请陛下留意卑职致库伦办事大臣信件的副本。② 拟定该件时，卑职依据的是阁下7月31日所赐急件③中赞同的原则。枢密院的文书④也同该信一并送出。

中国边境上仍在神秘地沉默不语。甚至有一种在边界那边仿佛没有生命的感觉。至于中国//82背面//边境官员的行为，他们表现得还是很友好，愿意和睦相处。同时也由于使团的到达而流露出不安和好奇。买卖城（与恰克图相对的中国贸易点）⑤ 地方官员常请俄国边境专员过去做客，谈的都是使团之事。为了更好地了解情况，卑职向恰克图派出一名秘书，密令⑥他察看一切，于卑职抵达时报告。我打算20

---

① 见162号文件。

② 见164号文件（应为159号文件。——中译者）。

③ 见第142号文件。

④ 见144号文件。

⑤ 括号为原文所加。

⑥ 见166号文件。

日左右离开这里，此前将组织翻阅档案资料、复制地图、搜集一切必要的情报。但是一切都散失了，不见了，最重要的文件都//83//找不到了，有些损失的确无法挽回。

最近卑职有幸经由来自鄂霍茨克的信使给公爵带去一份紧急报告[①]，其中卑职只是简要地向阁下提到，对克鲁森施特恩船长抵达广州所引起的麻烦是多么担心害怕，为此深感不安。公爵阁下，您一定记得，卑职曾几次向阁下表明，我对这种突如其来的举动是多么担心，更何况连个手续都未办理，而办了手续本可以免除较大的风险。如果担心受到指责说有偏见而不敢把话说得更清楚，那么我现在就会小心谨慎，不会再进而讨论我所不了解的关于5月1日派信使去见//83背面//克鲁森施特恩的原因。当时卑职的任命早已广为人知，完全可以利用这个机会，向克鲁森施特恩发出新的指令。不过卑职认为，既然事关我君主和祖国的福祉，那自己就有权说出自己的想法。为防止卑职所担心的麻烦，经过深思熟虑，卑职只找到一条出路。卑职在所附报告中，已有幸将意见呈报皇帝陛下。公爵阁下，看在您热心一切善举的分上，而且我似乎也可以请求您看在阁下对卑职感情的分上，恳请阁下提请陛下注意这份报告。卑职并不是为日后替自己辩护做准备。//84//这是我的责任感和信念在驱使我说出普普通通的大实话。

随员正开始集结，我将把其中的一部立即派往边境。除个别情况不得不采取相应的严厉措施予以纠正外，卑职对所有组成人员深感满意。其中有些人尽心用力，成绩卓著，值得称赞。

卑职等在西伯利亚走过的道路艰难至极，无法想象。卑

---

① 见154号文件。

职已命令运送玻璃制品的车马上冻之前不再前进。如果它们赶不上同卑职一道进入中国，我将安排人员护送。宁肯让它们比别的礼品//84 背面//晚些运到，也比东西碰得粉碎要好。如果是这种情况，卑职将在新年时呈献这批礼品，或者再等到另外一个大的节日。

谨向公爵阁下致以最大的敬意。

阁下最恭顺、最忠诚的仆人Ю. 戈洛夫金公爵

1805 年 9 月 13 日于伊尔库茨克

82 页正文下方为：送 A. A. 恰尔托雷斯基公爵阁下。

同处：№ 5。

最后有一张空白页，未注明号码，上用俄文写着：1805 年 10 月 22 日收到。

俄罗斯帝国对外政策档案馆圣彼得堡分馆，总档 1—7，目录 6，1805 年，案卷 1a，卷夹 24，82～84 页背面。法文原件。H. Б. 祖布科夫译自法文。使团办公厅抄文簿法文抄件存同处，卷夹 41，105 页背面～107 页；同处，卷夹 46，201 页背面～203 页。

№ 162

1805 年 9 月 13 日。Ю. А. 戈洛夫金使臣就使团抵达北京前俄国船只在广州的出现将可能导致同清朝方面的谈判中断一事呈亚历山大一世皇帝的奏章

//98//君主陛下：

最后一次晋见时，陛下曾告慰微臣，即使微臣今次的使命，结果仅限于使我国同中国的关系保持现状，陛下也会感到满意。微臣听到后，深受两种鲜活的感情所鼓舞：一种是//98 背面//深深的感激之情，感谢陛下的宽慰，它能使微臣振作；还有一种是热切的冀望，冀望取得比微臣身受的宽容更大的成功。皇帝陛下把使团交付微臣操办，为它铸造了辉煌，下拨了经费，当然有权从中期待某些利益，但中国政策所造成的困难和不确定性，以及对该帝国现状的无知，却逃不过我皇陛下洞悉一切的目光。

陛下的仁慈，赋予一切以更广阔的回旋余地。而且陛下事先当然还采取了一切措施，以减轻外交人员无功而返那一沉重时刻的痛苦。微臣担心//99//无功而返的这种感觉，可以向陛下提供保证：微臣将不懈努力，务求避免这一局面发生。但微臣从来不愿对面前可能出现的困难和不利条件视而不见，必须向陛下承认，越是对领受的各种使命有所了解，就越是会深感遗憾，因为对中国现状缺乏准确情报，致使微臣无法赋予训令以明确的情报基础，无法使微臣从容不迫而又目标明确地向前推进。微臣只是在起程前夕才接到文件，但在此之前很久，便已预先告知恰尔托雷斯基公爵，在微臣看来，//99 背面//有些情况可使俄国同中国的关系蒙受最

大的危险，而最近关于列扎诺夫先生考察队的消息更使这种危险变得不可避免。陛下，这里指的是克鲁森施特恩船长的船抵达广州一事。恰尔托雷斯基公爵认为微臣的意见十分重要，给微臣出了好多主意，想帮助微臣找到办法，以防实堪担心的恶劣后果发生。微臣总是希望，这次远航的意外变化，会使考察停顿下来，或使其达不到目的。但最近从鄂霍茨克得到情报，这个愿望落空了。克鲁森施特恩船长现正围绕萨哈林岛航行。在堪察加彼得罗巴甫洛夫斯克//100//港装上毛皮之后，便将直航广州。这样一来，总是在打探而又生性多疑的中国人，就会发现俄国船只正在阿穆尔河附近察看海岸，而阿穆尔河口正对着萨哈林岛，还会发现这艘船驶入其中一个港口。微臣不该讨论，为什么就这样的意图中国人事先未得到通知，或者为什么至少不先等一等，以便我们这个使团说服中国人同意。但微臣现在是直接向陛下奏报，知道陛下在同其他国家关系中所奉行的，是高尚而诚实的政策，所以要问：如果某个国家根据条约在我帝国边境设有两个贸易点，//100 背面//而自由进入我国港口的请求又屡遭拒绝，现在却突然出乎意料，在未得到陛下同意的情况下便闯入港口，陛下对这样的行动是否会满意呢？是否会认为自己不仅有权把这条船赶走，而且还要在享受此类特权的所有贸易点都中断一切关系呢？

此外，微臣还要斗胆问一句，如果这个国家的使臣在声明中提出，他的政府可享受与其他国家同等的权利，故命令本国船只驶入该港，而且今后还将重演类似的考察活动，那陛下是否会乐于提供所要求的特权呢？//101//这正是微臣所领受的训令中的原话。不，陛下，即使是您的公正，亦无法推翻类似的比方。目前的情况下，问题涉及的是一个专制暴虐、怯懦多疑的政府，是一个注重繁文缛节的政府，是一个向弗拉基斯拉维奇伯爵声称宁肯让俄国人越过长城[1]也不让他们的船只驶入广州、向布拉季谢夫声称俄国人因为开始在音果达河上造船而永远不得在阿穆尔河上航行的政府，可是结果又能有多大的区别呢！

当微臣领受责任就进入广州港和阿穆尔河自由通航问题进行谈判时，是知道这些条件的，//101 背面//但微臣总是希望克鲁森施特恩船长的考察可能会延期。微臣不敢对陛下隐瞒，甚至期望过这个为时过早的步骤会产生最可悲的后果。这个步骤能在顷刻间毁掉今次使团可能取得的一切好处，甚或摧毁中国人所有的良好意愿。本来还有时间克服这一重大困难，假如五月一日在向鄂霍茨克派遣机要信使时能给克鲁森施特恩船长下达一道新的指令的话。但微臣却没有收到派遣信使的通知。陛下，请您不要以为微臣在这里是想要利用未来的失败而自夸自矜。不，陛下，微臣是作为一名忠实的奴仆来同陛下自由交谈的，//102//而您是一位非常公正的主人，绝不会把起因不在微臣的后果加罪于微臣。微臣坚信有幸向陛下报告的这些内容，一定会说服陛下亲谕克鲁森施特恩船长不得进入广州，以等待新的指示，因为如果在堪察加几乎完全没有希望遇上他，就不得不还有一个重要考虑：我们不想让他的船员跑到一个不供应生活必需品的地方去受难挨饿。把这样一种严肃责任承担起来的决心，可比任何其他证明//102 背面//都更有力地使陛下相信，微臣的意见是真诚的。不过，尽管存在这些障碍，生了病总不能不求医药，不管微臣的办法提得多么晚，但至少我一定会恪尽自己的责任。

因此，微臣将派出专使，给克鲁森施特恩船长发去信函。特荣幸地将此信的副本①附上，恭呈陛下御览。如果这封信能到达他手中，我们起码能事前做一个商谈，免得在我们的声明中相互矛盾。微臣到达北京后，将抓住第一个有利时机通知内阁，说我皇//103//陛下鉴于两国之间现存的友谊，敦请他们对我国船只予以友好热情的接待，如果政治局

---

① 见 165 号文件。

势迫使它不得不进入广州港的话。根据这第一个建议所产生的印象，微臣将再做努力，以便将来能获取这种权利。在微臣想到的各种方法中，我觉得这个方法最体面。最后，如果微臣的所有担心均无根据，我将会比亲自获得成就更为幸福。微臣尽心竭力为陛下效劳，有义务做出这一诚恳//103背面//真挚的解释，也是对自己应尽的责任。微臣唯有接受义务和真理的命令，别无他言。

谨向陛下致以最深切的敬意。

陛下最卑微、最恭顺、最忠诚的臣仆戈洛夫金伯爵

1805年9月13日于伊尔库茨克

98页正文上方为：№3。

103页背面正文下方用俄文书写：1805年10月22日收到。

俄罗斯帝国对外政策档案馆圣彼得堡分馆，总档1—7，目录6，1805年，案卷1a，卷夹24，98～103页背面。法文原件。**Н. Б.** 祖布科夫译自法文。

使团办公厅抄文簿法文抄件藏同处，卷夹41，6～9页背面；同处，卷夹46，170页背面～174页。

注释：

［1］中国长城建于公元前3世纪，后不断加长和修固。有大量文献介绍长城，比如，Н. Я. 比丘林：《蒙古札记》，卷1，26页，46～56页；Л. С. 瓦西利耶夫：《中国长城》，载《历史问题》，1971，№1；《18世纪俄中关系》，卷2，593页。

№ 163

1805 年 9 月 13 日。Ю. А. 戈洛夫金使臣致信副外务大臣 А. А. 恰尔托雷斯基，警告同清朝方面的谈判可能因 И. Ф. 克鲁森施特恩的考察而中断

//85//公爵阁下：

卑职旅途匆匆，诸事缠身，致使同阁下的联系只限于公务，未能向阁下表达您完全当之无愧的倾慕之情。然卑职实难自禁，急欲以此情奉告阁下，其真切之意，犹胜阁下相待之殷殷也。

无论是在报告或紧急呈文中，卑职均未敢放过任何一件值得阁下注意的事情。卑职甚至想，这是否会占据您过多的时间。但应该指出，//85 背面//由于卑职奉命办理的事多年来一直处于完全被遗忘的状态，每一步都会遇到空白和障碍，最需要的情报、最重要的文件要么散失，要么损毁，只好想办法到旧资料中去寻找，或者以旧资料形成新资料，以求恢复照我看来注意得很不够的事业。卑职不敢抱希望一定能办好这样的差事，但希望能开一个好头，以求后面的工作能够继续下去。但卑职无法对您，公爵阁下，隐瞒看到克鲁森施特恩船长到广州考察时我心中痛苦的感觉。它威胁到卑职奉命办理的差事取得成功，甚至会有使我国同中国现存友好关系完全遭到破坏或产生新麻烦的危险。本来卑职有很好的机会防止这次考察产生一切不良后果，//86//但派信使到堪察加去见他一事却对卑职保密，不能不使卑职感到气恼。如果卑职以其人之道还施彼身，牺牲国家利益，引起敌人恼

怒，那只需对这种错误做法听其自然，当可让那些人承担全部责任。上帝保佑，卑职没有采取这种办法。卑职一定要尽一切努力，以防他们可能由于无知或心肠狠毒而制造的灾难。让他们对卑职提出决斗的挑战好了，我可以同意，但他们不应把公家的利益同我们的私事夹缠在一起。公爵阁下，既然阁下尊重卑职，那就希望阁下设法请陛下留意卑职有幸就广州考察一事呈送给陛下的那份报告①。如果得知皇帝陛下支持卑职的意见，那将是对卑职最大的奖励和鼓舞。假如事件最终证明访华使团的唯一作用在于从某种程度上纠正广州考察的恶劣后果，那//86 背面//陛下起码将会知道，卑职为取消这次考察已尽了全力。促使卑职采取这些步骤的动因，是对自身责任的认识以及对声誉的珍视。

旅行之艰难无以复加，令人疲惫，种种事情使卑职不堪重负，导致健康大受损害。卑职亦从未有如此刻般清楚感到，因遵奉我皇的旨意而蒙受的牺牲竟有如此巨大。但卑职亦从未有此刻这般高兴，因为我决不把这些东西放在心上，因为任何评价都抵不上我心目中应有的价值。如果卑职有幸经受住所有灾难的考验，那遵奉旨意和尽责尽力所得到的快慰将是对所有灾难的补偿。如果能不负卑职的期望，让卑职得到这种补偿，对卑职表示同情并表明态度，卑职将因此而感到幸福。希望公爵阁下能允许卑职把阁下看成是这样的人。窃以为现在除深深的尊敬之情外，还可以向阁下表示深深的感激之情。公爵阁下，荣幸地向阁下致以深切的敬意。

您最恭顺、最忠诚的仆人 Ю. 戈洛夫金伯爵

① 见162号文件。

85页正文上方左侧为：私人信件。

同处，右侧为：1805年9月13日，伊尔库茨克。

俄罗斯帝国对外政策档案馆圣彼得堡分馆，总档1—7，目录6，1805年，案卷1a，卷夹24，85～86页背面。法文原件。手稿。**Н. Б.** 祖布科夫译自法文。

使团办公厅抄文簿法文抄件存同处，卷夹41，107页背面～108页；同处，卷夹46，201页背面～203页。

№ 164

1805 年 9 月 13 日。伊尔库茨克民事省长 A. M. 科尔尼洛夫致库伦办事大臣蕴端多尔济、福海的信，告知 Ю. A. 戈洛夫金使臣已抵达伊尔库茨克，使臣已向他们发出信函，枢密院就向北京派遣俄国教士团例行换届人员事有文书致理藩院

//120//全俄专制君主皇帝陛下伊尔库茨克民事省长四等文官赏戴勋章科尔尼洛夫致大清国博格德汗陛下库伦办事大臣郡王与昂邦二位先生的信

伊尔库茨克副省长希什科夫于收到郡王与昂邦二位先生 10 年仲夏月 29 日关于缩减出访中国的使团随员人数等事的来信[①]后，按二位先生要求，即将此事报告特命全权使臣、二等文官、枢密官、国家院部大臣、//120 背面//宫廷和俄国所有骑士团总典礼官、宫廷侍从官、赏戴勋章尤里·亚历山德罗维奇·戈洛夫金伯爵阁下。戈洛夫金伯爵已于日前抵达伊尔库茨克，并认为有必要就二位先生所提出的各种事项向你们发出专函[②]。

我借此机会愉快地通知郡王与昂邦二位先生，特命全权

---

① 见 109 号文件。

② 见 159 号文件。

使臣先生率其随员拟于本月末由伊尔库茨克出发①。

至于挽马问题，由于贵方//121//没有这种马匹，我方已经备好。

收到我理政事大枢密院致贵国大理藩院的文书②一通，现随此函奉寄郡王与昂邦大人。该文书告知将按照先例，单独派教士团和学员脱离使团去北京，以接替现驻该处的人员，望二位大人按适当程序，将该文书送往北京。一俟准许该教士团人员入境的命令到达贵处，切望通知本人，以便相机下达命令派遣过境。

为将特命全权使臣//121 背面//尤里·亚历山德罗维奇·戈洛夫金伯爵大人的信尽快送达二位大人，今派大尉衔信使桑热哈耶夫带同跟随人员前往贵处。

特亲笔签署此信，加盖印鉴予以确认，发自省城伊尔库茨克。

1805 年 9 月 13 日。

121 页背面正文下方为：经伊万·谢利丰托夫审核。

俄罗斯帝国对外政策档案馆圣彼得堡分馆，总档 1—7，目录 6，1805 年，案卷 1a，卷夹 22，120～121 页背面。经核验的抄件。А. Г. 符拉德金翻译的满文底稿存同处，122～123 页。

俄文抄件存中国第一历史档案馆，中俄关系史俄文文件藏档，案卷 11，31～34 页。

使团办公厅抄文簿抄件：俄文本藏俄罗斯帝国对外政策档案馆圣彼得堡分馆，总档 1—7，目录 6，1805 年，案卷 1 ，卷

① 接着用铅笔勾掉：何时抵达边境，现在无法确定时间。

② 见 144 号文件。

夹28，40～41页；满文本藏同处，41～42页。

库伦办事大臣衙门抄文簿抄件：满文本藏蒙古国立中央历史档案馆，藏档M-1，案卷629，233～235页①。蒙文本藏同处，236～238页。

① 233页上为：八月十三日，即9月23日收到。

№ 165

1805 年 9 月 14 日[①]。Ю. А. 戈洛夫金使臣从伊尔库茨克寄往堪察加彼得罗巴甫洛夫斯克给 И. Ф. 克鲁森施特恩船长的信，内含在广州同清朝当局谈判时的几点建议

//104//使臣戈洛夫金伯爵 1805 年 9 月……日[②]由伊尔库茨克寄给克鲁森施特恩船长的信（抄件）

阁下：

阁下远离祖国已二年有余，因此无法得知某些值得注意的事件，其中之一便是本人被任命为出访中国的使臣。此事无疑值得您注意，因为它使你我之间发生了关系。虽然我们的任务途径不一，但它们都向着同一目标推进，这便是为国家谋利益。由于阁下奉命率船驶往广州，而本使臣的义务是帮助阁下得到良好接待，促使中国政府同意向阁下提供这一行动可能获得的种种好处，我们的任务因而就更加紧密地联系到了一起。阁下，我常常因为没有机会同您讨论我们应共同采取的措施，以便协调行动而真心实意地感到非常遗憾。如果往鄂霍茨克派遣//104 背面//信使给阁下送达新的指示

---

① 日期标在使团办公厅记录簿的相应栏目中（见原文件说明）。

② 文中未标明具体日期。

一事不向我保密，我定会立即利用这一机会，向阁下介绍我所得到的训令中有关阁下进入广州港的各点，以便同阁下商定一些最合适的方法，让中国政府对阁下的出现有所准备，以消除它对此事的疑虑。

阁下无疑知道，这个民族是一个疑心很重、胆小怕事、死抱着琐细的繁文缛节不放的民族。之所以预先没有把阁下奉命驶往广州之事通知中国人，看来是希望当时正准备出发的使团能来得及通知北京政府。然而根据此间现有的航行情报，阁下拟于12月份抵达广州。这个时间我也许能抵达北京。我接到的训令要求把阁下的到达预先通知中国政府，了解它对此事的想法，让它明白俄国也应享有欧洲各国都享有的进入广州港的权利，所以命令阁下把这一港口作为目的港，//105//并打算此后经常开展类似的考察活动。不言而喻，只要情况允许，我将执行这些指示。可是如果您提前进入该港，致使我来不及预先将此事通知中国政府，或者发现因而会引起中国人的慌乱甚或蓄意阻挠，阁下明白，在这种情况下，我就必须使用其他手段，以便安抚他们，以保证阁下的考察成果不会付诸东流。如果我们缺乏信心，无法洞悉中国政府的意图，特别是你我分别在广州和北京发表的声明如果相互矛盾，就难免出现种种不利局面。为此，我想到一个办法，可以立即消除所有这些不快。

一旦情况允许——也许甚至在我抵达北京之前——我将设法通知中国政府，由于全俄皇帝陛下派遣阁下到美洲领地是在英、法、荷、西各国于东印度海宣战之前，//105背面//故无法就此事向你发出指令，而你的航程又十分遥远，特别是无法准确得知你所在的位置，更无法将指令转交给你；由于这场海战正在激烈地进行，今年欧洲向那里派去了庞大的舰队，交战各国已经来不及向各港口指挥官转达他们对我皇帝陛下的保证——要保护阁下经过这些海洋返回欧洲，故皇帝陛下对现存于帝国和中国之间的友好和睦关系寄予希望，一旦阁下迫于海战形势或政治形势（本人在西伯利亚期间，得知阁下在堪察加，曾将这些形势通过信使告知阁下），停靠广州港时，相信我皇在世界该地区的唯一盟友——中国皇帝——能够俯允。最后还要告知他们，我皇帝陛下特别珍视这种盛情。告知他们，如果你停泊广州，本人奉命还将就你返回欧洲的问题向你传达进一步的指示。

我不清楚在阁下抵达广州后会奉命//106//发表一个什么样的声明，但不管怎样，仍愿建议阁下，看在你我同殿为臣都是为至尊君主效命，行动应该一致的分上，只需照我前面所讲，简单解释一下停泊广州的原因即可。如果这一措施取得成功，不言而喻，有关你返回欧洲的进一步行动的命令等等当然都是杜撰。这样做没有别的目的，只是让你我能建立联系的借口。它们不应也不能对此前命令你所做的事产生任何影响。我只想对阁下说明一点：在中国政府就阁下的到达表明态度之前，限制一下阁下打算进行的商业交易是明智之举，这样才能够不破坏掩盖阁下停泊广州的借口。

此信向阁下提出的种种措施，我都要对皇帝陛下报告。这是我的义务，相信阁下定会理智//106背面//地思考，加以采用。

我觉得这封信能及时到达阁下手中的希望微乎其微，但事情太重要，所以任何微小的可能都不应忽视。而且，我将想一切办法，将副本送到广州，交给阁下。

至今未能有幸同君相识，实不能不说是一大憾事。阁下的才华、出色的成就和声誉都使我经常油然生出一种同你这位才华横溢的人物相识的愿望。请求阁下接受我的敬意和尊敬之情的真诚表白，荣幸地向你致意［……］

与原件核对无误：戈洛夫金伯爵。

106页背面用俄文书写：使臣戈洛夫金伯爵3号奏章附件，1805年。

俄罗斯帝国对外政策档案馆圣彼得堡分馆，总档1—7，目录6，1805年，案卷1a，卷夹24，104～106页背面。经核对的法文抄件。**Н. Б.** 祖布科夫译自法文。

使团办公厅抄文簿法文抄件存同处，卷夹41，180～182页；同处，卷夹46，228页背面～231页背面。

№ 166

1805年9月15日。Ю. А. 戈洛夫金使臣指派使团二秘 Я. О. 兰伯特前往恰克图时给后者的训令

//178背面//1805年9月15日于伊尔库茨克给兰伯特伯爵下达的秘密训令①

中国人不知安分、生性多疑，行事的借口往往十分荒诞，提出的要求也往往莫名其妙，其目的是要摸清谈判对手的脾性，或是掩盖秘密意图。

为了预防在类似情况下可能出现的困难和争论，本使臣认为有必要派一名代表先我一步行动。伯爵先生，由阁下承担此项任务，是本使臣的最佳选择。此次你到恰克图旅行的理由，是为本使臣和随员的到达做专门准备，比如住所、物品和车马的安置存放，视察现已位于当地的官员等等。阁下身为使团秘书，可携带一封本使臣给边境事务专员索科洛夫先生和海关关长瓦尼方季耶夫[1]先生的信，到达恰克图后可根据我的指示，立即开始搜集情报，务须时刻小心谨慎，以免中国人察知你此行的真正目的。

首先要了解中国官员接待使团及使团继续行进的准备情况：有哪些官员？多少人？如果可能，还应对负责接待和护

① 俄文标题置于正文左栏。

送//179//使团的官员性格有所了解。

使团的抵达总体上对社会舆论，特别是对中国商人的舆论造成何种影响？他们对使团的目的有哪些猜测？

促使昂邦要求缩减使团随员人数的真正原因是什么？

从北京派来迎接本使臣的是什么官衔？他可能拥有什么权力？

一般而言应采取何种措施方能既不违背他们的习俗，又不会引起他们不满？

中国人为这次旅行准备的食品储备、采取的防护措施等如何？我方还应提出一些什么要求？

本使臣对你提出这些问题，总体来说要求情报越准确越好，同时，你还要注意本使臣尚未预见到的其他各种问题，比如：当今中国君主及各位大臣的性格、帝国的内部状况、蒙古人和所属与俄国边境毗邻的其他民族的状况和情绪等等。

伯爵先生，我建议您不要过境，要拒绝中国官员可能向你发出的到他们那边去的任何邀请，可对他们声称，没有本人的特别允许，阁下不可以这样做。阁下//179背面//逗留恰克图期间，有一项重要工作是尽可能搜集有关阿穆尔河、该河的所有支流及与该河毗邻地区的情报。我认为无须提醒阁下，在这些调查工作中，要表现得极为理智，以免引起任何怀疑。在我们进入中国之前，阁下应为宫廷准备好一份有关阿穆尔河的备忘录，而这些情报对之可以是一个补充。如果有机会，你要让中国官员明白，我国今次的这个使团，是经过严格挑选的，其光辉荣耀大异常规，本使臣的尊崇与此前各位使臣的尊崇亦大有区别。而且时时处处不得忽视提高本使团尊严的机会，要求他们对本使团采取应有的态度。

关于商业的想法，甚至商业这个词本身，在我们同中国人的一切联系中均不应提及，阁下应以本人的名义责成所有官员，特别是海关官员，任何时候，任何情况下均不许提及本人是商务院大臣。阁下逗留恰克图期间，应多多了解翻译或通事的情况，让他们宣誓在护送使团过程中做更诚实的人。

阁下应在恰克图等待本人到来，一旦有重要消息需要通知本使臣，//180//可派护送阁下的信使[2]送来。

俄罗斯帝国对外政策档案馆圣彼得堡分馆，总档1—7，目录6，1805年，案卷1a，卷夹41，78页背面～180页。使团办公厅抄文簿法文抄件。Н.Б. 祖布科夫译自法文。

注释：

［1］瓦尼方季耶夫（瓦尼法季耶夫），彼得·德米特里耶维奇——四等文官；Ю.А. 戈洛夫金使团抵达时，已经任恰克图海关关长15年（见365号文件）；他曾向商务大臣 Н.П. 鲁米扬采夫抱怨，Ю.А. 戈洛夫金使臣和使团一些官员使他不得安宁（见382号文件）。

Ю.А. 戈洛夫金曾派 Я.О. 兰伯尔特去恰克图，1806年5月31日给他下达的训令中有对瓦尼方季耶夫的评论，从这个评论中可判断出他对恰克图海关关长的态度："你很清楚本使臣同这位海关关长的关系，清楚他的来信和本使臣从可靠来源获得的私人情报。因此必须建议你设法使他远离一切政治事务。而且，你应尽全力暗中监视他在边境的活动，这些活动极有可能都是反对你的。"（见374号文件）使臣把有些类似的报告还呈递给亚历山大一世，并报告其他上级机关（见351、375、403、405号和其他文件）。

然而据十二月党人 В.И. 施泰因格尔的看法，这是一位虽然有些古怪，但却是诚实的老人，当时他已经掌管恰克图海关25年，博得众人喜爱，称他为"老爹"。施泰因格尔娶瓦尼方季耶夫的女儿为妻，可想而知，对他十分了解。他女儿曾拒绝西伯利亚总督 И.О. 谢利丰托夫的儿子求婚（《В.И. 施泰因格尔札记》，《十二月党人回忆录》，载《北方社会》，莫斯科，1981，189页）。使团二等秘书 Я.О. 兰伯特也对瓦尼方季耶夫做出正面评述："卑职得知瓦尼方季耶夫先生的为人后，深为感动。这是一位充满责任感的人，是一位可靠而又热心的国民，他的教养同他对祖国的忠诚完全是一致的。"（见 171 号文件）

[2] Я. О. 兰伯特在途中向使臣发出一份报告（1805 年 9 月 16 日），内容如下：

"使臣先生，卑职来到贝加尔湖岸利斯特维尼茨科耶冬营后，没有别的办法，只好请来驾驶平底帆船的领航员法捷耶夫，让他尽快载我起航。当他问我是否有总督先生允许使用该平底帆船的命令时，我是何等惊奇呀。他拿出一道命令，根据命令他告诉我，他不能让我登船。现荣幸地将该命令抄本随报告附上。鉴于准备就绪的只有这只平底帆船，而其他商船（有一个词分辨不清——法文译者）都泊于 5 俄里外的河上，我得花上一昼夜时间，才能让它们顶风逆流驶到利斯特维尼茨科耶码头，因此卑职出示护照，并问法捷耶夫先生，他是否能够承担滞留钦差人员的责任，是否认为有了总督先生的命令，便足以不负滞留本人的责任。如果他认为是这样，那我就请他给我一份拒绝运载卑职的书面材料，并在该材料上注明我抵达此间的时间，俾卑职可在阁下面前证明，是他使卑职延误了执行阁下交付的特殊任务。卑职还补充说，昨天民事省长曾告诉卑职，途中一切均已为卑职准备就绪。

"领航员法捷耶夫终于同意让卑职登船，答应卑职，现在是逆风，一俟风向改变，立即起航。与此同时，他请求卑职将此事报告阁下，请阁下让总督先生收回这道命令。这样一来，如果风向仍旧不变，他还来得及得到运载卑职的许可。他可能指望卑职会相信他这种为求安逸而采取的最方便的办法，但是卑职将想一切办法不受他欺骗，同时在等待中也不必拒绝他所要求采取的步骤。

"卑职斗胆请阁下要求谢利丰托夫先生收回他给公家平底帆船所下的禁航令。我觉得已建成的那条平底帆船远未准备就绪，还需要几名工人，才能加快办事的速度。商船停在河上，要它们运货，还需刮起顺风，船只方能出航。而且我还觉得民事省长先生并不太了解贝加尔湖沿岸发生的事情。

"使臣先生，卑职谨向阁下表示最深的敬意，阁下最卑微、最恭顺的仆人兰伯特伯爵"（俄罗斯帝国对外政策档案馆圣彼得堡分馆，总档 1—7，目录 6，1805 年，案卷 1a，卷夹 30，1 页。Н. Б. 祖布科夫译自法文）。

№ 167

1805 年 9 月 17 日[①]。Ю. А. 戈洛夫金使臣给使团官员的通知：由于大清国境内可能道路艰难，故而要缩减服务人员和车辆

//661 背面// 致使团官员的通知[②]

由于不知道中国人为护送使团到北京将采用何种方法，故本使臣不得不通知使团各位官员先生，要尽量缩减手下的人员和车辆，此事即日开始进行，请把各位的同行人员和车辆数量通知使团办公厅。

661 页背面正文上方为：№ 410。

俄罗斯帝国对外政策档案馆圣彼得堡分馆，总档 1—7，目录 6，1805 年，案卷 1a，卷夹 42，661 背面。使团办公厅抄文簿抄件。

---

① 日期标在使团办公厅抄文簿的相应栏中（见注释，661 页背面）。

② 标题置于左侧页边。

№ 168

1805年9月18日[①]。Ю. А. 戈洛夫金使臣为伊尔库茨克救主升天修道院修士大司祭雅金甫[1]送来有关Л. В. 伊兹玛伊洛夫使团出访清帝国情况的札记而给他的感谢信

//662//致伊尔库茨克修道院修士大司祭雅金甫[②]

昨天收到阁下来信，其中有1720年访问中国的俄国使团的历史片断，谨向阁下表示感谢，并要愉快地告诉阁下，我本人认为，这是阁下对本使臣尽心竭力的表现。虽然此前已收到此类材料，//662背面//但对阁下的感激之情仍不减当时。

荣幸地致以［……］

662页正文上方为：№ 412。

俄罗斯帝国对外政策档案馆圣彼得堡分馆，总档1—7，目录6，1805年，案卷1a，卷夹42，662～662页背面。使团办公厅抄文簿抄件。

---

① 日期标在使团办公厅抄文簿的相应栏中（见注释，662页）。

② 标题置于左侧页边。

注释：

[1] 比丘林，尼基塔·雅科夫列维奇（修士名雅金甫）（1777—1853）——俄国杰出的学者、东方学家和汉学家，第九届俄罗斯驻北京教士团（1807—1821）领班。雅金甫·比丘林俗名是尼基塔·雅科夫列维奇·比丘林斯基，神甫雅科夫·丹尼洛夫之子，生于斯维亚加地区阿库列沃村。1786（1787?）年进入喀山宗教学校（1798 年更名为宗教学院）学习；毕业后留校任语法教师。比丘林 22 岁时成为修士，改用雅金甫这个名字。

1801 年雅金甫被任命为喀山圣约翰修道院主持，1802 年升为修士大司祭，被派任伊尔库茨克救主升天修道院和宗教学校长老。然而 1803 年雅金甫因违反僧侣誓言被转到托博尔斯克修道院，剥夺教会服务权利（П. Е. 斯卡奇科夫：《俄国中国学史纲》，90 页）。

1807 年 4 月 12 日正教院向外务院颁发教旨，根据戈洛夫金报告推荐（见 195 号文件）任命雅金甫为第九届俄国驻北京教士团领班，代替先前任命的修士大司祭阿颇洛斯（见 99 号文件注释 1）："兹派现住托博尔斯克兹纳缅斯基修道院在宗教学校任口才学教师职务的修士大司祭雅金甫前往北京教士团，替补当地修士大司祭空缺。"（见 474 号文件）枢密院关于用修士大司祭雅金甫代替前任教士团领班阿颇洛斯一事致理藩院的文书于 1807 年 5 月 7 日发出。雅金甫任第九届俄国教士团领班，于 1807 年 9 月 17 日从恰克图出发（П. Е. 斯卡奇科夫指出教士团出发日期是 1807 年 10 月份；见 П. Е. 斯卡奇科夫：《俄国中国学史纲》，91 页），于 1808 年 1 月 10 日抵达北京（见 524 号文件）。1808 年 4 月 22 日理藩院致枢密院的文书中通知说，第九届俄国教士团换届人员已顺利抵达北京："贵国神职人员和学员抵达京城后受到良好接待，由护送神职人员和学员的大尉谢苗递交的枢密院文书本院业已收到。"（见 513 号文件）

发给派往北京的大神甫、一等圣职、修士大司祭雅金甫的［训令］，是在特罗伊茨科萨夫斯克边务衙门为向中国派遣教士团召开的全体会议上拟定的（1807 年 9 月 17 日，俄罗斯科学院东方学研究所圣彼得堡分所图书馆，7 号藏档，目录 1，案卷 38/1121，11～18 页。抄件）。

比丘林在中国逗留了 13 年，在此期间他准备了并于返回俄罗斯后出版了大量有关中国及周边国家历史、地理、语言、文化方面的著作，在俄国的中国学方面构成了一个时代。H. Я. 比丘林从 1828 年 12 月 17 日起任科学院通讯院士。

关于比丘林及其著作可见：П. Е. 斯卡奇科夫：《俄国中国学史纲》，89～123 页及其他页（可见索引）；П. В. 杰尼索夫：《尼基塔・雅科夫列维奇・比丘林：一位东方学家的生平与创作活动纲要。纪念诞生 200 周年》，切博克萨雷，1977；《H. Я. 丘林及其对俄国东方学的贡献（纪念诞生 200 周年）》：学术会议材料，莫斯科，1977，卷 1；В. С. 米亚斯尼科夫：《俄国的中国学奠基人（纪念 H. Я. 比丘林诞生 200 周年）》，俄罗斯科学院西伯利亚分院通报（社会科学版），新西伯利亚，1978，№1，1 辑，98～102 页；А. Н. 霍赫洛夫：《H. Я. 比丘林及其有关 19 世纪上半叶蒙古和中国的著作（史料学的某些问题）》，《H. Я. 比丘林及其对俄国汉学的贡献（纪念诞生 200 周年）》，学术会议材料，莫斯科，1977，卷 1；Н. П. 沙斯季娜：《H. Я. 比丘林著作的意义》，载《俄国东方学史纲》（文集），莫斯科，1956，2 辑，194～197 页；В. А. 科列尼亚科：《面对东方：尼基塔・雅科夫列维奇・比丘林对科学的贡献》，《与历史相遇》，莫斯科，1988，2 辑，115～125 页；H. Я. 比丘林：《雅金甫・比丘林（自传札记）》，载科学院学术论丛，1856，卷 3，5 辑，665～672 页；В. Н. 克里夫佐夫：《走向长城之路》，长篇小说，列宁格勒，1972；同一作者：《集石时代》：长篇小说，《涅瓦》，1976，№ 11，34～93 页；№ 12，3～78 页；Н. С. 莫勒：《雅金甫・比丘林在孙女的遥远回忆中》，载《俄罗斯往事》，1888，卷 59，№ 8，271～300 页；№ 9，525～560 页。

№ 169

1805 年 9 月 20 日。Ю. А. 戈洛夫金使臣因缩减随员，建议志愿人员加入西伯利亚各省调查委员会向使团成员发出的号召书

//113//致使团职员先生

当皇帝陛下任命本人为出使中国的使臣时，对臣民幸福的父亲般关怀促使陛下利用本使团途经我国某些地区的机会。我本人有幸担任中途视察各省，特别是西伯利亚各省的重要任务，只能在行进速度和地区距离所及这两个条件允许的情况下，尽力满足我至圣君主的意图。在完成此困难任务过程中，本使团中许多同人机智敏捷，尽心竭力，向我提供协助，为此，本使臣向你们表示深深的谢意。我即将前往中国，故不得不为外交活动而牺牲自己的全部工作，同时，令本人深感遗憾的是我只能一般性地从事这项重要工作，而它本应是我视察的主要目的。西伯利亚幅员辽阔，居民种族不一，资料贫乏，//113 背面//有必要进行彻底的研究和考察，但时间有限，任务繁重，使本人无法完成搜集工作。这一重要的高尚工作不能进行到底，无法为祖国之父造福其遥远的但同样得到他关爱的子女树立丰碑打下基础，使我内心深感沉重。不，对这一造福社会的事业绝不应舍弃不顾，坚信本使臣暂离期间，这一事业将得到继续。为此目的，本使臣拟建立一个委员会，授权它继续完成本使臣业已开始的工

作，以新的研究成果使其得到丰富。能同完成这一事业的人士分享劳绩，我会感到幸福。我将更加愉快地呈请皇帝陛下慷慨地给予恩赐，奖励各方面所表现的热心和忠诚。

该委员会将从事下列工作，现已得到专门训示：

1. 西伯利亚以及由此至圣彼得堡沿途各省的历史和地理研究。

2. 对迄今政府向本使臣所提供情报构成补充的考察统计结果。

//114//3. 视察公益机关和慈善机构。

4. 搜集有关农业、工业和商业发展的一切考察结果。

5. 视察矿山、工厂、冶铁作坊、盐场、工场和手工作坊。

6. 考察可供建立企业的能够产生利益但鲜为人知的地方。

7. 研究纳贡民族的状况及其管理形式和纳贡办法。

8. 最后，委员会有义务搜集各种资料，以期反映西伯利亚全貌，引起政府对帝国境内这一有趣而又尚未加以研究的地区的注意。

使团成员在获得必要的训示、从有关省份最有学识、最有教养的人士处获得权威性建议和帮助后，可得到所希望的一切机会，以从事一项专门的工作。

各位使团官员虽品级和社会地位不一，但事实证明人人热忱可嘉，//114 背面//才华横溢。除了诸君，还有谁更值得我号召来参与这一值得尊敬的事业呢？谁比你们能更好地进行这一事业并把它进行到底呢？待到事业完成，等待你们的将是君主的隆恩和同胞的赞誉。我邀请你们与我共同参与宏图大计，以更大的信任和兴趣，期待你们以这次行动把缩减使团随员的沉重义务，变为有机会光荣地向皇帝陛下表示忠诚的满足。

不言而喻，凡愿参加委员会的同人，均可前往中国边境，并享受为使团提供的全部照顾。

1805 年 9 月 20 日于伊尔库茨克

经戈洛夫金伯爵与原件核对无误。

113 页正文上方为：抄件。

114 页背面用俄文书写：使臣戈洛夫金伯爵 1805 年 4 号奏章附件。

俄罗斯帝国对外政策档案馆圣彼得堡分馆，总档 1—7，目录 6，1805 年，案卷 1a，卷夹 24，113～114 页背面。经核验的法文抄件。Н. Б. 祖布科夫译自法文。使团办公厅法文抄文簿抄件存同处，卷夹 46，233～235 页。

№ 170

1805 年 9 月 22 日。西伯利亚总督 И. О. 谢利丰托夫致 Ю. А. 戈洛夫金使臣的公函，告知他已下令军事小分队前赴特罗伊茨科萨夫斯克要塞

//25//尤里·亚历山德罗维奇阁下：

由于尊敬的阁下向卑职发来 427 号公函，卑职已命令从西伯利亚防线派出现驻恰克图附近村庄的龙骑兵和哥萨克小分队：第一小分队驻距恰克图 25 俄里处，第二小分队驻距恰克图 22 俄里处的村庄，命他们的军官由那两个地方立即出发，前往特罗伊茨科萨夫斯克要塞，在当地等候阁下到达。

荣幸地把下达给他们的命令呈送给阁下过目。

谨向阁下表示完全的敬意和忠诚。

阁下最恭顺的仆人伊万·谢利丰托夫

1805 年 9 月 22 日于伊尔库茨克

25 页正文上方为：1805 年 9 月 22 日收到。

同处左侧：№ 212。

同处正文下方为：送 Ю. А. 戈洛夫金伯爵阁下。

同处左侧：№ 4394。

俄罗斯帝国交外政策档案馆圣彼得堡分馆，总档 1—7，目录 6，1805 年，案卷 1a，卷夹 10，25 页。原件。

№ 171

1805 年 9 月 22 日。使团二秘 Я. О. 兰伯特为由恰克图海关关长 П. Д. 瓦尼方季耶夫处获悉关于清方对俄国使团抱戒备态度的原因呈 Ю. А. 戈洛夫金使臣的报告

//120//伯爵阁下：

尽管卑职极力想在阁下交办的任务中找到表现勤勉忠诚的机会，但至今未能有任何满足这一愿望之建树。卑职现在向阁下报告的内容，均为瓦尼方季耶夫先生所述，卑职只是略加说明而已。卑职在转述他向阁下报告的内容时，做得甚至很不完整，因为到现在为止，卑职屡次试图说服他，//120背面//卑职不会利用他的信任而把完全属于他的功绩据为已有，但却未能奏效。因为年龄和经验的差别实在太大。卑职只好尊重他的这种不信任的态度，遵照阁下的指示，限于向他指出应该注意的基本问题，请他准备逐条回答。卑职应该承认，他常能毫无差错地预见到很多事情，甚至往往超出了卑职的料想。当卑职了解到瓦尼方季耶夫先生的为人以后，真是激动万分：他满怀忠贞的责任感，是一位热心的臣民，具有良好教养，对祖国赤胆忠心。

虽然卑职从瓦尼方季耶夫先生对每一个问题的回答中都能轻易发现，他之所言尚非所知的一切，但卑职依然认为应该把他所披露的东西报告阁下。为了不致引起公众更大注

意，卑职[①]宁愿选他的信使来送这份报告，何况他本人也要给阁下写报告。

看来，北京理藩院并未得到通知，也不明白阁下的使团同前几个使团有差别。这个错误是//121//中国政府通过昂邦要求缩减随员的唯一原因。中国人对旧有习俗总是难以割舍，在这一新举措中，他们见到了一个更加可怕的情况，以至一些关于现今使团动机的奇怪谣传，已在北京流传开来。买卖城商人说，传教士（他们称神父）和广州的欧洲人正在散布谣言，似乎俄国打算提出要求：(1) 沿阿穆尔河划界；(2) 遣返所有外逃的克里米亚卡尔梅克人；(3) 拥有在广州贸易的特权。这些教会人士常说，俄国力量正在增强，这个民族具有不安分的好战性格。因此，拉耶夫斯基和列瓦绍夫这两位枢密官的旅行、施普伦颇尔滕将军在恰克图和布赫塔尔玛的出现，以及在布赫塔尔玛建立海关，均使北京宫廷大为不安。唯有当一位郡王奉派视察了布赫塔尔玛河和额尔古纳河之间的那段边境后，再三慰解说俄国境内一切平安无事，//121背面//没有人想要采取敌对行动，方使清王朝放下心来。尽管如此，传教士们就使团随员人数众多还是要了一些阴谋诡计，引起了许多怀疑。扎拉固齐奉上峰之命，派了几名商人到瓦尼方季耶夫处来打听，使团的目的究竟是什么，为什么随员人数这么多。瓦尼方季耶夫逼得他们说出是奉了长官之命来打听此事的，然后对他们说，关于使团他一无所知，说在俄国，低级官员是无论如何也摸不透君主的意志和政府的秘密的，外国人就更难了解相关的情报了。如果中国人还相信那些传教士和广州欧洲人的各种谎言狡计，那他们就会白白担惊受怕，永无宁日，也许还不得不为轻信而

---

① 接下去有两个词被勾掉。

追悔。至于使团随员，他说，中国政府不明白为什么这次使团比前几次都大，令人吃惊，这是因为中国政府不知道，//122//现今的使臣是宫廷最重要的大臣之一，他随员中的低级官员都要比他们迄今接待过的使者更重要，因此，现今使团和以前那几个使团根本没法比。卑职已记不起他的那些说法了，反正目的就是要他们感到，阁下所拥有的尊号非同一般。中国人承认实在出乎意料。扎拉固齐忙将此事报告库伦的昂邦，昂邦报告张家口，张家口又报告北京，北京立即下令，要完全改变对阁下的接待礼仪和旅途的准备事宜。

瓦尼方季耶夫先生在同扎拉固齐打交道时问过他，使团途中所需一切是否已经准备就绪，并向他指出，不仅阁下，而且随员中的大部分人员均过惯了首都的富足生活，因此要注意食品应是上等的，无论什么东西都要准备充足。那人保证说，凡鞑靼能提供的东西都不会缺少。命令已向各处下达，//122背面//不过最遗憾的是马匹不能拉车，但可以找到足够的驮载牲畜，以备运载数千普特货物。为我们带来的挽马，他们将准备饲料。当瓦尼方季耶夫先生问他，为使臣和随员在荒漠上将准备何种安身处所时，他请求谅解，回答说，除了帐篷[①]，没有别的东西，但是他们将选择最新的帐篷，并且关照要准备很多。因此瓦尼方季耶夫希望他们多准备些帐篷，起码要让阁下指明的人员都能有一个。伯爵阁下，卑职应该向您承认，我们两个都觉得过意不去，因为给阁下准备的帐篷已坏得一塌糊涂。我们要想办法解决这个问题，因为不幸的是，这类小事一定会引起重视细节的中国人注意。他们现在已经形成了一个概念，就是认为阁下的出使非同一般，所以凡有与此概念不相配的地方，均应仔细地予

---

① “帐篷”这个词是用俄文写的。

以排除。因此，瓦尼方季耶夫先生希望，运载礼品和食品的车辆，应用粗麻布而不是//123//粗席子遮盖。当卑职告诉他，阁下打算让几个人合乘一辆车时，他委托卑职向阁下指出，中国人不会认为我们这样做是出于节省。他们永远也不会相信，我们只是想让他们避免一些多余的操劳。

卑职不知道，瓦尼方季耶夫先生是怎会预见到礼品有可能难以全部及时运到边境的，但他同扎拉固齐谈话时说，运输礼品很难，某些礼品可能迟到。这位扎拉固齐回答说，既然是送给君主的礼品，困难算什么。瓦尼方季耶夫告诉卑职，如果礼品于二月前到达，可以运过荒漠。伯爵阁下，卑职应该补充一句，瓦尼方季耶夫出于自己认识，说他并不因为这些礼品迟到感到遗憾，中国人由此只会提高对这些礼品价值的认识。这一点他并没有受到卑职的任何暗示。阁下从瓦尼方季耶夫//123 背面//先生跟买卖城商人的交谈记录中可以看出，如果礼品估价高会多么有利。伯爵阁下，这份报告会使您相信，中国人已开始认为同我国进行贸易具有某些价值，只是政府对这个问题装出一副冷漠态度罢了。

使臣先生，卑职希望阁下于抵达此间后，能就此问题收集到更为广泛的情报，也许还有关于中国内部状况的情报。卑职在本报告中只想涉及最紧急的事务和认为阁下离开伊尔库茨克以前必需报告之事。卑职要补充一句，恰克图没有任何翻译。现驻北京的四名翻译中，有一人已经疯了[1]。瓦尼方季耶夫先生多次向卑职夸奖其余三人中的一人，不过，这三个人均能用得上。但是当卑职多次说，旅途中一定要有一名翻译，以便在符拉德金生病时代替他时，他向卑职指出，伊尔库茨克有一个帕雷舍夫先生，是他唯一认识的一位翻译，因为他同//124//买卖城商人或扎拉固齐谈话时，都是由中国人当翻译。

卑职未忘记以阁下名义嘱咐瓦尼方季耶夫先生，不要提到您曾任商务院大臣一事。他完全理解卑职的意思，并将此消息暗示给恰克图那些可能同中国人打交道的居民。

卑职不敢居功，我从未向瓦尼方季耶夫先生做过任何暗示，凡事都是他的主意：他已为一次新的狩猎准备好了一切，只等阁下到达，问阁下哪一天感到方便。

伯爵阁下，卑职对阁下怀有最深的敬意，荣幸地恭请阁下接受我最深切的敬意。

阁下最恭顺、最忠诚的仆人杰·兰伯特伯爵

1805 年 9 月 22 日[2]于特罗伊茨科萨夫斯克要塞①

120 页正文上方用俄文写：1805 年 10 月 8 日收到。

同处，以铅笔用俄文写：19 号，17 日抄件。

同处，正文下方用俄文书写：送使臣戈洛夫金伯爵先生阁下。

俄罗斯帝国对外政策档案馆圣彼得堡分馆，总档 1—7，目录 6，1805 年，案卷 1a，卷夹 24，120～124 页。法文原件。手稿。Н. Б. 祖布科夫译自法文。

法文抄件存同处，107～110 页背面。

注释：

[1] 1794 年向北京派遣了第八届俄国教士团，领班是索夫罗尼·格里波夫斯基。除宗教人士外，教士团还包括四名学生：帕维尔·卡缅斯基（1765—1845）、卡尔普·克鲁格洛波洛夫、斯捷潘·利颇夫佐夫（1770—1841）、伊万·马雷舍夫（1770—1806，北京）、瓦西利·诺沃肖洛夫（从 1791 年起）（П. Е. 斯卡奇科夫：《俄国中国学史纲》，83、309、359 页）。

---

① “特罗伊茨科萨夫斯克要塞”这些词是用俄文写入的。

显然，文件中指的是伊万·马雷舍夫。

［2］当天Я.О.兰伯特从特罗伊茨科萨夫斯克发出第二份报告：

“使臣先生，卑职从利斯特维尼茨科耶给阁下发出报告几小时后便把自己的车装上船，但只是到了19日早晨才刮起顺风。虽然我们尚未得到任何回答，但领航员法捷耶夫同意起锚。如果说他忽略了隶属关系，卑职理应为他辩解，因为卑职使用了一切可以想像的手段，以便打消他这种观念。卑职希望能以最快的速度完成阁下的命令，除了这艘平底帆船外，再也找不到其他船只，这是可以原谅的。因此，卑职斗胆请求使臣先生原谅，希望阁下不要从中得出坏印象，以为卑职对上级命令不够尊重。

“卑职于18日2时抵达波索利斯卡亚码头，然后立即登岸。但是道路太糟，加上马匹有些耽搁，致使卑职于20日晚6时才抵达此间。界务专员伊兹玛伊洛夫先生立即前来向卑职报告，说为阁下准备的房舍不够宽敞，而紧邻的房舍是为巴伊科夫先生准备的。他向卑职指出，对面房舍是卑职住处，不过他叫卑职相信，马上一切都会收拾得体体面面，适于居住。

“卑职当天晚上便去见瓦尼方季耶夫先生，把阁下的信交给他。从此时起，便为阁下到达和继续赶路不停地做些必要的准备工作。瓦尼方季耶夫先生已经采取了一些措施，毫无疑问，都是很值得伯爵先生称赞的。卑职只要向他指出，哪些东西可能会令阁下感到愉快，他很快就会弄到。更经常的是这些东西都是由他预见到的。

“由阿列克谢耶夫、德米特里耶夫和多布良斯基三位先生护送的食品已运到此间，情况糟透了。由于委托给他们搞的物品没有完整的清单，卑职无论如何也核实不了。不过卑职让他们把现有的物品重新登记。由于波尔图葡萄酒只有3000瓶左右，马德拉葡萄酒只有300瓶左右，我想，大量葡萄酒可能留在了伊尔库茨克。而且我认为要越快越好，因为所有装酒的箱子都要更换，现有的箱子经受不了运输颠簸，经受不了严寒。此外，这些箱子做得不适于用骆驼和驮马运载。瓦尼方季耶夫先生已下令订制新酒箱，外面包上毡子，它们起码可以使运到此间的东西完好无损。像欧洲鳀、蘑菇、咸牡蛎、香料这些食品，受的损失极大。我们正忙于抢救。若阁下应卑职所请，决定发运剩余的食品，卑职斗胆请求阁下派一名厨师护送，他应该能弄清，什么食品还没有坏，并想出一些办法，以便把剩下的食品保存下来。

“瓦尼方季耶夫先生把预定为阁下使用的帐篷竖了起来。帐篷途中严重受损，已竭尽可能对之加以修补，其余四顶状况良好。中国人在途中只能提供蒙古包（这里和以下的着重号为原文所加——俄编者）。他们答应寻找最新的蒙古包，每个营地要50顶，但是瓦尼方季耶夫先生让卑职告诉阁下，为主要随员准备的几座蒙古包或者小房子完全是一样的。应该在这里定做一栋包呢子的毡房，这样的毡房防寒性能极好。如果某些随员能在伊尔库茨克发现别的小房子或帐篷，卑职以为，最好还是买下来为好，在运送方面不会有任何困难。

“使臣先生，请允许卑职提醒阁下，有些物品应在伊尔库茨克补充，因为这里弄不到，即：1）藏车和其他用途的帆布数块，如果阁下令搞到的东西用不上这种帆布，不要它并不难。2）捆绑车辆、小箱子和帐篷用的绳子。这里准备了一些，但不够用，如果在伊尔库茨克商人那里买不到，可以请省里下令让贝加尔船队送来。3）阁下毫无疑问还记得，马车匠既无洪炉，又无风箱，而此地无法弄到这些东西，甚至弄点铁都十分困难。因此必须运来5－6普特铁。4）为了能顺利架起帐篷，必须要有丁字镐、尖锹和斧头。卑职正请瓦尼方季耶夫派几名龙骑兵随员来教他们架帐篷。他们同哥萨克一样，驻在距恰克图21俄里的地方。那里饲料更好些。5）铺陈行军家具的花条布数块。

“公牛一事已同布拉特人谈妥，如果数量不超过50对，很容易就能搞到。

“多夫列上校先生已告知卑职，界务专员办公室有数张地图，可能有用。卑职询问过此事，但伊兹玛伊洛夫先生回答说，奉总督先生之命，这几幅地图已于本年7月份全部送到伊尔库茨克，交给总督先生。

“看来卑职比谢利丰托夫先生和民事省长先生都更了解贝加尔湖的通航特点，斗胆向阁下提出众多随员通过该湖时可能遇到的困难。但是这些困难肯定能克服，因为各位先生无疑会下令在利斯特维尼茨科耶尽量征集内河木驳船，以避免只用几条船往来运输。否则阁下的行程定会受到耽搁。

“根据卑职收集到的有关前期到达的随行官员行为举止的情报，可以看出他们并未引起任何指责，谨请阁下相信，卑职定严格要求他们遵守钧命，对自己也毫不例外。

“伯爵先生，谨向阁下致以最深的敬意，阁下最卑微、最恭顺的仆人兰伯特伯爵。”（俄罗斯帝国对外政策档案馆圣彼得堡分馆，总档1－7，目录6，1805年，案卷1a，卷夹30，6～9页。Н.Б. 祖布科夫译自法文。）

№ 172

1805年9月25日。西伯利亚总督И. О. 谢利丰托夫就呈交沙皇阿列克谢·米哈伊洛维奇赐予阿尔巴津城的银瓢和图章[1]事致Ю. А. 戈洛夫金使臣的公函

//365//尤里·亚历山德罗维奇阁下：

卑职已于今天下令把保存在伊尔库茨克省政府的、由沙皇阿列克谢·米哈伊洛维奇赐予俄罗斯帝国前阿尔巴津城的银瓢和图章呈交给阁下。

荣幸地向阁下表示最大的敬意和忠诚，

阁下最恭顺的仆人伊万·谢利丰托夫

1805年9月29日于伊尔库茨克

正文上方为：1805年9月25日收到。

同处：№ 227。

正文下方为：送Ю. А. 戈洛夫金伯爵阁下。

同处：№ 4447。

俄罗斯帝国对外政策档案馆圣彼得堡分馆，总档1—7，目录6，1805年，案卷1a，卷夹35，365页。原件。

注释：

[1] 关于阿尔巴津堡的印迹（放大的）和印模（原尺寸）可参见《18世纪俄中关系》，卷1，331页。

№ 173

1805年9月25日[1]。库伦办事大臣蕴端多尔济、福海致函戈洛夫金使臣和伊尔库茨克民事省长A.M.科尔尼洛夫，告知因使臣不同意清朝方面的接待条件，故拒绝将俄国使团之事奏报嘉庆皇帝

1. 满文译文

//129//大清国库伦办事大臣郡王昂邦致俄国使臣臣枢密官戈洛夫金伯爵、伊尔库茨克民事省长科尔尼洛夫函

今嘉庆十年八月十三日（1805年9月23日）[2] 信使桑热哈耶夫将阁下致本郡王和本昂邦的信函送达，接后拆阅。

贵国枢官院致我大理藩院的文书[3]业已送出。此外，本郡王和昂邦得知省长科尔尼洛夫阁下已抵达伊尔库茨克，接替希什科夫职务。

从伯爵和枢密官戈洛夫金的函中可以看出，贵国汗出于对我至圣大君主的崇敬与热心，派出近臣、使臣、伯爵和枢密官戈洛夫金，但根据我们两国现存的友谊与和睦，是否有贡品进呈，是否有公开//129背面//文书等，均未提及。我至圣大君主慈悲为怀，仁爱厚同天地，因路途遥远，气候恶

---

① 嘉庆十年八月十五日。

② 译者把日期转化成儒略历，置于该行下面。

③ 见144号文件。

劣，下令减少使团冗员人数，但彼于函中却未提及减员、运送物品、所需骆驼、马匹数量、有何重物等事。相反，却写了些不明不白的话，如贵国“汗出于对至圣大君主的崇敬，派我，伯爵和枢密官为使臣，因为所有人员均各有职司，不敢减少，带来的物品但愿都能完整地运到京城，望在边境做好准备，以合乎使臣身份的礼节接待我”，等等。

不仅我等早已知悉，贵国汗出于对我皇陛下的特殊敬意，从其左右的大臣中选派一使臣，而且我皇陛下英睿聪慧，对阁下所写的内容明察秋毫。若贵国汗确实出于尊崇之情，献来物品[①]，为何对所运贡品不肯报告？不仅如此，而且为何不//130//写明都有哪些物品，需要往驿站派出多少骆驼和车辆？至圣大君主预见如天，阁下随员人数太多，路途遥远，要在荒原上行进，京城附近高山连绵，河水湍急，随员太多将会疲惫难行，关于此情陛下在信中均已详告。伯爵和枢密官戈洛夫金，莫非你没有见到？即便你本人无权减少随员人数，难道不能先报告自己的汗，以便可以尽快执行？伯爵和枢密官戈洛夫金，你身为首席使臣，怎能不体恤下属的困难？

此外，贵国长久以来一贯行事恭谨，我至圣大君主亦恩德有加，多年来和睦友好，颇为相得。尔全体俄国人难道不知？今次阁下寄来的信函用词和语气均极不当，行文悖乱。伯爵和枢密官戈洛夫金，你岂有不过目之理？你岂不知此前我方寄去的函件，//130背面//写得均合乎友好结盟精神，

① 满文是：“扎卡—扎法拉”，意即献为贡品的物品或贡品。（见注释132页。——莫罗兹。）

而你寄来的函件却相反，言词晦涩累赘、混乱颠倒，实是无益①。故现在我等不敢代为将其呈奏吾皇陛下，求赐天恩。

我等郡王与昂邦，蒙至圣大君主之恩，现驻库伦，主持边务，因此向尔等枢密官戈洛夫金和省长科尔尼洛夫再致此详细易懂的信函。如果尔等从今以后以应有恭敬态度行事，心念永世和好与结盟，那就甚好。

望多所知晓。专此奉达。

嘉庆十年八月十五日（1805年9月26日）②

八等文官符拉德金译。

129页正文上方为：译自满文。

131～131页背面（信封）上的地址是：大清国库伦办事大臣郡王与昂邦致函俄国使团团长伯爵和枢密官戈洛夫金、伊尔库茨克民事省长科尔尼洛夫（131页背面）标有日期③：嘉庆十年八月十五日（131页）。地址和日期上盖有三枚理藩院方形朱印。

同处：写于1805年9月25日。

俄罗斯帝国对外政策档案馆圣彼得堡分馆，总档1—7，目录6，1805年，案卷1a，卷夹24，129～130页背面。译自满文

---

① 满文是："苏瓦—扎堪—迈尼—呼瓦里亚松—多罗伊—扎法迈—乃派迈—牙布布哈—拜—萨尔库，艾勒曼噶—鲁鲁—拉拉—拜塔库—塔布沙拉—基松—阿拉费，本支布汗格—亚拉—拜塔库鄂霍比"，即：贵方不理解我等于不久前寄去的附有说明的友好信函［内容］。相反，贵方寄来的信言词不连贯、多余、虚伪（见132页注释。——莫罗兹）。

② 译者在行下把日期转化成儒略历时转化错了，应为1805年9月25日。

③ 地址和日期用俄、满、蒙三种文字书写。

原件。手稿。

满文原件存同处，131～131页背面（信封），132页[①]。

经Ю.А.戈洛夫金核对的译文抄件存同处，卷夹25，101～104页背面[②]。

使团办公厅抄文簿抄件：俄文本存同处，卷夹26，141页背面～143页背面；同处，卷夹28，46页背面～48页；同处，亚洲司图书馆全宗，目录505，1806年，案卷32号，8～9背面；满文本存同处，圣彼得堡总档1—7，目录6，1805年，案卷1a，卷夹28，43～44页背面。

库伦办事大臣衙门抄文簿满文抄件存蒙古国立中央历史档案馆，藏档M-1，案卷639，239～245页。

2. 蒙文本译文

//133//大清国库伦办事大臣郡王及其同事致俄国使臣、伯爵和枢密官戈洛夫金和伊尔库茨克民事省长科尔尼洛夫函。

嘉庆十年八月十三日[③]贵方信使桑热哈耶夫大尉送来的两封函件已收到，本郡王等已阅过，并将枢密院致我大理藩院的文书[④]送出。本郡王等现在已知道您省长先生已接替希什科夫任伊尔库茨克民事省长职务。

从伯爵和枢密官戈洛夫金先生的信函中可以看出，贵国君主对我博格德汗抱有好感，选定亲近大臣伯爵和枢密官戈

---

① 满蒙文本系全页书写（见蒙文译文注释），盖有四枚理藩院方形朱印。

② 104页背面正文下方为：使臣戈洛夫金伯爵5号奏章附件。1805年11月23日收到。

③ 1805年9月23日。

④ 见144号文件。

洛夫金为使臣，但他是否//133背面//带有表明贵我两国之间继续存在的双边友谊、对所献礼品加以说明的文书，却未见提及。我博格德汗陛下圣恩隆厚，考虑到路途遥远，如果不缩减使团冗员，可能因饮水、天气等原因遇到麻烦，既未解释礼品之事，亦未提出至少需要多少骆驼、马匹和驮载牲畜，一味地说对博格德汗抱有好感，故选伯爵和枢密官为使臣，而且强调他随员中的人员都有用，不敢有所减缩，说所有礼品均可完整地运到北京，说他到达边境时，应以适合他使臣身份的荣誉接待他，云云。

吾等早已知道，贵国君主对我博格德汗陛下抱有好感，选其最亲近大臣为使臣，但尔事先是否对我博格德汗陛下的至高意愿有所了解？既然贵国君主对//134//我博格德汗陛下真正抱有好感，想要献上礼品，那为何在文书中没有提到此点？伯爵和枢密官先生，难道尔不知道？我等在此之前写过信，询问过，都有什么礼品，需要多少骆驼，多少车辆，但尔对此未加说明。还有使团随员太多。考虑到路途遥远，要经过无草的荒原，北京附近山高水阔，难于渡过，行经这些地方十分困难，正因如此，我博格德汗陛下才降下天恩。伯爵和枢密官先生，若尔本人不能随意减少随员，何不上报本国君主？为免遭这些困难，可请求君主降旨减少尔随员人数。尔既为首席人物，为何不考虑减轻属下的困难？而且长久以来，贵国一贯宽宏友好，因此我博格德汗皇帝陛下才恩赐恪守此情，多年来一直保持友谊与和睦，此事尔整个俄国都知道。伯爵和枢密官先生，//134背面//尔在信中使用的词语高傲放肆，尔本人当然也能看出。我方在各方面都保持友好和睦，尔等却相反，来信中充满高傲轻浮的话语，颇使我方感到不快。现在我等已不敢就尔之事请求博格德汗陛下赐予恩典。

我等奉博格德汗陛下圣恩，现驻库伦管理边务。枢密官和省长先生，我等现已向尔等作出解释，正在等待进一步的详情，望你们今后珍重源远流长的双边和睦情谊。

专此奉达。

嘉庆十年仲秋月十五日①。

133页正文上方为：译自蒙文。

俄罗斯帝国对外政策档案馆圣彼得堡分馆，总档1—7，目录6，1805年，案卷1a，卷夹24，133～134页背面。蒙文译文。Ф. 桑热哈耶夫手稿。

蒙文原件存同处，132页。

蒙文抄件存同处，135～137页。

使团办公厅抄文簿抄件：俄文本存同处，卷夹28，48～49页背面；蒙文本存同处，45～46页。库伦办事大臣衙门抄文簿蒙文抄件存蒙古国立中央历史档案馆，藏档M-1，案卷639，246～253页。

---

① 1805年9月25日。

№ 174

1805 年 9 月 25 日。外务院驻恰克图特派员 A. И. 索科洛夫就买卖城扎拉固齐克西克耽延递送枢密院致理藩院文书的俄国信使去库伦一事致副外务大臣 A. A. 恰尔托雷斯基的报告

//293//外务院驻恰克图特派员、领边境事务七等文官索科洛夫致三等文官、副外务大臣、御前侍从官、赏戴勋章副外务大臣亚当·阿达莫维奇·恰尔托雷斯基公爵大人阁下的报告

伊尔库茨克副省长先生派九等文官桑热哈耶夫为信使，给库伦办事大臣郡王与昂邦送信，要求他们把俄国枢密院致中国理藩院的文书①送出。该桑热哈夫耶夫由一名哥萨克官员和三名哥萨克护送，业已于本月，9 月 21 日，经恰克图前哨出境。此前于 20 日开门后卑职即派书吏马克西莫夫将此事告知买卖城扎拉固齐，以便能于 20 日下午一时为我信使备好车辆，但买卖城扎拉固齐推托说：第一，他要下令做好车辆的准备工作，信使在途中才不致耽搁；此外，还要紧急差人把我信使出发之事及时通报他们的库伦郡王，所以只有第二天天方能打发信使上路。

为此，卑职第二次派马克西莫夫去见扎拉固齐，要求如

---

① 见 144 号文件。

果下午来不及打发我信使上路，哪怕是在傍晚之前接见他一下也好，这样他才能//293背面//第一站就到达布连斯奇，因为卑职无论如何不敢让他稍有延迟。但扎拉固齐仍然坚持自己的托词，回答说，他今天无论如何不能接待信使，原因是车辆尚未修好，而且他应及时把信使之事报告库伦郡王。因此桑热哈耶夫先生只好在21日出发。

谨将此事恭报阁下。

七等文官索科洛夫

1805年9月25日

于恰克图哨所//294//

294页背面正文下方为：1805年11月11日收到。

同处，页边为：№ 244。

俄罗斯帝国对外政策档案馆圣彼得堡分馆，总档4—4，目录123，1805—1809年，案卷1a，293～293页背面，294页背面①。原件。

① 294页空无文字。

№ 175

1805 年 9 月 26 日。Ю. А. 戈洛夫金使臣就缩减使团随员事呈亚历山大一世皇帝的奏章

//111//君主陛下：

遵奉我皇帝陛下经由恰尔托雷斯基公爵转达给微臣的谕令，只要情况允许，微臣将竭尽全力，促中国政府满足西班牙菲律宾公司的要求①。

一方面要减少使团随员人数，以避免就此对中国人进行解释的麻烦，另一方面还要完成//111 背面//挑选部分官员留下的艰巨任务，而他们一个个均应受到嘉奖，微臣只好不仅要尽量缓和这一严厉措施，而且要把它同事业的利益协调起来。为此，微臣下达了一道条令，现有幸将它的副本呈交我皇陛下御览②。这样的安排即使其优点仅在于保持荣誉，在尽心竭力、无可指摘的臣下之中激起争先恐后之心，也不会没有好处。希望微臣的这一安排得到陛下赞同。

微臣深知不管臣等如何付出辛劳，均应服从我皇陛下的利益。君主陛下，微臣认为自己有义务以陛下赋予权力的名义行动，要求使团所有成员在志愿适应变化的文书上签名，表示已做好准备。签名副本共二页，随此信呈上。

//112//微臣不能在我皇帝陛下加冕周年纪念之际表示崇敬之情，深感遗憾。因此，微臣的欢悦之情也就感到不够

① 见 148 号文件。

② 见 156 号文件。

完整。皇上，微臣的命运指示微臣，微臣也希望相信确实如此，那就是微臣对朝廷依然还能尽犬马之劳。微臣认识了一位百岁老兵，他没有任何生存手段，不得不睡在一张破陋得可怕的床上，盖的是破烂。现在他有房住，有衣穿了，还受到一个专门派来照顾他的近卫军人的关照。他祝福我皇陛下，感谢自己能活得好好的。皇上，微臣要承认为此斗胆花掉了使臣费用中的250卢布，微臣无法保证今后遇到类似情况会有别的做法。

//112背面//本月26日微臣前往恰克图，如果在贝加尔湖不遇到逆风，四日后便可返回。

皇上，谨向您致以最深切的崇敬之意，

您最卑微、最忠诚、最恭顺的臣仆戈洛夫金伯爵

1805年9月26日于伊尔库茨克

111页正文上方为：№ 4。

112页背面用俄文书写：1805年10月24日收到。

俄罗斯帝国对外政策档案馆圣彼得堡分馆，总档1—7，目录6，1805年，案卷1a，卷夹2，111～112页背面。法文原件。H. Б. 祖布科夫译自法文。

使团办公厅抄文簿法文抄件存同处，卷夹46，174页背面～175页背面。

№ 176

1805 年 9 月 27 日。库伦办事大臣蕴端多尔济和福海呈嘉庆皇帝的奏章：拒绝接待使团的信函已发给 Ю. А. 戈洛夫金；枢密院就拒绝接待俄国教士团例行换届人员的答书和 Ю. А. 戈洛夫金拒绝缩减使团的信已送往北京

//260//8 月 17 日[①]

奴才蕴、福恭奏。奴才等已收到俄人来信，现将就拒绝［接待使团］事发函等情况具章恭呈皇上御览。

奴才奉圣上谕旨，于五月份向俄国人发去一函[②]，至今已一百余天。今八月十三日[③]，伊尔库茨克新任民事省长科尔尼洛夫和俄国汗派出的首席使臣、伯爵、枢密官戈洛夫金，派遣大尉桑热哈耶夫来到奴才这里，//261//把枢密院致理藩院的文书[④]、民事省长科尔尼洛夫给奴才的公函[⑤]和伯爵、枢密官戈洛夫给奴才的公函[⑥]送到奴才手里。现将这几封公函和枢密院的来书一并呈上，恭请御览。

---

① 9 月 27 日。

② 见 109 号文件。

③ 9 月 23 日。

④ 见 144 号文件。

⑤ 见 164 号文件。

⑥ 见 159 号文件。

再者，奴才不知枢密院来书内容，但拆阅了民事省长科尔尼洛夫的公函，发现其中并无任何重要内容，仅为知照其汗任彼为伊尔库茨克民事省长，请求立即将枢密院文书送出，本月末使臣将由伊尔库茨克出发，他们已备好挽马等，//262//其他消息均没有意义。

然而从其使团团长、伯爵、枢密官戈洛夫金来信中可以看出，他并未执行奴才的规定，随员人数丝毫未见缩减。来信中亦未写明贡品由哪些物品构成，献贡时是否有进呈皇上的贺表，相反却告知说，他戈洛夫金是伯爵和枢密官，是使臣，并询问在边境迎接他的准备进程。他写道，贡品中有哪些物品，待他抵京后自会告知，说他带有三名神父，以便使团行进途中在庙里祈祷，等等。//263//他送来的信函，其中自高自矜的话太多，表明他多少有些开始找茬儿。

俄国人小里小气，好夸口，爱占便宜，善于打探。雍正和康熙年间前来的使臣人数均没有这么多，况且乾隆年间根本就没有使臣来过[1]。目前使团随员人数并未减少。当奴才等仔细考虑信函中为何不提贡品准确数量时，这才完全明白，原来他们想擅自截留物品，还想打探一些情况，为自己谋利。如果要等到奴才等恭呈奏章之后，再向彼等发去拒绝的信函，那这些愚蠢糊涂的俄国人还不知会变本加厉、毫无节制地自吹自擂到何种程度。因此，为执行圣上不久前颁发的谕旨//264//中的训示，奴才等立即向俄国汗派出的使团团长、首席使臣、枢密官戈洛夫金和新任民事省长科尔尼洛夫各写了一封信，表示我方不同意，把一切都解释得清清楚楚，明明白白，并把这两封信交给其信使桑热哈耶夫。奴才等还亲自对桑热哈耶夫大尉严词开导。如果俄国人接到奴才等的信函后再回答，奴才等将向陛下恭呈新的报告，以待陛下圣示。如果俄国人不再来信，半途而止，那就确实可以不注意此事了。

因此，奴才等将分别封于封筒里的信函恭呈御览，计有俄国使臣、伯爵、枢密官//265//戈洛夫金及省长科尔尼洛夫以三种文字写成的信，还有此间接到他们来信后告知我方不同意的回信副本。圣上睿智，明察秋毫，伏乞就此奏章予以训示。

省长派来的信使桑热哈耶夫返国时，奴才等曾循例赐予薄礼。

专此恭奏。

265页正文末尾为：照此办理。在九月九日①接到的［从北京返回的］该奏折上，有御笔//266//朱批：已颁旨。

蒙古国立中央历史档案馆，藏档M-1，案卷639，260～266页。库伦办事大臣衙门抄文簿满文抄件。И.Т.莫罗兹译自满文。

注释：

［1］见103号文件注释1。

---

① 10月18日。

№ 177

1805 年 9 月 28 日。使团二秘 Я. О. 兰伯特就派遣由库伦回国的信使 Ф. 桑热哈耶夫迎候 Ю. А. 戈洛夫金，并就针对清方要求俄国缩减使团成员所做的考虑给 Ю. А. 戈洛夫金使臣的报告

//117//伯爵：

如果不是认为有必要在派出您所允许的去迎候您的信使之前再等待恰克图的某些新消息的话，我早就已经把有幸奉上的这些文件抄本呈送给阁下了。由于桑热哈耶夫迅速返回，加之他带来了回答，促使我劝他不要在此间等候阁下到来。他告诉我的消息似乎同瓦尼方季耶夫先生给我的消息[①]互相矛盾。因此我请瓦尼方季耶夫向您，伯爵大人，就此做一些说明。他在信中[②]答应我这样做。现将这封信也附上。不过，同时我也认为有必要把我同他谈话后产生的一些//117 背面//想法向大人报告。

昂邦们坚持要求缩减使团随员，是奉了原来从北京收到的命令。他们又立刻把大人致理藩院的信送走，算来它应该在昨天晚间或至迟今天到达。它一定能在当地引起极大的重视。很可能还会给昂邦下达新的指示，使最大的困难迎刃而解。因此，他们如果不到库伦，瓦尼方季耶夫先生的意见也

---

① 参见 171 号文件。

② 参见 178 号文件。

就无从变为行动，这充其量还能使事态延迟一个星期。这时伯爵大人将到达特罗伊茨科萨夫斯克，并将比较容易作出您认为恰当的决定。但如果按照您的意见必须同意缩减随员，恕我斗胆进言，那就应该事先通知您所选中的随行人员，以各种借口将他们留在伊尔库茨克、上乌丁斯克或是色楞格斯克。这样，伯爵大人，您就有可能对中国人说，由于您差这些人外出公干，他们无法在//118//短期内回来充任您的扈从。

不过瓦尼方季耶夫先生也告诉我，这个缩减随员的要求针对的不是官员，而是役使人员和下级官吏，同时这也是北京政府对欧洲各国平等礼遇、一视同仁的制度的自然结果。中国人给桑热哈耶夫举了马嘎尔尼勋爵[①]的例子。他原打算带800人进入［中国］，后来随员却只有60人。无疑值得遗憾的是他没有站在一定的思想高度回答他们，那就是应该保证伯爵大人您的使团享有完全不一样的荣誉。

我同瓦尼方季耶夫先生尽量想办法挽救，力图使我们的想法同北京的命令同时到达库伦。如果缩减使团的要求果真仅仅涉及仆从，那么就可以回答，根据他们自己的说法，是车马不敷使用，既然如此，我们就应该把会驾车和会管照马匹的人带上。//118背面//据我猜测，他们最不放心的还是护送的军队。不过可以同他们据理力争，告知俄罗斯仪仗队的人数是根据品级来确定的，如果要求伯爵大人缩减，那就是对您的不尊。昂邦们肯定会认真考虑是否还要坚持这一条。

扎拉固齐对伊兹玛伊洛夫先生说，朝廷在接待了伯爵大人的使团后，一定会派一个使团到圣彼得堡去回访。具有扎

---

① 法文文本就是如此。

拉固齐头衔的中国官员，没有上峰的命令是不敢这样说话的。由此可见，买卖城的商人们说北京朝廷深有好感，不是没有根据的。

桑热哈耶夫可能对您，使臣阁下，说，他没有看出任何欢迎您的准备。不过您在此间将了解到一个//119//新的证据，说明中国政治的基础就是一切都不露声色。所有准备工作早已完成。一切只要移动几俄里就可以就位。所以我们的信使没有发现，这并不能说明什么问题。

致以深切的敬意。伯爵大人阁下最忠顺的仆人

兰伯特伯爵//119背面//

于特罗伊茨科萨夫斯克要塞

1805年9月28日①

又及：瓦尼方季耶夫先生没有理解我的请求，他没有把信给我送来。他不希望我把桑热哈耶夫留到明天。

Ut in litteris②

兰伯特伯爵

117页正文下方：送使臣戈洛夫金伯爵大人阁下。

俄罗斯帝国对外政策档案馆圣彼得堡分馆，总档1—7，目录6，1805年，案卷1a，卷夹24，117～119页背面。法文原件，手迹，Н. Б. 祖布科夫译自法文。

---

① 文中此句用俄文书写。

② 拉丁文：如见信中。

№ 178

1805年9月29日。蒙古文翻译Ф. 桑热哈耶夫就奉差当信使赴库伦的经过给Ю.А. 戈洛夫金使臣的报告

//127//蒙古文翻译、九等文官桑热哈耶夫呈二等文官、枢密官、特命全权使臣、赏戴勋章尤里·亚历山德罗维奇·戈洛夫金伯爵大人的报告

奉伯爵大人和西伯利亚总督谢利丰托夫大人本月13日之命，差卑职担任信使，火急赶赴中国，将伊尔库茨克民事省长[①]的信、理政事枢密院致北京理藩院的文书[②]送交库伦办事王大臣及昂邦。卑职奉伯爵大人特别命令[③]，于23日半夜10时到达中国库伦，并于当日//127背面//将公文亲手递交给王及昂邦。接见时郡王及昂邦询问俄国使臣是否已经抵达伊尔库茨克，是否准备前来国境，是否已将团中冗员缩减，是否已同意减缩军事人员。对此卑职回答说，全权大臣、伯爵大人已经抵达伊尔库茨克，本月末即将到达国境，至于说到缩减随员的问题，我最仁慈的俄皇陛下为了向博格德汗陛下表明特别的敬意，表现友邻之间的深切情谊，破例

---

① 见164号文件。

② 见144号文件。

③ 见159号文件。

派遣了一个规格极高的使团，因此命令使团的一切安排都要符合我皇帝陛下对博格德汗的崇高的敬意和友好情谊，选派了最亲近的重臣担任全权公使的显要职位，并为他规定了相应数量的高官显宦和各级官吏作为随员，以彰显皇帝陛下赐予使臣的神圣而高贵的头衔、品级和职务，故而贵方自己也可以得出结论，//128//伯爵阁下怎敢按照你们的要求缩减随员呢，因为所有这些都绝对是为了见证荣誉和友谊，这是我伟大国君对博格德汗陛下的敬意，从伯爵阁下的信中也可以看出这一点。

郡王与昂邦就此回答说，君主，即他们的皇帝陛下，唯一的想法就是怜恤远来的人，尽量做到不让他们因人数众多而在途中感到疲累，总是命令他们到了国境就轻车简从，只允许放行少量人。嗣后，就命我回馆休息，以歇鞍马劳顿，而他们将在看过我送去的信后再给我回答。于是我便回到客馆。

25日中午12点过后，我被郡王与昂邦派来的人召去取回信。郡王与昂邦在交给我回信时命我向伯爵大人及总督大人转致他们的敬意，并说他们在信中既没有看到使团随员，也没有看到车辆数量缩减的消息，而且也没有礼品的清单和数量，这些问题还是没有解决。

自出境至库伦，以及在库伦期间和回到恰克图，一路上卑职没有看到任何为使臣通行而做的准备。//128背面//国境上也没有接到什么接待使团的命令，只是库伦有几个官员、恰克图有一个扎拉固齐肯定地说，虽然北京已经做了一切安排，但要等到他们缩减使团随员和提交礼品清单的最后要求得到俄方回答后才能公开①。

---

① 原文如此。

卑职到达库伦后，第二天即有信使派往北京，据说他应在 15 天内返回库伦。看来他是把卑职送去的信送走了。这次卑职还有幸带回库伦昂邦的回信两封，一封是给伯爵大人的，还有一封是给西伯利亚总督的。

九等文官、蒙古文翻译桑热哈耶夫

1805 年 9 月 29 日

127 页正文上方：9 月 29 日在上乌丁斯克收到。

俄罗斯帝国对外政策档案馆圣彼得堡分馆，总档 1—7，目录 6，1805 年，案卷 1a，卷夹 24，127～128 页背面。原件。

国家清史编纂委员会·编译丛刊

№ 391

1806 年 7 月 1 日。使团二秘 Я.О. 兰伯特就扎拉固齐瑞春企图会见 Я.О. 兰伯特，但又要避免首先拜访的不便等情况呈 Ю.А. 戈洛夫金使臣的报告

//443// 秘密

使臣先生：

前天，买卖城扎拉固齐召见布哈拉人阿布达莱姆，同其谈话甚久。前任扎拉固齐非常信任此人，但现任扎拉固齐是第一次同他正式谈话。经过一番寒暄之后，扎拉固齐对此人说，他希望邀请伊兹玛伊洛夫先生到他城郊距买卖城数俄里的湖边宅子去，但他听说 //443 背面// 卑职在这里，所以伊兹玛伊洛夫先生很可能想把卑职也请去。于是他委托阿布达莱姆以体面的方式了解一下，卑职是否也同意光临。第二天早上阿布达莱姆还没有来得及完成此项委托，扎拉固齐就派一名章京来问候伊兹玛伊洛夫先生的健康，同时说，扎拉固齐等城外房子改建一完工，就邀请他过去盘桓个一日半日。伊兹玛伊洛夫先生事先已经得到我的知会，便回答说，如果到那时卑职还在此地，他就难于抽身，因为他每天都得过来见我。章京当时就问我是否同意也过去做客，于是伊兹玛伊洛夫先生回答说，如果扎拉固齐想邀请卑职，卑职会同意的，那时他就可以陪卑职一同去。

扎拉固齐的这一举动说明，他可能得到了库伦 //444//

的指示，要同卑职会见，并寻找会见的机会，但要避免首先过来拜访。卑职将遵照阁下的指示，只要这次邀请方式得体，就不予拒绝。但扎拉固齐家的改建工程至少要过几天才能完工。

使臣先生，向您致以深深的敬意，

您最谦卑、最恭顺的仆人

杰·兰伯特伯爵

1806 年 7 月 1 日于特罗伊茨科萨夫斯克

443 页正文上方左侧：［1806 年］7 月 5 日［由信使送达］。

同处：№ 11。

同处右侧：№ 103。

同处正文下方：送戈洛夫金伯爵。

俄罗斯帝国对外政策档案馆圣彼得堡分馆，总档 1—7，目录 6，1805 年，案卷 1a，卷夹 27，443～444 页。原件为法文。Н. Б. 祖布科夫译自法文。

【俄】B.C.米亚斯尼科夫 主编
徐昌翰 等译
徐昌翰 薛衔天 审校

19世纪俄中关系：资料与文献

第1卷 1803～1807（下）

РУССКО-КИТАЙСКИЕ ОТНОШЕНИЯ В XIX ВЕКЕ

Том 1

1803 * 1807

廣東省出版集團
广东人民出版社
·广州·

ББК 63.(5Кит.)
Р88

Данный том подготовлен при содействии
Российского фонда гуманитарных исследований

Составители

М.Б. Давыдова, И.Т. Мороз, В.С. Мясников,
Н.Ю. Новгородская

Ответственный редактор

акад. С.Л. Тихвинский

Редактор тома

В.С. Мясников

Сборник представляет собой первый том документальной серии "Русско-китайские отношения в XIX в." Данная публикация впервые делает доступный для исследователей комплекс материалов, связанных с посольством Ю.А. Головкина в Цинскую империю (1803–1807). Публикуемые документы обеих сторон освещают вопросы подготовки посольства, поездку в Пекин 9-й Российской духовной миссии, а также переговоры посла на границе и в Урге.

Р $\frac{0503010000-020}{01Д(03)-95}$ Без объявления

ISBN 5-88451-029-2 Том 1
ISBN 5-88451-032-2

№ 392

1806 年 7 月 2 日[①]。枢密院就 1805 年 8 月 2 日枢密院的文书被退回以及俄国教士团换届等事给理藩院的回书

//361//枢密院致理藩院文书[②]

我方收到贵方于嘉庆十年九月八日来书[③]。奉我至仁皇帝陛下圣谕，现予贵方以回复。我方认为有必要将现仍滞留于俄国境内的教士团人员及学员派往北京，其理由我方已于此前多次文书中有所说明。在原来的文书中我方曾有意将教士团随使团派出，并请求贵方代为恳请博格德汗陛下允许居住北京的修士大司祭索夫罗尼暨神职人员和学员在上述新一届教士团抵达后回国，让他们享有充分自由并得到协助，将他们一直护送到俄国//361 背面//国境。希望新到达贵地的教士团，即修士大司祭阿颇洛斯，两名修士司祭谢拉菲姆和阿尔卡季，修士辅祭涅克塔里，两名教堂差役瓦西利·亚菲茨基和康斯坦丁·帕利莫夫斯基，学习汉满两种语言的学员米哈伊尔·西帕科夫、列夫·济马伊洛夫、马克尔·拉夫罗

① 日期按使团办公厅的抄文簿标出（见 192 页注释）。

② 标题位于文件左侧页边。

③ 见 144 号文件。

夫斯基、叶夫格拉夫·格罗莫夫[1]，在北京逗留期间能够按照旧例受到朝廷和博格德汗陛下的友好看顾，使其食用无缺，按两帝国间睦邻友好和睦相处的要求给予保护，公平待遇，万勿使其受到欺侮凌辱。

现我们愿再次重申对贵方的这些要求。//362//至于贵方提出，我方在1805年8月2日文书的满文译本中格式上出现某些不遵旧例的情况，请相信，这个问题很可能出在翻译的错误上。

专此奉达。

361页背面正文下方左侧：1806年8月20日派桑热哈耶夫送出。

俄罗斯帝国对外政策档案馆圣彼得堡分馆，总档4—4，目录123，1805—1809年，案卷1，361～362页。底稿。А.Г. 符拉德金手迹。

满文底稿，А.Г. 符拉德金手迹，存同处：363～363页背面。

俄文副本存中国第一历史档案馆，中俄关系史文件藏档，案卷12，31～33页。

使团办公厅抄文簿抄件俄文本存俄罗斯帝国对外政策档案馆圣彼得堡分馆，总档1—7，目录6，1805年，案卷1-a，卷夹26，192[2]～193页；同处：卷夹28，223～224页；满文本存同处，225～226页；拉丁文本存同处，224～225页。

---

① 叶夫格拉夫·格罗莫夫这个名字是用铅笔写的。

② 在192页页边有：本书于8月19日由伊尔库茨克发出。

№ 393

1806 年 7 月 7 日。西伯利亚防线巡阅使 Н. И. 拉夫罗夫少将就清方因卡尔梅克人企图加入俄国国籍感到不安、有传言说俄国正在进行军事准备等事呈 Ю. А. 戈洛夫金使臣的报告

//452//尊敬的伯爵大人阁下：

大人要求卑职报告此间国境流传的消息。为此，特报告如下：中国人现对卡尔梅克人有意归附我国感到非常惊慌。前往草原迎接和保护商队的那支部队（卑职曾向大人禀报过）使他们以为，是大人亲自率领了一支 8000 人的队伍，携带 8 门大炮到中国边境去接收卡尔梅克人。

这些卡尔梅克人已经把自己想象为处于腹背受敌的地位。由此产生的恐慌迫使他们派了//452 背面//一名中国人装作商人的样子到这里来打听真实情况。他们已接到该人送回去的可靠消息，我想，现在可能已放下心来，不再怀疑，也让我有一个机会告诉他们，他们将在我国边境受到接待。

伯爵大人阁下，荣幸地向您表示最深切的敬意和忠诚，

您最恭顺的仆人

尼古拉·拉夫罗夫

1806 年 7 月 7 日

巡视途中写于乌斯季卡缅诺戈尔斯克

452 页正文上方：8 月 3 日在伊尔库茨克收到。

同处：№ 112。

俄罗斯帝国对外政策档案馆圣彼得堡分馆，总档 1—7，目录 6，1805 年，案卷 1a，卷夹 27，452～452 页背面。原件。作者手迹。

№ 394

1806年7月10日[①]。库伦办事大臣蕴端多尔济、福海就已将Φ. 桑热哈耶夫信使送达的枢密院两封文书送往理藩院一事给伊尔库茨克民事省长A. M. 科尔尼洛夫的信[②]

//459//省长，您派来的信使桑热哈耶夫大尉于嘉庆十一年六月六日[③]已将您的来信[④]交给我郡王和昂邦，阅后甚喜。贵方枢密院知会我大理藩院的两封文书[⑤]收到后立即转出。特于桑热哈耶夫大尉回国时写此信告知。

嘉庆十一年六月七日（1806年7月10日）[⑥]。

八等文官符拉德金翻译。

正文下方：1806年7月18日于伊尔库茨克收到。

俄罗斯帝国对外政策档案馆圣彼得堡分馆，总档1—7，目录6，1805年，案卷1a，卷夹27，459页。原件的满文译文。作者手迹。A. 帕雷舍夫翻译的满文译文经核对的抄件存同处，

---

① 嘉庆十一年六月七日。

② 在满文抄件上有此信的标题：《俄国伊尔库茨克民事省长科尔尼洛夫给大清国库伦办事大臣郡王及昂邦的通知函》（见166页注释。——莫罗兹）。同样的标题在满文抄文簿抄件上也有。

③ 即1806年7月9日。

④ 见390号文件。

⑤ 见367、369号文件。

⑥ 换算为儒略历的日期是由翻译者标出的。

458 页背面。

满文抄件存同处，461 页。

Ф. 桑热哈耶夫翻译的蒙文译文经核对的抄件存同处，458 页。

库伦办事大臣衙门满文抄文簿抄件存蒙古国立中央历史档案馆，藏档 M-1，案卷 651，164～165 页；蒙文抄件存同处，166～167 页。

№ 395

1806年7月11日[①]。库伦办事大臣蕴端多尔济、福海就呈递枢密院致理藩院两封文书、伊尔库茨克民事省长 A. M. 科尔尼洛夫给库伦的信以及给他的回信副本等事呈嘉庆皇帝的奏章

//168//6月8日

奴才蕴、福谨奏。现将俄国民事省长科尔尼洛夫送来此间的枢密院两封回书恭呈圣上御览

枢密院致理藩院来书两封[②]及科尔尼洛夫来书一封[③]恭呈圣览。前者封套已损坏，后者的地址直接寄给奴才，二者均由俄国省长所差大尉桑热哈耶夫送来，于本月六日[④]交到。

此外，奴才等阅科尔尼洛夫来信后得知，其中除要求尽快将其枢密院来书转送理藩院外，其他//169//并无任何重要消息，省长所派信使亦未言及重要之事，故奴才等按例向科尔尼洛夫开具收信回执，交付桑热哈耶夫大尉，命其回程。

以下将俄国省督来信、奴才等的回信副本[⑤]缄于一函，

---

① 嘉庆十一年六月八日。

② 见367、369号文件。

③ 见390号文件。

④ 即7月9日。

⑤ 见394号文件。

恭呈圣览。省督派来信使临去时，奴才等循例略有赏赐，//170//打发回程。奴才等按日前所奉圣训①，特派四百里快马专递将此事恭报圣上。

谨此恭奏。

170 页文件末：据奏折抄录。当月 29 日②奏折［由北京退回后］收到。上有皇帝朱批：阅。照准。

蒙古国立中央历史档案馆，藏档 M-1，案卷 651，168～170 页。库伦办事大臣衙门满文抄文簿抄件。И. Т. 莫罗兹译自满文。

① 见 289 号文件。

② 即 8 月 1 日。

№ 396

1806 年 7 月 12 日。格尔必齐边境事务长官谢列勃连尼科夫就清军部队巡查格尔必齐河国境及与其长官会见情况呈外务院驻恰克图特派员 П. И. 伊兹玛伊洛夫的报告

//550// 格尔必齐边境事务长官谢列勃连尼科夫少尉 1806 年 7 月 12 日第 152 号报告（副本）

本月（7 月）10 日下午 4 时，有中方巡逻队朝我方走来，至距离要塞 4 俄里处的格尔必齐河边，分乘 5 艘木船沿己方水界由石勒喀河上溯。领军人物为协领博勒戈、章京查金博、哈番图热博、达因博，带领士兵 50 人。除此而外，据他们说，在阿穆尔河口哨所附近彼方一侧距哨所大约两俄里的地方，他们还留有两艘木船共 20 人，由吉生博章京率领。两处兵力共为 70 人。见面之后由我方通蒙古语的哥萨克伍长伊萨科夫向其问候，得知他们那边一切平安，然后伊萨科夫也同样回答了他们的问候。这时他们的长官要求看在双方友好的分上，为他们提供或宰杀一头牲口，还说，他们巡查国境的路途非常遥远，要走 29 天，虽然回去时吃的东西还有，但却不十分充足。当天我正好用自己的钱买了一头价值 19 卢布 25 戈比的牲口，为了表示友好，就带着上面提到的那个伍长给他们送去了。他们收到之后，向我们表示感

谢，给我送来一段约一叨长的黑色［乌］① 光缎、白色大布和4个小铜旱烟袋、30块茶砖作为礼品，并请我们同他们会见。于是第二天即11号一早，//550背面//我带领哥萨克7人去了。他们非常殷勤地接待我们，把我们请进帐篷，用他们的点心和茶以及家里带来的食品招待我们，而且把对伊萨科夫伍长说过的话对我又说了一遍：他们那边一切平安无事。但对我们这边的情况，除了是否平安之外，对别的东西一概不打听，我没有发现他们有任何令人不快的举动。这些中国人于本月即7月12日下午5时回程，顺利朝己方返回。

特此荣幸地向大人报告。

文下有：经八等文官彼得·伊兹玛伊洛夫签核。

俄罗斯帝国对外政策档案馆圣彼得堡分馆，总档1—7，目录6，1805年，案卷1a，卷夹27，550~550页背面。经核对的抄件。

---

① 页边已破损。

№ 397

1806年7月16日。祖鲁海图边境事务长官戈尔布诺夫就同大清国人易货及清国将军视察边境等事呈外务院驻恰克图特派员П.И.伊兹玛伊洛夫的报告

//507//祖鲁海图边境事务长官十四等文官戈尔布诺夫1806年7月16日报告（第208号，抄件）

上月即6月24日，大人曾给卑职发来第41号密令，因此卑职有幸报告如下：

本月即7月3日，中国普通边境巡逻队由一名协领率领，来到马列特卡小河口，5日及6日到达老祖鲁海图哨卡对面。他们都是所谓的墨尔根人。协领到达老祖鲁海图哨卡对面后，前往马列特卡小河看望墨尔根人，在当地逗留到11日，12日通过老祖鲁海图哨卡为我送来了表示友好的礼品：棉丝混纺料一段、缎子8小段、1箱茶叶，请求我要同我俄罗斯所属各民族开展易货。12日我带领由各地前来的人前去同他们会见并交换货物。我回到老祖鲁海图，于收到给我的礼品后，给他们送去了一头牛、一头羊，他们收到后对派去的人表示感谢，请我到营地去做客。于是我带领少许随从应邀前往。我们到达后该协领同官员们对我们非常尊敬，用各种中国小吃和食品招待我们。我们在该处逗留了一段时间，为了相识一场，告别时送我混纺缎半匹、红缎4块、中

国点心 3 盒、扇子 1 把、刺绣荷包 5 只、念珠 3 串、绿茶——次等茶 1 罐、鲁刚（不知何物，音译。——中译者）茶 40 包。送给随我去的队伍同样的茶 100 包、两坤缸中国酒。当月 13 日，我邀请协领的队伍来我方做客，在公厅摆宴，以普通酒水招待他们。当他们告辞回营地时，回赠了他们 3 头羊，他们感激地接受了。14 日和 15 日这些中国人只是做做样子，交换了一些最劣质的货物，数量也很少，并于 15 日当天下午 3 点拔营返回。会见时我以难以觉察的方式向协领带来的人打听他们的将军为什么会到这边的贸易点来，他们对我说，一般每年他都要到各城市去巡视，这回是顺路，就到这个贸易点来了。关于其他情况虽然我找到一个熟人去向协领带来的小官打听，但他闭口不言，没有给我任何回答，只顾跟自己身边的人用满语和汉语闲谈。

那些中国人运来的货物不仅质量比去年差了许多，而且数量连三分之一都不到。交换货物时中国人同我们俄国人态度相当友好，和睦有礼，没有发现任何粗野的举动。

今后若打听到任何消息，不仅限于大人命令中规定的内容，而且还有其他内容，一定向大人或其他部门报告。送给卑职和我队中人员的礼品现开列清单，用胶水粘贴于后，并已向祖鲁海图海关申报，经盖章后返还给我。

文件下方有：经八等文官伊兹玛伊洛夫核对。

俄罗斯帝国对外政策档案馆圣彼得堡分馆，总档 1—7，目录 6，1805 年，案卷 1a，卷夹 27，507～507 页背面。经核对的抄件。

№ 398

1806 年 7 月 17 日。外务院驻恰克图特派员 П. И. 伊兹玛伊洛夫为要求各边境事务长官与清国边境官员严格保持友好关系所下达的命令

//503//1806 年 7 月 17 日给予大清国接壤各边境事务长官的秘密命令（抄件）

奉二等文官、枢密官、特命全权使臣尤里·亚历山德罗维奇伯爵大人的命令，特向阁下建议，要求您本人及你边境段所属各哨卡长官同毗邻官员及所有人在各种事务、各种场合尽量避免可能导致气氛冷淡和不快的事件，以和气友好的态度推进融洽的关系。遇有事件发生需向本官报告，需等待命令，不得有误。

正文下方有核验记录：与底稿核对无误。八等文官伊兹玛伊洛夫。

俄罗斯帝国对外政策档案馆圣彼得堡分馆，总档 1—7，目录 6，1805 年，案卷 1a，卷夹 27，503 页。抄件经与底稿核对无误。

№ 399

1806 年 7 月 18 日。俄国驻里斯本公使 A. 杜巴切夫斯基为报告清帝国发生反传教士运动的消息致商务大臣 H. П. 鲁米扬采夫的信

//61// 里斯本，1806 年 7 月 18/30 日

尊敬的伯爵大人：

我日复一日地等待着由澳门到来的船只，所以一直未能有幸对您 2 月 28 日的来信给予满意的回答。

此间对日中之国中国各地发生的暴乱有不少传闻，但没有得到进一步证实，只知道它最初的 //61 背面// 起因是对新皈依的天主教教徒不满，其中有些人甚至蒙难，民间的骚乱方始平息。

若能就此打听到更详细的消息，我将立即向伯爵大人奉告，以作为我愉快的责任。

特向阁下深深致以崇高的敬意，

您卑微恭顺的仆人

安德烈・杜巴切夫斯基

61 页正文下方：送尼古拉・彼得罗维奇・鲁米扬采夫伯爵。

61 页正文上方左侧：№ 6469。

同处右侧：1806 年 8 月 23 日收到。

俄罗斯国立中央古代文献档案馆，国家档案全宗第 15 号，1806 年，案卷 30 补充，61～61 页背面。原件。作者手迹。

№ 400

1806 年 7 月 21 日[①]。理藩院就清政府在遣返 Ю. А. 戈洛夫金使团问题上的立场和为俄国商船抵达广州等事致俄国枢密院文书

//524// 一、俄文文本

大清国理藩院致俄国枢密院文书

我方已收到枢密院发来两封文书[②]。其一，贵国使臣戈洛夫金及其一行到库伦后蒙赐盛宴，但对至圣皇帝的赏赐不肯下跪。为此，他们被库伦的郡王、昂邦们遣回俄罗斯。其二，对俄美商船队在广州地方[③]行商一事进行解释。我等已就接获来书事禀奏我至圣皇帝陛下，皇帝谕示如下：

此前朕已有旨给理藩院，着尔等就此向俄国枢密院多做

---

① 嘉庆十一年六月十八日。翻译换算为儒略历法时误为 6 月 15 日（参见 538 页背面满文译文注释）。在《俄国外交政策》卷 3，第 628 页上的第 125 条注释中，文书日期同样标为 1806 年 7 月 21 日（8 月 2 日）。

② 见 367、369 号文件。

③ 满文为“迈尼—广东—尼—澳门—伊巴德”，即：到我国广东地方的澳门（参见 529 页的满文译文注释。——莫罗兹）

解释[①]。但由枢密院两次来书观之，俄罗斯国对我国礼仪全然不知[②]，一味托辞辩解。对此理藩院要致书俄国枢密院，再准确地据理据实加以说明[③]。

我等谨遵圣上旨意，特向贵方奉达此书。查俄罗斯国多年未向我国进贡，//524 背面//现你们的汗派戈洛夫金使团前来，希望觐见我皇帝陛下。我理藩院已就此奏明，对此吾皇赞许有加，已降旨为其准备一切，安排膳食[④]。另，戈洛夫金到达库伦时应赐宴款待。因此，贵国使臣[⑤]到达后，我们的郡王、大臣即遵旨设宴款待[⑥]。不料戈洛夫金却不肯行跪拜礼对皇上谢恩。我们的郡王、大臣着其单膝下跪，意为使臣在边境赐宴不必过于拘礼。使臣本应遵照我上国礼仪[⑦]——

---

① 满文为“俄罗斯—萨德—穆丹—穆丹—伊—乌勒西布莫—亚布杜兰格，乌迈西—盖图肯”，即：显而易见，曾多次对俄国人进行解释。(参见529页满文译文的注释。——莫罗兹)。

② 满文为“乌马伊—迈尼—杜利姆拜—古隆—伊—科利—疆—拜乌勒西拉库”，即：对中国的法律一无所知（参见529页满文译文的注释。——莫罗兹）。

③ 满文为“盖图开勒迈—乌勒西布迈—比特亥—亚布布”，即：发送清楚明白的文书。(参见529页满文译文的注释。——莫罗兹)。

④ 满文原文为“塔塔拉—博，格牙蒙—乌拉”，即：住房、驿马（参见529页背面的满文译文注释。——莫罗兹)。

⑤ 满文原文为“萨林—乌勒布基尼”，即：[皇帝] 命令准备盛宴（参见529页满文译文的注释。——莫罗兹)。

⑥ 满文原文为“艾勒其萨”，即：使臣们（参见满文译文的注释。——莫罗兹)。

⑦ 满文原文为“迈尼—杜利姆拜—古隆—伊—科利—德”，即：按照我们中国的法律（参见第529页满文译文的注释。——莫罗兹)。

当皇上对所有王公大臣[①]或者来自不同国家的使臣有所赏赐时，理应跪拜接受。此前安南国国王阮光平[②]亲来此间拜见我国皇帝，于广西边境[③]蒙我皇帝赐宴，即按我国习俗//525//行三跪九叩首之礼。尤其是这种盛宴具有特殊荣宠[④]之意。阮光平在他们国内是国王，所以才以盛宴款待，别国来使则从未于边境受此殊恩。贵使及其随从受到的是特别隆重的待遇。如今戈洛夫金却不肯下跪。可以吗？而且贵国来信说，戈洛夫金在恰克图期间，我国郡王、大臣没有告诉他在库伦需要行跪拜礼，还说当时只要求他减少随从人员。在恰克图期间彼此谈判约定，今后所有事务均按条约办理，赐宴一举超出条约待遇，实为殊恩。抵达库伦后赐宴，理应跪拜谢恩。事先在恰克图不是已经体面地向贵国使臣说明了吗？我国的郡王、大臣执行此事时，一切均按我国[⑤]的行为准则和职责规定行事。贵国使臣不肯为此恩宠行跪拜礼，实为失礼[⑥]。我国郡王、大臣已说明理由，着他们返回俄国。我国

---

① 满文原文为“格楞—王，公，昂巴萨”，即：所有王公大臣官员（参见第529页满文译文的注释。——莫罗兹）。

② 满文原文为“如完—古旺—平”，即：阮光平（参见第529页满文译文的注释。——莫罗兹）。

③ 满文原文为“迈尼—古旺西—伊—哲成—德—伊新支非”，即：到达我国广西［省］边境后（参见第529页满文译文的注释。——莫罗兹）。

④ 满文原文为“特勒—昂嘎拉—萨林—尚那兰格，巧霍托伊—克西”即：而且赐宴——这是皇帝特别的恩典。（参见第529页满文译文的注释。——莫罗兹）

⑤ 满文原文为“昂巴—古隆”，即：伟大的国家（参见第531满文译文的注释。——莫罗兹）。

⑥ 满文原文为“多罗—拜—乌法拉哈”，即：破坏了规矩（参见531背面满文译文的注释。——莫罗兹）。

郡王、大臣没有一丝失礼之处。此前我们要求减少贵国使者，//525背面//不为其他，而是因为从贵国到我国北京路途遥远。进入我张家口口内，有众多高山，路途不平坦，行路艰难。为此我国的郡王、大臣与皇上意见一致，诚恳希望贵国减少前来的使者①。我们不是因为贵国使者太多而无法护送，而是因为到了北京以后，只有主要使臣才能觐见皇帝，其他人员跟着来也是白来。当时贵国要来的人员已经有一百二十四人②。其他任何国家的使团都不曾有过如此众多的人员。再者，戈洛夫金及其随行人员对于隆重的典礼仪式一无所知，故此诏令他们返回俄国。他们由库伦返回俄国的时间由蒙古族王公纳木吉勒多尔吉决定，并由其安全护送到恰克图。这是我大国君极大的仁慈和恩典。

贵国国书中提到俄美公司商人船只问题。你们以为//526//船只进入广州一节，可以在贵国使臣抵达我国北京后，再由他请求我皇帝陛下恩准。但此看法是错误的③。我

---

① 满文原文为“乌勒尔基—艾曼—伊—乌尔萨”，即：外国人（参见532页背面满文译文的注释。——莫罗兹）。

② 满文原文为“苏维尼—达哈拉拉—乌勒色—艾姆格里—艾穆—唐古—奥林—杜因—奥霍”，即：你们共有124名随同（参见532页背面满文译文的注释。——莫罗兹）。

③ 满文原文为“斋—苏维尼—俄罗斯—阿美里卡—色勒—户代—乌尔塞—扎户代—古旺东—德—一新哲拉—翁果洛，戈洛夫金—色—格门—核陈—德—一新那拉—贝—波多迈—恩杜林格—额真—伊—核色—拜—白拉—德—阿克当比—色衡格，乌迈西—塔沙拉哈库”，即：然后，你们再声明戈洛夫金和其他人是打算在你们所谓的俄美商船进入广东以前就希望能得到至圣大皇帝的谕旨，这样做是完全错误的（参见533页满文译文的注释。——莫罗兹）。

大清国和俄国从古至今一直只是在恰克图通商贸易[①]。沿海地带[②]从无贸易之事。后来在双方达成的十一项协议中也有明确规定。你们怎能不知？因贵国两艘船只进入广东一事，粤海关监督延丰已受到圣上惩戒。但圣上却从来没有惩戒你们[③]。关于此事，已传谕两广总督，着其公示，今后严禁其他一切船只进入。我大清国在任何事情上均讲规矩，重道理。贵方以为船只进入广州，只要贵国使臣到北京一说，即可得到我国皇帝的允许。但我圣上还是没有任何办法饶恕这种行为。如果你们想继续维持两国和平协议，请转告贵国的汗，那就应该按恰克图签订的条约∥526 背面∥通商贸易。

---

① 满文原文为“迈尼—昂巴—岱清—古隆—伊—伊之斯混—达散—伊—佛勒衮—其—苏维尼—俄罗斯—古隆—伊—伊斯洪德—呼达—迈满—拜—霍丰布哈—其—艾布西—呼达沙拉—扎卡—拜—达木—恰克图—伊—巴德—亚布布木比”，即：自我大清国顺治朝时起已和你们俄国相互通商贸易，但直到如今，贸易亦仅在恰克图进行。(参见533页满文译文的注释。——莫罗兹)。

② 满文原文为“迈德利—安噶—巴德”，即：在海港（参见533页满文译文的注释。——莫罗兹)。

③ 满文原文为“苏维尼—户代—尼亚勒迈—其亥—户代—扎卡—拜—艾布布亨格，艾穆—阔利—拜—朱勒切合比。讷尔金德—昂巴—恩杜林格—额真—苏维尼—俄罗斯—撒拜—那兰吉—图勒尔基—艾曼—伊—尼亚尔马—色迈—扎堪扎迈—古尼迈—凯西—伊西布迈—乌迈—切木拜—维勒—阿拉哈库”，即：贵国商人擅自卸下商品，违反法律。但是伟大圣明的皇帝考虑到你们俄国人是外国人，给予了莫大的恩惠，完全没有为此事而惩罚他们。(参见533～534页满文译文的注释。——莫罗兹)。

任属下到其他地方贸易，藐视我国法律是不行的[1]。专此奉达[2]。

嘉庆十一年六月十八日[3]。

524页正文上方：1806年9月25日收到。

526页背面日期上盖有理藩院方形朱印。

522～523页（信封）上有地址：大清国理藩院致俄国枢密院（522页）及日期：嘉庆十一年六月十八日（523页），地址和日期[4]上盖有两枚理藩院方形朱印。

俄罗斯帝国对外政策档案馆圣彼得堡分馆，总档1—7，目录6，1805年，案卷1a，卷夹7，522～523页（信封），524—526页背面。原件。

二、满文译文

//536//大清国理藩院致俄国枢密院文书

我理藩院倾接贵院派人送来文书，内一称贵国首席出使大臣戈洛夫金及其一行来到库伦赴宴时没有行跪拜礼，被库伦郡王、昂邦等遣回，而另一封详细介绍俄美商船至广东澳门通商的缘由。我院已禀奏大清皇帝陛下，皇上为此谕示：

---

① 满文原文为“迈尼—杜林拜—古隆—伊—发纷—克蒙—拜—讷其布其—奥卓拉库”，即：不能违反我们中国的法律规定（参见译自满文的注释，第534张——莫罗兹）。

② 正文盖有理藩院两方朱印。

③ 1806年6月21日。

④ 地址和日期为俄文、满文、拉丁文。

此前朕已有旨给理藩院，就此二事已清楚明白地向俄人宣示。现由俄国枢密院来书中可以看出，他们对我中国律法礼仪一窍不通，所说尽为胡言乱语。朕命理藩院遣书俄国，//536背面//据实把事情说个清楚明白。

谨奉圣谕，知照如下：

你们俄国不送贡品来朝已有多年①。日前经我理藩院奏报得知，贵国汗派戈洛夫金使臣来朝见，我至圣大皇帝甚为嘉许，特指示应体面接待，并准备房舍、驿站、车辆、粮食等一应所需。此外又颁旨：

戈洛夫金抵达库伦时可赐宴②。

我郡王、大臣于贵国使臣抵达库伦时遵圣旨赐宴，并要求使臣及随行人员按我大清国礼仪行跪拜礼。但出乎意料的是，戈洛夫金及随行人员一口拒绝。我库伦郡王、昂邦等命令他所行的跪拜礼，其实并非真正要求他在国境行标准的叩拜大礼，只是对赐宴表示感谢鞠躬致意而已。

//537//根据中国律法，当至圣大皇帝对郡王、公、大臣和来自其他国家的所有使臣有所赏赐时，他们必须行叩拜之礼，接受赏赐。

此前，当安南国王阮光平③进入广西边境时，曾奉旨赐

---

① 满文原文为“乌塔拉—阿尼亚”，可以译为这么多年（参见529页注释。——莫罗兹）。

② 满文原文为“赫塞—艾腾—拜尔赫特孜—阿恰拉—塔坦—博，格亚蒙—乌拉，哲特勒—扎卡—伊—哲尔基—哈钦—拜—奈—哲—拜勒赫布赫—比迈，戈洛夫金—萨—库伦—德—一新志哈—满基，噶利—萨林—乌勒布基尼—色迈—赫塞—瓦新布哈”，即皇帝下旨：预先准备一切所需：住处、驿马、食品。当戈洛夫金到达库伦时，还将设宴款待（参见530页注释）。

③ 此处及以后的着重线均为原文所有。

宴，当时他曾行三跪九叩首之礼谢恩。赐宴是特殊恩典的象征。阮光平贵为安南国王，亦曾蒙赐宴。在国境对一国使节赐宴，实为旷古未有。向贵国使臣戈洛夫金赐宴，是给予他的特别荣宠。

那么，戈洛夫金不行跪拜礼怎能合乎礼仪呢？

贵方来书还说：不知为什么，你们的使者在恰克图时，并没有通知他到库伦要行跪拜礼；还说：我们库伦的郡王、昂邦等缩减了使团人数。

郡王、昂邦等与贵国使臣多次进行谈判，实为理所当然。赐宴为破例//537背面//之殊恩，使团抵达库伦后即行赐宴，自当跪拜谢恩，并无事先在恰克图通知贵方使臣（跪拜）的规矩。我们的郡王、昂邦是按我国律法行事。贵国使臣不肯跪拜谢恩，有失礼仪。我国的郡王、昂邦必须详细禀奏圣上，遣返贵国使臣，并无一丝违背礼仪之处。

减缩贵国使团，完全是出于担心他们不堪旅途劳累，因为从库伦到京城路途遥远，张家口迤近有众多高山，道路艰险，且正值严寒。在这种情况下，我国的郡王、昂邦合乎礼仪地减少了使者的数量，显示我圣上对所有外国人的关爱和仁慈，并不是因为使者太多，我们无法接待和照料。

此外，到京城的使者，只有首要使臣才能廷见我至圣大皇帝陛下。余者只能随行。你方随行者有一百二十四名之多，在来朝的//538//各国使者中，其随从之多实为未之所见。戈洛夫金不知规矩和礼仪，不行跪拜礼而返，犹蒙赏赐驿马车辆，着蒙古贝勒纳木吉勒多尔吉将其平安送回恰克图。

此实为我大皇帝对俄国人至仁的殊恩！

你们向我们保证说，原以为戈洛夫金会赶在俄美公司商船之前到达北京，并委托他向皇帝请求恩准。

你们大错特错了！

我大清国早在顺治朝（1727年）[①] 即已同你们俄国互通贸易，规定仅在恰克图，却从未在港口进行交易。关于此点，在由十一个条款构成的约定中有明确的说法。贵方不应对此毫不了解。

粤海关监督延丰在贵方船只到达澳门时，//538背面//允许贵国商人卸货，违犯了律法。皇恩浩荡，由于你们俄国人是外邦人，没有送交衙门追究，只是将延丰查办，并给两广总督和一干官员下达旨令，今后严禁此类船只进入。

我大清国依法办事，坚决执行。

即使戈洛夫金先于贵方船只到达北京，向我大皇帝提出颁发恩旨的请求，也绝不会获得准许。如果贵国想与大清国长期和睦相处[②]，请向贵国汗详尽呈报此事，命令贵国所有商人按条约规定在恰克图贸易，决不允许他们自做主张前往其他地方，破坏我大清法规。

专此奉达。

嘉庆十一年六月十八日（1806年7月15日）[③]

536页正文上方左侧：<u>译自满文</u>。[④]

俄罗斯帝国对外政策档案馆圣彼得堡分馆，总档1—7，目录6，1805年，案卷1a，卷夹27，536～538页背面。译自满文原件。符拉德金手稿。

---

① 年代为翻译所加。

② 满文原文为“朱维—古隆—伊—呼瓦良松—阿恰拉—多罗—拜”，即：两国间的和睦（参见534页注释。——莫罗兹）。

③ 翻译将日期转换为儒略历时有误，应为7月21日。

④ 着重线为原文中所有。

满文文本原件存同处，529～535页背面。① 使团办公厅抄文簿抄件：А.Г. 符拉德金的译文存于同处，卷夹26，188页背面～192页；同处，卷夹28，220～223页；满文文本存同处，213～217页。

另一种译自满文的文本（译者：П·И·卡缅斯基和С·В·利颇夫佐夫）存于同处，亚洲司图书馆全宗，目录505，案卷44，32页背面～37页。

库伦办事大臣衙门满文抄文簿抄件存蒙古国立中央历史档案馆，藏档M-1，案卷651，181～194页背面。②

三、译自拉丁文的文本

//539//大清帝国理藩院致俄国枢密院文书

不久前我方收到你方两封文书③。其一涉及贵国使臣戈洛夫金。他一进入我国边界即受到我至圣皇帝的恩典，但因不愿叩头谢恩，被我郡王、大臣遣回。另一涉及你方由美洲乘船来广州澳门进行贸易的商人。我至圣皇帝根据理藩院所奏//539背面//亲谕如下：

此前朕已就理藩院所奏此两宗事情，谕令将朕之旨意多次晓谕俄国枢密院。现据枢密院致我理藩院来函可以看出，俄人对中国法规、风俗及叩拜礼仪一无所知。着理藩院复函，明白开导俄人，何种行为方为明智正确。

遵照我皇帝陛下对事情处理的旨意，我们发现，多年来贵国在进贡方面未能有满意的表现。此前不久，贵国皇帝派

---

① 文件中盖有理藩院的三枚方形朱印。

② 181页注有在库伦的收件日期：六月二十九日，即8月1日。

③ 见367、369号文件。

戈洛夫金一行前来向我至圣//540//皇帝陛下祝贺，并将此事通知我方。我们立即转奏我至圣皇帝，蒙赞赏有加，着准备馆舍、车船[①]、食品等。根据安排，在戈洛夫金进入我国边界，与边境长官会面之后，我国郡王、大臣奉旨设宴款待使臣及其随行人员。宴毕，郡王、大臣等提醒使臣等人，为谢皇上恩典，不能按常规行礼，应下跪叩头。但遭到戈洛夫金等人的顽固拒绝，并称他们不能行此礼。按中华帝国礼仪，如皇帝//540背面//对王公、伯爵、大臣以及各国使臣有所赏赐时，他们应首先下跪、叩头，然后方可接受赏赐。此前，通金国王阮光平前来朝贺我至圣皇帝陛下，于抵达我广西省边界并受到盛宴款待时，即主动行三跪九叩之礼谢恩。其他外国使臣从未在边境受到盛宴款待。贵国使臣受此殊荣，乃是我皇帝陛下特别的恩典，难道戈洛夫金不应行下跪叩头礼谢恩吗?

//541//此外，你们在来书中反驳说，贵国使臣在边境没有事先被告知需行跪拜礼，而且我方大臣要求你方缩减使团随员。这一切都是遵皇帝谕示[②]办理的。边境赐宴实为皇帝的特殊恩典。因此有什么必要在边境预先通知使臣呢?

我国郡王、大臣对此事的处理完全符合我大清律法和习俗。由于贵国使臣不遵我国礼仪，拒行三跪九叩之礼，我郡王、大臣最后不得//541背面//不奏明皇帝陛下，令他们返回俄国。我国郡王、大臣在此问题上无丝毫过错。他们要求贵方缩减使团人数的原因是：从边界到北京路途十分遥远，多高山深谷，道路崎岖艰险，且正值严寒季节，他们担心贵方使团人员在途中会遇到极大不便。

---

① 原文如此。

② 原文误为“行为”。

此外，出于皇帝陛下对外国人的关心，并考虑到使团随从人员过多，我郡王、大臣提出//542//缩减使团人员，乃是使他们免受路途跋涉之苦，并在途中得到护卫。再者，使团到达北京后，唯使臣可亲自觐见皇帝，并向皇帝行三跪九叩之礼。

至于其他人员，陪同使臣则毫无益处，何况贵国使臣陪同人员达一百二十四人之众。其他国家使团人数从未有如此之多。戈洛夫金虽不顾我国律法和善意，拒不遵守我国礼仪，但我方仍谨守待客之道，派遣//542背面//贝勒纳木吉勒多尔吉[①]等将他们护送至恰克图，令其回国。

我国皇帝宽大仁厚，待你们可说仁至义尽。

至于说到你们的船只，你们以为可以在贵国使臣到达北京，并申请到接待它们的许可之前即驶入广州，那就是大错特错了。

自我大清帝国之初顺治朝，即已与俄国人开辟贸易，甚至如今在恰克图亦有通商，但从未经海//543//港码头进行。再者，两国根据协议，签订了十一项条款。难道你们对此一无所知？正因为如此，我国官员粤海关监督延丰允许你方到达澳门的船只卸下货物，从而铸成大错，违反法规。我至圣大皇帝念他们是外国人，故未予处罚，但却惩办了延丰。

你们一定要严命此类船只，今后不得再来广州贸易。我方则明令//543背面//当地总督和官员，要求他们遵守大清法规和决定。

不过，即使戈洛夫金按你们的预想先到了北京，并为贵方船只进入广州请求允准，他无疑也不会得到许可。你方如希望同我方保持和睦，就请遵守共同签订的条约和法规，并

---

① 原文有误。

请转告贵国皇帝，你们只能在恰克图进行贸易，绝不能破坏双方//544//订立的法规，随意到我大清其他地方去。

专此奉达。

嘉庆十一年六月十八日

第593页正文上方左侧：译自拉丁文[①]

俄罗斯帝国对外政策档案馆圣彼得堡分馆，总档1—7，目录6，1805年，案卷1a，卷夹27，539～544页。译自拉丁文原件。

拉丁文原件藏同处，527～528页背面[②]。

使团办公厅抄文簿抄件：拉丁文文本存同处，卷夹28，217页背面～218页。

① 着重线为文本中原有的。

② 文书各页盖有理藩院方形朱印。

№ 401

1806 年，不早于 7 月 21 日①。军机处就嘉庆皇帝下旨命理藩院再次致书枢密院说明俄国使团回国缘由以及倘若俄国再派使团前来务要 Ю. А. 戈洛夫金在库伦行叩头礼等事给库伦办事大臣蕴端多尔济、福海的命令

//175//六月二十九日②收到

军机大臣令行库伦办事大臣、喀尔喀郡王等

嘉庆十一年六月十八日奉上谕：

不久前，蕴端多尔济等将俄国枢密院致我理藩院两封文书③进呈，由宫内衙门所译满文译本朕已阅过。其一称//176//库伦郡王、大臣仅因俄国使臣戈洛夫金到达库伦后对赐宴不行“叩头”礼谢恩而将其遣返为无理之举。④另一份文书的内容是对他们所谓来自俄属美洲[1]的商船驶抵广东澳门港通商所做的辩解，也是杂乱无章，且完全不符公认的礼数。⑤

去年，俄国使臣戈洛夫金等一行到达库伦时，朕曾格外

---

① 据圣旨日期（嘉庆十一年六月十八日）确定。

② 即 8 月 1 日。

③ 参见第 367、369 号文件。

④ 参见第 369 号文件。

⑤ 见 367 号文件。

开恩，降旨赐宴，为此蕴端多尔济等完全合理合法地要求其面向东方行“叩头”礼，//177//但戈洛夫金等人不肯履行这一礼节性的仪式。这表明他们完全不了解规定的礼仪，因而才被勒令返回。如今俄国人却倒打一耙，将一切过错推到蕴端多尔济等人头上，编造了许多可笑的谎言。俄国人生性刁滑狡诈，对任何事情都会吹毛求疵。此次虽解释再三，但渠等仍我行我素，故特谕令理藩院//178//依例行文枢密院①再次说明之。

此次俄国枢密院来书以及理藩院致枢密院回书，着抄录副本，送蕴端多尔济等一并知晓。

俄国使团来京，于我天朝大国无丝毫利益可言。着蕴端多尔济等于此期间暗中对卡伦及与俄国接壤的界标//179//严密检查。不得允许俄人制造任何微小事端。凡往来传送文书或派来办事的俄人，会面时绝不许向他们打听有关派遣使团的问题。如果你等向他们打听，只会使他们抬高身价。俄国人在失去任何指望后，已经回国并感到了羞耻。如彼等就其来北京问题再次恭敬地提出请求，蕴端多尔济等在获悉确实消息后可按以前办法，派四百里//180//快马廷寄火速向皇上奏报，并将该使团头领送至库伦。先可按以前所示，设宴款待，命其对皇帝“叩头”谢恩，之后方可允使团来京朝见。绝不可出现疏漏，亦不可做出让俄国人得意忘形之事！

敬奉圣谕，特发此令。

蒙古国立中央历史档案馆，藏档 M-1，案卷 651，175～180

---

① 见400号文件。

页。库伦办事大臣衙门满文抄文簿抄件。И.Т. 莫罗兹译自满文。

注释：

［1］俄属美洲——是18世纪下半叶至19世纪下半叶对俄属阿拉斯加、阿留申群岛以及北美西北海岸地区一带阿拉斯加至加利福尼亚西北海岸地区的非正式（或非官方）称呼。1799年沙俄政府授予俄美公司20年开发俄属美洲的权力，稍后这个期限又延长了3倍至1861年。1867年3月18日（公历30日），（俄美）在华盛顿签订了将俄属阿拉斯加及其邻近阿留申群岛出售给美国的条约，售价为720万美金。至于位于北加利福尼亚的俄罗斯殖民据点"罗斯村"则早在1841年就已被撤销。《外交辞典》，卷2，页480。

№ 402

1806 年 7 月 25 日。Ю. А. 戈洛夫金使臣为感谢知遇之恩呈亚历山大一世皇帝的信

//494//皇帝陛下：

皇上颁赐给臣的诏书[①]是陛下对臣赏识和赞许的明证，使臣对陛下充满深深的感激之情。

在极其艰难的情况下，臣唯一的支柱，就是希望不辜负圣上的嘉许。尊贵的陛下，//494 背面//您的仁慈和公正激励着臣对您忠贞不渝，愿竭尽所能为您效力。臣愿尽臣的绵薄之力，以达致这一崇高目的。这也是臣直至生命最后一刻的牵挂、愿望和工作的目的。谨致

最深切的敬意

陛下最恭顺的仆人和臣子

戈洛夫金伯爵

1806 年 7 月 25 日

于伊尔库茨克

俄罗斯帝国对外政策档案馆圣彼得堡分馆，总档 1—7，目录 6，1805 年，案卷 1a，卷夹 27，494～494 页背面。原件为法文。Н. Б. 祖布科夫译自法文。

---

① 见 362、368 号文件。

№ 403

1806年7月25日。Ю.А.戈洛夫金使臣就俄中边界局势致副外务大臣A.A.恰尔托雷斯基的紧急报告

//490//公爵大人：

阁下5月14日[①]的急件及附件[②]已由巴伊科夫先生送到。

现已按惯例派本省翻译桑热哈耶夫将枢密院致理藩院文书送往库伦。他没有发现和听到任何值得关注的情况。

从国境传来的新消息亦无值得注意的内容。我的秘书杰·兰伯特伯爵现仍留在恰克图，在收到致理藩院的文书之前，同中国官员不会有任何接触。中国人显得特别拘谨，他们如果//490背面//不了解枢密院最近两封来信的内容，是不会采取什么行动的。在此期间，杰·兰伯特伯爵已经搞清，中国北方数省的确发生了饥荒，而我海关关长在商业运作和政治关系中玩弄了危险的手腕。我期待阁下对本年4月11日[③]和6月19日[④]紧急报告中对此问题的请示作出回答。现随本报告附上我给省长阁下［信件］的副本，其中建议为防止外运粮食过度而应采取的临时措施。至于海关关长的所作所为，它与维护事业的顺利发展以及完成交付给我的使命，都是互不相容的。如果在委托我管辖的事务中出现了任

---

① 见366号文件。

② 见368、369号文件。

③ 见353号文件。

④ 见385号文件。

何针对我的争斗，特别是秘密争斗，而我又无法避免它，它将自然而然且理所当然地解除我对事件所应负的一切责任。

//491//我将竭力遵循阁下在紧急公文[①]中向我指示的行动方式。尽管许多因素都在破坏我们同近邻的和睦关系，但这种关系仍在继续着。这乃是我为自己以及下属规定的温和、谨慎原则的结果。所以前不久我以皇帝陛下的名义，恢复了边境条例。

当前，我全心贯注于完成一部论述西伯利亚资源及其利用的著作。托木斯克省和额尔齐斯防线在同中国的军政关系方面与伊尔库茨克省是一个整体，如果没有对它们的描述，这本著作将是不完整的。我必须要利用许多未知或者已被忘却的资料，去构筑一座雄伟的大厦。//491 背面//这类工作要求付出的不仅是关注，而且还有时间！

附上使团遣散人员名册。

阁下，荣幸地向您致以深深的敬意！

您最谦卑恭顺的仆人

Ю. 戈洛夫金伯爵

1806 年 7 月 25 日于伊尔库茨克

490 页正文上方：№19。

同处，正文下方：送 A. A. 恰尔托雷斯基公爵大人

俄罗斯帝国对外政策档案馆圣彼得堡分馆，总档 1—7，目录 6，1805 年，案卷 1a，卷夹 27，490～491 页背面。原件为法文。Н. Б. 祖布科夫译自法文。

---

① 见 366 号文件。

№ 404

1806 年 7 月 25 日。祖鲁海图边境事务长官戈尔布诺夫就来祖鲁海图贸易点的清朝将军的情况呈外务院驻恰克图特派员 П. И. 伊兹玛伊洛夫的报告

//515//祖鲁海图边境事务长官哥萨克少尉戈尔布诺夫 1806 年 7 月 25 日编号为 219 号秘密报告（抄件）

长官于 7 月 8 日给我下达的编号为 53 号的密令于 21 日[①]收到，命令要求准确完成长官前次的秘密指示。现谨向长官报告如下：在清朝协领巡视马列特卡河以及老祖鲁海图卡伦对面地区期间，对您的密令中所说的情况没有得到任何准确消息，此事我已有特别报告[②]于 7 月 16 日呈送长官。协领等离开后，在与清方哨卡人员会晤时卑职了解到，中国的将军大人管辖着许多城市，既有阿穆尔河上的，也有其他地方的，但其官署设在齐齐哈尔，手下有十万人马，呼伦贝尔和齐齐哈尔两城位于阿穆尔河南岸。呼伦贝尔附近有多条河流，离海拉尔不远，在伊米纳河上，距老祖鲁海图卡伦约 100 俄里；齐齐哈尔位于一条东北流向的河边，该河汇入阿穆尔河。嫩江距老祖鲁海图哨卡约 500 或 600 俄里。其他方

---

① 原件中书写有误。

② 见 397 号文件。

面尚未探听到新的消息，今后如探听到新的消息，当及时向长官报告。

经与原件核对无误：八等文官伊兹玛伊洛夫。

俄罗斯帝国对外政策档案馆圣彼得堡分馆，总档 1—7，目录 6，1805 年，案卷 1a，卷夹 27，515 页。经核对的副本。

№ 405

1806年7月26日。Ю.А. 戈洛夫金使臣就与清帝国关系的原则及草拟西伯利亚开发方案等情况呈亚历山大一世皇帝的奏章

//487//陛下：

臣谨遵陛下5月8日[1]圣谕，竭尽所能，严格执行。最近一年来臣和中国政府的直接关系完全是在无法预见的情况下发展着。臣的原则是：应将当前发生的事件同两国迄今存在的友好关系区别对待，并尽可能全面完整地//487背面//保持这种关系。臣的各种命令，以及臣手下全体人员的行为，遵循的正是这样一个原则，它所追求的是边境通商贸易的延续，边境的秩序和安宁，同时也赢得了中国官吏对我们的尊重。所以，臣斗胆把此项原则向陛下奏明，以作为臣将竭力贯彻此项原则的保证。如果不是海关关长的行为引起臣的不安，臣觉得，它的成功将是毋庸置疑的，关于这一点臣有幸已在5月19日奏章中禀明。他//488//插手不属于他管辖的政治事件的争斗，对臣与中国官吏的秘密关系产生了很大影响。在当前情况下，这种争斗可能会导致毁灭性的后果。

省长派遣信使携带枢密院致理藩院的文书[2]前往库伦，但返回时没有带回任何消息。

多夫列上校到达阿穆尔河后已经返回，此后臣一直忙于

---

① 见362号文件。

② 参见第367号文件。

补充和完善钦命完成的有关西伯利亚的著作，不敢少懈。鉴于政军体制的建立只能以保障和减少现有资源的利用并提供其发展这一内在机制为基础，这部//488背面//著作将可把西伯利亚所能提供资源的完整状况以及开发利用的方法展现在陛下面前。臣正快马加鞭，尽量赶在根据清政府的回答确定应采取何种措施之前将其完成。但是，问题的重要性、至今仍被忽视的情报的必要性以及情报的缺乏，乃至使这一至今仍被认为是没有生命的广袤空间焕发生机的责任，都需要时间。臣敢斗胆向陛下保证，只要利用得好，时间就不会白白流失。臣正打算利用清政府给予答复之前这段短暂的时间，亲自考查在//489//叶尼塞河与安加拉河之间建立交通的可能性、托木斯克省的资源情况，以及完成比斯克、库兹涅茨克防线的考察，如果还有时间的话，再完成额尔齐斯防线的考察。为了这种考察和询问不致引起当地居民和邻国的惊恐不安，一切必要的考察活动都应在严格保密的情况下进行。个人的亲自调查避免了这些不便，而且快速准确。

向陛下致以最深切的敬意！

您最忠实最恭顺的谦卑的仆人

戈洛夫金伯爵

于伊尔库茨克

1806年7月26日

487页正文上方右侧用俄文：9月1日收到

同处左边：№9。

俄罗斯帝国对外政策档案馆圣彼得堡分馆，总档1—7，目录6，1805年，案卷1—7，卷夹27，487～489页。原件为法文，Н. Б. 祖布科夫译自法文。

№ 406

1806年7月30日。恰克图海关关长П.Д.瓦尼方季耶夫就清朝官员巡视恰克图以东边界事致商务大臣Н.П.鲁米扬采夫的报告

//66//呈二等文官、枢密官、商务大臣、赏戴勋章尼古拉·彼得罗维奇伯爵的报告

4月2日卑职有幸向公爵大人报告，据中国人传闻，库伦郡王和大臣可能派遣一批官员前往俄国边境，沿己方一侧向东巡视。根据来自祖鲁海图哨卡的报告抄件，此事已经实施。卑职认为有责任同时也向全权大臣尤里·亚历山德罗维奇伯爵通报①，以说明传闻所指的就是此事。但是伯爵大人不相信我，通过他指派的边境长官伊兹玛伊洛夫对我进行调查，//66背面//无功而返后又下令派遣专人沿边界前往东边，并于7月28日返回后声称，那批中国官员的确在沿边界巡查，但已追之不及。

我为有幸得到伯爵大人崇高而宽厚的信任，并能向阁下呈递我的报告而感到无比高兴。

关长瓦尼方季耶夫

1806年7月30日

于恰克图

---

① 见347号文件。

66 页正文上方：1806 年 9 月 22 日收到。

66a 页背面有 Н. П. 鲁米扬采夫的铅笔批示：归档。查阅 4 月 2 日报告并呈我一阅。

同处：已执行。

俄罗斯国立中央古代文献档案馆，国家档案全宗第 15 号，1806 年，案卷 30 补充部分，66～66a 页背面。原件。

№ 407

1806 年 7 月 30 日。外务院驻恰克图特派员 П. И. 伊兹玛伊洛夫就做客期间同买卖城扎拉固齐瑞春谈话的经过呈使臣 Ю. А. 戈洛夫金的报告摘录

//504//外务院驻恰克图特派员、领边境事务八等文官伊兹玛伊洛夫呈二等文官、枢密官、院部大臣、皇帝陛下宫廷及各骑士团总典礼官、御前侍从官、特命全权使臣、赏戴勋章尤里·亚历山德罗维奇·戈洛夫金伯爵的报告

//504 背面//机密[①]

[……][②] 本月 27 日，卑职应大清国扎拉固齐之邀，于午后去喝茶，看他们的戏和喜剧。在戏院门口平台上，卑职受到扎拉固齐和博什库的热情迎接。他们把卑职引入亭中，安排在扎拉固齐右侧并排入座，受到茶和水果款待。谈话很一般，涉及的无非是健康、粮食收成和草场之类的事。卑职指出，我们的收成很一般，只要还没有从地里收上来，就谈不上丰收，牲畜也是将够吃。对此他回应道，他们蒙古收成也很一般，但是在国内很多地方出现了旱灾，粮食不足。谈话中他对我说，五六天以后将有个信使到来，现在他正在等

---

① 着重线为文中原有的。

② 删节了一段（504～504 页背面）关于 П. И. 伊兹玛伊洛夫收到戈洛夫金 20 俄磅银子和收到库伦贝子茶叶的内容。

待。最后他又询问了您//505//在伊尔库茨克停留的原因。我回答说，阁下正忙于检查西伯利亚省的工作。他沉默了。我应他的一再挽留，坐了3个来小时。

散戏后，我被请到了他的房间，坐了半个小时，谈的是一些无关紧要的事情。最后，我行礼告别。他握着我的手，一再说对我向他所表示的友谊很领情，请求今后继续交往，而且说我们将像兄弟一样相处，避免一切可能破坏友谊的事情，并感谢我们多次交还从他们那边越境，但并没有向我们提供追寻线索的牲畜。他亲自将我送到大门口，而博什库则一直送到街上的牌楼。与以往，特别是今年初他们对我们的态度相比，我对他们现在的多礼感到不胜惊讶①。

边境一带及商贸城内平安无事，没有任何//505背面//值得注意的消息。上周由中国入境的砖茶为125大车，砖茶易货交易量甚小，且不是每天都有，多为此间小商人所为。有一点值得注意的是：今年夏季在买卖城同一地点新建了房屋四座，而一些旧的房屋均经过修葺或正在修葺。我觉得这些都预示着好兆头。

八等文官彼得·伊兹玛伊洛夫

1806年7月30日

恰克图哨所

504页正文上方：8月6日收到。

505页背面：№71。

俄罗斯帝国对外政策档案馆圣彼得堡分馆，总档1—7，目录6，1805年，案卷1a，卷夹27，504～505页背面。原件。

---

① 戈洛夫金在空白处用铅笔批示：关于此点可由该员向外务院报告，摘录可以我的名义送交大臣。

№ 408

1806 年 8 月 1 日。Ю.А. 戈洛夫金使臣向亚历山大一世皇帝所呈加强西伯利亚边防计划书的附函

//147//陛下：

臣有幸向陛下呈递一份有关中俄两国关系①目前状况的备忘录。它是臣在西伯利亚期间所收集的全部资料的确实可靠的编述。臣的职责要求臣完成提供这些真实可靠消息的重大任务，而目前该任务则更显//147 背面//紧迫，因为当前我们所面临的不利局面，实乃部里对西伯利亚事态的真实情况、对我们同中国人的贸易以及对北京政府一贯推行的行动体制从来就缺乏准确情报的结果。

然而在注意到我方危险情况的同时，令臣感到欣慰的是，还存在着一些因过于分散而被遗忘、组织工作还有不少缺陷的资源，一旦把它们利用起来，这种情况就不难加以克服。臣认真分析了灾难出现的原因，整合了当地能够防止其继续发展并消灭其根源、保障陛下在亚洲的优势、保障帝国在//148//最为偏远地区的繁荣的措施。这就是如今臣有幸向您呈递的报告。臣斗胆恳请您对这份标题为《利用当地资源实施西伯利亚军事配置的计划》② 的备忘录予以注意。

此报告尽可能简短地列出了西伯利亚所能提供的资源以及地区配置的可能性，略去了有关的证明材料，其基本点

---

① 见 300 号文件。

② 原文标有着重线。参见第 409 号文件。

如下：

1. 边境哥萨克配置计划；

2. 伊尔库茨克省民兵的计划；

3. 涅尔琴斯克边区地形述略及陛//148 背面//下的侍从多夫列上校提出的进攻和防御体系；

4. 满族人发展的历史述略、当前状况以及他们和俄国关系的历史述略。

本著作经六个月连续工作方得以完成。关键在于要找到办法，以弥补 80 年来遗忘和荒废造成的巨大损失，要找到改变当地状况的手段。在这样一个远离中心的地区，发展非常缓慢，大自然本身是很难对其发展起什么促进作用的。

如果臣有幸于此事能有所建树，如果臣对祖国和陛下的无限忠诚能使陛下相信臣一片忠心，唯求造福同胞，臣将绝不后悔因此而//149//付出的劳动和健康，并感谢命运在有生之年赐予我所能指望的最大赏赐。

陛下，谨向您致以深深的敬意，

您最忠实、最恭顺、最谦卑的仆人

戈洛夫金伯爵

于伊尔库茨克，1806 年 8 月 1 日

俄罗斯帝国对外政策档案馆圣彼得堡分馆，总档 1—7，目录 6，1805 年，案卷 1a，卷夹 27，504～505 页背面。原件。

№ 409

1806年8月1日。Ю.А. 戈洛夫金使臣就加强西伯利亚边防的计划书呈亚历山大一世皇帝的报告

//58//利用当地资源实施西伯利亚军事配置的计划①

本报告是已呈送皇帝陛下的关于俄中之间政治状况的报告②的补充，或第二部分。

报告的第一部分，目的在于证明，不论是帝国的尊严还是安全，国内的繁荣还是商业利益，都迫切需要改变我国同中国之间的政治体制。

本备忘录的目的在于以证据展示和说明，一旦该体制获得批准，即使没有帝国其他地区的额外帮助，西伯利亚也拥有足够丰富的//58背面//资源来维持它。

在详细讨论这个问题之前，需要在这里做两点说明。

首先，不能把完全是为了维持某一政治体制而制订的军事部署规划同用以确立该体制的行动计划混为一谈，这一点很重要。否则就是混淆了结果和原因。我们希望同中国建立尊重的关系、贸易的关系，但这要求对目前的体制作根本的改变（如果这种体制存在的话）③，也就是说，要求推行有效

① 此处及以下均画有着重线，标题写在左侧空白处。

② 参见第300号文件。

③ 文中有括号。

的手段。既要支持和维护这些新关系，我们就应该做好准备，以便在它们遭到破坏时给予帮助。但遭到破坏的情况一日不发生，这种准备就只能是无用的手段。在同中国的政治关系方面，//59//俄罗斯帝国就好比是一个病人，他对自己的强健体魄漫不经心，需要对其采用激进的方法加以治疗。而在治疗成功之后，为了不让他重蹈覆辙，他应该过一种与其体魄相适应的正确生活方式，这就是本报告的真正主题。

其次，这里做决定的不是军人。政治家要求军事力量的协助，而行政长官唯一的任务就是找到这股力量，一旦认为它们是与公众的福祉结合在一起的，就把它交由军人来处理。

最重要之点在于同中国的关系中要使用我们的军事力量。①

正是出于对商业和政治的考量，才有可能确定一个最重要的地点，以保持军事力量针对中国常备不懈，或在必要时根据条件采取军事行动。

以下将详加论述，阿穆尔河正是这样一个地点。

最可怕的攻击，无疑应指向敌人的这样一个地区，即它的丧失对该国最为敏感，同时又最能加强攻击方的优势。对于被占领国来说，造成的损失应该最大；对于占领国来说，它所得到的彩头也要最大。出于这一原则，阿穆尔河及其周边地区都应视为中华帝国最希望保有的一部分，因此也是我们不论出兵攻打还是以简单的威胁手段弄到手//60//就能取得最大利益的一部分。如果中国人一直都在拒绝我们沿阿穆尔河自由航行，这显然是出于害怕我们在该河左岸建立机构。中国政府到目前为止还很少使用这片地区，甚至很少了

---

① 此处及以下标题写在左侧页边。

解它们。但是控制这一地区对清政府极为重要，因为它与右岸许多繁荣的城市和富饶的地区离得很近，并且由此极易靠近北京，特别是进入满洲——当今王朝的发祥地。这是清王朝的圣地，也是中国发生暴乱时它唯一的避难所。如今中国暴乱如此频繁，已有三次威胁到皇帝的统治地位，迫使他几乎丢掉了皇位。//60背面//不难想象，像俄国这样的近邻，对中国会产生何等程度的影响，甚至会具有何等的优势地位。

俄国若能占有阿穆尔河左岸，将获得巨大利益，它不仅表现在一般贸易上，对鄂霍茨克、堪察加和美洲企业的供应上，而且更表现在对内地的繁荣，特别是对西伯利亚的开发上。这些就毋庸赘言了。占有阿穆尔河左岸，可以使雅库特人免除向鄂霍茨克长途运输的艰辛；可以把阿穆尔河与斯塔诺夫山脉之间以肥沃著称的广袤地带转化为农耕区；该地区还有极为丰富的狩猎和捕捞资源；右岸地区的商品和农产品，一旦在//61//西伯利亚流通开来，将为我国开辟一道无尽财富和欢乐的源泉。

便利的水上交通赋予该地区以另一优势。从伊尔库茨克可以沿贝加尔湖和色楞格河到上乌丁斯克；从乌丁斯克陆路行420俄里即可抵达汇入石勒喀河的音果达河；还有一条更便捷的路，但要多费些时间，即由色楞格斯克溯流而上进入希洛克河，再由该河转到音果达河上的多罗宁斯克，途程仅为20俄里281俄丈。最后一点考虑：该地区同蒙古相邻，当地王公百姓都急迫地想要推翻中国人的压迫，那里可能出现对我们最有利的变化。根据这些条件可以确定，//61背面//伊尔库茨克省最东部当为集结足够军事力量以维持同中国关系现状的最有利，最重要的地带。而且，根据情况判断，还可能达到更好的结果。

这个地区是威慑中国人最合适的地区，同时，也是他们发动攻击的突出地区。由于当前该地区缺少起码的防御手段，因此，我们的邻国若从涅尔琴斯克方向入侵是一件轻而易举的事。一旦他们在雅布洛诺夫山脉另一侧立足生根，再要让他们退回目前的边界，虽说不是不可能，但也将十分困难。

因而，政府应对以下//62//几方面予以关注：

1. 采取紧急措施以确保涅尔琴斯克边区以及贝加尔湖以东的全部边境不受入侵威胁。

2. 如当前同中国政府的争论需要采取更具威胁性的立场，则应采取措施尽快扩大军队数量。

3. 如我同中国关系继续保持友善，使我们有喘息的机会，则应采取措施，以较小的代价，令其对伊尔库茨克省的军事体制不敢小觑。

关于第1点。军队

由机动轻骑兵营组建的属伊尔库茨克卫戍区和色楞格斯克的两个团仍留驻其当前的防区，//62背面//因而贝加尔湖以东地区的防务仅能依靠色楞格斯克的一个团的兵力，

据附表1，该团人数为 …………………… 1440［人］

由士兵子弟补充的人员 ………………… 160［人］

下辖四个营，总计 ……………………… 1600人

边境地区哥萨克

数量 …………………………………… 900［人］

适合兵役年龄的哥萨克子弟 ……… 304［人］

由已受洗礼的布里亚特人增补的人数 … 196［人］

总计 …………………………………1400［人］

边境防卫不可缺少布里亚特人。布里亚特人将由目前服役的370人增至定员2400人，组建为4个团的兵力，每团 ………………………………………… 600［人］

除现由500名通古斯人组成的一个团以外，该民族总人口为6025人，拟再组建一个团，//63//兵员很容易征集，因为政府已给予他们俄国哥萨克的地位 ……
………………………………………………… 1000［人］

最后，已在册的1800名布里亚特人将接到做好准备的命令，他们可接受政府调遣的人数为 ……………
………………………………………………… 1800［人］

根据第2、第3项附录，装备有10门火炮的驻伊尔库茨克省炮兵人数为 ………………………… 317［人］

短期内即可在边境集结的军队共为 …… 6717［人］

然而，为了有效地使用这些兵力，应当以长矛和火器取代马刀去装备哥萨克和通古斯人，现有的马刀是无法同蒙古人对抗的。托博尔斯克武器库的//63背面//各种武器将会非常有用。

食品和饲料的供给

担心食品不足和运输困难一直是此前所呈报的各种计划中的难题。最近有一份这样的计划，是雅各比将军[①]在1769年提交的。当时西伯利亚的农业和现在相比还相当落后，然而这位将军却养起了一支30000人的大军，不过，他的部分给养是从克拉斯诺亚尔斯克和叶尼塞斯克调拨的。毋庸置

① 俄编者在这里有一个注释号，但缺注释文字。此人生平不详。根据书后编制的人名录，伊万·瓦尔法洛梅耶维奇·雅各比中将曾任西伯利亚总督和科雷瓦总督（1783—1789）。——中译者

疑，如果需要的话，这种办法也不妨一试。不过，伊尔库茨克一省就足以提供足够的粮食，无须再向遥远的地方寻求帮助。本报告所附第 4 号说明，是最精确详细计算的结果，它证明//64//亚历山大酒厂的改革，有利于国库在各方面的收入，使伊尔库茨克周边地区富余出 276601 普特面粉。国家可以以目前市场平价购入，从而可以建立商店，既有利于地区，也有利于军队。马铃薯在后贝加尔的所有地区都能够生长得很好，因此可以从马铃薯的种植中得到很大好处。

由于存在着即使冬季仍然散养马匹的习惯，所以差不多直到 6 月中旬仍不能使用他们。虽然我们的邻国也有相似的状况，但如果军事行动在即，任何我方可以早于他们采取的措施，都将成为真正的优势。因此，应修建若干马草库，以应急需。

//64 背面//马匹和牲畜

布里亚特人和许多俄国农民，其全部财产就是各种牲畜。我国每年向中国人出售 12000 头牲畜，在非常情况下完全可以转为国内使用。

交通

贝加尔现有的平底船不敷运送大量食品、火炮或者其他物资之用，但是前不久科尔尼洛夫省长先生完成的试验，将为开展更加方便且较为低廉的航运提供了办法。

防御工事

总的来说，所有边境要塞都很破旧，需要修筑。至少，首先要修的有：一个在格尔必齐河，一个在祖鲁海图，一个在库达拉哨所；在乌斯季恰克图也要修建一座多棱堡。但要记住，在伊尔库茨克省//65//既没有工程师，又没有工兵，也没有炮台所需设备。所以，必须依靠西伯利亚甚至俄国的驻防部队提供帮助。

关于第2条

如此薄弱的手段充其量只能抵挡中国人的突然进攻，但如果政治上的争吵引起某种骚乱，或者导致较严重的示威，则只能由伊尔库茨克防区抽调部队前往外贝加尔，再以托木斯克的驻防部队代替伊尔库茨克城的防军。

参加行动的还将有巴什基尔人和国内部队中的哥萨克。早已有命令将这些哥萨克编为一个团。列查诺将军已将该计划和实施状况呈报陆军院，其副本附于5号报告之后。省内服役所需的骑兵部队，也许可以从伊尔库茨克地区的30970名布里亚特人//65背面//中招募，下乌丁斯克每队为200人，并由其中选取：

在伊尔库茨克服役的哥萨克 ……………… 423人
为巴什基尔人服役的 ……………………… 545人
共计 ……………………………………… 968人

如果需要，剩余兵员将派往外贝加尔①。

因而此项措施将收得如下效果：

伊尔库茨克团 …………………………… 2160人
由士兵子弟补充的兵员 ………………… 240人
共组成枪兵营6个计 …………………… 2400人
内地省区的哥萨克（参见附表№6） …… 649人
巴什基尔兵员 …………………………… 545人
特别征召的通古斯兵员 ………………… 1000人
伊尔库茨克地区的布里亚特兵员 ……… 1000人

---

① 建议最好在边境使用内地部队中的哥萨克，这比使用布里亚特人好，因为前者能取得的效果好，后者在执行警察任务时表现较为逊色。

总计 …………………………………………… 5594人

连同已经驻扎在外贝加尔的部队 ………………… 6717人

组成一个军团计 ………………………………… 12311人

//66//这支部队完全由伊尔库茨克省组建，给养问题现已解决，大部分都将不会需要多少经费开支。

边境的所有哥萨克在任何情况下都特别需要重新加以配置，此点将在附录№7中加以说明。他们目前的军饷每年为6卢布16.5戈比，粮草供应为90戈比。

内地部队的哥萨克生活条件与之相同。

通古斯人的饷银每年仅为6卢布，没有粮草供应；但通过四道命令[①]已向他们宣布，将给他们发放粮草补贴。如果不想使这些忠实的仆人极度失望，实行补贴就非常必要。

至于布里亚特人，在和平时期他们自已养活自已，//66背面//但如果把他们投入军事行动，就要同哥萨克一样向他们提供给养，而且要照顾到他们的生活方式。

所以，因发放饷银和食品而增加的开支如下：

边境哥萨克 ……………………………………… 1100

通古斯人 ………………………………………… 2000

布里亚特人 ……………………………………… 4800

共计 ……………………………………………… 7900

停办亚历山大酒厂提供了供养13830人的可能。至于渡湖的办法，从所附文件№8中可以看到科尔尼洛夫的建议。

① 这4道命令颁发的日期是1779年6月11日、1790年7月25日、1801年4月22日、1804年10月27日。

那些船只也可改建为舰队。

最后，如果这支部队所提供的支援仍然不够，可以由//67//托木斯克调集驻防部队前往外贝加尔。该省目前的辖区完全被崇山阻隔，没有部队防守亦并无丝毫不妥之处，而且为维持内部秩序还可以寻求其他办法。但如果所有的步兵都被派往外贝加尔地区，那伊尔库茨克城的守备就不得不换防，所以附件№9中才提出了有关组建民兵的建议。

根据伊尔库茨克省移民报告，当地共有移民12000人。向他们提供粮食和工作，对于他们和所有边疆地区的居民来说，都是莫大的恩惠。因此，除了那些招募为勤务兵、辎重兵[①]的人而外，还可以从那些比较年轻的人当中挑选一些人，最终让他们供职于库房、//67背面//炮台和舰队。

两年之后，所有这些措施将能提供一支真正由政府指挥的15000人的部队，这证明了上述原则的正确性。如果把我们现今的危险处境以及对西伯利亚大有裨益但却不可靠的恰克图的通商贸易和这些配置所要求的费用相比，无疑可以找到许多足以引起我们对此高度重视的理由。

然而，如果不可预见的情况影响目前对军队做这样的部署，如果我国的邻邦正忙于本国紧急事务，无暇迫使我们采取这些紧急措施，毫无疑问，我们将利用这个喘息的机会，//68//摆脱面临的危险而又屈辱的境况，致力于建立一个能赢得尊敬的军事体制。这是一个对我们同中国人的政治关系极为有利，对外贝加尔乃至整个西伯利亚地区安定都十分必要的军事体制。

在此情况下，可以建议将上乌丁斯克和涅尔琴斯克边区合并到同一地区的管辖之下，至于部队的军事和经济配置，

---

① 此词为俄文。

特别是涅尔琴斯克边区，可按照多夫列上校呈递的10号文件进行。

按照他的计划将组建：

//68背面//16个枪兵营 ………………… 6400人
骑兵部队 …………………………… 11345人
部队总人数 ………………………… 17745人
4个步兵炮兵连
3个骑兵炮兵连
98门大炮
2个工兵连
1/2个地雷工兵连

但是，部队的建立和配置需要时间、关怀和应予坚决执行的制度。

现在，正是政府应该来确定如何选择和利用这些资源了。行政长官如能在减少国家负担的情况下采取措施动员起这些资源，便完成了自己的任务。如果想要让这些资源发挥作用，那么应该由军队来决定对它们如何使用。我们只能谈谈自己的意见。

//69//额尔齐斯防线部署的相当一部分的兵力，毫无疑问应与伊尔库茨克省采取协调一致的行动。这种有力的牵制行动将蒙古人置于两支俄罗斯大军之间，定能促使他们对俄罗斯采取更友好的态度。这些民族，特别是喀尔喀人，早就急切地盼望抛掉强加给他们的桎梏。虽然绝不能把他们编入开启战端后直接同中国人打交道的部队，但他们应被认为具有辅助能力。在所附的11号报告中有一篇历史概述，指出我们可以从他们的两位主要领袖土谢图汗和车臣汗的意图中获得什么好处。我国喇嘛和库伦喇嘛之间频繁的联系给我们提供了获取极广泛消息的手段：浑台吉原来的臣民直至今日还非常//69 背面//不满，这种不满甚至日益加剧。最后，俄国绝不该放过利用这一点的机会，而且要说服中国皇帝采用边境所能拥有的更加彻底、更加有效的防御体制和防卫手段。

戈洛夫金伯爵

1806 年 8 月 1 日于伊尔库茨克[1]

俄罗斯帝国对外政策档案馆圣彼得堡分馆，总档 1—7，目录 6，1805 年，案卷 1a，卷夹 43，58～69 页背面。原件为法文。Н. Б. 祖布科夫译自法文。

① 地点和日期用铅笔做了标记。

№ 410

1806 年，不晚于 8 月 3 日①。商务大臣 Н. П. 鲁米扬采夫就建议向理藩院发送文书以感谢俄国商船由广州返回事呈亚历山大一世皇帝的奏章

//60//关于同大清国关系的奏章

海军上尉利相斯基从广州顺利返回，并从当地带回中国货物，无可辩驳地推翻了到处散播的有关中国人不友好的传言。这位海军上尉的亲历证明，我国船只在广州受到友好接待。这令臣产生了一个想法，打算呈请陛下下旨，是否无须等待他们对我方停止派遣使团的文书②作出答复，即行由理政事枢密院向北京朝廷再发一通文书，对我国船只受到友善接待表示感谢。臣之所以斗胆恳请陛下采用这一方式，是因为：其一，它能平息所有因使团一事所产生的不快；其二，能使中国人对我方针对他们表现的态度感到放心。特别是如果恰克图海关关长给臣的来信内容③属实的话。因为中国人由于情绪紧张，正在不断打听我国是否增添了许多兵力，对当地边界有何意图④。有关详情陛下可通过所附信函了解。

---

① 根据批示日期所定。

② 见 369 号文件。

③ 见 382 号文件。

④ 着重线为文中原有的。

左侧页边：收文簿上已有批语：1806 年 8 月 3 日在中国事务委员会传阅。

同处：№ 1759。

俄罗斯国立中央古代文献档案馆，国家档案全宗第 15 号，1806 年，案卷 30 补充，60 页。草稿，手稿。

№ 411

1806年8月4日[①]。库伦办事大臣蕴端多尔济、福海就派信使到伊尔库茨克传递理藩院致枢密院文书事致伊尔库茨克民事省长A. M. 科尔尼洛夫的信

//518//大清国驻库伦办事大臣、昂班等致俄罗斯国伊尔库茨克民事省长科尔尼洛夫函

我理藩院致贵国理政事枢密院，信封注明为嘉庆十一年六月二十九日[②]的文书[③]已送达我处，现特派协理台吉英克图鲁、伊丹扎布等[④]递交省长阁下。阁下收到后，望即转呈贵国枢密院，并请将文书收转情况函告本郡王、昂邦等。

嘉庆十一年七月三日[⑤]。

原件上注有：七等文官阿列克谢·帕雷舍夫译。

---

① 即嘉庆十一年七月三日。

② 1806年8月1日。

③ 见400号文件。

④ 满文抄文簿中的抄件为：专使协理台吉伊丹扎布等（参见241页的注释。—莫罗兹）。在经核对的译自蒙文的译本抄件中为：图萨拉克齐台吉英克图鲁、伊丹扎布等。（参见571页的注释）

⑤ 文本中原为“一日”显然有误。在满文抄文簿的抄件中为三日（参见第240页注释。—莫罗兹）。H. B. 谢米夫斯基的回函所标日期亦为三日。

518 页正文上方：译自满文文本的抄本

同处正文下方：译文由十二等文官阿里斯塔尔赫·达拉费耶夫核对。

俄罗斯帝国对外政策档案馆圣彼得堡分馆，总档 1—7，目录 6，1805 年，案卷 1a，卷夹 27，518 页。经核对的满文译文抄件。

由翻译官 **Φ.** 桑热哈耶夫译自蒙文的经核对的译文抄件。

库伦办事大臣衙门满文抄文簿抄件存蒙古国立中央历史档案馆，藏档 M-1，案卷 651，240～241 页；蒙文文本存同处，242～243 页。

№ 412

1806 年 8 月 4 日。库伦办事大臣蕴端多尔济、福海为接奉上谕已将理藩院致枢密院文书发往伊尔库茨克一事呈嘉庆皇帝的奏折，其中议及清政府对 Ю. А. 戈洛夫金使团的立场、俄国船只抵达广州等消息

//225// 七月三日[①]

奴才蕴端多尔济、福海等恭奏奉旨情况

随奴才六月二十九日[②]奏折同时接奉嘉庆十一年六月十八日[③]上谕称：

前不久，蕴端多尔济等将俄国枢密院致我理藩院的两份文书[④]，由理藩院译成满 //226// 文，已呈朕阅过。其一说库伦郡王、大臣仅因俄国使臣戈洛夫金到达库伦后赐宴不行“叩头”礼谢恩而将其遣返，此举误谬。另一是为其来自所谓俄属美洲的船只驶抵广东澳门港口贸易进行辩解，也是前言不搭后语，完全不合公认的礼数。

去年，俄国使臣戈洛夫金等一行抵达库伦，朕格外开

---

① 8 月 4 日。

② 8 月 1 日。

③ 参见 401 号文件。

④ 参见 367、369 号文件。

恩，颁旨赐//227//宴，为此蕴端多尔济等人照例要求其面向东方行“叩头”礼，以谢圣恩。但戈洛夫金等人并未按例行礼，表明彼等完全不谙大清礼仪，因而才勒令其回国。如今俄人反将一切过错推到蕴端多尔济等人头上，编造谎言，实为可笑。俄国人生性刁滑狡诈，定要在小事上吹毛求疵。此次虽经再三解说，仍我行我素。故朕已谕令理藩院//228//按例行文枢密院①，再次加以说明。

此次俄国枢密院发来文书及理藩院致枢密院复书，均得抄录副本，寄蕴端多尔济等备案。

俄国使团来朝一事，对我天国毫无利益可言。在此期间，蕴端多尔济等应对各卡伦及与俄国接壤之界标暗中秘密严查。不得容让俄人滋生微小事端。在与往来递送文书或因公事派来的俄人会见时，亦绝不准向其询问有关派遣使团的问题。如果你等向渠等询问，只会抬高他们的身价。俄人于失去任何指望后已经返回，内心羞愧。如彼等再次就来访之事恭恭敬敬提出请求，//229//蕴端多尔济等可于获悉可靠消息后按向例办理，即：火速向皇上呈送奏折，将该使团送至库伦，先可按前旨所示设宴款待，命其对皇帝“叩头”谢恩，之后方可送使团来京入朝。绝不可出现疏漏，致俄人更加得意忘形。

奴才等匍匐恭奉圣旨。//230//陛下无比圣明，明察秋毫，洞悉俄人狡猾阴险善于制造谎言，着理藩院照例再次行文枢密院予以解释，让愚蠢的俄国人闭嘴。奴才等诚惶诚恐，唯向神龛频频叩拜，以求上天恩典，赐予幸福。您忠诚的奴才等考虑再三，得出//231//结论：俄人乃卑微的种族，

---

① 参见第400号文件。

皇上与天地等齐，对彼等一连数次格外施恩，竟浑然不觉。更有甚者，此次又送来信函，内多矜夸之词，更企图打探我大清动向。俄人实为忘恩负义之徒，不配受到圣上恩典。奴才等又恭读了理藩院此次为详加解说而发往俄罗斯国枢密院//232//的文书抄本，并于七月初三日①委派喀尔喀协理台吉伊丹扎布等人立即将文书送往［伊尔库茨克］。此外，奴才等还告诫伊丹扎布等人，此次递交文书，决不可向俄人询问有关其使团派遣的事宜，而应一如既往，保持尊严，递交文书后即刻返回。俟伊丹扎布等返回后，臣等再具札奏闻。

此外，奴才等奉皇上训谕，已严令检查俄国边境所有卡伦。//233//如一旦俄人无计可施，承认过错，再次来函请求，奴才等当谨遵圣谕，小心从事；如俄人仍傲气不改，当不允许其前来。

早先，奴才蕴端多尔济曾奏请恩准到先祖墓前祭拜。皇上圣明，准予所请。//234//为此，奴才蕴端多尔济面向东方，三跪九拜谢恩。但由于目前正与俄方公文来往交涉，无法抽身，拟俟以后公务稍闲时再动身前往。谨奏，伏乞皇上圣鉴。

235页正文末有：本月17日②收到［由北京发还］的奏折上有皇帝朱批：知道了。照准。

蒙古国立中央历史档案馆，藏档M-1，案卷651，225～235页。库伦办事大臣衙门满文抄文簿抄件。И.Т.莫罗兹译自满文。

---

① 8月4日。

② 8月18日。

№ 413

1806年8月8日。Ю.А. 戈洛夫金使臣就因俄国教士团换届与清方交换函件事致外务大臣A.Я. 布德伯格的紧急报告

//356//尊敬的安德烈·雅科夫列维奇阁下：

奉亚当·阿达莫维奇·恰尔托雷斯基公爵阁下6月10日来函①，现谨将满文译者七等文官符拉德金提供说明的原文②随本急件呈上。

从中可见，该员从未违背同清方通信时应采用的格式，因此我认为不应在中国人面前指责译者的过失，以免为今后中国人提出重大要求提供口实。

//356背面//尽管如此，为了执行外交部给我的指示，我仍将把枢密院的文书③送往库伦，并把急件中的内容补充进去。好在经常执行任务的信使桑热哈耶夫前不久已由当地返回，当可再次派遣其完成此行的任务。

由于我方文书④内容不够明确，为中方提供了退回的口实。因此我认为有责任向部里提出自己对这个问题的揣度⑤。我想，如果您不赞同的话，至少也可以达到一个目的，就是拿它对理藩院//357//作出必要的解释。现在，只要等到送

---

① 参见380号文件。

② 参见414号文件。

③ 参见392号文件。

④ 参见144号文件。

⑤ 参见351号文件。

过去的文书有一个答复，一切便会有一个结果了。

谨向阁下致以诚挚的敬意！

您忠实恭顺的仆人
尤里·戈洛夫金伯爵
于伊尔库茨克，1806年8月8日

356页正文上方：1806年9月21日收到。

同处：№ 20。

同处正文下方：送**А. Я.** 布德伯格阁下。

俄罗斯帝国对外政策档案馆圣彼得堡分馆，总档4—4，目录123，1805—1809年，案卷1，356～357页。原件。

使团办公厅抄文簿抄件存同处，总档1—7，目录6，1805年，案卷1，卷夹41，157～158页。

№ 414

1806 年 8 月 8 日。满文翻译 А. Г. 符拉德金就清方以枢密院 1805 年 8 月 2 日致理藩院的关于俄国教士团赴北京换届问题的文书满文文本未遵守尊号格式为借口将文书退回一事呈 Ю. А. 戈洛夫金使臣的报告

//358// 八等文官、翻译安东·符拉德金呈二等文官、枢密官、特命全权使臣、皇家各骑士团总典礼官、院部大臣、御前侍从官、赏戴勋章尤里·亚历山德罗维奇伯爵大人的报告

奉阁下命令，谨对 1805 年 8 月 2 日我枢密院致理藩院① 文书满文译本中卑职未将博格德汗尊号及其圣谕抬格的原因以及对翻译官帕雷舍夫就该书被理藩院退回所写的报告②等问题说明如下。

卑职长期居留北京期间，曾结识当地俄国学校中许多教师和学生，不仅见过过去枢密院致理藩院的俄、拉丁、满三种文本的文书，还有 //358 背面// 最新的文书。卑职仔细阅读过这些文书的文本，但从未发现其中有哪一份是把博格德

---

① 参见 144 号文件。

② 参见 211 号文件。

汗的尊号[1]抬格书写的。它们由在北京学习并在外务院服务并受到嘉奖的翻译官罗索欣、列昂季耶夫和巴克什耶夫所译。这些人注意到，由于理藩院在致我大枢密院的文书中从未将全俄伟大君主的尊号抬格，故在理政事枢密院致理藩院的文书中也仅将我国皇帝的尊号抬格，而博格德汗的尊号则随行书写，不予突出。卑职自1796年任翻译官以来，在书写所有俄国枢密院致理藩院的文书时，从未得到上司有关//359//改变博格德汗尊号和上谕书写格式的任何口头命令。卑职一直遵循我前任的先例，于在外交部任翻译的10年中，也从未将尊号作抬格处理，枢密院致理藩院的所有文书，均遵守这一格式。理藩院对此从未提出过异议，也没有退回过枢密院的文书，除了1732年有一次，是俄国外务院，而不是枢密院发去的文件。更有力的证据是，我的几位前任在书写博格德汗的尊号和谕旨时，从来不做抬格处理。卑职认为有责任在返回圣彼得堡后，将北京得到的两份由列昂季耶夫和巴克什耶夫翻译和抄写的枢密院致理藩院文书原件呈阁下过目。

翻译官帕雷舍夫在报告[2]中写了这样的话：

翻译官符拉德金的译文未把博格德汗的圣谕在书写时作抬格处理，中国理藩院认为这一点与以往规格不符，因而将文书退回枢密院。

帕雷舍夫先生长期担任伊尔库茨克民事省长与清朝库伦长官来往公文的翻译，一直遵守格式，但出于我所不了解的原因，却把枢密院致理藩院文书中博格德汗的尊号及上谕做了抬格处理，而这在文书原文中是没有的。因此，很难说我

① 此处和以后的下加线为原文所有。

② 参见211号文件。

不将博格德汗的上谕抬格就是与以往格式不符。而且，我可以说，中国理藩院虽要求我枢密院在文书中将他们汗的尊号及上谕做抬格处理，但在这件事情上是很难举出可靠的证据和//359背面//先例的。反之，理藩院不但不把俄国皇帝的尊号抬格，而且也不把俄罗斯国家的称号抬格，1730年所写的文书就是明证。这份文书，是1732年清国使臣德兴等人[1]递交的。这些文书存放于莫斯科①外务院档案馆，我已对之精确地做了抄录。抄本现已交到阁下的使团办公厅。满洲大臣们说：平等的国家可以这样写，但这绝不是什么格式，今后他们也不能同意将全俄大君主的尊号和俄罗斯国家抬格书写。

对于满洲政府的这一要求，为了维护俄罗斯帝国的尊严和荣誉，卑职认为应该不予回答。而且应该问问他们：为什么他们坚持要把我们伟大国君皇帝陛下的称呼写成汗②，而且还要在这个字上边加上一个点，这种写法就把他变成了缴纳贡赋的汗。而在北京乃至库伦送来的所有文书和函件中，我皇帝陛下的尊号从来没有抬格书写过。

八等文官、翻译安东·符拉德金

1806年8月8日于伊尔库茨克

358页正文上方：戈洛夫金伯爵1806年8月8日来信附件。③

俄罗斯帝国对外政策档案馆圣彼得堡分馆，总档4—4，目

① 原文如此。

② 下文中此词均以满文书写。

③ 参见414号文件。

录 123，1805—1809 年，案卷 1，358～359 页背面。原件。手稿。

使团办公厅抄文簿抄件、А. Г. 符拉德金手稿存同处，总档 1—7，目录 6，1805 年，案卷 1a，卷夹 41，441 页背面～445 页。

注释：

［1］这里指的是清国于 1732 年派赴俄罗斯的使团团长德兴（参见 53 号文件注释 5）。

№ 415

1806 年 8 月 13 日。内阁特别委员会有关俄清关系问题的奏章

//476// 内阁特别委员会对大清国事务的意见

//477// 奉皇帝陛下 1806 年 8 月 7 日谕旨，本委员会首先审议了商务大臣鲁米扬采夫伯爵呈陛下的奏章①。在该文件中，伯爵因海军大尉利相斯基由广东归来，//477 背面// 请求皇帝陛下考虑是否可以下令，不必等到以前因俄国使团滞留一事致北京朝廷的文书有所回复，再向中国发一文书，对我国船只在广州期间受到友好接待表示感谢。

//478// 经过商议认为，我国船只受到友善接待，理应向中国政府表示感谢，此举符合各国家间通行的礼仪惯例。但众所周知，中国人最怕对他们提出新的要求，//478 背面// 总是顽固地加以拒绝，所以一定要小心谨慎，务使他们不产生任何错觉，以为俄罗斯少不了广州贸易，从而得出有损于广州贸易前景的结论。所以，我们觉得可以推迟发送这封表示感谢的文书，等待此前交由低级侍从巴伊科夫送给北京理藩院的两封文书②有了答复再说。//479// 这个措施非常必要，因为从理藩院的回书中我们可以更准确地了解到，中

① 参见 410 号文件。

② 参见 367、369 号文件。

国朝廷会以什么眼光来看待俄罗斯船只在广州出现以及俄国船舰和贸易扩展到东北洋等情况。

第二，我们听取了外务大臣、//479 背面//陆将布德伯格阁下对特命全权使臣戈洛夫金伯爵在西伯利亚继续逗留是否有利的建议，讨论结果如下。

今年，1806 年 5 月 5 日，我们有幸向皇帝陛下呈递了一份关于中国//480//事务的奏章①，并得到陛下批准。内中决定让使臣戈洛夫金伯爵以特命全权使臣的头衔在西伯利亚再逗留一段时日，主要原因有二：

1. 对此间所传中国朝廷的不友善态度及其一切行动应该有必要的监督。

2. 向戈洛夫金使臣提供时间，收集有关西伯利亚境内和边境有//480 背面//利条件的必要情报，促进中俄两国朝廷的关系向良好的方向发展。这些都是戈洛夫金伯爵所希望的，他对成功的可能性也深信不疑。

俄罗斯船只从广州顺利归来，以及此后由戈洛夫金伯爵处收到的所有消息，彻底消除了//481//第一个理由，也就是对中国人不友善的怀疑。

与此相反，所有消息都证实，从我国使团由库伦回国后起，中国边境官吏的谨慎集中表现为对俄罗斯边境官员的友好和睦。他们本身就在担心，//481 背面//我方是否在进行战争准备。第二条理由同样也失去了根据。因为戈洛夫金伯爵在 1806 年 6 月 19 日呈皇帝陛下的最后一份报告②中说，他有关西伯利亚疆域内部情况的著作已近结束，而有关边境

① 奏章写于 1806 年 5 月 2 日，5 月 5 日呈亚历山大一世皇帝（参见 358 号文件）。

② 参见 386 号文件。

和政治的部分则需等待陛下的侍从//482//军需官多夫列上校从石勒喀河和额尔古纳河地区考察归来。届时他将可呈递在此前的几份紧急报告中提及的希望有幸呈递给陛下的计划。

因此，已没有理由再把戈洛夫金伯爵像以前//482背面//那样留在西伯利亚，是否可以请求皇帝陛下下令把他召回圣彼得堡？

召回戈洛夫金使臣不会使中国政府有任何理由感到不满，也不会引起更多的猜疑。中国人显然知道，三等文官佩斯特尔已奉命接替谢利丰托夫担任总//483//督。照时间计算，他奉旨到达西伯利亚的时候，也正是戈洛夫金伯爵收到命令，从当地返回的时候。因此不难得出结论，俄国朝廷根本没有打算再次派出使团，即便//483背面//看到北京理藩院的友好声明又产生了愿望，但由于地域遥远，公文来往需要时日，随着新总督的到来，戈洛夫金伯爵作为特任使臣和西伯利亚各省巡按使的职责即告结束。为提供可靠根据并杜绝可能//484//传入中国人耳中的谣言起见，我们认为，应将以上看法通知佩斯特尔总督，由他命令边界长官告知买卖城扎拉固齐关于召回使臣戈洛夫金伯爵的原因，//484背面//并使他相信，俄国政府一贯抱有同中国政府维持友好关系的愿望。

尼古拉·鲁米扬采夫伯爵
谢尔盖·维亚兹米季诺夫
瓦西利·科丘别伊伯爵
安德烈·布德伯格
1806年8月13日

477页左侧页边注有：1806年8月13日皇帝陛下钦准。

同处：1806 年 8 月 21 日由机要信使米哈伊洛夫分送戈洛夫金伯爵和佩斯特尔先生①。

俄罗斯帝国对外政策档案馆圣彼得堡分馆，总档 1—7，目录 6，1805 年，案卷 1a，卷夹 27，477～484 页背面。原件。根据原件发表在《19 世纪和 20 世纪初的俄国外交政策》，卷 3，269～271 页。

① 参见 420、421 号文件。

№ 416

1806 年 8 月 15 日。俄罗斯驻里斯本领事 A. 杜巴切夫斯基就大清国爆发骚乱的消息呈商务大臣 Н. П. 鲁米扬采夫的信

//71// 里斯本，1806 年 8 月 15/27 日

尊敬的伯爵阁下：

15 天前，从澳门驶来两艘葡萄牙船。尽管我竭力打听近两年来中国南方发生骚乱的详细情况，以便对 7 月 18/30 日[①]呈递给阁下的情报作进一步补充，却无法得到满意的收获，//71 背面// 唯以下两点可以报告：

1. 中国政府的确存在对天主教传教士的不满，其原因是传教士中有一位副代牧同罗马教廷的信件被截获（信件的一部分由于不谨慎或者是为了炫耀而使用了汉语）[②]。为此他从北京被流放到满洲，而留在北京的天主教传习所则受到严密监视，于是理藩院所需要的 //72// 欧洲语言翻译从 1804 年就开始使用俄罗斯教士团的学员。这些我是从本地的一个同耶稣会有联系的大主教那里了解到的。

2. 从 1804 年起，1805 年整个一年期间，交趾支那都在进行着流血的内战，这是由一个头人蓄意谋害当地的当权者

---

① 参见 399 号文件。

② 括号是文中原有的。

并篡夺他的权力而引起的。最后，当权者大获全胜，篡权者和他的党羽全部覆灭。

//72 背面//希望就此还能获得进一步的消息。荣幸地向阁下致以最崇高的敬意。

您谦卑恭顺的仆人

安德烈·杜巴切夫斯基公爵

71 页正文上方：送尼古拉·彼得罗维奇·鲁米扬采夫阁下

同处正文上方：1806 年 9 月 27 日收到。

同处左侧：№ 7707。

同处页边：大臣阁下于 1806 年 9 月 28 日在抄文簿上亲笔批注：已阅。①

72 页背面有铅笔批示：归入报告。

俄罗斯国立中央古代文献档案馆，国家档案全宗第 15 号，1806 年，案卷 30 补充，71～72 页背面。原件。手稿。

① 着重线为文中原来所有。

№ 417

1806 年 8 月 16 日。伊尔库茨克副省长 H. B. 谢米夫斯基[1]就清方信使送来的理藩院文书已送往枢密院一事致库伦办事大臣蕴端多尔济、福海函

//519// 全俄罗斯专制君主大皇帝驾前六等文官、伊尔库茨克省副省长谢米夫斯基致大清国博格德汗驾前库伦办事大臣郡王、昂邦等函

郡王、昂邦先生：你们于十一年秋七月初三日①写的信及所附理藩院致枢密院文书②，已由协理台吉英克图鲁、伊丹扎布及其一行送到。我已收到无误，并将立即转呈我国枢密院。

现谨通知郡王、昂邦阁下，你们的官员已携带此信返回。

特亲笔签名，加盖印章。

1806 年 8 月 16 日于省城伊尔库茨克

正文下方副署：十二等文官阿里斯塔尔赫·达拉费耶夫核验无误。

519 页正文上方左侧：抄件。

---

① 原文误为正月。参见 411 号文件。

② 见 400 号文件。

俄罗斯帝国对外政策档案馆圣彼得堡分馆，总档 1—7，目录 6，1805 年，案卷 1a，卷夹 27，519 页。经核对的抄件。

库伦办事大臣衙门满文抄文簿抄件存蒙古国立中央历史档案馆，藏档 M-1，案卷 651，247①～248 页；蒙文文本存同处，249～250 页。

注释：

［1］尼古拉·瓦西利耶维奇·谢米夫斯基，赏戴勋章六等文官。1806 年 1 月 4 日起任伊尔库茨克副省长，至 1809 年 12 月 20 日止。后被解职（俄罗斯国立中央古代文献档案馆，183 号藏档，巴斯宁全宗，1 编，案卷 18，17 页）。

---

① 在正文前写有日期：七月二十八日，即：8 月 29 日。

№ 418

1806 年 8 月 19 日。伊尔库茨克副省长 H.B. 谢米夫斯基就已将 1805 年 8 月 2 日枢密院为有关俄国教士团换届的文书被退还一事致理藩院的文书转送理藩院致库伦办事大臣蕴端多尔济、福海函

//251//八月初二日[①]收到

俄罗斯皇帝驾前伊尔库茨克副省长、六等文官谢米夫斯基致大清国圣明大皇帝驾前库伦办事大臣郡王、昂邦等函

//252//根据以往签订的条约，本人奉命将我大枢密院致贵国理藩院的文书密封送上。尊贵的郡王、昂邦，现特派桑热哈耶夫大尉一行将我枢密院致理藩院的文书送达，恳请于收到后立即转送贵国大理藩院，并由桑热哈耶夫大尉于回国时将枢密院文书已按址送出的通知带回。特此签名盖章。

//253//1806 年 8 月 19 日发自伊尔库茨克城

蒙古国立中央历史档案馆，藏档 M-1，案卷 651，251～253 页。

库伦办事大臣衙门满文抄文簿抄件。И. Т. 莫罗兹译自满文。

库伦办事大臣衙门蒙文抄文簿抄件存同处，254～255 页。

俄文抄件存中国第一历史档案馆，中俄关系史俄文文件藏档，案卷 12，35～36 页。

---

① 9月1日。

№ 419

1806 年 8 月 20 日。亚历山大一世皇帝就将 Ю. А. 戈洛夫金及其使团由西伯利亚召回圣彼得堡一事给 Ю. А. 戈洛夫金的谕旨

//557//二等文官戈洛夫金伯爵先生：

把你作为特命全权使臣留驻西伯利亚，朕有两层用意：

1. 充分利用你在西伯利亚逗留的机会，获取其内地及国境地区资源的详尽情报。

2. 鉴于有传言称中方对俄罗斯有敌视情绪，必须密切关注中国边境的动向。

从你最近于今年 6 月 19 日①//557 背面//呈来的报告中，朕欣慰地看到你著作中关于西伯利亚内地情况的评述部分已经完成，现在只是在等待多夫列上校归来，以便向朕呈递以前的紧急报告中曾经奏明的计划。至于中国对我国存在敌对情绪的疑虑，从你的报告中朕满意地看到，恰恰相反，中国政府并不想断绝关系。中国宫廷的这种//558//友善态度更可以从“涅瓦号”和“希望号”两船平安返回我国港口得到证实，两船船长曾向朕报告他们在广州受到良好待遇，消息令人欣慰。

因此，朕认为你已没有必要再留在西伯利亚，对你将有与你的地位相称的任用，并命令你带同//558 背面//赴中国使团全体随员[1]一道返回圣彼得堡。

---

① 参见第 386 号文件。

朕对你深有嘉许之意。

亚历山大

正文下方副署为：安德烈·布德伯格。

于石岛

1806年8月20日

557页正文上方：9月18日交由机要信使米哈伊洛夫送出。

同处左侧：№ 15。

俄罗斯帝国对外政策档案馆圣彼得堡分馆，总档1—7，目录6，1805年，案卷1a，卷夹27，557～558页背面。原件。

批准稿（亦即底稿）存同处，559①～561页。

副本的抄件存俄罗斯联邦国家历史档案馆圣彼得堡分馆，俄罗斯历史教育促进会全宗，目录1，案卷203，101～102页。

根据《戈洛夫金伯爵文件摘编·关于戈洛夫金伯爵出使中国的文件》77～78页抄件发表。

有关上述出版物的述评见《19世纪和20世纪初的俄国外交政策》，卷3，290页。

注释：

[1] 这时使团的某些成员（如科尔涅耶夫、维格尔、库罗奇金、齐尔列因、舒伯特父子、涅利多夫、苏赫特伦等）由于各种原因已离开了伊尔库茨克（见232号文件注释1及386号文件注释）。

---

① 第559张左边空白处：亚历山大一世皇帝批示：照此办理（原文标有着重线）。

同上：皇帝于1806年8月16日御准，20日签署。1806年8月21日由机要信使米哈伊洛夫送递。

№ 420

1806年8月21日。外务大臣布德伯格为说明戈洛夫金召回圣彼得堡后与清方今后关系的特点致西伯利亚总督И. Б. 佩斯特尔的信

机密[①]

//563//外务大臣致西伯利亚总督佩斯特尔函（草稿）

皇帝陛下认为有必要将二等文官戈洛夫金伯爵召回圣彼得堡，谕令我将此决定的原因以及今后与北京朝廷交换信函的打算通知阁下。//563背面//皇上原来谕令二等文官戈洛夫金伯爵以特命全权大臣的身份在西伯利亚少事停留，是基于以下两个原因：

1. 此间有传闻称中国朝廷态度不友善，对它的一切活动亟须进行必要的监视。

2. 根据戈洛夫金伯爵个人的请求，给予他以收集//564//西伯利亚内地及边境地区资源情况情报的时间，使俄中两国政府的关系逐步向更好的方向发展，对此他确信不疑。

俄国船只从广州顺利归来，加之所有从戈洛夫金伯爵那里得到的消息，都彻底推翻了第一个原因，即对中国人不友好的怀疑。相反，所有的消息都证实，自我使团由库伦

---

① 着重线是原文中原来就有的。

//564背面//返回后，库伦办事大臣的谨慎小心变成了对俄国边境长官们的各种友善表现，而且他们本身一直担心我方是否在进行战事准备。

第二个理由也缺乏根据，因为1806年6月19日戈洛夫金呈递的最后一份报告[①]说明，他著作中评述西伯利亚的部分//565//已经完成。

所以，皇帝陛下认为戈洛夫金在西伯利亚的停留已经没有什么用处，并与其职衔不符，故下旨令其率使团全体随员返回圣彼得堡。特派给阁下送此急件的机要信使赍圣旨[②]前往向戈洛夫金伯爵宣示。

但，//565背面//尊敬的阁下，我要坦白地对你说，除以上理由外，相信戈洛夫金再在那边逗留下去将不会有任何好处。相反，此间许多确凿证据令人有理由担心：你就任新的领导职务，很可能会遇到麻烦。在一个边远地区，一旦权力//566//分散，这样的麻烦将在所难免。所以有必要告诉阁下，如果戈洛夫金伯爵推迟离开西伯利亚，你应对他在你领导的边境和内部事务方面所产生的影响和下达的命令不予理睬，但要有体面的借口，也不要泄露朝廷对戈洛夫金的不满。//566背面//此事仅向你个人通报。

由戈洛夫金伯爵被召回一事可以料想到，中国人对此事有不同的猜测。在这种情况下，阁下一定要向我恰克图和特罗伊茨科萨夫斯克的边境长官、拉夫罗夫少将和伊尔库茨克省长等下达命令，要求俄国官员在和//567//中国人、蒙古人、克尔克孜人谈话中遵循以下精神。

鉴于中国人不可能不知道西伯利亚新总督的任命，而且

---

① 见385号文件。

② 见419号文件。

根据时间推断，新总督应在戈洛夫金伯爵奉召返回的时间到达，不难断定，随着新任长官//567 背面//到来，戈洛夫金作为西伯利亚巡按使的所有任务均已结束。由于他身居特命全权大臣，中国人当然会好奇，想知道他被召回的意图，而且肯定也会得出结论，俄国政府已不会考虑再次派遣使团的事。

对于这样的观点//568//完全不必反驳，可以暗示他们，根据北京理藩院可能作出的解释，即使我方有派遣使团的愿望，在这种情况下，由于距离遥远，通信联系也需要一段时间，因此在陛下作出新的谕示之前，让戈洛夫金伯爵在伊尔库茨克停留一点用都没有。//568 背面//在口头上透露这样的意思时，还应该对中国人表现得友善和气，要努力消除由于我国召回使臣而在恰克图出现的政治和商贸关系方面的不信任。

至于已开始就我国使团返回//569//以及我方船只在广东被拘留的不实传闻等同中国朝廷交换信函的问题，皇帝陛下谕示，此事应根据条约规定，照旧通过伊尔库茨克省长进行。

但要遵守至关重要的中国人认为是古制的形式。在同中国边境长官的所有关系方面，阁下要对伊尔库茨克民事省长时刻给予指导，//569 背面//为了了解情况，可以拆阅北京理藩院送给理政事枢密院的文书。

以上问题不再赘述，阁下经验丰富，善于思考，想必能对此做出必要的补充。最后我将再次重申，皇帝陛下最希望的，莫过于同中国朝廷保持//570//和睦友好的关系。

阁下，这就是指导您今后工作安排的主要原则。我确信阁下定能顺利实现陛下的意旨。

顺致［…］

563页左侧页边有亚历山大一世皇帝的批示：照此办理。①

同处：1806年8月16日签字批准，由机要信使米哈伊洛夫送出。

俄罗斯帝国对外政策档案馆圣彼得堡分馆，总档1—7，目录6，1805年，案卷1a，卷夹27，563～570页。原件。经批准的方案（即底稿）

根据底稿发表在《19世纪和20世纪初的俄国外交政策》，卷3，第291～293页。

① 原文标有着重线。

№ 421

1806年8月21日。外务大臣A.Я. 布德伯格为俄国政府拟在恰克图转交Ю.А. 戈洛夫金使团带给嘉庆皇帝的礼品一事给西伯利亚总督И.Б. 佩斯特尔的信

//34//外务大臣致西伯利亚总督佩斯特尔函稿

正值信使出发之际，皇帝陛下批准了随使团赠送中国博格德汗陛下及其宫廷官员礼品的处理办法。据二等文官戈洛夫金伯爵最近报称，这批礼品现存于恰克图①。

//34背面//尽管我使团遇到一些麻烦，但可以确信，这些事件的发生并没有得到北京朝廷的同意。皇帝陛下希望以此向中国博格德汗陛下郑重表明，俄国宫廷对中国政府的友善及和睦态度并未因此而有丝毫动摇。//35//因此，皇帝谕示，该批指定随使团运往北京赠送博格德汗和宫廷的礼物工业品及艺术品，要按原定意图交付北京朝廷。为执行皇上意旨，首先要弄清北京是否乐意接受这批礼物。//35背面//因此我请阁下下令通过可靠人员将我皇帝陛下的意图以得自传闻的方式透露给买卖城的扎拉固齐，并尽可能从他口中打听博格德汗对此的态度。阁下，一旦您能够确认礼品的

① 原文中俄编者于此处标有一尾注号，但不见尾注文。——中译者

交接不会有任何障碍，//36//陛下将降旨将他的意图通过伊尔库茨克省长传达给库伦的郡王，以便中国官员立刻前来恰克图接收礼品，运往北京。

恳请阁下无论如何要将这批礼品置于您的直接掌管之下，下令//36背面//着意对之看管，至于礼物的详细清单，请与戈洛夫金伯爵联系，他会向您告知必要的情况。

遵照陛下的意旨，特以诚挚的……

35页左侧页边有亚历山大一世皇帝批示：照准。

同处：1806年8月23日[①]由皇帝陛下钦准。1806年8月21日签署并由机要信使米哈伊洛夫送出。

俄罗斯帝国对外政策档案馆圣彼得堡分馆，总档1—7，目录6，1805年，案卷1a，卷夹30，34～36页背面。草稿业经批准（即底稿）。

① 原文如此，似为笔误，应为：不晚于发信日，即8月21日。

№ 422

1806年8月21日。外务大臣A.Я. 布德伯格就亚历山大一世皇帝下令保存为清朝嘉庆皇帝所备贺礼事致Ю.А. 戈洛夫金使臣的信

//33//尊敬的尤里·亚历山德罗维奇伯爵阁下：

谨就由我的前任向阁下宣布的关于应将赠送中国的礼品存放于妥当地点的本年5月14日上谕[①]作补充说明。我荣幸地通知阁下，鉴于阁下即将返回圣彼得堡，陛下钦命西伯利亚总督佩斯特尔接管所有礼品，负责确保其完好无损，//33背面//以待新的谕示下达。因此，特请阁下将礼品的详细清单及其他必要的有关资料移交佩斯特尔阁下。

顺致诚挚的敬意。

阁下最忠实和恭顺的仆人

安德烈·布德伯格谨上

1806年8月21日于圣彼得堡

33页正文上方左侧：9月18日由机要信使米哈伊洛夫送到

同处右侧：№16。

同处正文下方：送Ю.А. 戈洛夫金伯爵。

俄罗斯帝国对外政策档案馆圣彼得堡分馆，总档1—7，目录6，1805年，案卷1a，卷夹30，33～33页背面。原件。

---

① 参看第366号文件。

№ 423

1860 年 8 月 21 日。外务大臣 A. Я. 布德伯格就将使团召回首都一事给 Ю. A. 戈洛夫金使臣的信

//562//我毫不怀疑，使团的召回将与您伯爵大人的愿望完全一致。我一直对您怀有特殊的依恋之情，并以十分满意的心情等候您的归来。我们正热切地期盼着有关遥远地区的十分有趣的消息，对阁下所从事的活动和渊博的知识满怀信心。此外，我要向您承认，我亟盼同伯爵大人会见，并就中国问题进行讨论，以期从比较准确的信息中形成意见。这些考虑促使我希望尽早能//562 背面//在圣彼得堡拥抱您，并表达我心中对您最崇高的敬意和忠诚。荣幸地……

562 页左侧页边有俄文标注：送戈洛夫金伯爵。又以法文标示：机密

同处用俄文标示：1860 年 8 月 21 日签署并由机要通信员米哈伊洛夫送出。

俄罗斯帝国对外政策档案馆圣彼得堡分馆，总档 1—7，目录 6，1806 年，案卷 1a，卷夹 27，562～562 页背面。法文底稿。H. Б. 祖布科夫译自法文。

№ 424

1806 年 8 月 25 日。Ю.А. 戈洛夫金使臣为请求下令由俄清边境召回使团致外务大臣 А.Я. 布德伯格函

//545//将军阁下：

沉重的疾病使我不得不延期一周派出信使向阁下呈交这份紧急报告。

能将理藩院对我国内阁最近给他们的两份文书[①]的复书附于我的奏章之后呈递给皇上，我感到非常荣幸。复书内容并没有给我们带来更好的期望。阁下可以发现，中国人根本不是在重提过去的要求，而只是在为自己的官员辩解并想平息//545a//所有关于这个问题的争论。可以设想，[②] 如果陛下不愿下令向北京方面提出新的要求，或者明确提出要求补偿，那么这场刚刚发生的争论将自动偃旗息鼓。所以我斗胆向陛下提出，使团在边境逗留，将很可能产生种种不便。中国人出于不信任，将会自然而然地按自己的想法来歪曲我们的一举一动。而且各种谣言层出不穷，由于身处近邻，交通方便，使我无法阻止其流传。谣言可能导致他们采取我们无法制止的暴力行动。//545 背面//中国人关于我国两艘船只的消息众说纷纭，使我们有理由猜测他们大概会将其放行。至于到处流言四起，说我们的船长们在广州进行交易一事，我认为这是没有根据的。理藩院的一纸来书，足以使这些谣

---

① 见 425 号文件。

② 在给文档编号时将这一页漏掉。

言受到质疑。有可能粤海关监督出于无知，在没有得到清朝皇帝下旨准许的情况下，私自卸下了我们的部分货物，进行了一些微不足道的交易。正如阁下所知，这与我们的利益是不相符的。

我希望阁下对召回至今仍滞留于此的使团官员一事给予高度重视。无论他们滞留在此是出于忠心耿耿还是服从命令，//546//但目前都是无所事事，失去了贡献力量的机会，也失去了因做出牺牲而得到奖赏的希望。我愿在他们的祈祷之上再加上我对您①的请求，望尽快对这个问题做出安排。夏天即将结束，几天的时间将关乎他们是否将延长还是缩短在此滞留好多个星期的问题。

将军阁下，向您致以深深的敬意。

您最恭顺最忠实的仆人

戈洛夫金伯爵

1806年8月25日于伊尔库茨克

在545页上方用俄文标明：于1806年9月25日收到。

同处左侧：№ 21。

同处正文下方：呈布德伯格公爵大人。

俄罗斯帝国对外政策档案馆圣彼得堡分馆，总档1—7，目录6，1805年，案卷1a，卷夹27，545～546页背面。原件为法文。Н. Б. 祖布科夫译自法文。

---

① 参见426号文件。

№ 425

1806年8月25日。Ю. А. 戈洛夫金使臣就因健康状况呈请离开伊尔库茨克一事给亚历山大一世皇帝的奏章

//547// 陛下：

我早已感觉自己的健康每况愈下，只是执行皇帝陛下旨意的热望支撑着我，可是我的力量终于离开了我。左腿持续两周疼痛使我无法走动，早日康复的希望也很渺茫。西伯利亚的气候条件只能使情况进一步恶化。//547背面//陛下，我斗胆恭谨地向您请求，望能仁慈地允许我得到家人的看顾和家庭的慰藉。

特于本奏章之后附上理藩院的来书[①]，陛下从中可以发现，我在伊尔库茨克的逗留已完全没有用处。即使这里的气候环境对我十分有利，我也仍然期望一旦可能就调离此处。这是我向陛下恳求的最后的恩典。

陛下，您最忠诚、最恭顺的仆人戈洛夫金怀着无比深切的敬意谨上。

1806年8月25日于伊尔库茨克

547页正文上方用俄文标明：1806年9月25日收到。

---

① 参看400号文件。

俄罗斯帝国对外政策档案馆圣彼得堡分馆，总档 1—7，目录 6，1806 年，案卷 1a，卷夹 27，562～562 页背面。原件为法文。Н. Б. 祖布科夫译自法文。

№ 426

1806 年 8 月 25 日。Ю. А. 戈洛夫金就使团不宜在边境逗留的问题呈亚历山大一世皇帝的奏章

//300//译文

皇帝陛下：非常荣幸向您呈递北京理藩院[①]对我枢密院最近两份公文[②]的回复，其内容提供了比以往任何时候都更多的证据，使我们能够指望两国关系将维持原状。北京内阁方面仅仅是限于为库伦的官员辩解。如果陛下不希望什么补偿，北京方面大概也就不会提出任何要求。考虑到这点，我要斗胆向尊敬的陛下指出，使团现继续在边境逗留已毫无益处，甚至可能会带来危害。其逗留已为各种传言提供了口实。臣将无力杜绝无稽的谣言，而谣言将引起中国人的不信任。他们会怀疑我们有某种企图，这也正是我们想要尽力避免的。

尽管理藩院在复书中并没有宣布将我国的两艘船开释，但应该想到他们将允许我们离开广州港。此间流传着一种说法，似乎克鲁森施特恩船长在广州进行的贸易十分有利。如果我们要相信这点，就必须忘却中国人的抗议，闭眼不见公

---

① 参见 400 号文件。

② 参见 367、369 号文件。

文①提到的粤海关监督由于无知允许从船上卸下部分货物已受到严厉惩罚，被皇帝钦令免职的内容。

根据陛下的命令，臣已竭尽所能，完成了总结西伯利亚地区富饶资源、对该地区现状进行描述的研究。现在，是到了呈献这份劳动的时候了。臣在此间逗留的时间已超过一年，得以在当地收集到很多情报。由于臣无法预见著作中的所有细节，所以有必要回到圣彼得堡，经审议后根据意见做必要的补充。恳请陛下允许臣向您面呈臣尽心竭力研究的成果。

边境一切平安无事。恰克图的贸易照旧蓬勃发展。中国官吏不仅没有对我们增加戒备，同以前相比对我们似乎更加尊重。

顺致［……］

戈洛夫金伯爵

《19世纪和20世纪初的俄国外交政策》卷3，第300页。译自法文原件。法文文本见该书299页。

法文原件存俄罗斯帝国对外政策档案馆圣彼得堡分馆，总档1—7，目录6，1806年，案卷1a，卷夹27，520②～521页背面。

使团办公厅抄文簿法文抄件存同处，卷夹41，92页背面～94页。

① 参见400号文件

② 在520页右下方用俄文标注：于1806年9月25日收到。同处左侧：№10。

№ 427

1806年9月2日[①]。库伦办事大臣蕴端多尔济、福海就收到枢密院致理藩院文书一事致伊尔库茨克副省长H. B. 谢米夫斯基函

//370//大清国库伦办事大臣、昂邦等为知照事咨行俄罗斯国伊尔库茨克副省长谢米夫斯基文

前不久贵方桑热哈耶夫大尉送来嘉庆十一年八月九日[②]来函[③]，我们已高兴地收阅，信中附有贵方枢密院给我方理藩院[④]文书[⑤]，我等收到后已即刻将其送往理藩院。

为此，特将此信交由贵国大尉桑热哈耶夫于返回之际奉达。

嘉庆十一年八月三日[⑥]。

译文注明：由八等文官帕雷舍夫[1]翻译。

正文下方标明：译文由十二等文官达拉费耶夫副署。

译文由十四等文官卡拉姆津核对无误。

---

① 嘉庆十一年八月三日。

② 1806年9月1日。

③ 参见417号文件。

④ 在经核对的蒙文译文抄件（参见注释）后面还有以下字样：及报告。

⑤ 参见392号文件。

⑥ 1806年9月2日。

370 页正文上方：<u>译自满文文本的副本</u>①

俄罗斯帝国对外政策档案馆圣彼得堡分馆，总档 4—4，目录 123，1805—1809 年，案卷 1，370 页。

经核对的满文译文抄件。

经核对的由 Φ. 桑热哈耶夫译自蒙古文的译文抄件存同处，369 页。

库伦办事大臣衙门满文抄文簿抄件存蒙古国立中央历史档案馆，藏档 M-1，案卷 651，256～257 页。蒙文文本存同处，258～259 页。

注释：

[1] 信件译文的副本被 H. B. 谢米夫斯基于 1806 年 9 月 18 日送往外务院，1806 年 10 月 26 日外务院收到（俄罗斯帝国对外政策档案馆圣彼得堡分馆，总档 4－4，目录 123，1805—1809 年，案卷 1，368～368 页背面）。

---

① 下加线为文中原有的。

№ 428

1806年9月3日。外务院驻恰克图特派员П. И. 伊兹玛伊洛夫就关于俄罗斯船滞留广州期间未经核实的情报及清帝国的国际地位等问题呈Ю. А. 戈洛夫金使臣的报告

//552// 秘密

外务院驻恰克图特派员、领边境事务八等文官伊兹玛伊洛夫呈二等文官、枢密官、院部大臣、皇帝陛下宫廷及各骑士团总典礼官、御前侍从官、特命全权使臣、赏戴勋章尤里·亚历山德罗维奇·戈洛夫金伯爵的报告

我于上月即8月27日向阁下送交第78号报告[1]后，边境地区和恰克图商贸点上一切平安无事，与邻国官员没有发生任何纠葛，到货情况也很正常。第一批商队能在本月中旬到达，其余的在月末也当能抵达。有些中国人收到信件，说似乎由于长时间没有收到我枢密院的来书，他们的货滞留在张家口，后来又准许过来了。

关于我国船只，还没有任何确切可靠的消息。在返程的路上，信使中有个侍卫①说，俄罗斯船只在广州因为没有护照被扣留了，此事已有文书致俄罗斯枢密院。但在他们被扣留约两个月之后，6艘英国大船来到广州。当他们看到俄罗

① 此处及以后的着重线都是文中原有的。

斯船只后，坚决要求粤海关监督说明扣留船只的原因。他们提出，这种//552 背面//扣留毫无必要，因为船是俄国派出作环球航行的。对此中国政府辩解说，他们扣留是因为对船上的货物进行了买卖。于是似乎拿白银买了所有的货，就把他们放行了。我又安排向中国人打听这些消息的可靠性，再过 10 天到 12 天，还会有人从张家口过来。有些人说，那些人对这件事应该知道得更清楚。

那个侍卫在途中还像朋友一样对百人长纳济莫夫私下透露，他们的国家此刻正处于非常危险的境地。因为许多国家和许多头人当权者获悉俄罗斯使臣被遣返后，都对他们的博格德汗表示反对，再也不那么听话顺从了。所以朝廷对外国人才表现得这么谦逊有礼，这可是从来没有过的。如果这一切属实，我方又觉得需要的话，看来我方的要求很有可能得到实现。//553//这种情况也可以从现在他们在此间的态度上得到证实——他们非常谦恭，这是我 16 年乃至 30 年来所从未见过的。

人们等待着曾经在此地担任过扎拉固齐的人或者是 4 年前在库伦担任过扎拉固齐的希洛伊今年冬天会到库伦来担任昂邦大臣。当年希洛伊因为与郡王不合，去了北京。人们推测说，任其中的一个回来，郡王就不可能在库伦久留。

八等文官彼得·伊兹玛伊洛夫

1806 年 9 月 3 日

于恰克图哨所

552 页正文上方右侧：8 月 10 日收到。

同处：№ 130。

553 页正文下方：№ 81。

俄罗斯帝国对外政策档案馆圣彼得堡分馆，总档1－7，目录6，1805年，案卷1a，卷夹27，552～553页背面。

经使团一秘 Л. С. 巴伊科夫核对的副本存同处，582～583页背面。

注释：

［1］以前 П. И. 伊兹玛伊洛夫于1806年8月27日向 Ю. А. 戈洛夫金提交过一份报告，1806年9月2日收到。（俄罗斯帝国对外政策档案馆圣彼得堡分馆，总档1－7，1805年，案卷1a，卷夹27，549页）在伊兹玛伊洛夫的报告中，格尔必齐边防段长官谢列勃连尼科夫就清朝官员巡视边境的情况作了报告。

№ 429

1806 年 9 月 12 日。库伦办事大臣蕴端多尔济、福海就收到俄国枢密院文书和伊尔库茨克副省长 H. B. 谢米夫斯基来函呈嘉庆皇帝的奏折

//260//8 月 13 日①

奴才蕴端多尔济、福海谨奏

先前奴才等奏，② 俟接获理藩院致俄罗斯枢密院复书后，即派协理台吉伊丹扎布等将其送往伊尔库茨克。

现伊丹扎布等已于八月初二日③返回，并带回伊尔库茨克副省长谢米夫斯基给臣等的信，//261//内称已收到理藩院致枢密院书，并将毫不延误地转送云云④。

据伊丹扎布及其随从称：

“省长收到文书后，按惯例殷勤挽留卑职等休整了三天，但完全未提及任何事情。然后省长按例赠给卑职［伊丹扎布］波里斯绒，上等山羊皮等物品，还告知卑职，以前的省长科尔尼洛夫现已临时去另地任职。”

稍后，于八月初四日⑤，临时代理［副］省长谢米夫斯

---

① 9 月 12 日。

② 参见 412 号文件。

③ 9 月 1 日。

④ 参看 417 号文件。

⑤ 9 月 3 号。

基又派桑热哈耶夫大尉//262//送来枢密院致理藩院文书[1]和省长的信。来书已呈送尊敬的陛下。而在省长来信[2]中，除了请求把枢密院来书[3]送往理藩院之外，没有提到什么重要的事情。省长的信使什么也没有说，仅与陪同他的蒙古官员交谈时//263//提到，此次枢密院来书，很可能是居住在北京的俄罗斯学生和教士换届一事。奴才已经写信给省长谢米夫斯基，告知文书[4]和信件已收到，并按规定把回信交付桑热哈耶夫大尉，赠予一份薄礼后送他回程。此外，省长谢米夫斯基的信以三种文字书就，缄于一函，特此奏明。

//264//264 页文末：据奏折抄录。在 9 月 15 日[5]收到的［由北京返回的］本奏折上有皇帝朱批：知道了。钦此。

蒙古国立中央历史档案馆，藏档 M-1，案卷 651，260～264 页。

库伦办事大臣衙门满文抄文簿抄件。И.Т. 莫罗兹译自满文。

---

① 参见 392 号文件。

② 参见 392 号文件。

③ 参见 418 号文件。

④ 参见 427 号文件。

⑤ 10 月 14 日。

№ 430

1806 年 9 月 26 日。Ю. А. 戈洛夫金使臣就使团即将从伊尔库茨克起程、已将枢密院致理藩院文书转交库伦办事大臣蕴端多尔济等事致外务大臣 А. Я. 布德伯格函

//580//将军阁下：

通过机要信使米哈伊洛夫，我已收到阁下给我的 8 月 21 日[①]急件。

在附呈皇帝陛下的奏折中，我已禀明使团官员启程一事。他们将在天气和路况允许时离开伊尔库茨克。

荣幸地附上从边境得来的消息。在克鲁森施特恩船长的考察队回来之后，这些消息的令人关注之处在于它们表明，中国政府想以宽容的态度对待我国船只在广州的意外出现，以求避免//580 背面//因遣返我方使团而应做出的补偿。如果这件事能使粤海关监督免职，大臣受到责罚，从中可以判断，北京政府对此事极为关注，它必将在恰克图也有所表现，更遑论库伦对待使团的行为会引起何等担心。

在我 5 月 19 日，6 月 19 日[②]的两次奏章和 4 月 11 日及 7 月 25 日[③]的两次急件中，向尊敬的陛下及部里反映了恰克图海关关长瓦尼方季耶夫很不得体的行为。我指出，他在边境的逗留有损于工作。但我呈请的问题并没有得到解决。我

---

① 参见 423 号文件。

② 参见 386 号文件。

③ 参见 402 文件号。

认为我有责任提醒阁下对这个问题予以关注。这个官员不听从我的任何指示，还不断影响//581//边境官员，尤其是妨碍伊兹玛伊洛夫完成自己的任务，而伊兹玛伊洛夫正是奉命处理与中国政治关系的官员。由于我的离开，瓦尼方季耶夫将更不会受到任何约束而为所欲为。这将会惹来很大的麻烦。我虽应召返回，免除了参与中国事务的一切责任，但出于国家福祉，仍对此保持关注。这也正是我再次呈请阁下处理这个问题的原因。

信使在离库伦250俄里的地方向郡王呈递了枢密院就教士团入境问题致理藩院的文书。他受到良好接待并参加了一次狩猎，按照他们的惯例，这实际上也是一次军事演习，参加者大约有500人。除此他没有带回其他有意思的信息。

将军阁下，荣幸地向您致以崇高的敬意！

您最谦卑最恭顺的仆人

戈洛夫金伯爵

于伊尔库茨克

1806年9月26日

580页正文上方右侧用俄文：1806年11月2日收到。

同处左侧正文上方：№25。

俄罗斯帝国对外政策档案馆圣彼得堡分馆，总档1—7，目录6，1805年，案卷1a，卷夹27，580～581页背面。原件为法文。**Н. Б.** 祖布科夫译自法文。

№ 431

1806年9月26日。Ю. А. 戈洛夫金就自己的健康状况和出使结果致外务大臣 А. Я. 布德伯格的信

//584//将军阁下：

上一封寄给您的信中①，我有幸表达了在得知即将离任的消息之后心中涌起的欢乐。您通过私人信件②通知了我这件事，赋予这一恩典以新的价值，它是上帝恩赐给荒原的食物。我原以为自己已注定要在精神和肉体上蒙受流放西伯利亚的各种痛苦，忍受各种蓄意的轻忽。对这种事我有着太多的证据，使我对未来难以抱太大的希望。我简直不敢想象，在这注意力应当完全关注欧洲重大利益的时刻，亚洲的腹地竟也分享了这种关注！这大大超出了我的希冀！我看到了那只操控着正义与善良行动的手：它或许可以不为人所见，但我的心却能够感受它，向它表示我对它应有的感激之情。//584背面//受到沉重的工作和迫害压抑的心灵又恢复了宁静；由于疾病侵扰的肉体又充满了力量和健康，这是体贴入微的关怀为我带来的犒赏，对于这样的恩典我实在难以报答。

信使到来后，我的健康状况开始有了些好转。但是由于腰腿疼痛，加之西伯利亚道路难行，我还无法立刻启程。但愿道路可以通行的时候，我的健康亦将好转，那时我将能以

---

① 见424号文件。

② 见423号文件。

比现在的出发更快的速度回到圣彼得堡。

将军阁下，我非常满意地发现，您对我国同中国的关系以及对西伯利亚的内部状况表现出关注。这两个问题互为因果，不可分割。但愿使团在此间的滞留并非完全无益。无论就内部行政还是对外关系而言，这地方完全是一个崭新的世界，对它的状况，无论好坏大家都一无所知。我力图把各种事物好坏两方面的所有信息都搜集起来，我的认识将从中产生一些更美好的观念，它们很可能将会把西伯利亚提升为帝国最重要的省区之列。//585//正是在我亚历山大皇帝的统治下，在您的外务院的关怀下，这一造福的光荣计划才有可能并最终得以完成。我把自己的著作称为最后的政治遗言，您可以判断它们是否配得上被作为遗产来接受。但是，将军阁下，您应该知道，任何遗产都是有争议的。当前存在着一个秘密的计划，想要把我们同中国的政治关系以及它们在外交上的从属关系引向倒退。我将向您提供有关此事的确切可靠的证据①。对此我进行了斗争，并尽全力来阻止它，但却遭到秘密代理人的迫害。这些代理人位于国境，听从圣彼得堡的命令，阻碍我的每一个步骤，进行了并还在继续进行同中国人的谈判。我被迫在6月25日的私人信件中提醒恰尔托雷斯基公爵，我得到过正式保证，不同任何人分享我的职权。我也宣布过我无法对任何事件承担责任。我的提醒使我摆脱了艰难的处境。我使命的所有目标重又仅限于并从属于您的外务院。将军阁下，您比我更有条件做出判断，//585背面//是否应该把这些目标都归由您的部门管辖。

我想再次以表达对您的感激之情来结束这封信。哦，您造就了一个甚至是一群幸福的人，您难道还能有更大的希

① 着重线为文中原有的。

望吗?

请允许我把年轻的边肯道夫介绍给您，他曾志愿分担我在此滞留期间的郁闷和沮丧。我对他的推荐满怀着父亲对孩子的感情。

将军阁下，谨向您表示最崇高的敬意和最深的依恋之情。

您最谦卑、最忠诚的仆人
戈洛夫金伯爵
于伊尔库茨克
1806年9月26日

584页正文上方用俄语标明：1806年11月2日收到。同处：私人信件。

俄罗斯帝国对外政策档案馆圣彼得堡分馆，总档1—7，目录6，1805年，案卷1a，卷夹27，584～585页背面。原件为法文。手稿。Н. Б. 祖布科夫译自法文。

№ 432

1806年9月26日。Ю. А. 戈洛夫金使臣就使团即将返回首都以及清帝国边界状况等事项呈亚历山大一世皇帝的奏章

//578//陛下：

您在8月20日颁发给我的谕旨①中令使团所有成员立即返回圣彼得堡。我曾斗胆恳请陛下给予此项恩典，但您的旨意早于我的请求降临了，施予了新的恩典。

边境的消息仍然是平安无事。//578背面//能够维持这种状况的最可靠的保证其实是饥馑和瘟疫，它们还在中国的北方各省继续肆虐。这个政府爱好和平的最好证据，无疑便是克鲁森施特恩船长的考察队幸运归去，这个消息在此间掀起了最大的欢乐。

有几个中国商队已经到达恰克图，准备参加大型秋季易货交易。他们运来的货物不如往年商队那样丰富。我国商人也认为今年的交易将不会像往年那样活跃。中国人将有可能抑制他们对我国船只运往广州货物的需求，而俄国人则也不会从这些回圣彼得堡的船上买多少东西。

//579//只要我的健康允许，我将奉陛下诏令立即回程。如果我在西伯利亚的滞留对帝国和陛下有用，那么我就不会过于在意我的健康恶化。不过健康的恢复对我来讲也是一种莫大的恩典，只要我能把它献给皇帝陛下已经向我宣示的宽

---

① 参见419号文件。

宏大量的意图。我一定会以此再次向陛下证明我的忠心、勤勉和恭敬的感激之情。

谨向陛下致最诚挚的敬意。

您永远恭敬、忠诚和恭顺的奴仆

戈洛夫金伯爵

1806 年 9 月 26 日于伊尔库茨克

578 页正文上方右侧用俄文标注：1806 年 11 月 2 日收到。同处左侧：№ 11。

俄罗斯帝国对外政策档案馆圣彼得堡分馆，总档 1—7，目录 6，1805 年，案卷 1a，卷夹 27，578～579 页。原件为法文。Н. Б. 祖布科夫译自法文。

№ 433

1806年，早于9月27日[①]。库伦办事大臣蕴端多尔济、福海就加强监视俄清边界状况，传达同俄国进行贸易的指示等事项给买卖城扎拉固齐瑞春的命令

//589//库伦办事大臣郡王、昂邦给买卖城扎拉固齐的命令

在以前给你们下达的命令中，曾指示你等通过同俄国人会晤，了解彼方发生的新动向。而今我们依然确认，要尽一切可能探听他们是否在准备针对我大清的军事行动，各卡伦是否收到新的命令，这些卡伦操练的内容是什么，对待我国哨卡的态度如何，是好是坏？

但上述命令中的各项迄未从你等处得到任何消息，可见你等工作并不勤勉。现我们希望首先了解，为什么商人们坚决要求改变以往同俄国人交易的方式，我们的商人很害怕，他们不知道能不能尽量抬高自己货物的价格，压低俄国货的价格。这件事结果如何，要尽快向我们报告。

正文下方有核对人签名：八等文官彼得·伊兹玛伊洛夫。

---

① 根据伊兹玛伊洛夫报告中提到的中国商队到达买卖城的时间确定（见587页注释。—莫罗兹）。

589 页正文上方注明：抄本的译文

俄罗斯帝国对外政策档案馆圣彼得堡分馆，总档 1—7，目录 6，1805 年，案卷 1a，卷夹 27，589 页。译自满文抄件，译文经核对。

其他抄本存同处，600～600 页背面；同处，总档 2—3，目录 34，1801 年，案卷 2，152 页；同处，155 页。

№ 434

1806年，不早于9月28日[①]。军机处为嘉庆皇帝谕令理藩院行文枢密院了解俄国教士团换届具体事宜给库伦办事大臣蕴端多尔济、福海的命令

//275//九月十五日[②]收到

军机处令行库伦办事大臣、喀尔喀郡王等

嘉庆十一年八月二十九日奉上谕知会蕴端多尔济等

俄国枢密院致我理藩院请求彼等神职人员和学员换届来书[③]之满文译本朕已阅过。//276//然此次来书一如先前各次来书[④]，大谈彼等欲派神职人员和学员随使团来我大清国之意图，并于来书末尾重申了请求恩准的愿望。

由于文书中有许多不明之处。这件事交由军机大臣办理。为此理藩院拟定了文书，指出我方不明之处，送往俄国枢密院[⑤]。//277//收到文书后，蕴端多尔济须按惯例将其送交俄国省长，转送俄国枢密院。我理藩院着其对若干问题进

---

① 根据皇帝颁发谕旨的日期（嘉庆十一年八月二十九日）确定。

② 10月14日。

③ 参见392号文件。

④ 参见318号文件。

⑤ 参见435号文件。

行说明之文书以及枢密院俄文来书之满文译本着抄示蕴端多尔济等。

谨遵上谕，特发此诏。

蒙古国立中央历史档案馆，藏档 M-1，案卷 651，275～277 页。库伦办事大臣衙门满文抄文簿抄件。И.Т. 莫罗兹译自满文。

№ 435

1806 年 9 月 28 日[①]。理藩院为要求详细说明俄国教士团换届原因及为其支付路费的条件致枢密院文书

一、俄文文本

//390//大清国理藩院致俄国枢密院文书

我们已经看过贵国枢密院来书的满文文本，对我们去年 9 月所发文书[②]做了回答。其中说明的理由完全是以前来书[③]中谈过的。内称你们想把停留在俄国边境的神职人员和学员随同使团派往我大清，俟你们的新神职人员到北京后，再把现驻京教士团的修士大司祭索夫罗尼和一名神职人员送回俄国边界。前去接替他们空缺的新神职人员和学员将按惯例请求我至圣大皇帝施恩，赐予津贴和保护。其后又再次提出了要求。

从贵方枢密院发来的俄文和拉丁文文本来看，我们发现有一个问题没有说明，就是你们的神职人员和学员已届轮换之年，为此要请求我至圣皇帝的恩准。除此//390 背面//之外，也没有说明轮换的神职人员和学员现在何处等候。如果

---

① 嘉庆十一年八月二十九日。

② 参见第 197 号文件。

③ 参见第 318 号文件。

对贵方请求给予允准，那么他们将以何种方式自费派遣到我方来。这些都说得很不清楚，故我理藩院不敢上奏我至圣大皇帝。

为此我们将该文书退回贵国枢密院。如果贵方的确要求派出新的神职人员和学员，以替换北京的神职人员和学员，那就请按条约规定派信使送文书来申请。

贵方文书一旦送到，我们将奏请大皇帝恩准。

专此奉达。

//391//嘉庆十一年八月二十九日①

390页正文上方：归入佩斯特尔总督10月30日函②。1806年11月28日收到。

391页日期上盖有理藩院方形朱印。

378～379页（信封）上的地址为：大清国致俄国枢密院文书（379页）；日期③为：嘉庆十一年八月二十九日（378页）。地址及日期上均盖有理藩院方形朱印。

俄罗斯帝国对外政策档案馆圣彼得堡分馆，总档4—4，目录123，1805—1809年，案卷1，卷夹27，378～379页（信封），390～391页。原件。

俄文抄件存中国第一历史档案馆，中俄关系史俄文文献藏档，案卷12，37～39页。

---

① 1806年9月28日。

② 参见第441号文件。

③ 地址及日期均用满文、拉丁文书写。

二、译自满文的文本

//380//大清国理藩院致俄国枢密院文书

去年9月，我理藩院向贵国枢密院发去文书[1]，收到后回书称：此前贵国枢密院在文书[2]中清楚说明，有意把停留在边境的神职人员和学员随同信使一同派往中国并请求批准。当上述新神职人员到达京城北京时，请将原有的修士大司祭索夫罗尼等人护送回俄国边境，由派去的神职人员和学员接替他们的位置，请求//380背面//至圣大皇帝给予接待和照顾。最后你们写道，你们先前就曾请求过，现在又再次请求。对你们送来的文书我们下令进行翻译，发现俄文和拉丁文文本的内容一致，但却一点也没有提及已经到了你们的神职人员和学员换届的时间，希望我至圣大皇帝恩准轮换，也没有说明那些应该轮换的神职人员和学员停留在边界什么地方。来书中也没有说明你们的请求若得到准许，如何由自己承担旅费，//381//甚至说得非常含混，连猜都猜不出来。

因此我理藩院不敢向我至圣大皇帝奏报。故将贵方枢密院的文书退还。如果真的已然到了学员和神职人员该轮换的时间，而且贵方想提出学员和神职人员换届的请求的话，务请事先按照先前签订的有关换届条约的规定发来文书，提出请求，加以说明。待贵方文书收到后，我理藩院将奏请皇上恩准。

嘉庆十一年八月二十九日。

---

① 见第197号文件。

② 见318号文件。

八等文官阿列克谢·帕雷舍夫翻译。

380 页正文上方：归入编号为 562 号的佩斯特尔信函中。

同处：由满文翻译。

俄罗斯帝国对外政策档案馆圣彼得堡分馆，总档 4—4，目录 123，1805—1809 年，案卷 1，卷夹 27，380～381 页。译自满文原件，满文原件存同处，382①～385 页②。

使团办公厅抄文簿抄件：译文存同处，总档 1—7，目录 6，1805 年，案卷 1a，卷夹 28，228 页背面～228 页。满文文本存同处，226～227 页背面。

库伦办事大臣衙门满文抄文簿抄件存蒙古国立中央历史档案馆，藏档 M-1，案卷 651，278～282 页③。

三、译自拉丁文的文本

//387//大清国理藩院致俄国枢密院文书

前不久我们收到贵方对我方今年九月④所发文书答复⑤的满文译本，在复书中你方谈及现停留在边境的神职人员和学员。贵方先前已通知我方，这些人员受贵方派遣，将随使臣一同抵达。贵方还写道，当新派遣的教士抵达北京后，希

---

① 382 页正文下方用俄文注有：对佩斯特尔总督 10 月 30 日来信的回函。1806 年 11 月 28 日收到。

② 文本中两处盖有理藩院方形朱印。

③ 278 页注有 9 月 15 日，即 11 月 14 日［收到］。

④ 见 318 号文件。

⑤ 见 197 号文件。

望能把先前的索夫罗尼和其他人等护送回贵方边境。为此特吁请我至圣大皇帝妥善接待新一批神职人员和学员。

你们如此这般地再次提出贵方先前已提出过的请求。贵方的两份文书，一份俄文，一份拉丁文，发现非常相似。在坚决恳请我至圣大皇帝恩准的同时，来书却没有陈述此次贵方神职人员和学员换届的原因。同时你们也没有提及他们在何处驻留，也没有向我们说明，他们∥387 背面∥是否有意①自己出路费来我大清。

你们信上说得并不清楚。

因此，此事我们不敢向我至圣大皇帝禀奏，现将文书退回。贵方如有意恳请恩准贵方神职人员和学员换届，应按所订条约根据时间提前向我方发函，明确提出派遣人员的要求，我方当于收到贵方文书后，奏请我至圣大皇帝恩准。

专此知照。

嘉庆十一年八月二十九日

书办米哈伊尔·波波夫译。

387 页正文上方：归入 562 号——给佩斯特尔阁下的复信。

同处：译自拉丁文。

俄罗斯帝国对外政策档案馆圣彼得堡分馆，总档 4—4，目录 123，1805—1809 年，案卷 1，388～389 页背面。译自拉丁文原件。拉丁文原件存同处，386～386 页背面②。

拉丁文原件的另一译本由外务院书办安德鲁斯基翻译，存

① 在另一译文中，“否有意”这三个字没有（见 388～389 页背面的注解。—莫罗兹）。

② 文本上盖有理藩院红色方印。

同处，388～339 页背面。手稿。

使团办公厅抄文簿抄件：拉丁文文本存同处，总档 1－7，目录 6，1805 年，案卷 1a，卷夹 28，228～228 页背面。

№ 436

1806年，不晚于10月11日①。外务院为说明由俄国教士团带往北京的耶稣会会长的信件内容呈亚历山大一世皇帝的报告

//39//关于耶稣会会长致信北京的说明②

//40//东正教事务管理衙门总监阁下遵照皇帝陛下旨意[1]，将耶稣会会长[2]交由我教士团带往北京的信转交我，并要我就此向皇帝陛下报告。

从荣幸地呈递的信件的译文中得知，其中通报了此间原耶稣会会长格鲁伯[3]去世的消息、俄国和西西里王国两地耶稣会会士的人数，以及皇上给予他们荫庇和恩典的情况，并告知要将在里斯本逗留的3名耶稣会士派往北京。

//40背面//信中还请求互相通报耶稣会在中华帝国的情况。

由于此信的主要目的是提前通报中国政府将有3名耶稣会士派往北京一事，因此恳请皇帝陛下立即传旨将此信送交西伯利亚总督，再由其交我教士团按址带往北京，如教士团已经出发，则尽快以其他办法递送。

---

① 日期根据奏章时间所定。

② 正文上方用铅笔注有：1806。

40页左侧页边：1806年10月11日已由皇上钦准。

10月19日书致佩斯特尔总督。

俄罗斯帝国对外政策档案馆圣彼得堡分馆，总档1—7，目录6，1805年，案卷1a，卷夹2，39～40页背面。底稿。

注释：

［1］1806年10月7日东正教事务管理衙门总监戈利岑致外务大臣A.Я.布德伯格的函有一附函（俄罗斯帝国对外政策档案馆圣彼得堡分馆，总档1—7，1805年，案卷1a，卷夹2，30页）。

［2］见56号文件注释1。

［3］格鲁伯·戈勃里埃勒（父亲叫加夫里尔）（？—1805），俄国耶稣会首脑，著名学者，建筑学家、物理学家、医生、几何学家、音乐家和外交家。由维也纳（故乡）来到圣彼得堡，想要向科学院呈献他发明的织布机（К.Ф.瓦利舍夫斯基：《伟大的叶卡捷琳娜之子保罗皇帝》，A.C.苏沃林著作重印的改编本，莫斯科，1992，240页）。著名作家丘尔科夫（1879—1939）对格鲁伯做了一个这样的心理描写："格鲁伯神父是已故保罗·彼得罗维奇的宠儿，他几乎都快要使保罗一世下令搞出一个'教会合并'的行动来了。"格鲁伯"使皇帝相信，这一行动是完全必要的。他不仅以自己的辩证思维给予保罗以影响。这个身材瘦小的人物有一个上头尖尖的大脑袋，总是眯缝着眼睛，充满了谦逊的神情，但却无所不见，闪烁着伟大的天才智慧"。接着他又写："格鲁伯神父是宫廷中最有影响的人物，就连第一执政拿破仑也要讨好这位耶稣会士，给他写信。"（Г.И.丘尔科夫：《女皇们的心理肖像画》，莫斯科，1991，81～82页。）

当派遣Ю.A.戈洛夫金使团到清帝国去的筹备工作刚刚开始的时候，俄国政府决定请耶稣会士帮助，在使团出发之前，经由另一条道路把他们由圣彼得堡途经英国和葡萄牙派往中国（参见56号文件注释1）。

早先，在叶卡捷琳娜二世在位期间，也曾准备派一个使团到中国去，但未能成行。为此俄国人曾寻求耶稣会士的帮助，耶稣会士之间的信件往还就是证明。当时，在1792年，格鲁伯"接到俄国政府的训令，要通过居住在北京的耶稣会士，瓦解英国独霸同该国贸易的企图。为此英国当时曾派出马嘎尔尼领导的一个特别使团到中国去。”（M.Я. 莫罗什金：《俄国的耶稣会士》，312 页。）

这一回俄国政府又找到了格鲁伯神父。就在 Ю.А. 戈洛夫金使团忙于各种准备工作的时候，格鲁伯从耶稣会士中挑选了合适的人选，为他们准备了训令，“给伦敦和中国的耶稣会士写了几封信，努力寻找为我们旅途中的耶稣会士汇钱以及与他们通信的最好的途径”。（M.Я. 莫罗什金：《俄国的耶稣会士》，316 页。）1805 年 1 月 20 日，格鲁伯找到副外务大臣 A.A. 恰尔托雷斯基，请他给 3 名前往中国的耶稣会士发护照。（俄罗斯帝国对外政策档案馆圣彼得堡分馆，总档 1－7，1805 年，案卷 1a，卷夹 2，1 页。原件。法文手迹。H.Б. 祖布科夫译自法文。格鲁伯当天所开的为派 3 名耶稣会士到中国而领取 6000 卢布的收条藏同处，2 页。）

1804 年年末，所有这些准备工作结束时，向中国派出了 3 名耶稣会士：约翰·安图安·格拉西、诺伯特·科尔萨克和约翰·施蒂默尔（参见 56 号文件注释 1）。然而格鲁伯却未能把委托他做的事做到底，因为 1805 年春，不等使团出发，他竟悲惨地去世。（M.Я. 莫罗什金：《俄国的耶稣会士》，369 页。）

据瓦金猜测，派出的人得知他的死讯后，对我们就变得冷淡了。可是“我们派遣使团的巨大准备工作以及对中国正筹划着某些行动的传闻到了英国人的耳中之后，他们得以通知中国人对使团采取不利行动”。（B.И. 瓦金：《1805 年出使中国的戈洛夫金使团》，182 页。）这样一个事件可能在某种程度上也对清政府对俄国使团的态度产生了一定影响。不过，从本文件集的文件中可以看出，它对 Ю.А. 戈洛夫金的外交使命并未产生决定性的影响。

格鲁伯同他的以前各任先行者一道，被安葬在波洛茨克圣救主教堂的墓地。（M.Я. 莫罗什金：《俄国的耶稣会士》，373 页。）

№ 437

1806 年 10 月 17 日。库伦办事大臣蕴端多尔济、福海为向伊尔库茨克送达理藩院就拒绝俄国教士团换届致枢密院文书一事致伊尔库茨克副省长 H. B. 谢米夫斯基函

//287//九月十八日①

大清国库伦办事大臣郡王、昂邦等为知照事咨行俄国伊尔库茨克副省长谢米夫斯基阁下文

本郡王、大臣等现派协理台吉达西敦多布将九月十五日②收到的我理藩院③致贵国枢密院的弥封文书送交省长阁下。//288//收到后请下令速送贵国枢密院，并将收到和转送文书的消息知会本郡王、昂邦。专此奉达。

蒙古国立中央历史档案馆，藏档 M-1，案卷 651，287～288 页。库伦办事大臣衙门满文抄文簿抄件。И. Т. 莫罗兹译自满文。

库伦办事大臣衙门蒙文抄文簿抄件存同处，289～290 页。

---

① 10 月 17 日。

② 10 月 14 日。

③ 参见 435 号文件。

№ 438

1806 年 10 月 19 日。库伦办事大臣蕴端多尔济、福海就秋季即将巡视俄清边界卡伦问题呈嘉庆皇帝的奏折

//291// 九月二十日①

奴才蕴端多尔济、福海谨奏

据衙门旧档，每年春秋两季由我司委派得力干练台吉官员等，前往我国同俄国接壤边境我方一侧喀尔喀四部巡视卡伦。因今秋亦应派员巡查边界，奴才等已委派协理台吉英克图鲁、伊丹扎布，为彼等指定路线，着其分别巡视恰克图两翼喀尔喀四十七卡伦哨所。

//292// 委派英克图鲁等前往时，奴才等命他们务必仔细巡视各卡伦哨所，且即使卡伦外俄国人对我方态度十分平和恭敬，毫不挑起事端，亦必须在所到之处向所有哨所军官和官员下达命令，着他们同俄国人照常保持友好关系，但同时应秘密采取预防措施，在寻找［走失牲畜的］踪迹、护卫河流，以及执行任何公务时均应谨慎小心。//293// 俟英克图鲁等巡查完毕返回后，奴才等当具折另奏。

特此谨奏。

---

① 10 月 19 日。

293页文末：根据奏折抄录。[由北京返回的] 此奏折于十月七日①收到，上有皇帝朱批：知道了。钦此。

蒙古国立中央历史档案馆，藏档M-1，案卷651，291～293页。库伦办事大臣衙门满文抄文簿抄件。И.Т. 莫罗兹译自满文。

① 11月4日。

№ 439

1806年10月19日。库伦办事大臣蕴端多尔济、福海就将理藩院致俄国枢密院要求对方明确有关俄国教士团到来的若干细节问题的文书送达伊尔库茨克一事呈嘉庆皇帝的奏折

//294//九月二十日①

奴才蕴端多尔济、福海恭奉圣谕谨奏

随［奴才等］九月十五日奏折②同时收到十一年八月二十九日③上谕称：

晓谕蕴端多尔济等以下事项：

前不久俄国枢密院④致我理藩院//295//请求神职人员和学员换届来书满文译本朕已阅过。但此次来书与上次来书⑤一样，只顾把他们有意派神职人员和学员随使团一道来北京说个不休；最后俄国人还表示希望渠等之请求得到批准。

鉴于来书有许多含混之处，此事已移交军机大臣处理，然后由//296//理藩院拟就复书⑥，提出所有我方认为不明确

---

① 10月19日。

② 见第434号文件。

③ 10月14日。

④ 见第392号文件。

⑤ 见第318号文件。

⑥ 见第435号文件。

之处，发往俄国枢密院。收到此复书后，蕴端多尔济应依惯例将其送交省长，由其转送俄国枢密院。我方要求明确若干问题的复书以及俄国枢密院俄文来书的满文译本一并抄示蕴端多尔济等。

奴才等匍匐恭奉圣谕，阅读俄国枢密院来书抄件//297//以及我理藩院致枢密院要求明确若干问题的复书。皇上无比圣明，洞悉俄国枢密院此次来书中关于神职人员和学员换届的许多含混不清之处，谕示理藩院复书质疑。这些诡计多端的俄国人行事虚伪狡诈，实为自取灭亡。

因此，奴才等按惯例//298//致函俄国省长，告知将致俄国枢密院书交由其转送，并委派协理台吉达西敦多布等将信函和文书一并送往［伊尔库茨克］。俟达西敦多布等返回后，臣等将再行奏报。

谨奏。

298页正文末尾：据所呈奏折抄录。在十月七日①收到的［由北京返还的］奏折上有皇帝朱批：知道了。钦此。

蒙古国立中央历史档案馆，藏档M-1，案卷451，294～298页。库伦办事大臣衙门满文抄文簿抄件。И.Т.莫罗兹译自满文。

---

① 11月4日。

№ 440

1806 年 10 月 27 日。伊尔库茨克民事省长 Н. И. 特列斯金[1] 为就任伊尔库茨克省长一职致库伦办事大臣蕴端多尔济、福海函

//450// 十月十一日① ［收到］

俄罗斯帝国皇帝驾前伊尔库茨克民事省长、四等文官特列斯金致大清国皇帝驾前库伦办事大臣郡王、昂邦等函

不久前，奉我皇帝陛下旨意，伊尔库茨克［民事省长］、四等文官科尔尼洛夫调赴他省任职，本人奉命来伊尔库茨克接任。尊贵的郡王和昂邦，现谨向你们通报，我已上任履行职责。今后如有需要，一切来函请直寄本人。

签字用印

1806 年 10 月 27 日于伊尔库茨克

蒙古国立中央历史档案馆，藏档 M-1，案卷 651，450～451 页。库伦办事大臣衙门满文抄文簿抄件。И. Т. 莫罗兹译自满文。

库伦办事大臣衙门蒙文抄文簿抄件存同处，452～453 页。

俄文抄件存中国第一历史档案馆，中俄关系史俄文文献藏档，案卷 12，61～62 页。

---

① 11 月 8 日。

注释：

［1］特列斯金·尼古拉·伊万诺维奇（1763—1842），赏戴勋章四等文官，1806年5月25日起任伊尔库茨克民事省长，1820年6月10日撤职（俄罗斯国家古文书档案馆，183号藏档，巴斯宁全宗，目录1，案卷18，6页背面）。1810年主持同清政府代表谈判互派使团问题，后无果而终（参见10号文件注释2）。关于这次谈判的俄文文献发表在《19世纪和20世纪初的俄国外交政策》，卷4、卷5（见索引）。

伊尔库茨克民事省长特列斯金在任时以专横残暴、贪赃受贿等不法行为著称。他的同时代人对此的看法几乎是一致的："西伯利亚在残酷的压迫下呻吟。佩斯特尔在他的周围聚集起一帮歹徒和骗子：最大的坏蛋就是伊尔库茨克民事省长特列斯金。西伯利亚对那个时代至今记忆犹新。"（Н.И. 格列奇：《我的自述》，255～256页）流放到西伯利亚的十二月党人Н.Р. 蔡勃里科夫对特列斯金的评价也差不多（他是在特列斯金离开后去的）："对于伊尔库茨克民事省长及其他官员这一干当时在西伯利亚令人发指的强盗，上了绞架的佩斯特尔的君父对这些人的强盗行径难道就不该负一丁点儿责任吗？"［Н.Р. 蔡勃里科夫：《关于克隆克维尔花坛的回忆（一个十二月党人的手记）》，载《俄罗斯回忆录（1800—1825）》，莫斯科，1989，430页］十二月党人В.И. 施泰因格尔对特列斯金的评价稍有不同："在当时的几乎所有省长中，特列斯金是最聪明、最富有活力的，他事事可以做主，得到佩斯特尔的完全信任，真正成了他的factotum（大管家。——中译者）。"（《В.И. 施泰因格尔手记》，186页）

据斯托戈夫说，特列斯金就是西伯利亚的土皇帝：无论太太小姐、绅士官吏，见了他都要吻手致敬。"可是这个残酷的暴君却在西伯利亚建立了惊人的秩序。假如过往行人在驿站遗忘了钱包或是表，就会有人追上去交还他。没有凶杀、没有偷盗，尽管所有的村庄里全是流放人员。"（Ә.И. 斯托戈夫：《手记》，载《俄国历史》，1903年，113卷，2期，278页）这位斯托戈夫还以这样的笔墨描写了特列斯金的外貌："他是个肥胖臃肿的老头，一头白发披散着，行走起来悄无声息，活像脚下踩着轮子；眼睛是黑色的，闪闪发光，活泼泼地转动。"（同处）

1820年6月10日特列斯金被撤职，他离开了伊尔库茨克（俄罗斯国立中央古代文献档案馆，巴斯宁全宗第183号，目录1，案卷18，6页背面）。由于职务犯罪，枢密院褫夺了他的职衔、贵族称号，将他“流放到某地定居”（А. И. 赫尔岑：《文集》，莫斯科，1975，卷 4，247 页）。

特列斯金的情况还可以参见 Г. М. 季亚科夫：《医师手记》，载《西伯利亚档案》，1914，9 期，393～416 页；И. Б. 佩斯特尔：《И. Б. 佩斯特尔亲撰任职手记》，载《俄国档案》，1875，1 卷，4 期，370～407 页；П. Т. 巴斯宁：《西伯利亚往事钩沉：受折磨的和折磨人的》，载《历史导报》，1902，90 卷，11 期，532～574 页；И. Т. 卡拉什尼科夫：《伊尔库茨克居民手记》，载《俄国历史》，1905，123 卷，7 期，187～251 页；8 期，384～409 页；9 期，609～646 页；其他已发表资料（片断）有：Б. И. 热列布佐夫：《当代人回忆中的西伯利亚往事》，伊尔库茨克，1939；《光荣的海》，伊尔库茨克，1957。1813 年比丘林致无名氏的信件片断中讲述了由北京给 Н. И. 特列斯金寄北京地图、一箱砚台和东南亚民族服装的事情，存俄国科学院东方研究所圣彼得堡分所档案馆，第 7 号，案卷 38，109 页背面（П. Е. 斯卡奇科夫：《俄国中国学史纲》，415 页）。

№ 441

1806年10月10日。Ю.А. 戈洛夫金使臣为转递枢密院致理藩院文书及大清国商人虽已抵恰克图俄清秋季贸易仍推迟开市等事致外务大臣 А.Я. 布德伯格的紧急报告

//598//将军阁下：

根据来自边境的消息和其他传闻我了解到，中国政府的信使已经送来北京理藩院就教士团问题致我枢密院文书[①]的复函[②]。我枢密院文书是我在8月份发去的。由于总督阁下未将回答的抄件给我，因此我无法向阁下汇报其内容。

据警察局通报，//598背面//宫廷低级侍从边肯道夫阁下和我的两位秘书曾被指定参加省长阁下接见中国信使的活动，但他们并未出席。这两个情况均有违常规。但我宁可不表示任何看法，因为我相信，阁下会正确评价迫使我报以沉默的这些做法和动机。

我早就从边境送来的报告获悉，中国商人已到达恰克图，但秋季交易并未如往年一样//599//于9月底举行。伊兹玛伊洛夫先生搞到了一份下发给买卖城扎拉固齐的密令[③]，现谨将其抄件随本报告送呈阁下。毫无疑问，秋季贸易延迟的原因应从此去找。但这份命令是否会是恰克图春季行动的

---

① 参见435号文件。

② 参见392号文件。

③ 参见433号文件。

结果呢？我在本年 6 月 19 日的紧急报告①中，曾向恰尔托雷斯基公爵通报了这次行动对我国商贸可能产生的不良后果，而当前出现的事态正好证实了我的猜测。

谨荣幸地//599 背面//向将军阁下致以深深的敬意！

您谦卑忠实的仆人

Ю. 戈洛夫金伯爵

1806 年 10 月 30 日于伊尔库茨克

598 页正文上方右侧用俄文注有：1806 年 10 月 23 日收到。

同处正文上方左侧：№ 26。

同处正文下方：送呈布德伯格将军阁下

俄罗斯帝国对外政策档案馆圣彼得堡分馆，总档 1—7，目录 6，1805 年，案卷 1a，卷夹 27，598～599 页背面。原件为法文。Н. Б. 祖布科夫译自法文。

① 参见 385 号文件。

№ 442

1806 年 10 月 30 日。Ю. А. 戈洛夫金使臣为使团已从伊尔库茨克启程前往圣彼得堡一事致外务大臣 А. Я. 布德伯格的紧急报告

//601//将军阁下：

在动身前夕，我派信使米哈伊洛夫送呈此信向阁下报告，我已完成使团人员返回圣彼得堡的一切必要准备，即将启程，并将与使团各部门人员同行。

谨荣幸地向阁下致以深深的敬意！

您谦卑忠实的仆人

Ю. 戈洛夫金伯爵

1806 年 10 月 30 日于伊尔库茨克

601 页正文上方右侧用俄文注有：1806 年 10 月 23 日收到。同处左侧：№ 27。

俄罗斯帝国对外政策档案馆圣彼得堡分馆，总档 1—7，目录 6，1805 年，案卷 1a，卷夹 27，601 页。原件为法文。Н. Б. 祖布科夫译自法文。

№ 443

1806年10月31日。伊尔库茨克民事省长H. И. 特列斯金就收到并转递理藩院因拒绝接受换届的俄国教士团一事致枢密院的文书致库伦办事大臣蕴端多尔济、福海函

//454//十月十四日[1][收到]

俄罗斯皇帝驾前伊尔库茨克民事省长、四等文官特列斯金致大清国至圣大皇帝驾前驻库伦办事大臣郡王、昂邦函

尊贵的郡王、昂邦：您特派的台吉达西敦多布等于俄历10月18日，大清历[嘉庆]十一年九月十八日到达伊尔库茨克城，呈递了给我的信函[2]以及贵国理藩院致我枢密院的文书[3]，我已下令即刻将来书送呈枢密院。//455//特写此信奉告尊贵的郡王和昂邦并交由贵方派来的专差人员带回。为此签字并加盖印章。

1806年10月31日由伊尔库茨克城送出

蒙古国立中央历史档案馆，藏档M-1，案卷651，454～455页。库伦办事大臣衙门满文抄文簿抄件。И. Т. 莫罗兹译自满文。

---

① 11月11日。

② 参见437号文件。

③ 参见435号文件。

库伦办事大臣衙门蒙文抄文簿抄件存同处，456～457页。

俄文副本存中国第一历史档案馆，中俄关系史俄文文献藏档，案卷12，63～64页。

№ 444

1806 年 10 月 31 日。西伯利亚总督 И. Б. 佩斯特尔就向清政府转交礼品的问题致外务大臣 А. Я. 布德伯格的公函

//61// 尊敬的安德烈·雅科夫列维奇阁下：

根据阁下本年 8 月 21 日下发的密函①指示，我谨向阁下报告，我已从尤里·亚历山德罗维奇·戈洛夫金伯爵处接管了随使团赠送中国的礼品，并呈上根据戈洛夫金伯爵口头说明，以及所附登记表拟就的关于礼品数量及质量的清单。

按照阁下前述密函的内容，我以为需要有一个方案：赠给中国何人，哪些礼品应赠给哪些人？为了在可以将礼品转交北京朝廷的适当时机能够有章可循，我曾请求尤里·亚历山德罗维奇伯爵向我提供以上问题的有关信息。现将戈洛夫金给我的信函抄本[1]附上，//61 背面// 请阁下过目，他对此所做的回答，便可一目了然。如今在这个问题上我处于进退维谷的境地，因此恳请阁下不吝赐教：在转交这批礼品时，我应当怎样做才算得体，根据我对当地情况的考虑，只有谨慎行事才会带来益处。

荣幸地向阁下致以诚挚的敬意。

您忠实恭顺的仆人

伊万·佩斯特尔

1806 年 10 月 31 日于伊尔库茨克

---

① 参见 421 号文件。

61 页正文上方：12 月 7 日收到。

61 页正文下方：№ 596。

俄罗斯帝国对外政策档案馆圣彼得堡分馆，总档 1—7，目录 6，1807 年，案卷 1a，卷夹 30，61～61 页背面。原件。

注释：

［1］ 戈洛夫金于 1806 年 10 月 20 日开列的存物清单存于俄罗斯帝国对外政策档案馆圣彼得堡分馆，总档 1—7，目录 6，1805 年，案卷 1a，卷夹 30，64～83 页背面。И. Б. 佩斯特尔于 1806 年 10 月 23 日给 Ю. А. 戈洛夫金的关于接收存物（礼品）、请求告知“具体给中国什么人送什么礼，送多少礼”的公文存于同处，60～60 页背面。

Ю. А. 戈洛夫金于当天回答说：“具体给中国什么人送什么礼，送多少礼的事我没法告诉您，因为没有任何人告诉过我。这些礼品交给我的时候，只是笼统地告诉我，是带到中国去的礼品。”（同处，84 页）

瓦金告知，东西已移交当地官府的考察队（伊尔库茨克城）。其中“有一套很有意思的法文书籍，后来在西伯利亚新总督 М. М. 斯佩兰斯基（1818—1821）的任上部分转入了新一届俄国教士团，部分转入了伊尔库茨克贵族中学。使臣把某些礼品留给恰克图海关处理，后来它们就流到了伊尔库茨克的市面上。”（В. И. 瓦金：《1805 出使中国的戈洛夫金使团》，184 页）某些东西在路上损坏了。例如使团二秘兰伯特就向 Ю. А. 戈洛夫金报告过保存在恰克图的礼品镜子状况极糟（参见 376 号文件注释 1，383 号文件注释 1）。

伊尔库茨克民事省长特列斯金在谈到准备于 1810 年同库伦办事大臣举行会谈的情况时（见 10 号文件注释 2），也提到了这批礼品：“我选择了一个最得体、最方便的地方来作为驻地，那就是特罗伊茨科萨夫斯克要塞。我占据的那座古旧的木头公房还完好，内部装修得非常舒适。处处显得很质朴，又有品位，比华丽要强多了。在我由伊尔库茨克动身之前，一间接待大厅就已经准备停当，足以向中国人显示一个俄国边境总督的重要性。皇帝陛下的肖像挂上了，家具和着意由当年使团留下的某些物件金碧辉煌。”（《友好会见日志》，2 页）关于礼品的下落尚可参见 493 号文件，注释 1、3、4。

№ 445

1806 年 11 月 2 日。西伯利亚总督 И. Б. 佩斯特尔就接见前来伊尔库茨克送交理藩院致枢密院文书的清朝信使一事致商务大臣 Н. П. 鲁米扬采夫函

//77//尊敬的尼古拉·彼得罗维奇伯爵阁下：

借首次派出信使的机会重温阁下给我留下的美好记忆，实感荣幸。同时我要向阁下报告，此间有中国信使到来，送来理藩院就教士团问题致枢密院的文书①。现我已将此书交由同一信使呈送外务大臣阁下。我有一切理由期望，我国同北京朝廷的和谐关系将日益恢复，为达到此目的我将采取一切恰当的措施。

虽然我从清早到深夜公务缠身，但只要有一点时间，都不会放过收集有用的信息，因为它们将逐步引领我去同中国人打交道。但我也为自己立下规矩，没有必要绝不用冗长的信函去打扰阁下。目前我以为，自己所提出的一些意见还不足以受到您的关注。

来伊尔库茨克送交致枢密院文书的中国信使，完全//77背面//准确地按照有关规定受到省长接待。接待方式随时间转移已有了变化。信使中有一位已经是第 5 次来此。他们都怀着非常满意和恭敬的心情参加接见，每当省长同他们谈话时认真聆听，而且省长问话都起身站着回答。我觉得这是非常好的现象，因为不久前，前任民事省长会见后把他们送出

---

① 参见第 435 号文件。

会见厅，吩咐到前厅用茶点款待，他们就还以颜色，从兜里掏出烟斗，打燃火绒，抽起烟来。看来，这表明，中国人总是挑选那些精细的，善于观察的人来充当信使的。我将竭尽全力让这些精明的人除了有利和愉快的事情之外，不会再看到别的东西。

现在唯有等待戈洛夫金伯爵早日离开此地，以便能全力开展阁下委派给我对恰克图海关投诉的调查工作，此事容待后报。

衷心恳求阁下保持我//78//在圣彼得堡时您所给予的厚爱和信任，它们对我来说是太珍贵了，也是我对阁下满怀崇敬和忠诚的最好的理由！

您最恭顺的仆人

伊万·佩斯特尔

1806 年 11 月 2 日于伊尔库茨克

77 页正文上方：1806 年 11 月 29 日［收到］。

同处：№ 9594。

俄罗斯国立中央古代文献档案馆，国家档案全宗第 15 号，案卷 30 补充，77～78 页。原件。

№ 446

1806 年 11 月 19 日。库伦办事大臣蕴端多尔济、福海就信使从伊尔库茨克回国及其从俄国带回的情况呈嘉庆皇帝的奏折

//462//十月二十二日①

奴才蕴端多尔济、福海谨奏

先前奉旨由此间派协理台吉达西敦多布等人将理藩院致俄国枢密院复书送交［伊尔库茨克］一事已具折奏闻。

现今，本月十四日②，达西敦多布等人已经返回，并带来伊尔库茨克民事省长特列斯金给奴才等的信③。信中称，他们已经收到理藩院致枢密院文书，并将立即转呈枢密院。

奴才等详细询问了俄国人情况，//463//达西敦多布等陈述如下：

“收到文书后，省长按惯例留我们休息三天，余事绝口不提，送行时按例赏我们薄呢料、火狐狸皮等物。前任省长科尔尼洛夫已升任其他职务。现任省长特列斯金非常健谈，详细询问了我们郡王和昂邦的健康状况，表达了与我大清和平融洽相处的愿望。沿途我们注意到，俄国人看起来要比以

---

① 11 月 19 日。

② 11 月 11 日。

③ 参见 443 号文件。

前贫穷。戈洛夫金使臣去年带来的所有贡品，仍然存放在伊尔库茨克。同时我们还感觉到，同戈洛夫金受到尊敬的时期相比，俄国人看起来更加疲惫。不过我们是奉旨办差，没有敢多打听。”

奴才等首先阅读了特列斯金∥464∥通过恰克图衙门和章京瑞春转给我们的信。接替科尔尼洛夫成为现任伊尔库茨克民事省长的特列斯金，在来信中除几句示好的言语外，别无任何重要的话。

现将此期间特列斯金所有来信共六张缄于一函，恭呈圣览。

再者，日后奴才等亦将按先前友好惯例致函特列斯金省长，以示问候，并亦通过恰克图衙门及章京瑞春转交。为此谨具折奏闻。

464页文末：据所呈奏折抄录。十一月九日①收到的［由北京退回的］奏折上有皇帝朱批：知道了。钦此。

蒙古国立中央历史档案馆，藏档M-1，案卷651，462～464页。库伦办事大臣衙门满文抄文簿抄件。И.Т.莫罗兹译自满文。

---

① 12月6日。

№ 447

1806 年 11 月 19 日。库伦办事大臣蕴端多尔济、福海就俄清边境状况呈嘉庆皇帝的奏折

//458// 十月二十二日[①]

奴才蕴端多尔济、福海谨奏

先前，奴才等已奏明委派台吉英克图鲁、伊丹扎布等巡查俄清边界喀尔喀四部卡伦一事[②]。现英克图鲁、伊丹扎布等几同时返回，并提交报告。据称：

“对恰克图两翼喀尔喀四部各卡伦进行分工后，我等认真巡视。经检查认定，所有卡伦的装备、马匹、牲畜均情况良好。各卡伦官兵执行任务时表现认真、谨慎。整个边境地带俄人无寻衅之举，对我方态度非常恭敬友好。为了完成郡王、昂邦的差遣，我等给卡伦的所有军官和官员下达了严令：//459// 在执行公务时，要以俄人不知不觉的方式高度关注和警惕，但要注意保持先前同俄罗斯人的友好关系。”

然而俄国卡马尼布尔库卡伦有九匹马被盗，经我恰克图以西赛音诺颜部鄂尔多戈卡伦逃逸。该卡伦由英克图鲁巡查，发现有踪迹通向我国卡伦，但目前盗贼还没有抓到。为此，臣等立即指派衙门笔帖式恒升、协理台吉色尔古楞林哈

---

① 11 月 18 日。

② 参见 438 号文件。

等严加缉捕，务求拿获盗贼。根据条约规定，上述卡伦官弁要在一定期限内赔付俄罗斯卡伦九匹被盗马匹价值的五倍①以抵补损失[1]。这件事已着恰克图衙门和章京瑞春告知俄方少校。//460//俟抓获盗贼，详细调查案情，严惩罪犯，对主管该卡伦疏忽职守的章京和扎萨克严加申斥后，奴才等再另折上奏，请求圣上指示。

461 页末尾：据奏折抄录。在十一月九日②［由北京退回的］奏折上有皇帝朱批：已颁旨。

蒙古国立中央历史档案馆，藏档 M-1，案卷 651，462～464 页。库伦办事大臣衙门满文抄文簿抄件。И.Т. 莫罗兹译自满文。

注释：

［1］《恰克图条约》第 10 条规定了发生盗窃事件的赔偿办法，其中说：

“若有人员越境偷盗牲畜，首次偷盗可交由己方长官处置，罚金 10 倍；再犯罚金 20 倍，三犯则处以死刑。”（《1689—1916 年的俄中关系：官方文件》，21 页）《恰克图条约关于俄中边界制度的补充条款》（1768 年 10 月 18 日）中说：“赃物（马匹、牲畜、物件）应归还失主；初犯偷盗者按 5 倍赔付，再犯按 10 倍，第三次犯事者按强盗处理。”（同处，23 页）

---

① 正文行间有皇帝朱批：完全公正。

② 即 12 月 6 日。

№ 448

1806年，不早于11月28日[1]。军机处为传达嘉庆皇帝关于俄国使团再次前来可取消库伦赐宴行叩头礼的上谕给库伦办事大臣蕴端多尔济、福海的命令

//471//十一月九日[2]收到

军机处令行库伦办事大臣、喀尔喀郡王等

嘉庆十一年十一月初一日奉上谕：

据蕴端多尔济等奏称[3]：

据先前所订条约，我方应在规定期限内按五倍赔偿俄国卡伦九匹马被盗损失，并由该卡伦章京及兵丁负责。为此已饬令彼等赔偿俄人承受之损失，等等。

蕴端多尔济等所行甚是。得知俄人马匹被盗后，彼等即按先前所订条约，着令按五倍赔偿俄人损失，并命该卡伦章京兵丁承担全部责任。//472//据此就下列内容晓谕蕴端多尔济等：着即委派干练官员台吉，务要从速抓获盗贼，严加讯问，据实奏闻。

另，有折奏称：戈洛夫金使团去年携来所有贡品现仍存

---

① 据皇帝颁布谕旨的时间（嘉庆十一年十一月初一日）确定。

② 12月6日。

③ 见447号文件。

伊尔库茨克①。

然俄人是否再次请求派遣使团来朝，此事实难预料。故应传书晓谕蕴端多尔济等下列事项：

如俄人恭求再次派使团来朝，着蕴端多尔济等上奏，并允其所请，将所遣使团送来朝廷。同时应对［由俄国前来的］使臣等就下列问题详加说明：

此前在库伦为贵方使臣等赐宴，实乃我至圣大皇帝特别加恩；//473//当席叩头向皇上谢恩，乃我天朝大国礼仪。贵国使臣戈洛夫金等对礼仪全不知晓，拒不为赐宴叩头谢恩，是以不准彼等入京，将其遣返。但此次将不在库伦设宴，因而亦不再要求贵方使臣行叩头礼。

如此解释后，可遵奉先前所下谕旨，由可靠人员将俄使护卫入京。朕料定彼等入京朝见时绝不敢不行叩头礼也。//474//如在此期间俄人不派人前来，亦未再次提出请求，则蕴端多尔济等断不可敦促，亦无须做任何解释。

谨遵上谕，特发此令。

蒙古国立中央历史档案馆，藏档 M-1，案卷 651，462～464 页。库伦办事大臣衙门满文抄文簿抄件。И. Т. 莫罗兹译自满文。

① 见 446 号文件。

№ 449

1806 年 12 月 3 日。外务院驻恰克图特派员 П. И. 伊兹玛伊洛夫就同买卖城扎拉固齐瑞春会晤以及由瑞春处得知大清国发生饥荒等事呈 Ю. А. 戈洛夫金使臣的报告

//606//外务院驻恰克图特派员、领边境事务八等文官伊兹玛伊洛夫呈二等文官、枢密官、院部大臣、皇帝陛下宫廷及各骑士团总典礼官、御前侍从官、特命全权使臣、赏戴勋章尤里·亚历山德罗维奇·戈洛夫金伯爵的报告

自阁下离开伊尔库茨克之后，边境及恰克图要塞一切平安无事。

由于双方价格保持平稳，交易量相当可观。

上月即 11 月 27 日，卑职曾到扎拉固齐处小坐做客，受到他热情接待。卑职在他家坐了三个小时，闲聊了一番，闲谈时一点也没提及使团事，也没有表示任何对使团的邀请。他邀请卑职经常前去做客，以打发无聊的时间。他自己也很想到卑职这边来，但接到命令，由买卖城出行必须履行手续，故无法经常前来。//606 背面//卑职也同样对他发出了邀请。他随即于昨天带同书记官等随从近 20 人来访，由下午 1 点坐到 5 点，对宴席非常满意，临别时也很高兴，再次叮咛彼此要继续保持兄弟般的情谊。谈话一直是天南海北，其中有一条，就是提到山西省的惨情和饥荒，许多人因此而

死亡。

据买卖城其他人的消息，山西省今年死于饥荒的人超过7000人，中国朝廷正在努力为该省调集粮食和其他食品。

八等文官 彼得·伊兹玛伊洛夫

1806年12月3日

于恰克图哨所

606页正文上方：1月20日收到

同处：№ 510。

同处正文下方：№ 405①

俄罗斯帝国对外政策档案馆圣彼得堡分馆，总档1—7，目录6，1805年，案卷1a，卷夹27，606～606页背面。原件。

① 着重线为文中原有。

№ 450

1806 年 12 月 8 日。库伦办事大臣蕴端多尔济、福海为确认已收到若俄罗斯再次派使团到库伦将取消赐宴和行叩头礼的上谕并就中俄边境状况呈嘉庆皇帝的奏折

//482//十一月十一日[①]

奴才蕴端多尔济、福海为再次确认接奉圣谕事恭奏

嘉庆十一年十一月初一日奉上谕[②]：

蕴端多尔济等所行甚是。得知俄人马匹被盗后，彼等即按先前所订条约，着令按五倍赔偿俄人损失，并命该卡伦章京兵丁承担全部责任。据此就下列内容晓谕蕴端多尔济等：着即委派干练官员台吉，务要//483//从速抓获盗贼，严加讯问，据实奏闻。另，有折奏称：戈洛夫金使团去年携来所有贡品现仍存伊尔库茨克[③]。然俄人是否再次请求派遣使团来朝，此事实难预料。故应传书晓谕蕴端多尔济等下列事项：

如俄人恭求再次派使团来朝，着蕴端多尔济等上奏，并允其请将所派使团送来朝廷。同时应对［由俄国前来的］使

---

① 12 月 8 日。

② 参见 448 号文件。

③ 参见 446 号文件。

臣等就下列问题详加说明：

此前在库伦为贵方使臣等赐宴，乃我//484//至圣大皇帝特别加恩；当席叩头向皇上谢恩，乃我天朝大国礼仪。贵国使臣戈洛夫金等对礼仪全不知晓，拒不为赐宴叩头谢恩，是以不准彼等入京，将其遣返。但此次将不在库伦设宴，因而亦不再要求贵方使臣行叩头礼。

如此解释后，可遵奉先前所下谕旨，由可靠人员将俄使护卫进京。朕料定彼等入京//485//朝见时绝不敢不行叩头礼也。如在此期间俄人不派人前来，也未再次提出请求，则蕴端多尔济等绝不可敦促，亦无须做任何解释。

奴才等拜读圣谕。我至圣皇帝洞察外邦俄罗斯人褊狭本性，睿智无边，远见卓识，算无遗策，以天恩加惠于彼，并谕示奴才等：倘俄人再次向我方恭请，着向彼等说明，前来之戈洛夫金使臣行事愚蠢，犯下罪行，并告知在库伦不再赐宴，//486//即可将使团人员送往京城。奴才等得到如此坚定的支持，衷心感激圣恩隆厚，敬铭宽仁的教诲。若最终俄罗斯再派信使前来，请求允许彼等入朝，奴才等当遵旨奏报，恭请谕示。此事奴才等暂不向恰克图及其他任何地方通报。//487//据信，俄国枢密院定将送来回书。目前恰克图及其他卡伦俄人非常友善，绝无滋事之举。

又，关于捉拿前不久偷盗俄国布尔库[①]哨所马匹盗贼问题，情况如下：接奉上谕后，奴才等立即委派衙门笔帖式丁泰，一等台吉萌古、协理台吉色尔古楞林哈等前往北部钦登多尔吉王的八旗营地，以收集有关盗贼的消息。俟丁泰等返回后，奴才等再另折奏闻。

---

① 文中如此。

谨此//488//奏达天听。

488页正文下方：据所呈奏折抄录。在同月二十七日[1]收到从北京发还的奏折上有皇帝朱批：知道了。钦此。

蒙古国立中央历史档案馆，藏档 M-1，案卷 651，482～488页。

库伦办事大臣衙门满文抄文簿抄件，И. Т. 莫罗兹译自满文。

① 12月24日。

№ 451

1806 年 12 月 8 日。库伦办事大臣蕴端多尔济、福海祝贺伊尔库茨克民事省长 Н. И. 特列斯金到任的贺信

//467//十一月十一日①

大清国库伦办事大臣郡王、昂邦致俄罗斯伊尔库茨克民事省长特列斯金函

很高兴读到前不久贵处给我郡王、昂邦的来信②。信中通知说，前任伊尔库茨克民事省长科尔尼洛夫调往另地任职，民事省长的职位由您特列斯金接任。省长阁下熟悉礼仪规矩，乐意遵守规定。因此，今后所有信件将奉寄给您省长阁下，并向您道喜。

此外，//468//我郡王、昂邦由我方所属扎萨克及卡伦官员处收到报告称，贵国卡马尼布尔库卡伦有九匹马被盗，踪迹延伸到我鄂尔多戈卡伦。因此，根据已签订的条约，应在规定期限内付给俄罗斯五倍于其损失的赔偿。现送去相应数量的马匹，已交付俄罗斯卡马尼布尔库卡伦长官。缉捕盗贼事以及对案件的严密调查，已委派我方卡伦扎萨克及官员处理，详情已告知贵方恰克图的少校③。

---

① 12 月 8 日。

② 见 440 号文件。

③ 见 447 号文件。

嗣后，俟抓获盗贼后，我郡王、昂邦等将循例向省长阁下通报详情。

蒙古国立中央历史档案馆，藏档M-1，案卷651，467～468页。

库伦办事大臣衙门满文抄文簿抄件，И.Т. 莫罗兹译自满文。

库伦办事大臣衙门蒙文抄文簿抄件存同处，469～470页。

№ 452

1806 年 12 月 8 日。库伦办事大臣蕴端多尔济、福海为致信祝贺 Н. И. 特列斯金就任伊尔库茨克民事省长一事呈嘉庆皇帝的奏折

//475// 十一月十一日[①]

奴才蕴端多尔济、福海谨奏

先前奴才等有折[②]上奏称，收到特列斯金[③]来函告知他已奉命继任伊尔库茨克民事省长，并奏称奴才等拟复以友好短信[④]。

目前奴才等已将俄罗斯卡马尼布尔库卡伦九匹马盗窃案了结，并命按以往所订条约给予俄罗斯以五倍于其损失的赔偿。我等虽忙于缉拿盗贼以及其他要务，但亦应去信就此对省长作出说明，并友好地祝贺他就任。//476// 鉴于以上所述，奴才等给省长写了一封短信，通过恰克图衙门和章京瑞春送达。此信副本按例应上呈御览，故现将该信副本及省长来信一并奉上。

---

① 12 月 8 日。

② 见 446 号文件。

③ 见 440 号文件。

④ 见 451 号文件。

476页正文末尾：据所呈奏折抄录。在同月二十七日[1]收到的从北京发回的奏折上有皇帝朱批：知道了。钦此。

蒙古国立中央历史档案馆，藏档M-1，案卷651，475～476页。库伦办事大臣衙门满文抄文簿抄件。И.Т.莫罗兹译自满文。

---

① 12月24日。

№ 453

1806 年 12 月①。外务大臣 A.Я. 布德伯格就在教士团换届问题上同清朝方面交涉的进程及清政府对此事无理的负面立场呈亚历山大一世皇帝的奏章

//404//本报告应对所附西伯利亚总督佩斯特尔②递交的紧急报告及北京理藩院③发来的文书做若干说明。

在中俄两帝国 1728 年于布拉河附近签署的条约第 5 款中，中国政府同意接受俄国神职人员 4 人、学员 6 人到北京，并为他们提供食宿，但附带有一不明确的条件：在其学业结束后，在需要出境时，应准予回国④。//404 背面//并未提及可否再派新人来接替他们的位置[1]。但如果缺少了这个条件，第 5 款的内容将变得完全没有意义。看来，对此双方都是不言自明，并且在 78 年的过程中不断重复已形成的惯例。

我国第一个教士团是在 1729 年派往北京的[2]。第二个教士团派出的时间为 1737 年，当时只轮换了神职人员，学生则未予轮换。第三个教士团为 1743 年，第四个为 1754 年，第五个为 1768 年，第六个为 1780 年，//405//第七个

---

① 日期在文中未标出。

② 参见 444、445 号文件。

③ 参见 435 号文件。

④ 文中此处及以下均以虚线标有着重号。

也就是最后一个为1793年。根据这些事例，考虑到教士团长期驻留北京的事实，理应允许同样的一个新教士团随外交使团一道派往该地。为此事亦曾于1805年3月25日下旨[①]命谢利丰托夫总督知会中方边境长官，另由戈洛夫金使臣按常规将有关教士团轮换的文书[②]带给中国理藩院。//405背面//西伯利亚总督谢利丰托夫于1805年6月27日报告中附来北京理藩院回书[③]，内答称他们认为随使团派遣教士团有违前例，对此不能同意，并且提到以往神职人员和学员的派遣均为自费。我外务院1805年8月2日//406//复函[④]解释说，原打算利用向北京派遣使团的机会，觉得这样派遣教士团比较方便。如今既已了解到他们不同意这样的安排，已下令由特命使臣戈洛夫金伯爵就所有有关问题同中国边境长官磋商。戈洛夫金使臣带去的文书已命其缴还外务院。

同年11月//406背面//14日西伯利亚总督谢利丰托夫报告中附来北京理藩院文书[⑤]，随函退回了外务院给中国的上述文书原件，其理由有二：一、表达不清；二、格式不对。

现根据西伯利亚总督的翻译官帕雷舍夫的意见，格式不对是因为在满文译本中俄国皇帝的尊号//407//写得比中国博格德汗的名字高。

于是又重新写了一份内容相同[⑥]的新文书，并附带说明，如果文书中应有的格式未能得到遵守，错误完全在于翻译

① 参见77号文件。

② 参见112号文件。

③ 参见104号文件。

④ 参见144号文件。

⑤ 参见197号文件。

⑥ 参见318号文件。

官。将该文书送给使臣戈洛夫金伯爵时，也没有附译文，而是委托他指示翻译符拉德金要按旧例书写。

该文书已于1806年3月2日书就，并于3月9日发出。

现任西伯利亚总//407背面//督佩斯特尔随1806年11月2日[3]的报告送来北京理藩院的回书①。其中指出，中国人发现的不清楚之处以及要求给予他们解释的具体内容如下：

1. 没有提及更换教士团的原因。

2. 没有向博格德汗请求允许教士团换届。

3. 没有说明该团将在边境何处等候批准。

4. 没有说明//408//是自费过来还是其他方式。

因此，理藩院声称，俄国最近这份来书没有向博格德汗呈奏，并要求发一份新文书来，对上述各点做详细说明。

译自拉丁文和满文的来书表明，俄罗斯文书已被退回，但在附件中并未发现。佩斯特尔的紧急公文中亦未做任何说明，//408背面//故无法对中国政府固执的原因做出明确解释。因为北京理藩院的各项要求自相矛盾，没有任何根据，除了一条，就是满文译本格式不合，不过翻译官符拉德金在其呈交的说明中举出了许多以往的例子来为自己辩解②。

1805年6月18日③和8月2日④//409//的两份俄国文书都说：根据1728年两帝国间签订的条约第5条，派遣新一届教士团［……］。由此可见，教士团换届的原因已经表述清楚。

---

① 参见435号文件。

② 见414号文件。

③ 见112号文件。

④ 见144号文件。

在随谢利丰托夫 1805 年 11 月 19 日报告送来的北京理藩院复书①中提到：我们注意到贵方并未如我理藩院文书中所要求的那样停止派遣教士//409 背面//和学员随使团前来，而是让他们在伊尔库茨克逗留。也就是说，中国政府知道教士团是在伊尔库茨克等候批准。至于最后两条：第一条，没有奏请博格德汗允许教士团换届；第二条，没有说明是自费还是以其他方式前来，对此可以//410//做出如下说明：

就第一条而言，在这种情况下没有必要请求博格德汗的批准，因为派驻教士团根据的是《恰克图条约》。

就第二条而言，特别要知会理藩院，在 1805 年 6 月 27 日谢利丰托夫的来函中，我们还附带收到了该院第一份来书②，从中不难看出，他们拒绝与使团同时接待教士团的原因，//410 背面//部分是由于要节省该团到北京的旅费开支。而在知道按惯例教士团旅行都是自费的情况后，中国方面又希望减少使团随行人员。而且我们对这一情况了解得十分清楚，因为教士团到北京的路费正是由此间支付的。不过 1793 年和 1780 年教士团换届时交换过文书，//411//根据这两通文书中的旧例（现将此两份文书的抄件附后[4]），再提此事显得有些多余。尽管此事很难引起怀疑和歧义，中国政府方面制造麻烦的真实原因很难断定，但分析我使团//411 背面//进入中国境内后的种种不愉快遭遇，我敢断定这些不快在一定程度上已经造成了双方关系的冷淡，使中国人产生了特有的不信任，加深了俄方对关系破裂的担心。

因此，我认为通过我方坦诚的行动，以体面的方式消除中国人对我们的这种不信任是必要的。//412//尽可能满足

---

① 见 197 号文件。

② 见 104 号文件。

北京理藩院在其所提问题中表露出的好奇心，最终也许才能让我们更准确地了解北京朝廷的意图。

此处所附给北京理藩院回书的草案已呈交皇帝陛下钦定①。

1806年12月［……］② 日

404页左侧页边：在报告中为1807年1月24日。

俄罗斯帝国对外政策档案馆圣彼得堡分馆，总档4—4，目录123，1805—1809年，案卷1，404～412页。原件。

注释：

［1］在1727年10月21日签订的《恰克图条约》第5款，即涉及接受北京俄国教士团的规定的条款中，此处的引文还有另一个文本："当学业完成后，可听凭自愿回国。"（《1689—1916年的俄中关系：官方文件》，莫斯科，1958，20页）

［2］第一届俄国教士团（领班修士大司祭伊拉里翁·列扎伊斯基）在北京的时间是1715年至1728年；第二届（领班为修士大司祭安托尼·普拉特科夫斯基）于《恰克图条约》签订后到达北京，从1729年驻留到1735年。

［3］И. Б. 佩斯特尔于1806年11月2日给外务大臣A. Я. 布德伯格的报告存俄罗斯帝国对外政策档案馆圣彼得堡分馆，总档1—7，目录6，1805年，案卷1a，卷夹27，602～603页。

［4］1780年8月21日枢密院致理藩院文书抄件存俄罗斯帝国对外政策档案馆圣彼得堡分馆，总档4—4，目录123，1805—1809年，案卷1，404～412页。1793年8月16日枢密院致理藩院文书存同处，426～427页。

---

① 见462号文件。

② 文中没有标日期。

№ 454

1807 年 1 月 14 日[①]。理藩院为要求报告有关 Ю. А. 戈洛夫金使团的各项命令执行情况咨行库伦办事大臣蕴端多尔济文

//371//原件为满文抄本。由扎拉固齐的书记官译为蒙古文，又由蒙古文译为俄文，由百人长纳济莫夫记录

理藩院牙克[②]衙门咨行库伦办事大臣、喀尔喀郡王、将军等文

据你等腊月初三日奏称，因俄罗斯使臣不同意你等所提关于彼等到北京后以何种形式和礼仪觐见博格德额真汗的建议，已将其连同所有随行官员、行李辎重遣送回国。同时保证他沿途供给无缺，不受委屈。此外，从你等奏折中可以看出，该员在库伦期间对你等所提建议颇为无礼，但你等对彼等究竟讲了些什么，是否有时也有衙门指示以外的过分之举，所呈奏折说得并不清楚，着具折奏闻。

腊月十八日[③]

① 嘉庆十一年十二月十八日。

② 原文如此，不知如何译法，显然指理藩院。——中译者

③ 嘉庆十一年十二月十八日。

正文下方注明：八等文官彼得·伊兹玛伊洛夫根据译文核对。

俄罗斯帝国对外政策档案馆圣彼得堡分馆，总档1—7，目录6，1805年，案卷1，卷夹27，371页。经与译自蒙文的副本核对的抄件。

另一由Ю. А. 戈洛夫金核对的抄件存同处，419页。

№ 455

1807 年 1 月 14 日。外务院驻恰克图特派员 П. И. 伊兹玛伊洛夫就清政府指示库伦办事大臣蕴端多尔济、福海因中俄关系各种问题尚未解决不得离开库伦一事致外务院的报告

秘密

//100//外务院驻恰克图特派员、领边境事务八等文官伊兹玛伊洛夫呈外务院的报告

据卑职从中国买卖城获得的消息，驻库伦郡王按例于中国年的来年年初应携弓箭、马刀随皇帝轮值侍驾三个月，此事他事先已多次奏请允准。但有回旨称，由于使团一事及与俄国往来函件问题尚未解决，且均与该员有关，目前又正在等待俄国派遣新教士团以替换驻京教士团，故该郡王暂不能离开库伦。

至于目前仍在库伦的昂邦，他在北京某衙门任主事的儿子写信对他说，正在任命接替他的官员，但具体何人，何时到任，尚不清楚[1]。

为恪尽职守，特向外务院呈报。

八等文官彼得·伊兹玛伊洛夫

1807 年 1 月 14 日

于恰克图哨所

正文上方：1807 年 3 月 2 日收到。

正文下方：№ 1。

俄罗斯帝国对外政策档案馆圣彼得堡分馆，总档 1—9，目录 8，1806—1818 年，案卷 2，100 页。原件。

注释：

［1］据查，1810 年蕴端多尔济还在任上（见 10 号文件注释 2）。

№ 456

1807年1月20日。Ю.А. 戈洛夫金为请求把奖励使团成员的推荐报告呈递给亚历山大一世皇帝审查一事致外务大臣 А.Я. 布德伯格的信

//12//将军阁下：

恳请阁下向皇帝陛下呈递我所上交的这份报告[①]。本建议完全是出自于为皇上报效的拳拳之心，能提交它我深感荣幸。如果能允许我根据他们的行为和崇高品质来开列一份推荐官员名单，这一推荐会更为有分量。而我在完成这一任务之余，将视其为对我幸福的补偿。

由于学者们至今没有提交自己的著作，有的仍在忙于完成托付给他们的考察工作，故将以那部分人员为对象专门列出名单。

将军阁下，荣幸地向您致以深切的敬意，

您卑微和恭顺的仆人

Ю. 戈洛夫金伯爵

于圣彼得堡

1807年1月20日

12页正文上方右侧用俄语注有：1807年1月21日收到，附8项附录。

---

① 参见457号文件。

俄罗斯帝国对外政策档案馆圣彼得堡分馆，总档 1—7，目录 6，1805 年，案卷 1，卷夹 37，12 页。原件为法文，手稿。**Н. Б.** 祖布科夫译自法文。

№ 457

1807年1月20日。Ю.А. 戈洛夫金为报告使团成员恪尽职守完成任务呈亚历山大一世皇帝的奏章

//13//皇帝陛下：

在荣幸地向皇帝陛下呈交了我的著作成果之后，首要任务便是向您推荐一批官员，他们在为国效劳的工作中所表现出的学识和勤勉，使我在完成赋予我的任务时思路明晰，大获助益。我必须真心实意地承认，如果//13背面//没有这些人员的帮助（他们的名单我荣幸地附在后面[①]），仅凭我个人的力量和方法手段，是永远也不可能完成此门类繁多的工作的。我斗胆向您保证，陛下，使团所有成员都完全应该受到伟大君主的赏赐。他们都希望能够被任用，在工作岗位上做出贡献。然而，我没有可能对他们的愿望做出回答，也不敢奢望陛下对他们的贡献都做出赏赐。我应该仅限于推荐几位负有特殊使命的官员。陛下，除了对那些有功的官员宣布褒奖外，毫无疑问，您也定会公正而慷慨地关怀那些现在赋闲在家、没有俸禄、没有财产的官员。作为他们的上司，我对出现的所有问题责无旁贷。但我却愿分享陛下认为是无负于圣恩的那些人的喜悦和感激。

尊敬的陛下，向您致以最深切的敬意，

您最卑微、最忠实、最恭顺的仆人和臣子

---

① 参见458号文件。

戈洛夫金伯爵

于圣彼得堡，1807 年 1 月 20 日

俄罗斯帝国对外政策档案馆圣彼得堡分馆，总档 1—7，目录 6，1805 年，案卷 1a，卷夹 37，第 13 页正面和背面。原件为法语，手稿。Н. Б. 祖布科夫译自法语。

№ 458

1807年，不晚于1月20日。Ю.А. 戈洛夫金使臣呈亚历山大一世皇帝的从事特殊任务的使团人员名单

//14//我赴大清国使团官员中负责特殊任务人员的名单

宫廷侍从阿列克谢·瓦西利奇科夫[①]先生

学习对工作有用的知识孜孜不倦；为了完成我交付的任务，或者是为了收集值得高度关注的资料或观察成果，自费穿越了西伯利亚许多最不为人知的地区。这些资料和观察成果一俟编撰完成，当立即呈陛下御览。

低级侍从巴伊科夫先生，作为使团的一等秘书，组织和主持了办公厅的工作，直至返回库伦[②]。

兰伯特伯爵先生，二等秘书，一等秘书离职后主持办公厅工作，无论是执行本职工作，或是边境//14背面//秘密使命，或是陛下批准的三次科学考察的组织和条例编写工作，他都是一位勤勉的、甚具领悟力的官员，应给予最高奖励。

七等文官多布罗斯拉夫斯基，三等秘书，从1803年开始担任此职，特别是在主管内部事务和贸易中，尽职尽力，

① 此处及后面的着重线均为文中原有的。

② 原文如此。显然应为返回恰克图。

勤勤恳恳，堪称楷模。

现赋闲在家，没有俸禄。

七等文官奥西波夫，使团财务主任，1805 年开始任职。

职务重要，责任繁重，包括款项的使用，礼品的保管和分配，做到了遵守规章制度，账目清楚。工作中兢兢业业，诚实勤勉，堪称楷模。

现赋闲在家，没有俸禄。

//15// 七等文官符拉德金，外务院汉文和满文翻译，1806 年任职。

精通这两种语言，在同中国官员打交道时谦虚准确，值得特别推荐。

八等文官尤尼，使团侍从官，尽心竭力完成办公厅交付的繁重任务，特别是潜心研究同中国的政治与贸易关系，获得了该领域的许多知识，对未来的工作很可能非常有益。

现赋闲在家，没有俸禄。

八等文官佩罗夫斯基，使团侍从官，在交付给他的办公厅工作和其他任务中，努力工作，表现得机敏勤勉，非常出色。

//15 背面// 列曼医生，弗兰克医生的得意门生，一到俄罗斯就进入使团。他虽然本职工作繁忙，但照顾的事却不分分内分外。官员人数众多，患者和途中事故也多，但他对医院、药局、矿泉水乃至所有慈善机构都进行了专门的检查。由于他的热心，牛痘[①]才送到北冰洋和鄂霍茨克海沿岸。对所有的人都是有求必应，不求回报。

少尉施托茨来自通信兵团，在使团中担任警务稽查和督察，办事雷厉风行，机敏过人，值得特别推荐。在国内和蒙

① 原文如此（按：应为牛痘疫苗）。

古，曾交给他多项棘手的秘密任务，在执行任务的过程中，他都表现出这些品质。

戈洛夫金伯爵

俄罗斯帝国对外政策档案馆圣彼得堡分馆，总档1—7，目录6，1805年，案卷1a，卷夹37，14～15页。法文原件。手稿。Н. Б. 祖布科夫译自法文。

№ 459

1807年，不晚于1月20日。Ю. А. 戈洛夫金为提请奖励使团成员呈亚历山大一世皇帝的奏章

//16//吾皇陛下公正慷慨，对忠诚优秀的臣民赏赉有加。下列臣民成绩卓著，勤勉努力，或者身居要职，故使我不仅有可能，而且深感有义务向陛下呈请他们应得的奖励。

宫廷侍从阿列克谢·瓦西利奇科夫因贡献卓著，工作重要，应授予勋章。

低级侍从边肯道夫、纳雷什金、古里耶夫和涅利多夫，六级文官卡拉乌洛夫应授予其价值能体现陛下慷慨的奖品。

六等文官、使团二秘兰伯特伯爵在接到新的委任前应按使团规定的1000卢布年俸继续发给俸禄。

七等文官多布罗斯拉夫斯基按其在使团的职务发放一年俸禄。

//16背面//七等文官奥西波夫同多布罗斯拉夫斯基一样享受一年年俸。

八等文官尤尼和佩罗夫斯基应各提升一级。

省秘书赫沃斯托夫①和十四等文官克列门特，每人提升一级。

列曼大夫发给相当于使团俸禄一半的退休金。所有参加边远地区艰苦考察的医务人员都应得到同样奖励。

臣无须再一一列举陛下将给予使团官员先生们的其他奖

---

① 原文如此。

赏。我的义务和真诚推动我再次向那些在一年半期间努力不懈付出大量艰辛劳动的人表示我的赞赏。

少尉施托茨和野战部队的枪兵在划拨给使团期间，//17//还失去了他们因服役而晋级的机会。

戈洛夫金伯爵如果能对以上人员有所助力，将感到无限幸福并表示感激。

戈洛夫金伯爵

俄罗斯帝国对外政策档案馆圣彼得堡分馆，总档1—7，目录6，1805年，案卷1a，卷夹37，16～17页。法文原件。手迹。Н. Б. 祖布科夫译自法文。

№ 460

1807 年 1 月 21 日[①]。Ю. А. 戈洛夫金使臣为请求奖励无特别使命的使团官员致外务大臣 А. Я. 布德伯格函

//18//将军阁下：

我有幸向阁下提出过一份有限的推荐名单。您希望得到推荐名单的积极态度鼓舞了我，使我觉得有必要向您再呈交一份虽不承担特殊任务，但因忠于职守，工作尽心竭力，同样应得到表扬的人员名单。

使团骑士这种荣衔，是受皇帝陛下青睐的标志，它同赏赐物品一样，也能使人们充满快乐和感恩之情。//18 背面//名单中所列两位使团侍从，其头衔与其地位表现极不相称，故我斗胆请求对他们给予拔擢。

将军阁下，与我共事的官员如果能幸福如意，将使我本人感到真正的幸福。我斗胆认为，这种动机同他们要求您照顾的动机是一致的。

将军阁下，荣幸地向您表示最深切的敬意，

您最谦卑恭顺的仆人

Ю. 戈洛夫金伯爵

1806 年 1 月 24 日[②]

---

① 根据标出的收到日期确定。

② 原文如此。

18 页正文上方用俄语注明：1807 年 1 月 21 日收到，有附件①。

俄罗斯帝国对外政策档案馆圣彼得堡分馆，总档 1—7，目录 6，1805 年，案卷 1a，卷夹 37，18～18 页背面。法文原件。手迹。**Н. Б.** 祖布科夫译自法文。

① 着重线为文中原来就有的。

№ 461

1807年，不晚于1月21日[①]。Ю. А. 戈洛夫金使臣为呈请奖励无特别使命的使团官员致外务大臣 А. Я. 布德伯格函后所附使团骑士名单

//19//赴大清国使团骑士和使团侍从名单

使团骑士：

官廷侍从戈利岑公爵阁下

低级侍从纳雷什金先生

低级侍从边肯道夫先生

低级侍从古里耶夫先生

六等文官卡拉乌洛夫先生

使团侍从：

省府秘书赫沃斯托夫[②]先生

十四等文官克列门特[③]先生

戈洛夫金伯爵

---

① 日期根据460号文件确定。

② 原文如此。（原件上有拼写错误，应为赫沃斯托夫。——中译者）

③ 原文如此。（此俄国姓名在写法上有错。——中译者）

俄罗斯帝国对外政策档案馆圣彼得堡分馆，总档 1—7，目录 6，1805 年，案卷 1a，卷夹 37，19 页。法文原件。手迹。**Н. Б.** 祖布科夫译自法文。

№ 462

1807 年 2 月 4 日。外务院驻恰克图特派员 П. И. 伊兹玛伊洛夫就清政府愿意接受俄国使团一事向外务院提交的情报

//102//外务院驻恰克图特派员、领边境事务八等文官伊兹玛伊洛夫呈外务院报告

上月 22 日，从中国库伦来了一批呼图克图活佛[①]身边的喇嘛。他们向自己的朋友讲了不少新闻。他们的蒙古郡王先前请求皇帝恩准他去北京，但遭到拒绝，要求他在与俄罗斯枢密院就使团问题交换信函未告一段落之前留在库伦。由于他们的皇帝很乐意致信俄国朝廷，对派遣使团表示赞同，故亦希望能得到同意的回答。而且中国皇帝还希望，俄罗斯皇帝若有意派遣使团，望能亲自告知所委派的人员和抵达国境的时间。届时不必再由枢密院和理藩院信函往还，而是由北京派员来迎接使团，将其不停留地直接送到首都。为此已令张家口地区长官准备官府车队，以备将各种物资从张家口运抵京城，并将辎重车辆的数量增加为 150 辆，每车由 5 匹马牵引，可载重达 70 普特。由于使团即将//102 背面//从库伦启程，上述 150 台车应前往迎接，在戈壁荒原途中一个叫萨伊尔乌苏的地方与之会合。许多蒙古官员好奇地向我打听枢

---

① 此处及以后的着重线都是原文中有的。

密院将会如何答复，答复何时才能到达？我回答说，很难确定答复的时间。即使向皇帝奏报，皇帝作出相应的回答，回信在途中也要走一个多月。从谈话可见，他们的政府很希望有这种结果。他们祈求神灵保佑，希望如果一切顺利的话，能在夏季最后一个月的月末，即我国历法的7月末得以实现。他们向我解释说，如果这个月末能从恰克图出发，无论对人还是牲畜都是通过戈壁艰险的最佳季节。我从他们的反响看出，他们显然是受库伦长官的指示才会在与我会面时作这些表示的。

八等文官 彼得·伊兹玛伊洛夫

1807年2月4日于恰克图哨所

俄罗斯帝国对外政策档案馆圣彼得堡分馆，总档1—9，目录8，1806—1818年，案卷2，102～102页背面。原件。

此件发表于《19世纪和20世纪初的俄国外交政策》，卷3，500页。根据原件发表。

№ 463

1807年2月7日。Ю.А.戈洛夫金使臣为请求就接收使团文件及结余经费问题向外务院有关官员发出指示一事致外务大臣А.Я.布德伯格函

//3//将军阁下：

由于使团工作已近结束，恳请阁下命令外务院接收与使团有关的所有训令、密码、账目、工作记录及其他有关文档，并向奉我的命令移交上述文件的官员下发回执。

我将恭候阁下通知，您将//3背面//命令何人处理此事，并由何人接收使团金库中结余的款项。

将军阁下，谨向您致以崇高的敬意！

您最谦卑恭顺的仆人

Ю.戈洛夫金伯爵

1807年2月7日于圣彼得堡

3页正文上方右侧用俄文注有：1807年2月8日收到。

同处左侧：№ 32。

俄罗斯帝国对外政策档案馆圣彼得堡分馆，总档1—7，目录6，1805年，案卷1а，卷夹37，3～3页背面。法文原件。Н.Б.祖布科夫译自法文。

№ 464

1807 年 2 月 8 日[①]。枢密院为请求接受换届的俄国教士团致理藩院文书

//398//枢密院致大清国理藩院文书（草稿）

贵方于嘉庆十一年八月二十九日写来的文书收到无误[②]。其中写道：我们去年，即 1806 年 3 月 2 日[③]致贵国理藩院的文书你们并未送呈皇帝陛下，其原因是你们觉得其中有许多地方不够明白，具体为：

//398 背面//1. 似乎没有说明驻北京教士团换班的理由。

2. 没有说明神职人员和学员将在边境何处等候批准。

3. 没有说明他们的旅费是自理还是其他方式。

因此希望能从我方得到相关的所有回答。

我们已将此事禀奏我皇帝陛下，//399//并奉皇帝谕示，答复如下：

有关我教士团换班的原因，已在我方 1805 年 8 月 2 日致贵方理藩院文书中清楚说明，其中指出：根据现存于两帝

---

① 此日期根据 И. Б. 佩斯特尔复函的日期（参见第 467 号文件注释 2）以及现存于中国第一历史档案馆的原件（参见注释）标定。

② 见 435 号文件。

③ 见 318 号文件。

国之间的，签订于1728年的条约之第5款，可派遣新的教士团[①]；至于贵方要求说明的其他各款，//399背面//并无往例表明我方给贵方的文书应含有此类没有必要的说明，因为你们知道，每逢在北京居留10或12年后，我方神职人员和学员即要进行轮换，而且从我国国境到北京的旅途车马费用也从来都是按规定的标准支付的[②]。但我国至仁皇帝陛下为了再次向博格德汗陛下表示亲善，//400//特命我们完全满足贵方的要求，就上述各项向贵方作出说明。现谨遵皇帝谕示通报如下：

自1728年在布拉河签订条约以来，已有7批俄国神职人员和学员于供职期满后由北京返回俄国，派去接替他们的人员，均根据上述//400背面//条约第5款毫无阻碍地为贵方所接受。考虑到本届教士团自1794年以来一直在北京居留，时间已颇为长久，故特派新一届教士团前往换班，由10名神职人员和学员组成。此间已发给他们至北京的旅费，命令他们在伊尔库茨克等待贵方答复，做好了//401//按惯例自费前往北京的准备。

为此，特指派三名教士——修士大司祭阿颇洛斯、两名修士司祭谢拉菲姆和阿尔卡季、修士辅祭涅克塔里、两名教堂差役瓦西利·亚菲茨基和康斯坦丁·//401背面//帕利莫夫斯基以及学习中文和满文的学员米哈伊尔·西帕科夫、列夫·济马伊洛夫、叶夫格拉夫·格罗莫夫、马克尔·拉夫罗夫斯基等前往接替在北京任神职的希腊俄国正教修士大司祭索夫罗尼，教堂差役博戈罗茨基，学员帕维尔·卡缅斯基、斯捷潘·利颇夫佐夫、伊万·马雷舍夫、瓦西利·诺沃肖洛

---

① 着重线为文中原来所有。

② 以下有一句话被删掉：路途膳食由贵国供应。

夫等人。

现特友好地将此项任命通报贵方，请求博格德汗陛下准许原教士团修士大司祭索夫罗尼、神职人员和学员等人在//402//新一届教士团到达之后离京，毫无阻碍地顺利地到达俄国国境。对修士大司祭阿颇洛斯、修士辅祭、教堂差役和学员组成的新一届教士团，希望他们在北京期间能得到同样友好的待遇，在生活上能一如既往得到贵国皇帝的供养，//402 背面//如果有时遇到恶意对待和侮辱，望能按两帝国间睦邻友好原则得到公正的保护。专此奉达。

耶稣//403//降生后 1807 年 1 月［……］①

全俄专制君主亚历山大一世在位第 6 年

于帝国首都圣彼得之城

398 页左侧空白处：亚历山大一世皇帝御批：照准。

同处：1807 年 1 月 24 日经皇帝批准。

俄罗斯帝国对外政策档案馆圣彼得堡分馆，总档 4—4，目录 123，1805—1809 年，案卷 1，398～403 页。批准的草稿（也是底稿）。

初稿存同处，总档 1—5，目录 4，1823 年，案卷 1，卷夹 15，第 1 部分，201～205 页。

抄件存同处，148～152 页；195～200 页②。

拉丁文底稿存同处，153～154 页背面。

满文底稿为 A. Г. 符拉德金手迹，存同处，155～156 页背

① 日期在文中没有标明。

② 195 页左侧空白处：1807 年 1 月 24 日皇上钦准，审批后的底稿 1 月 24 日送外务院。同处，1807 年 2 月 15 日交邮驿送佩斯特尔总督。

面。

俄文原件存中国第一历史档案馆，中俄关系史俄文文献藏档，案卷 142。[①]

拉丁文抄件存同处。

俄文抄件存同处，案卷 13，1～6 页。

库伦办事大臣衙门满文抄文簿抄件存蒙古国立中央历史档案馆，藏档 M-1，案卷 663，64～67 页背面[②]。

发表在《19 世纪和 20 世纪初的俄国外交政策》，卷 3，500～501页。据抄件印出。

---

① 文件日期标为 1807 年 2 月 8 日。

② 64 页上注有：4 月 13 日（即 6 月 1 日）收到。

№ 465

1807 年 2 月 11 日。外务大臣 A. Я. 布德伯格就使团文件移交俄国外务院亚洲司一事致 Ю. A. 戈洛夫金使臣的公函

//10//伯爵：

为满足阁下本月 7 日[①]来信中提出的要求，我已指示外务院亚洲司接收属于使团的所有训令、密码、账目、日志以及其他文档，并向阁下指派的人员签发收据。

至于使团节余款项的验收问题，//10 背面//根据我呈皇上的奏章，待财政大臣接奉皇帝陛下谕示，对现存于外务院的上述款项提出处理意见后，会很快通知阁下具体办法。

谨向伯爵阁下致以深深的敬意，

您谦卑恭顺的仆人

A. ДЕ 布德伯格

1807 年 2 月 11 日

10 页正文上方左侧用俄文注有：2 月 11 日收到。

同处：№ 19。

同处正文下方：送戈洛夫金伯爵。

俄罗斯帝国对外政策档案馆圣彼得堡分馆，总档 1—7，目录 6，1805 年，案卷 1a，卷夹 37，10～10 页背面。法文原件。H. Б. 祖布科夫译自法文。

---

① 参见 464 号文件。

№ 466

1807 年 2 月 14 日。库伦办事大臣蕴端多尔济、福海就巡查与俄国接壤边界卡伦以及有关Ю. А. 戈洛夫金的传言等事呈嘉庆皇帝的奏折

//4//正月二十日①

奴才蕴端多尔济、福海谨奏

按本署章程，奴才等每年春秋两季应委派得力干员巡查位于中俄边境的喀尔喀四部卡伦。现春季已至，应当重新选派人员。奴才等此次委派协理台吉英克图鲁、干敦扎布前往检查，并将分布于恰克图两翼的四十七个卡伦分由此二人负责。在英克图鲁等出发之前曾责令其对卡伦加意巡察；对卡伦章京、官兵等则指示他们一如既往，同俄国人保持友好关系；寻找［失踪］牲畜踪迹或执行公务时应表现出高度警觉。即使俄国人行事恭谨//4 背面//平和，也应如此。如有官员士兵玩忽职守，应即详细报告。

俟英克图鲁等巡视完毕返回后，奴才等当另折奏闻。此外，恰克图衙门及章京瑞春在给奴才等的呈文中告知：彼等从我商人处获悉，近两个多月来，俄国人都在谈论，似乎俄国大汗已于去年冬天将早先派赴我国的戈洛夫金使臣和低级侍从［巴伊科夫］召回圣彼得堡，以弄清事实真相。

---

① 2 月 14 日。

奴才等对此再三考虑，仍存疑问：如此事属实，//5//俄国人纷纷议论的目的何在？奴才等得出的结论是：俄国大汗已几乎同时收到我理藩院依据法理陈述意见的文书①，而且深悉个中因由，于是召回戈洛夫金等人，对事件深入追究，而俄人就此散布传言，则是有意让我国了解此事②。但是，根据俄国枢密院对此问题的复书尚未到达来判断，显然他们至今还无法找到合适的借口。但他们也很可能找一个无赖的借口。日后俄国枢密院来书若内容恭谨，奴才等当及时奏报。谨奏。

5页背面注有：根据奏折抄录。在二月六日③收到的[由北京返回的]奏折上有皇帝朱批：知道了。

蒙古国立中央历史档案馆，藏档 M-1，案卷 663，4～5 页背面。库伦办事大臣衙门满文抄文簿抄件。И. Т. 莫罗兹译自满文。

---

① 参见 435、400 号文件。

② 在文本字行间有皇帝朱批：极对。

③ 3月2日。

№ 467

1807 年 2 月 15 日[①]。外务大臣 А. Я. 布德伯格就发送枢密院致理藩院文书、澄清清方拒绝接受枢密院前次文书的原因以及必须加强互信等问题致西伯利亚总督 И. Б. 佩斯特尔的信

//180//布德伯格将军致西伯利亚总督佩斯特尔函（草稿）

奉皇帝谕示，谨将就我教士团出发事宜致北京理藩院的复书[②]寄给阁下，请阁下按常规送交库伦办事大臣。//180 背面//本信中附有该复书的副本，供参阅。

在等待北京政府作出同意的回答时，应当了解北京理藩院两次拒收枢密院文书[③]的真实原因。理藩院虽在其来//181//书中提及俄方文书被退还一事，但阁下来函中并未附有该书。北京理藩院在最后一次来书中[④]要求对以下三条作出说明：

1. 为何没有说明派遣新//181 背面//教士团的理由。

2. 没有说明将在边界何处等候批准入境。

---

① 日期根据文旁标出的时间和发文时间确定。该信公布时的日期为 2 月 12 日（见注释）。

② 参见 462 号文件。

③ 参见 197 号文件。

④ 参见 435 号文件。

3. 没有说明旅费是自理，还是其他方式。

中国人对这些问题都清楚，因为自《恰克图条约》签订以来，每10或12//182//年都要派遣新教士团前往北京接替旧团，新教士团领取的路费从来都是一直领到北京，而且在得到北京的答复之前总是在边境等候。

这些细节在第一封文书和后一封文书中之所以都没有得到说明，//182背面//其原因除了这种解释纯属多余之外，而且在以往的例子中从来就看不到我方文书中包含类似说明的情况，因此，在这种情况下，遵循固有形式就是一个很重要的原因，它要求我们遵守自纳格利少将于1792年签订//183//最后一个条约[1]以来，以及在派出现驻北京教士团时于1793年8月16日以理政事枢密院的名义向北京理藩院发出的文书中所采用的形式。

//183背面//因此，这里就留下了一个可供猜测的巨大空间，没有人比阁下更适宜于根据当地了解到的消息和传言，来把这个空间加以填补。而且，由于俄国朝廷有真诚的愿望保持同中国人的友好睦邻关系，//184//所以就更有必要指出，如果他们在这一事件中是以一贯尊重古老仪规的神圣性和不可动摇性为指导原则的话（从他们的所作所为来看，已很难说他们还尊重这样的原则），那么，提出这种要求就是没有//184背面//根据的。更有甚者，竟出现了令人担忧的情况，那就是在库伦接待我国使团时双方出现的种种不快是否会导致他们对俄国的冷淡，他们是否会怀疑俄国要搞阴谋，以报复使臣受到的不友好的接待。在此情况下，//185//最希望的就是能消除不利于两国继续相互信任的原因和局势。我曾有幸不止一次通报阁下，这是皇帝陛下唯一的愿望，因此，//185背面//我期待着您就此进一步发表意见，作出说明[2]。

180 页左侧空白处：亚历山大一世皇帝御批：照准。经皇帝陛下于 1807 年 2 月 4 日批准。

同处：1807 年 2 月 15 日签署并通过邮驿寄出。

俄罗斯帝国对外政策档案馆圣彼得堡分馆，总档 1—5，目录 4，1823 年，案卷 1，卷夹 15，第 1 部分，180～185 页背面。经批准的草稿（亦即底稿）。

抄件存同处，169～172 页。

发表于《19 世纪和 20 世纪初的俄国外交政策》卷 3，505～506 页，根据抄件。

注释：

［1］这里指的是《俄中恰克图通商贸易规程国际条约》，它是由俄清两国代表于 1792 年 2 月 8 日签订的。（《1689—1916 年的俄中关系：官方文件》，莫斯科，1958，24～26 页）

［2］西伯利亚总督 И. Б. 佩斯特尔于 1807 年 4 月 3 日回信告知，枢密院就俄国教士团换届致理藩院的文书（见 462 号文件）将于 1807 年 2 月 8 日交由信使 Ф. 桑热哈耶夫送出。

И. Б. 佩斯特尔在谈到调整俄中关系的问题时写道："我国目前政治事务的状况要求集中巨大的注意力于相反方向的国境线上。现在，如果我能保持平安无事，继续开展贸易，保持中国边境上的友好联系，不引起会进一步采取行动的任何怀疑，也就足够了。"（俄罗斯帝国对外政策档案馆圣彼得堡分馆，总档 4—4，目录 123，1805—1809 年，案卷 1，431～432 页背面。发表在《19 世纪和 20 世纪初的俄国外交政策》，卷 3，547～548 页）

№ 468

1807 年 2 月 28 日。Ю. А. 戈洛夫金使臣就 Х. А. 斯特鲁维违纪发表俄国出使清帝国使团成果文章一事呈外务大臣 А. Я. 布德伯格的报告

//1//将军阁下：

我有幸在《柏林地理》杂志上见到一篇类似游记的文章，其作者是使团的一位官员。这是一篇很可笑的游记，足以向我表明它的作者是谁。游记的发表违反了使团所有人员通过向我提交书面保证[①]承担的正式义务，即：使团官员发表文章必须得到皇帝陛下的许可，处理我们研究成果的权利只属于皇帝一人。尽管如此，在能够找到证据证实我的怀疑之前，//1 背面//我并没有采取任何措施。但在这个问题上，前不久七等文官斯特鲁维于本月 22 日发表于 *Gasette de Petersbourg* 上的文章却是无可怀疑[②]的。

当我要求使团人员签字保证，只有得到政府的同意之后才可以发表著作时，我的意思不仅是要避免在出版物中出现一些一般认为是无须发表的个人意见，同时也是为了防止在外国人撰写的关于俄国的出版物中时有出现的无稽谎言。虽然斯特鲁维君的文章根本不值得认真对待，但是我担心，像这种破坏誓言违背义务的行为如果不受到惩罚，对某些//2//不值得信任的人会是一种鼓励。因此我认为有必要引

---

① 见 158 号文件。

② 见 111 号文件文尾的注释 1。

起阁下对此事的关注。从本人方面，我是已经采取了当时所能采取的一切预防措施，但现在对执行这些措施我已无能为力。

将军阁下，荣幸地向您致以深深的敬意，

您卑微的忠实的仆人

Ю. 戈洛夫金

于圣彼得堡，1807 年 2 月 28 日

1 页正文上方右侧用俄语注明：1807 年 3 月 1 日收到。

同处左侧注明：№ 33。

俄罗斯帝国对外政策档案馆圣彼得堡分馆，总档 1—7，目录 6，1805 年，案卷 1，卷夹 38，1～2 页。原件为法文。Н. Б. 祖布科夫译自法文。

№ 469

1807 年 3 月 15 日。皇帝办公厅主任 Д. А. 古里耶夫就画家 И. П. 亚历山德罗夫向亚历山大一世皇帝进献库伦郡王画像，皇帝特赐予镶宝石戒指一枚以资奖励一事致外务大臣 А. Я. 布德伯格的信

//34// 尊敬的安德烈· 雅科夫列维奇阁下：

应阁下所请，办公厅随此信奉上价值 400 卢布的镶宝石戒指，作为皇帝陛下对画家亚历山德罗夫敬献中国郡王画像的奖励。请在收到宝石戒指后告知。

谨荣幸地向阁下致以崇高的敬意！

您恭顺的仆人

德米特里·古里耶夫

1807 年 3 月 15 日

正文下方：呈 А. Я. 布德伯格大人

俄罗斯帝国对外政策档案馆圣彼得堡分馆，总档 1—7，目录 6，1805 年，案卷 1a，卷夹 40，34 页。原件。

№ 470

1807 年 3 月 20 日。枢密院为推荐修士大司祭阿颇洛斯任俄国驻北京教士团领班事致理藩院文书[1]

//220// 俄罗斯帝国枢密院致大清国理藩院文书

奉我至仁皇帝陛下谕示，在前次，即本年 2 月 8 日①致贵方的文书中，我方已对贵方嘉庆十一年八月二十九日②来书中所希望了解的有关我上届驻北京教士团以及派遣新教士团轮换等问题作出详尽解释，故此处不再重复。现仅向贵方通报，//220 背面// 我皇帝陛下考虑到修士大司祭索夫罗尼及其他神职人员和学员驻留北京时间已经很长，特谕示我们将他们召回祖国，并根据俄中两国签订的条约派遣新人员前往轮换。该批人员业已启程。

遵照我皇帝陛下的旨意，现谨友好地向贵方通报，请求博格德汗陛下对驻北京的修士大司祭索夫罗尼、//221// 教士一名及学员多名予以放行，将其护送至国境，并对文书中开列的新指派前去替换的教士团人员，其中包括送交本文书的修士大司祭阿颇洛斯，给予友善的接待，按旧例于驻北京期间向其提供食宿，若有受到恶意对待和欺辱发生，按照两帝国达成的友好协议给予公正的保护。

---

① 见第 462 号文件。

② 见第 435 号文件。

专此奉达。

//221背面//基督降生第1807年3月20日
全俄专制君主亚历山大一世皇帝在位第7年
于俄国京都圣彼得之城[2]

俄罗斯帝国对外政策档案馆圣彼得堡分馆，总档1—5，目录4，1823年，案卷1，卷夹15，第1部分，220～221页背面。底稿。

拉丁文底稿存同处，222～222页背面，224～224页背面。①

满文底稿存同处，223～223页背面。

俄文抄件存同处，175～177页背面，178～179页背面。

使团办公厅俄文抄文簿抄件存同处，总档1—7，目录6，1805年，案卷1a，卷夹28，229～230页背面。

注释：

[1] 外务院秘书A.M.伊万诺夫同亚洲司司长C.M.布罗涅夫斯基之间有关上述文件起草过程的往来函件（藏俄罗斯帝国对外政策档案馆圣彼得堡分馆，总档1—5，目录4，1823年，案卷1，卷夹15，第1部分，162～174页背面）中有一封伊万诺夫写于1807年2月4日的信，其中有教士团领班向清政府递交身份说明文件时有关程序的资料："此前由理政事枢密院出具的给中国理藩院的有关我国派往北京教士团的身份证明书一般都于此间直接交到修士大司祭的手里，并将抄件附于圣旨中知会伊尔库茨克那边的总督……"（同处，162页）

[2] 在修士大司祭雅金甫奉命代替阿颇洛斯接受任命后，这样的证明书也是交给他本人的，并由他交到理藩院。档案中这份证书没有保存下来。外务院是把它同1807年6月30日给西伯利亚总督И.Б.佩斯特尔的公函（同处，190页）一道送出的。稍早一些时候，在5月7日，枢密院还有一封以雅金甫代替阿颇洛斯的文书给理藩院（见479号文件）。

① 拉丁文底稿有两种版本。

№ 471

1807 年 4 月 2 日。伊尔库茨克民事省长 Н. И. 特列斯金为请求将枢密院关于俄国北京教士团换届的文书转送理藩院事致库伦办事大臣蕴端多尔济、福海的信

//44//三月十四日[①]收到

俄罗斯国皇帝驾前伊尔库茨克民事省长、四等文官特列斯金致大清国至圣大皇帝驾前驻库伦办事大臣郡王、昂邦函

经过长时间传递，本人收到了我尊敬的枢密院致贵国理藩院的文书[②]。现按常规指派桑热哈耶夫大尉为信使，命其将文书敬呈阁下。敬请于该书交付阁下后，立即//44 背面//转送贵国京城，并请将收到文书的复函交信使带回。

此外，尊敬的郡王和昂邦，根据友好惯例本人向你们通报：我大枢密院此次来书中含有对贵国理藩院前次来书[③]中提到的关于前往北京//45//换届的教士、学员出发的时间以及轮换方式等问题的答复。

如果贵国理藩院有所答复并发来文书，请按友好惯例立即派员送交本人。我本人每次都是怀着友好的感情收读你们

---

① 4 月 9 日。

② 参见 462 号文件。

③ 参见 435 号文件。

的信函，希望今后能始终同你们保持睦邻友好的关系。

特列斯金签字并盖章

1807年4月20日于伊尔库茨克

蒙古国立中央历史档案馆，藏档M-1，案卷663，43～45页。库伦办事大臣衙门满文抄文簿抄件。И.Т.莫罗兹译自满文。

库伦办事大臣衙门蒙文抄文簿抄件存同处，46～47页。

俄文原件存中国第一历史档案馆，中俄关系史俄文文献藏档，案卷52。

№ 472

1807 年 4 月 11 日。库伦办事大臣蕴端多尔济、福海为收到枢密院致理藩院关于俄国北京教士团换届问题的文书并已将其送往北京以及收到民事省长 H. И. 特列斯金致库伦来函等事呈嘉庆皇帝的奏折

//53//三月十六日①

奴才蕴、福谨奏。现将俄罗斯枢密院复书恭呈皇上御览

本月十四日②，俄罗斯省长特列斯金派信使桑热哈耶夫送来枢密院致理藩院文书③，封套已破损；同时还送来特列斯金省长给奴才等的信④。现将枢密院来书以另函封固，敬呈皇上御览。此外，特列斯金省长寄来的信奴才等已拆阅，//54//信中无它，唯请求尽快将枢密院来书送达理藩院。省长同时告知，此次来书内容仅为请求允许更换驻北京俄国神职人员和学员。

省长的信使桑热哈耶夫对我等没有说任何事情。在他和由此间派去护送他的蒙古官员私下谈话中，也说这封文书是为了请求对住在北京的俄国学员进行轮换。

---

① 4 月 11 日。

② 4 月 9 日。

③ 参见 462 号文件。

④ 参见 471 号文件。

//55//如果他们的使团再次携贡品前来，奴才等当谨遵皇帝陛下上年十一月的上谕[①]，晓谕俄国人，在库伦将不再为他们赐宴，因此，他们也不必在那里行跪拜礼等等。不过此次枢密院恭请解决的具体是什么问题，暂时还没有准确消息。此外，省长也完全没有说他们的使团还要来，所以奴才等就没有对俄国人做任何解释。//56//当桑热哈耶夫返回时，奴才等已把收［到枢密院来书的回］条交给他，并按惯例向他们赠送了一些丝绸、茶叶等，打发他们上路。

特列斯金省长给奴才等的来函是用三种语言写的，现将此信和我们复函[②]的抄件缄于一函，敬呈皇上御览。

//57//54页正文结尾处：据奏折抄录。在四月初三日[③]收到［由北京返回］的奏折上有皇帝朱批：着从速部议。

蒙古国立中央历史档案馆，藏档M-1，案卷663，53～57页。库伦办事大臣衙门满文抄文簿抄件。И.Т.莫罗兹译自满文。

---

① 见448号文件。

② 见471号和473号文件。

③ 4月28日。

№ 473

1807 年 4 月 11 日。库伦办事大臣蕴端多尔济、福海为通报已收到枢密院就上届驻北京教士团换班事致理藩院文书给伊尔库茨克民事省长 Н. И. 特列斯金的信

//57//三月十六日①。

大清国库伦办事大臣郡王、昂邦致俄罗斯伊尔库茨克民事省长特列斯金函

省长阁下，我们愉快地收悉由阁下所派信使桑热哈耶夫大尉于嘉庆十二年三月十四日②送达本郡王的信③。再者，贵国枢密院致我理藩院的来书④我等已//57 背面//立即转呈理藩院。我等还愉快地获悉，枢密院来书内容涉及贵国学员换班事宜。特此告知并将复函交由桑热哈耶夫大尉带回。

蒙古国立中央历史档案馆，藏档 M-1，案卷 663，57 页。库伦办事大臣衙门满文抄文簿抄件。И. Т. 莫罗兹译自满文。

库伦办事大臣衙门满文抄文簿抄件存同处，58 页。

---

① 4 月 11 日。

② 4 月 9 日。

③ 见 471 号文件。

④ 见 462 号文件。

№ 474

1807 年 4 月 12 日。东正教事务管理衙门为任命修士大司祭雅金甫接替前任修士大司祭阿颇洛斯为第九届俄国教士团领班给外务院的命令

//246//由至圣东正教事务管理衙门发出之全俄罗斯专制君主给外务院的命令

奉东正教事务管理衙门总监、御前大臣、宫廷高级侍从、赏戴勋章亚历山大·尼古拉耶维奇·戈利岑公爵向正教院宣读的皇帝陛下圣谕：

1806 年 9 月 17 日圣谕：据曾到过北京[①]的使臣戈洛夫金伯爵多次报告[②]以及修道院僧侣的投诉称，被委任驻北京教士团的修士大司祭阿颇洛斯无法胜任工作，着将其留置于伊尔库茨克教区，幽居于修道院，直至至圣东正教事务管理衙门认为他改过为止。

//246 背面//今年 3 月 5 日圣谕：着将托博尔斯克救主显灵修道院神学院雄辩学讲师修士大司祭雅金甫派往北京接替修士大司祭空缺。

至圣东正教事务管理衙门命令：

---

① 原文如此。

② 参见 195 号文件。

1. 在伊尔库茨克宗教法庭向修士大司祭阿颇洛斯宣布皇帝陛下的上述圣谕，收回原先任命他为俄国驻北京教士团领班的命令①和任职训令，收回皇帝陛下钦准的关于宗教使团和对其增加拨款的1805年5月12日报告②副本，着其上交圣正教衙门，不得有误。至于阿颇洛斯应在当地何教区居住，担任何职，须等待伊尔库茨克主教裁定。//247//该修士大司祭的行为和生活情况每4个月报告一次。

2. 同时向修士大司祭雅金甫宣布皇帝陛下委派其到北京宗教使团任职的圣谕，并向他宣布至圣正教事务管理衙门的命令和发给他的附件，对如何履行驻北京宗教使团的职责，执行至圣正教事务管理衙门批准的训令，按上述报告副本行事等项予以说明。

3. 根据皇帝陛下于1802年8月13日批准至圣正教事务管理衙门的报告，给予修士大司祭雅金甫享受7匹马的待遇，按此标准发给他由现所在地托博尔斯克至伊尔库茨克的旅费。雅金甫派往北京宗教使团任职的具体事宜交由外务院妥善安排。

应就此向外务院、托博尔斯克和伊尔库茨克主教//247背面//发布命令，着伊尔库茨克教区主教于修士大司祭雅金甫抵达前做好接待宗教使团的准备，根据清单准备一应所需物品，按账目备好现金，将全部财物移交该雅金甫，不得有误，并向圣正教事务衙门报告。

1807年4月12日

主任秘书官加夫里洛·茹里欣

秘书雅科夫· 波德列斯诺夫斯基

---

① 参见115号文件。

② 参见115号文件。

九等文官尼古拉·费奥多罗夫

246 页正文上方注有：1807 年 4 月 12 日收到。

同处：№ 1584。

247 页背面正文下方注有：有关派遣在托博尔斯克基督显灵修道院居住的修士大司祭雅金甫到北京教士团任职一事。

俄罗斯帝国对外政策档案馆圣彼得堡分馆，总档 1—5，目录 4，1823 年，案卷 1，卷夹 15，第 1 部分，246～247 页背面。原件。

№ 475

1807 年 4 月 25 日。从库伦返回的信使 Ф. 桑热哈耶夫就清朝官员给予他不同寻常的接待以及清方提出希望同俄罗斯保持友好关系等呈西伯利亚总督 И. Б. 佩斯特尔的报告

//438// 秘密

九等文官桑热哈耶夫呈四等文官、枢密官、赏戴勋章、西伯利亚总督伊万·鲍里索维奇阁下的报告

奉阁下本月 2 日命令，卑职作为此间省长的信使，给库伦办事大臣郡王、昂邦等递送信函和枢密院给理藩院的文书①。卑职于 5 日到达特罗伊茨科萨夫斯克要塞，并由边务衙门抽调了一名班长和 3 名哥萨克，于 6 日出了国界，见到了中国恰克图地方扎拉固齐。他非常亲切地接待了我，还派了一名警官、一名章京和一名蒙古人送我继续上路。这次超出了以往的规格，恰克图扎拉固齐不让我们骑马，而是给我们准备了一辆//438 背面//轿马车。在到达库伦的最后一个驿站，又破例受到一位图苏拉克齐的迎接，并在他的陪同下于 9 日②到达库伦，直接进入为我准备的房间。在那里又受到 3 名官员和警官接待，一切如仪。当天就见到了郡王、昂

---

① 见 462 号文件。

② 4 月。

邦大臣，面呈了带来的文书，同时转致了省长阁下对他们的问候。

郡王、昂邦大臣非常亲切地接见了卑职，面露高兴的神色，问候了省长先生的健康，又问我一路是否顺利，各驿站接待是否合乎规格。

卑职回答说一路上令我非常满意，是乘坐恰克图扎拉固齐安排的轿马车到来的。

郡王面带笑容，饶有兴致地听我讲话，然后对我说，扎拉固齐给我派轿马车是按照他的命令安排的。今后俄罗斯信使不用再骑马，全都坐轿马车来。他还用//439//茶点款待卑职，然后让卑职回馆休息。并说，待读过卑职送去的信，写好回信之后，再由卑职在回国时呈交省长阁下。

次日，也就是10日，郡王、昂邦大臣派两名官员来叫我跟他们一起去取回信。在将复函交给我的时候，郡王、昂邦大臣命卑职向省长先生转致他们的敬意，并说省长阁下出于两帝国间的友好关系，在信中向他们通报了枢密院来书的内容，对此他们非常满意，并认为这是友善的表示，他们定将作出回报。为了维护双方现存的友好睦邻关系，他们对边境安宁一直十分关切，请求省长阁下从俄方角度也继续关心这个问题，永葆两国睦邻友好。//439背面//此外，郡王还命卑职向省长阁下报告，据他所知，大黄的问题至今悬而未决，他请求省长阁下委派人员，尽快处理好这件事。卑职回答说，一定会尽快禀告省长阁下，然后就告辞回到客馆。因时间已晚，又留住了一夜。11日离开库伦，14日回到恰克图。

下面是我在大清国时打听到的一些情况：

1. 中国人在谈到上次的使团时有些不满意的地方，这在库伦陪同卑职的警官身上特别明显。库伦的郡王和昂邦说了一些话，从中也可以看出，这样一次体面的出使，仅仅由于双方的民族礼仪，竟没有能够成功，对于双方朝廷都是一个耻辱。他们还说，如果俄国使臣和库伦的郡王、昂邦不是通过各方翻译，而是亲自互相自由交谈，那么使团自然就不会//440//从库伦被遣返回国了。而且，通过友好交谈双方甚至可能达到这样一点，就是尽管使臣不同意为了博格德汗在库伦赐予他的在张家口就做了准备的荣耀而行中国的叩头礼，但只要能够说，他对这一切满怀应有的敬意，到达北京后，将为了这些中国的礼仪亲自向皇帝谢恩，那么他就肯定会被批准进入北京；如果俄国朝廷希望再次遣使，中国人也定会接受，而不会勉强他们一再履行中国礼仪了。

2. 在卑职同中国官员谈话时，每一次场面上都尽可能让他们感到，我国皇帝陛下是衷心希望同北京朝廷保持友好关系的。同时还暗示，我方要求更换驻北京教士团这一事实本身，就足以证明我方//440 背面//保持长期和睦友好的愿望。从他们的反应可以看出，毫无疑问，北京朝廷是愿意同俄国保持友好关系的。

3. 在接纳俄罗斯教士团的问题上，他们坚持原来的规定。他们说，这是个一般的问题，并不是什么新问题。这个问题之所以拖延，唯一的原因就是使团的瘫痪①。

受七等文官科留科夫的委托，卑职还探听到，北京从未出过什么朝政公报之类的东西，现在也没有。耶稣会士在北京的处境仍是老样子，没有发生什么特殊的事情。我国驻北京的教士团中，据说现在仅剩下一位修士大司祭和 4 名学员，其他都已先后死亡[1]。

库伦的郡王和昂邦在把复函交给我时，向我赠送了两匹

① 原文如此。

半叫做吴丝的绸缎、两箱茶叶，向哥萨克班长也赠送了//441//同样的绸缎半匹，3 名哥萨克各得砖茶两块。在边务衙门我领到价值 102 卢布 30 戈比的狐皮 24 张，钱已交到衙门。根据惯例，卑职向陪同我的警官每人赠送 5 张，郡王的博什库和虾（侍卫）每人 3 张，护卫我到库伦的章京每人 2 张，其手下蒙古人各 1 张。除去卑职给边境衙门支付的狐皮款 102 卢布 30 戈比外，尚余 22 卢布 70 戈比，已用于旅费开销。

特此向阁下报告，并荣幸地呈上由卑职带来的库伦办事大臣致省长阁下的信。

九等文官费多尔·桑热哈耶夫

1807 年 4 月 25 日

于伊尔库茨克

438 页正文上方：1807 年 4 月 25 日呈送。

同处：№ 1463。

俄罗斯帝国对外政策档案馆圣彼得堡分馆，总档 4—4，目录 123，1805—1809 年，案卷 1，438～441 页。原件。

注释：

［1］第八届俄罗斯北京教士团死亡人员名单，见 П. Е. 斯卡奇科夫：《俄国中国学史纲》，359 页。

№ 476

1807 年 4 月 25 日[①]。理藩院致枢密院的同意接待俄国教士团轮换的文书

一、俄文文本

//454//大清国理藩院致俄国枢密院文书

前不久我驻库伦郡王、昂邦等转来贵国枢密院致我理藩院文书，请求对教士及学员进行轮换。我们已为此上奏我至圣大皇帝陛下。皇上谕示：俄国教士及学员在北京居留已逾十载，着对其轮换请求予以恩准。

我等谨奉圣命，奉上此书。此前贵方轮换神职人员和学员，对出发及抵达恰克图时间、护送人员职衔，均事先一一通报我库伦办事大臣。贵方文书送达后，我理藩院将指派官员前往恰克图。俟贵方新一届神职人员和学员到达恰克图后，即在我方官员护送下来京，沿途一切开销自理。//454背面//抵达北京后，按签订的条约，由朝廷发给膳食津贴。贵方原居北京神职人员和学员等人仍由上述指派的官员送往国境，其沿途开销自理。现我至圣大皇帝根据贵方请求，已恩准贵方居留北京的神职人员和学员进行轮换，因此可着贵方新指派的神职人员和学员近期内动身前来，其到达恰克图

---

① 嘉庆十二年三月三十日。

的时间，以及委派何官员护送等情况，应按旧例提前向我库伦办事大臣通报。同时，我理藩院将根据条约指派官员前往恰克图。一俟贵方新一届神职人员和学员到达恰克图后，即可由他们护送来京，一切开销自理。贵方人员抵达北京后，原在此间居留的神职人员和学员等仍由原指派官员送回边境，//455//费用自理。

专此奉达。

嘉庆十二年三月三十日①。

455 页上：日期上盖有理藩院方形朱印。

455～456 页（信封）上写有地址：大清国理藩院致枢密院文书（446 页）及日期②：嘉庆十二年三月三十日（445 页）。地址及日期上三处盖有理藩院方形朱印。

俄罗斯帝国对外政策档案馆圣彼得堡分馆，总档 4—4，目录 123，1805—1809 年，案卷 1，445～446 页（信封）；454～455 页。原件。

二、译自满文的文本

//447//大清国理藩院致俄罗斯[1]枢密院文书③

前不久我驻库伦办事大臣郡王、昂邦等④将贵国枢密院请求对俄国神职人员和学员换班的文书送来理藩院。我等已

① 即 1807 年 5 月 19 日。

② 地址及日期用俄、满、拉丁文书写。

③ 翻译于此处译漏一句：知照如下。——莫罗兹

④ 满文文本中：大臣（为复数）。

将来书呈至圣大皇帝御览。今奉上谕："现俄国神职人员和学员于北京居留已逾十载，施恩允其所请，准予轮换。"我等谨遵圣旨。

查档得知，贵方派俄罗斯神职人员和学员前来轮换，均将其出发时间、预定到达恰克图时间，以及护送官员职衔等预先知照我驻库伦办事大臣，由我理藩院委派官员//447背面//前往恰克图迎接。于国境接到贵方所派神职人员和学员后，即将其护送至北京，费用由贵方自理。到达北京后，安排其住俄罗斯馆院内，根据约定，给予膳食津贴。贵方原居留北京神职人员和学员则交我方护送官员由原路送至国境。

现我至圣君主已恩准贵方所请，允其轮换。

故请将派遣新一届神职人员和学员出发时间、到达恰克图时间、护送官员职衔等事项按惯例知照我驻库伦办事大臣郡王、昂邦等。我理藩院亦将按例派官员前往迎接。该员将于边境等候，并于接到//448//贵方新一届神职人员和学员后负责护送，但旅途费用由贵方自理。

到达北京后，贵方原在北京的神职人员和学员着即由原护送官员送往边境，旅途费用由贵方自理。

嘉庆十二年三月三十日①

八等文官翻译阿列克谢·帕雷舍夫译

447页正文上方注有：译文。

俄罗斯帝国对外政策档案馆圣彼得堡分馆，总档4—4，目录123，1805—1809年，案卷1，447～448页。译自满文原件。

---

① 1807年5月19日。

满文原件存同处，449～450页背面①。

库伦办事大臣衙门满文抄文簿抄件存蒙古国立中央历史档案馆，藏档M-1，案卷663，61～63页②。

三、译自拉丁文的文本

//451//大清国理藩院致俄罗斯枢密院文书

在收到由我国皇太子及边境官员转来的贵方有意轮换教士及学员一事的公文，并呈送皇帝陛下御览后，皇帝对此回答如下："鉴于神职人员及学员在北京居留已逾十年，现准其返回祖国。"

我们谨遵圣谕，查对了惯例。按惯例，凡此等人员//451背面//轮换，须将贵方神职人员和学员到达恰克图时间、护送人员等情况事先通知我边境官员，再由我理藩院派出官员到恰克图迎接，将其护送至北京，沿途费用自理。贵方人员入住为其指定的寓所后，可领取一定的薪俸。之后，原在北京的神职人员和学员则交由同一批官员//452//护送出境，旅途费用自理。

现我皇帝陛下已恩准贵方神职人员和学员进行轮换，请即将他们出发和到达恰克图的时间以及护送人数告知我边境长官。我理藩院亦将按惯例指派官员前往恰克图迎接，将其护送入京，沿途费用由贵方自理。然后，贵方原驻北京的神职人员和学员//452背面//则交由同一批官员以同样方式护送出境。专此奉达。

---

① 450页背面日期上盖有理藩院方形朱印。

② 61页：4月13日，即6月1日。

嘉庆十二年三月三十日①

书记员安德鲁斯基译

451页正文上方注有：译文。

俄罗斯帝国对外政策档案馆圣彼得堡分馆，总档4—4，目录123，1805—1809年，案卷1，451～452页背面。译自拉丁文原件。

拉丁文原件存同处，453～453页背面②。

注释：

[1] 外务院翻译A.Г.符拉德金发现在地址中“枢密院”字样之前漏掉了“俄罗斯国”几个字（更确切些是漏掉了“国”字。本应是“俄罗斯国枢密院”，却写上了“俄罗斯枢密院”。——莫罗兹）。于是他在1807年8月6日就此事写了一个报告（俄罗斯帝国对外政策档案馆圣彼得堡分馆，总档4—4，1805—1809年，目录123，案卷1，462～462页背面）。商务大臣H.П.鲁米扬采夫于1807年8月13日给西伯利亚总督И.Б.佩斯特尔写了一封信，委托他：“谨请阁下在对此事不必过分介意的情况下征询一下您身边翻译的意见，因为这件事除了翻译谁也无法判断。然后可以下令口头上向库伦提个醒，说是有这样的疏漏，看来大概是翻译出的错。”（同处，463页）1807年10月22日，И.Б.佩斯特尔回答说，翻译A.帕雷舍夫和Ф.桑热哈耶夫都证实了符拉德金的意见：“正如他们从自己的角度所猜想的那样，当然不是有任何企图，而是由书写人员的错误造成的，有时是因为着忙，有时是因为没有注意。为了将来避免这样的错误，要他们把这件事对国外的官员口头上解释一下，将不会有任何困难，也不会有什么障碍。因此他，即省长，利用派翻译官桑热哈耶夫作为信使到库伦去

① 1807年5月19日。

② 453页背面日期上盖有理藩院方形朱印。

的机会，也就没有忘记给他下达命令，要他到了那边之后，应在不经意之间找个恰当的机会把这种疏漏对库伦办事大臣身边的官员们提出来，不必以我方指出错误的形式，但却要以此提醒，这种情况可能是无意的，出自抄写人员的错误，希望他们能报告长官，而长官则不可能不报告理藩院。”（同处，464～464 页背面）

然而桑热哈耶夫在 1807 年 11 月 19 日的报告中对 И. Б. 佩斯特尔说，他没有跟清朝官员谈这个问题，因为恰克图海关关长 П. Д. 瓦尼方季耶夫建议他“找个恰当机会再说”（同处，465 页）。伊尔库茨克省办公厅的翻译官们则接到命令，今后在翻译来书来信的工作中一定要“严密监视，以便向投书者询问这种疏漏的原因”（同处，465 页背面）。

№ 477

1807 年，不早于 4 月 25 日[①]。军机处为传达嘉庆皇帝恩准俄国教士团人员换届的上谕给库伦办事大臣蕴端多尔济、福海的命令，但俄国若再派使团前来，不准教士团随使团同来

//59// 四月十三日[②]收到

军机大臣令行库伦办事大臣、喀尔喀郡王等

嘉庆十二年三月三十日奉上谕：

俄国枢密院请求更换该国神职人员和学员一事，经理藩院议后呈奏，皇帝颁旨称：

俄国神职人员和学员在京居住已多年，按规定应准予轮换。故朕颁旨准予所请，着即轮换。

此事交由军机大臣办理，//59 背面// 其后理藩院有文书送往枢密院。蕴端多尔济等收到该书后着即按惯例送俄省长，由其转送俄罗斯枢密院。着蕴端多尔济于俄人知会其神职人员和学员出发时间及到达恰克图时间后急速奏报。奏折到达后，理藩院应按惯例指派官员前往迎接［神职人员和学员］。理藩院本次文书及枢密院发来俄文文书满文译本着 //60// 抄示蕴端多尔济等人，以便知情。

---

① 据皇帝命令的日期（嘉庆十二年三月三十日）标定。

② 5月8日。

另，着晓谕蕴端多尔济等：倘俄人此次借神职人员和学员轮换请求得到恩准之机，再次要求与他们同时派使者来北京进贡，蕴端多尔济应坚予回绝。绝对不可应允彼等一同前来！

谨奉上谕，特发此文。

蒙古国立中央历史档案馆，藏档 M-1，案卷 663，59～60 页。库伦办事大臣衙门满文抄文簿抄件。莫罗兹译自满文。

№ 478

1807 年 4 月 27 日。嘉庆皇帝批准俄国驻北京教士团换届的上谕[1]

//554//译自拉丁文文本①

1807 年 4 月 27 日，农历四月二日，清嘉庆帝就俄国教士团换班一事所作批示如下：

根据条约，准许俄教士团人员轮换，人数沿袭前例，不得增减。此外，望俄边境总督将俄教士团抵达边境时间知照我乌尔嘎②昂邦。我方官员得到通知，接到新来俄人后，着即送来北京。一俟新来之俄人在我方官弁护送下到达北京后，我理藩院可将在北京居留已逾十年之老俄人交由来时迎新之官员送往边境。但按旧例俄人途中花费一律自理。新俄人到达北京后，应按成例发给银两、粮食和水。

俄罗斯帝国对外政策档案馆圣彼得堡分馆，总档 4—4，目录 123，1802—1804 年，案卷 1，554 页。

译自拉丁文。

---

① 此处及以后的着重线为文中原来就有的。

② 正文上方注有：库伦。

注释：

［1］西伯利亚总督 **И. Б.** 佩斯特尔于 1809 年 3 月把这份文件交到外务院，同时交上来的还有第八届俄国教士团领班修士大司祭索夫罗尼从北京归来后上交的其他材料。

№ 479

1807 年 5 月 7 日。枢密院就以修士大司祭雅金甫[①]接替早先任命的修士大司祭阿颇洛斯为例行换届的俄国教士团领班事致理藩院的文书

//299//全俄罗斯帝国枢密院致大清国理藩院文书

今年 2 月，我方根据贵国意愿，向你方通报了[②]召回目前驻北京教士团并另派修士大司祭阿颇洛斯[③]为首的教士团前往接替的原因。

东正教事务管理衙门呈报说，阿颇洛斯因病不堪重负，//299 背面//调任他职。据伊尔库茨克民事省长报告，该员已无力承受如此长远的旅途劳顿。

我方已就此恭奏我至仁皇帝陛下，经谕示，教士阿颇洛斯调任他职，另派托博尔斯克救主显灵修道院雅金甫修士大司祭//300//率新教士团前往北京，并立即通报北京理藩院。

现奉旨将这一意外原因导致的新安排紧急知照贵方，望贵方一如此前多次文书中所请，如对教士阿颇洛斯一样友好地接待修士大司祭雅金甫。

---

① 此处本文件集编者标出了尾注号，但缺尾注文。——中译者

② 见第 462 号文件。

③ 此处及以后原文中此姓名的拼写有误。

专此奉达。

基督降生后1807年5月7日，
专制君主皇帝陛下在位第7年
于俄国京都圣彼得之城

俄罗斯帝国对外政策档案馆圣彼得堡分馆，总档1—5，目录4，1823年，案卷1，卷夹15，299～300页背面。底稿。

草稿存同处，297～298页背面①。

满文底稿存同处，302～302页背面。

拉丁文底稿存同处，301～301页背面。

① 第297张左侧空白处：随外交部长4月27日函以及1807年5月5日褒奖函同时收到。

№ 480

1807 年 5 月 11 日[①]。库伦办事大臣蕴端多尔济、福海为请求将理藩院同意接受俄国教士团换届人员的文书转交枢密院并将新教士团人员构成及其到达边境时间通报中方等事致伊尔库茨克民事省长 Н. И. 特列斯金函

//444//大清国库伦办事大臣郡王、昂邦致俄国伊尔库茨克民事省长特列斯金函

省长阁下，嘉庆十二年四月初三日[②]，我们收到我理藩院致贵国枢密院密封的文书[③]，现派协理台吉达西敦多布、色尔古楞林哈[④]等专程送上。望阁下收到后，立即转送贵国枢密院，并于收到和转送枢密院后，通知本郡王、昂邦等。

此文书内容为贵国枢密院和我理藩院已多次洽商[⑤]的有关贵国驻北京神职人员和学员轮换的问题，我理藩院已将此事上奏，并已得到皇帝陛下恩准。

//444 背面//特此向省长阁下通报。此外，贵方新任神职人员和学员启程及到达恰克图的时间、护送人员的职衔、

---

① 嘉庆十二年四月十六日。

② 1807 年 4 月 28 日。

③ 参见第 476 号文件。

④ 正文中有着重线。

⑤ 参见第 462、476 号文件。

自费旅行人数、马匹牲畜数量、总人数等，均请按往例通报本郡王、昂邦等。我等将向理藩院报告，理藩院将按例指派官员前往恰克图迎接贵方新任神职人员和学员，并将其护送到京。

嘉庆十二年四月十六日[①]

翻译、八等文官阿列克谢·帕雷舍夫译

444 页正文上方：译自满文。

俄罗斯帝国对外政策档案馆圣彼得堡分馆，总档 4—4，目录 123，1805—1809 年，案卷 1，444～444 页背面。译自满文。

库伦办事大臣衙门满文抄文簿抄件存蒙古国立中央历史档案馆，藏档 M-1，案卷 663，68～69 页背面；蒙古文文本存同处，70～71 页背面。

① 1807 年 5 月 11 日。

№ 481

1807年5月12日。库伦办事大臣蕴端多尔济、福海为已将理藩院同意俄国教士团换届的文书转送枢密院以及呈交由库伦致伊尔库茨克民事省长 Н.И. 特列斯金函的副本等事给嘉庆皇帝的奏折

//72//4月17日①

奴才蕴端多尔济、福海谨奏

奴才等于本月十三日接奉嘉庆十二年三月三十日②上谕：俄国神职人员和学员在京居住已多年，按规定应准予轮换。故朕颁旨准予所请，着即轮换。

此事交由军机处办理，其后理藩院//72背面//有文书送往枢密院。蕴端多尔济等收到该书后应按惯例即送俄省长，由其转送俄罗斯枢密院。着蕴端多尔济于俄人知会其神职人员和学员出发时间及到达恰克图时间后急速奏报。奏折到达后，理藩院应按惯例指派官员前往迎接［神职人员和学员］。理藩院本次文书及枢密院发来//73//俄文文书的满文译本着抄示蕴端多尔济等人。

另，着晓谕蕴端多尔济等：倘俄人此次借神职人员和学

---

① 5月12日。

② 参见第477号文件。

员轮换请求得到恩准之机，再次要求与他们同时派使者来北京进贡，蕴端多尔济应坚予回绝。绝对不可应允彼等一同前来！

奴才等跪奉来旨，谨遵圣谕。//73背面//陛下圣明无与伦比！给奴才的圣旨中一方面说明，至圣皇帝恩准满足俄人轮换其神职人员的请求，但同时又洞悉俄人狡诈成性，命奴才等坚拒使团随神职人员一道前来进贡。奴才等谨遵圣命，衷心无限感佩。

奴才等已于二十日①及时将理藩院致枢密院文书送出。此外，又指派协理台吉达西敦多布、色尔古楞林哈等将询问俄方神职人员和学员大致何时到达国境的信函②送交特列斯金省长。达西敦多布等起程之际，奴才等曾严加训示：

俄国省长与尔等谈话时，倘利用将来学生换班之机，打听其他人有无可能随学生一道来北京呈送贡品，尔等应予坚拒，不得犹豫，等等。

俟达西敦多布等返回后，//74背面//③奴才等当另行具折奏报。一俟收到俄国特列斯金省长关于俄方神职人员和学员可能到达边境时间的信函后，奴才等将尽速奏报，同时行文理藩院，一切照例办理。随此奏折将致特列斯金省长函副本恭呈御览。

谨奏。

75页正文末尾：//75//据奏折抄录。在五月初四日④收到

① 5月5日。

② 参见480号文件。

③ 缺74号页码。——中译者

④ 5月28日。

的［由北京返还的］奏折上有皇帝朱批：知道了。

蒙古国立中央历史档案馆，藏档 M-1，案卷 663，72～75 页。库伦办事大臣衙门满文抄文簿抄件。И.Т. 莫罗兹译自满文。

№ 482

1807 年 5 月 24 日。伊尔库茨克民事省长 Н. И. 特列斯金就俄罗斯新一届教士团人员拟于 1807 年 6 月由伊尔库茨克启程前往恰克图事致库伦办事大臣蕴端多尔济、福海函

//457//抄件

全俄罗斯专制君主皇帝驾前伊尔库茨克民事省长、四等文官特列斯金致大清国博格德汗驾前驻库伦办事大臣郡王、昂邦函

阁下等派来的专使协理台吉达西敦多布、色尔古楞林哈等已将贵方来信和理藩院致俄枢密院文书[①]送到，特荣幸地告知阁下。同时为博格德汗陛下同意我教士团进入北京、现驻北京教士团返回俄罗斯，向阁下表示真诚的感谢，并将此看做是阁下对我个人隆情盛意的特别标志。

阁下来信要求事先告知我国神职人员和学员启程及到达恰克图国境的时间，由何人及//457 背面//何级别官员护送，马匹、牲畜数量等。现荣幸地答复阁下：派往北京的新一届教士团早已抵达伊尔库茨克，已做好出发准备，其中有修士大司祭阿颇洛斯、两名修士司祭谢拉菲姆和阿尔卡季、修士辅祭涅克塔里、教堂差役瓦西利 · 亚菲茨基和康斯坦

① 参见 476 号文件。

丁·帕利莫夫斯基、学习汉满语言的学生米哈伊尔·西帕科夫、列夫·济马伊洛夫、叶夫格拉夫·格罗莫夫、马克尔·拉夫罗夫斯基，共10人。他们持有枢密院致贵国理藩院的引见信，领取了到北京的旅费，正在此间待命，准备前往北京。按照过去的惯例，他们将由此间先到恰克图边境，下月即6月定将到达。至于我方将指派何官员护送、随行人员人数以及旅途运输所需马匹及牛羊等问题，我将尽快通知郡王、大臣阁下。请阁下按两帝国间现存的友好和谐的和平条约，对我神职人员和学员//458//给予接待。请派贵方官员与等待出发的教士团会合，护送他们由俄国边境安全到达北京。该团沿途费用由我方自理。

阁下派来的官员一行鞍马劳顿，俟于此间稍作休息，即着其携此函返回。

亲笔签字并盖章

1807年5月27日

于伊尔库茨克城

458页正文下方副署：与底稿核对无误：秘书伊万·维里金

俄罗斯帝国对外政策档案馆圣彼得堡分馆，总档4—4，目录123，1805—1809年，案卷1，457～458页。经核对的底稿抄件。

俄文抄件存中国第一历史档案馆，中俄关系史俄文文献藏档，案卷13，7～9页。

№ 483

1807 年 6 月 6 日。库伦办事大臣蕴端多尔济、福海就俄国形势以及从伊尔库茨克民事省长 Н. И. 特列斯金致库伦函中得知的情况呈嘉庆皇帝的奏折

//94// 五月十三日①

奴才蕴端多尔济、福海等谨奏

不久前，即四月十六日②，奴才等曾具折恭奏：为送交理藩院就俄国神职人员和学员轮换事致俄罗斯枢密院③的复书，奴才等派遣协理台吉达西敦多布、色尔古楞林哈等前往伊尔库茨克。

现达西敦多布等已于本月十日④返回，带回特列斯金的复函⑤。//94 背面//信中说已收到理藩院致俄枢密院文书，并将即刻按地址送出。省长还写道，得知发来了皇帝陛下已恩准俄方学员换班的文书，他认为应该向奴才等表示真诚的谢意，且告知目前他们的学员已在伊尔库茨克，拟于六月启程前往恰克图边境。省长还告知我等，近期即派信使告知护

---

① 6 月 6 日。

② 5 月 11 日——可能由于抄写的问题，日期标错了。应为四月十七日（参见 472 号文件）。

③ 见 476 号文件。

④ 6 月 3 日。

⑤ 见 482 号文件。

送人员名单、总人数、行李、马匹、牲畜数量及其他事宜。

//95//臣等问："何月为俄人之六月？"达西敦多布等答称："与我国历法六月同。"因此奴才等将等候省长来函。但为避免忙乱，奴才等决定现在就命令相关官员和俄国教士团途经各地扎萨克按惯例做好一切必要准备。此外，奴才等已行文理藩院，请求于六月二十日①前指派笔帖式和博什库到库伦护送俄国学生。//95背面//奴才等又问："俄罗斯情况怎样？"对这个问题，达西敦多布等回答如下：

特列斯金省长详细询问了郡王的健康，留我们住了四日。按例给每人赠送了一块毛料、一块绒布及其他小礼物。

另，护送达西敦多布等［到边境］的俄中尉伊万看来是想要打听消息的，他这样说："我们的汗派戈洛夫金使臣和宫廷低级侍从巴伊科夫来呈送贡品，后来又被召回。俄国的汗在贡品上花费巨大，却毫无收益，因此以后是不会再送了。不过从各方面的情况来看，今后还会再派一个相同级别的官员来，//96//那时还会像以前那样在库伦行跪拜礼吗？"

对于这个问题，达西敦多布等是这样回答的：

"这可不是我们考虑的问题。您要是问我们的大理藩院，或者库伦的郡王、昂邦，就能得到明确的回答了。"

听到这些话，俄国中尉脸上露出愉快的表情。他还说："我们的贡品至今没有运回，全都仔细存放在恰克图的北厢。去年我们的新任省长特列斯金还奉我国汗的谕令，对这些贡品进行过一次秘密视察。"[1]

达西敦多布等还报告，沿途所经之处的布里亚特人都说，俄罗斯正同位于其北部的②土耳其开战，//96背面//现

---

① 六月二十四日即公历7月12日。

② 满文文本如此。

在许多居住在伊尔库茨克地区及其他地方的蒙古布里亚特人已应征参战，不得回家。俄国人口头上炫耀对敌人的胜利，但表情却像失败者一般。在自伊尔库茨克返回途中，达西敦多布等仔细观察了俄国百姓的生活，觉得比以前穷多了。虽然蒙古的布里亚特人当面并没有说生活艰难，但却不断提起天朝黄教的佛爷，希望求他们赐福。达西敦多布等未敢对所见所闻多加询问，以免引起事端。

//97// 经考虑奴才等得出以下结论：俄罗斯人对达西敦多布等所说，虽然不能完全相信，但看得出来，他们的实际情况的确如此。故奴才等将此报告及特列斯金省长来信缄于一函，恭呈圣览。

谨具折奏闻。

97 页正文末尾：//97 背面// 据奏折抄录。在本月二十八日①收到的［由京城返回的］奏折上有皇帝朱批：已有旨。

蒙古国立中央历史档案馆，藏档 M-1，案卷 663，94～97 页背面。库伦办事大臣衙门满文抄文簿抄件。И.Т. 莫罗兹译自满文。

注释：

［1］这里指的是西伯利亚新任总督 И.Б. 佩斯特尔。外务大臣 А.Я. 布德伯格于 1806 年 8 月 21 日给他的信中命令他把（为清国皇帝和朝中大臣准备的）礼品接收过来，并“下令对之加意看管，至于礼物的详细清单，请与戈洛夫金伯爵联系……”（见 421 号文件）

---

① 7 月 20 日。

№ 484

1807年，不早于6月14日[①]。军机处为应对俄国一旦再次派遣使团来而给库伦办事大臣蕴端多尔济、福海传达的嘉庆皇帝的上谕

//105// 五月二十八日[②]收到
军机处令行库伦办事大臣、喀尔喀郡王等
嘉庆十二年五月二十一日奉上谕

派往伊尔库茨克递送理藩院就俄神职人员和学员换班一事致俄枢密院复书[③]的协理台吉达西敦多布等回国时，由俄国中尉伊万护送至边境。该俄员意图打听消息，曾说，将来俄国可能再次//105背面//派遣与戈洛夫金同级别的官员[来我大清]。

朕以为伊万中尉乃一小官员，其话不能全信。但此话亦多有所闻，蕴端多尔济等应小心应对。如将来俄罗斯汗请求允许派遣恭谨使臣前来［我国］进贡，着蕴端多尔济务必奏闻，并将该使臣送至库伦。由于此次前来不再是以前的戈洛夫金，//106//故不必在库伦为俄人设宴，也不必要求其演练“叩头”礼。俟进京入宫谨见时，使臣等官员自会明白，

---

① 按圣旨颁布日期（嘉庆十二年五月二十一日）标出。

② 6月21日。

③ 见第476号文件。

不行“叩头”礼乃无礼之举，当不敢拒绝行礼。如使臣随行官员太多，则令其减少至以前数量。如果仅多出十人或十数人，渠等又诚意恳求，可允其同行。着蕴端多尔济等于使团到达库伦后，可安排于十月[①]即朕寿诞之前不久到京，//106背面//或于十二月二十日[②]左右到京。如来使稍早于此时到达库伦，可安排其就地休息数日。如此次彼等于指定时间启程，则的确无理由加以拒绝。无论如何只应静候俄方消息，禁止对俄方来往官员问个不休，甚或暗示彼等朕同意接待来使。

恭奉上谕，特发此令。

蒙古国立中央历史档案馆，藏档 M-1，案卷 663，105～106 页背面。库伦办事大臣衙门满文抄文簿抄件。И. Т. 莫罗兹译自满文。

---

① 此十月从 1807 年 10 月 19 日开始计算。

② 12 月 20 日即公历 1808 年 1 月 5 日。

№ 485

1807 年 6 月 27 日。伊尔库茨克民事省长 Н. И. 特列斯金就俄国教士团人员构成及其他问题致库伦办事大臣蕴端多尔济、福海函

//478//抄件

全俄专制君主皇帝驾前伊尔库茨克民事省长、四等文官特列斯金致大清国皇帝驾前驻库伦办事大臣郡王、昂邦等函

5 月 24 日，贵国派来的官员带回本人致郡王、昂邦阁下的信件①，信中列有派往北京的新一届教士团神职人员和学员名单，并告知他们将于本月即 6 月由此间出发，前往恰克图边境。现我紧急通知阁下，我已指派大尉谢苗・佩尔乌申[1]率领军官衔文书米哈伊洛・波波夫、翻译官雅科夫・布里丘科夫及低级办事员、杂役等 27 人，携带马匹、牛只共 275 头[2]出发。我已命我方边境官员按以往派遣护卫的惯例届时将随行人员名单向买卖城扎拉固齐通报，再由他转告阁下。//478 背面//教士团的修士大司祭阿颇洛斯由于突患严重疾病，不堪路途辛苦，长途跋涉。我方已为教士团出发做好一切准备，为了不使行程中断，决定由修士大司祭雅金甫接替他，现已由此间随团出发，并如我先前所说，拟于本月到达恰克图。在当地进行必要休整后，可望于 8 月内进入贵

① 见第 482 号文件。

国境内。因此我再次请求郡王和昂邦阁下对接受教士团、将其由边境护送至北京以及在贵国境内安全旅行按惯例作出安排，并请将情况交由我方大尉衔专使伊万·维里金于返程时赐告。

特列斯金签字并盖章

1807 年 6 月 27 日于省城伊尔库茨克

正文末有副署：经与底稿核对无误：书记伊万·吉洪诺夫

俄罗斯帝国对外政策档案馆圣彼得堡分馆，总档Ⅳ—4，目录123，1805—1809 年，案卷 1，478～478 页背面。经与底稿核对之抄件。

库伦办事大臣衙门满文抄文簿抄件存蒙古国立中央历史档案馆，藏档 M-1，案卷 663，107～109 页背面①；蒙古文文本存同处，110～111 页背面。

俄文文本存中国第一历史档案馆，中俄关系史俄文文献藏档，案卷 13，11～13 页。

注释：

[1] 谢苗·佩尔菲利奇·佩尔乌申，上乌丁斯克市民，由西伯利亚总督 И. Б. 佩斯特尔任命为领队，护送第九届俄国教士团（1807—1821）到北京。此事 И. Б. 佩斯特尔于 1807 年 7 月 31 日在向外务大臣 А. Я. 布德伯格呈递给佩尔乌申的训令及“指导意见”草案时向他作了报告（俄罗斯帝国对外政策档案馆圣彼得堡分馆，总档 4—4，目录 123，1805—1809 年，499 页）。在佩尔乌申由外务院接到的训令中，要求他在赴北京途中弄

---

① 107 页：6 月 16 日（即 6 月 8 日）［原文如此。——中译者］收到。

清一系列问题，其中包括 Ю. А. 戈洛夫金使团失败的原因。佩尔乌申还接到西伯利亚总督佩斯特尔的训令（见 491 号文件）。1807 年 9 月 17 日佩尔乌申同教士团由恰克图出发，29 日到达库伦，1808 年 1 月 10 日到达北京（见 524 号文件）。

1808 年 4 月 22 日理藩院有文书致枢密院，告知俄国教士团及其领队 С. П. 佩尔乌申一行顺利到达中国首都（见 513 号文件）。领队佩尔乌申和回国的俄国教士团于 1808 年 5 月 11 日启程（见 519、524 号文件）。7 月末抵达库伦［见 25 号文件（应为 525 号文件。——中译者）］，直到 8 月 6 日他们才到达恰克图（见 519 号文件）。归国者在这里受到了盛大欢迎（见 524 号文件）。

С. П. 佩尔乌申记叙到清帝国首都旅行一路往返情况以及清方接待情况的文字，可见于伊尔库茨克省政府办公厅（1808 年，不早于 9 月 5 日）给商务大臣 Н. П. 鲁米扬采夫的报告（见 524 号文件）。《护卫队长佩尔乌申日志》存于俄罗斯帝国对外政策档案馆圣彼得堡分馆，总档 4－4，目录 123，1805—1809 年，案卷 1。

［2］ 翻译 А. 帕雷舍夫在 1807 年 6 月 27 日的满文信件中误把 275 头马匹和牛只写成了 175 头；人数应为 45，但他误为 27（见原档 110 页背面的说明）。

№ 486

1807 年 7 月 10 日①。库伦办事大臣蕴端多尔济、福海就北京护送官员到达边境准备迎接新一届俄国教士团的情况致伊尔库茨克民事省长 Н. И. 特列斯金函

//480//大清国库伦办事大臣郡王、昂邦致俄罗斯国伊尔库茨克民事省长特列斯金函

省长，阁下派来的大尉伊万[1]和米哈伊洛[2]于嘉庆十二年六月十六日②顺利到达此间并呈交来函。由来函获悉修士大司祭阿颇洛斯因病不能成行，将由修士大司祭雅金甫接替，并任命大尉佩尔乌申等为随团领队。信中通报将于六月③到达恰克图，并于七月④进入我国国境。但理藩院指派途中护送教士团之书记官迄未到达。一俟彼等到达，我等立即将其派往恰克图。有关教士团//480 背面//一行旅途事宜，本王已命各地严加护卫，确保安全。省长阁下可以完全放心。

我方安排米哈伊洛大尉等稍作休息后，即携带复函

---

① 嘉庆十二年六月十六日。

② 嘉庆十二年六月十八日。

③ 7月。

④ 8月。

返回。

嘉庆十二年六月十八日①

正文下方有副署：八等文官翻译阿列克谢·帕雷舍夫译。

480页背面正文下方：译自满文。

俄罗斯帝国对外政策档案馆圣彼得堡分馆，总档Ⅳ—4，目录123，1805—1809年，案卷1，480～480页背面。经核对的满文原件译本抄件。

满文抄件存同处，479～479页背面。

库伦办事大臣衙门满文抄文簿抄件存蒙古国立中央历史档案馆，藏档M-1，案卷663，112～113页。蒙古文抄件存同处，114～115页。

注释：

[1] 这里指的是伊尔库茨克省政府办公厅秘书И. Н. 维里金。

[2] 可能是指翻译米哈伊洛·莫斯托夫斯基。

---

① 1807年7月10日。

№ 487

1807年7月13日。库伦办事大臣蕴端多尔济、福海就伊尔库茨克民事省长Н. И. 特列斯金来函告知新一届俄国教士团成员情况呈嘉庆皇帝的奏折

//116//六月二十一日[①]
奴才蕴端多尔济、福海谨奏

前不久奴才等奏称：收到俄罗斯特列斯金省长来函，内称不久即将来函告知今年前往北京[②]神职人员和学员所携带行李牲畜数量。

本月十六日，俄罗斯特列斯金省长又派大尉伊万、米哈伊洛递交来函[③]，内称：俄国神职人员和学员//116背面//拟于六月到达边境，七月便能到达恰克图边境。信中并告知由雅金甫接替原先前指派后因病不能就职的修士大司祭阿颇洛斯，由大尉佩尔乌申及米哈伊洛·波波夫负责教士团护卫工作，随行人员共计27人，携带马匹及其他牲畜275头。信中还提及，教士团到达恰克图后，彼方少校将通知当地衙署及章京，然后循例告知臣等。以上为该函内容。

---

① 7月13日。
② 参见482号文件。
③ 参见485号文件。

//117//奴才等按例安排前来的信使休息两日，赏赐丝绸、茶叶等物，并致信特列斯金省长：理藩院将急派护卫新教士团的笔帖式及其他官员到达恰克图，即刻由该处启程，在严密监护下将来人送达目的地。奴才等已将该信交由大尉伊万和米哈伊洛带回。

但由理藩院指派护送学生的笔帖式等迄未到达。一俟彼等到达，奴才等着其立即前往恰克图，将教士团安全送达目的地。//117背面//现将特列斯金省长来函共三页及臣等回函副本[①]恭呈圣上御览。

此外，奴才等日前于接获返还奏折时得奉上谕[②]，教诲洞察秋毫，卓见惊人。谕旨称："如俄罗斯再派使臣前来进贡，不必在库伦为俄人设宴，也不必演习'叩头'礼。如俄人随行人员稍有超过，且又恳求，可允其同行。但无论如何不得对俄方来往官员问个不休，甚或暗示彼等朕同意接待来使。"

//118//奴才等谨奉圣谕，牢记不忘，并已向指派接待俄信使的官员严予训示。特呈此折，奏达圣听。

118页正文末尾：据折抄录。七月六日[③]收到［由北京返还］的奏折上有皇帝朱批：知道了。

蒙古国立中央历史档案馆，藏档M-1，案卷663，116～118页。库伦办事大臣衙门满文抄文簿抄件。И.Т.莫罗兹译自满文。

---

① 参见486号文件。

② 参见450号文件。

③ 7月28日。

№ 488

1807年7月27日。枢密院为派遣教士团换届并推荐雅金甫任领班事致理藩院文书[1]

//280//全俄罗斯帝国枢密院致大清国理藩院文书

我至仁皇帝陛下依据1728年缔结之全俄罗斯帝国与中国间条约第5条，考虑到仍在北京服务于俄罗斯希腊圣教之修士大司祭索夫罗尼率教堂差役博戈罗茨基、学员帕维尔·卡缅斯基、斯捷潘·利颇夫佐夫、伊万·马雷舍夫、瓦西利·诺沃肖洛夫等长期居留该地，恩准我枢密院指令其返回祖国，并派//280背面//新人接替之。是以根据上述条约该款，特由我院派前次即今年5月7日文书①中载明之雅金甫修士大司祭及其两名助手（以前书信中亦有提及）谢拉菲姆及阿尔卡季，以及修士辅祭涅克塔里，教堂差役瓦西利·亚菲茨基及康斯坦丁·帕利莫夫斯基，带同前去学习汉满语学员米哈伊尔·西帕科夫、列夫·济马伊洛夫、叶夫格拉夫·格罗莫夫、马克尔·拉夫罗夫斯基等人前往。[2]

特将我至仁国君的圣意奉告，谨请贵院求得博格德汗陛下降旨，//281//俟我国新一届教士团抵达后，即着前届教士团修士大司祭索夫罗尼率教士及学员回国，护送其至俄国国境，给予各种协助，准其通行无阻；派去换届的教士，包

---

① 见479号文件。

括修士大司祭雅金甫、修士辅祭、教堂差役、学员等，亟盼能得到友好接待；他们在北京居留期间，请按博格德汗陛下朝廷所定旧例给予生活费；遵照两相邻帝国之间业已存在的睦邻友好亲善关系要求，保护他们享受公正，免遭恶意欺辱。

//281背面//为此，特于基督诞生1807年，亦即全俄罗斯皇帝陛下、专制君主亚历山大一世在位第7年7月27日，由我帝国京都圣彼得堡城发出此文书。

俄罗斯帝国对外政策档案馆圣彼得堡分馆，总档1—5，目录4，1823年，案卷1，卷夹15上，280～281页背面。底稿。

满文稿由А.Г.符拉德金拟写。

手稿存同处，284～284页背面。

拉丁文底稿存同处，282～283页。

俄文抄件存中国第一历史档案馆，中俄关系史俄文文件藏档，案卷13，57～60页。

注释：

［1］1807年7月27日颁发的推荐雅金甫的文书，是根据外务大臣А.Я.布德伯格的命令，作为枢密院1807年5月7日致理藩院文书的补充文件而起草的。（见479号文件）后一文书伊尔库茨克是在6月12日收到的，当时西伯利亚总督И.Б.佩斯特尔提了意见，认为这通文书仅仅是“知会性”的，而不是“推荐性”的，不宜由雅金甫递交清政府。就此事交换文函的情况，见俄罗斯帝国对外政策档案馆圣彼得堡分馆，总档1—5，目录4，1823年，案卷1，卷夹15上，288～294页。

［2］关于第八届和第九届俄国北京教士团的详细情况见П.Е.斯卡奇科夫：《俄国中国学史纲》（请查阅人名录）；又见516号文件。

№ 489

1807 年 7 月 28 日。伊尔库茨克省衙门秘书维里金就作为信使的库伦之行以及清方有意再次接受俄国使团的消息给西伯利亚总督И. Б. 佩斯特尔的报告

秘密

//481//十等文官维里金向二等文官、枢密官、西伯利亚总督、赏戴勋章佩斯特尔大人呈递的报告

卑职遵照大人于上个月 6 月 20 日指示，以省长信使的身份由伊尔库茨克动身去中国库伦，谒见当地办事大臣郡王及昂邦。本月①4 日抵达特罗伊茨科萨夫斯克要塞，向当地边境官厅要了一名哥萨克班长、若干名哥萨克、一名翻译，于 5 日出境。卑职途中情况，到达库伦后受到郡王及昂邦接见//481 背面//、彼处官员接待以及后来返程等情况，均于旅途札记[1]中有所记载，恭请大人钧览。卑职于身处中国期间，不敢放过一次体面恰当的机会，反复向中方官员宣示，我国国君真诚希望同中国朝廷保持世代友好和谐。彼方对此特别关注，深感满意，也对卑职表示说，他们的博格德汗②同样真诚地希望保持迄今存在于俄中两国之间的友好关系。

---

① 7月。

② 此处和以下的着重线为文中原来所有。

而且，无论从中方官员还是办事大臣的态度来看，发现他们对同俄罗斯保持这种友好关系极为关注，//482//因为这些官员在所有场合都在反复向我强调这一点。在谈到我国上次派出的使团时，北京朝廷非常希望再派一个使团去见它，正在等待中国理藩院就此向俄国枢密院尽快发出文书[2]。如果俄国宫廷再次派出使团，它将受到接待，对方将免除一切民族礼仪，但到北京后仍须遵守。

另据卑职留意打听，中方没有出现任何值得注意的情况。唯有两名曾到过我方哨卡的协理札萨克说，跟郡王和昂邦共同理事的贝子（他曾把俄国使团由恰克图接到库伦），现已//482背面//调任乌里雅苏台参赞大臣，不日即将赴任。为由边境接待和护送我教士团至库伦，郡王和昂邦任命了手下几名扎拉固齐衔的官员，由库伦至北京的护送工作则由另一位京官负责，现正等待他的到来。

此外，卑职在打探时还不动声色地从郡王和昂邦手下官员中的一名侍卫（即他们的副官）以及一名给他们当秘书的很受他们信任的博什库那里打听过，北京是否有宫廷记录和有关于博格德汗起居工作的记录出版。但他们明明白白地告诉卑职，//483//北京根本不出这种东西，北京送给库伦办事大臣的只是同蒙古有关的命令。有关中国内地发生的情况，库伦什么消息也收不到。

卑职出国时，由于是初次到那边出差，恰克图海关关长瓦尼方季耶夫为帮助卑职尽量结识中国官员，除由国库给卑职调拨狐皮作为礼品外，又自己拿出一些小镜子和海象肉干，卑职在恰克图至库伦沿途每站都给驿站长——各位章京和昆度——送了一些。他们在接待卑职时把我从一站//483背面//送到下一站，表现出对卑职的特别尊重和热心，使卑职途中免受阻滞。卑职对他们态度亲切，换取了他们的关照，产生了影响。他们在接受卑职的礼物时，竟按对方习俗单腿下跪，低头表示感谢。当返回驿站时，都要来到卑职的帐篷，向卑职致意，心满意足地与卑职告别。

十等文官维里金

1807年7月28日

481页正文上方：1807年7月28日呈递。

同处：№ 81。

俄罗斯帝国对外政策档案馆圣彼得堡分馆，总档4—4，目录123，1805—1809，案卷1，481～483页背面。原件。

根据原件发表在：《19世纪和20世纪初的俄国外交政策》，卷4，26～27页。

注释：

[1] И. Н. 维里金在担任信使到过库伦之后，呈交了一份旅途札记，其中有以下内容：

7月5日在边境官厅委派的三名哥萨克、一名翻译陪同下由恰克图出发前往中国的买卖城。同七等文官康德拉托夫一道拜访了中国的扎拉固齐。他对我的接待十分亲切。在他那里寒暄了一个小时左右，乘上了按他们的习俗准备的两轮马车，便出发越过了边界。到库伦一路，来回都是在一位特别警官章京（此处及以下的着重线都是原文所有。——俄编者）和一个蒙古人的陪同下，他们的任务就是在每一站为我准备驿马和住地。这住地就是蒙古包，比一般的蒙古包陈设要整洁，对此他们特别做了一些努力。走了两站以后，因为天色渐晚，我便停下来过夜。6日（7月。——俄编者）走了5站开始宿营。7日走了4站，夜宿在距库伦一站的地方。8日到达库伦，安顿在专门为我准备的蒙古包，赴中国特命全权使臣尤里·亚历山德罗维奇·戈洛夫金就是住在这里。在安排进蒙古包之前，两名中国官员图苏拉克奇和一名章京以一贯亲切殷勤的态度接待了我。他们告诉我，郡王和昂邦特派他们来接待我。我请他们接受我跟他们交个朋友，他们非常高兴地回答说，很愿意交我这个朋友。不久，两名图苏拉克奇去向郡王和昂邦报告，说我已经到库伦了。回来后他们说，郡王和昂邦希望我在经过艰苦的旅途之后稍事休息。这时，郡王和昂邦手下的两名官员和一名在他们身边担任副官的侍卫以及另外一名博什库，也就是他们的秘书，跑来见我，祝贺我顺利到达，问我何时能把省长先生的信送过去。

我回答他们，我随时听命，希望郡王和昂邦当天就接见我。听我这么说，他们就回去了。后来又来见我，告诉说郡王和昂邦在等着我。于是我在两名图苏拉克奇、前述的侍卫、博什库和不少蒙古兵陪同下，带着我手下的班长、哥萨克和翻译，骑上马一同前往郡王和昂邦的官邸。路途大约有一俄里。到达后在第一座大厅受到满蒙官员的接见（那里有不少下级军人，叫做亲兵，还挎着刀）。穿过这座大厅，进了另一个房间，两名扎拉固齐迎接了我，经他们通报后，我被请进了郡王和昂邦的房间。当我走进房间，把信件交给他们的时候，他们对待我非常亲切，面带笑容先问候了省长先生的健康，然后又问一路是否平安，各驿站对我的接待是否令人满意。我以体面的礼貌和尊敬态度回答了问话，说省长先生身体安康，命我向他们重申友好的尊敬，说我这一路走来都平平安安，事事感到非常周到。看来他们对此非常满意，给我上了茶。后来郡王吩咐我回住地休息。我向他们鞠了一躬，在两名图苏拉克奇和两名章京的陪伴下回到住地。紧接着侍卫和博什库也跟着来了。于是我用各种饮料招待他们，对待他们非常亲切友好，此后他们不时就来看望我，真心实意地向我承认，跟我交朋友非常有意思，我们之间的关系搞得这么好，他们一定要禀报自己的上司，这样的友好交往一定会使他们感到非常高兴。第二天，也就是 9 号一早，经跟我住在一起的图苏拉克奇邀请，我跟他们一起到呼图克图活佛的庙里去，那地方诵经的喇嘛有 5000 名，经书叫‘丹珠尔’。回住地的途中我也是同前面提到的郡王和昂邦的图苏拉克奇及博什库同行，我们去了一趟离库伦大约 5 俄里的中国买卖城。在那里我到了最好的房子里，受到中国商人非常亲切的款待，喝了茶，吃了水果。在这种情况下我能够看出，当然是郡王和昂邦吩咐这些官员安排这种接待的，因为他们领我去的那些中国房子里，已经做好了招待我的准备。我在那边逗留的时间不超过两小时，就回到了住地，并感谢这些官员带领我去看他们的庙和买卖城，说我认为这一切都是他们对我友好感情的标志。我到买卖城去的时候，中国人由于从来没见过俄国人，在街上挤得人山人海，水泄不通。中国官员只好把他们驱散。

10日郡王和昂邦派手下的侍卫和博什库来召见我，要我去接受回信。当我到达的时候，接待我的方式方法同头一次一样。把回信交给我的时候，他们嘱咐我向省长先生转致敬意，一定要表达他们对他的友好情谊。这是一种同两帝国之间现存的友好和谐、相安无事、和平宁静相一致的情谊。然后，他们赐给我两匹叫吴丝的绸缎，两箱白毫茶，赐给我手下的翻译莫斯托夫斯基半匹同样的绸缎，赐给哥萨克两包砖茶。

无论我如何尽力辞谢这些礼品，他们都坚持要我收下。我谢过他们对我的好意，向他们鞠躬告别，在那些中国官员的陪伴下，回到自己的住所。我把特罗伊茨科萨夫斯克边境官厅拨给我的22张狐皮送给了这些官员：郡王和昂邦手下的侍卫和博什库各4张狐皮，两位图苏拉克奇各3张，从恰克图到库伦往返护送我的章京给了3张，在库伦照顾我的章京给了两张。他们收到我的礼品，都特别感谢，并也回送了我礼物：侍卫和博什库送了我半匹叫吴丝的绸缎，7个带火石的绸缎荷包；两位图苏拉克奇各送我半匹黑充缎，两块小丝毯，两只鼻烟壶。尽管我一再谢绝，无奈他们坚决要我收下，说这是他们对我真情实意的标志，希望我将来也要跟现在一样对他们好，如果我需要哪些库伦的东西，就给他们写信，他们会非常乐意给我办。我感谢他们对我如此热心，向他们保证，只要他们有什么事求我办，我也一定非常乐于帮忙。最后，就在我眼看要出发的当口，他们在同我告别时向我表示了真诚的友好情谊以及对我的好感，把我送到马车上，还对我说，他们对我表现的尊敬，超出了平素的规定。这样，我告别了他们，于当日傍晚离开了库伦。到恰克图的行程同来时的完全一样。13日抵达中国买卖城。我去拜会了中国的扎拉固齐。他带领手下官员欢迎我，非常亲切地会见了我，招待我喝茶、吃水果、喝中国酒。在出来会见我时，他说他看见我健康归来，心里非常高兴，虽然我从未到过库伦，路上倒是一点没耽搁，真是出乎他的意料。我把这一切主要归功于他给我派的章京，由于他的努力，各站一切顺利，毫无阻滞。我在他那里逗留了约一小时，便前往特罗伊茨科萨夫斯克要塞。由库伦伴我归来的章京以及扎拉固齐手下的其他两名同级官员、一名昆度及七名蒙古兵陪同前往。当我抵达要塞为我准备的房间时，我请大家喝了沃特卡酒和葡萄酒，并赠予其中两名扎拉固齐的章京和昆度每人一张狐皮，赠送蒙古兵小镜子和海象肉干。他们收礼时都特别感激，深表敬意，单腿下跪，俯首致意。随后向我告别，非常满意地回到买卖城。

十等文官维里金（俄罗斯帝国对外政策档案馆圣彼得堡分馆，总档4—4，目录123，1805—1809年，案卷1，484～488页背面，原件）。

［2］但理藩院并未向枢密院发来文书。

№ 490

1807 年 7 月 31 日。И. Б. 佩斯特尔就信使 И. Н. 维里金由库伦返回及俄国地方官府同清国官员往来等事给外务大臣 А. Я. 布德伯格的公函

秘密

//477//安德烈·雅科夫列维奇阁下钧鉴：

本人收到亚历山大·尼古拉耶维奇·萨尔蒂科夫伯爵公函内所附外务院 5 月 18 日命令，撤销原定修士大司祭阿颇洛斯参加教士团的北京之行，决定以修士大司祭雅金甫替换之。该决定业已以伊尔库茨克民事省长先生的名义知会库伦办事大臣郡王和昂邦。为此，特派本人办公厅秘书维里金为专使，递送此信①。现荣幸地呈上此信的抄件。秘书维里金已由库伦返回，带来了库伦办事大臣的复函②（送上抄件并附译文）③，内称：彼方已就在边境接待教士团一应事宜作出必要安排。阁下定能从秘书维里金所呈报告及旅途札记[1]中看出，他受到中国官员的接待绝对不同于以往，他们给予他参观呼图克图活佛寺庙的机会，庙中//477 背面//喇嘛人数达 5000 之多；又领他逛了离库伦约 5 俄里的中国买卖城。中国人的这种态度，完全证实北京朝廷同俄国保持永久友好关系怀有真诚愿

---

① 见 485 号文件。

② 见 486 号文件。

③ 括号是文内原来就有的。

望，因为几乎在所有场合他们都提出了这样的保证。

秘书维里金由库伦回到此间时，带来郡王和昂邦手下的一名图苏拉克奇官员给本地市长卡尔塔舍夫一封信。该官员是在今年为库伦办事大臣担任信使时同卡尔塔舍夫结识的。随信还带来了一把中国小刀作为礼物。现荣幸地将致该市长信件的译文抄件呈上[2]。以上情况说明，同中国人的友好关系正在变得紧密起来，他们对于信使的接待和边境的安排都感到非常满意，而且随着时间推移，利用这一次次琐细的信件往来，当可同他们建立正式联系。为达到此目的本人将不遗余力。

谨此荣幸地向钧座致以崇高的敬意，

您最恭顺的仆人
伊万·佩斯特尔
1807 年 7 月 31 日
于伊尔库茨克

477 页正文上方：8 月 31 日收到。

477 页背面：№ 78。

俄罗斯帝国对外政策档案馆圣彼得堡分馆，总档 4—4，目录 123，1805—1809，案卷 1，477～477 页背面。原件。

根据原件发表在：《19 世纪和 20 世纪初的俄国外交政策》，卷 4，27～28 页。

注释：

[1] 参见 489 号文件注释 1。

[2] 信件译文的抄件由 H. B. 谢米夫斯基于 1806 年 9 月 18 日呈送外务院，于 1806 年 10 月 26 日收到。（俄罗斯帝国对外政策档案馆圣彼得堡分馆，总档 4—4，目录 123，1805—1809，案卷 1，368～368 页背面）

№ 491

1807 年 8 月 2 日。西伯利亚总督 И. Б. 佩斯特尔给奉派护送换届俄国教士团到北京的带队警官 С. 佩尔乌申的训令

//508// 秘密①

给随教士团赴北京带队警官的秘密训令

你将随教士团前往俄国的邻国——中国。中国同我国有商务关系，也有一些其他关系。在政治方面和其他事务方面，当两国结成联盟的时候，往往要求了解相邻国家各种事务的消息。根据以往派遣类似人员的惯例，随行的国家警官都由上司发给秘密训令，根据不同时代的要求，收集沿途城市和首都北京的各种情况。现将此事委托于你，着你随时留意，尽可能细致地但不动声色地深入当地生活，打探上述各项内容，具体如下：

1. 你在越过俄国边界，一路至北京途中，要注意观察中国人、满人、蒙古人对俄国人的行为举止、看法、态度和观点。这很容易从他们的待人接物，从是否殷勤周到，是否迟缓怠慢，是否热情，是否冷淡等情况中看出。由于你们的路线要经过库伦，故可以事先为未来的思考做一些准备，尽量多了解一些上次俄国赴中国使团的情况。百姓的传言虽不足信，但也可以使我们就当地//508 背面//对该使团的评价

① 着重线是原文中有的。

有一个了解。到北京后你要了解英国和别国商人的数量，如果有的话。要了解他们同中国人的交往关系到了什么程度，以及他们的货物在这边需要的数量，因为1792年英国使团的成功[1]为该国国民向博格德汗争取到在广州，而且甚至是其他中国领地有利可图的自由贸易权以及进入北京的权利。途中还应事先了解当地是否有慢性病或疫病，它们有什么症候，会造成什么后果，是否会延误正在向恰克图进发的商队，具体在什么地方？是否有检疫措施？你在途中对上述事项要密切加以注意。

2. 到达北京后要密切注意观察长官以及百姓在首次遭逢你们时对你们的看法和态度。在你们居留当地期间，似应要求你们先结识耶稣会士，同他们友好相处，已故的八等文官伊古姆诺夫当年在北京就不止一次同他们打过交道。但却不可信任他们，为获取政府需要的情报而采取的所有行动都要尽量明智。他们对你们获取情报可能会有所帮助。//509//希望你们能逐个对耶稣会士团体成员进行描述，把他们所做何事，对政府决策的影响力，他们对欧洲各国的倾向性加以说明。最后，还要打探我教士团现在身在俄国的修道院主持（领班）① 是否受到他们尊重。

我想，在沿北京大道前往张家口的途中，你多少会见到一些英国商人和英国货物。须知，英国人已获准进入北京，因此你一定要尽最大的努力打探，英国人是否同1792年一样，继续享有进入北京的权利？

众所周知，1792年使团在随员中留下了几个人常驻北京，要尽量探明，还有几个人留驻该地，都是什么衔，以何为业，与大臣们、主要官员们以及朝廷亲密到何种程度，生

① 原文中有括号。

活的富裕程度如何，是否领取博格德汗的薪俸，是否常给官员们送礼，送什么礼，对北京都有些什么看法。而且，要尽量收集过去历年欧洲人和英国人在解决自己同中国人之间的贸易问题时都提了些什么要求。要努力获取明确的情报，以了解有关他们已经实施和正在实施的//509背面//不利于俄国的劝诱行为。还要打探中国人对所有外国同他们之间贸易关系的看法，分国别加以整理。

3. 在考察他们的商业时要不动声色地打探北京的商业技巧。你们一定要首先用心在张家口和其他通衢大邑打听是否有英国货物，如有所发现，要了解它们的价格，它们的等级以及中国人喜爱的情况。是否有豪华的英国商品出售，如：堪察加海龙皮、海狗皮、玄狐皮、海狮皮等。对这些货物，你们极难区辨其是否为俄产或英产，此处拟解释一些他们的特征：1）英产堪察加海龙皮在皮板加工工艺上略优于我国，大多经过熏蒸软化处理；玄狐皮因是岛产，毛针比我国的更粗。虽然它们彼此十分相似，但：2）我国的海龙皮和玄狐皮最容易区分，因为其中有一些加盖了火漆印记，很易于辨认。英国海狗皮同我国的区别在于它们都带一条腹皮，皮板的加工//510//工艺区别很大。

在承认你同耶稣会士的结识将对获取这些情报非常有用的同时，还是有必要提醒你，这些耶稣会士曾经对北京政府拥有巨大的影响，得到朝廷的信任，因此无疑可以得出结论，英国人一定也不会放过同这批老北京套交情的机会，这是一桩令人动心的事，他们会利用友好的态度和贿赂来巩固这种交情。因此，在同他们谈话时，你一定要非常小心，第一次同他们见面时绝对不要涉及你们要打听的东西。如果他们主动谈到英国的贸易，你们应该装出一副对这种消息不太感兴趣的样子，但也不要公然拒绝，以免导致他们很快就中断谈话。表面上可以装出一种冷淡的注意，把目光转到一边，似乎听得有点心不在焉。

如果过些时候他们又继续谈到这个问题，你还是要表面上装作冷淡，然后可以选择其中你所需要的消息，可以打乱顺序，但却不是突如其来，尽情地加以询问，防止他们看破你的真正用意。如果耶稣会士问你在俄国对北京的英国人和其他外国人都有什么看法，那你就回答说什么也不知道，而且说似乎什么也没有听说，还要//510 背面//说你住的地方是在靠近边界的恰克图。如果他们无意间透露英国人有意加强广州的贸易，而且其货物就是通过恰克图运进中国的那种，你就可以作出温和的反应，表示难以相信，因为英国人无法拥有从俄国运往恰克图的所有各种毛皮和其他货物，唯有俄国的气候才允许它拥有这样的天然物产。而且他们也不可能如此大批量地采购作为中国一大收入来源的中国坯布。英国人同样也不可能采购大批量的茶叶，因为这不是他们贸易的内容，而且，他们企图以自己独家货物满足整个中国需要的打算是很难成功的。他们的贸易项目更主要的是金银，而不是茶叶和中国大布。

5. [①]要尽可能详细地了解中国人对恰克图贸易的看法，听听他们的一般反映，有没有缩小贸易甚至终止贸易的想法。如果有的话，是什么原因。

6. 此外还要探听与此间商业相关联的中国货物制造业的状况，它们是否会有新的增长，已经开办的是否会供大于求？我国货物在他们那边销售情况如何，//511//特别是呢绒，如马斯洛夫呢、米季里茨克呢、科尔洛夫呢、特里特察托夫呢等等。哪些货销路不畅，哪些货滞销，为什么会滞

① 此处编号有误。缺第4点。——中译者

销？我们的货和他们的货在国内的价格如何？

同时，在往返北京的途中要注意：卡尔甘正在为恰克图准备多少货物？有多少货物正在运往此间进行交易的途中？

7. 往返途经蒙古时，可秘密探听他们是否满意现状。如果发现他们不满，可暗地不动声色地顺他们的话题摸摸情况，看他们有什么打算，呼图克图是否跟他们的想法一致？蒙古领主土谢图汗现在哪里？

8. 中国国内是否有重大的变故？倘有，究竟是什么变故？原因是什么？他们是否在对谁开战？要对哪些民族开战？已经打了多久？他们对此有何看法？特别是他们的政府，究竟是想要结束战争还是继续打下去？对此有何打算？是大家一致的看法还是有反对意见？

第一条中着你在赴北京途中//511 背面//打探疫病和各种疫情，同时命你到北京后亦要对该部分情况继续打探。

9. 你还要打探我们都知道的那批由俄国逃往中国的卡尔梅克人，了解他们目前的状况，生活是否安定？他们是否已被分散到各地，特别是分散到克尔克孜边境居住？他们游牧的地方离哪个汗国比较近？有没有一块专属他们的共同栖息地？此外，他们那里是否有被裹胁的俄国人？或者逃亡的克尔克孜人？这样的人有多少？在那边已经居留了多长时间？

10. 要求你在打探上述各项时要特别注意打探最近一次俄国使团到中国的情况。第一条就要求你在库伦以及途中要打听该使团到库伦的当时的情况，了解俄国使臣同将军郡王会见的情况，他们互相之间的关系，他们在当地逗留的性质，一个月后使臣带领随员返回俄国的情况。

要把谈话中涉及的有关使团在赴北京途中停止前进的形形色色的原因//512//事无巨细地全部收集起来，同时还要注意中国人谈到这一未实现之旅时的表情和腔调。如果他们的口气是惋惜，那你可以对他们的善意表示赞赏，但却不必进一步深入探讨。如果有人问我国使团的目的是什么，你应该立刻回答，唯一的目的就是继续保持双方不可动摇的和谐与友谊。收集到各种有关使团的情报之后，可以在北京对之作更详细的了解。尽管边境官厅已部分了解到使团到达库伦后使臣同库伦的将军郡王会见的情况，他对使臣提了一些什么建议，使臣没有接受，这就造成了后来停止继续向北京前进的原因，尽管//512 背面//这里一切都很清楚，但现在再把这件事委托给你去做，要求你详细打探一切，把途中收集到的情报同北京获得的情报结合起来考虑，待回国时予以呈报。

同时你要尽可能了解中国朝廷对该俄国使团的看法，了解中国人由这次失败中得出了什么结论，是否能看出他们对我使团未能放行北京有惋惜之意？你要得体地通过闲谈打听，当中国朝廷准备接待俄国使团时，北京先是下达了一些什么指令？沿途采取什么措施护送该使团经由何途从库伦到达北京？在使团经由的各城市，都做了一些什么准备工作？专门任命了哪些官员在途中护送？//513//到达北京后准备如何迎接使团？入城时打算举行什么仪式？如果他们很在意接待的礼节排场，是否会对中国老百姓造成负担？总之，北京居民在等待使团到来时有些什么感觉？突然又回去了又有什么感想？如果可能，就打探一下中华帝国是否会同意接待一个新的使团，皇帝陛下是否会同意重新考虑这件事？人们私下里对此有什么看法？会不会感到是个负担？或者会高高

兴兴承担这样的义务？这一条相当重要，须加意执行……①

各页左侧页边及正文下方：经与正本核对无误。秘书维里金。

俄罗斯帝国对外政策档案馆圣彼得堡分馆，总档 4—4，目录 123，1805—1809 年，案卷 1，508～513 页。经核对的抄件。

注释：

[1] 这里指的是马嘎尔尼使团（见 53 号文件，注释 1）。

---

① 以下从 11 条至 14 条为有关中国对外政策和呈递报告程序的内容（同处，513～514 页），从略。

№ 492

1807年8月5日。外务院驻恰克图特派员康德拉托夫就同清朝边境衙门及大清国商人的交往问题给西伯利亚总督 И. Б. 佩斯特尔的报告

//32//1807年8月5日外务院驻恰克图特派员、领边境事务七等文官康德拉托夫呈西伯利亚总督的268号报告（抄件）

本月（8月）2日，大黄供货商布哈拉人阿布达莱姆前来见我，谈了许多他在库伦的情况。他告诉我，买卖城的扎拉固齐同他谈到同我的友好交往，表示非常满意，同时表示惋惜，因为他在边境居留时间虽然不短，但同边务专员却还无缘会晤。请求我找机会介绍他们相识。我答应了。当天就把这件事告诉了关长先生和专员先生。他们经过商量，决定通知做买卖的商人，让他们应扎拉固齐的好意，邀请几位中国大商人来特罗伊茨科萨夫斯克要塞，到专员家中赴宴。商人们对此建议非常高兴地同意了。但不经扎拉固齐的同意这样的邀请就无法成行。于是专员先生想招待扎拉固齐同他的商人们的意思就通过阿布达莱姆给扎拉固齐传了过去。他听说这番好意之后，高兴地同意了。然后派了两名合伙人到买卖城去邀请中国大商人，共请了23人。他们全都高兴地接受了。3日，请客之事筹备就绪，通过两名通事知会了扎拉固齐先生，然后又以专员先生的名义请他偕同商人们前来赴

宴。11时扎拉固齐偕同佐领，在商界精英的簇拥下，//32背面//带同随从6人，衣锦衣、骑骏马，在蒙古噶尔丹和两名章京护卫下到来，前面还有18名蒙古兵开道。他们排开这样的阵势来到我的住处。这时我同聚会的俄国商人极其隆重地迎接他们，以茶、糖果、优质沃特卡和葡萄酒招待他们。一小时后关长先生派来了两辆敞篷长马车。我同扎拉固齐、佐领等坐上了其中的一辆，另一辆则供上了年纪的中国商人乘坐。其他人骑马，由一名百人长率12名全副武装的哥萨克护送而行。我们来到特罗伊茨科萨夫斯克要塞专员先生的家中，受到他和在场的商人的接待。在关长先生的关照下，两个房间里的桌子上已经摆好了50个人的吃喝。官员们同商人们分开，单独坐在一边。大家在乐曲声中高兴地又吃又喝，末了又端上了甜点、咖啡和茶水。餐罢，中国商人请求扎拉固齐和我们允许他们访问他们熟识的我国商人家庭。我们高兴地答应了。他们拜访了科仁、涅沃林、皮亚季杰夏特尼科夫、叶兰斯科夫，后来又去了教堂。傍晚时分回到专员先生的客厅。这时扎拉固齐出来对他们说，要他们在做生意的时候以这种友好的态度做榜样，这种态度是世界上两位伟大君主通过他们的臣民［指着自己和我们］① 促成的。你们可以尽情地参观你们的货物，//33//但却一定要防止互相之间搞欺骗，这样才能够保持相互之间的信任，更好地巩固我们两国伟大国君的联盟。为此，国君们一定会表扬我们。接着他又向专员和我们表示了感谢，跟我一道按原来的顺序离去。我们乘车穿过整个村落，来到一座特意在路旁架设的帐篷。在那里又用茶水等招待了我们一番，奏起了音乐，主客甚欢。然后，又统统到了我家，再次受到款待。最

① 括号是文内原有的。

后，大家殷殷道别，心满意足地回到了买卖城。

4日①扎拉固齐派两名章京来对款待表示感谢，还赠送了乐师和歌手118块砖茶，价值148卢布50戈比。我向海关做了申报，在他们来访的时候，我托他们捎去一条关长先生送给我的活的大鲟鱼。4日当天戈尔达②达西蓬楚克前来见我，感谢邀请他跟扎拉固齐一道到我们这边来做客，并通过哥萨克军士米哈伊尔·布尔拉科夫向我传话，说同我们的友好交往使扎拉固齐感到非常高兴，因为上回他到我跟我国商人这边来时，他把这事向库伦的郡王和昂邦做了报告，他们对此大加赞扬，命令要对这样的友谊精心维护，务使其牢不可破，并保证要向博格德汗陛下奏报。特将此情况向大人详细禀报[1]。

32页正文上方：给二等文官佩斯特尔的1988号书信附件。1807。

33页正文下方：与原件核对无误。办公室主任维登斯基。

俄罗斯帝国对外政策档案馆圣彼得堡分馆，总档1—9，目录8，1806—1819年，案卷2，32～33页。经核对的抄件。

注释：

[1] 从1807年5月至10月，西伯利亚总督И.Б. 佩斯特尔不断有情报告知外务大臣А.Я. 布德伯格，然后是Н.П. 鲁米扬采夫，俄清两国边境当局时有友好来往。5月5日，他写道：恰克图边境长官科留科夫“解释说，除了各种情报都说明北京朝廷对俄国态度良好外，边境中国人现在

---

① 8月。

② 左侧页边：蒙古人的书记官。

的态度也是一个证明。因为如果情况不是这样，就难以指望扎拉固齐能允许手下人员不仅到恰克图来，而且还到特罗伊茨科萨夫斯克要塞来，这种事过去从来也没有见过……”（俄罗斯帝国对外政策档案馆圣彼得堡分馆，总档1—9，1809～1819，目录8，案卷2，22页背面）

6月5日佩斯特尔就买卖城扎拉固齐访问科留科夫一事写道，他们会见的性质无疑证实了北京朝廷怀有同俄国保持良好关系的愿望。“他们在同我方交往的各个方面都表现得如此安详和令人愉快，实在是达到了我们所能希望的极致。当地的扎拉固齐政府虽然看来似乎微不足道，但它却严格地遵守着大系统的约束。绝不敢越雷池一步，哪怕是最微小的地方。没有上面的命令，扎拉固齐是不敢乱走一步的。看来，扎拉固齐显然是由于等待批准而回避同科留霍夫个人的会见，时间也证实了这一点……”（同处，24页背面）

6月19日佩斯特尔描述了买卖城的扎拉固齐在中国民族节日那天接待恰克图边境长官科留科夫的情况（同处，26页）以及6月26日恰克图新任边境长官康德拉托夫同扎拉固齐的会见（同处，27页）。7月2日佩斯特尔又谈到了买卖城扎拉固齐访问恰克图贸易村的消息（同处，28页）。

8月14日，他提到买卖城扎拉固齐同中国商人来拜访特罗伊茨科萨夫斯克边务衙门专员卡什皮列夫的消息以及库伦办事大臣赞同这些友好往来的消息（同处，30～31页背面，发表在《19世纪和20世纪初的俄国外交政策》，卷4，35～36页）；9月4日，谈到关于向买卖城扎拉固齐通报，俄法之间缔结和约，为此在恰克图将举行隆重的庆祝活动，扎拉固齐并将此消息禀报库伦当局的事（同处，34～34页背面，发表在《19世纪和20世纪初的俄国外交政策》，卷4，64页）。

在9月6日的报告中，佩斯特尔描述了买卖城对俄国边境当局和俄国商人的隆重接待和宴会情况（同处，36～37页，发表于《19世纪和20世纪初的俄国外交政策》，卷4，76～77页）。

№ 493

1807 年，不晚于 8 月 29 日①。外务院呈亚历山大一世皇帝的奏章，请求就留存于伊尔库茨克的使团礼品的处理给予指示

//121//关于使团留存伊尔库茨克的毛皮的奏章

//122//本月 19 日皇帝陛下通过二等文官古里耶夫向外务大臣传达圣意[1]，涉及官价 52612 卢布 30 戈比的毛皮，原为赴中国所准备，使团留置一直未曾使用。圣上问：该项毛皮是否还有必要作为官家礼品留存伊尔库茨克，抑或应归还宫内厅?

去年，即 1806 年 8 月，外务大臣向西伯利亚总督佩斯特尔宣示皇帝陛下旨意称②，//122 背面//根据皇帝陛下的圣意，此项礼品仍按原定用途送给中国博格德汗皇帝，如果中国人同意接受，经总督确认后可直接送交买卖城扎拉固齐。同时责令对之妥为保管，务使完好无损。

根据传言得知，中国人//123//似乎希望俄国再次向他们派遣使团。1807 年 4 月 12 日，外务大臣在巴滕施坦向佩斯特尔先生宣示了圣意[2]，我皇帝陛下的旨意如下：俄国宫廷丝毫没有动摇第二次向北京派遣使团的意图，但需经正式

① 文件没有日期。日期根据批语中所标日期确定。

② 见 421 号文件。

途径宣布，而不能通过我国//123 背面//低级官员暗示。

为了执行此两道旨意，佩斯特尔先生要求给予时间和等待有利时机，以便同中国边境长官接近，故而外务院至今未能得到他令人满意的回答，而且从他的某些报告中可以看出，他认为通过使团同中国人谈判不大可靠。

谨请皇上根据上述情况//124//圣裁：礼品是继续留在伊尔库茨克，还是送还宫内厅，这个问题取决于一个前提——是否要第2次派遣使团，或者说中国人是否同意按原来的用途接受礼品。

根据北京朝廷一贯的思维方式和行事作风来看，要想他们就这两个问题说明自己的态度，就无可避免会遇到拖延、困难和模棱两可，佩斯特尔先生对此是否还有别的授意尚不得而知。

//124 背面//此外，若无精心照看，礼品，特别是毛皮，就可能遭到损坏。

皇帝陛下是否可以向西伯利亚总督下一道这样的谕旨：如果他在上述这两个问题上还不能得到中国方面的明确回答，则必须考虑到毛皮如继续存放，就有可能损坏，//125//如果认为短期内无法将它们派上用场，就需要根据自己的判断立即把它们运回来。至于镜子和其他礼品该如何处理，可等待此间的决定。事先亦可将你们认为最好的处理意见报来。

现谨荣幸地把佩斯特尔总督由二等文官戈洛夫金处接收的礼品的//125 背面//现状编制成一份简要的清单[3]，呈皇帝陛下圣览[4]。

1807年8月［……］① 日。

---

① 日期在文件中未标出。

121 页上：根据副外务大臣的指示起草。8 月 19 日呈报。未有决定。

俄罗斯帝国对外政策档案馆圣彼得堡分馆，总档 1—7，目录 6，1805 年，案卷 1a，卷夹 30，121～125 页背面。原件。

注释：

［1］1807 年 8 月 19 日皇帝办公厅主任 Д. 古里耶夫给外务大臣 А. Я. 布德伯格的公函中要求："皇帝陛下谕令我致函阁下，要求阁下将这批毛皮的情况报告陛下：是否还需要将其作为官家礼品留置伊尔库茨克，抑或将其归还宫内厅？"（俄罗斯帝国对外政策档案馆圣彼得堡分馆，总档 1—7，目录 6，1805 年，案卷 1a，卷夹 30，120 页）

［2］1807 年 4 月 12 日外务大臣 А. Я. 布德伯格给西伯利亚总督 И. Б. 佩斯特尔的密函中谈及必须收集清政府是否愿意接待俄国使团的准确情报。上有亚历山大一世的批示："照准。"（发表在《19 世纪和 20 世纪初的俄国外交政策》卷 3，莫斯科，1963，556～557 页。）

［3］在留置恰克图和伊尔库茨克的礼品简要清单中标出了毛皮、纺织品、玻璃制品、成套纪念币的价值，共 152348 卢布，亏损数为 7989 卢布（俄罗斯帝国对外政策档案馆圣彼得堡分馆，总档 1—7，目录 6，1805 年，案卷 1a，卷夹 30，126～127 页）

［4］在 1807 年的整个 9 月期间，在皇帝办公厅主任 Д. 古里耶夫和商务大臣 Н. П. 鲁米扬采夫之间，一直就礼品的命运在交换信函（同处，128～130 页）。鲁米扬采夫 9 月 22 日把亚历山大皇帝的旨意通知了古里耶夫："所有为使团准备的礼品，其中包括毛皮，均要置留于伊尔库茨克，等待中国边境事务趋于明朗，此事须等待西伯利亚总督的回答。"（同处，130 页）

№ 494

1807 年 9 月 3 日。伊尔库茨克民事省长 Н. И. 特列斯金就 1807 年 6 月 26 日来信中满文文本出现错误，对俄国教士团赴北京成员人数加以澄清等事致库伦办事大臣蕴端多尔济、福海的信

//522//抄件

全俄罗斯专制君主皇帝驾前四等文官、伊尔库茨克民事省长给大清国博格德汗驾前库伦办事大臣郡王及昂邦的信

恰克图边境中校衔边务官员康德拉托夫向我报告称，贵国买卖城扎拉固齐在信中告知他，赴北京教士团的人、畜数量有所讹错。因为扎拉固齐收到郡王和昂邦的命令说，教士团的总人数，包括神职人员、学员、警官等，应为 27 人，马匹和羊只 175 头；然而本人今年 6 月 24 日及 27 日致郡王和昂邦的友好来信中，第一封信[①]通知了//522 背面//新教士团赴北京人员名单，其中神职人员和学员总共才 10 人；而第二封信说，为护送该教士团，我又决定了警官 1 名，书记 1 名，通译 1 名，下级职员和工人 27 名，总共 40 名，外加马匹羊只 275 头；此外，为应付意外之需，考虑到马车、牲畜数量巨大，特添加工人 5 名，马匹 37 头。因此，整个

① 此处和以后的下加线为原文所有。

教士团由45人组成，携带马匹及羊只为312头。此事已通过前述我方中校康德拉托夫通知贵方买卖城扎拉固齐。不过我以为有必要通知郡王和昂邦先生，由于我的疏忽，在我给你们的后一封信的满文译本[①]中，翻译给出的牲畜数字不确，俄文和蒙文数字则是正确的275头。因此，//523//我友好地请求你们，郡王和昂邦阁下，下令给贵国买卖城扎拉固齐，着其确认教士团的人数45人及牲畜数量312头，这两个数字完全是我方根据需要确定的，不带任何水分，望在相邻两帝国睦邻友好的基础上准予进入贵国国境。

为此特由本人签字盖章，由省城伊尔库茨克发出此函。1807年9月3日。

正文下方：办公室主任七等文官维登斯基副署。

522页正文上方：归入二等文官佩斯特尔的2296号书信

同处：抄件。

俄罗斯帝国对外政策档案馆圣彼得堡分馆，总档4—4，目录123，1805—1809年，案卷1，522～523页。经核对抄件。

库伦办事大臣衙门满文抄文簿抄件存蒙古国立中央历史档案馆，藏档M-1，案卷663，138～140页[②]。蒙文抄件存同处，141～142页背面。

俄文抄件存中国第一历史档案馆，中俄关系史俄文文件藏档，案卷13，35～38页。

---

① 见485号文件。

② 138页上：8月22日，即10月5日。

№ 495

1807 年 9 月 19 日。伊尔库茨克民事省长 Н. И. 特列斯金为请求给派赴北京的教士团追送俸银一事致库伦办事大臣蕴端多尔济、福海的信[1]

//529// 抄件①

全俄罗斯专制君主皇帝陛下驾前伊尔库茨克民事省长、四等文官特列斯金致大清国博格德汗皇帝驾前库伦办事大臣郡王及昂邦函

奉至仁国君皇帝陛下谕令，以修士大司祭雅金甫为首的教士团前往贵国首都北京，//529 背面// 接替在当地居留的教士团。考虑到该教士团在当地居留时间较长，特追加俸银 18 普特 18 俄镑 27 佐洛特尼克 3 切特维尔季，以补充已发放的银饷。由于上述教士团已经由恰克图出境，进入贵国领土，但距离恰克图尚属不远，故我以友情相商，盼郡王及昂邦大人下令将此银通过买卖城扎拉固齐追送该教士团。但若因某种原因无法满足此请，尚祈俯允与贵国驻恰克图商人商定代运的价格条件。//530// 郡王及昂邦倘能满足所请，本人必将视为贵方对我方友好情谊之再次显现，我方感激之余，必将铭记在心，有所报答。

---

① 下加线为文件中所有。

为此，特亲笔画押，加盖印章，由省城伊尔库茨克奉上此书。1807年9月19日。

正文下方有副署：核对无误。办公室主任维登斯基。

529页正文上方：二等文官佩斯特尔2525号书信附件。1807年。

俄罗斯帝国对外政策档案馆圣彼得堡分馆，总档4—4，目录123，1805—1809年，案卷1，529～530页。经核对抄件。

库伦办事大臣衙门满文抄文簿抄件存蒙古国立中央历史档案馆，档藏M-1，案卷663，176～177页①。蒙文抄件存同处，178～179页。

俄文抄件存中国第一历史档案馆，中俄关系史俄文文件藏档，案卷13，39～41页②。

注释：

[1] 1807年11月5日西伯利亚总督И.Б. 佩斯特尔通知商务大臣Н.П. 鲁米扬采夫，赴北京途中的俄国教士团的饷银已于1807年10月5日通过买卖城扎拉固齐用骆驼运出。经库伦的安排，银子虽然发运了，“但有一点要求，就是库伦办事大臣的这一宽容举措下不为例”（俄罗斯帝国对外政策档案馆圣彼得堡分馆，总档4—4，目录123，1805—1809年，案卷1，519～520页）。

---

① 176页上：9月12日，即10月24日。

② 信上标的日期是1807年9月14日。

№ 496

1807 年 9 月 28 日。伊尔库茨克民事省长 Н. И. 特列斯金就传递枢密院致理藩院文书以及感谢帮助俄国教士团成员换届等事致库伦办事大臣蕴端多尔济、福海的信

//180//九月二十日[①]［收到］

俄罗斯帝国皇帝陛下伊尔库茨克民事省长、四等文官特列斯金致大清国圣明大皇帝陛下库伦办事大臣郡王和昂邦

不久前收到我俄罗斯至尊枢密院复书[②]，对我国派遣神职人员和学员前往北京，替换久居当地的神职人员和学员，踏上贵国土地后得到极大帮助，表示感谢。//181//我特派桑热哈耶夫大尉率领手下把这份文书送给崇高的郡王和昂邦阁下。恭请阁下收到后将其转送北京，并将收到该文书的回信交我方返程信使带回。为此特签字盖章。

1807 年 9 月 28 日由伊尔库茨克城发出。

蒙古国立中央历史档案馆，藏档 М-1，案卷 633，180～180 页背面。库伦办事大臣衙门满文抄文簿抄件。И. Т. 莫罗兹译自满文。

---

① 即 10 月 8 日。

② 见 488 号文件。

库伦办事大臣衙门蒙文抄文簿抄件存于同处，181～181页背面。

俄文原件存于中国第一历史档案馆，中俄关系史俄文文件藏档，案卷54。俄文抄件存同处，案卷13，19～20页。

№ 497

1807 年 10 月 1 日。外务院驻恰克图特派员康德拉托夫就边界平安无事、俄国教士团换届人员已启程前往清帝国等给外务院的报告

//518//外务院驻恰克图特派员、领边境事务七等文官康德拉托夫呈外务院的报告

自上月（9 月）15 日至本月（10 月）1 日，卑职接到各边境地段长官的报告，整个中国边境及恰克图要塞，未发现任何异常事件，上帝保佑一切平安，诸事顺遂，外国人同俄国臣民相处和睦。

到北京换届的教士团于 9 月 17 日进入中国，有人员护送他们前往北京，然后再把当地//518 背面//教士团成员护送回俄罗斯。特附上教士团确切人数和卑职按西伯利亚总督吩咐在边境向富松格和图宁噶两中国哨所移交的护送人员、车辆马匹清单[1]。

特此谨向外务院报告。

七等文官　康德拉托夫

1807 年 10 月 1 日于恰克图哨所

518 页正文上方：1807 年 11 月 29 日收到。

518 页背面：361 号。

俄罗斯帝国对外政策档案馆圣彼得堡分馆，总档 4—4，目录 123，1805—1809 年，案卷 1，518～518 页背面。原件。

注释：

[1] 第九届赴北京教士团成员及其随行人员名单经核对的抄件存于俄罗斯帝国对外政策档案馆圣彼得堡分馆，总档 4－4，目录 123，1805—1809 年，案卷 1，519～520 页。

№ 498

1807 年 10 月 10 日[①]。库伦办事大臣蕴端多尔济、福海致伊尔库茨克民事省长 Н. И. 特列斯金函，告知已将枢密院就以修士大司祭雅金甫为首的俄国教士团换届事致理藩院文书移送北京

//537//大清国库伦办事大臣郡王及昂邦致俄罗斯国伊尔库茨克民事省长特列斯金函

阁下的信使费多尔·桑热哈耶夫大尉已将省长阁下来信[②]以及贵国枢密院致我国大理藩院的密封文[③]书于嘉庆十二年九月二十日[④]送交本郡王和本昂邦。我等于收到后当即转送我大理藩院。

贵国枢密院对送学生换届一事表示感谢，我等深为满意。为此特将此信交由返程的贵国信使费多尔·桑热哈耶夫面呈。

嘉庆十二年九月二十二日[⑤]。

---

① 嘉庆十二年九月二十二日。

② 见 496 号文件。

③ 见 488 号文件。

④ 即 1807 年 10 月 8 日。

⑤ 即 1807 年 10 月 10 日。

正文下方标明：由八等翻译官阿列克谢·帕雷舍夫翻译。

537 页正文下方：1807 年 2644 号文件三等文官佩斯特尔信件的附件。

同处：由满文译出①。

俄罗斯帝国对外政策档案馆圣彼得堡分馆，总档 4—4，目录 123，1805—1809 年，案卷 1，537 页。由满文原件翻译的经核对的抄件。

满文抄件存同处 536～536 页背面。

由蒙文原件翻译的经核对的抄件存同处 535 页。

蒙文抄件存同处 534～534 页背面。

库伦办事大臣衙门满文抄文簿抄件存蒙古国立中央历史档案馆，藏档 M-1，案卷 663，182～182 页背面；蒙文抄件存同处 183～183 页背面。

① 下加线是原来就有的。

№ 499

1807年10月10日。西伯利亚总督 И.Б. 佩斯特尔就清国边务官员参加1807年8月30日恰克图庆典事呈商务大臣 Н.П. 鲁米扬采夫的报告

//38//尼古拉·彼得罗维奇伯爵阁下：

伊尔库茨克民事省长根据恰克图领边务七等文官康德拉托夫的报告[①]向我报告，恰克图海关关长五等文官瓦尼方季耶夫告知，中国买卖城的扎拉固齐显然奉有上峰指示，希望参加8月30日举行的皇帝陛下命名日庆典。经与康德拉托夫及恰克图商人协商后，决定邀请该扎拉固齐及由北京前来接待和护送我教士团的客人参加宴会。此外，应邀出席者还有称为扎兰的蒙古边境长官和全体中国商人。为了使场面更加壮观，组织者还邀请了逗留于特罗伊茨科萨夫斯克要塞的30名官员和商人于参加过恰克图基督复活教堂举行的由前往北京的修士大司祭雅金甫主持的祈祷仪式后也来出席。

买卖城的//38背面//扎拉固齐于3时到达，其随行人员为：由北京前来接待前述教士团的骁骑尉扎拉固齐普安博（从买卖城扎拉固齐对他恭敬有加的情况来看，此人的级别应当不低）[②]，还有一名书记或骁骑尉，6名蒙古扎兰，每名

---

① 见492号文件。

② 此处及以后的括号都是文中原有的。

扎兰统率（所谓）绿旗兵勇 700 名；此外还有 84 名衣着华丽的中国和布哈拉商贾，40 名章京及 117 名随从军人。

我方官员邀请他们在铺陈着食物的桌前就座。两位扎拉固齐——普安博在右首，买卖城扎拉固齐在左首，以下为他们和我们的官员、商人，招待极为周到。宴会期间频频为两国君主的健康干杯，在场的修士司祭和所有的人齐声歌颂万寿无疆。然后鼓声齐鸣，整日歌舞不断，盛况空前。宴后扎拉固齐带领所有官员和几名中国商人游览了恰克图，请求允许进入我们的教堂，我们满足了他们的愿望。

晚 7 时绘有两国陛下徽记和各种装饰的牌坊燃起焰火，万家灯火通明。在晴朗的天空下，邻国来客眼前∥39∥呈现出一派美景。他们走近每一家仔细观赏。在一些宜人的景点奏响了俄国音乐，歌声悠扬。这一天过得如此美妙，买卖城的扎拉固齐不止一次说："老天爷似乎也同欢庆的人们融成了一体。"

然后大家又进入俄美公司，该公司经理乌阿尔·西济赫也极尽招待之能事。最后到 12 点钟全体中国客人才尽兴而归，回到买卖城。

31 日两位扎拉固齐各派手下官员来对款待表示谢意，他们的商人则对我们的商人表示感谢。同时，买卖城的扎拉固齐给康德拉托夫先生送来了四包砖茶，以赏赐歌手和乐师。

特此向伯爵大人报告，并荣幸地向阁下致以崇高的敬意。

您忠实的仆人

伊万·佩斯特尔[1]

1807 年 10 月 10 日于鄂木斯克

38 页正文上方有："1807 年 11 月 14 日收到" 字样。

39 页正文下方有："№ 2295" 字样。

同处有："呈 Н. П. 鲁米扬采夫伯爵" 字样。

俄罗斯帝国对外政策档案馆圣彼得堡分馆，总档 1—9，目录 8，1806—1819 年，案卷 2，38～39 页。原件。

注释：

［1］西伯利亚总督 И. Б. 佩斯特尔于 1807 年 10 月 11 日的报告中建议商务大臣 Н. П. 鲁米扬采夫在报纸上登载 1807 年 8 月 30 日在恰克图举行庆典的消息报道。他写道："俄中两国边界长官和商人经常互相拜访（自我使团归国后经常发生，但以前却是从来没有过），其中 8 月 30 日是一个值得纪念的日子，在欢庆皇帝陛下命名日的时刻，中国人以真情回报了对他们真诚友好的情谊。"同时，佩斯特尔还指出了一条由恰克图海关关长瓦尼方季耶夫提供的消息，说使团一秘巴伊科夫、翻译伊古姆诺夫和八等文官伊兹玛伊洛夫散布俄罗斯正在进行军事准备的谣言。因此他强调必须在报刊上表达俄罗斯对清国的友好态度［见俄罗斯帝国对外政策档案馆圣彼得堡分馆，总档 1－9，目录 8，1806～1811 年（原文如此，年份有误。似应为 1810 年。——中译者），案卷 2，40～40 页背面］。这份报告于 1807 年 11 月 14 日收到。

清朝边境当局同俄国恰克图当局之间类似的交往参见 492 号文件注释 1。

№ 500

1807 年 10 月 12 日。库伦办事大臣蕴端多尔济、福海就换届的俄国教士团抵达库伦并将其送往北京等事呈嘉庆皇帝的奏章

//186//九月二十四日①

奴才蕴及福恭谨奏达圣闻

前此圣皇帝恩准俄人神职人员和学员换届之请求②。奴才等因之按旧例立即派遣八月份奉理藩院派遣为护送俄国神职人员和学员抵达此间的笔帖式富松格带同一名博什库前往恰克图。前不久恰克图衙门章京瑞春、笔帖式富松格等//186背面//报称，进京者共为六名神职人员、四名学员、两名翻译，俄方已呈递名单，他们安排进京护送人员较平素多五人。

因俄国少校对我方请求甚为恭谨，奴才等为比照［人数］起见，翻阅了旧档，发现教士团所带随行人员仅比平素多五人，其他如马、车、牲畜、途中食品等并未逾例。故奴才等满足了少校所请，下令准予俄人于//187//八月二十八

① 即 10 月 12 日。

② 见 477 号文件。

日[①]由恰克图启程，并于九月十一日[②]顺利抵达库伦。奴才等按旧规紧急传令喀尔喀蒙古土谢图汗和车臣汗所属各部、尚卓德巴泽布增丹巴呼图克图、苏尼特王、察哈尔固赛昂邦等，着其于库伦至伊缅加扎色一线布置官员士兵，护送教士团通过各驿站。此外，奴才等又行文直隶总督，要求于俄人经过张家口等地时尽力保护。此次俄国神职人员和学员在我处逗留时间不长，很快就一切准备就绪，十七日[③]由库伦出发。

//187 背面// 他们走后，俄国省长给奴才等来信[④]，告知神职人员和学员的俸银因在途中延误，无法追及教士团，故请求我方将此银送交教士团。奴才等经过商议，考虑到俄国神职人员和学员走得不远，此事关系重大，决定满足省长信中所请，委托恰克图衙门瑞春章京接过少校此项俸银。奴才等待俸银送抵此间后，将委托衙门富松格章京将饷银交付俄国修士大司祭［雅金甫］等。

//188// 随后奴才等又吩咐恰克图衙门章京通过少校转告俄国省长，今后不得再以此种方式转交饷银。并严命书吏富年噶等人，如俄国神职人员和学员途中因驮马、住宿、购买食物等发生问题，应按惯例公平予以解决。

嗣后，待俄国人入关后，他们将继续前进，但他们的牲畜将留在当地放牧，同时对他们的马夫等人将派人监督保护。新到全体俄国神职人员和学员名单将呈送理藩院并送交//188背面//察哈尔固赛昂邦。特此恭奏。

---

① 即9月17日。

② 即9月29日。

③ 即10月5日。

④ 见495号文件。

188页背面正文最后：据所呈奏折抄录。此奏折于十月十一日[①]由北京返回，上有皇帝朱批：知道了。

蒙古国立中央历史档案馆，藏档M-1，案卷663，186～188页背面。库伦办事大臣衙门满文抄文簿抄件。И.Т.莫罗兹译自满文。

① 即10月29日。

№ 501

1807 年 10 月 12 日。库伦办事大臣蕴端多尔济、福海收到伊尔库茨克民事省长 Н. И. 特列斯金的礼品后给嘉庆皇帝的奏折

//191//九月二十四日[①]

前不久[②]前来保护俄国学员的谢苗大尉随同彼方修士大司祭［雅金甫］和学员等晋见奴才等，会见时他们说："我们的省长向郡王和昂邦问安。为我们两国之间源远流长的牢固友谊，特赠送给你们狐皮各两张、海龙皮各一张、松鼠皮各两百张。"

奴才等答称："省长于此间虽为新任，但事事关心。//191背面//贵国省长对我等如此厚爱，赠予礼品，令人高兴。但尚请收回所赐。"

谢苗大尉连连施礼，再次请求我等收下礼品，并说省长此举完全出于高尚的目的，如果我们不肯赏脸收下礼品，他回去将受到省长严责。

经再三考虑，奴才等得出以下结论：此前每次俄国神职人员和学员换届，俄国省长都送来礼品，经奏明圣上，均准予收受。如果此次不收，俄人定将怀疑。//192//故而，其

---

① 即 10 月 12 日。

② 在抄文簿中此文件没有标题。

礼品虽无任何价值，奴才等考虑事关重大，还是按惯例接受了礼物。待来年他们的大尉［从北京］回来，奴才等将加倍以绸缎、茶叶及其他礼品回赠省长。

为此奴才等特奏明圣上。

192 页正文末尾：根据奏章抄录。此奏章于十月十一日[①]［由北京］返回，上有皇帝朱批：知道了。

蒙古国立中央历史档案馆，藏档 M-1，案卷 663，191～192 页。库伦办事大臣衙门满文抄文簿抄件。И.Т. 莫罗兹译自满文。

① 即 10 月 29 日。

№ 502

1807 年 10 月 16 日。伊尔库茨克民事省长为恰克图向北京运出俄国教士团俸银事致库伦办事大臣蕴端多尔济、福海的感谢信

抄件①

//531//全俄专制君主皇帝驾前四等文官、伊尔库茨克民事省长特列斯金致大清国博格德汗驾前库伦办事大臣郡王及昂邦阁下函

今收到我驻恰克图领边务中校康德拉托夫报告称，买卖城扎拉固齐已遵照你们的指示从康德拉托夫手中接收了已前往贵国首都北京的我国教士团的俸银计 18 普特 18 俄镑 27 佐洛特尼克。此银过境后已派一名军官率可观数量的卫队护送[1]。我在致你们的信中②提出的请求得到了如此周到的满足，深以为这是你们友好情谊最好的证明，愿以最愉快的心情向你们表达//531 背面//我最诚挚的谢意。同时我也要向你们保证，如果你们对我有什么要求，我将非常乐意为你们效劳，因为这是两个相邻友好和睦帝国之间所应有的关系。

专此奉达。签字盖章。1807 年 10 月 16 日于省城伊尔库茨克。

---

① 下加线为原件所有。

② 见 495 号文件。

正文下方署有：办公厅主任维登斯基。

531页正文上方：四等文官佩斯特尔1807年526号信件附件。

俄罗斯帝国对外政策档案馆圣彼得堡分馆，总档4—4，目录123，1805—1809年，案卷1，531～531页背面。经核对的抄件。

俄文抄件存于中国第一历史档案馆，中俄关系史俄文文件藏档，案卷13，37～49页。库伦办事大臣衙门抄文簿抄件：满文文本存蒙古国立中央历史档案馆，藏档M-1，案卷663，201①～201页背面；蒙文文本存同处，202～202页背面。

注释：

[1] 西伯利亚总督И.Б.佩斯特尔于1807年11月9日向商务大臣Н.П.鲁米扬采夫报告，“中国当局派遣扎兰达西敦多布为前述教士团送银两，已在过库伦后第四站追上了教士团，并于10月14日返回……带回了教士团随行的领队八等文官佩尔乌申开具的银两收据”（俄罗斯帝国对外政策档案馆圣彼得堡分馆，总档4—4，目录123，1805—1809年，案卷1，532～532页背面）。

---

① 在201页上有“10月11日”（11月22日）字样。

№ 503

1807年10月19日。西伯利亚总督И.Б.佩斯特尔就俄国教士团赴北京换届的出发情况致商务大臣Н.П.鲁米扬采夫的信

//525//尼古拉·彼得罗维奇伯爵阁下：

本月10日我有幸向阁下报告[1]，派往北京的教士团原定于9月15日出境。

今收到特罗伊茨科萨夫斯克边务衙门就该教士团已启程一事给伊尔库茨克民事省长的报告，内称根据买卖城扎拉固齐的请求，由于他16日宴请俄国官员，故该教士团于9月17日才在边境官员和由精锐哥萨克组成的卫队护送下，于下午3时由特罗伊茨科萨夫斯克要塞前往恰克图哨所；在大量俄中百姓簇拥下，进入教堂，举行出发前的祈祷仪式；后于5时前往边境，受到中国宫廷派来的1名专员和1名博什库的隆重迎接，并由我国10名士兵和1名军官组成的护卫队一直护送至宿营的第一站。卫队//525背面//回来报告说，在宿营地，修士大司祭雅金甫出席了专员举行的晚宴。次晨，修士大司祭邀请专员共进早餐。该专员称，为了保暖，每站将架设四座蒙古毡包。

教士团出发半小时后，收到边务衙门给我送来的外务大臣于7月10日公函中所附理政事枢密院给大清国理藩院的文书①。经买卖城扎拉固齐允许，康德拉托夫先生带着它在

① 见479号文件。

距买卖城5俄里的地方赶上了教士团，交给了修士大司祭雅金甫本人。

特此谨向尊敬的伯爵大人报告。

您恭顺的仆人
伊万·佩斯特尔
1807年10月19日
于托博尔斯克

525页正文上方：1807年11月12日收到。

525页背面正文下方：送Н.П.鲁米扬采夫伯爵大人。

同处：2318号。

俄罗斯帝国对外政策档案馆圣彼得堡分馆，总档4—4，目录123，1805—1809年，案卷1，525～525页背面。原件。

注释：

[1] И.Б.佩斯特尔于1807年10月10日就俄国教士团出发一事呈商务大臣Н.П.鲁米扬采夫的报告存俄罗斯帝国对外政策档案馆圣彼得堡分馆，总档4—4，目录123，1805—1809年，案卷1，521～521页背面。佩斯特尔报告了俄国边务当局同清边务当局谈判的进程，确定护送教士团人员数量的情况以及牲畜的数量。

报告中还谈到库伦办事大臣于1807年9月20日下令允许俄国教士团入境。买卖城扎拉固齐就此事通知了恰克图边境长官康德拉托夫。

№ 504

1807年10月25日。信使Ф. 桑热哈耶夫呈伊尔库茨克民事省长Н. И. 特列斯金的关于递送枢密院致理藩院文书的库伦之行的报告[1]

//538//九等文官桑热哈耶夫呈四等文官、伊尔库茨克民事省长尼古拉·伊万诺维奇阁下的报告

去年9月28日卑职接到大人的秘密指令，当天由伊尔库茨克出发，以信使身份去见库伦办事大臣郡王及昂邦，呈递阁下的信件①并理政事枢密院致中国理藩院文书②。本月3日到达恰克图，向边务衙门借调了1名军士长和3名哥萨克，4日出境，带着恰克图扎拉固齐专员章京的通关文书经过各驿站，于8日下午2时抵达库伦。被安排住进了日前专门为俄国信使修建的房舍。该处有//538背面//三间房子，中国式建筑，为前所未见③。我们的教士团去北京时就住在这里。当天郡王和昂邦派博什库④和“虾”⑤来带卑职去进见，让卑职亲手递交所送文件。转交文件时还以大人的名义向他们转致了敬意。他们愉快地接受问候，并向大人问安，

---

① 见496号文件。

② 见488号文件。

③ “中国式建筑，为前所未见”这几个字加在行间。

④ 此处及以下下加线为原件所有。

⑤ 即侍卫。——中译者

还询问了旅途情况，各驿站准备是否周全，有否不足，庄稼收成如何，然后赐座赐茶。听过卑职尊敬得体的回答，最后吩咐卑职回驿馆休息，应允于阅信后修书作复，立即放卑职回程。

10日近午时分郡王和昂邦仍派该博什库和“虾”来通知卑职去取回信。他们带卑职去进见，取得回信。交信时郡王和昂邦命卑职向大人表示敬意，并告知于我教士团之后发运的银子已经上路，但要求大人下不为例。他们//539//这样做完全是出于友好和睦的情谊。此外，他们还发现边境卡伦松懈，以致前不久有一布拉茨克喇嘛和另一俄人进入他们国境，今后应杜绝这样的越境者，以免产生不愉快的后果，并请下令提高国境有关人员的警觉。

10日当天沿原路由库伦返回，13日到达恰克图。

在国外逗留期间卑职没有发现任何值得注意的事情，库伦郡王和昂邦亲切接见，其他中国官员态度友好，证明关系和平友好。从卑职这方面我也没有放过任何一个适当的机会，向中国官员强调我国陛下希望同中国朝廷保持无限期的友好关系。

我国教士团出国后到库伦一路顺利，只是有两匹马出了毛病，卖给了蒙古人。他们在库伦逗留了6天，将一些不必要的辎重精简在库伦：有梭镖、绳索、覆盖帐篷的皮张、干面包、润滑油等，然后沿着由库伦//539背面//郡王和昂邦为他们指定的一条可能叫做中达尔罕扎木的路前进。不过据库伦的人说，戈壁荒原去年很可能由于干旱，草长得很不好，他们的行程将会很艰难，特别是有七天路途根本没有喂牲口的草料。

据中文和满文翻译、七等文官符拉德金称，他发现从北京理藩院收到的最后那封文书①的标题[2]中有缺漏的地方，遵照大人的命令，并根据恰克图海关关长瓦尼方季耶夫的指示，卑职在库伦逗留期间没有同任何人讨论这个问题，还是留待以后再解决。

边务衙门拨给卑职的25张狐皮，按惯例全数作为礼品赠给了蒙古官吏。在库伦，郡王和昂邦赐予卑职一匹半绸缎和两箱茶叶，赐给卑职手下的军士长半匹绸缎，另3名哥萨克各两块砖茶。

特此向大人报告，并呈上回书②。

九等文官费多尔·桑热哈耶夫

1807年10月25日

于伊尔库茨克

538页正文右上方：1807年10月25日收到。

同处：四等文官佩斯特尔2644号信件附件，1807年。

同处：161号。

俄罗斯帝国对外政策档案馆圣彼得堡分馆，总档4—4，目录123，1805—1809年，案卷1，538～539页背面。原件。

注释：

[1] Ф. 桑热哈耶夫报告的原件由西伯利亚总督 И. Б. 佩斯特尔随1807年11月19日的信送呈商务大臣 Н. П. 鲁米扬采夫（俄罗斯帝国对外政策档案馆圣彼得堡分馆，总档4—4，目录123，1805—1809年，案卷1，533～536页）。

[2] 见476号文件注释1。

---

① 见476号文件。

② 见498号文件。

№ 505

1807 年 10 月 26 日。伊尔库茨克民事省长 Н. И. 特列斯金致库伦办事大臣蕴端多尔济、福海函，通知俄方已收到被盗马匹和越境者，感谢把俄国教士团俸银送到北京

//203// 十月十八日[1]［收到］

俄罗斯皇帝陛下伊尔库茨克民事省长、四等文官特列斯金致大清国圣明大皇帝驾前库伦办事大臣郡王及昂邦函

郡王和昂邦阁下：现通知你们，我方已收到按条约作为补偿应移交我方的 36 匹马以及此前被你们的人盗去的马匹。还有两名人员——一名俄人，一名布里亚特人——因私越国境，进入贵国领土，现亦已交还我方。此外，由于你们的安排，我国神职人员和学员的饷银已送抵北京。//203 背面// 为此我要向你们表示无限衷心感激。此前我已有幸致信向两位表达谢意[2]。郡王和昂邦大人行此善举，对我神职人员和学员加以援手，协助他们在贵国边境地区旅行，我不能不再次向二位致以诚挚的感谢。

//204// 你们按照睦邻惯例，对我时下远行的神职人员和学员给予大力帮助，预想当我居住在贵国京城的神职人员和学员归国之时，亦必将得到你们的照顾。

---

① 即 11 月 5 日。

② 见 502 号文件。

郡王和昂邦大人，我请求你们友好的支持，一旦我国神职人员和学员在贵国边疆发生意外，务请把情况通知我。如果奉派护送我神职人员和学员的官员有事给我来信，务请转寄给我，或将我的信转交给他。//204 背面//由此我也认为自己同样有责任为你们效劳，以示友好。专此奉达。签字盖章。

发自伊尔库茨克城。1807 年 10 月 26 日。

蒙古国立中央历史档案馆，藏档 M-1，案卷 663，203～204 页背面。库伦办事大臣衙门满文抄文簿抄件。И.Т. 莫罗兹译自满文。

库伦办事大臣衙门蒙文抄文簿抄件，存同处 205～206 页背面。

俄文抄件存中国第一历史档案馆，中俄关系史俄文文件藏档，案卷 13，53～56 页。

№ 506

1807 年 11 月 5 日。库伦办事大臣蕴端多尔济、福海就递送枢密院致理藩院的文书及伊尔库茨克民事省长 Н. И. 特列斯金给库伦的信等事呈嘉庆皇帝的奏章

//189// 九月二十四日①

奴才蕴及福恭谨奏闻：

俄国神职人员和学员自由库伦启程后，俄国省长特列斯金复派费多尔·桑热哈耶夫大尉于九月二十日②将枢密院致理藩院文书一封③送来此间。奴才等由省长特列斯金来信中④并未得知其他情由。//189 背面// 费多尔大尉在答复奴才等询问时称，文书乃是对发送神职人员和学员［到北京］一事表示感谢。奴才等特将枢密院文书照旧加封，呈上御览。

又，桑热哈耶夫大尉回程时，奴才等按旧例赐予些少绸缎茶叶，并致短信通知省长，说明来函已收到。

为此，特将枢密院文书、特列斯金省长三种文字来信封

---

① 即 10 月 12 日。

② 即 10 月 8 日。

③ 见 488 号文件。

④ 见 496 号文件。

于一函，恭呈圣上。特此奏闻。

190 页正文末尾：按奏章抄录。//190//该奏章于十月十一日[1]［由北京返回时］收到，上有皇帝朱批：知道了。

蒙古国立中央历史档案馆，藏档 M-1，案卷 663，189～190 页。库伦办事大臣衙门满文抄文簿抄件。И. Т. 莫罗兹译自满文。

---

① 即 10 月 29 日。

№ 507

1807 年 11 月 9 日。西伯利亚总督 И. Б. 佩斯特尔就俄中关系前景及不应该把 Ю. А. 戈洛夫金使团带来的礼品交付清政府等事给商务大臣 Н. П. 鲁米扬采夫的报告

//132// 尼古拉·彼得罗维奇伯爵阁下：

尊敬的阁下 9 月 23 日来函提及原来使团留下的礼品，特别是毛皮，并提出是否应再次派使团出使北京的问题。这封来函我已及时收到，之所以未能及时作复，是因为当时正在视察托木斯克和托博尔斯克省的旅途之中。

现特荣幸而愉快地回答如下。

所有上述存放于伊尔库茨克的礼品，其中包括毛皮，统存放于官库之中。司库、八等文官颇特列索夫奉命对其加意看管。全体官库人员每月都要对所有物品加以清点，而且每月我都会收到由他们共同 //132 背面// 签署的关于礼品状况的报告。此外，我也曾亲自视察，发现为存放礼品而租用的仓库颇为干爽，并无遭受损坏之虞。情况一直如此，足可保证存放安全，不会出现问题。

任何一个臣民的目标，都在于以自身的一切行动，特别是通过自身职务，始终如一地为亲爱的祖国和至尊至上的君主造福；而在此遥远的边疆，要能真正造福，就要遵守公务人员的荣誉规定，做一个不辜负皇上特别信任的长官。这就是我在此间任职的主要原则，故我可以大胆保证，在同北京

朝廷进行//133//边务交涉的过程中，我绝不会放过任何有利于俄罗斯的机会。可以肯定地说，并通过各种证据和经验证明，目前我们所采取的对待北京朝廷的对策是一种最为有利的对策，我们可以预期，在继续注视中国人一切行动的同时，在估算了己方和对方的特点，以及我方的前景之后，假以时日，我方将无须巨大的花费，无须采取明显的措施（因为这些措施会激起这个疑心重重的民族的不信任感，并导致真正的目的难以实现）①，即无论在贸易方面或是在其他有利于俄罗斯的事业方面，都取得各种利益。再过些时间，当我更具备条件时，我将以更有力的证据来证明我的判断，到那时我将荣幸地向伯爵大人详尽加以说明。

眼下我只想说明伯爵大人在前述来函中提及的一个问题，即讨论如何处理原定赠送北京宫廷的礼品以及再次派遣使团的问题。关于礼品的使用，我认为目前还不是时候，也没有必要，甚至决不允许对任何一个中国人作出暗示，我担心他们由于愚昧无知，会把这种尝试当成再次对//133背面//他们的宫廷示好，而且担心由于他们天生高傲自大，会臆想出一些同这种暗示毫不相干的原因。因此，我愿把赠送礼品这一举动留待更恰当的时机，以备俄罗斯宫廷用它们来表示对北京［宫廷］的友好情谊。

中国人常常打听恢复派遣使团[1]的问题，他们说北京朝廷还在等待俄国枢密院对北京理藩院最后一份关于原来使团的文书的回答，可是直到如今也没有收到。我以为这件事现在应该暂时搁置，以待我把原来使团在此间的情况同目前的情况更准确地加以综合考虑，然后再把我的意见呈报伯爵大人。阁下，我谨向您请求，请把使团自库伦返回后枢密院同北京理藩院之间往来信函的抄件惠寄给我。对此加以考虑后，

---

① 括号是文中原有的。

我才能提出自己的意见，然后才能提出着手恢复//134//使团的办法。即使决定再次派遣使团，也不必过于着急。

我以为，在新一届教士团抵达北京、旧一届回到此间后，许多问题自会解决。

阁下知道，所有参加这个教士团的人都得到了多么详尽和重要的指示，所以我以为，他们回来时一定会带来有益的消息。对这一届新教士团的接待，在派出教士团时各种困难的解决，以及自我到任以来才有的北京朝廷在满足各种要求时的合作态度，表明它对俄罗斯怀有绝对的好感，甚至力求同俄罗斯保有友好和谐的睦邻关系。

此议不知当否，请伯爵大人钧定。亟盼赐寄往来函件。荣幸地向您表示崇高的敬意。忠实于伯爵大人阁下的

恭顺的仆人

伊万·佩斯特尔

1807年11月9日

于托博尔斯克

132页正文上方：1807年12月7日收到。

134页正文下方：2564号。

俄罗斯帝国对外政策档案馆圣彼得堡分馆，总档1—7，目录6，1805年，案卷1a，卷夹30，132～134页。原件。

注释：

[1] 商务大臣Н.П.鲁米扬采夫为询问有关清国对再次派遣使团一事的态度致西伯利亚总督П.Б.佩斯特尔的公函见俄罗斯帝国对外政策档案馆圣彼得堡分馆，总档1—7，1805年，案卷1a，卷夹30，131～131页背面以及511号文件。

№ 508

1807年11月20日。库伦办事大臣福海就视察库伦以北驿站及访问恰克图事呈嘉庆皇帝的奏章

//213//十一月四日①

前不久奴才福海②于呈递奏章后视察了库伦以北至恰克图一线十一处喀尔喀邮驿。视察得知所有驿站官兵整备精良，军需、马匹、牲畜一概完备。个别驿站有待整顿，奴才已下令予以匡正。

此外，衙门文档表明，前蕴等众职官视察驿站时，均同时访问恰克图，以视察俄国商人同我国商人的贸易。此次奴才亦按旧例访问恰克图。据奴才观察，双方贸易诚实，//213背面//俄人对我尊敬。许多俄国商人得知奴才等来临，均前来造访，脱帽躬身敬礼。他们的少校亚历山大前来晋见时衷心请安问好，奴才亦好言予以抚慰教导，待以茶点，并给予殊荣，赐予两匹绸缎和茶叶，致使亚历山大少校面现真诚感谢。

奴才福海于十月四日③回到库伦。特此奏闻。

---

① 即11月20日。

② 抄文簿中此文件无标题。

③ 即10月22日。

214页正文末尾：根据奏折抄录。该奏折于//214//当月二十一日[1]［由北京］退回，上有皇帝朱批：知道了。

蒙古国立中央历史档案馆，藏档M-1，案卷663，213～214页。库伦办事大臣衙门满文抄文簿抄件。И.Т.莫罗兹译自满文。

① 即11月8日。

№ 509

1807 年 12 月 3 日。外务大臣 А.Я. 布德伯格就授予七等文官 Ю.Ю. 克拉普罗特、八等文官 М.И. 亚当斯、Л.И. 潘茨涅尔以终身年金事致使团科学部主任 И.О. 颇托茨基的公函

//31//我已将伯爵阁下保举的列入赴华使团科学部工作的七等文官克拉普罗特、八等文官亚当斯、潘斯涅尔的贡献奏闻皇帝陛下。阁下，根据您的保举，陛下已决定由帝国国库支付他们终身年金每人 300//31 背面//卢布，此外每人赐予戒指一枚，特随函附上，请阁下分授他们。收到后望赐回执。

荣幸地向您表示深深的敬意。

俄罗斯帝国对外政策档案馆圣彼得堡分馆，总档 1—7，目录 6，1805 年，案卷 1a，卷夹 30，31～31 页背面。法文草稿。Н.Б. 祖布科夫译自法文。

№ 510

1808 年 1 月 27 日。商务大臣 Н. П. 鲁米扬采夫为 Ю. А. 戈洛夫金使团归国后遗留在伊尔库茨克的给清政府的赠品呈亚历山大一世皇帝的奏章

//140//9 月 23 日臣向西伯利亚总督、三等文官佩斯特尔宣布了皇帝陛下的旨令：将为赴华使团准备的价值 52612 卢布的毛皮以及其他礼品，总计价值 152348 卢布，存放在伊尔库茨克，委托他搞清边境中国问题，以待局势进一步明朗，即：第一，了解//140 背面//北京朝廷是否同陛下的愿望一致，仍愿意接受为他们准备的礼品；第二，中国人是否真正愿意再次向他们派出使团，是否同意以某种正式的方式，而不是以向我方下级官员暗示的方式表达这种愿望？①

对于这两个问题，佩斯特尔先生尚未作答。他要求假以时日，以完成此项任务。但由他的报告中可以清楚看出，他认为对于中国政府而言，//141//谈判、使团交换文函等各国惯常用以保持相互关系的手段统统都是不起作用的。

140 页左边空白处：1808 年 1 月 27 日皇帝批示：此问题②须等待佩斯特尔先生的最后回答。

俄罗斯帝国对外政策档案馆圣彼得堡分馆，总档 1—7，目录 6，1805 年，案卷 1a，卷夹 30，140～141 页。原件。

---

① 见 507 号文件注释 1。

② 此处原件难以辨认，可能是“应该”。

№ 511

1808年，不早于2月20日[①]。军机处给库伦办事大臣蕴端多尔济、福海的指示，传达嘉庆皇帝的谕旨，命令俄国若有新使团到达，无须在库伦赐宴、无须在当地演练叩头礼等

//13//二月十六日[②]收到

军机处令行库伦办事大臣、喀尔喀郡王等

嘉庆十三年二月七日皇帝诏曰：

蕴等来折奏称：

哲布尊丹巴呼图克图提请于今年赴热河行宫觐见，以便来年为朕庆贺五十寿辰，并请求颁旨明示，是否可于今年或来年入朝。

//13背面//哲布尊丹巴呼图克图自上次热河入朝已有数载，请求允许来年于朕五十寿辰赴热河朝觐之请甚为妥当，可予照准。但若彼于今年入朝，按律岂可于来年再入朝乎？为此特向蕴等颁旨：可向哲布尊丹巴呼图克图说明，劝

---

① 日期是根据皇帝谕旨的时间（嘉庆十三年二月七日）确定的。

② 即2月29日。

其于今年不必到热河，可于来年七、八月份[①]来朝，//14//并赐黄色哈达。

再者，前驻京俄国神职人员和学员归国后，若俄国汗再次向我方提出恭谨要求，恳请遣使纳贡，蕴等可按原颁圣旨将该使团送往库伦，但不必在当地为其赐宴，演习“叩头礼”。可为该使团设定由库伦出发时间，着其或于十月[②]朕万寿日之前，//14背面//或于十二月二十日[③]以后到京。朕以为俄人到京之后，绝不敢干犯法律，不行“叩头礼”。蕴等只需静候彼等来信，决不许询问俄人是否打算再派使臣入朝，亦不得向其暗示有此可能。

恭奉圣谕，特发此令。

蒙古国立中央历史档案馆，藏档M-1，案卷671，13～14页背面。库伦办事大臣衙门满文抄文簿抄件。И.Т.莫罗兹译自满文。

---

① 7月1日即为1809年8月10日。

② 10月1日即为1809年11月6日。

③ 12月1日即为1809年（应为1810年。——中译者）1月4日。

№ 512

1808 年 2 月 29 日。西伯利亚总督 И. Б. 佩斯特尔致商务大臣 Н. П. 鲁米扬采夫的公函，认为再次向清帝国派遣使团不可取，建议将 Ю. А. 戈洛夫金使团带来的礼品运回圣彼得堡

//142//尼古拉·彼得罗维奇阁下：

上月 29 日敬悉阁下来函，询及使团留下的为中国宫廷及当地官员准备的礼品，以及我国恢复向北京派遣使团事宜，现即作复。此前，去年 11 月 9 日，卑职曾有幸向伯爵大人详细禀告对这些问题的意见。现再次奉告如下。

从卑职的报告中可以看出，我认为同中国人打交道应该多加小心，因为总体上就其性格及国家管理的律法而言，他们疑心重重，缺乏对人的信任。由于使团在此间逗留，这种对俄国宫廷和全体俄国臣民的不信任感愈益加剧。为了让中国人对这段令他们极为不快的、对俄国朝廷的期望和意图产生过怀疑的经历有所淡忘，卑职着实花费了不少心血。

因此，卑职在综合了当地所有情况和所有信息之后，认为此次派遣新使团的打算//142 背面//完全应该推迟。前些年的种种影响尚未过去，条件还不够成熟。提出这样的建议和问题，一定会使现在刚开始同我们接近的中国人又感到不安。应该逐步前进，事先加强了解和友谊，以消除对前一个使团的印象，取得信任，然后再谈下一步。这样的看法促使卑职难以同意由我方再提出什么礼品问题，因为送礼的建议，不管以何种方式提出，都将引起中国人不利于俄国朝廷

的看法，不但不会密切关系，反而会造成卑躬屈膝的印象。为此，卑职坚决反对把这些礼品再留在此地，特别是毛皮，因为虽然此间对它着意保管，无如时间一长，其损毁程度肯定要比在圣彼得堡更为严重。

不过卑职可以告慰的是，我本人以及我对从事边境事务的人员发出的各项指示，可以保证不放过任何机会，促使越来越多的中国人心向我国，促使同他们讨论重大问题的时间，//143//特别是讨论那些原定为主要出使目标的问题的时间早日到来。

为此，卑职认为有必要重申去年11月报告中提出的要求，将使团由库伦归国后枢密院同北京理藩院之间往来文书函的抄件赐寄一份。卑职亟须这些文件，以利于进一步作出判断。

伯爵阁下，请接受我最崇高的敬意！永远忠诚于您的

最恭顺的仆人

伊万·佩斯特尔

1808年2月29日

于托博尔斯克

143页正文下方：送H.П.鲁米扬采夫伯爵大人。

同处：452号。

142页正文上方：1808年3月21日收到。

俄罗斯帝国对外政策档案馆圣彼得堡分馆，总档1—7，目录6，1805年，案卷1a，卷夹30，142～143页。原件。

№ 513

1808 年 4 月 22 日。理藩院就新一届俄国教士团抵达北京及上届教士团成员准备返回俄国致枢密院文书

//257//译自满文

大清国理藩院致俄罗斯国枢密院

去年我至圣皇帝应贵国所请，谕令理藩院派员迎接并护送神职人员和学员赴京，替换久居该处之俄罗斯神职人员和学员。该批贵国神职人员和学员到京后已得到妥善安置，枢密院文书已由护送神职人员和学员之谢苗大尉呈交，由我方接收无误。

今由谢苗大尉呈交来函中得知，其护送一名为高级神职人员，三名//257 背面//为初级神职人员，两名为教堂差役，四名为学员。此十人将居留此地。而谢苗大尉、一名书办、两名通译、十六名办事人员以及在京高级神职人员一名、教堂差役一名、学员三名共二十五人，将于本年四月末离京返国。出张家口后，将带同去年中途留置当地放牧工十六名回转俄罗斯国。

理藩院除按原来指示派员护送外，特致书贵国枢密院知照此事，并请贵国谢苗大尉传递。

专此奉达。

嘉庆十三年四月九日（1808年5月16日）[①]。

七等文官符拉德金翻译。

俄罗斯帝国对外政策档案馆圣彼得堡分馆，总档1—5，目录4，1823年，案卷1，卷夹15上，257～257页背面。译自满文原件。手稿。原件的俄文、满文、拉丁文信封存于同处，258～258页背面[②]。

С. В. 利颇夫佐夫译自满文的译文抄件存同处，总档4—4，目录123，1805—1809年，案卷1，581～581页背面。

А. 帕雷舍夫译自满文的译文抄件存同处，577～578页。

В. 诺沃谢洛夫译自满文的译文抄件存同处，579～579页背面。

П. И. 卡缅斯基译自满文的译文抄件存同处，580～580页背面。

满文原文的抄件存同处，575～576页。

---

① 翻译者此处换算的儒略历有误，应该是4月22日。

② 在258～258页背面（信封上）有地址：大清国致俄罗斯国枢密院文书（258页背面）以及日期：嘉庆十三年四月九日（258页）。地址和日期以俄、满和拉丁文书就，并盖有两方理藩院的朱印。

№ 514

1808 年 6 月 27 日。西伯利亚防线司令 Г. И. 格拉泽纳普就布赫塔尔玛要塞对面大清国国境增加了巡查哨一事呈商务大臣 Н. П. 鲁米扬采夫的报告

//105// 尼古拉·彼得罗维奇伯爵大人：

在卑职到任之前，布赫塔尔玛要塞司令陆军少校斯特拉什尼科夫曾向 24 师[①]斯卡隆少将报告，今年开春 5 月，即有中国官兵 800 人由固勒扎及塔城来到边境，所有哨卡人数较前增加一倍。据归顺俄国的克尔克孜人估计，此举的原因可能是为了防止在中国边境游牧的克尔克孜人由边境内地驱赶马匹牲口出境，同时防止那些在中国内地游牧的克尔克孜人把境外放牧的克尔克孜人的牲畜驱赶过去。此外，似乎还为了更好地监视伏尔加河的卡尔梅克人，防止他们再次 //105 背面// 逃归俄罗斯。

情况使卑职有责任向伯爵大人加以说明，并报告：中国官员曾告知我方一哥萨克班长和士兵，说在额尔齐斯河附近有他们的巡查哨捕鱼，并希望同他会见。谈话中还告诉他们，中国巡查哨的军官对他们讲了好多关于我方人员友好对待中国人的事例，为了证明他们感谢这种友好情怀，特允许我方哥萨克深入中国境内捕鱼。但我已命令陆军少校斯特拉什尼科夫，在没有得到伯爵大人批准之前，不得利用这一允诺。

---

① 原文如此。

荣幸地向阁下致以真诚而崇高的敬意！

您最恭顺的仆人
葛里高利·格拉泽纳普
1808 年 6 月 27 日
于鄂木斯克要塞

105 页正文右上方：1808 年 7 月 25 日［收到］。

同处正文左上方：5379 号。

105 页背面正文下方：74号。

同处：呈尼古拉·彼得罗维奇·鲁米扬采夫伯爵大人。

俄罗斯帝国对外政策档案馆圣彼得堡分馆，总档 1—9，目录 8，1806—1818 年，案卷 1，105～105 页背面。原件。

№ 515

1808年7月11日。西伯利亚防线司令Г.И.格拉泽纳普就大清国边境当局把巡查哨留在纳雷姆河口过冬一事呈商务大臣Н.П.鲁米扬采夫的报告

//108//尼古拉·彼得罗维奇伯爵阁下：

布赫塔尔玛要塞陆军少校斯特拉什尼科夫向卑职报告，去年6月，中国固勒扎城总督巡视边境，到过纳雷姆河中方巡查哨。该处俄中双方哨所彼此抬眼可见。他发现我方哥萨克巡查哨把原来居住的几所地窖改建为一所不大的营房，还带有一座马厩，于是派人来询问我们的哨官，这座新房舍做什么用。//108背面//他似乎不相信我们的回答，命令己方巡逻兵留在纳雷姆河口过冬，这在过去冬季是从来没有的情况。

为此卑职以为有责任向伯爵大人报告。荣幸地向您致以崇高的敬意。

永远忠诚于伯爵大人的

恭顺的仆人

葛里高利·格拉泽纳普

1808年7月11日

于鄂木斯克要塞

108页正文上方：1808年8月9日收到。

108页背面正文下方：172号。

同处：呈尼古拉·彼得罗维奇·鲁米扬采夫伯爵大人。

俄罗斯帝国对外政策档案馆圣彼得堡分馆，总档 1—9，目录 8，1806—1818 年，案卷 2，108～108 页背面。原件。

№ 516

1808年7月25日[①]。库伦办事大臣蕴端多尔济、福海给伊尔库茨克民事省长Н.И.特列斯金的信，告知俄国教士团往返北京途中清国官员给予帮助的情况

//585//大清国库伦办事大臣郡王及昂邦致俄罗斯国伊尔库茨克民事省长特列斯金函

去年贵方派遣谢苗大尉护送教士团来我国京城替换该处所在人员，为此，我大理藩院特派官员到边界接待和护送。由于从边境到京城距离遥远，考虑贵方人员食用及购买更换坐骑驮马等可能有诸多不便，为防止出现上述情况，完全出于对贵国教士团利益的考虑，我方决定派图苏拉克齐、扎克罗克奇等蒙古官员听从贵方调遣，沿途护送教士团直至京城，在各方面予以协助。

今年，//585背面//贵方谢苗大尉交差后对理藩院称，拟于四月[②]带同上届教士团由北京回国。我大理藩院亦应其所请，派遣官员护送至恰克图。

我方完全按照去年旧例，派出蒙古图苏拉克齐官员等护

---

① 嘉庆十三年六月十五日。

② 即1808年5月。

送贵方归国教士团，沿途协助料理一切，并于六月十三日[①]顺利抵达库伦。在此间休息三日，略驱旅途劳顿，又于十六日在同样周到的护送下前往我国边境。

此外，我等听贵方修士大司祭索夫罗尼等人称，贵方修士司祭叶谢伊、瓦尔拉姆，修士辅祭瓦维拉及学员伊万于前些年亡故。去年与谢苗大尉同来之神职人员叶基姆亦亡故。现特将上届教士团中尚健在的修士大司祭索夫罗尼，教堂差役瓦西利，学员帕维尔、斯捷潘、瓦西利等共五人，以及大尉和全体//586//神职人员护送出境，以示友好。特此通知。[②]

嘉庆十三年六月十五日[③]。

由学员斯捷潘·利颇夫佐夫译自满文。

585页正文下方：五等文官佩斯特尔来函附件，3180号，1808年。

俄罗斯帝国对外政策档案馆圣彼得堡分馆，总档4—4，目录123，1805—1809年，案卷1，585～586页。译自满文的译文抄件。

A. 帕雷舍夫的满文译文抄件存同处，582～583页。

П. И. 卡缅斯基的满文译文抄件存同处，584～584页背面。

B. 诺沃肖洛夫的满文译文抄件存同处，587～588页。

满文文本抄件存同处，593～593页背面。

Ф. 桑热哈耶夫的蒙文译文抄件存同处，589～590页。

蒙文文本抄件存同处，591～592页。

---

① 即6月23日。

② 见488号文件注释1。

③ 即1808年6月25日。

№ 517

1808 年 7 月 25 日[①]。库伦办事大臣蕴端多尔济、福海就发送绸缎茶叶以为礼品一事致伊尔库茨克民事省长 Н. И. 特列斯金的信

//597//大清国库伦办事大臣及昂邦致俄罗斯国伊尔库茨克民事省长阁下函

去年贵国教士团前往我国京城，途经本地。贵方派出教士团领队谢苗大尉，承蒙惠赐礼品，以示友好。我等每人获赠黑褐狐皮两张，松鼠皮两百张，海龙皮两张，接受之余，不胜欣喜。本思立即复书致谢，囿于机缘，故而延迟至今。

现今恰逢谢苗大尉由我国京城带上届教士团归国之良机，我等郡王及昂邦敢不欣然向省长阁下作书，以志敬忱！此//597 背面//外，为表示我等友谊，特奉上本郡王礼品：红花织锦缎一整匹、黄花绿草织锦缎半匹、烟色软缎一匹、烟色暗花缎半匹、蓝色软缎一匹、白毫花茶四箱；本昂邦礼品：黄色织锦缎一匹、红花绿草织锦缎半匹、天蓝软缎一匹、深绿软缎半匹、湖绿软缎半匹、白毫花茶四箱。

前列物品已交由贵国军官谢苗奉上，望省长阁下笑纳，睹物如见。最后尚请阁下于收到礼品后择机将诸事予以知会。

---

① 即嘉庆十三年六月十五日。

嘉庆十三年六月十五日。①

学员斯捷潘·利颇夫佐夫译自满文。

597页正文上方：佩斯特尔3180号信件附件，1808年。

俄罗斯帝国对外政策档案馆圣彼得堡分馆，总档4—4，目录123，1805—1809年，案卷1，597～597页背面。满文译文抄件。

A. 帕雷舍夫的满文译文抄件存同处，594～595页。

П. И. 卡缅斯基的满文译文抄件存同处，596～596页背面。

B. 诺沃肖洛夫的满文译文抄件存同处，598～598页背面。

满文抄件存同处，599～600页。

① 即1808年7月25日。

№ 518

1808年7月28日。商务大臣Н.П.鲁米扬采夫就大清国边境巡查哨增兵给西伯利亚防线司令Г.И.格拉泽纳普的指示

//107//格拉泽纳普收

1808年7月28日[①]于圣彼得堡

我有幸已把将军阁下6月27日的报告[②]转奏皇帝陛下。您在报告中呈报了中国边境各巡查哨增加人员的动向。尽管由此行动的确无法得出任何令人不安的结论，但皇帝陛下还是谕令将军阁下要密切注视中国边境指挥官的下一步行动，并将其与你们自己的看法一并及时上报。

中方官员向我哥萨克班长发出过境捕鱼的邀请，当然可以看成是中国政府对我方抱有良好愿望的证据之一。但皇帝陛下完全同意将军阁下不准许利用中国人//107背面//友好邀请的禁令。特别是这种越境的举动为俄中两帝国之间的条约所禁止。虽然一时由于相邻边境长官关系友好而不致产生异议，但也可能成为不愉快纷争的口实，这样的事例并不在少数。

但［……］

---

① 姓名和日期在左上方空白处。

② 见514号文件。

俄罗斯帝国对外政策档案馆圣彼得堡分馆，总档1—9，目录8，1806—1818年，案卷2，107～107页背面。底稿。

№ 519

1808年8月17日。修士大司祭索夫罗尼致商务大臣Н.П.鲁米扬采夫的信，报告已由北京到达恰克图，并报告沿途清政府对俄国教士团成员优礼有加，非同寻常

//572//尊敬的伯爵大人：

由中国抵达俄罗斯后，我的责任和第一要务就是向上司、向伯爵阁下报告。不幸的是艰苦遥远的旅途使风烛残年的我筋疲力尽，致使我于本年8月10日才得以将送交政府东正教事务管理衙门的报告付邮。经过一段休息，恢复工作能力之后，如今我首先要完成的任务，就是向伯爵阁下写报告。今年，1808年，5月11日//572背面//我从北京踏上归途，路上颇多艰难困苦，已于8月6日同1名教士和3名学员抵达恰克图。还有1名学员伊万·马雷舍夫因肺痨已于1806年9月30日亡故。

同时，我还要深怀敬意向伯爵大人禀报，我等此次由北京回国，与此前各次仪从[①]有所不同，因为从北京出发到张家口，大汗招待的饮食极为丰盛，为订立条约以来往来北京的教士团所仅见；自入蒙古境后，朝廷任命的一位福姓军官特派员对我优礼有加，极为友好，一路上//573//成为我的好友，对所运送的官府辎重百般呵护，有困难尽力相帮。库伦办事大臣郡王和昂邦管辖下的沿途各哨卡长官也尽力予以

---

① 原文如此。

协助，态度极佳。

说到我由恰克图返程的日期，我将尽力把返回圣彼得堡的启程日期提前。

尊敬的伯爵阁下，我永远是您最谦卑的仆人。

修士大司祭索夫罗尼

1808 年 8 月 17 日

俄罗斯帝国对外政策档案馆圣彼得堡分馆，总档 4—4，目录 123，1805—1809 年，案卷 1，572～573 页。作者手迹原件。

№ 520

1808 年 8 月 29 日。西伯利亚防线司令 Г. И. 格拉泽纳普就大清国在边境设立永久性哨卡一事呈商务大臣 Н. П. 鲁米扬采夫的报告

//110//尼古拉·彼得罗维奇伯爵阁下：

由阁下向卑职传达的 7 月 28 日谕令[①]已有幸于本月 27 日收到。根据谕旨卑职有责任向伯爵大人报告。本月即 8 月 28 日卑职接获布赫塔尔玛要塞司令陆军少校斯特拉什尼科夫于 19 日向我报告称，在距中国哨卡不远处额尔齐斯河我国边境捕鱼的哥萨克班长（他是受陆军少校斯特拉什尼科夫所派，带了一名蒙古语通译）[②] ——该人情况卑职曾于 6 月 27 日第 74 号报告[③]中谈到——同巡查哨上的中国军官闲谈时听对方说，在中国政府方面，具体地说是在一个叫做巴迪的哨卡（在额尔齐斯河上），将在沿纳雷姆河靠近俄国巡查哨的地方建立固定哨，冬季//110 背面//也不撤，以防俄国人沿边界深入中国内地。因为割让给俄国的土地都是沿布赫塔尔玛河延伸，那里本该有一个哨卡，但在河口建立了一所要塞后，几个哨卡都搬到了额尔齐斯河和纳雷姆基河的上游。

至于中国人对俄国人的态度，迄今为止虽然卑职多方打

---

① 见 518 号文件。

② 此处及以下括号为原文中所有。

③ 见 514 号文件。

探，除了关于设立这些新卡伦，人数比过去增加一倍之外，没有其他任何消息。为了获得此类消息，我已命令陆军少校斯特拉什尼科夫——我们沿中国边境的警戒哨所全在他的领导之下，——要他想一切办法，并已向他划拨了一笔经费。

现中国卡伦军官还在邀请我班长过境到宰桑湖狩猎，答应亲自当他的向导，派中国兵护卫。对于此事卑职已按伯爵大人于本年 7 月 28 日向我宣布的皇帝谕旨，命令陆军少校斯特拉什尼科夫，由他下令禁止班长应中国军官邀请过境，其他人亦不得以任何理由前往中国。

//111//值此两个龙骑兵团、两个火枪兵团、一个轻骑兵团由西伯利亚调防喀山之际，卑职有责任了解中国人是否知道这个情况。据我打听到的消息，中国人至今对此尚无所知。但卑职猜测，这些消息很快会通过克尔克孜人传到他们耳中，甚至现在可能已经听说。但中国人很自律，这样的事跟我们的人从来不主动打听。也许他们等待俄国人先告诉他们，因为我觉得中国卡伦军官特别友好的态度很可疑，这样的情况以前从来还没有过。克尔克孜哈萨克人沿西伯利亚国境外的草原游牧，有时甚至能到达奥伦堡防线一带，当这些团队调动时，他们曾有过各种猜测。不管他们有些什么议论，但绝不会是关心西伯利亚边境完整的议论。由于克尔克孜人不善于有条理地思维，很容易就会把这些消息以讹传讹地告诉中国人。卑职认为自己有责任，而且应以各种手段通过可以信赖的人向克尔克孜人宣告，此次部队调动，只是换防而已，西伯利亚边境的驻军人数丝毫没有减少。部队调离的地方已有新部队进驻，因此对余下 24 个师的布防卑职也根据情况作了安排。

特此向伯爵大人报告。

荣幸地向您表示诚挚的最崇高的敬意。

永远忠实于您的

恭顺的仆人

葛里高利·格拉泽纳普

1808年8月29日

于鄂木斯克要塞

110页正文上方：1808年9月26日收到。

111页正文下方：299号。

同处：呈尼古拉·彼得罗维奇·鲁米扬采夫伯爵大人。

俄罗斯帝国对外政策档案馆圣彼得堡分馆，总档1—9，目录8，1806—1818年，案卷2，110～111页。原件。

№ 521

1808年8月31日[①]。C. 佩尔乌申警官就有关Ю. A. 戈洛夫金使团的消息给特罗伊茨科萨夫斯克边务衙门的报告摘要

机密

//168//教士团领队、九等文官佩尔乌申就教士团由北京出发赴恰克图事呈特罗伊茨科萨夫斯克边务衙门的报告

……有关俄国使团到库伦后特命使臣同郡王会见和谈话的情况，以及后来继续前往北京的旅程究竟为何出现障碍和不愉快的问题。当我通过通事试图了解情况时，无论是库伦的官员还是蒙古人都无法告诉什么或者证实什么，其他城市的人就更说不清楚。只知道为使臣先生由库伦赴北京指定了一条最近的驿道，它比原来教士团往来的驿道更靠西南，沿途每站都备有500余头马和骆驼、大量毡包、吃不完的羊只，还有烧火用的干粪。但使臣先生从库伦归国后，命令并没有撤销，据蒙古人说，那些干粪堆直到现在还留在原地，绝对不许动用。跟蒙古人谈话时可以了解到，他们很想见见俄国使团，但却一点也不知道什么时候它能去北京。他们总在向我们打听。

至于北京对接待使臣究竟做了些什么准备，由于我在当

① 日期在文中漏掉的部分标出（见173页上的注解）。

地逗留时间短，加之又不懂中国语言，更主要是没有翻译，所以没有打听出任何结果。关于当地的许多情况我听住在北京的修士大司祭索夫罗尼讲了许多，他将有详细的报告……①

168页正文上方：1808年9月4日提交。

同处左方：有“№ 26”字样。

俄罗斯帝国对外政策档案馆圣彼得堡分馆，总档4—4，目录123，1805—1809年，案卷1，168页、172—172页背面。原件。

---

① 参见531号文件。

№ 522

1808 年 9 月 3 日。护送俄国教士团到北京换届的八等文官 M. 波波夫就英国对俄国希望同大清国开广州贸易一事而采取的立场呈恰克图海关关长 П. Д. 瓦尼方季耶夫的报告摘编

秘密

//201// 八等文官波波夫呈四等文官、恰克图海关关长、赏戴勋章彼得·德米特里耶维奇·瓦尼方季耶夫阁下的报告

毫无疑问，英国一直寻求在中国扩大本国贸易，以抵制俄国的利益，但看不出它的企图能获得多大成功。

英国于 1792 年派赴北京的使团同公众预料的相反，一无所获地回国了。它想要在京城开设贸易公司、派驻一定数量办事人员以及废止对它所运入的货物征收关税的企图都落了空。英国的第二个企图，即阻挠俄国发展东海贸易，打探俄 //201 背面 // 中两帝国之间关系的努力，始于 1804 年年末，此时正值两国间为派赴中国的使团交换文函、由克琅施塔德港开出的船只“希望号”和“涅瓦号”正在中国沿海航行，而由英国派出的一位船长作为代表带着送给博格德汗的礼物却滞留于广州的时候。然而英王的信以及随信使送来的礼品却被送到了北京，在这种情况下他们并没有坚持要让那位作为他们代表的舰长一定受到宫廷接见，虽说信中写得明明白白，说是由于战争的缘故无法派出使臣，所以英王委托

他来转交礼品……

201 页正文下方：有“№ 7”字样。

俄罗斯帝国对外政策档案馆圣彼得堡分馆，总档 4—4，目录 123，1805—1809 年，案卷 1，201～201 页背面。经核对的抄件。

№ 523

1808 年 9 月 3 日。护送俄国教士团赴北京人员 M. 波波夫就俄罗斯使团在库伦逗留时的情况给恰克图海关关长 П. Д. 瓦尼方季耶夫的报告摘要

机密

//201// 八等文官波波夫呈恰克图海关关长、赏戴勋章四等文官彼得·德米特里耶维奇·瓦尼方季耶夫的报告

//204// ……第 10 点[①]。至于当年俄国使团到库伦的情况，找不到一个人 //204 背面// 能把当时的情况作起码的说明。就连陪同教士团往返两地、一直表现得极为友好的协理台吉阿丹赞，在回答一个学员的问题——郡王接待使臣先生的情况究竟如何——时，也回答说，他当时不在库伦，所以不知道。可是卫队里有些哥萨克明明看见他当时在那里。由这种闪烁其词的态度，很容易看出协理台吉是不愿意谈使团的事。当问到为什么使团中止了去北京的旅程时，他说，这是因为使臣没有完成一些礼仪。护送教士团走了几站之后，我还听到另外一些蒙古官员也这样说。但我也发现驿道上到处都设立了接待使臣的站点。不过到了北京后我同样也发现，俄罗斯馆并没有得到修缮。而且理藩院的官员对其中的房间检查过多次，上届教士团的学员也作过查勘，但却没有

---

① 此报告共有 10 点，涉及中国内外局势等一系列问题。

发现还预备了什么体面的房子来招待使团。与此同时却拨给某些个人一笔可观的数目，让他们为可能到来的使臣及其随行人员//205//采购食品。在京城和张家口由国库为此项开支的拨款达 6000 两银子①。此外，在张家口到京城的一路上，许多城市和地方的城墙和客馆都经过修葺，每隔 5 里立有 5 对里程柱，都用红油油漆一新。据中国人说，这些都是在使团到库伦的时候做的。百姓目睹这些准备工作，怀着迫切的心情等待使团到来。他们最主要是出于好奇，因为不仅在北京，而且各地都有传言，说是俄罗斯国君主送给博格德汗的礼物中，有好多稀罕玩意儿。

不过，当教士团在回国途中于库伦逗留时，库伦郡王曾对他说，使臣先生同他之间由于过去双方谈话翻译得不完全，造成一些误解，现在学员们学好了中文和满文回国了，//205 背面//再遇到这样的事就不一样了。这些话可以理解为对恢复使团的呼吁，或者是建议忘掉过去，永远保持两国之间的和好。

最后，我认为有必要总的说一句话，就是在去北京和回恰克图的往返途中，护送的中国人和蒙古人对教士团的态度都十分友好。

八等文官米哈伊洛·波波夫

1808 年 9 月 3 日

205 页背面正文下方有核验人签字：核验无误。关长瓦尼方季耶夫。经七等文官康德拉托夫核对。

俄罗斯帝国对外政策档案馆圣彼得堡分馆，总档 4—4，目录 3，1805—1809 年，案卷 1，204～205 页背面。经核验的抄件。

---

① 见 222 号文件。

№ 524

1808年，不晚于9月5日[①]。西伯利亚总督就俄清边境当局与由北京返回恰克图的俄国教士团成员会见情况呈商务大臣Н.П. 鲁米扬采夫的报告

//564//伊尔库茨克民事省长、恰克图海关关长关于教士团赴北京及往届教士团回国情况的报告摘编

8月5日[②]，买卖城扎拉固齐来见恰克图海关关长、四等文官瓦尼方季耶夫先生。午饭时交谈甚欢。该员称，我国教士团即将由北京返回，同时告诉瓦尼方季耶夫先生，他（即该扎拉固齐）将亲赴买卖城外6里处迎接，并邀请瓦尼方季耶夫先生一同前往。

经过一番事先准备，并经同扎拉固齐共同协商后，瓦尼方季耶夫先生于第二天清晨会同领恰克图边务七等//564背面//文官康德拉托夫等过境迎接俄国教士团。一行人到达买卖城后先去拜望扎拉固齐，得到他的允许后，又到距该地5俄里处迎接俄国教士团。该团在库伦郡王、昂邦所派协理台吉和梅勒的护送下到来，全团进入扎拉固齐官邸，逗留约1

---

① 日期根据西伯利亚总督И.Б. 佩斯特尔所附信件标出（见563～563页背面的附注）。

② 1808年。

小时，扎拉固齐就沿途起居、伙食供应等加以问候，同时夸奖学员满汉语言大有进步。然后我们友好地告辞，继续前进。

进入恰克图哨所时，//565//俄国教会人士体面地迎接了教士团的修士大司祭。教士团在钟声齐鸣中被迎进教堂，举行了为皇帝陛下及皇室家族祈福祈寿的祷告仪式，然后应邀进入七等文官康德拉托夫的官邸。扎拉固齐、章京也派代表前来祝贺教士团顺利到达。他们奉扎拉固齐之命，将教士团送到特罗伊茨科萨夫斯克要塞。教士团卫队全体人员以及所属车辆安置于专门在城门口修建的营房，其他人员则分散安置在各家。//565 背面//送行官员及其卫队离去后，我方请执行官九等文官佩尔乌申简约报告了新一届教士团前往北京的途中情况，以及前一届教士团归来的情况如下：

1807 年 9 月 17 日新一届教士团由恰克图出发，于该月 29 日抵达边疆城市库伦，第二天谒见了郡王和昂邦。然后于 10 月 5 日由当地出发，于 12 月 22 日到达张家口。当月 30 日由该地出发，于//566//今年[①] 1 月 10 日顺利到达北京。

此届教士团于蒙古旅行期间，中方在每地都搭建了三座蒙古包，准备了柴薪或干粪，根据需要，有时还准备了饮水，此外沿途各站均备有蒙古奶茶，有几次还被请进路边茶馆喝奶茶。

由张家口到北京，沿途为教士团过夜准备了很好的官府客馆，根据过去记录来看，这种情况为前所未见。教士团和官员每天都可以享用中国风味的丰盛伙食，有几次哥萨克卫

---

① 1808 年。

队也获得了这种特殊待遇。我//566 背面//们在 5 月 11 日①之前到达北京，把新教士团留置当地，当天又护送上届教士团返回。到张家口之前到处仍有伙食供应，教士团和卫队同样住客栈都不花钱。张家口过去第一站，离城 60 俄里的地方，留在当地看守官家马匹牲畜过冬的哥萨克情况都还不错(除库达拉站的一名哥萨克，名叫叶基姆·塔拉卡诺夫斯基，长期患病，已于 5 月 13 日②亡故)③。进入喀尔喀蒙古界，库伦办事大臣特派三名官员来迎接，他们前次也是从恰克图一直把教士团送到这里。从 5 月 17 日至 23 日，教士团在张家口受到设宴款待，到达库伦后也同样受到当地大臣的盛情招待。从库伦前 6 站起//567//直至恰克图，每站都早早准备了 20 匹免费的辕马和 35 匹驮马，每匹收费 2 钱 5 分。沿途护送教士团的中国军官态度均极为友好。

伊万·佩斯特尔

564 页正文下方：2425 号附件。

俄罗斯帝国对外政策档案馆圣彼得堡分馆，总档 4—4，目录 123，1805—1809 年，案卷 1，564～567 页。原件。

---

① 1808 年。
② 1808 年。
③ 括号为原文所有。

№ 525

1808 年 9 月 14 日。由北京返回的俄国教士团学员 П. И. 卡缅斯基、С. В. 利颇夫佐夫、В. 诺沃肖洛夫就买卖城扎拉固齐瑞春谈及的 1806 年俄国使团回国情况呈恰克图海关关长 П. Д. 瓦尼方季耶夫的报告

秘密

//435//由北京归来的教士团学员呈赏戴勋章四等文官彼得·德米特里耶维奇·瓦尼方季耶夫大人的报告

今年 9 月 5 日，当大人应大清国扎拉固齐的邀请拜访博什库的官邸时，我等三名学员奉命陪同大人前往，担任通译。我等听到扎拉固齐谈及俄国使团由库伦回国的种种情况，以及中方为迎接使团所作的准备。谈话的起因和进行的情况如下：

当大人起身，其他俄国官员也紧随博什库出门时，房间里只剩下扎拉固齐和学员利颇夫佐夫。扎拉固齐走到利颇夫佐夫面前，拉着他的手用中文说：

“你到过北京，那么，你//435 背面//可能听到过你们皇帝派使团出使我国朝廷的事，也听说过我们为接待它所作的准备。”

“我们听说过，”利颇夫佐夫回答，“我们的伟大国君皇帝陛下派了一个使团到北京朝廷来，别的就不清楚了，因为

我们的处境不允许我们详细打听这种事”。

“我国大皇帝，”扎拉固齐接着说，“听说你们的使团已经到了边境，非常高兴，特颁谕旨要部里准备隆重接待。直隶总督也奉命亲自去视察使团将要经过的道路，一直察看到宣化府。他奉命修整道路，让使团可以平平安安地前进。这条路有许多地方要经过石头山，尽人皆知，走起来极为艰险，因为到处分布着散乱的巨石，常常从//436//山上滚落下来，致使道路几乎无法通行。他奉命在周边招募一定数量的民工，把这些石头用土垫起，耗费了许多人力物力。此外还由皇帝陛下亲自下令拨付50000两银子，作为由张家口到北京一路接待使团的用项。”

当他说到最后这些话时，学员诺沃肖洛夫进来了，他听到银子的数目后对扎拉固齐说，我们在北京听说的是5000两银子，用来在张家口宴请使团。

“不对，”扎拉固齐回答，“这个5000两是在一个叫做萨伊尔乌苏的小地方宴请之用的。派到那里去的将军是佛尔卿额。还有一位瑚素通阿将军奉命在张家口迎接使团。使团一进宣化，就由直隶总督来迎接。瞧，”他说，“这些安排多隆重，我可是最清楚不过的了。遗憾的是两位陛下的愿望却没有能够实现。你们的使团从库伦回了国。这段时间我//436背面//恰好在库伦侍候郡王，所以见到了你们的使团，知道它回国的原因。我非常清楚。情况是这样：当你们的使臣带领众官员出席公宴时，郡王和昂邦请使臣和赴宴的众官员跪下磕头，向皇帝谢恩。但这个请求被他拒绝了。郡王和昂邦列举了各种理由证明这个请求合情合理，还保证他们本人也会同使臣一道行礼。使臣听到这个话，从他的举动来看，似乎很倾向于这样做，极有可能按照我国宫廷规定完成这个礼数。可这时宫廷侍从官巴伊科夫对使臣说了几句我听不懂的话，劝止了使臣去完成郡王和昂邦的请求。事情就这样搞僵了。使臣回到了自家的行在。郡王和昂邦商量了一番之后，//437//派了一个蒙古贝子前去见使臣，想以友好的方式劝他尽量照规矩办。但去了很多次，那个贝子也没有再得到过使臣的什么答复，只是说决不同意这样做，只有等到陛下接见的时候才能行礼。于是郡王和昂邦通过贝子请求使臣签字画押。使臣回答说：'为什么还要有这些繁文缛节呢？我口头保证就可以了。'"

"郡王和昂邦怕使臣在陛下接见的时候会拒绝下跪，也害怕这样会给自己带来不良后果，便把一切都向皇帝奏报了。于是皇帝下旨让他们打发整个使团回国。"

他刚把这些话说完，大人和众官员又回到房间，于是扎拉固齐便停住了。关于我们听到的扎拉固齐的这番话，我们有幸在第二天口头向大人做过报告。但大人命我等提交一个书面报告，所以我们除了上述内容之外，再把我们听到扎拉固齐于本月11日说的//437背面//话报告一下。当时我们奉大人之命前去见他，以大人的名义感谢他头天晚上对您的拜访。扎拉固齐非常殷勤地接待了我们，对大人的友好殷勤态度赞不绝口，对我们说：以前扎拉固齐同俄国边境官员，从来没有像他同大人相处得如此融洽友好。

"当今的这位大人，"他说，"行事态度友好，而我也对这种友善给予力所能及的回报，这一切以兄弟般的情谊把我们的心连到了一起，这种情谊将永远留在我们心中。我手下这些商人看到我同你们大人如此友好相处，多次为我有这样的//438//幸运而向我表示祝贺。"

后来，我们遵照大人的命令，不知不觉又把谈话引到扎拉固齐跟我们谈的题目上来，希望他能有所补充。但他说的还是跟原来差不多，最后说：

“这么一件大事却弄得半途而废，真是令人遗憾。也许贵国的皇帝为此会感到很不满意，完全可能是这样。因为使臣回国后会把所有的过错全推到我们的朝廷身上，而贵国皇帝却不知道我们这边的情况，始终蒙在鼓里。”

后来我们询问扎拉固齐，说这番话是他自己的意思，还是出于政府的命令。他回答说政府可没有任何这种指示，他只是把自己看到听到的说说而已，告诉他消息的人都是很可靠的。

此后，我们告别了扎拉固齐。//438//大人命我等把从扎拉固齐口中听到的一切写成报告，我等亟愿执行大人的命令，特恭呈此报告。

学员　帕维尔·卡缅斯基

斯捷潘·利颇夫佐夫

瓦西利·诺沃肖洛夫

抄件上有签字：同原文核对无误。关长瓦尼方季耶夫。

正文下方有副署：八等文官康德拉托夫证明。

每页下方有签字：抄件核对人为十等文官科热夫尼科夫。

435页正文上方：1808年9月15日呈报。

俄罗斯帝国对外政策档案馆圣彼得堡分馆，总档1—5，目录4，1823年，案卷1，卷夹15，第一部分，435～438页背面。经过核对的抄件的抄件。

№ 526

1808 年 9 月 26 日。西伯利亚总督 И. Б. 佩斯特尔就比斯克地区出现清武装部队及清政府企图在该地区安置准噶尔人等事呈商务大臣 Н. П. 鲁米扬采夫的报告

秘密

//112a//尼古拉·彼得罗维奇伯爵阁下：

本月 8 日托木斯克民事省长根据比斯克地方警察局局长和要塞司令提供的消息，通过信使向我报告，在离比斯克城 200 俄里同中国边境接壤的捷列茨科耶湖附近，出现了数千名以弓箭武装起来的不明身份的人员，统一着红色服装，在他们占据的地区内以木石修筑围墙工事。为此比斯克地方当局已派专人前往全面侦察，民事省长大人也派去一名省里的官员。他还命令 24 师师长格拉泽纳普少将采取军事预防措施。

卑职深知我国同中国宫廷关系良好，有事实可以//112a 背面//为证。同时卑职还通过由北京归国的俄国教士团得到消息，发现即使他们那边的游牧民族聚集起来，也不至于发动难以防御的严重袭击事件，因为这一带国境同克尔克孜人和哈萨克人并不相连，而且我国边境的自然地势也是一个很好的屏障。因此卑职不能把这种消息看得多么严重，甚至觉得有点是无稽之谈；仅凭一些无根无据的传闻就对阁下郑重

其事地报告，有点不大体面，生怕这种张扬会使政府高层感到忧虑不安。不过卑职已命令采取切实措施，查明传言的由来，严防进攻，以防万一该地区有匪帮袭扰。

卑职认为，此类传闻是毫无根据的猜测，后来果然完全//112b//证实，因为前不久收到托木斯克民事省长先生的报告，国境上平安无事。原来传说中国有人来袭扰的消息虽说确有其事，但规模远不如想象之大。那些都是居住在阿尔泰山区的人，两边都纳税。据说，是有几个过去在这里住过的准噶尔人回来察看迁居的地方，并把它用石头围了起来。

卑职发现，三传两传，越境人数被阿尔泰人可怕的想象力夸大了，而比斯克的长官对传闻又不加核对，就作为重要消息向省长先生作了报告，但实际这种事根本没有任何危险。卑职只好照规定重申，今后在这种情况下应慎重从事。不过卑职却无法确定前述传闻中中国政府允许准噶尔人迁居俄国境内的意图，因为中国人很乐意保持//112b背面//同俄国的和睦关系，故而从他们那边不可能出现任何不友善的举动。但要准确判定是哪些民族进入了我国边境，有何企图，还须假以时日，通过正常渠道弄清原因。由于这一事件并不重要，卑职认为没有必要向皇帝陛下奏报。但为了慎重起见，卑职认为还是有必要事先仅向阁下及内务大臣先生报告。

特荣幸地向伯爵大人致以崇高的诚挚的敬意。

最恭顺的仆人

伊万·佩斯特尔

1808年9月26日

于托博尔斯克

112页正文上方：1808年10月18日收到。

112页（2）背面：有“42号”字样。

同处：呈尼古拉·彼得罗维奇·鲁米扬采夫伯爵阁下。

俄罗斯帝国对外政策档案馆圣彼得堡分馆，总档1—9，目录8，1806—1818年，案卷2，112页（1）～112页（2）背面。原件。

№ 527

1808 年 9 月 26 日。西伯利亚防线司令 Г. И. 格拉泽纳普就捷列茨科耶湖附近出现清国部队呈商务大臣 Н. П. 鲁米扬采夫的报告

//113//尼古拉·彼得罗维奇伯爵阁下：

比斯克要塞及比斯克边防营司令舒列茨中校①于本月 5 日派专差向卑职报告，比斯克要塞前哨指挥官收到桑德布斯基哨所、萨伊拉布斯基多棱堡哥萨克班长送来情报称，居住在边界以外的缴纳实物税的鞑靼人根据在阿尔泰山一带游牧的卡尔梅克人的传言告诉他们，好像从中国边境朝捷列茨科耶湖进来一股武装人员，大约一万来人。舒列茨说他为了进一步打探详情，向该地区派遣了几批人员，同时将这个消息通知了比斯克一带的边哨指挥官，并报告托木斯克民事省长。舒列茨中校派出的侦察人员有些//113 背面//回来报告说，这些到捷列茨科耶湖来的人，部分为准噶尔人，部分为中国人。去该地似乎是为了考察当地状况是否宜于迁居。考察后已回去。由于舒列茨中校派到人群聚集的当地去侦察情况的比斯克要塞工程兵少尉普济金尚未返回，所以卑职在尚未得到可靠消息证实、没有掌握可靠情报的情况下，一直没有把此事报告伯爵大人。今天卑职收到托木斯克卫戍营司令科夫里金中校的报告称，他收到科雷瓦诺一沃斯克列先斯克矿山工厂居民点的地方长官季米里亚泽夫报告称，那些人员

① 原文如此。

正朝捷列茨科耶湖前进，故于本月13日以自己的名义向皇帝陛下写了奏章，以为有责任//114//把事件报告皇帝陛下，同时也报告伯爵大人，以期引起特别的注意。待到工程兵少尉普济金进一步侦察回来后，一定将情况呈报伯爵大人审查。

荣幸地向伯爵大人表示真挚的崇高敬意，

恭顺的奴仆

葛里高利·格拉泽纳普

1808年9月26日

于鄂木斯克要塞

113页右侧正文上方：1808年10月24日收到。

114页正文下方：335号。

同处：呈尼古拉·彼得罗维奇·鲁米扬采夫伯爵大人。

俄罗斯帝国对外政策档案馆圣彼得堡分馆，总档1—9，目录8，1806—1818年，案卷2，113～114页。原件。

№ 528

1808 年 9 月 27 日。副外务大臣 A.H. 萨尔蒂科夫为综合清帝国边境形势呈商务大臣 H.П. 鲁米扬采夫的报告

//115//尼古拉·彼得罗维奇伯爵大人：

从中国边境收到消息如下：

据西伯利亚总督佩斯特尔 9 月 5 日报告①，

1. 8 月 5 日上一届教士团由北京到达恰克图。新一届教士团于 1808 年 1 月 10 日顺利到达北京。两届教士团于途中均受到中国官员良好的接待，给予极高礼遇，为此前所仅见。

2. 由于有预言称蒙古呼图克图在艾尔通岛转世，库伦活佛到西部各寺庙主持祭礼，//115 背面//现已回到驻[地]②。

据格拉泽纳普中将 8 月 29 日报告③：

除中国哨所增加人员、在纳雷姆河等地靠近俄国边[哨]的地方建立冬季固定卡伦外，没有发现任何其他企图，中国卡伦军官对我方表现也十分友好。

特此向伯爵大人报告。

荣幸地向阁下致敬。

---

① 见 524 号文件。

② 此页页边不存。括号内是根据意思恢复的。

③ 见 520 号文件。

您忠实而恭顺的仆人

亚历山大·萨尔蒂科夫伯爵

1808 年 9 月 27 日于圣彼得堡

115 页正文下方：呈 Н. П. 鲁米扬采夫伯爵大人。

俄罗斯帝国对外政策档案馆圣彼得堡分馆，总档 1—9，目录 8，1806—1818 年，案卷 2，115～116 页背面。原件。

№ 529

1808 年 10 月 12 日。西伯利亚防线司令 Г. И. 格拉泽纳普就捷列茨科耶湖以远地区出现准噶尔武装人员，但清朝当局禁止他们前往边境地区呈亚历山大一世皇帝的报告

//119//24 师师长格拉泽纳普中将呈皇帝陛下的报告

今年 9 月 26 日臣向皇帝陛下奏称，捷列茨科耶湖以远的阿尔泰山区中国边境出现大量武装人员，比斯克要塞司令舒列茨中校曾派数批人员到该处详细侦察。现舒列茨中校回来向臣报告，派往捷列茨科耶湖地区的人员已经返回。他们曾到过被我们称为双边纳贡人的卡尔梅克人村庄，以提醒向陛下交纳贡赋的日期已过为借口，谈话中从他们的宰桑口中//119背面//得知，原来在丘亚河和巴什卡乌萨河上游出现的武装人员，是一些流离失所的准噶尔人，他们到那里去，是为了从双边纳贡的卡尔梅克人游牧地占一块居留之地。不过中国人认为他们难以信任，所以禁止他们前往，他们的企图没有实现。于是他们又从边境回到了内地。

特向皇帝陛下奏报。

格拉泽纳普中将

1808 年 10 月 19 日于鄂木斯克要塞

119 页正文右上方：1808 年 11 月 8 日收到。

俄罗斯帝国对外政策档案馆圣彼得堡分馆，总档 1—9，目录 8，1806—1818 年，案卷 2，119～119 页背面。原件。

№ 530

1808 年 10 月 31 日。伊尔库茨克民事省长 Н. И. 特列斯金为俄国教士团在去北京和返回俄罗斯途中得到帮助致库伦办事大臣蕴端多尔济、福海的感谢信

//606//全俄罗斯皇帝专制君主驾前四等文官、伊尔库茨克民事省长特列斯金致函大清国博格德汗驾前库伦办事大臣郡王、昂邦（抄件）

领队谢苗·佩尔乌申大尉带同以修士大司祭索夫罗尼为首的驻留贵国首都北京城的教士团及 1 名神职人员、3 名学员抵达此间后，从郡王和昂邦先生处带来嘉庆十三年孟夏月十五日充满友好情谊的书信一封①。从中我非常高兴地看到，按照你们的吩咐，//606 背面//我方前往北京的新一届教士团和由北京回国的前一届教士团在途中得到了巨大的帮助，除了协助以便宜的价格租赁马匹外，所有各站不仅免费提供驮马，还提供毡包和食物，准备了安静的憩息条件。对此，领队佩尔乌申大尉特别向我作了报告。长途跋涉可能遇到的困难因此而全部消除。我国两届教士团在你们大力协助下安然顺利抵达目的地。我对你们的殷勤感同身受，深知这是贵方对我的久经考验的深情厚谊，特向你们，郡王和昂邦，表

---

① 参见 516 号文件。

达我最诚挚的谢忱。同时我要向你们保证，满足你们的//607//任何有关双方利益的要求将是我最迫切的愿望，为了两相邻帝国之间的和睦友好，我乐于竭尽全力效命。

最后，谨请你们，郡王和昂邦，把我北京教士团的情况在方便的时候经常赐告，我将不胜感激。

特此签字盖章。

1808年10月31日于省城伊尔库茨克

正文下方：八等文官维里金副署。

俄罗斯帝国对外政策档案馆圣彼得堡分馆，总档4—4，目录123，1805—1809年，案卷1，606～607页。经核对的抄件。

№ 531

1808 年，不晚于 11 月 17 日[①]。驻北京俄国教士团领班修士大司祭索夫罗尼（格里波夫斯基）关于清王朝几位皇帝情况以及嘉庆皇帝对待俄国和英国使团的态度、北京接待俄国使团准备情况的情报

//262 背面//[②]……1804 年 5 月英国国王向北京朝廷送来礼品，并解释说由于英国当时正忙于同法国作战，故无法派使臣一同前来。礼品没有被接受，英国人也没有获准进入中国国内。

过了三年之后，1808 年春，英国使臣来到澳门，打算进入北京，但未获准进入中国。关于英国使臣同北京宫廷之间的不愉快，有着各种各样的猜测，但我有一个朋友，是完完全全的中国人，他对我说，当今的皇帝最怕花销，所以才没有接受英国使臣。我的朋友说："我们的皇上遇到过几次生命危险，现在变得非常胆小爱钱，他一个外国人也不愿意接见，不愿为外人花自己的钱，拿礼品送来送去。"

的确，当今的嘉庆皇帝如果出行，从来不坐自己的龙车凤辇，而是坐一乘再普通不过的轿子。而他自己的轿子却空着在队伍中抬，因为他特别害怕刺客，刺客太多了，要谨防

---

① 根据修士大司祭索夫罗尼向 И. Б. 佩斯特尔提交报告的日期标出。

② 删去了有关中国内部情况的部分。

他们行刺。

//263//嘉庆皇帝登基第5年，也就是1799年，在他父亲大薨的时候，他对外国人格外开恩，赐他们回归故里。该年我向外务院递交了申请，希望能让卡尔甘斯基教士返回俄罗斯。皇帝看到申请后对首相说，应该向俄国人和其他外国人施以皇恩，准予他们回归故里。但首相（国君的第11个兄弟）对汗说，对俄国人施以这样的恩典将会违反条约。因为俄国喇嘛和学员在北京居住是有特别条件的，跟居住在你的帝国中的其他外国人又有所不同，所以不能这样做。首相还说，俄国人会认为这样打发他们回去是破坏了条约。俄国喇嘛和学员只有在他们的上司要求他们回国的时候才能放他们回俄国。通常他们也是在这种情况下才能回国。

国君从宰相那里听说有10个俄国人住在北京，条件同其他藩属之民全然不同，便把卡尔甘斯基教士放回了俄国。皇帝下令为他准备了官家的马车，发放了充足的盘缠，还派了几个护送人员……①

//265背面//1803年1月13日，嘉庆八年，我有一个接受天主教洗礼的熟人告诉我，全俄罗斯皇帝根据原来的惯例打算派一位使臣到北京来。嘉庆皇帝自从接到理政事枢密院就此事送来的文书后，把最高国务会议的成员都召集起来，问他们对俄国派使臣有什么看法。是允许他到北京来，还是拒绝枢密院的请求？看到大臣们不敢说自己的看法，问话的皇帝高高兴兴地说了这样的话：

---

① 以下删节了一段简短描述嘉庆皇帝于60年花甲子的第3年（1805年）即嘉庆十年［按：此处俄编者计算有误。1805年嘉庆十年为60年花甲子的第2年，即乙丑年，而非第3年即丙寅年。——中译者］嘉庆皇帝由北京至盛京，祭祀葬在满洲的祖先（由拉丁文翻译）。

“我的意思是让俄国使臣到我的朝廷来。”接下来北京朝廷几乎有两年一直在等待俄国使臣。

1805年5月22日有消息传到北京①，说使臣已到达伊尔库茨克。这封信里谈到全俄罗斯特命使臣如何荣耀和显要，介绍了随行的显贵。皇上了解到情况之后，正值要到满洲去，就命令自己的哥哥八郡王知会库伦郡王蕴端多尔济，叫他在边境接待全俄使臣，让后者在库伦那个地方等待大汗回来。

到了10月末，郡王送来了使臣的信②，其中说他在边境已等了很久，但没有收到中国满洲政府任何确切的消息，不知究竟是否允许他到北京。因此坚决要求有关人员尽快对此明确加以说明。在收到//266//全俄罗斯使臣③要求明确允许入境还是拒绝进入北京的来函后，他又命库伦郡王尽快把俄国特命使臣从边境接过来，并减缩他的随员。

为此，派出了一些军官到半路去迎接我们的伯爵，还带了一些下级官员和两名俄文翻译，以及一些完全不懂俄文的低级军官。

12月3日礼部派了个官员来察看俄罗斯使臣下榻的庭院。9日开始修葺庭院，总共花了宫里不到300两银子。按照接待全俄特命使臣这样的显赫重要人物来说，为了表示尊敬和体面，至少也应该花上3000两银子。在给使臣准备的大厅里，天花板和四壁油漆油得都很马虎；地板全坏了，一点也没有修理。在拨给使团其他贵族居住的房间里，只有天

---

① 见96号文件。

② 见201号文件。

③ 此处原注释内添加了“再次”两字，但没有说明是否为原文中遗漏。——中译者

花板用黑纸糊[①]了一下，四壁和地板照样还是破破糟糟。墙壁只把坏的地方马马虎虎粉刷了一下，简直像开玩笑。这些都是出于对俄国使团极端不重视。当我对来我处视察俄罗斯馆的鲍姓军官说，我想到北京郊外几俄里的地方去迎接全俄罗斯使臣时，//266 背面//他跑来见我，向我宣布了他的提督下的命令：

“提督不许你和学员出城去迎接，因为我们认为你这个教士和那些学生也是尊敬的客人，跟你们的伯爵及其随员是一样的。”

12 月 28 日礼部有几个军官来到俄罗斯馆测绘平面图、教堂、钟楼和教士团的房舍，还有大院和大院的所有房舍，绘成图册后，呈报九门提督。测绘教堂和整个俄罗斯馆时，坐在我房里的军官问我：

“住在这所拨给俄罗斯使臣的院子里，伯爵和那些俄国人会满意吧?”

我回答他们，这些住屋给了全俄使臣，我可就没有住的地方了。而且我还认为，全俄罗斯帝国特命使臣，这是一个重要显赫的人物，对俄罗斯馆这样一所寒酸破败的住所，是不会看得上眼的。不过这就不关我的事了。所以你们愿意怎么办就怎么办吧。俄罗斯馆的平面图画好后，交给了提督，那位大臣又把它呈给皇帝，根据这张图作出了批示，在俄国使团离京之前，俄罗斯使臣及其全体随行人员就统统安排在俄罗斯馆居住。

送来了炕席和毡子。但 3 月 9 日又收了回去，送回了衙门。

//267 背面//1806 年 1 月 2 日，当俄罗斯特命使臣尤

---

① “糊”字写了两遍。

里·亚历山德罗维奇·戈洛夫金先生到达库伦[①]时，蒙古正值异常寒冷的严冬，不少由边境护送俄国使臣到库伦的蒙古人甚至冻坏了手脚。

一万头甚至[②]一万多头马匹死于严寒，还有无数的羊。但皇帝没有给蒙古人任何补偿。从蒙古边境到北京，以及到了北京之后，地方官用于接待俄国使臣及其随员的银两花销，大汗也不肯核销，因此，此项用于接待的官帑，就被迫要从官员年俸中加以扣除，部分还要上交国库。这位公正无私的大汗是这样说的：

"既然俄国使臣未能进入北京，我就不该把为接待他而花的钱算到国库的账上，因为他照旧在原来的地方待着。"

官员们看到连君主都是如此不讲道理，又怎能不去鱼肉百姓呢？……[③]

266 页背面正文下方～267 页有索夫罗尼·格里波夫斯基的注解：

皇帝的第 11 弟永瑆比较了解俄国同中国的关系。他虽然极力主张俄罗斯特命使臣//267//不必下跪，也向他做皇帝的兄弟解释过，说俄国人有自己的习惯，但这些努力都毫无效果。他还向皇帝上过奏折，说是俄国使臣不习惯于满洲和中国的礼仪，不必勉强他，可以让他照自己的规矩行事。但嘉庆皇帝看到亲王的这个折子，未加任何批示就退了回去。

---

① "到达库伦"字样加在右侧页边。

② 此处字迹不清。

③ 以下删节了关于牲畜在蒙古死亡的文字和"最近发生暴动的主要原因"一节。

267 页有索夫罗尼·格里波夫斯基的注解：

据说有命令在紫禁城里给俄国使臣和全体随员拨了一所很体面的房子。但我通过中国人和教徒们详细询问过给俄国使臣预备体面房子的事，没有一个人听说过除了俄罗斯馆还预备了什么体面的房子。在俄罗斯馆倒是想架几个帐篷，好让所有的人都住下。不过，不难看出，出于我不清楚的原因，嘉庆皇帝是不希望俄罗斯使臣进北京的。

俄罗斯帝国对外政策档案馆圣彼得堡分馆，总档 4—4，目录 123，1802—1804 年，案卷 1，262 页背面～263 页；265 页背面～267 页背面。格里波夫斯基手迹。

№ 532

1809年2月3日。亚洲司司长C. M. 布罗涅夫斯基呈副外务大臣A. H. 萨尔蒂科夫关于1803—1808年俄中关系的综合报告

//250//四等文官布罗涅夫斯基关于大清国问题的报告

//252//关于大清国问题[①]

北京亲切地以不同于以往的礼遇接待了新一届教士团，并同样亲切地护送旧一届教士团回国，表明中国政府企图消除因不许我国使团进入北京而在我方引起的不快。

在收到最近一次可以认为是终结了我方同中国长期交换文函做法的北京理藩院通报消息的文书[②]后，//252背面//在开始新一轮行动之前，看来颇有必要回顾一下过去，以便恰如其分地确立俄国当前对待中国政府的政策地位。

自1803年起我们同北京理藩院之间的文函往来围绕着三个问题：

1. 关于派遣使团。

2. 关于在广州被扣的两艘船只。

3. 关于教士团。

---

① 标题位于本页左边空白处。

② 见513号文件。

北京朝廷以体面的借口拒绝俄国使团进入以及不愿俄国商船参与对欧洲各//253//国开放的贸易，其原因究竟是它一贯的闭关锁国体制使然，还是受到忌妒俄国的对手调唆，对此我们不必猜测。但我们不应忘记，此间收到俄国使团被遣返以及两艘商船在广州被扣的消息已经是1806年的年初。

就在俄国宫廷于1806年5月15日致文书①要求对这一行动作出令人满意的解释时，北京理藩院于2月13日的一通文书②，走到了这封文书的前头，其中在形式上把所有的过错都推到了特命使臣戈洛夫金伯爵的头上，就像在俄国文书中所有的过错都推到库伦办事大臣郡王和昂邦头上一样。

当年9月又收到理藩院7月15日写的那封简短的回书③。//253背面//中国人已经不要求惩罚俄国使臣了，但却还是顽固地坚持，由于拒不遵守礼仪，全部过错都在俄国这一方。他们对俄国文书中揭露的种种指证为谎言的条款不予理睬，一味强调惯例。对这些惯例的进一步坚持将导致执行惯例的必要，但这同当时的局面又难以一致。可是这封文书又不见回复。我觉得这些都使中国政府感到迷惑不解，产生了怀疑：俄国是否隐瞒了某些自己的企图。

//254//就在此时传来消息，在广州被扣的“涅瓦号”和“希望号”④ 被释放了，但粤海关监督延丰因为把这两艘船放进港口而进了大狱。这些都是北京理藩院的文书中说的，而且还告知，除了恰克图外，中国政府永远不同意跟俄国在别的地方做生意⑤。

---

① 见367号文件。

② 见287号文件。

③ 见400号文件。

④ 下加线是原来就有的。

⑤ 见400号文件。

剩下的事情就是把接待新一届教士团的工作做一个了结了。它在伊尔库茨克已经等了一年多，得不到进入中国的允许。

虽说很难判断究竟是什么原因导致中国政府在教士团根据《恰克图（布连斯奇）[①] 条约》第5条到期换届的问题上出难题，因为此事尚无令人满意的情报，但可以肯定地说，北京是在等待派遣使团的事件告一段落，也许是在担心同俄罗斯关系破裂的情况下，部分是不愿意把了解中国内部情况的人员放出来。这同中国政府生性多疑的特点是相一致的。可是不久中国人发现贸易关系和边境关系的继续并没有什么可疑的地方，而且//255//俄国宫廷在信函中又表现出了得体的强硬态度，于是便停止了不合时宜的吹毛求疵，并于1807年5月[②]获得了北京理藩院同意新一届教士团入境的许可。

因此，现在可以认为所有的问题都解决了：使团的问题、商船的问题、教士团的问题。不过它们之间还有点差异：第一个问题由于没有人坚持而放下了，所以遇到机会还可能旧话重提；而最后一个问题则完全满足了俄国宫廷的期望，俄国宫廷也因此而免去了为维护尊严而写那些讨厌的信函的麻烦。

//255背面//现在出现了一个问题：需不需要对1808年5月16日北京理藩院新来的通知新一届教士团抵达北京和旧一届教士团归国的文书[③]给一个回复？

根据以往的惯例，对于这样一些通知性质的文书，是不给回复的，这似乎因为它们本身就是对此间由教士团带去的

---

① 括号是原来就有的。

② 见476号文件。

③ 参见513号文件。

文书的回答。但在目前情况下中国政府正在努力安抚俄国宫廷，消除已有的不快，//256//我方若对教士团得到的礼遇表示感谢，从第一印象来看似乎并不多余。

但是，我们也不该忽视中国人对琐细的形式、礼仪、惯例的偏爱。容易出现这种情况，就是再过十年八年，他们又会以为自己获得了责备我们的权利，他们会说："某年某月你们曾经向我们表示感谢，可是这次却没有表示，这种变化意味着什么？"

基于这样的考虑，觉得专门发一通文书去感谢似乎没有必要。//256 背面//等到有必要给北京理藩院写信或是答复某事时，再附带提上一笔，说此间宫廷对教士团得到的优渥礼遇感到高兴，并表示感谢，认为这是对俄罗斯友好态度的标志，也就可以了。

1809 年 2 月 3 日。

251 页（粘入的插页）上有：附于 1806 年 5 月 15 日枢密院文书后。给理藩院的回函写于 1806 年 7 月 15 日，中国历法为嘉庆十一年六月十八日。该回信于 8 月 24 日派机要信使由伊尔库茨克送出。

252 页正文下方：送 **A. H.** 萨尔蒂科夫伯爵阁下。

俄罗斯帝国对外政策档案馆圣彼得堡分馆，总档 1—5，目录 4，1823 年，案卷 1，卷夹 15，第一部分，250 页；252～256 页背面。原件。手稿。

№ 533

1809 年 11 月 17 日。副外务大臣 A. H. 萨尔蒂科夫就大清国皇帝下旨处理“希望号”和“涅瓦号”商船以及给 H. И. 特列斯金的补充训令等问题给西伯利亚总督 И. Б. 佩斯特尔的公函

//61//致佩斯特尔[①]

我根据从俄属美洲收到的文件得知，俄国实业家以美国商务经理的身份乘波士顿船只抵达广州，带来了一封瑞典驻广州副领事致八等文官巴拉诺夫的信，其中附有中国皇帝关于“希望号”和“涅瓦号”这两艘曾在广州滞留的俄国船只的谕旨，产生了在美洲、美利坚合众国或瑞典旗帜下开展贸易的想法。当然，后一种做法须得到瑞典宫廷的同意。

这一值得关注的事件之所以引人关注，在于它同几年来外交部一直从事的某些类型的工作互相关联。我们把这道谕旨的抄件寄给阁下，阁下可以看到，中国政府同俄国在广州通商的问题上，远非如它所宣布的那样不可理喻地顽固，而中国最高当局的满腔怒火，都是源于这件事发生得太不寻常，它所反对的唯一之处，仅在于广州的长官自作主张允许我方船只卸货，并装上回国的货物。

//61 背面//中国宫廷的这种态度在他们的这道谕旨中无疑表现得十分明显，在拟议中的伊尔库茨克民事省长同库

---

① 下加线是原件中所有的。

伦官员的谈判中很容易加以利用，这就促使我请求阁下在给特列斯金先生的训令中再单独加上一条关于恢复我国赴华使团的内容。尽管新的情况表明，我国在广州的贸易可以在别国的旗帜下进行，但我有一个原则，就是不喜欢我所掌管的领域以隐蔽的手段达到目的，我总是主张要使用公开的、允许的手段，因为这样显然要可靠得多。我希望您能给民事省长先生下一道命令，在谈判中涉及这个问题。

他可以肯定地告诉中国官员，皇帝陛下对于同中国之间的源远流长的关系充满信心，希望允许我国商船到广州贸易，动机是希望这种贸易能为两国人民带来明显的好处。在广州贸易中，俄国人的好处在于他们能在远离俄罗斯本土的地方开辟一个距离很近的新地方销售自己剩余的产品；对于中国人来说，好处就在于//62//迄今为止他们只能从波士顿人手上购买美洲产品，如果直接购买，价格上就会更加便宜。如果中国官员强调新开贸易不合自古以来的条约，省长先生可以公开说明，美洲领地是俄国政府新获得的地盘，它关心自己新臣民的福祉，故而委托他在各方面保护他们的利益。在谈判中如果发现，中国政府猜测新的贸易可能动摇恰克图贸易，并对此表示担心的话，省长先生可以告诉他们，由俄属美洲至广州和由俄国腹地运送货物至恰克图，这两条商路是不会冲突、交叉或互相干扰的。相反，皇帝陛下正准备以一切方式加强恰克图贸易，而且还委托他向中国政府询问，在这方面是否有什么好办法。俄国方面肯定将根据共同协商的结果采取措施。

因此，我谨请求阁下对您的民事省长先生给予指示，并在其中//62 背面//说明，此事若能成功，他将是造福国家的有功之臣，我个人也将对他表示深切的谢意。我相信，时间、共同的利益和人民之间贴近的距离将造就商贸关系。我想对阁下说，自我掌管外交部以来，我对这个问题一直非常看好，我尽心竭力，相信我国北美领地必将繁荣。陛下能让我掌管外交部，我感到无比幸福。如果在我的任上我所开展的事业能够实现，允许我能把劳动果实呈献给仁慈的君主，那将是对我的最好回报。

61页页边：1809年11月17日。

同处：2013号。

俄罗斯国立中央古代文献档案馆，国家档案全宗第15号，1803—1805年，案卷29补充，61～62页背面。底稿。手迹。

№ 534

1812 年 4 月 26 日。内阁记录中有关批准 3 名耶稣会会士返回俄国的决定的摘录

//64//1812 年 4 月 26 日内阁记录摘录

听取了外国宗教信仰事务总监关于批准 3 名到中国的耶稣会士返回俄国的报告。

据耶稣会长老介绍，几年前根据政府的意愿曾派遣教士团 3 名传教士去中国。但他们未能到达目的地：一个到了美利坚合众国，另外两名留在英国。耶稣会长老提出：此间的耶稣会需要他们，替他们申请护照，请求批准他们返回俄国。

经调档查对，//64 背面//耶稣会长老及外务院均证实，此 3 名传教士于 1805 年公费派往中国，以促进当时派往中国的戈洛夫金使臣同北京朝廷顺利进行拟议中的谈判。

但在 1810 年根据耶稣会长老的申请，奉上命，又准许他们由伦敦去了美利坚合众国。

外国宗教信仰事务总监认为，既然派往中国的 3 名耶稣会士后来奉上命又改变了去向，//65//由伦敦到了美利坚合众国，现在根据需要，也应该允许他们回到俄国。

内阁决定，根据外国宗教信仰事务总监的意见，应发给 3 名耶稣会士护照，准其回到俄国，并将此决定通知本人和外国宗教信仰事务总监执行。

正文下方有核对者签名：秘书长莫尔恰诺夫。

俄罗斯帝国对外政策档案馆圣彼得堡分馆，总档 1—7，目录 6，1805 年，案卷 1a，卷夹 2，64～65 页。原件。

№ 535

1816 年 11 月 1 日。原伊尔库茨克民事省长 A. M. 科尔尼洛夫在呈递有关俄清边界报告时附给外务大臣 K. B. 涅谢利罗德的信

//25//卡尔·瓦西利耶维奇伯爵阁下：

伯爵大人的品格为所有思想开明的人士所交口称赞，故我相信您将认真阅读我寄上的有关俄中边界的意见[①]。作为一个忠诚于国君和祖国的俄国人，读到《祖国之子》杂志上那篇关于恰克图早期贸易的文章时，我感到非常痛心。文章中还谈到一次边界事件，也许不是故意，但总觉得几乎是为中国的利益而刊载的。阁下，在向您提交我的观察之前，我不敢对如此重要的资料妄加批驳。不过我认为自己有责任介绍一下自己：我在最动荡的年代，在前不久派出戈洛夫金伯爵使团的日子里，曾担任过伊尔库茨克民事省长，故而因应当时的局势，执行过许多秘密的委托。所以，除了这些意见之外，如果伯爵大人赐以机会，我还可以面谈。

伯爵大人阁下恭顺的仆人

阿列克谢·科尔尼洛夫

1816 年 11 月 1 日

俄罗斯帝国对外政策档案馆圣彼得堡分馆，总档 2—3，目录 34，1805—1830 年，案卷 4，卷夹 25。原件。

---

① 见 536 号文件。

№ 536

1816 年，不晚于 11 月 1 日[①]。原伊尔库茨克民事省长 A. M. 科尔尼洛夫就俄清边界问题呈外务大臣 K. B. 涅谢利罗德的报告

//26//关于俄中边界的我见

众所周知，中国政府自古以来即以思想健全、充满睿智的法律闻名。因此可以预料，一旦它能够了解到下列解释对大家都有好处，在地球上最伟大的两个国家之间毫不动摇地结束[边界争议][②]，并顺利划定一条永久性的、有益的边界将不是一件困难的事。

俄国如果打算强化对那片位于自己同西伯利亚鞑靼人之间的边疆土地的统治，即使对方是在中国的荫庇之下，那也肯定能从西伯利亚同克尔克孜人、蒙古人以及其他民族交界的一线，为自己向南拓展出数千俄里的土地。但热爱和平的专制君主不仅不愿这样做，甚至还要设法给予那些上一代已归化的民族以讨论宗教、宪法和贸易[③]的自由，因为他只希望做那些民族的庇护者，却并不希望把不属于俄国的土地并入自己国家的广袤版图。然而他又不能在讨论两个帝国自古

---

① 根据 A. M. 科尔尼洛夫给外务大臣涅谢利罗德的附信标定日期（见 25 页注释）。

② 方括号里的字是我们加的。——中译者

③ 此处和以下的下加线都是原文中所有的。

以来的自然疆界时面对共同利益而无动于衷[①]。此外，最近几次谈判把数千俄里的边界划定在内陆地区，是很不方便的。当地除了游牧的通古斯人，竟没有任何居民点，这也是没有道理的。因此，根据新订条约划定现行边界，两国都要蒙受巨大的毫无意义的损失，或放弃目前这条几乎从格尔必齐河开始的理想边界。

//26 背面//造成这种状况的主要原因在于写进了这样一句话：划界留待以后派专员进行[②]。

下面陈述把阿穆尔河保留作为界河的理由：

1. 如果阿穆尔河北岸有俄国猎人居住，中国将受益匪浅，这样一来中国政府已开放贸易的南方港口将能得到一些百姓所必需的、贸易中前所未见的产品，如各种鱼类、鱼子酱、鱼油、各种牲畜、肉类等，用以换取他们生产的剩余。如果能开展捕鲸业，还可以供应鲸油。这些都是涅尔琴斯克边区、阿穆尔河和俄国美洲渔猎业所盛产的。所有这些产品，正如过去俄国运来的货物，可以不必从现在这条艰难的道路运输，穿越荒凉干旱的蒙古草原，而是通过水路；同现在相较，中国可以提供大量更为丰盛的产品。中国政府同俄国之间，除了同布哈拉人进行大黄交易，还有两大帝国之间作为相互间友谊而由信使传递的邮件之外，几乎没有任何口岸贸易关系。

2. 俄国当年对划定边界感到完全满意，因此绝不会卷入一场无法避免的战争。这样的战争很可能会逐渐//27//撼

---

① 正文下方有作者的注释：1）阿穆尔河曾是俄中之间的界河，在河上已建立多年的阿尔巴津城就是证明。

② 正文下方有作者的注释：2）有一家杂志的文章说，似乎已经开辟了小路，到处都树立了石头界碑。任何一个头脑正常的人都可以判断，在几千俄里荒无人烟的区域内，这些都没有可能做到。

动伟大中华模范帝国的内部统治。这是什么原因，起因是什么呢？是土地，是那块荒凉的土地，它不能给中华帝国带来任何好处，而且自古就属于俄国。每一个思维健康的人都可以看出，如果必然会出现敌对态势的话，哪一方应该就此对上帝负责。

3. 阿穆尔河的所有丰硕的自然物产现正在时光老人的手中逐渐消亡，应该把它利用起来，为人类，为两国造福[①]。

四等文官阿列克谢·科尔尼洛夫

住址：铸造大街露天市场对过商人瓦尔噶索夫大楼 97 号

---

① 正文下方有作者的注释：3）据伊尔库茨克编年史记载的传说称，阿穆尔河盛产鱼类，有许多可供锚泊的黏土河床，水深，无浅滩。两岸生长着甚至可以造船的森林，土壤对定居非常有利，既可农耕，亦可畜牧。因此，这块土地的方便之处不仅可以给全世界带来发现财富的新手段，而且特别有利于友好相处的两个相邻帝国——俄国和中国。尽管如此，但倘若处事谨慎的中国政府发现俄国边境在向满洲的鞑靼人靠近，不愿接受这些有利的建议，那么我准备建议，俄方怎样才可以通过最温顺的手段，在不宣战和不使国家蒙受巨大损失的情况下，向阿穆尔河北岸移民。同时我认为自己有责任介绍，俄国在阿穆尔河北岸移民带来的主要好处。第一，如果在阿穆尔河口设立一个引起热烈争议的港口，可以非常肯定地从水上交通得到不小的利益。因为到那时除了同中国可以加强贸易之外，还能开辟同印度、日本、美洲、东印度群岛的贸易。他们距西伯利亚都较距欧洲为近。第二，还可以相信，俄美公司通过在阿穆尔河新移民的手段将会有一个完全不同于现在的新发展。第三，舰队模仿当代位列前茅的海上强国的榜样协助俄美公司进行贸易，以俄国所具有的能力和丰富资源，定可为俄国带来最大的荣耀。

附录一（1）

使团成员 Ф. Ф. 维格尔关于 Ю. А. 戈洛夫金使团清帝国之行的回忆（1805—1806）[1]

//139//第七章① 赴华使团②

1805 年 2 月，人们全都在纷纷议论派往中国的使团。贵族圈子里说来说去总是这件事，因为大名鼎鼎的贵族、二等文官和总典礼官尤里·亚历山德罗维奇·戈洛夫金伯爵被任命为特命全权使臣③。从来还没有向任何地方派遣过如此庞大的使团：它由军人、学者、宗教人士和各部门的行政官员组成。有什么比这事更好呢？——我暗自说。于是不假思索，便提出了当一名使团随员的请求。

我利用了亚历山大·利沃维奇·纳雷什金在萨兰斯克对我发出的亲切邀请——他同意在圣彼得堡亲切地接待我。这一冬我到他家参加过两三次舞会，甚至有幸跟他家的玛丽娅·阿列克谢耶芙娜交谈过几句。在这几次晚会上，我几乎成功地克服了自身高傲腼腆的习性。戈洛夫金伯爵娶了纳雷什金的亲妹妹叶卡捷琳娜·利沃芙娜为妻，几乎每天都到他家来。还用再上哪儿去找门路呢！我还记得，五年前这位纳

---

① 这里和以下各章编号的下加线为文内原有。

② 这里和以下的小标题置于该页的左半部分，正文位于该页的右半部分。

③ 见附录。

雷什金多次答应给我安排当一名见习侍从，但一直没有下文。怎么办呢？没有其他办法，于是我向他提出了自己的请求。这一次我只不过向大好人亚历山大·利沃维奇暗示了一下我的愿望，第二天，戈洛夫金伯爵便给//140//科丘别伊伯爵写信，求他同意我在他的衙门里临时告个假。我甚至事先还没有来得及被引见一下，便跑去见使臣，向他表示感谢去了。

促使我参加这次遥远旅行的原因，并非是科学利益。我身上甚至连起码的科学基础都没有，甚至也不是好奇想要看看同时代人谁也没有见过的那块土地。到德国去旅行我会觉得更有吸引力。我已经承认过，是什么原因促使我下决心进行这次长达两年的漫游：我遇到了危机——身上一文不名。我以使团贵族的名义成了使团办公厅的一员，每人年薪定为600银卢布，除驿马费之外，打发上路的盘缠是1000卢布。我算计着还能得到父母的帮助，因为我相信，既然父亲赞同我的意愿，就不会在我身上吝惜金钱。这一点我没有弄错。

派遣如此富丽堂皇的使团目的何在？这个问题我甚至没想去问。我像一个水兵，登舰之后是不会去打听它为何要航向东印度、巴西或加拿大的。真的，想起这一点，有时也会为自己感到羞愧。但是一想到大多数同伴，似乎都只是把这一举动当成了一次漫长而快活的出游，便觉得自己是可以被原谅的了。

我承认，我至今还认为，政府本身在这件事上并没有什么明确的意图。把戈洛夫金派往中国是撞大运，希望侥幸获得成功。一切都这么年轻，这么嫩，一切都缺乏全面考虑；可是动机又这么宏大、美好。沙皇年轻气盛，需要行动，而同欧洲列强的持久和平又提供不了多少养分。于是当高尚的激情澎湃起来的时候，他便转向了东方和世界其他部分，希望能在自己统治的最初几个和平的年头留下几件彪炳青史、有纪念意义的好事。这就是为什么俄国舰船在克鲁森施特恩和利相斯基的领导下搞了第一次//141//环球航行[①]的原因。列扎诺夫跟这个船队一起，以公使身份访问了日本[②]，他还奉命在美洲尽力拓展我国的贸易和领地。这就是为什么在黑海和亚速海岸边要修筑一些新城、开辟新港口，而在外高加索齐齐阿诺夫又要同波斯人进行幸福而又光荣的战争的原因。最后，终于又想到我们远而又远的邻国——中国了。这时耶稣会士出现了，他们提出愿意尽心效力。在叶卡捷琳娜统治时期以及在她以前的波兰政府时期，耶稣会士以波洛茨克为首府，而从保罗时代起又转到圣彼得堡安家落户。他们的建议出自真心：他们没有任何民族观念，这支教皇的警察随时准备同庇护它的政府或有权期待能得到它庇护的政府友好。天主教神父格鲁伯[③]是耶稣会的总会长，他通过当时在北京很有势力的耶稣会士，敦请中国政府给予我们盛情接待。恰尔托雷斯基公爵掌管外务院，他对我们的这些意图起了推波助澜的作用，在装备上花费了巨额资金，但内心也许正在嘲笑这些做法。噢，在俄国，一桩由波兰人和罗马天主教徒僧人发起的事业，是不会有好结果的。

在安娜·伊凡诺芙娜和庇隆时期，德国人对俄国人的利益和荣誉倒是非常关心，他们的公使萨瓦·弗拉基斯拉维奇-拉古津斯基无缘无故地，大概是出于恭敬吧，把我国直到阿穆尔河的一片领土让了出去。在该河沿岸，我国要塞早已构成了一条完整的防线，还建了一个阿尔巴津城。这块地

① 见53号文件。

② 见5号文件注释1。

③ 见436号文件注释3。

方，即达斡尔地区，绵延1500俄里，富产大自然的所有恩赐物，至今尚无人居住，是一个无人管辖的地带，不仅用一道石头山，而且还用一道无人地带，把天朝王国同我们这个危险的邻国隔离开来。有人曾希望（有人事后这样告诉我）通过巧妙的谈判手段，促使中国人改变这一条件，//142//允许俄国人重返以前的国土。

戈洛夫金

中国人是世界上最讲究礼节的民族，因此，把总典礼官派到他们那里去是再体面不过了；由于我们同他们之间的交往更多是具有商务性质，而不是政治性质，因此，把国家院部大臣派到他们那里去是再有利不过了。戈洛夫金伯爵一身兼二。此外，他身材高大、庄重大气、仪表堂堂、长着一只大鹰钩鼻子、一双慧眼、舌灿莲花。他一出场，定会叫人肃然起敬，让人信任和爱戴。但人们忘记了一点，而且是在所有的事情上都相当重要的一点，这就是人的性格。

彼得大帝时期的第一位伯爵加夫里尔·伊万诺维奇·戈洛夫金，他的后裔似乎都住在国外，但却未放弃俄国国籍。我不清楚他们根据哪条法律，继续拥有俄国的庄园，享受庄园的收入。这种极其有害的做法非常普遍，但迄今只引起为数不多的人在抱怨，却未能引起整个社会的不满。只有当俄国同欧洲的关系变得像爱尔兰同英国的关系一样，而西方各国的首都将吞噬我国移民血汗劳动的全部成果时，才会对这种心甘情愿永世疏远祖国的犯罪行径采取强有力的措施。不管怎么说，戈洛夫金使臣的父亲从未到过俄国，娶了一位瑞士小贵族为妻，子女信奉的都是新教。

当他儿子来到叶卡捷琳娜的宫廷时，身上除了名字之外，根本就没有任何俄国的东西。叶卡捷琳娜让他进入近卫军，到宫中服役，给他娶了自己心爱的纳雷什金的女儿为妻，好言好语地把他拉得靠近了身边，让他对国家产生了感情。当时所有的显贵青年，都趋之若鹜地想做一个由命运和教育造就的那种人，也就是徒具俄国姓名的外国人。因此，任何东西也不能促使他改变自己，做一个俄国人。所以他仍是一个货真价实的革命前的法国人，//143//甚至如今到了老年，仍然保持着法国人的彬彬有礼、自信和轻率。令人想起他母亲是位瑞士女人的只有一点，这便是他节俭得令人吃惊。在我们奢侈的花钱无度的俄国，人们会把这种节俭精神叫做吝啬。

他具有一些浮浅的知识，在这个人们从不深入讨论问题，对问题浅尝辄止的社会，他显得博学多才。一到办事，这些新时代的俄国贵族先生就全都变得那么渺小。不过，这算什么结论哪？有那么重要吗？有代表性吗？

使团的几位秘书

要是能给使团配备个多少干练一些、文化程度高一些的使团秘书，那一切至少就会顺利得多。但这回的人选比戈洛夫金本人更糟。这个名叫列夫·谢尔盖耶维奇·巴伊科夫[①]的家伙纯粹是个无赖。他在骑兵近卫军里服过役，巴结上了马尔科夫伯爵，1801 年以办公厅人员身份随同后者到过巴黎；同拿破仑破裂后，是我国人员中最后撤离当地的一个。他在那里逗留了三年，身上充满的不是革命精神，而是新法兰西那种让人受不了的非常不体面的情调。其实，那种精神在首任领事时便开始消逝了。他的同事马格尼茨基同他相比要逊色多了。一句话，他身上从头到脚有一种淫荡的东西，

① 见 78 号文件注释 2。

正经女人似乎不红脸都不能跟他说话。皇太子康斯坦丁·保罗维奇年轻气盛，喜欢让类似的人围在身边，觉得厚颜无耻的恶习是一种勇敢，而巴伊科夫就是他的宠儿之一。有这层关系，加上他胆子大，会讲些巴黎的故事，使他在社会上步步高升。虽说他已经30多岁了，赐给他的却还只是一个宫廷低级侍从，这样做只是为了让他能当上五等文官，好有权坐上使华使团一等秘书的位置。人们都认为占据这个位置非他莫属。他善于拍马逢迎，丝毫不知羞耻，//144//没有良心，撒起谎来毫不动容。这样的人怎能不把中国人哄得团团转呢？

二等秘书是兰伯特伯爵[①]，一个地道的土生土长的法国人，但跟前两位人士[②]相比，却最不像法国人。作为一个在俄国服务的外国人，他尽量要跟这两位搞好关系，不过，倒不能说他好见风使舵。他相当有礼貌，但是冷淡、谨慎，话语不多，傲慢到极点，几乎跟谁都不肯鞠个躬，只是微仅可察地轻轻点点头，告诉你他这是回你的礼了。在这之前他似乎在我国驻哥本哈根和马德里使团工作过，但看来身上的外交才能不是根本没有，就是未被人重视，因为尽管我国使团更喜欢给外国人提供位置，但后来他却始终没有得到过这种位置。

使团的三等秘书叫安德烈·米哈伊洛维奇·多布罗斯拉夫斯基[③]，名声无论好坏，他都从未博得过。他属于那种温驯的、任劳任怨的、毫无才气的、可以说是使用起来很方便

① 其兄是我军最著名、最勇敢的将军之一，受到士兵热爱，把他视为完全的俄国人。弟兄二人都是侨民。

② 见78号文件注释3。

③ 见78号文件。

的人员之列，能得到上司的欢心，但却不大能得到尊重。他们无声无息地服务，又无声无息地退役。此人倒完全不是法国人，但除了俄语之外其他一无所知；虽然俄语说得很纯正，但总掺杂着乌克兰方言。他一直都在国家院部服务，唯一通晓的就是海关事务。我差点儿忘说了，那就是戈洛夫金还是个枢密官，奉命要检查巡视所经各省，此人在国家院部，于是就被国家院部大臣戈洛夫金伯爵知道了。正是为了这个目的，才带上了这位大行家。

这几乎就是构成使团外交小组，或称办事组、文案组的全部人员了。还有一组是学术组，最后一组是我们这些人。//145//我们应该能以自己的年轻、无拘无束、穿着华丽乃至人数本身，使使团增添光辉，凸显使臣的重要。

我可以毫不夸张地说，在这方面一切都是令人十分满意的。青年人从贵族大户的客厅，纷纷涌向这个见所未见、闻所未闻的使团。七名骑士以及同样数量使团贵族的荣衔，远远满足不了所有的申请者：这点特别激发了我的自尊。在熟悉的青年人中，不管碰到谁，每个人都以不满的神情（起码我是这么感觉的）问：我们还要做什么准备呢？什么时候上路啊？不管我们怎么诟骂忌妒心，怎么鄙视它[①]，但却为此忙得不可开交，搞得它愈演愈烈。在漫漫途中我们还有机会对我的旅伴进一步了解，但认为在此先介绍一下他们也并不多余。

① 原文如此。

使团的几位骑士

在骑士当中，瓦西利奇科夫①和戈利岑公爵②这两位宫廷侍从在名单上居于首位。阿列克谢·瓦西利耶维奇是瓦西利奇科夫家的四兄弟之一，其中拉里翁·瓦西利耶维奇最受尊敬，声望最高。他们算不得什么骑士，高尚的勇士这个名字对他们更为得体，因为这四兄弟都有一颗俄国贵族的心，普斯科夫省早就为这个家族感到骄傲了。我们的这位瓦西利奇科夫智慧并不太高，但心灵却很高尚。如果在政府工作中只靠热心和勤奋就足以成为行家里手的话，那么随着时间推移，他定可以成为我国国务活动家中的佼佼者。

手里不拿族谱，就没法弄清说的究竟是哪个戈利岑。这个家族的人实在是太多了。使团的这位戈利岑叫德米特利·尼古拉耶维奇，是一位富有的公爵尼古拉·阿列克谢耶维奇和公爵夫人玛丽娅·阿达莫芙娜的儿子，母亲的娘家姓奥尔苏菲耶娃。他同自己兄弟成了著名的德米特利·米哈伊洛维奇唯一的后裔。德米特利·米哈伊洛维奇活得比两个小弟弟都长。两个弟弟都是//146//元帅，都叫米哈伊尔·米哈伊洛维奇。他本人则蒙庇隆所赐，死于流放之中。照戈利岑的族谱这么一讲，似乎对他就无须再说什么了。不过还要说一点，他是个好样的，从不自命不凡，脸上长满痤疮，样子很丑。后来在同法国人的战争中英勇牺牲。

接下来要说说 4 名低级宫廷侍从：纳雷什金、边肯道

---

① 见 158 号文件注释 1。

② 见 78 号文件注释 9。

夫[①]、古里耶夫和涅利多夫[②]。我已经说过，我同基里尔·亚历山德罗维奇在萨兰斯克认识，后来到圣彼得堡，在他父亲家中交往变得密切了。在旅行期间我们情重谊深，他始终对我抱有好感，于我颇有裨益。他的特点是把父母截然不同的两种性格融于一身：这就是父亲纳雷什金的老爷派头、奢华生活甚至是爱开玩笑的性情同母亲玛丽娅·阿列克谢耶芙娜的独断专行、情感高尚、生性节俭、高傲的贵族习性。他还十分年轻，但在同事当中却颇为拔尖，不过在这方面使臣对他的偏爱帮了他不少忙——使臣是他的亲姑父。

康斯坦丁·边肯道夫是后来尽人皆知的亚历山大·赫里斯托佛罗维奇的唯一小弟弟。他给我和所有的熟人都留下了最愉快的记忆。喜欢他并不困难：他对人总是特别友好，同时又聪明，有教养。他母亲随亲王夫人即后来的皇后玛丽娅·费多罗芙娜从德国来到俄国，嫁给一位俄国将军，她在异国他乡生活的时间并不长久，留下四个孤儿，托付给皇后。康斯坦丁·边肯道夫有了这一层庇护，加之天赋才能都不错，走过几条路，无不取得成功和荣誉。以他的快活性情和漫不经心而言，有时简直可以把他当成法国人，但又具有德国式的襟怀坦荡和坚定，热爱正义，一看便知他是个德国人。起码在我们俄国，这几种品质很快就要成为一种历史的//147//回忆了。就对俄国的感情非常深厚而言，他确可称得上是一个真正的俄国人，在国外为捍卫俄国的荣誉曾跟人决斗便可证明这一点。

未来财政大臣古里耶夫的儿子，是一头年轻、鲜嫩、膘肥体壮的小牛犊，饶舌但缺乏思想，他在处身于我们中间的

① 见78号文件注释7、6。

② 见158号文件注释3、2。

时候，一心想的是以此可为使团带来伟大荣誉。他同边肯道夫和纳雷什金是同学，在天主教神甫尼科利亚开的寄宿学校受的教育，几乎与他们同时被任命为宫廷低级侍从，一起前往中国。在这个三人同盟中，当然他可以自认为是克拉苏（公元前约115年—前53年，古罗马统帅。——中译者注），这是就他的贪婪和追逐显赫的强烈欲望而言的。当一个人青春年少，一切事物都活泼泼地展现在心灵和智慧面前的时候，他的心却感受不到任何东西；而他的智慧又包着一层严严实实的外壳，使任何观念都难以进入：有时他一觉醒来，眼睛瞪得大大的，久久无法理解人们对他究竟说了些什么，足足需要一个小时左右的时间，方能在头脑中激起思维能力。他身上一切都那么愚钝，那么沉甸甸的，他只不过是一个肚囊，空具有人的形态罢了。不过，最好还是不要说他吧。命运有多少次把我同他拉到一起，谈起他来可以说的话太多了。

涅利多夫·柳比姆·伊万诺维奇，是一个大家喜爱的人，因为他的心同他的外表一样，温顺、柔和。他是保罗的侍从武官，当时他年轻的大哥阿尔卡季·伊万诺维奇是保罗的宠臣，任副官长。他们哥俩都逃不脱侍候保罗的共同命运，被解除职务，逐出首都。

使团骑士中的第七位也是最后一位，是六等文官帕维尔·彼得罗维奇·卡拉乌洛夫①，在此之前他在普列奥布拉任斯基团任团长。这位男士高大英俊，但那股贱兮兮的装腔作势的劲头实在令人生厌。他大概以为用这种腔调可取悦于那些腰缠万贯的老太太，不止一次地卖身给她们当情夫，跟男人交往时也习惯性地保持着这种腔调。贵夫人们的严格要

---

① 见78号文件注释8。

求已经给他的额头添了好几道皱纹。//148//他一个，还有瓦西利奇科夫和涅利多夫，这三人在我们中间都被认为是老头儿，因为他们都是30岁或快30岁的人了，而我们则还是20岁或不到20岁的人。

我们这7个使团贵族中，最有名的是尼古拉·（不知何故父名是）伊万诺维奇·佩罗夫斯基，他是阿列克谢·基里洛维奇·拉祖莫夫斯基①伯爵的非婚生儿子。起码他自己是这么认为，也处处是这样表现的。他父亲跟路易十四有点像，有许多这样的子女，都是非婚生，即姘居而生的。这一位是第一次姘居所生，但并未在父亲家，而是在姑姑纳塔利娅·基里洛芙娜·巴里亚京斯卡娅家受的教育。他从小就在姑姑家呼吸到宫廷的气息。应该说句公道话，他身上拥有俄国贵族与众不同的东西：上层社会的举止、精通法语，但在其他方面全然一窍不通。比他小的各位因姘居而生的兄弟跟他一样，也姓佩罗夫斯基。这个姓是从莫斯科郊外一片属于他们父亲的叫佩罗瓦的森林而来，但看起来这几个兄弟更受父亲喜爱，跟大哥相比有一个优越性，就是可用父亲的名字作父称，都叫阿列克谢。他们均受到中产家庭的良好教育，但要用服务和劳动为自己在社会上取得一定地位。眼下他还几乎是个白丁；而他们却已在国内占有了头等地位。非婚生的子女大都处于一种尴尬的境地，大自然赋予他们权利，而法律则拒绝他们享有这些权利，他们比普通家庭的人们又高贵又低贱，可以说是游离在社会之外。他们没有别的办法，只能靠去拼、去杀，方能在社会上取得自己的地位。在这方面我们的佩罗夫斯基是个真正的英雄：他挺着胸脯向前闯，从人群中挤过去，排挤弱者，绕过强者。大家对他的胆大妄

① 见78号文件注释11。

为感到惊奇，嗤之以鼻，但却无人去妨碍他。而他则与所有的最上等的人平起平坐，泰然自若地把自己看成是一位大老爷。

除了枢密官杰普洛夫[①]的儿子（这个人除了愚蠢的傲气之外，没有任何出色的地方）和我之外，佩罗夫斯基从不跟别的同事搭话。我的其他几个同事是：

弗兰茨·亚历山德罗维奇·尤尼[②]——一个瘦弱矮小、有点儿老派的机灵的德国人，//149//不缺智慧，不缺才能，也不缺心计，有点儿饶舌。他爬得不高——戈洛夫金伯爵对他还欠缺了解，总围在巴伊科夫身边打转转，同秘书多布罗斯拉夫斯基等人构成了巴伊科夫的随员和同党。

雅科夫·安德烈耶维奇·科尔涅耶夫[③]，八等文官，30来岁，在外务院供职，一门外语也不懂。真不明白他是怎么混进使团的。这个人十分简单，肥胖、邋遢、懒惰，总是睡眼惺忪的样子，浑身就像浇上了一层溶化的脂油。走起路来身子颤颤巍巍，有若一盘端上来的土豆羹；躺下的时候，又像一床沾满油污的床垫子。

亚历山大·赫沃斯托夫是个活蹦乱跳、快快活活的小伙子，他父亲是亚历山大·谢苗诺维奇·赫沃斯托夫，以负有特殊使命的君士坦丁堡之行、享乐至上主义、机智的俏皮话和诗作著称于世。亚历山大·赫沃斯托夫是一个令我最感愉快的伙伴。还有最后一位，也是个十分年轻的小伙子，叫克列门特[④]，再就实在没什么可说的了。

---

① 见78号文件注释13。

② 见78号文件注释12。

③ 见78号文件注释10。

④ 见78号文件注释15。

还有一些别的人士，在谈到他们时，我也不得不保持沉默。这些人虽不值得一谈，但我却认为有义务提到他们。比如，使团的司库、七等文官奥西波夫，使团的专员、六等文官阿列克谢耶夫，两名军官衔的机要信使施托茨和米哈伊洛夫。对于这些人，我能说些什么呢？最后，还有药剂师赫尔姆。在我们这个移动群体中，什么样的人没有啊！

不过在这些人中，还是有必要揪出一个人来，如果想说得更确切一点，我想揪出的是一只癞皮羊。

上面提到的那位专员阿列克谢耶夫，本来自己都无事可做，却又配了一个助手，叫爱德华·卡尔洛维奇·齐尔列因。他是一个德国穷手艺匠的儿子，多少学了点俄语和法语，就以这浅薄的知识开始服役，爬到了有尊严的人往往达不到的位置。他是个矮个子、行为丑恶、道德败坏、完全是个胸无点墨的浅薄小人，是使团中公认的劣者中的劣者。他在戈洛夫金的典礼局工作，戈洛夫金带上他不是作为一名官员，而是作为仆人。//150//这个德国人比德国人尤尼还微不足道，更无法同巴伊科夫相提并论。他居然跟使臣的贴身仆人和厨师有交情，像朋友似的到他们那里用早餐。后来过了很久，他又从典礼局转到市邮政总局，至今仍在那里占着一个相当于科长的职位。比这更高的位置，由于能力不够，怎么也没能爬上去。即使在这么个职位上，他也把自己弄得像个将军似的，满身挂着绶带和星星，收入颇为丰厚。在这么个破职位上何以能得到如此待遇呢？不过他可是个德国人，而在我国，一个德国人只要路走对了，用不着什么业绩，也用不着做出努力，只凭他们之间的那种和衷共济的劲头，便可保步步高升。我不是出于嫉妒才说这些话的，齐尔列因这样的人有什么可嫉妒呢？更不是出于愤恨，他是个温顺的人，如果他愿意，他连个苍蝇都不会欺侮，但我为俄罗斯感到遗憾和羞愧。

使团的学术组

还没有说完，并非所有的人都提到了，都介绍了。使团还有一位历史编纂学家、三名翻译、一位艺术学院的美术教授，还带了两名该院的毕业生，他们要写生，画服饰。最后，还有一位医学博士、一名医官和一名前面已经提到过的药剂师。

历史编纂学家的头衔或者也许是职务，授予了令人尊敬的苏赫特伦将军[①]的弟弟。他在荷兰是个什么人物我不得而知，大概是个贵族，因为整个家族都称冯·苏赫特伦。但他在那里是做什么事的？什么职位？虽然我跟他过从甚密，但这些却没能从他嘴里打听出来。显然，这个地位不会特别差，因为接受他为俄国服务时，也就是在出发前往中国前夕，他被直接任命为六等文官。他已经有50好几，几乎快到60，身上的一切都不年轻了：不管是他那通过精心维护才得以保持的健康，还是他那始终如一、常常滑稽可笑，但从不生机勃勃的快活劲头。他身上有太多的智慧、沉着冷静和懒惰，所以不会有一颗恶毒的心。不过想要在他身上发现同情心也是白费心机。鲁夫（也即//151//罗赫）·科尔尼洛维奇·苏赫特伦是一个现代人，最令人愉快的利己主义者。当时我国还很少有这样的人，于是他们被认为是最善良的人：的确如此，他不愿用话语伤害任何一个人，背后也只会对人轻描淡写地开开玩笑（他不是因为别的原因，只是总担心别人把他当成敌人），但要想给别人一丁点儿帮助，他连个手指头都不会动一动。生活中的一切他都会按比例去衡

---

① 见78号文件注释5。

量；计算出生活中所有的愉快，再计算出生活中的全部重负和苦难，于是发现唯一的就是完全可以以平静的身心获取世间的无上幸福。他匆忙熄灭了自己身上最初的激情火花，估量了换取个人幸福付出的劳动，认为大可不必为人们的共同幸福而操劳，更不必为其中某个人的幸福而忧心。他把全部温情脉脉的关怀都献给了自己，在这个道德法则的指导下，他度过了平稳长久的一生。

他直到法国革命带着枪炮进入荷兰时才离开荷兰，来到俄国投奔哥哥，后来一直追随在他身边。在天使的羽翼之下，他应该感到处处是天堂。他独身一人，但处于尊敬他的殷勤的家庭氛围之中。他不用花费劳动去管它的教育，管它的花费，却得到各种各样的慰藉，日子过得无忧无虑，但却不是没有事干。他喜欢读书，生活在这位富足的历史学家身旁，在自己哥哥的图书馆里。他的知识多么丰富！他的学识多么渊博！可这种渊博的学识对社会又有什么用？在青春初期激情之火尚未熄灭的时候，他有过强烈的好奇心，漂洋过海，到过荷属圭亚那。这个功绩对他本人而言真是难以置信，使他惊诧不已，所以从不放过一个讲讲旅行印象的机会。我本人就多少次听到过德梅拉拉、埃塞奎博、苏里南这些名称，甚至都能背出来了。苏赫特伦将军一家有时被这些翻来覆去的话弄得兴趣索然，也许是想要让新印象抚平那些旧印象，用新鲜有趣的//152//故事代替让人们生厌的旧故事吧，便说服了这个老头到中国去。

三名翻译中一人管蒙语，一人管汉语，还有一人管拉丁语。我们同耶稣会士打交道时必须用拉丁语。头一个是七等文官伊古姆诺夫①，他正在中国边境等着我们。另一人是八

---

① 见116号文件注释1。

等文官符拉德金[①]，他是一名受洗礼的吉尔吉斯人，我不知道他是怎样在中国度过几年时间，学会了难学的中国的语言，因此被外务院录用，获得了官职。他少言寡语，更多的是微笑，在我们这里与其说被看成一个人，不如说被看成是一件备用物品，只有到了边境和境外才能用得上。第三位是八等文官赫里斯季安·安德烈耶维奇·斯特鲁维[②]，他跟前两位翻译可不同，是一个轻易摆脱不掉的人物。

自从俄国建立外交部门以来，斯特鲁维家族便一直不断地在这个部门服务，这个家族的繁殖力很强，人数众多，因此我国几乎没有一个使团没有姓斯特鲁维的人参与其事。整个家族的地位都很平庸，所有的人都再平凡不过，一直都是比上不足比下有余。这些人用起来顺手，提起来困难。其中有一个异种，身材也就是平常人家的小矮子，让去中国的使团给摊上了。他像一块面包干，又瘦又小，性情平和，心地温柔，有丰富的想象力。同我们一道开始的这次旅行并不是他的第一次；在此前 12 年，雅西和约之后，当库图佐夫以使臣身份访问君士坦丁堡时，他是随员。他对东方习俗已有所了解。当时他是个天真的青年，喜欢沉湎于幻想。有一次在幻想中他走到一个远离住所的地方，同一个狂热的土耳其帝国精兵单独遭遇，使其荣誉受到严重侮辱。这件事使//153//他的神经受到强烈刺激，从此后他一直明显地变得胆怯。他从孩提时起便笃信宗教，不幸的是又读了一些神秘主义作家如斯维登堡、埃卡尔茨豪森和荣格—施蒂林格的作品。他陶醉于这些作品，使那本已发木的脑子就更加枯萎了。他开始做白日梦，对谁都讲大白天在涅瓦大街上看见了

① 见 34 号文件注释 2。

② 见 111 号文件注释 1。

早已死去的父亲，还穿了一双镶满钻石的靴子。这位阴间来客没法用阴间的语言跟他交谈，只想向他指出，他正走在通往极乐世界的路上。圣彼得堡的这些事预示，这个见神见鬼的可怜虫，将是我们这些轻浮的年轻人的牺牲品和取乐的对象。只有我一个人可怜他：他的那种老实厚道，当他偶尔快活时所露出的孩子气的微笑，甚至当他不满时像个孩子似的只是生气却不敢哭出来的那种神情，都引起我的同情。我真不明白，其他人怎么就没有同感呢？

还有一个也是在圣彼得堡就被圈定为戈洛夫金门下小丑的怪人，也无法在我心里激起任何怜悯之心：这个人大嗓门，口齿犀利，对谁都毫不客气地直言不讳。他就是俄国风景画家安德烈·叶菲莫维奇·马丁诺夫①，的确是个非常滑稽可笑的人。并非没有才华，可是却自认为比鲁本斯还高，差一点儿超过拉斐尔。但他的名字在我国艺术编年史上却并不那么闪光，艺术科学院也不以他的作品感到骄傲。我要告罪并忏悔的是：仅仅用几句奉承话，我就把他控制住了。有时我对某个有权有势的人生了气，就拿自己的愤恨给他装腔，再由他的嘴里发射，如同从枪口发射一样。搞得这些人大发雷霆，狂笑不止，但后来发现他这种剑拔弩张的样子也并不是毫无作用，有时对人的伤害也很重，于是人们便不那么经常招惹他，更多的是提防他了。

给他当助手的两名画家亚历山德罗夫和瓦西利耶夫②对本行都颇有修养，但只是在把画拿出来让人看时才能引起注意。//154//其中没有一个人后来在绘画界出名。

---

① 见182号文件注释1。

② 见75号文件注释1、2。

使团的主要医生是列曼[①]，他刚从德国来。这次旅行和旅行中结识的人物是他在俄国取得的第一个成就；不过没有这些他也拥有在俄国取得名声和财富的一切条件，他聪明又善良，快活又谨慎，既会讨好又很高尚。而作为医生，他学识渊博又医术高超。幸好在我们旅行的过程中，似乎没有谁有必要向他求助；旅行结束后，他只被认为是一位令人愉快的交谈者。这之后他很快便获得好名声，他过着幸福的生活，死时是行政总主任医师。

医官加里[②]是英国人，下了船就直接上了使团的马车。他年轻、英俊、沉默无语，比列曼要严肃得多，但也同样没有得到一展才华的机会。这之后，他在宫中服务。

哎，我太累了，真想马上结束这长长的名录！可是既然连机要通信员施托茨都提到了，那怎么能不提一下伊万·颇托茨基伯爵[③]呢。这是波兰人中一位最有教养、最有创见的人士，他在我们使团出发的时候被接纳为俄国服务，官衔是三等文官。

怎么能不谈谈组成我们学术组的那些人士呢？管理这个学术小组，或者说得更好一点是为这个小组指引方向的任务，就交给了这位颇托茨基。他几乎同他的长兄谢维林·奥西波维奇一样，善于使科学具有惊人的吸引力，迫使我们这些外行不仅不害怕，而且是怀着特殊的喜悦心情走近科学。在历史和其他方面的研究工作中，他劳动之顽强有如一个德国人，而在由发现得出结论方面，轻率得却像一个波兰人。他不知疲倦地练习，他的头脑不断处于紧张状态，加上他那

① 见 82 号文件注释 1。
② 见 82 号文件注释 2。
③ 见 78 号文件注释 16。

最活跃的有如天马行空的想象力，看来对他的理性思维多少产生了一些害处。据说，珍珠不是别的，而是海蚌中的沉积物，是贝壳里的一种病；颇托茨基的理性思维受到的轻度损伤也正是这样，它产生了精美的作品——两部法文小说。那时读过这两部小说的人为数不多，都为小说的大胆新鲜感到惊奇。小说里既能看到一个观//155//察家和幻想家、发明家，也能看到一个有上流社会风度的有学问的人。小说里似乎还可以看到当今一些小说中的典型人物。它们起码可以成为当今小说的典范——所有那些丑陋的令人厌恶的可怕的东西，均被作者涂上了一层得体的艺术色彩。

他的古怪行为也表现在服装上。有一段时间他表现得既不修边幅，又爱洁如癖[①]，对衣服的样式毫不在意，但总是那么文雅整洁。有时候因没有空闲时间理发，飘散的头发几乎拖到肩头，可是突然间，在忍受不了的时候，抓起一把剪刀就在自己头上横着斜着胡乱剪起来，结果不用说，发式逗得大家直发笑。在对待戈洛夫金方面他处理得十分得体，不让他产生任何一点不满意的理由，同时又不以过分的尊敬去迁就他。他总是一心扑到科学上，以科学来遮挡人们的流言蜚语，尽管他生活在流言蜚语之中。他肩膀有点歪斜，右肩比左肩高；面孔苍白，线条却让人相当愉快；眼睛蓝蓝的——毫无疑问，那是一双癫狂的眼睛。

他的妻子是个伯爵的女儿，结婚有好几年了，也姓颇托茨基，有 12 个或者 15 个姐妹。这位伯爵名叫费利克斯，波兰人翻译过来称之为先斯内伊，意即幸福的人，很可能是因为他背叛祖国背叛得很幸福吧。费利克斯的几个儿子为了消除自己的罪孽，又背叛了新的祖国，而女儿们则是背叛自己

---

① 文中如此。

的丈夫。嫁给我们这位Я. 颇托茨基的女儿叫康斯坦察，她跟所有的波兰女人一样，也是个十足的水性杨花，丈夫却爱她爱得发疯，虽说是个跛子。这女人还看不上丈夫，嫌他是个跛子。我们旅行过后几年，她跟个亲戚从她丈夫身边跑了。但至少这女人不愿像她其他那些同胞姐妹那样，把宗教和淫荡搅到一起，没有跟丈夫离婚，也没有再嫁人。她跑了之后丈夫很绝望，用剃刀自杀了。

//156//五等文官、天文学教授舒伯特①在使团的同事中可称为长者。对他的知识我无话可说。他在自己的学科中早就声名卓著，誉满国内。我只能谈几句他的外表和性格。他是一个瘦瘦长长、彬彬有礼、有时脾气暴躁、一丝不苟的老头。从一开始，戈洛夫金和他身边的年轻人就不喜欢他。为了杀他的傲气，使臣处处把他同其他那些就年龄而言可做他儿子的教授同等对待。而舒伯特本人也不在乎他是位星象家之中的王者，不大在意地位，反倒更重视社会上做出的成绩：他把自己看成是一位将军，因为在他的帽子上有一根羽饰，而脖子上挂着一个亮闪闪的大安娜十字勋章。这种勋章还相当少见，当时普通老百姓一见挂这种十字勋章的人，都把他们尊称为将军大人。他16岁的小儿子跟在他身边，是个正式工作人员。那个小伙子一头浅黄的头发，性格温柔，如今已是一位白发苍苍的令人难以忍受的老头子了；当时在军需部门才晋升少尉，而今已是一位军需将军了。

其他四个教授也不敢说是使臣对自己多么有好感。如果说舒伯特是相当明显地讨厌使臣，那么这些教授背地里也是瞧不起他。我看这种感情对双方来说是互相的，否则就是不

---

① 见6号文件注释2。

公平了。只有在克拉普罗特[①]身上稍稍能看出一点这种鄙视的愤慨，而他在这几位当中，也的确比谁都值得尊敬。后来他写了一本德文的小册子，把使团几个主要人物莫名其妙的行径都曝了光，算是报了一箭之仇。他从事的似乎是历史和语言文字方面的工作。派来从事自然历史工作的是另外三名教授：列多夫斯基[②]从事矿物学研究，亚当斯从事动物学，潘荻涅尔[③]从事植物学。这四个人都是相当年轻的小伙子。唯有列多夫斯基一人超过 30 岁。他是普鲁士籍波兰人，而亚当斯则是俄国籍的德国人；前者既不懂波兰语，也不懂俄语，后者德语讲得很糟，根本不像个学者。而潘荻涅尔更差劲，个子不高，长得倒满结实，宽宽的肩膀，扁平脸庞，是个馋嘴的壮汉，//157//寡言少语，看来很少思考，也很少学习，以致很多人都对他的学识产生怀疑。克拉普罗特、列多夫斯基和潘荻涅尔这三个人都是从德国聘来的，只有亚当斯是土生土长的当地人。我认为比其他人更出色、更招人喜爱的是列多夫斯基，他为人温和、热爱科学，但健康状况太差。只有他一个人没有从前往中国的使团回来：归途中他留在了西伯利亚，为了新发现，他先是沿勒拿河前往雅库茨克，从那儿又到鄂霍茨克，由于气候极其恶劣，牺牲在那里。

费多尔·菲利波维奇·多夫列[④]上校是颇托茨基伯爵的下属，领导着后勤部门随员中的军官。多夫列是半个法国人，生于当时还是属于奥地利的布拉班特，青年时期在波兰

---

① 见 83 号文件注释 1。

② 见 70 号文件注释 1。

③ 见 68 号文件注释 3、注释 4。

④ 见 158 号文件注释 4。

服役，后来转到俄国服役。受过良好教育，富有经验，跟谁的关系都很好。他既不善良，也不凶狠；既不丑陋，也不漂亮，聪明有学问。即使不是个富翁，起码也相当富足。他在使团里恐怕就跟在所有地方一样，既没有什么特别的地方，亦搞不出什么出色的成绩来。仕途上没有超过什么人，也没有被别人落下，在军队里干了一辈子，参加了好多次战斗，但却从来没有留下什么脍炙人口的事迹。这种金子般可贵的平庸之道绝不是简单的平庸，而是他的本性。他早就正式当上了将军，但一直到老也没个地方用他。

受他指挥的有杰斯列夫大尉[①]和藤涅尔[②]、伊万诺夫、波格达诺维奇[③]、莫申斯基等四名少尉，要他们在中国所有的地方绘制平面图。这几个人似乎跟他们的长官和导师苏赫特伦将军是一个模子倒出来的，处处都能看到他的影响：跟他一样，性格温顺却不低三下四；注重知识却没有书呆子气。情感脆弱的伊万诺夫早就自杀身亡，莫申斯基后来跟我一直没有联系。另外两个都当上了将军。其中一人，杰斯列夫，正在芬兰当总督。

//158//似乎都说完了！噢，不，还没有全说完。还有两三名穿长袍的身影似乎透过雾霭出现在我的记忆之中，其中有个 25 岁[④]的修士大司祭阿颇洛斯[⑤]，他的面庞更为明显。他是同我们一起前往中国的教士团领班，以替换十年期满的上届教士团。我们很少见到，几乎见不到这位修士大司祭以及他的几位修士和学生。团里的几位大佬都不怎么尊重

---

① 见 158 号文件注释 5。

② 见 158 号文件注释 7。

③ 见 158 号文件注释 8。

④ 25 岁这几个字用铅笔补入这一行的上面。

⑤ 见 99 号文件注释 1。

东正教，戈洛夫金是位改革派教徒，颇托茨基是天主教徒，而巴伊科夫则什么教都不信。我觉得阿颇洛斯有点可怜：他还不到25岁，对于一个从来没有离开过神学院校园的人而言，这只是人世的幼年时期。这样一个年轻的修士，尽管经验不足，要去的地方却是世界的另一部分，对他而言全然陌生的新世界。如果他能像自己的前辈那样，按常规途径、常规方式派遣，那么经过十年，在北京趋于成熟，再带着他人很少知道的知识回到祖国，倒也会是一位出色的人士。但他却不幸落到了这么个靠不住的可笑的使团中，未能同使团一起被接受，听说在我走了之后又干了一些蠢事，为此他付出了长期的昂贵代价，因为据我听说，至今他仍在一个遥远的修道院里当修士大司祭。

我们出发的准备工作愉快至极，滑稽可笑。使臣对自己的下属表示亲切关怀，亲自拟定了一份长长的训令[①]，用的自然是法文。这份训令的抄件我至今还保留着。使臣在训令中规定了各种保护自己的手段，以防在使团必经的可怕途中大难临头。要是能问问西伯利亚人，也不会把自己搞得这么可笑。看来，简直像是要穿越努比亚和阿比西尼亚，深入非洲腹地了。使臣的这份充满英明预见的作品我们大家都拜读了，甚至还满怀尊敬的心情，各抄了一份。

除了军人之外，戈洛夫金伯爵为使团所有部门的官员，都申请了一套外务院的制服。当时这种制服很简单：绿色，白扣，黑天鹅绒领子，黑袖头。他还提出了一些新的要求：请求绣上富丽堂皇的银线作为装饰，这种东西∥159∥当时连他的服装上也没有。我们佩戴的不是通常的便式配剑，而是挂在斜挎肩头的黑色亮光绶带上的制式军刀，上面镌有镀

---

① 见156号文件。

金青铜双头鹰和皇帝姓名缩写的组合字徽。此外，给我们发的不是一般的帽子，而是绿色制帽，既像高筒军帽，又像头盔，上头也有银线装饰。我们多想穿上这身服装在圣彼得堡炫耀一番啊！但是作为舞台演出服装，我们只有在登台时，亦即在离开国境哨卡时，才有权穿上它。

在圣彼得堡时，我在使团的工作相当无关紧要，只限于每天在使臣的厅里（这也是办公室）值班，这间办公室直通使臣书房的入口。我躲避抄写文件不是由于懒惰，而是第一，在我的同事中已有三个贱民，即科尔涅耶夫、尤尼和克列门特在干这件事了；而且，第二，这件事情将使我要么听命于感觉难以忍受的巴伊科夫，要么听命于以为是可笑到值得可怜的多布罗斯拉夫斯基。我同佩罗夫斯基和杰普洛夫这两个贵族一起，总是希望站到闲得要命的宫廷低级侍从的行列里，直接跟使臣打交道。我不知道对巴伊科夫的厌恶之情毫不掩饰是好还是不好。如果我能够多控制一下自己，那么他也许会喜欢上我；不过他会跟我混得很熟，而且会对我发号施令。但是他仇视我；我不敢说他惧怕我，但他起码不敢对我稍有不敬。他只是对我冷淡，背地里极力挑动使臣对付我一个人。结果怎么样呢？不错，只有我一人成了如果不是排挤，那也是经常找茬或非难的对象。比如，如果我值班迟到，或者因病不能值班，那他就以戈洛夫金的名义派医生列曼来验证我是否真病了；或者我说了一句什么狂话，巴伊科夫就加以曲解。而且通常都是跟使臣个别谈。我不怕搞这种东西，我已经知道怎样同法国人打交道：辩解时要加上几句恭维话，立刻就把他瓦解了，以后办起事来会//160//比以前更好。当时巴伊科夫想尽办法也没能把我咋的。

再来说点使团之外的家务事。我退职的哥哥帕维尔也来了，就像是来接我的班似的。他退职的时间不长，因为第二年夏天就进了可恨的粮食部门工作。他住在我这里，还有个扎戈斯金，三人多少有点挤。这里应该交代一下扎戈斯金的情况。经兹洛宾的推荐，他到戈卢布佐夫的国家大司库办公室工作去了，其实这种推荐根本不合适。我觉得，他根本不喜欢办公室的工作。

我另外一个哥哥尼古拉当时正等着当父亲。结了婚的人如果职位不高，很少能留在军中服役，特别是在没有战争的时候。驻地都是小城镇，有时还是穷乡僻壤，很不方便，又经常调转，把家庭生活搞得十分艰难。我哥哥提出辞职，以中校衔退役。这时，1805 年 3 月 1 日或 2 日，嫂子给他生了个儿子，当然不是为了我[①]，而是为了纪念我们的父亲，孩子起了个名字叫菲利普。夫妻二人还太年轻，没有打算亲自照顾孩子长大。他们的命里也不该经历当父母的巨大痛苦和欢乐，在沃罗涅日住了几个月之后，夏末时搬到了奔萨。

距这个城市不远，就是一条通往西伯利亚的大道。我找了一个方便的时刻，避开巴伊科夫，请求戈洛夫金伯爵准许，一个人先出发去和父母告别，然后在喀山等待使团到达。在同使臣面对面谈话时，他总是对我十分宽容。这样，相互祝福之后，我便在 5 月 21 日踏上了遥远的路途。

第八章[②] //167// 喀山

过了辛比尔斯克才几俄里，天就放晴了。天空一片光明，但很快又看不到蓝天了。我沉沉入睡，几乎直到晚上才

---

① 原文如此。

② 下边省略第八章的一段，即“去中国途中前往奔萨”，谈菲·菲·维格尔访问奔萨的亲戚的情况（161～164 页）和从奔萨到辛比尔斯克的情况（165～166 页）。

醒过来。我在一个脏兮兮的村子里修好车轮，用了餐，喝够了茶，走出去之后才得知，原来这个村子叫布因斯克市。次日上午十时左右到达乌斯隆，这是个距喀山七俄里的村庄，位于伏尔加河高高的陡岸上。在这里我第一次由远方眺望我们的鞑靼首府，看到脚下众河之“后”的真正美色。我用了“真正美色”四个字，而没有说它“烟波浩渺”，是因为它在这里已经由日夜不停向喀山奔腾的方向折返回来，进入了自己的河岸。

但是在这里渡河也要花费不少时间，而且我觉得很危险。6月21日12点整我进入喀山。

我在圣彼得堡时，一位名叫瓦西利·瓦西利耶维奇·叶夫列伊诺夫的富商求我给他年轻的儿子捎一封信。他本人正在首都为自己的事四处奔波，在兹洛宾家里见到我，便建议我住在他喀山的家里。那房子位于要塞附近，对面就是宾馆，在一条主要街道上，街名现在已想不起来了。我径直乘车到了那里，但被告知这年轻人已把房子让给另一个人度夏，本人则住在城郊的肥皂工厂。我上哪儿去呀？有人指给我旁边一家德国人开的客栈。客栈老板叫伊万·伊万诺维奇·施瓦尔茨。这个姓氏在德国人中间很俗，就像俄国人中间的斯米尔诺夫和波波夫一样。在这家客栈里我感觉一切都打上了施瓦尔茨的烙印，就连那张脸、那颗心都是如此，我一点没弄错。虽然不能说我们国家的德国人自古以来就是那么横行霸道，但从各方面都可以看出，这个人是个乡巴佬出身，他粗横无礼，滑头滑脑，对待过客毫无礼貌，要起钱来一点也不讲良心。但人们还是住在这里，省里的长官在护着他。不言而喻，他对那些长官也是毕恭毕敬，极力讨好。当时各县和邻省来的人都舍不得花钱，不好意思住宾馆，而亲人和熟人都有自己待客的原则，也不让他们到这种地方来住。//168//只有像我这种举目无亲的人，才不得不住到这座大城市里唯一一家为过往旅客开设的客栈里。于是施瓦尔茨就把他赚不到的那部分钱都摊到这些人头上，把他们看成牺牲品，任凭他贪婪地宰割。他不仅是客栈老板，而且还拥有一家俱乐部或者叫贵族会议厅。贵族会议就设在这座房子里，是个很大很大的大厅，每到冬季就在里头举办舞会。

施瓦尔茨先生是喀山的公众人物，所以我指望能从他那里了解到有关使团各位官员路过的情况。他回答我说，他不大关心此事，不过听说使团的一些辎重车辆已过了喀山。我由于旅途劳顿，午饭后躺下休息，派自己的仆人利用这个时候到街里去打听情况。这一趟没有白走，晚上回来告诉我，离我们住处过两条街，有一栋商人的空房子，是一栋宽宽敞敞的石头楼房，就是专门拨给使团住的，团里所属的人员全都住在那里，当时住满了来人。

第二天一清早我便到了那里，找到了舒伯特父子、多夫列和他的几位军官以及加里医生。以前我们并不太熟，但却仿佛是他乡遇故知，颇为亲热。我从他们嘴里了解到以下情况：戈洛夫金伯爵为了使接待不致产生困难，把整个这支浩浩荡荡的队伍分成不知十个还是十二个小分队，每隔三天或四天打发一个小分队上路。颇托茨基伯爵带着四位教授率先出发，之后是教士团，舒伯特和多夫列组成第三小分队。这之后的一些小分队运送使团的所有辎重，每个小分队都由一位不那么重要的官员如奥西波夫、阿列克谢耶夫、科尔涅耶夫等人来管理；运送的还有送给皇帝及其宫廷的丰富礼物、备用的帐篷、路上用的大量折叠家具、供大家使用的一大套公家的银制餐具，各种物品应有尽有；而且还有一个大乐队。真是皇家气派。使臣把这些人都算成了使团的定员，算到自己的办公厅里[①]。巴伊科夫没有把我编进这个小分队，而是倒数第二个小分队，由宫廷低级侍从涅利多夫领队。所以，//169//我还得等好长时间，才能轮到自己。时间还相当充裕，足够好好研究一下喀山，寂寞的日子在后头。

我的同事亲切地邀请我跟他们住到一起，但这个建议我却不能接受。不错，房子内外倒是都粉刷一新，但余下就再不要多问了，既没有镜子，也没有窗帘。两张，最多是三张木床，还有几张用粗木做的大桌子，构成了房中的全部家具。给舒伯特老人留出的角落总算还较为安静，其余的人住得可完全跟军营一样，一点儿不讲究。每个房间既是卧室，又是餐厅，又是制图室，所有的桌上都堆满了地图和草图，睡的好像是大通铺。

在城里蹓跶了一圈，回家之前又到叶夫列伊诺夫家去了一趟，打听怎样才能把父亲的信转给儿子。我登梯上楼，在前厅里没遇到任何人。穿过第一个大房间，在第二个房间里见到有三位夫人坐在那里——一位老夫人和两位年轻夫人。我为自己的唐突向她们表示道歉，并解释了突然造访的原因。她们请我坐下，我们很快便熟悉起来。老夫人名叫安娜·达维多芙娜·基金娜，娘家姓潘丘利泽娃，是我们这一带很出名的萨拉托夫副省长的妹妹；另外两人是她女儿，一个已经出嫁，另一个待字闺中。大女儿的丈夫姓舍瓦廖夫，在军粮处服役，是位中校，跟叶夫列伊诺夫一家沾点姻亲，借住在他们家。这几位新结识的女士待我十分殷勤，她们从我手里接过给房主人的信，由于快到吃午饭的时候，也就是中午12点多了，便请我共进午餐。基金娜夫人的女婿很快就回来了，于是我们在桌旁落座。安娜·达维多芙娜年轻时

---

① 见91、108、126号文件。

应该是位十分漂亮的女人：长着一副端端正正的格鲁吉亚型的脸，皮肤又带有北方女人的白净；身上透着一种看透世情的天生智慧；大女儿舍瓦廖娃，人长得很漂亮，却蠢得厉害；小女儿长得难看，但有令人愉快的智慧；女婿则不值得一提。//170//这第一次不期而遇的相识使我特别高兴。奔萨和喀山之间虽只隔着一个辛比尔斯克省，但当时互相之间很少有联系，就像跟汉堡一样，因此奔萨没有我可以投奔的人。

当天傍晚时分，伊万·瓦西利耶维奇·叶夫列伊诺夫接到了父亲的信，来到我下榻的地方，恳切请我搬到他住的工厂。工厂距我的住地虽有 2.5 俄里，但却与城区毗连。对于步行来说，这个距离确实吓人。他答应把一辆由两匹烈性快马拉的轻马车完全交给我使用，从而战胜了我的反对意见。马车可以按我的意愿，在一眨眼的工夫把我随便拉到什么地方去。对这样的建议我实在无法反对；我的神经尚属健全，我还不像现在这样胆小，飞车疾行对我而言是一种享受。当天天色已晚，于是我们商定，第二天早晨就搬过去。

伊万·瓦西利耶维奇把自己住的三个安静清洁的房间让给我，自己搬到父亲住的那边去。这个人 25 岁左右，身材很高，长得干瘦，面色黝黑，为人善良，精打细算，节俭有方，显得老成持重，热爱劳动，一直都在为重振父亲的家业而努力，因为父亲经营的点子虽多，却常常会有破产的危险。我居住的地方一切都是现成，但却感到有些孤独和寂寞。我的行为很放肆，整天四处乱跑，只是在吃午饭和过夜时才回家。可我这位善良的主人对我却毫无责备之意，并不在意我对他漠不关心。我不明白他为什么要这么尽心尽意地对待我？用这个世纪的话来说，我常问自己，他图的是啥，干吗要这么对待一个在此之前根本不认识而且又很少见面的年轻人？其实很简单：有了这么一个为人做好事的机会，于是这样的人就无论如何也不肯放过。要是说图冀报答，那他可就错了，因为后来很快我便把他对我的好处乃至他本人都给忘了，只是到了现在，才满怀感情地回忆起这件事来。让现在的人去寻找他这样的人吧。

对随员中的军官而言，喀山的生活更加快活。喀山居民把他们捧在手上，不满足于每天请他们去吃饭，还给他们往驻地送来了大量食品，有面包干、小甜面包卷、大馅饼、长形小馅饼等等。这些先生依依不舍地告别了这座城市，作成了∥171∥我也能过上并继承他们所过的富裕生活：多夫列上校在离开前夕，把我领到他们结识的一些人家中。

这中间我们到过军务院委员、少将彼得·德米特里耶维奇·别斯图热夫一留明的家，他正在这里调查军粮委员会的一桩小案子。案子早就查完了，但却拖着不走，好继续充当这令人愉快的巡按的角色。他以前是皇储的副官，同时也是保罗一世派到皇储身边的特务。皇上登基后知道了此事。不言而喻，没有把他留在身边，不过也认为不值得报复。这是个世上最无聊的人，拼命想装得重要一点，但天分和条件都不允许他达到这一点。他厚颜无耻地住到省长家里，省长当时不在家。就在省长不知道的情况下，他吩咐用省长的钱为自己准备食物，甚至邀请客人来参加这样的午餐会。

我们正跟他交谈的时候，省长从外地回来了。满身灰尘皱着眉头进了房间：别斯图热夫若无其事地跟他见面，而我跟多夫列自然是向他做了自我介绍。他打起精神对我们表示欢迎，邀请我们第二天共进午餐。多夫列表示感谢，因为要离开，推辞了。

这位省长叫鲍里斯·亚历山德罗维奇·曼苏罗夫，丧妻鳏居，年事已高，十分善良。当省长以前一直在军中服役。

不知是何原因，我总想在他身上发现与我父亲的相似之处，但除了善良和诚实之外，再没有发现别的：总之，他深受人喜爱，但却不大受人尊敬，这是由于他对所有的人都非常亲切，而对权力而言，这样做却很有害。不到两天我们便成了莫逆之交，他已经向我抱怨起别斯图热夫的厚颜无耻行为来了。这个人不仅未经邀请就住进他家，而且随意在别人家中发号施令。看来我还没有使他感到是个负担，因为他向我承认，他更想把别斯图热夫撵出去，好让我住进他家。这件事很难办，几乎不可能。于是省长想出另外一个方法，想让我离他近点。喀山有兄弟俩，一个叫波尔菲里·利沃维奇·莫洛斯特沃夫，另一个叫赫里斯托福尔·利沃维奇·莫洛斯特沃夫。//172//兄弟俩非常有钱，是受人尊敬的地主，夏天住在农村。曼苏罗夫跟他们哥俩，尤其是跟老大交情深厚。波尔菲里·利沃维奇·莫洛斯特沃夫的楼房就在省长楼的对面，省长支配它就像支配自己家的房子一样。他建议我搬进去占用两三个房间。他倒并不喜欢寻欢作乐，但喜欢热闹，喜欢青年人，爱让青年人围着自己。他身边有一位当时我觉得已很不年轻的人，名叫安德烈·安德烈耶维奇·涅恰耶夫，是莫洛斯特沃夫的内兄，也住在那栋房子里。省长委托他来招待我。

我以骄傲的口气通知叶夫列伊诺夫，我要搬家了，好像从俘虏营中获释一样。这位可敬的好心人于是想，是否有什么地方让我不满意，得罪了我。于是他开始道歉。这时我才感到良心上似乎受到谴责，只好赶快说些亲切的话来安慰他。

这一来我混进了外省单身汉的堆里，过上了我最快活的生活。我已经没有必要再往多夫列介绍的那些人家跑了。那些人家夏天是从不离开城市的，即使是短期也不离开。在介绍给我的人家当中，只有两家引人注目，我觉得向读者介绍一下并非多余。

退休的枢密官费奥多尔·费奥多罗维奇·热尔图欣当时住在喀山；叶卡捷琳娜当政时，他是维亚特卡省省长。这个省的居民几乎全是官农，省的管理者似乎至今仍把他们看成是自己的私人财产。看来，热尔图欣先生对此实在是过于深信不疑，因为圣彼得堡把他召去，要他对此做出回答。审判在继续，判决迟迟没有下来，一直都在对被告施加压力，要他把吃到嘴的东西一点一点吐出来。到了保罗当朝的严厉时期，热尔图欣决心破釜沉舟地进行一搏。他在接待日，手持一个封了口的大信封跑去见总检察长，用简短的几句话表述了所受的屈辱和痛苦，当着大家的面请求仔细审查封筒里的文件，并且说这些文件完全可以证明他无罪。有一位//173//大臣（对他的感激之情不允许我说出他的名字）漫不经心地命令秘书接过封筒，送到办公室去。他在办公室单独审查了文件，据说，查出十万条对他有利的无可争辩的证据，调出了案卷，上奏给皇上。两天以后，热尔图欣便从被告席坐上了枢密院的审判席。这时他开始为自己蒙受的损失捞取补偿，而且做得很好，因为，大家都知道，保罗当政时甚至连在枢密官这个稳定的位置上也没有人能坐得长久。后来他被免职，逐出了首都。

这位可敬的人不爱别人，不可爱，也没有别人爱他。他过着幽居生活，很少有人来看望他，会见时大多只表示出一种对年岁和职位不能不表示的尊敬。多夫列领我去见他时，他对我们两个都表示了感谢。他弟弟阿列克谢·费奥多罗维奇，前面曾提起过他，是萨兰斯克市长，受我父亲领导：就这一层就足以使他对我很亲切了。过了两天，他派人请我共进午餐。这次午餐令人难以忘怀：我说的不是饭菜，那饭菜可能不算太好，但也许不算太坏，我实在难以做出判断，因为眼前发生的一切夺去了我的胃口。

我们一共四人：主人和妻子、女儿，我是第四个。我从来没有见过像费奥多尔·费奥多罗维奇和安娜·尼古拉耶芙娜（娘家姓梅利古波娃）这夫妻俩那样表情更为狠毒的面孔，以前没有，后来也没有。与此同时，习惯性的微笑却从没有离开过嘴边，但这微笑里有一种轻蔑的、幸灾乐祸的神情。只是当这对天造地设的夫妻目光相遇时，这微笑才显出有点温柔。主人同我谈话很客气，一点不蠢，但全是家长里短。显然，他请我吃饭，完全是出于未能免俗。我是真想让他赶紧摆脱这样的负担：几个仆人又干又瘦，面色苍白，总是一副战战兢兢的样子，那出了嫁又离了婚的女儿卡霍夫斯卡娅[①]面容上表现出深深的忧伤和恐惧，她沉默无语，目光低垂——所有这一切都似乎向我表明，//174//我正处在一个恐怖王国。后来，城里的种种议论，也向我证实了这一点。我从桌旁站起身来，赶忙告辞，幸好没人阻拦。从他家出来时，我突然间产生了一个想法，自己就好比是丹尼尔，多亏上帝发了善心，才能从狮窟中毫发无损地逃出来。

还有一个介绍我认识的家庭，也公认是比热尔图欣一家好不了多少，但起码去访问的人不会对此有所抱怨。伊万·奥西波维奇·尤什科夫和纳塔利娅·伊格纳托芙娜·尤什科娃，夫妻二人有五个儿子和同样数量的女儿，从40岁到15岁乃至更小。这才是他们所生子女的一小半，而一大半都进

---

① 除此之外，他们还有四个儿子，其中两个很有名：老大谢尔盖·费奥多罗维奇是个胆小鬼，不学无术；另一个彼得·费奥多罗维奇聪明又勇敢，但两个人都凶狠、残酷。两个人的仕途均以中将告终。后者在最后一次土耳其战争期间死去，当时是摩尔达维亚咨议会主席。

了坟墓。只有在我们俄国，而且也是在古代，人们看到一个家庭有这么强的繁殖力才不会感到惊奇，而且还不能称之为家庭，而是要称氏族和部族了。客人们最喜欢到这样的家庭去，因为在那儿可以看到男主人和女主人，还可以遇到所有年龄段的人。这便是尤什科夫一家被认为也的确是喀山最令人快活的家庭的原因。年长的几个儿子都在普列奥布拉仁斯基团服役；其中的两个，一个不久前退役，另一个正在休病假，当时都住在父母家中，就帮助父母招待客人。

省长曼苏罗夫还把我带到了一个不那么快活、但却更令人愉快的家庭，去见他前任谢苗·米哈伊洛维奇·巴拉塔耶夫公爵的寡妇——五个美女的母亲。有人告诉我，五个美女当中最美的那位我还没有见到，在我来之前一个月，死亡把她从这个家庭夺走了。黑色衣裙和忧伤的面容使其余的四位美女更加楚楚动人。她们没有受过良好教育，却毫不矫揉造作，四姐妹都是那么魅力四射。她们不仅美艳绝伦，跟她们交谈几句之后便会感到，除了这美丽的躯壳之外，内里还藏着更为珍贵的东西——天使般的心灵。无论是母亲还是四个女儿，都那么和蔼可亲，朴实无华。这个家庭中的一切都显示出她们信仰坚定，品格高尚。

//175//我怎么也不会忘记两位主动要同我相识的善良的人：少将警备司令卡斯特利老人和他的妻子索菲娅·瓦西利耶芙娜，娘家姓涅柳博娃。姓氏是意大利的，但本人却是个普通的俄国士兵，不懂任何外语，甚至跟随苏沃罗夫远征一回意大利，也没有学会意大利语。他妻子有个毛病，一个不良习惯（要说它是恶习实在是一种罪过），那就是喜欢夸大。有趣的是，她身上的这个毛病是与生俱来的，家里所有人，弟兄、姐妹，都有这个毛病。不夸大就不自在。其中我记得一位将军夫人，伊丽莎白·瓦西利耶芙娜·列普宁斯卡娅，我在基辅时就认识她；还有一个是炮兵将军瓦西利·瓦西利耶维奇·涅柳博夫。这两个人把这种艺术发挥到了极致。卡斯特利本人有时以玩笑口吻说：“涅柳博夫的话不要听，但也不要妨碍他说谎话。”喀山人都有副好心肠，从来不跟卡斯特利夫人争辩，也不去取笑她。

我不知道对于这个我生活在其中的社会我该说些什么才好。当时围在省长身边的这些青年人，有的是军官，有的不是军官，我个个记得清清楚楚，但却装出把他们都忘却了的样子，因为，说实话，他们只配我这样做。虽没有一点毛病，但也没有一点儿勇敢精神。他们是怎样的人，喀山就是个怎样的社会。起码，我在这三周时间里所认识的那部分社会就是这样。可是他们却又是聚会，又是不停地谈论、讨论。什么内容呢？天知道，哪怕是谈谈狗，谈谈收成也好啊。可是不！既不传闲话，也不是造谣诽谤，更不谈政治、文学，而是胡言乱语。脑袋里想到什么就胡说什么，舌头一翻嘴里就往外直冒。不过，也许我这样做不对，不该以轻蔑的口吻谈到我本人也觉得开心的那些事情，其实我自己不也是在那么胡言乱语吗？一想起在奔萨每天总是怨气冲天，没完没了地说人家坏话，开那些粗俗的甚至刻薄的玩笑，我似乎就对能在喀山说这种快活的、无伤大雅的废话感到心安理得了。

我在襁褓中见到了新喀山大学的诞生。首批考试结束时，我出席过向大学生颁//176//奖的仪式。校舍相当宽敞，不像后来扩建的那样。不过现在的任何一座中学，其公开考试的场面都足以引起人们更大的尊敬。如果要这座大学有如婴儿般微不足道的程度，我只想说说，当时的校长是雅科夫金就足够了。

我离开喀山之后，该市曾两度被大火吞噬。据说，现在它以美丽的新姿在废墟中重新挺立。也许，自我见过它之后，该完全变样了；也许，如今它变得令我难以辨认。即使在当时，如果不是就美丽而言，而是就人口、建筑物数量和坚固性而言，这座城市也的确应该在俄国城市中占第三位，因为里加是一座德国城市，维利纳（今维尔纽斯。——中译者）是一座波兰城市，敖德萨是一座巴比伦城市。起初我原打算在喀山寻找亚洲面貌，但我眼前到处都矗立着带十字架的圆顶，只是在远处才有伊斯兰教堂的高塔进入我的眼帘。喀山奴隶式地尽其所能向其战胜者莫斯科仿效一切。16 世纪和 17 世纪的俄国就跟 18 世纪和 19 世纪一样，以命令的方式而非怀柔地展开征服。我不知道斯塔尔夫人为什么要把莫斯科称为鞑靼式的罗马，但可以把喀山称为鞑靼式的莫斯科，这反倒更为公允，更有根据。那里也有个克里姆林（克里姆林在俄文中的本意是城堡。——中译者），还有那些古代的教堂和庙宇，跟莫斯科现在的教堂风格完全一样，因为我国的新建筑风格始于两位伊凡统治时期。同莫斯科一样，商人、官员和小贵族住在莫斯科河和亚乌扎河对岸，在这里是住在喀山卡河和布拉克河对岸。我到喀山时，只有中央大道和所谓的黑湖周围才有成片的石头建筑物。那些全是公共建筑物和商业建筑，住着上等贵族。在其他街区，石头建筑物同木制建筑物混合一起。

城市四郊住着喀山的土著居民，被征服的鞑靼部族。我住在叶夫列伊诺夫工厂时，只有在那里才能常见到他们。我走进他们的清真寺，随意观看他们祈祷。//177//我喜欢他们那勇敢而又坦诚的目光，毫无城府的性格，如果单论勇敢，他们绝不亚于俄国人，但计谋和联合力量把他们压倒了。有意思的是，虽然这个民族以经商为业，但其中没有一个人能像俄国商人那样致富。这些俄国商人眼看着就能变成百万富翁。也就是说，要讲手段我们俄国人还是比他们厉害。在他们的古迹方面，我只在一座要塞里看到一些通道，是苏姆别克女王时修建的，并以她的名字命名。在喀山郊区，我只参观过一座不那么起眼的希日茨科伊修道院，这是一处埋葬富人的地方，每天都有举着十字架的队伍从大教堂到那里去。

我所见到的房屋，内部的富丽堂皇程度和宽敞程度与奔萨的房屋很少有什么差别。只是我发现，壁纸继续在这里使用，而在莫斯科，甚至在奔萨，这种壁纸已经完全不用了。只有省长的那栋官邸，我不知道是从谁手里买下的，在富丽堂皇方面超过了其他房屋。在它的装饰方面中国贸易起了不少作用。大客厅的四壁都糊着丝绸，上头按中国风格画着五颜六色的花朵和叶子。在摆放沙发的客厅里，墙壁是真正中国式的，壁上涂满五颜六色的油漆，还有一些凸起的人物雕像，像是珐琅做的。

拜访叶西波夫

喀山还有一座剧院，很大，木结构，坐落在一片广场上，但夏天剧院不演戏。

剧院的老板叫彼得·瓦西利耶维奇[①]·叶西波夫，是一个俄国贵族。这些人先是被戏剧害得伤痕累累，后来又用戏剧来疗伤。叶西波夫当时住在农村，我想，这大概也是他唯一剩下的一个村子了，离喀山大约40俄里左右。我一到当地，便听说省长有一个带领上流社会去奔袭他的计划：我也应该参加这个行动。几乎到了我在喀山逗留的最后几天，正

① 抄件中在这行的上面用铅笔把名字和父称改成了帕维尔·彼得罗维奇（见210页注释17）。

如法国人所说，参加这次快乐之旅的人终于集合起来了。主人事先得知我们要搞奔袭行动，正严阵以待。由于这次活动对我来说是独一无二的经历，所以不能不叙述一番。//178//我们八人，其中包括省长和别斯图热夫，乘了一辆大敞篷马车出发。那是晚上6点钟。其他好多人一大清早便乘各种轿式马车上路了。我们的速度不是太快，换了几次马，渡过了伏尔加河，不知不觉就走了40多俄里路。一路上笑声不断。笑什么？正如老百姓说的那样，自己取乐子呗。别斯图热夫将军高兴了，也想逗我们乐，他不会唱歌，但口哨吹得非常好，甚至还能吹出花点来，都是大家熟悉的歌曲。半夜12点来钟我们才到目的地。整栋房子灯火通明，主人在门廊迎接我们时奏起了音乐，唱起了歌曲。半小时以后我们已经坐上了餐桌。

叶西波夫先生是一个未老先衰的单身汉，是个善良的草包。他从不承认什么规矩，对任何东西都是来者不拒，对感官上的享受既无边，又无度。他招待我们的方式很特别。我知道太太们是从来不来拜访他的，可是当我看到有那么十来个穿着漂亮的女人在毕恭毕敬地侍候省长时，不由得惊讶万分：这些农家女都是叶西波夫剧团的农奴演员。当她们陪同我们一起走向餐桌，打破了当时妇女都统一坐在餐桌一侧的常例，同我们混坐在一起时，我简直惊呆了。这样，我便坐到了两个美女中间。我当时饿极了。餐桌上摆满了菜肴和酒；我高兴得不得了，心想，可以大快朵颐、开怀畅饮了。谁知却上了个大当！我本想把一块肉咽下去，可这第一块肉就卡在了我的嗓子里。我原想喝口酒解解渴，结果更糟。亏得这里并没有主人，所以也就没人劝我吃东西。可男客女客都纷纷劝我喝酒。我不知道这种可怕的饮料，这种有毒的泔水应该叫个什么名字。那是一种似乎由伏特加、葡萄酒跟啤酒掺和在一起的混合物，加了点甜兮兮的蜂蜜，染成了紫檀色。喝这种酒就已经够受的了，还要一个劲儿地给你灌酒，伴着姑娘们热烈的亲吻。还有人长声长调地喊："把邻座抱抱紧，跟邻座亲个嘴，给邻座斟上酒。"我就这么喝着。我当时才 19 岁，可以想见，//179//该有多么开心。在餐桌的另一端，你相信不，坐的是叶西波夫家的男演员和乐师，也就是说，是他家的奴仆。这些人从餐桌旁轮流站起来侍候我们，完了又回去坐到桌旁。据说苏格兰有个习俗，同一部族的老爷和佣人可以同坐一桌。从中可以看到某种古朴的东西。可这又算是哪门子的古朴之风呢！

这种纵酒狂欢活动一直继续到大后半夜。晚餐结束后，我好奇地等待着，看看还会有什么新花样？最简单不过了：除了省长和别斯图热夫特殊安排了房间外，我们大家都被领到一个大房间里，类似空荡荡的大厅，并祝我们晚安。地上放着床垫子、枕头和毛毯，这些东西都是临时跟男女演员们借的。我弯下腰，想看看给我铺的那张床单：上头的五颜六色让我吓得一哆嗦。我的旅伴们大概早就知道这家的习惯，毫不动容地脱下衣服，高高兴兴地倒在那些令人作呕的铺位上。毫无办法，我只有仿效他们的做法。葡萄酒，或者叫这个名字的那种东西，使我浑身发烫，那不断的亲吻使我血脉贲张，我辗转反侧，心情激荡。如果周围能马上黑下来或是静下来，我的热血和想象也许最终也会安静下来。但我的枕头边满是一股讨厌的牛油哈喇味，搞得我静不下心来。烛光通明，聊天的声音总停不下来，又是路上说的那些蠢话，在我们之前到的那些人更是添油加醋。我不止一次出声提出请求，但并不是威胁，那些喝得半醉的人就嘲笑我，说我是惯宝宝。话虽不那么好听，却是一点不错。他们一个接一个睡着了，等到最后两个好闲聊的家伙住嘴的时候，天已经放亮了，光穿过没有挂窗帘的小窗，毫无遮挡地射进屋内。而且空中有苍蝇蚊子，身下有臭虫跳蚤，所有咬人的虫子都向我无情地宣战。我一分钟也没合眼，痛苦不堪，起来胡乱穿上衣服，蹓进花园，想要在清晨的空气中清醒清醒。这个对我而言等若置身地狱的夜晚就这样过去了。

太阳为我照亮了一幅悲凉的景色。花园里长着漂亮的椴树和橡树，有几条长长的林荫小路，不仅荒草漫漫，而且//180//有的地方甚至还长满了灌木。一些很不错的雕像，幸好不是大理石的，而是石膏的，全都是肢体伤残。一座相当漂亮的喷泉，听说以前曾喷出过高高的水柱，如今只是滴滴答答地淌着水。房子的模样就更令人不快。这是一座长长的房子，石头基座，有伊丽莎白时代大木头房子的味道。外墙是薄木板的，壁柱一根挨一根，挑檐上满是木雕的锯齿形檐饰。外头有个半圆形前廊，直通木凉台。所有的台阶全都烂了，外部装饰也都坏了，有的都倒塌了。如果说花园里一片荒芜，那房子则是一片破败。唯有房子一侧①新建的剧场保持完好。显然，爹是当老爷当惯了，儿子则是只知道走江湖卖艺。

这伙可敬的先生们聚到一起喝茶，然后又去打牌，没人想去散散步。我去找省长，请求他，甚至是要求他下令给我提供一辆双马车回喀山，并向他讲了一夜无眠的可怕情形。他们本想开个玩笑，但真实的痛苦总能打动人，富有说服力。他们注意到我的苦痛，开始商量怎样能让我开心，下一夜怎能让我安静下来。曼苏罗夫必须单独睡，他有这方面的理由：所有的省长，不管是前任的还是现任的，都享有某些绅士特权；别斯图热夫虽然身为将军，却没有这样的权利，

---

① 原文如此。

所以决定在他的房间里为我安一张床，甚至用窗帘为我挡光和挡蚊虫。午饭时我就像法国人 1812 年撤退那样大吃了一顿。吃饭时虽也吵吵闹闹，很快活，但比晚餐时规矩多了，因为演员们没跟我们在一起——他们都上了装，准备午饭后立即上演歌剧《山羊拉拉》或者《稀有之事》，好让我们开心。他们的演唱就跟当时的外省演员一样，坏不到哪里去，也好不到哪里去。这回我有了经验，晚饭时变得小心起来，希望别再招惹我，躲着亲吻，也不听呼喊，除了格瓦斯，别的什么也不想喝。同可敬的别斯图热夫同房度过安静的一夜之后，我起床了，我们还是乘那辆敞篷大马车回喀山，但走的是另一条路。唉，叶西波夫先生！愿你到了那个世界//181//所有的罪过都能得到宽恕吧，不过在这个世界你比布亚诺夫还坏，你比最危险的邻居还危险[2]。半路上我们到叶西波夫的妹妹和妹夫费多尔·费奥多罗维奇·格尔肯准将家里吃午饭。格尔肯夫妇看来很少同叶西波夫见面，过的是跟他完全不同的生活。

使团各小分队一个接着一个，每隔三四天便有一个到来，在喀山修理车辆，停留休整。因此，有时后面的小分队会赶上先到的小分队，催促它出发，因为每个小分队的需要不少于四十匹马。管理这些小分队和护送小分队的官员，有的来访问我，有的是我去探望他们。我从他们那里得知，使臣打算在派出最后一个小分队之后，至少还要再过两周左右，才能从圣彼得堡出发。有一天早晨，不是主人，而是接待我的涅恰耶夫先生，从省长那里回来后告诉我，说有一份报告提到要来的人，其中有宫廷低级侍从涅利多夫和他的小分队的名字，大部分都是官员。这几乎就是要我离开的信号。我跑去寻找自己途中的临时长官，并在施瓦尔茨的旅馆里找到了他同苏赫特伦。使团的所有成员都住在那栋空旷的石头房子里，可他们却不想在那里住。只有使团贵族赫沃斯托夫和克列门特、药剂师赫尔姆以及使团车队在那里留了下来。

我发现这个漫游团里关系十分和谐，感到非常快乐。涅利多夫的温顺、苏赫特伦的安详睿智、赫沃斯托夫的快乐活泼和克列门特的朴实忠厚都表明我得到了一些令人愉快的、容易相处的同路人，后来的情况果然如此。为了让这几位先生高兴，我就带他们去逛喀山，向他们展示一切，拉他们到处转悠，跟所有的人相识：我已经有权自认为是喀山的主人了。涅利多夫，甚至苏赫特伦喜出望外，计划待三天，他们却住了五天。直到 7 月 13 日，在曼苏罗夫家里用过告别宴之后，已经很晚，他们才决定离开喀山。我还有些其他事情要办，稍晚些时候才出发，但在第一个驿站便赶上了他们。我们在这个驿站过夜。到了这里，似乎就要同俄罗斯妈妈告别，进入她广袤无垠的女儿西伯利亚的怀抱了。我的正式旅行也从这里开始，有关记述放到下一章再表。

//182//第九章　1805 年①

对我的要求不该跟别的旅行家、学者或文学家一样。自然科学方面的有趣发现，道德和政治方面的深刻观察我都做不出来；如果某种怪异的习俗引起我的注意，或是使我感到新鲜的大自然的伟大有时让我吃惊，那么我准备尽我所能把内心感受跟读者分享，但希望要求不要太高。当我乘车独行时，对途中遇到的事物通常观察得还能比较用心，但那时我是与大家同行，每个人都尽力想以谈话消除他人的寂寞——那是一种无尽无休的旅途造成的寂寞。就在第一天，我跟苏

① 年代 1805 写在本页左半部分。

赫特伦就这样安排了一下：他乘坐的是一辆崭新的、舒适的四轮双座敞篷轻马车，路上因装载过多，出了点毛病。我们商定，我同他一起坐这辆马车，而我自己的那辆带篷轻便四轮马车，则变成一辆货车，拉他和我的一些行李。我跟他搭伴，使他很快活。他需要的与其说是一个交谈者，倒不如说是一个专心的听者，于是我听的就只能是荷兰和美洲的情况，而不是西伯利亚的情况。

在使团最后一个小分队抵达的那一天，尤什科夫全家去了一个距喀山100多俄里、距西伯利亚大道1俄里的农村。我对他的几个儿子许诺，请我的同伴从大路转到他家去乐一乐，开个宴会。他们保证送我们走时还要给我们带上一些馅饼和吃的东西。我把这件事告诉了苏赫特伦：他喜欢吃喝，因为所有的利己主义者胃口都不错。他的胃口吊得更是老高老高，因为在现已撤销的阿尔斯克市和后来经过的几个村庄里，都找不到什么人，也搞不到任何东西。傍晚，我们进入维亚特卡省后，来到一个富有的鞑靼村庄扬古尔，住在一个生活最富裕的居民家里。主人看来是个不太地道的伊斯兰教徒，因为他带着半打描眉打鬓、搽脂抹粉的女人来迎接我们，似乎是在庆祝一个什么节日，请我们同她们一起进餐。但实在是不行，因为桌上的东西全不干净，母马肉的味道太大。这时，生病的县警察局长还特意派人//183//来告诉我们，他已下令为我们准备午饭，但尤什科夫兄弟不让这么做，说这样他们就要等我们一整天。于是我们便动身往他们家去了。天早就黑了下来，苏赫特伦在黑暗中坐在我身旁，不停地叹气说："啊呀，咱们离馅饼还得走多远哪!"我们驶入一个宽敞的庭院，只有狗吠声迎接我们。人们已经睡下了。昏暗中出现了一个身影，我们坚决要求他叫醒几个年轻的老爷，出来见我们。他们穿着长袍，轻手轻脚地走了出来，小声道歉说，他们不能接待我们了，因为怕惊动了70岁的老妈。让我们去10俄里外的马尔梅日城，答应第二天亲自去看望我们。咳，一向冷静沉着的苏赫特伦懊丧得难以形容，幸好那不是冲我来的。他一遍又一遍说："这些无知的家伙，还是贵族呢，还是近卫军官呢！去他妈的，去他妈的！这跟他妈有什么关系！难道咱们来是想勾引他妈吗？咱来是想吃饭。"

马尔梅日还真让我们得到了安慰。当时那地方还没有重新升格为县城，不过原来的镇长还在，没有职务，但并非无事可做。居民的爱戴使他得到供养，他们自发自愿地找他断案。忘掉他的名字倒还可以原谅，但是连名字也不问一声，可就太卑劣了，而我们正是这样做的。他有一个癖好，就是把过往的旅客请到自己家中，好吃好喝地招待，因此我们被直接送到他家。房间很高，房子并不大，但极其整洁。5分钟以后，屋里亮亮堂堂，半小时以后，晚餐便准备就绪。这顿饭抵得上两顿正餐。所有的菜肴都那么丰盛、简单、新鲜，做得很好吃。人要是秉性好，鉴赏能力就高。苏赫特伦的额头亮了起来，他不会说俄语，对桌旁的主人手势做个不停，似乎想以心中的亲吻向他表达感激之情。他夸起人来没完没了，就像没完没了地骂尤什科夫兄弟一样。我都快笑死了，因此没有在意，其实这里也有一些让人感到屈辱的地方，那就是外国人和首都居民对俄国外省人的那种轻蔑的态度：他们认为外省人必须款待他们。晚餐吃得很好，我们睡得也不错。

9点多钟，我们刚刚醒来，尤什科夫兄弟便乘着自家6匹健马拉的马车突然光临了。涅利多夫对他们的态度特别地有礼貌，//184//而苏赫特伦却十分冷淡。主人忙跑去张罗早餐，可兄弟俩只让我们喝了一杯茶。离当地20俄里，有他们的一个村子贡巴，还有一家酒厂，坐落在宽阔的维亚特卡河畔，紧靠着渡口。几位厨师一大早就派到那里，现正在紧张地准备饭菜呢。头一天白等了那么久，总该有点补偿才是。用了不到一个小时，我们便乘快马飞也似的到了那里。在管事那宽敞的房子里，看到餐桌业已摆好，一道一道的菜肴很快便把餐桌的腿都压得弯了起来，苏赫特伦的手也跟尤什科夫兄弟握在一起。这老头吃饱喝足，兴高采烈，深受感动。乘着小船过了河之后，好客的兄弟俩在河的彼岸开始同我们告别，老头亲切地同他们抱吻。后来，他以教训的口吻对我说："千万不要匆忙地对人下结论，眼前就是个例子。"我不客气地向他指出，似乎只有在俄国才会对不认识的人这样不肯原谅，他不吱声了。

这件事提醒我们，以后必须关心一下食品问题。我向涅利多夫提出一个方案：我们每个人都有一个仆人，涅利多夫的跟班是教师扎克，他还是厨师；每天应解除他的第一职务，用全部时间从事另一职务。这时，我们大家都应为他的老爷效力。还有一点，我发现年轻的克列门特渴望着担当个角色，哪怕是无关紧要的角色也成。现在委托他看管的只是三辆或四辆跟我们一批出发的减震车①，对他来说，事情实在太少。他是一个很在意级别和职位的人，本身只是十四级，而涅利多夫是五级[3]，于是我想出一个主意，给他安一个新职务，类似我们小分队队长的副官。有了这个职务，他每天应提早出发，到我们该用午饭的地方采购食品，同教师

---

① 这种减震车是一个长方形的大箱子，大小同轿马车差不多，吊在皮条和凹槽上，里面塞满了东西。也许是巴伊科夫的裤子，但也许是送给北京宫廷的金银器皿。我们接到命令要严格保护这几辆减震车，但不知里面装的是什么。

扎克一起在那里等候我们。涅利多夫为人谦虚，怕这个建议会使他不高兴，但我自告奋勇打着他的旗号把这事给办了，取得了完全的成功。//185//克列门特特别喜欢这样的新任务，他的虚荣心也得到了满足。人身上真是各种形式的虚荣心都有。

从维亚特卡河起，开始出现另一个民族的村落，那就是芬兰民族。老百姓叫它维亚特卡族，整个州叫维亚特卡州，主要城市也叫维亚特卡市，以前叫赫雷诺夫市。正是农忙的时候，当地居民沃佳克人整天都在地里忙，我们很少见到他们。他们比丘洪人身材更高大、更壮实、更清洁，但我觉得也更没有脑子。他们的语言可能不大好听，这一点从那些建有驿站的农村的称呼上便可判断出来，如卡克西、莫日吉、普姆瑟、博克切古尔特、切莫舒雷。它们使我娇生惯养的耳朵听上去感到很吃惊，因为当时所有的小说家和诗人都在想办法让名字听起来顺耳。现在这样的名字不仅可以写进英雄史诗，而且大概也可以写进田园诗。

我们在茂密的森林里前行，却几乎鲜有注意到它。林间通道宽达100俄丈，总是不见阴影。我们什么时候都借不到阴凉，而炎热又是北方夏天型的，实在不堪忍受。因此我们决定夜间赶路，白天休息。驿站的木房很舒服，在小城镇里，这种宽敞的木房称得上是大房子了。木材有的是，没啥可吝惜的，盖这样的房子花不了多少钱。

就在这样的一个驿站休息时，我们惊奇地发现，一位身着普列奥布拉任斯基团制服的军官走进了我们的房间。他就是费多尔·伊万诺维奇·托尔斯泰伯爵，至今以美洲人之名著称于世[4]。他同克鲁森施特恩和列扎诺夫一起进行环球旅行，跟所有的人都吵翻了，跟谁都合不来，是个危险分子，在堪察加被撵上了岸，正由陆路返回圣彼得堡。关于他的传闻实在是太多了。少年时他有一个抓老鼠和抓青蛙的爱好，用削笔刀把它们的肚子豁开，一连几个小时以它们的死亡痛苦取乐；听说航海时刚觉得食物有点匮乏，他便把跟他挺好的一只母猴开枪打死，烤着吃了。总之，人们认为他性格之凶残嗜血比得上任何一种猛兽。//186//他的外表的确使我们吃惊：他天生一头浓密的黑色卷发；大概由于炎热和灰尘的缘故，他的一双眼睛赤红，让人觉得好像是他红了眼。眼神几乎是忧郁的，谈话的声音非常低沉，让我那几位受到惊吓的伙伴觉得，简直是一个无底深坑。可我却不知道为什么并没有感到丝毫可怕，反而对他产生了强烈的爱慕之心。他没有跟我们待多长时间，唠的全是家常话，但这些最普通的话说得却十分有头脑。我内心感到很遗憾：他为什么要离开我们，而不是跟我们一起走。也许他察觉了这一点，因为跟我比跟别人更亲切，上路时还送给我一罐茶卤子糖浆，说是已经到了人烟更稠密的地区，这个东西不再需要了。这是个十分引人注目的人物，值得多说几句，我想，在这部札记中还会讲到他，而且更详细一些。

不久我们便进入了西伯利亚的前沿，也就是佩尔姆省。这里又见到了俄罗斯居民点。在奥汉斯克城，我们只见到了它的废墟。一个月之前，这座小镇全烧光了，只有卡马河陡峭的岸边孤零零耸立着一栋由兹洛宾的管家住着的房子。兹洛宾是全省酒类专卖商。当我们等着车辆渡河的时候，这位管家以兹洛宾的方式款待了我们。那香气四溢的葡萄酒使我们的心感到快活。在这位管事的陪同下，我们乘着他那艘12只桨的快艇，在桨手们震耳欲聋的歌声中，箭一般地渡过了宽阔的卡马河。这时，我们的欢乐倍增。感激的义务使我们忆起尤什科夫兄弟，忆起贡巴村，忆起维亚特卡河。但维亚特卡河怎能同卡马河，同外乌拉尔地区这条众河的代表相比呢！这是一条气势浑雄的河，它对所有的人都有摄人心魄的力量——无论是河的宽度、深度还是流速。我不明白，为什么人们都认为是卡马河汇入伏尔加河，而不是伏尔加河汇入卡马河。

夜里二时许，我们来到省城佩尔姆，找到市长家，他为我们指定了住的地方。驶入佩尔姆后，特别是在黑暗之中，有一段时间我们以为还是在野地里。当时还找不到一个城市的街道比它更宽，房子比它更矮。这里可不像喀山和阿斯特拉罕，过去不是什么王国，也不是公爵的封邑，甚至不是个村镇，直到发展起来之后，上边才不得不派个军政长官来。这只是一块空旷之地，20 来年前才根据上面的命令成为一省的首府。命令虽下了，可是//187//进展缓慢。贸易是新城存在的首要条件，这里的贸易虽然并不繁华，但支持这个城市的也只有贸易。有那么十来幢商家的二层石头楼房，已在卡马河岸的一边展现出美妙的身影。不过主要入口和主要街道的样子，在夜里与其说是我们看到了，不如说是猜到了。早晨，佩尔姆城的空旷更令我们吃惊：大街中间只有一条狭窄的小路有车辆碾压的痕迹，其余的地方全是长得又肥又壮的青草，上边有成百上千的大鹅在放牧。

佩尔姆、莫杰拉赫

使团司库奥西波夫比我们早到，在这里停下来从事车辆维修工作。他讲的关于省长的故事把我们吓了一跳，说那人是头真正的熊。这便是卡尔·费奥多罗维奇·莫杰拉赫，武备学堂一位数学老师的儿子。他的情况我是听父亲说的。儿子跟着父亲，的确学得很好，当时被认为是我国最好的工程师之一。根据他的设计，在他的监督下，方坦卡河岸铺上了大理石。叶卡捷琳娜死前两年，他被任命为佩尔姆省长，从那时起，一直就在这个省工作。他要为委托给他的这片土地造福，这种想法一直盘踞在他的心里，所以离开省里一天都觉得难受。虽然他从不在京城抛头露面，但依然受到尊敬，保罗和亚历山大两朝都受过奖励。就在今年，1805 年，除了他的佩尔姆省之外，又给他添了个维亚特卡省，让他出任两省总督。而且佩尔姆暂时也没有派省长来。他确实不招人喜爱，身上没有宫廷高级侍从的德性。但不管是谁，如果身处遥远的地方，而且还过着孤寂而又充满活力的生活，都会失掉和忘却取悦于人的愿望，更何况是一个严肃的、具有严格道德操守的人呢。莫杰拉赫诚实、善良、聪明、通晓事务，但是，正如所有通过巨大劳动获得的东西比馈赠的东西更受珍视一样，他把自己的总督辖区似乎跟公国的领地等同了起来。而且佩尔姆没有别的贵族，没有住在两个首都的那种富有的工厂主，十多年来除了下属，就没有见过什么人，而过往人员中，多半又是小官员，再就是流放犯人，这就使他待人冷淡、冷漠，让人感到不大愉快。

//188//我们身着制服，in corpore[①] 去见他。跟他的房子并排还有另一栋大小跟它一样的房子，省政府便在那栋房子里。当时他本人正在那边。天知道为什么要把我们送到这里来。向他报告说我们来了。他让人告诉我们，叫我们换个时间再来，因为这里没地方，他也没有时间接待我们；我们也想，难道回答不能更有礼貌吗。这件事让我们十分不快。往回走时就想，不跟他见面了，明天一早便继续往前赶路。但起码我们对住处还是很满意的，那是钟表师罗森伯格家的一栋干干净净的房子。他告诉我们，他是罗森伯格将军的堂弟。我们在他家的花园里进餐——从我们的房间有道门可直通花园。餐后，市长来了，以总督的名义邀请我们第二天到他府

---

① in corpore（拉丁语），意即全体。

上共进午餐，这样，我们只好把行期延迟到第二天晚上了。

我们见到了莫杰拉赫先生，一副盛气凌人的派头，令人十分不快，特别是在见到善良过分的曼苏罗夫之后。他家人中在场的有他的妻子、六个女儿，其中两个女儿已出嫁，四个待字闺中。唯一一个儿子正在服役，不在家。总督夫人是位善良的德国女人，我们觉得，她肯定既乐意进厨房，又乐意进酒窖。大女儿是个普普通通的女人，嫁给刑庭庭长、五等文官伊万·米哈伊洛维奇·恩格尔哈特，不管怎么说，他可是伯爵夫人布拉尼茨卡娅和利塔、公爵夫人戈利岑娜和尤苏波娃的堂兄弟。从相貌上可一点也看不出来。四个姑娘还很年轻。

在这个家庭里，莫杰拉赫的次女索菲娅·卡尔洛芙娜却犹如一颗璀璨的钻石，熠熠生辉。她嫁给加特契纳的一位中将，名叫阿盖·斯捷潘诺维奇·佩夫佐夫，是步兵师的巡阅使、叶卡捷琳堡团首长，就驻扎在当地。丈夫外出视察各团，把妻子送回父母家暂住。她芳龄二十有三，面容姣好，风流得体、聪明妩媚，实为罕见。我们整个小分队突然间被她的目光和话语燃烧起来，就连最冰冷的苏赫特伦也开始融化，而我们那位可怜的涅利多夫，竟认真地爱上了！//189//他也比别人得到了更多的回报。不过，起初我们每个人也都认为，自己是最得到她青睐的。这位美妙绝伦的女人是我迄今所见最有文化修养的女人，她可用几种语言自由交谈，懂得欣赏所有的文学之花①，虽然身处亚洲前沿，却仍在阅读各种杂志，对欧洲发生的一切了如指掌。不言而喻，我们的行期又向后延了。当天，我们就又应邀参加了一个晚会。

---

① 原文如此。

佩夫佐娃

除掉总工程师的兄弟苏赫特伦这个老头，莫杰拉赫几乎对我们其他任何人也不留意。两个大女儿很可能背着我们在他耳朵里灌了一些对我们有利的悄悄话，也许说的是我们都相当不错，说不定可以给几个小女儿找到乘龙快婿也未可知，因为晚上他对我们更留意，更和蔼了。找了那么两三位爱好者，给其中的一个小女儿伴奏。她想在我们面前展示一下音乐才能——那是一种对女人而言颇为奇怪的才艺：她拉小提琴。不过，就算她演奏的是大提琴，我也不会感到吃惊，因为我完全直盯盯地迷上她的姐姐佩夫佐娃①了。这个迷人的尤物想延长我们在佩尔姆逗留的时间，便叫她姐夫恩格尔哈特请我们第2天到家里吃饭。第3天，7月22日，是法定节假日——皇后玛丽娅·费多罗芙娜的命名日，这一天总督应该举办正式宴会，但由于莫杰拉赫不富裕，又节俭，所以改以私人方式纪念。佩尔姆省的财务总管佳吉列夫[5]是个好客的主人，他请我们共进午餐，参加舞会和共进晚餐，这一天也是他妻子的命名日。我们本想推辞不去，但佩夫佐娃不允许。我们只认识莫杰拉赫一家人，现在却可以见到佩尔姆的整个上流社会了。我发现这个上流社会比起奔萨和喀山来要落后20年。男士们只有先深深一鞠躬，才能走到女士面前，并且要对她们不停地说废话。这样一来，我们原定在这里住的一昼夜就变成几乎是五昼夜，直到7月23日才从这座只因有了一位//190//非凡的尤物而活跃起来的空荡荡的城市里脱身。

分手的第一天，这些目标一致的追求者想的和谈的全是

① 孀居时她被任命为莫斯科叶卡捷琳学院院长。

关于这位尤物，但是不管旅途印象有多么强烈，很快就会被新的印象所消除。就在第二天，我们到了县城昆古尔后，20岁的市长夫人、公爵夫人马马特卡济娜那新鲜的韵味又使我们激动不已。她妈妈65岁。市长夫人的目光和话语，都预示着我们会得到幸福，当然是每个人都得到一份，可遗憾的是我们有一大帮，又不可能长期在这里住。

昆古尔城是佩尔姆省最古老的一座城，以前是军政长官的驻地，可以说是比阿尔米亚或大佩尔姆的首府，那时还没有个叫佩尔姆的城市。它的面积还不及佩尔姆的三分之一，但人口却多了一倍。这个城市的一切都在宣布这里既有生活，又有事业。它之于佩尔姆就好像一个又健康又结实的个子不高的老人对于一个又高又直、刚站稳脚跟的青年人。城里的建筑相当不规整，城市坐落在一块高地之上，地势优越，有两条小河流过，河岸就跟河的名字一样漂亮。河的名字叫伊莲和西尔瓦。

一进入佩尔姆省，便能感受到莫杰拉赫的业绩：他在该省修建的道路非常出色，有这样的路，完全可以代替公路。山挖开了，地碾平了，路修成了两面带坡的，好叫水流进两侧的沟里。为了防止山体坍塌，覆盖了一道普通的篱笆，从山上到山下加以固定，篱笆下面撒了各种植物的种子，穿过篱笆的缝隙生长，缠绕在篱笆上，把五颜六色的花朵覆盖在篱笆上，看去好似一道花布的垂帘。在佩尔姆那一面，这些道路不久前才竣工，而通往昆古尔和昆古尔以远的道路则是早就修建好了。不幸的是，是的，准确点说，的确是不幸，几年之后，圣彼得堡知道了这件事，看到花费如此低廉，而工程进行得又这么顺利，便想叫人学习效仿。只是他们忘记了，莫杰拉赫所做的一切，都是一步一步，年复一年，以工程师的学识和德国人的节俭精神搞起来的。而在我们大俄罗斯各省，只会搞大轰大嗡，要修新路就要破坏和消灭旧路，让老百姓倾家荡产，监工者大发其财，而省长们则会受到奖励。

//191//乌拉尔山脉在距离昆古尔50俄里的地方不知不觉地开始逐渐形成上坡，从这里开始，你便踏进了富产金属矿的地方。这里离大路不远，也就2俄里吧，有一座苏克孙铁工厂，厂主叫尼古拉·尼基季奇·杰米多夫。俄国、法国和意大利都说他既奢华，又吝啬，但有谁知道，有谁听说过他在苏克孙工厂所具有的那种无与伦比的好客作风吗？任何一个过路人，不论是什么阶层，不论是单个人还是带着车，也不论是官车还是私车，都有权在这家工厂打尖留宿，要求维修车辆，而且不论大修小修，一律免费。不仅如此，在维修期间，还可以免费住宿和吃饭，冬季还可以得到取暖和照明。

我们就享受了这种慷慨大度，而且做得很好，没有端架子。由于经验不足，加上佣人漫不经心，我们的车辆车况十分可怜，这一点我们竟没有发现。检查以后才知道，起码要用一天半才能完全修好。给我们拨了一栋宽敞安静的房子，配有足够的家具，送来了三天的食物。管理者佩尔姆亚科夫，按理说应该称他为佩尔姆亚科夫先生，是一位留着大胡子的普普通通的农民，人十分聪明、十分谦恭。他来见我们，用他的话说，是来听候差遣，请我们造访他的住所的。那是一栋二层的石头房子，大池塘边还有一座巨大的花园。地板干干净净，闪闪发光，洁白的房间，主要的装饰品是一些相当艺术地画在白铁皮上的画，都是杰米多夫家远方另一间工厂里工匠们的作品。那个厂子叫塔吉尔工厂。我们由于寂寞无聊，到四郊游荡，发现一些风景如画的地方。要不是气候不好，在那儿简直可以住上一辈子。在工厂里我们未能看到生产的情况，因为夏天工人都在野地里干活。

//192//俄国居民似乎沿着西伯利亚大路把佩尔姆省分

成了两半，把佩尔姆人、济良人和沃古利奇人这些土生土长的原始居民赶到了北部，而把捷普捷里人和巴什基尔人赶到了南部。后面的这两个民族不止一次暴动，还拿起了武器。为了制服他们，在乌拉尔东坡修起了一系列要塞。巴什基尔人归降后，要塞拆毁了，但是要塞的名字，如阿钦斯克、比谢尔斯克、基尔吉尚斯克、克列诺夫斯克，却留了下来，被当地出现的村庄承袭了。我们在那些村子换马，只有一个叫克列诺夫斯克的村子使我觉得很特别，其周围一些地方遍布阴沉的松树林，每俄里都可见到峡谷和深渊，给人留下了阴森可怖的印象。

官办的巴利姆巴耶夫工厂位于乌拉尔山最高峰，其后的下一个驿站列舍塔在山后的斜坡上。我们不知不觉就翻越了著名的乌拉尔山脉。有 100 多俄里我们一直在缓缓地下降，然后又进入了较陡的下坡。在欧亚分界线上我们遭遇了一场极其可怕的雷雨，闪电一刻不停地划过天空，大雨倾盆自天而降，雷声在我们见不到的山峰激起震耳的回响。这使我们不得不在巴利姆巴耶夫停留了两个多小时。丘索瓦亚小溪是乌拉尔山东麓的最后一条河流，它比小河还要大，从山上流淌而下，因雨水太大而泛滥，需要造一个浮桥方能渡过该河。这样，我们又停了下来，致使当天很晚才抵达 50 多俄里以外的叶卡捷琳堡。

这个城市的诞生源于它跟俄国最早的金矿相邻：彼得大帝逝世前两年，为了纪念他的妻子，为城市起了这样一个名字，并加上了他当政时所有新建城市无不加上的一个德国词——“堡”。城里的第一个劳工配置所好像是建立在庇隆苛政时期。城市如人一样，它的外观能显示年龄。叶卡捷琳堡不是昆古尔那样的老者，也不像佩尔姆那样是个儿童，城里可以感觉到不久前发生，但却不是昨天发生的事。一道长堤把伊谢季河当腰拦住，河水成为研磨加工厂和淘金厂的动力。工厂把我们安排在一栋宽敞的//193//二层木头楼房里。大家都觉得这栋楼房很新鲜，因为它完全是按照摩尔达维亚房子的式样建造的，横向的一个房间又长又宽，四个角上有四个小房间，带盖的房廊围在楼房四周，上下两层一模一样。

这栋楼房已经很旧了，没有人住。女房主费利察塔·图尔恰尼诺娃[①]是一位相当富有的工厂主，早就不住在这里了。她的财产当时还集中在一个人手里。有位聪明的女人把它比作一块大金砖。后来，这块金砖在三个儿子和五个女儿之间分成了许多小块，这五个女儿是季托娃、科科什金娜、伊韦利切娃、祖博娃和科尔托夫斯卡娅。在她们身后，这些小金块就只能迸散出一点金子的光芒来了，而第三代至今似乎还在为此而撕咬争斗呢。

我们在叶卡捷琳堡停留三天，没有同居民中的任何人相识。我们享受这美好不过的天气，认为散散步，观赏一下城中的景致更好一些。我们看到城里的人这样淘金，看到如何从一大堆红黄色沙子中淘出不到半个金卢布那么多的金子来。我们参观了一些作坊，那里正在为圣彼得堡的宫殿制作尺码巨大、工艺精巧的各种颜色的孔雀石、斑岩、碧石的花瓶，还有供销售的鼻烟壶等制品。我们还去了城外，参观叶卡捷琳堡步兵团的营地，该团团长，我们的佩夫佐娃的丈夫依然不在。几乎就在营地紧旁边，我们欣赏了安放在修道院里死者墓前丰富多样的、在当地很便宜的大理石纪念碑。

---

① 我们一直把法国人当成榜样。这些法国人在这块所有的人都是时尚的奴隶的自由的工地上，养成了一个习惯，就是在名人的姓名之前还要加上教名。我被迫成为一个模仿者，所以又把费利察塔·图尔恰尼诺娃叫成阿马布利·塔斯佳，德尔菲娜·格，或者乔治·桑。

从叶卡捷琳堡有两条道路通往西伯利亚腹地：一条经托博尔斯克，另一条经过县城伊希姆，后一条路比前一条道路近300俄里。我们选择走后一条路，更何况这条路上已为我们准备了大量马匹。从第一个驿站科苏利纳开始，道路分成两条，我们向右拐，几个小时以后来到官办的炼铁厂——卡缅斯克工厂。对于我们这些圣彼得堡人//194//来说，加工生铁并没什么新奇可言，所以我们谢绝了参观炼铁的建议；但由于西伯利亚的工厂实际就是一座座城市，所以我们应经理的邀请，在他那里停了一晚，过了一夜。这事发生在7月31日到8月1日。当我们早晨起来继续赶路时，以一种不十分愉快的心情发现，周围的空气凉爽多了。在俄国8月份被认为已经是秋天，何况我们是前往西伯利亚。

我们开始有点着急了，想要在路上少耽搁些时间，为此，我们开始日夜兼程奔跑。这样一来，我就根本没有见到非行政中心的县辖城市多尔马托夫，因为在那里换马时我睡着了。在其后的县城沙德林斯克，我们匆匆吃了点东西。其实这样匆忙赶路，遭受这种痛苦完全没有必要，因为我们路过的地方很富有，令人愉快，到处可以找到食物和清洁方便的宿营地。只有在找不到食物和住宿的地方时，才应该赶着车快跑。我们疲惫已极，经过大家商议，决定在索皮尼诺村停下来过夜，在那里告别佩尔姆省和莫杰拉赫，也就是说，同通畅无阻的良好道路告别。可是在这个村里，我却没法好好休息。给我单独分派了一栋木房，进房后我生平第一次见到一个鼻孔被撕开的人，这就是房东。我承认我胆子太小，找了我们小分队的一个士兵陪我一起过夜。

托博尔斯克省以忧伤的微笑迎接我们到来：天又热了起来，但布满了灰色乌云，当我们抵达莫斯托夫斯卡亚驿站时，温暖的小雨开始静静地破坏起原本就不怎么好的道路来。这个驿站是一个富裕的村庄，当地风景如画。过了驿站，再走100来俄里，渡过宽如卡马河的托博尔河，自然面貌开始明显变坏，沼泽地时有出现，森林变稀了。在当地一个驿站，似乎叫戈雷什马诺瓦亚驿站，我们住进了一栋非同一般的住宅，它由四个耳房组成，中间用过道相连。主人留着大胡子，穿一身普通农民的衣衫，他恭恭敬敬地迎接我们，像一个有教养的人那样向我们问候。我们之中有人提了一个不太客气的问题，问他是干什么的。他皱了皱眉头，十分冷淡地回答说，他是个普通的庄稼人，接着便走开，再也没有出来。但给我们送来一份相当不错的午饭。

//195//正如谚语所说，没人时福马这家伙也能充个人物。在人烟稀少的地方，小城镇在人们眼里几乎就成了小小的首都。我们都是圣彼得堡人，可走近伊希姆时，似乎也觉得这座城市挺了不起。它干干净净的，倒也不算小。就在我们路过它的时候，使这座城市感到骄傲和光荣的是，他是六等文官巴库林的出生地。此人是全西伯利亚总督谢利丰托夫先生的头号帮办，是他的办公厅主任。此地也是巴库林娜女士夏季的驻跸之所，她住在这里并对之实行统治。我亲眼看到，她与陪我们散步的市长在街上相遇时，是怎样庄重地，几乎以命令的语气跟他说话；市长又是怎样卑躬屈膝地摘下帽子低头回答她。可惜！这种强大和荣耀很快就会烟消云散。

离开伊希姆300来俄里，在克鲁片斯卡娅驿站附近，我们渡过了著名的额尔齐斯河。叶尔马克，我国的科尔特斯①，我国的波扎罗②，便牺牲在这条河的水中。我那时读的俄国

① 科尔特斯（Hernan Cortes，1485—1547）西班牙新发现土地的征服者。——中译者

② 此为何人不详。——中译者

诗还不多，但这不多的几首都能背下来。当我看到这个地方的额尔齐斯河完全不像 И. И. 德米特里耶夫所写的那样在翻滚、在闪光，而是两岸平坦，由于含有泥沙而成为黄呼呼的泥汤在缓缓流淌时，我是多么失望啊。

沿着这条道路一进入托博尔斯克省，我们便靠近了西伯利亚防线。正规军和哥萨克沿着这条防线，保卫着这一带地方免遭克尔克孜和哈萨克人入侵。他们不是切尔卡斯人。当他们偶尔穿越边境哨所时，并不是明目张胆地干，而是悄悄地偷越。他们并不是勇敢地行动，而是，用当地居民的话说，赶牲灵，也就是抢劫畜群，有时甚至是掳掠看守畜群的人。听到这些事虽没有引起我们惊慌，但也引起了我们的注意。谁知当我同苏赫特伦扬起车篷，驾着疲惫的马匹，在平坦的道路上正慢慢向前走着，沉沉地进入梦乡的时候，突然间，可怕的马蹄声、马嘶声和喊叫声把我俩惊醒了。我们一老一少，噤若寒蝉，彼此交换了一下惊恐的目光，心想：我们被俘虏了。我们不敢向外看，只觉得周围有一队队骑兵在奔突。出了什么事？原来有成百上千匹马，当地称之为“科夏克”，正被老百姓驱赶着从一个牧场迁往另一个牧场。可以想象，我们觉得自己多么可笑，有多么丢人。

//196//这一带地方虽然可怕，后来却没有再遇到任何比这更可怕的事。如果我具有现今法国作家那种生动的想象力，我该会给自己的叙述渲染上多么奇妙的虚构情节啊。虽想这么干，但却干不出来，良心上有愧。虽然我旅行过，走得还很远，但却不会撒谎。就比方说吧，不久前小仲马先生发表了一部长篇小说，名为《达尔姆教师》。当我读到可怜的达尔姆教师先生在喀山到托博尔斯克的路上所遭受的那些困苦和灾难时，我的头发都竖了起来。其实，早在他这个故事发生的 20 年前，我在这些地方就曾经平平安安地走过一个来回，许多敞亮清洁的居民点随处可见，木头房子是热乎乎的，我在里头白天吃得很饱，夜里睡得很香。如果我有机会同这位作家相遇，我将对他的伟大天才表示最大的尊敬，但也要对他说："小仲马先生，请您听我一言，您用不着说实话：每一个法国人都可以不说实话，但是起码您也应该不说瞎话。要知道现在大家都在嘲笑您的同胞列瓦利扬呢，虽然他在那里射杀了大量老虎和鬣狗，而不是野禽，但他还是从未到过非洲腹地。您也是把所有的狼和熊都从俄国本土赶到您的达尔姆教师的面前。您用狼和熊组成了敌对大军，在荒无人烟的广阔无垠的雪原上，冒着零下40度的严寒，顶着北极光，您迫使您的达尔姆教师同狼和熊厮杀。这不幸的人呐！即使他战胜了，难道他还能不死或者不发疯吗？不，小仲马先生，您太没有人性了。"有什么办法呢：法国人就欣赏这个嘛。他们当中存在着相对真理，他们比真理更相信这些相对的真理。

应该说句实话，我们走过的这些地方，一点也不美丽，并不吸引人。房子里蟑螂横行，与人相安无事。而且，所有这些都仅是旅途中最大不快的前奏，是为看到大自然的真正丑陋一面所做的准备。我们正在接近巴拉巴草原。

巴拉巴

我不知道是否可以把地球上一个最大的沼泽地叫做草原？西伯利亚的巴拉巴幅员之辽阔，同蓬蒂诺大沼泽[①]之于意大利是一样的，亚平宁山脉流下的水在这里留渚，成为腐

---

① 蓬蒂诺沼泽为意大利中西部拉齐奥区西南部的大沼泽地，在罗马市南部，南侧为第勒尼安海，面积约8万公顷，1928年改造为平原。——中译者。

水，在罗马附近产生有毒的气体蒸发。当一块长宽各有数百俄里的低地，像一个海湾那样把来自距它不远的三条//197//山脉——乌拉尔山、斯塔诺夫山脉或称雅布洛诺夫山脉和阿尔泰山脉——的全部水分都吸取进来时，那应该是什么样呢？许多人认为，这块地方原来极有可能就跟里海或咸海一样是个内海，经过地壳的某次剧烈变动之后，它的水不知流到哪里去了。这个设想为遍布巴拉巴的众多湖泊所证实：许多湖泊距离很近，连在一起，有个名字叫恰内湖，这些湖完全可以称之内海。

在科皮耶瓦亚驿站上我们又走上了来自托博尔斯克的西伯利大道，下一个驿站是列济纳站，它是托博尔斯克省的最后一个驿站，而再下一个驿站穆拉舍瓦则是当时新建的托木斯克省的第一个驿站。这个驿站被认为是难以忍受的巴拉巴草原的开端，然而在此之前我们就已经感受到了恶劣空气的气息。当我们听说，眼前看到和嗅到的一切仅仅是进入这悲凉世界的序曲时，心情又会如何呢？

我们很快便抵达了巴拉巴的首府卡因斯克镇，它曾被废除过一段时间，只是在我们来的前一年才又恢复为县城。我在卡因斯克附近见到一些小树林，长满清一色的山杨树。这使我想到，卡因斯克这个名字是因卡因而来，由于犯下了人类第一桩杀害兄弟的罪恶，他被判处永远像杨树叶子那样颤抖。镇上有居民，有镇长，有镇公署，甚至还有一座未完工的石头教堂，在教堂的侧祭坛可举行祈祷仪式。人们说，我们此前所经历的一切，与过了卡因斯克之后可能遇到的情况相比，可就是小巫见大巫了。他们这样说并未欺骗我们。

路面上铺着枝条和芦苇，上面满是黏糊糊的泥浆，旱季就变成光滑的硬壳，车马在上面跑起来十分轻松。但我们却没有这么好的命。离开卡因斯克时，下起了绵绵细雨，一直下个没完。不幸的是这雨相当温暖，可以说是成了隐藏在苔藓中的那些有毒物质的溶液，这苔藓一茬压着一茬长，这里的土层就是由它构成的。那股味儿太难闻了！空气变得浓浓的，在这种状态下，它就是人的病源，这病非常有名，叫西伯利亚炭疽病。就在我们前进的时候，有几个人已经染上了这种病。

想描写道路本身的状况很难。只有冬天雨季在敖德萨街道上坐过车的人，才能对类似的道路有些概念。//198//我们几乎不是在行进，而是在这臭气熏天的海上跋涉，在灾难的深渊中一点点挣扎。看看那些马儿吧，太惨了！这些可怜的动物徒劳无益地挣扎着，根本跑不起来。哪到你去用鞭子赶呀！成千上万支活针死叮着它们。西伯利亚的昆虫同咱们的昆虫相比，简直是庞然大物，它们一感到潮湿的气息，便从躲避阳光和炎热的缝隙里钻出来。于是这些牲畜便成了它们的牺牲品，而人们是可以穿上衣服，戴上防护面罩的。我们每个人，车夫也不例外，头上都套着一个用马鬃编的网，肥大的蚊子和蠓虫钻不进去，不过有时蚊虫能在手套上找到小眼，把刺从小眼里扎进去，这时手就得肿上几个小时。宿营时我们在房子周围和房子里面用不断抽烟的办法来防御这些可恶的东西。

人常常能让人永远受罪。有时候这一点会使我觉得，地狱完全是人的头脑造出来的。干这种事如果不是出于报复，那大部分也是为了自身的利益，为了利润。谁能情愿待在巴拉巴？当然了，政府的做法是对的，它把罪犯流放到这里来居住。可是他们那不幸的后代又有什么错？话又说回来了，要是巴拉巴没有这条由一个个农村构成的链条，那东西伯利亚和西西伯利亚之间的交通不就几乎得断绝了吗？这些可怜的居民呀，他们的个子多么矮小，瘦骨嶙峋，面色青中泛白！不过，他们的住房并不如想象糟糕，因为这里是无林木的地区，这些人既不是牧人，又不是农夫，这里既没有草场，又没有可耕之田。他们的住房几乎完全成了整个冬天接待连绵不断运输队伍的大车店。他们靠这种营生和捕鱼度日，有些人还发了财，因此不太抱怨自己的命运。对他们来说，冬季是一年中最好的季节，是健康的，获利的季节，大自然死寂的时候，他们开始活跃。

我们的苦难终于到了头了：泥泞、迷雾、霪雨、坏天气同巴拉巴一起全都消逝了。我们顺利抵达属于科雷瓦诺—沃斯克列先斯克矿山工厂某一部门的恰乌斯基堡。这里的首府是巴尔瑙尔市，在叶卡捷琳娜时代，它是前科雷瓦诺总督管区的省城，保罗时期被废除。亚历山大时期，边疆区的利益迫使又在西伯利亚设立第三个省，1804 年初在托木斯克建立。我们现在正往托木斯克行进。该省省长是//199//瓦西利·谢苗诺维奇·赫沃斯托夫，是我们队伍里一个年轻人的亲叔叔。

当我们在乔斯基堡休息时，来自托木斯克的一位矿山部门的官员告诉我们，说省长刚从本省北部旅行归来。年轻的赫沃斯托夫向涅利多夫提出，想尽快同叔叔见面。我一看有可能离开小分队，便表示愿意陪他一同前往。涅利多夫别无选择，只好同意我们的建议。这样，当天夜里我们两个人便向托木斯克驰去。

我们驶过的村庄还是属于矿山管理局。令我感到吃惊的是村庄十分宽阔，二层木造楼房非常整洁，农夫们个个满意，家境相当富裕。我不知道，他们的丰衣足食该归功于什么，归功于自身的勤劳吗？归功于当地的好天气吗？还是归功于领导对他们的关照？遗憾的是，我不能充分享受这景色给人的欢乐；我精神抖擞地经受住了巴拉巴草原的苦难，到了这里，第一次在途中感到身体不舒服。在辽阔的鄂毕河上两小时渡河的时间里，渡船上有人熬了一锅鲜美无比的鱼汤，价钱极为便宜。我开付了鱼汤钱，但却连嘴皮都没有力量沾。我越是感觉难受，就越是催着自己的伙伴赶路，路上度过一天一宿多一点时间，于8月18日凌晨抵达新省城。

省长已经起床，充满温情地亲吻了侄子，对我也十分亲切。这中间我已经痊愈；我是怎么好起来的呢？年轻人都是用什么来治疗的呢？只要有一个美好的日子便足够了。瓦西利·谢苗诺维奇占用的这栋房子，不言而喻，对一位省长来说，并不令人羡慕：他没有家室，独自鳏居，他说，他只是一个人，这房子也就够用了；他补充说，他遗憾的只是家里无法招待这么盛情而来的客人。因此他下令给我们找一处安静的住所，尽可能离他近一点。

他是位胖人，块头很大，稳稳当当，很有头脑，但把活泼灵动的智慧都给了哥哥亚历山大·谢苗诺维奇。他面色赤红，说话声音很低，从容不迫，行动小心谨慎，然而却不迟缓。如果再加上他循规蹈矩，满怀仁爱之心，那就应该承认，对他所占有的职位而言，再不能要求//200//更好的品质了。后来我们看到，人们是怎么对待他的。

人们可以发现托木斯克具有牢固的省城基础。看得出这城市是自己渐渐崛起的，完全出于自然，没有政府的努力。随着时间推移，它从少年逐渐步入成年。城里已有8000多居民，有6座或7座石头教堂；除了两栋房子外，所有的房子都是木头造的。没有任何社交活动。所有的职位还没有完全被占据，派到这儿来的人还没有全来。

令我们惊奇的是在省长家里吃午饭时，我们遇见了多夫列和他的几位随行军官。他们走得比我们还慢，路上大车全都坏了，为了把大车彻底修好，住在托木斯克已经有好几天了。舒伯特父子等得不耐烦，先走了。不过我们已经不是第一次赶上并超过使团的运输车辆了，它们常常因为同样的原因而停下来。这些车辆偶尔也超过我们。大家行进的次序全打乱了。涅利多夫和苏赫特伦二人在我们之后几个昼夜才来到，这时多夫列还没走。为了能得到乘用的马匹，他们不得不在这儿停留几天。

我们在托木斯克感到枯燥无味和疲倦。前面已经说过，省长是个好人，甚至说过他面色赤红，不过他太严肃，谈话的题目似乎也一点儿不吸引人。苏赫特伦比大家更喜欢他，因为他以好饭好菜招待我们。白天变得晴朗了，但开始变短，而夜里天空通常布满乌云，伸手不见五指。涅利多夫同小分队住在城的另一端，距我们有 1.5 俄里远，早早就回到了住处；整个城里轻便马车还很少，出租马车就更不用说了。为了跟这些伙伴见个面，我们就得夜里打着灯笼在阒无一人的街道上漫游。

突然信使驰来，带来消息说，使臣及其随员就在他的后面。速度多快呀，行动多敏捷呀！他 7 月下旬才离开圣彼得堡，一个月时间内不仅跑了 4500 俄里路程，穿过八九个省份，而且奔驰途中还检查了省里的工作，书写检查报告。我们不由得“哎呀”一声，因为多夫列//201//日前刚走。也许使臣不想停下来，那我们就该让他先过去，在托木斯克再住几天，变成为我们的首长戈洛夫金殿后。

信使到后几个小时我们得知，省长已亲自到托木河畔去迎接使臣，再从那里把使臣直接送到商人梅利尼科夫为他准备的石头房子去。那是城里最好的房子。我们立即穿上全套制服赶到那边，受到亲切欢迎。我们发现巴伊科夫、兰伯特、纳雷什金、多布罗斯拉夫斯基、列曼正围在使臣身旁，其他官员尚未到达。有几个人经使臣同意，从叶卡捷琳堡离开他去视察托博尔斯克。他对我们说，他打算在托木斯克停留 3 天，想视察官署。其实这些衙门刚刚建立，倒也没有什么视察的必要，不过他从叶卡捷琳堡一路疾驰而来，想休息一下了。因此他命令我们立即出发，到下一座城市等他。不过，到那座城市还足足有 500 俄里的路要走。

我同赫沃斯托夫若无其事地躺下睡觉，第二天上路的时间也不是太早。我俩在第二个驿站见到了克列门特、赫尔姆和我们的辎重。我们同他们会合，一起去追赶苏赫特伦和涅利多夫，他们二人愿意准确执行上司的命令，天不亮就上路了。我们直到夜间才在一个驿站赶上他们。他们决定在那里休息几个小时，等待我们到来。

我们在无边无尽的森林里疾驰，这样的森林是欧洲所不了解的。在塔西佗时代，在条顿人的祖国，在当时还很荒凉的日耳曼有过这样的森林。塔西佗描写过这种森林。在美洲，这样的森林赋予了夏多布里昂以诗的激情。扎苏尔斯基大森林只是我所见过的小小的样板，但我无法表达那壮丽所能引起的恐惧。到目前为止，除了巴拉巴荒原，不管我们走到哪里，都还有人居住，可是在这些森林里，那种荒无人烟的感觉不禁油然而生。诚然，每个驿站都是一个村庄，但别的村庄便看不到了；再往前就只能找到驿站而不是村庄。同时，地势又变得越来越山岭起伏了。当时阿钦斯卡亚要塞还是个小镇，我们到过之后，才成了阿钦斯克县，它之所以能得到加强，看来不是为了防备敌人，而是为了防备在峡谷里//202//盘踞的土匪。其后是两个可怕的驿站，一个叫大克姆丘吉，一个叫小克姆丘吉，每站相距 35 俄里，两个驿站之间满是贼窝。

在这两片令人不快的土地之间，有一片开阔地，在那里你可以见到一个干干净净、令人快活的小城，这便是克拉斯诺亚尔斯克。我们奉命在这里等待使臣经过。我们一直是向东、向南，因此，在西伯利亚腹地，虽已时逢8月末，在克拉斯诺亚尔斯克我们却还遇到了秋光明媚的日子。这简直太好了，我们摊上了又热又凉快的日子。其实，这天气并不仅仅是对我们这些人才如此盛情，据当地居民说，它一年到头都是这样。他们对我们说，当地的阴雨天气，一年不会超过12天，也就是说，一个月里只能摊上一天。在这些日子里，通常不是大雪纷飞，就是大雨滂沱，要么把大地覆盖上一层，要么把大地洗刷一新，接着又是晴空万里，不是酷热就是严寒。圣彼得堡的人，特别是女居民，怎能对此不羡慕不已呢？在这座奇妙的城市里，60岁或60岁以上的老妇人人人健硕，保持着所有健康特征：白白的牙齿，红润的面颊和黑黑的头发。叶尼塞河是克拉斯诺亚尔斯克最伟大的装饰，它像大海一样。无论在欧洲，还是在俄罗斯，都没有类似的河流可以与之相媲美。在这里，无边无际的叶尼塞河并不像我国当今首屈一指的诗人所说的那样，卷起千重波涛。也许是在它的下游，也许是在别的季节吧，但在我们眼前，它却是那么雄伟，那么迅疾地涌动着清澈凛冽的河水。在它的远方，阿尔泰山的支脉萨彦山显现出高高的身影。其中最大的一座山峰似乎伸手可及，实际上距叶尼塞河还有20俄里。这座山峰与其他山峰迥然不同，上面光秃秃的，证明它不久之前才刚刚出现：50多年前，借助于不时使这个地区的大地产生震动的地下火的力量，它由地底被推出，耸立于这个地方。

常住这座城市的一位学者访问了我们。斯帕斯基先生献身于一切可以说明西伯利亚古代事物的研究，他推测许多民族迁徙的路线都很可能经过西伯利亚，所以应该//203//留下痕迹，于是便到处寻找这种痕迹。为此，他翻山越岭，在山头抄录以不明语言镌刻的题词，屡屡以惊人的嗅觉猜测到古墓的地点，偶尔还能在古墓里相当成功地发掘到文物。这样一来，他采集到一些古代抄本、武器、小佛像或铜偶，办了一座相当不错的博物馆。他著作的价值得到了承认，受到科学院的赞许，并得到它的支持。

在俄国，显贵的人物是没有长性的，不论是劳动，是安安静静地过日子，甚至是寻欢作乐都是如此。不等我们想到他要来，好像是在我们到达后的第二天吧，戈洛夫金伯爵就已经到了。跑到各衙门去望了两眼，又把我们请到他那里吃了一顿饭，桌上开了几句玩笑，饭后又坐上四轮敞篷马车走了。过了两天，我们也随他之后出发。

从坎斯克堡（现在已经是坎斯克城了）起，从坎河（西伯利亚次要河流中最主要的一条河）起，便进入伊尔库茨克省境内了。无边无际的森林继续在这里延伸，美丽得吓人，好多百年橡树，几百年的雪松和一搂多粗的落叶松。我在这里发生了一件事，说起来相当可怕。当时天色黑了起来，乌云蔽空。我们到了一处很好的驿馆，苏赫特伦想在这里住下，不必急着赶路。我考虑时间还早，完全可以轻松地再走一站，我想赶一站。于是我说动了涅利多夫，没有听那老头子的话。他生我的气了，没让我上他的四轮敞篷马车。我若无其事地躺到装食品的车上。这是我那辆拉流放犯的轻便四轮马车，车一动地方，我便沉沉入睡了。因为不敬老，我受到了残酷的惩罚：当我醒来时，又疲又乏的马儿站在那里一动不动。那是给我们分派的马匹中最糟的几匹。不管车夫和我们的加夫里拉怎么努力，怎么抽打，就是不动地方。与此同时，瓢泼大雨下了一个多小时，我因睡着了，没有听见。夜色如墨，伸手不见五指，我们早就落到了同伴们的后面。车夫对我说，没有别的办法，只能卸下四匹马中最壮实的那匹，骑上它一步一步挨到驿站，再去找几匹没有累垮的马来。//204//不过到驿站足有 6 俄里多的路。我开始考虑我们几个人当中该谁走。我从晚上就看到，车夫那张可怕的脸是真丑，我听到他那沙哑粗鲁的声音，迫使我怀疑他是否在动什么坏念头，会不会把自己的同伙招引到我们的身边来。跟他留在一起不会快活，可在如此黑夜一个人在森林里行走也不会十分快活。不过我决心采取后一种行动。我画了个十字，跨上马，邋里邋拉地就向前走去，哗哗的大雨如同瀑布一般从头上浇下。走错路倒是没有可能，广阔的林间大道一直通向千里之外，旁边也没有别的林间道路。也不知道是否走完了我该走的一半路程，突然听到森林里传出可怕的狼嗥声。我呆住了。我的马颤抖了一下，不知是要停住不动，还是想要转入小跑。潮湿和寒冷把我的外面一层已经冻僵了，而体内血管里的血也开始凝固。我机械地，毫无知觉地骑在马背上，到现在也不明白这路是怎样走过来的。

识途老马自动在驿站门廊前站下了。驿站里跑出来不少好奇的人。靠了别人的搀扶我才下了马。当人们把我抬进房间时，无不惊讶我竟是那样的苍白。用不着问：这里还能听到狼叫声。待到我多少苏醒过来后，第一句话就是请求对被我扔在森林里的几个人给予援助。几个手持武器的车夫立刻派走了。大家忙忙碌碌地为我取暖，让我喝点热的。苏赫特伦本人没少忙活，不过他既是关心我，又是唠唠叨叨地责备。很奇怪，我竟然把这几个驿站的名字给忘了，看得出，恐惧夺去了我的记忆。

第二天夜晚我们是在可怜兮兮的下乌丁斯克城度过的。城里的公众为接待因公出差的过往行人，建起了一栋专用的房舍。不等我们起床，就来了四位旅客，正是那几位先陪伴使臣、后为了视察托博尔斯克又离开使臣的人：瓦西利奇科夫、边肯道夫、古里耶夫和佩罗夫斯基。我们穿好衣服，为所有的人订了一大桌子午餐，便同他们一起出去散步。不仅逛城里，而且逛城郊，因为城里没什么可看的。由于这四位先生是乘坐两辆四轮敞篷马车，马匹数量没有多大差别，所以我们商定同他们结伴前往伊尔库茨克——伊尔库茨克快到了，看来我们是在最后一个驿站。的确如此，到伊尔库茨克只剩下区区 500 俄里路程了。吃午饭时边肯道夫把这个消息颇为漫不经心地告诉了我们，而我们接受得也同样地冷漠平静。在托博尔斯克得到消息，//205// 近卫军从圣彼得堡开始出动了。打谁？自然是打法国人了。当我们从北京返回时，该能听到胜利的消息了，我心中这样想。

我们跟这几位新伙伴搭伴走了不到一昼夜。我们的缓慢，大车的笨重，每天都停下过夜的坏习惯，很不中他们意，于是他们把我们扔下了。不过，其中有一个人也真倒霉，他们原决定在一条宽阔河流岸边的一个村庄过夜，河的名字叫什么，因为河流太多，已经记不起来了。古里耶夫不同意过夜，便把他的四轮敞篷马车留给边肯道夫，自己带一名仆人，过河搭乘驿车赶路，打算先到伊尔库茨克大家共同的集合地点先去见使臣。留下的几个人还没有睡下，就听见几发沉闷的枪声传入他们耳中。他们想，这是在黑暗中给自己取乐子呢。第二天早晨，当他们在下一个驿站发现此人被折磨得疲惫不堪、快要发疯的时候，他们是多么吃惊啊。原来他摊上的是这么一件事：离开渡口刚刚 3 俄里，他就遇见一个人站在路当中。天太黑，他没有发现。这个人一把拉住马匹，他们停了下来。古里耶夫以为他只有一个人，没有害怕，开了一枪，但没打中。就在这一瞬间，他听到几声枪响，发现自己前后左右都有武装人员围了上来，是从林子里窜出来的。想反抗根本不可能。这几个家伙缴了他的械，把他，他的仆人和车夫都绑了起来，连同马匹和车辆一起拽到森林深处。在那里找到一块熟悉的林间旷地，停了下来，蒙上俘虏的眼睛，让他们站着，背剪双手，绑到树上。然后点上一堆火，打开手提箱，在箱子里翻腾起来。

搜查大概令他们大失所望，因为他们懊丧地说犯了一个错误。从话里可以听出，他们是在等待一个携带几万卢布的商人总管，但找到的又是什么呢？不多几件衣服，一套绣花制服——这制服可成为他们的罪证，还有刚够驿马费的少许钱款。他们开会商量，让可怜的古里耶夫听得毛骨悚然：意见并不一致，有几个人想要把人杀死，把马匹和东西带走；另几个人比较仁慈，认为轻易得来的钱款虽少，也该满足了，被他们抓到的这几个人可以押到大路上去，但事先要//206//他们赌咒起誓，为了报答活命之恩，对任何人都不得说出这些事。他们争论了很长时间，最后同意一个死硬强盗的想法，钱和一块金表要拿走，而几个俘虏则不杀死，也不松绑，听天由命。判决得到执行，他们走开了。

我并不喜欢古里耶夫，但至今也不能不怀着同情之心回想起他的可怕处境。他像我一样，而且比我更缺乏自卫能力，完全可能遭到野兽的攻击。天放亮了，西伯利亚可怕的昆虫飞起来了，他身上所有暴露的部分都叮满了这些有毒的蚊虫。在这个受刑的过程中他狂乱地挣扎、扭动，绳子因此松动了，他的双手比较自由了。他利用这一点，以耐性做武器，终于脱了身，也使跟他一起遭罪的人脱了身。马匹、车辆、手提箱都在，还有强盗们忘掉的一件物品，他也带上了。那是一把手柄十分漂亮的长刀。他费了好大的劲儿才钻出林子，走上大路，几乎同自己的旅伴们一起来到驿站，这几个旅伴这一宿可是睡得十分安稳。

根据古里耶夫提供的这把长刀，几个罪犯后来被抓到了。离这条道路不远的地方，有一家官办制呢厂。厂子是波将金时代建立起来的，当时这位非同寻常的人物曾幻想征服中国。有些人犯了抢劫罪，抓到后从俄国流放到这里，判处终身劳役。但对这帮家伙看管不力，致使有些人四处流窜，故态复萌，重操旧业。

就在事件发生几小时之后，他们前脚走，我们后脚就来到驿站。驿站长仔仔细细地向我们讲述了这件事。下一夜我们自然是尽管离伊尔库斯克已经不远也要停下来过夜。那一夜是我跟这些旅伴一起度过的最后一个夜晚，我要说，他们很可爱，总是那么宽宏大度，总是那么快活。在这长途跋涉的途中有谁能不吵嘴？而我们在两个来月的旅途中，相处得真是心心相印。

伊尔库茨克

我们虽然身处西伯利亚，但毕竟是在它的南部，低于北纬 52 度。因此我们看到的 9 月份根本不像是 9 月。天气好极了，犹如圣彼得堡 // 207 // 8 月份偶尔会有的那种天气。在圣母降生日那天，也就是 8 日，我们在伊尔库茨克近郊的救主升天修道院停了下来。进入教堂后，还亲吻了这一带地方的启蒙者圣因诺肯季的圣尸。然后，我们开始横渡宽阔的安加拉河。这是一条从贝加尔湖汹涌奔腾而出的湍急河流，世界上似乎再没有比它流速更大、更透明的河了。在河的深底，可以见到一颗颗沙粒。我们的渡河仪式持续了好长时间，因为要逆流而上到很远的地方，才能箭一般地顺流而下，靠上码头。整个伊尔库茨克地势平坦，在安加拉河岸边伸展。当我们乘船驶近伊尔库茨克时，太阳光芒四射，使城市具有某种节日的气氛。使臣就住在河畔，这时适逢他出来散步，但不是微服出巡，而是身穿华服，佩戴多条绶带和多枚星形勋章，扈从如云。这时周围挤满了人，都想亲眼目睹他的排场。他站在码头上，是伊尔库茨克以亲切话语迎接我们的第一人。我的眼睛投向人群中的古里耶夫。他脸上的红斑已经不见，但消瘦了。我估计，在对他而言是难熬的那个夜晚，他身上定有好几磅肥膘都熔化了。市长也在使臣身旁，他着手把我们引导到各处，也就是说，给我们分配向导，带我们到指定的住所去。忙乱当中，我们彼此都没有来得及好好道别。

我当时尚未刮脸，不过盥洗的时间也不能过长。我被安排在离使臣很近的地方，我急着到他那里进午餐，他对我们大家都发出了邀请。

使臣下榻的那栋房子是叶卡捷琳娜时代由督军雅各比修建的。雅各比这个人在伊尔库茨克当了好长时间头头，后来受审判的时间更长①。人们把那座房子称为宫殿，所有的总督都住在那里，最后一位在任的总督谢利丰托夫②把它让给了远方来客。房子是木结构的，一层，但特别长、特别高，房间大极了，尤其是接待厅、餐厅和大客厅。前两间在墙面上画着五颜六色的彩画，后一间裱着绿色绸子，镶了金边。使臣休息了几天，第一次在这座豪华的官邸招待客人。整个使团都到场了，达 50 人，大厅里满满的，围坐在一张餐桌旁。席上还有地方长官：//208//总督谢利丰托夫、前军事省长列别杰夫③中将、民事省长科尔尼洛夫④、副省长希什科夫、和许多其他人。旁边的房间里演奏着音乐，技艺高超

---

① 见 325 号文件注释 1。

② 见 95 号文件注释 1。

③ 见 9 号文件注释 2。

④ 见 121 号文件注释 1。

的法国厨师做的饭菜，菜肴是用官备的豪华银餐具端上来的，虚荣心很强的戈洛夫金伯爵喜气洋洋。

从此，丰盛豪华的午宴天天不断。出席这样的宴会成了我们的权利，但绝不是什么义务。不过当时我们的全部工作也就仅限于此。在其他日子，我们本可以享受伊尔库茨克居民的邀请，但我们没有接到这种邀请，因为这里的居民除了官员就是商人。我们常听人夸耀说，俄国人好客的精神自古已然。如果什么时候真有过这种精神，那也只是在贵族阶层：普天下还能有谁比俄国商人更不好客的呢？由于习俗和虚荣，我们的商人遇到洗礼日、命名日、婚丧嫁娶这些场合是要庆祝的，只有这时他们才会把人请回去大吃大喝，既无节制又不讲品味；其余时间则关上门跟家里人在一起，满足于普通百姓最一般的一日三餐。在我们这个精打细算的时代，贵族也开始向商人学习。在阿拉伯酷热的荒漠里，贝都因人好客是遵奉古兰经规定的义务。那种好客精神我们不一定需要，因为我们这儿到处是客栈、大车店和旅馆。在欧洲，好客是社会交往的需要。我们用不着那么好客，因为我们尚未感到有这种需要。

在伊尔库茨克同中国进行大规模贸易的商人中，也有好几个百万富翁，如梅利尼科夫家族、西比利亚科夫家族等。但所有这些人都忠于俄罗斯父辈流传下来的古老习俗。他们总是把石头房子里的大房间收拾得干干净净的，所以，从不到那些房间里去走动，而是挤在两三个杂物间里过日子；睡觉则是在藏着金子的大木头箱子上；跟家里人天天吃的是便宜得不能再便宜，听起来简直可笑的杂烩汤，喝的是格瓦斯饮料或啤酒。

命运之神把我送去寄居的这家，可不是这样的商人。这便是阿列克谢·伊万诺维奇·波列沃伊，库尔斯克人。他 40

多岁，并不十分富有，但却十分慷慨，好说话，求知欲很强。他的妻子是个美人，虽说女儿都已经成了家。他并没有把妻子禁锢起来，因此我们相互之间∥209∥好像很投缘。主人不仅为他妻子感到骄傲，也为她所生的9岁的小儿子感到骄傲。孩子叫尼古拉，长得柔嫩、白净、瘦小，喜欢读书写字，背诵诗句朗朗上口。说他坏也罢，说他好也罢，他现在也都是全俄闻名的人物了[6]。我每天都到使臣那里用午餐，只是晚上才能享受两位主人对我的殷勤款待：显然，他俩要把我撑坏了。我吃饱了法国大餐，晚餐时又毫不留情地吃光俄国大菜。为这撑破肚皮的饱餐我真不知道在这夫妻二人中应该感谢谁还是骂谁。不过我想，准是这位妻子。

我没有任何必要在伊尔库茨克结识谁。在圣彼得堡时，我没有来得及同好多同事深交，到了伊尔库茨克很快就熟识了，于是我们互相走动，共度夜晚的时光。幸好天气还没有变化，徒步行走还不算什么沉重负担。有些人还认为，上午去拜访总督和省长这两位长官也不算恭敬过分。下面我要谈谈这两位长官的事。

谢利丰托夫

伊万·奥西波维奇·谢利丰托夫是个70岁高寿的老者，但仍然健壮、结实，身材不太高，年轻时是个水手。一个偶然的机会让叶卡捷琳娜发现了这个人，觉得他能当好省长，于是便委派他到梁赞担任此职。想来女皇是没有后悔这个选择，因为9年以后又让他当上了佩尔姆和托博尔斯克的总督。保罗时期这个职位取消，又把他任命为枢密官，好长时间一直被认为是廉洁无私和司法公正的奇迹。

当时，托博尔斯克省被认为是一个内地省份，而伊尔库茨克则是个边境省份，管理它的先后有几名军事省长。1803

年又认为，把这两个省变成三个省，统称西伯利亚省，由一位总督来统领更为有利，而且一致的意见认为此职非谢利丰托夫莫属。起初他一直推托，后来才勉强接受了这个对勤勤恳恳的人而言可以累死人的职务。他住在熟悉的托博尔斯克，家眷也在那里。当命运把我们的中国使团驱赶到这里来时，算他倒霉，也算西伯利亚不幸，他只好只身来到伊尔库茨克，现在才几个月。

随着戈洛夫金的出现，他完全被人遮蔽了：他没有自吹自擂，也没有同他竞争，但他们是同级，都是枢密官，他不想//210//过于卑躬屈膝。从莫斯科起，这是使臣遇到的第一个不肯在他面前卑躬屈膝、自认为可以跟他平起平坐的人。他忍受不了这种傲慢的态度。也许有些事搞得挺乱，但地域如此辽阔，短时间怎么可能治理好？办公厅主任巴库林是有些自以为是，捞了一些不该捞的好处，但也不过是有吃有喝而已，根本没有发财。在我们听到的事情当中，还没有任何一件能构成触目惊心的：老百姓当中的那种快活、满足和富有随处可见，明显证明是管理有方。巴伊科夫开过些粗鲁的玩笑，我们又愚蠢地加以重复，传到居民耳中。人总喜欢因为一些微不足道的小事发牢骚，只要有一点点理由即可。我不知道戈洛夫金往圣彼得堡都写了些什么，只知道在报告里把西伯利亚的状况说得漆黑一团。

令人尊敬的阿列克谢·米哈伊洛维奇·科尔尼洛夫是民事省长，遗憾的是他跟谢利丰托夫不睦，故而颇受使臣垂青。他住的房子在伊尔库茨克堪称一流；他那位模样俊俏、心地善良的妻子阿历克桑德拉·叶夫列莫芙娜，娘家姓法恩—德尔—普列特，在家里请我们吃过饭。她那无拘无束的可以说是毫不做作的盛情赢得了我们大家的好感。9 月 15 日皇上加冕纪念日那天，戈洛夫金为伊尔库茨克城举办了一个舞会，在这个参加人数众多的听说是十分特别的舞会上，她是女主人。我不描述这个舞会了，因为我感冒，没能参加。

戈洛夫金伯爵特派一名信使到边境，把他抵达伊尔库茨克一事通报中国政府。与此同时，他还把随行官员和服役人员的名单通知中国政府①。他很快便接到了回信。中国政府总是很多疑，回信要求使臣一定要缩减随员人数[7]。伯爵愿意表示宽容，又寄去一份大大缩减了随员人数的新名单②。这些谈判的秘密只为巴伊科夫和兰伯特所知，不过，秘密终究还是要公布出来的。由于使臣不喜欢老人，特别是天文学家舒伯特使他反感，所以后者同儿子一起成了首批牺牲者。可以设想，这位傲慢的老人是何等怒气冲天。他当即要求发给驿马使用证，//211//第二天便离开了伊尔库茨克。

不过跟一些被除名的人相比，对待他还算是客气的。有些人除名之后还认为有必要对他把真相隐瞒起来。天知道为什么还要把这些人弄到边境，只是在越过边境的那一刻才对他们说一声："现在往回走吧。"我就是这些人员之中的一个。

使臣以为这样一来他进入大清王国就没有任何障碍了，于是他开始准备启程。首先应该发运的是在伊尔库茨克积累起来的辎重。我绝对想不到，由于新的分工，我竟有幸成为第一辎重小分队队长。我知道这是巴伊科夫做的手脚，他想把我贬入下等官员的行列。有什么办法呢？我服从了，我安慰自己，希望在他们把我变成一个有用的人之后，我能到达中国。半打大镜子压到了我的肩上。那是些奇大无比的镜子，肯定会让中国人感到吃惊，教他们着迷。巴伊科夫是否

---

① 见109、164号文件。

② 见182号文件。

想过我会把镜子弄碎？但是给我派了两名机敏的军士，他们从圣彼得堡起，一路上就总是跟镜子形影不离。

我率领这些镜子，于 9 月 22 日午饭后只身从伊尔库茨克头一个出发。对我而言，西伯利亚在此结束，我同中国有关的一切内容开始。为了描写这些内容，我需要另辟一章。

第十章

一出伊尔库茨克，在安加拉河两侧便可以见到覆盖着森林的极高的山峰。我们沿着峰麓，顺着这道急流的河岸，用几个小时便走出 60 俄里。我见到了这条河流的源头贝加尔湖。接着，右边和左边全是这样的山峰，我们总是往上坡走，绕着这个奇美无比的湖泊走了数百俄里。在这一带地方，人们管这座湖泊称为愤怒的圣海。整个湖泊都在群山环抱中，群山似乎构成了一只硕大的杯子，湖水便在杯底颤动着。

通常，要想从我停留的利斯特维尼奇内岬到戈洛乌斯诺耶宿营地，还要沿贝加尔湖再走 60 俄里，才能通过最狭窄的地方渡过湖面。那个地方只有 55 俄里宽。但是在这里，在安加拉河发源地，我找到了运输使团辎重的船只，在一旁稍远的地方，//212//还停着一艘这个海上唯一的巡航舰，正等待使臣及其随员到来。驾驶这艘巡航舰的是一位海军军官。

由于晚上到利斯特维尼奇内角的时间已经很晚，所以只好等到第二天早晨才能动手给我押运的大箱子装船，干那个活可要极其小心才行。23 日整个一天都用到装船上了。我在这件事情上一点门都没有，所以只好全靠手下的两名军士，而我本人则利用上好的晴朗天气，遍登群山，试图发现虽然荒凉但却惊人的景色。

贝加尔湖上的船只称为平底木船，就是平底的大驳船，比伏尔加河上的还要大一点。这些平底驳船也由引水员操纵，他们在航海知识上应赶不上普通水手。当我于24日下午2时心不惊胆不颤地登上那艘大平底木船出航时，怎么也没想到会有什么危险。当天上午天气同头天夜里一样，相当平静，我们是顺风，要航行的距离不过100俄里，我算计，可以到对岸过夜。

可是刚航行到大海，便下起雨来，风向也开始变了。我没有在意，躲到船的下层去避雨。那里相当亮堂，我便掏出本书看起来。天黑的时候，我登上甲板，问离码头还有多远，这时才知道，谁也不知道在往哪儿走。湖岸时隐时现，无论如何也搞不清我们的方位，大概得漂一宿了。这可搞得我很沮丧。不过我想，船儿摇摇晃晃，会使我入睡，早上我们就又会找到航路了。与此同时，风向经常变换，到了午夜时分，风力大作，变得相当可怕。而且雨不仅没变小，时不时地竟好似大海翻到了天上。我连一分钟也没睡着。我的两名军士是圣彼得堡人，尽力向我隐瞒危险的处境，但借着风灯的亮光，我在引水员和几名工人绝望的眼神里看到了这种危险。看来，可以夸口说，我这一生里是见识过海上暴风雨的人了。关于暴风雨的描写就免了吧。看到欧仁·休和马里亚特船长的长篇小说中关于船舶失事的描写时，我总有一种可怕和枯燥无味的感觉。这两个人都是描写海难的大师，//213//我真是难以及其项背！不过一切都随之而来，一切都按常规发生了——帆撕破了，缆索也迸断了，我们这艘随时会散架的帆船船体也在噼啪作响。我没有祷告，没有哭泣，没有抱怨，没有咒骂自己的命运，简直是傻了。不过，很快一切就过去了。早晨，一切重归平静，天空放晴，我们又找到了航路。傍晚之前，靠上了一处长长的浅滩，它一直通向那叫做波索利斯主易圣容修道院的地方。

那里有两三处供流浪汉栖身的木房，一辆套三匹马的四轮大车，坐上它可以到修道院旁边的村子里去弄马匹。我把小分队委托给一个年长的军士长，授权他在我离开时酌情处理各种事务，便带上自己的仆人和行李，坐上四轮大车跑了。我打算趁着卸货到修道院去休息一下。当我驶近修道院时，敲起了晚祷的钟声。我虔诚地画了个十字，走进教堂。这是约翰·波戈斯洛夫纪念日前夕，在这座名为普列奥布拉任斯基的修道院［我不知道为什么叫波索利斯基（俄文是“使臣”的意思。——中译者）修道院］内，有一个纪念这位福音书编撰者的侧祭坛。可想而知，我会多么诚笃地向他祈祷。修道院长把我叫到他那里，开始款待我，你们肯定想象不出用的是什么！一根切成块的大黄瓜，还撒上了细细的砂糖。而我除了茶、讨厌的秋白鲑和贝加尔湖鲱鱼，几乎有一天半没吃任何东西了。我是多么需要吃点东西提提精神呀。我差点儿没把这位神父和他的僧侣赶走，让他们见鬼去。这是一座带木围墙的修道院，只有教堂是石头的，反正我觉得这里面充斥着无知、粗俗、贫穷和肮脏，致使我不敢在这里停留。我要了一小张纸，给军士写了个便条，把我的轻便四轮马车委托给他，让他继续当家，一直到前一个城市，我将在那里等他。有些人拼命节衣缩食，以便日后充分享乐；而我则是拼命赶路，好早日到达一座城市。我奔驰了整整一宿，走了150俄里，一清早来到了县城上乌丁斯克。这座城市比下乌丁斯克要宽阔、漂亮、整洁多了，几乎享有外贝加尔地区第一城的美誉。伊万·阿列克谢耶维奇·先诺伊在这里当市长已经15年有余。那是一位身体微胖、性情快活的老头，衣服上挂着乔治十字勋章。他在自己家里为我安排了住处。乍一看来，这栋小房子使我想起圣彼得堡的小别墅：房子坐落在庭院当中，通过门廊可以直接从房间走向带栅栏的大花园，而花园又把房子同街道隔开。我在花园里发现几处灌木丛和几棵向日葵茎，据主人说//214//，夏天这园子里满是万寿菊、桂竹香、金莲花和凤仙花。在我看来，先诺伊先生身上有许多值得夸奖的刁钻古怪的习性。他家的一切都洗刷打扫得干干净净。我看到窗户上挂着洁白的窗帘，窗间壁上挂着小镜子；笼子里养了许多小雀挂在天花板上，镶着镜框的画挂在四周墙上；他的整个生活和饮食习惯表明，尽管受教育程度不高，这些情趣也有相当的修养。

他的家庭由妻子和一个年轻出众的女儿组成。我同他们的谈话内容总离不开一位叫德·巴尔比什的炮兵少尉。他在这里住了两年，后来走了，但却是一定会回到他们家来的。这个真正的或者俄罗斯的法国人已经把全家人的头脑给冲昏了，他的一些画镶在镜框里，跟其他画分开挂着，以示尊敬；他教会这个小姑娘弹吉他和唱俄国歌曲，帮助母亲绣花。关于他的回忆总是同这家人的所有日常活动联系在一起。有一次我斗胆对可怜的姑娘附耳低声说，我很羡慕德·巴尔比什的命运。谁知她的脸一下子红了起来，生气地白了我一眼。我没法知道我走后出了什么事，但是西伯利亚居民都十分轻信，没有经验，至少我在的时候是那样。因此我很为可怜的先诺伊一家人担心。

由于我是使团中第一个渡过贝加尔湖的人，因此在上乌丁斯克便扮演一个著名旅行家的角色；而且又负责运送如此巨大贵重的物品，所以还扮演了一位受到特殊信任的角色。人们纷纷从街上跑来看我，可敬的先诺伊先生对我也特别尊敬：他不知道在家里用什么招待我才好。这样一来，在我的那些镜子没运到之前，我如鱼得水般整整游逛了两天。我本想如此这般地再过上几天，可杰普洛夫、赫沃斯托夫、斯特鲁维、马丁诺夫等官员带着车队赶到了。我感到我的作用已经结束，当即赶往别的地方，以自己的出现让他们惊奇去吧。

但我的空间和时间也所剩无几了：当天晚上，在离色楞格斯克不远的地方，使团秘书兰伯特伯爵赶上了我，他以相当威严的口吻对我说，要我走得更快些。这使我很吃惊。原来是戈洛夫金派他做代表，到边境来领导陆续到达的官员[①]。不管怎样，我还是急着赶起路来。到了色楞格斯克之后，我就只剩下 90 俄里的路了，所以我在该城只是换了马匹，//215//9 月 29 日黎明到了恰克图[②]。

我错了，我来到的是特罗伊茨科萨夫斯克要塞[③]。真正的恰克图是在 4 俄里开外，恰好位于边境线上，距中国商业村买卖城[④]只有大炮射程那么远，城里住着总共不超过 150 人，全是商家的经理人。而特罗伊茨科萨夫斯克是座相当大的小镇，位于恰克图小河上，由使臣萨瓦·拉古津斯基在三圣节那天奠基，城里设有总海关，住着海关官员、商人和大量居民；此外还有边境军事指挥机构。有意思的是，根据边境地区的共同规定，特罗伊茨科萨夫斯克不允许有任何用砖砌的墙。看来，在这个方向上是不会发生进攻性战争的，除非又冒出个新的成吉思汗来。要塞的名字本身，以及用尖尖的木头桩子构成的、有一半已经损毁的栅栏，都相当可笑。

恰克图（为缩略起见，我将这样称呼特罗伊茨科萨夫克）的好房子都是海关官员的，我们这些人就安排在那里。

---

① 见 166 号文件。

② 见 1 号文件注释 3。

③ 见 44 号文件注释 1。

④ 见 4 号文件注释 2。

这地方没有旅店这个概念，于是这些官员自告奋勇承担起供给我们伙食的义务。说不上是我遇上了他，还是他摊上了我，总之这位谢苗诺夫是个大怪人，是个最让人苦恼、让人受不了、阴沉而又多少有点疯癫癫的人物。堂屋把我们分开，他把由两个小房间组成的半边让给了我，另一半的同样两间则留给了自己和同样上了年纪的妻子。他始终不满足于到我的半边来跟我共进午餐，作为主人，他认为自己有权随时进入我的房间，想什么时候来就什么时候来，带着忧伤的眼神，一连几个小时坐在那里，10 来分钟才能蹦出一个词儿来。对这个人简直毫无办法：你说想睡觉——睡你的好了；你说想看书——那你就看吧。他嘴里这样说，却连地方都不动。为了这样的殷勤好客我付出的代价太大了。后来直到采取了极端手段，才算是摆脱了他。

不是职责而是好奇心，促使我到达以后穿着旅途的衣服就立即去见兰伯特。他向我宣布了他所拥有的新权力，以不满的口吻指出，我不该穿这么一身衣服就来见他。我回答说，我是先于他从伊尔库茨克出发的，不知道有这道新命令，我是把他作为熟人才来看望他的。如果他一定要坚持的话，一个小时以后我可以身穿制服来拜访他。他本来就自以为是我的上司，这回答又给我树了个新敌。

//216//恰克图的人一天比一天多了起来，官员们三三两两陆续抵达，最后，10 月 6 日，使臣亲自驾临了。第二天又开始恢复全团每天共进午餐，但使臣下榻的这栋官邸跟豪华的宴会很不相配。两个长长的木箱子加上横头的第三只木箱和后面紧贴着的一些小盒子，便构成了这座宫殿。不过我们认为不会在这里久留，只是把它看成是使团的大本营，而不是什么官邸。

这当口时间就这样一天天，一周周过去，没有什么迹象表明我们很快就会出发。中国政府除头一次迅速作出回答之外，其他几次回答均极其缓慢：各种挑剔、不适宜的要求增加了，信件来来往往，时间越拖越长。相互接近的主要障碍依然是随员人数太多；此外，让中国人感到害怕的还有一位大尉率领的40名龙骑兵和一位百人长率领的20名哥萨克，这些士兵都是作为卫兵拨给使臣的。对方推论，在和平和盟友的土地上为何还要带军人？他们本还可以再说，遇上不友好的情况，这一小撮人能起到的保护作用也是微弱的。而戈洛夫金则要说服他们，这些军人是他尊严的不可分割的组成部分，并且坚持这一点。在其他方面他都比较好说话。例如，每两名官员只留一名服务人员，在新名单中把这些人也列入服务人员名下。这种欺骗手法很容易被揭穿，会给他惹来麻烦。把自己的军队缩减一半不是更好吗？对他本人不会有丝毫贬低，也不会有危险。

还有一些别的不相干的原因，也引起了中国人的犹豫不决和吵闹不休。初春时节，对我们抱有好感的耶稣会总会长戈勃里埃勒·格鲁伯[①]去世。他对我们这件事有过很大的帮助。知道他死了以后，他的那些代理人对我们也冷了下来。我们喜欢吹牛，吓唬人，国外报纸早就报道我们大张旗鼓地开展准备工作，对中国怀有某种企图。我们善良的盟友英国人也没有放过这一点，有足够的时间对我们发出警告，施以阴谋诡计。这个阴险的政府以嫉恨的目光注视着世界各个角落，总想秘密独吞中国贸易，最后达到在我们鼻子底下主宰这个贸易。

发生的一切都瞒得我们死死的。我们这儿的保密工作总是不合时宜。但//217//残酷和不近情理的地方在于要求我

---

① 见436号文件。

们不得流露出不耐烦。在这种情况下谁要是感到寂寞，表示出丝毫的好奇，都认为是犯下了弥天大罪。人们跑到了大门口，这门既不想为他们打开，人又不想走，站在那里就像一帮傻瓜：我真不知道戈洛夫金把自己的下属都看成是什么人！倒是这无忧无虑的心情多少让人得到一点解脱。为了尽力维护国家尊严，使臣直到谈判结束也既不让自己，又不让我们见到中国人。为此，禁止我们到开展贸易的恰克图去，也禁止他们到特罗伊茨科萨夫斯克来。

这个相聚于天涯海角的人员构成驳杂的团体，过着一种奇怪的生活。大家一起在使臣身边共进午餐，但是，在那漫长的秋日傍晚，又能做些什么呢？有几家搞起了聚会，可以打发日子。纳雷什金、边肯道夫和古里耶夫住在一起，瓦西利奇科夫同佩罗夫斯基住在一起，涅利多夫同苏赫特伦住在一起，戈利岑同卡拉乌洛夫住在一起。给这几位大人先生拨的住房都较为宽敞，他们就成了这四个集会点的主人，而杰普洛夫、多夫列、斯特鲁维、赫沃斯托夫、马丁诺夫和我就去做客。兰伯特有时会来到我们中间，而巴伊科夫则从不露面。其余的夜晚每个人都在自己家里度过；我呢，为了躲避我家的那个谢苗诺夫，便从恰克图的贵族圈子跑进了使团的学术圈子，使团的平民阶层。有人要问，晚上聚会时都干些什么？充大佬者有之，撒谎者有之，开玩笑者有之，谈天说地者有之，大家都在说话。没人吸烟，只用茶招待，在这里，茶不是稀罕物儿。最后，等到谈完了说够了，就有人掏出纸牌，坐下来玩“波士顿”。

使臣同他的使团秘书完全离群索居，得知此事之后，很是羡慕。他每天傍晚都把几位使团骑士请去，从我们当中选了四个：赫沃斯托夫、佩罗夫斯基、杰普洛夫和我，让我们晚上轮流值班。有什么差别呢！在那边我们可以穿长礼服，有时还可以脱下来；而在这边则应身着全套制服。大家都不喜欢这差使，得想个办法摆脱这种倒霉事，于是决定隔两天轮一次，好跟巴伊科夫配对跟使臣凑成一桌。我一向不喜欢打牌，每三天就要在牌桌上一连坐几个小时，看着他们打牌，实在是莫大痛苦。

我也从来不是一个出色的骑手，虽然曾有过到骑兵部队去服役的想法。可是使臣忽然心血来潮，要由亲近人员陪伴，在田野和树林里骑马逛逛，以驱散寂寞。//218//我不知道为什么把我也列入了亲近人员之中。我们选了一些哥萨克的马匹（起码要穿制服式的灰色旅行服），呈机动骑兵连队形奔驰在恰克图四郊。

我们位于北纬 50 度左右，虽然是在东方，离几乎被认为是世界上最高山脉的斯塔诺夫山近在咫尺，但进入 11 月份尚未感到是冬天。有时下雪，但马上就被地表的沙土给吞噬了，恰克图就是修建在这种沙土上的。通常以为恰克图位于把我们同中国分隔开的戈壁荒原的头上，但我却认为这个头是在色楞格斯克，因为这一带的自然条件几乎都一样，处处是平原、沙丘、浅浅的小河和稀疏的林子。

我们骑马出行的情况有时也很滑稽。应戈洛夫金的邀请，有时满脸皱纹的德国佬斯特鲁维也陪伴我们同行。边肯道夫是愚弄人的能手，告诉他说，如果能穿上一套哥萨克服装，使臣一定会非常高兴。真该看看那位拉丁语专家、那位学究气十足的光照派信徒，穿上这么一身行头，头戴高帽，腰间别着两把手枪骑在马上的那种不幸而又可悲的形象。这个人难道看不出是在愚弄他吗？我不知道他的顺从精神应该归结为哪一类，是行为卑鄙，还是德国人或者基督徒的忍耐？11 月 26 日尤里耶夫节快到了，这是戈洛夫金的命名日，大家在想，该给他送一件什么样的出人意料的礼物呢？怎样才能让他高兴呢？缺了斯特鲁维，事情是办不成的。找到了一出法国滑稽剧，名叫《科卡特里克斯》，是一个诗体短剧，其中需要几个男演员和一个女演员。他同意扮演这个女角，出场时穿一条裙子，戴着女人的头饰，擦着胭脂，戴着卷发，严肃的面孔一动不动。

有一件事办不到：无法让他跳舞，因为没有舞伴。我们想开一场舞会，为此特地从色楞格斯克请来一位女士，那便是卫戍区长官温克勒少将的妻子。她可以给别人做个榜样。这位女士想跳舞想得要命：她生在额尔齐斯河上的乌斯季卡缅诺戈尔斯克要塞，在那里长大，嫁人，又从西伯利亚防线直接迁居到中国边境。已经30岁的人了，却从未见过人们怎样跳舞。她在戈洛夫金的驻地用餐，度过了一个个傍晚。但无论是这个榜样，还是使臣和巡阅使将军大人的权威，对恰克图的那些见不到影子的女居民都无法产生作用。在这个地方，亚细亚的风俗还是具有巨大的力量。

瓦尼方季耶夫①

//219//一切都是五等文官彼得·德米特里耶维奇·瓦尼方季耶夫的罪过，他管理恰克图海关已经15年有余。世界，或者起码是俄国，还没造就过这么有心计、这么大胆的骗子；他能使俄国人产生恐惧，服从他，又能获得中国人的完全信任。这样一来，他在整个边境进行统治，不经他允许，什么事也做不了。他的意志就是法律，整个中国贸易围着他这个轴心转，更不用说他满脑子都是智慧，性格坚定了。他出身寒微，至今在自己的祖国占据的职位都很低，看来对祖国的爱也不是太深，认为哪里能说一不二，哪里就是

① 见166号文件注释1。

他的祖国。都说他的财富无法计数，但是时间表明，全不像人们想象的那么多。按照惯例，他享受着当时海关官员都得到的好处，不过贪权更要胜过贪财。在圣彼得堡，他同商务院有着广泛联系，受到商务大臣鲁米扬采夫的特殊庇护，而鲁米扬采夫则是纳雷什金和他家的女婿戈洛夫金的死敌。

这个人在家里也是个暴君，除了教堂，他从不允许妻子和两个漂亮女儿到任何地方去。我们来了以后，连上帝的神殿也不许她们去了。不知是按照从前的规矩还是他定下的制度，别的女人也不在男人跟前露面了，甚至相互之间也很少走动。戈洛夫金是个最崇拜女性的人，想使恰克图的女性都摆脱桎梏。为此，他找到瓦尼方季耶夫，费劲巴拉地向他解释，说他正失去把女儿嫁出去的唯一有利时机，说不让女儿露面，人家看不见，就不能相爱，最后邀请她们到他那里去参加晚会。瓦尼方季耶夫相当冷漠地回绝了这个建议。戈洛夫金伯爵的盛情和庄严对他没有产生任何作用。在一个节日的早晨，使臣当着全体随员的面（像所有的显贵那样，说了句普通老百姓的话，就自以为说的是一口漂亮的俄语），洋腔洋调地对他说：

“看啊瞧啊，彼得·米特里奇，我这些小伙儿胖不胖（棒不棒）？跟散银（山鹰）一个样！”可那人盯着我们看了一眼，十分冷漠地回答说：

“不，大人，//220//他们没有谁能给我做女婿。”这样一来，我们就弄不懂了：这样的回答算是傲慢呢还是谦虚呢。

可以设想，作为商务院首长的这位大贵族是多么不喜欢他。但是他在商务大臣本人的卵翼之下，行为又特别谨慎，找不着他的茬儿。他对使臣是寡言少语，不苟言笑，又恭敬有加。是仇恨心在使他保持距离。他不喜欢我们使团；他知道，这个使团毫无用处，他甚至担心，这个使团会使我国同中国决裂。毫无疑问，他私下里会尽力在中国人那里贬损戈洛夫金，只不过是把不满都指向他个人，而不是指向他的政府。这个自以为是的迂腐僵化的民族，认为高官贵胄寻欢作乐就是一种犯罪，而通过瓦尼方季耶夫，他们则可以了解到我们肆无忌惮的生活中的一切细枝末节。

我还是先用片刻时间说说我家的房东吧。他简直是不让我活。他同我共用一个堂屋，总是防着我。不管是谁走进堂屋，他都要从门里探出头来，好瞅上一眼，或者干脆说就是窥探一下，究竟是谁到我这儿来。他突然对自己的老太婆妻子吃起醋来。我跟这位老太婆住得虽然近在咫尺，但甚至连正眼也不瞅她一眼。他也许是关心自家的家庭荣誉，也许是希望我保持纯洁，从不允许我的仆人接待送衣服来的洗衣妇，只能是在院里。我把门关上，不让他进来，每当他敲门，我干脆对他说，不让他进我房间。这时他会用欺骗的手段溜进来。特别是当我不在家的时候，他到处查看，柜子后面看看，炉子后面瞧瞧，总想找出个什么女人来。搞得我烦透了。但我没有对任何人抱怨，只请警察局局长为我另找一个住处，条件差点儿也无妨。在他找房子期间，有人替我打起抱不平来。谁也想不到，此人竟是巴伊科夫。他和戈洛夫金，都把外省的官员看成是下等人，总以为像我们这样的人能住进他们的家，实在是我们莫大的福气。此外，他们对恰克图海关很生气。巴伊科夫得知我遇到了这些叫人哭不得笑不得的怄气的情况后，替我感到委屈，并把这件事报告了使臣。使臣指责我过于容忍，没有让我换住处，而是叫来警察局局长，派他同机要传令官施托茨一起，对谢苗诺夫说了几句很厉害的话。他下令对房东宣布，如果以后再打搅我，天晓得会把他送到什么地方去。即使我花钱招来一打美女，酗酒狂欢，他也没有权利妨碍我。谢苗诺夫吓了一跳，跑去找瓦尼方季耶夫，可是瓦尼方季耶夫也责备他不对，虽说他连看都不想来看我一眼。从此以后，这可怜的家伙再也不敢作声，总是哭哭啼啼，唉声叹气，再也不露面。他准是疯了。

圣彼得堡的信件和报纸送到我们手上的时间很正常；只不过新闻都成了旧闻，因为邮件从那里来要走上一个半月，有时还要更长。我们得知皇上已起驾前往军中，大家无不为此感到欢欣鼓舞。

自彼得大帝去世以后，近100年来，俄国沙皇从未到过战场，我们根本就没有想过还要为他担心：伟大俄罗斯的卓越代表怎能得不到上帝的庇佑呢？这个时候我完全被康斯坦丁·边肯道夫所陶醉，他身上的热情比任何人都更强烈，而且也几乎只有他一个人才燃起了这种热情。他是多么热爱俄国的荣誉啊！我还想起1799年只要一提到苏沃罗夫的名字我就像孩子般流泪的情景。边肯道夫理解我。这种共同的思想观点和共同的情感使我俩很快就接近起来。我们用多么美好的言词祝愿沙皇旗开得胜呀！我们曾经为他漂亮的仪表、豪迈的举止感到骄傲，现在，又加上了他的英雄气概。

在此之前有一段时间，边肯道夫曾在柏林使团。他十分痛苦地看到，普鲁士对我国同奥地利结盟还抱着犹豫不决的态度。像所有德国人一样，他迷恋当时有如一颗亮晶晶的星闪耀在德国北方的年轻女王，她心地善良，宽怀大度，感情丰富，富有魅力。拥有这样的品质，不一定具备恢弘的智慧也能成功。边肯道夫把自己的全部希望寄托于她的斡旋。一天早上我发现他手握报纸，高兴得浑身颤抖：我们的红太阳亚历山大·保罗维奇到了柏林，把那里的一切都激活了，点燃了，使所有的人都倾倒了。他情感沸腾，很想写点什么，但杂乱的思想又妨碍了这一点。他叫我帮忙，于是我们想合作写一首贯顶诗，以献给路易莎女王。我俩折腾了半个多小时，结果怎么样？要是这首诗像点样的话，我就不敢把它登在这里了，但是由于它既没有意境又缺乏品位，我才准备让它博得读者一笑。

> 啊，女王啊，今天，我们的武器得力于您优雅的风姿，
> 您的明眸满含魅力，能左右我国军人的意志，
> 激励他们奋勇向前，去争取胜利，
> 只要您跟俄国人和他们的君主站在一起，
> 过不了多久，莱茵河上将飘扬我们的旗帜[8]。①

诗怎么样？说得对吧，请不要发怒。我们只能说，这是趁着热劲儿作出来的，谈不到有什么味道。但我们不可能就这么撂下中国去忙欧洲事务，很快就到了我们//222//分手的时刻。

11月份的最后几天，我不知道是为了什么事，或者是由于什么原因，巴伊科夫骑马去了一趟距恰克图350俄里的库伦②。那不是一座城池，而是戈壁荒原或蒙古荒原上的一个主要游牧地，是大汗的地方长官和副地方长官——两位一等官员郡王和昂邦的驻地。通常，到这个地方去的是我们伊尔库茨克省省长的使者，再往远处就去不了了。看来，巴伊科夫是送戈洛夫金的最后通牒去的，没有等到北京的回答，一周后就回来了。

---

① 原诗为法文，是一首贯顶诗，即每句的第一个字母合在一起，组成路易莎这个名字。中译文难以做到这一点。——中译者。

② 见212号文件。

12月中旬左右扎拉固齐，也就是买卖城的卫戍司令，要求使臣接见，于是我们第一次见到了中国人[9]。他带来一个好消息，说一位年轻的皇亲贝子，率领众多随员已离开北京，正在路上，以便来迎接我们使团，并将使团护送到北京。之后便取消了不许我们到从事商业交易的恰克图和买卖城去的禁令，于是我便赶紧利用了这个许可的机会。

买卖城是我唯一见到过的中国小城，因此在这里说上几句我认为并非多余。该城呈正方形，周围立着高高的栅栏，就像一座像模像样的花园，街道本身可看成是一条条狭窄的林荫道。街道上的建筑物高度完全相同，很低矮，连成一片。没有任何间隙，也没有一扇窗户。走在这样的街道上，犹如走在两堵墙之间的胡同里，墙上抹着灰白色的黏土，没有装饰，没有刷白。两边房子的差别就在于那些永远紧闭着的孔洞和立着两根柱子的油漆大门，门上还有五颜六色的遮阳棚。每个十字路口都修有一座带篷盖的建筑物，开着四扇大门。这样一来，每条街都像房子一样可以上锁。带篷盖的建筑物还有一座高耸的木塔，不是两层就是三层，木塔上漆着各种颜色，雕着龙，挂着小钟、小铃铛。只有在画上或者在花园里才能见到这些东西。这使买卖城具有相当漂亮的外观，尤其跟大小两个恰克图相比，更是这样。不过一旦起火，就要倒霉了，什么也保全不下来。各家庭院的内部，顺墙是由柱子支撑的敞廊，连接住屋、储藏室和马厩。由于所有窗户都冲着院廊，可见房间里有多阴暗。在城的另一端，我得到允许，进入一座供奉战神的中国//223//庙宇，只见神龛里有一个专门供奉战神的地方，他站在那里，紧拉着一匹疯狂战马的笼头。我在正殿上还见到一尊身穿华服的巨大的孔子像，坐在高高的宝座上。还有一盏擦得锃亮的、足有20普特重的铁制的大长明灯，日夜在孔子像前点着。

至于说到详细描写这个有趣民族的生活方式、习俗和服饰，我只好把这个权利让给那些到过中国的人士了。我仅在中国领土的边缘匆匆见过中国人两眼，我觉得自己没有多谈中国人的义务。

使臣一听贝子来到买卖城，便把我叫去，以由衷遗憾的神情向我宣布，必须同我分手了。我向他鞠了一躬，算是回答，接着便离开了。既不必求情，也不必抱怨，似乎也无须感谢。除了舒伯特父子二人和我，还有四个人，正如戈洛夫金所言，是无可避免的牺牲者，这就是使团骑士瓦西利奇科夫、克拉普罗特教授、科尔涅耶夫和克列门特。对待最后这两个人连客气一番都认为多余。而对于头两个我就不知道是否因为他们有某种不服从的精神。我不谈自己，可把两名最有学识的教授打发走，为的是能多带上两三名龙骑兵，有谁能认为这是明智之举呢？

瓦尼方季耶夫知道我被除名之后，有一次在街上同我相遇，跑过来就跟我拥抱在一起。他找到了一个以前对我冷淡，现在又一下子跟我热乎起来的借口，把我拉到家里，开始招待我，过分表示出粗犷的亲热。他作为行家，建议我买些便宜的中国小物件，而且几乎没花钱就把东西弄到手了。最后，他又给我送来一大箱子茶叶上路①。关于戈洛夫金他一句未提，但是看到我有一次相当悲伤，便悄悄对我说："不要难过，老弟，相信我吧，他们是过不了库伦的。他们顶多在大冷天里再蹦跶一个半月，啥也看不到。跟这地方几乎是一样的。"我烦得要命，他却不管这些，自有安慰我的话。

---

① 在东西伯利亚南部，茶叶被认为是一种敬意，不接受赠茶，表示对敬意不做回答，对礼貌报以不恭。

同贝子会谈

起初贝子同使臣举行公开会见，我们大家都参加了，然后是私下单独会见。戈洛夫金想方设法要把东方语言华丽的辞藻比下去，通过翻译滔滔不绝地夸夸其谈，贝子轻声轻语低声低气地给予回答；与此同时，巴伊科夫坐在一边，用一些污言秽语笑骂中国人，毫不在乎贝子的随员中有一些买卖城的人，他们精通俄语，很了解老百姓常讲的那些俗话。这位中国亲王完全不像//224//中国人，他瘦削，黝黑，线条匀称，黑眼睛，黑胡子，声音温柔悦耳，深受大家喜欢。中国人的装束不由得让我们感到好笑；看见男人身穿短衫和裙子（疑指长袍马褂。——中译者），觉得真是滑稽。我觉得贝子乘来的车最特别了，这是欧洲常用的那种两轮带辕的担架车（porte chaise）。

中国军人也很有趣，小伙子一个个好像是亚细亚爱神，肩背弓和箭袋，帽上镶着玻璃球，还插着根孔雀羽毛。我见到这些英雄们把我们骑在马上的龙骑兵围住之后，惊恐地看着他们；不错，这些龙骑兵都是精选而来，身材魁梧，留着小胡子，胯下的马匹如同大象一般，戴的头盔有一俄尺高。但对方毕竟是亚洲另一民族的士兵，见到龙骑兵也能把自己的恐惧隐藏起来。

当我们返回圣彼得堡，谈起同中国的战争，认为这不仅可以实现，而且做起来并不十分困难时，圣彼得堡人都嘲笑我们。那些至少还想跟我们辩一辩的人有一个永远管用的论据，这就是荒原。当然，这荒原宽达800俄里，但荒原上住满了游牧的蒙古人，而他们并不特别忠于汉族和满族，他们甚至没有共同的信仰。而且，荒原上到处都有小溪和树丛，到处有燃料和水。以粮食运输而言，几十峰沙漠之舟——骆驼，可以代替数千匹驮运马匹，而这些骆驼在边境上一批就能买到数百峰。最主要的是，只要有3万俄军，50万中国军队也顶不住。看来，这是很清楚的。争辩的人继续说，用不着要这些地方我们的领土就够多的了。可是有谁在说要征服中国，要把它并入俄国了？但是当命运，或者不如说是上天蒙着眼睛把我们几乎一直领到那道石头墙跟前时，我们怎能不听从上天的声音呢？怎能不在阿穆尔河站稳脚跟，用坚如磐石的堡垒来武装它的两岸呢？怎能不向傲慢的中国规定一些法则，以便从中取得难以尽数的好处呢？怎能不把它保护起来，使它免遭其他欧洲民族的入侵呢？怎能不在具有很多优良码头的阿穆尔河口建立一个新的港口，怎能不用它来代替那倒霉的鄂霍茨克港和阿瓦钦港呢？这可比我们那些愚蠢的美洲领地、所有的那些千岛群岛和阿留申群岛要有用100倍。最后，怎么可以把这一大片肥沃的土地弃置不用，让它荒芜，不在西伯利亚北部为那些饱受严寒之苦的民族——雅库特人、通古斯人、科里亚克人把这大片荒地开垦起来，以便把他们从动物//225//变成人呢？这是上帝之声，人民之声。在伊尔库茨克、涅尔琴斯克和外贝加尔地区，没有一个居民不说达斡尔是个丢失的天堂。这些可怜的人不能理解，他们为什么会惹得白沙皇如此动怒，弄得他竟不想为他们打开天堂的门户呢。

欧洲吞噬了政府的全部注意力，使它已无暇想到亚洲的利益了。还有，我们的外交部门几乎总是掌握在外国人手里，而他们更关心贴近他们的东西。庇隆，天知道他是个德国人还是拉脱维亚人，白白把达斡尔地区交出去了，搞得俄国人波将金才又想把这片土地夺回来。所有关于俄国荣誉的伟大思想，只有在土生土长的俄国人戈杜诺夫、彼得、波将金的头脑中才能诞生，唯有一个女人除外。

12月21日，使团出发的日子到了。没有雪。几天以来，严寒加强了，而在那天早晨，阳光下的温度计降到了冰点以下14度。前景并不令人宽慰：白天在车上和马背上，而夜晚则在编成一格一格、蒙着毡子的帐篷里，或是在篷车上度过。使臣面色阴沉，其他人忧心忡忡。我是平生第一次听到露宿这个词，没想到几天以后竟得体验它的意义。我同一个人一清早乘轻便马车前往小恰克图；不久，使臣领着随员队伍就来了，在一座木头教堂里做了行前祈祷。那是一次普通的仪式，因为有人劝他做一次普通的仪式就可以了。从教堂出来后，他匆匆上马。当我同伙伴们告别时，心都抽紧了。三个月来的流浪生活使我已习惯了他们。我们友好地分手了。头天晚上他们都求我把信带回圣彼得堡。

街上和一路的景象很有趣，完全不同寻常。大小恰克图和买卖城的人，都围着车队走动，它拉得有1俄里多长。横穿西伯利亚而来的各小分队都集合起来，同龙骑兵、哥萨克以及中国小王子的随员合到了一起。小王子的随员比使臣的随员多1倍。一群群草原上的野马套进了它们从未见过的大车和欧洲轻便马车，它们嘶叫不止，发怒发狂，竖起前蹄，常常还挣断挽绳和套索。驭手座上坐着蒙古人和俄国人，俄国人在教他们怎样驾驭马匹。还有些蒙古人为这有趣的现象所吸引，骑着小马在周围跑来跑去。使臣的模样庄严得可怕，他率领众骑，走在最前面。周围是一片喧哗，吵嚷，混乱。我没有把使团送到//226//过夜的第一站；送了两三俄里，看看这惊人的车队和马队也就够了。

归　途

返回特罗伊茨科萨夫斯克之后，瓦尼方季耶夫请我吃午饭。在此之前，他谈起戈洛夫金时用词都相当谦虚，但此刻却对他肆无忌惮。我很受触动，高尚的情操在我心中尚未泯灭，我对他的回答相当激烈，相当恶毒，我想激怒他。我同他再未见过面；似乎在此之后，他在恰克图又统治了好多好多年头。

我们这些被遗弃的人该想想自己了。克拉普罗特同舒伯特一样，得知要离开使团的消息之后，一天也不打算多待，立刻便去实现西伯利亚学术旅行的计划去了。科尔涅耶夫打算在恰克图住到春天。克列门特一离开涅利多夫就完全成了孤儿。他每天都要到涅利多夫那儿领取命令，可从来也得不到命令。这根爬墙虎需要一棵树啊。瓦西利奇科夫是个四等官，就是说，比涅利多夫还高，我没费太大力气就跟他把关系搞得很融洽。阿列克谢·瓦西利耶维奇想在这个冬天就从伊尔库茨克到雅库茨克去（他真不该有这个愿望），有个下属充当自愿谈话的对象正合他的心意，而我则想尽快返回圣彼得堡。

这个季节贝加尔湖还不能通行，巨大的冰块在湖面上浮动，直到一月底湖面才能封冻。我还有绕贝加尔湖的另外一条路可走，但不太舒服，特别是冬季：到伊尔库茨克是700俄里，其中有300俄里必须骑马。我是寂寞难耐，怎么走都豁出去了，就是不想一个人跟瓦尼方季耶夫、科尔涅耶夫、谢苗诺夫和色楞格斯克卫戍团那些军官待在一起。

但我还想到买卖城去一趟，看看中国人。第二天，12月22日，使团出发后，波列沃伊的亲戚商人西佐夫把我拉过去，到一个中国富商家里吃午饭。客人和主人[①]的谈话令我感到非常滑稽，两个民族创造了某种中间语言，只有住在边境上的人才说，也只有他们才懂这种话，比如说，我听到

① 全是清一色男人，中国女人从不越过石墙。

这样一句话："好多的从这块儿到北京的要走?"其实我问的是从这儿到北京有多远，那就是这句话的翻译。至于吃的东西，大概是由于不习惯，我吐了两次。看到这个中国人把长长的指甲抠到羊肉里，把撕下的肉块塞到嘴里，叫人太恶心了。餐后的甜食也不好吃：是水果糖，里头放了酸橙、扁桃仁和蒜。

//227//我卖掉了自己那辆带篷的轻便四轮马车，同瓦西利奇科夫和克列门特于12月23日搭乘驿车，踏上了返程之路。

我们沿着光秃秃的、几乎是一马平川的冰封大地奔驰了200来俄里，于次日抵达哈拉采斯卡亚要塞①。要塞的远方，便是可怕的阿尔泰山的起点。翻越这座山峰没有别的办法，只能靠那些走惯了山路的、虽然瘦骨嶙峋但却可以信赖的马匹才行。一开始路还相当宽，可是随着往上走，越走越窄，最后就变成一条羊肠小路。骑士生活的第一天，我还有些勇气，没落在老骑兵瓦西利奇科夫的后面；也许我会下决心在夜里也跟在他后面，可是走了70来俄里之后，由于不习惯，感到自己完全像散了架子一般。我们分手了，他同克列门特一起走上了危险之路，而我几乎是在露天地里过了一夜。

看看我周国的险象，我就想：上帝是怎样保佑他们在黑暗中通过这地方的?但是不久我自己在白天也得要靠他神圣的保佑了。那天正好是圣诞节。节日的头3天我所经历的痛苦，可以毫不夸张地说，简直就跟在地狱里一样。中午时分，太阳光线使寒冷变得缓和一点，可到了夜里，简直能把

---

① 西伯利亚的要塞或寨堡，所起的名字都是根据原来对当地的记忆，早年都有一道很不坚固的木头栅栏作为防御设施，所有的名字起了以后就再也没有变过。

你骨头冻透。我把自己包得严严实实，费好大力气都活动不了关节。我一动不动地坐在马背上，马儿用不着我驾驭，默默跟在布里亚特人向导后面行走。高峻的悬崖俯首望不到山脚，有时，那悬崖又立又陡地矗立在我的面前，只能沿紧挨着山壁开凿出来的弯弯曲曲的羊肠小路向上攀登。从峰顶下望，峡谷（当地人称山沟）里的雪松林就像一层干枯的荒草。向下进入森林的路也是同样危险。喧声不绝的瀑布在山底构成溪流，由于流速太大，溪流上不了冻。要渡过这些溪流，就得涉入水深及至马胸的水中。这些溪流对我们是个威胁，足可把我们淹死。此外，溪流激起的飞沫在我衣服和鞋上结成了冰。我们一共 6 个人：我的仆人加夫里拉、向导，还有 3 名骑马的布里亚特人，他们又用马笼头牵着几匹驮马。这一带栖息着大量野兽，幸好没有遇上，否则可就糟透了，因为布里亚特人只有宽刀作为武器，根本没有长枪和短枪。

//228//夏天走过这条道路的人，尽管到处也不方便，充满危险，但却可欣赏到当地妙不可言的美景，我却享受不到。我处于一种完全绝望和几乎是失去知觉的状态。攀上一座高不可攀的巨大石峰，又会出现另一座石峰。我觉得似乎已经够到天了。如果不是到处天清气朗的话，我就已经到了通常所说的白云绕足的高处了。我有时还能经过一些平原，长 1 俄里或者再长一点。这时我就用不着以鞋跟踢我胯下那匹救命的牲畜催它快走：在深谷中它小心翼翼，一步一步向前行走，而在这平原上，它好像懂得我的心意似的，竟拼命疾跑起来。

祸不单行。瓦西利奇科夫带走了唯一一名多少懂点俄语的布里亚特人，而我跟自己的旅伴就只能以哑剧形式交谈了。匆忙中，他的服役人员肯定是在不经意之间，拿去了我们部分在恰克图、部分在哈拉采斯卡亚要塞备下的所有食物：煮肉、炸肉、葡萄酒、面包和面包干。所谓驿站，就是相隔35俄里有时40俄里的一些蒙古包，也就是没有炉子的八角形木头房子，房顶中间开了个大窟窿。向导和马匹就栖身在这样的蒙古包里。这东西的蒙古名称听起来挺吓人：乌克尔乔隆、巴扬胡松，沙拉奥卓尔加，蒙多库利。我原打算到了蒙古包里能吃到点东西，多少解解饿。可那些倒霉的人吃的都是什么呀？羊脂加砖茶[①]。我的胆汁都要呕出来了。我一天只能走这样的两个驿站，夜里也只好在蒙古包里过夜。里头太可怕了，脏得要命！我因为没法靠近地中间熊熊燃烧的火堆，只好挨墙躺到板铺上，墙上的缝隙又没有堵严。布里亚特人不分老少，都蹲在火堆周围，烟熏火燎，一个个精赤条条，只披着一件羊皮袄。敏感的读者，请原谅我，他们干的主要就是一件事——抓衣服上到处爬的虱子。

就这样，我几乎有4天4宿连一分钟都没呼吸过温暖的空气，什么东西也没进肚，疲惫不堪，几乎快散架子，全冻透了。27日傍晚，终于感到快到岸了。离通金斯克寨堡还有不到10俄里时，前方展现出一片平地和深雪。只有寨堡在黑暗中闪着灯光。我疯狂地，毫不留情地//229//踢着那匹可怜的马儿两肋，在窄窄的山路上狂奔起来。马夫加夫里拉喊叫，说我会摔断自己的脖子，我把他的警告置若罔闻，干脆不听他的。我的几个旅伴也只能跟在我身后跑。马儿被我折磨坏了，有三次在全速奔跑中膝盖跪地摔倒，而我则窜过马头摔倒在地上。结果倒还都很幸运，厚厚的军大衣、皮

---

① 砖茶是用茶树的细嫩枝芽制作的，他们被结结实实地压成砖状。蒙古人把它切开，捣碎，用水煮，加上羊脂油，这便是他们喝的菜汤。

大衣、长袍这些东西，把我变成了一个大棉花包，软软乎乎地倒在了雪上。

我终于驰入通金斯克寨堡，堡内有一条街，有一些房子，里头还亮着灯光，我不禁高兴起来，好像有10来年没见过这样的景象了。瓦西利奇科夫出于同情，说我很快就会到来。大家正等着我，把我送到他住的那家。房东是一位上了年纪的哥萨克退伍军官，他正在庆祝也许是命名日，也许是人丁兴旺的家庭中一个成员的诞生。我到的时候幸好晚宴已接近尾声，饭菜做得很多，除了我之外，足够再让十来个饿汉一饱饥肠。给我安排一间整洁的、刷得洁白的、暖和的，甚至很热的大房间。之后，很快就让我休息了。躺下以前，我要了一些热水，好好洗了一洗。哦，经历了如此的艰辛之后，再看到自己躺在铺着干净床单的羽绒褥子上，盖着松软的做工精细的被子，这无上幸福的时刻我是不会忘记的！

离开通金斯克寨堡以前，我想回过头来谈谈被我国政府视为毫无价值的那些遭人蔑视的布里亚特人。他们是上天慷慨赐予我国的无尽财富中的无价之宝。要是他们也像切尔卡斯人那么精力旺盛，会有个什么结果呢？那对我们来说，阿尔泰就会比高加索更麻烦。要知道，他们的祖先可是成吉思汗最早的合作者啊。这是一个古老而又幼小的民族，它温驯地散居在贝加尔湖四周从布赫塔尔马到涅尔琴斯克一带的我国领土上。我在恰克图就对他们有所了解①。有一次我从恰

---

① 他们的台吉，也就是王公，曾两次偕夫人拜访戈洛夫金，但戈洛夫金甚至没请他们落座，只是通过翻译跟他们寒暄了几句。他们走后，要久久地熏香，方能把他们那身熏制熟羊皮散发的让人忍受不了的气味驱除。只有他们才把熟羊皮罩上呢面。

克图到库达拉镇去玩，从大路拐进了他们一座很有名气的木头大庙：我发现庙里的墙壁从上到下全糊着布，上面分七八层画着一些千手千眼的怪物，那是他们的神偶。庙的四周有围墙，在庙里我见到了他们当代教育基础的萌芽——一座学校和20名正在学文化的小男孩，但学的不是俄罗斯文化。不到100年前，他们信奉的还是萨满教。有人从西藏给他们送来了一些经//230//书，于是他们便接受了喇嘛教：这就证明，理性能够对他们产生影响。我们离开那里很久以后，英国人给他们派来一位启蒙家斯旺先生，他是一位教学法家或者公谊会教徒，拿着俄国给的薪水，在伊尔库茨克住了好几年，所幸的是没有一个人听他的话改奉基督教。这让我们的宗教界太丢人了。现在我听说有12000布里亚特人成了东正教徒；6000人在学习俄罗斯文化，而且成绩不错；几乎所有的布里亚特人都用上了犁，而我在那儿的时候连面包都不会吃。使他们再生的那个人，不管他是谁，愿他福泽绵长！布里亚特人，或者按当地说法叫布拉特人，正是投奔了俄国人后来没有从俄国人这边跑掉的蒙古人；他们同草原上的兄弟中国臣民有着千丝万缕的联系。我从中看到一条上帝亲手交给俄国的链条，只要把这根链条轻轻一拉，就能把其余的蒙古各部统统拉过来。

当我睡了半宿半天醒过来时，严寒的天气过去，几乎快要解冻了。12月28日我乘带篷的驿站雪橇从通金斯克寨堡出发。不过，人比神更实际；一想起还是昨天的事情，我便感到自己太幸福了。第二天，29日，我抵达伊尔库茨克，住在上回的房东波列沃伊先生家里。

要想满足好奇心，这是我最好的选择。波列沃伊对欧洲政治比对自己亚洲的贸易更感兴趣。他身上有一种倾向，当时还不知道叫什么，现在称之为自由主义。他订了当时所有的俄文报纸。上次在伊尔库茨克时，我从他那里了解到两个月前德国发生的事情，了解到马克这个卑鄙之徒在乌尔姆放下了武器，奥地利军队溜走了，苏沃罗夫的学生巴格拉季昂跟法国人作战，在戈拉布伦和维绍予法军以重创。波列沃伊的小儿子当时对自己祖国还不那么仇视，相反，为她的荣耀所鼓舞，写了一首四言诗，其中有这么一句像文字游戏般的话：巴格拉季昂和拿破仑同为战争之神。后来我在莫斯科也听到过这句话。如今我也说不清，是哪里跟哪里学的，是莫斯科跟伊尔库茨克，还是伊尔库茨克跟莫斯科？眼下我很满足，希望返回首都后能再听到军中的好消息。

从这个有名的使团被除名的人，//231//当时在伊尔库茨克的共有我们四个。我们大家，包括克拉普罗特教授，都住在省长科尔尼洛夫家里。谢利丰托夫总督早已返回托博尔斯克。省长夫人阿历克桑德拉·叶夫列莫芙娜善于跟商人和他们的妻子热情相处，她们同意为了她而放弃一晚自己的偏见，到她家去迎接1806年的新年。

俄国有什么毛病，西伯利亚也就有什么毛病。伊尔库茨克甚至还有十来名乐师，他们在省长家举办的这场晚会上大卖力气。舞会由瓦西利奇科夫同女主人开场，然后他们两个，加上我们大家，跳得几乎都站不起来了。不管跳得好坏，都是打心里乐。女舞伴全是官员的妻子，而男舞伴则是她们的丈夫。那些商人的妻子和女儿打扮得古色古香，身穿丝绒的和绸缎的短衫和裙子，头上系着金银线绣花的丝头巾，肩上披着带花边的三角巾，脖子上戴着钻石项链，耳朵上也戴着钻石耳环，所有指头上都戴着宝石戒指，一动不动地坐在那里，好像是被迫参观这种违背上帝意旨的娱乐活动。主人又想招待好这些女客，又想招待好她们的丈夫，便根据她们的口味和习惯，下令晚会期间不上冷饮，而是上更能让人发热的饮料。她们也不拒绝，默不作声地喝得满脸通红。应该想个什么别的办法让她们快活起来。跳舞一时间停了下来，开始玩一种叫“方特”的游戏；还藏金首饰，唱复盘歌。这些个小蝴蝶当中也有几个很漂亮的；伊尔库茨克的一些花花公子嘱咐我，不让我跟她们任何人说话，我这样做了，她们一定感到委屈：可是在游戏的时候我偷偷地捏她们的手，她们却每次都做了回应。多么怪的风俗呀！后来，我有理由感谢自己没有说话。

伊尔库茨克有乐师，还有演员，自然也有剧院，还有剧院老板。所有这些人都由流放犯人和他们的子女组成，因此应该不错了。不过演得却很糟，连大俄罗斯省级剧院的水平也不如。

我第一次来时，虽然是个微不足道的人物，不过却是个官方人物，因此不能在家里接待流放犯人；他们自己也远离我们。而现在呢，我是私人身份，我不拒绝同他们见面，更何况他们//232//谁家都去，到处都可以遇到他们。这里几乎把不幸认为是无辜，居民们对这些遭到流放的、被剥夺官职和贵族身份的人称之为不幸的人，对他们十分关心。给人的感觉是，似乎大家都想以自身的力量来恢复这些人以前的尊严。其中也有些人有时恶意地利用这种宽容态度。

两个不幸的人，西伯利亚就是这样称呼他们的，在伊尔库茨克创建了一座剧院：其中一个人原来职位很高，属于一个显贵的公爵家族。瓦西利·尼古拉耶维奇·戈尔恰科夫公爵生来就是个大手大脚的人，是个骗子，很年轻的时候就用各种手段骗过别人的钱。他得宠于保罗皇帝，把他以军事总监的名义派到孔德亲王身边当间谍。他随同孔德军团进军德国，毫不留情地搜刮贫穷勇敢的侨民，截留沙皇出于慷慨经他手提供给侨民的部分钱款。之后，他挟全权到顿河巡视哥萨克部队，后来还被任命为雷瓦尔省的军事省长。当他刚想动手搜刮德国人的时候，亚历山大皇帝登极了，解除了他的职务。与此同时，他那富有的妻子[①]因他开始挥霍她的财产而同他离了婚。他失去了胡乱花钱的所有仗恃，便伪造起期票来；他的骗局很快被揭穿，于是发配到了伊尔库茨克。

另一个人是阿列克谢·彼得罗维奇·舒宾。这是个可怜巴巴的小人物，淫乱放荡得像只猫，愚蠢得像只羊。他成了谢苗诺夫团里同事康斯坦丁·波尔托拉茨基的卑鄙阴谋的牺牲品。波尔托拉茨基假装他的好朋友，实际是他妻子的奸夫。这个人教唆他搞一个反对亚历山大皇帝的阴谋，但他似乎拒绝参加。为了能得到沙皇的宽恕，为了证明他仇恨那些叫不出名字而又怕他报复的人，他夜里在夏园朝自己的胳膊开了一枪。他被流放了，而教唆犯和出卖他的人波尔托拉茨基却成了正人君子。其实他并不聪明，只不过颇有手段，是个大胆的小丑罢了。后来他又多次干了坏事而置身事外，每次都能从泥沼中干干净净地爬出来。

戈尔恰科夫的面孔和眼神都像一头猎隼，舒宾却像一头绵羊。流放使他俩结成友谊，爱情又使他俩吵翻。一个歌剧女演员，流放波兰小贵族的女儿，暗中跟这两个剧院老板勾勾搭搭，当她的朝秦暮楚被揭穿以后，两个发了疯的家伙提出//233//要决斗。他们的决斗未得到批准，大家都站在舒宾这一边。戈尔恰科夫被流放到通金斯克寨堡，过了一些时日才从当地返回。舒宾取得了胜利，独揽剧院大权，独占歌剧女伶。

---

① 她跟他生了一个女儿，嫁给列夫·阿列克耶维奇·佩罗夫斯基，没有子女。

我觉得这两个家伙都令人感到恶心，但戈尔恰科夫的心灵卑鄙、行为放荡和不知羞耻，要令人恶心100倍。

常到我这儿来的第三个流放犯使我觉得更滑稽。那是一位干干净净、身体瘦削、活泼健康的65岁的小老头，出生于一个不大出名但肯定货真价实的俄国公爵贡多罗夫家族的余脉。问他为什么流放，我觉得不太礼貌。他在西伯利亚已颇有年月，遭到拘禁的原因谁也不记得了。他却清晰地记得年轻时在莫斯科的快活时光，我把他当成了古老莫斯科社交丑闻的活字典。

其他引人注目的此类人物我尚未遇到，但爱斯特兰贵族斯塔尔·冯戈尔斯泰因除外。此人不与人们交往，看来年轻时就是一位美食家，从事有偿培训厨师的工作，在每个大型宴会上都身穿干干净净的燕尾服，以领班大厨身份出现管理餐桌。我在自家的餐桌上有幸见过一位跟他同姓的人，也许是那位著名女作家的亲戚。

我原想在伊尔库茨克度过圣诞节节期①。我并不十分急于离开这座城市。当时我在那个地方过的那种日子很为年轻人所喜欢。不过，吃饱喝足以后，我于1月7日乘着自己购买的一辆冬季使用的巨大的带篷马车离开了它。本章我是以首次离开伊尔库茨克开场的，现在则以最后一次离开它来收场。

第十一章　1805—1806年②

横渡安加拉河可比夏天要难多了。人们告诉我们，这条发源于贝加尔湖的河流，每俄里的落差就达2俄丈，可以想

---

① 东正教的圣诞节在1月7日。——中译者

② 年代写在该页左半页上。

像它的流速了。酷寒的天气十分清朗，河上还见不到冰，蒸汽如同最浓稠的雾，从河面升腾而起。周围到处都亮亮堂堂，可在渡船上却什么东西都看不清，简直是摸着上去的。

当对岸为我套好马时，我便像箭似的沿着大路飞驰起来。冬季在西伯利亚坐马车差不多就好比坐火车了：马很快就套上了，车夫非常矫健，只见他刚才还站在三套马车前面，只要别人往座位上一坐，他便以常见的灵活身手//234//赶着车狂奔起来。骏马一站又一站地奔跑，越过山梁，穿过峡谷，一分钟都不歇，连气都不喘一口。就连我这个喜好狂奔急驰的人，对这种快如旋风的疾驰也感到吃惊。但我很快便习惯了。在这看不到尽头的寂寞的旅途中，它是我唯一的欢乐。

在下乌丁斯克，我只到以前跟伙伴们一起过夜的宿舍里去暖和了一下。为了对西伯利亚的乘车飞驰有个概念，我只想说，我是7号正午离开伊尔库茨克的，用了不到3昼夜时间，就跑了1000俄里，到了克拉斯诺亚尔斯克。

酷寒和飞速的旅行使我感到疲倦。我想回到我夏天感到非常快活的地方去缓一口气，打算呆上半天，在那里过夜。学者斯帕斯基不在，我把他留在了伊尔库茨克；市政当局觉得没有必要见我。于是我只好完全单独一个人度过这段时光。不料，却有一些不寻常的快乐在克拉斯诺亚尔斯克等待着我。

我被安顿在一位富裕的小市民季莫费耶夫家里。他家的新房子是木头的，又窄又长，有上下两层住屋，每层有四个房间，长长的，举架很高。其中一个房间分给我住。墙上没有糊壁纸，散发的也是新鲜木头气味，我非常喜欢新建房屋里的那种气味。宽宽的橡木长板凳，桌子也是橡木的，屋角安放着救世主像和长明灯，大床上挂着白亚麻布帐子，我的栖身之所的陈设就是这些，这里的一切物件都干净得闪闪发亮。①

要是这些细节使我的读者感到枯燥，不妨翻过这一页，不看它们。对我来说，这里凭记忆叙述的一切都十分珍贵。

房东一家有母亲、妻子、两个孩子，一个是22岁的儿子，一个是16岁的女儿薇罗奇卡。在这个家庭，甚至祖母都不例外，全都健康，富有朝气，都那么漂亮。我不知道是由于生活的全部首要需求都得到了满足，还是运气的平等，或是//235//缺少了我们大城市随处可见的坏榜样，使得流放到西伯利亚的罪犯后裔变成心肠最好、最富有同情心、最朴实忠厚、最轻信的人。特别是在克拉斯诺亚尔斯克，也许是那纯净的空气才使得纯净的习俗得以保持吧。不管是哪种原因，就道德意义而言，我是进了天堂。我原是对严寒抱有怨气，一脸阴沉神色进入拨给我的房间，差一点没骂出来；全家不是因为害怕，而是出于同情，一个个都忙活起来，以减轻我的遗憾心情。等到我暖和过来，安静下来，换过一身衣服，他们提议我坐下来，跟他们全家一起进餐。我不仅没有拒绝，而且愿意消除自己的粗鲁，尽量想分别对家里的每一个人都表现得彬彬有礼。突然我愣住了：我的两眼停在一个人身上。我从来没有见过如此美妙的人：如果不把她同无形体的天人相比，又能同谁相比呢？我已准备好下跪了。

我张皇失措，不知说什么才好。房东女儿对我产生的作

---

① 有些人指责俄国人不整洁：怎么能把不整洁和贫穷混为一谈呢？英国舒适吧？但你也可以到穷人的家里去看看。严酷的气候和极度贫困迫使我们的庄稼汉把他所珍贵的东西都堆在一个狭窄的空间，让他的家人、财产、子女和牲畜都紧紧挤在一个暖和的窝里。一旦摆脱贫困，您看吧，他把他那亮堂堂的屋子装饰得多美呀，他会欣赏这堂屋，照料它，擦洗它。

用实在太强，父母不能看不出来。可怜的人啊！这使他们的自尊心得到满足。后来，很快我就同她独处一室了。而她，这位纯真无瑕的天使，并没有马上就明白我的心思。但是，爱情是具有魔力的，特别是当我这个魔法师只有 19 岁而又多少有点经验的时候。当晚我就被承认是未婚夫了，我以这个身份取得许多自由和特权。我该做什么呢，我没有提出任何要求，准备同意一切；我不是骗人，而是自己在骗自己。我想出了一个借口，就是我似乎奉命要把重要文件送到首都去，还有父母的祝福——其实我永远也得不到它。我请求在此之前要把这件事作为家庭秘密予以保守。我呆了不是半个昼夜，而是 3 天；如果不是理性占了上风，我会住上 30 天，360 天，我会住上一辈子。也不光是只有理性：我太爱她了，我一分钟也不能忘记荣誉和义务。

能够以朝气蓬勃、纯真无瑕的感情去爱，并从没有经验的纯情少女身上取得回报，是多大的幸福啊。薇罗奇卡几乎是个没文化的孩子，却能够如此生动地表白爱情，这女人的心是一个多么丰富的情感之泉啊！她说的每一句话我都记得，我本可公示在这里；但这些话将//236//是我俩和天地之间的永恒秘密。不管我怎么爱，但是我感到，还是无法把这样的妻子介绍给亲人和可恶的社会，社会让我们做出的牺牲实在太大了。薇罗奇卡富有的只是美貌和感情。分别时我俩泪流满面；当我走出去上车时，父亲对我说：“我的女婿呀，你再拥抱亲吻一回未婚妻吧。”我只能号啕痛哭。从那以后再未听到过他们的消息。亲爱的薇罗奇卡，我难以忘怀的好朋友！如果你还健在，你现在怎么样？一位操心的主妇？一位脸上满是皱纹已经找不到往昔魅力的心地善良的老太婆？但至少在我心中的一个角落，你那天仙般的美丽一经闯入，就驻留下来，永远不会凋谢。

我3天的罗曼史看起来很愚蠢；一些人认为我是个不善于利用机会的傻瓜，另一些人骂我是引诱不懂事的女孩子的卑鄙的骗子。许多人会说，区区小事不值得一写。他们爱怎么说就怎么说吧。但我却不能为了讨好他们而不去回忆这些忧伤而又沉重的往事，把最动人心弦的经历置于不顾。这是办不到的。当一个人行进在贫瘠的荒原上时，怎能要求他遇到一朵鲜花而不停下脚步欣赏，或者不去欣赏那透过云层向他闪耀的星星呢？

路上我忧伤满怀，常常是泪水涟涟，我独自思考了许多有关人世偏见的问题，它们是多么压迫人啊！关于同法国人打仗的事，我只是在快到托木斯克时才想起；我是后半夜才抵达托木斯克的，只好住在驿馆里，天一放亮，就到了省长赫沃斯托夫家里。瓦西利·谢苗诺维奇对我很客气，甚至过于客套，但对我未发出任何邀请，关于使团也没有提一个问题。这位可敬的人很乏味，说话拖腔拖调。我问他德国发生了什么情况，他回答得含糊不清，一点不具体，模棱两可，搞得我一点也没听懂。我看出来在托木斯克无事可做，便返回住处，吃了点东西，要了马接着赶路。

有些人躺在棺材里，尸体比他们活着时还要好看，因为丑陋的痤疮和水泡统统消失不见了。银装素裹的巴拉巴就是这样，叫我//237//喜欢上它了。特别是在晴朗、寂静的寒夜，当我在那洒满闪烁银色月光的平坦的荒原上乘车飞驰时，情况更是这样。在卡因斯克，我把它称之为卡因小镇，我忽然心血来潮，想要多跑上300俄里，不见西伯利亚最古老的主要城市托博尔斯克就不离开西伯利亚。

在月光下我驰入尚未到过的塔拉城，它以前在几朝沙皇统治时期都曾是要塞，在保罗朝之前还设有要塞司令。其中最后一位目前还住在这里。他一得知我的到来（这消息在小城里传得很快)，便亲自跑来接我，也不管我身上还穿着一套路上的衣服，十分臃肿，硬把我拉到家去参加聚会。在聚会上我发现竟有古斯里琴、长笛、宫廷舞和贵夫人。这位老要塞司令以60多岁高龄，十分庄重地出来表演波洛乃兹舞。此人叫伊万·瓦西利耶维奇·泽列诺伊(绿的意思。——中译者)，虽然就年龄而言，他一点儿也不嫩绿了，但面色红润。不管是他，还是他的那些客人，对欧洲情况都很少关心，从他们嘴里打听不到任何消息；至于俄国本土，他是从来没有到过，说起来就跟说外国一样。不过他承认，在临死前他想看看“彼得的那个城堡”，哪怕是能看上一眼也好。我感到无聊，这种四不像的舞会我已经早就见识过，我累了，很快就离开了。睡了三四个小时，天亮前就离开了塔拉。

托博尔斯克

我继续飞驶疾驰，驿站几乎一个接一个在我面前闪过。托博尔斯克显现出来了：构成它主要装饰物的是一座设有砦堡的陡峭山峰，山顶上耸立着一座被火烧过的石头的总督官府、一座大教堂和一座武库，里边作为瑰宝收藏着叶尔马克的一面旗帜和他的铠甲。城市本身建在山下。遵照古风古俗，我不经邀请就直接驱车前往尼古拉·尼古拉耶维奇·杜拉索夫家中。他是我家在基辅时的老相识、我父母的朋友、西伯利亚邮政局长。妻子瓦尔瓦拉·雅科夫列芙娜是基辅人。他们夫妻二人把我当成亲人，对我这个老乡的到来感到高兴。丈夫是个很有头脑的人，待人态度十分和蔼；妻子心地善良，唠唠叨叨，很可爱。到了邮政局长家里，了解新闻就不用犯愁了，所有没有读过的报纸都给我抱来了。唉，我又何必这么着急呢？一下子什么都知道了，有如//238//五雷轰顶一般。

我看到对祖国毫无感情的人实在太多，真不知道有些人的爱国心从何而来。看来这些人也确实没什么好夸口的。我看爱国心应该是天生的，就像好多别的心一样，如自夸之心，宽恕之心或是羞耻之心，乃至酷爱音乐之心、酷爱古玩之心，甚至爱好赌博之心、爱好杯中物之心等等。也许这竟是一种特殊类型的吹牛：有的人喜欢显摆显摆坎肩或发式，有的喜欢显摆显摆剽悍的走马，而我喜欢夸夸我祖国的辽阔、强大和富有，喜欢夸夸我同胞的智慧和勇敢——各有所好。我很少能找到跟我志趣爱好相投的人，难道是我的错吗？

野蛮民族为保卫自己的生存和财产，为向邻居夺取这些东西而联合起来；他们有共同的痛苦，共同的欢乐——这就是他们的全部爱国心。但即使是这样的关系也是相当巩固的。然而当文明接触到一个新的民族，开始在这个民族传播时，少数受到它影响的人便会对自己的同胞产生蔑视，反而把在知识上超过自己的那些民族视为同一祖国的人，这样一来，倒只有下层阶级才怀有对祖国的爱了。涅夫顿（我无论如何也没法把他称为牛顿）似乎说过，浮浅的哲学可以消灭宗教，而深刻的哲学却是在宗教中肯定人的地位。文明的兴起对爱国心恰恰是有害的；只有当它普及到每一个角落时，爱国心才能变成全民族的高尚财富。一个农民儿子被老爷家收养之后，特别是进了国民学校学了几年之后，他会以一种厌恶的心情看待自己出生的草房，看待自己没文化的兄弟，但是，品格高尚的人又何尝不是以厌恶的眼光来看待他们这些人呢？而一旦当他怀着高尚的感情完成高等教育之后，那他就会恭恭敬敬地向母亲鞠躬，满怀柔情地拥抱母亲了。

说实在的，身处托博尔斯克，身处西伯利亚的人们，对这种忧伤看来真是难以理解，几乎感到可笑。有人说，这事与他何关？俄国用得着他来管吗？奥斯特利茨战役仿佛狠狠打了我一记耳光：事件规模的宏大应该让我多少感到点安慰；三位皇帝的会战使人既想起法尔萨拉之役①，也想起阿克季之役②。就连我们被纷飞的炮火包围的士兵给发生战役的地点起的一个名字——要死的利茨——也令我感到痛苦。那地方似乎已经位于波兰，到了斯拉夫人的地头，到了我们的土地上了。一想起被我们奉若神明的亚历山大沙皇，我心头就免不了一阵悲伤，他在幸福中是那么谦虚，现在却因蒙受耻辱而低下了头，当他返回首都的时候，竟要屈辱地//239//听那些粗鲁的指责，说他不应该干预和自己无关的事情。

主人们也许并不理解我的忧伤，但却尽力安慰我。杜拉索夫带我去拜访所有的当权人物，接着把他们请到家里来吃饭，他告诉我，这是为我接风而设的宴。早在伊尔库茨克时，我就同总督谢利丰托夫相识了，他第一个请我到家吃饭，之后是两位德国人：民事省长格尔梅斯和副省长施泰因格尔。

这两位当中的头一个过去是炮兵，全称是波格丹·安德烈耶维奇·格尔梅斯，家庭人口多，只靠薪俸过日子，因此生活简朴，甚至贫困，而且不愿夸夸其谈，因而假如是在大俄罗斯各省，就可能被看成是个坏省长，但是在西伯利亚，却因为他无私、善良、只在必要时才严厉而受人爱戴和尊

---

① 法尔萨拉战役——公元前48年6月6日发生于希腊。是役恺撒的军队打败了庞培的军队。——中译者

② 亚克兴角战役——公元前31年发生于希腊。是役渥大维大败安东尼。——中译者

敬。另一位是退役水兵，全称是伊万·费奥多罗维奇·施泰因格尔，比头一位稍富有些，但也同样诚实，比他较会交际，性格也欢快些。

伊万·奥西波维奇·谢利丰托夫是个可敬的老人，领的薪俸就当时而言相当可观，但过得也并不宽裕。对他而言，黑暗的一天很快就要到来了，他就好像是在为这一天而攒几个钱似的。妻子和一个女儿跟他一起过，此外，两个身负特殊使命的当官员的儿子也跟他在一起，这两个年轻人没什么出色的地方。

他看起来很灰心，搞不清楚圣彼得堡在多大程度上会相信使臣那份毫无根据的，甚至可以说是说假话的报告。这个戈洛夫金伯爵，上帝也饶不了他，这不仅是因为他轻率而残酷地把这位功业卓著的老头儿无辜地搞下了台，而且还因为西伯利亚由此而产生了可怕的后果。从谢利丰托夫的那位继承人佩斯特尔把西伯利亚置于水深火热之中的时间算起，时间已经过去20多年了，但西伯利亚人还是在诅咒这个名字，看来这种诅咒肯定会流传后世。这个名字使人想起瘟疫，这个人在西伯利亚也是一场持续的灾难。有的人残酷是由于怯懦，出于报复，出于巴结的愿望，也许还出于想做一个有用的人，但这个人喜欢作恶是出于本性，如同离开空气就没法喘气，如同鱼离不开水。西伯利亚这地方从来没有见过像格尔梅斯、赫沃斯托夫、科尔尼洛夫这样值得尊敬的三位省长，他们治理得真是好极了。等到佩斯特尔统治时期，这三个人没有//240//一个能留在原位。格尔梅斯和施泰因格尔总算事先就跑到佩尔姆找莫杰拉赫去了，科尔尼洛夫和赫沃斯托夫则一步步陷入了他的阴谋诡计，被他弄到枢密院去过堂。他不敢在西伯利亚露面，到了那儿他就会被干掉，但他在圣彼得堡为一批跟他一样的恶棍谋取了省长的职位，通过这些人对西伯利亚进行遥控。他在首都还不断以新的罪名对这两个不幸的人进行迫害，在法庭上折腾了将近10年。最终真理还是胜利了，他们被宣布无罪，当上了枢密官，而佩斯特尔则被撤职。要在别的国家他就该上绞刑架了。后来，他那犯罪的儿子倒是受到了这一公正的处决。不过，也许他比他儿子更应该受到这种惩罚。

对西伯利亚的看法

如果上帝垂怜，可别让我再见到西伯利亚了，但在同西伯利亚分手时，我也要对它做些思考。可以说，它同英国殖民地——今天的北美合众国——几乎是同时公开征服的。不列颠政府为了使海外首批领地能给自己带来利益，什么都不顾了；为了向这些领地移民，政府使用了种种最惨无人道的手段；这是个聪明的、有办法的、行动积极的政府，经过两个世纪的努力，终于取得了完全的成功。教育、精于算计的智慧和得到土地发财致富的个人进取心，对政府的帮助很大。结果怎么样？几百万英国男儿放弃了祖国，起来反抗它，取得了胜利，获得了解放，成了英国几乎是唯一的首批竞争者。也许，有一天在我们的殖民地也会发生同样的事情，除了利润，商人是不在乎别的什么联系的。

俄罗斯毫无忧患意识，它看待西伯利亚，就像富家小姐看待远处一片偶然落到她手中的庄园一样。对这个庄园，小姐从来是一眼不看，把它完全委托给那些还算得上诚实和有办法的庄头去管理。庄园规规矩矩地用黄金、白银、铁、毛皮支付代役租：小姐要的就是这个。至于庄园的道德和政治状况，小姐就不大关心了。农民外出营生，越走越远，碰上了过境跟中国人做生意这档子事，这更好，——他们有利可图，小姐也能有收入。

我们得承认，即使在我们打瞌睡的时候，上帝也会亲自为我们在床头安置一位//241//守护天使！我们又何必要过于操劳呢？所有对我们有利的东西自然而然就会降临。我们的聪明一过了头，就总要干蠢事，因为众所周知，我们是败坏一切的能手。有利于我们的事物比比皆是，甚至包括懒惰和无知。如果我们这些生而善为一切的贵族想到，在西伯利亚几乎不用花钱就可以买到大片处女地，并把农民迁移到这些地方（此事从来没被禁止），那该会是个什么结果呀？那他们该成为何等样的有世袭统治权的大领主呀①！但幸运的是，他们的脑子里没有这个念头。在农村或者到圣彼得堡、莫斯科去过游手好闲的生活，讲讲以炫耀欧洲为内容的废话，他们会感到更愉快。是以西伯利亚竟连一个地主都没有，一切都是公家的，一切都是上帝的，一切都是皇上的。所有官员都由俄罗斯派；待个几年之后，不管自愿还是被迫，他们都得离职重返俄罗斯。我们的神职人员到处都很穷；腰缠百万的商人手里也没有土地，只有房屋和资本，生意大部分也都要通过俄罗斯来做。总之一句话，西伯利亚就像是一头用链子拴着的熊。

未来的事又有谁能知道呢？但以目前而论，还看不到西伯利亚有从我国分离出去的可能性。它太大了，居民又这么少，其间的交通又这么困难，任何企图都是难以成功的。那么，占有无边无际的未开垦的荒地对国家又有什么好处呢？

---

① 不久前，在萨拉托夫省伊尔吉兹河附近的荒原上，一个姓科洛科利佐夫的地主投了一笔很少的资金，就在一片未开垦的土地上定居下来。他没有用黑奴，甚至也没有用农奴，而是雇自由人来开垦，几年内就大富了起来，致使有人怀疑这个农业天才是不是个强盗，是不是造假币。这本是个激励人们学习的榜样；不幸的是，不知谁竟把他杀死在荒原上。

对于日益增长的人口而言，永远拥有足够数量土地储备的好处难道还少吗？不过这人口还是只能从俄罗斯来：一旦奥伦堡省和佩尔姆省南部地区住满了居民，他们就会以平稳的、相当密集的群体向前运动，移居托博尔斯克省。由此可见，俄国将因西伯利亚的缩短而不断延伸。唯有中国边界，尤其是阿穆尔河，才是应该多关心一下的地方。

//242//一离开克拉斯诺亚尔斯克，我便感到难以遏止的忧伤；在托博尔斯克得到的消息只能增添这种忧伤，而当地的生活方式也无法减轻这种忧伤。对我而言，一切欢乐只限于四顿饱餐；虽然一到傍晚寂寞得无法忍受，但我却没有去寻欢作乐，甚至没有出于好奇，看一眼当时在流放贵族瓦西利·瓦西利耶维奇·帕谢克管理下的剧院。我本可以马上离开托博尔斯克，但是太冷了，气温开始降到零下40度，我一直在等待寒冷稍过一过。但等待五六天以上又办不到，于是便在记忆中最严酷的一个冷天出发了。

我周身包裹得严严实实，坐在带篷马车里，还需要考虑如何保住耳朵和鼻子；我把皮大衣连头包住，紧紧系好，两眼陷入一片黑暗之中；我怎么能快活起来呀！两个县城，托博尔斯克省的秋明和佩尔姆省的卡梅什洛夫，就跟普通驿站一样一晃就过去了，在那里我只是暖和了一下，再就是换换马。2月3日晚11时我到达了叶卡捷琳堡。

半夜里好不容易才找到一位能把我领到城边老百姓家去的警官。他们不知为什么总是斜眼瞅我，不过还是给我匀了一个不太大的房间。我冻得乏透了，很高兴能在屋里呼吸点温暖的空气，活动活动我坐久了冻得麻木的关节。在躺下睡觉以前，我随便吃了点东西。我刚刚美美地进入梦乡，突然被异常的吵闹声惊醒了。把我同圣像室或祈祷室隔开的是一道薄薄的间壁墙，我的房东是个分离派教徒，这天正好是礼拜天前夜，他们于子夜12点整在没有神甫的情况下开始进行礼拜活动。怎么说呢，他们的诵经声和唱圣歌的声音听起来是那么让人受不了；我的狂怒和绝望实在难以形容。这一夜我的罪孽实在太深重了。我的仆人在另一处睡觉，没有他在跟前，我居然忘记了敬畏上帝，忘记了基督徒的义务，对他们的祈祷肆无忌惮地破口大骂，连连诅咒：骂声有时竟压过了他们的声音，但更经常是我的声音被他们的叫喊和低语所淹没。我早就不做声了，但他们还久久不断地高喊和尖叫。直到快天亮时，他们才仿佛结束了对我这个发疯的人的责备，让我安静下来。

//243//血液中的一阵强烈激动使我彻底醒了过来，我想起了索菲娅·卡尔洛芙娜·佩夫佐娃。我穿好衣服，冒着严寒，徒步去找她。在一个县城，要找到将军私邸的二层石头房并不困难。我被允许去见将军，在大厅里见到了他，周围站着许多他团里的尉官和校官。这宏伟的场面一点也没让我吃惊，更何况从第一眼起，阿盖·斯捷潘诺维奇就使我感到他不过是个刚刚穿上将军服戴上绶带的陆军司务长。我把自己的姓名向他做了介绍，又补充说，我受到他夫人的邀请，很想见见她。他干巴巴地，甚至是严厉地回答说：“她即将临产，挺着个大肚子，您不能见她。”我鞠了一躬，转身便走。我在楼梯上听到有人在追赶我。跟我走到并肩时，一位身着军装、身材不高，有些发胖的人对我说了这样一席话：“真的，我为我们的将军感到害羞，他根本不会生活；像您这样的客人是稀客，应该挽留才是。请允许我把自己的雪橇让给您，把您送到一家去，那家人家当然会对您作出应有的评价。”有什么能比这个建议更令人感到盛情呢？我接受了。

我的向导是叶卡捷琳堡团中校科列涅夫，他领我去见一位将军的夫人——四级矿务总监、矿业局局长伊万·菲利波维奇·格尔曼的妻子伊丽莎白·加夫里洛芙娜，娘家是卡奇卡人。丈夫在圣彼得堡，而妻子的那种殷勤招待实在让我脸红。她请我吃午饭，午饭之前不放我走；午饭后我打算告别，想回住处，当天就上路，这时她向我宣布，这个打算行不通，我的车已经进了她的杂物间，而我的行李则已经进了她丈夫的空办公室。我开始推脱，这时她回答我说："难道圣彼得堡的年轻人都这么不礼貌，连妇女的请求都不尊重?不，您不可以这么失礼，今天为您的到来我要举办一场舞会，全城的人都请来了，您可不能拒绝参加。"我能怎么办?夜晚过得糟透了，上午的接待又很不客气，这回显示出来的过分亲切可就把我完全给弄傻了。我对格尔曼夫人说，我完全听从她的吩咐。

//244//不过我还是应该先描述一下这位盛情的女主人的外表和她家庭的内部情况。她有 40 来岁，也许更大些，体重足有 40 来普特，也许还多些，棕褐色头发，脸上的麻斑摞着雀斑。她应该很有力气，因为身体虽然胖，行动却异常活泼、敏捷。两个孩子跟她住在一起，一个是 19 岁的女儿，另一个是 18 岁的儿子。儿子已当上矿务军官；几个小儿子都进了中等矿业学校。女儿长得眉清目秀，非常朴实；我很快便看出，介绍我来的科列涅夫爱上了这个姑娘，正想向她求婚，用各种办法极力向母亲讨好。

我想过，这样一个成年少女，为什么还要有一个只比她大 4 岁的女教师?我发现，列格兰夫人属于那种不配有夫人称呼的女人。不过，其实她们自己也记不清那剥夺了夫人称呼的时代究竟是怎么回事了。列格兰向我讲了好多关于勃朗舒夫人和巴黎其他女歌剧演员的情况，就像讲公主的故事一样。在这种随意讲述中她没有隐瞒这些人的任何一点短处，而说话时以平民的口气带出来的“俺”和“俺要”使我断定，她肯定给她们之中的某个人当过女佣。格尔曼家年轻姑娘幸运的是，列格兰与其说是给她当教师，不如说是给她母亲办事，当代理人。为了说明列格兰同男人的交往是如何无拘无束，我可以举一个例子：舞会进行时我进入一间小办公室休息，她看见我独自一人在那里，便走进来，毫不拘礼地坐到我膝盖上，双手搂住我的脖子。突然，女主人出现了，用雷电一般的目光迫使她站了起来。

我不是只从这一个方面遭到进攻：伊丽莎白·加夫里洛芙娜跟我跳舞，起初我只是认为，她是太累了，才这样紧紧地攥住我的手。在这方面我生来就愚钝，根本没受过异性的娇纵，所以并没有马上就猜到人家要做什么。但这儿事情是明摆着的。我有整整几昼夜连一分钟都没休息过，当我回到住处睡觉时，就把门锁上了：这没有什么好道歉的，对不起，我胆怯了。

我预计第二天早晨见到我时会很冷淡。何止如此，简直就是把我往外撵了，说是不能留我多住，不应该在路上耽搁太久。我感到很懊丧。头天晚上，舞会上一位五级矿务官伊万·科兹米奇·萨夫科夫走到我身边轻声对我说，索菲娅·//245//卡尔洛芙娜因为丈夫表现无礼而感到绝望，说她求我一定要跟她见面，在没接到她给佩尔姆的父母捎的东西之前不能离去，说如果我能马上去，丈夫会亲自下令接待我。

我没有放过这个机会。

我早已发现，叶卡捷琳堡的军事部门和矿业部门之间不大和睦，两个营垒中都有变节者。我傲气十足地通知格尔曼夫人，我马上就要走了，但事先要见一见佩夫佐娃夫人，于是就到她家去了。她丈夫说得对，她连迈步都困难，但是在这种状态下依然可爱，依然令人感到愉快。我已经不能像7

个月以前那样总盯着她看了：我头脑中保留的依然还是那女人容光照人的形象，有了它，我眼中其他女人的魅力全都黯淡无光了。

当我摆出一副悲伤恭顺的样子告诉佩夫佐娃，不知为什么可敬的伊丽莎白·加夫里洛芙娜·格尔曼对我的态度突然发生了变化时，佩夫佐娃不禁哈哈大笑起来。奉将军之命，在他家附近为我找到了一套房间。

很快，年纪轻轻的格尔曼①跑来看我来了。他一点儿都不想附和自己母亲对我的毫无道理的愤怒，提议同他一起到别廖佐沃的官办采金厂去看看。我们在那儿吃过饭之后，便下到矿井，这样，我生平第一次到了地底下。这次下到地底我实在是太心不在焉了，没见到什么特别有意思的东西可以向读者奉告，不过男女两性工作人员的淫荡无耻着实令我吃惊。晚上我是在佩夫佐夫家度过的，第二天便离开叶卡捷琳堡，行前未同格尔曼夫人告别。

到达佩尔姆之后，我住在以前的房东钟表师罗森伯格家中。这个城市比夏天时更加悲凉：每排低矮房舍的门前都堆着一垛由暴风雪在宽阔街道上刮起来的雪墙。我不打算在这儿久留，当天晚上去见莫杰拉赫，把佩夫佐娃的信交给他。他妻子身体欠佳，女儿们没露面，于是我∥246∥同他单独在一起。他的话说得多起来了：他说，别看我年轻，参与的却是国际事件，然后开始阐述这些事件，流露出来的感情完全是叶卡捷琳娜时代德国人的感情，很珍视俄国的荣誉。谈

---

① 他叫费多尔·伊万诺维奇。他具有非凡的智慧，惊人的才能，道德却极其低下。后来他转入军界服役，在原奥伦堡，今圣彼得堡军事省长埃森手下任职。他以副官身份掌管整个地区，名声大噪，致使圣彼得堡令其长官把这个太有能耐的副官撵走。

到奥斯特利茨战役和普列斯堡和约的后果[1]时他十分难过；谈到两个选帝侯从得不到公认的皇帝手中接过王位以及由此王国尊严受到贬低时，他感到愤怒。但他依然相信俄国的威力，希望普鲁士能给予有力的帮助。他使我感到宽慰，告别时我对他满怀敬意。

从佩尔姆到喀山一路上我很愉快，因为气温在持续多日的严寒之后突然变得相当暖和了——旅途中的解冻天气总是给人以平安顺利的感觉。在谢肉节的天气里，礼拜二，也就是谢肉节那天，我抵达了喀山。

夏天，离开该城之前，我曾向城防司令卡斯捷利的儿子尼古拉·斯捷潘诺维奇保证，回程时要住在他家。他原是一个善良、快活的年轻海员，不久前退役，娶的是尤什科夫家的女儿。我能信守向他许下的诺言，心里感到轻松愉快。我跟他形影不离，满城游逛。那时城里经常有人举办快乐的宴会。

在外省的管理工作中，省长夫人被认为是必不可少的人物。省长把本应由他操劳的家政和社交生活交给夫人去办，他本人就可有更多的自由去从事公务。当省里二把手的位置成为空缺时，这省城似乎就缺了点什么。子女们离鲍里斯·亚历山德罗维奇·曼苏罗夫这个大好人都很远，在首都的亲戚家里接受教育，他孤身一人过着鳏居生活，很是寂寞。老百姓的看法构成了一种压力，他只好听从之，在谢肉节前夕同巴拉塔耶夫公爵的长女伊丽莎白·谢苗诺芙娜举行了二次婚礼，遇上对他们如此重要的事件，喀山人真不知道该怎样表示自己愉快的心情。

不久前，几乎是昨天，才进了曼苏罗夫家门的这位夫

---

① 见330号文件注释1。

人，年龄只有丈夫一半大，但在老成持重方面却几乎比丈夫还厉害。她还记得当省长的父亲，也就是说，省长一职对她而言并不稀奇；不过，由于她生性谦虚，每当年长的夫人向她让座时，她总是感到//247//忸怩不安。曼苏罗夫见到我很高兴，甚至可以说变得更善良，更亲切了。我们白天和晚上都在一起，一起参加婚宴，一起乘车兜风，参加舞会。就跟在奔萨一样，但又有所不同：喀山的地主殷勤、真诚，奔萨的地主则没有这些品质；奔萨的夫人们好装腔作势，吹毛求疵，而喀山的夫人则没有这些东西。

不过流言蜚语还是传开了，在省城这种事无可避免。人们说我是巴拉塔耶夫的小女儿阿历克桑德拉·谢苗诺芙娜的未婚夫，因为我常去看望她的母亲，常同她跳舞，而且的确发现她比别的姑娘更漂亮，更可爱①。

当时喀山有一个从作战部队来的人，要我说就是个逃兵，是热尔图欣的儿子，伊兹玛伊洛夫团的上校，叫谢尔盖·费奥多罗维奇，他参加了奥斯特利茨战役或者就在离它不远的地方，当危险从远方威胁到他的时候，他便跑到父母这儿来躲清闲了。我曾向他详细打听过一些情况，他的回答怪怪的，又不连贯，我把这归结为他骄傲或是谦虚的问题。后来在圣彼得堡才知道，所有这些都是因为他行为不端引起的，反正一回忆起战事来他就惶恐不安。

礼拜二，大斋期的第一周，我离开喀山。奔萨近在咫尺，真应该再到奔萨去一趟。换个时间我是不会在那座城市住上一周的，但我喜欢喀山的丰盛宴会和奔萨安静的家庭生活。我又走过辛比尔斯克，因为是在黑夜，暴风雪又刚刚开始施虐，所以没能看见那座城市。我只是在驿站里等待暴风

① 她现在嫁给了喀山大学督学穆辛—普希金。

雪过去，天亮时才离开。用不着赶路；我在奔萨既见不到父母，也见不到亲人。

当我父亲在圣彼得堡时，军事省长彼得·亚历山德罗维奇·托尔斯泰伯爵曾说动了他通过其下属采购奔萨的面粉，经由苏拉河和伏尔加河运往首都。他认为由负责军粮的官员来做这件事会给公家带来很大的损失。我父亲欠考虑，便同意了。这次危险的交易获得了成功，也就是说，比往年便宜一半。但船队在途中做过几次停留，致使面粉表层受到了一些损伤。这就给仓储部主管五等文官//248//罗曼诺夫斯基提供了一个口实，把所有的面粉都宣布为废品，因为这项业务使他丧失了每年都能得到的好处。当时，可敬的托尔斯泰伯爵不在圣彼得堡，他正指挥一个军团在波美拉尼亚登陆，前去支援汉诺威。他保住了自己的职衔，但职务暂由陆军大臣维亚兹米季诺夫代替。后者是我父亲的好友，为人善良，但有点软弱，好怀疑。我父亲为免遭彻底破产，不得不带领全家前往圣彼得堡：他总算做对了，因为后来案件的发展使罗曼诺夫斯基先生得到了可耻的下场。奔萨城对我来说已经是空城一座了，在这里我能有什么可做的呢？我几乎没见任何人，在城里休息一昼夜，便又踏上了无尽的返程之路。

在莫斯科我见到了姐姐和姐夫，他们很快活，心满意足。对于官阶与阿列克谢耶夫上校相等的人来说，这快乐的原因在今天来看几乎就是忧伤的原因：除了挂在脖子上的安娜十字勋章之外，我姐夫衣襟上又别上了一枚符拉季米尔十字勋章。这两枚叶卡捷琳娜时代颁发的勋章，一枚奖励军功，一枚奖励政绩，都是十分珍贵的。保罗皇帝没有颁发过，亚历山大皇帝对颁发这些勋章十分吝啬。父母把另外两个姐姐也留在莫斯科阿列克谢耶夫家中，所以几乎全家都见到我了，高兴的心情就用不着说了。我离家之后，他们不是以时间，而是以距离的遥远来衡量这种离别，是以见面时就像是分别了10年似的。

尽管是大斋期，莫斯科还是非常热闹，非常快活。当时，莫斯科正在等待胜利的凯旋者。巴格拉季昂公爵几乎是唯一一位保持了俄军荣誉的军事长官，他率领着众多在最后一场战役中同他一起作战的年轻贵族，回到莫斯科来接受花环。我在谢尔盖·费奥多罗维奇·戈利岑公爵家中仅见到其中的一位——他的三儿子谢尔盖。他头部受伤，伤口上扎着一块黑绷带，又好看，又俏皮。为欢迎巴格拉季昂和他的众多战友，举办了大量节日活动，既有颂扬勇士的诗歌朗诵，又有大合唱。在其中最辉煌的一个人数众多的贵族集会上，我多次提到过的瓦西利·阿列克谢耶维奇·霍万斯基公爵的三个女儿中的老大出场了；她打扮成一个勇猛善战的少女，头戴钢盔，身穿带橙黄色绦带//249//的浅绿色男式短外衣，披的不是普通的绶带，而是近卫步兵团才有的圣乔治绶带，巴格拉季昂正是这个团的团长。她以优美的声音唱着颂诗，赞扬他的光荣；一切都非常感人，也有点可笑。我觉得，我是以一种愧疚的心情归来的，所以没有到任何地方露面，这里写的，只是听说而已。

冬天的旅途实在太讨厌了，跟亲人在一起是那么美好，我把出发日期一直往后延了10天。但是最后一程的道路开始变坏，我应该早点走，才能利用上冬季的路。这样，我3月12日离开莫斯科，16日，在阔别10个月之后，又回到了圣彼得堡。

第十二章　1806年。重返圣彼得堡。

我有父亲租赁的那套住宅的地址，在那里我找到了特意为我准备的房间。莫斯科的姐妹为我的归来高兴得要命；但在圣彼得堡见父母的情况可就有点不同了。我的父亲因为我走了那么远的路却闹了个不成功的结局，多少感到有些惋惜。

图利诺夫一家当时也在圣彼得堡。那时还没有禁止外国产品进口一说，开办呢绒工厂发不了财，只是刚够过日子。前一章我说过，他的大儿子阿列克谢·伊万诺维奇虽然年轻，本事倒不小，只是特别贪财。当时，开酒馆几乎是唯一的生财之道：承包人都是些真正的炼金术士，但找到的办法不是点金石，而是杯中之物。枢密院决定对新的酒类专卖进行招标，于是年轻的图利诺夫说服了父母，进入对家族而言是新的商业天地去试试运气。但是同前4年相比，追求幸运的人数急剧扩大了。伏特加酒专卖权的要价以及官府的收入同样也都提高了。这样一来，图利诺夫弄到手的奔萨省的专卖权就不太有利。这种情况搞得我父亲也很不高兴，因为公开帮他做酒馆生意吧，是件不太体面的事；而拒绝帮一个亲戚吧，又太狠心，还不大说得过去。

//250//我哥哥尼古拉趁着他两家至亲都到了首都的良机，头一回打算带着新婚的妻子逛逛圣彼得堡。我至今还没见过这位嫂子，虽说忌妒亲哥哥是一种罪孽，但我得承认，我忌妒了。她是一个为显示凡人可以在多大程度上同天上神仙相似而降临尘世的精灵，她匆匆地来又匆匆地飞去了。

4月末的春天，我大哥帕维尔来了。远征时他一直跟在军队后面；当我在贝加尔湖周围翻山越岭时，他正跟部队一起穿越匈牙利。当我们从遥遥相对的两点走到一起时，相互间是有好多话可说的。我身在异乡的父母看到大部分家庭成员团聚在身旁，心中很是快慰。当我忆起当时与家庭有关的一切，忆起感觉比什么都珍贵的一切时，我还要说一说当时在城里和社会上能见到、能发现的一些东西。

思想情绪

我发现圣彼得堡人的思想情绪与莫斯科有所不同。莫斯科人可以说沙皇的坏话，甚至嘲笑他，同时也大骂战胜了他的人，以鄙视的口吻把拿破仑说成是“这家伙”。圣彼得堡人则相反，总是克制，大家觉得民族领袖所遭受的屈辱整个国家都无可避免地应该同他分担。对我们强大的敌人所产生的愤怒也更深沉，更得体：没有表现得特别沮丧，大家都显得很勇敢，都倾向于把他的这次胜利归结为走运，而不是技艺高超，都希望跟他再决一胜负。在国外培养、又参加过这场战争的青年显贵们与其说是仇恨他，把他作为祖国的敌人，不如说是把他看成胆大包天抢了伟大的路易十四王位的小小中尉。这些显贵们傲慢而又威严地谈论未来他们将要如何建功立业；还有一些人则暗中嘲笑他们，故意把他们不是称为英雄而是称为狗熊，把大量赐发给他们的安娜佩剑称为驴子佩剑。尽管法国保皇主义、进而乃至奴颜婢膝在这种情况下都沾上了爱国主义色彩，但皇上对社会精英、宫廷和近卫军中所表现出来的//251//情感应当还是满意的。遗憾的是别的东西在新京几乎就没有了。另一方面，英国的追随者却把英国看成是我们的救星，英国对我国事务的影响比以前更大了。虽然我不了解情况，但从那时起我就开始憎恨英国：一想到不受大陆危险威胁的高傲的岛国人雇佣了一批民族为他们的利益打仗，而我们也在其中时，我就觉得是受到了侮辱。

当时的社会舆论狠狠地抨击了一个追捧英国体制的人。掌管外交事务的亚当·恰尔托雷斯基公爵在皇上出国旅行和奥斯特利茨战役期间一直追随在他左右，成了大家最恨的一个人。中等阶级直接把他称为叛徒。看到事件对我们不利他就暗自高兴。这一切没能逃过社会上层的眼睛。这时皇上还珍视俄国的意见，而俄国人则大声疾呼要他把这个叛徒赶走。于是到了夏末，恰尔托雷斯基不得不离开外交部，只保留了维连斯基大学督学的头衔[①]。有人告诉我，从使团回来的时候，我一定要去见他。我觉得这是一件十分沉重的义务，但完成了。我在前厅见到一个值班的，由他去报告我的晋见；他一个人在屋，5 分钟以后吩咐我去见他。我走过长长一串房间，进入他的办公室；他没有坐着，而是站在一张很高的写字台旁，对我转过身来，露出愉快的微笑，说了几句客气话，提了几个无关紧要的问题，最后建议我在他手下工作。我鞠了一躬，表示感谢，回绝时也没有想要找什么冠冕堂皇的托词。当时，说真的，就在我似乎是打算把他杀掉的时候，他对我却是那么善良。后来，一想起这件事，我就会感到歉疚。我不知道什么地方博得了他的垂青？不知是我的外表，还是我那非俄罗斯的姓氏，抑或是他想象当中认为我对自己受到的不公正待遇必然会感到不满？这是我唯一一次//252//见到他，即使有偏见，也能看出他的面部表情给人的印象非常愉快，尽管下巴过于前突。

在此之前我已经见过我的两位真正的长官科丘别伊和斯佩兰斯基，他们冷冷淡淡、干干巴巴接待了我，什么也没问，只是说，我可以照旧在办公室工作，也就是说，从事翻译，照旧可以什么事都不干。

伙伴们捎来的信把我带进了一些人家的客厅，我在那里受到很殷勤的接待，但更多是受到了注意。我并没有想利用这些信件，起初分送它们的时候，只是交给看门人。但该着我有扬名的时刻。人们找到我，我受到邀请，得到彬彬有礼

---

① 见 27 号文件注释 1。

的接待，人们详细向我打听种种情况。舒伯特父子回来的时候比我早了几个月，但在上流社会他跟谁都不认识，谁家也没有去，而且回来的时候正是有头脑的人关注西方事件的时候。另外，他是从伊尔库茨克回来的，就是说，是从西伯利亚回来的，这就一点儿也不稀奇了；而我呢，似乎是直接从中国回来的第一人。正是在这种情况下，也正是在这种时候，我才有机会到古里耶夫家去了两三次。德米特里·亚历山德罗维奇当时虽还不是阁老，但便已经以其僵化的思想压得内阁和皇室领地司的下属官员透不过气来了。在上流社会他摆出一副天皇贵胄的派头。虽然他的父亲几乎是出生于徭役阶层，是一个富有的、但却没有贵族血统的外省地主管家，但他本人娶的却是萨尔蒂科娃女伯爵。那是个上了年纪的老姑娘，虽拥有大量财产，但大家都不敢向她求婚。普拉斯科维娅·尼古拉耶芙娜当时的年龄已相当的高，这位夫人对那些她认为与自己门第相当或者想与之相当的人广施柔情蜜意，而对那些她觉得比自己低下的人则骄傲得让人感到压抑。这对夫妇在 19 世纪初叶开始了成为我国财政显贵的无往不胜的历程。这个家庭，够分量的爵位虽有了，但总是跟宫廷贷款分不开；财富只有一份，不过倒是很大；最后，还有时尚，无论是人，还是服饰，摆的和用的也并//253//不都是最好的。偏见的力量也真是很大，我到了这么一个家庭，听到主人的问候，一时间竟觉得自己似乎也高了好几寸。

在纳雷什金家我不用别人再介绍就受到了良好接待。不过，对子女的热爱使亚历山大·利沃维奇对被他儿子在信中称为朋友的我过于客气了。

他的妹妹是我们使臣戈洛夫金的妻子，名叫卡捷琳娜·利沃芙娜。我离开之后，她才从意大利回国。我没有给她带信回来，她主动想同我认识。如果不知道，就很难说出她有多大岁数。年轻时她就长了一张男人的脸，不漂亮，有点老派。由于相貌难看，给人一种坚韧木讷的感觉，这样就很抗老，脸上的颜色早就不漂亮了，所以卡捷琳娜·利沃芙娜45岁跟16岁也没有什么区别，长得难看，却不苍老。而且还有一条，她身材苗条，犹如20岁的少女，服装也非常合体；还有就是她动作非常灵活，聪明，待人非常殷勤，非常讨人欢喜（我本不大愿意说，还有她的慷慨大度）。大家不难相信，有的人很愿意承认爱上了她，不过我不在这其中。她出乎意料待我很亲切，而我也毫无私念地爱跟她在一起，爱跟她谈话。有经验的女人一眼就能衡量出她们眼前男人的情感有多强烈，一般而言，她们更喜欢成熟，而不是不成熟的漂亮外表。戈洛夫金伯爵跟他夫人早就是名义上的夫妻了。我甚至认为，对丈夫的那种温柔的真情早已失去了地位，他们夫妻间早已没有爱情，仅剩下了义务。

他俩只生过一个女儿纳塔利娅·尤里耶芙娜。如果不是她线条太粗，完全可以被认为是一个完美无缺的美人。不过她年轻、娇艳，加之风情万种，媚态天成，使许多人为之倾倒。她16岁就嫁给了尼古拉·伊万诺维奇·萨尔蒂科夫元帅的次子亚历山大·尼古拉耶维奇·萨尔蒂科夫，虽说看起来像个黄花闺女，但已经是//254//4个女儿[①]的母亲了。她丈夫苍白干瘦，看起来比实际年龄老。他是跟亚历山大皇帝一起长大的，父亲是皇上的太傅，举止跟皇上也有相似之处。他为人庄重而不傲慢，谦和有礼，绝不媚俗。在智力方

---

① 这几个女儿都嫁给了姓氏显赫的人：大女儿嫁给了戈利岑，二女儿嫁给多尔戈鲁科夫，三女儿嫁给了舒瓦洛夫，四女儿嫁给颇托茨基。

面受到的教育跟当时其他高官重臣的子女大同小异，都是饱读法国文学作品，受到法国贵族精神的熏陶，满脑子装的全是法国的历史知识，不用说，法语说得比本族语还好。不过他可会抓紧机会，用俄语把祖国真诚地夸耀一番。他是在叶卡捷琳娜时代受的教育。有一次，在童年时代，他同皇上发生过争吵，这孩提时代的不快使皇上对他冷淡了。但公众舆论却给予他有力的支持。人们以为他知识渊博，他表面上的安静和坚忍不拔、对祖国的热爱，使人们以为他是一位伟大的国务活动家，并为他所担任的外务院委员一职实在太微不足道而大鸣不平。亚历山大皇帝这一生有多少次都是为了社会愿望和共同福祉而违心地作出了牺牲，后来曾多次任命他担任高官，但可惜他办事可比不上他的声望。

年轻的女伯爵智商不高，但却魅力无穷。她在母亲家里同我相识，又邀我到自己家里，把我介绍给她丈夫。她丈夫对我相当客气，希望我继续去做客。没想到这光彩照人的母女二人竟会如此凄凉地结束了自己的生涯①，不由得一阵怅惘。

她们厌倦了上流社会的生活，告别了这个社会的空虚和诱惑，离开了它，去过一种笃信上帝的或者说朴素的安静生活。这时，她们也把尊重带入了自己的栖身之所。但那些仅仅为了能更加随心所欲地沉湎于受到上帝谴责的快乐，而断绝了同他的联系，并远离他无言判决的人们实在是太不幸了！戈洛夫金伯爵夫人早已离开了人世，她女儿不久前我还见过一次，依然那么善良，依然那么动人，甚至还不算太老。看到她对人们的不尊重竟是那么无动于衷，我内心很是为她惋惜②。

---

① 见附录二。

② 见附录二。

//255//涅瓦河也是一条列塔河，它也具有遗忘之河的特点。是以那些从外省来的人，虽然原来都曾积极参与过外地的轰轰烈烈，也愤怒地看到过其中的种种不平，看到种种混乱现象，但只要喝上一口这涅瓦河的魔水，很快就会对外省的福祉漠不关心，也不再让外省的回忆萦回心头了。看到这条骗子河还只不过一周，我便把西伯利亚、薇罗奇卡和使团抛到了脑后。但紧接着还是不得不再提起使团的事。

中国事务的终结

有人突然告诉我，说巴伊科夫回来了：我不相信，更何况这事发生在4月1日。不过我倒想起了瓦尼方季耶夫的预言；这预言丝毫不差地实现了。

有段时间还在尽力对巴伊科夫返回的原因保守秘密。我不是库伦事件的见证人，所以不敢保证此间说的情况确实可靠，这里转述的只是后来听回来的同伴们说的。

望不到尾的驮运队在持续不断的严寒中用了三个礼拜时间才一步一步跋涉到库伦。使团挨着一个大的蒙古营地安下了营。在蒙古营地中，只有一处地方是结实的，这就是汗的两位地方大员的住处。头几天大家客客气气地相互拜访，也就是在礼节性的活动和交换礼品中过去了。使臣从来没有这样卖力地展示欧洲人的灵活性和盛情。但是由中国人的态度可以看出（请允许我用一个十分不雅但又常用的比喻），这些举动对他们实在好像是对牛弹琴。要是能派一个反应迟钝的人去见他们可能会好得多，那傻乎乎的样子会更容易赢得他们的礼遇。中国官员把戈洛夫金和巴伊科夫看成是供他们取乐的丑角，他们提出的要求每天都开始加码：对于可怜的使臣来说，那真是忍耐力最严峻的考验。有一天，北京来了命令，他应邀到郡王那里去参加一个庆典；当场就建议他演练谒见皇帝时应遵守的礼仪。说是要他爬进一个供着皇帝画像的房间（能相信吗?），//256//背上还要背着一个绣花枕头，上面放上他的国书[10]。他回答说只有在本国朝廷允许的情况下，他方能同意这种屈辱。也许，他摆出一副要在中国长久住下去的坚定态度是想吓唬中国人。第二天，所有送给他们的礼物，都用箱子和匣子装着，不是摆在，而是扔在使臣帐篷前面。这样一来他再也无计可施，只好返回西伯利亚等待本国朝廷的命令了。归程太可怕了：不久，除了严寒又加上了饥饿。使团一连几天也等不到食品供应。有时送来的不是肉，而是整只活羊，数量也不多。由于队伍里没有宰羊的人，还得为宰杀羊只付钱。这些个野蛮民族，给使团带来的不快可谓无以复加。我怎能不从内心深处感谢上帝呢，是他让这个作恶多端的巴伊科夫心血来潮，才使我得以免遭这些徒劳无益的苦难！戈洛夫金在荒漠里跋涉了 56 天，像摩西一样，没有见到乐土就返回了恰克图。

现在需要面对沙皇，为自己的失败辩护，证明自己无罪。回到伊尔库茨克后，巴伊科夫提出他愿意效劳，使臣怀着感激之情接受了。巴伊科夫是一个往别人眼里揉沙子的能手，完全可以指望他能把情况介绍得天花乱坠。就这样，巴伊科夫疾驰而去，而戈洛夫金则留在伊尔库茨克，等待决定自己的命运。

但这个叛徒一到首都，便仅仅只是为他自己辩护，给自己大摆功绩，把所有的罪过都推到给予自己信赖的人身上，千方百计给对方抹黑。在西方遭遇失败之后，皇上在心情上不是那么倾向于宽容，可怜的戈洛夫金失宠了。但他的朋友们为巴伊科夫的厚颜无耻和不诚实所激怒，也把这个家伙整了一下。一周之后，他被派回伊尔库茨克，命令他和戈洛夫金留在当地，等待召回。使团的所有其他官员允许返回，怎样返回，何时返回，由他们自己定。

//257//以一桩无心之过，竟把他以被放逐者的身份留在前不久还由他发号施令的地方，而且可以说是把他跟一个明显的敌人、一个恶棍面对面地放到一起，在我看来，这惩罚是过于残酷了。应该承认，亚历山大皇帝在以精细入微、引而不发、旷日持久等手段达致惩罚目的这方面是位大行家。戈洛夫金没有到北京，俄国又能有什么损失呢？即使到了那里，又能有什么作为呢？倒是把上百万卢布白白扔掉，才是事先应该考虑的。

为了不把别的回忆同结局这么可笑、这么可怜的使团混到一起，我才想到要把这一章几乎完全用来对这个使团做彻底的描述。

我们的那些年轻人整个夏天一个接一个地返回了圣彼得堡。只有那些没有生命的东西，那些镜子和那些贵重物品永远留在了伊尔库茨克，用以在该城装饰后来修建的总督和省长官邸。当最后一个官员于9月初返回后，前使臣和使团秘书才得到允许离开西伯利亚。由于10月中旬之前他们无法接到命令，所以归途中的他们——不言而喻，不会同行——心情不会平静。戈洛夫金在翻阅拉辛写于伊菲革涅亚的诗篇时也可以说："我在（朋友们）簇拥之下凯旋般前往那里，归来时却孤身一人，心情绝望。"①

他原是社会上一位最著名的公民，如今又安详地毫无畏惧地返回社会；但好久没在宫中露面。在亚历山大王朝的整个时期，他怎么也忘不了自己的首次出师不利。有时他也能略有擢升，但从来无法完全站稳脚跟。他发现我同他的家庭

---

① 原文为法文，根据俄译文译出。——中译者

关系很不错，对此颇为认同。回忆起巴伊科夫的不怀好意，对我的好感更是大为增加。

俄罗斯国立中央文学艺术档案馆，全宗 104：《维格尔·菲利普·菲利波维奇》，目录 1，第 3 保存单元，1842 年，《笔记》，卷 2，7—12章，139～257 页。原件。手稿。

抄件藏同处，案卷 10，283～450 页①。

注释：

[1] 兹将 Ю. А. 戈洛夫金使团参加者 Ф. Ф. 维格尔（1785—1856）的《菲利普·菲利波维奇·维格尔札记》（以下简称《札记》）刊载于此，作为本卷附录一（1）。维格尔是一名颇有地位的官员，还是一名文学家、著名的回忆录作者、收藏家。

菲利普·菲利波维奇·维格尔生于奔萨县乌斯宾斯科耶村（即辛布霍沃村）（О. М. 萨温：《奔萨的文坛》，萨拉托夫，1984，112 页）。其父菲利普·拉夫连季耶维奇·维格尔于 1797 年为俄国服役，后获中将军衔，曾任基辅卫戍司令，后为奔萨省长。因业绩卓越，得过多枚奖章，被列入基辅省贵族家谱（《百科词典》，普柳沙尔出版社，圣彼得堡，1837，卷 10，75 页）。Ф. Ф. 维格尔的母亲娘家姓列别杰娃，出生于一个不太富裕的俄国贵族家庭［Ф. Ф. 维格尔：《菲利普·菲利波维奇·维格尔札记》，俄国档案出版社，手稿增补版，莫斯科，1891—1883（原文如此。似应为 1893。——中译者），卷 1，13 页］。

某些资料称，维格尔出生于波罗的海沿岸，德国人（Д. 潘捷列耶夫：《未获成功的使团》，载《中国福音》，北京，1939，№1－2，1—2 月，26 页）。还有一个作者说："出生于瑞典王国古老贵族的维格尔一族有一个族徽：蓝色盾牌上方是三颗银星，下半部为金色田野，一山耸立，山上有一头雄鹰。头盔上面插有四面白旗，中间插着一把尖端朝下的长剑。"（А. Б.

---

① 346～393 页为作者手抄。

拉基耶尔：《俄国的族徽》，莫斯科，1990，324 页）同一作者又说："其根源于瑞典的芬兰贵族，同样也是自古有自己的族徽，其图形收于专门的徽章图册中。"（同上，204 页）

看来，拉基耶尔显然是对的，因为在"波尔塔瓦城下和第聂伯河畔佩列沃洛奇纳亚村大决战中由瑞典军俘虏之将军、校官、尉官名单"中，载有骑兵中尉彼得·维格尔的名字（1709 年）（俄罗斯国立中央古代文献档案馆，正教事务衙门印刷厂图书馆手稿部全宗第 381 号，目录 1，案卷 952，24～25 页）。

不过维格尔本人认为自己的姓氏来自芬兰。他写道："但不管怎么说，我不是瑞典人。哦，毫无疑问，我是芬兰人或爱斯特人，说白了就是楚赫纳人！对后代我有义务说出全部真相，但对同时代人我将严守这个可怕的秘密。那些好嘲笑我的敌人一旦揭开了这个秘密，肯定会数落我有这么一个奇特的出身。"［Ф. Ф. 维格尔：《札记》，莫斯科，1891—1883（原文如此。——中译者），卷 1，8 页］

维格尔的童年是在基辅度过的。1798 年初他被带到莫斯科，住在显赫的大臣 С. П. 萨尔蒂科夫家，而整个 1799 年则是在失宠的公爵 С. Ф. 戈利岑的乌克兰庄园度过的。在这里他遇到了伊万·安德烈耶维奇·克雷洛夫，后者当时正在教公爵的两个儿子学俄语。维格尔同他们一起跟克雷洛夫学习，当然，他那生动丰富的俄语在很大程度上应归功于克雷洛夫，这是他写东西的一大特点。与此同时，在显赫的大臣家中当食客，这种角色也在维格尔身上造就了一种辛辣，而这个性格特点在其后来的生活中对他妨碍很大。在这两家学习的时间之间，有一个间隔期，这期间他又在莫斯科法文中等寄宿学校度过几个月时间，"因为给寄宿学校的一位女生写了封温情脉脉的信"，而被学校除名（《谈维格尔的回忆录》，载《祖国札记》，1864，157 卷，428、429 页）。

1800 年（8 月 31 日）士官生维格尔被派到外务院莫斯科档案馆工作，为"编外候补"，不拿薪金，后录用为翻译。1802 年 7 月 17 日"由档案馆调到院里"（俄罗斯国立中央古代文献档案馆，外交部莫斯科国家档案馆图书馆手稿全宗，目录 1，案卷 227，96 页背面、99 页）。这之后，他在圣彼得堡国家福利事业考察队供职（1803—1804）。1805 年被列入 Ю. А. 戈洛夫金使臣随员的行列。使团缩减之后，他同其他一些人一起留在边境，未能到达库伦。后来在交通总监 А. А. 贝坦库尔身边任职（1816—1823），还当过比萨拉比亚边疆省最高委员会委员和副省长（1823—1825）、刻赤市长（1827—1828）（《革命前俄国史》，卷 2，上部，1801—1856，17～18 页）。1829 年为内务部宗教司副司长，后为司长；1840 年离职，定居莫斯科；退休后获得三等文官的高级官衔。他出过国，到过芬兰和法国，没有家室。

维格尔在文学界享有很高声望。是文学会“阿尔扎马斯”的创建人之一，该学会把文学中新“卡拉姆辛”派的拥护者都联合了起来。从 1810 年起，他结识了许多作家（普希金、茹科夫斯基、维亚泽姆斯基、扎戈斯金），他们给予他很高的评价，认为他是一个机智的交谈对象，知识渊博，观察力敏锐。后来，普希金和维格尔在敖德萨过从甚密，二人都在 М.С. 沃隆佐夫伯爵手下供职。普希金写于 1823 年的那首诗《可恶的基什尼奥夫城》就同维格尔有关（Я.Л. 列夫科维奇：《А.С. 普希金致妻子的信注释》，列宁格勒，1986，197 页）。

关于普希金和维格尔相互关系的详情可见 Л.А. 切列伊斯基：《普希金及其周围的人们》（列宁格勒，1976，65～66 页）。

维格尔住在莫斯科时，常去 А.П. 叶拉金娜家的文学沙龙，是 Д.И. 苏什科娃（诗人 Ф.И. 丘特切夫的姐姐）家的常客。А.С. 霍米亚科夫、И.В. 基列耶夫斯基和 П.В. 基列耶夫斯基二兄弟、Ю.Ф. 萨马林、И.С. 阿克萨科夫、К.С. 阿克萨科夫和 С.Т. 阿克萨科夫、М.П. 波戈金、П.Я. 恰达耶夫和其他一些文学家也常来这里。1827 年他与普希金一起，在莫斯科兹纳缅卡大街 С.С. 阿普拉克辛家的剧院看过罗西尼的歌剧《偷东西的喜鹊》（Д. 潘［捷列耶夫］：《未获成功的使团》，26～27 页；《莫斯科编年史家》文集，莫斯科，1988，卷 1，135～136 页；Д.Д. 布拉戈沃：《老祖母的故事》，395 页；А.Ф. 丘特切娃：《随侍两朝皇帝——尼古拉一世和亚历山大二世宫廷女官回忆与日记片断》，莫斯科，1990，112 页）。Ф.Ф. 维格尔也常与 М.Ю. 莱蒙托夫见面，后者曾于 1839 年 7 月 22 日在皇村卡拉姆津家听维格尔朗读他的《回忆录》（《М.Ю. 莱蒙托夫生平与创作年谱》，载《М.Ю. 莱蒙托夫文集》，莫斯科，1990，卷 2，667 页；《莱蒙托夫百科辞典》，莫斯科，1981，649 页）。1840 年 5 月上半月，当莱蒙托夫前往高加索途中滞留莫斯科时，他又几次与莱蒙托夫偶然相遇（《……年谱》，647 页，《莱蒙托夫百科辞典》，651 页）。

维格尔是著名的《札记》作者，该《札记》在俄国回忆录文学中占据显著地位（详见后）。有两篇特写也出自他的手笔，一篇特写是《对比萨拉比亚现状的我见》，写于 1823 年 10 月份（《Ф. Ф. 维格尔文集》，载 Ф. Ф. 维格尔的《札记》，莫斯科，1839，第 6 册，附录，1～36 页。另一版本载《俄国档案》，1839，第 1 册，1～80 页）。还有一篇特写是《刻赤：Ф. Ф. 维格尔文集》（1827 年）（载 Ф. Ф. 维格尔的《札记》，第 7 册，附录，3～68 页）。这一特写还有一个版本，名为《刻赤札记》（载《俄罗斯历史和古代文物学会论丛》，莫斯科，1864，第 7 册，附录，11～99 页）。手稿存于国立莫斯科大学图书馆珍本和手稿部（Н. Г. 萨普雷金娜《Ф. Ф. 维格尔收藏的肖像集：附有简介和目录》，莫斯科，1980，行下注在 3 页）。

两篇特写都撰写于维格尔在南方工作的时期，是对当地社会生活很刻薄的写照。总之，维格尔的尖刻笔触伤及许多人。他的同时代人之一Д. А. 斯托雷平（俄国杰出的政治活动家彼得·阿尔卡季耶维奇·斯托雷平的祖父）甚至去求助期刊，愤怒谴责他“身后”还对其亡父阿尔卡季·阿列克谢耶维奇·斯托雷平——三等文官、总检察长、枢密官，还是改革家 М. М. 斯佩兰斯基的朋友——进行“诋毁、辱骂和诽谤”（《莫斯科新闻》，1864，№107）。

当代作家 Н. 沙赫马戈诺夫认为，维格尔是“当时最幸灾乐祸、最挖苦的回忆录作家之一，对谁都不留情”（Н. Ф. 沙赫马戈诺夫：《奇妙的领袖波将金》，载于《几千年的道路》，莫斯科，1991，103 页）。维格尔也以笔名发表作品，笔名之一是阿尔登斯基（阿尔登斯基：《照相》，载《拉乌特》，3 卷本文集，莫斯科，1854，卷 3，31～49 页）。这个笔名取自他常去访问的奔萨省阿尔德姆村（О. М. 萨温：《奔萨的文坛》，113 页）；文章谈的是莫斯科和莫斯科人。另一篇作品是以“目击者”这一笔名发表的（目击者：《谈波兰王国的最新事件》，载《俄罗斯历史和古代文物学会论丛》，莫斯科，1864，第 1 册，第 2 部分，国内资料，1～23 页）。

维格尔的书信体遗作还有：1830 年 1 月 14 日由圣彼得堡致 М. Н. 扎戈斯金的信，谈后者的长篇小说《尤里·米洛斯拉夫斯基》（《拉乌特》，卷 3，309～313 页）；1836 年 5 月 17 日和 31 日、1850 年 5 月和 1850 年 12 月 28 日的几封也是由圣彼得堡寄出的信，是致 В. А. 茹科夫斯基的，以他在“阿尔扎马斯”组织中的共济会绰号“仙鹤”署名（Ф. Ф. 维格尔：《札记》，莫斯科，1928，卷 2，见目录）。维格尔致 А. С. 普希金的信，有三封保存了下来，其中一封是1831年7—8月份用法文写的（С. Я. 施特赖希：《菲利普·菲利波维奇·维格尔》，载Ф. Ф. 维格尔：《札记》，莫斯科，1928，卷1，13～15页），施特赖希把这封信译成俄文发表。Б. Л. 莫扎列夫斯基认为，这封信的日期应该是1832年6—7月份（А. С. 普希金：《书信集》，Б. Л. 莫扎列夫斯基主编并注释，莫斯科，1989，卷3，1831—1833，494页）。维格尔致普希金的另一封信谈的是关于恰达耶夫著名的《哲学书简》：第一段用俄文写，以下用法文写，全信用俄文发表。第三封信是1836年12月份致普希金的又一封信，谈的是维格尔的一篇文章，内容不详（С. Я. 施特赖希：《菲利普·菲利波维奇·维格尔》，载Ф. Ф. 维格尔：《札记》，莫斯科，1928，卷1，16～17，19～20页）。维格尔致П. Я. 恰达耶夫的几封信和普希金致维格尔的一封信都保存了下来（Я. Л. 列夫科维奇：《А. С. 普希金致妻子的信注释》，列宁格勒，1986，21～24页，197页）。维格尔就Н. В. 果戈理的《致友人书简》给果戈理写的一封信也发表了（Я. Л. 列夫科维奇：《注释》，24～26页）；另几封是《莫斯科大学贵族中等寄宿学校》（莫斯科，1858，附录4，22～25页）、《维格尔致辛比尔斯克友人的信》（同上，附录3，8～21页）；还有一封发表在报上：《Ф. Ф. 维格尔致克罗地亚作家和爱国者加伊的信摘抄》，载《当代年鉴》，1863，№46；切列伊斯基还引用过维格尔的一篇批判文章，名叫《莫斯科——圣彼得堡》（Л. А. 切列伊斯基：《普希金及其周围的人》，65页）。

除了文学活动外，维格尔还从事收藏活动。他收藏了一套非常精美的版画和著名历史人物石印肖像画。逝世前3年，他把这些收藏品献给莫斯科大学（版画3139件，绘画达800幅），现仍存于该处，未作分类。这些藏品完全可以视为他回忆录的插图。藏品中有一幅Н. И. 乌特金根据О. А. 基普连斯基的原画制作的、现在非常出名的А. С. 普希金肖像版画，画面角上还有作者的手迹："А. С. 普希金"。仅这样一个事实即足可窥出这些收藏品价值的一斑。维格尔在《札记》中只字未提收藏的事，在同友人通信中也一次没提过；在同代人的回忆中也从未有人提到过这些收藏品，倒是颇令人惊奇的事（Н. Г. 萨普雷金娜：《Ф. Ф. 维格尔收藏的肖像集：附有简介和目录》，3页）。我们想指出的是，在收藏的肖像画中，有Г. И. 戈洛夫金（根据Я. И. 阿尔古诺夫的原作）、Н. Н. 班德什-卡缅斯基和Н. Я. 比丘林的肖像。

谈到维格尔事迹的所有同时代人在充分肯定他文学才能的同时，都认为他是一个很少能令人愉快的人。让我们来引述一下П.А.维亚泽姆斯基公爵对他的看法。这位公爵远在“阿尔扎马斯”时期就认识维格尔，他说：“此人一生不仅多次同个别人争吵，而且同整个家庭、整个城市、整个地区乃至整个民族争吵。他从来没有遭遇过特别的不幸，但却自己使自己不幸。可以说，他是在相当顺利的情况下，病态地度过了自己的一生；他不断受到带尖带刺的荆棘伤害，而这些带尖带刺的荆棘全是他亲手撒在自己道路上的。”（引自С.Я.施特赖希：《菲利普·菲利波维奇·维格尔》，35页）

有一种现在许多研究者都同意的意见，说维格尔似乎“犯有告密的罪过”［如И.И.波多利斯卡娅：《菲利普·菲利波维奇·维格尔（1786—1856）》载《俄国回忆录选编（1800—1825）》，莫斯科，1989，435、440、442页］。这件事的起因是1836年10月21日《望远镜》上登出了П.Я.恰达耶夫的《哲学书简》之后，维格尔致信圣彼得堡都主教谢拉菲姆，要求严惩作者。他写道：“都主教大人若能读完哪怕是一半这篇渎神的文章，那您就会看出，没有一行文字不是对俄国可怕至极的诽谤，没有一个词不是对我民族荣誉的残酷至极的侮辱。”（同上，440页）不管是这段引文（更为完整的信件引文见同处），还是维格尔的社会观点，都使人有根据认为，他所遵循的想法完全与告密行为没有任何共同点。他写这封信的动机是出于爱国主义（自然是按他的理解），他不能同意西欧派的观点，而恰达耶夫正是这种观点的鲜明代表。此外，他身为外国宗教司司长，认为引起都主教对恰达耶夫上述作品的注意乃是自己的义务。

伊波利特·奥热（著名回忆录作家，法国人，在俄国生活过一段时间）在其回忆录中留下了维格尔30岁时外貌的有趣材料：“乍一看来，他身上那种俄国贵族所特有的高尚仪态和优雅教养并不十分突出……圆圆的脸庞，颧骨突出，讨喜的尖下颏；嘴很小，鲜红的嘴唇，总喜欢抿着嘴笑，这时就变成了一粒圆圆的樱桃。这是他遇到高兴的时候。但他似乎总想把微笑收敛起来，犹如一个惜言如金的吝啬人，只满足于发出一个短促的声音。他的语言很有特点：用词总是丰富而恰到好处，诗词歌赋、谐语笑话都是信手拈来，表达极为精到，语言辞藻华丽，使他说出来的话具有一种难以形容的美妙。他的每一个用词都像一枚小小的印铸得极为精细的硬币；所有账房都欢迎接收这种东西。但有时他那犀利的话语也很刺人：要想说话机智就免不了要有几分阴损。他的目光闪烁着狡猾，但同时又很

有吸引力。”（引自 И. И. 波多利斯卡娅：《菲利普·菲利波维奇·维格尔》，437 页）

另一著名回忆录作家 Н. В. 别尔格为我们留下了老年 Ф. Ф. 维格尔的肖像：“在 Е. П. 罗斯托普钦娜的客人中，常见到一位大块头的老者，那就是菲利普·菲利波维奇·维格尔。不知何故莫斯科人都不喜欢他。最后，他几乎被赶出了莫斯科。维格尔非常喜欢朗读他的札记。他带着这本札记死乞白赖地赖在罗斯托普钦娜家里。这本札记也许是罗斯托普钦娜家中经她本人和她的客人朗读过的作品中最有趣的一本了，但作者本人不讨人喜欢，再加上过时的朗读方法，使这美好的材料失去某些光彩，令人不大感兴趣。谁也不想没有意思，但谁都感到没有意思。作者的人格和声望是件大事。”（同上，442 页）

К. 奥索金创作于 1836 年的维格尔水彩肖像画保存在莫斯科大学科学图书馆的珍本和手稿部。这幅肖像画是在伟大卫国战争前不久进入大学图书馆的（Н. Г. 萨普雷金娜：《Ф. Ф. 维格尔收藏的肖像集：附有简介和目录》，3 页）。该画的复制品刊载在上述著作的首页和《普希金到过的地方：旅行指南》一书中（莫斯科，1988，卷 2，117 页）。

Ф. Ф. 维格尔葬在莫斯科阿列克谢耶夫女修道院。墓碑上的碑文是：“圣父啊，为我打开忏悔和仁爱之门，接受我进入天国吧！——几颗知恩图报的心。”（В. И. 赛托夫、Б. Л. 莫扎列夫斯基《莫斯科名人墓》，卷 1，202 页）；他的讣告见《历史通报》1909 年 1 月，431～432 页。

维格尔的档案材料收藏在俄罗斯国家文学艺术档案馆中（104 全宗，15 单元，1824—1853 年）。维格尔《札记》的手稿就收藏在这批材料中。

现在我们来看一下 Ф. Ф. 维格尔的《札记》。《札记》的一个片断作为附录一（1）收在本资料集中，作者给这个片断加的标题是《中国使团》。

维格尔在其《札记》中，为当时一些著名人物提供了广阔的肖像画廊，描写了保罗一世、亚历山大一世和尼古拉一世这三位俄国皇帝统治时期的不同历史事件。这位天才作者不仅生活在历史事件丰富的时代，而且有幸能经常同当时的有趣人物直接交往，对他写作回忆录帮助很大。他同那些对叶卡捷琳娜二世王朝了解甚多也记忆甚多的人物过从甚密，维格尔在写书时并未忘记使用他们的叙述。作者写作回忆录的时间跨度很长，主要是在 30—40 年代，但其中的事件，很遗憾，只写到 1830 年为止。维格尔在首都许多熟识的家庭朗读过这些回忆录，但书却仅在作者死后方得以问世。

俄国诗人和批评家彼得·阿列克谢耶维奇·普列特尼奥夫在评价维格尔的札记时，给科学院院士 Я. К. 格罗特写信说："引人入胜的地方太多了，一一列举实在困难。他机智、刻薄、聪明透顶。文笔堪称典范。但遗憾的是札记久久也不能出版。"（引自 С. Я. 施特赖希：《菲利普·菲利波维奇·维格尔》，40 页）另一作者，批评家、图书编目专家、研究俄国 18 世纪和普希金时代的出色专家 М. Н. 隆吉诺夫指出，读者在这些回忆录中可找到"极其珍贵的人物肖像、一系列精细的风土人情记述、一幅幅准确而又独具特色的画面、一个个对当代历史而言既引人入胜，又十分重要的有趣的故事"。"对圣西门的笔记，法国的做法是让它们于 1829 年即作者死后 75 年才得以发表"，俄国"也将重复这一现象（当然作者的精神和回忆对象都有所不同）"（М. Н. 隆吉诺夫：《维格尔及其札记浅谈》，载《当代年鉴》，莫斯科，1863，№46）。正面的评价还有不少，但是，唉，负面的评价也不少。比如，回忆录作家 М. И. 日哈列夫——他是著名回忆录作家 С. П. 日哈列夫的堂侄、П. Я. 恰达耶夫的远亲和忠实的学生，后来又是他的文学遗产和档案的保存者。他可能并非毫无偏见地说，维格尔的回忆录"价值不大，谎话连篇，枯燥无味，平庸无奇"（М. И. 日哈列夫：《向后代报告彼得·雅科夫列维奇·恰达耶夫》，载《19 世纪 30 年代的俄国社会：同时代人的回忆》，莫斯科，1989。见 92 页作者的行下注）。

不管怎么说，不能不承认，维格尔在《札记》中表现了自己的优秀品质：文学天赋、观察力、聪明智慧、良好记忆、对人物性格和生活情况的了解以及其他一些对回忆录作家非常重要的品质。

维格尔的回忆录取得巨大成功，致使 И. П. 利普兰迪（1790—1880）——一位很了解他的少将、军事历史学家、内务部官员（1840—1856）、回忆录作家、诗人——为维格尔的《札记》写了整整一部书来说他的看法，并对之作了补充（И. П. 利普兰迪：《对 Ф. Ф. 维格尔〈回忆录〉的看法：摘自日记》，俄罗斯历史和古代文物学会会刊，莫斯科，1873，№193，4 页。附有平面图）。

维格尔的《札记》起初在《俄国档案》上以片断形式发表：1863 年 1 期上的标题是《关于 И. А. 克雷洛夫》；4 期上的标题是：《卡拉姆津与 В. Л. 普希金》；10/11 期上的标题是：《外务院莫斯科［档案馆］》。后来，《札记》片断在《俄罗斯导报》上发表（1864 年，卷 49，1—2 期；卷 50，3—4 期；卷 51，5—6 期；卷 52，7—8 期；卷 53，9—10 期；卷 54，11

期。1865年，卷55，1—2期；卷56，3—4期；卷57，6期；卷58，8期；卷59，9—10期；卷60，11—12期），又在《俄国档案》上发表（1891年第2卷，6—8期；第3卷，9—12期；1892，第1卷，1—4期；第2卷，5—9期；3卷，9—12期。1893年第1卷，1—4期）。维格尔《札记》中关于Ю.А. 戈洛夫金使团的片断由Д. 潘［捷列耶夫］发表（Д. 潘［捷列耶夫］:《未获成功的使团》）。

Ф.Ф. 维格尔的《札记》出过三个单行本。第一个版本（不全）的标题是《Ф.Ф. 维格尔回忆录［1—7部分］》，莫斯科大学印刷厂（卡特科夫股份公司），1864—1865。

第二个版本:《菲利普·菲利波维奇·维格尔札记》［1—7部分］，《俄国档案》出版（根据手稿原件作增补），莫斯科，1891—1893。出版者在前言中报告说，《札记》手稿原件是由维格尔之女纳塔利娅·菲利波芙娜的丈夫伊利亚·伊万诺维奇·阿列克谢耶夫中将的孙女纳塔利娅·尼古拉耶芙娜·阿拉波娃转交给《俄国档案》的（见《菲利普·菲利波维奇·维格尔札记》，圣彼得堡，1893，7卷，［108］页）。圣彼得堡萨尔蒂科夫—谢德林国家公共图书馆在回答我们询问时告知，这部手稿是以不同笔迹抄写的经作者审核过的抄本（共6卷）；目前这部手稿保存在该图书馆手稿部［550号藏档（ОСРК），号码：Ⅳ，246/1—6］。

前面已经提到，此版本收有维格尔的两篇文章：《比萨拉比亚现状的我见》和《刻赤》。除这两篇文章外，还收有《维格尔家谱》。

第三个版本，也是最后一个版本，出版的时间已是苏联时期，标题是:《Ф.Ф. 维格尔——札记》。(2卷集，莫斯科，“圆周”创作社，1928）该书由С.Я. 施特赖希主编，并撰写前言和一篇饶有兴趣的历史文学随笔，其中十分注意维格尔和А.С. 普希金、П.Я. 恰达耶夫的相互关系。《札记》发表时做了某些主编认为是必要的删节。此外，施特赖希还把维格尔同一些著名俄国作家的通信收入该版本（上面已经谈到此事），毫无疑问，这个做法具有重大意义。《札记》附有人名索引。

对维格尔《札记》的注意力至今亦未减退。近来，某些片断发表在《文学回忆录》系列：

《Ф.Ф. 维格尔札记摘编》，载《同时代人回忆中的十二月党人作家》，(莫斯科，1980，卷1，275～278页)；《Ф.Ф. 维格尔札记摘编》，载《同时代人回忆中的И.А克雷洛夫》（莫斯科，1982，92～106页）；《Ф.Ф. 维格尔札记摘编》，载《同时代人回忆中的 A.C. 普希金》（莫斯科，1985，卷 1，221～234 页）；Φ.Φ. 维格尔：《札记》，收于《俄国回忆录选编(1800—1825)》（莫斯科，1989，435～523 页）。

收入本资料集的维格尔的《札记》片断，是根据作者手稿编印的。该手稿收藏在俄罗斯国家文学艺术档案馆（104 全宗，《Φ.Φ. 维格尔》，目录 1，1842 年，3 单元，139～257 页。原件。作者手稿）。《札记》手稿是 20 世纪 30 年代由国立中央文学艺术档案馆转交给俄罗斯国家文学艺术档案馆的。1943 年手稿得到收有 Φ.Φ. 维格尔《札记》的 7 个笔记本的补充，这些笔记本是俄罗斯国家文学艺术档案馆从 H.H. 萨哈尔丘克手里得到的（同处，1 页）。那里还保存着这个片断的由几位佚名人士完成的抄本（同处，10 单元，283～450 页），其中 346～393 页据推测是维格尔亲手抄写的。

作者在这些回忆录中复现了一个青年人（维格尔当时 19 岁）周围的实际情况，叙述了自己的感受和印象。他当时热衷的只是一些俗务，热衷于寻欢作乐。而且，像回忆录中常见的那样，居于首位的是他本人，或者是他对事物的观点。关于 Ю.А. 戈洛夫金使团的这部分《札记》，是在该使团派往清帝国未获成功之后许多年才动笔撰写的，从所引用的日期来看，写作这部分《札记》时维格尔大概参照了他日记中的记载。作者的证据和推断并非处处都确实可靠，其中带有自身受到伤害的人的冷嘲热讽色彩。我们想提醒一下，在清方坚决要求下使团随员缩减之后，俄国使臣 Ю.А. 戈洛夫金让维格尔从恰克图返回。还应该说一下，维格尔对使团的种种目的和事件进程只有模糊的认识。比如，在评价俄国政府的立场时，他写道，政府“没有坚定的意图，向中国派遣戈洛夫金是撞大运，希望侥幸获得成功”［附录一（1），1540 页，中文译本页码，下同］。而谈到使臣在恰克图同库伦办事大臣举行初步谈判时，他指出，“所发生的一切均对我们严加保密”（同上，1621 页）。尽管有上述不足之处，尽管维格尔所转述的更多的是出使清帝国的 Ю.А. 戈洛夫金使团历史的纯表面现象，但就整体而言，他的《札记》是那一时代的珍贵文献，更何况使团成员中没有一个人留下类似的回忆文字。维格尔的回忆把读者领进活生生的历史环境，真实的情况之中，反映出使臣周围人们的情绪。比如，他对俄国使团的豪华，叙述的文字就很有意思。作者详细描写了专门为随员制作的华丽银线绣花制服：“我们只有在登台时才有权穿上这身戏装。”［附录一（1），1562 页］维格尔在《札记》中描绘了使团的几乎所有主要成员，给出了

Ю. А. 戈洛夫金、他的几位秘书、学术考察队成员的心理肖像，非常鲜明，给人印象深刻，但常常极其尖酸刻薄，对他自己也不留情面。但我们认为，这些人都值得尊敬。关于这些人，可参见我们的注释。

［2］维格尔指的是 A. C. 普希金的叔叔瓦西利·利沃维奇·普希金的著名长诗《危险的邻居》中的主人公。

［3］指“文武官员等级表”中的十四等和五等。

［4］托尔斯泰，费多尔·伊万诺维奇（1782—1846）绰号“美洲人”，卫国战争参加者，近卫军退伍中尉，冒险家，好决斗，纸牌迷；是格里鲍耶多夫（《智慧的苦果》）和 Л. Н. 托尔斯泰（《两个骠骑兵》）笔下的人物原型。这位托尔斯泰跟 И. Ф. 克鲁森施特恩一起旅行过，在阿留申群岛被赶下船，因此得到了这样一个绰号（Л. А. 切列伊斯基：《普希金及其周围的人》，415 页；С. Л. 托尔斯泰：《美洲人费多尔·托尔斯泰》，莫斯科，1990）。

［5］谢尔盖·帕夫洛维奇·佳吉列夫便出自这一家族，他是“艺术世界”联合会和同名期刊的创建人，是巴黎著名的俄国演出季节的组织者。

［6］这里说的是作家、记者、批评家、《莫斯科电讯》杂志（1825—1834）的出版人尼古拉·阿列克谢耶维奇·波列沃伊（1796—1846）。

［7］已经说过，缩减俄国使臣随员人数的建议是库伦办事大臣于 1805 年 5 月 12 日呈皇帝的奏章中提出的（见 99 号文件）。当使团还在路上时，嘉庆皇帝答复关于缩减 Ю. А. 戈洛夫金随员人数的谕旨便已经颁发了（见 102 号文件）。

［8］俄文译文已译成汉语，引用在正文中。此处不再翻译。——中译者

［9］这里谈的可能是 1805 年 12 月中旬一位蒙医和随员来拜望似乎生病的使臣一事（见 228、229、238 号文件）。关于清朝官员拜访 Ю. А. 戈洛夫金的别的什么资料，俄、满文件中均见不到。

［10］这个事件很容易被本卷所载的档案文件所驳倒［比如可见附录一（3）、202 号文件］。正是由于维格尔的首创，这件事便被我国某些作者也写进了自己的作品中（如 К. А. 斯卡利科夫斯基：《俄国对外政策与外国列强的状况》，圣彼得堡，1897，450 页）。

附录一（2）

使团画家 И. П. 亚历山德罗夫[1]就其旅途印象由恰克图给一位未确定身份人士的信[2]

1805 年。一位青年画家由恰克图致友人的信。

我们于 9 月 2 日离开伊尔库茨克后，于 10 月 3 日顺利抵达恰克图。从伊尔库茨克到贝加尔湖的途中我们经受了不少困难；当天傍晚到达贝加尔湖后，在尼科利斯卡亚码头的篝火旁过夜。次日装船，但由于天气不顺利，在船上停了两天。船上有官员 2 人，士兵和其他服役人员近 10 人。到第 4 天，我们靠拉纤到达利斯特维尼奇内岬以远的地方，这有将近 7 俄里路程。我们在这里等到顺风。贝加尔湖的景色好极了！想想吧，两边都是群峰叠嶂！天气好时，可以清楚看到对面山峰耸立的湖岸，好像距离只有 3 俄里似的，而实际却有 80 俄里。从我们站立的地方到一边的湖岸是 50 俄里，而到另一边的湖岸是 30 俄里。这些山峰终年积雪，给视觉造成的景象优美无比，而给画笔造成的景象则难以描绘。而且还可以看到一座称为哈马尔—达班的山峰，距离这儿据说有 102 俄里。

我们在这儿又等了两天顺风，由于船上人数相当多，带的食物储备很少，再等上一天，就没有吃的了。有些先生以为等他们一到就会有风，但他们错了。好在我们还带了一些吃的，就跟他们分享了；但末了居然到了偷水手面包的地步。上了船就乱套了！6 日下午 3 时刮起了顺风，当地管这种风叫库尔图克。这里各种风的叫法完全不同——“库尔图克”啦，“瓦尔古津”啦，等等。天气晴好，但风力不太大。许多人都呕吐起来，底舱的那些人更厉害，但我和我的同事马丁诺夫先生，还有两个人没呕吐，其余所有人都吐了，搞得一切都乱成一团。我们在西伯利亚海航行了14个小时，走了120俄里，到了一处类似港湾的地方，当地人管这种地方叫豁口。这是一条宽不到3俄丈、长达200俄里的浅滩，就像堤坝上被水冲开了一个豁口，船就从这个豁口驶入，在这里卸船。这里既没有村落，也没有过冬营地，什么都没有。我们在这里围着火堆等了两天；湖边冷得厉害。风大极了，哪儿都没有避风的场所。第二天我们看到伯爵来了，但对待此事的态度却有些特别：我们赶紧匆匆忙忙准备启程，为的是不让我们的马匹被夺走。但我们只前进了8俄里，到了波索利斯主易圣容修道院。这时伯爵派出的信使赶上了我们，要我们到下一个驿站住下，给伯爵把马匹准备好。我们来到驿站，等到了伯爵。两个来小时以后，使团一秘巴伊科夫同民事省长一起到了，要我们继续前行，伯爵当天到不了，因为苏赫特伦先生在那边摔断了腿，不过后来弄清楚了，他只是挫伤了脚。

于是，我们继续往前走。路很难走，但这些地方的景色却优美无比！石山高耸，特别在色楞格河两岸。我们这一路也遭了不少罪；当地的马匹十分野性，有时在路上人就被踢伤了，有一个人好歹从马肚子底下活着被拽了出来。我们的饭食就是在火堆上用干树枝烤的一大块羊肉，没有面包，就得这么对付着吃。到了恰克图以后，给我们安置了一套住房。就当地标准而言，就算相当不错了。恰克图一共才有400栋左右房子。它位于群山环抱中的一片谷地上，有一条很大的河，脚得抬得很高才能涉水过去。我们还没去过买卖城，因为不经使臣允许，任何人不准到那里去。

第二天我们去看望马丁诺夫先生，他比我们早 4 天到达。伯爵派他轻装前行，而我们是带着行李。他的外表恢复得几乎已经很带劲了。

我们到达两天后，特命使臣于下午 6 时抵达恰克图。仪式值得记述：数达 400 人的布拉特哥萨克骑马走在前面，后面是应跟我们同去北京的其他哥萨克，再后面是一个龙骑兵连，也是准备跟我们到那边去的。使臣本人乘坐四轮轿式马车垫后。当他出现在拒马附近时，山上众炮齐鸣。我们在门廊上迎接他。次日，我们到他那里报告工作，出示一路上作的画：有的是来恰克图以前，有的是来以后作的。在场的人都表示满意。使臣先生特别仔细审查了这些画作，没有少给予表扬。这时，我的同事还展示了他创作的画有贝加尔湖和尼科利斯卡亚码头的风景画。等到我们回去，您会见到它们，并给予应有的评价。顺致敬意。[3]

注释：

［1］见 75 号文件注释 1。

［2］И. П. 亚历山德罗夫由恰克图给自己朋友写的信谈及使团从伊尔库茨克到恰克图的途中印象，这封信很早以前便发表在 1806 年的《贵族学校》报上，标题是《1805 年青年画家由恰克图致友人的信》［《贵族学校》，1806 年，卷 3，（?）册，99 页］。

有一个时候，有人认为这封信是 Ю. А. 戈洛夫金使团总画师 А. Е. 马丁诺夫写的（А. А. 费多罗夫—达维多夫：《18—19 世纪初叶的俄国风景画》，莫斯科，1953，344 页）。但写信的只能是亚历山德罗夫，因为信中已经提到了 Ю. А. 戈洛夫金使团的另外两名画家：А. Е. 马丁诺夫是直接提到的，而瓦西利耶夫则是风景画《贝加尔湖尼古拉码头》的作者（Н. Н. 冈恰罗娃：《Е. М. 科尔涅耶夫》，177 页，注 3）。

附录一（3）

［X. A. 斯特鲁维］关于1805—1806年使华使团的札记

关于使华使团的札记[1]
（第一部分）

//1//首先我要力图证实，使团的这种糟糕结果与克鲁森施特恩船长被扣留一事没有任何关系。在我写札记的边境，人们都相信这种说法。不过圣彼得堡可能不这么想。我写这些话是给部里看的。我非常希望有一个好机会来说几句公道话，但这种事可不敢保证。好奇心没有得到满足，整个欧洲大失所望，这些都使我感到愤怒，而这种愤怒可能使我的判断扭曲。除此而外还掺杂着一些个人成分。凡此种种自应促使我去掉偏激的色彩把真理分辨出来。窃以为这是任何政治作品都应该做到的。人只要参与了某个事件，就难免不带某种程度的偏见；那些没有卷入到事件中去的人，是不会了解这一点的。

开笔之前，我想预先作几点说明。中国皇帝//1背面//从来都是非常喜欢使团的。一个个使团都载入了史册。使团在百姓眼中，可以彰显君主的伟大，为他们的统治增光。不过这些皇帝深信不疑的是，使团要想满足这种意愿，就只能对他们歌功颂德，还有就是使团的一切行动均应与此相符。

教廷使节梅拉巴尔巴在宫廷并没有说什么可以使疑心重

重的理藩院感到受辱的东西，可是后者却十分不满，廷见后理藩院的一个太监对耶稣会士们说：你们说这个人似乎专门拣好听的说，就凭这个就得把你们都处死。

还应该指出，既然中国是世界上最古老的帝国，那它的皇帝声称自己是地球上各国国王的哥哥，与其说是要求服从，不如说是要求某种尊敬。至于“贡”[2]这个说法，在中国，凡是献给皇帝的东西统统称之为“贡”。凡表示皇帝吃、喝、散步那一套都有专门的用语，这就跟德国一样，//2//凡表示公爵的那一套就要使用 geruhen、genemige 这些词。因此，把“贡”译成“дань”（贡品，贡赋）是极不合适的。向中国朝贡的那些王国，是指从中国皇帝那里得到印绶并由他确定年号的国家。中国皇帝并没有说过要当整个地球的统治者。不过在皇帝的谕旨中他们喜欢这样写：“俄罗斯皇帝报朕，其与额尔齐斯河为邻之臣民不知何处可售其毛皮，故衣食无着。为此，朕准为其开辟一交换地点。”等等，等等。

由此可以看出，使臣要想取得成功并不难，只要他行事符合这一民族的精神和政府的设想即可。但只要他做出些微蠢事，他的整个道路便会布满荆棘。担惊受怕的理藩院认为这个人到北京就是给皇帝找别扭。如果使臣不幸伤害了某位大//2 背面//臣的傲慢之心，那么这位大臣就会成为他不共戴天的敌人，因为他们多数都爱记仇，传教士人人在札记中都这么讲。

最后，还应该指出，中国人对国家权力的观念与我们完全不一样，他们根本不把使臣看成是其君主的代表，而只是负有责任递送礼物或就某事进行谈判的一个官员。因此，如果使臣行为引起不满，对他的反应会极其粗暴，根本想不到这样做会辱及他的君主。相反，当使臣看到君主的尊严受到玷污时，又认为自己有责任对所有的细枝末节都作出反应。没完没了的误会由此就产生了。

如果在相互理解的困难上再加一个横穿戈壁所经历的种种困难，便不由得不相信，出使中国可不是什么好玩的事情，而是一件很艰巨的任务。不过圣彼得堡却根本不这样想。使臣刚得到//3//任命，整个举措便期待着成为一个欢快的节日。他们一点也不想去了解中国人的性格，而是力图迫使对方去看欧洲［分辨不清是何字］辉煌的一面，诱使他们对我们的豪华感到惊奇；而且还要加上许多可以抬高使臣身价的东西。拉古津斯基有过一支20人的卫队。于是他想拥有一支60人的乐队，想拥有许多年轻的乐师。讨论的全是什么制服呀、坎肩呀、裤子呀、帽子呀、马刀呀、发式呀。派到使团的科学家们有时也鼓起勇气来举马嘎尔尼和传教士为例，但人们相当冷漠地回答他们说，传教士都是些说谎的人，马嘎尔尼是个书呆子，而利用好的厨师和上等的葡萄酒可以走遍世界，保证获得成功。这是一个错误的论断。我们看到了，满洲人和蒙古人对我们的葡萄酒是怎样撇嘴的。显然，马嘎尔尼被牵扯进来更是一个//3背面//大误会，我们使团没取得成功不是他的错。

与此同时，成千上万的困难还在诱使人们前进，学者中间脑筋最迟钝的人都已经克服途中重重困难到了伊尔库茨克。使臣下令在自己的马车上写上“上帝慈悲，我们前进”这句话。最后，他亲率这支辉煌的，但不太强大的队伍出发了。在西伯利亚，这样的队伍是不可能成为强大队伍的。不过他还未走过喀山，便接到库伦郡王的一封信，说中国皇帝对远道而来的客人满怀敬意，令其将一部分队伍留在边境上。还要求他提交//4//礼品清单[3]。使臣于9月初到达伊尔库茨克，认为必须对郡王做出回答①。信发出之后，他才把信的内容告诉我。他回答说，这 240② 名随员是他的品衔和职位少不了的，而礼品清单则要到北京才能提交。我回答使臣，这封信至少可能产生的恶果，是他们将把信送往北京，而我们将失去穿越戈壁的方便季节。使臣反驳我说，信不会送往北京，郡王是皇帝的妹夫，拥有处理使团事务的全权。

这是一种没有任何根据的推测，与我们对中国政府的了解相左。不过，既然连有关中国的最普通的情报都不重视，那也就只好求助于猜测了。更有甚者，在各方面都夸耀自己竟成了一种制度。如果到了中国，这将是一种极为糟糕的行为方式；但如果还身处中国境外，那就更糟了。最后还有一个错误，那就是回答是由信使送去的。在这样一个知之甚少的国家，应该找出更好的办法来向其介绍可靠的情况。兰伯特伯爵//4 背面//多次出差，头脑清楚，非常适宜担当此项任务。如果把他派往库伦，他定可就我方旅行的习惯、我方的马车、我方礼品的特点等向郡王做出准确的介绍。这位蒙古郡王也就不会想出那个要命的计划，迫使我们于 1 月份乘驿车穿越戈壁荒原了。

使臣的第一封信送到北京去了，但初步回答在色楞格斯克时就到了他手上。回答再次要求缩减我方随员，提交礼品清单。使臣回答说，由于他得到的训令要求他在一切方面都要让中国皇帝满意，所以他同意缩减 80 人。这封信去得太晚了，因为前面那封高傲的信已经送到北京去了。而且，由于使臣已流露出要带着 240 人尽快入境的愿望，他们又要求

① 见 159 号文件。

② 40 这个数字写在该行下面。

把人员缩减到70人。由此可见，郡王似乎接到特殊指令，//5//随员人数能减多少就减多少，能在中国新年时把使臣送到即可。由此可以看出，这个蒙古人想出了一招，就是要跟我们争论到12月，然后迫使我们乘驿车穿越荒漠。反正根据这位亲王的性格而言，他什么事都能做得出。他只用7天就能到达北京，而在他之前没有人能做得到。

这时候又犯了一个错误，就是通过信使把信送了过去。信是从色楞格斯克送出的。接着我们上路，到达距边境4俄里的小镇特罗伊茨科萨夫斯克。使臣抵达后，认为有必要让人们对他表示特别的敬意。他用镀金的银器用餐。他要求使团贵族都要在前厅禀告求见，方能准许入内。这个特殊礼节的目的，不可能是要让//5背面//中国人产生印象，因为中国人根本不许到特罗伊茨科萨夫斯克来。中国人只有到这里来办事，才能产生这种印象。每回想要以类似手段取得某种成功，就总是这么搞一通，而真正该用的手段却被忽视了。

从色楞格斯克去送信的信使带回郡王的第三封信，其中谈到："你这个使臣若想见到中国至圣皇帝的面，应70人境。"① 人们的猜测很对，这封信是理藩院口授的，目的正是为了表示他们对使臣口气不满。他们并没有根据他的自称称其为使臣，而是用了一个不那么重要的称呼，通事翻译出来就是不大不小的使臣。

突然又做了个决定，派一名使团官员前往。选择落在一秘②身上。该人//6//闪电般出发，又闪电般返回，说他已把一切都安排停当，3天以后多名中国官员便可到达。除了这个消息之外，他还说了一些极为离奇的故事，比方说，把骑

① 句子的意思不大明白。

② 见200、201、202、205号文件。

乘的马匹眼睛蒙上，于是马匹疾驰，每小时可跑 40 俄里。没有派兰伯特去，我感到非常遗憾。

这样我们到了 11 月 24 日，——这是个引人注目的日子，军人和某些对荣誉问题敏感的职员们均以最不愉快的笔触在札记中记上了这一天。对这个事件我要说几句话，因为它所产生的后果，一直到蒙古都犹然在起着作用。那个时期我几乎从来不出屋，但别人都在使臣那边吃午饭。起初，开饭的地方是在一个跟使臣办公室相连的大房间里。那一天使臣听到他们过于吵闹，便满面怒容走出办公室，说了些//6背面//极不合时宜的话，整个使团由于过于突然而感到十分惊讶，甚至不知所措。不过午饭还是开了，但之后所有的人都窃窃私语，第二天每个人都找到使臣去表态。会见使臣的人一个接一个，纷纷道歉，给领导造成巨大压力，几乎难以恢复常态。这件事下面我还要谈。

一秘原来保证中国官员 3 天后就来，可过了 3 周才到。带来的消息只是把前几封信中提出的要求又重复一遍。可是他们在反对意见中提出的日期早已过去，显然他们只是这时候才向中国皇帝报告，说俄国使臣正等候在边境。似乎除此而外他们当时还向皇帝谎报，说使臣出于健康原因才在那边滞留了这么长一段时间，//7//因为突然派来了医生，似乎还是御医，要了解使臣的健康状况①。然后，扎拉固齐，也就是买卖城的监督官，向使臣宣布，他和 124 人的随员可以被接待，条件是必须履行他的几名前辈均所遵行的礼仪，即在皇帝面前行九叩首礼。

我想在这里就这一礼节表示一下自己的意见。中国皇帝要求所有的使臣跟任何一个觐见皇帝的人一样都要磕头。他

---

① 见 228、229、238 号文件。

们根本没有这种观念，认为使臣是作为其君主的代表来行礼的。中国官员向俄国皇帝的书信叩头以及中国公使自愿给安娜女皇叩头便是明证。

毫无疑问，彼得大帝同中国人打交道的体制是最好的体制，这就是向他们派遣私人代表团，这就用不着//7背面//为礼仪打官司。如果能遵行这个体制，那么俄国作为能同中国保持经常联系的欧洲国家，便可在中国获得影响，并可把一部分海上贸易转移到陆地上。不过这个体制后来却未能得到遵守。80年来没有派过一个使团。而这期间，马嘎尔尼大人则获准免行叩头礼①。这一来事态便完全改变了，俄国拥有的优惠比英国少，使它大失体面。另一方面，中国人是愿意接待使团的，争取免除这种规矩也是完全有可能的。不过，要想达到这个目的，倒是应该在1月份任命了使臣之后，2月份就出发，而他的随员也应该始终跟随其后，这样就几乎不会给国家添麻烦。使臣如果1月份动身，5月份也就到了。这样他就会有//8//整整一个夏天进行谈判，9月份就能进入中国。对于穿越戈壁荒原而言，9月份该是最好的月份。而我们却是10月份抵达的。我们错过了时间，把自己弄得疲惫不堪。我们本应该不惜任何代价进入（中国），但却卷入了一场有关叩头的旷日持久的争论。

郡王在迫使我们缩减随员方面表现得很坚决，现在又催促我们赶快启程，这是因为一年中严酷的时节到了，而他奉有在节前把我们送到的准确命令。贝子，这位王室的年轻亲王，是奉派来接使团的，他非常有效地促进了郡王的计划实施。他看不出什么地方有困难。不管是大得不得了的镜子，还是沉重的车辆，什么都无法对他构成障碍。他处处都操到

---

① 见53号文件注释2。

了心，对这次不寻常的行动提出了许多有预见性的忠告。第一次接见时他就对使臣说：他希望俄国人和蒙古人在途中将相处得有如//8背面//一个君主手下的臣民，或者，根据他们之间将出现的和谐气氛，至少可以这样猜测。

真的，如果不是态度极不友好，就不会断言，似乎中国人和蒙古人从一开始对我们就心怀恶意。在此之前郡王一直在说："请缩减自己的随员吧。"因为给他下达的就是这样的命令。现在他又说："请你们尽快启程吧。"因为他得到的就是这样的命令。只要以一份平常心来看待这位郡王，类似的行为应该是极其自然的事情。就此还有人猜测，说郡王被英国人收买了[4]。不过，既然眼下完全可以看清他的良好意愿，那么这种猜测便应放置一旁，以后也用不着再这样说。

我要在这里指出，我的看法很自然地就可以分成两部分，第一部分是关于我们的种种错误措施，是它们延误了我们进入中国的时机；第二部分是关于我们采取的错误外交行动，它们构成了我们被驱逐出境的原因。//9//然而，了解事务的官方进程和物质进程，远不如了解实现这一进程的人物的性格来得有意思，所以我想谈谈两个人物，正是这两个人对我们在蒙古的一败涂地起到了头等重要的作用。

使臣极其聪明，道德高尚，完全是一个君子，但他喜欢使用一些轻率的、缺乏深思熟虑的办法，而他的智慧往往更多表现为机敏，而不是公正。诡辩的成分多了，他的性格就容易出偏差。例如，他喜欢跟年轻人在一起，而且他的理智立刻会告诉他，唯有年轻人才是幸福的，唯有年轻人才能事事顺利，万事顺遂。凡超过30岁的人他都称之为假发套，一律不用。我看，描述他的性格，就不用再加什么别的色彩了。//9背面//我只想说，伯爵丝毫也无法超越权势欲，他唯一的追求，便是对权力的渴望，他整天琢磨的都是这件事；他总是把权力挂在嘴上，为的只是生怕把它忘了①。

现在回过来再谈第一秘书。想说的话不多，只想指出，在整个俄国，最不适于同中国人谈判的人就是他。谈判的人应该懂得生活于社会的乐趣，所以才能全身心地投入社会。办事的时候要准确、明晰、有分量。第一秘书所具有的品质恰好与此相反，而且不幸的是，他具有一种超越上级威望的非凡的艺术②。

（第二部分）

想来我们正是在 12 月 18 日[5]在俄国的隆隆礼炮声和中国的爆竹声中进入中国的。俄国马车把我们拉到布拉驿站，我们在当地第一次扎营。这个营地由 60 座帐篷//10//或毡子的蒙古包组成。每一座蒙古包内地中间升着一个松柴火堆，有一个人管照，负责续火，照顾松柴的火星不要迸落到我们衣服上。我在喝茶，一只手端着茶杯，另一只手端着茶碟，茶碟里的茶水竟像冷饮店里的冰激凌那样冻成了稠稠的一团。我看了一眼温度计，发现竟到了零下 28 度。我们的苦难就这样开始了。

第二天早晨，蒙古人就把自己套进了我们的车。我说“把自己套进”，是因为这个国家的马不肯拉套。这样一来，就要由四个人把一根杆子伸过马鞍和马腹之间，绑到车辕上，就这样拉着车走，结果是有多少匹马就需要多少人。我们共有 104 辆马车或者大车，稍微重点的车至少要用 8 匹马

---

① 见附录二。

② 见 78 号文件注释 2。

拉。套得不好的车就落在后面，//10背面//它们差点儿没冻死。赶马的有700人，外加300峰骆驼，总算勉强够了。还有一条，这700人每到一个驿站都是各行其是。与此同时，郡王一次又一次派人来，要我们加快行进速度。这就显然完全能够证明，他们希望我们快点走。离库伦还有3天路程时，第一秘书又催马向前，以便安排一切[①]；他的确也是按他的方式安排（一切）的，也就是说，他把主要的事情给忘掉了。第二天发生了一件荒唐事，不过这件荒唐事倒是值得叙述一下，因为它能说明，鼓舞我们的是一种什么精神。我们抵达前夕，使臣受到一位蒙古古纳的欢迎，这个古纳跪在他面前，反正举止相当糟糕，但就这位亲王——成吉思汗的后裔而言，是一个非常普通的举动。"古纳"和"宗"一样，是一种尊号，其起源可以//11//追溯到中国处于分封制的时代，但"宗"比"古纳"要高一些。传教士们大多把"宗"译成亲王或公爵，而把"古纳"译成伯爵。我们的翻译符拉德金为了跟传教士们的惯例取得一致，把使臣的头衔翻译成"古纳"，枢密官。但我们的首长由于在这里见到了古纳的举止很不得体，便对翻译大加责备，命令他改正错误，声称他的头衔是"枢密官王"。翻译回答说，"王"就是国王，虽说确实也有国王是进贡的，但这样的翻译可得小心。传教士们偶尔把这个头衔译成"二等 Regulo"，尽管如此，"王"还是表示国王，不仅朝鲜国王称王，英国//11背面//国王也称王，"枢密官王"这样的称呼是没有的。这些论据根本无法说服伯爵。他命人带来一名蒙古通事，这人倒是愿意让步。但中国人却是连听都不想听"枢密官王"这个称呼，于是一切仍然照旧。

---

① 见241号文件。

我们终于到了库伦[6]。郡王手下的几名最重要的官员出来迎接使臣，在一座为此匆忙搭建起来的蒙古包里请他用早餐。使臣又坐进车里，通过通事说，他不满意这种接待，应该把他和以前来过的那些使臣之间的差别搞搞清楚。不过库伦还是尽可能地向他表示了敬意。

第二天商量一个问题：谁应该先拜访对方，是郡王还是使臣。但是郡王声称，//12//中国习俗不允许来人先接受拜访，说他到张家口时，也要先去拜访官职比他低得多的官员。使臣决定，不管怎么说也要迈出第一步。可是不等他返回营地，我们就见到了远处郡王的旗帜，那是他前来对使臣进行回访。他很快便乘着四马高车到来了，其后则是乘双轮马车的昂邦。郡王在接待用的蒙古包里受到接待。正是在这里，我见到了地方自治政府的两名首脑，这样的政府可以视为一项政治杰作，是任何其他帝国都见不到的。

中国把被征服民族的法律和国王都保留下来了，但要给这些民族派去一名满洲使臣，他的任务就是让事情的进程同中国相一致。从这时起，这个被征服的王廷便成了一个裁判机构，国家仍然处于原有的人和原有体制的统治之下，但却不受中国法律的直接影响。

//12 背面//接见由始至终都是郡王在回答［问题］，然后把脸转向昂邦，似乎在问他有没有什么补充，或者甚至对他说的内容有没有不同意见。

郡王表现出最大的愿望想要促使我们尽快抵达北京。他甚至正式要求让使臣一个人乘马车走，其余所有职员均可乘坐中国的大车走。接着他开玩笑说我们的名字和头衔真难说，笑说特别是宫廷低级侍从这个［头衔］，说一千遍也说不对。然后他说起皇帝赐宴的事，说是应该在后天举行。当然，这一切毫无不友好的痕迹。

第二天郡王的秘书来了，目的是邀请使臣参加上面提到的皇帝赐宴。唉，要是我们的一秘放下架子，弄清楚有关马嘎尔尼的遭遇，他就会发现，在所有的总督身边履行职务的都是//13//总督的副手。他就会明白，有些活动皇帝陛下是一定要出席的，参加这样的活动时，就应该履行一定的仪式。至少不能不知道，或者最起码绝不能忽视皇帝赐宴这个礼仪。起码，如果使臣［不知道］每一步都会有书面命令做指导，是不该到那里去的。可是，连个口头指示都没有。甚至没有人就此要求提出报告。使臣对郡王的秘书说，要为我们皇帝的健康干杯，郡王立即同意了。仪式就这么定下来了。也许会见纪要对此事另有说法，但我是在通事符拉德金那里打听到的。而且，整个使团都知道此事。最后，有件事也可以对一秘的工作提供一个概念，比如，第二天去吃饭的路上他对几个人说，可能出现一些意外情况。果然，出了件超乎任何预料的情况。

宴会的日子到了。郡王身穿与仪式相符的服装，走在使臣前面，把他领进一个庭院，里头立着一个类似祭坛的东西，前面摆了三个拜垫，祭坛上//13背面//燃着三炷香。这时郡王说："皇上在库伦为您赐宴，是赐予您殊荣。这个祭坛上面燃起香时，对我们而言，就等若皇上本人坐在上面。下边我做的仪式您要跟我一起做。"

使臣回答说，他将脱帽致敬。于是争论起来。二人走进房中。郡王说："我们事先未向您说明，这是我们的错。是我秘书的错。但您是个圣明的人，您有什么办法能［摆脱］这种［状况］呢。您也看见了，我已经穿上了绣龙的袍子；我可不能白穿呀。"

他们请来一秘参加谈话，把理藩院的命令向他做了传达，命令说"尔可允许使臣率124人入境，唯一条件是到北京必须行礼，尔应着其于库伦演练之”。①

一等秘书回答说，“桌上的香并不是中国皇帝，俄国人不是朝鲜人”。接着他说了一大堆俄语中特别丰富的粗话，//14//而且是当着买卖城的许多中国人的面说的，这些中国人全懂俄国话。争论在公堂上再次爆发。郡王发火了。昂邦结束了争论，他说，应该让使臣同使团的主要人员再商议一下。不过使臣对这个提议十分反感，他说，他只是向自己的下属发布命令，从不跟他们商议事情，因为他握有全权。于是冷淡地分手了。尽管如此，郡王还是像迎客时那样客客气气地送走了使臣。

这里我想就中国政府做一个简要说明。它纯粹是亚细亚式政府中的一个。既然是亚细亚政府，自然就保持着强烈的专制色彩。理藩院很少说话，要请它做个解释那是根本别想，所以只好服从。不过服从的方式和执行的方法交给了权力的执行者来决定。郡王必须迫使使臣叩头，觉得他们在一块儿//14 背面//庄严地磕头是给使臣的荣誉。如果事先能把有关礼仪的问题商量好，那就会有个好处，不会把事情搞砸。其次，郡王用了各种能想出来的狡猾手段，让我们掉进坑里；当然，我们很希望这坑就是陷阱。但我们回过头来怀疑得太早了。我们大声吵嚷，说郡王是俄国人的敌人，而昂邦是英国人的工具。当天晚上，到帐篷里生火的仆人就说：“古纳—色纳托尔—撒因，卡迈尔—容克尔—木舒阿”，意思是“伯爵枢密官是好人，但低级宫廷侍从是坏蛋”。为了指认得更准确，他们用手指头做了个眼镜的样子，放到眼睛上。

//15//第二天，郡王派了家中两位贝勒来问候使臣健

① 见 218 号文件。

康。但使臣没有见他们。郡王下令把两位秘书找来，但亦未接见他们。

第二天使臣关在蒙古包里不出来，简直又成了个阿喀琉斯。一秘吩咐说，只见本纳①，别人一概不见。这时他不愿用符拉德金当通事，因为他的学问博得了昂邦的赞赏。反而挑了个蒙古人当通事，那人很粗鲁，把一秘的话翻译得硬邦邦的[7]。

第二天郡王宣布，他的食物只够吃10天，如果他们能返回俄国，那是再好不过了。他甚至说，他不再提供烧柴和水了②。

看到事情弄到这个地步，我认为自己应该出来了。使臣曾多次向恰尔托雷斯基公爵保证，在同中国人谈判时要利用我。我要这样做不仅是因为我更了解这个民族，而且还因为有几名通事归我指挥。但使臣违背了自己的诺言，把我带到中国，//15背面//只是为了让我做一个负责管照伽伐尼电机的人。这样一来，在政治事务中就很难再启用我了。尽管如此，我还是去找到使臣，对他说："郡王是个有学问的人，请允许我去跟他说说吧。"

俄罗斯联邦国家档案馆，917号全宗，目录1，案卷115，1～15页背面。法文原件。Н.Б. 祖布科夫译自法文。

注释：

［1］据作者讲，这部未完成的有关出使中国的Ю.А. 戈洛夫金使团的札记，是在边境写的。这是一部日后呈交外交部的政治作品，现在是首次

① 原文如此，应该是郡王。

② 见212、252号文件。

发表。这部用法文写成的手稿名为 *Mémoire Sur I'Ambassade en Chine*，原件，作者姓名和日期未标明。

根据文件中的间接材料可以得出结论，札记的作者是外务院翻译 X. A. 斯特鲁维（见 111 号文件注释 1），他是出使清帝国的使臣 Ю. A. 戈洛夫金的随员、拉丁语翻译。在这份札记中作者第一说他是使团翻译（但未确切说出语种）；其次可以看出，他到库伦了，是库伦办事大臣迫使俄国使臣行“叩头”礼这一事件的见证人（手稿以这一事件结束）。从 1805 年 10 月 18 日随员缩减后拟定的使团官员和职员及其职务名单中可以得知，使团只留了三名翻译——汉语翻译符拉德金、蒙语翻译伊古姆诺夫和拉丁语翻译斯特鲁维（见 182 号文件）。由此可见，这三名翻译都到达库伦了。其中谁是手稿的作者呢？作者抱怨他未得到直接任用，打消了这一疑问：“使臣多次向恰尔托雷斯基公爵保证，在同中国人谈判时要利用我……然而使臣违背了自己的诺言，把我带到中国，只是为了让我做一个负责管照伽伐尼电机的人。”（俄罗斯帝国对外政策档案馆圣彼得堡分馆，总档 1—7，目录 6，1805 年，案卷 1a，卷夹 38，15～15 页背面）

我们想提醒一下，关于把一名拉丁语翻译编入戈洛夫金随员的问题，是 1805 年 6 月中旬使团已经离开圣彼得堡之后才专门讨论的。A. A. 恰尔托雷斯基接到戈洛夫金请求为使团派一名拉丁语翻译的公函后，向亚历山大一世皇帝呈递了奏章，推荐“外务院部门八等文官斯特鲁维任翻译”（见 111 号文件），从有关此事的文件中可以看到，留下的三名翻译中，只有 X. A. 斯特鲁维未被用来当翻译。虽然上述内容可使人得出结论，X. A. 斯特鲁维就是札记作者，但也不能绝对肯定，因此我们把作者姓名放在方括号内。H. Б. 祖布科夫译自法文。

[2] 关于这个用语，H. Я. 比丘林写道：“贡这个中国词表示向宫廷呈交之物。关于此词可见 1828 年《北方档案》第 9 期。”（[H. Я. 比丘林]：《蒙古札记》，卷 2，243 页行下注）关于中国同外国贡赋关系体制的详情见：A. C. 马丁诺夫：《17—18 世纪西藏在中国传统政治观念体系中的地位》，莫斯科，1978。

[3] 戈洛夫金在喀山不可能收到库伦郡王的信，因为根据《恰克图条约》，后者只有权同位于伊尔库茨克的西伯利亚地方行政当局通信。库伦办事大臣是在 1805 年 6 月 14 日致伊尔库茨克民事省长 A. A. 希什科夫的信中提出这些要求的，他们在信中请求把这些要求转告“主要使臣”（见

109 号文件）。

［4］在我们所拥有的文件中没有此事的资料。

［5］使团于 1805 年 12 月 20 日进入清帝国领土，停留的第一站是蒙古的赞莫多驿站（见 241 号文件）。

［6］Ю. А. 戈洛夫金使团于 1806 年 1 月 2 日抵达库伦（见 212 号文件）。

［7］这里谈的是库伦办事大臣的秘书托克托布（见 96 号文件注释 6）。

附录二

Ю. А. 戈洛夫金（生平概述）[①]

Ю. А. 戈洛夫金（1763年至1846年1月19日）出生于俄罗斯古老贵族名门[②]，是俄国首位一等文官加夫里尔·

① 我国历史文献中没有一本关于尤里·亚历山德罗维奇·戈洛夫金伯爵的专门论著，虽然研究俄国尤其是研究俄中关系史的专家们熟知他的名字。就连在 Н. К. 希尔德的《亚历山大一世皇帝》和 Д. Н. 班德什—卡缅斯基的《值得缅怀的俄国人物词典》那样的奠基性论著中，也没有关于戈洛夫金的资料。我们能见到的只有 С. Н. 舒宾斯基（1834—1913）的一本篇幅不大的通俗性历史概述。作者引用了他在历史杂志和文集中所能找到的有关 Ю. А. 戈洛夫金的回忆录，但却没有指出资料的出处（见 С. Н. 舒宾斯基：《最后一代戈洛夫金伯爵》，载《历史概述和故事》，塔林—莫斯科，1994，541～554页）。为了写作这篇 Ю. А. 戈洛夫金的生平概述，我们参考了各种书刊甚至档案材料中的零星资料。

② 宗谱学学者 А. Б. 洛巴诺夫—罗斯托夫斯基写道：“米勒存稿认为，戈洛夫金家族起源于1485年迁离沃伦的小贵族伊万·基舒库莫维奇·戈洛夫金。此人于1512年成为伊万·瓦西利耶维奇大公之子德米特罗夫封邑公爵尤里·伊万诺维奇大公的大贵族，并于1513年得到大量封地”（А. Б. 洛巴诺夫—罗斯托夫斯基：《俄国族谱》，卷1，第16页）。伊万·基舒库莫维奇·戈洛夫金之孙叶夫菲米·（另称叶夫斯塔菲）·戈洛夫金是谢尔吉耶夫圣三一修道院的修士，曾于1598年全俄缙绅会议上参与鲍里斯·戈杜诺夫王位的选举，有意思的是，叶夫菲米·戈洛夫金从事圣像绘制工作。比如1591年，他为莫斯科克里姆林宫圣三一宫的谢尔吉教堂，以缩小的尺寸临摹了修道院的圣谢尔吉生活图。这幅圣像是按特定方式绘制的，四周饰有银片。银片上的文字标出了生活场景说明，边框上的题词是：“此画

于7099年（1591）绘于奇迹创造者谢尔吉的圣骨匣上，圣像绘制者及装饰银片者、谢尔吉耶夫圣三一修道院隐修堂主持叶乌斯塔菲谢·戈洛夫金……为全俄君主、沙皇、大公费多尔·伊万诺维奇，他的贤妻女大公伊琳娜及尊贵的皇子皇孙向奇迹创造者谢尔吉神父恭诚祝祷。”（В. Г. 布留索娃：《谢尔吉·拉多涅日斯基制作圣徒生平圣像的事迹》，载《谢尔吉·拉多涅日斯基》，莫斯科，1991，445页。416页后附有这一圣像的复制图）。

但是，根据族谱，我们认为戈洛夫金家族的创始人应是叶夫菲米·德米特里耶维奇的侄子、图拉省阿列克辛县的地主罗季翁·德米特里耶维奇（17世纪上半叶）。罗季翁·德米特里耶维奇的儿子谢苗·罗季奥诺维奇娶普拉斯科维亚·伊万诺芙娜（丈夫是列昂季耶夫）的亲妹妹阿库林娜·伊万诺芙娜·拉耶夫斯卡娅为妻，而普拉斯科维亚·伊万诺芙娜的女儿安娜·利沃芙娜（丈夫是纳雷什金）是纳塔利娅·基里洛芙娜皇后的母亲。谢苗·罗季奥诺维奇的儿子伊万·谢苗诺维奇有近侍贵族（1689）和大贵族（1692）头衔，是纳塔利娅·基里洛芙娜的教父，也是她的表舅。因此，伊万·谢苗诺维奇的儿子，即前面提到的加夫里尔·伊万诺维奇·戈洛夫金，就是纳塔利娅·基里洛芙娜的堂兄和她儿子彼得一世的堂舅（圣彼得堡俄罗斯国家历史档案馆，А. А. 萨韦利耶夫全宗，目录1，案卷83，第1页；А. Б. 洛巴诺夫—罗斯托夫斯基：《俄国族谱》，卷1，第16页）。另一历史学家这样描写戈洛夫金家族：“戈洛夫金家族不属于古老的大贵族，他们能成为贵族，如马特维耶夫一样，应归功于同纳雷什金是亲戚关系。戈洛夫金家族中第一位代表是大贵族伊万·谢苗诺维奇·戈洛夫金，他自己仅拥有5个农庄，而他死后却留给儿子加夫里尔·伊万诺维奇（生于1660年，死于1734年）相当可观的财产。”（Е. П. 卡尔诺维奇：《特殊的财富》，第82页）。

Г. И. 戈洛夫金在阿列克谢·米哈伊洛维奇当政时期便已成为宫廷近臣。正如Д. Н. 班德什—卡缅斯基所写的那样：“沙皇阿列克谢·米哈伊洛维奇弥留时命他（Ф. А. 戈洛夫金——俄编者）（跟纳雷什金、普罗佐罗夫斯基和戈洛夫金一起）像爱护眼睛一样爱护年少的彼得王子（1676）”（Д. Н. 班德什-卡缅斯基：《俄国大元帅们及其生平》，卷4，[莫斯科]，1991，1册，第1～2页。1840年翻印再版）

伊万诺维奇·戈洛夫金（1660—1734）的曾孙。Г.И. 戈洛夫金于 1718 年至 1734 年间（即一直到去世）领导了外务院[1]。此时俄中两国之间的国家关系很活跃（我们在本卷中注意的就是 Г.И. 戈洛夫金与中国有关的活动）。比如，1719 年以普列奥布拉任斯基近卫团大尉列夫·瓦西利耶维奇·伊兹玛伊洛夫为特使[2]的使团被派往北京。1725 年 С.Л. 弗拉基斯拉维奇—拉古津斯基伯爵①使团前往清帝国，并于 1728 年签订了俄中《恰克图条约》[3]。几年以后中国向俄国派出了两个使团（在此以前，1712 年，图理琛使团还到过俄国）。这样，俄国成为天朝帝国使臣访问过的第一个欧洲国家。

戈洛夫金家族的伯爵爵位要归功于加夫里尔·伊万诺维奇。他的爵位证书是 1710 年授予的，证书中肯定了荣膺爵

① 17 世纪末，俄国一度最受尊敬的封号“公爵”丧失了从前重要的地位，仿佛是为了代替它，出现了一个新的贵族尊号——“伯爵”。获此封号的人还被赐予大量财物。彼得一世时伯爵封号按其封赏的情况不同分为俄罗斯帝国伯爵和“神圣罗马帝国”伯爵，而后又出现了不同的伯爵：有的是带着封号加入俄国国籍的外国人，有的是加入后从各种有影响的人物那里得到封号的外国人，还有的却是没有足够权利获此封号的外国人。俄国第一位伯爵是海军元帅、大贵族、外务大臣费多尔·阿列克谢耶维奇·戈洛文（1660—1706），而后是近卫炮兵连中尉亚历山大·丹尼洛维奇·缅希科夫（1673—1729），再后是加夫里尔·伊万诺维奇·戈洛夫金。但是这三个人都不是“俄国”伯爵。例如，戈洛夫金是 1707 年由“神圣罗马帝国”皇帝约瑟夫一世（1678—1711）赐予爵位的。而获得这种爵位的根据则由俄国政府来提供。成为第一位俄国本土伯爵的是 1706 年的鲍里斯·彼得罗维奇·舍列梅捷夫元帅（1642—1719）。Г.И. 戈洛夫金是 1709 年由彼得一世授予的伯爵爵位（Е.П. 卡尔诺维奇：《俄国的姓氏、头衔和外国人与俄罗斯人的融合》，莫斯科，1991，194～196 页）。

位者的种种功绩，最后说："为旌表忠心报效的加夫里尔·伊万诺维奇·戈洛夫金伯爵，以示朕恩宠有加，他所得到的擢升当之无愧，特加盖俄罗斯国玺，亲署御名，以资证明。"[4]。Г.И. 戈洛夫金与彼得一世过从甚密，受到沙皇的极度信任（因为在索菲娅统治时期曾站在彼得一边）①，得到

---

① Г.И. 戈洛夫金是彼得一世 1697 年外交使团的成员，曾与沙皇一起在萨阿尔达姆造船厂干活（《新百科词典》，圣彼得堡，无出版年份，卷 13，第 954 页）。1988 年在阿姆斯特丹附近的荷兰小镇萨阿尔达姆建立了彼得一世博物馆。这一项目的参与者、国立爱尔米塔日博物馆"缅希科夫宫"分馆主任 Н.В. 卡利亚津娜写道："证明荷兰人民对俄国人民怀有敬意与友谊的不仅有彼得一世博物馆。与该镇中央街毗邻的整整一条街都被称作'俄罗斯街区'，其中布满一座座按市政规划标准建成的砖房，所有街道都以俄国人的名字命名：彼得大帝街、戈洛夫金街（此处着重号为我们所加。——俄编者）、缅希科夫街、亚济科夫街、普希金街、列夫·托尔斯泰街。每条街道中央都立着纪念碑，街道以谁命名，碑就为谁而立。"（Н.В. 卡利亚津娜：《在那蔽陋的小屋上方……——萨阿达姆的彼得一世博物馆》，载《涅瓦》，1991，第 5 期，203～207 页）。文中虽看不清指的是哪个戈洛夫金，但多半是指 Г.И. 戈洛夫金。

1712 年 2 月 19 日，在圣彼得堡的皇宫举行彼得一世与叶卡捷琳娜·阿列克谢耶芙娜的婚礼。"在第一幢华盖下围着圆桌［而坐—俄编者］的有皇帝陛下，右边是［……］，然后是英国使臣维特沃特、波兰公使菲茨图姆伯爵、俄国大臣一等文官戈洛夫金伯爵［……］。皇后陛下叶卡捷琳娜·阿列克谢耶芙娜坐在第二幢华盖下［……］，左边［……］是一等文官戈洛夫金伯爵的夫人［……］。"

"米哈伊尔·戈洛夫金是叶卡捷琳娜·阿列克谢耶芙娜皇后陛下身边的侍从官（俄罗斯国立中央古代文献档案馆，历史和礼仪事务全宗，1 编，1710—1713 年，案卷 166，《彼得一世皇帝率部及舰队远征土耳其人和瑞典人的记录或日志》）"。婚礼上共搭了 7 个大棚款待客人。

他赐予的大片领地[①]，其中包括圣彼得堡的石岛[②]。彼得一世死后他并没有失去自己的高位：1726 年至 1730 年间为最高枢密院成员，1731 年被任命为内阁大臣，荣膺圣安得烈俄国护佑使勋章、白鹰勋章和普鲁士坚毅勋章，是一位手段高超的廷臣，在俄罗斯和乌克兰许多州占有大片领地，在土城有一座堪称莫斯科最富丽堂皇的官邸，在圣三一大教堂附近的圣彼得堡一侧有一座非常漂亮的大楼；前面已经提

① Е.П. 卡尔诺维奇提出了 Г.И. 戈洛夫金财富增加的其他来源。他写道："加夫里尔·伊万诺维奇·戈洛夫金伯爵通过不诚实的途径增加自己的财富，如他在马泽帕盖特曼案件（此案由科丘别伊和伊斯克拉告发盖特曼谋反而起）中收取了事主的大量贿赂。"（Е.П. 卡尔诺维奇：《特殊的财富》，82 页）

② Г.И. 戈洛夫金于 1704 年奉彼得一世口谕成为石岛的首位所有者。为了让那里设备完善，他投巨资做了许多事情。不久以前，发现了"1746 年石岛边界平面图"（还有尼基塔·斯特罗耶夫少尉对石岛的文字说明）。根据彼得二世的谕旨，从 1727 年 11 月 13 日起，石岛在法律上成为 Г.И. 戈洛夫金的永久世袭领地。1734 年，根据 Г.И. 戈洛夫金的遗嘱，他的儿子 А.Г. 戈洛夫金成为该岛的所有者。但是，因后者居住国外，管理石岛的事务便交给了他的兄弟——米哈伊尔·戈洛夫金，但后者在宫廷密谋败露后受到审判，被流放到西伯利亚（详见下文）。А.Г. 戈洛夫金成了国事犯的兄弟，返回俄国是相当危险的。他卖掉了石岛，永久移居海牙。石岛的不动产买卖契约于 1746 年在柏林办完手续，买主的名字是一等文官 А.П. 别斯图热夫—留明的妻子 А.И. 别斯图热娃—留明娜（娘家姓贝廷格尔）。这样做的目的，是为了一旦发生迫害、流放和没收财产的情况时（后来真的发生了），能为家族保留部分财产。不动产买卖契约于 1747 年在圣彼得堡得到了批准（В.А. 维佳泽娃：《石岛》，列宁格勒，1991 年，12、14、234 页）。后来，到了 19 世纪 30 年代，叶拉金岛、克列斯托夫岛和石岛得了个统一的专门名称叫"三岛"（В.А. 维佳泽娃，《石岛》，列宁格勒，1991，7 页）。

Юрий Александрович Головкин

尤里·亚历山德罗维奇·戈洛夫金画像

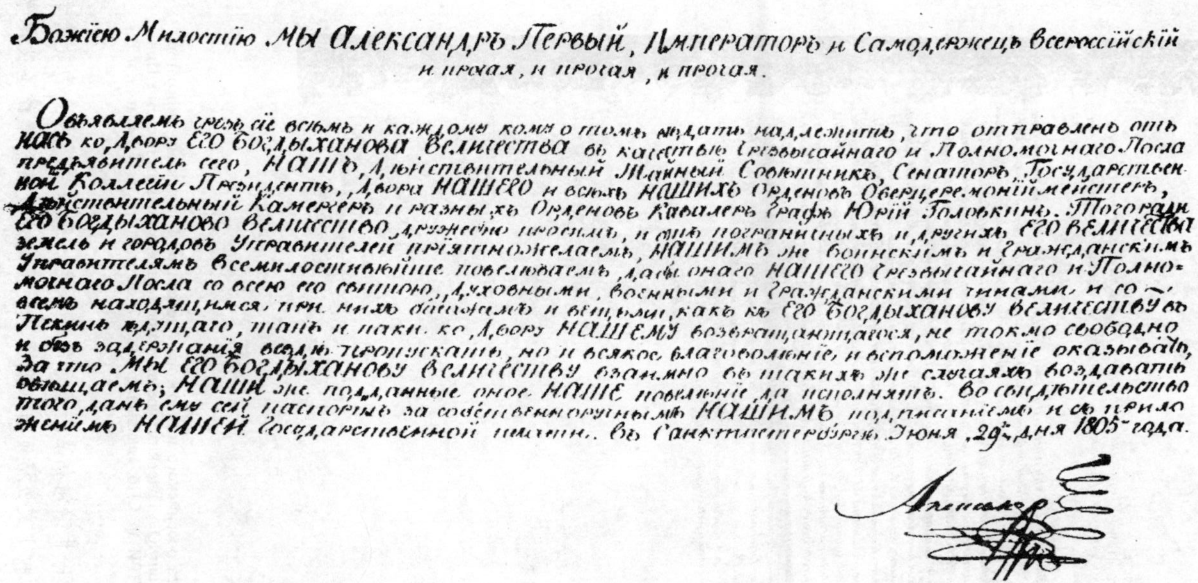

Божiею Милостiю МЫ АЛЕКСАНДРЪ ПЕРВЫЙ, Императоръ и Самодержецъ Всероссiйскiй
и прочая, и прочая, и прочая.

Объявляемъ чрезъ сiе всѣмъ и каждому кому о томъ вѣдать надлежитъ, что отправленъ отъ НАСЪ ко Двору ЕГО БОГДЫХАНОВА ВЕЛИЧЕСТВА въ качествѣ Чрезвычайнаго и Полномочнаго Посла предъявитель сего, НАШЪ Дѣйствительный Тайный Совѣтникъ, Сенаторъ, Государственной Коллегiи Президентъ, Двора НАШЕГО и всѣхъ НАШИХЪ Орденовъ Оберцеремонiймейстеръ, Дѣйствительный Камергеръ и разныхъ Орденовъ Кавалеръ Графъ Юрiй Головкинъ. Того ради ЕГО БОГДЫХАНОВО ВЕЛИЧЕСТВО дружебно просимъ, и отъ пограничныхъ и другихъ ЕГО ВЕЛИЧЕСТВА земель и городовъ Управителей прiятно желаемъ, НАШИМЪ же воинскимъ и Гражданскимъ Управителямъ всемилостивѣйше повелѣваемъ, дабы онаго НАШЕГО Чрезвычайнаго и Полномочнаго Посла со всею его свитою, Духовными, военными и Гражданскими чинами, и со всѣмъ находящимся при нихъ багажемъ и вещьми, какъ къ ЕГО БОГДЫХАНОВУ ВЕЛИЧЕСТВУ въ Пекинъ ѣдущаго, такъ и паки ко Двору НАШЕМУ возвращающагося, не токмо свободно и безъ задержанiя вездѣ пропускать, но и всякое благоволенiе и вспоможенiе оказывать, За что МЫ ЕГО БОГДЫХАНОВУ ВЕЛИЧЕСТВУ взаимно въ такихъ же случаяхъ воздавать обѣщаемъ; НАШИ же подданные оное НАШЕ повелѣнiе да исполняютъ. Во свидѣтельство того данъ ему сей паспортъ за собственноручнымъ НАШИМЪ подписанiемъ и съ приложенiемъ НАШЕЙ Государственной печати. Въ Санктпетербургѣ Iюня 29 дня 1805 года.

Александръ

Паспорт чрезвычайного и полномочного посла России в Цинскую империю Ю.А.Головкина (см. док. N 124).

俄国赴清帝国特命全权使臣尤·亚·戈洛夫金的护照（参见124号文件）

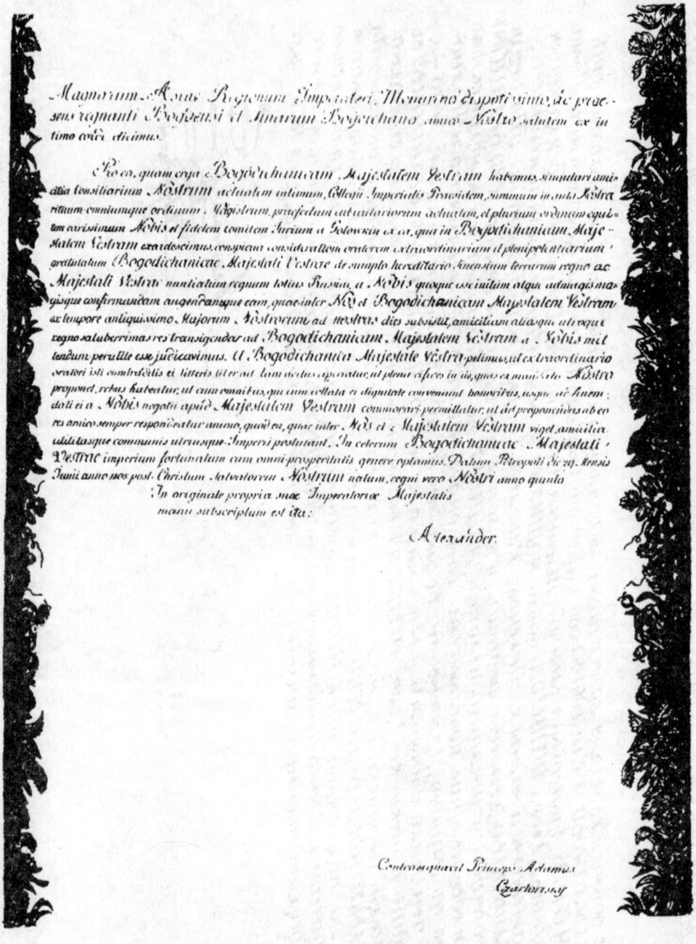

Magnorum Asiae Regionum Imperatori, Monarcho despotissimo, de praesenti regnanti [illegible] et [illegible] Bogdichano amico Nostro salutem ex intimo corde dicimus.

Pro ea, quam erga Bogdichaniam Majestatem Vestram habemus singulari amicitia consiliarium Nostrum actualem intimum, Collegii Imperialis Praesidem, summum in aula Nostra rituum omniumque ordinum Magistrum, praefectum [illegible] actualem, et plurium ordinum equitem carissimum Nobis et fidelem comitem Jurium a Golowkin ex ea, qua in Bogdichaniam Majestatem Vestram exardescimus, conspicua consideratione oratorem extraordinarium et plenipotentiarium gratulatum Bogdichaniae Majestati Vestrae de sumpto hereditario Sinensium terrarum regno ac Majestati Vestrae nuntiatum regnum totius Russiae a Nobis quoque esse initum atque ad magis magisque confirmandam augendamque eam, quae inter Nos et Bogdichaniam Majestatem Vestram ex tempore antiquissimo Majorum Nostrorum ad nostras dies subsistit, amicitiam aliasque utrique regno saluberrimas res transigendas ad Bogdichaniam Majestatem Vestram a Nobis mittendum perutile esse judicavimus. A Bogdichania Majestate Vestra petimus, ut extraordinario oratori isti [illegible] et litteris [illegible] tam [illegible], ut plena [illegible] in iis, quas ex mandato Nostro proponet, rebus habeatur, ut cum omnibus, qui cum [illegible] ei dignitate conveniunt honoribus, usque ad finem dati ei a Nobis negotii apud Majestatem Vestram commorari permittatur, ut ad proponendas ab eo res amico semper respondeatur animo, quod ea, quae inter Nos et Majestatem Vestram viget, amicitia utilitasque communis utriusque Imperii postulant. In ceterum Bogdichaniae Majestati Vestrae imperium fortunatum cum omni prosperitatis genere optamus. Datum Petropoli die 29 Mensis Junii anno 1805 post Christum Salvatorem Nostrum natum, regni vero Nostri anno quinto

In originale propria suae Imperatoriae Majestatis manu subscriptum est ita:

Alexander.

Contrasignavit Princeps Adamus Czartoryski

Верющая грамота российского императора Александра I цинскому императору Юн Яню о назначении Ю.А.Головкина чрезвычайным и полномочным послом в Цинскую империю (АВПРИ, ф. СПб. Главный архив, 1-7, оп.6, 1805 г., д. N 1-а, п.19, л.3); на латинском яз.

俄皇亚历山大一世给清朝嘉庆皇帝的任命尤·亚·戈洛夫金为赴清帝国特命全权使臣的拉丁文资格证书（俄罗斯帝国对外政策档案馆圣彼得堡全宗，主档1—7，目录6，1805年，案卷1a，卷夹19，3页）

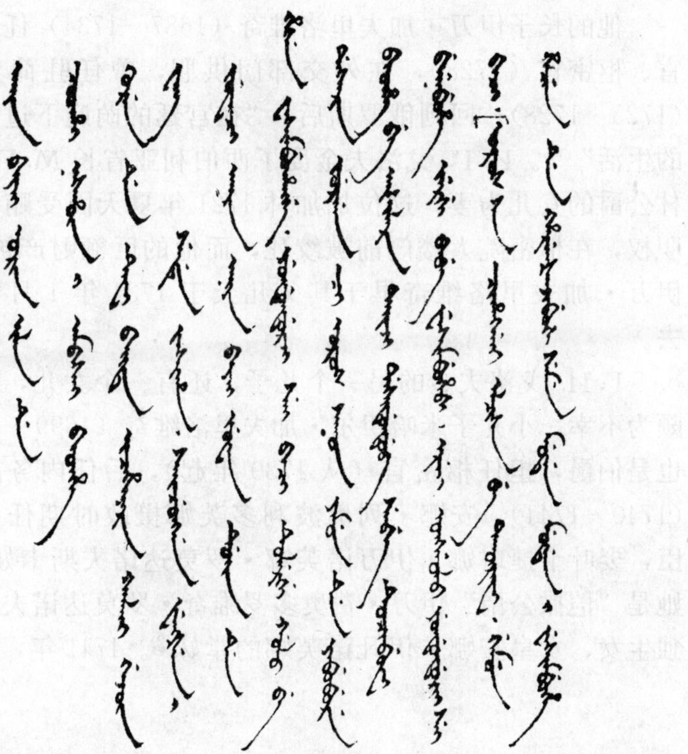

Предписание Военного Совета ургинским пограничным правителям Юндендоржу и Юйхэну с указом императора Юн Яня о возможных сроках прибытия русского посольства в Пекин (см. док. N60):на маньчжурском яз.

军机处向库伦办事大臣蕴端多尔济和玉衡转发的内容为告知俄国使团抵达北京的大概日期的嘉庆皇帝满文上谕（见第60号文件）

到，他在圣彼得堡还拥有一座石岛。Г. И. 戈洛夫金可以算得上是一生顺利，福寿绵长。[5]

他的长子伊万·加夫里洛维奇（1687—1734）任二等文官、枢密官（1728），在外交部门供职，曾任驻荷兰使臣（1725—1728）；回到俄罗斯后，“在宫廷的荫庇下过着朴素的生活”[6]。И. Г. 戈洛夫金娶了西伯利亚省长 М. П. 加加林公爵的女儿为妻，这位加加林 1721 年夏天因受贿和滥用职权，在枢密院大楼门前被绞死，而他的巨额财产被充公。伊万·加夫里洛维奇早于其父几天于 1734 年 1 月 5 日故去。[7]

Г. И. 戈洛夫金的另一个儿子，还有一个女儿，命运都颇为不幸。小儿子米哈伊尔·加夫里洛维奇（1699—1755）①也是伯爵，担任枢密官（从 1730 年起），后任内务副首相（1740—1741），安娜·列奥波利多芙娜摄政时期任内阁大臣，娶叶卡捷琳娜·伊万诺芙娜·罗莫达诺夫斯卡娅为妻，她是“恺撒公爵”伊万·费奥多罗维奇·罗莫达诺夫斯基的独生女、女皇安娜·伊凡诺芙娜的堂妹②。1741 年，米哈伊

---

① 关于他的出生年份有各种说法：1705 年（С. 邦奈：《戈洛夫金家族》，第 25 页；《苏联百科词典》，莫斯科，1979，321 页），1701 年（圣彼得堡俄罗斯国家历史档案馆，А. А. 萨韦利耶夫全宗，目录 1，案卷 83，第 10 页）和沃尔科夫提出的 1699 年（Н. Е. 沃尔科夫：《俄国皇帝宫廷的过去与现在》，圣彼得堡，1900，第 3 册，172 页）。1712 年 М. Г. 戈洛夫金奉派出国学习，1722 年被任命为驻柏林使臣（《新百科词典》，卷 13，955 页）。

② 在婚礼车队中彼得一世手握元帅杖骑马走在新婚夫妇乘坐的四轮马车前面，“而当为新婚夫妇的健康干杯时，他亲自为大家端酒”（Н. Е. 沃尔科夫：《俄国皇帝的宫廷》，第 3 册，219 页）。

尔·加夫里洛维奇在宫廷政变后被枢密院判处死刑[①]，后由女皇伊丽莎白·彼得罗芙娜改为流放，贬到遥远的西伯利亚格尔曼堡（中科雷姆斯克）[②]，财产也被充公[③]。妻子自愿同他一起前赴边远荒凉的冬营，在当地和他患难与共地生活了14年[④]。米哈伊尔·加夫里洛维奇死于1755年11月20日。[⑤]经女皇伊丽莎白·彼得罗芙娜批准，遗体由遗孀运回莫斯科，

---

① М.Г. 戈洛夫金起初在彼得保罗要塞关了一个半月。1742年1月19日（他重病在身，被抬上雪橇）由当地踏上了流放之路（Д.Н. 班德什-卡缅斯基：《值得缅怀的俄国人物词典》，莫斯科，1836，第2卷，151页）。

② 卡尔诺维奇称М. 戈洛夫金的流放地为格尔曼堡（Е.П. 卡尔诺维奇：《特殊的财富》，82页）。

③ 由于М.Г. 戈洛夫金身后没有留下后代，属于他的那些村庄没收后一部分被分给其他人，一部分充公。这些村庄有25000名农奴，都位于土地最肥沃的一些省份（Е.П. 卡尔诺维奇：《特殊的财富》，82页）。关于М.Г. 戈洛夫金的土地占有情况详见：П.К. 阿列菲连科：《18世纪上半叶М.Г. 戈洛夫金伯爵在俄国的大量世袭田产》，《东欧农业史年鉴》，1959年，莫斯科，1961。

④ Ф.Г. 萨夫罗诺夫认为，Е.И. 戈洛夫金娜与丈夫一起过了20多年的流放生活：М.Г. 戈洛夫金于1742年被判处死刑，大概是在1743年与妻子一同来到中科雷姆斯克，死于1766年［Ф.Г. 萨夫罗诺夫：《18世纪上半叶东西伯利亚的流放》，载《西伯利亚的流放与苦役（18世纪—20世纪初）》，新西伯利亚，1975，33～34页］。

⑤ Д.Н. 班德什-卡缅斯基写道：Е.И. 戈洛夫金娜把丈夫的遗体埋在自己小屋的穿堂里；她就在这最亲爱的人长眠的地方不停地祷告上苍；她借着圣像前点鱼脂的昏暗的灯光读《圣经》的赞美诗；在丈夫死后也不想离开他。当令人高兴的消息（指女皇批准将遗体运回莫斯科。——俄编者）传到遥远的别廖佐沃（就是那个流放地。——俄编者）时，她把丈夫的灵柩一直送到首都。老年时她虽然双目失明，但记忆力仍然丝毫不减，就在那所彼得一世曾造访过这对

安葬在格奥尔吉耶夫修道院[8]。

Г. И. 戈洛夫金的女儿安娜·加夫里洛芙娜①（头婚嫁

无比幸福的夫妻的房子里（行下注：“这幢房子位于尼基塔大街”。——俄编者），她常活灵活现地谈起彼得一世的伟大功绩。1791年5月20日她走完了自己那以诚信和品德高尚而著称的一生。（Д. Н. 班德什-卡缅斯基：《值得缅怀的俄国人物词典》，莫斯科，1836，第2卷，119～120页）叶卡捷琳娜二世赐给她数千农民，恢复了她宫廷近侍女官的头衔。Е. И. 戈洛夫金娜葬在莫斯科安德罗尼耶夫修道院的圣母显灵教堂。Д. Н. 班德什-卡缅斯基更准确地指明了М. Г. 戈洛夫金的安葬地点：格奥尔吉耶夫修道院的夏日教堂，在右侧塔柱的后边。1812年以前，这里立着一块墓碑，在法军从莫斯科退却时它与其他许多东西一起被毁（Д. Н. 班德什-卡缅斯基：《值得缅怀的俄国人物词典》，莫斯科，1836，第2卷，119～120、151页）。

① 加夫里尔·伊万诺维奇还有两个女儿：一个叫纳塔利娅·加夫里洛芙娜（1689—1726），嫁给俄军上将伊万·费奥多罗维奇·巴里亚京斯基；还有一个叫阿纳斯塔西娅·加夫里洛芙娜，是尼基塔·尤里耶维奇·特鲁别茨科伊公爵的妻子（С. 邦奈：《戈洛夫金家族》，32、34页）。阿娜斯塔西娅·加夫里洛芙娜是特鲁别茨科伊公爵的第一位妻子，而他第二位妻子是……安娜·丹尼洛芙娜·赫拉斯科娃，从娘家算是德鲁茨卡娅女公爵。Н. Ю. 特鲁别茨科伊（1700—1768）是他那个时代最富有的人之一，是女皇伊丽莎白·彼得罗芙娜执政时期的总检察长，“按当代人的说法，是一个反复无常、卑躬屈膝、阴险狡诈的人，对待被告人手段残酷，甚至亲自动手打人。他的残忍达于极致，在审判奥斯特曼和米尼希的委员会上，他赞成把二人活活车裂，砍头分尸。他毫无缘由地迫害自己的妹夫（应是内弟——俄编者）戈洛夫金伯爵（米哈伊尔·加夫里洛维奇——俄编者），判他有罪，在弥留时又向这位流放犯的孀妇作了忏悔。”（М. И. 佩利亚耶夫：《古老的莫斯科》，莫斯科，1991，15章，20页）

给枢密院总检察长帕维尔·伊万诺维奇·亚古任斯基伯爵，二婚嫁给米哈伊尔·彼得罗维奇·别斯图热夫—留明伯爵），是宫廷女官长（1722年前）、近侍女官（从1725年起）。因参与所谓的“洛普欣案件”（1743）①，当众受鞭刑，割舌流放雅库茨克，于1750年前后[9]在当地去世②。

加夫里尔·伊万诺维奇的次子亚历山大·加夫里洛维奇（1688—1760）任枢密官（1723），是戈洛夫金家族所谓国外一支的始祖。他是尤里·亚历山德罗维奇·戈洛夫金的祖父，二等文官（从1727年6月10日起），年轻时（从1704

① 案件的实情百多年来丝毫不为人知，只是到了19世纪60年代，历史学家们才得以了解有关洛普欣家族、A. Г. 别斯图热娃—留明娜和与此政治案有关的其他人员调查和审判情况的材料。直到此时方真相大白，原来这桩“政治阴谋”并不存在，那只是宫廷、国际政治、家族和爱情上钩心斗角的产物，导致了悲惨的结局（见B. 斯莫尔金为E. П. 卡尔诺维奇所著长篇历史小说《危害》一书［莫斯科，1990］所撰《后记》，见该书193页）。

② 1828年十二月党人亚历山大·亚历山德罗维奇·别斯图热夫（马尔林斯基）——此人在1827年流放到雅库茨克——找到了她的墓地。他在1828年8月16日给几位兄弟的信中写道：“我在这里找到了戈洛夫金伯爵的姐姐、女伯爵安娜·加夫里洛芙娜·别斯图热娃的墓地，她在这里结束了自己因伊丽莎白女皇的忌妒而被流放的生活，她受过鞭刑并被割掉舌头。一个记得她的老太婆说：她长得很俊俏，走路总是披着披肩，说话声音很低，刚能听见。她做了很多善事，我总算找到了她和她弟弟的手稿，但是（唉，真野蛮！），却被糊到墙上，又刷上了油漆。”（《俄国导报》，1870，卷87，240页。引文据《当代人回忆录中的十二月党人作家》，莫斯科，1980，卷1，211～212页和407页注释。关于这桩“政治阴谋”及其参与者H. Ф. 洛普欣娜、戈洛夫金娜和其他人的后来命运，详情见《俄国往事》，1874，卷11，9月号，1～42页；11月号，191～235页；E. П. 卡尔诺维奇：《危害》）。

年起）与哥哥伊万一起出国留学，曾在莱比锡、柏林、巴黎居住过①，1707 年返回俄国。父亲使他对外交上的往来文函[10]产生了兴趣。A.Г. 戈洛夫金曾出任驻柏林公使（1723—1727）② 和驻巴黎公使（1727—1731）③ 后来又任驻

---

① 写给谢米格勒城警备司令柳杰维库斯·拉布京将军的信中，请求加夫里尔·伊万诺维奇·戈洛夫金的儿子伊万和亚历山大给予“善待”和“帮助”，他们是到法国留学并“顺道访问”“谢米格勒地方”的贵族（俄罗斯国立中央古代文献档案馆，新整理的衙门全宗 159，目录 2，外务衙门，第 3 部分，第 4990 保存单元，1704 年 2 月，第 2 页，草稿）。信件作者没有标明，可能是以外务衙门的名义写的。

② A.Г. 戈洛夫金此时也完成了彼得一世交办的众多非外交事务（俄罗斯国家古代文献档案馆，全宗 142，《沙皇信函原件》，目录 3，第 198 保存单元）：《彼得一世就从德累斯顿购买和发送钟表等事给驻柏林公使戈洛夫金伯爵（亚历山大·加夫里洛维奇。——俄编者）的信，1713 年 12 月 31 日（信函日期）》。203 号（1715）、206 号（未指出年份）、207 号（1716—1718）卷宗是彼得一世寄给驻柏林公使戈洛夫金伯爵的几封信，内容是要他招募艺术壁画、烟草业、数学仪器、陶瓷工艺和纺织业工匠回国；把他们的产品样品送回国，以及告知他们来俄罗斯工作的条件；案卷 208 也是给这位伯爵关于同法国缫丝工匠达成协议的信函（1716）；209 号（1716）、213 号（1718）卷宗还是给他的关于工匠们通过水路已抵达俄罗斯的信函；214 号（1718）、215 号（1719）、217 号（1720）、218 号（1720）、219 号（1720）、220 号也是给这位戈洛夫金的加密信函（1721）；221 号（1721）、222 号（1721）则是关于各种其他问题。

今天的圣彼得堡人喜爱自己的城市，并以其中的名胜为骄傲，他们对 A.Г. 戈洛夫金充满感激之情。1991 年 9 月 27 日“俄罗斯广播电台”有一个节目说，据圣彼得堡报道：俄罗斯驻荷兰使臣 A.Г. 戈洛夫金受政府委派向荷兰工匠订制了自鸣钟，至今这些自鸣钟仍在装饰着彼得保罗要塞的大教堂。现在这些自鸣钟正在被修复，可以期待，一年后它将“演奏”出作曲家安德烈·彼得罗夫创作的俄罗斯国歌。

③ 1727 年 10 月 5 日最高枢密院发布命令，由度支院拨给被任命为出席卡姆巴拉会议全权大臣的鲍里斯·库拉金公爵和亚历山大·

海牙使臣（1731—1759）。在其外交生涯中他曾与许多国家签订条约，但后来都要经过他父亲一等文官Г.И. 戈洛夫金[11]的审核。在49年内，他前后出任过多个驻外国宫廷的公使。让·雅克·卢梭[12]是他的朋友之一。照П.В. 多尔戈鲁科夫的说法，“在戈洛夫金整个家族中，亚历山大伯爵当然是最杰出的人物，他是当时最精明的外交家之一，聪明出色，严肃认真，也是当时最开明的俄罗斯人之一”。[13]除了外交活动，А.Г. 戈洛夫金还同德国一些学者通信，把他们邀请到圣彼得堡，到刚刚建立的科学院工作。

由于担心遭到弟弟米哈伊尔和姐姐安娜的命运，亚历山大·加夫里洛维奇一辈子都待在国外（上面已提及此事），他让自己的家人都信奉新教，但为自己和儿孙保留了俄国国籍。他的担心看来是多余了①，因为他和他的后代一直都在享用属于他们的俄国庄园和庄园的收入[14]。亚历山大·加夫里洛维奇的妻子（从1715年起）是奥地利女伯爵叶卡捷琳娜·多纳，共给丈夫生了25个孩子，但其中只有4个儿子和一个女儿长到成年，其中伊万为俄国驻但泽公使，彼得

戈洛夫金伯爵48000卢布（П.И. 巴拉诺夫：《圣彼得堡枢密院档案馆保存的18世纪圣旨和命令一览》，圣彼得堡，1875，卷2，1725—1740年，89页）。1729年5月4日的谕旨命令由度支院拨出24000卢布，作为奉派出席法国卡姆巴拉苏亚松国际会议的亚历山大·戈洛夫金伯爵及其手下贵族、办事人员的生活费用（П.И. 巴拉诺夫：《圣彼得堡枢密院档案馆保存的18世纪圣旨和命令一览》，圣彼得堡，1875，卷2，1725—1740年，189页）。

① 1744年7月24日上谕命令将二等文官、驻荷兰特命使臣亚历山大·戈洛夫金伯爵被查封在其姐姐安娜·别斯图热娃—留明娜宅中的5700卢布归还给他（П.И. 巴拉诺夫：《圣彼得堡枢密院档案馆保存的18世纪圣旨和命令一览》，圣彼得堡，1878，卷3，1740—1762年，152页）。

为海军军官，后为四等文官，加夫里尔在荷兰当将军①，亚历山大是尤里·亚历山德罗维奇的父亲，女儿玛丽娅

① 加夫里尔·亚历山德罗维奇·戈洛夫金，四等文官（死于1787），娶娘家为女伯爵舒瓦洛娃的叶卡捷琳娜·亚历山德罗芙娜（1733—1821在巴黎）为妻（1750年）。（《国外俄国名人墓地》，1分册，《巴黎及其近郊》，彼得格勒，1915，22页；А. Б. 洛巴诺夫—罗斯托夫斯基：《俄国族谱》，卷1，162页）。М. А. 齐亚夫洛夫斯基引用扎维林的说法说，А. С. 普希金出生在Г. И. 戈洛夫金妻子的莫斯科住宅的厢房中。他写道："Л. 扎维林认为，А. С. 普希金于1799年5月26日生于戈洛夫金娜住宅（今鲍曼斯卡娅街57号）中属于斯克沃尔佐夫的厢房。"（《А. С. 普希金的生平创作大事记——1799～1826》，编者М. А. 齐亚夫洛夫斯基，第2版，列宁格勒，1991，18、639、720页）

他有个儿子彼得（1769—1821），有伯爵头衔，任宫廷低级侍从（从1793年起）、狩猎官、宫廷高级侍从（1797年1月1日），荣膺圣约翰·耶路撒冷斯基勋章（《1805年高级官员名录》，56页）。1800年皇帝保罗一世下令："由于在女大公阿历克桑德拉·保罗芙娜的旅行费用问题上，其花销高出规定总数一倍，着免去其职务。1800年11月14日又复职。"（Н. Е. 沃尔科夫：《俄国皇帝的宫廷》，圣彼得堡，1900，第4册，189页）。Г. А. 戈洛夫金还有一个女儿伊丽莎白（1792—1820）和一个儿子阿列克谢（圣彼得堡俄罗斯国家历史档案馆，全宗2188，А. А. 萨韦利耶夫，目录1，第83保存单元，1页）。阿列克谢·加夫里洛维奇是所谓的戈洛夫金俄国一支的最后一名代表，没有娶妻（他的姐姐伊丽莎白也没有嫁人），大概死于1823年，收藏书画、雕像和石碑等等。正如С. 邦奈所说，他全部的收藏品都毁于法军占领莫斯科的大火中（С. 邦奈：《戈洛夫金家族》，第24、25页）。看来，部分收藏品还是被救了出来，因为1826年公布了已故А. Г. 戈洛夫金所有的427件（饰物、绘画、版画、书籍）拍卖品清单（《已故阿列克谢·加夫里洛维奇伯爵家留存的拍卖品清单》，1826年3月某日，莫斯科，1826）。没有指出出售的准确日期。

(1728—1797）是弗里德里希-帕维尔·卡梅克伯爵的妻子（他死于1769年)。

亚历山大·亚历山德罗维奇·戈洛夫金是一个所谓的“怪人”。他虽在荷兰完成了学业，但却认为学习一无所获。一经得出这一结论，亚历山大·亚历山德罗维奇便把所学的全部材料仔仔细细独自又研究了一遍，这就又花费了好几年时间。这种学习迫使他养成坐下来工作的生活方式，使他喜爱上思考。1761年他在伯尔尼向瑞士当局宣誓（他的父亲亚历山大·加夫里洛维奇此时已在海牙去世)，并在他家的蒙恩城堡定居，把所有的时间都献给了科学事业和家庭。亚历山大·亚历山德罗维奇的妻子，也就是尤里·亚历山德罗维奇·戈洛夫金的母亲，是女男爵威廉明娜·尤斯京娜·冯·蒙海姆小姐。她是约翰·劳伦茨·冯·蒙海姆教授的女儿。1796年，她又嫁给德艾延公爵。不久，德艾延公爵被加封为诺艾尔公爵，1824年去世。

1765年普鲁士国王弗里德里希二世邀请A. A. 戈洛夫金担任“戏剧总监”[①]一职。但是，他显然不久就厌烦了这个职位，于是为了“享受重新获得的自由”，两年后他去了巴黎。他是卢梭的崇拜者，接受了卢梭在教育自己两个孩子方面的建议，他们就是后来俄国派访中国的使臣尤里和女儿阿马利娅[②]。

A. A. 戈洛夫金的孩子们受到出色的教育。他们的身体

---

① 正如C. 邦奈所指出的那样，瑞士蒙纳堡保存了亚历山大·亚历山德罗维奇·戈洛夫金和弗里德里希二世的通信（C. 邦奈：《戈洛夫金家族》，56页)。

② A. A. 戈洛夫金在小册子《关于妇女教育的我见或者教育女儿的方案原则》中，讲述了教育女儿的方法（C. 邦奈：《戈洛夫金家族》，56页)。

锻炼得到了特别的关注：每天早晨进行冷水浴，食物只有牛奶和蔬菜①。1781年8月5日A. A. 戈洛夫金在巴黎[15]附近的帕西去世。还有资料说他是1782年逝世于巴黎。[16]

尤里·亚历山德罗维奇·戈洛夫金1762年12月4日出生在洛桑[17]，又有资料说他生于1749年，但没有指明出生地[18]。叶卡捷琳娜二世当政时期，尤里·亚历山德罗维奇受其邀请回到俄国，看来，与他同行的还有他的叔叔加夫里尔·亚历山德罗维奇和他的儿子阿列克谢、费多尔、彼得和加夫里尔[19]。另有资料显示，Ю. А. 戈洛夫金是在1783年与堂兄费多尔②、彼得、路德维希、弗里德里希一起回到俄国的。之所以做出回国的决定，是由于他的宗教信仰（尤·亚历山德罗维奇是个宗教改革派信徒）使他在法国没有任何前途可言。总而言之，在戈洛夫金家族的所谓国外一支的所有成员去国50年之后，这位年轻的代表又回到了俄国。实际上他对母语一无所知，拥有的地产也很少。女皇叶卡捷琳娜二世批准了他对财产的所有权（这也涉及同他一起回来的堂兄弟们）[20]。

回国后不久，Ю. А. 戈洛夫金便被安排到普列奥布拉任斯基团[21]任准尉。从1785年开始任宫廷低级侍从，而后是宫廷侍从、枢密官（从1796年起）、商务院院长（1800—

---

① 应该说，这样的教育产生了后果：尤里·亚历山德罗维奇伯爵活了很大年纪，直至晚年身体仍很健康，而他的姐姐阿玛丽娅活到了89岁。

② 戈洛夫金，费多尔·加夫里洛维奇（1766—1823），伯爵，叶卡捷琳娜二世宫廷的低级侍从，而后是Н. И. 萨尔蒂科夫的侍从将军，驻那不勒斯使臣，从1796到1799年任保罗一世的宫廷典礼官，是《保罗一世宫廷及其在位时期：肖像、回忆和趣闻》（莫斯科，1912）一书的作者。

1807）、宫廷总典礼官（1800），二等文官（1804）、国务委员会成员[22]。1799 年 3 月 12 日 Ю. А. 戈洛夫金同 А. Г. 戈洛夫金的其他后人一起，得到了世袭圣约翰·耶路撒冷斯基勋章的权利，因为从顿河伯爵的女方一支来看，他们是出身于马耳他骑士团首领莱蒙德—杜—比伊的家族[23]。

1801—1803 年 Ю. А. 戈洛夫金同国家的许多高官一道，参与枢密院审理案件，发表过各种意见[24]。

1804 年 12 月 29 日，由于即将被任命为出使清帝国使团的团长，Ю. А. 戈洛夫金致函副外务大臣 А. А. 恰尔托雷斯基，托他向沙皇亚历山大一世求情，授予他二等文官衔和御马监总监的宫廷称号。二等文官官衔是早就答应过要给他的，但由于 Ю. А. 戈洛夫金当时并没有担任国家职务，因而被拖延下来。在这封信中，戈洛夫金列举了自己"先前的功劳"："编写过两部篇幅巨大的通用税则；还编写过两部地方税法：一部为阿斯特拉罕税法，一部为奥伦堡税法，并附有各种细则，足堪呈报皇帝御览，尽管并没有呈报。1801 年我主持过同英国的结算，卸下了多艘英国海船上的货物，这次行动为国家挽回了可观的损失，避免了无穷无尽的麻烦。"[25]。

在被正式任命为使臣前不久，戈洛夫金再次致函恰尔托雷斯基（1805 年 2 月 9 日的报告），提出个人请求：请他设法让皇帝垂恩：批准他给妻子写的"遗嘱"，赐给他"御马监总监头衔，朝廷曾三次将这一职务授给去完成重要任务的、比他年轻的官员"。他最后补充道："为此他满怀羞惭之心，恭谨信赖之情，期望皇帝陛下赐予资财，提供帮助"[26]。

1805 年 2 月 15 日亚历山大一世任命 Ю. А. 戈洛夫金为出访清帝国的特命全权使臣[27]，同年 2 月 16 日颁布了任命戈洛夫金为使臣的诏书，指示外务院发给使臣"启动费

35000 卢布和 2 年薪水，还有伙食费，总计一年为 50000 卢布”[28]。1805 年 2 月中旬，A. A. 恰尔托雷斯基通知戈洛夫金，“沙皇陛下任命他为前往中国的使臣，赐他一年 20000 卢布的薪金和 30000 银卢布伙食费。戈洛夫金伯爵大人将得到 35000 卢布，用于准备此次旅行，支付全体随员直到国境的驿马费”[29]。使团全体人员的费用共 506498 卢布。[30]

戈洛夫金是 A. A. 恰尔托雷斯基的亲戚，正如瓦金所写的那样，是在恰尔托雷斯基的坚持下他才被任命为使臣的[31]。

由于被任命为出使中国的特命全权使臣，担任商务院院长（1800—1807 年）的 Ю. А. 戈洛夫金得到两年假期[32]。

由 242 人组成的庞大的俄国使团以祝贺嘉庆皇帝即位（1796 年）和通报沙皇亚历山大一世[33]即俄国皇帝位为由，带着贵重的礼物①出使中国。实际上，使团的目的是通过外交途径解决中俄关系的一系列问题：首先不只是在布赫塔尔玛开辟贸易，“如果中国人愿意，可在此地建立集市或建立

---

① 在 1805 年 2 月拟定的礼品总清单中，开列了俄国皇家工厂生产的珍贵工艺品（瓷器、镜子）、毛皮、丝织品、全套家具等等（俄罗斯帝国对外政策档案馆圣彼得堡分馆，总档 1—7，1805 年，目录 6，案卷 1a，卷夹 6，59～60 页）。这些礼品的意义主要在于它们的价值。但在许多装饰得富丽堂皇的普通收藏品中，有特地准备的俄国历史资料汇集：从留里克到在位的亚历山大一世的年表（同时列出这一时期的中国皇帝）、俄中两国皇帝的族谱、从彼得一世时代到亚历山大一世统治时期各种历史事件年表（俄罗斯帝国对外政策档案馆圣彼得堡分馆，总档 1—7，1805 年，目录 6，案卷 1，卷夹 16，44 页背面～48、124～127 页）。使臣还应该进献列代俄国大公和沙皇的画像、俄国重大历史事件的银质纪念章（藏品目录藏同处，卷夹 16，21～24 页背面）、彼得一世纪念碑的微缩复制品、圣彼得堡和莫斯科的风景画等等。在外务大臣办公厅的通信中附有一张为博格德汗定做的黑漆轿马车彩图，车门上用中俄两种语言写着：“两国友好和睦乃人民之福”（俄罗斯帝国对外政策档案馆圣彼得堡分馆，总档 1—7，1805 年，目录 6，案卷 1，卷夹 16，153 页）。

类似恰克图那样的集镇，甚至沿额尔齐斯防线开辟贸易”；要在广州和黄海开辟贸易，要在阿穆尔河上通航，还要对未划界的地域划界；要“互派使团”，准许俄国使团前往喀布尔等等[34]。戈洛夫金还奉命视察西伯利亚各省和检查西伯利亚总督 И. О. 谢利丰托夫[35]的行为。同时，还要由使团带同，派出俄国驻北京教士团的例行换届人员。

应该指出，Ю. А. 戈洛夫金对他所肩负的使命准备得极为认真。根据他的请求，调集了 17—18 世纪俄中关系档案文献的副本。这些抄件是由外务院莫斯科总档案馆和伊尔库茨克省办公厅于 1804—1805 年抄录制作的，它们寄到了外务院和 Ю. А. 戈洛夫金的办公室①。

查阅了这些收到的文献资料之后，Ю. А. 戈洛夫金于 1805 年 5 月 10 日给 А. А. 恰尔托雷斯基写了一份“关于阿穆尔河的报告”，他在报告中叙述了这一地区俄中划界的情况，并提出了自己的意见：无需要求清政府割让整条河流，只要把结雅河和乌第河之间的地区让出即可[36]。

戈洛夫金还参与了（经过英国和葡萄牙）向中国派遣三名耶稣会士的准备工作[37]，试图以此说服清政府亲切接待俄国使团。他在写给耶稣会士们的信中（1805 年 1 月；日期

---

① 绝大部分材料又送回了外务院莫斯科总档案馆。外务院、Ю. А. 戈洛夫金、使团秘书 Л. С. 巴伊科夫、А. М. 多布罗斯拉夫斯基与档案馆馆长 Н. Н. 班德什-卡缅斯基之间关于收到和返回这些材料的大量通信（1806 年 8 月～12 月）保存了下来，档案馆提供文件正本的清单也保存了下来（俄罗斯帝国对外政策档案馆圣彼得堡分馆，总档 1－7，1805 年，目录 6，案卷 1a，卷夹 1，135～139 页；卷夹 19，33、76 页；卷夹 21，25～28页、70～70 页背面；Ю. А. 戈洛夫金同西伯利亚总督 И. О. 谢利丰托夫关于提供文件的通信藏同处，卷夹 21，101～102 页）。

根据准备派遣耶稣会士的时间标出）指示他们抵达广州后应如何行事：

“所附［信函］是为前往中国当传教士的耶稣会士准备的。他们落脚的地点可以向住在伦敦波连德街牛津路 11 号的耶稣会士斯特拉克兰德神父打听。应命令他们到广州后先写一信通知北京的普阿罗神父，信的样本已于此间交给他们。但一定要切实保证该信在送达神父途中不会被人拆阅，否则宁可把信毁掉，只告诉他传教士们已经到达，并要他设法把他们弄进北京即可。如果那些旅行者已经离开英国，附函就可以销毁。他们的旅行是得到批准的，而且受到政府的保护”[38]。

第一批使团成员分成 8 个小分队①：第一小分队在 1805 年 5 月 10 日出发，第二小分队 15 日出发，第三小分队 17 日出发。剩下的 5 个小分队每间隔 2～3 天出发一个。首批出发的 3 个小分队经由托博尔斯克，其余 5 个经由伊希姆河和额尔齐斯河[39]。

有文献[40]说，戈洛夫金于 1805 年“7 月 4 日左右”随最后几个小分队中的一支出发。但是，在宫廷典礼官日志②中记录了更确切的日期。日志中写道：戈洛夫金于 1805 年 7

---

① 使团第二批同样分成 8 个小分队。第一小分队于 1805 年 6 月初上路，其余的小分队随后陆续出发。这些小分队组成了辎重队，运送贵重物品和礼品（见 108 号文件）。使团第三批分成 3 个小分队，戈洛夫金在其中的一个小分队。第一小分队在 7 月初出发，另两个小分队随后出发（见 126 号文件）。

② 宫廷典礼官记事簿中“记录了沙皇和皇后的所有接见与出访，以及两位陛下在宫中的消遣活动。记事簿共有 3 份：第一份每天早晨装于封好的信封里放在皇帝的写字台上；第二份装于封筒送交宫廷大臣；第三份存于宫廷典礼官特备的铁箱中。这些记事簿均属绝密。”（A. A. 莫索洛夫：《末代皇帝的宫廷：宫廷大臣办公厅主任的笔记》，圣彼得堡，1992，45 页）。

月 6 日在石岛宫中向皇帝辞行，出使中国[41]。这就是说，戈洛夫金从圣彼得堡出发的日期不会早于这一天。

使臣对俄中关系史方面已搜集到手的材料觉得不满足，于是在途经莫斯科时又要求外交部莫斯科国家档案馆馆长 Н. Н. 班德什-卡缅斯基为他制作了一系列他感兴趣的资料副本①。

使团的旅途和途中奇遇有使团的两位成员维格尔和马丁诺夫作了详尽而又色彩缤纷的描述，因此我们将不涉及这一题目。我们只想指出，戈洛夫金在途中仍继续认真研究与出使任务有关的一切。

比如，他从喀山起与西伯利亚防线巡阅使 Н. И. 拉夫罗夫少将建立了通信联系。在 1805 年 7 月 30 日的信[42]中他请求告知有关布赫塔尔玛贸易的详情。为回答他的询问，拉夫罗夫写了一份报告，汇报了他辖区内的俄中贸易状况和因出使清帝国的行动在边境出现的一些情况。他把这份报告寄给了西伯利亚总督 И. О. 谢利丰托夫[43]。同时，又给戈洛夫金寄去一信，谈到自己对在布赫塔尔玛开辟与中国贸易前景的个人意见[44]，还寄去一份有关俄中边境形势的报告[45]。

拉夫罗夫报告的消息，包含了很多有价值、有意思的事实，戈洛夫金在 1805 年 8 月 26 日给这位少将的信中指出了这一点[46]。

跋涉了两个月后，使臣抵达伊尔库茨克，开始准备恰克图之行。1805 年 9 月 13 日，他上书亚历山大一世皇帝[47]，

---

① 戈洛夫金几乎是 Н. Н. 班德什—卡缅斯基当时还是手写稿的《俄中两国外交文献汇编》的第一位读者（出版时名为《1619—1792 年俄中两国外交文件汇编》，喀山，1882）。他对这部著作给予很高的评价，并在信中对作者表示感谢（见 127 号文件）。

报告此事。就在使团准备继续前进的这段时间，戈洛夫金请省办公厅提供了它所拥有的有关俄中关系史方面的资料。[48]为了搜集有关阿穆尔河和俄中边界的补充资料，使臣于9月份由伊尔库茨克派遣使团二等秘书兰伯特前往恰克图[49]。与此同时（1805年9月14日），使臣还指派多夫列上校从事核对俄中边界各种地图的工作[50]。

1805年10月5日下午5时，Ю. А. 戈洛夫金到达俄中边界上的特罗伊茨科萨夫斯克要塞，在这里“有非正规的布拉茨克军团普通哥萨克200人，在阿塔曼和长老们的带领下打着旗帜于要塞8俄里外迎候。伯爵大人带领随他赴中国的龙骑兵和哥萨克，由一名大尉率领。特罗伊茨科萨夫斯克防区的非正规部队派出盛装哥萨克在旗手引领下迎接。进入要塞时，为通报伯爵大人到来，特鸣炮30响。后在进入驻地时，又有全体官员迎候”[51]。

1805年10月17日Ю. А. 戈洛夫金从当地向亚历山大一世皇帝报告了同中国划界问题的研究结果和即将与清朝方面谈判讨论乌第河地区问题时可能遇到的巨大困难[52]。报告中附有一份备忘录，谈及与中国划界问题，提出了在乌第河地区拟定边界走向的建议[53]。按照戈洛夫金的意见，这份文件可作为他离开圣彼得堡以前向A. A. 恰尔托雷斯基呈交的那份文件的补充[54]。

使团在恰克图逗留了整整两个半月。这是因为要与库伦办事大臣通信、谈判，还要同枢密院就理藩院要求缩减使团随员、拒绝俄国教士团例行更换人员与使团同行等问题交换信件，以及处理其他一些问题。

就在谈判进行的过程中，Ю. А. 戈洛夫金（在1805年12月中旬）编了一份很有意思的长文件——《根据1805年7月8日向使臣戈洛夫金伯爵下达的训令制订的与中国政府谈判计划》（注为“密件”）。该计划分析了使团完成主要任务的种种外交手段。谈判计划制订得实在太晚了。戈洛夫金解释说：他是在圣彼得堡出发当天收到指令的，又要把旅途的全部时间都用于视察西伯利亚各省，直到在特罗伊茨科萨夫斯克要塞逗留时，方把编制计划所需的资料搜集齐全[55]。

与库伦办事大臣的谈判终于结束，1805年12月20日使团踏上了清帝国的土地。外务院驻恰克图特派员 А. И. 索科洛夫在报告中（1805年12月25日）对这一事件作了这样的描述：

当天11时，俄国使臣抵达恰克图前哨后，率领所有指派前往北京的骑士和官员，各自乘坐自己的马车到了教堂，向至高无上的上帝祷告，之后离开教堂，由200名布拉茨克哥萨克打着赐予他们的旗帜做先导，使臣本人骑马跟在后面，一队亮出马刀的龙骑兵在一名军官指挥下殿后。当使团越过前哨跨过边界时，30门大炮和20支步枪齐鸣。在买卖城 Ю. А. 戈洛夫金应邀进入一栋位于庙宇旁边的房子（在扎拉固齐住宅之旁），“那儿已经按中国人的习惯准备好了茶水，放了几张摆有果品的桌子”。在短暂的休息之后，使团到达了距恰克图20俄里的第一个蒙古驿站赞莫多，在这里做了清帝国领土上的第一次停留[56]。

俄国使团于1806年1月2日抵达库伦[57]。Ю. А. 戈洛夫金在库伦与几位办事大臣重新进行了长时间而无结果的谈判，这几位办事大臣坚持要求俄国使臣在库伦行“叩头礼”，以感谢为欢迎他的到来以中国皇帝名义举行的宴会（见180号文件注释1）。使臣断然拒绝了这一要求，因而使团被迫离开库伦[58]。

1806年2月11日戈洛夫金带领部分随员回到特罗伊茨科萨夫斯克，使团的第二部分于同月15日，第三部分于17

日分别陆续抵达[59]。当地迎接戈洛夫金的场面与欢送他去中国的场面一样隆重。2月23日戈洛夫金动身前往伊尔库茨克，从那里派秘书巴伊科夫带着报告前往圣彼得堡[60]。

内阁非常委员会审察了Ю.А. 戈洛夫金在库伦的活动，认为他是对的[61]。亚历山大一世于5月15日[62]发布的诏书和同日枢密院致理藩院的咨文都为俄国使臣的行为辩护："戈洛夫金伯爵准确履行了对他的训令，我们对他断然拒绝与他的身份不相符的行为表示赞许。"[63]

戈洛夫金使团的失败没有导致俄国与中国外交经贸关系破裂①。此时山西省和直隶省北部由于连续八年歉收而出现严重的饥荒，北京政府因担心出现骚乱而向俄国边境当局请求由俄国出口粮食。戈洛夫金认为拒绝"会被中国人看成是俄国对他们的记恨和敌意"，于是争取到了批准，把粮食出口，运到张家口[64]。

Ю.А. 戈洛夫金在伊尔库茨克还要停留一段时间②，因

---

① 以后一些年份俄国政府对清帝国的政策依然是友好的，1833年4月14日外交部亚洲司给俄国驻北京教士团领班的信使证明了这一点："俄国外交部对中国的主要和永久性目的是政治和贸易目的。第一要同与我们大面积接壤的中国保持和巩固友好关系；第二是为了国家的工业利益和互利而扩大和发展我国与中国的贸易关系。"（俄罗斯帝国对外政策档案馆，总档1—5，1823年，案卷1，卷夹9，1分册，150页。引自：А.Н. 霍赫洛夫：《贸易——俄国对清朝中国政策的优先方面》，载《各个时期的联系并没有断裂……》，197页）

② 当时西伯利亚总督谢利丰托夫已被免职，由И.Б. 佩斯特尔继任（1806年3月3日）。外务大臣А.Я. 布德伯格建议后者，"在戈洛夫金伯爵迟迟不离开西伯利亚的情况下"，"你可对他在你领导下的边境和内部事务方面产生的影响和下达的命令不予理睬，但要有体面的借口，也不要泄露朝廷对戈洛夫金的不满。此事仅向你个人通报"（见420号文件）。

为内阁非常委员会在1806年5月2日给皇帝的报告中提出建议，枢密院于同年5月14日又做了决议，要求戈洛夫金伯爵以特命全权使臣的名义留在西伯利亚，等待俄中政府之间就使团的返回、俄国船只在广州被扣以及派遣俄国教士团前往北京换届[65]等事的往来信函有个结果。1806年5月8日，亚历山大一世颁布圣旨[66]，要Ю.А.戈洛夫金以特命全权使臣的名义留在西伯利亚。

使团回国后在伊尔库茨克逗留期间，Ю.А.戈洛夫金向亚历山大一世呈交了一些很有意思的报告《关于俄中关系发展前景的报告》（1806年2月19日）[67]、《关于同清帝国关系准则的报告》和《关于准备西伯利亚发展方案的报告》（1806年7月26日）[68]，以及“利用自身资源完成西伯利亚军事配置的计划”（1806年8月1日）[69]等等。

戈洛夫金与组织科学考察队有关的活动对研究西伯利亚具有重大意义，科考队的方案以及实施细则（1806年）都是由他亲自制订的。[70]

前面已经提到，除了外交使命以外，亚历山大一世还委托Ю.А.戈洛夫金沿途对西伯利亚行政机构进行全面检查，其中包括检查西伯利亚总督谢利丰托夫，这些任务使臣均认真负责地完成了。从圣彼得堡出发时，他曾得到一份题为“给戈洛夫金伯爵的密旨：注意控制和查清现任总督谢利丰托夫的一切活动。有消息说，该员滥用对他的信任，违反对他的命令和训诫，恣意妄为，欺压西伯利亚，令皇帝陛下感到惊讶”[71]。使臣的巡视扰乱了当地的平静生活，当然也无助于Ю.А.戈洛夫金同西伯利亚总督以及恰克图商人们之间建立正常的工作关系。

正如颇杜什金所写的那样，这次视察由于把戈洛夫金在途中所遇到的一切舞弊行为“统统揭露出来，并毫不留情地予以严惩”，使整个西伯利亚感到胆战心惊。从下诺夫哥罗德开始，使臣便引起了整个恰克图商界的反感。上帝才知道这些商人是通过什么途径嗅到了或者感觉到了：伯爵的一个任务，就是到北京请求中国同意开辟布赫塔尔玛贸易。这是所有垄断性质商家的本性，他们把整个西伯利亚都闹翻了天。总督谢利丰托夫和共同治理这一望无垠的边区的同僚们，对于“首都来的这些有学问的客人”的顺路检查，同样感到气愤。这些人大部分甚至不会说俄语，还有一些人则瞧不起俄语，而且对这种视察的最终目的大大不以为然，说是秘密视察，其实只不过是在纸面上。恰克图海关关长瓦尼方季耶夫尽管对使团竭力逢迎，但还是不能满足他们的要求。他有重要的理由要把这个舒心的位置把持在自己手里，于是便动员起买卖城和圣彼得堡的全部力量和关系来反对戈洛夫金伯爵[72]。不仅如此，颇杜什金还认为，甚至“恰克图前面的那个贫穷的集镇，此前一直是流浪汉与秘密易货中间人的一个平静的窝，是空闲时双方可以怡然自得地到这里来交换一下两个友好帝国之间的消息，说说家常话唠唠闲嗑的地方，天知道为什么连这么个地方也遭到戈洛夫金伯爵铁面无私的责难，宣布要把它消灭掉。于是这个集镇便对他的使团发出呐喊，宣布要同他进行一场殊死的斗争”[73]。

亚历山大一世对 Ю.А. 戈洛夫金这方面的活动给予了肯定的评价。在1806年5月8日的圣旨中写道：“尤里·亚历山德罗维奇伯爵：朕适时收到了你奉旨沿途对各省特别是对西伯利亚各省进行巡视的报告。朕高兴地从中看到，尽管时间如此短促，你仍能尽心竭力了解省内管理机构各部门的情况。朕为能给你如此公正的评价深感愉快。你对省内公共事业各个部门的设想，朕深为重视。朕特别注意你所赞许的那些官员。为消除你所指出的各种弊端，已采取了应有的措施。内务大臣会就此给予你更为详细的指令。朕再次对你的勤勉和劳绩表示感谢，朕对你深为赏识。5 月 8 日”[74]。

1807 年 2 月，亚历山大一世准许 Ю. А. 戈洛夫金呈递一份他认为值得赦免的流放在西伯利亚的人员名单。在《圣彼得堡公报》上很快刊登了一则有关此事的简讯，内容如下：“在二等文官、司法大臣、赏戴勋章彼得·瓦西利耶维奇·洛普欣公爵先生于 3 月 16 日向枢密院宣布的皇帝陛下的圣旨中说：根据旨后所附二等文官、枢密官、西伯利亚各省巡按戈洛夫金伯爵的呈请……根据地方长官对因各种罪行被流放到西伯利亚的免除官职和贵族称号的人员已改恶向善的证词，根据原贵族伊万·维舍斯拉夫佐夫的申请，皇帝陛下恩准其带同家人迁居克拉斯诺亚尔斯克城，该城有其妻子的亲戚居住……”[75]

在西伯利亚时，Ю. А. 戈洛夫金积极参与解决涉及俄国第九届教士团的各种问题。例如，他推荐 Н. Я. 比丘林代替以前任命的修士大司祭阿颇洛斯出任该团领班一职。戈洛夫金还委托使团翻译伊古姆诺夫制订计划，在伊尔库茨克建立“军民两用”蒙古语和满语学校，以代替日语学校（计划没有实现）。[76]

亚历山大一世于 1806 年 8 月 20 日颁旨把 Ю. А. 戈洛夫金和他的整个使团从西伯利亚召回圣彼得堡[77]；11 月份使臣同随员一起离开了伊尔库茨克[78]。使团同样分三批返回。有些成员早在夏天便返回了圣彼得堡。

出使失败返回圣彼得堡后，Ю. А. 戈洛夫金有一段时间没有担任负责职务。1807 年，“戈洛夫金奉旨被免去商务院院长一职，他奉命先在外务院供职，等待分配工作，并允许他到外地治病”[79]。1808 年，皇后玛丽娅·费多罗芙娜指定戈洛夫金筹备叶卡捷琳娜·帕夫洛芙娜女大公与格奥尔吉·

奥登堡斯基[80]的婚礼。但到了1813年，他已经被起用去完成“皇上的特别任务”；同年赏戴二级圣弗拉基米尔勋章；1814年被任命为驻符腾堡宫廷的特命全权公使；1819年“皇上命他在前任公使斯塔克利伯格伯爵缺任时履行驻维也纳特命全权公使的职务。后又任命他担任该职”；1820年“根据圣旨，免去他的总典礼官一职，但保留因该称号赏戴的各种勋章”；1822年，根据圣旨，戈洛夫金“免去驻维也纳宫廷公使衔”；1831年，“他被恩准担任皇帝陛下宫廷侍从长并据此决定，他将不在外务院部门挂职”[81]。

1826年尼古拉一世任命Ю. А. 戈洛夫金为审判十二月党人的最高刑事庭法官，该庭是奉1826年6月1日皇帝诏书建立的，由皇帝特别信任和亲近的72人组成。6月7日，最高刑事庭成员中选出9人组成特别监察委员会，其中就有Ю. А. 戈洛夫金。委员会6月8—9日在彼得保罗要塞司令部开会，在形式上履行一下毫无意义的手续，因为对十二月党人的镇压已经是早就定了的事。由А. И. 塔季谢夫领导着一个成立于1825年12月17日的调查委员会，但调查的结果并没有向十二月党人宣布。十二月党人С. П. 特鲁别茨科伊回忆道：“……把我的制服发给了我，把我带到要塞司令部；我走进房间，看到了坐在圆桌旁的一些新面孔：中间是戈洛夫金伯爵，右边是С. Н. 萨尔蒂科夫公爵（他面前放着厚厚的一摞文件），伯爵的左边是枢密官巴拉诺夫，边肯道夫距他们稍远一点”[82]。我们在十二月党人А. М. 穆拉维约夫的回忆录中读到：“一进入（监察委员会大厅——俄编者），人人都对大部分成员有所变更感到惊讶。在塔季谢夫的位置上坐着戈洛夫金伯爵，库拉金公爵代替了戈利岑公爵等等。委员会（即调查委员会——俄编者）的成员中还有一位边肯道夫伯爵”[83]。最高刑事庭中只有一个人——Н. С.

莫尔德维诺夫表现出勇气，提出不同意见，反对死刑[84]。

1831年Ю. А. 戈洛夫金被任命为国务会议法律组成员和宫廷总侍从官[85]；几年后他在皇帝尼古拉一世的女儿玛丽娅·尼古拉耶芙娜女大公同马克西米利安·列伊赫坚贝格斯基公爵[86]的婚礼中履行了宫廷总侍从官这一微妙的职务。从1834年起，尤里·亚历山德罗维奇·戈洛夫金是圣彼得堡大学的名誉校董[87]。在公务活动末期（1834），戈洛夫金"因同皇帝尼古拉·保罗维奇有过一次关于英国大学的谈话而十分意外地被任命为哈尔科夫教学区的督学"，在这一职位上他一直工作到自己最后的时日[88]。

同时代人有一些关于Ю. А. 戈洛夫金的回忆录（可是数量并不多）。例如，П. В. 多尔戈鲁科夫公爵写到："尤里·亚历山德罗维奇伯爵还是个很爱说大话的人；是个典型的18世纪沙龙人物。他个子高高，体态匀称，19岁时的举止就像个50岁的人；每天早晨沿着涅瓦大街散步，晚上去做客，向女士们献殷勤，围着那些在宫廷有影响的男士转。他14岁①回到俄国，却始终没有把俄语说好"[89]（С. Н. 克柳科夫译自法文）。

Ю. А. 戈洛夫金在当时的另一个著名回忆录作家笔下形象却有所不同："对戈洛夫金伯爵存在着种种看法，他（斯特拉季诺维奇——编者）却认为这个人是俄国最机智和知识最渊博的人之一，对他的外交才能赞不绝口，认为这是任命他出使中国的原因。"顺便说一句，斯特拉季诺维奇在描述戈洛夫金伯爵的某些性格特点时提到，每当听到下边这三句俄国谚语时，他都不能无动于衷：1）一切属于上帝和沙皇，2）虽说不情愿，但却准备做，3）无辜也有罪。至于说到我

① 原文如此。

国的生意人，或者被认为是生意人的那些人，他的评价是：所有这些人都是想干的不会干，或者会干的不想干，或者既不想干也不会干；就是见不着又想干又会干的（着重号为原文所加——编者）。他对某些社会名流的评价也很有意思："他们，"戈洛夫金伯爵断言，"虽然具有许多善良的品质，但有些缺点也足可抵消这些优点。例如，说得多而知道得少；花得多而收入少；自以为了不起但分量小。"[90]

刻薄的回忆录作家 Ф. Ф. 维格尔把 Ю. А. 戈洛夫金写成是个肤浅无聊的小人，他这样描述他的外貌："……身材很高大，庄严而又魁梧，长着一只大鹰钩鼻子、一双智慧的眼睛，说起话来甜言蜜语。他的出现想必会引起人们肃然起敬，得到人们的信赖和喜爱吧。"而当说到使臣和出使的失败时，维格尔得出这样一个结论："戈洛夫金没有到北京，对俄国来说有什么了不起的？要知道他到了那里，也根本不会有什么结果；这白白扔掉的上百万卢布（使团的花费——编者）倒是应该首先想一想的。"[91]

戈洛夫金娶了叶卡捷琳娜二世的宫廷女官叶卡捷琳娜·利沃芙娜·纳雷什金娜女伯爵为妻（1767—1820）；她死后葬在亚历山大-涅夫斯基大修道院的圣母领报墓地[92]。他们唯一的女儿纳塔利娅·尤里耶芙娜出生于 1782 年，嫁给三等文官亚历山大·尼古拉耶维奇·萨尔蒂科夫公爵（1775—1837）。她是戈洛夫金家族最后一名也是唯一一名代表，根据皇上于 1846 年 4 月 6 日设立的内阁委员会建议，她获得了拥有萨尔蒂科娃—戈洛夫金娜女公爵头衔的权利。Ю. А. 戈洛夫金在死前不久确立了一个有 8000 名农奴的家族世袭庄园，庄园的继承者必须把戈洛夫金这一姓氏加到个人的姓氏上。Н. Ю. 萨尔蒂科娃—戈洛夫金娜的后代就成了庄园的继承者：其中的第一个人是她的儿子、库尔斯克省首席贵族阿列克谢·亚历山德罗维奇·萨尔蒂科夫，最后一位（从1891年起）是尤里·尼古拉耶维奇·赫沃欣斯基（生于1877年），他是Н. Ю. 萨尔蒂科娃—戈洛夫金娜第四房的直系子孙。[93]

Ю. А. 戈洛夫金在波尔塔瓦省拥有一处祖传的庄园叫康斯坦丁诺沃[94]。乌克兰的茹拉夫卡村也归戈洛夫金伯爵家族所有。《盖特曼斯科罗帕茨基地产变更年代及来源一览表》指出："……茹拉夫卡属涅任斯基团，农民90户，按地契应为戈洛夫金伯爵的产业，但该族已无后。"[95] Ю. А. 戈洛夫金可能是同А. В. 苏沃罗夫共同拥有符拉季米尔省的温多尔村的，苏沃罗夫有意把整个村子买下来给自己女儿，这点从他写给Н. А. 苏沃罗娃和Д. И. 赫沃斯托夫的信中便可以看出来，信中他谈到了戈洛夫金所拥有的农奴数量。[96]

1846年1月21日尤里·亚历山德罗维奇·戈洛夫金在哈尔科夫去世[97]。从此戈洛夫金家族的伯爵一支便中断了①。

凭现有的资料我们无法对Ю. А. 戈洛夫金的形象做详细描绘，无法说清他的能力和教育水平。但是研究俄国使华使团的准备过程可以得出一个结论，Ю. А. 戈洛夫金属于18世纪末—19世纪初俄国重要国务活动家的行列。

Ю. А. 戈洛夫金的妹妹阿马利娅嫁给了梅斯特罗尔·德·阿留法斯[98]，她住在洛桑附近的符利叶兰堡，1855年去世。[99]

俄国存放戈洛夫金家族家庭档案的地方在19世纪末还是清楚的。《Ю. А. 戈洛夫金伯爵文件摘编》这一文件集的

---

① Ю. А. 戈洛夫金的几位堂兄弟没有子嗣（Е. П. 卡尔诺维奇：《特殊的财富》，83页）。

前言说，集子中收录的文献均“借自克拉斯纳亚帕赫拉村（莫斯科省，颇多尔斯克县）的丰富家庭藏档”[100]。可是国家各档案馆保存的私家藏档中，却并没有发现上述资料。

根据C. 邦奈提供的消息，戈洛夫金家族的部分档案于19世纪初藏在瑞士洛桑城郊的蒙纳堡。当时这座城堡是一等文官Г. И. 戈洛夫金的某个后人（没有指明他的名字）的产业。为了给Ф. Г. 戈洛夫金的书写前言，C. 邦奈使用了这批家族档案中的文件。据他说，当时日内瓦有个作家叫柳先·佩雷，曾发表过这批文件的小部分摘录。但是他既没有列出书名，也没有指明该书引用了哪些资料。在这座城堡里有该族代表人物的几幅画像：一等文官Г. И. 戈洛夫金、Ф. Г. 戈洛夫金、Ю. А. 戈洛夫金、公爵夫人诺艾莉（亚历山大·亚历山德罗维奇·戈洛夫金的妻子）。在Ю. А. 戈洛夫金的家中，保存着一幅曾祖父一等文官Г. И. 戈洛夫金的由伊万·尼基京于1720年所绘的肖像。1925年这幅肖像由鲁米扬采夫博物馆转到特列嘉科夫美术馆（Ю. А. 戈洛夫金的外孙女E. A. 萨尔蒂科娃—戈洛夫金娜女公爵文集）[101]。

下列档案和出版物中可以提供关于Ю. А. 戈洛夫金的一些补充资料：

（1）Ю. А. 戈洛夫金致安德烈·基里洛维奇·拉祖莫夫斯基伯爵的信（1795），存俄罗斯国立中央古代文献档案馆，外交分部，目录1，第600保存单元。

亚历山大·伊普西兰蒂公爵致驻维也纳使臣尤里·戈洛夫金伯爵的信，存同处，案卷644。

（2）戈洛夫金伯爵的信，1831年，存圣彼得堡俄罗斯国家历史档案馆，外交部总档案馆主任Г. В. 叶西波夫收集的文献全宗，目录1，第369保存单元；附有Ю. А. 戈洛夫金伯爵亲笔签名的说明文件（1800），存同处，第389保存单元。

（3）《戈洛夫金家族—伯爵家谱》，存圣彼得堡俄罗斯国家历史档案馆，A. A. 萨韦利耶夫全宗，目录1，第83保存单元，1页。

（4）1806年1月8日A．·戈利岑公爵致Ю. A. 戈洛夫金的信。存俄罗斯科学院东方研究所圣彼得堡分所档案馆，全宗7，第37/4保存单元，1～2页背面。

（5）A. Я. 布尔加科夫：《一位老外交家的札记片断》。载《传记杂志》1858年第1卷，第10期，291—306栏；11期，323—331栏；单行本，莫斯科，1858。作者涉及的时间为1804—1855年。其中有关于Ю. A. 戈洛夫金的资料。

（6）A. П. 布捷涅夫：《回忆录》[译自未出版的法文手稿]，载《俄罗斯档案》，1881，卷3，第5期，5～84页；1883，卷1，第1期，5～63页。其中有关于Ю. A. 戈洛夫金的资料。

（7）Д. И. 戈根多尔普：《戈根多尔普伯爵回忆录》[译自法语]，П. 巴[尔捷涅夫]的卷尾语，载《俄罗斯档案》，1888，卷3，第9期，108～119页。含有关于Ю. A. 戈洛夫金访华使团的简讯。

（8）K. A. 古巴斯托夫：《戈洛夫金伯爵家族—对族谱的补充和修改》，载《莫斯科族谱历史协会编年史》，1905，3卷，第3期，3～4页。

A. Б. 洛巴诺夫—罗斯托夫斯基著作中，也载有对戈洛夫金伯爵家族族谱的修改。

（9）И. O. 卡列尼琴科：《从圣彼得堡到属于Ю. A. 戈……伯爵的康斯坦丁诺沃旅行记》，哈尔科夫，1836，9月12日；《祖国之子》，1836，182卷，第50期，203～220页；《军事学校学生读本》，1838，第11卷，44期：《旅途印象》、《Г. И. 戈洛夫金伯爵波尔塔瓦省庄园记（房屋，庄园，周边）》。

（10）В. Н. 克里夫佐夫：《走向长城之路》，70～71 页，89～118 页，130～131 页。

（11）С. В. 柳比莫夫：《俄国加入外国国籍并按爵位称呼的家族》，载《莫斯科族谱历史协会编年史》，1912，2 分册，29～36 页。

《侨居国外家族族谱：几位戈洛夫金伯爵》（4 人，18—19 世纪）。

（12）М. М. 米哈伊洛夫：《佩夫切斯基桥修建始末（回忆录片断）》，载《历史通报》，1888，卷 31，第 1 期，174～179 页。更正见第 3 期，759 页：《关于 30 年代末，关于 Ю. А. 戈洛夫金伯爵，关于建桥史》。

（13）Б. 季耶博：《笔记》（译自法语），载《俄国往事》，1877，卷 20，第 11 期，507～522 页；1878，卷 23，第 11 期，477～498 页；第 12 期，575～592 页。又见于《俄国档案》，1901，卷 1，3 分册（有删节）。含有作者在柏林与尤里·亚历山德罗维奇的祖父 А. Г. 戈洛夫金及其家人会面的资料。

注释：

[1]《18 世纪俄中关系》，卷 2，556 页。

[2] П. Е. 斯卡奇科夫：《俄国中国学史纲》，31～32 页；《18 世纪俄中关系》，卷 1，见索引。

[3] 见《18 世纪俄中关系》，卷 2。

[4] А. Б. 拉基耶尔：《俄国的族徽》，莫斯科，1990，349 页。戈洛夫金伯爵的族徽收入了《全俄帝国贵族徽章总谱》（卷 1，16 页）。他们族徽上的题词是：dedit heac insignia virtus，即：“作战英勇，战功卓著”

（А. Б. 拉基耶尔：《俄国的族徽》，348、354 页）。

［5］А. 捷列先科：《试评俄国主管外交事务的高官们的生活》，圣彼得堡，1837。第一部分：首席大臣，1 页，37 页；Д. Н. 班德什—卡缅斯基：《值得缅怀的俄国人物词典》，124～148 页；Н. 莫列娃：《土地与年代》，莫斯科，1990，114 页。

［6］С. 邦奈：《戈洛夫金家族》，发表于 Ф. Г. 戈洛夫金：《保罗一世的宫廷与统治：肖像，回忆和奇闻趣事》，莫斯科，1912，240 页；见《祖国历史》，584 页。

［7］С. 邦奈：《戈洛夫金家族》，24 页；А. Б. 洛巴诺夫—罗斯托夫斯基：《俄国族谱》，162 页；Е. П. 卡尔诺维奇：《特殊的财富》，109～110 页。

［8］М. Д. 赫梅罗夫：《叶卡捷琳娜·伊万诺芙娜·戈洛夫金娜女伯爵及其时代（1701—1791）》；《档案文献史纲》，圣彼得堡，1867，1、63、233 页。

［9］А. 杰列先科：《试评高官们的生活》，37 页；Н. Е. 沃尔科夫：《俄国皇帝的宫廷》，4 卷，166 页；《祖国历史》，584 页。

［10］详见：Д. Н. 班德什-卡缅斯基：《值得缅怀的俄国人物词典》，2 册，120～124 页。

［11］见俄罗斯联邦国立俄史档案馆，548 号藏档，目录 1，案卷 4；С. 邦奈：《戈洛夫金家族》，40 页；《科学遗产》，卷 14；瓦西利·尼基季奇·塔季谢夫：《笔记，书信》，1717—1750 年，莫斯科，1990，419 页。

［12］Д. Н. 班德什-卡缅斯基：《彼得大帝统治时期著名统帅和大臣的功业》，第 2 册，莫斯科，1896，124 页。

［13］*Mémoires du prince Dolgoroukov*（《多尔戈鲁科夫公爵回忆录》），日内瓦，1867，卷 1，115 页。

［14］Е. П. 卡尔诺维奇：《特殊的财富》，83 页。

［15］С. 邦奈：《戈洛夫金家族》，56 页。

［16］А. Б. 洛巴诺夫—罗斯托夫斯基：《俄国族谱》，卷 1，163 页；В. М. 安德松：《国外的俄国名人墓地》，23 页。

［17］А. Б. 洛巴诺夫—罗斯托夫斯基：《俄国族谱》，162～163 页。

［18］Е. П. 卡尔诺维奇：《特殊的财富》，88 页。

［19］Е. П. 卡尔诺维奇：《特殊的财富》，88 页。

［20］C. 邦奈：《戈洛夫金家族》，63 页。

［21］A. K. 奇切林：《普列奥布拉任斯基近卫团史（1683—1883）》，卷 4，70 页。

［22］C. 邦奈：《戈洛夫金家族》，65 页；H. E. 沃尔科夫：《俄国皇帝的宫廷》，4 册，165 页。

［23］A. Б. 洛巴诺夫—罗斯托夫斯基：《俄国族谱》，卷 1，162～163 页；《祖国历史》，584 页。

［24］《枢密院档案馆文献卷宗目录》，卷 3，1801 年 4 月—1803 年，圣彼得堡，1910，案卷 133、155、157、160、233、245、256。

［25］见 52 号文件。

［26］见 61 号文件。

［27］见 64 号文件。

［28］见 64 号文件。

［29］见 65 号文件。

［30］见 78 号文件。

［31］B. И. 瓦金：《1805 年出使中国的戈洛夫金使团》，135 页。

［32］俄罗斯国立中央古代文献档案馆，商务院全宗，目录 3，第 1825 保存单元，1～69 页，第 1945 保存单元，1～2 页，第 1922 保存单元，1～35 页。

［33］见 54、131 号文件。

［34］见 53、56、105、130、131 号文件。

［35］见 130 号文件；B. H. 巴斯宁：《戈洛夫金伯爵的赴华使团》，24 页。

［36］见 93 号文件。

［37］见 56 号文件。

［38］H. Б. 祖布科夫译自原件 Ю. A. 戈洛夫金的手稿。该件存俄罗斯帝国对外政策档案馆圣彼得堡分馆，总档 1－7，1805 年，案卷 1a，目录 2，3 页。

［39］见 91 号文件。

［40］见 126 号文件。

［41］宫廷典礼仪式记录簿，1805 年 7—12 月，圣彼得堡，1904，23 页。

［42］见 141 号文件。

［43］见 146 号文件。

［44］见 149 号文件。

［45］见 150 号文件。

［46］见 151 号文件。

［47］见 160 号文件。

［48］为此事同西伯利亚总督 И. О. 谢利丰托夫的通信存俄罗斯帝国对外政策档案馆，总档 1—7，1805 年，目录 21，101～102 页。

［49］见 166 号文件。

［50］В. Н. 巴斯宁：《戈洛夫金伯爵的赴华使团》，86 页。

［51］见 185 号文件。

［52］见 190 号文件。

［53］见 192 号文件。

［54］见 93 号文件。

［55］见 235 号文件。

［56］见 241 号文件。

［57］见 212 号文件。

［58］见 212、259、260、297 号文件。

［59］见 294 号文件。

［60］见 297 号文件。

［61］《19 世纪和 20 世纪初的俄国外交政策》，卷 3，莫斯科，1963，269～270 页，注释 183。

［62］见 368 号文件。

［63］见 367 号文件。

［64］见 385 号文件。

［65］见 358 号文件。

［66］见 362 号文件。

［67］见 299 号文件。

［68］见 405 号文件。

［69］见 409 号文件。

［70］《戈洛夫金伯爵为斯塔诺夫山脉和雅布洛诺夫山脉（同中国分界）考察队制订的方案和给考察队的训令》，1806 年（原件为法文），存圣

彼得堡俄罗斯国家历史档案馆，全宗 139：《圣彼得堡教学区督学》，目录 1，第 171 保存单元，91～141 页；《Ю. 戈洛夫金制订的关于保障考察队补给的报告》（1806 年 6 月 5 日），原件，未指明何种语言，存同处，案卷 196，44～45 页；《Ю. 戈洛夫金伯爵制订的堪察加半岛和千岛群岛考察队组建方案》（1806 年 4 月 11 日），法文原件，存圣彼得堡俄罗斯国家历史档案馆，全宗 139：《圣彼得堡教学区督学》，目录 1，第 175 保存单元，7～24 页；《千岛群岛考察队的补给》（1806 年 6 月），存同处，案卷 176，19～45 页。

［71］В. Н. 巴斯宁：《戈洛夫金伯爵的赴华使团》，24 页。

［72］《东西伯利亚》，136、137 页。

［73］《东西伯利亚》，137 页。

［74］《圣彼得堡杂志》，1806 年，7 期（7 月号），19～20 页。

［75］《圣彼得堡公报》，1807 年，27 期，星期 2，4 月 2 日。

［76］В. Н. 巴斯宁：《戈洛夫金伯爵的赴华使团》，98～99 页。

［77］见 419 号文件。

［78］见 442 号文件。

［79］俄罗斯帝国对外政策档案馆，人事专档和经济档案、履历表花名册全宗，目录 464，案卷 959，7 页。

［80］《Ю. А. 戈洛夫金伯爵文件摘编》，2 页。

［81］俄罗斯帝国对外政策档案馆，人事专档和经济档案、履历表花名册全宗，目录 464，案卷 959，7～9 页背面。

［82］С. П. 特鲁别茨科伊：《生平和革命活动材料汇编》，卷 1，《意识形态文献、回忆录、书信、札记》，伊尔库茨克，1983，278 页。

［83］《А. М. 穆拉维约夫札记：我的日志》，载《十二月党人回忆录》，230 页。

［84］Н. Я. 艾德尔曼：《一支注定要灭亡的队伍》，1987，163、165 页。

［85］《Ю. А. 戈洛夫金伯爵文件摘编》，2 页。

［86］С. 邦奈：《戈洛夫金家族》，76 页。

［87］《帝国圣彼得堡大学建校五十年：历史报告。由校务委员会委托东方史教研室编内教授 В. В. 格里戈里耶夫教授编写》，圣彼得堡，1870，5 页。

［88］Е. П. 卡尔诺维奇：《特殊的财富》，83 页。

［89］*Mémoires du prince P. Dolgoroukov*（《多尔戈鲁科夫公爵回忆录》），卷 1，116 页。

［90］С. П. 日哈列夫：《当代人回忆录》，163～164 页。

［91］见附录一（1），766—767 页。

［92］《俄国往事》，1871，卷 4，391 页；《圣彼得堡名人墓地》，圣彼得堡，1912，卷 1，636 页；《圣彼得堡的历史墓地》，圣彼得堡，1933，173 页。

［93］А. Б. 洛巴诺夫—罗斯托夫斯基：《俄国族谱》，卷 1，163～164 页。

［94］С. 邦奈：《戈洛夫金家族》，73 页。

［95］俄罗斯国立中央古代文献档案馆，乌克兰全宗，1 编，案卷 52，7 页。

［96］А. В. 苏沃罗夫：《书信集》，228、627 页。

［97］俄罗斯帝国对外政策档案馆，人事专档和经济档案、履历表花名册全宗，目录 464，卷夹 959，11 页。

［98］А. Б. 洛巴诺夫—罗斯托夫斯基：《俄国族谱》，卷 1，164 页。

［99］С. 邦奈：《戈洛夫金家族》，50、56、58 页。

［100］《Ю. А. 戈洛夫金文件摘编》，1 页。

［101］《国立特列嘉科夫美术馆》，331～332 页。戈洛夫金家族肖像画亦存俄罗斯国立中央古代文献档案馆，С. А. 别洛库罗夫全宗，目录 2，案卷 21，Г. И. 戈洛夫金、Ю. А. 戈洛夫金和其他人肖像画的照片（取自萨尔蒂科娃—戈洛夫金娜的收藏品）。

附录三

十等文官、矿务督办颇斯佩洛夫关于开辟布赫塔尔玛俄中贸易的可行性报告[1]（写成时间不早于1805年1月）[2]

//65//关于额尔齐斯河上游的大清国边界及在该地区开展贸易的意见

自从居住在额尔齐斯河上游附近小阿尔泰岭山区的准噶尔卡尔梅克人被征服以来，该地区便同中国边界毗邻。在这一地区，中国边界同俄国边界相连，建有几处防卫哨所。它们的分布与额尔齐斯河距离不等，东至布赫塔尔玛河上游乃至更远，西南穿过该山脉群山至小布哈拉。

俄国这面，距中国边界最近的要塞是布赫塔尔玛要塞，距最近的中国村落约80俄里。在布赫塔尔玛河附近的边界上，有几处不大的村落，居住着缴纳实物税的俄国农民。其中最近的村落距坦吉斯塔哨所约30俄里。但该地区人烟极为稀少，虽然地形多山，但条件对大量移民却极为有利。

中华帝国境内的准噶尔卡尔梅克人至今仍过着游牧生活，他们占据着阿尔泰岭的山区一带，一直延伸到中国村落。克尔克孜哈萨克人也常常深入中国境内，直至宰桑湖以远，他们从事畜牧业，对中国防线的供给帮助很大。住在捷列茨科耶湖附近的卡尔梅克人属于俄国，按规定缴纳毛皮实物税，或交税金。他们的生计一般靠捕捉野兽和畜牧维持。

还有一些卡尔梅克人在中国哨所履行守卫义务和其他义务，属中国臣民，其中除了有卡尔梅克官员之外，还有当地的中国官员。所有这些哨所都没有任何特别的防御工事，哨所之间夏季设特别巡逻哨，//65背面//每年8月份便撤回。中国方面距俄国边界最近的一座要塞位于宰桑湖彼侧，名叫塔城，它的防卫人员和供应主要都是由中国内地提供。不过，在这一线附近，由于地盘被游牧的卡尔梅克人占据，所以除了哨所，没有村落，直到离边界600俄里以外才有。

目前该地区的贸易中方尚未开放，虽然边界上也在进行，但只同各哨所放哨的卡尔梅克人做。从这些卡尔梅克人手中可以购得少量棉织品，那是因服役发给他们的薪饷。真正的商人不参与此事，这可能是由于中方的原因，也可能是由于俄方不予协助。居住在捷列茨科耶湖周围的卡尔梅克人，部分是俄国臣民，部分是中国臣民，他们之间开展着用丝织品和棉织品换取牲畜和毛皮的贸易，数量相当大。由于当地靠近俄国边界，中国臣民的通行自然就颇为不便，这一问题下边还将详细解释。

从前，尤其是中国防线尚未推近的时候，或者最好说，当蒙古各民族尚未被这道防线阻隔的时候，贸易曾享有很大自由。小布哈拉（现在中国人统治下）的许多商人穿山越岭，通过那些较为方便的地方，把货物运到俄国，甚至运到了库兹涅茨克和托木斯克这两座城市。他们走过的那些道路，直至今日在某些地方还能辨识出来。他们确信，与途中所遇到的困难相比，商业利益更为可观，而且困难也并非大到能阻止他们经商获利。此事终止的原因不甚清楚。也许是由于中方遵守规定，不愿在这一带开辟贸易，因为//66//卡尔梅克人在边界上同俄国人做生意是不允许的；但也许是因为这些商人所到之处俄国商人不多，俄国商人由于不了解情况，没有从其他城市到这边来，或者有时获利不如预想那么丰厚。不管怎么说，在中方商人协同行动下，这些民族是能够直接同俄国商人联系的，而且根据以前通行的情况来看，虽然距离遥远，途中有许多困难，看来都未能对他们构成障碍，如果确实能得到丰厚利益，那就更会是如此。某些归属俄国的鞑靼人和塔什干人有时也把俄国货从乌斯季卡缅诺戈尔斯克要塞和塞米巴拉金斯克城运到中国要塞固勒扎（伊犁）和附近的其他居民点，再把当地产品带回来。但他们还不能享受以俄国商人名义开展贸易的自由，总是冒用塔什干商人或者克尔克孜商人的名义。这也证明某些地方在奉行禁止贸易的规定。这些商人大多沿中国哨所和卡伦一线通行（以免同克尔克孜—哈萨克人遭遇的危险），从一个哨所或卡伦被护送到另一个哨所或卡伦。尽管如此，他们对商业流通还是不太重视。而俄国商人为了避开克尔克孜—哈萨克人的袭击，则根本不到那些地方去。

如果贸易状况良好，国家和各族人民可以得到更大的利益。虽然起初还不能详细估算出所有的好处，唯有过一段时间才能最终展现出来，但只要中方同意，让位于固勒扎（伊犁）和科布多要塞之间及其周围距离俄国边界最近的村落均参与贸易，如前所述，再加上以前就参与此事的小布哈拉，那么，新的源头//66 背面//将能在相当程度上满足新开辟的生意，特别是在该地区因距离遥远无法参与恰克图贸易的情况下。

毫无疑问，商业周转额的增加要取决于双方商人是否有利可图。而这一点肯定是指日可待。中国臣民，特别是卡尔梅克人，目前正同距离俄国边界最近的、住在捷列茨科耶湖周围的那些卡尔梅克人做生意，但规模只能满足该民族眼前的需求。一旦同俄国商人恢复贸易，贸易规模便会更加扩大，使双方更为有利可图。届时那些距离更远的地区有可能因其地理位置无法参与恰克图贸易而也要利用这种机会。但最重要的还是：如果小布哈拉能够参与贸易活动，那么由于它同位于锡尔河上游的蒙古各省接壤，特别是由于在这个地方西藏同印度的居民点离得很近，那么，随着时间推移，是否能开辟出一个比最初的预想更为可观的贸易呢？也就是说，未来的前景将取决于这一发端，如能顺利得以实现，将会更加引人注意。至于从中国居民点翻山越岭到俄国边界是否方便的问题，如前所述，根据俄国臣民通行情况来看，这方面似乎不会遇到太大困难。俄国臣民除使用骆驼和马匹外，有时也使用轻便马车。而且，还有几支考察队亦可作证：1771 年，涅兹纳耶夫中尉奉派由额尔齐斯河防线的乌斯季卡缅诺戈尔斯克要塞出发，到达中国城或科布多要塞。他经过的路线先是沿额尔齐斯河，然后是通过布赫塔尔玛河上游的中国哨卡，再沿索戈河和贡戈·伊舒尔河直达上面提到的戈布达城，行程 2150 俄里。一路上没有遇到太难通行的地方，即使在翻山越岭时也是这样，//67//因为他所走过的这条路线选择的均是最容易走、最方便的地方。后来又派少尉沃洛沙宁从该要塞前往巴扬达城。他穿过克尔克孜草原，途经巴尔喀什湖，路上只遇到一片牧草少的沙漠。一过宰桑湖，就可沿中国防线直达固勒扎要塞或博扬达城，许多消息表明，穿过沙漠后，再往下走就没有多大困难了，因此，这条路比前一条更加稳妥。

最近的中国居民点距边界不过 600 俄里，当地的贸易就是由克尔克孜人和哈萨克人手中大宗购买牲畜。偶尔也有俄国商人到那边去。过了这些村落之后，居民点连绵不断。考虑到这条路比较方便，并且又得到批准，似乎可以期待当地商人也会同意做这种生意。以前，商人们要从小布哈拉跑到托木斯克和库兹涅茨克两城市来，现在如果有机会开展边界贸易，而且路途能缩短一半，对他们该有多大的推动作用。而且，各地来的商人越多，获利也就越大。该地对开展贸易最方便，比较集中的地方可以选在额尔齐斯河上，它同中国防线交叉，夏季设有许多卡伦。该地又靠近俄国居民点，具有开展有利于双方贸易的不可缺少的地利。中国人除掉买卖牲畜，其他货物与恰克图是一样的，即最主要的是毛皮、呢绒、革等等。布哈拉人经营的也是这些货物，但毛皮除外；有交易也是少量的。一般而言，他们卖的是丝织品和棉织品，都是当地最主要的产品。

在此情况下，应考虑这样一个问题：我方从哪里才能搞到这些最主要的产品？在西伯利亚的这一带，这些货物//67背面//是否足够？对此可以这样解释：关于大小牲畜，在该地区繁殖虽说有一定把握，但把握不大，无法满足大宗贸易的需求。要想获取更大的利益，就应该看到，最可靠的办法是从额尔齐斯防线的克尔克孜—哈萨克人手中换取，而最有利于换取牲畜的货物则是棉织品。目前，这些棉织品只能从布哈拉来。因此，一旦同中国人开展贸易，经营额会很大，获利也会颇丰，因为中国棉织品要多少就有多少，可用于换取克尔克孜—哈萨克人的牲畜，然后还可以再用牲畜向中国人换取别的货物。而且，克尔克孜—哈萨克人并不一定会去找中国人（目前则必须这样做）。

在这些人当中，许多人到俄国边境的距离都是更近。只要能有更多的人来，别的俄国货的生意也就会越做越大，可现在这种生意实在衰退得很厉害。

还有就是毛皮，这在西伯利亚要多少有多少，可以形成相当大的规模。西伯利亚也生产各种皮革。本地现有私人皮革作坊虽只能满足本地区需求，但根据贸易发展，作坊还可以扩大，无须从俄国引进迁入。至于呢绒业，也跟其他制造业一样，没有必要新建。由伊尔比特大集市和马卡里耶夫大集市采购呢绒不会有太大困难，无须建造工厂。所有这些情况说明，只要形成规模贸易并完善管理，俄国商人获利指日可待，不容置疑。

至于我方同拟议中的贸易点交通是否方便的问题，上面已经说过，由当地沿额尔齐斯河可直接到达布赫塔尔玛要塞，再往前沿防线行进，可通行马车，十分方便。还有，俄国//68//商人乘船可沿额尔齐斯河直达托博尔斯克城。在终年积雪、被当地人称为纳雷姆雪山和库尔丘姆雪山的山脚下，为此生长着大量木材，不过是在中国边界之内。但由于该地区人烟稀少，要找到愿意造船的足够人手却不容易，不过可以走旱路把木材运到塞米巴拉金斯克，当地城郊为了运盐每年都要修造船只，但木材却不够用，从那个地方用船运输就方便了。因此，时间和局势的发展将显示，如何安排才会更合适，更有利。起码看不出商人们会遇到多大的障碍。

俄中之间的这一地区山脉绵亘，雪期很早，难以一年四季都有通中国方面的道路。尽管如此，夏季的几个月开展贸易颇为方便。不过，只要有一些必要的设施，冬季亦可在此居住，因为以俄方而言，额尔齐斯河一封冻，通行便十分方便了。

这里谈到的从实际生活中总结出来的理由，目的是要通过开辟新的贸易来源，根据互利的原则向本国和邻国居民提供所需物资。在满足需要的同时，贸易也会兴旺起来。特别是与中国接壤也与俄国该地区接近的那些民族，如果都能参加进来就更好。只要根据该地区具体情况，遵守能够承担中介作用的民族的规则，做出更为协同一致的安排，国家利益就自然能得到加强。

十等文官、矿务督办颇斯佩洛夫

俄罗斯国立中央古代文献档案馆，国家档案全宗第 15 号，1803—1805 年，案卷 29 补充，65～68 页，原件。手稿。

注释：

［1］商务大臣 Н. П. 鲁米扬采夫在给亚历山大一世皇帝的奏章（见 51 号文件）中引用了本报告。

［2］报告的时间根据撰写的时间确定。

俄中对照人名索引

Головкин Иван Александрович　戈洛夫金，伊万·亚历山德罗维奇，伯爵，俄国驻但泽公使；戈洛夫金 А. Г. 之子　1717

Головкин Иван Гаврилович　戈洛夫金，伊万·加夫里洛维奇，伯爵，二等文官，外交家；戈洛夫金 Г. И. 长子　1712，1716

Головкин Иван Кишукумович　戈洛夫金，伊万·基舒库莫维奇，沃伦小贵族，戈洛夫金氏族的祖先之一　1698　1703

Головкин Иван Семенович　戈洛夫金，伊万·谢苗诺维奇，戈洛夫金 С. Р. 之子，御前侍臣（1689），大贵族，皇后纳塔利娅·基里洛夫娜的教父　1704

Головкин Михаил（Михайло）Гаврилович　戈洛夫金，米哈伊尔（米哈伊洛）·加夫里洛维奇，伯爵，内务副首相（1740—1741），安娜·列奥波利多夫娜摄政时期的内阁大臣，女皇伊丽莎白·彼得罗夫娜统治时被流放到西伯利亚，死于该地　1706，1707，1712～1714，1717

Головкин Петр Александрович　戈洛夫金，彼得·亚历山德罗维奇，伯爵，海军军官，四等文官，戈洛夫金 А. Г. 之子，圣彼得堡宗教改革派教会主持　1717

Головкин Петр Гаврилович　戈洛夫金，彼得·加夫里洛维奇，伯爵，戈洛夫金 А. Г. 之子，狩猎官，宫廷侍从官　1718，1720

Головкин Петр Людвиг-Фридрих　戈洛夫金，彼得·路德维希—弗里德里希，伯爵，使臣戈洛夫金 Ю. А. 的堂兄弟　1720

Головкин Родион Дмитриевич　戈洛夫金，罗季翁·德米特里耶维奇，图拉州阿列克辛县地主，戈洛夫金 Е. Д. 之侄

俄中对照地名索引

931～935,937，939～941，943～951，952，955，956～961，963～965，967，970，972，974，975，977～982，984，988，990，992，997，998，1000，1004，1005，1008～1010，1012，1015，1018，1021，1023，1026～1030，1032～1034，1037，1038，1040，1042，1043，1045～1049，1051，1054，1056，1058，1060，1066～1069，1072，1074～1077，1079，1080，1082，1087～1091，1093～1095，1098～1100，1102～1114，1116～1119，1121，1122～1124，1126～1128，1130，1133，1136，1139，1140，1143～1146，1148，1149，1151，1152，1154，1155，1159，1161，1162，1165，1168，1172～1175，1177，1178，1180～1182，1183，1185，1190～1197，1199～1204，1208，1212，1214，1216，1218，1220，1222，1224，1226，1234，1235，1237～1242，1244～1250，1251～1260，1263，1265～1267，1269，1271，1273～1282，1285，1287～1290，1292～1296，1298，1300，1302，1304～1308，1310～1312，1315，1317，1318，1323，1325～1327，1329，1331，1335，1337～1339，1341，1343，1345，1347，1348，1350，1352，1354～1357，1360，1362～1364，1367～1373，1375，1377，1378，1380～1384，1385～1389，1391，1393，1396，1397，1399，1402～1407，1410～1417，1419，1420，1423～1427，1431，1432，1435，1436，1439～1444，1446～1449，1452～1454，1456，1458，1459～1461，1464，1465，1470，1471，1474，1475，1477～1479，1480～1483，1485～1496，1498～1502，1505，1506，1509，1514，1516，1518，1520，1521～1528，1529，1530，1532，1533，1535，1536，

275，277，279～286，288～292，294，296，298，301，306，309～315，320～323，325～329，331～333，336，337，339～341，343，345～349，351～369，372～375，377～381，385～387，389～392，394，397，398，401～406，408，410，411，413～419，421～425，427，428，430～432，434，436，437，439，440，443，445～447，449～451，453～459，461，462，464～466，468，469，472～476，478，480～484，486～488，490，491，494，496，501～514，510～514，516，519，520，523～525，527，528，530，534，536～540，542，544～555，557～566，568，572～574，576，580，581，585，590，591，593，595，597，598，608，611，613，614，616～618，621，622，626，627，643，650～652，667，671，673，675，679～681，684～689，692，693，695～697，699，703，705～718，720～730，732～734，739～741，743，744，749～751，755～760，762，768，770，774，784～788，791，792，794～796，799～806，808，809，812，815，816，818，820，823，824，827～829，831～836，841，844，845，857～859，862～864，868，869，874，875，877，878，880～882，885，886，888～890，898，900～908，910，921，914，916，918，919，921，923～925，927～930，932～957，960～962，964，966，969，970，978，979，981，982，987，989，991～1007，1010，1011，1013～1017，1020，1021，1027，1029，1036～1044，1046，1049，1050，1052～1055，1057，1065，1067，1068，1070，1071，1073，1075，1079～1081，1083～1086，1089，1090，1092，1094～1096，1098，1099，1101，1102，1104～1108，1110～1116，1119，1122，1123，1125～1129，1131～1135，1138，

1141～1146, 1149～1153, 1155～1158, 1164, 1166, 1167, 1169～1172, 1178, 1183, 1185, 1191～1194, 1196, 1197, 1200～1202, 1204～1208, 1213～1215, 1217～1219, 1221～1223, 1225～1228, 1230, 1231, 1233～1238, 1240, 1342, 1243, 1245～1251, 1253, 1255, 1257～1262, 1264～1269, 1272～1274, 1276～1278, 1281, 1282, 1284, 1286, 1288, 1290, 1292～1295, 1298～1302, 1306～1309, 1312～1318, 1320, 1321, 1324～1326, 1329, 1333～1337, 1340, 1346, 1347, 1353, 1355, 1358, 1361, 1363, 1365～1368, 1371～1374, 1377, 1381～1386, 1388, 1390, 1393, 1395, 1397, 1402, 1403, 1406, 1407, 1409～1412, 1416～1422, 1424～1431, 1433～1446, 1448, 1450～1452, 1458～1463, 1465, 1466, 1469～1471, 1474, 1475, 1478～1482, 1484, 1486, 1488, 1490, 1492, 1494, 1495, 1498, 1499, 1502～1504, 1506, 1510, 1511, 1513, 1515, 1517, 1519, 1521, 1523, 1525～1532, 1534, 1536～1543, 1553～1555, 1560, 1561, 1564, 1576, 1612, 1614～1616, 1621～1625, 1627, 1630～1636, 1655, 1670, 1671, 1682, 1687～1697, 1699～1703, 1705, 1710, 1711, 1719, 1721～1730, 1738, 1740～1742, 1744～1749

Государство хана, Дайцин, Дайцинская империя, Дайцинское государство, Дайцынское государство, Дайчинское государство, Зайцынское царство, Китай, Китайская держава, Китайское государство, Китайская империя, Небесная империя, Небесное государство, Небесное царство, Поднебесная, Срединная империя, Средиземное государство, Таецинская империя, Таидзинг,

译后赘语

档案资料和历史著作有很大的差异。它们不是历史事件的平面描述，更不是干巴巴的历史结论，而是特定历史时期日常生活的再现，反映的是一个流淌着的生动过程。译者在从事这部内容丰富的资料文献集翻译工作的过程中，对此有着深切的感受。

由此出发，窃以为本书翻译文字的最高境界，不是到相关的中方文献中去寻找现成文字表述上的归宿，也不是追求套用中方文献中现成的表述方法，而是严格按照俄文文本，准确传达原档案文件斑斓的色彩，力求忠实反映鸦片战争前夕俄国同清代交往的真实画面以及对清代形成认识的生动过程。

正是本着这一认识，为了力求准确地反映这一“流淌着的生动过程”，我们在译名的处理上也加进了自己的一些考虑。例如，在人员身份的正式表述上，中国有亲王、郡王等说法，但在实际生活中，往往都是“王爷”这一种称谓。传到俄国人的耳中，就导致俄方正式文件中也有“库伦王”这一不伦不类的称呼出现。这些细节都反映了一种生活和语言的生动，把它真实地传达出来，应该是翻译工作的责任。

在18～19世纪之交，中俄双方的交往断断续续已有一个半世纪的历史，但双方对对方的认识还是极其有限。在与对方的人员打交道时，往往搞不清机构、人员、官职、爵位等在该国相关序列中的真实准确地位，甚至搞不清对方的姓名。如果处处都要拿历史上正规的表述去套这些反映在对方头脑中的模糊的、不准确的、有时可能是错误的概念，不仅有违历史的真实，而且立刻就会使色彩的丰富荡然无存。这也是窃以为翻译工作所不可取的。

但这种做法也要有个"度"，这个"度"就是不能妨碍对内容的理解。即以"理藩院"这个机构的名称为例，在俄国文献中，对它的翻译方法真可谓五花八门，有称"大衙门"的，有称"蒙古使节衙门"的，有称"蒙古衙门"的，有称"对外关系院"的，有称"西务衙门"的，也有称"外务衙门"的，等等。在这种情况下，我们也不能一味为了追求表达生活的丰富性而在翻译上不加规范。如果照本直译，定会为读者造成理解上的困难，所以还是统译为"理藩院"比较合适。

有两个问题需要交待，一个是关于《尼布楚条约》中中俄东段边界走向的文字。有关文字多次在本书的文献中遇到，但表述往往每次又有所不同。遇到这样的情况，我们在译文的处理上给予了严格的关注，没有简单套用《尼布楚条约》的中文文本，而是根据俄文原文准确译出，以反映俄方对这个问题的认识和态度。这一点请使用文献资料的人士务必注意。第二个问题是关于"俄国北京教士团"这个名称。过去我国的有关著作中，一般把它称为"俄国北京传教士团"。但考虑到它同西方传教士团无论从组织系统到任务都有所不同，从中俄两国议定设立该团是为了照顾所谓"阿尔巴津人"的东正教信仰的初衷，以及从俄皇为该团历届修士大司祭颁发的训令和该团在北京的实际活动来看，都不包含在中国居民中传教的内容，因此我们决定把他译为"俄国北京教士团”，虽少了一个字，但意似更为贴切。

译名是一个非常复杂的问题。就连普通的音译问题也会遇到许多不同的情况。由于中文是非拼音文字，因此历史上中俄两国人名地名对译的时候，一名多译、译音不规范和讹错的现象十分普遍。这就容易造成混乱。一般说来，对于知名度高的人名、地名，为了保持历史的传承性和读者认知的一贯性，我们在翻译中都沿用了历史形成的比较固定的译法，如普希金、托尔斯泰、莫斯科、彼得堡、亚历山大、符拉基米尔、亚当、约翰等等。但这个“比较固定”的杠杠究竟划在哪里，就是一个颇费思量的问题。遇到完全名不见经传的小人物，或者是地名辞典上查不到的小居民点、小山、小河等，倒也很好处理：只要严格按照新华社规定的译音对照表把它们翻译出来就可以了。但还有一类，主要是人物，他们在俄国历史上虽相当重要，有很高知名度，但在我国知名度却未必很高。由于这些译名先后出现于我国不同时代的不同文献资料，译法颇不统一，也不规范，同原文的发音差距较大，容易造成误解。对于这样的人名，本书一律按新华社规定的译音对照关系给出了新的译名。举个例子说，俄皇亚历山大一世时期的重臣鲁米扬采夫，过去有“鲁缅采夫”、“卢勉卓夫”等等译法，现均为我们舍弃不用。之所以这样做，也有一个在中俄关系史领域形成规范译名的期望在内。

本文献资料集中的中国人名、职官名和机构名，都是出现在俄国档案中又还原成中文的。一般来说，遇有这种情况，如果没有俄方在翻译处理上的特别之处需要表达，我们的标准处理方法就是尽量在我国历史文献中找到对应的名称。其中职位较高的人，一般中央在侍郎以上，地方在巡抚以上，都通过有关文献资料查实。但对于级别较低的人员和一般人员，往往限于手头资料，无从查找，只能采取音译，难免有不准确之处，只好留待专家指教。俄文文献中的汉、满、蒙古姓名，在不同文件中对同一人常有多种翻译方法，在重新把它们翻译成中文时，为了避免误解，用字尽量做到了统一。

本资料文献集的注释系统是一个内容非常丰富、形式非常严谨的系统。每篇文件的尾注（用阿拉伯数字在文中标出）中，包含有对该文件、文件中人物和事件等的丰富的背景资料，有的独立成篇，为读者提供了相关情况的详细解说，极为可贵；有的还在某种程度上表达了俄编者的看法和态度，是俄编者重要的研究成果。这部分注释在原文中本来统一放在全书之后，考虑到不符合中国读者的使用习惯，现把它移置于每个文件之后，以便检阅。此外，在每页的下方还有脚注（用带圈的阿拉伯数字标出），用以说明文件文本上和文字上的一些问题，如文件的日期、日期的确定和换算、文件中提及的其他文件的出处、文字的脱漏、文字的疑点等等。这些都是俄编者所做的工作。脚注中有少量中译者加的注释，主要涉及翻译问题的处理，也有极个别对原文错误的订正，这样的脚注后面都标有“中译者”的字样。

徐昌翰谨识

2007 年 6 月 9 日

《国家清史编纂委员会·编译丛刊》已出书目

1.《中国近事报道》

［法］李明著，郭强等译，大象出版社，2004

2.《中国新史》

［葡］安文思著，何高济、李申译，大象出版社，2004

3.《清初扬州文化》

［美］梅尔清著，朱修春译，复旦大学出版社，2004

4.《八国联军占领实录：天津临时政府会议纪要》（上下册）

倪瑞英等译，刘海岩校，天津社会科学院出版社，2004

5.《州县官的银两——18世纪中国的合理化财政改革》

［美］曾小萍著，董建中译，中国人民大学出版社，2005

6.《在“模范殖民地”胶州湾的统治与抵抗——1897—1914年中国与德国的相互作用》

［德］余凯思著，孙立新译，刘新利校，山东大学出版社，2005

7.《这些从秦国来——中国问题论集》

［英］赫德著，叶凤美译，天津古籍出版社，2005

8.《亲历晚清四十五年——李提摩太在华回忆录》

［英］李提摩太著李宪堂、侯林莉译，天津人民出版社，2005

9.《汉口：一个中国城市的商业和社会（1796—1889）》

［美］罗威廉著，江溶、鲁西奇译，彭雨新、鲁西奇校，中

国人民大学出版社，2005

10.《耶稣会士傅圣泽神甫传：索隐派思想在中国及欧洲》

［美］魏若望著，吴莉苇译，大象出版社，2006

11.《奉天三十年（1883—1913）——杜格尔德·克里斯蒂的经历与回忆》

［英］杜格尔德·克里斯蒂著，［英］伊泽·英格利斯编，张士尊、信丹娜译，湖北人民出版社，2007

12.《清初耶稣会士鲁日满常熟账本及灵修笔记研究》

［比］高华士著，赵殿红译，刘益民审校，大象出版社，2007

13.《明治前期日中关系史研究》

［日］安冈昭男著，胡连成译，王晓秋审校，福建人民出版社，2007

14.《义和团的起源及其运动》

［日］佐藤公彦著，宋军、彭曦、何慈毅译，中国社会科学出版社，2007

15.《东正教在华两百年史》

［俄］尼古拉·阿多拉茨基著，阎国栋、肖玉秋译，陈开科审校，广东人民出版，2007

16.《美国政府解密档案：美国驻中国广州领事馆领事报告（1870—1906）》（影印全25册）

广西师范大学出版社组织整理，程焕文审订，广西师范大学出版社，2007

17.《英国的课业：19世纪中国的帝国主义教程》

［美］何伟亚著，刘天路、邓红风译，刘海岩审校，社会科学文献出版社，2007

18.《压力下的生活：1700～1900年欧洲与亚洲的死亡率和生活水平》

［瑞典］托米·本特森、［美］康文林、李中清等著，李霞、

李恭忠译，史建云审校，社会科学文献出版社，2007

19. 《扬子江上的美国人——从上海经华中到缅甸的旅行记录（1903）》

[美] 威廉·埃德加·盖洛著，晏奎、孟凡君、孙继成译，沈弘、吴乃华审校，山东画报出版社，2008

20. 《中国十八省府》

[美] 威廉·埃德加·盖洛著，沈弘、郝田虎、姜文涛译，沈弘、李宪堂审校，山东画报出版社，2008

21. 《汉口：一个中国城市的冲突和社区（1796—1895）》

[美] 罗威廉著，鲁西奇、罗杜芳译，马钊、萧致治审校，中国人民大学出版社，2008

22. 《俄国各民族与中国贸易经济关系史（1917 年以前）》

[苏] 米·约·斯拉德科夫斯基著，宿丰林译，徐昌翰审校，社会科学文献出版社，2008

23. 《过失杀人、市场与道德经济：18 世纪中国财产权的暴力纠纷》

[美] 步德茂著，张世明、刘亚丛、陈兆肆译，[美] 步德茂审校，社会科学文献出版社，2008

24. 《清代水利与区域社会》

[美] 森田明著，雷国山译，叶琳审校，山东画报出版社，2008

25. 《中国丛报》（影印全 21 册）

张西平主编，顾钧、杨慧玲整理，广西师范大学出版社，2008

26. 《清代田赋刍论（1750—1911）》

[美] 王业健著，高风等译，高王凌、黄莹珏审校，人民出版社，2008

27. 《清代来华传教士马若瑟研究》

[丹麦] 龙伯格著，李真、骆洁译，张西平审校，大象出版

社，2009

28.《耶稣会士白晋的生平与著作》

［德］柯兰霓著，李岩译，张西平、雷立柏审校，大象出版社，2009

29.《耶稣会士张诚——路易十四派往中国的五位数学家之一》

［法］伊夫斯·德·托玛斯·德·博西耶尔夫人著，辛岩译，陈志雄、郭强、古伟瀛、刘益民审校，大象出版社，2009

30.《清代宫廷社会史》

［美］罗友枝著，周卫平译，雷颐审校，中国人民大学出版社，2009

31.《清代森林与土地管理》

［美］孟泽思著，赵珍译，曹荣湘审校，中国人民大学出版社，2009

32.《中国：糖与社会——农民、技术和世界市场》

［美］穆素洁著，叶篱译，林燊禄校，广东人民出版社，2009

33.《世界时间与东亚时间中的明清变迁》（上下卷）

［美］司徒琳主编，赵世玲译，赵世瑜、杜正贞审校，三联书店，2009

34.《奉天国际鼠疫会议报告（1911）》

国际会议编辑委员会编辑，张士尊译，苑洁审校，中央编译出版社，2010

35.《清代中国的物价与经济波动》

［日］岸本美绪著，刘迪瑞译，胡连成审校，社会科学文献出版社，2010

36.《清末中琉日关系史研究》（上下册）

［日］西里喜行著，胡连成等译，王晓秋审校，社会科学文献出版社，2010

37.《圣经与枪炮——基督教与潮州社会（1860—1900）》
［美］李榭熙著，雷春芳译，［美］周翠珊审校，社会科学文献出版社，2010
38.《俄中商贸关系史述》
［俄］阿·科尔萨克著，米镇波译，阎国栋审校，社会科学文献出版社，2010
39.《在华俄国外交使者（1618—1658）》
［俄］娜·费·杰米多娃、弗·斯·米亚斯尼科夫著，黄枚译，米镇波审校，社会科学文献出版社，2010
40.《满与汉：清末民初的族群关系与政治权力（1861—1928）》
［美］路康乐著，王琴、刘润堂译，李恭忠审校，中国人民大学出版社，2010
41.《儒学与近代中国》
［英］庄士敦著，潘崇、崔萌译，李宪堂审校，天津人民出版社，2010
42.《十九世纪前的俄中外交及贸易关系》
［俄］特鲁谢维奇著，徐东辉、谭萍译，陈开科审校，岳麓书社，2010
43.《帝王之都——热河》
［瑞典］斯文·赫定（S·Hedin）著，赵清译，杨迟审校，中央编译出版社，2011
44.《移民的秩序——清代四川地域社会史研究》
［日］山田贤著，曲建文译，卿学民、刘景文审校，中央编译出版社，2011
45.《清代鸦片政策史研究》
［日］井上裕正著，钱杭译，常建华审校，西藏人民出版社，2011
46.《清代中国的若干问题》
［日］古桥秀雄编，杨宁一、陈涛译，张永江审校，山东画

报出版社，2011

47.《清代在华的英国博物学家：科学、帝国与文化遭遇》

［美］范发迪著，袁剑译，中国人民大学出版社，2011

48.《俄罗斯汉学史》

［俄］П.Е. 斯卡奇科夫著，［俄］В.С. 米亚斯尼科夫编，柳若梅译，白春仁外文校订，汤开建中文校订，社会科学文献出版社，2011

49.《中国近代财政史研究》

［日］岩井茂树著，付勇译，范金民审校，社会科学文献出版社，2011

50.《清代社会经济史》

［日］山本进著，李继锋、李天逸译，雷国山审校，山东画报出版社，2012

51.《宝卷——十六至十七世纪中国宗教经卷导论》

［美］欧大年著，马睿译，郑须弥审校，中央编译出版社，2012

52.《新词语新概念：西学译介与晚清汉语词汇之变迁》

［德］郎宓榭、阿梅龙、顾有信著，赵兴胜等译，郭大松审校，山东画报出版社，2012

图书在版编目（CIP）数据

19 世纪俄中关系：资料与文献．第 1 卷．1803～1807（上中下）/［俄罗斯］B.C. 米亚斯尼科夫主编，徐昌翰等译，徐昌翰、薛衔天审校．
—广州：广东人民出版社，2012.12
ISBN 978-7-218-06119-1

Ⅰ. ①19… Ⅱ. ①米…②徐…③徐… Ⅲ. ①中俄关系-国际关系史-史料-19 世纪②中俄关系-国际关系史-史料-1803～1807 Ⅳ. D829.512

中国版本图书馆 CIP 数据核字（2009）第 000851 号

19 SHIJI EZHONG GUANXI：ZILIAO YU WENXIAN DIYIJUAN 1803～1807

19 世纪俄中关系：资料与文献　第 1 卷 1803～1807

B.C 米亚斯尼科夫主编，徐昌翰等译，徐昌翰、薛衔天审校

出 版 人：曾　莹

责任编辑：柏　峰
封面设计：陆智昌
责任技编：周　杰

出版发行：广东人民出版社
地　　址：广州市大沙头四马路 10 号（邮政编码：510102）
电　　话：（020）83798714（总编室）
传　　真：（020）83780199
网　　址：http://www.gdpph.com
印　　刷：韶关市典经社彩印有限公司
书　　号：ISBN 978-7-218-06119-1
开　　本：889mm×1194mm　1/32
印　　张：65.25　**插　页**：6　**字　数**：1520 千
版　　次：2012 年 12 月第 1 版　2012 年 12 月第 1 次印刷
定　　价：240.00 元（全三册）

如发现印装质量问题，影响阅读，请与出版社（020—83795749）**联系调换。**
售书热线：（020）83790604　83791487